1150

STUDIES ON VOLTAIRE AND
THE EIGHTEENTH CENTURY

289

General editor

PROFESSOR H. T. MASON

Department of French
University of Bristol
Bristol BS8 1TE

ROGER MARCHAL

Madame de Lambert
et son milieu

THE VOLTAIRE FOUNDATION
AT THE TAYLOR INSTITUTION, OXFORD

1991

ISSN 0435-2866

ISBN 0 7294 0417 X

A catalogue record for this book is available
from the British Library

The publications of the
Voltaire Foundation are printed
on durable acid-free paper

Printed in England at The Alden Press, Oxford

A mon maître,
l'idéal témoin
célébré par Sénèque et
Mme de Lambert.

Table des matières

Avant-propos

Lᴇꜱ tournants de siècle, remarquait récemment le doyen Georges May dans son admirable étude sur *Les Mille et une nuits d'Antoine Galland ou le chef-d'œuvre invisible* (Paris 1986), sont une sorte de 'trou noir' où s'engouffrent auteurs, chefs-d'œuvre et sociétés de pensée ou milieux intellectuels. Les spécialistes du siècle précédent s'arrêtent prudemment dans les années 90, les spécialistes du siècle suivant font imprudemment commencer leurs travaux vers la fin de la première décennie. Du moins trop souvent. Car les belles études qui ne tiennent pas compte de la coupure artificielle imposée par le millésime et prouvent la continuité de la réflexion, des formes et des mentalités sont nombreuses ces derniers temps en ce qui concerne ce qui peut passer aussi bien pour le crépuscule du classicisme que pour l'aube des Lumières. On citera seulement les ouvrages de Jacques Popin, *Poétique du roman: 'Les Illustres Françaises' de Robert Challe*; de Michèle Weil, *Du texte à l'auteur des 'Illustres Françaises'*; et de Françoise Gevrey, *L'Illusion et ses procédés: de 'La Princesse de Clèves' aux 'Illustres Françaises'* (Paris 1988), pour honorer des livres importants qui justifient pleinement, comme le présent travail soutenu devant l'Université de Nancy en 1985, le système hélas en hibernation, provisoire on l'espère, de la thèse de doctorat d'Etat française.

La nouvelle préciosité et le monde des lambertins avaient, comme Challe un peu plus tard, été magnifiquement éclairés, et, pour la première, définie ou inventée par la célèbre et classique thèse de Frédéric Deloffre, *Marivaux et le marivaudage, une nouvelle préciosité*. C'est dans la ligne de ce modèle pour les études de milieu et de style que Roger Marchal inscrit son analyse du lambertinage avec un sens très sûr des vraies valeurs et des méthodes les plus efficaces. Méthodes de la stylistique littéraire dont, étudiant à la Faculté des lettres de Nancy de 1966 jusqu'à l'agrégation brillamment obtenue en 1970, avant d'y revenir en 1986 comme titulaire de la chaire de littérature française du dix-huitième siècle, il avait pu profiter grâce à l'enseignement de Jean Mourot, lui-même disciple comme Frédéric Deloffre du doyen Marcel Cressot. Homme de fidélité, il rend dans l'ouvrage que je suis heureux de présenter, l'hommage qui convient à son maître dont il a édité avec une scrupuleuse gratitude le manuscrit d'un *Baudelaire* très attendu.

Mais, avant de voir à l'œuvre cette technique qui part du recensement du vocabulaire et des tours favoris, écho, épiphore, dérivation allitérante..., pour passer à l'étude de la phrase et enfin à celle du style qui définit l'originalité d'un écrivain, on constatera que Roger Marchal est aussi à son aise dans les recherches d'archives, dans l'Yonne où la marquise avait ses terres aussi bien qu'à Paris, dans la critique d'attribution et dans la datation de la composition d'œuvres publiées avec beaucoup de retard par une grande dame peu soucieuse de vaine gloire.

Sa découverte la plus importante est justement celle d'une date. Ayant d'abord trouvé le premier dans l'inventaire après décès la date de la conclusion des fameux procès qui restituèrent son immense fortune à la protégée-spoliée de Bachaumont, soit le 5 août 1692, Roger Marchal fixe également celle, si contestée jusqu'ici, et capitale pour l'histoire des idées, de l'ouverture du salon Lambert rue de Richelieu: décembre 1692. Frédéric Deloffre était là encore le seul à avoir flairé la vérité, et l'on sait que bien des ouvrages de grande réputation situent encore l'événement en 1710.

A partir de là, tout s'enchaîne logiquement, et le décor, tôt transporté, dès 1698 probablement, toujours dans le quartier du Palais-Royal, sous les hauts plafonds de l'hôtel de Nevers, se peuple de noms brillants. Sans que Roger Marchal, pour une fois – mais ce sera peut-être une des révélations de son *Fontenelle* promis pour l'année prochaine – ait encore pu dater avec certitude l'entrée de l'académicien dans le cercle, on se doute qu'elle ne tarde pas, précédée probablement de peu de celles de Sacy, de Bouhours, de Mme d'Aulnoy auxquels s'ajoutent progressivement La Motte, Mairan, l'abbé Mongault, l'abbé de Bragelonne, l'abbé Du Bos, le P. Buffier, l'abbé Terrasson sur lequel nous attendons avec impatience la monographie exhaustive de Maryse Marchal, Montesquieu en 1724, et, sans que là non plus la preuve externe irréfutable soit fournie, Marivaux qui rendit à Mme de Lambert l'hommage que l'on sait sous le nom de Mme de Miran. Un peu annexionniste comme tous les passionnés, Roger Marchal range Fénelon à égalité avec les autres lambertins: cela surprend un peu, mais fait au moins réfléchir.

Ainsi se constitue un milieu littéraire comme Sainte-Beuve aimait à les peindre en montrant comment ils favorisent la fécondation réciproque et la formation des esprits. Celui-là fut capital, où sous la houlette d'une maîtresse de maison d'une discrète fermeté, s'élabora la seconde préciosité qui s'épanouit sous la Régence dont elle compensa la licence grossière, et dont la cause se confond avec celle des Modernes. Déjà à Luxembourg en 1684-1686, Athénaïs avait ouvert la chambre verte pour perpétuer les valeurs de la chambre bleue d'Arténice, Mme de La Sablière assurant la continuité entre les deux époques de la préciosité.

Que ne dispose-t-on des *Causeries du mardi* ou *du mercredi* pour recueillir et goûter le miel de cette exquise société, rivale de celle de Mélinade. Mais la magie de la philologie la plus sérieuse parvient presque à nous faire entendre la marquise et ses commensaux: les sujets favoris du salon sont habilement restitués par reconnaissance des réseaux thématiques et rapprochement de textes: quel est le rôle de la conscience dans la récompense de la vertu? Quel est le rôle joué par l'imagination dans notre malheur et dans notre bonheur? et bien sûr la défense de la dignité de la femme, le débat sur la contradiction entre le pouvoir de la beauté et la servitude des femmes. Quant au ton, il nous est conservé par la trace des tours parlés dans l'écrit, appuis du discours, tours présentatifs, style hyperbolique, pointes, caractéristiques de toutes les préciosités. Les deux 'jours' de Minerve apparaissent comme beaucoup moins différenciés qu'on ne l'a dit par le rang des participants, mais plutôt spécialisés par les préoccupations, le mardi ressemblant à une très sérieuse académie, le mercredi étant plus ouvert aux visiteurs de marque, mais en présence des doctes, et devenant progressivement comme le mardi une sorte de tribunal littéraire. Le rituel en revit dans des pages aussi alertes que documentées. Les plus hautes personnalités sollicitent leur entrée, et le célèbre bureau d'esprit devient selon un mot classique l'antichambre de l'Académie.

En face du milieu de Sceaux, plus libertin, les lambertins apparaissent comme les 'moraux'; on notera que jamais Voltaire ni Piron, qui iront chez Mme de Tencin, n'ont fréquenté le salon Lambert: l'un est trop léger, trop lié aussi avec la duchesse Du Maine, bien que celle-ci fréquente chez Mme de Lambert, l'autre trop gaulois.

L'œuvre personnelle de Mme de Lambert dut-elle autant à la fréquentation des plus beaux esprits du temps qu'eux-mêmes au rayonnement de son honnêteté? Elle la fit en tout cas toujours passer après son rôle d'hôtesse. La formation de Mme de Lambert est excellemment décrite: elle doit culture, raffinement des mœurs et énergie morale à sa belle-famille, aux modèles de politesse proposés à la bourgeoise troyenne Anne-Thérèse de Marguenat de Courcelles par son mari et surtout par ses deux beaux-pères, Jean de Lambert et Bachaumont, second mari de sa mère dont la coquetterie faisait tout le contraire d'un parangon.

Roger Marchal établit une chronologie de l'œuvre très convaincante: l'*Avis d'une mère à sa fille* doit dater de 1688-1692, l'*Avis d'une mère à son fils* doit avoir été terminé vers 1700, s'il n'est publié qu'en 1726, par surprise assure son auteur qui va jusqu'à racheter l'édition de 1727 en même temps que celle des attachantes *Réflexions sur les femmes*, si bien servies par le titre de leur contrefaçon hollandaise de 1729, *Métaphysique d'amour*. Le *Traité de l'amitié* remonte à 1702, le *Traité de la vieillesse* n'est pas le dernier ouvrage de la marquise comme on l'écrit souvent, mais date également de sa période cicéronienne, soit de 1695-1705.

La liste des œuvres de Minerve est enrichie d'attributions très sûres: une paraphrase de Méré *Sur le goût* et une réflexion *Sur la différence qu'il y a de la réputation à la considération* rédigée avec Montesquieu en 1724, excellent exemple d'œuvre collective du 'milieu'; un *Eloge de Sacy* publié dans le *Mercure* d'octobre 1727. L'attribution de *La Femme ermite* à Mme de Lambert est définitivement prouvée non seulement par sa présence dans le recueil de *Pièces fugitives* de 1743 et dans les *Œuvres* de 1747, édition de Lausanne découverte par Roger Marchal à Tunis, mais par tout un réseau d'indices internes, formules, images, motifs, idées morales, récurrents dans son œuvre. Quant à la date, elle ne peut être antérieure aux *Malheurs de l'amour* de Catherine Bernard dont le roman s'inspire (1687); elle est nécessairement fort antérieure à 1710 où Mme de Lambert écrit une condamnation du roman dans une lettre à Huet que l'on datait de 1670 et que Roger Marchal ramène brillamment à 1710: des rapprochements avec l'*Avis à sa fille* placeraient *La Femme ermite* en 1690-1692 ou un peu plus tard.

Cette grande dame qui voulait faire oublier qu'elle écrivait a donc en fait composé pendant quarante ans des ouvrages dont on peut dégager un traité de la vraie gloire, un traité de la nouvelle honnêteté, un traité du bonheur. 'Fille de Plutarque' ou 'fille de Corneille', Minerve est bien faite pour servir de 'mère spirituelle' à Vauvenargues, selon le mot d'Andrée Hof. Une très bonne étude d'esthétique d'époque fournit la définition d'une écriture aristocratique à destination privée, marquée par un badinage décent sur des sujets sérieux et moraux; s'y superpose l'esthétique de la discontinuité et du genre court qui s'impose de plus en plus en ce temps. Les éléments sont également fournis d'une utile définition du style féminin, dont les exclamations et les dominantes affectives sont contenues par l'abstraction propre à l'analyse avec laquelle se confond presque la préciosité.

On ne disposait sur Mme de Lambert que d'études vieillies ou partielles: Roger Marchal fournit le travail moderne et exhaustif qui manquait, une biographie complétée, une résurrection du salon qui fut quarante années durant le laboratoire du goût moderne en même temps que le conservatoire de l'honnêteté, une étude de l'œuvre de la marquise qui débouche sur la définition du lambertinage dont est désormais mise en lumière toute l'importance soulignée par la survie d'un adjectif et d'un substantif dérivés: même si Mathieu Marais avait inventé 'lambertin' et 'lambertinage' dans un esprit de satire, après tout 'marivaudage' aussi était péjoratif sous la plume des adversaires de Marivaux, et la postérité adopte les trois termes dans une perspective toute différente.

Ce beau livre nous apprend comment, par sa formation, son éducation exceptionnelle, ses lectures, ses relations, son rang, ses dons, son caractère tout fait d'énergie, ses ouvrages, Mme de Lambert a joué un rôle capital dans le passage de la première à la seconde préciosité, d'une honnêteté surtout civile à une honnêteté sensible, d'une féminisme surtout social à un féminisme plus proprement intellectuel, et comment son salon, où elle a su réunir et retenir presque tous les meilleurs esprits du temps, qui ne sont pas seulement de beaux esprits, a assuré la transition entre l'âge classique et celui des Lumières en adhérant sans fanatisme à la cause des géomètres et des modernes. Ainsi se constitue peu à peu ce lambertinage qui, non plus que le marivaudage, ne peut se réduire à un phénomène linguistique, mais apparaît comme une conception exquise de la politesse, un raffinement du sentiment, la synthèse de plusieurs codes, celui de l'honneur, celui des salons et celui du tendre, et l'alliance du sérieux et du précieux; plus encore comme la nouvelle épistémologie qui reconnaît au cœur, ou plutôt à l'intuition, terme dont ne disposait pas, à l'époque, la langue de l'analyse, et donc à la femme, une avance sur la raisonneuse et lente intelligence masculine dans la quête de la connaissance et du bonheur; c'est chez Mme de Lambert que Marivaux a appris qu'"il n'y a que le sentiment qui nous puisse donner des nouvelles un peu sûres de nous'; la filiation entre le lambertinage, ou la métaphysique du cœur de la marquise, et le marivaudage est ainsi largement confirmée.

Souhaitons disposer bientôt sur le salon de Mme de Tencin, sur ceux de Mme Du Deffand et de Julie de Lespinasse, sur celui de Mme Geoffrin, d'études aussi neuves, aussi solides et aussi élégantes.

Laurent Versini

Introduction

L'IDÉE de cette recherche est née, pendant mon stage d'agrégation, d'une série
d'entretiens stimulants que j'eus avec M. le doyen Laurent Versini, à qui je
m'étais ouvert de mon désir de travailler sur le statut de l'écriture aristocratique
sous l'Ancien Régime. Bien que la formulation en fût assez vague, il accueillit
favorablement ce projet, et je dus à ses encouragements renouvelés d'aller plus
avant dans la reconnaissance d'un domaine bien vaste. Je pouvais et devais
utiliser pour cette exploration une idée majeure qu'il venait d'illustrer avec
une rare maîtrise: création et tradition sont unies par des liens dont l'étude
des sources ne rend compte que superficiellement. Or, qui ne voit la force de
la tradition qui pousse l'aristocrate à écrire (ses mémoires, un traité, des avis)?
Son enquête impressionnante sur *Laclos et la tradition* (Paris 1968) m'était
encore d'une autre utilité, en ce qu'elle levait bien des malentendus, nés
souvent de la déformation des perspectives historiques, sur la hiérarchie que
nos habitudes de lecteurs modernes établissent entre les auteurs majeurs, ceux
du second rayon et les *minores*, entre les statuts du 'chef-d'œuvre' et de
l'ouvrage mineur; elle me suggérait aussi de multiples pistes pour l'étude, si
délicate, de la réception de l'œuvre littéraire, de sa fortune, de son public. Ce
sont là les lignes de force – on le devine aisément – d'une recherche sur des
écrits qui échappent bien souvent à la diffusion en librairie, et dont la matière
est presque toujours celle de l'autobiographie et du divertissement mondain.
Il fallait définir les limites chronologiques de ce travail, et ce fut encore la
thèse sur Laclos qui me les suggéra. J'avais noté la place importante qu'elle
concédait aux *Œuvres morales* de la marquise de Lambert dans certaines des
traditions qui intéressaient l'auteur: celles des traités d'éducation, de l'honnêteté et de la galanterie (p.193-97), de la peinture néo-platonicienne de l'amour,
des théories sur le féminisme (p.523-24) et la vertu, du jargon mondain et du
style de l'analyse. D'une manière plus générale, ces œuvres étaient désignées
comme des productions majeures de la nouvelle préciosité et de la métaphysique
du sentiment qui s'épanouissent à l'aube des Lumières. La condition de
l'écrivain moraliste répondait aux critères retenus dans le projet primitif et la
chronologie désignait une période cohérente de l'histoire littéraire, période de
transition qui voit s'élargir le champ des connaissances, s'affiner l'analyse du
cœur humain et des sociétés, comme dans les premiers essais de Marivaux
dramaturge, journaliste et romancier ou dans les œuvres de jeunesse de
Montesquieu.

M. F. Deloffre, dans sa thèse sur *Marivaux et le marivaudage* (Paris 1955), avait souligné, vers le milieu de ce siècle, l'importance de cette période de transition et la place qu'y occupait le salon de la marquise de Lambert. C'est ici l'instant d'avouer une seconde dette envers un ouvrage qui servira de référence constante dans cette recherche: le lecteur de ces pages verra d'évidence ce qu'elles doivent à l'analyse féconde de la nouvelle préciosité, et l'étude du lambertinage comme phénomène d'expression ne fera que confirmer des certitudes depuis longtemps acquises. La thèse de M. Deloffre sur le marivaudage renouvelait aussi l'histoire traditionnelle des salons du dix-huitième siècle, trop souvent anecdotique, en montrant qu'il était possible de mesurer objectivement leur influence sur le domaine linguistique. Il était séduisant d'appliquer cette méthode d'investigation à d'autres champs, en particulier à celui de l'écriture morale. Au fond, ces deux études sur Marivaux et sur Laclos se rejoignaient: en cherchant à éclairer par l'histoire littéraire, l'histoire du milieu et l'histoire de la langue le secret d'un langage et d'"une forme d'investigation psychologique et morale' (p.500) uniques, connus sous le nom de marivaudage, c'était déjà le problème du style que l'auteur subordonnait à la reconnaissance des traditions, l'idée même de 'chef-d'œuvre' qu'il cherchait à circonscrire, en s'intéressant au 'contexte', si l'on veut bien donner à ce terme sa plus vaste extension.

Les travaux des élèves de M. Deloffre sur Marivaux, le renouveau des études sur le roman du dix-huitième siècle vinrent renforcer ma conviction que l'analyse du lambertinage permettrait de mieux comprendre cette période de transition. Des motifs secondaires, au reste, justifiaient ce choix. Il n'est pas inutile de remarquer que, comme ce fut longtemps le cas pour Marivaux, la connaissance des *Œuvres morales* de la marquise de Lambert, qui n'avaient pas été rééditées depuis la fin du siècle dernier, souffrait de l'absence d'un texte répondant aux exigences d'une critique universitaire moderne; de même, la personnalité de l'auteur, son salon prestigieux n'étaient connus que par des articles de valeur inégale, et trop souvent superficiels.

Le concept de *milieu* ne soulève pas de difficultés majeures: la richesse sémantique d'un terme polyvalent ouvre des voies multiples que je ne m'interdirai pas d'emprunter. Il apparaît d'emblée que l'étude du milieu de Mme de Lambert ne saurait se confondre avec celle de son salon. La famille, la classe des officiers de cour ont légué à la grande dame des valeurs morales, des habitudes linguistiques dont pourront témoigner ses œuvres et les actes essentiels de son existence. On s'aperçoit très vite aussi que le cérémonial du salon, les divertissements littéraires et les préoccupations morales de la maîtresse de maison entretiennent des liens étroits avec la tradition des ruelles précieuses et de l'honnêteté. Il faut donc, pour décrire le milieu nourricier de la pensée de la marquise de Lambert, recourir aux travaux synthétiques sur les grands courants du dix-septième siècle. L'étude de Magendie sur la politesse mondaine, les thèses de Mlle M.-T. Hipp sur l'écriture aristocratique et de R. Lathuillère sur la préciosité m'ont été d'un grand secours pour analyser le tuf culturel où la pensée de Mme de Lambert plonge de profondes racines.

Le sens le plus important, qui s'impose d'emblée quand on situe la marquise de Lambert dans la tradition des salons, est celui de milieu littéraire. On reconnaît d'abord, dans une position centrale, la personnalité et l'œuvre de la femme de lettres, dont les traits principaux s'expliquent par les influences qui s'exercent autour d'elle, dans cet espace privilégié qu'est le salon de l'hôtel de Nevers. Apparaît ici un cercle plus vaste, où se meuvent les familiers de la maîtresse de maison, ses commensaux des mardis et des mercredis. Des questions essentielles doivent être posées, qui orienteront cette recherche. Pourrons-nous reconnaître, comme l'avait fait M. Deloffre pour le marivau-dage, une influence de la langue parlée dans ce salon sur le style de Mme de Lambert écrivain? Quels rapports ses écrits entretiennent-ils avec les conversations de ce bureau d'esprit? et plus généralement, avec le divertisse-ment mondain? Les premiers éléments d'une réponse apparaissent à l'examen de la correspondance de la marquise avec ses familiers les plus prestigieux: Fénelon, le Père Buffier, le président Bouhier, Montesquieu; où trouver d'autres traces concrètes des activités littéraires de son cercle? L'idée de milieu qui s'esquisse ici est analogique de la définition qu'en donnent les biologistes: le salon est, pour la vie de l'esprit, une sphère qui influence les fonctions et qu'en retour l'individu peut modifier. L'interaction des lambertins entre eux devra être reconnue au double niveau des activités et divertissements littéraires du salon, et de la circulation des thèmes et motifs dans les textes. Il n'y aurait aucune raison de ne pas prendre en considération un troisième cercle, où apparaissent des hôtes qui ne sont que de passage à l'hôtel de Nevers et des personnalités qui, allant avec aisance d'un milieu à un autre, favorisent la diffusion des idées. Là se produisent d'importants phénomènes d'osmose entre les cercles aristocratiques, les cercles politiques et les institutions, au premier rang desquelles viendra l'Académie française. Ainsi, au cours de cette recher-che, à l'image première de cercles concentriques qui permettait une approche graduelle du concept de milieu littéraire, s'est progressivement substituée celle, plus juste sans doute, d'un tissu, d'un réseau complexe de systèmes et de relations s'établissant à partir de ce foyer rayonnant qu'était l'hôtel de Nevers. Il apparaissait aussi qu'il me faudrait, pour l'analyser, mener de front l'étude des institutions, des textes et des problèmes d'expression.

Ce 'tissu' vivant évolue, et en diachronie se rencontrent d'autres difficultés. Des divergences importantes surgissent, chez mes prédécesseurs, à propos des origines du salon de la marquise de Lambert. Faut-il remonter jusqu'en 1690 pour définir son premier rayonnement, ou choisir la date de l'installation à l'hôtel de Nevers (1698), ou encore attendre jusqu'en 1710 que son prestige soit reconnu dans Paris? On devine qu'on ne pourra laisser subsister autant d'incertitudes dans l'histoire d'un cercle qui a décidé en partie de l'évolution des goûts et des idées de la société parisienne; il faudra donc, en utilisant les documents d'archives et en interrogeant les correspondances et les mémoires des contemporains, préciser les tendances et les orientations du salon. Des questions voisines se posent pour la fortune du lambertinage: il faudra distinguer l'influence du salon de Mme de Lambert sur son époque, de la destinée de ses ouvrages. L'une cesse à sa mort, presque brutalement, car Mme de Tencin récupère un héritage qu'aurait dû assumer la marquise de Beuvron, petite-fille de l'hôtesse de Nevers; l'autre, au contraire, séduit la génération de 1750, comme on le voit quand on reprend de près la question des éditions.

L'analyse des écrits s'inscrit dans cette démarche; leur publication tardive ou posthume ne doit pas faire illusion. Il faut rechercher aussi l'évolution qui se dessine d'un ouvrage à l'autre, parallèle à celle du salon. On attendra d'une réflexion sur le statut de l'écriture aristocratique et la genèse des œuvres des résultats concrets touchant aux questions d'attribution et à la recherche d'inédits. Pas plus que mes prédécesseurs, je ne puis apporter d'informations sérieuses sur le sort des manuscrits de Mme de Lambert qui, aujourd'hui encore, restent introuvables. J'ai pu reconnaître une paraphrase du chevalier de Méré dans un opuscule que les libraires ont classé parmi les œuvres de la marquise sous le titre vague de *Réflexions sur le goût*; je crois pouvoir aussi lui attribuer l'*Eloge de Sacy* paru dans le *Mercure de France* du mois d'octobre 1727. En revanche, je n'ai pas retrouvé les morceaux inédits que l'éditeur Bousquet disait tenir de Jean-Baptiste-Joseph Pouhat de Tallans, avocat à Besançon, entré au magistrat de cette ville: ils ne sont pas dans les papiers de la famille des Pouhat conservés aux Archives du Doubs.

Il eût été tentant de retrouver dans cette étude la progression qui permet de circonscrire la notion de milieu littéraire. Mais cette démarche, féconde pour l'analyse, est nuisible à la synthèse en raison des répétitions multiples qu'elle entraîne. Un exemple suffira à en montrer les inconvénients. L'idéal vertueux de Fénelon nourrit la morale lambertine du héros; on le retrouve encore au moment d'évoquer l'admiration des familiers du salon pour l'exilé de Cambrai, puis quand on analyse les liens de l'hôtel de Nevers avec le milieu du duc de Bourgogne. Les répétitions de ce type se multipliant à l'infini, il fallait abandonner ce projet, pour adopter une démarche plus simple et plus efficace. La vie, la morale, les problèmes d'expression montrent la marquise de Lambert sous deux visages: la femme du monde et la femme de lettres. Ce sont les mœurs aristocratiques, mais aussi une vocation d'auteur qui expliquent sa personnalité, ses goûts et sa culture, qui éclairent la genèse de ses œuvres et l'histoire de son salon. Les mêmes relations apparaissent dans sa morale, dont les thèmes majeurs, la gloire, la politesse, le bonheur, naissent d'une interrogation obsédante sur les rapports du moi et du monde. L'esprit précieux qui anime son féminisme, sa métaphysique d'amour et son style d'analyse résulte également de la conjugaison de mouvements différents: l'adhésion de la marquise au code de la politesse et sa soumission aux bienséances ne comprime jamais ses élans du cœur et ses aspirations de femme moderne et sensible. Ainsi, pour comprendre Mme de Lambert et son milieu, il faut éclairer les liens qui, unissant mondanité et modernité dans les années 1680-1730, concernent la marquise femme du monde et femme de lettres, son analyse des rapports du moi et du monde, sa nouvelle préciosité.

Les méthodes de l'histoire sociale montreront comment utiliser les documents d'archives pour faire revivre l'aristocrate dans sa vie quotidienne, pour apprécier les réalités financières susceptibles de contrarier ou de favoriser l'essor d'un salon aristocratique à la fin du dix-septième siècle. L'histoire des idées, prenant pour objet la vie des institutions littéraires et les bouleversements qui modifient, à l'horizon 1680, la pensée, la science, les techniques, soulignera les rapports étroits que ce salon entretient avec la vie de l'esprit. L'analyse thématique permettra de décrire les manifestations textuelles de ces rapports, en réunissant des faisceaux de ressemblances, en classant les motifs identiques; on n'oubliera pas, bien sûr, que les correspondances, les mémoires, les ana témoignent de réseaux analogues susceptibles de donner une idée de conversations à jamais disparues, qui étaient le charme de ces assemblées littéraires. Enfin la stylistique, dans l'esprit où l'enseignaient mes maîtres de l'école de Nancy, le regretté professeur Jean Mourot et M. André Lanly, qui anime aussi les travaux de Marcel Cressot ou de M. Frédéric Deloffre, servira à traiter des questions formelles et des problèmes d'expression que soulèvent les activités du milieu lambertin.

Le texte de cette thèse de doctorat d'Etat, soutenue devant l'Université de Nancy II, le 21 décembre 1985, a été modifié et allégé pour tenir compte des remarques formulées par les membres du jury, et des exigences de la publication des thèses.

A l'heure des remerciements, il m'est bien doux d'exprimer ma plus grande gratitude à M. le doyen Laurent Versini, qui fut pour son disciple un maître vigilant, attentif, généreux, inlassable dès qu'il s'agissait de répondre à ses appels, de lui éviter des tâtonnements inutiles, de lui interdire les impasses où un travail de cette ampleur risquait de le jeter. En lui dédiant cet ouvrage, je ne fais que commencer à m'acquitter d'une dette importante que je contractai le jour où je découvris, dans son étude magistrale sur Laclos et la tradition, la place qu'il faut assigner à l'honnêteté et à la métaphysique du sentiment dans la genèse des idées morales des Lumières. Mes remerciements vont aussi à M. Frédéric Deloffre, qui m'a fait l'honneur de présider le jury et m'a suggéré des corrections importantes. Mlle Marie-Thérèse Hipp, M. Roger Lathuillère et M. Georges Molinié, qui ont fait partie de ce jury, m'ont formulé des remarques abondantes qui ont contribué à améliorer le texte qu'on va lire. Ma gratitude va enfin à M. le professeur H. T. Mason, de l'Université de Bristol, directeur des *Studies on Voltaire*, pour l'accueil bienveillant qu'il a su prêter au projet d'une publication de cette thèse.

Note concernant les références aux ouvrages
de la marquise de Lambert

Pour alléger l'appareil des notes, les références aux ouvrages de Mme de Lambert, cités d'après l'édition procurée en 1748, à Lausanne, par Marc-Michel Bousquet,[1] seront données entre parenthèses, dans le corps même du texte, le chiffre arabe renvoyant à la pagination. On utilisera les abréviations suivantes:

Avis fils: *Avis d'une mère à son fils.*

Avis fille: *Avis d'une mère à sa fille.*

Amitié: *Traité de l'amitié.*

Vieillesse: *Traité de la vieillesse, à mademoiselle sa fille.*

Femmes: *Réflexions nouvelles sur les femmes.*

Goût: *Réflexions sur le goût.*

Portraits: *Portraits de diverses personnes.*

Dialogue Alexandre-Diogène: *Dialogue entre Alexandre et Diogène sur l'égalité des biens.*

Sentiment dame: *Discours sur le sentiment d'une dame, qui croyoit que l'amour convenoit aux femmes, lors même qu'elles n'étoient plus jeunes.*

Réputation-considération: *Discours sur la différence qu'il y a de la réputation à la considération.*

Femme hermite: *La Femme hermite, nouvelle nouvelle.*

Correspondance ou 'lettre à'...: *Lettres diverses de Mme la marquise de Lambert.*

Les citations respecteront l'orthographe de l'édition, sauf quand des fautes manifestes d'impression défigurent le texte; en revanche, la ponctuation originale n'a pas été conservée intégralement, et nous avons modernisé, en particulier, l'usage du point-virgule ou des deux-points.

---

1. ŒUVRES / DE MADAME / LA MARQUISE / DE LAMBERT, / Rassemblées pour la première fois. / On y a joint diverses Pièces qui / n'ont point encore paru. / AVEC UN ABREGE DE SA VIE. / SECONDE EDITION. / [Fleuron: deux amours enlacés] / A LAUSANNE, / Chez MARC-MICHEL BOUSQUET / & Compagnie. / MDCCXLVIII. / 1 vol. in-12, xxii-455 p.

I

La marquise de Lambert:
sa vie, son œuvre, son salon

LE premier titre de gloire de la marquise de Lambert, née à Paris en 1647, lui vient du salon qu'elle anima, de 1698 jusqu'à sa mort en 1733, dans un angle des appartements du Palais Mazarin dont avait hérité le duc de Nevers; situé sur l'arcade de la rue Colbert, détruite sous le Second Empire, il fut le premier des grands salons littéraires du dix-huitième siècle, fréquenté par tout ce qui compta alors dans les lettres françaises. Ce cénacle finit même par acquérir la réputation d'être l'antichambre de l'Académie française, où l'on n'entrait guère qu'après avoir été présenté à l'hôtesse. A cette célébrité vient s'ajouter celle des traités de morale que rédigea cette grande dame, pour lesquels l'intérêt des lecteurs se renouvelle de génération en génération. Répandus dans le public au milieu du dix-huitième siècle, ils furent très tôt prisés par des femmes de lettres actives comme Pauline de Meulan ou Louise Colet; puis, sous l'influence de Sainte-Beuve, le dix-neuvième siècle donna son admiration aux *Avis* qu'une mère pédagogue destinait à ses enfants, tandis que notre vingtième siècle se laisse séduire, lui, par les grâces et le brillant de la *Métaphysique d'amour*, en laquelle il se plaît à reconnaître un pur joyau du style Régence. La vie brillante du salon, le mérite reconnu à des écrits qui viennent seulement d'être réédités (Paris 1990), justifient l'intérêt que l'on peut porter à la vie et à l'entourage de cette femme illustre qui a donné son nom à un style de vie, à une forme d'esprit, à un langage.

L'histoire de la langue française, en effet, fournit deux exemples remarquables d'une création de mots contemporains, dérivés de noms propres, apparus du vivant même des personnes concernées: nous voulons parler du *lambertinage* et du *marivaudage*. Le premier eut certes une vie bien éphémère, et n'a pas connu la destinée unique, brillante du second. Il est attesté, en 1727, dans la correspondance de l'avocat Mathieu Marais, qui fut hostile à la marquise de Lambert et qui utilisait le mot ironiquement pour désigner la vie intellectuelle et les productions précieuses du salon de l'hôtel de Nevers. Sa naissance fut marquée du sceau de l'ambiguïté, car l'on ne saurait nier que des esprits malicieux, ou mal intentionnés, qui ne pouvaient admettre la restauration, dans Paris, de l'idéal de la *Chambre bleue*, avaient cherché à le compromettre, par la pire des injustices, avec le mot *libertinage*. Son emploi fut donc assez restreint, mais tous les contemporains, vraisemblablement, ne l'ont pas pris en mauvaise part. Concurrencé par *marivauder* et son dérivé *marivaudage*, le mot *lambertinage* disparut assez tôt, et il ne témoigne plus pour nous que de la volonté des contemporains de Mme de Lambert d'appréhender un phénomène littéraire et moral, auquel nous accolons l'étiquette de nouvelle ou seconde préciosité. La caractérisent l'émergence d'un style néologique, l'adhésion à une esthétique de la modernité et l'élaboration d'une métaphysique du sentiment. Les premières manifestations de cet esprit précieux remontent aux années 1680, mais c'est sous la Régence, puis dans la décennie 1720-1730 qu'il s'épanouit. Il s'est comme incarné dans la grande dame dont nous allons évoquer la carrière.

Les idées de la marquise de Lambert sur la gloire, l'honnêteté et le bonheur reflètent les préoccupations matérielles et morales d'une classe; son féminisme, sa préciosité, son langage tirent leurs caractères essentiels de la vie de son salon. Mais si l'on voit bien que la destinée de l'œuvre est indissolublement liée à la condition de la grande dame et aux activités de la précieuse, il est moins aisé, en revanche, d'en reconnaître la véritable originalité. Il est nécessaire, à cette fin, d'écrire l'histoire d'une femme, d'une culture, d'une pensée, d'un cénacle. Dans la vie de l'aristocrate, on s'attachera à distinguer les valeurs imposées par les traditions familiales des goûts personnels; on s'efforcera de montrer comment la fortune et les événements de la vie privée s'intègrent dans le cérémonial du salon; on essaiera de comprendre pourquoi la précieuse s'accommode des contraintes matérielles, du mariage, de l'éducation des enfants, de la gestion des biens et des affaires. La culture et l'écriture poseront des problèmes analogues. Dans la formation intellectuelle et morale de la marquise de Lambert, on recherchera ce qui revient au don et ce qui est dû à l'effort, on montrera qu'une bibliothèque choisie peut transformer en profondeur une éducation féminine traditionnelle, que la langue élégante d'un groupe peut être affinée par la maîtrise d'une rhétorique précieuse, que des appétits individuels peuvent ouvrir la culture de la noblesse à des domaines inconnus, voire interdits. Il faudra délimiter, dans ses écrits, la frontière entre le loisir privé et l'attention aux autres, entre le divertissement et la démarche didactique, entre la sincérité des aveux et la soumission aux bienséances, et distinguer surtout, ce qui est parfois délicat, le modèle de l'original. La même problématique animera aussi la description d'un salon qui doit autant aux usages du grand monde, aux arcanes des ruelles précieuses, aux traditions des honnêtes maisons qu'au prestige personnel, au rayonnement, aux goûts raffinés et sérieux de la maîtresse de maison.

1. La grande dame

Le milieu, dans sa signification biologique, désigne les conditions matérielles qui déterminent l'existence des individus. Dans la société de l'Ancien Régime, traditionnellement divisée en ordres, le milieu peut être légitimement assimilé à l'un de ces ordres, ou à l'un des groupes qui se constituent au sein de chaque ordre. Ainsi, l'on admettra que les œuvres de la marquise de Lambert, et son salon, ont accueilli les valeurs qui étaient familières à la noblesse. L'enquête doit donc d'abord s'intéresser à la grande dame, la découvrir dans son existence quotidienne, pour déterminer quelles relations unissent la destinée aristocratique à celles du salon et des idées morales. Le premier acte établira sa généalogie: les conditions de l'existence dépendent presque toujours, sous l'Ancien Régime, des héritages et des contrats de mariage, qui font peser de lourdes contraintes sur les vœux, les rêves et les projets des individus. On remarquera ensuite que l'existence des nobles se déroule selon un rituel immuable, bien connu grâce à la multiplication des mémoires; certains événements de la vie de Mme de Lambert ont eu une influence déterminante pour la formation de ses idées: ils affleurent dans ses ouvrages, même quand l'écriture morale, à la recherche de l'universel, et l'idéal classique, qui tend à voiler les réalités intimes, atténuent la confidence directe. Enfin, il n'est guère possible de décrire le fonctionnement et la composition du premier des salons littéraires du dix-huitième siècle sans analyser les ressources matérielles dont disposait l'hôtesse pour lui donner un cadre digne de ses activités.

Pour suivre la marquise de Lambert dans les principaux actes de sa vie, pour évaluer sa fortune, comprendre ses procès, la voir vivre dans ses demeures, nous disposons de documents d'archives importants et nombreux qui, pour l'essentiel, sont conservés au Minutier central des notaires parisiens, aux Archives de l'Yonne à Auxerre et à la Bibliothèque nationale. Pour la clarté de l'exposé, il est utile d'établir ici la liste de ces documents; nous indiquons entre crochets les abréviations qui désigneront les pièces dans la suite du propos.

1. L'estimation des biens

1.1. Inventaire après décès des biens du marquis Henri de Lambert.

    1. Archives nationales, Minutier central des notaires parisiens, Etude V, liasse 181. [A.N., V, 181] 2 pièces.

        1. Inventaire commencé le jeudi 22 août 1686 par Guyot et Gaudin, notaires à Paris.

2. Inventaire 'des meubles et effets trouvés en sa maison du gouvernement à Luxembourg', le 4 août 1686, par H. D. Marchant.

1.2. Inventaire après décès des biens de la marquise de Lambert.[1]

1. Archives nationales, Minutier central des notaires parisiens, Etude LVIII, liasse 563 no 7. [A.N., LVIII, 563] 1 pièce de 49 folios.

Inventaire dressé à la requête de Jean-Jacques Amelot de Chaillou, intendant des Finances, exécuteur testamentaire de la défunte, du 31 juillet au 18 septembre 1733, par les notaires Le Prévost et Meunier:
– inventaire du 'salon': f.6r-v, no 55-67;
– inventaire de la bibliothèque: f.27r-29v, no 359-426;
– inventaire des tableaux: f.8v-13r, no 88-160;
– inventaire des papiers: f.33v-44v, pièces 1-50;
– codicille autographe de la marquise de Lambert annexé à l'inventaire, du 6 décembre 1728, signé 'de Marguenat', 21 lignes d'écriture, révocation de la substitution: f.45r.

2. Archives de l'Yonne, Série E, 'Minutes des notaires', Liasse 3 E6 168 [A.Y., 3 E6, 168].

Inventaire dressé au château de Saint-Bris, au décès de la marquise de Lambert, à la requête de Jean-Jacques Amelot de Chaillou, par Jacques Chardon le jeune, notaire à Auxerre, le jeudi 10 septembre 1733:
– 3 actes de requête de faire procéder à l'inventaire;
– 1 inventaire, cahier de 25ff.

1.3.

1. Archives de l'Yonne, Série E, 'Titres de familles', Liasse E. 110 [A.Y., E. 110].

29 pièces parchemin, 62 pièces papier: actes concernant la terre de Saint-Bris, de 1321 à 1789.

2. Archives de l'Yonne, Série E, 'Titres de familles', Liasse E. 109 [A.Y., E. 109].

13 pièces parchemin, 31 pièces papier: actes concernant la terre de Saint-Bris.

1. Contrat de vente à Jean de Lambert de la terre et seigneurie de Saint-Bris (26 février 1642).

2. Inventaire des titres et papiers concernant la terre et marquisat de Saint-Bris (15 mai 1685).

---

1. On pourra faire confiance, pour la description de ce document, à l'étude sérieuse de Robert Dauvergne, *La Marquise de Lambert à l'hôtel de Nevers (1698-1733)* (Paris 1947).

2. *Les procès*

Bibliothèque nationale, Réserve des Imprimés, Collection Morel de Thoisy.

2.1. Volume 215, f.489-523 [Thoisy, 215] 10 pièces.

1. Requête de François Le Coigneux contre Claude de La Chasse, tuteur des enfants de Henri de Lambert, au sujet de la communauté entre celui-ci et sa femme (1687). Pièce manuscrite, f.489-93.

2. *Factum pour Messire François Le Coigneux, Chevalier, Seigneur de la Roche-Turpin, & Dame Monique Passart son épouse, intimez, defendeurs & appelans, Contre Dame Anne-Thérèse de Marguenat de Courcelles, femme séparée de biens de Messire Henry de Lambert, chevalier, Marquis de Saint-Bris, Appelante et Demanderesse en Lettres* (1687). Pièce imprimée, f.494-97.

3. Mémoire et compte des biens du sieur de Courcelles. Pièce manuscrite, f.503-10.

4. Mémoire du bien de Monsieur Marguenat ayeul, que Monsieur Le Coigneux a acquis par l'argent qu'il dit avoir donné en 1666 à Monsieur de Lambert. Pièce manuscrite, f.511-12.

5. Mémoire 'Pour justifier que toutes les rentes contenues dans l'inventaire du sieur de Courcelles qui composoient son principal bien étoient toutes rachetées plus de douze ans avant le mariage des sieurs et dame Le Coigneux et plus de treize ans avant celui de la dame de Lambert'. Pièce manuscrite, f.513-14.

6. Mémoire de l'état des affaires de Monsieur de Lambert lors de son mariage. Pièce manuscrite, f.515-16, produite par Mme de Lambert.

7. Mémoire des biens que possédoit Monsieur le marquis de Lambert lors de son mariage. Pièce manuscrite, f.517-19, produite par Bachaumont.

8. *Mémoire sur le règlement des juges*, arrêt du 6 septembre 1688. Pièce imprimée, f.526-27.

9. *Requête en cassation* (des Le Coigneux), du 19 octobre 1689. Pièce imprimée, f.528-29.

10. Mémoire sur les sommes que Mme de Lambert aurait dû rembourser. Pièce manuscrite, f.523.

2.2. Volume 219, f.181-84 et f.326 [Thoisy, 219] 3 pièces.

1. *Lettres de rescision obtenues par le sieur et la dame Le Coigneux contre l'acte du 25 juin 1691.* Pièce imprimée, 31 octobre 1691, f.181-82.

2. *Acte passé entre Monsieur et Madame Le Coigneux et Madame de Lambert le 25 juin 1691.* Pièce imprimée, f.183-84.

3. *Requeste servant de factum, Pour la dame marquise de Lambert, défenderesse,*

Contre Philippe Renard, demandeur [au sujet d'un contrat de bail à rente dressé en 1688 à Vermenton]. Pièce imprimée, f.326.

3. L'installation à l'hôtel de Nevers

3.1. Bibliothèque nationale, Département des Estampes, Cabinet Robert de Cotte.

1. Hc 12 d [B.N., Hc 12 d].
   'Recueil de mémoires relatifs à l'installation de la Bibliothèque royale dans l'ancien hôtel de Nevers, faisant état des plans demandés à Robert de Cotte', in-4°, 5 pièces.
   1. Etat des batimens de l'hôtel de Nevers scise rue de Richelieu à Paris (10 novembre 1717), f.1-4, 6v.
   2. Mémoire de mr l'abbé de Louvois [adressé au Régent], f.7-9.
   3. Copie de la vente de l'hôtel de Nevers à M. Law le 10 may 1719, f.29ss.

2. Hc 12 e [B.N., Hc 12 e].
   'Papiers relatifs à l'établissement de la Bibliothèque du Roi, in-4°, 49 pièces.
   1. *Lettres patentes pour le logement de la Bibliothèque du Roi* (9 mai 1724). Pièce imprimée, f.1-2.
   2. Procès-verbal de la visite des bâtiments, sur l'ordre verbal de Mgr le duc d'Antin, surintendant et ordonnateur général des Bâtiments, Arts et Manufactures de sa Majesté, par Charles-François de l'Espée, expert ordinaire des bâtiments du Roy, en présence de Robert de Cotte (20 août 1725), f.3-41.
      – Description du logement de la marquise de Lambert: f.28v-32v.
   3. Lettre autographe du duc d'Antin à de Cotte, du 22 avril 1730, f.51.
   4. Lettre autographe du duc d'Antin, du 26 mai 1730, f.53r.
   5. Billet autographe du duc d'Antin, du 15 octobre 1733, f.94r.
   6. Mémoire de Mme de Lambert et de son fils, f.119-20.

3. Hc 15 [B.N., Hc 15].
   'Bibliothèque du Roi. Dessins et plans'.

3.2. Actes décrits dans l'inventaire après décès [A.N., LVIII, 563], sous le n° 27, f.39.

1. Double original d'un acte passé sans minute le 8 mars 1698 par devant Caron et Belot, notaires à Paris.
2. Brevet original d'un autre acte passé sans minute le 23 septembre 1699 par devant les mêmes notaires.
3. Pièce du 18 mai 1705.
4. Pièce du 11 septembre 1718.

i. Les origines familiales

L'établissement de sa généalogie est la première des connaissances du gentil-homme, la plus sérieuse aussi puisqu'elle donne l'essor à ses projets, à ses ambitions, à sa recherche des honneurs. La reconnaissance des origines familia-les de Anne-Thérèse de Marguenat de Courcelles, marquise de Saint-Bris, peut apparaître assez vaine dans la mesure où l'écrivain n'a pas pratiqué l'autobiographie. Mais les écrits pédagogiques font référence à ces origines, et l'observation des mœurs du milieu familial a fait naître les premières réflexions de l'adolescente sur l'honnêteté, la gloire, la vertu des femmes.

On constate un déséquilibre dans la manière dont Mme de Lambert assume ses origines familiales. A sa fille et à son fils, elle ne dit rien de ses parents. Elle n'avait que trois ans à la mort de son père, et il est naturel que l'orpheline n'ait conservé de lui aucun souvenir. Mais de sa mère et de son père adoptif, auprès de qui elle a passé au moins vingt années de son existence, elle ne souffle mot. On ne recense, dans ses œuvres publiées, qu'une seule allusion à ses proches: c'est une confidence désabusée sur les difficultés qu'elle a re-contrées dans sa 'propre famille' – l'expression est vague volontairement – à l'occasion de procès inextricables qui opposèrent la jeune veuve à ses parents (*Avis fils*, p.17). En revanche, l'admiration pour son époux et pour son beau-père est sans ombre: la marquise se plaît à placer le traité de la gloire qu'elle destine à son fils sous le patronage des Lambert, dont le nom est glorieux dans l'histoire militaire de la France du dix-septième siècle. Il est tentant de penser que ce déséquilibre vient des préférences d'une grande dame pour la noblesse d'épée. Nous lui trouverons aussi des motifs plus personnels, plus secrets.

Le paradoxe est que notre connaissance du milieu familial de Mme de Lambert s'opère en sens inverse de ces préférences. Nous avons beaucoup d'informations sur la branche paternelle, grâce à deux monographies sérieuses d'un érudit troyen, Henri de La Perrière, qui fut le premier à donner, au milieu de ce siècle, une étude scientifique de la période la plus mal connue de la vie de Mme de Lambert.[2] Il avait voulu 'essayer de retrouver, sous la grande dame parisienne, ses origines provinciales, sous la déesse, la jeune fille et la femme, sous "la caillette de Fontenelle", le bon administrateur de la fortune des siens'.[3] Nous aurons peu de faits nouveaux à ajouter à ses recherches, et nous ferons entière confiance à son exploitation des documents déposés aux Archives départementales de l'Aube pour évoquer l'histoire des Marguenat.

2. Henri de La Perrière, *Marguenat contre Marguenat, un procès pour la possession de la seigneurie de Saint-Parres-les-Vaudes* (Troyes 1928); *Anne-Thérèse de Marguenat de Courcelles, marquise de Lambert (1647-1733): sa vie, son salon, ses œuvres* (Troyes 1935).
3. La Perrière, *Marquise*, p.10.

La mère de Mme de Lambert, Monique Passart, n'est pas non plus une inconnue; cette savoureuse coquette s'était fait une célébrité dans le Paris des libertins, au point de tenter la plume de Tallemant Des Réaux, qui a rapporté sur elle quelques anecdotes croustillantes.

En revanche, les officiers Lambert ne sont guère connus que des spécialistes de l'histoire généalogique et militaire. On peut le regretter, car en trois générations, Jean, Henri et Henri-François ont illustré les armes de la nation et uni leur nom à sa gloire. Ils l'ont uni aussi à un fief; mais là encore, les travaux manquent sur l'histoire de la seigneurie de Saint-Bris, ancienne baronnie mouvante du comté d'Auxerre, aux dix-septième et dix-huitième siècles, ce qui semble étonnant, vu l'abondance des documents conservés aux Archives de l'Yonne. La description du marquisat de Saint-Bris ne saurait être l'objet de cette recherche, et nous ne détacherons des biographies de Jean et Henri de Lambert que les éléments indispensables à la connaissance de l'éthique de la marquise et de ses relations avec son fils.

Il est utile, pour la clarté de cet exposé, de le faire précéder des tableaux généalogiques des Marguenat, des Passart et des Lambert. Notons enfin que la figure de Bachaumont, le père adoptif de la marquise, ne sera pas évoquée ici; il a joué un rôle considérable, ainsi que nous le verrons, dans la formation intellectuelle de la jeune fille, mais il n'a eu aucune influence sur son idéal aristocratique.

i. *Les Marguenat*

Par son père, la marquise de Lambert appartient à 'l'une des plus anciennes et plus considérables familles de la grande bourgeoisie troyenne, [...] ces Le Marguenat qui, du XVe au XVIIIe siècle, ont occupé une si grande place dans la vie de [cette] cité'.[4] Au milieu du dix-septième siècle, les branches de la famille Le Marguenat[5] sont nombreuses en Champagne et en Bourgogne; mais toutes portent les mêmes armoiries: 'd'azur à trois bandes d'or, au chef d'or chargé de trois roses de gueules'.[6] Il faut noter qu'en 1697, Mme de Lambert ne néglige pas de déclarer et de faire enregistrer ces armoiries, ce qui est un trait – nous en verrons d'autres – de son attachement à la noblesse paternelle, qu'on ne soupçonne absolument pas quand on lit ses ouvrages. Fontenelle

4. La Perrière, *Marguenat*, p.3-4.
5. H. de La Perrière note (*Marguenat*, p.7) que le nom de Marguenat est un des plus vieux noms troyens, qu'il est d'abord apparu sous la forme Le Marguenat, et que les branches qui parvinrent à la noblesse, au milieu du dix-septième siècle, le transformèrent naturellement en de Marguenat.
6. Henri Jougla de Morenas, *Grand armorial de France* (Paris 1934-1952), iv.528.

Branche paternelle de la marquise de Lambert

(établie d'après La Perrière)

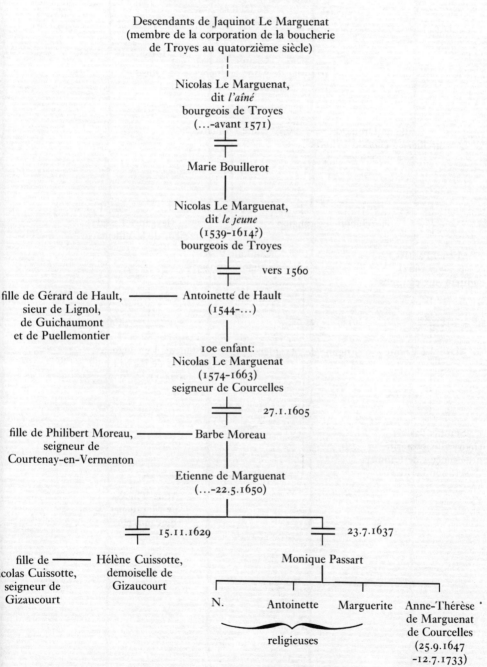

De Marguenat porte:
*d'azur à trois bandes d'or, à un chef d'or
chargé de trois roses de gueules*

Descendants de Jaquinot Le Marguenat
(membre de la corporation de la boucherie
de Troyes au quatorzième siècle)

Nicolas Le Marguenat,
dit *l'aîné*
bourgeois de Troyes
(...-avant 1571)

Marie Bouillerot

Nicolas Le Marguenat,
dit *le jeune*
(1539-1614?)
bourgeois de Troyes

vers 1560

fille de Gérard de Hault,   Antoinette de Hault
sieur de Lignol,   (1544-...)
de Guichaumont
et de Puellemontier

10e enfant:
Nicolas Le Marguenat
(1574-1663)
seigneur de Courcelles

27.1.1605

fille de Philibert Moreau,   Barbe Moreau
seigneur de
Courtenay-en-Vermenton

Etienne de Marguenat
(...-22.5.1650)

15.11.1629   23.7.1637

fille de   Hélène Cuissotte,   Monique Passart
Nicolas Cuissotte, demoiselle de
seigneur de   Gizaucourt
Gizaucourt

N.   Antoinette   Marguerite   Anne-Thérèse
de Marguenat
de Courcelles
(25.9.1647
-12.7.1733)

religieuses

Branche maternelle de la marquise de Lambert

Passart porte:
d'argent à trois merlettes de sable

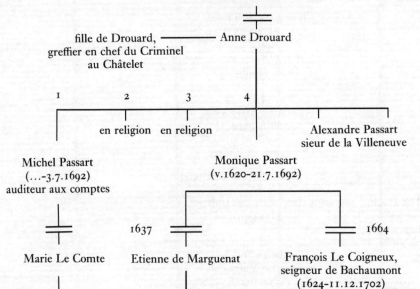

Descendants de Berthelot Passart
commerçant parisien au début du 16e siècle
et de Denise Asselin
fille de mégissier

Claude Passart
trésorier de Mme la duchesse de Guise
secrétaire du roi en 1629

fille de Drouard, ———— Anne Drouard
greffier en chef du Criminel
au Châtelet

1   2   3   4

en religion   en religion   Alexandre Passart
                                                 sieur de la Villeneuve

Michel Passart   Monique Passart
(...-3.7.1692)   (v.1620-21.7.1692)
auditeur aux comptes

                    1637   1664

Marie Le Comte   Etienne de Marguenat   François Le Coigneux,
                                            seigneur de Bachaumont
                                            (1624-11.12.1702)

Son fils Passart
mort sans postérité,
Ienri-François de Lambert
sera son héritier

                                            Anne-Thérèse
                                            de Marguenat
                                            de Courcelles

Branche d'Henri de Lambert, marquis de Saint-Bris

(établie d'après D'Hozier)

Lambert porte:
*coupé émanché de gueules de trois pièces
sur deux et deux demies pièces d'argent*

Descendants de Guillaume de Lambert,
seigneur de Bonnes en Angoumois
(au 13e siècle)

Jacques de Lambert, écuyer
seigneur de Lamourat,
de la Mazardie, de la Jarissie

1524

Marguerite Arnal de La Faye

Bertrand de Lambert, écuyer
seigneur de la Filolie
(Lamourat) et des Ecuyers

8 mai 1541 · 1.3.1552

Jeanne de Laux
de La Coste d'Allemans

Marguerite de Durfort 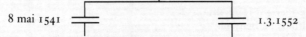 fille de Jean de Durfort
et de Marguerite
de Chauveron

Jean de Lambert, écuyer,
seigneur de la Filolie et des Ecuyers,
de la Compagnie du roi de Navarre,
Gentilhomme de la Chambre du Roi

12.2.1576

Marguerite Robinet de La Serve

Jean de Lambert
(25.9.1586-23.10.1665)
lieutenant général
marquis de St-Bris en 1644

20.7.1626

Anne de Gentils ——— fille de ——— Irier de Gentils
seigneur de Pujolet
et de Edmée de Régnier
de Guerchi

Henri de Lambert
marquis de St-Bris
(3.11.1631-1.8.1686)

Postérité de la marquise de Lambert

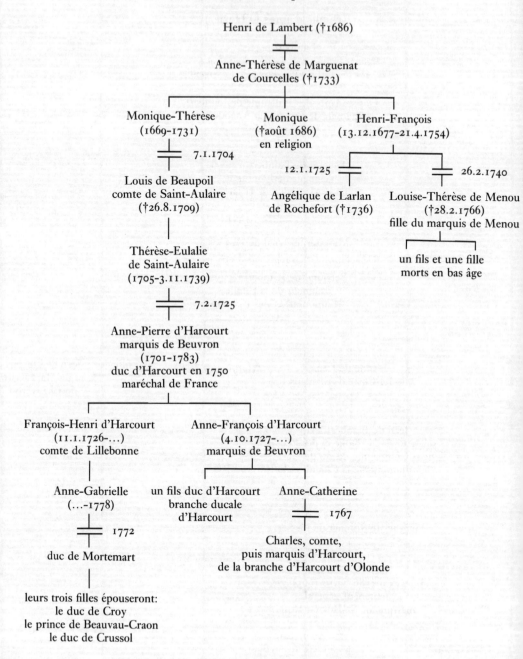

Henri de Lambert (†1686)

Anne-Thérèse de Marguenat
de Courcelles (†1733)

Monique-Thérèse
(1669-1731)

Monique
(†août 1686)
en religion

Henri-François
(13.12.1677-21.4.1754)

7.1.1704

12.1.1725

26.2.1740

Louis de Beaupoil
comte de Saint-Aulaire
(†26.8.1709)

Angélique de Larlan
de Rochefort (†1736)

Louise-Thérèse de Menou
(†28.2.1766)
fille du marquis de Menou

Thérèse-Eulalie
de Saint-Aulaire
(1705-3.11.1739)

un fils et une fille
morts en bas âge

7.2.1725

Anne-Pierre d'Harcourt
marquis de Beuvron
(1701-1783)
duc d'Harcourt en 1750
maréchal de France

François-Henri d'Harcourt
(11.1.1726-...)
comte de Lillebonne

Anne-François d'Harcourt
(4.10.1727-...)
marquis de Beuvron

Anne-Gabrielle
(...-1778)

un fils duc d'Harcourt
branche ducale
d'Harcourt

Anne-Catherine

1772

1767

duc de Mortemart

Charles, comte,
puis marquis d'Harcourt,
de la branche d'Harcourt d'Olonde

leurs trois filles épouseront:
le duc de Croy
le prince de Beauvau-Craon
le duc de Crussol

confirme indirectement ce trait de caractère, en rappelant dans sa notice nécrologique du *Mercure* d'août 1733 que la marquise était une de Marguenat de Courcelles.

Les Marguenat appartiennent à la fin du quatorzième et au quinzième siècle à la puissante corporation de la boucherie troyenne; Anne-Thérèse est issue de l'une des deux grandes branches, celle des Guichaumont, Courcelles, Les Essarts. Au seizième siècle, les membres de cette branche ont abandonné la boucherie pour le négoce: l'arrière-grand-père de la marquise, Nicolas Le Marguenat, prend des fermes importantes,[7] s'allie à une famille propriétaire de fief en épousant Antoinette de Hault, du chef de qui il deviendra seigneur de Guichaumont, joue un rôle dans le magistrat de la ville de Troyes, dont il sera maire. Tout, alors, pousse ces bourgeois puissants vers la noblesse de robe. Un pas décisif est franchi, au début du dix-septième siècle, par l'un des fils, Nicolas Le Marguenat, né à Troyes, baptisé dans la paroisse Saint-Jean le 13 décembre 1574, qui 'fut seigneur de Courcelles,[8] avocat au Parlement de Paris et audiencier en la chancellerie près le Parlement de Bourgogne'.[9] Le grand-père de la marquise de Lambert[10] avait épousé Barbe Moreau, fille de Philibert Moreau, seigneur de Courtenay-en-Vermenton,[11] qui lui avait donné un fils, le seul enfant du ménage, semble-t-il: Etienne de Marguenat. Fontenelle confirme que le père de la marquise de Lambert avait hérité du titre de seigneur de Courcelles.

On voit cette famille passer, en quatre degrés, de la boucherie au négoce, puis aux charges, celles de la magistrature et de la finance, dont elle allait bientôt atteindre les plus hauts grades,[12] à la noblesse enfin. Cette ascension traduit sans aucun doute les qualités de la race: l'ambition, le sens des

7. On le rencontre, en 1594, pourvoyeur des greniers à sel de Noyers, Montbard, Semur-en-Auxois et Châtillon.
8. Courcelles est un fief aux portes de Troyes (aujourd'hui dans la commune de Saint-Germain).
9. Il est pourvu de cet office le 13 décembre 1605. Il résigne le 4 mai 1628, quelques mois avant le mariage de son fils. Voir H. de La Perrière, *Marguenat*, p.19 et *Marquise*, p.11.
10. Mlle de Courcelles a très certainement connu son grand-père, qui vivait en Champagne; il mourra en 1663.
11. Le contrat de mariage est passé en la ville d'Avallon le 29 novembre 1604. Il n'est pas indifférent, pour expliquer l'alliance de Mlle de Courcelles avec Henri de Lambert, de noter ces relations de voisinage entre deux familles qui ont des attaches en Bourgogne.
12. L'un des frères aînés de Nicolas Le Marguenat, le grand-père de la marquise de Lambert, était monté encore plus haut que lui dans la robe. Claude Le Marguenat, baptisé à Saint-Jean le 9 novembre 1573, est nommé président à la Chambre des Comptes de Bourgogne le 25 mai 1633; il meurt le 29 juin 1668 et est inhumé en l'église Saint-Michel de Dijon. Il avait épousé Jeanne Fleutelot, fille d'un président à la même Chambre. Son fils Didier fut pourvu de cette charge, sur la résignation de son père, le 9 août 1653. Leurs descendants, que la marquise de Lambert pouvait connaître, accédèrent à la noblesse d'épée.

affaires, l'intelligence très certainement. On ajoutera encore à ce tableau moral l'attachement à la foi catholique.[13]

Il serait fâcheux de garder du père de Mlle de Courcelles l'image dérisoire, et sans doute suspecte, qu'a laissée Tallemant Des Réaux: celle d'un mari berné, que les coquetteries de l'épouse ont rendu un peu fou.[14]

Ce financier honnête, semble-t-il,[15] ne manque pas de l'ambition qui caracté-rise ses ancêtres. Il fait carrière dans l'administration des finances, en Cham-pagne, comme trésorier de France et général des finances, ce qui le conduit à résider à Châlons-sur-Marne. C'est là qu'il épouse, par contrat du 15 novembre 1629, Hélène Cuissotte, fille de feu Nicolas, écuyer, seigneur de Gizaucourt, Bierges, Bayarne et autres lieux; comme ses ancêtres, Etienne tient donc à s'allier à la noblesse de sa province. On ne lui connaît pas d'enfant de ce premier mariage avec Mlle de Gizaucourt.

Bientôt veuf, il vient s'établir à Paris, où il est reçu maître ordinaire en la Chambre des Comptes, le 7 mars 1637. L'accès à l'un des plus hauts grades de l'administration des finances couronne l'ascension de cette branche des Marguenat. Le père de Mme de Lambert gardera sa charge jusqu'au 7 septembre 1648: ses facultés intellectuelles s'affaiblissant, il traite le 22 août de la même année avec Nicolas Doujat pour la vente de son office, qu'il cède pour 189 300 livres.[16]

On ne sait pas si la liaison de M. de Courcelles avec Monique Passart fut antérieure à sa nomination de conseiller.[17] Quelques semaines après sa récep-tion, le 23 juillet 1637, il convole en secondes noces. Etienne de Courcelles épouse dans son état; plusieurs membres de la famille Passart appartiendront

---

13. L'arrière-grand-père de la marquise, qui fut magistrat municipal, avait été un 'ligueur décidé' (*Marquise*, p.10).

14. C'est le piège que n'a pas évité Ferdinand Delavigne dans 'Le premier salon du XVIIIe siècle; une amie de Fontenelle', extrait des *Mémoires de l'Académie des sciences, inscriptions et belles-lettres de Toulouse*, 7ème série, tome x (1878). Il écrivait injustement (p.5) que Mme de Lambert 'était fille d'un père assez vulgaire, maître en la Chambre des Comptes, et qui n'eut d'autre mérite que de lui laisser une fortune considérable'.

15. Sa fortune ne paraît pas suspecte, si l'on en juge par les difficultés qu'il éprouve à réunir la somme nécessaire à l'achat de sa charge de maître des comptes. Il traite, le 20 janvier 1637, avec Le Pelletier de Chasteaupoissy pour le prix de 155 000 livres, et doit emprunter 36 676 livres à Melchior de Gilliers pour parfaire son versement initial de 90 000 livres: il lui constitue une rente de 2 000 livres, le 21 mai 1637. Voir Thoisy, 215, f.503-10.

16. Thoisy, 215, f.503-10.

17. Voir, dans le récit de Tallemant Des Réaux, ce seul indice: 'on la maria à un maistre des Comptes' (*Historiettes*, éd. A. Adam et G. Delassault, Paris 1960-1961, ii.391).

aussi à la Chambre des Comptes.[18] On voit donc se dessiner avec cohérence le milieu auquel appartient Mlle de Courcelles: c'est celui de la finance, qui doit beaucoup au négoce, et d'abord son aisance. C'est l'argent qui permet aux Marguenat et aux Passart d'acquérir, sans rougir, les offices de l'administration royale, d'où il est aisé d'attendre l'anoblissement. Cette profession développe des qualités que nous reconnaîtrons chez la marquise de Lambert: le bon sens, l'intelligence des affaires, la volonté de mettre l'argent au service de ses ambitions.

S'il faut en croire Tallemant Des Réaux, M. de Courcelles, dans sa trentaine, portait beau: le narrateur le désigne comme un 'homme qui n'estoit point mal fait' (ii.391). En épousant Monique Passart, qui avait dix-sept ans, il 'faisait un établissement avantageux qui lui permit d'acquitter rapidement des deniers de la communauté ce qu'il devait encore sur sa charge'.[19] On ne comprend pas pourquoi Fontenelle écrit dans sa notice nécrologique qu'Anne-Thérèse 'était fille unique d'Etienne de Marguenat et de Monique Passart'. En réalité, le ménage avait eu quatre filles, toutes entrées au couvent, chez les annonciades de Meulan: elles y demeurèrent, à l'exception de la future marquise. On a peu de renseignements sur ces sœurs et sur les relations que Mme de Lambert entretint avec elles. Henri de La Perrière précise seulement que l'une d'entre elles mourut pendant son noviciat, et que les deux autres, Antoinette et Marguerite, firent profession dans ce monastère.[20]

Tout semblait donc promettre à Etienne de Marguenat de Courcelles l'aisance, le confort, une existence tranquille et quiète, qu'il aurait partagée entre Paris et ses terres de Champagne, où il allait retrouver régulièrement un père qui avait tant fait pour sa carrière. Mais Monique Passart n'était sans doute pas la compagne qu'il lui fallait.

2. *Monique Passart*

On connaît assez bien également, toujours par les travaux de Henri de La Perrière, les origines sociales de Mme de Lambert du côté maternel. Incontestablement, les racines des Passart sont, elles aussi, bourgeoises. Au

18. Le frère aîné de Monique, Michel, était depuis peu auditeur des Comptes. Son frère Alexandre le remplaça dans cette charge le 3 juin 1650; il la conserva jusqu'en 1663. Michel Passart fut reçu maître des Comptes le 6 août 1650; quand il mourut en charge, le 3 juillet 1692, son fils lui succéda. Ce dernier ne laissa pas de postérité, et son héritier fut le marquis Henri-François de Lambert, son cousin. L'autre frère de Monique, Alexandre, sieur de La Villeneuve, fut officier de la Vénerie du Roi, et ne se maria pas. Trois autres enfants de Claude Passart étaient entrés en religion.

19. La Perrière, *Marquise*, p.12.

20. L'une des deux sœurs devint la mère supérieure du monastère en 1692.

seizième siècle, on rencontre leurs ancêtres dans le commerce parisien, d'où ils sortent, comme les Marguenat (l'itinéraire semble traditionnel), pour accéder à la robe au début du dix-septième siècle.[21]

Le père de Monique, Claude Passart, appartient à la bourgeoisie parisienne aisée; il est trésorier de Mme la duchesse de Guise et accède, en 1629, au poste honorable de secrétaire du roi. Il ne cache pas ses ambitions. Il épouse dans la robe: sa femme Anne Drouard est la fille d'un greffier en chef du Criminel du Châtelet.[22] C'est lui qui pousse ses fils vers l'administration des finances; nous avons évoqué leur réception à la Chambre des Comptes, qui marque un succès certain pour la famille. L'alliance de Monique Passart et d'Etienne de Marguenat était en somme avantageuse aux deux partis; la jeune femme apportait la richesse et assurait l'aisance matérielle, et l'époux couronnait les ambitions de cette petite bourgeoisie qui accède aussi à la noblesse: au dix-septième siècle, les Passart ont des armoiries et portent 'd'argent à trois merlettes de sable'.[23]

Telles sont les origines sociales de Monique Passart. Mais l'éclairage doit jouer surtout sur le portrait de la coquette, car les *Historiettes* de Tallemant Des Réaux ont livré à la postérité un témoignage accablant sur la renommée douteuse de Mme de Courcelles dans le Paris des blondins. Tallemant a noté quelques traits du portrait physique et moral: 'Elle est petite et a les yeux petits, mais elle est fort jolie et fort coquette' (ii.391). A l'inverse de la marquise de Lambert, Mme de Courcelles se plaisait à afficher une impiété qui s'accordait à son goût de la débauche et qui devait séduire les libertins du milieu du siècle. 'Sa mère luy avoit tant fait entendre de messes qu'elle n'en fut gueres friande quand elle fut mariée' (Tallemant, ii.391). En revanche, la mère a sans doute légué à sa fille cette vertu qu'elles ont en commun: la libéralité, la générosité envers les amis dans le besoin.

Il faut accueillir avec beaucoup de prudence les malicieuses et indiscrètes allusions de Tallemant sur l'art consommé avec lequel la coquette faisait endosser les paternités à son 'bonhomme de mary'. Il est utile cependant, ne serait-ce que pour approcher le cercle parisien du ménage et entrevoir ses fréquentations,[24] de rappeler les amants dénombrés par Tallemant. Le premier aurait été le sieur de Gizaucourt, Nicolas Cuissotte, écuyer, qui était le frère de la première Mme de Courcelles. Au dire de Tallemant, le ménage passait

---

21. *Marquise*, p.47: 'Les Passart descendaient de Berthelot Passart, vivant en 1509 avec Denise Asselin, sa femme, laquelle était fille d'un mégissier. Les nombreuses branches de sa lignée prospérèrent dans le commerce parisien et ses arrière-petits-enfants commençaient à en sortir.'
22. *Marquise*, p.12.
23. *Grand armorial de France*, v.222.
24. A Paris, le conseiller résidait rue de Touraine, sur Saint-Jean-en-Grève.

six mois, chaque année, dans ses terres de Champagne, chez le père de l'époux. Est-ce là que Monique l'a connu? C'est ce que semble suggérer le récit de Tallemant: 'Elle souffrit bien avec son beau-père, un vieux fou chez qui il falloit aller passer tous les ans six mois, en Champagne, mais en revanche elle en tiroit beaucoup. [Gizaucourt] est de Champagne, et étoit voisin du beau-père' (ii.391). La réception, le 1er décembre 1640, du sieur de Gizaucourt dans la charge de conseiller au Grand Conseil a sans doute facilité cette liaison, en lui donnant plus de régularité.

Il faut s'arrêter un instant sur le récit de Tallemant, car il éclaire la personnalité de ces Marguenat. Certes, le qualificatif de 'vieux fou' n'est guère tendre pour l'aïeul; il traduit cependant la rigueur morale, la sévérité d'un père nourri des traditions du catholicisme provincial, soucieux des bienséances, peu enclin à badiner sur le sujet du mariage. C'est dans cette école de vertu qu'il avait élevé son fils: Tallemant note crûment qu'il n'avait rien d'un mari complaisant.[25] D'autres détails montrent que cette vertu était agissante: M. de Marguenat a aidé son fils de ses deniers; Tallemant écrit que Mme de Courcelles 'en tiroit beaucoup'. Le père vertueux que le ménage va retrouver dans ses terres de Champagne n'a pas les défauts des gérontes de la comédie; tant qu'il vivra, Mme de Courcelles veuve, qui le respectait et le craignait, n'osera épouser ouvertement Bachaumont.

Pour le malheur d'Etienne de Courcelles, Gizaucourt eut des successeurs dont l'un, s'il fallait suivre le médisant Tallemant, pourrait bien être le véritable père de la marquise de Lambert. 'On disoit qu'elle avoit Brancas pour brave, le chevalier de Gramont pour plaisant, Charleval pour bel esprit, et le petit Barillon pour payeur.'[26] Viennent encore s'ajouter à cette liste les noms du maréchal d'Albret, qui courtisa Mme de Courcelles dans son veuvage, et dont Saint-Simon dit dans ses *Mémoires* qu'il 'tenait un grand état partout',[27] d'un blondin comme Rambouillet, et de Bachaumont bien sûr, qu'elle finira par épouser. Ce qui est fâcheux, c'est que Mme de Courcelles faisait partager ses principes à ses amies, s'attirant ainsi le courroux d'amants ou de maris ombrageux: Tallemant affirme qu'elle se brouilla avec Belesbat – elle aurait

---

25. 'Enfin le mary se rebutta, et ne couchoit plus avec elle' (ii.391).

26. ii.392. Charles de Villars, comte de Brancas (1618-1681): Tallemant précise que 'pendant sa gueuserie, Mme de Courcelles respondoit pour luy aux marchands'; Philibert, chevalier, puis comte de Gramont (1621-1707); Charles Faucon de Ris, sieur de Charleval (1612 ou 1613-1693), poète aimable et léger, peut passer pour un membre du cercle de Saint-Evremond; Paul Barrillon d'Amoncourt, reçu conseiller au Parlement en 1650, fils aîné du président Barrillon.

27. La descendance mâle de la maison d'Albret s'était éteinte en 1676, avec la mort de César-Phébus, sire de Pons et de Miossens, maréchal de France, chevalier de l'Ordre et gouverneur de Guyenne. C'est à l'hôtel d'Albret que la veuve de Scarron commença son ascension.

jeté sa maîtresse, Mme de Moussy, dans les bras de Brancas – et avec le mari de Mme de Chauvry (i.388, 393).

A dire le vrai, les anecdotes scabreuses de Tallemant ne nous intéresseraient pas, si elles ne faisaient entrevoir le milieu fréquenté par la mère de la marquise de Lambert. C'est un monde assez mêlé, où se rencontrent poètes épicuriens et grands seigneurs libertins, et dont la légèreté ne compromet pas les carrières brillantes. Les personnages s'y produisent comme sur un grand théâtre; ils aiment le scandale, le recherchent même. Brancas fournira à La Bruyère le modèle de son 'Distrait'; Gramont, cet indévot notoire, dont Saint-Simon qui l'a connu dans sa vieillesse a pu dire qu'il était le mépris et la terreur de la cour, passe à juste titre pour le prototype du Don Juan de Molière, mais sa plus grande célébrité lui vient des fameux *Mémoires* qui le montrent en action et le peignent, pour la postérité, sous les traits du plus redoutable des séducteurs. Ces libertins proposent de l'aventure et du romanesque une image dépréciée, et vivent l'héroïsme sous la forme dégradée du donjuanisme. Dans ce monde la sémillante coquette semble à l'aise, on l'imagine spirituelle et vive dans ses propos, sachant plaire à ces beaux esprits par d'autres charmes que ceux des sens. Mlle de Courcelles n'a vraisemblablement pas vu graviter autour d'elle ces libertins, car Bachaumont a pris soin de son éducation et s'est efforcé d'étouffer les rumeurs qui accompagnaient sa mère dans le monde. Il n'empêche que la marquise de Lambert ne cessera de montrer son aversion pour ces divertissements et ces dépravations; la visée de sa morale et de sa pédagogie sera de condamner tous ceux qui entrent dans le monde pour 'y vivre à l'aventure'.

Il y a encore une ombre à ce tableau. Tallemant note malicieusement que 'les coquetteries de cette femme firent tourner la cervelle à son mary; elle le fit enfermer dans une chambre dont les fenestres étoient grillées. Il ne tarda pas à mourir' (ii.393). Son éducation, ses principes, son caractère ne disposaient guère Etienne de Courcelles à l'indulgence, et la conduite d'une telle épouse pouvait bien, en effet, le rendre 'hébété'. Le fait est qu'il revend sa charge dix ans après l'avoir achetée, ce qui est un indice certain de l'affaiblissement de ses facultés intellectuelles.

La marquise de Lambert, peu sensible aux préjugés, n'avait certainement pas honte de ses origines. Elle éprouvait une certaine fierté d'être une Marguenat, et la plupart des pièces autographes conservées dans les archives sont signées de ce nom.[28] Dans les moments les plus difficiles de ses procès, elle s'efforcera

---

28. Sont signés 'de Marguenat' ou 'A. de Marguenat': l'acte de requête de l'inventaire des biens de Henri de Lambert, le 22 août 1686 (A.N., V, 181); le codicille du 6 décembre 1728

toujours d'agir avec le respect et la considération qu'elle doit à sa mère, soucieuse 'd'entretenir l'union convenable qu'elle a pour elle'.[29] Seules des considérations morales expliquent ses silences: elle a été meurtrie par son inconduite, elle a recherché dans la famille de son époux des valeurs qui s'accordaient mieux à ses rêves d'adolescente. Mais elle a toujours eu conscience qu'il y avait chez les Marguenat et chez les Passart des vertus précieuses et des qualités solides, qui pouvaient être d'un grand secours dans l'existence.

3. *Les Lambert*

Par son mariage, dont le contrat fut passé devant Gaudin, notaire au Châtelet, le 21 février 1666,[30] Mlle de Courcelles quittait le milieu de la petite noblesse de robe pour entrer dans la bonne noblesse d'épée. Cette alliance fait naître plusieurs remarques. On note d'abord la disparité d'âge: la jeune fille a dix-huit ans et quatre mois; Henri de Lambert, marquis de Saint-Bris, qui vient d'entrer dans sa trente-cinquième année, est de seize ans son aîné. Ce mariage suit immédiatement la mort du père de l'époux, Jean de Lambert, qui venait de s'éteindre dans ses terres de Bourgogne, le 23 octobre 1665. Tout se passe donc comme s'il avait été précipité, facilité ou justifié par ce décès. Ces remarques objectives sur les disparités d'âge et de milieu font soupçonner un arrangement financier.[31] Pour Mme de Courcelles et Bachaumont l'alliance avec un Lambert est flatteuse; à l'officier, elle garantit une aisance matérielle, qui devrait profiter à son avancement et le soulager dans l'entretien des terres dont il vient d'hériter. Quant à la jeune fille, elle pouvait être éblouie par un nom que faisait briller la gloire des armes.

Si la noblesse des Lambert est bonne, elle ne semble pas ancienne. Nous verrons que Jean de Lambert ne fut pas en mesure de donner les preuves de sa noble extraction et de son ancienneté, lorsqu'il reçut un brevet de retenue pour être associé au chapitre de l'Ordre du Saint-Esprit comme chevalier et commandeur. Il faut donc émettre des réserves sur la généalogie flatteuse fabriquée au dix-huitième siècle pour l'*Armorial général*, qui reconnaît neuf degrés aux Lambert, en remontant jusqu'au treizième siècle.[32] Les preuves de cette noblesse ne sont vraiment certaines qu'à partir du seizième siècle. Cette

(A.N., LVIII, 563). En revanche, un bail sous seing privé du 3 août 1721 est signé 'la marquise de Lambert' (A.Y., E. 110).

29. Thoisy, 219, f.183*v*.

30. A.N., LVIII, 563, f.36*v*, cote 19; Thoisy, 215, f.494.

31. Ces soupçons seront confirmés quand nous étudierons les origines des procès de la marquise de Lambert.

32. D'Hozier, *Armorial général, ou registres de la noblesse de France*, registre second, seconde partie (Paris 1742), p.567-76.

bonne famille du Périgord porte dans ses armoiries 'coupé émanché de gueules de trois pièces sur deux et deux demies pièces d'argent'; elle est issue des seigneurs de Bonnes en Angoumois, et se divise en deux branches au seizième siècle, celle des marquis de Saint-Bris en Bourgogne et celle des seigneurs de La Mazardie en Périgord, tous du surnom de Lambert. C'est donc par une impropriété que l'on a toujours parlé de la marquise de Lambert: Mme de Lambert était en réalité marquise de Saint-Bris, mais aucun de ses commensaux ne lui a jamais donné ce titre.

Au quatrième degré reconnu par d'Hozier, on rencontre Jacques de Lambert, écuyer, seigneur de Lamourat, de La Mazardie, de La Jarissie en Périgord, qui épouse, en 1524, noble Marguerite Arnal de La Faye; elle lui donnera quatre fils et deux filles. L'aîné, Bertrand, écuyer, seigneur de Lamourat et des Ecuyers, fera la branche des marquis de Saint-Bris; le second fils, Pierre, fera la branche des seigneurs de La Mazardie. La fortune des Lambert est, à son origine, liée à celle de la famille de Navarre. On classerait volontiers ce Bertrand dans la robe, ce que ne dit pas d'Hozier; il fut d'abord conseiller au Parlement de Bordeaux, puis maître des requêtes de la reine de Navarre. Bertrand, qui fut marié deux fois, aura un fils de son premier mariage, Jean, premier du nom, écuyer, qui hérite des titres de seigneur de La Filolie et des Ecuyers, et qui accède à la noblesse d'épée. C'est avec lui que commence l'ascension de cette branche des Lambert dans le métier de la guerre. Il fut homme d'armes dans la compagnie du roi de Navarre, qu'il suivit dans toutes ses campagnes, lors de son avènement à la couronne. La fidélité des Lambert envers Henri IV traduit sans doute leur attachement à la foi protestante. Chez cet ancêtre apparaît déjà un trait qui sera l'une des constantes du portrait moral de ces officiers: la loyauté dans le service du roi, le dévouement à la couronne. D'Hozier cite une lettre flatteuse qu'Henri IV adresse à Jean de Lambert, datée du camp devant Le Mans, le 3 novembre 1589, et qui le reconnaît pour un de ses meilleurs sujets. Le monarque saura récompenser cette fidélité: en 1591, Jean de Lambert est nommé maître d'hôtel de la Maison du Roi, et en 1602, gentilhomme ordinaire de sa chambre. Ce Jean de Lambert eut sept enfants de Marguerite Robinet de La Serve:[33] le quatrième, qui porte son prénom, continuera sa descendance.[34] C'est le beau-père de la marquise,

33. Elle était la sœur de Raymond Robinet de La Serve, maréchal de camp du roi.
34. Gaston de Lambert, l'aîné, fut page du roi Henri IV, servit en 1618 comme capitaine-lieutenant dans la compagnie des gens d'armes du prince Henri de Nassau, et mourut sans postérité en 1622; François, le second fils, mourut au siège de Montauban, en 1621, sans avoir été marié; Henri de Lambert, le troisième enfant, filleul d'Henri IV et l'un de ses aumôniers, était entré dans les ordres.

qui puisera dans sa carrière exemplaire de belles maximes sur les devoirs et la gloire du soldat.

A. *La carrière exemplaire de Jean de Lambert*

a. *Le lieutenant de Bassompierre et l'officier du régiment de Piémont*

Pour comprendre cette morale, il faut relire les *Mémoires* de Bassompierre, sous qui Jean de Lambert fait son apprentissage. Le maréchal lorrain s'y montre loyal serviteur de la couronne de France, en contraste avec la noblesse turbulente, arrogante, qui fait du royaume l'enjeu de ses ambitions mesquines et égoïstes. Jusqu'à sa disgrâce cruelle sous Richelieu, ce qui le caractérise, au milieu des troubles civils et des intrigues des grands, c'est sa fidélité à la cause royale, son attachement à une légitimité toujours contestée, battue en brèche. Sur le champ de bataille, sauvage, où ne se développe pas encore l'art de la guerre, ce dévouement s'exprime par une bravoure sans faiblesse, aveugle parfois, que nourrit le double appel de l'honneur et du sang, et par une détermination presque instinctive dans le commandement. Ce sont là des traits qu'on retrouve chez l'officier Jean de Lambert, et sans doute celui-ci doit-il en partie à Bassompierre cette morale pieusement recueillie par ses descendants, qui inspire les beaux gestes que la marquise propose à l'admiration de son fils et de ses lecteurs. Les deux soldats sont de la même génération,[35] ils ont les mêmes maîtres, car Jean de Lambert fut page d'Henri IV et, comme son aîné, fit ses premières armes sous le prince Maurice de Nassau. Mais, d'un nom moins illustre, le gentilhomme modeste devra passer par tous les grades de la carrière d'officier. Quand, en janvier 1610, Henri IV confie à son favori lorrain sa cavalerie légère, ainsi qu'une compagnie de cent chevau-légers et une autre de cinquante gardes, l'un des premiers actes du colonel est la nomination de Lambert au grade de lieutenant de ses gendarmes,[36] ce qui prouve que l'ancêtre de la marquise était alors un des jeunes officiers subalternes appréciés à la cour. Le *Journal* de Bassompierre permet d'entrevoir les prémices de sa carrière; Lambert suit le colonel lorrain dans ses campagnes françaises, de 1614 à 1620, et bénéficie de sa faveur. On retiendra essentiellement ses premiers faits d'armes: les 12 et 21 octobre 1615, il s'illustre dans le marais de Saint-Gond et à Champlay; le 7 janvier 1616, après avoir ouvert la barricade au village de Nanteuil, il est grièvement blessé au combat de Pamproux.[37]

35. François de Bassompierre est né au château d'Haroué, en Lorraine, le jour de Pâques 12 avril 1579; Jean de Lambert, au château des Escuyers, en Périgord, le 25 septembre 1586.

36. Bassompierre, *Journal de ma vie, mémoires du maréchal de Bassompierre*, éd. du marquis de Chanterac (Paris 1870-1877), i.269: 'Il me donna aussy cinquante gardes, desquelles je fis capitaine Cominges, et lieutenant Lambert.'

37. ii.16-17, 56-57. Bassompierre fait mention de la blessure de Lambert en ces termes: 'Nous ne perdimes en ce combat que Mr de Chemeraut qui fut tué, et Lambert blessé d'une mousquetade

Ces prouesses d'un gentilhomme de trente ans qui agit avec hardiesse et détermination, assimilant son devoir au service du roi, annoncent la psychologie vigoureuse que cernera le portrait laissé par la marquise de Lambert, et qui doit beaucoup à la forte personnalité de Bassompierre. La fidélité du lieutenant, et son mérite, sont récompensés en juillet 1620, quand le maréchal obtient pour lui une promotion au grade de capitaine d'une compagnie de gens de guerre au régiment de Piémont (ii.167, 177). C'est à la tête de cette compagnie que Lambert sera un témoin privilégié des troubles civils et de la guerre de Trente Ans qui assombrissent le règne de Louis XIII.

Nous nous contenterons de mentionner ici les campagnes du régiment de Piémont en Guyenne, dans le Poitou et dans le Languedoc; nous trouvons successivement Jean de Lambert au combat de Saint-Jean-d'Angély (23 juin 1621), au siège de Montauban, à la prise de Monheurt (12 décembre 1621), au combat de l'île de Riez (16 avril 1622), à la prise de Négrepelisse (10 juin 1622), enfin au siège de Montpellier (septembre-octobre 1622). Il faut encore évoquer le siège de La Rochelle, où il prend avec l'histoire un nouveau rendez-vous déterminant: après Bassompierre et Monsieur le Prince, c'est maintenant le cardinal de Richelieu qu'il rencontre, dont l'ombre se projette sur sa carrière future. Entre temps, les mérites du capitaine ont été reconnus: le 26 juin 1624, à l'occasion d'une réorganisation du régiment de Piémont, sa compagnie est doublée et composée des meilleurs soldats, d'hommes aguerris dans les campagnes récentes. Il prend part, en 1629, à l'expédition de Savoie et guerroie dans les Cévennes jusqu'à la 'paix d'Alais'. Agé de quarante-deux ans, Jean de Lambert vient de se faire reconnaître, dans l'un des meilleurs corps du royaume, comme un officier d'élite; après avoir gravi tous les échelons de la hiérarchie, il accède au grade le plus élevé: il est nommé, le 24 août 1634, lieutenant-colonel. Au terme de cette longue période de combats et de troubles civils, entré dans sa 'mûre saison', l'officier attend d'être appelé à de hautes responsabilités, dans un monde à la fois décevant et plein de promesses.

Pour assumer les campagnes de la guerre de Trente Ans, sur un théâtre aux dimensions européennes, le cardinal de Richelieu doit s'en remettre à la capacité des officiers loyaux. Par un brevet du 30 mars 1635, Jean de Lambert est nommé maréchal de camp: il prend le commandement de la frontière des Pays-Bas, participe activement aux opérations dans le Brabant et en Hollande (1635-1636), assiste au siège désastreux de Dôle (été 1636), se rend à l'armée de Picardie pour être à la prise de Corbie (11 novembre 1636). C'est dans ce commandement, selon toute vraisemblance, qu'il a l'honneur de former le

---

chargée de dragée quy luy fit plus de soixante trous dont neanmoins aucun ne fut dangereux.'
Rappelons que la *dragée* est une volée de petits plombs.

jeune Turenne, qui fut maréchal de camp en Picardie en 1637.[38] La marquise de Lambert dira avec fierté de son beau-père: 'Il avoit eu l'honneur de commander Monsieur de Turenne, qui avoit la politesse de dire que Monsieur L*** lui avoit appris son métier' (*Avis fils*, p.9).[39] Au siège de La Capelle, Lambert commande une attaque qui décide de la reddition de la place, le 20 septembre 1637. Aussitôt le roi le nomme, en remerciement de ses services efficaces, gouverneur de ce bourg important pour la stratégie européenne. L'officier accueille avec sérénité une promotion bien ambiguë, qui signale, certes, les mérites d'un homme de guerre talentueux, mais qui vient aussi en un temps où le pouvoir est prêt à sanctionner sévèrement toute faiblesse dans le commandement: Lambert n'ignore pas que Richelieu, l'année précédente, a fait condamner à mort par contumace les trois gouverneurs de La Capelle, de Corbie et du Catelet.[40]

L'officier quitte donc le régiment de Piémont pour jouer dans les événements militaires de cette période un rôle qui ne cesse de grandir. Au mois d'août 1638, il doit prendre le commandement de l'armée de Picardie, abandonné par le maréchal de Brézé, beau-frère du cardinal. Bassompierre rapporte en ces termes l'anecdote (iv.275):

Mais comme, pour luy donner cet employ sans murmure, monsieur le cardinal eût désiré que pour quelque peu de temps on luy mit pour compagnon Mr le mareschal de la Force, a cause que Mr de Bresé n'estoit pas de sy grande experience, il refusa ce compagnon et dit a monsieur le cardinal qu'il n'estoit pas beste de compagnie, et qu'il le laissât faire seul, ce que mondit sieur le cardinal ne luy ayant pas absolument accordé ny refusé lors qu'il le vit à Abbeville, neanmoins sur ce qu'on luy dit que l'on parloit derechef de le conjoindre avec Mr le mareschal de la Force, il fit un matin assembler les chefs de l'armée, et leur ayant dit qu'il quittoit sa charge, il la remit avec le commandement qu'il laissa au sieur de Lambert mareschal de camp, et sans prendre congé du roy ny de monsieur le cardinal, il s'en revint a Paris quoy que luy peut

---

38. Camille-Georges Picavet, *Documents biographiques sur Turenne (1611-1675)* (Lille 1914), p.40.

39. Dans l'état actuel de nos connaissances, la réalité d'une influence du vieux Lambert sur le jeune capitaine est encore à prouver: ni les *Mémoires* de Turenne (éd. Paul Marichal, Paris 1909-1914), ni ses biographies ne mentionnent le beau-père de la marquise. Le témoignage aimable et poli a sans doute été adressé directement au fils, Henri de Lambert, qui servit sous Turenne en 1652 et en 1674.

40. Abbé Millot, *Elémens de l'histoire de France, depuis Clovis jusqu'à Louis XV* (Paris 1774), iii.244: 'Cependant les Espagnols entrent par les Pays-Bas dans la Picardie, & prennent en peu de jours la Capelle, Corbie, le Catelet. Richelieu avoit négligé de fortifer cette frontière. Il impute aux commandans une perte qu'on attribuoit à sa négligence. Il ordonne qu'on leur fasse leur procès. "N'épargnez ni gouverneurs, ni lieutenans, ni capitaines, ni officiers, ni soldats", écrivoit des Noyers aux commissaires chargés de la vengeance du cardinal.'

persuader et dire Mr de Chavigny qui fut envoyé apres luy pour luy faire changer de dessein.[41]

Bien caractéristique des mœurs du temps, l'affaire offre un témoignage accablant sur l'impéritie du commandement, mais sert aussi de faire-valoir à la conscience, au sens du devoir de Lambert qui, sans en avoir le grade, doit se substituer aux maréchaux pour maintenir la discipline et créer la confiance dans une armée veuve de ses chefs. Le siège d'Hesdin, entrepris le 19 mai de l'année suivante, fournit un nouvel épisode important à la biographie de Jean de Lambert. Tallemant, dans une historiette sur le cardinal de Richelieu (i.255-56), donne de la prise de la place ce récit malicieux:

La premiere conqueste qu'on fit en Flandres, ce fut celle de Hesdin. Le grand-maistre de la Meilleraye commandoit une attaque, et Lambert l'autre; Lambert avoit un ingénieur qui avoit servy les Estats; cet homme fit les choses dans l'ordre et comme il les falloit faire. Le Grand-maistre ne voulut pas avoir la patience; il fit tuer bien des gens, et avançoit moins que l'autre. Il envoie querir cet ingénieur. 'Combien me demandez-vous de jours? – Monsieur, ne plus ne moins qu'à l'autre attaque. Il faut tant de temps pour passer le fossé'. Il fallut, afin que le Grand-maistre eût l'honneur de la prise et qu'on le fît mareschal de France sur la bresche, retarder l'attaque de Lambert.

Un tel récit confirme les jugements, fondés sur la rumeur publique, que formuleront les descendants de l'officier sur sa valeur mal récompensée.[42] Mais ici le narrateur n'est pas crédible. En réalité, les deux attaques furent conduites par Jean de Lambert et par le colonel Gassion, tandis que La Meilleraye commandait l'armée. La ville ayant capitulé le 29 juin, le roi voulut voir la fin du siège et monta sur la brèche, où il remit le bâton au cousin germain du cardinal, puis il signa les provisions le même jour, le 30. Cependant, même déformée par la satire, la réalité décrite par Tallemant confirme la réputation de Jean de Lambert, sa maîtrise dans l'exécution des choses de la guerre, qui prend en compte l'économie des vies humaines, qui épargne au soldat l'angoisse de la mort: 'Il auroit mené les troupes à un péril certain, qu'elles auroient cru aller à une victoire assurée' (*Avis fils*, p.7). Peu après la prise d'Hesdin, les mérites du commandement de Jean de Lambert en Picardie sont reconnus: il obtient à la mort du cardinal de La Valette, le 3 octobre, le gouvernement de Metz et de sa citadelle.

41. La scène eut lieu le 7 août. Rappelons que Léon Bouthillier, comte de Chavigny, avait en charge les Affaires étrangères.
42. Mme de Lambert écrira à son fils: 'Plus d'une personne en place ont dit bien des fois que c'étoit la honte de la France, qu'un homme de ce mérite-là n'ait pas été élevé aux premières dignités de la guerre' (*Avis fils*, p.9).

b. Le gouverneur de Metz

Place forte isolée au-delà des limites du royaume, ville-frontière dont la possession nous était contestée, Metz exigeait pour sa conservation une vigilance toute spéciale. Elle eut en permanence, pendant le premier siècle de la réunion, une forte garnison, peut-être la plus forte garnison de toutes les places du royaume.[43]

A la fin du seizième siècle, la garnison de la ville comptait jusqu'à un millier d'hommes, tandis que la citadelle eut toujours une garnison à peu près constante de quatre cents hommes. Mais à partir de 1635, la guerre de Trente Ans place Metz au cœur des hostilités, et la cité sert de relais aux compagnies et aux régiments qui participent aux opérations en Saxe et en Westphalie. Quand Jean de Lambert arrive à Metz, les effectifs sont de trois cents hommes pour la 'vieille garnison', regroupés en huit compagnies réduites, dont une garde du gouverneur, et de mille deux cents hommes pour la 'nouvelle'. Dans la pratique les officiers sont subordonnés au gouverneur, qui est lui-même capitaine d'une compagnie de cavalerie. Il faut noter à ce propos que, conformément à la tradition des familles nobles, Henri de Lambert fera ses premières armes sous son père: il sera nommé officier au régiment d'infanterie en garnison dans la ville.

Le gouverneur doit veiller à l'entretien de la garnison, au logement, aux fournitures et à la nourriture des troupes, qui sont en partie à la charge de la cité. On doit à l'action du comte de Lambert, à son souci de rationalisation, la création d'un magasin de blé pour la garnison, le 2 avril 1642. Dans ses tâches quotidiennes, le gouverneur reçoit aussi les plaintes des civils, règle les différends, s'attribue un droit de réquisition, surveille et réglemente l'approvisionnement en blé et en vin, fixe les prix et les taxes, distribue les corvées.[44] On peut mesurer les difficultés du commandement de Lambert en méditant cette remarque générale de l'historien Zeller (ii.127): pendant la guerre de Trente Ans, le sort des Messins

n'est pas sensiblement différent de celui de toutes les populations dont le territoire est voisin du théâtre des opérations. La guerre réalise entre elles l'égalité dans la misère. Toutes sont en même temps victimes de la famine, de la peste, des brigandages des 'cravates' ou des Suédois, sans parler de ceux des troupes royales. Depuis la guerre de Cent Ans, jamais pays n'était tombé dans un abîme de désolation pareil à celui où gémissent de concert la Lorraine, les Trois Evêchés, et aussi l'Alsace.

---

43. Gaston Zeller, *La Réunion de Metz à la France (1552-1648)* (Paris 1926), ii.79.
44. Pour la période troublée de la guerre de Trente Ans, le chercheur dispose de plusieurs ordonnances de Lambert sur les taxations et sur la police (B.N., N. acq. fr., 22669, f.60ss.; 22670, f.19ss., f.14, f.109).

Les attributions militaires du gouverneur sont somme toute classiques;[45] ses fonctions politiques sont, elles, bien plus importantes. Gaston Zeller le confirme: 'L'honneur de commander à Metz, où François de Guise s'était illustré, fut recherché par les plus grands seigneurs du royaume. Il n'échut pas toujours à ceux que recommandaient de longs et brillants services dans l'armée. La faveur royale en fait bénéficier parfois des courtisans' (ii.87). Cette remarque ne s'applique pas à Jean de Lambert, qui dut, dans la réalité juridique, partager son pouvoir avec le marquis de Mortemart.[46] La distinction était donc brillante, et pourtant l'officier la reçut sans orgueil ni passion, ainsi que le souligne sa bru (*Avis fils*, p.8-9):

Quand il eut le Gouvernement de Metz (le plus beau de ce tems-là, et le plus desiré,) le Cardinal de Richelieu lui envoya le Brevet à la Chapelle, dont il étoit Gouverneur. Il étoit couché lorsque le courrier arriva; ses gens l'éveillerent: il prit le paquet sans l'ouvrir, le mit sous son chevet, et se rendormit.

Il n'est pas possible, bien sûr, de garantir l'authenticité d'une anecdote bien digne de frapper une imagination romanesque et de séduire une lectrice de Plutarque, mais rien aussi ne permet de la suspecter: on ne saurait douter de la vertu stoïcienne d'un officier qui savait rendre l'amour du devoir indépendant de la recherche des honneurs et des récompenses.[47] Le portrait du gouverneur de Metz est celui d'un soldat modeste, insensible aux séductions du pouvoir et aux tentations corruptrices, car, la marquise de Lambert le rappelle, 'les Gouverneurs de ce tems-là avoient la même autorité que des Vicerois' (*Avis fils*, p.9). A Metz, Lambert incarne l'autorité du monarque dans la cité, qui l'accueille avec pompe et solennité; les historiens, à propos du pouvoir du

45. Zeller les résume ainsi: 'exercer le commandement en temps de paix comme en temps de guerre, prendre toutes mesures utiles à la conservation de la place, assurer l'existence du soldat et le faire vivre en bons termes avec l'habitant' (ii.128).

46. Les lettres de provision du comte de Lambert le font gouverneur de la ville et citadelle de Metz, 'sous l'autorité du gouverneur et lieutenant général en l'évêché, ville et citadelle, et pays messin'. C'est le titre qu'avait porté le cardinal de La Valette, et qui ne sera relevé que pour Schomberg, quand il succédera à Lambert (ii.311). La faveur n'est donc pas entière; il y a un vide juridique, et l'année suivante, Gabriel de Rochechouart, marquis de Mortemart sera nommé gouverneur et lieutenant général en l'évêché de Metz et pays messin, comté et évêché de Verdun. Notons enfin que de Sérignan fut lieutenant pour le roi au gouvernement de Metz et pays messin pendant l'absence de Lambert, d'avril à juillet 1641, puis à partir de février 1643 (ii.311).

47. La vie de l'officier Jean de Lambert rappelle sur bien des points celle d'Abraham Fabert (1599-1662), fils d'un imprimeur de Metz, comme lui soldat loyal et généreux, ingénieur militaire remarquable, nommé gouverneur de Sedan en 1642, et premier roturier élevé au grade de maréchal en 1658. Des vertus si caractéristiques prêtaient naturellement à l'hagiographie, comme on le voit dans la biographie romancée de Fabert que donne Courtilz de Sandras, *Histoire du maréchal de Fabert, lieutenant général des armées du Roy* (Amsterdam 1697). Il est bien sûr impossible de savoir si la marquise de Lambert avait lu cet ouvrage.

gouverneur, n'hésitent pas à parler de véritable féodalité. Les Messins honorent en lui le défenseur légal qui protégera leurs biens et leurs vies, qui agréera ou désignera leurs représentants, qui assurera la police des rues et des marchés.[48] Mme de Lambert retient de ces activités quotidiennes diverses, un détail significatif, qui ne laisse pas de surprendre un lecteur moderne: 'Il refusa cent mille francs que les Juifs lui offrirent pour avoir la permission de ne plus porter le chapeau jaune' (*Avis fils*, p.9).[49] Le gouverneur en effet est chargé de la police des étrangers dans cette ville-frontière; les Juifs, interdits dans le royaume, y étaient tolérés avec son autorisation spéciale. L'état désastreux des finances royales les rendait indispensables, et depuis la fin du seizième siècle, ils constituaient une communauté active toujours plus importante. Lambert en la circonstance semble avoir épousé les vues d'une population mécontente qui voulait les expulser.[50]

C'est sous le commandement de Jean de Lambert que les derniers privilèges de Metz, attachés à son statut de ville d'Empire, vont disparaître. Gaston Zeller a analysé avec précision la transformation, sous l'impulsion active de Richelieu, du système particulier de la protection, qui aboutira à la réunion administrative définitive de la cité au royaume de France. Il faut ici entrer dans le détail, afin d'éclairer un passage des *Avis à son fils* (p.9) qui fait difficulté. La marquise écrit: 'Etant Gouverneur de Metz, on lui offrit des sommes considérables pour consentir à l'établissement d'un Parlement en cette Ville; il ne voulut jamais y donner son consentement.' En réalité, le Parlement avait été établi à Metz en 1633, pour accélérer les progrès de l'autorité royale; les deux prédécesseurs de Lambert y avaient fait opposition en raison de l'hostilité traditionnelle 'de la noblesse d'épée à la noblesse de robe et leurs intérêts rejoignaient ceux des Messins attachés aux privilèges et aux franchises de l'Empire. L'agitation des citadins, des conflits permanents avec le "cardinal-valet" infatué de son autorité quasi-souveraine' (Zeller, ii.283) incitèrent Richelieu à transférer le Parlement à Toul, en mai 1636. Les parlementaires messins refusèrent pendant plus d'un an de se soumettre. Les 'exilés', qui aspiraient avec force à retrouver Metz, ont-ils compté sur une attitude plus compréhensive, moins rigide, du nouveau gouverneur? C'est ce que laisse

48. Pour le détail, voir Zeller, ii.129-34.

49. Le chapeau jaune, marque d'infamie, comme le confirme ce passage des *Mémoires* où Retz rapporte que Mazarin avait écrit, à propos d'un personnage qui briguait la pourpre, une lettre 'bien plus capable de jaunir son chapeau que de le rougir' (cité par Marie-Thérèse Hipp, 'Néologismes et procédés burlesques dans les *Mémoires* du cardinal de Retz', *Etudes de langue et de littérature françaises offertes à André Lanly* (Nancy 1980), p.470.

50. 'Les gouverneurs, fréquemment, interviennent pour réglementer l'activité des Juifs, leur permettre ou leur interdire tel ou tel commerce, surtout fixer dans le détail les conditions auxquelles ils sont autorisés à pratiquer le prêt à intérêt' (Zeller, ii.133-34).

entendre la marquise de Lambert, qui adhère ici sans réticence au code éthique de la noblesse d'épée, placé au cœur de son idéal héroïque. L'image qu'elle veut laisser d'un aristocrate sans morgue, mais soucieux de faire reconnaître les prérogatives de son rang, est confirmée par une autre anecdote que fournit l'historien Zeller (ii.295). Elle a trait à l'hostilité de Jean de Lambert au bailliage qu'on installe à Metz le 20 mars 1641. Les Messins depuis plusieurs années y étaient fermement opposés. 'Forts de l'appui du gouverneur, de Lambert, hostile au bailliage comme d'Epernon l'avait été au Parlement, ils se flattèrent un moment d'éviter à prix d'argent l'établissement de la nouvelle justice.' Le gouverneur, avec la complicité du maître-échevin, tenta un coup de force: quand les commissaires royaux se présentèrent dans la ville, le 17 mars, ils trouvèrent le Palais fermé, surveillé par des gardes. Le pouvoir lava la tête du gouverneur et Lambert dut se justifier de cet accès d'indépendance et de fierté féodale qui a vraisemblablement irrité Richelieu.[51]

Tels sont les traits saillants de la mission, somme toute assez brève, de Jean de Lambert à Metz. Alors que le marquisat de Saint-Bris vient d'être érigé en sa faveur, en février 1644, il se démet de son gouvernement au profit du maréchal de Schomberg et reprend du service dans son grade. Nous allons le suivre à présent dans ses dernières campagnes.

Le 21 mai 1644, Gaston d'Orléans l'emploie en qualité de maréchal de camp dans son armée de Picardie; il se signale au siège de Gravelines, qui se rend le 28 juillet. L'affaire est simple à résumer. Après plus de quarante jours de tranchée, une querelle de préséance oppose les deux commandants, Gassion et La Meilleraye, dont l'inimitié est ancienne.[52] Ils se disputent l'honneur d'entrer le premier dans la place, dont le gouverneur veut donner les clés à Gassion qui l'a forcée. Mais c'est un privilège, établi par l'usage, qui revient au régiment des Gardes françaises, que commande La Meilleraye. Leurs régiments sont sur le point de se charger, quand Jean de Lambert intervient au nom du roi, pour séparer les deux parties. L'abbé Millot rapporte ainsi ses paroles:

---

51. Dans une lettre à Chavigny, Lambert explique, le 22 avril, qu'il a refusé l'entrée du Palais, parce qu'il n'avait pas reçu d'ordres du roi (Archives du Ministère des Affaires Etrangères, *Lorraine, correspondance politique*, 32, f.143, original); référence fournie par Zeller (ii.295), qui écrit: 'De Lambert, admonesté par le roi, ne poussa pas plus loin cet accès d'indépendance; il reçut pour prix de sa résignation la charge de bailli.'

52. Tallemant rapporte, dans l'historiette du 'Maréchal de La Meilleraye', que celui-ci eut, en juillet 1637, une querelle avec le colonel Gassion: 'A l'armée, il leva la canne sur le colonel Gassion, depuis mareschal de France; mais il avoit trouvé chaussure à son pié, car l'autre mit le pistolet à la main, et pour cela n'en fut point mal avec le cardinal de Richelieu' (i.327). Il faut rappeler que le colonel Gassion était resté fidèle au parti protestant, ce qui lui valut d'être privé d'éloge funèbre par la Sorbonne.

Messieurs, vous êtes les troupes du roi; il ne faut pas que la mésintelligence de deux généraux vous fasse couper la gorge. Je vous commande de la part du roi de ne plus obéir ni à M. de la Meilleraie, ni à M. de Gassion; et je vais donner avis de ce qui se passe à M. le duc d'Orléans, afin qu'il ordonne ce qu'il lui plaira.[53]

Tous les mémorialistes et les moralistes conserveront le souvenir de cette belle attitude, à commencer, bien sûr, par la marquise de Lambert elle-même, qui en tirera une leçon de morale politique sur le sens du devoir et le zèle du bien public (*Avis fils*, p.8).

Les deux partis alloient se charger, lorsque votre Grand-père, qui n'étoit alors que Maréchal de Camp, plein de cette confiance & de cette autorité que donne le zèle du bien public, ordonna aux troupes de la part du Roi de s'arrêter. [...] Le Roi a su cette action, & en a parlé plus d'une fois avec estime.

Le président Hénault, son commensal, réservera une place à cet événement dans son *Abrégé chronologique*,[54] tandis que Fénelon lui-même en soulignera le caractère exemplaire: 'Je savois déjà par les anciens Officiers, l'Histoire de la querelle des deux Maréchaux, arrêtée avec tant de force.'[55]

L'année suivante, Jean de Lambert se distingue encore, dans la même armée, au passage de la rivière de Colme, à l'ouverture de la tranchée devant Mardick, à la prise de Bourbourg. Ses travaux en Flandre, la confiance de Gaston d'Orléans et du jeune roi lui assurent son ultime promotion: à soixante-deux ans, il est enfin nommé au grade de lieutenant général,[56] et il prend son dernier commandement en Italie. Il a la responsabilité des armées de terre et de mer pour la campagne de 1648, qui n'est guère connue, éclipsée par les succès de Condé en Flandre. La biographie Hoefer signale qu''il contribue à la prise de Vietri, à celle de l'île de Procida et à l'escalade de Salerne'; il est chargé d'effectuer la retraite, quand l'armée reçoit d'ordre de se retirer.

La guerre civile va de nouveau déchirer la France; quand elle éclate, Gaston d'Orléans cherche à attirer dans son parti Jean de Lambert, qu'on a vu aux côtés des 'mécontents'. Il lui offre le bâton de maréchal qu'il refuse. Le roi, pour le récompenser de sa fidélité, fait expédier pour lui, à son insu, le 21

---

53. Millot, iii.286-87.

54. Charles-Jean-François Hénault, *Nouvel abrégé chronologique de l'histoire de France* (Paris 1756), à la date de 1644.

55. Lettre de Fénelon à Sacy, du 12 janvier 1710, *Correspondance*, p.400. A la fin du siècle, l'abbé Millot (iii.287) tire encore de cette querelle des généraux à Gravelines une leçon morale audacieuse: 'Il est beau de voir un inférieur l'emporter par le seul ascendant du devoir sur la fougue de ses supérieurs.' En revanche, dans *Le Siècle de Louis XIV*, Voltaire passe sous silence l'anecdote et se contente d'attribuer la gloire de la prise de Gravelines au duc d'Orléans.

56. Le 6 mai 1648. Le fils de Jean de Lambert, Henri, sera nommé dans le même grade à cinquante et un ans, et son petit-fils, Henri-François, à quarante-trois ans, sans que leur mérite puisse être comparé au sien.

novembre 1651, un brevet de retenue de chevalier commandeur de l'Ordre du Saint-Esprit. Il tient à l'en avertir lui-même, dans une lettre que cite d'Hozier, dont il faut reproduire les termes pour comprendre que la fidélité et la loyauté envers la couronne sont les vertus premières de cet officier remarquable.

Monsieur de Lambert: ayant sû les offres qui vous ont été faites pour vous engager à servir dans un parti qui se va formant contre moi pour troubler le repos de mon Royaume, et que vous avez répondu à ceux qui vous ont sollicité, que votre naissance, les Charges que vous aviez exercées dans mes Armées, et mes bienfaits, vous tenaient inviolablement attaché à mes intérêts, j'ai bien voulu vous écrire celle-ci, pour vous dire, qu'encore que vous ayez en ce rencontre fait le devoir d'un bon sujet, j'ai néanmoins fait réflexion sur les termes dont vous avez accompagné vos réponses, qui montrent que votre cœur est touché des sentimens de respect et d'obéissance qu'un vrai Gentilhomme doit avoir pour son Souverain, et je me sens convié à vous témoigner l'estime que je fais de votre personne, et à vous assurer que vous recevrez des marques de ma reconnaissance qui vous seront honorables et utiles, quand il s'en présentera l'occasion, ayant cependant commandé vous être délivré un Brevet de retenue, pour être associé au premier Chapitre à l'Ordre du S. Esprit, priant Dieu qu'il vous ait, M. de Lambert, en sa sainte garde. Ecrit à Saumur le 21 février 1652, Signé, LOUIS, et plus bas, de LOMENIE.[57]

En réalité, Jean de Lambert ne fut jamais reçu. Les statuts de l'Ordre établissent que les commandeurs 'doivent être gentilshommes de trois races au moins', et en apporter les preuves aux officiers. Il est probable que le marquis de Saint-Bris rencontra beaucoup de difficultés pour établir sa noblesse. L'ironie du sort, c'est que les traitants en profiteront pour contester à leur tour les privilèges de la famille Lambert, et l'époux de la marquise devra bénéficier d'un arrêt de maintenue du Conseil d'Etat à la date du 15 juillet 1669.[58]

c. Le marquis de Saint-Bris

Si Jean de Lambert n'a pas obtenu les deux récompenses suprêmes, le cordon bleu et le bâton, qu'il méritait pour sa bravoure, sa loyauté et sa capacité, il eut tout de même la satisfaction de rehausser l'éclat de son nom par un titre prestigieux. Il faut évoquer aussi le marquis de Saint-Bris, quand bien même les campagnes militaires auraient laissé peu de place à la vie de famille.

Jean de Lambert avait épousé, dans son milieu, par contrat du 20 septembre 1626 (d'Hozier, p.571), Anne de Gentils, elle-même fille d'Irier de Gentils, seigneur de Pujolet, capitaine aux Gardes françaises, et d'Edmée de Regnier de Guerchi. Elle lui donna deux fils; Henri, né le 3 novembre 1631, dont nous aurons à reparler, et son cadet, qui mourut sans avoir été marié, à Toulon, en 1664, au retour d'une expédition maritime. Ils eurent aussi quatre filles: l'aînée

57. D'Hozier, p.571.
58. La Perrière, *Marquise*, p.50.

épousera le comte d'Apremont, d'une maison de Lorraine, et les trois autres entreront en religion.

L'honneur de gouverner à Metz avait donné à Jean de Lambert le désir d'acquérir des terres et un titre mieux proportionnés à sa charge et à sa fortune. Deux ans et demi après sa nomination, il achète, en Bourgogne, la terre et seigneurie de Saint-Bris, première baronnie mouvante du comté d'Auxerre. Le contrat de vente au profit de Jean de Lambert, seigneur des Escuyers, maréchal de camp en l'armée du roi, gouverneur de la ville et citadelle de Metz, est signé le 26 février 1642[59] devant Jean Le Semellier, notaire à Paris, par Etienne Mullot, fondé de pouvoir de la dame Huberte de Chastenay de Dynteville, marquise de Saint-Bris, veuve de Charles de Coligny, seigneur d'Andelot et autres lieux, lieutenant général en Champagne, et de messire Joachim-François de Coligny son fils. La vente se fait pour la somme importante de 144 000 livres, 90 000 livres étant à payer aux vendeurs et 54 000 livres constituant un fonds de douaire à 3 000 livres au profit de Gabrielle de Souilly sur la terre de Saint-Bris.[60] L'importance de la somme confirme indirectement l'éclat de la charge du gouvernement de Metz; mais Jean de Lambert, pour cette acquisition, doit vendre les biens qu'il conservait dans sa province d'origine.[61] Les terres sont bonnes, sans aucun doute: sont inclus dans la vente celles de Saint-Bris, bien sûr, mais aussi les villages voisins de Goix et de Bailly qui y sont annexés, ainsi que la terre et seigneurie d'Augy. Elles ont surtout pour Jean de Lambert un autre intérêt: ces terres seigneuriales avaient été érigées en marquisat en faveur de M. d'Andelot, par lettres patentes de mars 1619, et le gouverneur de Metz obtiendra en 1644 confirmation du titre en sa faveur. Il devient ainsi, par son mérite, un puissant seigneur de Bourgogne, et cela lui tient à cœur, car il fait encore l'acquisition, après s'être démis de son gouvernement, de la baronnie voisine de Chitry, que M. Du Plessis Praslin lui vend en 1650, pour la somme de 20 000 livres.[62] Le seigneur des Escuyers, au crépuscule de sa vie, eut la satisfaction de se dire marquis de Saint-Bris, baron de Chitry, seigneur d'Augy et autres lieux.

Il s'attachera à ses biens. Jusqu'à sa mort, on lui voit le souci constant d'enrichir le domaine où il se retire. Il profite de son autorité seigneuriale pour

---

59. On trouve trace de ce contrat dans: A.Y., E. 109, 'Extrait d'un contrat de vente à Jean de Lambert de la terre et seigneurie de Saint-Bris'; Thoisy, 215, f.515 et 517; A.N., LVIII, 563, f.38, cote 21.

60. A.Y., E. 109.

61. *Marquise*, p.49.

62. Thoisy, 215, f.517, 'Mémoire des biens du marquis de Lambert'. Il semblerait, d'après le 'Mémoire' produit par la marquise de Lambert (f.515), que Jean de Lambert ait aussi acquis les terres du village de Fettry pour 15 000 livres.

acquérir vignes, prés, terres, maisons et biens ruraux dans le marquisat: il opère un remembrement intelligent de ses parcelles agraires, achète une belle maison attenante au château, sans doute pour l'agrandir. Les spécialistes trouveront aux Archives de l'Yonne dix-huit contrats d'acquisition ou d'échange, passés entre le 14 mars 1645 et le 21 octobre 1665, pour une somme voisine de 5 000 livres.[63] Après Gravelines, ses ambitions se bornent à mettre en valeur son patrimoine. De bons revenus lui sont procurés par les privilèges seigneuriaux:[64] four banal, moulins d'Augy et de Fettry, bois. En 1655, par exemple, il accorde un bail de la garde de ses bois de Senoy et de la Faye à Abraham Poitevin, pour douze années, 'avec permission de chasser le lapin et autre gibier, moyennant 100 livres par an et six douzaines de lapins, et interdiction de furets'.[65] Incontestablement, le vieux Lambert se plaît dans ses terres de Bourgogne, et l'on comprend mieux le détachement avec lequel il observe les troubles de la Fronde.

Ce héros digne de Plutarque, couvert de lauriers, ne manque ni de goût, ni de sens artistique. C'est là un trait qui caractérise les capitaines de cette génération, dont Bassompierre est le prototype: ils savent oublier, dans leurs quartiers d'hiver, les misères de la guerre, pour se transformer en mondains aimables, qui tournent l'épigramme et s'adonnent aux plaisirs des Muses. Jean de Lambert entreprend dans son château des travaux somptuaires, pour l'adapter à l'esthétique nouvelle: il suit en cela le goût de ses compatriotes, car en ce milieu du dix-septième siècle les demeures aristocratiques de la Bourgogne se transforment profondément. Sur ce point aussi, les Archives de l'Yonne fournissent aux historiens de l'art des renseignements abondants. Le marquis s'intéresse d'abord à des réaménagements intérieurs. Il agrée, en 1652-1653, un contrat de vente par Blaise Thévenot, tuilier à Saint-Bris, 'de la quantité de carreaux nécessaires au carrelage du château, moyennant 7 livres le millier', et passe dans le même temps un marché de divers travaux de maçonnerie à faire au château, avec le sieur Perrot, maçon, moyennant 1 400 livres. Il transforme aussi la façade, signe le plus tangible de l'évolution esthétique de la demeure: en 1655, il passe un marché de façon de douze croisées de vitres,

---

63. A.Y., E. 110. L'histoire du marquisat de Saint-Bris ne manque pas d'intérêt. On relève dans la liste des vendeurs les noms de Nicolas Deschamps, de Pierre Deschamps et de Béate Deschamps (épouse d'Etienne Espaulard, lieutenant au bailliage de Saint-Bris), qui sont peut-être des ancêtres de ce Deschamps de Charmelieu, qui rachètera, un siècle plus tard, au duc d'Harcourt, héritier d'Henri-François de Lambert, la terre de Saint-Bris.

64. Les privilèges attachés à la seigneurie de Saint-Bris sont décrits dans le 'Mémoire', Thoisy, 215, f.517.

65. A.Y., 'Collection des inventaires-sommaires des Archives départementales de l'Yonne antérieurs à 1790, description des minutes des notaires', Servignien, notaire à Saint-Bris, 1655.

qui sera assumé par Claude Maugey, peintre et vitrier à Sens.[66] Quand ces embellissements sont achevés, il donne à Saint-Bris tout son prestige en aménageant le parc dans le goût moderne. Il fait d'abord creuser un canal,[67] en 1656, puis s'entend l'année suivante avec Pierre Bertheau, menuisier à Auxerre, pour la façon d'une porte de bois de chêne, destinée au grand portail du château.[68] Tout est achevé en 1659, quand il engage la somme considérable de 500 livres pour faire 'tracer et planter' le jardin du château par les sieurs Balduc père et fils, jardiniers à Auxerre.[69] Une grande situation, un beau titre et des biens importants: voilà ce que Henri de Lambert trouve à la mort de son père, qui, fidèle aux traditions de la noblesse, l'avait destiné à suivre la même carrière. Celle-ci peut être évoquée plus rapidement, car s'il fut, certes, un des meilleurs officiers de Louis XIV, estimé du monarque, ses faits d'armes furent moins nombreux et moins glorieux que ceux de son père.

B. *La carrière de Henri de Lambert*

a. *Le lieutenant de Turenne*

C'est sous la protection de son père qu'Henri entre dans la carrière: Jean de Lambert le fait nommer, à ses côtés, officier au régiment d'infanterie qui tient garnison à Metz. Après la démission du gouverneur, Henri est promu maître de camp dans ce régiment, jusqu'au mois de juin 1649, où il se démet à son tour; le roi lui donne une compagnie au régiment royal de cavalerie, et il conserve sa commission de maître de camp. C'est en cette qualité qu'il sert pendant la deuxième Fronde, jusqu'à la paix des Pyrénées en 1659.

Il participe d'abord, en 1650, à la tête de sa compagnie, à la 'conquête' de la Guyenne livrée à la noblesse frondeuse. L'année suivante, il sert en Flandre sous le général d'Aumont. Puis il rejoint, et c'est une rencontre décisive pour lui, Turenne qui s'est réconcilié avec la reine: en 1652, Henri participe au combat du faubourg Saint-Antoine, et suit le maréchal jusqu'au rétablissement de l'ordre. Fait capitaine d'une compagnie de chevau-légers, le 25 juin 1653, il continue à servir sous Turenne qui est nommé, à la mort du duc de Joyeuse, colonel de toute la cavalerie légère de France. Henri de Lambert s'illustre, le 14 juin 1658, en prenant une part brillante à la bataille des Dunes, qui semble mettre un terme à la longue rivalité entre la France et l'Espagne.

A la paix, sa compagnie ayant été réformée, Henri de Lambert lève, le 18 avril 1661, un régiment de cavalerie sous son nom. Le mémoire établi par Bachaumont pour estimer les biens que possédait l'officier à son mariage donne

---

66. Le marché est conclu pour 12 livres par croisée.
67. A.Y., 'Minutes des notaires', ancienne cote E. 456.
68. Ancienne cote E. 457.
69. Ancienne cote E. 459.

des indications précieuses sur ses transactions. Sa compagnie dans le régiment royal valait 20 à 25 000 livres, utilisées par le capitaine pour acquérir son régiment, qu'il revendra plus tard au même prix.[70] Ce changement dans sa situation doit être mis en relation avec son mariage. La levée et l'entretien d'un régiment sont des opérations onéreuses. Jusqu'en 1665, Henri de Lambert a pu s'adresser à son père pour recevoir une aide financière; mais à sa mort les difficultés se multiplient, à un moment où surgit de nouveau le spectre d'une guerre avec l'Espagne. L'officier veut donc mettre à profit les derniers mois de paix pour penser à son établissement, et n'oppose aucun obstacle aux clauses, en apparence avantageuses, du contrat que lui propose Bachaumont.

Quand commence la guerre de dévolution, Henri de Lambert est prêt à servir. En 1667, son régiment est en Flandre, employé dans les opérations devant Lille; l'année suivante, il est en Franche-Comté, sous le commandement de Condé. Mais à la paix d'Aix-la-Chapelle il est dissous, et Lambert doit reprendre sa compagnie dans le régiment royal, où il sert comme capitaine jusqu'en août 1671. Comme toute la noblesse du pays, il participe à la célèbre et pompeuse campagne de 1672 en Hollande:[71] avec la cavalerie, il assiste au passage du Rhin, le 12 juin, puis à la conquête des places de l'Yssel.[72]

Apprécié par le souverain, Lambert est nommé brigadier de cavalerie le 13 février 1674, et c'est avec ce grade qu'il suit l'armée royale au siège de Besançon et dans la seconde conquête de la Franche-Comté. De là il rejoint Turenne à l'armée d'Allemagne,[73] vit le drame douloureux de la mort du maréchal à la bataille de Saltzbach (27 juillet 1675), puis sert sous Luxembourg qui laisse reprendre Philipsbourg. Il est promu, le 25 février 1677, au grade de maréchal de camp. Il a quarante-cinq ans, et ses services justifient cette promotion, qui semble même un peu tardive. Sa carrière, en effet, a été gênée par Louvois qui n'aimait pas Turenne et ses protégés: c'est ce que révèle la marquise de Lambert, dans une critique hardie du pouvoir du ministre, que les éditeurs ont malheureusement édulcorée, à l'exception du Père Desmolets. Dans la *Lettre d'une dame à son fils, sur la vraye gloire*, qui propose une version plus authentique, les causes de la 'brouille' avec la Fortune et des mauvais traite-

---

70. Thoisy, 215, f.519.

71. Cf. Voltaire, *Le Siècle de Louis XIV*, in *Œuvres historiques*, éd. René Pomeau (Paris 1978), p.712: 'Jamais on n'a vu une armée si magnifique, ni en même temps mieux disciplinée.'

72. Boileau a traduit l'enthousiasme de l'opinion pour les conquêtes françaises en Hollande dans son *Epistre au Roy* publiée au mois d'août 1672. C'est là qu'on trouve l'évocation célèbre du passage du Rhin.

73. Voltaire: 'Tandis que le roi prenait rapidement la Franche-Comté, avec cette facilité et cet éclat attaché encore à sa destinée, Turenne, qui ne faisait que défendre les frontières du côté du Rhin, déployait ce que l'art de la guerre peut avoir de plus grand et de plus habile' (p.729).

ments sont clairement indiquées. Il faut comparer les deux états du texte pour comprendre l'amertume de la marquise.

Texte des éditions posthumes: Il fut longtems oublié, et souffrit une espèce d'injustice [*Avis fils*, p.10].

Version du manuscrit: Il a été oublié, et la victime du Ministre, qui ne cherchoit pas à avancer les amis de Monsieur de Turenne: on sçavoit qu'il lui étoit attaché; aussi ne lui a-t-on jamais rendu justice qu'après sa mort [Desmolets, *Continuation des mémoires de littérature et d'histoire*, ii (1726), p.275].

Lambert reste à l'armée d'Allemagne, employé dans son nouveau grade sous le maréchal de Créquy; il prend une part brillante au petit combat de Kokesberg (7 octobre 1677), où il montre toute sa bravoure devant les troupes du duc de Lorraine. Cette campagne mériterait d'être mieux connue, car Créquy, en donnant à l'armée française une mobilité nouvelle, s'y montre un parfait disciple de Turenne. Fribourg est pris aussitôt, le 14 novembre 1677, et Henri de Lambert est investi, pour l'hiver, du commandement de toute cette frontière d'Alsace, avec résidence dans la place. Il passe désormais pour un officier sur qui l'on peut compter, et son ascension sera rapide. En 1678, avec la même armée, il franchit le Rhin à Brisach, participe à l'attaque du pont de Rheinfeld (6 juillet), harcèle le duc de Lorraine dans ses retranchements et assiste à sa défaite (Offenbourg, 22 juillet). Puis il suit Créquy, toujours aussi actif,[74] et l'assiste dans la prise du fort de Kehl et du château de Lichtenberg.

Après la paix de Nimègue, qui fut selon l'heureuse expression de Voltaire 'un temps de conquête', Henri de Lambert reçoit de nouveaux ordres pour prendre le commandement, à Bayonne, d'un corps de troupes placé sur la frontière espagnole. Mais sa mission est brève, car le roi le rappelle pour lui donner le commandement du pays et comté de Chiny.[75] Contre les clauses du traité de paix, et pour forcer le roi d'Espagne à céder le bailliage d'Alost, le monarque a dans l'esprit d'investir Luxembourg: c'est Lambert qui, dans ses plans, sera chargé du blocus de la ville. Pour donner plus d'efficacité à l'opération, le roi lui concède, le 21 février 1680, le gouvernement de la ville de Longwy, vacant par la démission de Catinat. Ces nominations qui se succèdent donnent toute la mesure du talent du marquis et annoncent les récompenses exceptionnelles qui couronneront sa carrière. L'année même du blocus de Luxembourg, et alors qu'il est nommé au commandement du camp de la Saône par ordre du 28 avril 1682, Lambert est fait lieutenant général des armées du roi, le 25 juin. Il rejoint ainsi son père dans la gloire des armes, et

74. Voltaire fait l'éloge de Créquy dans *Le Siècle de Louis XIV*, p.741.
75. Dans le Luxembourg belge.

son épouse pourra légitimement écrire à son fils: 'Le Roi a souvent dit que c'étoit un de ses meilleurs officiers' (*Avis fils*, p.10).

Il sert, en cette qualité, dans l'armée du maréchal de Créquy, au siège de Luxembourg, dans la campagne de 1684. C'est la dernière de ses entreprises militaires, celle aussi où il brille le plus. La ville est investie par 30 000 hommes, pendant que le roi couvre le siège avec 40 000 soldats. Le lieutenant général Lambert est préposé à la garde des tranchées, et à ce poste il obtient quatre citations, les 17, 22, 27 mai et 2 juin. A la tête de ses troupes, il emporte d'assaut des fortifications et coopère à la reddition de la place le 4 juin. En 1737, on désignait encore parmi les ouvrages de la forteresse un 'réduit' Lambert, et une 'enveloppe' Lambert devant la 'redoute' Lambert.[76] Le talent et le courage avec lesquels il a monté la tranchée lui méritent d'obtenir le gouvernement de la cité et de la province conquises. Le roi, sur place, lui en octroie les provisions le 12 juin, 'pour commander pendant l'espace de trois années, sous le gouverneur de Lorraine et Barrois, tant dans la ville et place que dans le duché de Luxembourg et dans le comté de Chiny'.[77]

b. Le gouverneur de Luxembourg

Nous avons peu de renseignements sur le gouvernement du lieutenant général Lambert à Luxembourg, car il fut trop bref: lorsqu'il s'installe, en effet, l'officier est malade et les signes du mal qui devait l'emporter se sont déjà manifestés. Il faudra, pour apercevoir les belles qualités qu'il montra dans son rôle politique, faire confiance au témoignage de son épouse. Il est possible, en revanche, d'évoquer le décor de cette existence nouvelle, car nous disposons d'un bon document, l'inventaire de ses 'meubles et effets trouvés en sa maison du gouvernement' à sa mort, dressé le 4 août 1686 à la requête du chevalier de Corisson, représentant sa veuve, par H. D. Marchant.[78]

La maison du gouvernement répond bien à sa destination: les appartements sont spacieux, conçus pour la représentation et les réceptions; ils se succèdent en galeries, dont certaines ouvrent sur une terrasse. Le marquis de Saint-Bris s'y installe avec sa famille: son épouse le rejoint avec ses deux enfants, leur fille aînée, Monique-Thérèse, qui a quinze ans, et leur jeune fils, Henri-François, qui va sur ses sept ans, désigné dans l'inventaire comme 'le jeune seigneur marquis', et qu'accompagne son précepteur, le sieur Pigal.

La maison du gouvernement a certes vocation administrative; et cependant, les goûts raffinés du ménage se trahissent dans le choix du secrétaire du

---

76. La Perrière, *Marquise*, p.49, qui utilise Friedrich-Wilhelm Engelhardt, *Geschichte der Stadt und Festung Luxembourg* (Luxembourg 1850).

77. *Marquise*, p.15-16.

78. A.N., V, 181.

marquis, le sieur Vernoulier, qui est une manière de bel esprit. Il a soutenu sa thèse, et se pique de poésie et de musique. Il a emporté son *Voiture*, lit le *Mercure*, les 'comédies' de Racine et des pièces galantes; il se passionne aussi pour l'histoire. Il possède bon nombre de morceaux de musique et d'opéra, joue de la guitare et du luth. Un peu perdus au milieu de ces ouvrages mondains, une grammaire et un dictionnaire d'allemand viennent rappeler les tâches délicates et plus sérieuses qui attendent le gouverneur de cette province conquise. Les livres du secrétaire ont envahi le cabinet de travail du marquis, dont les lectures sont un peu différentes. On rencontre sur les rayons l'*Histoire du luthéranisme* et les *Satires* de Juvénal, ouvrages que Mme de Lambert conservera précieusement, et qu'on retrouvera dans sa bibliothèque; mais aussi une édition des comédies de Plaute, les *Œuvres* de Marot en deux volumes in-quarto, un ouvrage sur *l'Education du prince*, thème de prédilection des moralistes depuis Erasme, une *Histoire de François Ier*. Ces ouvrages révèlent l'honnête homme; il faudrait les ajouter à l'inventaire de la bibliothèque de la marquise. C'est dans ce cabinet de travail que le lieutenant général reçoit ses officiers, donne ses ordres, entend les rapports: huit cartes géographiques et un plan de Luxembourg rappellent au visiteur qu'il est en présence du gouverneur militaire. Une garde-robe attenante et des coffres de voyage[79] emplis d'effets témoignent des servitudes de la fonction, qui imposent de fréquentes inspections dans la province.[80]

La livrée du marquis de Saint-Bris est de couleur écarlate. On retrouvera dans la lingerie 'un morceau de drap d'écarlate de couleur de la livrée de Monsieur, rouge'; dans les écuries, son carrosse, qui porte ses armes, est recouvert 'de velours rouge cramoisi'. Sur la demeure veille le maître d'hôtel du gouverneur, le sieur Duguet, personnage respecté, semble-t-il, et sur les écuries, le sieur de Ponvil.

Les appartements ont été distribués pour répondre aux besoins de la représentation. L'inventaire distingue nettement ceux de la marquise de Lambert, dont nous reparlerons au chapitre suivant, car l'épouse du gouverneur a aménagé, dans la plus pure tradition précieuse, une merveilleuse *Chambre verte*, et ceux de l'officier. Ils offrent plus d'intimité que la grande salle de réception, d'allure solennelle, avec ses tapisseries de cuir doré, et pour le couvert, sa vaisselle d'argent qui appartient au roi; car Louis XIV veut apparaître à ses nouveaux sujets dans l'éclat de sa grandeur, et compte sur le

---

79. On trouve dans l'inventaire une description complète de plusieurs coffres qui ont été ramenés de Spa, témoignage vivant sur la manière de voyager sous Louis XIV.
80. Le train est digne d'un gouverneur: on trouve dans les écuries six chevaux de carrosse, quatre chevaux de selle appartenant au marquis, un à son écuyer, deux autres chevaux et deux mulets.

gouverneur et sur son épouse pour donner à l'apparat une générosité capable de séduire un peuple conquis. La partie privée de l'appartement du gouverneur n'a rien d'exceptionnel: la chambre est meublée sobrement, et sur la cheminée un tableau représentant *Ganymède sur son aigle* rappelle le goût de l'époque; elle donne sur un cabinet, envahi par trois tables: quelques volumes, le portrait officiel de Louvois signalent que le gouverneur médite là ses projets pour la province. La chambre est précédée d'une 'salle'[81] plus vaste qui joue le rôle d'antichambre, conformément aux usages de la demeure aristocratique de l'Ancien Régime. C'est là que le marquis de Saint-Bris reçoit ses hôtes: dix-huit chaises à dos, couvertes d'un tissu rouge, de la couleur de sa livrée, prouvent qu'elle est spacieuse. Aux murs, huit pièces de tapisserie de haute lisse 'fort vieilles' représentent des épisodes de *L'Astrée*, et l'on peut penser que ce sujet devait enchanter la marquise de Lambert.

La maison du gouvernement de Luxembourg concilie les caractères du palais et de la demeure urbaine. L'apparat est digne des fastes de la monarchie française qui impose à l'Europe sa domination, mais le charme des appartements du gouverneur et de son épouse n'est pas sans rappeler celui des hôtels parisiens. Ce décor est en parfait accord avec le portrait du lieutenant général peint par la marquise de Lambert pour son fils. Même courte, la mission de représentation à Luxembourg sera pour la future hôtesse de Nevers une expérience déterminante, qui la fortifiera dans son désir de rassembler autour d'elle une compagnie choisie.

Dans l'été de 1686, Henri de Lambert, qui est malade, part pour un court voyage, prendre les eaux de Spa, célèbres depuis un siècle. Il meurt dans la route du retour, le 1er août, à l'abbaye de Stavelot. 'Son corps fut reconduit à Luxembourg où on l'enterra solennellement dans l'église des Récollets.'[82] La marquise de Lambert et ses enfants étaient, semble-t-il, à Paris pendant ces événements douloureux. De cruelles épreuves attendaient cette 'jeune' veuve qui aurait aimé voir son fils entrer dans la carrière des armes sous la protection d'un père puissant et honoré. En reconnaissance des services rendus par Henri de Lambert, le monarque leur accorde une pension de 6 000 livres.

Les origines familiales de la marquise de Lambert, qui pouvait revendiquer la double appartenance à la finance et à l'épée, la destinaient à tenir avec dignité son rôle d'hôtesse du plus célèbre des salons parisiens du dix-huitième siècle, dont le caractère premier fut précisément de mêler harmonieusement des

---

81. C'est sous ce nom que cette pièce est désignée dans l'inventaire.
82. *Marquise*, p.17.

sociétés différentes. Elles éclairent aussi les sources de sa fortune, expliquent la noble dépense par laquelle elle justifiait son bureau d'esprit.

On pourrait être tenté de rapporter aussi à ce premier milieu certains traits de sa personnalité. Elle a trouvé dans sa propre famille ce sens des affaires qu'elle ne cessera de manifester, quand le veuvage la rendra disponible, et responsable d'une fortune importante. Des Passart et des Marguenat, elle a hérité d'un réalisme et d'un bon sens pratique, qui suscitent le goût d'entreprendre avec passion et ténacité. On les retrouvera dans l'ardeur avec laquelle elle défendra ses propres idées comme ses créations matérielles. L'argent, pour elle, n'a de sens que s'il permet de se montrer aux autres tel qu'on veut paraître. Et son alliance avec les Lambert ôtera toute âpreté, toute mesquinerie dans cette relation très particulière qu'elle entretient avec la fortune.

Ce sont surtout ses idées qui bénéficient de cet éclairage: coupées de leurs racines, elles perdent de leur vigueur et de leur vie. Comment comprendre les rêves que cette mère a nourris pour son fils, les ouvertures politiques que l'hôtesse du salon a su ménager, la morale héroïque et l'exigence aristocratique de dignité qui s'expriment dans ses écrits, si l'on ne rappelle son admiration pour la vie illustre d'un beau-père exceptionnel, qu'elle n'a pas connu, et pour la générosité d'un époux qu'elle a aimé, en dépit d'un mariage conclu dans des conditions défavorables? Et cependant, cet idéal aristocratique n'a rien d'archaïque: parce qu'elle a vécu dans des milieux différents, la marquise de Lambert mesure la vanité des distinctions et des titres. Le milieu familial a pu susciter aussi des réactions: l'inconduite de sa mère explique en partie sa préciosité et son féminisme qui, bien sûr, dépasseront les limites étroites d'une biographie qu'il faut à présent retracer rapidement.

ii. La vie privée

Nous voudrions esquisser une biographie critique qui montrerait l'aristocrate dans son existence quotidienne. L'expérience de Mme de Lambert nourrit en permanence ses réflexions et sa morale, et l'on aperçoit dans ses remarques sur l'éducation des enfants, les relations mondaines ou la vieillesse des éléments personnels qui sont à peine voilés. Plusieurs raisons justifient la présentation de cette biographie. La vie de la marquise de Lambert, si longue et si riche, est encore assez mal connue, dès qu'il ne s'agit plus d'évoquer son rôle dans l'histoire littéraire de notre pays. Des zones d'ombre obscurcissent certains événements importants, qui conditionnent pourtant l'ascension de cette femme célèbre. A commencer par les procès qu'elle a soutenus avec une constance admirable et qui ont décidé de sa fortune, sans laquelle elle n'aurait pu ouvrir à Paris le salon qui fit sa gloire. Sur ce dernier point aussi les hésitations sont nombreuses, les critiques proposant des dates différentes, entre 1690 et 1710. En utilisant les documents des archives, il est possible de préciser cette chronologie. Une autre raison concerne les activités du salon de la marquise de Lambert: elles réservent une place importante à la poésie mondaine, qui donne aux événements de la vie privée une importance capitale et leur assure un large écho parmi les habitués.

On ne trouvera dans ce chapitre ni une description de la genèse des œuvres, ni une évocation de Minerve au milieu de sa cour, mais seulement le rappel chronologique des événements marquants de la vie privée, que l'on opposera en quelque sorte à la vie publique, quand même cette distinction risquerait d'être fragile, appliquée à l'existence aristocratique. Cette biographie critique recherchera dans l'enfance et dans l'adolescence de Mlle de Courcelles les premiers signes d'une vocation littéraire, s'intéressera à l'épouse du lieutenant général Lambert pour comprendre son amour de la représentation et son exigence de dignité, découvrira dans les souffrances du veuvage les ressorts profonds de la morale élaborée à l'âge mûr.

i. *L'enfance et l'adolescence d'une précieuse*

Sur l'enfance et l'adolescence de Mlle de Courcelles, l'essentiel sera dit quand nous évoquerons sa formation intellectuelle et morale, et en particulier la rencontre privilégiée avec Bachaumont. Quelques détails cependant doivent être précisés sur l'orpheline et sur les goûts de la jeune fille.

Anne-Thérèse de Marguenat de Courcelles naît à Paris le 25 septembre 1647;[83] nous savons qu'elle est la dernière de quatre sœurs, seules enfants que M. de Courcelles eut de sa seconde femme. Cette remarque suscite une première interrogation, qui ne peut recevoir que des réponses partielles. Pourquoi Anne-Thérèse est-elle la seule à ne pas être entrée en religion, alors que les mœurs de l'époque donnaient la préférence aux aînées, lorsqu'il s'agissait d'établir les jeunes filles? Le malheur d'être orpheline à trois ans (M. de Courcelles meurt le 22 mai 1650) a pu jouer, paradoxalement, en sa faveur, dans la mesure où son père n'avait pris aucune décision irrévocable. Il faudrait, pour apporter une réponse satisfaisante, être renseigné sur l'âge de ses sœurs et sur leur dotation. On pourrait être tenté d'adopter l'explication fournie par Fontenelle, pour admettre que l'enfant, vive et spirituelle, a séduit Bachaumont qui se fit un devoir et un amusement de cultiver les heureuses dispositions

83. Henri de La Perrière a retrouvé un extrait baptistaire de la marquise de Lambert aux Archives départementales de l'Aube, liasse B 1215; voir *Marquise*, p.22 et 52.

qu'il découvrait en elle; mais les faits ne s'accordent pas à ce tableau idyllique. C'est peut-être tout simplement dans la personnalité même de la jeune fille, dans son caractère, qu'il faut chercher la solution: elle était attachée au monde et à ses créations, et sut refuser le destin que lui forgeaient ses parents.

L'enfant est intelligente, curieuse, nourrie de rêves et de lectures: quand elle entre dans l'adolescence, elle a l'étoffe pour être une de ces précieuses ou de ces femmes savantes qui donnent le ton à leur siècle. Bachaumont pallie les carences de l'éducation qu'elle reçoit au couvent; chez lui, Mlle de Courcelles découvre le beau langage et le bel esprit. Sa vocation littéraire est précoce. Il faut relire le témoignage précieux de Fontenelle sur le profit qu'elle tire de ses lectures:

Elle se déroboit souvent aux plaisirs de son âge, pour aller lire en son particulier; & elle s'accoutuma dès lors, de son propre mouvement, à faire de petits extraits de ce qui la frappoit le plus. C'étoient déjà, ou des réflexions fines sur le cœur humain, ou des tours d'expression ingénieux; mais le plus souvent des réflexions.[84]

Les goûts de l'adolescente sont bien ceux d'une précieuse, séduite par les raffinements de l'analyse psychologique et par le brillant du style, curieuse de trouver le secret d'une belle pensée ou d'une belle maxime, ambitionnant de se distinguer à son tour dans les productions de l'esprit. La remarque de Fontenelle souligne un trait permanent de cette préciosité, qui conservera toujours un caractère sérieux et moralisateur, et donnera plus de prix à la solidité des réflexions qu'aux jeux des formes. Dès l'adolescence, Mlle de Courcelles avait acquis la maîtrise de cette technique de la lecture et de cette pratique de l'écriture qui conditionnent ses propres créations; le lecteur est invité à retrouver dans ses écrits les traces de ce travail ancien, ce fonds premier d'où la pensée prend un libre essor. Fontenelle ajoute que ce goût ne la quitta ni dans le mariage, ni après la mort de l'époux, et laisse entendre que l'ouverture d'un salon devait être la conséquence d'une vocation aussi forte.

2. *Le mariage, les procès, la vie à Luxembourg*

Nous connaissons la personnalité du marquis de Saint-Bris qu'épouse Mlle de Courcelles; mais il faut encore faire la lumière sur deux événements qui seront déterminants pour l'histoire du salon de l'hôtel de Nevers. Les procès cruels que la marquise eut à essuyer pour entrer en possession de sa fortune ont leur origine dans les clauses de son contrat de mariage. D'autre part, c'est la vie dans sa résidence de Luxembourg qui a fortifié en la jeune femme le désir d'ouvrir un salon littéraire.

---

84. Fontenelle, 'Abrégé de la vie de Mme la marquise de Lambert', *Mercure de France*, août 1733, cité dans l'édition Bousquet des *Œuvres* de Mme de Lambert, p.xiii.

Les pièces contenues dans la collection Morel de Thoisy permettent de reconstituer le contrat de mariage d'Henri de Lambert et d'Anne-Thérèse de Marguenat de Courcelles.[85] Nous nous garderons bien de juger selon nos critères les mœurs et les lois du dix-septième siècle; elles étaient cruelles pour la jeune fille, et c'est contre elles, précisément, que s'élevaient les précieuses. Nous nous efforcerons aussi de ne pas accabler Bachaumont: l'éducation soignée qu'il a donnée à sa belle-fille peut faire pardonner les visées égoïstes qu'il eut sur sa fortune.

Mme de Courcelles, mariée secrètement à Bachaumont, avait attendu la mort de son beau-père pour régulariser sa situation. Elle acceptait, bien inconsidérément, dans son contrat de mariage une donation entre vifs, ce qui revenait à déposséder Anne-Thérèse des biens des Passart. Seule la conviction que ses quatre filles entreraient en religion a pu la déterminer à arrêter de telles dispositions. Au moment du procès, Mme de Lambert porta à ce sujet de graves accusations contre son beau-père, en déclarant qu'il l'avait incitée à prendre le voile pour hériter de ses biens.[86] C'est là un argument commode d'avocat, car la fortune de Mlle de Courcelles consistait essentiellement en propres; or, dans l'ancien droit, les propres de succession étaient dévolus exclusivement à la branche dont ils étaient issus, selon la règle *paterna paternis, materna maternis*. Ces propres étaient en terres et en rentes, et peuvent être évalués à 500 000 livres: le père de Mlle de Courcelles, Etienne, s'était constitué en propres environ 300 000 livres, et la jeune fille venait d'hériter de son grand-père Nicolas, en 1663, près de 200 000 livres. Si elle était entrée en religion, ces propres seraient retournés à ces Marguenat, oncle et cousin, que nous avons rencontrés au Parlement de Dijon; Bachaumont les avait bien contactés pour un arrangement, mais les avait trouvés déterminés à entrer en possession de leur dû, sans aucune concession.

Les pièces d'archives, on le voit, ne donnent pas le beau rôle à Mme de Courcelles et à Bachaumont. Après ce premier échec, ils imaginèrent un mariage qui leur procurerait quelque avantage, et qui, bien sûr, ne pouvait être conclu qu'au détriment de la jeune fille, victime d'un prétendant endetté qui penserait d'abord à sa carrière et de parents qui en voulaient à ses biens. Le contrat de mariage est signé le 21 février 1666; une clause essentielle prévoit l'abandon des droits paternels de la future (successions d'Etienne de

---

85. On se reportera aussi à la seule histoire du procès dont nous disposions, écrite par H. de La Perrière, *Marquise*.

86. Ce qui pouvait être avantageux en effet, puisque la dotation pour la pension des trois sœurs religieuses se montait seulement à 1 200 livres par an (voir Thoisy, 215, f.494r, 'Factum pour Messire François le Coigneux'); cette somme était constituée par un douaire qui chargeait les biens de l'aïeul Nicolas Le Marguenat de Troyes.

Marguenat, de Nicolas Le Marguenat et de Barbe Moreau) contre la dot qui lui sera constituée. La veille des épousailles, les Le Coigneux s'engagent à donner 120 000 livres et tout le bien que possédait Etienne de Courcelles en la ville d'Avallon et aux environs,[87] en échange de quoi la jeune fille cède toutes ses successions, sauf 40 000 livres pour le fonds du douaire de la dame Le Coigneux, et 24 000 livres pour le fonds du douaire des trois sœurs religieuses. Sur ces 120 000 livres, 70 000 entrent dans la communauté et le surplus est constitué en propres qui reviendront à la future et aux siens. La dot est versée au marquis de Lambert sans stipulation d'emploi.

On constate que la réduction de la fortune de Mlle de Courcelles était tout de même importante. Henri de Lambert, qui voyait arriver des deniers comptants, a-t-il fermé les yeux? Bachaumont avait déprécié les biens que possédait Nicolas Le Marguenat en Champagne, et le marquis put avoir le sentiment de réaliser une bonne opération.[88] Il est sûr que pour accepter de telles clauses, les futurs ignoraient les dispositions que Mme de Courcelles avait prises en se mariant. Ce que confirme un factum où il est établi que les Le Coigneux exigèrent une quittance d'Henri de Lambert, 'sur la foy de la promesse qu'ils luy firent qu'il seroit abondamment récompensé par les grands biens qu'il trouveroit un jour dans la succession de la dame le coigneux'.[89] C'est ici que les choses deviennent plus compliquées. Il semble bien que cette somme n'a pas été payée, mais que, mis en confiance, les deux époux en donnèrent quittance: quittance, la veille du mariage (célébré le 22 février) d'une somme de 106 000 livres, et quittance le 11 mai, inscrite sur le contrat, des 120 000 livres, une somme de 14 000 livres leur ayant été versée ce jour-là avec 6 000 livres pour les défrayer des noces et leur subvenir en habits et en linge.[90] Les intérêts de la dame de Saint-Bris, mère du futur, étaient représentés par le puissant président Ferrand, qui s'était opposé vigoureusement à cette quittance; cependant, le 25 novembre 1667, il ratifiait les clauses du contrat. Les autres témoins étaient le sieur de Gombaut, curateur de la

---

87. Thoisy, 215, f.494r.

88. Thoisy, 215, f.495v. Bachaumont montre les inconvénients d'une fortune consistant en petites rentes sur une infinité de paysans champenois, en une maison à Troyes, en plusieurs morceaux d'héritages dispersés à travers la province de Champagne, ces biens étant en outre chargés de douaires. Un 'Mémoire du bien de Monsieur Marguenat ayeul' (Thoisy, 215, f.511-12) fourni par Mme de Lambert corrige cette impression défavorable en estimant les biens de l'aïeul troyen à 7 000 livres de rente par an (terre de Courcelles, baux en Champagne et rentes constituées), sans compter le mobilier 'beaucoup plus qu'il n'en fallait'.

89. Thoisy, 215, f.489v.

90. Il s'agissait en réalité pour Bachaumont d'obtenir une quittance de la somme de 70 000 livres, qui ne fut pas versée.

jeune fille,[91] et le sieur Passart, son oncle maternel. C'est de ce contrat, bien mal établi, il faut le reconnaître, que naîtront les procès futurs.

On s'efforcera surtout de montrer comment cette ténébreuse affaire a fait prendre conscience à Mme de Lambert de certaines valeurs. Pour arriver à ses fins, Bachaumont avait utilisé des arguments terribles en menaçant la jeune fille du couvent; nous savons qu'il avait conféré avec les futurs, 'pour sçavoir ce qui seroit plus profitable [à la jeune fille], ou de la marier ou de la mettre dans un couvent'.[92] On imposait à Mlle de Courcelles, mais cela était conforme aux mœurs de l'époque, un époux plus âgé qu'elle, on la dépouillait de ses biens. Arrachée à ses rêves et à une vie heureuse, l'adolescente entrait dans le monde désabusée et découvrait l'amertume de la condition féminine. Mais elle avait, pour se consoler, la gloire et le prestige dont était entouré le nom des Lambert; pour oublier les torts qu'on lui causait, elle n'avait qu'à songer à la situation brillante qui attendait une jeune marquise et l'épouse d'un officier de cour.

Le ménage s'installe chez les Le Coigneux, où fréquente un monde brillant, et d'où la marquise, épouse irréprochable, suit les progrès de l'officier dans sa carrière. Elle le retrouve pendant les quartiers d'hiver, se réjouit de ses promotions, l'écoute parler de ses campagnes, de Turenne qu'elle admire, le suit parfois à la Cour. Les maternités se succèdent. En 1669, Monique-Thérèse vient au monde,[93] puis Monique en 1673; un fils enfin, Henri-François, naît le 13 décembre 1677. La mortalité infantile n'épargne pas le ménage. Fontenelle écrit: 'Elle avait eu, outre deux filles mortes en bas âge, un fils et une autre fille' (p.x). Nous savons que Monique décède au couvent de Donzy, dans la Nièvre, quelques jours après la mort de son père, à la fin du mois d'août 1686; mais nous ne connaissons pas cette autre fille qui serait morte en bas âge. Nous manquons d'ailleurs d'informations sur la première éducation des enfants; on peut conjecturer que Monique-Thérèse, comme sa sœur et comme toutes les jeunes filles, fut mise, elle aussi, au couvent.

De temps à autre la marquise séjourne dans son château de Saint-Bris. Les Archives de l'Yonne la montrent tenant des enfants sur les fonts baptismaux,

91. Louis de Gombaut, subrogé tuteur, avait quatre-vingts ans; il était intendant de justice, police et finances dans les provinces et armées du roi en Flandres. Sa mère était une Marguenat, sœur de l'aïeul Nicolas de Troyes.

92. Thoisy, 215, f.490r.

93. Fontenelle écrit dans sa notice nécrologique que Marie-Thérèse [*sic*] de Lambert est morte âgée de 52 ans. L'*Histoire généalogique et chronologique* (viii.590) répète la même erreur, à propos de Thérèse [*sic*] de Lambert. Il n'y a pourtant aucun doute à ce sujet. L'inventaire des biens du marquis de Lambert, le 22 août 1686, signale que sa veuve agit pour 'Monique, âgée de 17 ans, Monique âgée de 13 ans et Henri-François âgé de 8 ans et demi (A.N., V, 181). Née en 1669, Monique-Thérèse de Saint-Aulaire est morte à 62 ans.

selon une tradition chère aux Lambert: le 23 avril 1669, par exemple, elle est marraine d'Henri, 'fils d'honorable homme Me Henri Renaudin, procureur fiscal au marquisat de Saint-Bris', tandis que le parrain est Claude Renaudin, procureur du roi en la prévôté d'Auxerre.[94]

Elle ne s'intéresse pas seulement à ses terres et à ses biens, mais aussi à la vie des personnes qui l'entourent; la dame de Saint-Bris manifeste, en diverses circonstances, cette générosité que loueront les écrivains célèbres qui l'ont connue à Paris, Fontenelle, Montesquieu ou Marivaux. Les Archives de l'Yonne conservent deux documents qui en portent témoignage. Le premier est un acte de prise de possession, en juillet 1685, par Edmée Brizion, fille majeure, de la maison-dieu appartenant au seigneur de Saint-Bris, sise au bourg de Goix.[95] Cette demeure est désignée dans l'acte comme vulgairement appelée 'l'Hôpital'. La marquise de Lambert autorise Edmée Brizion et ses compagnes, sœurs de la Providence, 'de ce mettre dans la maison du faubourg de goix Et d'y loger pour vacquer aux Euvres de charité quelles se proposent faire dans la ville' (f.3). La possession est accordée pour deux ou trois années, au terme desquelles, 'selon le succez', la marquise promet de leur accorder 'plus absolument ladicte maison' (f.3). Nous ne possédons pas d'autres renseignements sur cette fondation pieuse, mais nous savons qu'en 1721 la maison sera de nouveau louée à un Jean Goisot, le bail la désignant comme celle 'ou Estoit autres fois la providence'.[96]

La seconde pièce est plus singulière.[97] Par un contrat de donation de vingt-cinq arpents d'usages communaux, les habitants de la communauté de Saint-Bris veulent remercier leur protectrice pour les services qu'elle leur a rendus. Le fait se passe en novembre 1695: réunis en assemblée collective devant le bailli, les habitants témoignent par ce geste leur gratitude à la marquise de Lambert, qui a usé de son crédit pour les soulager des tailles et des passages des gens de guerre, obtenir la remise de leurs octrois, et a allégé de ses deniers

94. A.Y., 'Collection des inventaires-sommaires', Première partie, Archives civiles; Supplément à la série E. – 'Titres de familles'. Les enfants de Jean de Lambert, Henri et sa sœur, demoiselle Anne, leur mère, dame Anne de Gentils, sont souvent désignés comme parrain et marraines (en 1643, 1646, 1650, 1654, 1658).

95. A.Y., Série E, 'Titres de familles', liasse E. 110, acte daté du 21 juillet 1685, 4 folios, dont une lettre de 2 folios du notaire Rousseau agissant au nom de la marquise de Lambert, qui autorise cette possession, à Paris, le 14 juin 1685.

96. Bail sous seing privé, du 3 août 1721, établi en double exemplaire par Mme de Lambert, dans la même liasse E. 110, A.Y. La marquise baille la maison à Jean Goisot moyennant la somme de trente livres, payable chaque année à la Toussaint, pour cinq années consécutives. Il faut noter que ce revenu n'est pas identique à ce qu'il était avant la prise de possession: en 1685, Laurent Nollot, qui l'occupait, était déchargé d'une rente annuelle de trente-cinq livres (f.2).

97. A.Y., liasse E. 110, contrat de donation passé devant Billaud, notaire à Saint-Bris, le 2 décembre 1696.

les souffrances des plus démunis. En dépit de son caractère juridique, le style de l'acte trahit de façon touchante les élans d'une générosité réciproque qui semble assez exemplaire. Il faut écouter les habitants de Saint-Bris exposer leurs motifs:

que Madame la marquise de Lambert dame du dit Saint Bris leur ayant depuis plusieurs années rendu des services très importans ou fait des grâces très considérables en employant son octhorité son crédit ou ses amis pour le soulagement des tailles de leur communautté lobtention de leurs octrois ou les avoit préservé des passages des gens de guerres dont ils estoient menassé Ce qui les auroit jetté dans [*illisible*] et dans une Ruine inévitable, pour Raison de quoy, mesme ma dicte dame non contente avoit encore advencé de ses deniers pour parvenir à leur soulagement dont elle a eu la bonté de leur faire remise. C'est pourquoy pour ne pas demeurer dans l'ingratitude et dans la mecognoissance il est nécessaire de témoigner a ma dicte Dame la Recognoissance que les dits habitans.[98]

Dans ses terres de Saint-Bris, la marquise aime retrouver le souvenir des ancêtres qu'elle n'a pas connus, et qu'elle admire. Il est probable que le château a peu changé dans la seconde moitié du dix-septième siècle et qu'elle l'a toujours habité dans l'état où le décrit l'inventaire du 10 septembre 1733.[99] Les liens des Lambert avec la monarchie française sont soulignés par les tableaux officiels qui ornent la demeure: on trouve, dans la grande salle basse, les portraits des protecteurs de la famille, Louis XIII, Louis XIV et Turenne, ceux des enfants de France, feu Monseigneur et les trois fils de France, celui aussi du marquis Henri de Lambert. Les autres pièces, et principalement le cabinet de Mme de Lambert,[100] sont aussi richement décorées dans le goût de l'époque: des portraits nombreux, des paysages, une 'Madeleine', une 'Continence de Scipion' sont désignés dans l'inventaire. A la mort de son époux, la marquise cherchera à y reconstituer la *Chambre verte* qu'elle avait aménagée dans sa résidence de Luxembourg.[101]

Une crise assez grave allait perturber la sérénité de cette existence aristocratique: en 1680, le ménage quitte l'appartement qu'il occupe chez les Le Coigneux.

98. f.2-3. Les arpents donnés par les habitants, sans en rien retenir ni réserver, sont en friche, assez éloignés de la ville, mais offrent l'avantage d'être attenants à des terres que la marquise possède dans le voisinage de Senoy, proche de Saint-Bris.

99. A.Y., 3 E 6, 168.

100. 3 E 6, 168, f.15: dans le cabinet de Madame attenant à sa chambre, ont été trouvés 'trente-deux tableaux de différens portraits' avec leurs bordures dorées, 'quatorze tableaux aussy de différens portraicts', 'un autre tableau sur le dessus de la porte représentant Madame la Duchesse, sans cadre'.

101. C'est du moins l'impression qu'on a en lisant l'inventaire (f.3), qui décrit 'une pièce appelée la Chambre verte', dans laquelle on retrouve, semble-t-il, le mobilier que nous rencontrerons à Luxembourg, en particulier 'quatre pièces de tapisseries de verdure, des ateliers flamands de Bruxelles'.

Quels sont les motifs de cette rupture soudaine de Mme de Lambert avec ses parents? H. de La Perrière avance cette hypothèse, fondée sur l'examen des pièces de la collection Morel de Thoisy (*Marquise*, p.17):

La marquise exposa plus tard aux juges qui eurent à s'occuper de ses affaires que, se sachant l'unique héritière de sa mère, elle attachait peu d'importance à tout ce qui avait pu être fait au sujet de ses biens tant par celle-ci que par son beau-père, mais qu'elle dut changer d'avis lorsqu'un hasard lui fit voir le contrat qu'avait obtenu M. de Bachaumont en se mariant et qui la déshéritait complètement.

Il est vrai, comme l'indique un factum de Bachaumont,[102] que les époux étaient restés quatorze ans chez lui, et qu'ils paraissaient contents; c'est pourquoi il put accuser Mme de Lambert d'ingratitude, en la rendant responsable de la rupture. Pour éviter le scandale, la marquise continua de rendre visite à sa mère, jusqu'à ce que la procédure soit engagée, qui devait lui permettre de récupérer les biens aliénés par la signature du contrat de mariage.

Le 9 août 1680, le marquis de Lambert prend avec son épouse des lettres de restitution contre la clause de cession des successions à eux échues et contre la quittance, et ils réclament aux Le Coigneux un compte de tutelle. Ceux-ci consentent que les lettres soient entérinées et offrent de rendre compte, mais soutiennent que sur la cession, ils doivent être déboutés. Sentence est rendue en leur faveur au Châtelet en 1681: les Le Coigneux rendent compte des 120 000 livres, demeurent en possession des biens cédés et sont déboutés sur la cession. Mme de Lambert, pour clarifier la situation et mieux faire valoir ses droits, introduit alors une demande en séparation de biens, qui est accordée aux époux par une sentence du 25 juin 1681.[103] Elle peut alors, en qualité de 'dame séparée de biens', formuler une nouvelle demande de restitution (juillet 1681). Le procès est engagé cette fois pour de longues années, les avocats avançant de part et d'autre des arguments savants, qui devaient paraître bien complexes aux juristes eux-mêmes.

Tandis que se nouait cette pénible affaire, l'ascension politique du marquis de Lambert conduisait les époux à Luxembourg. Nous savons dans quelles conditions le ménage s'installe à Luxembourg pour y représenter. Fontenelle a souligné l'importance de cet événement dans la vie de la marquise de Lambert, et l'a mis en relation avec sa vocation littéraire. L'épouse du gouverneur de Luxembourg allait trouver dans sa nouvelle situation l'occasion

102. Thoisy, 215, f.494v. Contrairement à ce qu'indique Fontenelle dans son article nécrologique, les procès de Mme de Lambert ont commencé bien avant le décès de son époux.

103. L'inventaire des biens de Mme de Lambert (A.N., LVIII, 563) répertorie, sous la cote 19, f.37r, une sentence du Châtelet du 21 janvier 1681 ('enquête pour parvenir à la séparation') et une sentence du Châtelet du 25 juin ('portant séparation de biens').

unique de donner libre cours à son idéal précieux: les circonstances historiques, qui exigeaient que l'on créât avec la province conquise des liens privilégiés, la fonction politique, tout favorisait son vœu le plus cher, et elle allait pouvoir donner à ses réflexions morales sur l'homme la dimension mondaine par laquelle toute préciosité se définit. Ses visées se lisent bien dans la décoration de ses appartements de la résidence: elle fait aménager à Luxembourg une *Chambre verte*, qu'on aurait envie de comparer, toutes proportions gardées, à la célèbre *Chambre bleue* de l'hôtel de Rambouillet.

Le décor décrit par l'inventaire[104] est celui d'une ruelle, et la marquise a choisi la couleur verte pour dominante. Il y a au mur cinq pièces de tapisseries de verdure à petits personnages, qui encadrent le meuble rituel de la réception précieuse, un vaste lit de damas vert, qu'entourent douze petits tabourets; pour les jours plus solennels, il y a encore onze chaises, couvertes de ce même damas vert, disposées autour d'une grande table de pierre de jaspe sur sa console; deux guéridons de même façon créent d'harmonieuses symétries dans la pièce. Pour les heures plus intimes, l'hôtesse a disposé deux fauteuils de commodité, de velours 'rayé blanc, vert et noir'. Deux écrans de damas vert également sont disposés devant le foyer, tandis qu''un grand miroir' donne une profondeur quelque peu mystérieuse à cette ruelle typique. L'ensemble ne manque pas de grandeur; dans un autre coin de la pièce, on rencontre encore une table octogone, elle aussi recouverte de serge verte. La façade est rythmée par trois fenêtres, qui assurent un éclairage suffisant, la lumière venant jouer sur trois rideaux de serge verte. Quand les hôtes sont absents, ce qui est assez fréquent, les sièges de la pièce sont couverts du même tissu. La plupart des tableaux qui agrémentent la chambre se retrouveront à l'hôtel de Nevers. Seul *Le Sacrifice d'Abraham*, tableau de valeur sans doute, placé sur la cheminée, détone quelque peu dans ce décor spirituel. Une autre toile représentant 'un palais en perspective' est mieux à sa place dans cette demeure officielle. Comme les appartements de la résidence sont disposés en galeries, les portes sont nombreuses: au-dessus des trois portes de la chambre, trois petits tableaux représentent des paysages. L'une de ces portes ouvre sur un cabinet, et la marquise y a placé un *Narcisse*,[105] dont la symbolique convient mieux à l'atmosphère de cette pièce raffinée.

Dans le cabinet, une armoire sert de bibliothèque; les notaires ont donné les titres de quelques ouvrages, qui confirment ce que Fontenelle dit des goûts de la marquise à Luxembourg. C'est essentiellement sur l'homme qu'elle

---

104. A.N., V, 181.

105. Sans doute ce *Narcisse et la nymphe Echo*, tableau peint sur toile, d'une grande valeur, qui sera prisé 600 livres à la mort de la marquise (A.N., LVIII, 563, f.11v, cote 129).

médite, comme le prouvent ses lectures du moment. Elle le découvre dans l'histoire: il y a sur les rayons deux volumes des *Mémorables journées des Français* et l'*Histoire d'Angleterre* de l'historiographe André Duchesne;[106] mais elle fait confiance aussi aux moralistes: l'inventaire nous fournit un renseignement particulièrement intéressant en nous apprenant que la marquise découvre alors les *Essais de morale* de Pierre Nicole.[107] Ultime indication, tout aussi importante: la marquise de Lambert, précieuse, n'a pas voulu se séparer de son Balzac; les notaires désignent un lot de 8 volumes de ses *Œuvres*.[108] Pour l'aristocrate des années 1680, Balzac est toujours un maître à penser, mais surtout un maître du style, dont le génie oratoire fournit d'innombrables leçons. C'est à nos yeux un beau symbole que la présence des *Œuvres* de Balzac dans le cabinet de la marquise de Lambert: elle matérialise en quelque sorte la filiation spirituelle de la *Chambre bleue* à la *Chambre verte*.[109]

Les appartements privés de Mme de Lambert offrent moins d'intérêt. La *Chambre verte* ouvre sur sa chambre, de dimensions plus modestes et plus sobrement meublée: elle est nommée dans l'inventaire 'la petite chambre de Madame'. L'inventaire du mobilier est plus rapide: un lit de brocart rose, blanc et noir; deux fauteuils de commodité avec coussins, couverts de brocart vert et aurore, à bandes rouges de satin; trois chaises et quatre autres chaises plus petites; un miroir; un petit secrétaire fermé à clefs; deux guéridons; des

---

106. Des nombreux ouvrages consacrés à l'histoire d'Angleterre au dix-septième siècle, seule l'*Histoire générale d'Angleterre, d'Ecosse et d'Irlande* (Paris 1614, 2e éd. 1634, 3e éd. 1641), par André Duchesne, répond à la description ('*L'Histoire d'Angleterre* en un volume') et est antérieure à 1686.

107. La mention 'en 4 volumes' concorde parfaitement; le premier volume in-12 des *Essais* paraît en 1671, le second en 1673, le troisième en 1675 et le quatrième en 1678. Nicole donnera une *Continuation* en 1688, mais à cette date Mme de Lambert n'est plus à Luxembourg.

108. Il est difficile de dire à quoi la mention '8 volumes' peut correspondre.

109. Les idées morales et l'esthétique de Balzac préludent incontestablement aux œuvres de Mme de Lambert. Voici comment R. Lathuillère résume son influence: 'Balzac a incarné pendant près d'une trentaine d'années le goût de son époque et il en a exprimé avec rigueur et éloquence bien des idées. En politique, dans son traité du *Prince* notamment, il a fait l'apologie de l'autorité monarchique, de la raison d'Etat et a glorifié le pouvoir de Richelieu et du roi absolu. Dans le domaine moral, il a proposé un idéal tout romain, fait d'esprit civique, de domination des passions par la raison, de maîtrise stoïque de soi-même. Il allie son penchant pour les grandes pensées et les grands sentiments, qui lui donnent, parmi les contemporains, la plus réelle affinité d'esprit avec Corneille, à une esthétique ambitieuse qui recherche les effets extraordinaires. La préciosité correspond en partie à la plus large diffusion de la rhétorique de Balzac, à la vulgarisation de ses procédés, langage figuré, images, métaphores, périphrases, hyperboles, antithèses. La réaction anti-précieuse coïncide aussi avec le déclin de l'influence de l'ermite angoumois' (Roger Lathuillère, *La Préciosité, étude historique et linguistique*, Genève 1966, p.371-72). R. Lathuillère fait encore remarquer que 'l'influence de Balzac sur les cercles précieux a pu s'exercer directement par la diffusion de ses écrits et particulièrement de ses lettres, dont on compte une vingtaine d'éditions de 1624 à 1674' (p.365).

vases dorés sur le manteau de la cheminée; un tableau sur la cheminée représentant *Le Sacrifice d'Iphigénie*; une petite tapisserie dans l'alcôve; une petite table carrée avec son tiroir. Quant à 'la chambre des filles de Madame', elle a toute la sobriété d'une pièce où dorment les domestiques.

Il faut dire un mot encore d'une autre pièce officielle, désignée comme l'antichambre, et qui précède ces appartements. Elle est conçue pour les réceptions solennelles: six pièces de tapisserie de haute lisse à personnages, des tapis, vingt-quatre chaises à dos lui donnent une allure majestueuse. Il faut remarquer les tableaux: sur la cheminée, un *Enlèvement de Proserpine* et surtout un *Pyrame et Thisbé*, qu'on retrouvera à l'hôtel de Nevers, prisé dans l'inventaire à 3 000 livres, somme assez fabuleuse.[110]

Dans sa résidence de Luxembourg, la marquise de Lambert a sacrifié au rituel des précieuses, et c'est le plus naturellement du monde qu'elle renouvellera ce cérémonial en s'installant, douze années plus tard, à l'hôtel de Nevers. Nous n'avons pas de renseignements sur ses relations, et il est difficile de dire si elle a trouvé en province, parmi les officiers de cour ou dans l'aristocratie du duché, des mondains qui auraient partagé son goût pour les conversations sérieuses.

3. *Le veuvage*

Des nuages s'amoncellent soudainement sur cette existence aristocratique promise au bonheur: la marquise de Saint-Bris a la douleur de perdre dans le même mois son époux et sa seconde fille. Elle doit abandonner la brillante situation qui était la sienne à Luxembourg, et malgré la pension dont la gratifie le pouvoir, elle est presque sans fortune.

A. *Continuation et fin des procès*

Pendant cinq années la procédure s'est enlisée, et la marquise voudrait précipiter les choses. Dans ses voiles de deuil, elle va trouver les juges, explique sa cause, recherche des appuis avec une intelligence, une détermination et un acharnement qui surprennent, comme le note finement Fontenelle: 'Quand elle les [ses procès] eut conduits & gagnés avec toute la capacité d'une personne qui n'eût point eu d'autre talent [...]' (p.xiii).

Comme il arrive en ces sortes d'affaires, le ton est devenu de plus en plus amer, et les reproches plus durs: Bachaumont se répand dans le public sur l'ingratitude de la marquise, et la veuve se plaint de ses duretés et de ses défauts. En 1687, des jugements contradictoires sont rendus au sujet des lettres

110. A.N. LVIII, 563, f.11v, cote 127.

de rescision[111] obtenues contre la fausse quittance. Les Le Coigneux sont tenus de produire le compte de tutelle qu'on leur demande, et celui-ci est jugé devant la quatrième Chambre des Enquêtes, le 6 septembre 1688: dans leur règlement, les juges donnent enfin satisfaction à la marquise, qui obtient la cassation de l'arrêt qui l'avait déboutée de ses lettres de rescision. On négocie, en suivant une procédure bien compliquée, et les deux parties acceptent de s'en remettre au jugement de M. Fieubet, de la quatrième Chambre, qui est un ami de Mme de Lambert. Il rend sa sentence le 25 juin 1691: elle est également favorable à la marquise qui est installée, à cette date, rue de Richelieu, paroisse de Saint-Eustache.

Cette fois, les deux parties doivent s'entendre; avec tact, Mme de Lambert déclare agir 'en considération' de sa mère, soucieuse d'entretenir l'union dans le respect qu'elle lui doit. Les Le Coigneux s'engagent à payer à leur fille la somme qu'elle leur réclame, de 142 000 livres avec les intérêts; 'le tout ne sera payé qu'après le décès desdits Sieur et Dame Le Coigneux et du survivant d'eux, et jusqu'à ce sans aucun intérêt'.[112] Et ils donnent créance d'une somme de 70 000 livres.

Nouveau coup de théâtre: Bachaumont se rétracte et obtient, le 31 octobre, des lettres de rescision contre l'arrêt du 25 juin; les deux parties se retrouvent dans la situation antérieure à l'accord. Ce procès était fait pour s'éterniser, quand Mme Le Coigneux meurt le 21 juillet 1692, sans s'être réconciliée avec sa fille. H. de La Perrière, qui a commenté avec beaucoup d'habileté toutes les pièces du dossier, avouait n'avoir pu retrouver la date de la fin du procès. En fait, Bachaumont, qui n'était pas foncièrement malhonnête, n'a pas eu l'impudeur de continuer la procédure comme survivant de Monique Passart, pour arracher une fortune sur laquelle il n'avait aucun droit authentique. A la mort de sa femme, et sans doute parce que l'héritage y suffisait, il accepta de payer à la marquise les 142 000 livres. La date qui manquait à La Perrière se trouve tout simplement dans l'inventaire des biens de Mme de Lambert, mais personne ne l'a signalée jusqu'à présent: les notaires mentionnent, dans les papiers de la marquise, sous la cote 31,[113] un extrait 'd'une transaction passée devant Desprier, notaire à Paris, entre François Le Coigneux, donataire, veuf de défunte dame Monique Passart' et la dame de Lambert, le 5 août 1692, la transaction portant sur la somme de 142 000 livres.

Bien avant la mort de Bachaumont (en 1702), et après des difficultés

111. D'après le *Dictionnaire de Trévoux*, 'rescision': 'action qu'on intente pour faire casser un contrat, ou autre acte en justice. On délivre en la petite chancellerie des lettres de rescision qu'il faut faire entériner.'

112. Thoisy, 219, f.183r.

113. A.N. LVIII, 563, f.40r.

inextricables,[114] la marquise de Lambert devenait 'maîtresse d'un bien considérable qu'elle avait presque conquis':[115] elle allait l'utiliser pour réaliser son grand rêve et pour établir ses deux enfants.

B. *L'installation à l'hôtel de Nevers*

Il était essentiel de retrouver la date de la fin du procès, car elle marque aussi le commencement de la carrière littéraire de Mme de Lambert. Il n'est pas nécessaire, en effet, d'attendre son installation à l'hôtel de Nevers: la marquise a pu recevoir rue de Richelieu, et son cercle prenant de l'importance, elle a souhaité lui donner un décor plus solennel. En revanche, on a beaucoup de peine à imaginer qu'elle ait pu recevoir dignement, alors qu'elle était sans fortune et accablée de procès. La date de 1693 s'avère donc une date idéale pour marquer l'ouverture de son salon littéraire qui, transporté à l'hôtel de Nevers, acquiert vers 1700 ses lettres de noblesse.[116]

L'histoire de 'la marquise de Lambert à l'hôtel de Nevers (1698-1733)' a été remarquablement écrite par Robert Dauvergne,[117] qui a exploité avec une rare maîtrise les documents du Cabinet Robert de Cotte, conservés au Département des estampes de la Bibliothèque nationale, et l'inventaire des biens de la marquise à son décès, déposé au Minutier central des notaires parisiens des Archives nationales. Sans cacher notre dette, et après avoir contrôlé minutieusement les documents qu'il a utilisés, nous le suivons pour construire cette partie de la biographie de Mme de Lambert.

Le duc et la duchesse de Nevers fréquentaient la marquise de Saint-Bris, rue de Richelieu. Ils entretenaient des liens amicaux, qui étaient plus que de bon voisinage: la marquise était en intimité d'esprit avec le duc, mondain aimable, héritier de l'hôtel de Rambouillet lui aussi, ami de Saint-Evremond,

---

114. Pour montrer les difficultés rencontrées par la veuve dans la gestion de ses affaires, il suffirait d'évoquer un autre procès, beaucoup plus simple celui-là, qu'elle doit conduire en 1688, à propos d'un bail à rente pour des biens qu'elle possède dans la région de Vermenton. Voir Thoisy, 219, f.326.

115. Fontenelle, p.xiii.

116. La chronologie établie par les critiques est souvent trop floue: les dates les plus diverses sont proposées entre 1690 et 1710, selon que l'on considère l'installation à l'hôtel de Nevers (1698) ou la célébrité du salon (1710). C'est M. Deloffre qui a mis les chercheurs sur la bonne voie, en proposant, dans sa 'Chronologie' de Marivaux, de situer l'ouverture du salon de Mme de Lambert 'vers 1690': Frédéric Deloffre, *Une préciosité nouvelle: Marivaux et le marivaudage, étude de langue et de style* (Paris 1955), p.504.

117. On utilisera aussi les études suivantes: comte de Laborde, 'De l'organisation des bibliothèques dans Paris', quatrième lettre, *Le Palais Mazarin* (Paris 1845), p.84ss (Bibliothèque nationale, Réserve des imprimés, Q. 295); Edouard Fournier, 'Un salon démoli', *Le Bibliophile français* 4 (août 1869), p.201-207, et 5 (septembre 1869), p.289-97. Ce dernier article est tout de même fort suspect sur la médiocrité de fortune qu'il prête à la marquise de Lambert s'installant à l'hôtel de Nevers.

cultivant les lettres. Elle cherchait pour son cercle une demeure plus vaste, et qui eût quelque lien avec l'histoire; le duc, un peu avare aux dires de Saint-Simon, voulait louer des terrains qui dépendaient de son hôtel. Ils n'avaient donc plus qu'à s'entendre. Nous n'avons pas à redire ici l'histoire bien connue du palais Mazarin, qui occupe, selon l'heureuse expression du comte de Laborde, le centre topographique et intellectuel de Paris. Il suffit de rappeler que le duc de Nevers occupait l'hôtel portant son nom sur la rue de Richelieu et la rue Colbert, percée en 1683, qui passait sous la galerie supérieure 'par une arcade pratiquée à travers les anciennes écuries'.[118] C'est très précisément sur cette arcade même que fut placé le salon de la marquise de Lambert. Trois pièces établissent les accords pour son installation à l'hôtel de Nevers: elles sont répertoriées dans l'inventaire de ses biens.

L'acte le plus ancien est daté du 8 mars 1698.[119] On connaît le double original de cet acte 'passé sans minute par devant Caron et Belot, notaires à Paris', par lequel Philippe-Julien Mazarini Mancini, duc de Nivernois et de Donziois, et Diane de 'Tiange' son épouse vendaient à la marquise de Lambert 'l'usufruit et jouissance la vie durant de lad. dame du bâtiment et logement, qui est à présent construit, attenant l'arcade de la nouvelle rue Colbert, [...] moyennant la somme de 8 000 livres'. Un an et demi plus tard, le 23 septembre 1699, un second acte passé sans minute devant les mêmes notaires donnait à Mme de Lambert quittance de cette somme.[120] Or, dans l'acte de la vente à Jean Law,[121] le fils du duc de Nevers déclarera que la marquise de Lambert s'était obligée à payer 8 000 livres, conformément à l'acte du 8 mars 1698, mais que cette somme n'avait pas été versée: 'la dite dame en a été dispensée au moyen des d. glaces et ornemens y énoncés qui doivent rester en la dite maison sinon la dte dame se trouverait débitrice de la dte somme de 8 000 livres'. On doit donc admettre que le duc de Nevers, devant l'ampleur des travaux d'aménagement entrepris par Mme de Lambert, et pour tenir compte de la valeur des ornements qui lui reviendraient, l'avait acquittée. Ce qui nous permet de dire qu'en 1700 la marquise était installée dans sa nouvelle demeure.

Le duc de Nevers avait détaché de l'appartement qu'il avait dans sa galerie deux ou trois pièces à l'extrémité, occupées jadis par la bibliothèque de Mazarin. Ce sont elles que Mme de Lambert fait aménager et que le bail à vie désigne du nom de 'logement'. Elle occupe donc l'extrémité de la galerie sur une longueur de 19 toises 3 pieds, ce qui lui donne neuf fenêtres sur la cour

118. Dauvergne, p.5.
119. A.N., LVIII, 563, f.39r, cote 27.
120. A.N., LVIII, 563, f.39r; ces deux actes sont connus aussi par le 'Mémoire de Mme de Lambert et de son fils', B.N., Hc 12 e, f.119.
121. Du 10 mai 1719, B.N. Hc 12 d, f.29v.

et les jardins de l'hôtel, car il n'y a pas à cette époque d'ouvertures sur la rue Richelieu; elle s'installe aussi dans le bâtiment qui fait retour, en équerre, sur la rue Colbert. La marquise, tirant le meilleur profit d'une disposition un peu bizarre, place les salles de réception dans la galerie et les fait richement décorer, dans un premier temps, 'de menuiseries, de glaces et de dorures'. Deux belles salles de réception sont en enfilade: la salle à manger, occupée de nos jours par le salon du Centre de synthèse, et le célèbre salon, au-dessus de l'arcade, dominant la rue Colbert; il y a au-delà la chambre de la marquise, et au-delà encore une autre petite chambre qui tient lieu de cabinet.

Quand elle prétendra, dans un mémoire adressé au roi, 'avoir fait bâtir la maison qu'elle occupe', Mme de Lambert exagérera. Le seul bâtiment qu'elle ait réellement fait construire donnait sur la cour d'entrée, qui ouvre sur la rue Colbert, et était situé au-dessus des écuries et des remises. C'est un acte du 18 mai 1705 qui autorisait ces transformations; le duc de Nevers consentait que 'laditte dame de Lambert fasse bâtir comme bon luy semblera sur les remises et écuries dont elle jouit à présent pour y pratiquer des logemens à la charge que le tout appartiendra aux héritiers dud. seigneur duc de Nevers après le décès de lad. dame'.

c. *L'établissement et l'éducation des enfants*

Tandis qu'elle emménage, en déployant la même énergie que dans ses procès pour tirer le meilleur parti d'une demeure de haute classe, mais dont les pièces sont par trop hétéroclites,[122] la marquise de Lambert veille à l'établissement de ses enfants et à leur réussite; car elle a découvert, sous l'influence des idées de Fénelon, les mérites de l'éducation privée, et elle se promet d'être pour sa fille et son fils qui entrent dans le monde, non une mère sévère, mais une amie attentive et de bon conseil.

a. *L'établissement de Monique-Thérèse*

Durant toutes ces années, Monique-Thérèse n'a pas quitté sa mère; elle la suit dans ses déplacements,[123] l'accompagne dans le monde. La jeune femme est intelligente, et précieuse comme on l'était vers 1660. Elle ne songe guère

---

122. Dauvergne, p.8: 'La disposition de l'hôtel de la marquise de Lambert est singulière et ne correspond nullement à l'ordonnance classique des hôtels avec cour d'entrée et bâtiments de service, corps principal de logis et jardin, ce qui s'explique évidemment par le cadre imposé. Dans l'histoire de l'habitat urbain, un aspect bien curieux est celui des habitations "parasites", logées en des lieux imprévus, s'accommodant au mieux des situations les plus étranges et casant comme elles peuvent les parties indispensables de l'habitation.'

123. Le 18 novembre 1697, Monique-Thérèse tient sur les fonts baptismaux de la paroisse de Grisy (commune de Saint-Bris) un enfant, dont le parrain est Hector-François d'Aulnay, comte d'Arcy. A.Y., 'Collection des inventaires-sommaires', Supplément à la série E. – 'Titres de familles'.

à un époux: elle sait, sa mère le lui rappelle, qu'elle n'est 'pas née sans agrémens', mais qu'elle n'est 'pas une beauté' (*Avis fille*, p.67); de son côté, la marquise a trop de délicatesse pour lui imposer une alliance qui ne lui agréerait pas. Monique-Thérèse se mariera donc sur le tard, tout comme son frère Henri-François. C'est dans une famille amie, et de bonne noblesse, qu'on l'établit: on lui destine le fils du marquis de Saint-Aulaire, qui est précisément un ami intime de Mme de Lambert, et peut-être plus encore. Au témoignage du président Hénault, un mariage secret, bien dans le goût de l'époque,[124] unissait les parents des futurs: 'On croit qu'elle s'était remariée au marquis de Saint-Aulaire.'[125] Au dix-neuvième siècle, de Lescure tirait de cette perspective ouverte sur la vie intime de la marquise un portrait psychologique de cette femme dans la cinquantaine. Il y trouvait l'indice d'une personnalité double, et distinguait l'aristocrate soucieuse du décorum et des bienséances de la femme sensible et bel esprit. 'Il est demeuré jusqu'au bout, et plus qu'elle ne voudrait parfois, de la femme dans l'honnête femme, dans l'épouse intacte, dans la veuve rigide, dans la mère dévouée.'[126] Ce ne sont pas, en réalité, deux personnalités qui s'affrontent; ce mariage secret confirme ce que disent les écrits, cet accord souligné en permanence par Mme de Lambert d'une morale du devoir et d'une morale de la sensibilité. L'élan de la nature vers le bonheur peut être concilié avec l'exigence de dignité, les besoins du cœur avec ceux de la société. La marquise de Lambert recherchait aussi d'autres avantages: elle avait compris, dans ses procès, qu'il était difficile d'avancer dans le monde sans appuis et voulait engager par les liens d'une affection sensible un ami qui saurait être un protecteur pour ses enfants.

Le mariage de Monique-Thérèse est célébré le 13 janvier 1704 à Saint-Bris; on trouve trace de la publication des bans, le 7, dans le registre paroissial conservé aux Archives de l'Yonne:[127]

Messire Louis de Beaupoil, marquis de Saint-Aulaire, colonel d'infanterie du régiment du roi, fils de haut et puissant seigneur messire François-Joseph de Beaupoil, chevalier, seigneur marquis de Saint-Aulaire, lieutenant général pour la Marche au gouvernement

---

124. Dans le cercle privé, Mme de Lambert avait l'exemple de sa propre mère. Mais on pourrait évoquer aussi, plus auguste, le mariage secret de Mme de Maintenon et de Louis XIV, ou encore celui de Mme de Gondrin et du comte de Toulouse, de la duchesse de Bourbon et du comte de Lassay, etc.

125. *Mémoires du président Hénault*, éd. F. Rousseau (Paris 1911), p.120. Le témoignage du marquis d'Argenson va dans le même sens, qui évoque 'une tendresse constante et assez platonique', seule passion de Mme de Lambert, et qui suggère le nom du marquis de Saint-Aulaire (*Journal et mémoires*, éd. E. J. B. Rathery, Paris 1859-1867, i.163).

126. De Lescure, Introduction aux *Œuvres morales de la marquise de Lambert* (Paris 1883), p.xii.

127. A.Y., Série E, 'Etat civil', 2 E 337, vol.1: 1679-1705, Etat civil de Saint-Bris, année 1704.

du Limousin, et de défunte haute et puissante dame Marie de Fumel, décédée au château de Saint-Aulaire en Limousin, [épouse] damoiselle Thérèse de Lambert [...]; [le mariage est] béni par vénérable et discrète personne, messire Coustin de Masnadeau, abbé commendataire de l'abbaye de Fontanet, diocèse d'Autun.

La marquise a doté sa fille somptueusement: le contrat de mariage, passé devant Renard, notaire à Paris, le 20 décembre 1703, mentionne une somme de 106 000 livres.[128] Elle ne voulait pas la désavantager vis-à-vis de son frère, à qui elle venait d'apporter aussi une aise considérable.

b. Les débuts de l'officier Henri-François de Lambert

L'éducation du jeune marquis Henri-François de Lambert fut plus délicate. Cela tenait aux difficultés de faire carrière dans les armées du roi, au tempérament du jeune homme et aux dangers qui menaçaient un jeune seigneur de cour vers 1700.

La marquise de Lambert, qui a vu son époux sur le point d'obtenir le bâton, nourrit de grandes espérances pour son fils. Son premier souci est de lui donner une éducation soignée. Dès son retour à Paris, elle l'arrache à son précepteur pour le confier à deux éducateurs remarquables et célèbres qui, par amitié pour elle, l'accueillent au Collège des jésuites: entre les mains du Père Cheminais,[129] et surtout entre celles du Père Bouhours, les progrès d'Henri-François seront rapides. Par ce choix, elle espère faire de lui un homme cultivé, intelligent, capable d'assumer dignement les charges qui lui seront confiées; elle se réserve, quant à elle, le soin de compléter cette éducation en lui apprenant la science du monde et en le formant honnête homme. Les dispositions de la marquise sont d'autant plus judicieuses, qu'elle est encore à cette époque dans de grandes incertitudes au sujet de sa fortune. Ses confidences sur l'éducation de son fils ont le mérite de nous prouver que ses liens privilégiés avec le milieu des jésuites étaient anciens, et antérieurs à 1690.

Dès que Mme de Lambert acquiert la certitude qu'elle pourra consacrer sa fortune à son fils, elle l'autorise à prendre du service. A quinze ans, Henri-François choisit d'entrer en 1693 dans la première compagnie des mousquetaires du roi, et participe à la campagne de Flandre, qui devait être décisive après la retentissante prise de Namur. Pour ses premières armes, il se trouve au siège de Huy qui est pris le 24 juillet, et surtout il combat à Neerwinden, le 29 juillet, où s'illustre la maison du roi. C'est une des plus belles victoires de la guerre contre la Ligue d'Augsbourg, et qui met le comble à la réputation du 'Tapissier de Notre-Dame'.[130] Son année de mousquetaire écoulée, il entre

---

128. Expédition du contrat dans A.N., LVIII, 563, f.38*v*.
129. Timoléon Cheminais de Montaigu, jésuite, prédicateur, né à Paris en 1652, mort en 1689.
130. Voltaire, *Le Siècle de Louis XIV*, p.781.

au régiment d'infanterie du roi, au début de 1694, avec le grade de sous-lieutenant; il y sera nommé lieutenant le 27 décembre 1695. Il participe aux trois campagnes du régiment royal en Flandre, en 1694, 1695 et 1696. Les faits marquants, pour lui, en seront la dernière et la plus belle campagne de Luxembourg, en 1694; la mort du maréchal, cruellement ressentie par les troupes; sa participation sous le maréchal de Villeroy à la prise de Dixmude et au bombardement de Bruxelles, en 1695, qui lui valent sa promotion. Après trois années d'obéissance, d'apprentissage du métier et de la discipline, il peut enfin acquérir son régiment, avec l'aide financière de sa mère: il vient d'avoir dix-neuf ans, quand il est nommé, par concession du 2 février 1697, colonel du régiment de Périgord-infanterie. Il en coûte à la marquise de Lambert la somme de 30 000 livres,[131] sans compter les frais qu'elle devra engager pour les campagnes à venir. Par un billet signé le 18 octobre 1703,[132] le jeune marquis reconnaîtra que

sa mère lui a donné un régiment qui lui a coûté 30 000 livres, qu'elle l'a toujours logé et nourry, et ses domestiques, qu'elle luy a entretenu un carrosse avec deux chevaux, qu'il n'a eu d'autre maison que la sienne, que lad. dame l'a aidé dans ses campagnes et que lad. dame luy a donné dans les dernières quatre mille livres.

Le jeune colonel, pour sa cinquième campagne, et la première à la tête de son régiment, entre avec les troupes françaises en Catalogne, et participe activement à la prise glorieuse de Barcelone. Le siège de la cité (juin-août 1697), entrepris sous le commandement de Vendôme, fut un des plus brillants du règne, et Mme de Lambert n'exagérera pas quand elle exprimera à son fils son admiration pour cette 'campagne de Barcelone, la plus heureuse pour les armes du roi' (*Avis fils*, p.5).[133] Après un séjour à Paris auprès de sa mère, Henri-François passe en Italie au mois de décembre 1700, pour participer sous Catinat aux opérations peu avantageuses du printemps et de l'été 1701. Les troupes royales subissent une série de revers devant les Impériaux: Villeroy est défait à Chiari, le 1er septembre, puis c'est 'la plus surprenante nouvelle dont on eût ouï parler en ces derniers siècles',[134] la surprise de Crémone, le 1er février 1702. Comme le fera remarquer la marquise de Lambert, tout a joué contre les Français: le climat, la topographie, la valeur des Impériaux, les trahisons incessantes de Vaudémont, gouverneur du Milanais. En 1702, Vendôme obtient quelques succès réparateurs, ce qui permet au jeune marquis de Lambert de prendre une part importante à l'occupation du Modénais: son

131. A.N., LVIII, 563, f.41*v*.
132. A.N., LVIII, 563, f.41*v*.
133. Saint-Simon partage la même admiration pour cette campagne.
134. Saint-Simon, *Mémoires*, éd. Gonzague Truc (Paris 1953), ii.32.

régiment franchit le Pô à Crémone, contribue à la défaite d'une division impériale à Santa-Vittoria, sur le Crostolo, le 26 juillet, sert au siège et au combat de Luzzara (15 août), au siège de Guastalla et à la prise de Borgoforte. En 1703, le colonel Lambert contribue à la défaite du comte de Stahremberg près de Stradella, en Lombardie, revient dans le Piémont où il assiste à la prise d'Asti, est employé au siège de Verceil, et à celui d'Ivrée en 1704. Signalons encore qu'il commande un détachement de grenadiers au siège et à la prise de Verrue, du 14 octobre 1704 au 2 mars 1705. Le 16 août, il est à la bataille de Cassano, près de l'Adda, où le prince Eugène est repoussé par les troupes royales.[135] Les succès du marquis de Lambert à Luzzara, à Verrue et surtout à Cassano sont récompensés par une promotion qui nous paraît justifiée: il est fait brigadier d'infanterie, le 4 octobre 1705, et c'est dans ce grade qu'il servira au siège de Turin, entrepris par La Feuillade, qui allait mettre fin aux opérations en Italie.[136]

La marquise de Lambert pouvait être satisfaite des débuts brillants de son fils dans la carrière; mais cette mère attentive gardait encore quelques inquiétudes au sujet de son éducation. Ce jeune officier protégé en cour a la suffisante turbulence des seigneurs libertins, peut-être même en a-t-il aussi la dissipation. Sa grande bravoure ne saurait justifier certains écarts. Les *Mémoires* de Saint-Simon rapportent cette anecdote: en 1698, alors même que se dessine l'ascension parisienne de sa mère, le jeune Lambert se querelle au sortir de la Comédie avec un adolescent de son âge, le duc de Lesdiguières; il faudra de grandes influences pour accommoder l'affaire.[137] Les relations du jeune officier

---

135. La mort de Praslin à Cassano suggère à Saint-Simon (ii.497) des réflexions sur la capacité mal employée de l'aristocratie, que n'aurait pas désavouées la marquise de Lambert: 'Ainsi périssent dans des emplois communs des seigneurs de marque, dont le génie supérieur soutiendroit avec gloire le faix des plus grandes affaires et de guerre et de paix, si la naissance et le mérite n'étoient pas des exclusions certaines, surtout quand ils sont joints à un cœur élevé qui ne peut se frayer un chemin par des bassesses, et qui ne connoît que la vérité.'

136. Au siège de Turin, Lambert commande la gauche de la tranchée à la première attaque des contre-gardes. Il restera en Italie avec son régiment jusqu'en 1707.

137. Saint-Simon, i.493-94: 'Le duc de Lesdiguières, qui étoit fort jeune et fort doux, et qui ne tarda pas à montrer qu'il étoit aussi fort brave, eut quelques paroles, en sortant de la comédie, avec Lambert, colonel d'infanterie, jeune homme très suffisant, qui voulut porter ses plaintes aux maréchaux de France, et qui ne savoit apparemment pas que les ducs ne les reconnoissent point. Le Roi le sut, et ordonna à M. de Duras, beau-père de M. de Lesdiguières, d'accommoder seul cette affaire, qui n'alla pas plus loin.' On pourrait être tenté de retrouver des échos de ce scandale dans certains motifs de la nouvelle de Mme de Lambert, *La Femme hermite*. Une rivalité tragique oppose le prince Camille, doté par sa mère, heureux dans sa première campagne, au duc de Praxède qui paraît à la cour: c'est la conquête de l'héroïne qui suscite cette rivalité. Les réalités vécues ne sauraient cependant faire oublier la valeur symbolique de l'épisode: Mme de Lambert a voulu réécrire la grande scène de *La Princesse de Clèves*, celle de l'entrée de Nemours au bal; un cérémonial tragique s'accomplit, celui d'une mise à mort, et le sang se mêlera à la fête.

menaçaient également de ruiner l'éducation soignée qu'il avait reçue. Dans ses *Avis à son fils*, la marquise exprime ses craintes devant le libertinage et l'impiété des jeunes gens de 1700. Elle se garde bien, certes, de porter des accusations personnelles, de meurtrir inutilement l'amour-propre du jeune homme; mais à lire entre les lignes, on ne peut s'empêcher de penser qu'elle cherchait à éclairer le destinataire sur certains de ses égarements. La rencontre avec Vendôme, qui exerçait une réelle fascination sur ses officiers, n'était pas faite pour rassurer cette mère sur le sort de son fils.

Un constat s'impose: la décennie qui a suivi les procès fut vraiment féconde pour Mme de Lambert et pour sa famille. C'est au cours de ces années qu'elle devint la reine qu'allait célébrer le Paris littéraire. Après 1700, son existence et ses activités mondaines sont mieux connues; il n'est pas inutile, cependant, d'évoquer les événements intimes qui ont marqué sa vieillesse et qui sont trop souvent éclipsés par la vie brillante du salon.

D. *La vieillesse*

La femme du monde admirée et respectée, qui mène grand train à l'hôtel de Nevers, vers qui convergent tous les regards, reçoit de la vieillesse le lot commun de peines. Elles lui viennent de sa famille, pour laquelle sa vigilance est constante, mais aussi des soucis matériels et des maux physiques qui ne l'épargnent pas.

a. *La famille de Mme de Saint-Aulaire*

En 1709, cinq ans après avoir établi sa fille, la marquise de Lambert apprend avec douleur la mort du colonel-lieutenant du régiment d'Enghien-infanterie, Louis de Beaupoil, tué au combat de Rumersheim, dans la Haute Alsace, le 26 août.

Une fille unique, Thérèse-Eulalie, était née en 1705: Mme de Saint-Aulaire invite sa mère à se charger, avec elle, de l'éducation de l'enfant, qu'on place au couvent de la Madeleine de Tresnel, à Paris. La marquise de Lambert est liée d'amitié avec la mère supérieure,[138] à qui elle écrit une longue lettre pour l'éclairer sur le caractère de la fillette, et pour lui rappeler les principes élémentaires d'une bonne pédagogie. Car la marquise et Mme de Saint-Aulaire, devenues célèbres à l'hôtel de Nevers, songent à un établissement brillant pour elle.

L'alliance sera conclue avec la branche normande d'Harcourt-Beuvron. On destine Thérèse-Eulalie à l'un des fils du puissant duc Henri d'Harcourt, pair et maréchal de France, qui s'était éteint à Paris en 1718, et qui avait épousé

---

138. C'est la célèbre maîtresse du lieutenant de police d'Argenson, le plus sûr ami de Fontenelle et de la marquise elle-même.

Marie-Anne-Claude Brûlart de Genlis, toujours en vie. Le 7 février 1725, Mlle de Saint-Aulaire épouse, en l'église du Collège des Quatre Nations, Anne-Pierre d'Harcourt, marquis de Beuvron, seigneur de Tourneville; l'époux venait d'être reçu, le 23 juillet 1723, après la mort de son frère Louis-Henri, lieutenant général pour le roi au gouvernement de la Haute Normandie; il sera gouverneur du vieux palais de Rouen, maître de camp de cavalerie. On mesure, avec ce mariage, l'ascension de la famille de Mme de Lambert, qui peut aspirer désormais aux plus belles alliances. On verra le marquis de Beuvron prendre en charge les affaires de son épouse, lors de la succession de la marquise, et accompagner Henri-François de Lambert dans toutes ses démarches. L'hôtesse de Nevers, qui s'est attachée à sa petite-fille, lui assure une dot importante. Au contrat de mariage, passé devant Baptiste, notaire à Paris, le 6 février, elle lui donne une somme de 100 000 livres à prendre à sa mort.[139]

On la verra se féliciter avec ses amis des 'heureux accouchements de Mme de Beuvron',[140] qui donne deux héritiers à la maison d'Harcourt: le 11 janvier 1726, naît François-Henri d'Harcourt, comte de Lillebonne, qui sera capitaine de dragons dans le régiment d'Harcourt en mars 1742, brigadier le 31 décembre 1747, maréchal de camp le 1er mai 1758, commissaire général de la cavalerie en France (mai 1759), lieutenant général de Normandie en 1764; le 4 octobre 1727, naît Anne-François d'Harcourt, appelé d'abord le chevalier, puis le marquis de Beuvron, qui sera guidon de gendarmerie en décembre 1744, enseigne des chevau-légers d'Orléans le 8 mars 1746, brigadier en décembre 1748, commissaire général de cavalerie (1750), lieutenant général du Bas Poitou le 1er juin 1751, maréchal de camp le 20 février 1761, chevalier des Ordres le 2 février 1776. Ces deux fils seront les héritiers du marquis de Lambert,[141] et François-Henri, devenu marquis de Saint-Bris et baron de Chitry, vendra le marquisat.

Mme de Saint-Aulaire et la marquise de Beuvron étaient l'ornement de l'hôtel de Nevers. Mme de Saint-Aulaire, esprit pur, toute intelligence, toute sagesse, y menait une existence épurée: précieuse parmi les précieuses, on ne lui connaît aucune passion. La marquise de Beuvron, au contraire, montrait plus de goût pour le monde et y brillait de tous les feux de sa jeunesse. Elle

139. A.N., LVIII, 563, f.38*v*.

140. Lettre de la marquise de Lambert au président Bouhier du 17 novembre 1727: 'Je vous suis bien obligé[e], monsieur, de la part que vous voulez bien prendre à deux événements bien différents pour moi. La joie que m'a donné[e] l'heureux accouchement de Mme de Beuvron ne me dédommage pas de la perte que j'ai faite de M. de Sacy' ('A travers les autographes; une lettre de la marquise de Lambert', *RhlF* 16 (1916), p.249-50).

141. *Journal inédit du duc de Croy*, éd. vicomte de Grouchy et P. Cottin (Paris 1906), i.261: 'Je fus [...] à l'enterrement de M. de Lambert, qui laissa quarante mille livres de rente à chacun de MM. de Beuvron d'Harcourt, ce qui releva cette maison.'

avait toutes les grâces et bien des vertus. Il faut relire, dans la correspondance de Montesquieu et de Mme de Lambert, le badinage aimable du galant philosophe à son sujet.

Lettre de Bordeaux du 1er décembre 1726: Agréez que j'assure ici de mes respects Mme de Saint-Aulaire. Je crains qu'il ne me soit inutile de me souvenir de Mme de Beuvron.

Lettre de Vienne du 30 avril 1728: Epargnez-moi, je vous prie, le malheur de votre oubli. Je ne parle pas de Mme de Sainte-Aulaire, car je suis sûr d'elle, c'est-à-dire de son indifférence, et parce qu'on ne s'appelle pas Tircis on n'est bon à rien. Dispensez-moi de vous parler de Mme de Beuvron: la première fois que je la vis, je me préparai à une fidélité éternelle; j'en ai été pour mon étalage, et le cruel comte, ce mari continuel, s'est fait aimer. Il n'y a personne à Paris qui ne sçache la raison de cet amour. On pardonne aux femmes une foiblesse dans le cœur, mais une pareille fragilité déshonore: elle est sçue. Ici elle seroit la seule femme qui mît du rouge. Je serois bien aise de lui voir un petit ridicule.

Lettre de Gênes du 9 novembre 1728: j'ai lu dans les gazettes des choses admirables de Mme de Beuvron.[142]

A la fin de sa vie, Mme de Lambert aura la plus cruelle des peines: celle de perdre sa fille, qui avait passé sa vie à ses côtés.[143] Mme de Saint-Aulaire s'éteint à l'hôtel de Nevers, où elle avait son appartement,[144] le 13 juillet 1731, deux ans avant sa mère. Quant à la spirituelle marquise de Beuvron, qui semblait désignée pour recueillir la succession de sa grand-mère et hériter de son bureau d'esprit, elle eut une destinée plus cruelle encore: elle disparaît en pleine gloire, le 3 novembre 1739, à l'âge de trente-quatre ans.

b. Les relations de Mme de Lambert avec son fils

Contre toute apparence, les relations de la marquise de Lambert avec son fils ont été tumultueuses, parce que ses déceptions furent proportionnelles à son affection et à ses espérances.

La mère avait pourtant lieu d'être satisfaite de la manière dont se déroulait la carrière de l'officier. La situation désastreuse qu'il avait connue au début de sa campagne d'Italie avait été redressée, et dans des conditions difficiles, son mérite avait été reconnu. Le brigadier d'infanterie allait se montrer digne de son grade en retrouvant le théâtre d'Espagne, pour les campagnes de 1707 et 1708. Il rejoint le duc d'Orléans, qui commande l'armée, au siège de Lerida:

---

142. Montesquieu, *Œuvres complètes*, éd. André Masson (Paris 1955), iii.868, 890, 922 (allusion à la naissance de jumeaux, le 23 septembre 1728?).

143. Hénault, *Mémoires*, p.121: 'la marquise de Sainte-Aulaire, femme d'un esprit raisonnable et qui passa sa vie auprès de sa mère'.

144. Les plans de B.N., Hc 15 mentionnent un 'entresole ou loge Me la Comtese St Aulais'. Mme de Lambert avait fait aménager cet entresol dans son deuxième étage: il comprenait 'quatre chambres, dont deux à cheminée' (A.N., LVIII, 563, f.32v). A la mort de la marquise de Saint-Aulaire, deux de ces pièces devinrent des chambres de domestiques. Voir Dauvergne, p.17.

la place se rend le 13 octobre, et Versailles fait grand cas de cette prise, où avait échoué naguère le grand Condé. Au mois de juin suivant, le duc entreprend le siège de Tortose; il détache de son camp le marquis de Gaëtano, lieutenant général des armées d'Espagne, et Lambert sous ses ordres pour la France, 'avec trois mille hommes et huit cents chevaux',[145] pour attaquer l'ennemi qui campe à Falcete. Le 1er juin, à cinq heures du matin, Lambert surprend et défait 'douze cents hommes de pied, quatre cents chevaux et mille miquelets';[146] puis il marche sur Tortose, que le duc investit le 12 juin. La tranchée est ouverte dans la nuit du 21 au 22, dans un terrain 'presque tout roc' (ii.1083), l'assaut donné dans celle du 9 au 10 juillet, et la ville prise le 11. C'est au marquis de Lambert que revient l'honneur, mérité, de porter l'heureuse nouvelle de la victoire à Versailles. 'Lambert, dépêché par M. le duc d'Orléans, vint apprendre cette bonne nouvelle au Roi, qui en fut d'autant plus aise que M. le duc d'Orléans avoit surmonté toutes les difficultés possibles' (ii.1084). Le brigadier reste en Espagne, sous les ordres du maréchal de Bezons, jusqu'au 29 juillet 1710, date à laquelle, ses services ayant été appréciés, il est nommé maréchal de camp.

Enfin promu dans ce grade qu'il attendait, Henri-François de Lambert se démet du régiment de Périgord, pour être employé à l'armée du Dauphiné sous le maréchal de Berwick, qui avait conçu un plan de défense pour la Savoie qui forcera l'admiration de Montesquieu.[147] Puis en 1712, il en est détaché pour rejoindre l'armée des Flandres, où sous Villars, il prend part aux opérations bien connues. Il combat à la bataille de Denain, le 30 juillet, qui fut si populaire, et suit le maréchal dans les sièges qui complétèrent cette victoire: Douai, Le Quesnoy, Bouchain. Pour les armes françaises, le retour de la fortune était éclatant, et Lambert allait profiter de la renommée qui entourait Villars: le royaume lui marque sa reconnaissance par la remise de la croix de Saint-Louis.[148]

En Espagne Henri-François de Lambert s'est fait apprécier du duc d'Orléans, qui le tient en grande estime et le considère comme l'un des meilleurs officiers du royaume; sous la Régence, il l'attire au Palais-Royal, où il le fête chaleureusement: tous les témoignages concordent sur ce point.[149] Le

---

145. Saint-Simon, ii.1083.

146. ii.1083; Lambert fait six cents prisonniers, dont le commandant du corps.

147. Voir l'*Eloge historique du maréchal de Berwick* (ébauche).

148. Le marquis de Lambert est reçu dans le rang de chevalier.

149. Celui du président Hénault (p.121), comme celui de l'avocat Mathieu Marais qui note dans son *Journal*, au mois d'août 1720, que le comte de Revel 'vouloit se moquer du marquis de Lambert, homme de peu de mérite, que le Régent fait manger avec lui' (*Journal et mémoires de Mathieu Marais sur la Régence et le règne de Louis XV (1715-1737)*, éd. De Lescure, Paris 1863-1868, i.401). Mathieu Marais était hostile à la marquise de Lambert et à sa famille.

pouvoir, naturellement, lui fait confiance dans la guerre qu'on entreprend à contrecœur contre l'Espagne. Lambert est désigné pour être l'un des officiers de Berwick: il passe avec l'armée la frontière au début de l'année 1719, il est à Fontarabie qui capitule, et contribue à la prise du château de Saint-Sébastien. De là, il passe en Catalogne, et à la fin de l'année est au siège de Rosas, quand cette guerre absurde pour la France est sur le point de se terminer. Le Régent veut profiter de ces événements pour le remercier de la gloire que Lambert lui avait acquise, jadis, en Espagne. Tandis qu'il est au siège de Rosas, le marquis reçoit des lettres de provisions du 11 décembre 1719 qui le nomment au commandement de la ville d'Auxerre, créé en sa faveur. Ainsi sont définitivement consolidés les liens de sa famille avec la Bourgogne et il pourra, comme gouverneur, gérer au mieux ses biens de Saint-Bris. Quatre mois plus tard, par lettres patentes du 30 mars 1720, il est fait lieutenant général des armées du roi, à quarante-deux ans. Il marchait droit, comme ses pères, vers le bâton de maréchal, mais le royaume allait connaître de longues années de paix, et c'est sur ces belles récompenses, quelque peu généreuses, que se termine l'éloge historique de l'officier Henri-François de Lambert.

Il est probable que la marquise, sa mère, fut, comme beaucoup d'aristocrates du royaume, hostile à cette guerre entreprise contre des alliés, d'autant que ses relations avec la cour de Sceaux étaient excellentes. Mais elle avait d'autres raisons, plus personnelles, d'être mécontente. La compagnie du Palais-Royal n'était certes pas celle qu'elle avait souhaitée pour son fils; celui-ci avait rencontré dans le milieu des officiers de cour, ou plus sûrement dans l'entourage du Régent, une sémillante coquette qui avait anéanti toutes les belles leçons morales de l'éducatrice, car il était tombé dans ses rets. Cette femme volage, c'était Marie-Renée-Angélique de Larlan de Kercadio de Rochefort, veuve de François Du Parc, marquis de Locmaria, lieutenant général des armées du roi, officier breton de valeur, mort en 1709. La marquise de Locmaria était d'une bonne famille: son père, Jean-Baptiste de Larlan de Kercadio de Rochefort, seigneur de Rochefort et de Liniac, était président à mortier au parlement de Bretagne. Elle aimait le monde, et ses liaisons multiples faisaient scandale, en dépit du président Hénault qui semble avoir été bien indulgent à son endroit, quand il dit (p.121) que 'sa conduite extérieure n'avait rien de reprochable'. La marquise de Lambert n'ignorait certainement pas la liaison de son fils, qui avait contracté un mariage secret en 1719 avec cette coquette, et qui souhaitait régulariser sa liaison. Dans la nuit du jeudi au vendredi 12 janvier 1725, en dépit de l'hostilité de sa mère à ce mariage, il épousait cette veuve qui lui apportait une belle fortune. Mathieu Marais a donné de l'événement une relation circonstanciée:

Vendredi 12 janvier 1725. Cette nuit, du jeudi au vendredi, s'est mariée Mme de Locmaria, veuve d'un homme de qualité de Bretagne, au marquis de Lambert qui l'aimait depuis longtemps. Elle lui donne une belle maison à Paris, et la jouissance de 25 000 livres de rentes.[150] Il est fils de Mme de Lambert, ce bel esprit qui protège les beaux esprits du nouveau style et qui en tient académie chez elle. Elle ne voulait pas que son fils l'épousât, parce qu'elle veut avoir de sa race, qui n'est pas trop bonne.[151] Il lui a fait trois soumissions respectueuses, et voilà les beaux esprits, avec leur imagination tendue de deuil, occupés à faire des élégies. Ce qui doit fâcher la mère, c'est qu'autrefois elle avoit épuisé tout son esprit à lui donner de beaux conseils, qu'on a vus manuscrits dans le monde, et il n'en a point profité.[152]

M. Deloffre est le premier à avoir signalé que cet événement, qui eut un grand retentissement à l'hôtel de Nevers, au dire de Mathieu Marais, fut exploité par Marivaux, qui l'a transposé dans *La Vie de Marianne*;[153] tous les spécialistes s'accordent en effet à reconnaître qu'il est à l'origine de la scène où Mme de Miran, dans sa bonté, cède à son fils Valville qui veut épouser Marianne.

Il faut ajouter un autre motif aux explications fournies par Mathieu Marais sur la déception de la marquise de Lambert; par son éclat, Henri-François pouvait compromettre la conclusion du mariage brillant qu'on proposait à Mlle de Saint-Aulaire. Personne n'a songé à mettre en relation ces deux événements qui sont contemporains: ce n'eût pas été la première fois que l'inconduite d'un oncle aurait fait rompre une alliance qui se préparait. Le mariage du marquis de Lambert jette une lumière vive sur les hautes exigences morales de sa mère; cette femme dont tous les témoignages reconnaissent l'immense bonté et l'active générosité, crut que son devoir l'obligeait à rompre avec son fils. Le marquis quitta l'hôtel de Nevers où il avait son appartement, et, décision terrible entre toutes, sa mère prit des dispositions pour établir un testament dans lequel elle stipulait des substitutions qui déshériteraient son fils. Elle déposa ses volontés entre les mains de Doyen le jeune, notaire à Paris, qui les reçut le 6 juin 1726. Cette décision prise plus d'un an après l'événement donne la mesure de la blessure de Mme de Lambert et, paradoxalement, de la profondeur de son amour. Ce mariage fut le grand drame de sa vieillesse. Quand son esprit fut apaisé, encouragée par les familiers de l'hôtel de Nevers, elle laissa de nouveau parler son cœur et chercha à se réconcilier avec son fils: le 6 décembre 1728, par un codicille, elle revenait sur sa décision et révoquait

150. Contrat de mariage du 10 février 1725, devant Meunier, notaire à Paris. Cette maison avait été construite sur les plans de l'architecte Dullin, vers 1720, rue de l'Université; l'hôtel prit, par la suite, le nom d'hôtel de Lambert.

151. Faut-il restituer, comme le suggère M. Deloffre, une lecture 'parce qu'elle ne veut...'? Ou bien s'agit-il d'une rosserie de Mathieu Marais?

152. Marais, iii.144.

153. Marivaux, *La Vie de Marianne*, éd. Frédéric Deloffre (Paris 1963), p.xxxiii-xxxiv, 204-206.

les substitutions. Ce codicille fut précieusement apporté par le ministre Amelot de Chaillou à l'ouverture de sa succession: on le trouve annexé à l'inventaire de ses biens. C'est une des rares pièces autographes que nous possédions,[154] et on ne la lit pas sans émotion, tant le ton sensible du message traduit la beauté d'une âme et le caractère sublime du remords:

Au nom du pére et du fils et du / st esprit, / Aient reflechi sur mon testament que / jay fait devent Doyens notaire le six juin / 1726 voulant conserver la paix dans / ma famille et cregnat que les subcetituition / que jay faitte ny mette du trouble ma / dernier revolte est que ces subtitution / demeur revoque comme en effet je les/ revoque sans que dans aucun cas elle / puissent avoir aucun effet et quoyque / mon fils ne me voye plus je suis bien / eloygne de vouloir len punir par un / testament dictée par la coler, et / pour le prouver je le fais mon / legater univercel aux condition qui / seront expliqué dans mon testament / que je feray dans la suite ma veue ne / me permetent pas de lecrire Fait à / paris ce six desembre mille sept cent / vint huict. A. de marguenat /[155]

La mère et le fils se réconcilièrent, semble-t-il. Henri-François de Lambert n'eut pas d'enfant de ce mariage: après onze ans d'union, son épouse décède à Paris, en 1736.[156] Plus que sexagénaire, le marquis de Lambert épouse en secondes noces, le 26 février 1740, en l'église Saint-Sulpice, une jeune femme de vingt-cinq ans, Louise-Thérèse de Menou,[157] sœur de la marquise de Jumillac.[158] La marquise de Lambert aurait aimé cette bru: vive, spirituelle, intelligente, Mlle de Menou voulut maintenir la tradition de l'hôtel de Nevers, et ouvrit dans Paris une maison dont le président Hénault fit l'éloge (p.121-22):

Il eut tout sujet de se louer de ce second engagement. La marquise de Lambert ne s'occupa que de le rendre heureux; et, à sa mort, sa bonne conduite lui mérita la considération et l'attachement des deux héritiers de son mari, MM. de Lillebonne et de Beuvron. Elle jouit aujourd'hui de l'estime de tous les honnêtes gens; sa maison est

---

154. A.N., LVIII, 563: codicille autographe, une feuille de papier coupé contenant 21 lignes d'écriture au recto, annexé à l'inventaire, f.45r.

155. Ce nouveau testament sera fait devant Mesnil, notaire à Paris, le 24 août 1732, suivi de deux codicilles, les 21 mars et 3 avril 1733.

156. La seconde marquise de Lambert 'était tante du comte de Rochefort, mari de Mlle de Brancas' (Hénault, p.121). Voir, dans la correspondance de Mathieu Marais, ces allusions malicieuses: 'à ce propos, on dit Mme de Lambert grosse. Apollon sera le parrain de l'enfant' (lettre au président Bouhier du 14 mars 1730; Marais, iv.113); 'Je ne me suis point trompé au nom de Mme de Lambert; c'est la femme du fils, qui étoit autrefois Mme de Locmaria' (lettre au même du 24 mars 1730; iv.116).

157. Elle était fille de François-Charles, marquis de Menou, brigadier des armées du roi; elle meurt dans sa cinquante-deuxième année, le 28 février 1766. Les Menou, seigneurs de Charnisay, étaient des voisins des marquis de Saint-Bris; on trouve aux Archives de l'Yonne des pièces les concernant aux dix-septième et dix-huitième siècles.

158. Françoise-Armande de Menou, née le 6 décembre 1708.

le rendez-vous de ce qu'il y a de plus considérable à la ville, à la Cour et parmi les ministres étrangers.

Le marquis de Lambert survécut à deux enfants et mourut, sans laisser de postérité, le 21 avril 1754.

c. Les maux de la vieillesse et les contraintes matérielles

Observés dans leurs activités (divertissements poétiques et dissertations sérieuses), les précieux de l'hôtel de Nevers risqueraient d'apparaître comme des êtres désincarnés, épargnés par les maux communs à l'humanité, libérés des misérables réalités terrestres. La vie brillante du salon finirait par faire oublier le cortège des souffrances et des soucis qui les accablent comme les autres hommes, qui les obligent à dépenser beaucoup d'énergie, à lutter contre eux-mêmes et contre les autres pour faire triompher cet épicurisme aimable et cette joie des honnêtes gens qui forcent l'admiration.

Cela est particulièrement vrai de la marquise de Lambert, qui dut compter, à l'apogée de sa gloire, avec les infirmités de l'âge. La coloration néo-stoïcienne de certains de ses écrits, comme le *Traité de la vieillesse*, est due à l'expérience intime des maux qui n'épargnent, dira la marquise, ni le corps ni l'esprit. Certes le *Traité* ne consacre au corps que quelques remarques rapides, parce qu'il n'est pas écrit dans le grand âge. En revanche, dans la correspondance de la septuagénaire, les allusions aux infirmités se précisent. La plus cruelle, pour la marquise de Lambert, fut une ophtalmie qui l'empêcha pratiquement d'écrire et de lire pendant les dernières années de sa vie. Or, 'la lecture assidue' et l'écriture avaient été la grande passion de cette aristocrate, au témoignage du chevalier de La Rivière, lié avec elle depuis leur jeunesse commune.[159] Nous venons de voir que dans le codicille de la fin de l'année 1728, la marquise se dit empêchée d'écrire. Une lettre adressée au président Bouhier, le 17 novembre 1727, contient le même aveu et désigne la même infirmité, par ce *post-scriptum*: 'Vous m'excuserez bien, monsieur, si cette lettre n'est pas écrite de ma main. Mes yeux ne me le permettent pas.'[160] Cependant de telles confidences restent rares, et, en dépit d'une cécité qui fut presque totale dans les derniers mois de son existence, la marquise de Lambert se contente de désigner les infirmités apparues avec l'âge par quelques euphémismes légers. Les plaisirs vifs ont fui, mais l'amour de la vie reste le plus fort: l'honnête femme veut donner à son entourage une image sereine de sa vieillesse, la pudeur et le devoir lui font taire des réalités intimes qui pourraient la rendre acariâtre, ce qui est à ses yeux le grand danger de l'âge.

159. *Lettres choisies de Monsieur de La Rivière, gendre de M. le comte de Bussi-Rabutin* (Paris 1751), lettre cvii à M. l'abbé Papillon, 12 juillet 1735, ii.204-206.
160. *RhlF* 16 (1916), p.250.

1. *La grande dame*

La correspondance littéraire de la marquise de Lambert fait allusion, de temps à autre, à des affaires importantes qui occupent le loisir,[161] l'argument servant à excuser, dans la rhétorique mondaine, les productions légères du divertissement aristocratique. Il est certain qu'une part importante des activités de l'hôtesse de Nevers est destinée à la gestion de ses biens. Nous consacrerons une analyse rapide à sa fortune, qui montrera la complexité des contraintes matérielles qui s'imposent à l'aristocrate. Les modes se renouvellent, les réalités changent, et Mme de Lambert éprouva beaucoup de difficultés pour adapter, pendant plus de trente ans, ses revenus au train de vie brillant qui était le sien à Paris. Ceux qui étaient constitués en rentes furent menacés par le Système, et la marquise, comme beaucoup d'aristocrates, fut en partie ruinée par les manœuvres financières du pouvoir. Elle accueillait dans son salon des hommes influents, qui jouaient un rôle important au Palais-Royal, comme l'abbé Jean Terrasson par exemple. Ardent défenseur des idées économiques,[162] le philosophe l'a-t-il convaincue de l'avenir du Système? Toujours est-il qu'elle prétendit avoir perdu plus de 500 000 livres de son bien, par des remboursements faits en papier, sans jamais avoir obtenu aucune indemnité.[163] En réalité, l'inventaire de ses biens nous apprend qu'elle avait reçu en dédommagement, par un brevet du 10 juin 1721, une pension annuelle et viagère de 4 000 livres.[164]

Il n'est pas toujours aisé de gérer, de Paris, des revenus attachés à des biens lointains, même quand le receveur de la marquise veille sur le domaine. Il y a d'abord toutes les tracasseries administratives qui lui imposent de continuelles démarches, facilitées par les relations qu'elle noue dans son salon avec des gens habiles et experts. Le président Bouhier, qui est souvent sollicité par ses correspondants, est un homme de bon conseil; la marquise de Saint-Bris le consulte pour une démarche à effectuer auprès du parlement de Dijon en 1728.[165] Une série de pièces d'archives montre l'activité débordante que doit

---

161. Voir la *Lettre à M. l'abbé de Choisy, en lui envoyant ses Réflexions sur les femmes*, p.371.

162. On attribue à l'abbé Jean Terrasson des mémoires anonymes, parus sous la Régence, qui justifient le Système et la Compagnie des Indes. Voir *Lettre écrite à M*** sur le nouveau Système des finances, et particulièrement sur le remboursement des rentes constituées* (s.l. 1720); *Mémoire pour servir à justifier la Compagnie des Indes, contre la censure des casuistes qui la condamnent* (s.l. 1720).

163. B.N., Hc 12 e, 'Mémoire de Mme de Lambert et de son fils', f.119: 'la perte qu'elle a souffert par le remboursement qui luy a été fait de plus de cinq cent mil livres de son bien en papier pendant le Sisteme. [...] Par la même raison que M. de Lambert perdoit la plus grande partye des fonds de sa famille, par les remboursements qui leur en ont été faits en papiers, et dont Me Sa Mere ny luy n'ont eû aucune indemnité.'

164. A.N., LVIII, 563, f.40r, cote 29.

165. B.N., ms. fr., ancien fonds 24412, 'Correspondance du président Jean Bouhier', lettre de la marquise de Lambert du 8 janvier 1728: 'vous mofrez Monsieur vos services si obligemment que je ne feray pas difficulté de les axcepter. Mrs du domaine mont fait une signification. Mr Daubx qui sçay dequoy il est question, cest chargé Monsieur de vous en Escrire, javois autrefois

déployer la grande dame pour tirer de ses biens en Bourgogne les revenus qu'elle en attend: on la voit donner des procurations et des quittances, signer des contrats de bail et des décharges.[166] On peut détailler quelques-unes de ces pièces, parce qu'elles illustrent cette expérience vécue ou parce qu'elles sont d'une réelle importance et désignent des années de 'pénurie'. Au moment même de ses procès, pour assurer à ses enfants un train décent, la marquise déjà avait aliéné une partie des terres acquises par Jean de Lambert: le 19 novembre 1688, elle avait vendu à François Le Mire, avocat en la Cour et grenetier au grenier à sel de Saint-Florentin, des terres, prés et vignes, moyennant 450 livres de rente foncière.[167] En l'année 1721, le Système vient de la ruiner, la marquise s'active: le 7 février, elle consent au 'dellaissement des offices de prudhomme, marqueur et visiteur des cuirs' d'Avallon, pour six années, aux nommés Chin et Cailat, moyennant 2 000 livres par an, dont les preneurs promettent de payer chaque année 923 livres 1 sol 6 deniers à la marquise 'comme propriétaire de l'office de controlleur', office qui avait été confirmé au prix de 1 500 livres payées au Trésor royal le 13 mai 1712, et qui le sera de nouveau le 25 mars 1726;[168] le 3 août, par un bail à vie sous seing privé, elle loue à Jean Goisot, fils du praticien de Saint-Bris, sa maison de l'Hôpital, sise à Goix, moyennant trente livres par an.[169] L'année 1730 est aussi une année occupée: le 19 mars, un bail 'd'admodiation' accorde au nommé Pierre Desginbre, pour six années, les bois de Bailly, moyennant la somme de 40 livres;[170] mais surtout, le 19 mai, la terre de Saint-Bris est baillée (devant Baptiste, notaire à Paris) à Sébastien Berot, marchand bourgeois de Paris, et à Anne Dumas sa femme pour 7 000 livres par an, somme ramenée le jour même à 6 500 livres.[171] Pour la marquise de Lambert installée à l'hôtel de Nevers, les terres de Saint-Bris constituent l'une des sources essentielles du revenu.

On ne saurait en dire autant de ses biens en Champagne, et Bachaumont

---

a dijon un procureur qui est mort que lon appelle Jacquemain, je Crain Bien qu'il ne luy soit Beaucoup presté de tittre; Comme ma terre de S. Bry releve du Roy, nous avons le Besoin de ses Mrs La, je vous serois tres obligée si vous vouliès ordonné aquelqun de vos gens de faire chercher dans [les titres?] de se procurrer sil nyauroit point de titre de nostre maison' (f.255-256r).

166. A.Y., Série E, 'Titres de familles', liasse E. 109. Ce sont, en gros, les mêmes revenus que ceux de Jean de Lambert, liés aux droits seigneuriaux et aux terres. La marquise paie des taxes pour ses moulins de Marsigny et d'Augy, passe des transactions avec les habitants de Saint-Bris pour le four banal, acquiert quelques terres, loue ses maisons.

167. A.N., LVIII, 563, f.40r, cote 30.

168. f.38v, cote 25. Voir aussi Dauvergne, p.28-29.

169. A.Y., E. 110.

170. A.Y., E. 110.

171. A.N., LVIII, 563.

n'avait peut-être pas eu tort d'affirmer qu'il serait difficile de les mettre en valeur. La marquise de Lambert, attachée au nom des Marguenat, fit ce qu'elle put pour en préserver l'intégrité, puis dut se résoudre à vendre les terres et les bâtiments de Courcelles. H. de La Perrière donne sur ces transactions des renseignements complets, et remarque: 'il est touchant de constater que c'est seulement au soir de sa vie que [la marquise] se décida à se détacher complètement de la Champagne' (*Marquise*, p.21-23).[172] Courcelles procurait un revenu modeste: Mme de Lambert l'affermait pour 500 livres, mais il y avait des réparations à assurer, et le moulin à vent du domaine pour 100 livres.[173] Aussi, le 16 mars 1709, devant Aumont, notaire à Paris, le vendit-elle à un notable troyen du nom de Jacques Corps.[174]

La marquise de Lambert avait en charge d'autres demeures. Toutes les familles aisées disposent traditionnellement à la fin du dix-septième et au dix-huitième siècle de trois résidences principales: l'hôtel parisien, le château familial en province, auquel, généralement, est attaché le titre, et la maison de campagne aux environs de Paris. La marquise avait donc acheté, en 1704, une maison à Nogent-sur-Marne, où elle se retirait régulièrement:[175] la lettre retenue par l'éditeur Bousquet, écrite 'à Mme de ***', sur la solitude (*Correspondance*, p.411-14), fait peut-être allusion à l'un de ces séjours. Les habitués du salon ne la suivaient pas dans cette demeure, qui était conçue pour l'intimité. Quand ses relations avec la cour de Sceaux furent plus suivies, Mme de Lambert trouva plus commode de s'installer à proximité du château: elle revendit sa maison de Nogent, en 1715, pour en louer une à Sceaux, ce qui explique la fréquence de ses visites à la duchesse Du Maine dans les années 1726-1730. Un chapitre de l'inventaire de ses biens[176] est consacré à la description des tableaux et du mobilier qui furent rapportés de Sceaux à sa mort; quelques jours avant, le 4 juillet 1733, devant Bouron, notaire à Paris, le bail de location avait été renouvelé, pour 1 350 livres par an (f.39*v*), somme qui situe bien la valeur de cette maison. La vieille dame était inlassable; en amie généreuse, elle acceptait aussi de veiller aux intérêts de ses connaissances. On trouve dans l'inventaire (f.39*r*, cote 26) un écrit signé 'Marguenat de

172. L'auteur a retrouvé d'autres documents aux Archives de l'Aube: une hypothèque d'un corps de logis que la marquise possède rue de Bourgneuf à Troyes (16 octobre 1691); une sentence du présidial de Troyes, du 15 juillet 1705, 'pour contraindre les consorts Bourdon à lui passer titre nouvel des rentes qu'ils lui devaient d'après une constitution du 15 novembre 1651 au profit de Nicolas Le Marguenat' (*Marquise*, p.22).

173. Thoisy, 215, f.495*v*.

174. H. de La Perrière n'indique pas le montant de la vente.

175. Voir Antoine Dufournet, *Villégiatures royales de l'ancienne France; Nogent-sur-Marne et le territoire du Perreux, histoire et souvenirs* (Nogent-sur-Marne 1914).

176. A.N., LVIII, 563, f.46-47.

Courcelles' et daté du 24 février 1731, par lequel Mme de Lambert agissant pour M. le duc de La Force louait au duc de Valentinois la maison seigneuriale que le duc possédait à Courbevoie.

Pour en finir avec ces détails qui doivent montrer les contraintes matérielles qui pèsent sur l'aristocrate, il faut encore évoquer une étrange affaire, qui eut un lien direct avec la vie littéraire du salon et qui assombrit la vieillesse de Mme de Lambert: il s'agit de sa rupture avec l'abbé Alary, à la fin de l'année 1731, dont les circonstances ont été narrées dans le détail par Mathieu Marais au président Bouhier.[177] Tout commence à la mort de Mme de Saint-Aulaire qui avait confié en dépôt à l'abbé un certain nombre d'actions de la Compagnie des Indes et des rentes sur la ville:

L'affaire de l'abbé Alary est un peu plus claire; il n'a point retourné chez les dames où il étoit tous les jours plus de cinq semaines après la mort de Mme de Saint-Aulaire, encore y a-t-il été mené par M. d'Argenson du Palais-Royal. Grandes douleurs et larmes sur la perte du corps, puis on est venu sur la perte des biens et d'une cassette où il y avoit 50 actions et un contrat de 100 000 francs sur la ville.[178]

L'affaire était grave, et le scandale accablait l'abbé Alary, instituteur des enfants de France et membre de l'Académie française. On se borna cependant à rompre avec le coupable à l'hôtel de Nevers[179] et à la Cour;[180] mais personne n'exigea son exclusion de l'Académie. On ne touche pas sans émotion, parce qu'elle est chargée d'histoire, annexée à l'inventaire des biens de Mme de Lambert, une enveloppe cachetée à la cire d'Espagne, qui contenait vingt actions de la Compagnie des Indes appartenant à Mme de Saint-Aulaire, et qui fut ouverte par le conseiller du roi devant Amelot de Chaillou, le marquis de Lambert et le comte de Beuvron, le jeudi 10 septembre 1733. Sur l'enveloppe ont été tracés ces mots difficiles à déchiffrer – c'est l'écriture d'une femme presque aveugle: 'cest icy un depos de / vint action dont Me de / St Aulaire [...] sa vie / durant et a sa mort [...] / premier / janvier 1733. A de marguenat'.

d. Le salon de l'hôtel de Nevers menacé

De tous ses embarras, les plus cruels pour la marquise de Lambert concernèrent l'appartement luxueux et raffiné qu'elle avait aménagé à l'hôtel de Nevers et

---

177. Voir la correspondance de Mathieu Marais de juillet à novembre 1731 (tome iv).

178. Marais, lettre du 31 octobre 1731 (iv.313). Nous ne savons pas sous quelles formes juridiques avait été confié ce dépôt, dont l'abbé Alary s'acquitta si mal! Selon toute vraisemblance, la cassette devait contenir vingt actions, acquises par Mme de Lambert au moment du Système, et laissées en usufruit à sa fille.

179. Lettre du 14 novembre 1731: 'On dit qu'il ne se passera rien sur le dépôt de l'abbé et que tout s'est réduit à engager M. de Fontenelle, la Motte et autres à ne le plus voir' (iv.319).

180. D'Argenson, i.107: 'L'abbé Alary eut, au mois d'octobre [1731] une célèbre tracasserie avec Mme de Lambert, on lui fit à la cour de nouvelles piques, et même par rapport à l'Entresol, de sorte qu'il résolut de rompre tout à fait à son égard.'

qui, jusqu'à sa mort, fut un objet de convoitises. Sans donner l'histoire détaillée des démêlés de l'hôtesse avec les bibliothécaires du roi, il faut rappeler la résistance déterminée qu'elle opposa à tous les projets qui visaient à la priver de son usufruit, voire à l'exclure de l'hôtel de Nevers. Il est utile d'éclairer quelques événements importants, parce qu'ils meublèrent les conversations des habitués du salon et qu'ils montrent les protections puissantes que la marquise savait se ménager.

Le duc de Nevers était mort en 1707, et son héritier, Philippe-Jules-François Mazarini Mancini de Nevers, prince de Vergagne, venait peu dans son hôtel. Les premières menaces apparurent, quand il le vendit au traitant Charles Chastelain, qui fut emprisonné peu après et le restitua. L'abbé de Louvois eut alors l'idée de loger la Bibliothèque du roi, dont il avait la charge, dans la grande galerie de Mazarin, que devait aménager Robert de Cotte; dans un mémoire qu'il adressait au Régent en 1717, il proposait tout simplement de chasser Mme de Lambert de son appartement:

Pour mettre Monsieur de Coste en état de faire ses desseins et projets par rapport à celuy de placer la Bibliothèque du Roy dans l'hôtel de Nevers, L'Abbé de Louvois a examiné le plan qu'il luy a bien voulu prêter; et sur l'examen qu'il en a fait, il trouve que si la portion de la galerie qu'occupe presentement Madame de Lambert pouvoit être réunie dés à présent au dit hôtel de Nevers, la Bibliothèque du Roy pourroit y être placée entierement, sans causer une depense bien considerable.

Depuis le grand escalier jusqu'au bout de l'apartement de Mde de Lambert il y a une seule construction qui peut être toute reduite en galerie [...]. On n'a point d'attention aux differens refents que feu Monsieur de Nevers a faits pour placer dans cet espace un grand apartement, non plus qu'à ceux qui peuvent diviser et composer presentement celuy de Made de Lambert.[181]

L'alerte était chaude, et l'on peut penser que Mme de Lambert protesta énergiquement auprès du Régent: la longue histoire de ses démêlés avec le pouvoir commençait.

Elle eut pourtant le courage d'entreprendre à cette époque de nouveaux travaux d'embellissement: un acte signé le 11 septembre 1718 par M. de Nevers reconnaît que le propriétaire 'n'a rien et ne prétend rien dans les glaces et tableaux qui seront enchassés et incrustées dans lad. maison. dont le soussigné s'est accomodé avec lad. dame marquise de Lambert, sauf aux

---

181. B.N., Hc 12 d, 'Mémoire de mr l'abbé de Louvois', f.7*r*. L'abbé de Louvois envisageait cependant des formules plus favorables à Mme de Lambert: 'Si on ne prenoit point le parti de reunir l'apartement de mad. de Lambert, il faudroit necessairement diviser la Bibliothèque en deux' (f.8*r*). Voir encore cette proposition, cohérente avec son projet: 'Si on avoit la petite Cour qu'occupe presentement Made de Lambert, on y placeroit très aisément quelques Relieurs et Doreurs qui sont dans la suitte naturelle de la Bibliothèque' (f.9*r*).

héritiers dud. seig. duc de Nevers à les reprendre suivant l'estimation'.[182] Cette période est la plus intéressante de l'histoire du salon: le goût de l'hôtesse impose un renouvellement du décor, et fait de cette demeure un joyau du style Régence. Pourtant, de nouveaux nuages s'amoncellent, quand, le 10 mai 1719, l'hôtel est vendu à John Law pour y installer la Banque royale, les appartements de la marquise étant compris dans l'acte:

Mgr Philippe-Jules-François Mazarini Mancini de Nevers [...] vend à Messire Jean Law, seigneur de Tancarville, une grande maison appelée l'hôtel de Nevers [...] et à main gauche de ladite rue [rue Neuve Mazarin] est la principale entrée de la maison occupée par la Dame marquise de Lambert, lesquels doivent rester aud. hotel et appartenir aud. Seigneur de Nevers vendeur qui les delaisse et comprend en la presente vente [...]; comme aussi avec les glaces, tableaux, ajustemens et ornemens que ladte Dame a pareillement fait faire et poser et qui doivent rester aud. hotel et appartenir aud. Seigneur vendeur qui les delaisse aussi et les comprend en la presente vente.[183]

La marquise eut à souffrir de beaucoup de nuisances dans la grande période d'activité de la banque; elle fut surtout une des premières victimes de Law. A sa chute, l'hôtel est saisi, le 18 juillet 1721, et acquis par le roi: deux arrêts des 13 et 21 septembre ordonnent le transfert de la Bibliothèque dans ses murs, sous la direction de l'abbé Bignon qui a succédé à l'abbé de Louvois. La marquise de Lambert, une fois de plus, allait montrer toute son habileté. Elle fit valoir la perte considérable de ses fonds pendant le Système pour obtenir du Régent des garanties compensatoires sur son logement. Par un arrêt du 12 février 1724, 'en considération de la perte qu'elle a souffert [...], le Roy en la confirmant dans sa jouissance en [ordonne] la continuation au profit de Mr son fils après elle'.[184] Car c'est bien le marquis de Lambert qui avait usé de son influence sur le duc d'Orléans pour bénéficier de ces avantages: un arrêt du conseil du 6 avril 1722, qui fut confirmé par un autre arrêt du 12 février 1724, lui garantissait, en dédommagement, 'la jouissance d'un appartement au-dessous de celuy de Me sa Mère dans le même hostel de Nevers'.[185]

---

182. A.N., LVIII, 563, f.39. Dans son placet, en 1730, la marquise prétendra avoir commencé ses travaux après 1724, ce qui est inexact.

183. B.N., Hc 12 d, f.29r (copie de l'acte de vente). L'acte de vente est donc en contradiction avec les actes établissant les droits de la marquise: actes des 23 septembre 1699 et 11 septembre 1718. Voir encore cette clause contradictoire dans l'acte de vente, au sujet des 8 000 livres: 'ladte Dame en a été dispensée au moyen des d. glaces et ornemens y énoncés qui doivent rester en ladte maison sinon ladte Dame se trouveroit debitrice de ladite somme de 8000 livres' (f.29r).

184. B.N., Hc 12 e, 'Mémoire de Mme de Lambert et de son fils', f.119r.

185. Hc 12 e, f.119v. Il faut dire un mot de cet appartement que le marquis de Lambert estimait, en 1730, à 7 ou 8 000 livres de rentes. Le marquis était logé sous la galerie, à l'extrémité sud, et disposait aussi d'une basse-cour et d'écuries qu'il avait fait construire. Il jouissait d'un droit de passage par le jardin de l'hôtel de Nevers. Son appartement était donc bien distinct de celui de sa mère.

L'amitié du Régent faisait triompher les Lambert: trois mois plus tard, le 9 mai, par lettres patentes, la transformation de l'hôtel de Nevers en Bibliothèque royale était confirmée, mais avec une clause de protection pour l'appartement de la marquise: 'N'entendons cependant deroger au droit qu'ont ladite Marquise de Lambert et Sr Marquis de Lambert son fils de jouir leur vie durant de partie desdits Batimens.'[186]

Il eût été bien difficile d'aller contre des droits si solennellement reconnus. Pourtant, les travaux d'aménagement conçus par l'architecte Robert de Cotte, sous l'impulsion du duc d'Antin, 'surintendant et ordonnateur général des Bâtiments, Arts et Manufactures de Sa Majesté', menaçaient encore la marquise de Lambert. Comme l'abbé de Louvois avant eux, de Cotte et Bignon n'avaient pas entièrement renoncé à utiliser l'extrémité de la galerie. En septembre 1727, le duc d'Antin approuve ce projet de de Cotte: 'Si dans la suitte, on pouvoit avoir la portion de logement qu'occupe madame la marquise de Lambert, cela donneroit deux pièces d'augmentation en démolissant deux petits murs qui ont étez faits après coup.'[187] La marquise rappelle avec fermeté les clauses du contrat, et l'on abandonne l'idée. Mais on revient à la charge, en imaginant cette fois d'utiliser son appartement pour y placer les sompteux globes que le Vénitien P. Coronelli avait offerts à Louis XIV. C'était beaucoup, et la marquise, qui a toujours su trouver des protecteurs puissants, fait intervenir la duchesse Du Maine en personne; le ministre lui-même s'incline et écrit avec amertume à Robert de Cotte, de Fontainebleau, le 22 avril 1730: 'Je vous envoye Monsieur le placet de M. et Made de Lambert que M. le duc du Maine m'a donné ce matin devant le Roy, car vous scavés la protection de M. et de Made du Maine pour cette famille là; les clauses de son contract m'ont paru fortes et pourroient bien déranger nos projets.'[188] Le ministre demande à son architecte un nouveau plan, accompagné d'un mémoire, pour les soumettre au cardinal Fleury. Cette ultime démarche sera vaine; le 26 mai, le duc d'Antin rend, avec ses regrets, cette réponse laconique: 'Son Excellence conclut à suspendre l'ouvrage.'[189]

---

186. Hc 12 e, lettres patentes du 9 mai 1724, f.1*v*.

187. Hc 12 e, 'Mémoire de l'abbé Bignon', f.55ss.

188. Hc 12 e, lettre autographe du duc d'Antin à Robert de Cotte, f.51. Dans son placet, la marquise rappelait, sur un ton solennel, ses droits reconnus par l'arrêt du 12 février et l'édit du 9 mai 1724. Elle affirmait en conclusion: 'Me la Marquise de Lambert qui a depensé plus de cent mil francs pour bâtir et orner cette maison ne peut pas estre troublée dans sa jouissance qui luy assure les lieux dans l'etat ou elle les a acquis, ce qui arriveroit si on executoit le projet qu'on se propose d'Elever un batiment vis à vis ses fenestres pour y transporter les globes' (f.120*r*). Il s'agissait d'utiliser l'espace libre le long de la rue Colbert pour relier par une troisième galerie celle de Mazarin à celle, parallèle, que Law avait fait construire.

189. Hc 12 e, f.53*r*, billet autographe du duc d'Antin.

Quand on consulte les documents du Cabinet Robert de Cotte, on éprouve le sentiment que ces projets d'aménagement et d'embellissement célébraient la grandeur de la nation, et surtout qu'ils donnaient de l'idée de bibliothèque une définition neuve, particulièrement hardie. Doit-on reprocher à la marquise de Lambert de les avoir combattus jusqu'au bout, âprement, et d'avoir opposé ses droits à ceux du public? Son logement était aussi, à sa manière, un joyau de l'art, fait pour l'intimité et la vie de l'esprit. Le décor Régence qu'elle avait elle-même conçu avait une destination précise, et il lui aurait été difficile, à quatre-vingts ans, de le recréer ailleurs. La marquise de Lambert savait, en défendant son confort, qu'elle préservait l'intégrité d'un salon littéraire qui, déjà, était convoité par d'autres femmes intelligentes, reines de Paris elles aussi, et qui se serait dispersé, s'il avait quitté les lieux où il était établi depuis trente ans. Il va de soi que sa mort allait faciliter les projets du pouvoir, d'autant que son fils renonçait à ses droits sur son logement contre une pension viagère qu'on lui accorda le 13 février 1734. L'appartement de la marquise fut livré aux entrepreneurs: une autre esthétique, un autre goût, où s'exprimait le génie solennel de Robert de Cotte, en firent un joyau du style Louis XV: le salon de Mme de Lambert laissait place au prestigieux Cabinet des Médailles et des Antiques du roi. Ainsi, quelques années après sa mort, il ne restait déjà plus rien du décor qu'elle avait imaginé; l'histoire des lieux est comparable à celle des hommes: il en ira de même pour le salon littéraire, aussitôt dispersé, parce qu'il n'existait que par la présence d'une femme courageuse, dynamique, entêtée, qui savait que la grandeur est faite de fidélité et d'opiniâtreté.

e. Les derniers moments

Les infirmités du grand âge s'étaient accentuées et la marquise de Lambert souffrit cruellement dans les derniers mois de son existence. La maladie fut longue, et l'agonie lente: nous le savons par les correspondances de l'époque. Au début de l'année 1733, elle est déjà atteinte; le chevalier de La Rivière lui écrit bien maladroitement – c'est un euphémisme – pour lui parler de conversion:[190]

Je ne m'ennuie, Madame, de l'opiniâtreté de vos maux que par rapport à ce qu'ils vous font souffrir. Si vous voulez donner congé aux prétendus amis que votre état fatigue, il ne tiendra qu'à vous que je les remplace tous par l'assiduité de mes soins [...] Je n'ai jamais, attendu si impatiemment le retour du soleil, parce que j'espère qu'il vous rendra des forces et de la santé. Mais en l'attendant, je vous supplie de vous souvenir, qu'il n'y a de paix qu'en vivant dans l'ordre de Dieu; à vouloir être tout ce qu'il veut que nous soyons, tristes ou gais, sains ou malades; et à conserver dans ces différens états une égale soumission à sa volonté. Ce qui redouble mon espoir de votre

190. La Rivière, lettre à Madame la marquise de Lambert du 30 janvier 1733 (p.138-40).

convalescence, c'est que votre bon esprit subsiste tout entier au milieu des abbatemens de votre corps.

L'ami janséniste se substituait tout bonnement au confesseur de la marquise, trop mondain à son gré, l'abbé Couet, bel esprit réputé dans Paris. Le témoignage de La Rivière est de la plus haute importance; il confirme ce que tous les documents d'archives viennent de nous apprendre: l'extraordinaire lucidité, l'intelligence intacte que la marquise a conservées lui permirent de recevoir jusqu'à la fin. Il montre aussi la dignité de cette femme accablée de maux, pour qui la philosophie et la sagesse n'étaient pas de vaines parures; elle attend la mort avec une sérénité qui force l'estime de son entourage.

L'agonie fut lente; le mal avait empiré au printemps. C'est le président Bouhier qui le confirme: 'Mme de Lambert se porte beaucoup plus mal. Cette Muse, que l'on avoit dit morte plus de trois mois, ne ressuscite pas pour longtems.'[191] Mme de Lambert s'éteignait le dimanche 12 juillet 1733, dans sa quatre-vingt-sixième année, ayant gardé toute sa lucidité. 'Mme la marquise de Lambert, qui languissoit depuis longtems de maladie et de vieillesse, vient de mourir. Elle a conservé jusques au dernier moment une raison épurée.'[192] C'est M. Pin, vicaire de Saint-Eustache, qui administra les derniers sacrements à la mourante.

Les exécuteurs du testament de la marquise de Lambert étaient Jean-Jacques Amelot de Chaillou, Conseiller d'Etat, Intendant des finances, demeurant à Paris, cul-de-sac des Blancs-Manteaux, et Marc Danjan, avocat au Parlement, garde des archives de Mgr le duc d'Orléans, demeurant rue de Richelieu. A leur requête fut effectué l'inventaire de ses biens à l'hôtel de Nevers, du 31 juillet au 18 septembre 1733, par les notaires parisiens Le Prévost et Meunier, et au château de Saint-Bris, le jeudi 10 septembre 1733, par Jacques Chardon le jeune, notaire à Auxerre. Ils agissaient aussi à la requête des deux héritiers de la défunte, Henri-François de Lambert, demeurant à Paris rue de l'Université, paroisse de Saint-Sulpice, et Anne-Pierre d'Harcourt, marquis de Beuvron, demeurant à Paris rue des Saints-Pères, paroisse de Saint-Sulpice, ayant procuration de Thérèse-Eulalie de Beaupoil de Saint-Aulaire, son épouse. A l'hôtel de Nevers, le mobilier fut présenté par Robert Cocher, valet de chambre de Mme de Lambert, 'bourgeois de Paris', et par Joseph Reboul, son 'officier'. Celui-ci remit au notaire une bourse contenant 73 louis d'or de 24 livres et 9

---

191. Bouhier, *Journal de la Cour et de Paris depuis le 28 novembre 1732, jusqu'au 30 novembre 1733*, B.N., ms. fr., ancien fonds 25000, 'Manuscrits de la bibliothèque de M. le président Bouhier', cité par Michel Gilot, *Les Journaux de Marivaux, itinéraire moral et accomplissement esthétique* (Lille 1974), i.574. Date du *Journal*: lundi 13 juillet 1733, f.159.

192. Bouhier, f.164, cité par M. Gilot, i.575.

livres en argent, 'le tout ensemble valant 1761 livres', trouvée 'sous le chevet du lit de la défunte'; ce détail montre la confiance sur laquelle étaient bâties les relations de la maîtresse de la demeure avec ses domestiques. Les biens furent prisés par Nicolas Lefebvre, huissier commissaire-priseur au Châtelet de Paris. Il fut assisté: pour les meubles, par Louis et Claude-Gabriel d'Amour, marchands tapissiers, rue de la Verrerie; pour les tableaux, par Tramblin, ancien professeur de l'Académie de peinture et de sculpture, demeurant quai de Gesvres; pour les livres, par Michel Dard, marchand libraire, quai des Augustins, et par Etienne Ganeau, l'éditeur de la défunte, demeurant rue Saint-Jacques; pour l'orfèvrerie, les porcelaines et cabinets de la Chine, par Claude-Antoine Julliot, marchand joaillier, demeurant quai de Conty.

Cet inventaire précieux permettra aux historiens de l'art de reconstituer le décor de cette demeure unique, aux historiens de la littérature d'apercevoir les goûts de l'hôtesse, accordés aux idées exprimées dans ses ouvrages, et aux spécialistes de l'histoire sociale d'apprécier la valeur des revenus nécessaires à la création d'un bureau d'esprit, dans le Paris philosophique et littéraire, sous les règnes de Louis XIV et Louis XV. Il est le complément indispensable de cette chronologie que nous nous sommes efforcé d'établir sur des recherches d'archives.

iii. La fortune

L'estimation de la fortune est l'un des premiers concepts méthodologiques de l'histoire sociale, sans lequel il ne serait guère possible de décrire le milieu où se meuvent les individus. C'est un truisme de dire que la description des salons littéraires de l'Ancien Régime est conditionnée par l'analyse des revenus et des biens de leurs animateurs: à quelques rares exceptions près, en effet, la vie littéraire se confond avec la vie mondaine, et les productions de l'esprit ne sont souvent qu'une des multiples expressions des goûts raffinés et luxueux. La remarque est particulièrement vraie pour le salon de l'hôtel de Nevers, dont tous les observateurs contemporains ont dit qu'il était le résultat d'équilibres savants, ménagés par une hôtesse intelligente, entre le cérémonial de la réception aristocratique et le culte rendu aux Muses.

Si la description rapide de la fortune de Mme de Lambert peut nous situer au cœur de son milieu, elle devrait être encore d'une autre utilité, dans la mesure où la réflexion sur les richesses est, de toutes celles que l'écrivain moraliste consacre à la vie privée, la plus importante. Elle s'impose bien sûr dans les écrits d'une mère qui cherche à éclairer ses enfants sur le monde qu'ils vont découvrir, qui veut se justifier de l'établissement qu'elle leur prépare et qui tient à leur rendre le compte de tutelle qu'elle leur doit, au regard de la loi et de la morale. Sa leçon sur la nécessité de substituer à des biens matériels, limités et périssables, des valeurs spirituelles, authentiques et inaliénables, constitue le fondement d'une pédagogie dynamique. La méditation sur les biens du monde nourrit aussi des ouvrages plus généraux, comme l'essai *Sur les richesses*: la philosophie antique et la morale chrétienne désignent la fortune comme un motif central dans l'univers de l'homme cultivé.

Il est bon, enfin, de redresser certains commentaires, trop hâtifs ou mal informés, sur l'état de la fortune de Mme de Lambert, formulés par les critiques du dix-neuvième siècle; ils font naître une ambiguïté entretenue, il faut bien le reconnaître, par les confidences, ou les allusions, de la marquise elle-même. Certains la disent dans une situation médiocre, sans voir que par là ils dénaturent l'image qu'ils prétendent donner de son salon;[193] d'autres s'avouent éblouis par sa vie brillante et par ses relations, parlent volontiers de son opulence, sans jamais cependant avancer de preuves solides.

Nous voudrions donc consacrer à la fortune de Mme de Lambert une analyse rapide, sous la forme d'un bilan qui justifierait cette 'dépense très noble' par laquelle, comme l'écrivait Fontenelle avec bonheur (p.xiv), elle avait soin de se rassurer, à l'égard du public, au sujet des 'débauches d'esprit' qu'abritait son salon.

1. *L'estimation des biens*

La chronologie qui vient d'être établie éclaire, parfois dans le détail, les éléments de la fortune de la marquise de Lambert: nous savons de quels héritages elle était constituée, quels obstacles l'aristocrate dut surmonter pour en jouir pleinement et pour en préserver l'intégrité. Il suffit donc, à présent, de dresser un bilan qui montrerait quels revenus furent nécessaires, dans les années 1700-1730, pour animer le plus prestigieux des salons littéraires de l'époque.

Une première difficulté naît du mystère qui entoure toujours une partie de l'héritage de la marquise de Lambert. Nous avons dit qu'elle prétendit avoir perdu, par la faute du Système, 500 000 livres de ses fonds, qui auraient été remboursés en papier. Cette somme importante, qui donne la mesure de sa ruine, recouvre à peu près l'ensemble de ses rentes, et dépasse de beaucoup le montant de l'indemnité accordée à la fin de son procès. Nous avons vu aussi la marquise s'intéresser, après 1700, à ses biens en Champagne. Ces indices

---

193. C'est le cas, en particulier, d'Edouard Fournier, 'Un salon démoli', p.202, qui joue sur une opposition trop théorique de la pauvreté et de la richesse, autour d'une charnière qui serait le procès.

prouvent que les documents de la collection Morel de Thoisy ne concernent qu'une partie des biens que Bachaumont rétrocède à Mme de Lambert; il faut admettre qu'une part de la fortune de Mme Le Coigneux n'a pas échappé à sa fille. C'était déjà l'hypothèse que proposait H. de La Perrière (*Marquise*, p.19) et qui, dans l'état actuel de nos connaissances, est la seule satisfaisante: 'On est conduit à penser que, malgré la donation faite à son mari par Mme de Bachaumont, les biens des Passart n'avaient pas échappé à sa fille. Mourant sans enfants, le beau-père de Mme de Lambert lui aura probablement restitué ce qu'il tenait de la trop grande libéralité de Monique Passart.' Après s'être réconcilié avec elle, en 1692, Bachaumont a sans doute fait de la marquise sa légataire, en renonçant à laisser passer dans sa propre famille les biens qu'il avait acquis par la donation entre vifs. Les propres des Marguenat sont sûrement revenus à Mme de Lambert: il y a une remarquable concordance entre le montant où ils sont estimés (500 000 livres) et celui de la perte qu'elle subit pendant le Système; la récupération des biens des Passart est, quant à elle, plus hypothétique. C'est probablement à la mort de Bachaumont, en 1702, que Mme de Lambert a pris connaissance de ces dispositions: l'hypothèse a le mérite de justifier le mariage soudain de Mme de Saint-Aulaire à la fin de l'année 1703, et les travaux de construction qu'entreprend la marquise à l'hôtel de Nevers, en 1705. Ainsi, Mme de Lambert serait entrée en possession de sa fortune en deux temps: par le gain de son procès, en 1692, et en héritant de son beau-père, en 1702. L'embarras de la question montre combien il est difficile d'écrire l'histoire des relations complexes et mystérieuses de Bachaumont et de sa belle-fille.

Cette difficulté surmontée, il est possible de formuler quelques remarques simples sur le milieu de la marquise de Lambert. Elle a rejoint le groupe enviable des millionnaires. Bien sûr, dans la société parisienne de la fin du règne de Louis XIV, cette fortune la situe à un rang encore modeste: il y a chez les princes du sang, dans les grandes familles, chez les traitants, dans la bourgeoisie active qui gravite autour des postes politiques, des biens beaucoup plus considérables, même quand ils sont grevés de dettes. La veuve de l'officier de cour qui, après avoir gagné ses procès, vivait dans l'aisance, connaît maintenant l'opulence. Le patrimoine de cette millionnaire est assez tradition-nel dans sa constitution; il y a peut-être quelques légers déséquilibres, dans la mesure où la vie parisienne contraint l'aristocrate à privilégier les revenus constitués en rentes, parce qu'ils offrent plus de commodités. Comme les membres de la noblesse de cour, la marquise de Lambert peut compter sur la régularité des revenus traditionnels: les rentes foncières de son marquisat de Saint-Bris, les droits seigneuriaux qui y sont attachés et la pension que lui verse le trésor royal. Les dettes importantes qui grevaient les terres de

Bourgogne au début du mariage ont été épongées, comme en témoignent les pièces de la collection Morel de Thoisy; les terres de Saint-Bris sont affermées à bail entre particuliers, et produisent un revenu annuel assez régulier qu'on peut estimer à 6 000 livres environ; avec les droits, ses terres de Saint-Bris lui rapportent, bon an mal an, 10 000 livres. Ces revenus n'auraient pas suffi à assurer à leur propriétaire le train de vie brillant qu'elle menait à Paris: les réceptions à l'hôtel de Nevers engloutirent les rentes nombreuses, dont certaines avaient été constituées depuis fort longtemps, attachées aux terres, aux maisons ou tout simplement au capital dont disposait la marquise. Cela n'était pas sans danger: si les guerres de Louis XIV n'ont qu'érodé, semble-t-il, les rentes foncières, les audaces économiques du Régent, en revanche, allaient bouleverser ces biens.[194] Or la marquise, comme beaucoup de ses contemporains, avait eu tendance à transformer ses biens fonciers en valeurs mobilières (vente de terres à Saint-Bris, des terres et bâtiments de Courcelles).[195] Ces considérations nous conduisent à affirmer que le cérémonial du salon fut un peu moins brillant après la ruine des années 1720; c'est avant cette date que furent acquis les tableaux et les glaces, les meubles et la vaisselle qui donnèrent aux réceptions un cadre matériel raffiné et luxueux. Un calcul approximatif permet d'estimer le montant des biens mobiliers de l'hôtel de Nevers à 65 000 livres, ce qui est encore modeste en comparaison des collections réunies dans les familles princières: viennent en tête les tableaux, dont certains sont de grande valeur, même si aucune toile de maître n'est signalée par l'inventaire (ils ont été prisés à 24 000 livres environ); puis la vaisselle, de porcelaine et d'argent (prisée à 15 000 livres), suivie par les tissus et les tapisseries (prisés 13 000 livres). Les biens conservés au château de Saint-Bris étaient de moindre valeur, et l'on peut estimer, d'après les inventaires, l'ensemble du patrimoine mobilier de la marquise de Lambert à 70 000 livres.

Toutes ces données peuvent être rassemblées dans un tableau qui mettra en relation la fortune de Mme de Lambert avec les vicissitudes de l'existence. Ce tableau ne prétend pas présenter un bilan complet: trop d'éléments manquent pour apprécier avec exactitude les sources des revenus de la marquise, et en particulier les fonds constitués en rentes. Il montre cependant comment les

194. Dans une lettre à Mme de Lambert, Montesquieu fait l'éloge de la rente foncière: 'Je viens d'affermer mes terres avec assez de bonheur. Vingt-neuf milles livres de rentes portables partout, qui ne dépendent point du Roi et que j'ai saintement acquises, parce que c'est le patrimoine de mes pères, me mettent dans mon tort si je ne suis pas content de ma fortune' (1er décembre 1726; *Œuvres complètes*, éd. Masson, Paris 1950-1955, iii.867-68).

195. Il faut signaler aux spécialistes de l'histoire économique l'intérêt documentaire de l'inventaire des biens de la marquise de Lambert. Les actions de la Compagnie des Indes en sa possession y sont inventoriées, ainsi que de nombreux contrats de constitutions de rentes entre 1700 et 1730, dont l'analyse n'est pas, bien sûr, de notre compétence.

mouvements de ce patrimoine ont été déterminés par quelques événements importants dont on peut rappeler brièvement la chronologie: contrat de mariage en 1666, gain du procès en 1692, héritage en 1702, perte des fonds pendant le Système en 1720.

2. *L'opulence*

Il y a certes plusieurs manières de jouir de ses biens, et l'idée de richesse est relative. Pour les habitués du salon, en particulier pour les gens de lettres qui ne devinaient pas toujours les obstacles que la marquise avait dû surmonter pour entrer en possession de toute sa fortune et pour s'assurer des revenus constants et réguliers, l'hôtesse était riche et vivait dans l'opulence. Mais tous ont porté le même témoignage sur le bon usage qu'elle savait faire de ses biens.

Mme de Lambert était généreuse: l'argent ne comptait pas pour elle, dès qu'il s'agissait de soulager un malheureux, d'aider un ami ou de sauvegarder sa propre réputation. Elle voulait surtout qu'il servît à abolir les barrières sociales et les distances mises dans le monde par les titres et les dignités: le cérémonial aristocratique n'avait de sens à ses yeux, que si les gens intelligents de la roture pouvaient en bénéficier, les gens de lettres en particulier, dont le statut social en ce début du dix-huitième siècle est encore bien indéterminé. Le marquis d'Argenson notait dans ses cahiers de lectures: 'elle était riche, faisait bon et honorable usage de ses richesses, elle fit du bien à ses amis et aux malheureux autant qu'elle put'.[196] Fontenelle, dans son *Eloge* du *Mercure* (p.xiv), était plus explicite encore: il estimait que la marquise de Lambert avait voulu engloutir une part importante de ses revenus dans le rituel de la réception aristocratique pour ne pas donner à son salon le caractère exclusif d'une ruelle précieuse:

Aussi, ceux qui avoient leurs raisons pour trouver mauvais qu'il y eût encore de la conversation quelque part, lançoient-ils, quand ils le pouvoient, quelques traits malins contre la maison de Mad. de Lambert; & Mad. de Lambert elle-même, très délicate sur les discours et sur l'opinion du public, craignoit quelquefois de donner trop à son goût: elle avoit le soin de se rassurer, en faisant réflexion que dans cette même maison, si accusée d'esprit, elle y faisoit une dépense très noble, et y recevoit beaucoup plus de gens du monde & de condition que de gens illustres dans les lettres.

Dans la perspective qui est la nôtre, ce témoignage de Fontenelle est capital, qui établit la filiation entre le salon littéraire de l'hôtel de Nevers et la tradition de l'honnêteté. Mme de Lambert est profondément convaincue que la fréquentation des gens du monde forme le goût et les manières, et donne leur noblesse aux idées; non seulement la fortune ne doit pas être un obstacle à

---

196. D'Argenson, i.163, 'Remarques en lisant', no. 1209 [1748].

Tableau des biens de la marquise de Lambert
(estimés en livres)

Dates/événements	Patrimoine	Revenus annuels	Dépenses
21 février 1666: Contrat de mariage	–Dot: 120 000, dont 70 000 en propres –Fonds de douaire: 64 000 –Biens d'Avallon . . . . et de Vermenton –Terres de Saint-Bris, Chitry et Augy: 300 000 ou 270 000 . . . . –Autre bien du marquis de Lambert: 200 000 –Charge de bailli de Metz: 150 000	rentes constituées 9 000	Dettes du marquis de Lambert: 96 000
1686: Pension sur le trésor		6 000	
novembre 1688: Vente de terres à Saint-Bris		450	
août 1692: Accord avec Bachaumont	142 000 avec intérêts		
2 février 1697: Achat du régiment de Périgord			30 000
8 mars 1698, 18 mai 1705, 11 septembre 1718: Installation et frais à l'hôtel de Nevers			100 000 (de 1698 à 1730)
vers 1702: Héritage de Bachaumont	Propres des Marguenat (terres et rentes): 500 000 . . Biens des Passart: ?	600 (Courcelles)	
octobre 1703: Reconnaissance de la tutelle par Henri-François de Lambert			4 000
20 décembre 1703: Dot de Mme de Saint-Aulaire			106 000
1704: Achat d'une maison à Nogent. Pension à Henri-François			? 2 000 (annuelle)
16 mars 1709: Vente de Courcelles	?		
1715: Vente de la maison de Nogent	?		
1720: Chute de Law			Perte: 500 000 livres de fonds
7 février 1721: Délaissement de l'office des cuirs d'Avallon		2 923	
10 juin 1721: Brevet de pension viagère		4 000	
1721-1725	Rentes constituées: 170 000	6 000	
6 février 1725: Dot de Mme de Beuvron			100 000 (à prendre à la mort de la marquise)
19 mai 1730: Bail des fermes de Saint-Bris		6 500	
4 luillet 1733: Bail de location d'une maison à Sceaux			1 350 (annuel)
1733: Biens mobiliers de la marquise de Lambert à sa mort	environ 70 000		

l'intelligence, mais elle doit au contraire rapprocher l'aristocratie de celle de l'esprit.

Les contemporains de la marquise avaient également la certitude que sa fortune était honnête, qu'elle ne résultait d'aucune compromission. C'était la fierté de l'hôtesse: 'il y a si peu de grandes fortunes innocentes, dira-t-elle à son fils, que je pardonne à vos pères de ne vous en avoir point laissé' (*Avis fils*, p.13). Elle avait donné la même leçon à sa fille, quand elle lui rappelait qu'il n'était pas honteux de gérer ses biens, de mettre de l'ordre dans ses affaires. 'Mettez de la règle dans toutes vos vues et dans toutes vos actions. Il seroit heureux de n'avoir jamais à compter avec sa fortune; mais comme la vôtre est bornée, elle vous assujettit à la règle: soyez retenue sur la dépense' (*Avis fille*, p.74). Il n'y a pas de contradiction entre les témoignages extérieurs des familiers et les aveux d'une mère à ses enfants sur leur médiocrité de fortune. Ils viennent certes en un temps où l'entière jouissance de ses biens n'est pas encore assurée à la marquise; mais si elle les a maintenus dans la suite, c'est qu'elle ne confondait pas l'opulence et le faste. Mme de Lambert a appris[197] qu'avec peu de bien on pouvait assumer une dépense généreuse et noble; quand même elle consacrerait toute sa fortune, acquise par droit de conquête, à la vie brillante de son salon, elle sait que les comptes qu'elle rendra à ses enfants seront nets. A son fils elle déclare: 'Je vous laisserai autant de bien qu'il en faut si vous avez le malheur d'être sans mérite; et assez, si vous avez les vertus que je vous désire' (*Avis fils*, p.14). La richesse ne corrompt pas celui qui sait la soumettre à la règle et à l'ordre; seuls le faste, l'ostentation, la recherche des divertissements coûteux entraînent la ruine. Mme de Lambert a prôné, dans ses ouvrages et par son exemple, la frugalité dans l'opulence; elle a donné de la richesse une idée généreuse, en montrant comment elle devait servir à la réalisation des rêves et des projets les plus nobles. Par son mariage déjà, l'adolescente avait accepté de se sacrifier pour donner corps à ses rêves de gloire: 'Faites attention à l'état où m'a laissé votre Père. J'avois sacrifié tout mon bien à sa fortune' (*Avis fils*, p.16-17). C'est la même générosité qui l'animait trente ans plus tard, quand elle décidait de consacrer ses biens à l'établissement 'dans Paris d'une maison où il [serait] honorable d'être reçu' (Fontenelle, p.xiii).

La nature de la fortune de Mme de Lambert et sa conception du rôle de l'argent dans les relations humaines intéressent la définition que nous cherchons à donner du salon de l'hôtel de Nevers. L'intelligence et l'application avec lesquelles la marquise a géré ses biens surprennent chez cette aristocrate qui

---

197. La leçon lui vient de Pline le Jeune: voir *Avis fille*, p.75.

avait sur la fortune les idées de la bourgeoisie, qui pensait que la règle et l'économie devaient modérer la dépense. Elle avait le sentiment de vivre frugalement, dans le moment même où les observateurs la disaient dans l'opulence, ce que confirme l'examen des documents d'archives. C'est que, selon elle, les biens matériels étaient faits pour aider à la réalisation des rêves et des projets et les réceptions brillantes qu'elle donnait à l'hôtel de Nevers devaient favoriser les créations spirituelles les plus hautes. Avant d'être un berceau de l'*Encyclopédie*, un foyer de la critique littéraire, l'antichambre de l'Académie, son bureau d'esprit fut d'abord un salon aristocratique; fidèle à la tradition des honnêtes maisons, l'hôtesse faisait dépendre les 'débauches d'esprit' du divertissement mondain, le commerce des Muses de la fréquentation du beau monde et l'élégance des idées de la politesse des manières.

Comme celle des femmes du dix-septième siècle, l'existence de la marquise de Lambert est soumise à des contraintes sociales très fortes: l'éducation qu'on choisit pour la jeune fille, les conditions qu'on lui impose en la mariant, la dépendance dans laquelle on la tient ensuite, en la privant d'initiatives et en lui interdisant la gestion de ses affaires, sont les normes communes de la destinée féminine. Contre elles réagiront les précieuses d'abord, les féministes ensuite, et l'on peut d'ores et déjà affirmer que les idées de Mme de Lambert ont été fortifiées par son expérience de la vie. Ce qui est original cependant, ce qui fait d'elle une femme d'exception, c'est l'énergie qu'elle met en œuvre pour échapper à ces déterminismes et pour surmonter les nombreux obstacles qui entravent ses projets. Cette grande dame a hérité de sa famille le sens des affaires, et cependant elle méprise l'usage commun que l'on fait des richesses; jusque dans un âge avancé, elle se défend avec âpreté pour protéger l'œuvre qu'elle a construite, mais qui profite surtout aux autres, à son entourage. Les critiques ont souvent noté que le salon de l'hôtel de Nevers tirait ses caractères de la personnalité de l'hôtesse: sa psychologie et ses goûts ont déterminé les orientations majeures de son bureau d'esprit. Il fut le produit d'un milieu; ses origines doivent être recherchées dans la double tradition familiale et aristocratique que la marquise de Lambert a voulu maintenir: la vie chez Bachaumont et la mission à Luxembourg constituent des périodes importantes de sa biographie intellectuelle, qui éclairent la genèse de ses projets mondains. La double appartenance de l'hôtesse à la noblesse de robe et à la noblesse d'épée peut expliquer aussi le caractère d'un salon dont le premier mérite réside dans l'union harmonieuse de sociétés différentes, parfois même étrangères.

L'enquête biographique présente des intérêts multiples. Une chronologie plus sûre servira l'étude de la genèse des œuvres et sera l'instrument indispensable à un essai de datation des écrits les plus connus. Dans le même temps, elle permet de reconnaître et de préciser tel ou tel caractère fondamental du cercle mondain de l'hôtel de Nevers. Elle met aussi en valeur des événements essentiels, qui peuvent être rattachés aisément aux lignes de force de la morale lambertine: le rêve héroïque, le projet pédagogique, les leçons d'honnêteté, les idées sur le bonheur s'éclairent quand on découvre les actes de l'épouse d'un officier de cour, de la veuve qui assume avec énergie la gestion de ses affaires et l'éducation de ses enfants. Enfin, cette biographie a ceci de remarquable, que le particulier y rejoint sans cesse l'universel: la vie des officiers Lambert est inscrite dans l'histoire de la monarchie française, et la destinée du salon de l'hôtel de Nevers se confond avec celle d'une esthétique et d'un style de vie. Bien avant la disparition, à la fin du Second Empire, de la célèbre arcade de la rue Colbert, il ne restait plus rien de l'un des plus beaux décors Régence de Paris, qui tirait son unité des goûts de la grande dame qui l'avait conçu: on mesure donc l'intérêt des documents d'archives qui permettent de le reconstituer.

Après avoir évoqué l'aristocrate dans sa sphère matérielle, il faut aussi la montrer dans sa sphère spirituelle. Le milieu n'existe pas seulement au sens où l'entendent les biologistes; on aimerait aussi pouvoir décrire cette 'noosphère' chère à Teilhard de Chardin. Les individus se meuvent dans le monde des idées, les uns avec aisance, les autres plus difficilement. Les événements de la vie privée, les nécessités de la fortune ont conditionné les rêves de la précieuse et les projets de l'aristocrate; mais ceux-ci doivent beaucoup également à sa formation intellectuelle et morale.

2. La formation intellectuelle et morale

L'ÉTUDE du milieu, dans l'acception la plus large du terme, doit s'intéresser à la formation des idées et des goûts de la marquise de Lambert. Son éducation, ses fréquentations, les modèles qu'elle choisit, la culture qu'elle se donne permettent de comprendre ses ambitions au moment où elle établit dans Paris sa propre maison. On aperçoit un milieu intellectuel qui se superpose au milieu social et qui détermine lui aussi les orientations du salon littéraire.

Ce milieu se définit par rapport à une tradition, celle des honnêtes maisons, où le divertissement aristocratique accorde la première place au bel esprit, aux goûts littéraires et à l'amour du beau langage. Il acquiert aussi des dimensions plus vastes avec la culture livresque de la marquise de Lambert, qui est à la fois celle d'une aristocrate éclairée du dix-septième siècle et celle d'une femme savante qui sait réserver un accueil favorable à la création et aux idées nouvelles. On ne peut pas ignorer le bouillonnement d'idées, le foisonnement des formes artistiques, le renouvellement considérable des systèmes moraux qui accompagnent la formation intellectuelle de Mme de Lambert, et qui ont au cœur du Marais un retentissement considérable.

Les enjeux de cette étude de la culture de Mme de Lambert et des traditions auxquelles elle se réfère sont multiples. Il s'agit d'abord de reconnaître l'originalité de son salon: simple produit d'un milieu, manifestation banale du cérémonial aristocratique, ou fruit d'un projet conçu par une femme intelligente, entourée de quelques familiers? Il s'agit ensuite d'en comprendre l'évolution: si l'on veut trancher la question de la continuité et du renouvellement, et dire si ce salon est l'héritier des ruelles précieuses ou un berceau de l'*Encyclopédie*, il faut en premier lieu dresser un bilan des héritages recueillis par la marquise de Lambert vers 1690. Il s'agit enfin de reconnaître le statut de l'écriture morale aristocratique, qui doit tout encore à l'innutrition.

i. La tradition des honnêtes maisons

Le bureau d'esprit de la marquise de Lambert s'inspire de modèles antérieurs. Et d'abord du modèle familial: Mlle de Courcelles a reçu de Bachaumont, son père adoptif, une bonne éducation dont l'influence fut durable. Ce magistrat, qui avait abandonné sa profession pour s'adonner aux plaisirs raffinés des lettrés et aux joies plus grossières des épicuriens, a fait naître ses goûts littéraires et sa vocation de moraliste, lui a donné les premiers éléments d'une culture philosophique et l'a initiée au langage des honnêtes gens et des beaux esprits. Cette éducation a favorisé la naissance d'un idéal auquel la jeune fille restera fidèle, jusqu'à lui donner une forme matérielle avec la création de son propre salon. La marquise aura toujours la nostalgie d'un loisir aristocratique féminin, que le dix-septième siècle porta à la perfection, et qui consistait à unir la politesse des Grands au commerce des gens d'esprit.

i. *L'éducation de la fille adoptive de Bachaumont*

Fontenelle, le premier, a signalé l'influence bénéfique de Bachaumont sur l'adolescente (p.xii):

La mère de la marquise de Lambert épousa Mr de Bachaumont, qui, non seulement faisoit fort agréablement des vers, comme tout le monde sait par le fameux *Voyage* dont il partagea la gloire avec la Chapelle [*sic*], mais qui, de plus, étoit homme de beaucoup d'esprit et de plus encore, homme de très bonne compagnie, dans un tems où la bonne et la mauvaise se mêloient beaucoup moins, et où l'on y étoit bien plus difficile. Il s'affectionna à sa Belle-fille, presque encore enfant, à cause des dispositions heureuses qu'il découvrit bientôt en elle, et il s'appliqua à les cultiver, tant par lui-même que par le monde choisi qui venoit dans sa maison, et dont elle apprenoit sa Langue comme on fait la Langue maternelle.

Quoi qu'on puisse penser des desseins plus ou moins avoués du magistrat bel esprit sur la fortune de Mlle de Courcelles, quelque jugement qu'on puisse porter sur les grivoiseries que contiennent parfois ses vers 'agréables' (en témoigne telle pièce des recueils de Sercy), il n'y a pas lieu de suspecter le témoignage de Fontenelle: Bachaumont a orienté d'une manière irréversible le goût de sa belle-fille adoptive pour les conversations sérieuses et pour les productions de l'esprit.

C'est en 1664, après le décès de son beau-père, que Mme de Courcelles régularise sa situation avec François Le Coigneux. Anne-Thérèse a alors dix-sept ans; deux ans plus tard, mariée à son tour, elle s'installe chez son beau-père, jusqu'à la rupture en 1680. L'influence de Bachaumont et de son cercle s'est donc exercée pendant plus de vingt années, ce qui est considérable: c'est la seule certitude que nous ayons sur cette période mal connue de la vie de la marquise de Lambert. Tous les événements importants, politiques ou litté-raires, de ces années fécondes ont été analysés et commentés pour la jeune femme par cet esprit brillant et lucide. Elle ne pouvait rencontrer meilleur initiateur à la vie du Marais que l'ami de Chapelle, cet oracle des cercles poétiques et libertins de Paris. C'est à son beau-père, disciple de Gassendi, qu'elle dut également ses premières certitudes de femme cartésienne.

Pour préciser l'apport de Bachaumont, nous utiliserons essentiellement le fameux *Voyage*,[1] qui donne une bonne idée des productions de l'esprit que Mlle de Courcelles voyait naître autour d'elle.

Dans le salon de la rue Saint-Louis-au-Marais, Mlle de Courcelles s'est nourrie des propos légers de libertins aimables, elle a appris à tourner comme eux la pointe et le madrigal, à apprécier les productions d'une rhétorique mondaine qui ne méprisait ni les vers satiriques, ni les pièces bachiques ou érotiques.[2] La plupart des éditeurs du *Voyage* admettent trop facilement que ce petit chef-d'œuvre du badinage doit l'essentiel de ses charmes à Chapelle. C'est faire peu de cas des talents et des dispositions de Bachaumont, dont les *Mémoires* du cardinal de Retz évoquent à plusieurs reprises les traits d'esprit: il suffit de rappeler qu'on lui attribue généralement l'étymologie du mot 'Fronde',[3] ce qui est un beau titre de gloire au pays du bel esprit.

Au siècle dernier, D. Jouaust éprouvait quelques difficultés à situer le *Voyage* hors du monde infra-littéraire et à définir avec clarté son public. Il ne pouvait se résoudre à admettre que les auteurs de ce 'chef-d'œuvre de gaieté et de bonne humeur' pussent être des écrivains à proprement parler, et considérait que le récit n'était pas destiné à sortir du cercle des amis. Remarquons pourtant que la relation d'un voyage en province est incontestablement une des modes littéraires de l'époque. Il ne fait pas de doute que l'exercice de Chapelle et Bachaumont a servi de modèle à La Fontaine pour sa *Relation d'un voyage de Paris en Limousin* (1663), petit chef-d'œuvre où s'expriment sans entraves les dons de l'observateur et la malice du narrateur.[4] En cette même année 1663, Chapelain témoigne de cette mode en signalant à son correspondant Carrel de Sainte-Garde: 'Nostre nation a changé de goust pour les lectures et au lieu

1. *Voyage de Chapelle et de Bachaumont*, éd. D. Jouaust (Paris 1874). Le voyage de Bachaumont et de Chapelle aux eaux d'Encausse eut lieu en 1656.

2. Voir dans le *Recueil de pièces en prose les plus agréables de ce temps, composées par divers autheurs* (Paris 1661), quatrième partie, des pièces caractéristiques de cette veine, comme le 'Billet de la levrette des comtesses au levron de M. Bachaumont', pièce en prose, et surtout la 'Responce du levron à la levrette, par Bachaumont', pièce mélangée de prose et de vers.

3. Voir les *Mémoires* du cardinal de Retz, de Montglat et de Mlle de Montpensier. Le bon mot de Bachaumont suscita aussitôt une floraison de chansons. On se reportera aux notes qui éclairent les *Œuvres du cardinal de Retz*, éd. Marie-Thérèse Hipp et Michel Pernot (Paris 1984), p.428 et 1410-11.

4. 'Lettres de La Fontaine à sa femme, relation d'un voyage de Paris en Limousin', in *Œuvres*, éd. Henri Régnier (Paris 1892), ix.219-95. On consultera aussi le texte établi par l'abbé Caudal (Paris 1966). La Fontaine a emprunté à Chapelle et Bachaumont l'économie générale du récit: les choses sont vues par le regard d'un voyageur épicurien et peu pressé, l'inspiration bachique en moins, et rapportées avec humour à un destinataire attentif, ici l'épouse du poète. Comme eux, La Fontaine a cherché à varier ses descriptions en insérant dans la prose de courtes pièces en vers. L'une d'elles décrit les beautés de la Loire (lettre iii), et semble inspirée par la description de la Garonne du *Voyage à Encausse*; l'abbé Caudal signale (p.107) que l'ouvrage *Les Voyageurs inconnus* (Paris 1655) contient également une histoire en vers du 'Rhône et de la Saône'.

des romans qui sont tombés avec La Calprenède, les voyages sont venus en crédit et tiennent le haut bout dans la cour et dans la ville.'[5] Pendant deux décennies vont fleurir ces récits qui se proposent de décrire avec plus ou moins de bonheur les curiosités physiques et humaines des diverses provinces du royaume; et leur abondance finira par susciter, autour de 1680, la verve parodique de Jean de Préchac. Les incertitudes de D. Jouaust en face du *Voyage à Encausse* mettent en cause la nature même du divertissement littéraire mondain. Il est certain que la publication du récit et la multiplication des éditions balaient de telles hésitations qui prouvent, par ailleurs, une méconnaissance profonde du genre burlesque. Les fruits du loisir épicurien de la marquise de Lambert, comme sa *Métaphysique d'amour*, poseront les mêmes questions: la publication d'un manuscrit destiné à la famille et au cercle des intimes transforme profondément son statut. Il y a en réalité pour l'écriture aristocratique privée deux voies royales: celle du divertissement aimable, dont le prolongement naturel peut être la réflexion sérieuse, et celle du récit autobiographique, sur lequel le public et la postérité exercent de plus fortes contraintes. A la différence des gens de sa classe, la marquise n'a pas été tentée – c'est du moins ce que nous pouvons affirmer dans l'état actuel de nos connaissances – par le genre des 'Mémoires', qui l'attire moins que le badinage mondain ou la réflexion pédagogique. L'éducation donnée par Bachaumont n'a sans doute pas été étrangère à cette orientation.

Le poète libertin a enseigné à la jeune fille qu'il était possible de cultiver ensemble les grâces légères et les plaisirs solides, d'admirer Descartes et Gassendi sans refuser les séductions les plus frivoles de l'épicurisme. En ce sens, comme beaucoup de mondains aimables des premières années du règne de Louis XIV, il annonçait Fontenelle et préparait Mme de Lambert à la rencontre déterminante avec l'homme célèbre qui allait devenir l'âme de son salon; poète et philosophe, Fontenelle saura répondre à la double ambition qui anime la marquise quand elle décide de recevoir: restaurer la ruelle précieuse en maintenant la tradition des cercles cartésiens.

A. *Des épicuriens de bonne compagnie*

Le *Voyage de Bachaumont et de Chapelle* permet d'entrevoir le cadre de vie de l'adolescente, dont certains caractères se retrouveront dans le salon aristocratique. De tous les plaisirs que goûtent les voyageurs, ceux de la table occupent la première place, dans une hiérarchie qui trahit l'influence de Chapelle. Charles Nodier s'étonnait qu'on pût manquer comme eux de curiosité historique et

---

5. Jean Chapelain, *Lettres*, publiées par Ph. Tamizey de Larroque (Paris 1880-1883), ii.340-41; Caudal, p.11.

géographique, et Sainte-Beuve après lui s'inquiétait ausi de l'envahissement du discours gastronomique. Nous avons aujourd'hui le sentiment, au contraire, que le sens du pittoresque ne leur faisait pas défaut. Bachaumont et Chapelle possèdent ce talent, qui caractérise les épicuriens du dix-septième siècle, de pouvoir apprécier par des nuances subtiles la qualité du plaisir et de l'instant. Il est vraisemblable que l'époux de Mme de Courcelles a enseigné cette technique à sa fille adoptive. Leur muse est celle des festins, et leur récit est une prière au dieu Comus; mais, grâce à Bachaumont, l'orgie ne triomphe jamais, et la délicatesse du goût permet d'établir des comparaisons permanentes entre la bonne chère provinciale et la gastronomie parisienne. Les deux voyageurs dégustent en connaisseurs les ortolans d'Armagnac (p.33), apprécient les festins de Toulouse, se régalent des muscats de Loupian et de La Ciotat. Quand Chapelle passe quelque part, le vin, bien sûr, coule à la régalade; mais l'épicurien ne sombre pas dans la crapule, et sait donner une mention spéciale aux bons vins du Rhône: Orgon, Ermitage, Condrieu, Côte-Rôtie.

Les talents des épicuriens s'exercent aussi à définir les charmes des belles Françaises. Ils n'ont garde de confondre les Arlésiennes, 'propres, galantes, jolies', 'un peu coquettes' à force d'être couvertes de mouches (p.51), avec les plus polies demoiselles de Narbonne, 'qui tombent en vérité de la vérole' (p.42). De toutes les villes traversées, c'est Agen qui les retiendrait, pays enchanté et véritable palais d'Armide, où d'Espinay de Saint-Luc[6] joue le rôle de Renaud.

Le *Voyage* réserve une place importante aux conversations, qui seront le goût dominant à l'hôtel de Nevers. Bachaumont aime la bonne compagnie; à la différence de Chapelle, il apprécie plus les propos que les repas. Il ne fait aucun doute qu'il n'a pas du voyage la conception de Montaigne, et qu'il a beaucoup de difficultés à s'arracher à ses habitudes parisiennes. Au fond de la province, il veut retrouver le ton du Marais et les devis raffinés de la capitale. Faut-il lui en faire grief? On verra jouer dans la *Correspondance* de Montesquieu les mêmes réflexes.

Le *Voyage* livre aussi l'esquisse d'un modèle d'honnêteté, qu'on doit sans aucun doute à la plume de Bachaumont, et qui s'accorde assez bien aux recherches d'un épicurisme délicat. Les liens noués aux étapes donnent une idée assez juste de ce que pouvait être le cercle du poète libertin, ouvert à des milieux différents.

Les relations les plus naturelles de François Le Coigneux sont celles qui l'attachent à la noblesse parlementaire parisienne: on peut parler d'une véritable

---

6. François II d'Espinay, marquis de Saint-Luc, chevalier de l'Ordre et lieutenant général au gouvernement de Guyenne.

dynastie des Le Coigneux, dont les branches sont nombreuses et les alliances bonnes. Retz parle repectueusement (p.817) de Bachaumont, et le désigne à la dédicataire de ses *Mémoires* comme un homme d'esprit. La noblesse parlementaire de province lui réserve un accueil chaleureux: il est fêté par le premier président de Toulouse, il est l'ami de la présidente de Bailleul et rencontre tous les parlementaires bordelais chez l'intendant.

Le rôle que Bachaumont a joué pendant la Fronde lui donne aussi accès auprès des Grands. On ne semble pas avoir aperçu que ce voyage burlesque était le prétexte d'un hommage discret à des exilés célèbres. Les deux voyageurs sont fêtés, lors de leur passage à Blois, par Gaston d'Orléans; ils sont reçus, dans ses terres, par le comte de Lussan,[7] qui les accompagne jusqu'à Blaye; l'illustre vicomte de Fontrailles,[8] qui avait participé à la conjuration de Cinq-Mars, les régale. Bref, on sent bien que le discours gastronomique cache un discours mondain, plus sérieux, qui ranime le souvenir d'événements politiques plus ou moins récents. Les liens amicaux de Bachaumont avec la noblesse d'épée rendent moins surprenante l'alliance, à laquelle il a sans doute contribué, de Mlle de Courcelles avec Henri de Lambert. Le cercle de Bachaumont est ouvert aussi à l'aristocratie libertine: Chapelle entraîne certainement son compagnon dans ces milieux que décrivait A. Adam, le cabaret de la Croix Blanche ou la coterie des Coteaux, qui jouent un rôle littéraire non négligeable. Il suffit de rappeler que les dédicataires du *Voyage* sont 'Messieurs les aînez Broussins'.

On respire dans cet écrit burlesque un air d'honnêteté et de civilité qui confirme le jugement de Fontenelle sur la bonne compagnie qui fréquentait chez le poète bel esprit. Bauchaumont recherche les conversations des honnêtes gens, comme celles de l'évêque d'Orléans[9] ou de cet autre exilé, le comte d'Aubijoux,[10] qui vit dans un 'délicieux ermitage' que ne renierait pas la marquise de Lambert. Il n'est pas sans intérêt de noter que les femmes, en captant la tendresse des cœurs masculins, en proposant surtout un idéal de politesse, donnent le ton de la bonne compagnie. Ainsi la présidente de Bailleul chez Gaston d'Orléans, ou Mlle Du Pin chez l'intendant de Bordeaux, qui sauve par le commerce de l'esprit un salon perverti par le jeu (p.20):

[Madame l'intendante], qui ne connoissoit pas autrefois les cartes, passe maintenant les nuits à jouer au lansquenet. Toutes les femmes de la ville sont devenues joueuses pour lui plaire [...] Mademoiselle du Pin se trouve là, toujours bien à propos, pour

7. Régis d'Esparbès, comte de Lussan, troisième fils du maréchal. Il avait guerroyé dans le Languedoc avec Marsin pendant la Fronde des Princes.
8. Louis d'Astarac, vicomte de Fontrailles, mort en 1677, lui aussi familier de Retz et libertin.
9. Alphonse d'Elbène, 'un des plus honnêtes hommes de France' selon Bachaumont.
10. François-Jacques d'Amboise, comte d'Aubijoux.

entretenir ceux qui n'aiment pas le jeu. En vérité, sa conversation est si fine et si spirituelle que ce ne sont point les plus mal partagés.

C'est chez son beau-père que Mlle de Courcelles a appris à préférer les plaisirs de la conversation à ceux des cartes. Cependant, Bachaumont ne confond pas l'honnêteté féminine avec l'affectation du précieux. Le *Voyage* contient une caricature des 'précieuses de campagne', dont Molière a pu s'inspirer: le poète reproche aux dames spirituelles de Montpellier la confusion de leurs jugements littéraires.

Ce récit laisse entrevoir les bonnes manières et les goûts que Mlle de Courcelles a pu acquérir dans le cercle de son beau-père; la future marquise y a fait l'apprentissage de cet art, qu'elle exercera si bien, de réunir des compagnies différentes, de mêler le monde le mieux choisi aux poètes et aux beaux esprits. Elle a reconnu aussi, dès l'adolescence, le rôle que la politesse et la conversation des femmes devaient avoir dans la définition de l'honnêteté.

B. *L'éclectisme de Bachaumont*

Les goûts de Bachaumont étaient éclectiques, et l'on peut supposer qu'il a donné à sa fille adoptive une culture littéraire assez vaste. Le récit du *Voyage* montre que le poète était capable de cultiver des genres divers.

L'ouvrage, on ne saurait le nier, est un récit burlesque aux allures capricieuses, comme dut l'être l'itinéraire d'épicuriens oisifs, dont le seul programme était de réaliser un voyage gastronomique et bachique. Le hasard place sur leur chemin des silhouettes bizarres et picaresques, sur lesquelles s'exerce leur veine parodique. Il suffira à l'hôtesse de Nevers de réveiller des souvenirs anciens pour apprécier les travestissements de Marivaux, et l'on comprend mieux l'accueil que son salon a réservé aux productions de l'écrivain débutant, quand on remonte jusqu'à ces caricatures que Bachaumont savait mettre sous les yeux de l'adolescente amusée. Les pièces satiriques appartiennent à la même veine, et constituent le lot le plus important du recueil; le bel esprit libertin fut un bon maître pour initier la jeune fille à l'art délicat de l'épigramme, qui demeure une des expressions privilégiées du divertissement mondain. Il n'est pas indifférent de noter que les vers satiriques égratignent le clergé et la dévotion populaire,[11] et l'on pourrait être tenté de rapporter aussi à l'éducation donnée par Bachaumont l'idéal religieux de la marquise de Lambert. En revanche, l'inspiration bachique et érotique du poète épicurien la laissa indifférente, et l'on aura peu de goût à l'hôtel de Nevers pour les libations et la débauche.

C'est encore à Bachaumont que la marquise de Lambert doit la formation de ses goûts poétiques, qui lui permettront de juger habilement des créations

---

11. Voir en particulier, dans le *Voyage*, l'épisode malicieux de la dévotion à la sainte Baume.

modernes et de faire de son salon le premier tribunal de Paris sur ces matières. Il y a dans le *Voyage* des vers d'une belle venue, qui montrent la permanence du mouvement baroque: la célèbre prosopopée de la Garonne, pièce assez curieuse, mériterait sans doute de figurer dans les anthologies. Mais ce sont surtout les morceaux où triomphe la rhétorique mondaine qui retiennent l'attention; ils sont très certainement de la main de Bachaumont, Chapelle ayant composé, quant à lui, l'essentiel des vers burlesques et bachiques. Comme dans *Le Roman comique*, le discours précieux et la parodie se côtoient, et le même public se délecte de la satire et du madrigal. Voltaire appréciait particulièrement les vers fameux sur un berceau du parc de M. d'Aubijoux, qui sont un modèle de délicatesse et qui annoncent les meilleures productions de Sceaux et de l'hôtel de Nevers. La pièce peut passer pour un archétype des productions les plus aimables des Fontenelle, des Saint-Aulaire ou des Moncrif qui triompheront dans le salon de la marquise; ces madrigaux, où l'afféterie précieuse est atténuée par les grâces du ton mondain, sont aujourd'hui tombés dans l'oubli. Ce sont pourtant ces pièces qu'il faut interroger, quand on veut restituer la langue parlée dans les salons. Les vers suivants donneront une idée du style aimable de Bachaumont (p.38-39):

> Sous ce berceau, qu'Amour exprès
> Fit pour toucher quelque inhumaine,
> L'un de nous deux un jour au frais,
> Assis près de cette fontaine,
> Le cœur percé de mille traits,
> D'une main qu'il portoit à peine
> Grava ces vers sur un cyprès:
> 'Hélas! que l'on seroit heureux
> Dans ce beau lieu digne d'envie,
> Si, toujours aimé de Sylvie,
> L'on pouvoit, toujours amoureux,
> Avec elle passer la vie!'

L'éclectisme des goûts, le mélange des tons, la composition à deux mains rendent difficile la perception, dans ce récit aux tendances multiples, de la langue qu'on parlait chez Bachaumont, dont Fontenelle assure qu'elle fut comme la langue maternelle de la future marquise de Lambert. Quelques traits intéressants peuvent cependant être notés rapidement. L'esprit précieux lui donne sa couleur: Bachaumont aime jouer avec les mots dans des répétitions parfois un peu voyantes;[12] la mode des adverbes en -*ment*,[13] le recours à la

---

12. Voir la répétition de l'adverbe *toujours* dans le madrigal cité, ou bien encore cet exemple: 'L'épouse est bien apparentée, / Et bien apparenté l'époux; / Elle jeune, riche, espritée; / Il est jeune, riche, esprit doux' (p.37).

13. 'L'envie de rire nous prit alors *si furieusement*' (p.47).

forme renforcée du superlatif relatif[14] rappellent la phrase hyperbolique des ruelles; le trait d'esprit et la pointe triomphent.[15] Cette langue est aussi un instrument que les mondains utilisent avec élégance; on y retrouve certains de leurs tours favoris, comme les appuis du discours du type: 'C'est *assurément* y entrer par la plus belle porte' (p.51). Sa vocation semble bien être l'abstraction, et cela est un peu surprenant dans un registre burlesque et satirique.

L'influence de Bachaumont et de son cercle sur la marquise de Lambert a été déterminante, et a laissé des traces qu'on retrouve, bien des années plus tard, dans la vie et les œuvres de cette grande dame.

Le poète libertin a donné à sa fille adoptive les premiers éléments d'une culture qui réserve une large place aux goûts littéraires, à l'amour des beaux vers en particulier, sans négliger pour autant les connaissances solides; dans ce cercle cartésien, l'adolescente a profité des leçons d'un libertinage discret qui oriente sa réflexion morale et religieuse.

Le cercle littéraire de la rue Saint-Louis-au-Marais fut aussi un salon mondain, qui proposait à la jeune fille une image vivante de l'honnêteté formée en partie, comme dans les ruelles précieuses, par la politesse des femmes et leurs conversations. C'est là que Mme de Lambert a appris ce ton de la bonne compagnie dont elle ne se départira plus; le monde qui fréquentait chez Bachaumont disposait, pour ses divertissements et pour ses conversations plus sérieuses, d'une langue souple, élégante, ouverte aux jeux de l'esprit et aux tours précieux.

La rencontre entre ce lettré épicurien et cette jeune fille attentive fut déterminante; il est probable que du vivant de M. de Courcelles, les heureuses dispositions de l'enfant auraient été cultivées avec moins de talent.[16]

2. *L'honnêteté féminine: la formation d'un idéal*

Nous ne disposons d'aucun document attestant les liens de Mme de Lambert avec les ruelles précieuses. Nous ne savons pas, par exemple, si elle a rencontré Madeleine de Scudéry, dont elle admire les romans qui auront une influence considérable sur les écrivains de la Régence comme Marivaux ou l'abbé Prévost.

14. 'Les journées toutes entières se passoient le plus agréablement du monde chez monsieur l'intendant' (p.19).
15. 'Contre le serment solennel que nous avions fait, monsieur Chapelle et moi, d'être si fort unis dans ce voyage que toutes choses seroient en commun, il n'a pas laissé, par une distinction philosophique, de prétendre en pouvoir séparer ses pensées' (p.4).
16. On peut adhérer au jugement de H. de La Perrière, *Marquise*, p.14: 'Dans la maison de M. de Bachaumont, cependant, Anne-Thérèse trouva très jeune une direction que son propre père n'aurait certainement pas su lui donner.'

Pour comprendre comment s'est formé l'idéal de l'hôtesse de Nevers, il faut donc s'en tenir à la formulation de quelques remarques simples.

Dans sa notice biographique, Fontenelle ne mentionne que le cercle littéraire de Bachaumont comme milieu susceptible d'avoir joué un rôle déterminant dans la formation du goût de Mme de Lambert. Il est sûr que le mariage de la jeune fille l'a arrachée de bonne heure à la vie littéraire parisienne;[17] les maternités, les obligations de l'épouse d'un officier supérieur, la mission à Luxembourg ne favorisaient guère des activités intellectuelles et artistiques régulières. En outre, quand la jeune fille fait son entrée dans le monde, qu'elle est dans l'âge de tirer profit de la connaissance des hommes et de juger des productions de l'esprit, l'éclat des ruelles précieuses est déjà terni.[18] Ainsi, sans exclure la possibilité qu'on puisse découvrir un jour des documents attestant le passage de Mlle de Courcelles dans les ruelles qui se survivent ou dans les cercles littéraires du Marais, il semble raisonnable d'admettre que son admiration pour les précieuses fut surtout livresque, et relevait plus de l'idéal que de l'expérience vécue.

La jeune fille a connu la fin d'une époque qui, aux âmes sensibles et romanesques, nourries de Plutarque, devait apparaître mythique. D'où l'image d'un âge d'or, le sentiment que la civilisation française venait de vivre une période exceptionnelle. La femme principalement avait bénéficié de ces temps heureux: reine de Tendre, elle avait dominé Paris, soumis les hommes à sa politesse, développé les thèses les plus hardies sur son statut social. A cette vision de l'histoire la marquise restera fidèle, et la naissance de son salon s'explique en partie par la puissance de ce mythe.

Le souvenir de quelques femmes d'exception est lié à cet âge d'or, soit qu'elles l'aient suscité, soit qu'elles aient voulu protester contre une décadence inéluctable. La marquise de Lambert reconnaît dans ses ouvrages qu'elle a voulu les imiter. Les *Réflexions sur les femmes* désignent la marquise de Rambouillet, Henriette d'Angleterre et Mme de La Sablière comme des modèles parfaits de l'honnêteté féminine. La courte dissertation *Sur le sentiment d'une dame qui croyoit que l'amour convenoit aux femmes, lors même qu'elles n'étoient plus jeunes* pose, elle, la question des rapports de l'hôtesse de Nevers avec le milieu de Ninon de Lenclos.

17. Le laps de temps entre son entrée dans le monde et son mariage est bien court.
18. Il n'est pas nécessaire d'établir une chronologie de la préciosité pour se rendre compte qu'à la fin de l'année 1662, quand la jeune fille entre dans sa quinzième année, la préciosité est sur son déclin.

2. La formation intellectuelle et morale

A. *L'atmosphère idéale de la* Chambre bleue

L'ambition de la marquise de Lambert à l'hôtel de Nevers a été incontestablement de recréer l'atmosphère de la *Chambre bleue*.[19] Quand elle regrette, dans ses *Réflexions sur les femmes*, que le beau sexe ait préféré l'indécence au précieux (p.177), c'est vers l'hôtel de Rambouillet que la guide sa nostalgie: 'Un Hôtel de *Rambouillet*, si honoré dans le siècle passé, seroit le ridicule du nôtre' (p.180). C'est la même référence qui inspire le président Hénault (*Mémoires*, p.120) pour établir que Mme de Lambert était bien une précieuse: 'On s'apercevait qu'elle était voisine du temps de l'Hôtel de Rambouillet.' Il est intéressant de noter que le commensal de la marquise prend soin de distinguer la préciosité de l'hôtel de Nevers de l'honnêteté de la Cour de Vaux, 'qui réunit autour de Fouquet des femmes d'esprit comme Mme de Sévigné et Mme de Lafayette',[20] et dont on pourrait penser qu'elle assume la transition d'une préciosité à l'autre. Le président Hénault ajoute: 'Elle était un peu apprêtée et n'avait pas eu la force de franchir, comme Mmes de Sévigné et de Lafayette, les barrières du collet monté et du précieux' (p.120).

La marquise de Lambert est bien, sous la Régence, une nouvelle Arthénice. Elle tenait elle-même à établir la filiation spirituelle de l'hôtel de Rambouillet à l'hôtel de Nevers, qui montre ce que les néo-précieux doivent à la politesse féminine développée dans l'entourage de Catherine de Vivonne. Il est légitime d'admettre que les ouvrages littéraires élaborés dans ce milieu ont contribué à former les goûts de l'adolescente, et il faut ajouter à l'influence bénéfique de Bachaumont sur son art de dire et d'écrire, celles de Balzac et de Voiture. Nous verrons aussi que les liens établis par la marquise de Lambert avec l'Académie française justifient l'ambition de comparer l'hôtel de Nevers à la *Chambre bleue*.

L'hommage de la marquise de Lambert est aussi un hommage à une femme en qui elle se reconnaît. Bien des points communs les rapprochent. On pouvait apprécier chez la marquise de Rambouillet, comme chez l'hôtesse de Nevers, la diversité du savoir, une amitié et une générosité actives, une vertu à toute épreuve. Elles avaient aussi la même conception de la vie: on sait comment Catherine de Vivonne avait voulu aménager elle-même, sur l'emplacement de l'hôtel du Halde, le décor de son temple littéraire; Tallemant des Réaux (i.443) a rapporté l'anecdote de la *Chambre bleue* ornée selon des goûts audacieux.[21] Mme de Lambert, à son tour, réaménagera les appartements de l'hôtel de

---

19. Deloffre, *Marivaudage*, p.20: 'Il semble que Mme de Lambert ait eu pour idéal conscient de recréer chez elle l'atmosphère de la célèbre *Chambre bleue*.'
20. Deloffre, p.15.
21. Segrais et Voiture ont longuement parlé aussi de la *Chambre bleue*.

Nevers avec beaucoup de raffinement, et en y imprimant sa marque personnelle. On pourrait évoquer encore la méfiance que ces deux femmes nourrissaient à l'endroit de la Cour: Catherine de Vivonne n'aimait pas aller aux assemblées du Louvre,[22] et Mme de Lambert ne fréquenta guère Versailles après son installation à l'hôtel de Nevers, préférant, comme la marquise de Rambouillet, les divertissements de son salon.

La *Chambre bleue* a une place quasi mythique dans la culture de Mme de Lambert. Elle tient lieu de modèle dans l'élaboration d'un code moral à l'usage des honnêtes gens et dans la conception du divertissement aristocratique; elle sert aussi à définir le ton de la nouvelle préciosité qui, sur ce point, ne se distingue guère de la première.

B. *La cour d'Henriette d'Angleterre*

La désignation d'Henriette d'Angleterre comme modèle de la politesse fémi-nine surprend davantage, car elle remet en cause la suprématie de la Ville sur la Cour dans l'épanouissement de l'honnêteté vers 1670.

Le rôle mondain et intellectuel de la princesse est prédominant de 1661, date de son mariage avec Philippe d'Orléans, jusqu'à sa mort en 1670. La première question qui vient à l'esprit est de savoir si la marquise de Lambert a rencontré la princesse et a fait partie de son cercle. On ne peut qu'émettre des hypothèses, pour reconnaître que des relations de ce type auraient pu s'établir, grâce à la position d'Henri de Lambert à la cour. Mais les occasions qui pouvaient favoriser ces rencontres ne durent pas être nombreuses, entre le mariage de Mlle de Courcelles (contrat du 21 février 1666) et la mort d'Henriette d'Angleterre (30 juin 1670).

Le portrait de la princesse dans les *Réflexions sur les femmes* apporte-t-il un élément de réponse? Les qualités attribuées à Henriette d'Angleterre semblent perçues par une personne qui aurait vécu dans son entourage, et qui aurait reconnu sous la superficie brillante du divertissement mondain un esprit original et vigoureux. Incontestablement, le lexique suggère un secret qu'on dévoile. 'Sous un visage riant, sous un air de jeunesse qui ne sembloit promettre que des jeux, elle cachoit un grand sens, et un esprit sérieux' (*Femmes*, p.180). Mais il faut ici se garder des pièges du texte. Dans la suite du portrait, la marquise de Lambert évoque la gloire de la princesse en des termes qui pourraient laisser croire à des relations réelles; or les traits viennent de l'oraison funèbre de Bossuet.

Texte de Mme de Lambert: Quand on traitoit, ou qu'on disputoit avec elle, elle oublioit son rang et ne paroissoit élevée que par sa raison (*Femmes*, p.180);

---

22. Tallemant, i.443.

Texte de Bossuet: Quand quelqu'un traitait avec elle, il semblait qu'elle eût oublié son rang pour ne se soutenir que par sa raison.[23]

Nous pouvons aller plus loin encore, et reconnaître un intermédiaire entre Bossuet et la marquise de Lambert. Dans ses *Pensées ingénieuses* (1689), le Père Bouhours avait brossé un portrait de cette 'princesse accomplie', inspiré de l'oraison funèbre; et ce sont les formules de son éloge que la marquise reproduit.[24] On mesure ici les dangers d'une analyse qui méconnaîtrait les sources et la nature de la culture des mondains – les recueils de bons mots et de pensées ingénieuses servent souvent de relais entre les textes originaux et le public – et qui négligerait le rôle de l'innutrition dans les réflexions de Mme de Lambert.

On a le sentiment que la figure d'Henriette d'Angleterre sert un plaidoyer *pro domo*: la marquise veut justifier, dans son ouvrage sur les femmes, le commerce des Muses, et montrer au public que les divertissements de l'hôtel de Nevers passent après des occupations plus sérieuses. En choisissant l'exemple de l'illustre princesse, la marquise montre les modèles de l'honnêteté féminine et justifie le caractère raisonnable des activités des précieux. Cette double intention se manifeste dans les traits que sélectionne le portrait, et qui sont conformes à la réalité historique. Les contemporains avaient gardé le souvenir d'une princesse favorisée par les Grâces, qui savait allier avec la politesse la plus exquise le jeu au sérieux, l'esprit à la bonté, l'agrément à la gloire. Qui ne voit que ce portrait ressemble en tous points à celui de l'hôtesse de Nevers? Il importe moins ici de reconnaître une réalité vécue que de sonder la profondeur d'un mythe.

c. *Le cercle de Mme de La Sablière*

Les *Réflexions sur les femmes* désignent une troisième personnalité qui semble avoir exercé une influence déterminante sur Mme de Lambert; il s'agit de Mme de La Sablière, que la marquise peint en ces termes (p.187-88):

Une Dame, qui a été un modèle d'agrément, sert de preuve à ce que j'avance [...] Tous ceux qui l'ont connue, conviennent que c'étoit la plus séduisante personne du monde, & que les goûts, ou plutôt les passions, se rendoient maîtres de son imagination

23. Bossuet, *Oraison funèbre de Henriette-Anne d'Angleterre*, éd. Jacques Truchet (Paris 1961), p.184-85.
24. Comparons les textes. Voici les trois phrases du portrait brossé par Bouhours que la marquise utilise: 'Elle connoissoit si bien la beauté des Ouvrages de l'esprit, que l'on croioit avoir atteint la perfection quand on avoit sçu plaire à Madame [...] Sous un visage riant, sous cet air de jeunesse qui sembloit ne promettre que des jeux, elle cachoit un sens & un sérieux, dont ceux qui traitoient avec elle étoient surpris [...] Quand quelqu'un traittoit avec elle, il sembloit qu'elle eût oublié son rang pour ne se soutenir que par sa raison' (Bouhours, *Pensées ingénieuses des anciens et des modernes*, Lyon 1736, p.249-50).

& de sa raison, de manière que ses goûts étoient toujours justifiés par sa raison, & respectés par ses amis. Aucun de ceux qui l'ont connue n'a osé la condamner qu'en cessant de la voir, parce que jamais elle n'avoit tort en présence.

Menjot d'Elbenne a affirmé que la marquise de Lambert avait fréquenté le cercle de Mme de La Sablière;[25] après lui, F. Deloffre a admis qu'elle avait pris la suite de son salon, en cherchant à maintenir la tradition du divertissement sérieux et poétique qui le caractérisait:

Poètes galants, philosophes sans pédanterie, voyageurs et gens du monde composaient autour d'elle une société d'élite qui prélude incontestablement aux salons du siècle suivant: il est significatif que Mme de Lambert, qui en avait fait partie, ait présidé au premier d'entre eux.[26]

Nous devons reconnaître qu'aucun document ancien ne permet d'établir ce fait. Menjot d'Elbenne, qui eut une connaissance parfaite du milieu de Mme de La Sablière, a-t-il tenu entre les mains une pièce convaincante dont il n'aurait pas donné la référence dans son ouvrage? S'est-il appuyé, tout simplement, sur ces mots de l'éloge: 'ceux qui l'ont connue', pour avancer son hypothèse?

Tous les contemporains ont célébré le goût délicat de Mme de La Sablière, sa capacité à juger, comme le fera plus tard la marquise de Lambert, des matières linguistiques et poétiques. On ne peut s'empêcher de souligner le parallélisme évident des vers de La Fontaine louant les entretiens d'Iris et de la dédicace de La Motte payant tribut à Lambert-Uranie,[27] qui reçoit en la circonstance le surnom que La Fare attribuait aussi à sa maîtresse.[28] Mme de La Sablière fut le modèle même du bel esprit, et les sarcasmes malveillants de Boileau ne diminuèrent en rien l'admiration de l'hôtesse de Nevers pour cette

25. Menjot d'Elbenne, *Madame de La Sablière, ses pensées chrétiennes et ses lettres à l'abbé de Rancé* (Paris 1923).

26. Frédéric Deloffre, 'Guilleragues épistolier; une lettre inédite à Mme de La Sablière', *RhlF* 65 (1965), p.610. L'hypothèse est raisonnable, et même séduisante. Mme de La Sablière meurt à Paris le 6 janvier 1693; sa fille Marguerite venait d'épouser en secondes noces, le 7 mars 1690, Charles de Nocé. Ces dates coïncident parfaitement avec celle que nous proposons pour l'ouverture du salon de la marquise de Lambert, et la liaison entre les deux milieux a pu être assurée par Fontenelle.

27. Le même mouvement anime le 'Discours à madame de La Sablière', au livre neuvième des *Fables*, et la fable des 'Deux chiens' que La Motte dédie à la marquise de Lambert. Comparer La Fontaine: 'Mais vous avez cent fois notre encens refusé, / En cela peu semblable au reste des mortelles' (v.2-3), et La Motte: 'Les Sages sont des Dieux qui refusent l'encens' (*Fables nouvelles*, Utrecht 1760, livre III, 15, v.9). Le cercle de Mme de La Sablière a sans doute favorisé l'influence du fabuliste sur le style mondain de la marquise de Lambert.

28. Voir ces vers de La Fare: 'De Vénus Uranie, en ma verte jeunesse, / Avec respect j'encensai les autels, / Et je donnai l'exemple au reste des mortels / De la plus parfaite tendresse' (*Poésies choisies du marquis de La Fare*, Paris 1819, p.48; Menjot, p.141).

femme savante qui ne méprisait pas les connaissances solides, et dont les lumières allaient même 'jusqu'à la belle philosophie'.[29] La métaphysique ne la rebutait pas, elle était sans aucun doute cartésienne et accueillait aussi chez elle les disciples de Gassendi: ce sont là des orientations que nous retrouverons dans la culture de Mme de Lambert, et il n'est pas impossible que le cercle de Mme de La Sablière ait été l'école où lui furent enseignés les principes de la philosophie nouvelle.

Les raisons sont donc nombreuses pour établir une filiation entre deux salons aux caractères identiques, qui surent unir une politesse raffinée à une prédilection pour les productions de l'esprit, des goûts épicuriens à des recherches sérieuses.

D. *Les liens avec Ninon de Lenclos*

Il faut encore évoquer les liens intellectuels qui s'établiront, à la charnière des deux siècles, entre deux des plus célèbres cercles littéraires de l'Ancien Régime: l'hôtel de la rue des Tournelles et l'hôtel de Nevers. Tous les témoignages concordent pour reconnaître que, sur ses vieux jours, de 1690 à 1705, Ninon avait su réunir chez elle les meilleures compagnies et que sa maison, au dire de Fraguier, était le rendez-vous des honnêtes gens.[30] C'est dans cette période que Mme de Lambert ouvre son propre salon, en se posant moins en rivale de Ninon qu'en admiratrice. On rencontre déjà dans le salon de la rue des Tournelles bien des commensaux de la marquise: Fraguier, Dangeau, Gédoyn, l'abbé Terrasson, comme si Mme de Lambert avait hérité en partie, à la mort de Ninon, de 'cette bonne compagnie d'hommes'.[31]

Un opuscule recueilli dans les *Œuvres* de la marquise de Lambert apporte un témoignage concret sur les liens établis entre les deux milieux, car on peut reconnaître avec vraisemblance Ninon de Lenclos dans le personnage d'Ismène qui est au centre du *Discours sur la sentiment d'une dame*.[32] Plusieurs indices internes suggèrent cette interprétation. A trois reprises, ce qui est remarquable pour un texte aussi court, il est fait appel à l'arbitrage de Saint-Evremond, qui prend même le parti d'Ismène pour admettre que l'amour vieillissant doit rester caché et qu'il faut bannir toute galanterie extérieure. Comme la marquise de Lambert, Ismène a l'esprit orné, elle sait illustrer sa démonstration en

---

29. Deloffre, 'Guilleragues', p.608-609.
30. Ces témoignages sont rapportés dans Emile Colombey, *Correspondance authentique de Ninon de Lenclos comprenant un grand nombre de lettres inédites et suivie de La Coquette vengée* (Paris 1886), p.54.
31. Mme de Sévigné, lettre du 22 février 1695, Colombey, p.54.
32. Il importe assez peu que cette dissertation soit antérieure ou postérieure à la mort de Ninon (17 octobre 1705), que le débat entre la marquise de Lambert et l'amie de Saint-Evremond ait eu lieu réellement dans tel cercle mondain ou qu'il soit purement symbolique.

donnant 'une infinité d'exemples qu'elle a pris dans l'Antiquité' (*Sentiment dame*, p.273) et expose son opinion devant le cercle avec une éloquence aussi délicate que sûre. Or nous savons que la culture philosophique de Ninon reposait sur une bonne connaissance des Anciens: sa correspondance prouve qu'elle avait lu Lucrèce, Lucien, Sénèque; nourrie de Montaigne et du *Traité de la sagesse* de Charron,[33] comme Mme de Lambert, elle cite le plus souvent de seconde main. Elle était capable de soutenir avec Saint-Evremond une discussion sur la sagesse d'Epicure.[34] Enfin, mais ce dernier indice est peut-être plus fragile, la marquise de Lambert lui reconnaît, quand elle réfute l'opinion commune, la persuasion de la maîtresse d'Anacréon (p.261). Tous les écrivains qui viennent d'être cités sont aussi les auteurs favoris de la marquise.

La thèse soutenue par Ismène caractérise parfaitement la morale de Ninon de Lenclos. Il est certes inutile de répéter toutes les anecdotes plus ou moins scabreuses sur les galanteries de la courtisane vieillissante. Mais la façon de défier un préjugé qui refuse l'amour à la femme âgée, de passer outre aux interdits du monde et de la conscience, la recherche permanente du plaisir, la conviction que l'expérience affine l'esprit et le sentiment rendus 'plus délicats et plus touchans' (p.265) caractérisent une Ismène libertine et épicurienne, volontiers provocante, en qui on ne peut pas ne pas reconnaître Ninon. La Rochefoucauld lui avait dit un jour que 'l'enfer des femmes, c'est la vieillesse';[35] la maxime, incontestablement, résume bien la pensée de la marquise de Lambert sur le malheur d'aimer dans la vieillesse. Or Saint-Evremond, dans une lettre datée de 1686, consolait Ninon de cette maxime terrifiante, en lui rappelant la thèse épicurienne que défendra Ismène:

Votre vie, ma très chère, a été trop illustre pour ne pas être continuée de la même manière jusqu'à la fin. Que l'enfer de M. de La Rochefoucauld ne vous épouvante pas: c'étoit un enfer médité dont il vouloit faire une maxime. Prononcez donc le mot d'*amour* hardiment et que celui de *vieille* ne sorte jamais de votre bouche.[36]

Que Mme de Lambert ait été séduite par cette femme cultivée, dont elle ne partageait pas toutes les opinions, qu'elle l'ait rencontrée, cela ne fait aucun doute. Comme elle, Ninon avait su accorder le culte épicurien des plaisirs raffinés aux méditations philosophiques, et faire de la vieillesse l'âge de la

---

33. Le *Traité de la sagesse* de Charron fut un des ouvrages majeurs de l'éducation 'libertine' de Ninon de Lenclos. Son père 'substituait aux livres de dévotion les *Essais* de Montaigne et le *Traité de la sagesse* de Charron' (Colombey, p.2).

34. Vers 1650, Ninon se plaisait à réunir autour d'elle des libertins et des épicuriens. Parmi eux, le bel esprit Charleval (mort le 8 mars 1693) avait été l'amant de Mme de Courcelles.

35. *Maximes posthumes*, no.562.

36. Colombey, p.107.

sagesse. Ajoutons enfin que le même idéal rapproche ces deux femmes résolu-
ment décidées à rejeter le joug masculin.

Les idées de Mme de Lambert sur la politesse des femmes s'inscrivent dans
une tradition qui reconnaît un rôle majeur aux conversations sérieuses et à la
vie littéraire des cercles mondains. Le milieu de la marquise s'est inspiré de
modèles antérieurs, que l'hôtesse de Nevers a découverts par son expérience
personnelle ou à travers le mythe d'un âge d'or de la civilisation française
qu'élabore la culture aristocratique de la seconde moitié du dix-septième siècle.

Il est essentiel, pour notre recherche, de comprendre que le salon de
la marquise de Lambert n'est pas né d'une métamorphose du cérémonial
traditionnel de la réception, auquel doit se soumettre une grande dame qui a
un nom à la Cour. Il est le fruit d'un projet, et ne doit rien au hasard: l'hôtesse
de Nevers a longuement réfléchi à ce que devait être le bureau d'esprit qu'elle
voulait tenir. Quand Mme de Lambert établit sa propre maison dans Paris,
c'est avec l'ambition de protester contre la décadence des conversations, du
goût, du bel esprit et du savoir féminin. On notera encore que tous les milieux
évoqués, de l'hôtel de Rambouillet à celui de la rue des Tournelles, ont en
commun la volonté de donner au divertissement mondain un caractère sérieux,
qui transformerait un plaisir éphémère et périssable en une création durable,
susceptible de profiter aussi à la postérité.

Les modèles de l'honnêteté féminine sont venus compléter l'éducation reçue
par la jeune fille chez Bachaumont; ils l'ont confirmée dans ses goûts, en lui
faisant découvrir que les privilèges du bel esprit pouvaient être accordés au
sexe féminin.

Il restait à la marquise, pour que s'accomplît sa formation intellectuelle, à
intégrer ces modèles extérieurs à sa propre culture.

ii. La culture de Mme de Lambert

Pour la critique de genèse, la recherche des sources d'un écrivain a dans sa
vanité même quelque chose de désespérant. Même quand elle se donne les
moyens de ses ambitions et qu'elle a la chance de s'appuyer sur des documents
convaincants et solides, elle n'échappe pas à l'illusion: les influences les plus
déterminantes pour la naissance d'une idée, pour la formation d'un style sont
souvent diffuses, insaisissables, et ne peuvent être rapportées à telle pratique
de lecture, à tel texte précis. Ces remarques sont encore plus vraies, appliquées
à l'écriture morale qui se définit en fonction d'un héritage sans cesse enrichi
et modifié. Il serait fâcheux cependant que les déceptions nées d'une telle

recherche puissent conduire à un renoncement total; la méthode est utile si l'on se contente de lui demander de définir les orientations majeures de la formation d'un écrivain, et de reconnaître les strates d'une culture ou les fonds constitutifs d'une pensée.

Pour apprécier la culture de la marquise de Lambert, l'une des femmes les plus spirituelles de l'aristocratie de la fin du règne de Louis XIV, nous disposons de deux types de documents précieux. L'inventaire de ses biens dressé à son décès fournit des renseignements de première importance sur sa bibliothèque. D'un autre côté, ses ouvrages de morale, comme ceux de Montaigne, proposent une conception personnelle de la vie se dégageant d'un fonds de maximes et de citations qui renvoient, presque toujours, à des lectures qu'on peut préciser.

La convergence de ces indices permet d'établir une liste des auteurs fréquentés par Mme de Lambert. Or cette liste est véritablement impressionnante, et il convient de se demander si la marquise a réellement tout lu. Lors de la soutenance de la thèse, le professeur R. Lathuillère manifesta son scepticisme devant une avalanche de titres qui semble lui attribuer une formation par trop encyclopédique. Certes, la précieuse est une lectrice passionnée, son premier souci est d'embellir sa mémoire, d'orner son esprit et de fortifier son cœur par la découverte des beaux textes; elle trouve dans les livres une richesse d'idées qui lui fait oublier les réalités triviales qu'elle méprise. Mme de Lambert, quant à elle, dans ses conseils pédagogiques à ses enfants aussi bien que dans ses confidences à ses amis, célèbre les lectures solides: le commerce idéal est celui des auteurs, dont la fréquentation, nullement décevante, procure les seules joies et les seuls biens véritables que l'homme connaisse en ce monde. Mais dans la recherche de la perfection et dans la pratique de la politesse, l'apologie des lectures est contrebalancée par celle des conversations sérieuses, et l'animation du salon souvent préférée à la solitude du cabinet. Ce premier constat invite donc à la prudence, dès qu'il s'agit d'apercevoir la femme savante sous la grande dame. Une autre restriction, également importante, est imposée par la nature même du savoir des mondains: le plus souvent, les connaissances leur sont transmises par des ouvrages de vulgarisation, et les citations qu'ils consignent dans leurs cahiers de lectures sont presque toujours de seconde main. A la différence du savant ou de l'écrivain de profession, l'honnête homme se contente d'utiliser les innombrables recueils consacrés à l'art de bien penser et de bien dire, emplis de bons mots et de pensées ingénieuses proposés comme modèles, sans éprouver le besoin de recourir aux textes originaux; sa lecture est fragmentaire, rapide, porte sur quelques extraits adroits ou sur quelques citations remarquables qui se substituent trop aisément à la connaissance approfondie des auteurs. Qui pourrait dire si tel mondain qui cite Montaigne a lu l'ensemble des *Essais* ou seulement un recueil rédigé à son intention du type de cet *Esprit de Montaigne, ou les maximes, pensées, jugemens & réflexions de cet auteur, rédigés par ordre de matières* (Londres 1788), qu'on voit encore fleurir à la fin du dix-huitième siècle? Il convient donc de garder à l'esprit les réserves formulées ici pour juger des lecture formatrices de Mme de Lambert, et quand nous évoquerons la 'femme savante', nous nous interdirons de voir en l'hôtesse de Nevers une autre Mme Dacier.

Un mot encore sur l'inventaire de la bibliothèque de la marquise, qui donne au chercheur la chance de pouvoir contrôler par des éléments extérieurs les données de la critique interne. Même partielles, les indications fournies par ce document sont du plus haut intérêt pour l'étude génétique des idées et des ouvrages de Mme de Lambert, comme pour l'approche de la vie littéraire de son salon. Robert Dauvergne, dans une analyse trop rapide, notait: 'Le rapport apparaît étroit entre ces livres et le salon, les idées qui s'y agitaient' (p.24).

Nous pouvons nous faire une idée exacte de l'importance de cette bibliothèque: l'inventaire recense six cent quatre-vingt-douze volumes, la plupart richement reliés en veau ou en maroquin. Malheureusement, selon une habitude courante à cette époque, les marchands libraires chargés de l'expertise, Michel David le jeune et Etienne Ganeau, l'imprimeur de la marquise, l'ont divisée en lots en ne transcrivant que le titre d'un seul ouvrage pour désigner chaque lot. En sorte que soixante-sept titres seulement ont été conservés; ils permettent néanmoins d'interpréter de façon satisfaisante les goûts et les besoins intellectuels qui ont présidé au choix de cette bibliothèque. A l'évidence, Mme de Lambert partage la bibliomanie, entendue dans le meilleur sens du terme, qui caractérise les honnêtes gens du dix-septième siècle.[37] Et pourtant, analysé dans le détail, cet inventaire ne correspond pas toujours à l'idée que l'on se fait d'une bibliothèque aristocratique: celle de la marquise de Lambert est bien d'une femme savante. On est renseigné sur les lectures d'une grande dame formée à l'école de la philosophie moderne, nourrie de ces connaissances solides qu'elle recommande à ses enfants. On y apprend aussi comment cette femme savante a su ouvrir son salon aux influences de la culture contemporaine et accueillir favorablement d'audacieuses nouveautés littéraires. Enfin, et cela peut être déterminant dans la critique d'attribution, on glane quelques renseignements précis sur les éditions qu'utilisait l'écrivain.

Cependant la présence ou l'absence d'un livre dans la bibliothèque d'un écrivain n'est pas, en dernier ressort, entièrement déterminante: les éditions

---

37. Cf. M. Magendie, *La Politesse mondaine et les théories de l'honnêteté, en France, au XVIIe siècle, de 1600 à 1660* (Paris 1925), p.855: 'Il fallait que le mobilier d'un honnête homme contînt une bibliothèque. La "bibliomanie" a été une des maladies de ce siècle.' Magendie cite cette remarque de Ménage: 'les livres ont toujours été la passion des honnêtes gens'. Les aristocrates ont abandonné les anciens préjugés sur l'érudition et sur la culture intellectuelle.

les plus précieuses sont parfois les moins utilisées, les mentions de lots dépareillés peuvent désigner des œuvres qui circulent, des volumes qu'on prête et qui s'usent, parce qu'ils sont sans cesse manipulés. Il faut donc interroger aussi les manuscrits et les ouvrages imprimés, qui conservent des traces des lectures sous la forme d'une citation ou d'un motif emprunté. Le statut de l'écriture morale au dix-septième siècle justifie cette entreprise. Les honnêtes gens commencent d'abord par constituer, pour leur usage personnel, un recueil des réflexions les plus stimulantes ou les plus curieuses qu'ils rencontrent, pour s'en servir quand ils s'essaient à leur tour dans la pratique difficile de la méditation morale, ou pour donner à un argument le poids d'une autorité prestigieuse. Les ouvrages de la marquise de Lambert montrent comment une pensée originale se dégage peu à peu des emprunts et d'une matière étrangère; on retrouve toujours dans ses traités les mieux construits le substrat des citations et des extraits consignés dans ses carnets. Parfois l'écrivain prend soin d'indiquer ses références: 'Montaigne dit...' (*Vieillesse*, p.161), 'saint Augustin nous a peint...' (*Avis fille*, p.98); mais les usages de l'écriture morale n'imposent pas toujours de tels aveux et les honnêtes gens sont accoutumés à construire un raisonnement à partir d'idées empruntées: le statut privé des écrits de la marquise de Lambert met leur auteur à l'abri des reproches de plagiat.

Ces éléments extérieurs ne sont pas des 'pièces rapportées'; par l'innutrition, ils deviennent le bien propre de l'écrivain moraliste et nourrissent ses réflexions les plus personnelles. Il convient donc de recenser les plus visibles en établissant un classement thématique qui montrera les places respectives des connaissances encyclopédiques et historiques, de l'Antiquité, des lectures chrétiennes, de la philosophie, de la représentation par les poètes et les romanciers modernes d'une humanité idéalisée, enfin de l'école des moralistes classiques.

i. *Les connaissances encyclopédiques et historiques*

A. *Les ouvrages de la bibliothèque*

L'érudition, les connaissances fondamentales, le savoir encyclopédique ont une place de choix dans la bibliothèque de cette grande dame cultivée qui dispose d'instruments de travail dont elle use sans doute quotidiennement; elle possède aussi les dictionnaires qui lui permettent d'affiner son sens de la langue, conformément à l'idéal de l'honnêteté féminine qui attache la plus grande importance aux qualités des conversations du beau sexe. L'inventaire désigne plusieurs rayons d'ouvrages in-folio qui ne dépareraient pas le cabinet d'un docte. On y rencontre le *Grand dictionnaire historique* de Moréri, désignant un lot de cinq volumes in-folio, ce qui indique peut-être que la marquise de

Lambert avait acquis l'édition de 1712. Ce détail a son importance, car il prouverait que l'appétit de culture n'a en rien diminué avec l'âge. La marquise de Lambert pouvait compléter ses connaissances en utilisant des ouvrages plus anciens, dont *La Bibliothèque historiale* de Nicolas Vignier (Paris 1587-1650), qu'elle possédait vraisemblablement de longue date. La place du *Dictionnaire de l'Académie*, également mentionné par l'inventaire, est légitime: elle répond aux exigences de la femme de lettres. D'autres ouvrages in-folio et in-quarto complétaient cet ensemble consacré à l'érudition; on devait trouver là ces encyclopédies pratiques qu'on rencontre dans les bibliothèques des maisons aisées, comme ce *Dictionnaire pratique du bon ménager de campagne et de ville*, en deux volumes in-quarto, que la marquise acquiert en 1715.[38]

Cent cinquante volumes, selon toute vraisemblance, sont des ouvrages d'histoire, soit près du quart de la bibliothèque; ils permettaient à la marquise d'embrasser l'ensemble des événements politiques et diplomatiques du monde connu, ce qui est l'ambition première de la culture aristocratique. Les historiens de l'Antiquité sont bien représentés. Nous savons que Mme de Lambert possédait une édition in-folio de l'*Histoire universelle* de Diodore, et qu'elle a lu Dion Cassius; les experts ont désigné par ce nom un lot important de vingt et un volumes in-12, qui devait contenir plusieurs éditions courantes d'historiens grecs ou latins. On peut formuler la même remarque à propos d'un autre lot de vingt-trois volumes du même format, qui comprenait les *Discours de Machiavel sur Tite-Live*. Si la marquise de Lambert n'a jamais suivi les leçons de Machiavel, du moins l'a-t-elle pratiqué pour comprendre les ressorts cachés de la politique des princes et les ambitions des diplomates.

La marquise s'intéresse aussi à l'histoire des monarchies européennes, qui ne pouvait laisser indifférente l'épouse d'un officier supérieur, l'hôtesse d'un salon entretenant des liens privilégiés avec le personnel politique de la Cour et du Palais-Royal, la romancière s'intéressant à la matière historique qui nourrit la nouvelle française au dix-septième siècle. Mais par dessus tout, la culture historique devait servir de fondement à une réflexion théorique sur la noblesse: nous aurons l'occasion de souligner l'influence des écrits pédagogiques de la marquise de Lambert sur les idées d'un Boulainvilliers. L'aristocrate doit prendre conscience de la nécessité d'établir une généalogie des idées morales, comme il le fait pour sa race, afin de découvrir un ordre identique pour la vie individuelle et la vie collective. La connaissance de l'histoire contemporaine lui est indispensable pour qu'il puisse se situer en

38. De Louis Liger (Paris 1715). Notons que Louis Liger est originaire d'Auxerre.

fonction des événements et des hommes.[39] L'inventaire fournit sur ce point des renseignements abondants, qui devraient éclairer la genèse des écrits moraux et l'intérêt porté par la marquise de Lambert au genre de la nouvelle.

Comme tous les gens cultivés de sa génération, Mme de Lambert a lu François Eudes de Mézeray: elle possède une édition in-quarto de l'*Abrégé chronologique* (Paris 1667-1668), ouvrage classique qui devait fournir tant de motifs à la nouvelle historique. L'inventaire signale aussi l'édition in-folio plus ancienne de l'*Histoire générale de France* de Scipion Du Pleix (Paris 1621-1628). Mme de Lambert porte un intérêt particulier à l'histoire de la monarchie française aux quinzième et seizième siècles: elle aime découvrir les ressorts du cœur humain dans les intrigues compliquées et dans l'histoire militaire de ces époques troublées. Plusieurs de ces ouvrages lui viennent sans doute de la famille des Lambert. Nous savons qu'elle possède les *Chroniques* de Froissart en deux volumes in-folio et les *Mémoires* de Commynes dans une édition in-12 ou in-quarto. Mme de Lambert privilégie l'histoire des Valois, qui marque le triomphe de la monarchie française sur la féodalité. Elle a lu l'*Histoire de Charles VII* de Jean Chartier, Jacques Le Bouvier et Mathieu de Coucy, éditée par Godefroy (Paris 1661), l'*Histoire de Louis XI* et celle *de Louis XII*, dont l'une est peut-être de la main de Varillas. Passionnée par cette période, elle tient à acquérir l'histoire diplomatique de *La Ligue de Cambray* de son commensal l'abbé Du Bos (Paris 1709). Elle possède également l'*Histoire des guerres civiles de France*, du Vénitien Davila, traduite et commentée par Jean Baudoin.[40] Bref, la culture historique que se donne la marquise de Lambert est celle des romancières, qui, comme Mme de Lafayette, Mme de Villedieu et tant d'autres, demandent au seizième siècle un décor, des énigmes et des caractères dignes de la matière romanesque.

La connaissance des mœurs étrangères est elle aussi essentiellement livres-que:[41] l'hôtesse de Nevers s'intéresse de près à l'histoire des autres pays et des Etats européens, en particulier à celle de la monarchie espagnole. L'inventaire

39. C'est ce que la marquise affirme à sa fille: 'Il faut savoir l'Histoire de France; il n'est pas permis d'ignorer l'Histoire de son Païs' (*Avis fille*, p.80).

40. (Paris 1644). Mme de Lambert possède la quatrième édition de 1666, à Paris en quatre volumes in-12.

41. La correspondance de la marquise de Lambert avec Montesquieu révèle que l'hôtesse de Nevers préfère une connaissance livresque des mœurs étrangères au voyage. La marquise estime que des changements incessants ne favorisent pas l'acquisition de connaissances solides. Cf. lettre de Mme de Lambert à Montesquieu, du 10 décembre 1728 (Montesquieu est à Gênes): 'Apparemment vous faites une description de votre voyage & des observations fines & approfondies, comme vous sçavez faire, des mœurs, des caractères & des usages des pays où vous passez [...] Pour moi, il me paroît que de faire toujours les traits des connoissances nouvelles & que de les quitter dès qu'on commence à les connoître seroit, pour moi, une peine' (*Œuvres complètes de Montesquieu*, éd. Masson, iii.924).

de sa bibliothèque laisse entrevoir un fonds d'acquisitions plus ou moins récentes; la marquise achète successivement: l'*Histoire du monde* par Urbain Chevreau, qui fut le précepteur du duc Du Maine;[42] en 1725, la traduction par le Père Charenton de la vénérable *Histoire d'Espagne* de Juan de Mariana (Paris 1725); en 1727, l'*Histoire des Chevaliers de Malte* de l'abbé de Vertot.[43] Elle a lu dans une édition récente l'*Histoire des Incas* de Garcilaso de La Vega.[44]

La connaissance des mœurs, des usages et des événements ne saurait, pour l'homme éclairé du dix-septième siècle, être indépendante de la découverte du milieu. Mme de Lambert partage le goût de ses contemporains pour les relations de voyage. Elle possède l'édition lyonnaise des *Voyages de Jean Struys en Moscovie, en Tartarie et en Perse* (1682), en trois volumes in-12;[45] ce titre désigne un lot plus vaste de dix volumes, ce qui laisse supposer qu'il devait contenir deux ou trois autres relations ou descriptions de voyageurs.

B. *De l'usage moral de l'histoire*

La lecture des historiens anciens et modernes est au cœur des projets pédagogiques de la marquise de Lambert, qui la recommande vivement à ses enfants. Elle doit entrer dans l'éducation des honnêtes gens, elle demeure le fondement d'une culture aristocratique: elle apportera aux garçons des instructions utiles au métier d'officier (*Avis fils*, p.45), et aux filles la connaissance des ressorts secrets des négociations, dont elles entendront parler autour d'elles dans les salons. Elle sert également à instruire les ministres de la politique, et les princes de la grandeur. La marquise a aussi de l'histoire une conception plus classique. Nourrie de Plutarque, elle est comme lui convaincue que la description des événements et des combats est secondaire par rapport à la matière biographique, dont il faut tirer une leçon de morale et de psychologie.[46] Plusieurs citations de Mme de Lambert prouvent que les *Vies parallèles* ont été un de ses livres de chevet, et qu'il faut sans doute rapporter à cet ouvrage la conception éthique de la destinée illustre. L'"usage moral' (*Avis fils*, p.45) que l'on peut faire de l'histoire est bien plus important que l'usage professionnel. La métaphore du théâtre surgit de façon significative pour assimiler cette connaissance à la

---

42. (Paris 1686). La marquise de Lambert possède l'édition hollandaise de La Haye (1687) ou la seconde édition française, 'augmentée de l'Histoire des Empereurs d'Occident' (Paris 1689).

43. (Paris 1726); l'inventaire désigne la troisième édition (Paris 1727).

44. Mme de Lambert a peut-être lu l'*Histoire des Incas, rois du Pérou*, dans la traduction de Jean Baudoin, l'un de ses auteurs favoris (Amsterdam 1727).

45. La première édition en français des *Voyages* de Jean Struys est donnée à Amsterdam en 1681; l'année suivante, les Lyonnais C. Rey et L. Plaignard la procurent en trois volumes in-12.

46. Voir ce commentaire de R. Aulotte: 'Dans les *Vies*, Plutarque se propose moins de montrer l'enchaînement des faits que de saisir les éléments permanents du cœur humain' (*Amyot et Plutarque, la tradition des Moralia au XVIème siècle*, Genève 1965, p.11). M. Aulotte signale que Montaigne adopte un point de vue identique.

catharsis, pour faire de l'histoire une dramaturgie exemplaire d'où l'honnête homme tirera une infinité de leçons (*Avis fils*, p.46-47):

Voyez les Princes, dans l'Histoire et ailleurs, comme des personnages de Théâtre; ils ne vous intéressent que par les qualités qui nous sont communes avec eux; cela est si vrai, que les Historiens qui se sont attachés à peindre les Hommes plus que les Rois, et qui nous les montrent dans leur domestique, plaisent bien davantage.

Cette hiérarchie des usages de l'histoire, inspirée de Plutarque, est admise par les contemporains de la marquise: les conseils qu'elle donne à son fils s'inspirent des idées de Saint-Réal. Les Grands, disait-il, ne doivent être considérés 'que par les choses qui leur sont communes avec le vulgaire, leurs passions, leurs faiblesses et leurs erreurs'; ils doivent être jugés 'par ce qu'ils ont de plus personnel et de plus séparé de leur qualité, par les illusions de leurs esprits et les faiblesses de leur cœur, par le détail de leur intérieur, leur vie secrète et domestique, qui sont toutes choses qui leur sont communes avec les autres hommes'.[47] Dans sa leçon à son fils, Mme de Lambert changera à peine les termes de Saint-Réal. Fontenelle pense exactement comme elle quand, dans les premières lignes de ce qui aurait été un *Traité sur l'histoire*, il affirme que l'utilité des connaissances historiques doit être moins pratique que morale.[48] Destiner l'histoire à un usage professionnel, en faire une science particulière ignorant l'homme et sans vues universelles, à l'usage des généalogistes, des diplomates et des gens de cour, c'est se borner à 'entasser dans sa tête faits sur faits, retenir bien exactement des dates, se remplir l'esprit de guerres, de traités de paix, de mariages, de généalogies'. Le vrai philosophe saura apercevoir l'homme derrière les événements, et 'les ressorts du cœur humain qui les ont causés' (p.352-53). Pour Fontenelle comme pour Mme de Lambert l'histoire doit être une science complémentaire de la morale, qui assurerait une connaissance authentique de l'homme. Le philosophe affirme les prétentions humanistes de la science historique: 'Il est bon que l'Histoire accompagne et fortifie la connoissance que nous pourrons avoir de l'homme' (p.355); et la marquise de Lambert répète en écho: 'La première science de l'Homme, c'est l'Homme' (*Avis fils*, p.46). Le but de ce nouvel humanisme est double. La lecture des historiens devient un examen critique qui permettra de démasquer (le motif du secret qu'il faut dévoiler est commun à Fontenelle et à Mme de Lambert) les vices des hommes. Elle doit servir aussi à former et à fortifier le jugement: loin d'être un exercice purement mécanique de la

47. Saint-Réal, *De l'usage de l'histoire* (édition de 1672), cité par J. Dagen, in Fontenelle, *Nouveaux dialogues des morts* (Paris 1971), p.92.
48. Fontenelle, 'Sur l'histoire', *Œuvres*, éd. Bernard Brunet (Paris 1758), ix.337.

mémoire, l'histoire devient un auxiliaire de la réflexion,[49] l'outil d'une pédagogie moderne, un instrument redoutable utilisé par ces nouveaux philosophes
qu'inspire la méthode cartésienne.[50] L'histoire, au même titre que la philosophie et la morale, acquiert ses lettres de noblesse, elle est élevée au rang
des sciences humaines fondamentales capables de procurer une connaissance
satisfaisante des autres et de soi même.[51]

Les références à l'histoire illustrent parfaitement, dans les *Avis* d'une mère
à ses enfants, cette conception pédagogique de la connaissance. Deux exemples
concrets montrent comment les jeunes gens peuvent tirer profit de l'observation
des grands et des princes dans l'histoire, et quel usage la marquise sait faire
des *ana*, convaincue, en lectrice de Plutarque, que les bons mots révèlent
souvent les traits profonds du caractère.[52] Pour donner au jeune officier une idée
généreuse de la hiérarchie militaire, pour faire passer une leçon humanitaire sur
le comportement du capitaine envers ses soldats, Mme de Lambert fait
apparaître, d'après le tableau laissé par Tacite au second livre des *Annales*,[53]
la silhouette de Germanicus au camp, 'adoré de ses soldats' (*Avis fils*, p.42).
Elle emprunte à l'historien latin une maxime exemplaire, que son fils est invité
à faire sienne: 'il alloit jouir de sa réputation et de sa gloire'. A défaut d'une
expérience personnelle de la vie des camps, cette mère pédagogue fait confiance
au témoignage livresque pour faire naître la réflexion, et propose un modèle

49. Cette pédagogie s'exprime en maximes convaincantes: 'Votre lecture ordinaire doit être
l'Histoire; mais joignez-y la réflexion' (*Avis fils*, p.45); 'La réflexion est le guide qui conduit à la
Vérité' (*Avis fils*, p.45); 'Accoutumez-vous à exercer votre esprit, et à en faire usage plus que de
votre mémoire. Nous croyons avoir beaucoup avancé, quand nous nous chargeons la mémoire
d'Histoires et de faits; cela ne contribue gueres à la perfection de l'esprit' (*Avis fille*, p.84-85).

50. Fontenelle avait voulu rénover la science historique en lui appliquant les principes de la
méthode cartésienne. L'historien doit s'élever au-dessus de la masse des détails pour 'être à la
source des choses' et 'envisager d'une vue universelle' les premiers principes (p.352). La méthode
historique consisterait donc à 'remonter jusqu'aux principes généraux, où tous les détails se
réunissent & se confondent' (p.352). Fontenelle semble avoir suivi de très près les *Règles*
formulées par Descartes *pour la direction de l'esprit*. Mme de Lambert à son tour découvre dans
l'usage moral de l'histoire la possibilité de remonter aux principes des actions humaines. C'est
pourquoi elle la classe, aux côtés de la philosophie et de la morale, dans la catégorie des 'sciences
solides' (*Avis fille*, p.80), par opposition aux connaissances d'agrément qui servent à orner l'esprit,
comme les langues, la poésie ou les sciences.

51. La finalité de l'histoire est la connaissance de soi. Sur ce point encore la leçon des *Avis*
rejoint le texte théorique de Fontenelle: c'est à son ami que la marquise doit sa conception
pédagogique de l'histoire. 'J'appelle utile', écrivait Fontenelle (p.350-51), 'tout ce qui nous
conduit ou à nous connoître, ou à connoître les autres; [...] souvent on se connoît mieux dans
les autres que dans soi-même.'

52. Voir Plutarque, début de la *Vie d'Alexandre*.

53. Tacite, *Annales*, ii.XII-XIII, évocation du comportement de Germanicus, la veille de la
bataille d'Idistavise, livrée contre Arminius. 'Au commencement de la nuit, il sort de l'augural
par des sentiers cachés [...], il parcourt les rues du camp, s'arrête auprès des tentes et jouit de
sa renommée' (traduit par Henri Goelzer, Paris 1963, p.70).

prestigieux qu'elle donne à imiter. La démarche inverse existe également, comme dans les *Avis d'une mère à sa fille*, où la vertu austère et orgueilleuse d'une princesse est dénoncée comme un défaut: la marquise choisit, probablement dans cette *Histoire de Louis XII* que mentionne l'inventaire, l'exemple d'Anne de Bretagne et rapporte un bon mot du monarque, qui disait en lui cédant: 'Il faut bien payer la chasteté des femmes' (*Avis fille*, p.65).[54] La juxtaposition d'un trait de caractère et d'un bon mot dit assez que la marquise attend surtout de l'histoire la découverte d'une vérité psychologique universelle: les anecdotes ne l'intéressent que si elles enrichissent la réflexion personnelle, elle invite l'honnête homme à s'approprier les maximes de l'homme illustre.

Au regard des renseignements fournis par l'inventaire, les indices directs sur les lectures de Mme de Lambert sont peu nombreux. Tacite est sans doute l'un de ses auteurs favoris. Les *Annales* sont utilisées une seconde fois, dans les *Avis d'une mère à sa fille*, pour évoquer la vertu d'Agrippine, épouse de Germanicus.[55] Il faut noter à ce propos l'attrait de la marquise pour ce couple sublime: la vertu du général romain est encore citée en exemple dans la *Lettre à Sacy, sur la mort du duc de Bourgogne*, d'après les beaux vers d'Ovide, dans *Les Pontiques*.[56] Tout se passe comme si, par un procédé qui caractérise assez bien la culture des classiques, Mme de Lambert identifiait sa destinée et celle de son époux à l'existence mythique du couple illustre. Il est légitime d'admettre que la marquise a pratiqué avec le même profit les *Histoires*. Tacite lui offrait une peinture des événements qui répondait à ses goûts: le caractère moral et dramatique du récit, l'analyse des ressorts psychologiques et des passions transformaient sa lecture en une leçon permanente sur l'homme. Mme de Lambert a lu aussi les *Commentaires* de César:[57] elle n'avait sans doute pas attendu d'être initiée aux traditions militaires des Lambert pour prendre conscience de l'importance d'une œuvre qui était une des premières lectures de la noblesse d'épée.

Comme nous allons le voir, c'est aussi par les *Vies* de Plutarque, qui sont

54. La tradition des apophtegmes des princes et des empereurs est toujours vivace et nourrit la culture des honnêtes gens. Dans le même ouvrage, Mme de Lambert cite un mot de Charles Quint sur 'la fortune qui aime les jeunes gens' (*Avis fille*, p.75).

55. 'On pardonnoit tout à Agrippine, Femme de Germanicus, en faveur de sa chasteté: cette Princesse étoit ambitieuse et hautaine; mais, dit Tacite, *toutes ses passions étoient consacrées par sa chasteté*' (*Avis fille*, p.63). Interprétation libre du passage des *Annales*, vi.xxxi, sur la mort d'Agrippine.

56. Mme de Lambert compare les vertus du duc de Bourgogne à celles de Germanicus (*Correspondance*, p.397), en citant les vers 53-54 de la première épître 'A Germanicus César', *Les Pontiques*, livre second.

57. Elle a retenu le passage de *La Guerre civile* où est évoquée la trahison du légat Labiénus.

encore l'élément majeur de la culture aristocratique du dix-septième siècle, que la marquise de Lambert connaît l'histoire de l'Antiquité et de ses héros.

2. *La connaissance des Anciens*

Les Modernes, s'ils refusaient de s'incliner devant la supériorité des Anciens, n'ont jamais remis en cause les fondements antiques de la culture.[58] Le commerce des philosophes, des moralistes et des poètes païens est un des premiers désirs de l'honnête homme, qui évolue dans un univers intellectuel élaboré à partir des grands textes de l'Antiquité: ce sont eux qui inspirent les artistes et les moralistes, qui fournissent aux dramaturges, aux romanciers, ainsi qu'aux peintres, aux décorateurs un fonds inépuisable de sujets. L'aristocrate qui s'essaie à la méditation, pour laisser des instructions à ses enfants ou pour son propre perfectionnement, commence par se constituer, comme l'avait fait Montaigne, une liste de sentences et de maximes, presque toutes empruntées aux Anciens. Chez Mme de Lambert cette habitude s'est longtemps conservée, et de nombreuses allusions attestent la permanence de tous les grands courants philosophiques et littéraires de l'Antiquité.[59]

A. *Mme de Lambert fille de Plutarque*

La marquise de Lambert est fille de Plutarque: elle admire sa peinture de l'héroïsme et ses tableaux de mœurs. Les *Vies* ont eu sans doute une influence moins grande que les *Œuvres morales* sur son éthique, mais elles ont transmis à cette femme cultivée une somme d'informations biographiques et événementielles qu'on ne saurait négliger. Elle les considère surtout comme un recueil d'anecdotes et de pensées qui doit nourrir ses réflexions. L'admiration de la marquise pour la clémence de César vient de la *Vie* du capitaine laissée par Plutarque; elle cite presque littéralement à son fils le passage sur sa générosité à l'endroit des compagnons de Pompée errant en Egypte: 'César disoit, "que le plus doux fruit de ses victoires, c'étoit de pouvoir donner la vie à ceux qui auroient attenté à la sienne"' (*Avis fils*, p.37).[60] Comme tous ses contemporains

---

58. On a souvent dit que les partisans des Modernes ignoraient les œuvres qu'ils dénigraient. On rencontre sur les rayons de la bibliothèque de Mme de Lambert un ouvrage symbolique, *L'Iliade* d'Homère, qui fait partie d'un lot de neuf volumes in-12, ce qui désigne probablement la célèbre traduction de Mme Dacier. Il faut aussi noter la présence des *Œuvres* de Lucien, des *Satires* de Juvénal et d'une édition de Quintilien.

59. Il faut cependant indiquer que les emprunts à l'Antiquité ne sont pas systématiques chez Mme de Lambert, qui leur préfère souvent l'observation et la réflexion personnelles. Voir ce passage intéressant du *Discours sur le sentiment d'une dame*: 'Ismène a donné une infinité d'exemples qu'elle a pris dans l'Antiquité, pour prouver qu'il y a des engagemens heureux et durables, dans l'âge qu'elle soutient. Pour moi je n'emprunte rien du passé, je m'en tiens au présent' (p.273).

60. Cf. Plutarque, *Vie de César*, 48, 4. Mme de Lambert trouvait dans la *Vie de César* d'autres traits de générosité: envers Domitius Ahenobarbus (34, 6-8), envers Brutus (46, 4).

elle connaît sans doute par cœur le parallèle des deux grands conquérants de l'Antiquité. Pour bâtir son *Dialogue d'Alexandre et de Diogène*, elle emprunte à la *Vie d'Alexandre* plusieurs traits: ce sont surtout des 'dicts notables' qui révèlent le caractère du personnage. Elle s'arrête sur la rencontre avec Diogène à Corinthe,[61] qui a peut-être fourni l'idée du dialogue, et sur la campagne en Inde contre Poros;[62] elle se laisse séduire par la générosité du Macédonien envers la femme de Darius.[63] En réalité, cette lecture de Plutarque historien est ambiguë: comme nous allons le montrer, certaines des pensées des hommes illustres sont citées d'après les *Apophtegmes* et non d'après les *Vies*, car c'est le plus souvent à la tradition des *Moralia* que se réfère la marquise.

Nourrie de Plutarque depuis l'adolescence, Mme de Lambert a voulu reproduire, du moins dans ses premiers écrits, l'idéal moral du maître de Chéronée. Il ne fait aucun doute que ses premières rencontres avec la pensée antique ont été assurées par les *Œuvres morales*, dont les thèmes majeurs se retrouvent dans ses traités. Comme Plutarque, la marquise a construit un système qui repose sur une pédagogie de la vertu et qui propose un traité pratique des devoirs. Elle a hérité de cette tradition morale un nombre important d'idées fondamentales auxquelles elle resta attachée jusqu'à la fin de sa vie. L'introduction du récit des *Vertueux faits des femmes* (*Mulierum virtutes*) l'a confirmée dans sa révolte contre l'opinion qui prescrit l'obscurité au sexe faible; le *Traité de la superstition* lui a appris à distinguer la foi épurée des croyances obscures. Dans la plupart des écrits moraux de Plutarque, elle a trouvé des leçons sur le mépris des richesses, sur la beauté des caractères formés par l'humanité et la douceur. L'influence des *Œuvres morales* sur les idées pédagogiques de la marquise de Lambert ne saurait être négligée: elles lui ont transmis un nombre considérable de préceptes sur l'éducation, celle des officiers en particulier. Quand la marquise montre à son fils qu'un capitaine doit refuser de vivre dans la mollesse, c'est au maître de Chéronée qu'elle emprunte cette leçon. Bref, il est pratiquement impossible de mesurer, tant elle est importante, l'influence des *Moralia* qui, grâce aux traductions d'Amyot et aux *Essais* de Montaigne, fournissaient l'aliment nécessaire à la formation morale des honnêtes gens.

Les citations de Plutarque, même nombreuses, ne traduisent qu'imparfaite-

---

61. *Dialogue Alexandre-Diogène*, p.260: 'Si je n'étois pas Alexandre, je voudrois être Diogène'; voir *Vie d'Alexandre*, 14, 4-5.

62. *Dialogue Alexandre-Diogène*, p.254: 'O Athéniens, qu'il m'en coûte pour être loué de vous!'; voir *Vie d'Alexandre*, 60, 6.

63. *Dialogue Alexandre-Diogène*, p.258: Alexandre rappelle à Diogène son généreux et vertueux respect pour la femme de Darius vaincu aux défilés de l'Amanus. C'est un trait sur lequel Plutarque insiste à plusieurs reprises: voir *Vie d'Alexandre*, 21, 1-6; 22, 5; 30, 1; 30, 6.

ment le caractère déterminant de cette influence. Dans l'esprit de la marquise, l'enseignement du moraliste l'emporte sur celui de l'historien: pour citer les grands hommes elle préfère, quand le choix est possible, la version des *Moralia* à celle des *Vies*. C'est ainsi que l'on peut affirmer que le traité *An seni respublica gerenda sit* est une des sources de son traité *De la vieillesse*, qui lui emprunte l'anecdote de Solon 'traversant' le tyran Pisistrate, de préférence à la version fournie par la *Vie de Solon*.[64] C'est aussi d'après les *Apophtegmes des rois et capitaines* que Mme de Lambert cite la parole d'Alexandre sur Antipater, qu'elle confond d'ailleurs avec Parménion.[65] Il faut noter à ce propos que la tradition use souvent de libertés à l'égard du texte de Plutarque; dans ses *Avis à son fils* (p.4), la marquise rapporte la pensée d'Agésilas sur le roi de Perse en des termes assez éloignés des différentes versions originales: 'On disoit à Agésilas, que le Roi de Perse étoit le grand Roi. "Pourquoi sera-t-il plus grand que moi, répondit-il, tant que j'aurai une épée à mon côté?"'[66]

L'étude des sources montre donc que la tradition des *Moralia* a façonné l'univers moral de la marquise de Lambert, et lui a fourni aussi bien des ornements que des thèmes majeurs.

B. *Le néo-platonisme*

L'influence de la métaphysique et de la morale de Platon sur Mme de Lambert a été déterminante, surtout dans les dernières années de sa vie, quand le philosophe semble l'emporter sur Plutarque dans son univers intellectuel. Mme de Lambert cite des allégories et des métaphores platoniciennes sur l'âme et sur l'amour, qui laissent à penser qu'elle connaissait *Le Banquet, La*

---

64. *Vieillesse*, p.165-66: 'Pisistrate demandoit à Solon qui le traversoit, sur quoi étoit appuyée sa liberté? *Sur ma vieillesse, qui n'a plus rien à craindre*, lui répondit-il.' Dans la *Vie de Solon*, 31, 1, ce sont des Athéniens qui avertissent le héros que le tyran veut le faire mourir, et qui lui demandent pourquoi il se conduit 'd'une façon si déraisonnable' (trad. R. Flacelière, Paris 1961, ii.48). Dans le traité *Si l'homme d'aage se doibt mesler d'affaires publiques*, c'est Pisistrate lui-même qui fait poser cette question à Solon: 'ce qu'entendant Pisistratus envoya devers luy, demander sur quoy il fondoit son asseurance de faire telles choses' (trad. Amyot, *Œuvres morales de Plutarque*, Paris 1819, iii.251).

65. *Dialogue Alexandre-Diogène*, p.254: 'Vous-même avez si bien senti que toute la grandeur de l'homme est au dedans, que vous disiez de Parménion: *Il est simple & négligé au dehors; mais il est tout pourpre au dedans, par les vertus de son Ame*.' Cf. *Apophtegmes des rois et capitaines*, dicts d'Alexandre: 'Comme quelques-uns louassent devant luy la simplicité d'Antipater, disans qu'il vivoit austèrement, sans superfluité ne délices quelconques, il leur respondit: *Antipater est voirement blanc au dehors, mais soyez asseurez qu'il est tout rouge comme pourpre au dedans*' (Amyot, iii.294-95).

66. Voir les versions originales. *Vie d'Agésilas*: 'En quoi celui-ci est-il plus grand que moi, s'il n'est pas plus juste?' (Flacelière, Paris 1973, viii.124). Même version dans *De laude ipsius*, 16 (545 A). *Les Dicts notables des Lacédémoniens*: 'Pourquoy est-il plus grand que moy, s'il n'est plus tempérant et plus juste?' (Amyot, iv.25). Même version dans *Les Dicts notables des anciens roys, princes et grands capitaines* (Amyot, iii.332).

République, *Phèdre* et peut-être d'autres œuvres du philosophe, lues dans des traductions françaises vraisemblablement, car rien ne permet de dire qu'elle savait le grec.[67] Le goût de la marquise pour Platon est celui d'une précieuse: elle aime sa description d'un monde idéal et parfait, elle se laisse illuminer par une vérité découverte dans les régions supérieures de l'esprit et que permet d'atteindre la vertu. L'adhésion au parti des Modernes a favorisé également cette rencontre: Mme de Lambert découvre chez Platon une métaphysique et une morale épurées, dont les concepts sublimes méritent d'être opposés aux représentations 'grossières' d'Homère. C'était là un des arguments développés par l'abbé Jean Terrasson dans sa *Dissertation sur l'Iliade*; il avait emporté l'assentiment de la marquise, qui l'utilisait à son tour dans sa correspondance avec le Père Buffier.[68] Au moment où elle affirme la supériorité de Platon sur Homère, la marquise mûrit sa métaphysique d'amour, ouvrage que son titre même situe dans le courant d'un néo-platonisme toujours actif. On recense dans ses écrits six références précises à Platon; trois d'entre elles concernent la description du caractère divin de l'amour et les liens que cet aimable sentiment entretient avec la vertu.[69] Les *Réflexions sur les femmes* fournissent à elles seules quatre citations. L'étude la plus superficielle des sources permet donc de reconnaître le rôle déterminant que la pensée platonicienne, dont le prestige venait, paradoxalement, d'être rehaussé par la querelle homérique, joue dans l'élaboration d'une métaphysique précieuse.

c. *Les traces du néo-stoïcisme*

Comme Montaigne, la marquise de Lambert a subi l'emprise des enseignements du stoïcisme; Sénèque, Epictète et Marc-Aurèle[70] lui ont procuré des leçons

67. L'inventaire mentionne les *Œuvres* de Platon dans un lot de sept volumes in-12.

68. Jean Terrasson, *Dissertation critique sur l'Iliade d'Homère* (Paris 1715), ii.90-91: 'Et que sert de se faire auteur si l'on ne contribue à guérir son siècle de quelque erreur, ou de quelque vice? Platon lui-même n'a pas accepté l'excuse tirée du siècle d'Homère, car bien qu'il connût ce siècle encore mieux que le P. Le Bossu, il a pourtant condamné les fictions de ce Poète d'une manière si nette & si sensée, que je ne puis m'empêcher de rapporter ses raisons; il les expose ainsi dans le second livre *De la République*.' Mme de Lambert, séduite par l'argument de son commensal, s'appuyant sur le passage allégué, refuse dans sa *Seconde lettre au père Buffier sur Homère* de condamner en bloc l'Antiquité: 'Il me semble qu'il y avoit de grands hommes dans l'Antiquité qui avoient une plus grande idée de la Divinité qu'Homère. *Il faloit*, dites-vous, *qu'il suivît la Mythologie établie; il ne pouvoit pas la rejeter*. Pourquoi donc Platon disoit-il, *qu'Homère étoit tourmenté dans le Tartare pour avoir mal parlé des Dieux*, s'il n'en avoit écrit que conformément aux idées reçues?' (*Correspondance*, p.385). Voir *La République*, ii.377, 378, 379, 'Immoralité des récits mythologiques des poètes': 'toutes les batailles des Dieux dans les poèmes d'Homère, ce sont des histoires auxquelles il ne faut pas donner accès dans la Cité'; voir aussi iii.386, 387, 389, etc.

69. Voir *Amitié*, p.120 et *Femmes*, p.196-97, 203.

70. Mme de Lambert s'est-elle contentée de découvrir Sénèque dans un ouvrage de vulgarisation comme celui de Jean Puget de La Serre, *L'Esprit de Sénèque ou les plus belles pensées de ce*

solides sur la douleur et le bonheur, sur la solitude philosophique et la sagesse, et lui ont enseigné la pratique de l'examen de conscience. On pourrait être tenté de comparer son itinéraire spirituel à celui de Montaigne. Dans des circonstances qui nous sont mal connues,[71] la marquise a découvert que quelques maximes hautaines et sublimes ne suffisaient pas à protéger l'individu contre les atteintes de l'existence; cette femme lucide s'est mise à douter du pouvoir attribué à des idées qui nous sont étrangères de contenir le flux de la sensibilité et l'élan des passions. Les *Avis d'une mère à sa fille* contiennent (p.85) une mise en garde contre une sagesse extérieure qui ne serait pas adaptée à chaque personnalité:

Les faits historiques, ni les opinions des Philosophes ne vous défendront pas contre un malheur pressant: vous ne vous en trouverez pas plus forte. Vous arrive-t-il une affliction? Vous avez recours à Sénèque et à Epictète. Est-ce à leur raison à vous consoler? n'est-ce pas à la vôtre à faire sa charge?

Malgré ces réserves, on peut affirmer que la marquise de Lambert, comme son maître Montaigne, avait une âme stoïque, et qu'elle est demeurée fidèle à la pensée de Sénèque. Elle lui emprunte une grappe de maximes, si bien que le philosophe est un des Anciens les mieux représentés dans ses écrits. Cette inspiration cependant se borne presque exclusivement aux thèmes de l'amitié et du bonheur,[72] si l'on excepte quelques remarques diffuses sur la mort dans le *Traité de la vieillesse*, qui peuvent très bien avoir été transmises par le relais des *Essais*. Comme La Fontaine à la fin de sa vie, la marquise se nourrit des *Lettres à Lucilius*, d'où elle tire les pensées qui illustreront son *Traité de l'amitié*; elles lui fournissent également une définition exigeante de la conscience morale, qui lui paraît s'accorder avec celle que propose Malebranche. Les épîtres ont exercé aussi une influence littéraire qu'on ne saurait négliger: la marquise a retrouvé dans ses belles leçons à ses enfants ou à ses amis le ton et le style de la direction de conscience qui ont fait la renommée des *Lettres à Lucilius*, dont on peut dire qu'elles ont initié la femme du monde à la pratique de l'écriture morale.[73]

philosophe (Paris 1657), dont elle possède l'une des éditions dans le format in-12, de 1685, 1708 ou 1725? L'inventaire de sa bibliothèque mentionne aussi Marc-Antonin: est-ce la traduction des Dacier, *Réflexions morales de l'empereur Marc-Antonin* (Paris 1691)?

71. Sont-ce les années difficiles du veuvage, les expériences douloureuses qui ont mis à l'épreuve le néo-stoïcisme de la marquise? Doit-on, au contraire, expliquer ces réticences par la découverte d'idées nouvelles ou différentes qui auraient modifié l'itinéraire intellectuel de cette femme cultivée?

72. Le *De vita beata* est une des sources premières de la morale lambertine du bonheur.

73. A la fin du dix-huitième siècle, dans un milieu où l'on ne cache pas son admiration pour la morale de Mme de Lambert, on voit encore paraître un éloge sensible des *Lettres à Lucilius*, dû à la plume de Mme Suard. Voir les *Lettres d'une femme retirée à la campagne* dans les *Mélanges de littérature* publiés par Suard (Paris 1803), i.143-86.

Les traces du stoïcisme moral sont visibles également dans les *Avis d'une mère à son fils*, qui font appel à trois reprises aux *Pensées* de Marc-Aurèle pour illustrer des propos sur la solitude philosophique (p.44), sur la générosité (p.20) et sur la souffrance (p.44). La sagesse de l'empereur, fondée sur l'expérience et la connaissance de la vie humaine, éloignée de toute spéculation métaphysique, servait idéalement le projet pédagogique lambertin.

D. *L'épicurisme*

L'épicurisme a laissé dans la composition des *Œuvres* morales de la marquise de Lambert des traces moins visibles que le platonisme ou le stoïcisme, et cependant il a séduit cette mondaine éclairée,[74] qui retrouvait dans la conception de l'univers et dans la sagesse des épicuriens les leçons du libertinage érudit, dont son ami Fontenelle l'entretenait au long d'une amitié exemplaire.

Il est difficile d'apprécier la connaissance exacte que la marquise de Lambert pouvait avoir de la pensée d'Epicure: les thèmes épicuriens de sa morale appartiennent à un fonds qui fut trop souvent remodelé par des mains étrangères. C'est sans doute par Diogène Laërce qu'elle a connu sa doctrine, qui n'est à ses yeux qu'une doctrine morale. La seule allusion au philosophe de Samos que livrent ses écrits montre qu'elle ne commet pas de contresens sur l'épicurisme: elle aperçoit clairement que la continence et la tempérance sont les principes du plaisir. Quand Mlle de *** passe de l'opulence à la frugalité, c'est sous le signe de la doctrine d'Epicure que la marquise place cet itinéraire spirituel.

Mme de Lambert, comme Marivaux, a été séduite aussi par la figure diogénique. Elle n'hésitait pas à ranger le philosophe cynique au côté des épicuriens, même si cela peut nous surprendre. Dans le *Dialogue sur l'égalité des biens*, Diogène est son porte-parole; le dénuement, l'austérité, la frugalité dont l'homme au tonneau fait l'éloge sont les motifs d'un épicurisme orthodoxe. Dans le *Traité de l'amitié* elle citera une belle maxime de Diogène sur la communauté des biens entre amis, trouvée chez Diogène Laërce.

Si Mme de Lambert semble n'avoir eu qu'une idée assez confuse de la philosophie d'Epicure, elle tient en revanche son plus illustre disciple pour un authentique créateur de 'systèmes'. Ce qu'elle aime dans Lucrèce, ce sont les audaces de la pensée, les 'saillies hardies' contre les dieux; elle prend plaisir à le classer parmi 'ces âmes faites pour les systèmes' (*Portrait de Mlle de ***, p.236). Il serait vain de taire que le matérialisme a séduit ou tenté cette femme

---

74. Alors que les idées stoïciennes nourrissent les écrits pédagogiques et que les *Réflexions sur les femmes* sont inspirées par la métaphysique platonicienne, l'épicurisme n'apparaît que dans des ouvrages mondains assez brefs, en particulier dans le curieux *Portrait de Mlle de ***, qui a pu passer pour celui de Ninon de Lenclos.

intelligente qui, comme la plupart des philosophes de son salon, n'ignorait rien des 'grâces' de l'illustre impie' (p.235). Elle résume, dans le *Portrait*, ce qu'est pour elle la doctrine de Lucrèce: un pessimisme fondé sur la généalogie des dieux, nés de l'ignorance et de la crainte des mortels (p.236), affirmant que l'âme est dépendante des organes, appelant une libre pensée que 'nul préjugé n'assujettit' (p.237). Mais l'originalité de Mme de Lambert tient sans doute au lien qu'elle établit entre cet épicurisme athéiste et un libertinage mondain soumis à l'influence des femmes. La marquise est sensible au style du poète latin: elle oublie facilement le caractère didactique du *De rerum natura*, pour ne s'attacher qu'aux passages les plus séduisants, et particulièrement à la célèbre invocation à Vénus qui ouvre le poème (i.1-28), dont elle propose une interprétation exclusivement mondaine.[75] Ainsi le poème de Lucrèce est désigné comme un modèle du libertinage érudit et comme un exemple de style, qu'on rattache aisément à la tradition de l'agrément littéraire.

La séduction exercée par le système épicurien sur les hôtes du salon de l'hôtel de Nevers confirme la filiation avec le cercle de Ninon de Lenclos et de Saint-Evremond. L'*Epître à Ninon sur Epicure* (1685) a contribué à fixer plusieurs motifs lambertins: les réflexions empruntées par Saint-Evremond à Epicure sur le bonheur et l'inquiétude, sur les 'mouvements agréables' seront assimilées sans difficulté par Mme de Lambert.

Ces systèmes différents hérités de l'Antiquité coexistent-ils dans la pensée de la marquise de Lambert, ou bien faut-il avancer l'hypothèse d'une évolution comme on le fait pour les *Essais* de Montaigne? La lecture de Plutarque, qui a permis à Mme de Lambert de s'initier aux différentes philosophies qui nourriront sa pensée, est la plus ancienne et la plus importante: l'idéal héroïque vivifie les écrits pédagogiques, dont l'antériorité n'est pas contestable, mais il est lié indissolublement à l'éthique aristocratique. Le platonisme, lui, est inséparable de l'inspiration précieuse, et si son influence grandit au moment de la Régence, on ne peut croire qu'il n'animait pas déjà les rêves de la jeune fille. Quant au stoïcisme et à l'épicurisme, qui cohabitent aisément dans la culture mondaine,[76] ce sont des découvertes de la maturité, dont la vérité s'imposera de nouveau dans la vieillesse, quand la marquise aura à définir les caractères d'une retraite qui permettrait d'atténuer les souffrances et les infirmités de l'âge. C'est le propre d'une culture que de proposer des biens capables de satisfaire en permanence les exigences de la nature.

---

75. *Portrait*, p.235: 'Vénus avoit été sensible à la prière qu'il lui avoit faite, et aux grâces avec lesquelles il lui rappeloit les sentimens et les plaisirs de son amant.'
76. Ainsi qu'on l'observe, par exemple, chez Ninon de Lenclos.

E. *L'éloquence de Cicéron et les grâces de Pline*

Cicéron[77] et Pline occupent une place privilégiée dans la culture de Mme de Lambert pour les leçons sur la vertu et sur l'art d'écrire qu'ils lui ont transmises. On a l'impression qu'ils deviennent vraiment importants dans la période du veuvage, vers 1690, quand la marquise, plus disponible, a pensé sérieusement à sa vocation d'écrivain moraliste. Dans les *Avis d'une mère à sa fille*, pour montrer la nécessité d'étudier la morale (p.80), c'est vers eux qu'elle se tourne, en les désignant comme les maîtres d'une école de vertu. 'Je voudrois aussi de la Morale: à force de lire Cicéron, Pline et les autres, on prend du goût pour la Vertu.' Ces lectures ne sont pas seulement la marque d'un esprit cultivé, elles révèlent un tempérament aimable, une nature heureuse portée au bien: 'rarement trouverez-vous un mauvais naturel avoir du goût pour ces sortes de lectures' (p.81). La connaissance de Cicéron, qui demeure une référence fondamentale de la culture à la fin du dix-septième siècle,[78] a vraisemblablement précédé celle de Pline, que la marquise découvre grâce à l'amitié de Sacy.[79]

Il n'est pas possible de montrer dans le détail la dette de la marquise de Lambert à l'égard de Cicéron moraliste. Ses deux traités *De l'amitié* et *De la Vieillesse* doivent beaucoup, le premier surtout, à l'auteur latin. De nombreuses remarques du *De officiis* se retrouveront également dans la morale lambertine de l'honnêteté. Ce sont donc essentiellement les traités de morale de Cicéron qui inspirent la marquise de Lambert; à la différence de Montesquieu par exemple, elle n'attache qu'une importance secondaire aux écrits du philosophe et de l'orateur, bien que ses remarques sur l'école de la vertu laissent entrevoir qu'elle ne les ignorait pas. Elle a appris de Cicéron l'art de persuader en alliant la clarté à l'éloquence: son *Traité de l'amitié* démarque la composition ternaire, un peu floue dans le détail, mais vigoureuse dans ses grandes lignes, du *De amicitia*. En revanche, elle veut récrire le *De senectute*, car elle estime dans

77. L'inventaire ici est utile: les experts libraires ont constitué un lot de dix volumes in-12, désigné par la mention 'Œuvres de Cicéron de Duryer', ce qui renvoie à l'une des éditions parisiennes de la traduction de Du Ryer, celle de 1640-1657 en onze volumes, ou celle de 1670 en douze volumes.

78. Les Modernes préservent de leurs critiques l'éloquence de Démosthène et de Cicéron. L'admiration de Fontenelle pour Cicéron apparaît dans la *Digression sur les Anciens et les Modernes*. Marivaux reprendra les arguments de Fontenelle dans *Le Miroir*; voir *Journaux et œuvres diverses de Marivaux*, éd. F. Deloffre et M. Gilot (Paris 1969), p.545. Comme Mme de Lambert, Montesquieu, dans ses premiers écrits moraux, imite la matière de Cicéron, à qui il consacre un discours où il dit son admiration en des termes qui rappellent ceux de la marquise.

79. Sacy traduit les *Lettres* de Pline le Jeune en 1699-1700, et le *Panégyrique de Trajan* en 1709. On peut imaginer que la marquise a suivi de près les travaux de son ami sur la correspondance de Pline, qui fournit au milieu lambertin un modèle de sensibilité vertueuse. Elle admirait ses traductions, au point que son amitié associait les deux auteurs: 'Il a traduit Pline, qui est un Auteur aussi aimable que lui' (*Portrait de Sacy*, p.242).

l'exorde de son propre ouvrage que Cicéron n'a écrit que pour des hommes, et qu'il est nécessaire de donner aussi aux femmes les moyens raisonnables de 'tirer parti d'un âge où tout semble [les] quitter' (*Vieillesse*, p.146).

La lecture de Pline n'a pas ce caractère didactique: elle est le fruit d'un loisir aristocratique,[80] et fait goûter les douceurs d'une vertu sensible qui sur la solitude philosophique et sur l'amitié propose des maximes sereines. Paradoxalement, les plus belles pensées sur l'amitié généreuse viennent non de Cicéron, mais de Pline, et Mme de Lambert aime en parsemer les conseils à sa fille ou ses propres lettres. Pline fut pour les lambertins le modèle du parfait honnête homme, aimable, sensible, vertueux; sa correspondance, traduite par Sacy, a exercé une influence sur le ton des conversations et des lettres intimes des familiers de l'hôtel de Nevers.

F. *Poètes et romanciers*

La femme du monde demandait aussi à la littérature de l'Antiquité d'emplir un loisir voluptueux: la lecture des poètes et des romanciers grecs et latins est l'un de ses divertissements favoris.

Dans l'ordre d'importance, il faut d'abord mentionner Ovide, dont le succès auprès des honnêtes gens ne faiblit pas.[81] La *Métaphysique d'amour* ne pouvait ignorer les analyses du maître latin, et la marquise reconnaît en effet qu'Ovide 'est une autorité en Amour' (*Sentiment dame*, p.265). Cette mention vague assigne certainement une place importante à l'*Art d'aimer* dans la culture lambertine, mais aussi aux *Amours* et aux *Héroïdes*, dont 'la vogue connaît une recrudescence très marquée au dix-huitième siècle'.[82] La marquise se nourrit aussi des œuvres élégiaques: nous savons déjà qu'elle a lu attentivement *Les Pontiques*. Même en l'absence d'indices précis, est-il possible de croire que les *Métamorphoses* ne constituent pas, comme pour la plupart de ses contemporains, la source essentielle de ses connaissances mythologiques?

Elle attache également beaucoup de prix aux ouvrages d'Horace; elle le connaît assez pour pouvoir le citer dans ses propres écrits.

Aristophane, Anacréon et Pétrone sont dignes, à ses yeux, d'une culture raffinée et infiniment aimable. Il n'est pas indifférent de noter qu'ils servent de références à la définition de l'honnêteté mondaine: absentes des ouvrages

---

80. Les références à Pline sont naturelles dans les relations épistolaires de ces mondains. Fénelon cite à Sacy le *Panégyrique* (lettre du 12 janvier 1710, *Correspondance*, p.400); la marquise, à son tour, cite Pline à Fénelon (p.405) et au président Bouhier (lettre du 17 novembre 1727, *RhlF* 16 (1916), p.249). La référence à Pline apparaît encore dans la lettre de la marquise à Mme la supérieure du couvent de la Madeleine de Tresnel (*Correspondance*, p.412-13).

81. Pierre Villey recensait 72 citations d'Ovide dans les *Essais* de Montaigne.

82. Laurent Versini, *Laclos et la tradition* (Paris 1968), p.243. Voir aussi p.645-49, l'appendice consacré aux *Héroïdes* publiées de 1700 à 1800.

sérieux, ces figures apparaissent dans trois portraits qui peignent les grâces d'un esprit orné et d'un cœur sensible.[83]

Bilan

Il était important de souligner le poids de la connaissance de l'Antiquité dans la culture d'une femme gagnée au parti des Modernes. Celle-ci va au-delà, semble-t-il, des exigences d'une éducation mondaine. Plutarque et Ovide apportent à l'aristocrate les matériaux indispensables à la connaissance de l'histoire, des mœurs et de la religion des Anciens; Platon répond aux aspirations de la précieuse, et les poètes légers et raffinés divertissent la femme du monde. Mais la pensée antique sert aussi de fondement à une culture morale plus ambitieuse: Sénèque, Cicéron et Pline surtout livrent les principes d'une école de vertu et proposent les modèles d'une honnêteté dont on nourrit l'existence quotidienne. Il y a somme toute bien peu de vides dans cette culture, si l'on tient compte du caractère fragmentaire des renseignements fournis par la documentation: l'inventaire sommaire d'une bibliothèque et l'analyse des sources 'visibles'. Est-il possible d'imaginer que la marquise n'ait pas lu Virgile ou Quinte-Curce, qu'elle ne possédât pas les œuvres d'Aristote ou des tragiques grecs, qui sont également des monuments représentatifs de la culture des honnêtes gens au dix-septième siècle?

Il est utile de dresser la liste récapitulative des écrivains que connaissait la marquise, telle que les deux sources de notre documentation permettent de l'établir, en mentionnant, lorsque le renseignement est certain, les œuvres lues, connues ou citées.

Ecrivains de langue grecque: Homère (*L'Iliade*); Anacréon; Aristophane; Platon (*Le Banquet*, *La République*, *Phèdre*); Epictète; Plutarque (*Vies parallèles*, *Moralia*); Diodore de Sicile; Marc-Aurèle (*Pensées*); Lucien (*Dialogues*); Dion Cassius; Diogène Laërce (*Vie de Diogène*, *Vie d'Epicure*).

Ecrivains latins: Lucrèce (*De rerum natura*); Cicéron (*De l'amitié*, *De la vieillesse*); César; Horace; Ovide (*L'Art d'aimer*, *Les Pontiques*); Tite-Live; Sénèque (*Lettres à Lucilius*, *De vita beata*); Pétrone (*Satiricon*); Quintilien; Juvénal (*Satires*); Tacite (*Annales*); Pline le Jeune (*Panégyrique de Trajan*, *Lettres*).

---

83. Voir le *Portrait de Sacy*, p.243; de *Mlle de ****, p.239; d'Ismène, *Sentiment dame*, p.261. L. Versini rappelle (p.241) que Bussy s'inspire du *Satiricon* pour assurer la véracité de son *Histoire amoureuse des Gaules*. A. Adam note que Pétrone est, dans le monde que Bussy fréquente, le parfait modèle de l'honnête homme (Préface à l'*Histoire amoureuse des Gaules*, Paris 1967, p.15).

3. *Les lectures chrétiennes*

Les ouvrages touchant au domaine de la foi sont assez bien représentés dans la bibliothèque de la marquise. Mais leur présence répond plus aux exigences traditionnelles de la formation aristocratique qu'aux besoins d'une authentique recherche théologique. Nous savons, au reste, que les questions religieuses sont presque toujours absentes de la société précieuse. Ces livres s'accordent bien aux traits esssentiels de la religion de Mme de Lambert. Son attitude religieuse est celle d'une mondaine, soucieuse de respecter les bienséances et de se soumettre aux préjugés de son époque. C'est aussi celle d'une femme éclairée, qui a besoin d'une divinité qui réglât l'ordre du monde, et qui rejette vigoureusement l'incrédulité aussi bien que la superstition. C'est enfin celle d'une femme sensible, nullement indifférente aux accents des mystiques et aux élans du cœur, qui fait de la dévotion un commerce personnel entre le Créateur et sa créature, un culte sentimental annonçant lointainement celui des déistes.

L'inventaire mentionne le *Nouveau Testament* et la *Bible*; la lecture des textes saints, en effet, vivifie la morale de la femme du monde, qui demande aux Ecritures une nourriture solide, bien sûr, mais aussi des motifs littéraires susceptibles d'orner ses écrits, sa correspondance en particulier. Dans les moments difficiles de l'existence, les honnêtes gens se souviennent des grandes leçons chrétiennes sur le néant de la créature et la vanité des biens terrestres: ainsi, dans la *Lettre à Sacy sur la mort du duc de Bourgogne* les citations de la Bible équilibrent les références à la sagesse païenne. Mais dominent surtout les emprunts aux livres poétiques et sapientiaux, la marquise de Lambert paraphrasant ou citant les psaumes davidiques, les proverbes de Salomon et l'*Ecclésiastique*; ces choix trahissent incontestablement ses préférences pour une littérature gnomique, dont l'excellence est d'ailleurs célébrée par la Bible elle-même.

L'influence de saint Augustin est déterminante également. L'inventaire le mentionne à deux reprises: la marquise possède les *Confessions*, dans la traduction d'Arnaud d'Andilly (Paris 1659) ou de Goisbaud Du Bois (Paris 1686), et l'édition des *Lettres* procurée aussi par Goisbaud Du Bois (Paris 1684). Il est évident que les *Confessions* sont un des livres de chevet de la marquise de Lambert qui en propose une lecture profane pour jalonner l'itinéraire spirituel de sa métaphysique d'amour. L'écrivain moraliste semble avoir été particulièrement séduit pas l'idée augustinienne de la vie heureuse, dont le dernier livre de l'ouvrage donne une description lyrique.[84] Les références aux œuvres de l'évêque d'Hippone dans les *Avis d'une mère à sa fille* ou dans la *Correspondance*

---

84. Saint Augustin, *Confessions*, x.vii et viii: 'Que chercher Dieu, c'est chercher la vie heureuse'; 'Que la vie heureuse ne se trouve qu'en Dieu'.

de la marquise avec le Père Buffier témoignent d'une lecture exclusivement mondaine qui s'attache aux séductions de son tableau de la volupté ou à la valeur littéraire de ses jugements sur Homère.

Mme de Lambert se nourrit aussi des textes des mystiques. La doctrine et le langage de Mme Guyon, transposés dans le domaine profane, se reflètent dans cette chronique d'un cœur spirituel qu'est la *Métaphysique d'amour* et dans les immensités de bonheur que la précieuse promet aux parfaits amants. On trouve encore dans sa bibliothèque la *Vie de sainte Thérèse*, procurée par Joseph Bourgoing de Villefore (Paris 1712). La marquise a médité aussi sur les souffrances du Christ en s'ouvrant à la littérature spirituelle qui fut en faveur chez les dévots, au milieu du dix-septième siècle, et qui est représentée ici par le poème de Nicolas Frenicle, *Jésus crucifié* (Paris 1636).

Il faut enfin mentionner la place que réserve la bibliothèque à l'histoire sacrée: on y rencontre, composée pour un public mondain, l'*Histoire de l'Eglise* de l'abbé de Choisy,[85] confident de la marquise, ainsi que l'*Histoire du luthéranisme* du Père Louis Maimbourg (Paris 1680), théologien à la mode, qui sut intéresser la grande dame aux controverses et aux querelles religieuses de son temps.

4. *La formation philosophique*

La part importante des connaissances spéculatives dans cette bibliothèque de femme ne laisse pas de surprendre: les rayons sont chargés d'ouvrages de philosophie, et l'inventaire nous apprend que Mme de Lambert doit être comptée au nombre des femmes cartésiennes. Ses lectures sont sérieuses, comme le seront également, dans son salon, les conversations.

Mme de Lambert a lu Descartes, et l'on a au moins une certitude: les *Méditations*, vraisemblablement dans une traduction française, sont une des lectures qu'elle juge indispensables à la formation des honnêtes gens. Plus déterminante encore, cette autre mention de l'inventaire qui confirme l'influence, que l'on commence à mieux apprécier, de la pensée de Malebranche sur les écrivains et les moralistes de la première génération des Lumières: *La Recherche de la vérité*, dont la marquise s'inspire à plusieurs reprises, fait partie d'un lot de sept volumes in-12.

Il ne faudrait pas sous-estimer le rôle que joue encore dans la culture philosophique de l'honnête homme la recherche d'une sagesse traditionnelle et synthétique qui, sous l'inspiration de Montaigne, s'efforcerait de dresser un

---

85. (Paris 1703-1723), onze volumes in-quarto. Notons que l'inventaire ne mentionne que neuf volumes in-quarto, tomes séparés.

bilan des grands courants de la pensée antique et moderne. La marquise dispose de l'édition elzévirienne du *Traité de la sagesse* de Pierre Charron; elle n'est pas indifférente au scepticisme de La Mothe Le Vayer[86] et aux idées qu'il soutient sur la supériorité de la morale moderne.

Mais l'enseignement majeur qu'il faut tirer de l'examen de l'inventaire concerne le rôle du rationalisme critique dans la formation intellectuelle de la marquise. Rien ne s'opposait à ce que son salon devînt un berceau de l'Encyclopédie. Mme de Lambert est une lectrice de Bayle: le *Dictionnaire historique et critique*, avantageusement prisé par les experts, côtoie la collection des *Nouvelles de la république des lettres*.[87] Vers la même époque, la marquise fait aussi l'acquisition de cet autre monument de l'érudition, la *Bibliothèque universelle et historique par Jean Le Clerc*, qu'elle possède au complet.[88] Tous ces ouvrages sont entrés dans son cabinet au moment où elle ouvrait son salon, sans doute sur les conseils de Fontenelle: est-il besoin de préciser, mais ce renseignement est presque inutile, qu'elle possède une édition des *Œuvres* de son ami?

La lecture des ouvrages de vulgarisation scientifique complétait naturellement cette formation. L'inventaire de la bibliothèque révèle que la marquise de Lambert était abonnée au *Journal des savants*, indice déterminant pour qui cherche à préciser les préoccupations et le ton de la société précieuse formée autour d'elle. La femme cartésienne s'est intéressée aux grands débats nés des découvertes scientifiques de son temps: elle possédait *L'Anatomie* de Dionis,[89] qui exposait la circulation du sang. Ses livres d'information médicale étaient nombreux; on recense encore une *Vérité de la médecine* et une édition in-folio des *Commentaires de Mattioli sur Dioscoride*,[90] qui firent longtemps autorité.[91]

86. Le format in-folio désigne l'édition des *Œuvres de François de La Mothe Le Vayer*, publiées par son fils en deux volumes (Paris 1654; 3e édition, 1662).

87. Pour le *Dictionnaire*, la mention '3 vol. in-folio' peut désigner la seconde édition de R. Leers à Rotterdam (1702), ou l'édition de Genève de 1715. L'inventaire indique la présence de quinze volumes séparés de *La République des lettres*.

88. Mme de Lambert possède les 25 volumes in-12 de la *Bibliothèque*, donnés en Hollande de 1686 à 1702.

89. (Paris 1690). Sur le succès du cours d'anatomie de Dionis, et sur son enseignement fondé sur la circulation du sang, on consultera: Jacques Roger, *Les Sciences de la vie dans la pensée française du XVIIIe siècle* (Paris 1963), p.175.

90. Une édition des *Commentaires de M. P. André Matthiole sur les six livres de la matière médicinale de Pedanius Dioscoride*, dans le format in-folio, avait été donnée à Lyon, en 1680. La marquise faisait-elle partie de ce public mondain et curieux qui suivait les conférences et les cours des savants?

91. La mention des *Secrets* du 'Capucin du Louvre' (Père Henri de Montbazon, abbé Rousseau, *Secrets et remèdes éprouvez*, seconde édition, Paris 1708) constitue une curiosité et détonne quelque peu dans cet environnement sérieux; la référence constitue cependant un témoignage intéressant sur les modes d'une époque et sur la culture médicale des gens du monde.

La liste de ces lectures est impressionnante, et prouve que Mme de Lambert a suivi avec passion, dans les décennies 1680 et 1690, les débats des savants de l'Europe. C'est à cette époque qu'elle a ouvert une culture essentiellement littéraire et morale aux horizons de la philosophie. L'inventaire, trop souvent incomplet, fournit sur ce point des indices tangibles, et fait naître une interrogation majeure: n'y aurait-il pas un lien direct entre la constitution de ce fonds philosophique et le désir d'ouvrir un salon où l'on pourrait s'entretenir de sujets graves et sérieux?

5. *La représentation d'une humanité idéale*

L'imaginaire concurrence l'histoire dans la représentation d'une humanité idéale dont les modèles nourrissent le rêve héroïque et romanesque de l'aristocratie, qui se prolonge dans la réalité par l'épuration des mœurs et l'élaboration d'un code de politesse. L'exploration des terres de la 'Romancie', l'analyse des sentiments sublimes du héros ou des manières accomplies du parfait honnête homme fabriqué de toutes pièces par les moralistes complètent les enseignements que la jeune femme tire de la fréquentation du monde et des conversations de salons. Les sources premières du traité de la société civile qu'elle composera à l'usage de ses enfants et de ses contemporains sont livresques. Du Tasse à Fénelon, en passant par Corneille, Madeleine de Scudéry et Méré, la marquise de Lambert se plaît à lire l'histoire d'une humanité exemplaire qui montre dans son évolution des caractères permanents où se découvre la beauté de la civilisation moderne.

A. *Les héros du Tasse*

Si l'étude de la littérature italienne est dangereuse pour la jeune fille qui doit se détourner de ses tableaux trop voluptueux et proscrire les récits de la débauche, une exception est faite en faveur du Tasse qui demeure, au début du dix-huitième siècle, un des monuments de la culture de l'honnête homme. La querelle homérique explique en partie la recrudescence du goût des Modernes pour la *Jérusalem délivrée*,[92] que Boileau avait malmenée dans ses *Satires* et dans *L'Art poétique*. Si l'on examine les arguments avancés par l'abbé Jean Terrasson dans sa *Dissertation sur l'Iliade*, on constate que les habitués de l'hôtel de Nevers fondaient la supériorité du Tasse sur des critères de pure morale. Le disciple de Fontenelle compose un *Parallèle des deux héros de l'Iliade*

92. Dans ses dialogues sur *La Manière de bien penser* (Paris 1687), le Père Bouhours charge Philanthe, que charme 'tout ce qui est fleuri, tout ce qui brille', d'exprimer l'idéal des Modernes. Celui-ci 'admire entre autres Lope de Vegue & le Tasse; & il est si entêté de la *Gierusalemme liberata*, qu'il la préfère sans façon à l'*Iliade* & à l'*Eneide*' (*La Manière de bien penser dans les ouvrages d'esprit, dialogues*, nouvelle édition, Paris 1715, p.2).

avec les deux héros de la Jérusalem délivrée, qui est en réalité un *Eloge du Tasse*, sans doute proposé à la méditation des commensaux de la marquise.[93] On remarque presque sans surprise que le débat sur l'opposition des morales païenne et chrétienne s'est atténué: l'explication de la supériorité de Renaud et de Godefroy sur Achille et Agamemnon tient seulement à la beauté de l'âme et à la noblesse du héros moderne, sans qu'interviennent des critères fondés sur la perfection chrétienne. Pour les lambertins, il n'y a rien de monotone dans 'le clinquant du Tasse': tous les sentiments y sont épurés, montrent partout une image de la grandeur dans la vertu (p.387) et donnent une idée exquise de politesse. La marquise de Lambert pense comme l'abbé Terrasson, sans partager pour autant ses réticences au sujet de 'l'extrême subtilité des discours que [le Tasse] fait tenir aux amants qu'il introduit dans son Poème' (p.396). Elle admire en particulier l'épisode émouvant d'Olinde et de Sophronie, au chant second, qui devait inspirer plus tard Delacroix. A deux reprises[94] elle désigne Olinde comme un modèle de délicatesse, comme l'amant parfait en qui revit l'idéal courtois, capable d'associer la vertu et la pudeur à la force de son désir. Il est intéressant de reconnaître dans la *Jérusalem délivrée* une des sources de la métaphysique amoureuse de la marquise de Lambert qui dut très tôt, comme les écrivains de sa génération,[95] établir un lien entre la représentation précieuse et romanesque de l'aimable sentiment et l'idéal d'une politesse raffinée apparue avec les temps modernes.

B. *Mme de Lambert fille de Corneille et lectrice de romans*

L'attachement de la marquise de Lambert à la morale aristocratique de la gloire, son goût pour les grands sentiments s'inspirent du théâtre de Corneille; l'éducatrice sauve l'héroïsme cornélien du naufrage auquel son 'jansénisme' voue l'ensemble de la production dramatique du siècle de Louis XIV. La marquise fait une exception en faveur d'un auteur qu'elle a aimé dans sa jeunesse, et qui la satisfait encore dans sa maturité, parce qu'il sait décrire la vertu avec des accents sublimes. 'La Poësie peut avoir des inconvéniens: j'aurois pourtant peine à interdire la lecture des belles Tragédies de Corneille' (*Avis fille*, p.81). Il est vraisemblable que l'amitié de Fontenelle inspire aussi ce jugement favorable; c'est lui qu'il faut interroger pour tenter de comprendre ce que recèle l'éloge de la marquise, formulé en des termes trop vagues. Dans

---

93. Terrasson, i.384-402. Sur ce parallèle, voir l'étude de Maryse Marchal, *La Morale de l'abbé Jean Terrasson (1670-1750)*, thèse (Nancy 1981), p.74-76.

94. *Femme hermite*, p.318-19; *Femmes*, p.204.

95. Dans sa *Dissertation* l'abbé Terrasson suit Fontenelle. Le philosophe dans sa *Digression sur les Anciens et les Modernes*, sans entrer dans le fond du débat, soulignait déjà le caractère inégal de l'*Enéide* et affirmait que les romans modernes offraient un système narratif plus parfait.

la *Vie de M. Corneille*, Fontenelle distingue une période où le génie du dramaturge, après les premiers essais, est dans toute sa force. 'Après avoir pour ainsi dire atteint jusqu'au *Cid*, il s'éleva encore dans l'*Horace*, enfin il alla jusqu'à *Cinna* & à *Polyeucte* au-dessus desquels il n'y a rien.'[96] Il ne fait aucun doute que la marquise, comme son ami, pense à ces mêmes pièces, presque toutes approuvées à l'hôtel de Rambouillet,[97] quand elle évoque les belles tragédies de Corneille. Ce sont elles qui lui ont montré cet héroïsme vertueux, ces belles âmes 'à la romaine' que la découverte des règles du Beau placent dans leur point de perfection. L'admiration de Mme de Lambert pour Corneille est aussi d'une précieuse; elle permet de la classer parmi ces femmes peu nombreuses qui, au dire de Fontenelle, restèrent fidèles à la peinture de l'amour sublime quand vint l'éclipser la tendresse de Racine.[98]

Ainsi comprise, l'admiration pour Corneille est inséparable de la passion avouée par la marquise pour le roman précieux, auquel elle a emprunté les principes premiers de sa métaphysique du cœur. Mme de Lambert, restée fidèle à ses lectures d'adolescente, affirme sous la Régence la supériorité du roman français dans la peinture du commerce amoureux, qui assure la continuité d'une préciosité à l'autre.

Les écrits de la marquise montrent mieux que l'inventaire de sa bibliothèque l'influence sur ses idées du courant sentimental né de *L'Astrée*. Le roman d'Honoré d'Urfé est toujours, à la fin du dix-septième siècle, une des lectures favorites de la classe cultivée; nous reconnaissons dans les maximes lambertines sur l'amour les devises des bergers du Lignon.[99] Nous savons que la marquise, comme Marivaux adolescent, a lu le *Faramond* de La Calprenède.[100] Mais ce sont surtout les romans de Madeleine de Scudéry, *Le Grand Cyrus* et la *Clélie* en particulier, qui suscitent l'enthousiasme de la nouvelle précieuse. Les *Conversations* de la *Clélie* sont proposées en modèle pour l'élaboration d'un code de l'honnêteté,[101] et Mme de Lambert condamne sans appel le mot

96. *Œuvres* (Paris 1742), iii.102.

97. Fontenelle rappelle que l'hôtel de Rambouillet est le 'souverain Tribunal des affaires d'esprit en ce tems-là' (p.103); l'héritage de la morale cornélienne sert donc aussi à marquer la filiation de la *Chambre bleue* à l'hôtel de Nevers.

98. Il faut noter que Racine est présent aux côtés de Corneille dans la bibliothèque de Mme de Lambert, qui possède l'une des éditions du *Théâtre de P. Corneille* procurée par G. de Luyne dans le format in-folio, et les *Œuvres* de Racine dans un format in-12.

99. Les *Eglogues* de Fontenelle ont servi de relais entre *L'Astrée* et le rêve précieux des écrivains de la Régence.

100. L'inventaire de la bibliothèque mentionne un lot de treize volumes in-octavo contenant des tomes de *Faramond, ou l'histoire de France* par La Calprenède (Paris 1661-1670). Sur la présence de ce roman dans une liste des lectures de jeunesse de Marivaux, on consultera F. Deloffre, *Marivaux et le marivaudage*, p.75, 79-80, 86-87.

101. Voir *Femmes*, p.195.

célèbre de la princesse d'Isenghien, qui ne les goûtait guère.[102] Ce qu'elle retient du roman héroïque, c'est la représentation d'un amour idéalisé, épuré, platonique, qu'elle se plaît à opposer à la débauche pour fonder le mérite des femmes. Ses éloges sont donc décernés au code de galanterie qu'il élabore, et laissent dans l'ombre la matière romanesque proprement dite. Car la marquise de Lambert, évaluant ces productions à l'aide de critères moraux, se méfie d'un genre qui veut concurrencer l'histoire dans la peinture des événements et des caractères, et dont le seul résultat est d'éveiller les désirs sans atteindre au vrai. 'Le Roman n'étant jamais pris sur le vrai, allume l'imagination, affoiblit la pudeur, met le désordre dans le cœur' (*Avis fille*, p.82).[103] Les goûts de la grande dame changeront; le temps n'est pas éloigné où, pour l'invention, la peinture des mœurs et des caractères, le choix du décor, le genre court paraîtra plus crédible, et la nouvelle finira par se substituer au roman héroïque. Le milieu lambertin se définira par les relations étroites entretenues avec les romancières du genre court, et la marquise elle-même produira une nouvelle, *La Femme hermite*, dont un des mérites réside dans l'habile exploitation des motifs et des situations légués par Segrais, Mme de Lafayette, Catherine Bernard et Mme de Villedieu.

Il faut encore ajouter quelques remarques pour comprendre ce que Mme de Lambert attend du romanesque. Il est certain que son goût pour le roman héroïque a facilité sa découverte du roman pédagogique d'éducation princière. Dans le *Télémaque* et dans les longs récits des épigones de Fénelon, la marquise retrouvera avec plaisir les conversations sérieuses sur des sujets de morale qui l'intéressent, même si ceux-ci sont devenus plus austères; le roman précieux, comme le roman utopique, bien représenté dans sa bibliothèque,[104] mais qui n'a pas eu d'influence directe sur ses écrits, l'ont préparée à accueillir avec enthousiasme un récit aux intentions édifiantes manifestes. Pour en finir,

102. La princesse d'Isenghien, qui était espagnole, aurait dit à propos de la *Clélie*: 'Que d'esprit mal employé! A quoi bon tous ces beaux discours quand ils étaient ensemble' (Saint-Evremond, *Œuvres*, éd. Desmaizeaux, s.l. 1753, iv.23). Mme de Lambert se contente d'attribuer l'exclamation à 'une Espagnole' (*Femmes*, p.195).

103. Cette condamnation du romanesque (seule l'exhortation à la vertu pourrait le sauver) rejoint en un certain sens la critique du *Don Quichotte* qui n'est pour la marquise de Lambert qu'une caricature du roman de chevalerie, une satire odieuse de l'idéal courtois; voir *Femmes*, p.176.

104. Le roman utopique est présent dans la bibliothèque avec Denis Vairasse, *L'Histoire des Sévarambes* (Paris 1677-1679; Amsterdam 1716), et avec la traduction plus récente du *Voyage de Gulliver* par Desfontaines (la marquise possédant l'édition de 1727 ou de 1730). Mais le principal intérêt de l'inventaire réside dans la mention des romans pédagogiques que Mme de Lambert découvre dans les dernières années de sa vie. Un lot de quinze volumes in-12 brochés contient le *Sethos* (Paris 1731) de l'abbé Jean Terrasson, son commensal de longue date. Au côté de *Sethos*, on découvre *Les Voyages de Cyrus* dans l'édition in-quarto de Londres (1730).

on doit évoquer le statut particulier des mémoires privés, dont se nourrit l'aristocratie. Marie-Thérèse Hipp a montré comment l'autobiographie, la chronique et le roman se superposent en permanence dans ces récits qui s'adressent au public du roman héroïque: on y retrouve les sentiments, les passions et les élans des personnages idéalisés de la peinture précieuse. Les indices sur les lectures de la marquise de Lambert sont rares: nous nous contenterons de signaler qu'elle cite une fois le cardinal de Retz, ce qui prouve que la Fronde est pour elle, comme pour ses contemporains de la Régence, une période historique passionnante.

c. *Les théoriciens de l'honnêteté*

La représentation d'une humanité idéalisée, la définition d'une politesse raffinée avaient été proposées par les théoriciens de l'honnêteté, et en particulier par le chevalier de Méré, dont les liens avec la société précieuse ne sont plus à démontrer. La marquise de Lambert s'inspira de leurs idées pour construire le traité de la société civile qu'elle proposa à ses contemporains dans les premières années du dix-huitième siècle: il est nécessaire de reconnaître les lectures formatrices qui ont précédé l'élaboration d'un système dans lequel l'honnête homme occupe encore une place centrale.

Nous savons à présent[105] que Mme de Lambert avait lu, très tôt sans doute, les ouvrages du chevalier de Méré, ses *Conversations* avec le maréchal de Clérambault et ses trois *Discours*. Elle avait transcrit dans ses cahiers personnels des passages entiers, et particulièrement la célèbre distinction de la justesse de goût et de la justesse de sens, proposée par le théoricien dans son *Discours de la justesse* (1671).[106] Ces notes fourniront la matière d'une courte dissertation *Sur le goût*, que la marquise insérera ensuite dans ses *Réflexions sur les femmes*. Comme le chevalier de Méré, Mme de Lambert admet qu'il existe deux voies pour accéder à la vérité, celle de l'entendement et celle, plus rapide, du 'goût', qui est 'une espèce d'instinct qui nous entraîne et qui nous conduit plus sûrement que tous les raisonnemens' (*Goût*, p.215). Comme lui, elle reconnaît qu'on ne peut donner 'des règles bien assurées' pour avertir ceux qui commettent des fautes de goût.[107] Ces notes de lecture insérées dans la trame de la *Métaphysique d'amour* prouvent que les valeurs de l'honnêteté nourrissent encore la nouvelle sensibilité qui s'épanouit dans les premières décennies du dix-huitième siècle.

---

105. Voir mon article: 'Deux paraphrases de Madame de Lambert', *Le Génie de la forme, mélanges de langue et de littérature offerts à Jean Mourot* (Nancy 1982), p.257-66.
106. Cette distinction s'inspire de la distinction pascalienne des deux formes d'*esprit*, tout en la renouvelant considérablement.
107. *Œuvres complètes du chevalier de Méré*, éd. Ch. Boudhors (Paris 1930), i.96.

2. La formation intellectuelle et morale

Les ouvrages du Père Bouhours, qui fut chargé de l'éducation d'Henri-François, ont déterminé plus nettement encore la vocation mondaine et précieuse de la marquise, qui a médité et utilisé ses définitions célèbres du 'je ne sais quoi', du goût[108] et du sublime.[109] Nous savons avec certitude qu'elle possédait dans sa bibliothèque les *Pensées ingénieuses*,[110] qu'elle utilisa, nous l'avons dit, pour brosser son portrait d'Henriette d'Angleterre. Le grammairien pédagogue avait publié des recueils de maximes et de pensées choisies, qu'il désignait comme des modèles de délicatesse et d'agrément, et qui furent utilisés par les mondains de la génération de 1690 comme de véritables manuels d'honnêteté. La marquise en usa de même et puisa en abondance dans cette mine de citations; les exemples se multiplient de références à des auteurs anciens ou modernes, d'allusions à des personnages illustres qui semblent bien provenir des recueils du Père Bouhours.[111] Ceci, bien sûr, réduit considérablement le champ de ses lectures; mais nous avons déjà signalé cette difficulté. Au reste, ce que nous disons de la formation morale et littéraire de Mme de Lambert vaut aussi pour toute une génération d'honnêtes gens. En célébrant, d'un recueil à l'autre, les grâces du style de Voiture et son exquise délicatesse,[112] les agréments du poète Sarrasin,[113] le Père Bouhours a transmis à la dernière génération du siècle, aux familiers de l'hôtel de Nevers en particulier, les

108. Dans *La Manière de bien penser* (p.498-500), Philanthe et Eudoxe commentent plusieurs définitions du goût, et en particulier celle de Méré. On retrouve ces définitions dans l'essai de la marquise sur le même sujet, directement inspiré de ce dialogue.

109. L'ensemble du second dialogue de *La Manière de bien penser*, consacré à la noblesse des pensées et du ton, expose des règles que la marquise suit dans ses propres écrits.

110. L'inventaire mentionne un titre 'Pensées ingénieuses', dans le format in-12, ce qui renvoie indubitablement au recueil du Père Bouhours, dont le privilège avait été accordé à la veuve de Sébastien Mabre-Cramoisy le 22 septembre 1689.

111. Nous l'illustrerons par trois exemples seulement. La pensée de la duchesse de Longueville sur 'le soleil qui ne fait les beaux jours que pour le peuple' est commentée par le Père Bouhours (*La Manière de bien penser*, p.233) comme un exemple de pensée fine, en des termes que Mme de Lambert reprend dans *Femmes*, p.210. Le même recueil lui fournit encore une pensée de Salluste sur la gloire des ancêtres (p.485), qu'elle polit dans *Avis fils*, p.7. L'idée exprimée par Mme de Lambert, que nous vivons avec nos défauts comme avec nos odeurs, sans les sentir, est exposée dans les *Pensées ingénieuses* (p.275-76), le Père Bouhours montrant comment Madeleine de Scudéry l'avait formée en partant d'une réflexion de Pline l'Ancien.

112. Dans *La Manière de bien penser*, Eudoxe avoue son admiration pour les écrits de Voiture, qui ne le quittent jamais (p.319), et qu'il commente à plusieurs reprises. Eudoxe, c'est bien sûr le Père Bouhours lui-même; R. Lathuillère commente en ces termes son admiration pour le poète précieux: 'le Père Bouhours, qui dans ses écrits a recueilli et approuvé tant d'expressions nouvelles, forgées pour la plupart dans les milieux précieux, a toujours montré pour l'œuvre de Voiture une admiration fervente; il lui trouve tous les dons en partage, naturel, brillant, délicatesse, grâce et, bien entendu, le je ne sais quoi' (Roger Lathuillère, *La Préciosité*, Genève 1966, i.375).

113. Le Père Bouhours propose trois modèles à imiter pour produire des pensées agréables et délicates: Voiture, Sarrasin et Saint-Evremond (*Manière*, p.520).

traditions de l'hôtel de Rambouillet, assurant ainsi la permanence de la préciosité. Nous adhérons entièrement au jugement formulé avec netteté par R. Lathuillère (p.376) sur son rôle d'intermédiaire entre les anciens et les nouveaux précieux:

Bouhours était l'ami de Sapho et de Boileau et il conciliait ses relations avec les tenants du classicisme pur et son penchant pour la littérature de salon qui échappait à l'influence de Boileau, faisant partie de ces beaux esprits qui relient l'hôtel de Rambouillet et le cercle de Mlle de Scudéry au salon de Mme de Lambert, Sarrasin et Voiture à Fontenelle, La Motte et Marivaux.

Il est moins aisé de décrire l'influence, pourtant très réelle, de Gracián, qui revient à la mode sous la Régence, grâce à la traduction de *L'Homme universel* par le Père de Courbeville, publiée en septembre 1723 et qui connaît un immense succès,[114] les contemporains n'hésitant pas à mettre le jésuite espagnol sur le plan d'un La Bruyère ou d'un La Rochefoucauld. La *Dissertation sur la réputation et la considération*, commune à Montesquieu et à Mme de Lambert, reflète cet engouement pour le moraliste théoricien, à qui la marquise emprunte deux maximes pour illustrer ses réflexions sur le mérite. L'admiration de Mme de Lambert a sans doute des origines plus lointaines: c'est bien avant la Régence que la marquise a découvert les maximes de Gracián sur l'héroïsme et sur l'honnêteté, dont l'esprit nourrit ses propres écrits pédagogiques. Cependant, il est probable que, tout en reconnaissant l'exceptionnelle qualité des réflexions morales de l'auteur espagnol, elle éprouva quelque gêne devant un style assez éloigné du goût français, un peu comme le Père Bouhours qui n'hésita pas à condamner, à plusieurs reprises,[115] l'obscurité et la subtilité excessive des ouvrages de Gracián. Les réticences des précieux de 1680 à l'égard d'un moraliste 'visionnaire, fanfaron, quintessencié, chimérique et obscur'[116] expliquent pourquoi la marquise de Lambert n'a jamais avoué franchement sa dette envers lui.

L'admiration de la marquise pour les personnages idéalisés des romans et de la poésie modernes, l'intérêt qu'elle porte à l'humanité parfaite présentée par les moralistes mondains complètent sa recherche de la vérité dans les événe-

---

114. Le privilège est accordé au Père de Courbeville en avril 1723. Si cet écrivain de troisième ordre peut passer pour néo-précieux, puisqu'il figure dans le *Dictionnaire* de Desfontaines, 'c'est autant pour ses impropriétés et par la lourdeur de son style que par ses néologismes proprement dits' (Frédéric Deloffre, *Une préciosité nouvelle*, p.42). Noël Pissot, éditeur éclectique, donnera deux ans plus tard, en mai 1725, la traduction du *Héros*, également de Courbeville. On admet généralement que ces deux traductions ont influencé le goût des lettrés à la fin de la Régence.

115. Dans les *Entretiens d'Ariste et d'Eugène* et dans *La Manière de bien penser*.

116. Tous ces qualificatifs sont du Père Bouhours.

ments de l'histoire universelle et dans le fonds de la sagesse antique et chrétienne. Les sources livresques donnent à ses écrits cette beauté qu'admirent unanimement ses lecteurs. La perfection du trait et la force de la peinture viennent aussi des moralistes de l'école française qui lui ont servi de maîtres.

6. *A l'école des moralistes français*

L'élaboration de l'éthique lambertine doit beaucoup aux moralistes de l'école française, dont le souvenir est constamment présent dans les traités; pour la formation de l'adolescente et de la jeune femme, ces lectures ont eu une influence comparable à celle des cercles et des maisons honnêtes. L'écrivain moraliste aime se définir comme un disciple de Montaigne; son pessimisme sur la nature humaine, dont la faiblesse pourrait être rachetée par le rêve héroïque, s'inspire de La Rochefoucauld, dans le temps même où la sagesse de Saint-Evremond et de Fontenelle lui montre les conditions d'un bonheur quotidien. D'autres modèles encore s'imposent dans la maturité: Mme de Lambert a découvert dans la peinture de La Bruyère une vérité saisissante sur la condition humaine; elle a lu attentivement Malebranche et a suivi les leçons de l'école de vertu créée par Fénelon. Chez les moralistes qui l'ont précédée, elle a trouvé une image de l'homme moins lointaine que l'image fournie par l'histoire ou la création imaginaire.

A. *Mme de Lambert disciple de Montaigne*

On ne soulignera jamais assez le rôle considérable joué par les *Esais* dans la culture des mondains des dernières décennies du dix-septième siècle; les réflexions de Montaigne sont pour eux une source inépuisable de références et leur fournissent en permanence un enseignement vivant et nuancé sur tous les grands sujets qui les intéressent: l'éducation et la formation de l'honnête homme, le problème de la connaissance, le voyage et la retraite, l'amitié, le bonheur et la mort. Montaigne est ce maître irremplaçable qui leur apprend à tirer de l'expérience une multitude de vérités générales et à donner un sens universel à leur existence.

La marquise de Lambert retrouvait dans les *Essais* les nourritures solides qu'elle demandait à l'Antiquité; il n'est pas impossible même que quelques références à la philosophie païenne soient de seconde main. Les premiers chapitres de l'ouvrage lui montraient comment une pensée originale, pour se développer, devait prendre appui sur l'héritage infini de la sagesse universelle. Elle a suivi le même itinéraire que Montaigne qui l'a encouragée à transformer ses lectures en une création personnelle et audacieuse.

Mais l'influence du maître ne se réduit pas à ce rôle d'initiateur de l'écrivain moraliste; il y a dans les idées une filiation majeure de Montaigne à la marquise de Lambert, qu'un article récent de Robert Granderoute établit rigoureusement.[117] Il n'y a rien à ajouter ou à retoucher à cette étude exhaustive qui rend hommage à la culture de la marquise de Lambert, en même temps qu'elle apporte sa contribution à la reconnaissance du rôle joué par Montaigne dans la pensée française. Il faut d'abord rappeler, après l'auteur de l'article, que Montaigne est l'écrivain le plus souvent et le plus régulièrement nommé dans les écrits de Mme de Lambert: une fois dans *Psyché*, courte fable de deux pages (p.230), dans *Avis fils* (p.48) et dans *Avis fille* (p.76); deux fois dans *Amitié* (p.122 et 128); quatre fois dans *Femmes* (p.185, 200, 202 et 213); cinq fois dans *Vieillesse* (p.149, 161, 164 et 169). Il n'est sans doute pas inutile de proposer un classement thématique de ces quatorze références qui, à une exception près, sont des citations: sur la vanité, les plaisirs, la réputation, l'esprit des femmes et le style de Montaigne (1 référence); sur l'amitié, l'amour et la mort (2 références); sur la vieillesse (3 références). La localisation de ces sources est également utile. La marquise a médité les essais dont les thèmes rejoignent ses préoccupations: elle emprunte au chapitre 'De la solitude' (i.xxxix), dans lequel elle retrouve avec plaisir une apologie de la retraite qui s'appuie sur ses auteurs préférés, Pline le Jeune et Cicéron. Le chapitre 'De l'amitié' (i.xxviii) et l'"Apologie de Raymond Sebon' (ii.xii) lui fournissent trois citations sur l'amitié et l'amour. La grande dame a remarqué aussi l'essai consacré aux 'Récompenses d'honneur' (ii.vii) qui constitue l'embryon d'un discours sur la noblesse et dont la conclusion propose un rapprochement audacieux entre la bravoure et la chasteté des femmes. Mais c'est surtout avec le Montaigne du livre troisième qu'elle est en communion. Plus du tiers des citations viennent de ces essais riches et complexes où 'Montaigne se montre le plus personnel comme penseur, le mieux en possession de ses multiples talents comme écrivain hors de pair';[118] le cinquième chapitre, 'Sur des vers de Virgile', et le neuvième, 'De la vanité', lui fournissent sur l'existence, sur la vieillesse et sur la mort des leçons incomparables, et surtout, accordée à cette image de la vie et à cette expérience, une leçon de style qui la ravit.

Le recensement objectif des sources ne donne qu'une image infidèle des liens qui attachent la marquise de Lambert à Montaigne. Les pages qu'elle consacre à la peinture des 'amitiés d'étoile', à l'accoutumance à la mort, à la rétraction de l'être dans la vieillesse tirent leur force de la présence du maître. Une influence plus diffuse s'exerce aussi, car Mme de Lambert emprunte à Montaigne un mot, une image, une idée qui deviennent son bien. L'article de

117. Robert Granderoute, 'Madame de Lambert et Montaigne', *Bulletin de la Société des amis de Montaigne*, 6ème série, 7/8 (1981), p.97-106.
118. Robert Aulotte, *Etudes sur les Essais de Montaigne* (Paris s.d.), p.5.

R. Granderoute propose de multiples rapprochements, et notre étude en suggérera d'autres encore.[119] Quand la marquise affirme à sa fille que 'la plus grande science est de savoir être à soi' (*Avis fille*, p.88), quand elle compose le *Traité de la vieillesse* pour montrer que 'l'expérience est un des avantages du dernier âge' (*Vieillesse*, p.168), quand elle établit cette distinction: 'Il faut se prêter aux usages de la vie, mais il ne faut pas y engager son opinion, ni sa liberté' (*Vieillesse*, p.169), on comprend qu'elle a élu Montaigne pour intercesseur des Modernes auprès des Anciens.

Ce serait trahir la richesse et la signification de cette filiation que de la croire à sens unique. Les réminiscences, les souvenirs, les emprunts servent bien sûr à donner l'essor à la pensée, comme le remarque R. Granderoute; mais la marquise se plaît parfois à nuancer les *Essais*, à reprendre la pensée de Montaigne, quand celle-ci lui paraît trop hardie. C'est un authentique dialogue avec le maître qu'elle engage. Son féminisme lui suggère des réactions qui seront aussi, plus tard, celles de George Sand qui n'aimait pas les réflexions de Montaigne sur les femmes dans le chapitre 'De l'amitié';[120] comme l'auteur des *Essais*, Mme de Lambert reconnaît que la plupart des femmes sont incapables de goûter la parfaite amitié, mais moins sceptique, elle est disposée à faire quelques exceptions. Des divergences surgissent aussi sur le thème de l'accoutumance à la mort, la marquise estimant qu''il n'est pas nécessaire de l'avoir toujours présente pour nous affliger' (*Vieillesse*, p.163).

L'article de R. Granderoute, dont le but est d'établir la filiation des idées, laisse dans l'ombre un aspect important de l'influence de Montaigne sur Mme de Lambert: c'est aussi l'écrivain qui est choisi pour maître. L'étude stylistique découvrira dans le détail des ressemblances entre sa manière et celle du disciple. Mais il y a plus. Dans la conclusion des *Réflexions sur les femmes* (p.213), la marquise revendique, après Montaigne, les droits d'un style libre et capricieux, qui n'aurait d'autre justification que de procurer le bonheur d'écrire. Comme son maître, elle assimile ses pensées à des 'promenades de l'esprit': 'Les Idées

119. On peut dresser un bilan rapide des rapprochements établis par R. Granderoute. Mme de Lambert emprunte à Montaigne: 1. une conception de la connaissance qui apprend à se défier de la 'piperie' des sens aussi bien que de la faiblesse de l'entendement; 2. des idées pédagogiques (héritées de Plutarque et de Quintilien) sur l'importance de l'enfance, sur l'intérêt de l'histoire qui ne doit pas être une matière à apprendre, mais qui permet d'exercer la réflexion morale; 3. des idées multiples sur la formation de l'honnête homme et l'art de vivre dans le monde; 4. l'embryon d'un discours sur la noblesse, et en particulier des réflexions sur la valeur; 5. une définition de la véritable amitié; 6. l'ébauche d'une définition de la considération et de la conscience; 7. une peinture des caractères et des vertus propres à la femme; 8. 'deux motifs majeurs des *Essais*: celui de la retraite et celui de la nature' (p.103).

120. Voir Montaigne, *Les Essais*, éd. Villey, Saulnier et Aulotte (Paris 1965), appendice i, p.1138.

se sont offertes assez naturellement à moi, et de proche en proche elles m'ont mené plus loin que je ne devois, ni ne voulois.' Sa dette envers Montaigne implique aussi l'esthétique: le maître lui a légué une forme, cette allure particulière de l'essai, qui justifie les digressions et qui condamne surtout la conception d'un discours soumis à une composition rigoureuse. Il y a entre les écrits pédagogiques ou les traités et l'ouvrage *Sur les femmes* une différence essentielle due à la prise de conscience qu'une métamorphose incessante du discours doit refléter celle de la vie morale, de la vie intellectuelle et même de la vie quotidienne. Mme de Lambert n'a certes pas pratiqué l'introspection à la manière de Montaigne, mais elle a compris, sous l'influence du maître, que la quête créatrice de soi, la prise de possession des valeurs ne pouvaient s'accomplir 'à la fois et en bloc' (iii.XIII, p.1076). Comme chez Watteau, la vérité de l'essence se découvre dans le mystère de l'instant, et le bonheur de l'humanité dans une quête où la fantaisie, les hasards, l'errance conduisent au monde vrai. Il fallait saluer en Montaigne un initiateur du style Régence, rappeler l'importance de la lecture des *Essais* pour le renouvellement des formes dans les deux premières décennies du dix-huitième siècle. L'hôtesse du salon a montré aux jeunes écrivains qui l'entouraient, à un Marivaux par exemple, admirateur lui aussi de Montaigne, la modernité des *Essais*. A la croisée des chemins, ses écrits comme ceux du maître ont servi de relais entre la sagesse des Modernes et l'héritage de l'Antiquité, et ont contribué à transformer la pratique millénaire de l'écriture morale.

B. *L'école du pessimisme*

Les critiques du siècle dernier se plaisaient à évoquer le 'jansénisme' de la marquise de Lambert, quand ils analysaient les tonalités pessimistes de sa peinture de l'homme. La grande dame a médité Pascal, s'est nourrie des *Maximes* de La Rochefoucauld, et ce sont ces lectures qui sont à la source de sa description lucide des faiblesses humaines.

L'étiquette 'janséniste', qui prétend classer Mme de Lambert dans l'une des morales du grand siècle, risque d'altérer la signification de sa lecture de Pascal, qui est purement laïque et profane. Les ouvrages de la marquise ne livrent aucun indice sur les réactions de la chrétienne en face du dessein apologétique. Elle a lu les *Pensées* en écrivain moraliste et semble ne leur avoir demandé qu'une image de l'homme, peint tour à tour dans sa misère et dans sa grandeur.

On ne saurait comparer l'influence de Pascal sur Mme de Lambert à celle de Montaigne: le déséquilibre apparaît à l'évidence dans le recensement des sources. Ce n'est pas un hasard si le *Traité de la vieillesse*, qui montre le mieux sa dette à l'égard des *Essais*, est aussi l'ouvrage où les références à Pascal sont les plus nombreuses. Mme de Lambert demande aux *Pensées* des formules et des images saisissantes sur l'existence. Elle médite sur le fol espoir de vivre que Pascal découvre dans le cœur de l'homme (*Vieillesse*, p.165), elle lui emprunte surtout ses images désespérées de la mort (*Vieillesse*, p.163), dont on sent bien qu'elles sont d'une main étrangère, tant leur réalisme introduit une nuance singulière dans un discours étranger aux angoisses du chrétien. C'est aussi le peintre de l'honnête homme qu'apprécie l'aristocrate cultivée. La courte dissertation *Sur le goût* établit la filiation de Pascal à Méré pour la distinction, familière aux honnêtes gens, de l'esprit géométrique et de l'esprit de finesse, que la rhétorique mondaine du compliment semble même avoir banalisée;[121] le même ouvrage révèle encore que les réflexions de Pascal sur la beauté poétique, sur les gens universels et sur l'agrément servent à l'élaboration d'un code de l'honnêteté.

Les emprunts avoués sont donc peu nombreux, et limités à des cantons précis; c'est que l'influence de Pascal joue à un autre niveau. Pour la mesurer, il faut prendre en compte une image globale de la nature humaine, qu'il a léguée à son siècle. Sur l'amour-propre, sur les puissances trompeuses et le divertissement, la classe éclairée partage ses conceptions. Seule l'analyse des idées morales pourra montrer comment les grands thèmes pascaliens animent l'éthique aristocratique des dernières décennies du siècle.

Si la marquise de Lambert hésite à exploiter les ressources du style métaphorique de Pascal, elle découvre en revanche chez La Rochefoucauld un outil remarquablement adapté à l'écriture morale aristocratique. L'étude stylistique montrera la multitude des procédés qu'elle lui emprunte pour polir ses propres maximes.

Dans la courte fable de *Psyché* (p.230), Mme de Lambert, disciple de Madeleine de Scudéry, désigne encore La Rochefoucauld par une expression qui commençait à vieillir, celle de 'galant homme': 'Pour la Vanité, le bonheur n'habite point avec elle: un galant homme a dit qu'elle nous fait faire bien plus de choses contre notre goût, que la Raison.'[122] C'est avouer La Rochefoucauld pour maître de l'élégance dans le comportement, dans la pensée et dans l'art. Aussi est-il naturel que celui-ci soit invoqué dans les écrits pédagogiques; ses maximes viennent illustrer les propos d'une mère à ses enfants: à son fils, la marquise cite les *Maximes* 326 et 218 sur le ridicule et l'hypocrisie; à sa fille, la *Maxime* 168 sur l'espérance. La *Lettre à Mme la supérieure de la Madeleine*

---

121. Comme dans la première *Lettre au Père Buffier sur Homère*: 'Vous joignez deux qualités que Mr. Pascal a cru ne pouvoir s'unir, qui est esprit géométrique, et esprit fin: vous avez l'un et l'autre' (*Correspondance*, p.382).

122. *Maxime* 467, parue dans la cinquième et dernière édition publiée du vivant de l'auteur, en 1678.

de Tresnel, sur l'éducation d'une jeune demoiselle rappelle tout ce qu'un éducateur doit à ce maître dans la connaissance de l'amour-propre (*Correspondance*, p.374).

L'intérêt pédagogique des *Maximes* ne représente, bien sûr, que l'aspect le plus superficiel de leur influence sur la marquise de Lambert qui, comme ses contemporains, appréciait particulièrement l'effort accompli par La Rochefoucauld pour acclimater les lieux communs du jansénisme à la vie littéraire.

c. *Tentations épicuriennes*

Contre l'âpreté de la peinture de Pascal, à laquelle fait écho celle de La Rochefoucauld, réagissent, selon M. Jean Mesnard, deux catégories de contradicteurs: les tenants d'un rationalisme optimiste, et les partisans de 'la chasse au bonheur'. Saint-Evremond et Fontenelle appartiennent à l'une et à l'autre et doivent être comptés au nombre des contemporains qui montrent à la marquise de Lambert les voies d'une sagesse fondée sur une espérance prudente et raisonnable, capable d'atténuer la description pessimiste des faiblesses humaines.

Saint-Evremond assure en permanence un lien, dût celui-ci n'être qu'idéal et fictif, entre le milieu de Mme de Lambert et celui de Ninon de Lenclos. Nous l'avons rencontré aux côtés d'Ismène, alors qu'il soutenait la démonstration du personnage, dans le *Discours sur le sentiment d'une dame, qui croyoit que l'amour convenoit aux femmes, lors même qu'elles n'étoient plus jeunes*. L'amitié de Saint-Evremond pour Ninon éclaire les deux motifs majeurs que la marquise lui emprunte: l'apologie des femmes et le bonheur d'aimer. On recense six références aux œuvres de l'illustre exilé, ce qui le place parmi les moralistes français les plus influents, avant Pascal; il faut toutefois remarquer que les écrits pédagogiques et les deux traités *De l'amitié* et *De la vieillesse* ne livrent aucune citation.

La marquise de Lambert avait de nombreuses raisons d'admirer Saint-Evremond. Elle pouvait, mieux que quiconque, faire confiance à l'art de vivre qu'il avait longuement mûri, pour aménager son existence en fonction d'une expérience particulièrement riche: comme l'exilé, n'avait-elle pas appris à compenser par les avantages de la nature et de l'esprit les vicissitudes de l'existence? Pour la génération de la Régence qui redécouvre un style de vie construit sur les plaisirs, Saint-Evremond passe pour un maître dans l'art de jouir de l'instant: à des mondains effrayés par les dégradations de la volupté, conscients de la corruption des goûts, il offrait une sagesse faite de mesure et d'équilibre, et enseignait l'art de ménager la nature dans les plaisirs. C'est cette leçon que la marquise et son cercle retiennent en premier lieu. Ces divertissements d'aristocrates heureux que sont la *Métaphysique d'amour* et l'*Histoire de madame la comtesse des Barres* de l'abbé de Choisy (Anvers 1735) sont placés sous le signe de cet épicurisme aimable. En envoyant ses *Réflexions sur les femmes* à l'auteur des *Mémoires pour servir à l'histoire de Louis XIV*, la marquise de Lambert avoue le dédicataire pour fils spirituel de Saint-Evremond et se rattache implicitement à la même école. 'Vous, qui avez su ménager la Nature dans les Plaisirs, afin que les Plaisirs soutinssent la Nature; vous enfin, qui, comme S. Evremont, dans vos belles années viviez pour aimer, et qui présentement aimez pour vivre' (*Correspondance*, lettre à l'abbé de Choisy, p.372). Cette maxime sur le bonheur montre combien il est aléatoire de rechercher une étiquette unique pour désigner les productions et le style de vie de la marquise, tour à tour tentée par le jansénisme et l'épicurisme, par l'idéal platonicien et l'appel de la vie. On voit aussi que la technique du plaisir enseignée par Saint-Evremond n'a rien de vulgaire, et qu'elle est plus un appel à la joie qu'à la jouissance.

Le discours féministe devait accueillir aussi favorablement l'éloge des vertus des femmes, de leur intelligence et de leurs agréments, que délivrent la correspondance et les conversations de Saint-Evremond.[123] Enfin, l'on ne saurait passer sous silence le rôle du libertinage érudit de l'exilé dans la formation philosophique et morale de la marquise. Au delà des sources visibles, se dessinent des rencontres importantes qui engagent une conception identique des problèmes de l'être et de la connaissance. La courte fable de *Psyché* s'intéresse au dilemme que posent sans cesse les écrits de Saint-Evremond: nous sommes nés pour jouir ou pour connaître.[124] La distinction que la grande dame éclairée établira entre la superstition du peuple et la religion des honnêtes gens constituait déjà le leçon philosophique du *Prophète irlandais* (1665-1666).[125]

Fontenelle était le mieux placé pour faire profiter son cercle des leçons de Saint-Evremond sur le bonheur et pour donner l'essor à la libre pensée des mondains. Dans le portrait qu'elle donne de son ami, la marquise de Lambert

123. Voir *Femmes*, p.189-90 et *Sentiment dame*, p.269.

124. *Psyché*, p.229: 'L'Ame est mise dans le corps pour jouir, et non pas pour connoître.' Ce bref essai d'interprétation de la fable de Psyché semble inspiré par une lecture des *Amours de Psyché et de Cupidon*, publiés pour la première fois en 1669. C'est ici l'occasion de signaler l'influence réelle, mais difficile à décrire, des ouvrages de La Fontaine sur la langue des mondains, qui tentent d'imiter sa manière de conter. La marquise possédait une édition des *Fables*, dans le format in-12 (le catalogue dressé par Henri Régnier pour l'édition des Grands Ecrivains de la France ne recense pas moins d'une vingtaine d'éditions de ce type entre 1668 et 1700).

125. 'Ainsi l'on ne parlait que de prodiges; et ces prodiges étaient appuyés d'une si grande autorité que la multitude étonnée les recevait avec soumission [...] La connaissance timide et assujettie respectait l'erreur impérieuse et autorisée' (*Œuvres*, éd. R. de Planhol, Paris 1927, ii.363).

met en valeur son épicurisme délicat et les plaisirs raffinés de ce 'favori de la raison'. Elle fait l'éloge des talents du vulgarisateur, qu'elle tient pour l'écrivain le plus original de son siècle;[126] son admiration pour Fontenelle est entière, et il est vraisemblable qu'elle l'avait lu avant d'entretenir avec lui un commerce exemplaire. Les premières œuvres du philosophe ont sans aucun doute joué un rôle dans la genèse de ses idées morales. Fontenelle fut son initiateur: les *Dialogues*, les *Entretiens* lui ont montré comment faire passer des leçons sérieuses dans la langue parlée dans les salons, dans le badinage aimable des conversations mondaines. Il faut ajouter encore que Mme de Lambert appréciait le poète, qu'elle égalait aux plus grands maîtres (*Portrait de Fontenelle*, p.246). L'épicurisme de Fontenelle tient à un langage, à un ton: après les avoir découverts dans ses ouvrages, la marquise se les appropriera en confiant au philosophe mondain le soin d'animer son propre salon.[127]

D. *La lecture de Malebranche*

Le rayonnement des idées de Malebranche dans les premières années du dix-huitième siècle, l'admiration que lui vouent les écrivains de la Régence sont de mieux en mieux perçus aujourd'hui. Les honnêtes gens appréciaient ses efforts pour éclairer les premiers principes de la morale et pour adapter la philosophie nouvelle aux analyses du cœur de l'homme.

Les œuvres de Mme de Lambert confirment cet accueil favorable de la classe cultivée: la marquise a lu *De la recherche de la vérité* (1674) et le *Traité de morale* (1684), qui nourriront ses réflexions personnelles. Ses lectures sont attestées par une citation de *La recherche* dans l'ouvrage consacré aux femmes, ce qui témoigne du succès de ce livre après la mort de son auteur;[128] la marquise s'appuie sur l'autorité de Malebranche pour combattre l'argument de l'infériorité féminine: 'Un Auteur, très respectable, donne au Sexe tous les agrémens de l'imagination: "Ce qui est de goût, est, dit-il, de leur ressort, et elles sont Juges de la perfection de la Langue"' (p.182).[129] Pour apprécier cet éloge de l'imagination des femmes, digne de la tradition précieuse, l'hôtesse

---

126. *Portrait de Fontenelle*, p.246: 'Comme il a de tous les esprits, il écrit sur tous les sujets; mais la plupart de ce qu'il fait doit être l'objet de nos respects, et non pas de nos connoissances.'

127. Le *Portrait de Fontenelle* établit une relation évidente entre le ton de ses ouvrages et celui de sa conversation: 'Des grands sujets il passe aux bagatelles avec un badinage *noble et léger* [...] Il a une manière de s'énoncer *simple et noble*' (p.246).

128. On ne recense pas moins de quatre éditions de *La Recherche* dans l'année 1721.

129. *Recherche*, ii.ii.1: 'Cette délicatesse des fibres se rencontre ordinairement dans les femmes, & c'est ce qui leur donne cette grande intelligence, pour tout ce qui frappe les sens. C'est aux femmes à décider des modes, à juger de la langue, à discerner le bon air & les belles manières. Elles ont plus de science, d'habileté & de finesse que les hommes sur ces choses. Tout ce qui dépend du goût est de leur ressort' (*Œuvres complètes*, Paris 1945-1967, i.266-67).

de Nevers devait oublier que dans le même mouvement Malebranche montrait leur incapacité à pénétrer les vérités abstraites et un peu difficiles.

Le discours de Mme de Lambert n'a pas toujours un caractère polémique qui lui impose de rechercher des témoins prestigieux: bien d'autres rencontres se dessinent, dont le recensement objectif des sources ne rend pas compte. Sans entrer dans les détails, on peut indiquer ici que la marquise a fait siens deux thèmes majeurs du système de Malebranche. Elle se soumet elle aussi à 'l'amour de l'Ordre', l'expression faisant partie de son lexique; elle retient les leçons du philosophe sur la connaissance et s'efforce d'acquérir, comme il le recommande dans son *Traité de morale*, cette 'force de l'esprit' (i.v), grâce à laquelle on parvient à la contemplation de l'ordre immuable.

E. *L'influence des* Caractères *de La Bruyère*

La marquise de Lambert emprunte souvent aux *Caractères*, bien que La Bruyère ne soit jamais nommé dans ses écrits. Cette constatation souligne l'ambiguïté des rapports que les néo-précieux entretiennent avec le Théophraste moderne: les moralistes sont intéressés et vivement touchés par sa peinture de l'animal sociable, et Mme de Lambert en particulier y trouve une nourriture solide qui convient à son caractère sérieux, et à ses entreprises pédagogiques. Mais pour les problèmes de l'expression, F. Deloffre a montré[130] que le brillant du style précieux et la recherche d'une esthétique moderne éloignaient les écrivains de la Régence de l'auteur des *Caractères*. Cela vaut aussi pour la marquise, qui n'imite que rarement la manière du maître: seul le portrait du financier (*Femmes*, p.181) est un morceau dans le goût des *Caractères*, qui montraient aussi à la grande dame comment croquer les silhouettes qui traversent le cercle mondain.

La lecture de Mme de Lambert est une lecture didactique, qui s'attache au contenu sérieux de l'ouvrage: on peut établir plusieurs rapprochements d'un texte à l'autre qui font comprendre ce qu'un public aristocratique cultivé aimait en La Bruyère. L'un des chapitres les plus féconds est celui 'Des grands': la leçon généreuse sur la noblesse n'a pas laissé la marquise indifférente. Pour construire son traité de l'honnêteté, elle a emprunté aussi beaucoup au chapitre 'De la société et de la conversation'. Pour être plus rares, les références aux chapitres 'Du cœur' et 'Des femmes' n'en sont pas moins révélatrices, car elles montrent l'intérêt constant que porte cette précieuse à toutes les analyses du cœur et des sentiments féminins.

L'aristocratie éclairée a compris l'importance du renouvellement des idées morales dans l'œuvre de La Bruyère et apprécié la générosité qui l'anime; si

130. F. Deloffre, *Marivaux et le marivaudage*, p.16.

la marquise montre quelques réticences à avouer sa dette envers le maître, c'est qu'elle le tient pour un partisan des Anciens et qu'elle a souffert de ses remarques ironiques sur les beaux esprits et les précieux.

F. *L'école fénelonienne de la vertu*

Au terme de cette étude qui veut montrer comment la marquise de Lambert a su exploiter les diverses tendances de la tradition française dans sa formation d'écrivain moraliste, il faut rappeler le rôle déterminant joué par les ouvrages de Fénelon. L'hôtesse de Nevers affirme elle-même l'existence d'une école de la vertu que l'auteur du *Télémaque* aurait créée, et revendique le droit d'être comptée au nombre des élèves qui veulent l'illustrer. C'est la signification du compliment qu'elle tourne à l'archevêque de Cambrai pour le remercier de l'appréciation flatteuse qu'il porte sur les *Avis d'une mère à ses enfants*: 'Je n'aurois jamais consenti, Monseigneur, que Monsieur de Sacy vous eût montré les occupations de mon loisir, si ce n'étoit vous mettre sous les yeux vos principes, et les sentimens que j'ai pris dans vos Ouvrages: personne ne s'en est plus occupée, et n'a pris plus de soin de se les rendre propres' (*Correspondance*, p.402). La filiation est clairement indiquée par le disciple; la lettre confirme en outre que l'innutrition est un des usages féconds de l'écriture morale. Mme de Lambert souligne le rôle d'initiateur et de pédagogue de la vertu d'un écrivain que les habitués de son salon admirent unanimement. 'Je n'ai de mérite que d'avoir su choisir mon Maître et mes modèles [...] Nous sommes ici dans une société très unie sur la sorte d'admiration que nous avons pour vous' (p.402-403). Ces modèles, ce sont bien sûr le *Télémaque* et le traité *De l'éducation des filles*, dont la marquise de Lambert reconnaît qu'ils ont servi à l'élaboration de son propre système pédagogique. L'un et l'autre lui ont montré comment former l'esprit et le cœur de ses enfants, l'ont convaincue de la nécessité de compléter par l'éducation privée la formation qu'ils avaient reçue au collège ou au couvent. Il sera donc légitime de rechercher les éléments d'une filiation majeure qui n'exclut pas pour autant des interprétations parfois assez libres de la part du disciple.

Il est rare de rencontrer des documents aussi convaincants sur la genèse des idées de Mme de Lambert: cette correspondance nous permet d'inscrire, avec plus de vigueur que ne l'avait fait Albert Chérel, la morale fénelonienne au centre d'une définition du milieu de l'hôtel de Nevers.

Les ouvrages de la marquise de Lambert peuvent être tenus pour l'une des productions les plus authentiques du génie français: sous l'influence des grands maîtres qui se succèdent de Montaigne à Fénelon, la réflexion sur la condition humaine élaborée par cette femme cultivée se transforme peu à peu, grâce à l'innutrition, pour atteindre des dimensions universelles qui l'arrachent aux limites étroites du cercle privé (famille, salon), et qui l'égalent à l'œuvre d'un Vauvenargues pour la postérité.[131]

La marquise de Lambert a parfaitement assimilé les leçons de ses prédécesseurs; elle leur doit surtout sa maîtrise du genre court. A l'exception du *Télémaque* et des traités de Malebranche, la plupart des productions qui viennent d'être reconnues pour avoir exercé sur elle une influence majeure (essais, pensées, maximes, discours, conversations, dialogues, caractères) relèvent d'une esthétique de la discontinuité et signalent l'effort du style pour donner au discours gnomique ancestral et aux conversations périssables des salons une qualité rarement atteinte en d'autres pays et en d'autres temps. Presque tous les écrits de Mme de Lambert, sauf les deux traités 'cicéroniens' sur l'amitié et la vieillesse, s'inspirent de cette haute tradition française.

La vie et les œuvres de la marquise de Lambert fournissent un bon exemple de ce que pouvait être la formation intellectuelle et morale d'une jeune fille de la noblesse, au lendemain de la Fronde; elles montrent surtout comment des qualités exceptionnelles et des rencontres privilégiées ont pu donner à une femme savante sa vocation d'écrivain. L'ensemble des éléments rassemblés dans cette synthèse consacrée aux lectures, aux goûts, aux admirations de Mme de Lambert révèlent aussi l'attitude du moraliste, qui sait utiliser ses dons d'observation, et qui se livre entièrement à la contemplation des idées: la volonté de l'hôtesse de Nevers fut de se situer en fonction d'une tradition et d'assigner à son salon la mission de protéger et d'entretenir un patrimoine menacé, qu'il fallait adapter au monde moderne, à des formes nouvelles.

Les documents analysés permettent d'évaluer ce patrimoine: il dépend d'un modèle d'agrément et de beauté, et on peut en prendre possession par la double voie de l'intelligence et du cœur. L'agrément, en particulier l'agrément littéraire que cultivent les ruelles précieuses, les honnêtes maisons et les cercles de beaux esprits où triomphent les grâces de la femme du dix-septième siècle, lui donne sa dimension sociale: le beau langage, les conversations et les dissertations, les idées brillantes témoignent d'une tradition orale à laquelle Mme de Lambert fut initiée dès son plus jeune âge par Bachaumont, que Fontenelle relaie pour faire de son salon le plus prestigieux de Paris. La beauté investit également les formes de l'écriture morale et nourrit le rêve héroïque qui, de Plutarque à Corneille, tente de saisir l'image d'une humanité idéalisée.

---

131. On ne peut s'empêcher d'évoquer aussi Mme de Sévigné, à qui la marquise de Lambert ressemble sur bien des points. Au reste, on note la présence dans sa bibliothèque d'une édition des *Lettres* de celle qui fonda en dignité le genre épistolaire.

1. La marquise de Lambert: sa vie, son œuvre, son salon

Ce patrimoine a aussi une destination privée. La culture livresque de la marquise de Lambert surprend par sa qualité, sa diversité et son étendue: même si l'écrivain semble parfois se contenter de puiser dans les recueils de citations à l'usage des mondains, sa bibliothèque est incontestablement celle d'une femme savante. Cette culture doit orner l'esprit et surtout meubler l'existence. Le divertissement aristocratique a des allures sérieuses et une dimension spirituelle: il conservera toujours ce caractère à l'hôtel de Nevers. La formation intellectuelle et morale mène à la découverte d'une sagesse ambitieuse, qui révèle la permanence des grands courants de la morale universelle dans la culture des honnêtes gens de l'âge classique. Il faut accorder une attention particulière au rôle de la philosophie nouvelle; la marquise de Lambert est une femme cartésienne: ses lectures et les cercles qu'elle fréquente lui ont donné des règles pour la direction de l'esprit et ont infléchi sa conception de l'univers. La rencontre avec Fontenelle en fut facilitée, et son intention de fonder une maison célèbre recouvrait sans doute un projet philosophique.

Cette tradition qui portait la marquise de Lambert devait la conduire presque nécessairement à l'écriture; ce qui restreint considérablement la portée du mythe qu'elle a cherché à accréditer, d'une grande dame qui aurait dérogé en faisant métier d'écrivain. Ses modesties d'auteur ne s'accordent ni aux tendances de la culture aristocratique, ni aux intentions que révèle l'étude de la genèse de ses écrits.

3. La genèse des œuvres

La connaissance de la biographie de la marquise de Lambert et de sa culture éclaire sa vocation d'écrivain. Celle-ci fut devinée du public dès les premières années du dix-huitième siècle, grâce en particulier aux confidences de l'avocat Sacy dans l'"Epître à madame la marquise de Lambert' qui accompagnait son *Traité de l'amitié*, publié au début de l'année 1703.[1] Avec beaucoup de précautions, l'ami de l'hôtesse de Nevers osait dévoiler ce secret: 'Que ne m'est-il permis, sans trahir la confiance dont vous honorez quelques amis particuliers, de parler à tout le monde de ce que vous n'écrivez que pour vous?' (p.vii). Il faudra cependant attendre encore un quart de siècle pour que les idées de Mme de Lambert aient une plus vaste audience. C'est qu'elle ne souhaitait pas que ses écrits fussent publiés de son vivant: elle a longtemps résisté aux amis qui l'invitaient à les confier aux libraires, et bien des complicités furent nécessaires pour que fût publié le premier des manuscrits qu'elle avait laissé circuler dans le monde. Car le statut de l'écriture féminine, en cette aube du dix-huitième siècle, est encore entouré d'ambiguïtés. Les raisons invoquées par la marquise de Lambert pour justifier ses réticences mêlaient curieusement la coquetterie d'auteur, la pudeur de la femme savante et le respect des bienséances. La grande dame a créé autour de ses productions un véritable mythe, en cherchant à accréditer l'idée que le métier d'écrivain serait compromettant.

L'histoire de ses éditions est directement concernée par ce mythe: du vivant de la marquise, elle fut mouvementée; mais plusieurs années après sa mort, la publication de ses œuvres suscitait encore quelques controverses. Il y a entre les révélations de Sacy en 1703 et la publication du premier des manuscrits en 1726 un laps de temps important, qui a souvent égaré les commentateurs et qui est la source de confusions parfois fâcheuses: il peut être dangereux de relier les textes de Mme de Lambert à une réalité contemporaine, quand on se fonde uniquement sur les dates des éditions. Cette attitude, en outre, a l'inconvénient d'éluder cette question importante: peut-on déceler une évolution dans les écrits de Mme de Lambert, qui témoignerait de la métamorphose des goûts et des modes dans les trente premières années du siècle? Nous tenterons donc, au terme de cette étude de genèse, et après avoir réglé quelques problèmes d'attribution, de dater les écrits majeurs, qui ont pu être retouchés

1. L'achevé d'imprimer est du 30 janvier 1703.

ou modifiés par la marquise dans le détail, mais jamais en profondeur et d'une manière qui en eût bouleversé le sens et la forme. Il va de soi qu'un tel essai pourra servir de prolégomènes à une édition critique de ses *Œuvres*.

i. Le statut de l'œuvre

La marquise de Lambert s'est abondamment expliquée sur le statut de son œuvre, soit dans les écrits mêmes, soit dans sa correspondance; ce qu'elle en a dit a souvent été colporté par les personnalités de son salon qui en avaient recueilli la confidence. Nous sommes donc en possession d'indices nombreux sur l'état d'esprit de l'écrivain quand prirent forme ses réflexions, et quand ses ouvrages parurent en librairie. La version proposée par l'hôtesse de Nevers pour l'histoire de ses manuscrits publiés, ainsi que ses remarques sur l'acte d'écrire, mettent en évidence les caractères de la littérature mondaine.

Le premier est défini par la destination privée des écrits: une relation confidentielle s'établit entre l'écrivain moraliste et le cercle de famille ou celui des amis particuliers, sur le mode sérieux quand il s'agit d'un ouvrage pédagogique ou d'un traité, sur le mode ludique quand la production relève du divertissement mondain. Cependant, la littérature est un fait de société, et le cercle mondain n'est pas clos; les manuscrits, ou des copies, finissent par circuler dans le monde à l'insu de l'auteur, ou le plus souvent avec son autorisation. Cette circulation des manuscrits, si caractéristique de la production mondaine, délimite un cercle beaucoup plus large, dans lequel pourront se situer des observateurs neutres, ou même hostiles au bureau d'esprit. Mais l'écrivain ne cherche pas à assurer à ses écrits une divulgation plus importante: la marquise de Lambert se retranche derrière sa qualité et sa condition de femme pour désavouer, non sans coquetterie, des œuvres qu'elle ne comptait pas éditer de son vivant.

1. *La destination privée*

Les écrits de Mme de Lambert sont, dans leur origine, des écrits privés. C'est d'abord pour elle-même que la marquise note les réflexions ingénieuses et les pensées les mieux tournées qui fixent son attention; puis elle s'essaie à son tour, en imitant d'abord, puis en méditant, enfin en inventant. Elle s'accoutume à mettre de l'ordre dans les matériaux variés qu'elle collecte, et c'est cette matière qui s'offre à elle tout naturellement, lorsqu'elle doit faire passer à ses enfants les avis qui les éclaireront sur le monde et sur leur destinée, lorsqu'elle veut rivaliser avec ses amis moralistes ou qu'elle propose aux habitués de son salon des sujets de dissertations ou de discours. Ainsi la méditation personnelle se transforme progressivement en écriture morale, tandis que s'élargit l'espace de la confidence.

A. *Réformation du moi et plaisir personnel*

Ecrire pour soi-même, sans espérer d'autre profit qu'un enrichissement intellectuel et moral, d'autre plaisir que celui de laisser courir la plume sur le papier vierge, telle est dans sa simplicité et dans son évidence l'origine des productions, sérieuses ou légères, de l'aristocrate.

La marquise de Lambert écrit dans son propre intérêt, pour sa 'réformation' personnelle; ses *Avis*, qui appartiennent au domaine de l'instruction morale et de la pédagogie, sont justifiés à maintes reprises par ce précepte: seul celui qui se perfectionne peut prétendre enseigner autrui. Cette exigence conditionne l'existence même du genre des avis: 'les conseils sont sans autorité, dès qu'ils ne sont pas soutenus par l'exemple' (*Avis fille*, p.116), affirme Mme de Lambert, qui conserve à ce genre laïc ses accents chrétiens originels. Pour l'héritière de la tradition fénelonienne,[2] l'humilité convient à une pédagogie qui veut dépouiller l'autorité de ses prestiges. Dans son origine, le traité pédagogique de Mme de Lambert est une confession: comme Montaigne, et avant Jean-Jacques, la marquise a eu l'intuition du caractère libérateur de l'écriture, et a entrevu la richesse du dialogue complexe qui unit l'auteur à son lecteur. La conclusion des *Avis d'une mère à sa fille*, en assimilant l'humilité à l'humiliation, révèle (p.116) un idéal pédagogique élevé:

Rien de plus humiliant, ma fille, que d'écrire sur des matières qui me rappellent toutes mes fautes. En vous les montrant, je me dépouille du droit de vous reprendre; je vous donne des armes contre moi, et je vous permets d'en user, si vous voyez que j'aie les vices opposés aux vertus que je vous recommande.

La proposition de Mme de Lambert touche au problème plus vaste des vertus de l'écrivain moraliste, qui avait été soulevé dans son milieu, sous l'impulsion de la morale fénelonienne.[3]

Pour atteindre à cette perfection morale, l'écrivain doit sans cesse s'instruire et se réformer: l'auteur commence par méditer ses préceptes, avant de les faire

---

2. On retrouve la même idée dans la correspondance de la marquise de Lambert avec l'archevêque de Cambrai: 'Rien de si aisé que de donner des préceptes; mais s'ils ne sont soutenus de l'exemple, ils tournent contre la personne qui les donne' (p.406).

3. La marquise déclare à son fils: 'Celle qui exhorte doit marcher la première' (*Avis fils*, p.14). Dans son *Eloge de Sacy* à l'Académie française, Montesquieu partage cette opinion sur les vertus du moraliste: 'Il jugeait qu'ayant écrit sur la morale, il devait être plus difficile qu'un autre sur ses devoirs; [qu'il ne se pouvait pas] que dans chaque action il eût en même temps à rougir de ce qu'il aurait fait et de ce qu'il aurait dit' (*Œuvres complètes*, éd. Roger Caillois, Paris 1949, i.62). L'abbé Jean Terrasson, autre lambertin et disciple de Fénelon, assigne à l'écrivain moral l'obligation de pratiquer les vertus qu'il enseigne (*Sethos*, i.132).

'passer' aux autres. C'est ce principe qui a présidé à la genèse des *Avis*, ainsi que la marquise le rappelle en de nombreuses occasions, comme pour s'excuser d'user de l'autorité maternelle:

Je m'instruis moi-même par ces réflexions: peut-être serai-je assez heureuse pour changer un jour mes préceptes en exemple [*Avis fils*, p.14];

Mais de plus, c'est moi qui m'instruis: nous ne pouvons graver trop profondément en nous des préceptes de sagesse [*Avis fille*, p.60];

Par ces préceptes, je me forme de nouvelles obligations. Ces réflexions me font de nouveaux engagemens pour travailler à la vertu [*Avis fille*, p.116];

Il y a très longtems que j'avois écrit ces *Avis*, et je l'avois fait pour ma propre instruction, croyant que je devois commencer par moi, avant que de les faire passer à mes enfants [*Correspondance*, lettre au R. P. Buffier, p.392];

Les *Avis* que l'on a fait imprimer, je les avois faits pour moi, avant que de les faire passer à mes Enfans. J'ai cru qu'il falloit songer à ma propre reformation, avant que de penser à celle des autres [*Correspondance*, lettre à Saint-Hyacinthe, p.423].

Cette entreprise, toutefois, n'a rien de fastidieux, et peut même procurer à l'auteur un bonheur authentique: 'Je n'ai trouvé de bonheur véritable que dans ma propre reformation' (lettre au R. P. Buffier, p.393). L'aristocrate découvre le bonheur d'écrire, et le genre moral rejoint ici celui des mémoires. La marquise de Lambert a entrepris de composer son *Traité de la vieillesse*, parce qu'elle avait éprouvé le besoin de 's'aider de ses réflexions', de mettre de l'ordre dans ses pensées afin de tirer profit, 'pour sa perfection et pour son bonheur', de l'ultime carrière qu'elle allait parcourir (p.147-48). Dans l'exorde sont invoqués deux destinataires qui se superposent: Mme de Saint-Aulaire, à qui le traité est adressé, et l'écrivain même: 'Ces réflexions, ma fille, qui sont à présent pour moi, seront un jour pour vous' (p.148). Dans la suite de l'ouvrage, une rhétorique habile rendra impossible la distinction des différents dialogues imbriqués: de la marquise avec elle-même, de la mère avec sa fille, de l'auteur avec son futur lecteur.

Que l'écriture morale puisse s'apparenter de la sorte à la rédaction des mémoires, l'idée féconde d'un enrichissement spirituel dont profite celui qui médite sur lui-même suffirait à le prouver; il n'est que de rappeler le témoignage du maître Montaigne, et son insistance à démontrer qu'il y a toujours un 'profit' à tirer 'd'escrire de [s]oy' (iii.xi, p.980-81). Avant d'être classés dans les divers sous-genres de la littérature morale (traités, discours, avis, etc.), les textes de Mme de Lambert peuvent être perçus, dans leur mouvement originel, comme procédant d'une écriture purement privée, dans laquelle les réflexions mondaines servent l'examen de conscience à la manière antique et la confession chrétienne.

A l'opposé, l'écriture peut être aussi un divertissement; pour la grande dame, elle est le fruit du loisir, un acte spontané qui procure un plaisir, et lorsqu'elle acquiert ce caractère ludique, elle est reléguée au dernier rang des occupations intérieures, afin de préserver la gratuité de ses origines. L'écrivain adopte, ou feint d'adopter, à l'endroit de ses manuscrits, le ton du badinage épicurien par lequel il justifie ses plaisirs. Dans sa 'Lettre à l'abbé de Choisy en lui envoyant le manuscrit sur les Femmes', la marquise affecte devant son correspondant complice un détachement qui relève de la coquetterie: 'Je n'ai pas eu le tems de le perfectionner; des sentimens plus sérieux occupent mon âme, et des affaires plus importantes mon loisir' (*Correspondance*, p.371). A l'héritier spirituel de Saint-Evremond, l'ouvrage est présenté comme un jeu dont est capable la vieillesse, quand elle veut retenir les derniers agréments de la vie. Il est le produit d'un style de vie que rappelle un lexique redondant: *idées agréables, fonds de joie, jeux, amours, plaisirs, belles années.* Le genre précieux du portrait, qui retrouve à l'hôtel de Nevers une nouvelle vigueur, caractérise lui aussi cette écriture ludique qu'on pourrait analyser, à la même époque, dans les divertissements de la Cour de Sceaux. Le jeu et le sérieux sont loin d'être incompatibles dans l'écriture mondaine: dans une lettre à Saint-Hyacinthe datée du 29 juillet 1729 (*Correspondance*, p.424), Mme de Lambert désigne ses *Avis* comme les 'amusemens de [s]on loisir', et confond, en évoquant la genèse de ses œuvres, le projet moralisateur et la finalité ludique: 'Renvoyée à moi-même, j'ai pensé à tirer de moi seule toute ma force, mes appuis et mes amusemens' (p.423).

Que l'œuvre soit désignée comme 'un tonique' de la conscience morale ou comme une production du loisir aristocratique, c'est toujours en fonction de la disponibilité de l'écrivain, qu'elle doit instruire ou divertir, que sont définies ses origines. A la différence de l'écrivain de métier qui par le livre, les gazettes, le théâtre, les salons, les académies, cherche à conquérir un public, l'aristocrate qui écrit n'a en vue que lui-même: en apparence du moins, la qualité de son produit l'intéresse moins que le profit moral qu'il en tirera.

B. *Le cercle de famille*

De toutes les œuvres de la marquise de Lambert, ce sont les *Avis d'une mère à ses enfants* qui recueillent le plus de témoignages d'estime et d'admiration, comme le prouvent les nombreuses éditions et traductions procurées en France et à l'étranger.

Le genre des 'avis' est hybride, et relève autant de la pédagogie que de la morale;[4] il connaît, à la fin de l'âge classique, un succès certain qui ne se

---

4. Vers les années 1680, le genre se dégage de l'emprise de la prédication chrétienne pour s'ouvrir aux préoccupations des laïcs et des philosophes. C'est ce qui ressort d'une enquête rapide sur les ouvrages imprimés dans la décennie 1680-1690, d'après le répertoire de P.-M.

démentira pas au dix-huitième siècle. Les avis parentaux font partie des traditions intellectuelles et morales de l'aristocratie; il est de bon ton qu'un homme de qualité fasse connaître ses sentiments sur l'éducation de ses enfants ou petits-enfants: ce fut le cas du grand Condé, par exemple, et nous avons vu la marquise de Lambert donner des conseils pour l'éducation de Mlle de Saint-Aulaire. Cette démarche est justifiée par le système éducatif de l'époque, et l'on serait tenté d'expliquer le succès du genre par le renouvellement des idées pédagogiques: Fénelon, en avouant dans son traité *De l'éducation des filles* ses préférences pour une éducation maternelle privée, avait montré la voie. Un des fleurons du genre, à la fin du siècle, était venu de cette Angleterre dont le salon de l'hôtel de Nevers accueillera favorablement les idées et les modes: en 1697 avaient été publiés à Londres les *Conseils à sa fille* du marquis d'Halifax,[5] qui connurent en France un succès presque égal à celui des *Avis* de la marquise de Lambert. On peut estimer que les deux aristocrates ont fourni les prototypes d'un genre qui allait avoir la faveur d'un public mondain où dominent les femmes; au milieu du dix-huitième siècle abondent des ouvrages dont les titres disent une filiation évidente: les *Avis d'une mère à son fils* (Paris 1743) par Mme Le Guerchois, les *Avis d'un père à son fils* (Amsterdam 1751) par J.-H. Marchand. Il faut réserver une place à part, dans cette tradition, à l'ami intime de la marquise de Lambert, le chevalier de La Rivière, qui affirmera à plusieurs reprises avoir pris une part importante à la genèse des *Avis*;[6] convaincu de l'utilité morale de ce type d'écrits, le gentilhomme janséniste donnera à son tour au libraire, en 1731, le fruit de ses réflexions sous la forme d'*Avis d'un oncle à son neveu*: c'était avancer, en quelque sorte, sur les terres réservées de la famille, car vers 1730 le public goûtait encore avec plaisir le célèbre *Discours à ses enfants* de Bussy.[7]

Conlon; on rencontrera moins souvent des titres comme celui-ci: *Avis salutaire à une mère chrétienne pour se sanctifier dans l'éducation de ses enfants* (1689).

5. L'année suivante, l'ouvrage était publié par les libraires hollandais, à La Haye. Au milieu du dix-huitième siècle, Mme M.-G. Thiroux d'Arconville donnera une nouvelle édition, sous le titre: *Avis d'un père à sa fille* (Londres [Paris] 1756). Il faut rappeler que le marquis d'Halifax (1633-1695), homme d'Etat anglais, avait été chargé d'une mission auprès de Louis XIV.

6. Le chevalier de La Rivière avait suggéré à la marquise de donner à sa fille des réflexions solides, et lui avait proposé de collaborer à l'entreprise. Voir ces témoignages: 'Il y a une personne de votre connaissance qui y a eu quelque part dans le temps qu'on y travailloit [aux *Avis*]' (La Rivière, *Lettres choisies*, A Madame de ***, 20 février 1728, ii.24-26); 'Je sais quelqu'un qui lui avait prêté des sentimens, elle en a fait des épigrammes en prose, et des diamans brillans' (lettre à l'abbé Papillon, 10 juin 1736, ii.287-92); 'Elle avoit fait un livre qui porte pour titre *Avis d'une mère à sa fille et à son fils*: on l'avoit aidée de sentimens et de matériaux; elle en fit des diamans à facettes' (lettre à l'abbé Papillon, 11 septembre 1736, ii.309-12).

7. Bussy-Rabutin, *Discours à ses enfants sur le bon usage des adversités* (Paris 1694). Notons que la Révolution française redécouvrira l'intérêt de ce type de discours: les bouleversements politiques renouvellent le genre des 'avis', qui s'ouvre sur les événements du monde. Voir, par

3. La genèse des œuvres

Les liens étroits qui unissent le genre des 'avis' à la noblesse éclairée sont encore attestés par une découverte récente, faite dans les papiers du comte de Boulainvilliers: les 'conseils à ses enfants', qui lui étaient généralement attribués, ne sont en réalité qu'une copie des *Avis* de la marquise de Lambert. On mesure l'intérêt de cette découverte, quand on sait que ces 'conseils' étaient incorporés à un manuscrit ayant pour titre: *Mémoire et éducation de la noblesse*;[8] ce qui donne aux écrits de la marquise de Lambert leur véritable dimension. La relation pédagogique privée s'inscrit dans les projets plus vastes et plus ambitieux d'une morale éclairée, dont l'un des buts est la rénovation de l'éducation aristocratique traditionnelle.

On peut également classer, dans la catégorie des ouvrages promis au cercle de famille, le *Traité de la vieillesse* qui appartient, bien sûr, à un genre traditionnel de la littérature universelle, mais que la marquise de Lambert destine à sa fille, dont elle fait une lectrice privilégiée. Devant son enfant, elle peut se laisser aller à quelques confidences sur les souffrances de la vieillesse et les maux de l'âge; à la jeune femme qui brille dans son salon, elle rappelle les idées audacieuses que lui suggère son féminisme. Ce choix trahit aussi le souvenir lointain de la rhétorique cicéronienne, dans la mesure où la présence du destinataire permet d'esquisser un dialogue. Ainsi le *Traité* relève d'une conception analogue à celle des *Avis d'une mère à sa fille*: une réflexion identique sur la condition féminine nourrit l'analyse, et les deux exordes sont d'une même venue.[9] Si la pensée est identique, les perspectives changent cependant: les *Avis* posaient la question de l'éducation de la jeune fille et s'intéressaient à sa psychologie, tandis que le *Traité* tire la signification d'une destinée. L'un et l'autre se situent aux deux extrémités de l'existence; le temps a mis un baume sur les plaies, et l'âge a apporté l'apaisement: la satire amère et les revendications énergiques des *Avis* s'atténuent dans le *Traité*, car la narratrice qui s'approche 'de cet âge où tout nous échappe' sait que 'les regrets sont inutiles' (p.147).

exemple, l'*Instruction d'un père à ses fils* de François-Ignace de Wendel (*Essais inédits*, éd. Laurent Versini, Nancy 1983, p.86-105), ou les *Avis d'un père détenu et depuis victime de la tyrannie révolutionnaire, à sa fille âgée de cinq ans*, par M.-J.-A.-N. Caritat de Condorcet (s.l.n.d).

8. Geneviève Menant-Artigas, 'Boulainvilliers et Mme de Lambert', *Studies on Voltaire* 219 (1982), p.147-51. Ces copies se trouvent à la Bibliothèque municipale de Vire, 51 (cote locale A 53). Le manuscrit *Mémoire et éducation de la noblesse par m. le c. de Boulainvilliers* est suivi d'une pièce de 106 folios, ainsi divisée: 'Pour ma fille', f.1-60, 'Pour mon fils', f.61-fin. L'auteur signale (p.151) que ces copies des *Avis* de Mme de Lambert se trouvaient déjà dans le manuscrit de la bibliothèque de Boulainvilliers au château d'Ancy-le-Franc, aujourd'hui perdu. Il y aurait donc deux manuscrits qui établiraient les liens de Boulainvilliers avec Mme de Lambert.

9. On relira les phrases introductives des deux ouvrages, pour se convaincre que la marquise a réutilisé celles des *Avis* (p.55) en tête de son *Traité* (p.146). Ce qui est nouveau, c'est son projet de concurrencer Cicéron, en réécrivant le *Traité de la vieillesse* à l'intention des femmes.

C. *L'émulation entre amis*

L'espace de la confidence est délimité par le cercle des 'amis particuliers'; comme dans la relation parentale, l'intimité, qui est alors de type épistolaire, entre l'auteur et son destinataire reste entière, mais le ton du discours change quelque peu.

Entre dans cette catégorie une grande partie de la correspondance de la marquise de Lambert retenue par l'éditeur Bousquet. Il faut, bien sûr, accorder une attention particulière aux productions dans lesquelles la relation épistolaire se substitue à la relation pédagogique réalisée dans le genre des 'avis'. Dans ce cas la lettre est anormalement démesurée, et la hiérarchie privilégiée, parfois gênante,[10] qui soumettait l'enfant à l'autorité morale de sa mère, s'efface pour laisser place à une égalité, que les bienséances imposent, entre deux pédagogues. Telle est la signification de l'écrit que la marquise de Lambert adresse à Mme la supérieure du couvent de la Madeleine de Tresnel.

Le *Traité de l'amitié*, qui imite celui de Cicéron, a lui aussi un destinataire; il est adressé à un ami, très certainement Sacy. Les confidences de l'avocat sur l'émulation bénéfique entre la marquise et lui-même renforcent cette conviction: 'Je ne crains donc pas, Madame, de reconnoître publiquement le droit que vous avez sur cet Ouvrage. C'est à vous, que j'en dois les principales idées' (p.iv). Pour ce traité aussi, la marquise de Lambert a voulu accréditer la fiction qui rapporte l'origine de l'écrit à un événement de la vie privée, connu des deux correspondants: l'éloignement d'une amie commune, infidèle, les aurait incités à méditer sur ce thème et à en tirer un essai. Dans l'exorde du traité, on assiste au retour du motif de l'examen de conscience qui justifie, aux yeux de l'aristocrate, l'acte d'écrire (*Amitié*, p.118):

Vous me devez, Monsieur, une consolation pour la perte de notre amie. J'appelle perte, toute diminution dans l'amitié, puisqu'ordinairement tout sentiment qui s'affoiblit, tombe. Je m'examine à la rigueur, et je crois mettre dans l'amitié plus qu'une autre. Cependant, tout échappe. Je vous prie donc de me dire sans ménagement à qui je dois m'en prendre; car il faut que mes plaintes ayent un objet. Est-ce de moi? Est-ce de mes amies, ou des mœurs du tems? Enfin, corrigez-moi, où je manque; consolez-moi, si je perds.

Le caractère privé de l'écriture ne saurait être affirmé avec plus de netteté, puisque le destinataire est invité à tenir le rôle d'un directeur de conscience. Cependant, il y a là un artifice, car le pronom personnel *je* n'apparaît que dans

---

10. Mme de Lambert a compris que l'autorité d'une mère pouvait nuire à la valeur pédagogique de l'écrit. Elle confie à son fils que ses avis 'ne sont point des leçons sèches, qui sentent l'autorité d'une mère; ce sont des avis que vous donne une amie, et qui partent du cœur' (p.2). La remarque confirme le caractère hybride d'un genre qui réalise un habile compromis entre la pédagogie et la morale.

l'introduction, très brève, et s'efface ensuite au profit du *on* ou du *nous* éthiques, qui garantissent l'objectivité et l'universalité des réflexions. L'examen de conscience et l'évocation de la vie intime sont destinés à masquer la hardiesse d'un projet qui ambitionne de concurrencer le chef-d'œuvre de Cicéron.[11]

La *Métaphysique d'amour* est sans doute l'ouvrage qui illustre le mieux l'émulation littéraire entre amis. Son histoire est bien connue. A l'abbé de Choisy, qui lui avait confié tous les détails de son autobiographie scandaleuse, et qui l'avait désignée pour être la dédicataire des aventures très particulières de la comtesse des Barres, la marquise répond par une confidence enjouée et s'engage à son tour 'dans le Païs des Fleurs et des Zéphirs' (*Femmes*, p.213), libre d'y errer à l'abri des regards indiscrets. Pourtant, cette fois encore, le dilettantisme et le divertissement épicurien des mondains, pris comme prétextes, ne font pas illusion: on acquiert très vite la conviction que l'ouvrage a été conçu pour un public plus vaste, et que l'abbé de Choisy ne devait pas être le seul dépositaire des idées féministes qui y sont exprimées.

D. *Le cercle des habitués du salon*

L'ultime élargissement de la confidence fait intervenir le cercle que forment les amis qui se connaissent et se réunissent à l'hôtel de Nevers, pour recueillir les propos de l'hôtesse sur des matières variées. Le salon a joué un rôle dans la genèse de ses écrits, comparable à celui des ruelles pour la littérature précieuse.[12] On retrouve dans les œuvres de la marquise de Lambert les genres familiers de l'écriture mondaine traditionnelle. A commencer par le portrait, production faite pour être lue devant le cercle des devisants, qui en apprécient l'ingéniosité et la grâce.[13] Des écrits plus sérieux portent aussi les traces de 'l'oralité': les dissertations, que l'on soumet à l'approbation des doctes; les discours, qui accordent une large place aux agréments de la conversation

---

11. En réalité, le sujet même du traité finit par être oublié, et l'ouvrage s'achève sur une définition de la métaphysique du cœur, qui est l'embryon du futur ouvrage *Sur les femmes*.

12. La plus grande part de la littérature précieuse, destinée au 'mystère des ruelles', est orale.

13. Le portrait est différent du panégyrique, mieux adapté à l'écrit, plus sérieux. Mme de Lambert a pratiqué les deux genres. On comparera son *Portrait* et son *Eloge* de Sacy, pour mettre en évidence les caractères distinctifs. Nous savons par Mathieu Marais que la notice nécrologique de l'académicien, parue dans le *Mercure de France* du mois d'octobre 1727, p.2352-54, est de sa main: 'Mme de Lambert a donc fait l'*Eloge de Sacy*, elle en est bien capable, et cela ressemble fort à l'*Instruction* pour son fils, qui n'en a guère' (*Journal et mémoires*, iii.504, lettre au président Bouhier du 5 décembre 1727). On peut suivre Mathieu Marais: les idées développées, le ton, l'allure de la phrase rendent presque certaine l'attribution.

mondaine et qui sont un héritage des ruelles précieuses;[14] les dialogues enfin, qui venaient d'acquérir leurs lettres de noblesse grâce à Fontenelle et qui reflètent parfaitement les propos des salons.

Les habitués de l'hôtel de Nevers ont la primeur de ces écrits, comme ils ont aussi celle des ouvrages à la mode qui sont sur le point d'être publiés; cependant, les premiers ne sont pas destinés à sortir du cercle pour lequel ils sont façonnés. Une publication créerait un effet de rupture, et pour la justifier, il faudrait faire appel à un argument qui avait déjà été utilisé, non sans ambiguïté, par l'abbé de Pure: l'écrit privé peut être divulgué pour montrer à un public profane la beauté des arcanes et les mystères du cercle. C'est ce qui se produira dans un milieu voisin de l'hôtel de Nevers, à la cour de la duchesse Du Maine, quand l'abbé Genest sera chargé de donner au monde une idée de la magnificence des divertissements et des fêtes de Sceaux; le secrétaire de la duchesse sentira cependant la difficulté de concilier les exigences de deux publics différents:

La plupart des ouvrages que l'on trouve rassemblés ici ne devaient pas vraisemblablement sortir du petit cercle où ils ont été renfermés d'abord. [...] Jusqu'aux divertissements qui paraissent les mieux suivis, ce ne sont à vrai dire que des espèces d'impromptu, propres seulement pour les occasions qui les ont fait naître.[15]

La divulgation des créations du loisir de l'hôtel de Nevers soulèvera les mêmes questions: le passage du cercle privé au public transforme la nature du divertissement, de l'impromptu; pour prévenir les difficultés, l'écrivain choisira une solution intermédiaire en affranchissant ses manuscrits et en les laissant circuler dans le monde.

2. *La circulation des manuscrits*

Confier le manuscrit à des mains étrangères, qui en laisseront prendre des copies, offre des avantages certains: la formule permet à l'écrivain d'observer les réactions de lecteurs moins favorables que les familiers du salon, et qui ne sont pas toujours bien disposés à l'égard du bureau d'esprit; elle fait connaître les mérites de la femme de lettres sans l'exposer aux satires malicieuses qui condamnent presque systématiquement les écrits féminins et vouent leurs auteurs au silence; et surtout elle entoure habilement l'écrit d'un halo, quelque

14. Est-il besoin de préciser que les frontières entre les deux genres ne sont pas nettes, et que *discours* et *dissertation* se confondent souvent en cette aube du dix-huitième siècle? Plus mondain, plus souple, moins savant que la dissertation, le discours est cependant construit selon un mouvement oratoire et des règles de composition assez strictes. La transcription de l'oral à l'écrit accentue bien sûr la confusion entre les deux genres.

15. Abbé Genest, *Divertissements de Sceaux* (Trévoux 1712), 'Préface'; voir Jacqueline Hellegouarc'h, 'Mélinade ou la duchesse Du Maine', *RhlF* 78 (1978), p.722-35.

peu mystérieux, de réputation, qui le fait désirer. La circulation des manuscrits s'effectue donc aux limites extrêmes de la confidence, dans un espace assez vaste qui préfigure celui où vivra le livre futur. Cette coutume n'est pas nouvelle. Les plus purs chefs-d'œuvre, avant de paraître au grand jour, ont baigné dans cette obscure clarté; les *Maximes* de La Rochefoucauld ont été connues des particuliers et des salons, avant d'être livrées au libraire. Les motifs et les prétextes qui construisent le mythe auquel font référence les aristocrates qui écrivent n'ont guère changé: Mme de Lambert aurait pu emprunter à l'*Avis au lecteur* de la première édition des *Maximes* (1665) sa fable d'une copie qui échappe et de la trahison qui livre au public un recueil fait pour le cabinet. Au siècle dernier, le critique Giraud soulignait déjà cette filiation qui rapproche la marquise de ses prédécesseurs: 'Les *Avis d'une mère à son fils*, lus et applaudis d'abord dans son salon, d'où ils coururent manuscrits de main en main, comme les *Maximes*, ou les *Conversations* du XVIIe siècle.'[16]

A. *Le manuscrit des* Avis

Ce sont surtout les *Avis* qui ont ainsi couru le monde, pour connaître un succès qui ne s'est jamais démenti. La critique externe fournit de nombreux indices, essentiellement dans les correspondances des contemporains, qui permettent d'établir une liste des lecteurs privilégiés. La liaison établie par Sacy entre Fénelon et la marquise de Lambert est l'exemple le plus probant d'une pratique féconde, qui permet de resserrer les liens entre deux milieux; elle nous permet aussi de dater la divulgation des écrits dans un cercle plus vaste que le salon. C'est dans l'année 1709 que Sacy adresse à l'archevêque de Cambrai le manuscrit des *Avis d'une mère à son fils*. Il ne fait aucun doute qu'il agit avec le consentement de la marquise,[17] et l'on n'aura garde de prendre à la lettre les accusations que portera contre lui l'hôtesse du salon, et qui relèvent de la rhétorique mondaine la plus pure: 'Je n'aurois jamais consenti, Monseigneur, que Monsieur de Sacy vous eût montré les occupations de mon loisir' (*Correspondance*, p.402, première lettre de la marquise de Lambert à Fénelon); 'Monsieur de Sacy, Monseigneur, m'a traité en personne foible' (seconde lettre, p.405). Fénelon, lui aussi, se doit de respecter les règles de ce jeu mondain, et c'est à Sacy qu'il adresse, le 12 janvier 1710, l'éloge de la marquise: 'Madame la comtesse d'Oisy vous expliquera mieux que moi, Monsieur, ce qui m'a empêché jusqu'ici de lire le Manuscrit de Madame la marquise de Lambert que vous m'avez confié. Je viens de faire aujourd'hui

16. Ch. Giraud, 'Le salon de Mme de Lambert', p.116.

17. Pour comprendre la démarche de Sacy, il faut la rapporter aux liens politiques établis entre le salon de l'hôtel de Nevers et le milieu du duc de Bourgogne dans la première décennie du siècle.

cette lecture avec un grand plaisir' (p.399). Quand la relation épistolaire est établie, l'archevêque de Cambrai peut réclamer lui-même l'envoi d'un second manuscrit, celui des *Avis d'une mère à sa fille*.[18] Cette relation triangulaire est exemplaire, car l'on devine que la circulation des manuscrits sert de prétexte à la consolidation des liens entre l'hôtel de Nevers et le milieu de Fénelon, les deux lambertins avouant leur appartenance à l'école de vertu créée par le précepteur du duc de Bourgogne.

La découverte d'une copie des *Avis* dans les papiers du comte de Boulainvilliers intéresse également la définition du milieu de Mme de Lambert, du cercle de ses lecteurs. Geneviève Menant-Artigas, à qui on la doit, estime (p.151) que cette copie a été faite sur des manuscrits qui circulaient:

En tout cas [Boulainvilliers] n'a pu copier ou faire copier les *Avis* sur un exemplaire imprimé, puisqu'il est mort avant qu'ait paru la première édition. Si la copie vient des papiers de Boulainvilliers, elle constitue un témoignage sur la diffusion en manuscrits des œuvres de Mme de Lambert. Toute littérature clandestine, au dix-huitième siècle, n'est pas subversive.

On peut estimer que les familiers de la marquise, comme Fontenelle, La Motte, Saint-Aulaire, Mongault, possédaient de longue date de telles copies, comme aussi le chevalier de La Rivière, qui avait collaboré à la genèse des *Avis*. La marquise les avait adressés également à Montesquieu, qui l'en remercie dans une lettre datée du 29 juillet 1726: 'J'ai reçu le manuscrit que vous avez eu la bonté de m'envoyer.'[19] Or le président était à la même époque en relation avec le Père Desmolets, et l'on peut se demander s'il ne serait pas son véritable informateur; dans ce cas, l'indication fournie par le premier éditeur des *Avis d'une mère à son fils*, qui déclarait tenir le manuscrit du chevalier de Saint-Jorry,[20] serait destinée, en quelque sorte, à couvrir Montesquieu.

A la veille d'être imprimés, les *Avis* de Mme de Lambert étaient déjà célèbres, ils avaient même attiré l'attention des adversaires du bureau d'esprit.

18. 'Ne pourrois-je point enfin, Madame, vous devoir à vous-même la lecture du second ouvrage?' (p.404).

19. *Œuvres complètes*, éd. Masson, iii.850. Montesquieu avait reçu le manuscrit au printemps. Il interroge ses correspondants, pour obtenir d'eux certains éclaircissements; voir cette réponse de Berthelot de Duchy, dans une lettre datée du 29 juin 1726, de Paris: 'Je n'ai trouvé le trait d'histoire de M. de Lambert dans aucun livre imprimé, obligez-moi de m'envoyer l'extrait du manuscrit duquel vous l'avez tiré' (iii.840). Les correspondants font sans aucun doute allusion ici aux événements de Gravelines.

20. *Mémoires* (1726), ii.317: 'Ce Manuscrit a été communiqué par Monsieur le chevalier de Saint-Jory.' Il est tout de même étrange de constater que Montesquieu reçoit un manuscrit qui circulait dans le public depuis près de vingt années, et que moins de six mois plus tard, le texte est publié par un de ses proches! La marquise écrira plus tard, à Saint-Hyacinthe: 'Je suis fâchée que ces amusemens de mon loisir ayent été connus par l'infidélité d'un ami, à qui je les avois confiés' (*Correspondance*, p.423-24, lettre du 29 juillet 1729).

Mathieu Marais, par exemple, les avait lus, comme il le confie au président Bouhier, quand la *Lettre sur la vraye gloire* est donnée au public:

[Je] chercherai ce livre où est le discours de Mme de Lambert, qui est une des caillettes de Fontenelle; j'ai vu autrefois d'elle une *Instruction* à son fils en manuscrit: je le reconnoîtrai bien et verrai si c'est la même chose;[21]

Le style de la marquise est bien facile à connoître; je saurai bientôt ce qui en est.[22]

De nombreuses copies du manuscrit des *Avis* ont circulé dans le monde; elles étaient en général de bonne qualité.[23] Elles attestent le succès des instructions parentales auprès du public mondain des premières années du dix-huitième siècle, et l'admiration universelle qui entoure ces productions de la marquise de Lambert.[24]

B. *Les autres manuscrits*

D'après les confidences maintes fois répétées de la marquise de Lambert, le manuscrit des *Réflexions sur les femmes* avait été confié à l'abbé de Choisy sous le sceau du secret. 'Je demande à votre amitié et à votre fidélité, que ce petit Ecrit ne sorte jamais de vos mains' (*Correspondance*, p.372). Et il est vrai qu'il semble avoir été moins connu, quand même l'abbé de Choisy en aurait laissé prendre quelques copies. Or, la version officielle donnée par la marquise elle-même de l'histoire de ce manuscrit est en contradiction avec la réalité: nous savons que l'hôtesse de Nevers l'avait confié aussi au chevalier de La Rivière, qui n'était pas, de tous ses intimes, le mieux préparé à l'apprécier. La marquise avait précisément choisi le moment où l'ouvrage sortait en librairie, comme si elle tenait à connaître l'opinion de son vieil ami: 'Elle m'envoya avant-hier le manuscrit, avec prière de le lui rendre pour le jeter au feu, ce qui a été exécuté';[25] 'Elle m'envoya son manuscrit que j'ai encore, et que je vous envoyerois, s'il en valoit le port.'[26]

On peut admettre que dans les dernières années de son existence, la marquise

21. Lettre à Bouhier du 30 décembre 1726 (iii.460).
22. Lettre à Bouhier du 12 janvier 1727 (iii.464). Cette lecture est ancienne, puisque Mathieu Marais rappelle dans son *Journal*, à la date du 12 janvier 1725, en évoquant le mariage d'Henri-François de Lambert, que sa mère lui avait donné 'de beaux conseils, qu'on a vu manuscrits dans le monde' (iii.144). On notera l'hésitation, pour décrire le genre, entre les titres *Avis*, *Instruction* et *Conseils*.
23. Les variantes sont pour ainsi dire insignifiantes entre la copie de Vire et le texte édité par le Père Desmolets.
24. Voir encore ce témoignage de Montesquieu: 'Je vous dirai naïvement que votre ouvrage a fait ici la fortune qu'il mérite, qu'il y est regardé comme un chef-d'œuvre & infiniment au-dessus de ce que les personnes de votre sexe ont jamais fait. Vos critiques mêmes les plus injustes sont vos plus zélés admirateurs' (iii.872).
25. La Rivière, ii.24-26 (lettre à Mme de ***, 20 février 1728).
26. La Rivière, ii.287-92 (lettre à l'abbé Papillon, 10 juin 1736).

de Lambert, qui souhaitait pour ses écrits une édition posthume, a voulu confier l'ensemble de ses manuscrits à ses amis les plus sûrs: Fontenelle, qui collaborera avec les éditeurs Bousquet et E. Ganeau, fut préféré à La Rivière.[27] Une autre collection presque complète de ces manuscrits fut la propriété de Lévesque de Burigny, qui lui-même la tenait très probablement de Saint-Hyacinthe. Celui-ci en effet avait vécu dans l'intimité de la marquise de Lambert, lors de son retour en France en 1731 et jusqu'à la mort de l'hôtesse; on retrouva, parmi les œuvres éditées par Lévesque de Burigny, une 'Lettre de la marquise de Lambert à Mme de Saint-Hyacinthe', qui accompagnait l'envoi à l'épouse d'une copie de la 'Lettre à madame la supérieure du couvent de la Madeleine de Tresnel'. On connaît les graves accusations que Voltaire porta contre l'auteur du *Chef-d'œuvre d'un inconnu*, qui aurait tout bonnement volé la marquise.

Il a escroqué la réputation d'auteur de ce petit livre, comme il a volé mad. Lambert. Infâme escroc et sot plagiaire, voilà l'histoire de ses mœurs et de son esprit;[28]

J'ai en main ma vengeance. Les héritiers de mad. Lambert ne se sont pas tus et j'ai des lettres des personnes les plus respectables et de la plus haute considération [...] qui ont fait succéder la plus violente indignation à leurs bontés;[29]

Je sais seulement qu'il a volé en dernier lieu feu mad. de Lambert, et que les héritiers en savent des nouvelles.[30]

Saint-Hyacinthe a-t-il surpris la vigilance des proches de la marquise? A-t-il profité de sa lente agonie pour prendre des copies de ses manuscrits? A-t-il été désigné par elle pour être l'auxiliaire de Fontenelle dans la préparation d'une édition posthume?[31] C'est un mystère de plus à ajouter à l'histoire secrète des manuscrits de Mme de Lambert.

L'étude de la circulation des manuscrits montre que le milieu de Mme de

---

27. Ses prêches, ses discours contre le bel esprit avaient fini par détruire la confiance de son amie: 'Elle m'avoit promis de me laisser tous ses écrits; je ne sçais si elle l'a fait, je ne m'en suis pas informé, et je n'ai jamais eu de commerce avec son fils' (ii.287-92).

28. Voltaire, *Correspondence and related documents*, éd. Th. Besterman, *Œuvres complètes de Voltaire* 85-135 (Genève, Banbury, Oxford 1968-1977), lettre à M. Berger, Cirey, 16 février 1739 (Best.D1881).

29. Lettre à M. Lévesque de Pouilly, Cirey, 27 février 1739 (Best.D1911).

30. Lettre à Helvétius, 21 mars 1739 (Best.D1948). Les allusions de Voltaire désignent le *Recueil de divers écrits sur l'amour et l'amitié*, publié en 1736. La querelle avec Voltaire et le scandale qui l'entoure expliquent pourquoi Saint-Hyacinthe a confié les autres manuscrits à Lévesque de Burigny.

31. Sur le rôle de Saint-Hyacinthe éditeur, on lira l'article d'Elisabeth Carayol, 'Des *Lettres persanes* oubliées', *RhlF* 65 (1965), p.15-26. C'est peut-être à l'hôtel de Nevers que Saint-Hyacinthe a eu accès à des *Letres persanes* inédites communiquées par Montesquieu lui-même (p.18). Notons encore que l'édition du *Recueil de pièces fugitives* est attribuée tantôt à Lévesque de Burigny, tantôt à Saint-Hyacinthe.

Lambert est constitué de réseaux multiples et divers dans leur nature: les liens complexes tissés entre les lecteurs de ses manuscrits en sont un exemple. Elle caractérise aussi son public: la grande dame projette sur son œuvre sa propre conception du monde, qui s'exprime par la métaphore banale du théâtre: 'Je respecte et redoute le Public; je n'ai jamais voulu d'autres spectateurs qu'un très petit nombre d'amis estimables: voilà mon Théâtre' (*Correspondance*, p.410). On retrouve dans cet aveu le critère qui justifie le recrutement à l'hôtel de Nevers: l'hôtesse opère une sélection, choisit son public, et l'auteur agit de même. L'aristocrate qui écrit ne veut pas être confondu avec l'écrivain de profession et, pour l'affirmer, crée autour de son œuvre un véritable mythe.

3. *Un mythe: le métier d'auteur serait compromettant*

> Une femme de condition faire des livres, comment soutenir cette infamie![32]

On a le sentiment, en lisant les confidences de Mme de Lambert, que le métier d'écrivain serait une activité compromettante: tout ce qui peut passer pour souci d'auteur est dédaigné, par elle, avec affectation, et en particulier la publication de ses ouvrages. Par une élémentaire pudeur aristocratique, attachée à un code ancestral, elle refuse de prendre en considération la valeur marchande du livre, ou les efforts qu'exige le métier d'écrire. C'est une survivance de l'attitude bien connue de l'aristocrate qui ne veut point déroger: dans les dernières lignes qu'il a laissées, Raymond Picard se plaisait à rappeler le cas de Mme de Lafayette qui, 'grande dame, a eu le souci presque obsessionnel de ne passer en aucun cas pour un auteur de profession'.[33] Il ne s'agit point seulement, pour Mme de Lambert, de respecter le préjugé qui interdit la carrière des lettres aux gens de condition: sa formation, les activités de son salon prouvent qu'elle aimait le bel esprit. Il faut donc, pour expliquer sa modestie d'auteur et ses réticences à l'idée d'être publiée, évoquer des motifs plus profonds. L'idéal de la marquise est celui d'une précieuse, et derrière le mythe qui fait de l'écriture une activité compromettante, il faut lire ses craintes de voir renaître le mépris et le ridicule qui avaient accablé les hôtes des ruelles, puis les femmes savantes. Mme de Lambert s'est retranchée derrière les bienséances pour mieux préserver la nouvelle préciosité qu'elle voulait restaurer.

---

32. Fontenelle, *Notice nécrologique de Mme de Lambert*, p.xv.
33. Raymond Picard, 'Remises en question', in *Le Roman au XVIIe siècle*, RhlF 77 (1977), p.358.

A. *'Une modestie d'auteur'*

Il n'est rien de plus étranger à Mme de Lambert que la vanité d'auteur. Dans sa correspondance avec les maîtres du style, comme Fénelon, ou les beaux esprits de son siècle, comme le Père Buffier, elle se place avec humilité à un rang modeste et accorde peu de prix à ce qu'elle pense ou à ce qu'elle écrit. Ce ne sont pas de simples formules de politesse, car trop fréquentes et trop ostentatoires, elles perdraient tout crédit; la marquise est convaincue que les bienséances conseillent toujours à la femme de ne point se faire auteur, de ne pas paraître savante, et que le public continue d'attacher un ridicule à celle qui affecte le bel esprit. Elle reprend à son compte les arguments des antiféministes qu'elle combat, et qui ont un demi-siècle d'âge (*Correspondance*, p.423, 410, 385):

Je n'ai jamais pensé, Monsieur, qu'à être ignorée, et à demeurer dans le néant où les hommes ont voulu nous réduire [lettre à Saint-Hyacinthe];

Nous autres femmes, nous ne sommes faites que pour être ignorées [lettre à Monsieur ***];

Songez-vous, de plus, que je ne suis qu'une femme, dont l'esprit, si j'en avois, seroit toujours gêné par les usages, et qu'il doit se cacher sous le voile des bienséances? [seconde lettre au Père Buffier sur Homère].

Se taire, observer une réserve prudente, c'est 'payer le tribut que [le] sexe doit à la modestie' (p.410). Sans doute l'argument est-il assez grossier, et il faudrait ignorer l'ironie pour le prendre à la lettre; il relève de l'arsenal d'une rhétorique mondaine qui fait confiance à la prétérition, quand il s'agit d'exprimer le respect des bienséances. Mais on ne saurait nier que la marquise n'ait pas été sensible aux jugements du public, et délicate sur ses discours. La nouvelle préciosité n'a pas voulu répéter les excès de l'ancienne, et son féminisme fut moins subversif; on ne retrouvera pas sous la Régence l'affectation qui avait discrédité les ruelles.

A plus forte raison l'érudition risque-t-elle d'être tenue en suspicion; Mme de Lambert ne veut pas exhiber sa culture, qui est celle d'une femme savante. Lorsqu'elle s'entretient d'Homère avec le Père Buffier, elle se garde de porter un jugement définitif, parce qu'elle mesure en toute lucidité la distance qui sépare la culture mondaine de la science, et qu'elle se cantonne, par respect des bienséances, dans un arbitrage fait d'élégance et de mesure: 'Je n'entreprendrai pas d'éclairer l'esprit: c'est votre affaire'; 'Si je n'ai point répondu juste aux questions que vous m'avez faites, c'est que je n'ai jamais pensé à combattre contre vous: nos armes ne seroient pas égales. Songez-vous, de plus, que je ne suis qu'une femme' (p.381-82, 384-85). Cependant, après ces précautions épistolaires, les scrupules de la grande dame s'atténuent, les équilibres de la conciliation se rompent, et la marquise 's'enhardit' à exposer son propre sentiment: 'Je m'enhardis avec vous, et je vous fais part de mes débauches littéraires' (p.385). C'est là une de ses métaphores favorites, et l'aveu que la pudeur est défaite; l'image émerge quand la marquise cite un auteur ancien, comme si la tradition qui réserve la culture de l'Antiquité aux hommes était toujours aussi contraignante.[34] Ces précautions et ces métaphores cachent une réalité d'un autre ordre: la hardiesse de Mme de Lambert est celle d'une précieuse qui prône une nouvelle forme de raisonnement, une réflexion plus intuitive et plus spontanée qui ferait appel à la sensibilité (p.390):

Je ne me mêle pas de décider. J'ordonne à ma petite raison de se taire; mais mon sentiment est mutin et indépendant. Je ne vous dirai donc pas ce que je pense; imaginez-vous que je ne pense rien; mais je sens, et ne sens rien d'agréable quand je lis Homère.

Le masque des bienséances est arraché, le mythe de la modestie de la femme savante s'effrite. 'Ose penser ce que tu sens': c'est dans cette formule que serait la hardiesse de la marquise de Lambert, qui tient le savoir en suspicion, parce que la raison elle-même a ses limites. Les plus beaux raisonnements, en matière de morale, de théologie, d'esthétique, auront toujours moins de force que l'intime conviction et que l'intuition: cette belle leçon, qu'illustrera Marivaux, ne mériterait pas de rester enfouie dans une correspondance peu connue.

La lettre que la marquise de Lambert écrit à son ami Sacy, sur la mort du duc de Bourgogne, témoigne d'une hardiesse analogue. En dépit de la confiance totale qui unit les deux correspondants, la marquise prend la précaution de réclamer un absolu secret, et en appelle encore, ce qui ne manque pas de surprendre, au respect des bienséances et à la pudeur: 'Il me semble qu'avec vous, cher Sacy, en me mêlant de citer, je franchis les bornes de la pudeur, et que je vous fais part de mes débauches secrètes [...] Que cette lettre, je vous prie, ne soit que pour vous: vous savez avec quelle franchise je vous écris, et avec quel attachement je suis à vous' (p.396-99).[35] C'est que ces confidences sont dangereuses: la marquise laisse libre cours à son émotion, et l'oraison funèbre sensible contient une satire sans indulgence du mauvais monarque et du prince absolu.

Ainsi, l'aveu de la débauche coïncide toujours, chez Mme de Lambert, avec la prise de conscience du danger qui menace ses lecteurs, quand l'intuition et la sensibilité féminines ouvrent aux idées des perspectives audacieuses. Le

---

34. Ce préjugé anime le discours d'Horacien, adversaire du savoir féminin, dans *La Prétieuse* de l'abbé de Pure, éd. Emile Magne (Paris 1938-1939), i.168.

35. Ce *post-scriptum* est moins ambigu que celui de la lettre à Buffier, par lequel la marquise lui enjoignait de ne pas divulguer ses opinions à Mme Dacier, pour des raisons qui sont évidentes: 'Je vous prie de ne pas montrer ma lettre à Mme Dacier, et de n'en donner copie à personne. Je me fie encore à vous: vous ne m'avez manqué qu'une fois' (p.391).

respect des bienséances cache le jeu, l'ironie, qui parfois confine à la duplicité, d'une précieuse avide de faire sentir à son public, en usant de la prétérition, les raffinements du bel esprit féminin. On pourra alors comparer les jeux de l'écriture à l'itinéraire proposé par la métaphysique d'amour: la pudeur, l'attente, le mystère garantissent l'authenticité d'une pensée qui surprend le destinataire par son essor.

On peut formuler des remarques analogues sur l'humilité intellectuelle de la grande dame, qui traduit souvent, selon le code de la politesse mondaine, son refus du statut d'auteur. Pour déprécier son propre mérite, il suffit à la marquise de reconnaître ses dettes, d'avouer ses 'larcins';[36] or le choix de cette métaphore n'est pas laissé au hasard, puisqu'elle désignait, dans les conversations entre beaux esprits, une production littéraire honteusement usurpée. L'humilité peut même atteindre, en présence d'un maître comme Fénelon, aux plus pures nuances du sentiment chrétien: '[Votre louange] m'a très sincèrement humiliée; et je sais que vous louez en moi, non ce qui y est, mais ce qui devroit y être' (p.406). A plusieurs reprises, Mme de Lambert évoque dans cette lettre le danger des louanges pour l'amour-propre,[37] qui ne peut désigner ici que la vanité d'auteur. Car cette relation épistolaire, qui crée un lien solide entre l'hôtel de Nevers et l'archevêché de Cambrai, a été longuement mûrie. La grande dame a recherché l'approbation d'une autorité extérieure, et l'exquise délicatesse qu'elle met dans son humilité ne suffit pas à tarir son ardeur à se justifier, à défendre ses opinions, à vaincre les dernières réticences de Fénelon hostile à son apologie de l'ambition et de la gloire. Sans remettre en cause son adhésion aux principes de la morale fénelonienne, sa démarche, sous le couvert de l'humilité, établit une distance qui, à sa manière, affirme une originalité.

B. *La trahison des serments*

Comme elle a sans cesse repoussé toute vanité d'auteur, Mme de Lambert a maintes fois répété qu'elle avait été trahie quand ses écrits furent publiés. C'est l'autre versant du mythe élaboré par l'aristocrate qui prétend tenir le métier d'auteur pour une activité compromettante; comparée aux aveux de modestie et d'humilité, qui trouvent leur justification dans le code de la politesse, l'affirmation est beaucoup plus inquiétante. Les duplicités et les ambiguïtés de

36. Voir la correspondance de la marquise de Lambert avec l'archevêque de Cambrai, p.402. On notera ausi cette formule: 'Si j'avois quelque chose de bon, quelque tour dans l'esprit, quelque sentiment dans le cœur, c'est à vous, Monseigneur, que je le devrois' (p.406).

37. 'Quel danger, Monseigneur, pour l'amour-propre, que des louanges qui viennent de vous [...] Je suis très sensible, Monseigneur, à [la louange] qui vient de vous. En est-il de plus délicate, de plus flatteuse, et même de plus dangereuse?' (p.403, 405-406).

la rhétorique mondaine semblent désormais assez lointaines: l'esprit de négation s'applique à présent à un système culturel majeur, celui de la librairie, et vise à semer le doute dans le public sur les liens véritables de l'auteur avec son œuvre.

Il est vrai que, pour les textes édités de son vivant, les *Avis* et les *Réflexions sur les femmes*, Mme de Lambert a toujours affirmé avec énergie qu'elle n'en avait pas souhaité la divulgation: c'est par une indiscrétion que les manuscrits qu'elle avait confiés sont parvenus au public. Les récits différents, et par là-même suspects, donnés par la marquise elle-même entourent cette trahison d'un mystère bien difficile à pénétrer. Au R. P. Buffier, elle écrit, en évoquant le sort du manuscrit des *Avis* (p.392):

Rien n'est plus vrai que depuis dix ans, j'ai fait l'impossible pour empêcher l'impression d'un Manuscrit que j'avois prêté à un Ami, et que l'on a trouvé à sa mort [...] J'ai résisté à tous mes Amis qui vouloient le faire imprimer, et surtout à M. de La Rivière, à qui l'on doit beaucoup de déférence pour son mérite et ses vertus.

Cette version semble en contradiction avec celle que la marquise fournit à Saint-Hyacinthe (p.423); les deux lettres, en réalité, se complètent, et, juxtaposées, permettent de reconstituer les événements d'une manière satisfaisante. Le récit adressé au Père Buffier superpose deux histoires et assimile le sort des *Avis* à celui des *Réflexions sur les femmes*, dont le manuscrit avait été trouvé à la mort de l'abbé de Choisy, le 2 octobre 1724, et imprimé contre le gré de son auteur. Il suffit pour le premier texte d'invoquer l'infidélité d'un ami, qui pourrait être, comme nous l'avons dit, le chevalier de Saint-Jory ou Montesquieu lui-même. Quant aux réticences de la marquise,[38] on ne saurait les mettre en doute: la véracité de son témoignage est confirmée par le chevalier de La Rivière en personne, qui écrit à une correspondante: 'Ainsi ces *Avis* seront toujours nécessaires. J'ai aidé au parti qu'on a pris de les imprimer. Rien n'est plus nécessaire et plus négligé que l'éducation des Demoiselles' (ii.24-26).

Ce qui importe, c'est la signification de l'argument: la trahison des serments est contraire au code aristocratique de l'honneur et de la générosité. La grande dame et la femme auteur peuvent se plaindre publiquement de l'infidélité d'un ami, accusé d'avoir contrevenu aux conventions élaborées par le cercle de l'hôtel de Nevers.

L'histoire des écrits de la marquise de Lambert fait émerger un mythe puissant:

---

38. Répétées dans la lettre à Monsieur ***: 'Mais vous ignorez que depuis longtems j'ai fait l'impossible pour n'être pas imprimée' (p.410); et dans la lettre au président Bouhier du 8 janvier 1728 (B.N., Manuscrits français 24412, f.255r): 'Le livre dont vous me parlez, Monsieur, m'a donné bien du chagrin.'

l'écriture mondaine serait, par essence, différente des activités des auteurs de profession, et la publication d'un livre compromettrait la réputation d'une grande dame. On ne saurait certes nier les réalités qui nourrissent de telles affirmations: elles viennent bien souvent buter sur la question de la condition féminine au début du dix-huitième siècle. Le mythe, cependant, est bien ambigu: la précieuse, la femme bel esprit sait prendre son lecteur dans les pièges d'une rhétorique habile, où se révèle l'originalité, parfois même l'audace d'une pensée libre et indépendante. Les 'cruels chagrins' de Mme de Lambert, quand elle se vit imprimée, furent réels; ses résistances, son désaveu cachent, à n'en pas douter, des soucis d'auteur que révèle en partie l'histoire des éditions.

ii. L'histoire des éditions

L'histoire des éditions des œuvres de la marquise de Lambert est beaucoup plus simple à écrire que celle des événements publics et privés qui les ont précédées. Elle confirme, dans l'ensemble, les aveux de l'auteur, et permet d'affirmer que la grande dame ne souhaitait pas être imprimée, en France, de son vivant. Quand on veut établir une bibliographie raisonnée de ses ouvrages, il est nécessaire de distinguer les écrits qui parurent avant sa mort, des pièces qui trouvèrent place dans des recueils posthumes; pour celles-ci, en effet, d'inévitables problèmes d'attribution peuvent apparaître, auxquels la critique génétique peut apporter des réponses satisfaisantes: cela est vrai, en particulier, de quelques essais assez brefs et de la nouvelle intitulée *La Femme hermite*.

1. *Les manuscrits publiés du vivant de la marquise de Lambert*

Seuls les *Avis* et la *Métaphysique d'amour* ont été publiés du vivant de la marquise de Lambert, mais sans son assentiment, ce qui a soulevé les tempêtes que l'on sait. La publication, sous l'anonymat, de la *Lettre sur la vraie gloire*, semble avoir décidé les libraires parisiens Etienne Ganeau et Le Breton à imprimer à leur tour des copies qui avaient voltigé jusqu'à eux.

A. *La* Lettre d'une dame à son fils sur la vraye gloire *(1726)*

C'est le Père Pierre-Nicolas Desmolets, le bibliothécaire de l'Oratoire et l'ami de Montesquieu, mais surtout le continuateur des *Mémoires de littérature et d'histoire de M. de Salengre*, qui fut le premier éditeur de la marquise de Lambert. Sans son assentiment, il imprime dans le second tome de l'année 1726, qui paraît dans les premiers jours du mois de décembre, une *Lettre d'une dame à son fils. Sur la vraye gloire* (p.265-317). L'écrit est anonyme, mais suivi d'une mention précisant que le manuscrit a été remis par le chevalier de Saint-Jorry. Tous les lecteurs qui avaient eu entre les mains une copie des *Avis d'une mère à son fils* pouvaient aisément les reconnaître, car ils n'avaient pas été défigurés et le Père Desmolets les donnait dans leur intégralité.[39] Mais les allusions biographiques fournissaient également aux non-initiés des clés utiles: c'est ainsi qu'on vit les curieux, dans les premiers jours de l'année 1727, s'intéresser aux révélations sur le siège de Gravelines, s'interroger sur l'histoire peu banale du cordon bleu du vieux Lambert. Le texte contenait aussi une satire à peine voilée du ministre Louvois, dont la divulgation devait être gênante. Ce bruit autour de sa famille, les recherches indiscrètes sur son beau-père auraient suffi à ébranler la marquise. A cela s'ajoutaient encore, de la part des adversaires de son bureau d'esprit, des sarcasmes sur l'éducation d'un fils qui avait passé l'âge de recevoir des avis (Henri-François était dans sa cinquantième année!),[40] et qui venait de rompre avec sa mère: la brouille de la marquise avec son fils était connue, et il y avait entre leur situation réelle et le texte un décalage qui pouvait paraître cocasse, comme quand la mère écrit à l'adolescent: 'J'espère bien, mon fils, qu'un jour vous serez toute ma gloire' (*Avis fils*, p.14).

On peut donc comprendre l'inquiétude de Mme de Lambert: elle fut plus sensible aux notes discordantes qu'au concert d'éloges qui lui parvenait de Paris, mais aussi du fond de la province. Si l'on veut bien admettre que la marquise a eu part à cette initiative, qu'elle a pu la considérer comme un essai – on dirait aujourd'hui un sondage – en vue d'une édition future qu'elle préparait avec l'aide de collaborateurs fidèles, on estimera que le bruit, celui des éloges et des sarcasmes, l'a effrayée. Aussi ses craintes augmentèrent-elles encore, quand elle apprit, durant l'automne 1727, que des libraires parisiens sollicitaient un privilège pour l'ensemble des *Avis* et pour sa *Métaphysique d'amour*.

B. *Les* Avis d'une mère à ses enfants

Le 23 septembre 1727, le censeur Blanchard donne son approbation à un manuscrit intitulé *Avis d'une mère à son fils et à sa fille*, déposé sur son bureau par le libraire Etienne Ganeau; celui-ci veut aller très vite, et obtient un

---

39. Les variantes les plus significatives se trouvent, mais cela ne surprend pas, dans les portraits des Lambert.

40. Nous avons déjà noté les sarcasmes de Mathieu Marais sur l'instruction d'Henri-François. Le chevalier de La Rivière note aussi avec humour: 'son fils & sa fille sont en âge d'avoir profité des avis qu'elle leur donne, & hors du tems où on en reçoit' (ii.24-26).

privilège pour l'imprimer et le débiter, le 27 du même mois.[41] Le livre sort à Paris dans les derniers jours du mois de décembre.[42]

L'hostilité de la marquise de Lambert à ce projet est attestée par deux types de documents. Elle avait assez d'amis à la librairie royale pour être informée du dépôt de son manuscrit chez les censeurs; elle tente d'intervenir directement auprès d'eux, mais sans succès: les registres officiels portent la trace de sa démarche, qui visait à demander la suppression du privilège.[43] Elle cherche alors à s'entendre avec le libraire et propose à Etienne Ganeau de lui racheter l'édition; comme le tirage est déjà en partie débité, il a l'honnêteté de refuser la proposition. 'M. Ganeau Libraire vous dira', écrit-elle au Père Buffier (p.392), 'que j'ai voulu acheter l'édition: il a eu la bonne foi de ne vouloir pas recevoir mon argent, parce qu'il en avoit beaucoup débité.' Quand la marquise de Lambert répétait à ses correspondants qu'elle avait 'fait l'impossible pour que le manuscrit ne fût pas imprimé', elle ne trahissait pas la vérité et n'exagérait en rien l'importance d'une démarche assez singulière, que suscitaient essentiellement des motifs personnels.

Le succès qu'avait connu la *Lettre sur la vraie gloire* ne devait pas se démentir, et fut tel qu'en dix ans Etienne Ganeau put donner quatre éditions: la seconde en 1729, que la marquise de Lambert se résigna à accepter; la troisième, après sa mort (elle est datée de 1734, mais le privilège fut accordée le 30 août 1733); la quatrième en 1739, pour concurrencer les autres éditeurs qui s'intéressaient à ses œuvres. Dans le même temps, en 1729, l'éditeur hollandais J.-Fr. Bernard procurait une contrefaçon de l'édition parisienne, dont le titre alléchant conciliait ceux qu'avaient retenus le Père Desmolets et Etienne Ganeau, et levait l'anonymat: *Lettres sur la véritable éducation, par madame la marquise de Lambert*, à Amsterdam.[44]

c. *Les* Réflexions sur les femmes

Pendant qu'Etienne Ganeau faisait imprimer le livre des *Avis*, une copie du manuscrit de la *Métaphysique d'amour*, qu'on avait probablement retrouvée dans les papiers de l'abbé de Choisy, était entre les mains du libraire F. Le Breton, qui en sollicitait l'approbation et obtenait un privilège le 23 novembre

---

41. B.N., *Registres de la librairie*, Mss français 21955, f.117.

42. Comme le confirme une lettre de Mathieu Marais, datée du 30 décembre. Ainsi la date de l'édition *princeps*, 1728, fait illusion. On notera aussi que, contrairement à ce qui est parfois avancé, ces faits sont indépendants de la mort de Sacy, qui survient le 26 octobre 1727.

43. B.N., Mss français 21955, f.97.

44. Notons que dans le courant de l'année 1727 déjà, la *Bibliothèque française* avait procuré une contrefaçon de la *Lettre* éditée par le Père Desmolets.

1727.[45] Le livre allait être débité, pour 15 sols, sous le titre: *Réflexions nouvelles sur les femmes par une dame de la Cour de France*. Tandis qu'on le fabriquait, tous les regards étaient tournés vers l'hôtel de Nevers, où se jouait en partie l'élection de Montesquieu à l'Académie française.

Le ton et les idées de ce petit livre en faisaient, en cette fin de l'année 1727, un véritable manifeste d'une préciosité nouvelle, et comme tout ouvrage de ce genre, il avait ses détracteurs. La correspondance du chevalier de La Rivière témoigne des réticences d'une partie du public: '[Les femmes] se sont gendar-mées contre ce petit ouvrage, et ont essayé de lui donner un ridicule; c'est pour cela que mon amie lui a ôté son cours.'[46] Cet accueil mêlé pousse Mme de Lambert à une démarche radicale: elle rachète au libraire l'ensemble de l'édition, pour la somme de 700 livres, ainsi qu'elle le confie au président Bouhier: 'il me coûte 700 livres pour retirer une autre petite brochure. Elle n'a pas laissé que de courir.'[47] Ce geste 'héroïque' eut des conséquences contraires à ce qu'escomptait la marquise: un léger parfum de scandale entoura l'opuscule et lui attira la curiosité du public; le *Mercure de France*, dès le mois de janvier 1728, s'empressa d'en donner des extraits (p.129-32) et les rares exemplaires[48] qui n'avaient pas été anéantis, furent recherchés avec avidité.

Cependant, les libraires parisiens avaient compris qu'ils ne pourraient imprimer l'ouvrage sans fâcher la marquise de Lambert. Aussi les éditions allaient-elles venir de l'étranger. En 1729, une contrefaçon sortait des presses hollandaises de Gosse et Néaulme, à La Haye; elle avait l'avantage de rendre à l'ouvrage son titre original,[49] qui convient mieux, cela est incontestable, à la

45. B.N., Mss français 21955, f.120. L'ouvrage paraît quelques jours avant les *Avis*, dans la seconde moitié du mois de décembre.

46. ii.24-26. Huit ans plus tard, le chevalier de La Rivière se donnera le beau rôle en affirmant à l'abbé Papillon qu'il fut à l'origine de la décision de Mme de Lambert: 'Je trouvai cet ouvrage si froid & si ridicule, & je lui en fis telle honte, qu'elle m'envoya deux cens écus au Libraire pour retirer tous les exemplaires de ce petit livre; mais il en resta un qui fut imprimé en Angleterre, et qui est revenu ici; de sorte que Madame de Lambert n'a pu sauver l'improbation du public' (ii.287-92). La sortie simultanée des deux livres fait commettre à La Rivière une confusion: il parle, dans sa lettre de 1728, des *Avis aux femmes*.

47. B.N., Mss français 24412, f.255r. La Rivière, dans la lettre du 20 février 1728, indique le même montant. La marquise de Lambert multipliera ses confidences sur ce rachat: 'Tout le monde sait que j'ai acheté toute l'Edition d'un autre Manuscrit' (au Père Buffier, p.392); 'Je crus les anéantir [les livres] en achetant toute l'édition; cela n'a fait qu'augmenter la curiosité' (à Saint-Hyacinthe, p.423). Rappelons aussi le témoignage de Fontenelle: 'Mais Mad. de Lambert ne se consoloit point, & on n'auroit pas la hardiesse d'assurer ici une chose si peu vraisemblable, si après ces succès, on ne lui avoit vu retirer de chez un libraire, & payer au prix qu'il voulut, toute l'édition qu'il venoit de faire d'un autre ouvrage qu'on lui avoit dérobé' (p.xvi).

48. 'C'est un petit livret qui est devenu très rare et qu'elle a retiré des mains du libraire' (Mathieu Marais, lettre au président Bouhier du 8 février 1728, iii.521).

49. C'est du moins ce qu'affirme Desfontaines, dans son compte rendu pour *Le Nouvelliste du Parnasse*, dans la première édition de 1731: 'ce petit ouvrage qui a été réimprimé en 1729 sans

finalité et au caractère précieux des réflexions: *Métaphysique d'amour, par madame la marquise de L****. Les éditeurs dévoilaient, comme leur collègue Bernard, l'identité de l'auteur, et les écrits de la marquise de Lambert commençaient à sortir de l'anonymat. L'ouvrage connaissait aussi un vif succès en Angleterre. Sur l'un des exemplaires restés dans le public, l'excellent traducteur Lockman, qui avait déjà travaillé sur de bons auteurs français, fabriquait une version anglaise quelque peu altérée, mais qui 'gardait toute la politesse du style de [l]a Langue originale'.[50] Ici, l'histoire des éditions fournit un ultime indice sur la signification réelle des résistances de la marquise de Lambert: quoi qu'elle en ait dit, des soucis d'auteur ont souvent inspiré ses démarches, car elle n'eut qu'à se féliciter de l'intérêt du public londonien pour son ouvrage. A Saint-Hyacinthe, qui lui avait envoyé cette traduction, elle exprime sa satisfaction, dans une lettre datée du 29 juillet 1729 (p.423-24), comme si les querelles autour d'une préciosité renaissante n'intéressaient pas, à l'évidence, ses lecteurs étrangers:

Le manuscrit sur les Femmes est si défiguré qu'on ne sait ce que c'est: on a ôté le commencement et la fin, qui apprenoient pourquoi il avoit été fait. Si j'avois su que Messieurs les Anglais eussent honoré un si médiocre écrit de l'impression, je vous l'aurois envoyé tel qu'il est, craignant moins ce qui se peut dire dans un Païs étranger, que le bruit qui se fait autour de moi [...] Vous voulez bien, Monsieur, que je vous prie de faire mes remerciemens au Traducteur. Quoique je sois très fâchée que cela soit connu, je ne puis m'empêcher de lui savoir bon gré du cas qu'il paroît faire d'un si médiocre Ouvrage.

A Londres, Saint-Hyacinthe, que ses goûts portaient vers l'édition, veut profiter de ces bonnes dispositions de Mme de Lambert pour procurer une édition en français. Il s'entend avec J.-P. Coderc, libraire spécialisé dans ce genre d'ouvrages, qui prend des contacts avec Paris et, peut-être, obtient l'assentiment de la marquise de Lambert; c'est du moins ce que l'on est tenté de croire: 'je fus assez heureux pour en trouver un autre [exemplaire] dans un voyage que je fis l'année dernière à Paris. Mes premiers soins, à mon retour en Angleterre, furent de le faire imprimer' (p.i-ii). Cette nouvelle édition paraît en 1730, en beaux caractères, en reprenant le titre de l'édition *princeps*; elle est accompagnée d'une épître dédicatoire 'A Madame la marquise de Saint-Aulaire', destinée à effacer les derniers scrupules: 'Cependant, Madame, j'ai deux raisons particulières qui m'ont engagé à vous dédier cet Ouvrage; l'une, c'est pour vous prier très humblement d'obtenir de Madame la marquise de

aucune altération (selon l'éditeur) sous le titre de *Métaphysique d'Amour*, qui est son titre original, quoiqu'il ne soit pas si bon que l'autre' (édition de 1734, i.12).

50. *Réflexions nouvelles sur les femmes* (Londres 1730), Préface de l'éditeur, pages non chiffrées, p.i.

Lambert le pardon que je la supplie de m'accorder d'avoir publié ces *Réflexions*'
(p.xii).

L'histoire des ouvrages imprimés du vivant de Mme de Lambert est plus
limpide que celle des manuscrits: elle contredit en partie les affirmations du
mythe de l'écriture privée, et révèle les motifs personnels et les soucis d'auteur
qui déterminèrent la marquise à ce geste assez rare: le rachat d'une édition au
libraire qui la débite. Elle montre aussi, dans les premières années du règne
de Louis XV, les résistances du public à une préciosité nouvelle, qui s'exprime
tant dans les idées que dans la langue, et qui a pour foyer l'hôtel de Nevers.
Il était utile, pour une période où les modes changent rapidement, où les
formes se renouvellent sans cesse, de préciser une chronologie qui intéresse
aussi les autres productions littéraires; si l'on veut éviter les contresens, il faut
se souvenir que l'influence de la *Métaphysique d'amour* sur un public profane
ne peut être alléguée avant le début de l'année 1728.

2. *Les éditions posthumes*

La marquise de Lambert laissait en mourant des papiers nombreux, dont nous
avons aujourd'hui perdu la trace. Nous avons vu dans quelles conditions Saint-
Hyacinthe, qui fréquentait alors son salon, avait pu en prendre des copies, et
nous devinons aussi que Fontenelle avait été désigné par elle pour veiller sur
ce bien: c'est à ces deux familiers que nous devons la survie de son œuvre. Ils
ont cependant, pour des raisons qui nous échappent, laissé passer dans les
éditions qu'ils ont procurées, des éléments hétéroclites, et ont mêlé de simples
paraphrases à des essais originaux.

A. *Le rôle de Saint-Hyacinthe et de Fontenelle*

a. *Les recueils de Saint-Hyacinthe*
Saint-Hyacinthe, dont l'activité d'éditeur touche-à-tout est bien connue, eut
le mérite de sentir la valeur de pièces qu'il possédait peut-être par malhonnêteté. En outre, ce polygraphe a joué un rôle considérable dans la diffusion de
la littérature française vers l'Europe, et dans l'introduction des idées étrangères
en France; nous venons d'entrevoir les liens établis, grâce à lui, entre l'hôtel
de Nevers et l'Angleterre,[51] et nous pourrions encore évoquer son rôle d'éditeur
en Hollande.[52] Peu de temps après la mort de Mme de Lambert, il sut faire
un tri intelligent, et de tous les écrits en sa possession détacha, pour sa valeur

---

51. Voir également Lucette Desvignes, *Marivaux et l'Angleterre* (Paris 1970), p.13 et 33.
52. Voir l'article d'Elisabeth Carayol, '*Le Démocrite français*: un texte oublié du jeune Montesquieu?', *XVIIIe siècle* 2 (1970), p.3-5.

littéraire et philosophique, le *Traité de l'amitié*, dont il assura la publication dans un recueil de mélanges, auquel participaient aussi Lévesque de Pouilly et le marquis de Charost: le livre fut publié à Paris, en 1736, par la veuve Pissot, spécialisée dans l'édition des moralistes,[53] sous le titre: *Recueil de divers écrits sur l'amour et l'amitié*. On ne pouvait que reprocher à Saint-Hyacinthe de n'avoir pas indiqué avec plus de netteté la provenance de son trésor et d'avoir laissé planer un doute fâcheux sur l'origine du traité.

Rendu prudent par les accusations de larcin lancées contre lui, il décida de livrer au public, dans une édition hollandaise, l'ensemble des pièces en avouant leur auteur, et en chargeant (c'est du moins l'hypothèse la plus vraisemblable en l'état actuel de nos connaissances) Jean Lévesque de Burigny de veiller à la fabrication du livre. Le *Recueil de pièces fugitives, de différens auteurs, sur des sujets interressans* fut donné à Rotterdam par François Bradshaw, en 1743. On y rencontre quelques écrits du chevalier de La Rivière qui accompagnent, sous une mention trop modeste, des *Pièces fugitives de Mme la marquise de Lambert* (p.146-238). L'éditeur a réuni une nouvelle: *La Femme hermite*; un écrit pédagogique: la *Lettre à madame la supérieure du couvent de la Magdeleine de Tresnel, sur l'éducation d'une jeune demoiselle*, qu'accompagne une lettre d'envoi *A Mme de Saint-Hyacinthe*; le *Dialogue sur l'égalité des biens entre Alexandre et Diogène*; plusieurs essais: des *Réflexions sur la différence qu'il y a de la réputation à la considération* et *Sur la délicatesse d'esprit et de sentiment*; un *Discours sur le sentiment d'une dame*; enfin des lettres diverses, dont celles *A Monsieur l'abbé ****, *A Madame *** sur son mariage*, et la correspondance échangée avec Fénelon. On mesure donc l'importance, pour l'histoire des éditions des œuvres de Mme de Lambert, de ce recueil dans lequel, dix ans après sa mort, on tentait de rassembler pour la première fois des inédits dispersés. Il répondait, sans aucun doute, à un besoin véritable du public.

b. Les éditions de Bousquet et d'Etienne Ganeau

Le libraire de la marquise de Lambert, Etienne Ganeau, était tout désigné pour répondre à cette attente du public. Il fut cependant pris de court par un confrère suisse très dynamique, qui avait entrevu le succès promis à un tel recueil: le sieur Marc-Michel Bousquet, de Lausanne, s'entend avec Fontenelle, en 1747, pour donner à la publication le caractère d'"œuvres complètes'. Il reconnaît sa dette dans l'"Avertissement' de la première édition (p.xviii):

Pour donner du relief à mon Edition, il falloit avoir des Pièces qui n'eussent point encore paru. Je me suis adressé pour cet effet à l'illustre M. de Fontenelle, l'Ami

---

53. La veuve Pissot lançait la même année un ouvrage périodique au titre révélateur: *Les Amusemens du cœur et de l'esprit*.

particulier de feue Mad. de Lambert, qui, se prêtant à mes vues, a tiré de son Cabinet et me remit à Paris, celles de ces Pièces qu'il a cru mériter l'impression; et par surcroît de bonté, il veut bien me permettre que je le dise ici.

La démarche de l'éditeur était donc simple: rassembler tous les écrits dispersés dans différents livres, et obtenir de Fontenelle de précieux inédits, dont certains avaient beaucoup de valeur, comme le *Traité de la vieillesse* et, dans une moindre mesure, les *Réflexions sur les richesses* ou divers *Portraits* mondains, sans compter la correspondance littéraire de la marquise de Lambert avec Sacy et le R. P. Buffier.

Dans le même temps, le libraire suisse faisait appel au public, dans l'espoir de ramasser d'autres inédits pour des éditions ultérieures. La seconde était donnée l'année suivante, sans modification. Seul Jean-Baptiste-Joseph Pouhat de Tallans, avocat à Besançon, et membre du magistrat de la ville, lui avait envoyé deux petites pièces[54] qui ne furent pas jointes. Le succès durable de l'ouvrage engagea Marc-Michel Bousquet à procurer une nouvelle édition en 1751, alors même que la précédente avait été 'piratée', en 1750, par les libraires hollandais.

Etienne Ganeau ne pouvait cacher son amertume d'avoir été pris de court,[55] retardé peut-être par la procédure administrative: il obtenait une approbation de Maunoir le 18 mai 1747, un privilège le 20 juin, et le livre se débitait en 1748. Il s'était adressé, lui aussi, à Fontenelle,[56] et la seule originalité à laquelle il put prétendre, fut de présenter un texte revu par l'académicien lui-même; il se contentait de remettre en cause l'authenticité de *La Femme hermite*, qu'il maintenait néanmoins dans son édition, et ajoutait deux épîtres de Mme de Vatry à la marquise de Lambert.[57] Il bénéficia à son tour du succès de l'ouvrage, et procura deux autres éditions en 1751 et 1761.

Nous n'avons pas à prolonger ici l'analyse des éditions des *Œuvres*: leur multiplication, entre 1747 et 1761, témoigne du succès obtenu par les écrits de la marquise de Lambert, qui ne devait pas faiblir avant la fin du dix-neuvième siècle.

---

54. Elles ne se trouvent pas, semble-t-il, dans les papiers concernant les Pouhat aux Archives du Doubs.

55. 'Le Sieur Bousquet, Libraire de Lausanne, nous a prévenus. Il s'est adressé à l'illustre Mr. de Fontenelle, ami particulier de feu Mad. de Lambert, lequel a eu la bonté de lui remettre quelques Pièces de cette Dame, qui n'avoient pas encore paru, et qu'il a cru mériter l'impression' (*Œuvres de Madame la marquise de Lambert*, Paris 1748, i.ii).

56. Il y a là encore un autre mystère: on comprend mal que Fontenelle se soit prêté à ce jeu entre libraires concurrents.

57. Ainsi que la lettre de Mme de Lambert à Mme de Saint-Hyacinthe, que l'éditeur Bousquet n'avait pas retenue.

B. *Problèmes d'attribution*

Les conditions dans lesquelles ont été assumées ces publications posthumes ne donnent pas, malgré la caution de Fontenelle, toutes les garanties souhaitables d'authenticité, et les habitudes des éditeurs de l'Ancien Régime peuvent inspirer une légitime méfiance. Les papiers de la marquise de Lambert contenaient eux aussi des copies, parfois anciennes, et des écrits composés avec la collaboration des hôtes du salon. En outre, le libraire Etienne Ganeau lui-même a soulevé la question du statut de la seule nouvelle de Mme de Lambert, dont l'attribution lui semblait douteuse.

a. *Les paraphrases de Mme de Lambert*

Nous avons montré, dans un article auquel nous renvoyons,[58] que l'on pouvait tenir les deux essais autonomes de Mme de Lambert *Sur le goût* et *Sur la différence qu'il y a de la réputation à la considération* pour deux paraphrases.

Les éditeurs Bousquet et Ganeau ont aperçu que les *Réflexions sur le goût*, proposées par Fontenelle comme une pièce indépendante, étaient en partie insérées dans la *Métaphysique d'amour*, mais ils n'ont pas voulu défigurer le manuscrit qui leur était fourni et l'ont reproduit intégralement. Or cet essai qui vise à définir le goût s'appuie presque exclusivement sur des concepts anciens qui avaient été élaborés par le chevalier de Méré, et que Mme de Lambert avait consignés dans ses cahiers de notes, pour les réutiliser un jour.

Quant à la dissertation *Sur la réputation et la considération*, que les éditeurs hollandais, puis Fontenelle ont maintenue dans le recueil de ses *Œuvres*, la marquise de Lambert l'avait bâtie avec Montesquieu. Avait-on oublié que l'auteur des *Lettres persanes* l'avait lue en public à l'Académie de Bordeaux le 25 août 1725, et que la *Bibliothèque française* de J.-F. Bernard, en 1726, en avait donné quelques extraits? Les éditeurs ont-ils considéré que l'ordre nouveau conçu par l'auteur donnait à cette pièce un caractère original justifiant une publication? Montesquieu se contentera de noter dans ses cahiers personnels, à l'intention de la postérité, l'antériorité de sa production et désignera la pièce de son amie comme une paraphrase:

Feu Mme la marquise de Lambert [...] fit l'honneur à cet ouvrage de s'en occuper [...] La copie de Mme de Lambert s'étant trouvée après sa mort dans ses papiers, les libraires, qui n'étoient point instruits, l'ont insérée dans ses ouvrages, et je suis bien aise qu'ils l'aient fait, afin que, si le hasard fait passer l'un et l'autre de ces écrits à la postérité, ils soient le monument éternel d'une amitié qui me touche bien plus que ne feroit la gloire.[59]

58. 'Deux paraphrases de Mme de Lambert'. On utilisera également l'étude d'Edme Cougny, 'Montesquieu et madame de Lambert: petite question de propriété littéraire', *Mémoires de la Société des sciences morales, des lettres et des arts de Seine-et-Oise* 2 (1878), p.235-52.

59. *Œuvres complètes*, éd. Caillois (Paris 1949), i.1004, n.128.

b. L'attribution de La Femme hermite *à Mme de Lambert*

L'attribution de la nouvelle *La Femme hermite* à Mme de Lambert a été contestée par Etienne Ganeau lui-même (p.ii-iii):

> Si le Sieur Bousquet avoit fait son édition sous les yeux de Mr de Fontenelle, il n'auroit pas joint aux véritables *Œuvres* de Madame de Lambert la nouvelle intitulée *la Femme Hermite*. Ce respectable Savant lui auroit appris qu'il ne connoissoit point cette Pièce pour un Ouvrage de cette illustre Dame, et qu'elle ne pouvoit pas lui être attribuée, du moins dans l'état où elle est. On l'auroit volontiers retranchée de ce Recueil, si l'on n'avoit craint les insinuations qui pourroient être répandues, que cette Pièce ne s'y trouve pas, à cause qu'elle n'a pu passer à l'approbation.

Il faut avouer que les remarques du libraire parisien sont bien ambiguës: si la nouvelle n'est pas de la main de Mme de Lambert, pourquoi la maintenir dans une édition de ses *Œuvres*, pour prouver à des esprits malveillants qu'elle pouvait passer à l'approbation? En outre, sa présence dans le recueil de pièces fugitives et dans l'édition de Lausanne fournit une présomption en faveur de l'attribution. De nombreux indices internes en apporteront la preuve.

Il faut auparavant montrer rapidement comment cette 'nouvelle nouvelle' est construite. L'auteur recourt à la technique, souvent utilisée, d'un emboîtement de plusieurs récits. Le plus extérieur, qui est à la fois le prétexte de la nouvelle et qui lui sert de cadre, est très bref: Bellamirte (ce nom pourrait être l'anagramme de Lambert) est à la campagne avec des amies, et pour se divertir les dames vont visiter un ermitage voisin; là, elles rencontrent une triste recluse qui, dans une longue confession, leur retrace 'l'histoire de sa vie' (p.290), c'est-à-dire de ses égarements. Commence alors le récit majeur, qui est un récit à la première personne. Les auditrices apprennent comment l'héroïne, 'd'une naissance assés illustre', a fait naître la passion du prince Camille, fils de la princesse Zélie qui l'a élevée. Cette passion, qui contrarie les projets d'établissement conçus pour le prince, amène la séparation des jeunes gens. Présentée à la cour, l'héroïne rencontre dans un bal le duc de Praxède et ne reste pas insensible à ses charmes, faisant naître ainsi la jalousie du prince Camille, dont la passion est toujours aussi vive. Sa confidente Eleonor, pressentant le danger de cette liaison, la met en garde contre l'amour en lui dévoilant ses propres souffrances. L'héroïne interrompt alors sa confession pour rapporter aux visiteuses l'histoire d'Eleonor, qui est celle d'une veuve déchirée entre sa sensibilité et sa gloire. Ce nouveau récit (p.316-29), qui est aussi à la première personne, obéit au principe de la construction 'en abyme' et mêle à l'analyse du malheur d'aimer de nombreux traits de morale. La confession de l'héroïne reprend avec l'évocation de la querelle des amants qu'avivent des fêtes données à la cour, où triomphe le duc de Praxède. La jeune fille reçoit alors l'ordre de se retirer à la campagne, où ce gentilhomme brillant achève de la séduire. Mais elle ne tarde pas à découvrir son inconstance et ses trahisons. Les événements se précipitent quand le prince Camille, qui provoque le duc en duel, est mortellement blessé; fuyant le scandale, l'héroïne se réfugie dans l'ermitage pour y finir ses 'tristes jours'.

Les images,[60] les motifs, les idées morales de la narratrice offrent une étroite parenté avec les écrits de la marquise de Lambert; de plus, des formules identiques établissent un va-et-vient entre la nouvelle et les traités de morale.[61] Mais dans les recherches d'attribution, seules les associations *'thema-thema'* et *'thema-rhema'*, surtout lorsqu'elles se développent en systèmes complexes, sont vraiment convaincantes, ainsi que M. Deloffre l'a montré dans une série d'articles dont la valeur heuristique est exemplaire.[62] On recense des systèmes associatifs de ce type chez Mme de Lambert; nous en proposons deux exemples.

Premier exemple. Comparons ces deux textes qui parlent de la gloire des armes. Dans le premier, c'est la marquise de Lambert elle-même qui s'adresse à Henri-François, colonel du régiment de Périgord (*Avis fils*, p.6); dans le second, c'est Timandre qui s'adresse au prince Camille pour le convaincre que la princesse Zélie, sa mère, a eu raison de l'engager à prendre un commandement dans l'armée royale (*Femme hermite*, p.298):

1. Soyez, mon fils, ce que les autres promettent d'être. Vos modèles sont dans votre Maison. Vos pères ont su associer toutes les vertus à celles de leur profession. Fidèle au sang dont vous sortez, songez qu'il ne vous est pas permis d'être un homme médiocre: on ne vous en quittera pas à bon marché. Le mérite de vos Pères rehaussera votre gloire, & sera votre honte si vous dégénérez: ils éclairent vos vertus & vos défauts.
2. Il lui dit que l'on ne pardonnoit l'Amour aux grands Hommes, que quand ils avoient payé le tribut à la Gloire; que l'Amour pouvoit être un état passager dans la vie d'un Héros, mais qu'il falloit que la Gloire fût un état permanent. Du sang dont vous êtes sorti, disoit-il, & du mérite dont vous êtes, vous avez à remplir une grande attente de fermeté & de courage.

---

60. On comparera: 'La Délicatesse est un présent de l'Amour, qui assaisonne ses Plaisirs' (*Femme hermite*, p.306) et 'la Délicatesse fait l'assaisonnement de tous les plaisirs' (*Discours sur la délicatesse d'esprit et de sentiment*, p.275); 'Je connois l'Amour, je n'ai que trop payé le tribut que nous devons à ce Dieu' (*Femme hermite*, p.316) et 'en passant par son Temple, il a bien fallu lui payer tribut [à l'Amour]' (*Femmes*, p.213).

61. On comparera: 'la prudence n'avoit pas passé jusqu'à son cœur' (*Femme hermite*, p.303) et 'la prudence n'a pas encore passé jusqu'à mon cœur' (*Amitié*, p.141).

62. Sur cette méthode de recherche, voir Frédéric Deloffre: 'Le rôle des associations dans la critique d'attribution', *Verba et vocabula, Mélanges Gamillscheg* (München 1968), p.147-58; 'Critique d'attribution et analyse stylistique', in *Stylistique et poétique françaises* (Paris 1970), p.73-110; 'Robert Challe, père du déisme français', *RhlF*, numéro spécial *Robert Challe* (1979), p.947-80; 'Ensembles associatifs et critique d'attribution: une application au cas de Marivaux', *Etudes de langue et de littérature offertes à André Lanly* (Nancy 1980), p.451-56; 'Stylistique et critique d'attribution', *Au bonheur des mots, Mélanges en l'honneur de Gérald Antoine* (Nancy 1984), p.509-20.

Ces deux textes proposent une définition identique de la gloire, associée à trois éléments: le métier des armes, la race et le mérite personnel. Ils en montrent aussi la plénitude: elle est l'apanage du grand homme, constitue un état permanent, exige un ensemble de vertus. Mais ces deux extraits ne se caractérisent pas seulement par une similitude idéologique et lexicale (on aura noté la présence dans l'un et l'autre de l'expression lexicalisée: 'le sang dont vous sortez'), ils obéissent aussi aux mêmes principes stylistiques. L'idée de gloire se découvre dans un mouvement d'antithèses apparentes, qui en font le négatif de la vulgarité et de la médiocrité. Le premier texte en développe quatre: *soyez / promettent d'être*; *sang / homme médiocre* (variante: *homme ordinaire* dans le texte édité par le Père Desmolets); *mérite / honte*; *rehaussera / dégénérez*. Le second en contient deux: *amour / gloire*; *état passager / état permanent*. L'analyse de la gloire favorise, en outre, le discours gnomique, qui privilégie les rythmes binaires. Enfin, la métaphore commerciale si caractéristique de la langue de Mme de Lambert ('on ne vous en quittera pas à bon marché') peut être associée, sur le plan psychologique, à l'exigence formulée par Timandre ('vous avez à remplir une grande attente de fermeté & de courage'), l'une et l'autre de ces formules soumettant les actes du héros à l'appréciation d'un observateur exigeant.

Second exemple. Nous choisirons le second exemple dans un registre différent. Dans les *Avis à sa fille* (p.96), la marquise de Lambert dénonce les ruses de l'amour dans ses commencements; le même thème apparaît dans le récit rétrospectif d'Eleonor à l'héroïne malheureuse (p.320-21):

1. L'amour, dans les commencemens, ne vous présente que des fleurs, & vous cache le danger; il vous trompe: il prend toujours quelque forme qui n'est pas la sienne. Le cœur d'intelligence avec lui sait vous cacher son penchant, de peur d'allarmer la Raison & la Pudeur. C'est un simple amusement; c'est l'esprit qui nous touche; enfin, jusques à ce que l'amour se soit rendu le maître, il est presque toujours ignoré. Dès qu'il s'est fait sentir, fuyez, n'écoutez point les plaintes de votre cœur; l'amour ne s'arrache point de l'âme avec des efforts ordinaires, il a trop de partisans chez nous: dès qu'il vous a surpris, tout est pour lui contre vous, & rien ne veut vous servir contre l'amour.
2. Quel art le cœur n'a-t-il point dans ces commencemens, pour cacher son penchant, & ne pas allarmer la raison & la pudeur! c'est un simple amusement; c'est l'esprit qui nous touche; enfin, jusqu'à ce que l'amour se soit rendu le maître, il est presque toujours ignoré. Il ne fut pas longtems sans se faire sentir à moi avec tout son pouvoir; & le trouble où je me trouvois quand le Comte venoit chez moi, ne m'annonça que trop ma défaite.

Il n'est guère utile de marquer les ressemblances visibles entre les deux passages pour le thème et pour le lexique. Ce qui est intéressant, c'est la similitude de la relation pédagogique qu'ils établissent: dans les deux cas, la mise en garde vient d'une femme éclairée par sa propre expérience, dont le rôle protecteur (mère pédagogue ou confidente) auprès de la jeune fille est reconnu comme tel par la société. Ce n'est pas tout. La ressemblance, évidente, dans l'expression tient au développement de la métaphore poliorcétique traditionnelle: la même gradation des termes évoque le déroulement d'un siège où l'ennemi triomphe par surprise (premier texte: 'cache le danger – d'intelligence avec lui – allarmer – se soit rendu le maître – trop de partisans chez nous – surpris – rien ne veut vous servir'; second texte: 'cacher – allarmer – se soit rendu le maître – pouvoir – défaite'). Notons seulement que le premier texte est plus riche, qui développe le motif de 'l'ennemi que l'on porte avec soi'. Dans la nouvelle, cette défaite du cœur coïncide avec un désastre social, l'intention de la narratrice étant d'accabler l'héroïne de tous les malheurs; dans le traité pédagogique, cette défaite a aussi des conséquences fâcheuses, puisqu'elle annonce un désastre pour la raison.

L'existence de ces systèmes associatifs révèle une étroite parenté entre des écrits comme les *Avis*, qu'on peut attribuer en toute sécurité à la marquise de Lambert, et la nouvelle *La Femme hermite*. Quand même il faudrait retenir l'éventualité d'une collaboration, d'une composition à plusieurs mains, la présence d'indices multiples permet de dire que l'hôtesse de Nevers a fourni le cadre de la nouvelle (la rencontre de la femme ermite) et le récit médian (l'"Histoire d'Eleonor'), et qu'elle a eu une grande part au récit premier (la confidence de l'héroïne malheureuse), ce qui, dans la pratique, revient à lui attribuer cette œuvre.

Les réticences du libraire Ganeau pourraient s'expliquer par les emprunts de Mme de Lambert à ses prédécesseurs. Il est vrai qu'elle a transposé dans la confidence de la belle ermite des motifs de l'*Eugénie* (1657) de Segrais: Aremberg, le héros malheureux de la nouvelle, s'enferme dans un monastère[63] comme le personnage de Mme de Lambert se réfugie dans son ermitage; on retrouve dans les deux récits, à l'origine du dénouement tragique, un duel que suscite la jalousie de l'amant meurtri; ce sont des considérations religieuses qui retiennent, chez Segrais, la comtesse d'Almont de se suicider, et la marquise reprendra ce motif.[64] La scène de l'entrée du duc de Praxède au bal est un souvenir évident de *La Princesse de Clèves*. On peut aussi estimer que la leçon morale de *La Femme hermite* est identique à celle que donne Catherine Bernard dans *Les Malheurs de l'amour*: 'Je conçois tant de déreglement dans l'amour mesme plus raisonnable, que j'ay pensé qu'il valoit mieux présenter au Public un Tableau des Malheurs de cette passion, que de faire voir les Amans vertueux

---

63. Edition de Marie-Aline Raynal, *La Nouvelle française de Segrais à Mme de Lafayette* (Paris 1927), p.73.
64. Raynal, p.64-65. Voir *Femme hermite*, p.363.

& délicats, heureux à la fin du Livre.'[65] L'histoire de la belle ermite commence comme celle d'Eleonor d'Yvrée: les malheurs des adolescents qui s'aiment viennent des projets d'une mère pour qui les intérêts de la fortune passent avant les élans du cœur.[66] S'il fallait trouver à la marquise de Lambert une collaboratrice, on désignerait Catherine Bernard, qui a fourni le motif originel de l'intrigue principale.

Les emprunts et les transpositions de ce type ne sont pas rares dans la production romanesque de cette époque, et nous savons de reste que l'imitation joue un rôle fécond dans la création de Mme de Lambert: dans l'imaginaire comme dans le monde moral, son esprit a besoin d'être stimulé, et la vivacité de ses idées vient souvent de l'émulation. Elle a demandé à ses prédécesseurs un cadre et des matériaux pour l'intrigue, et les a fait servir à sa leçon sur le malheur d'aimer. Qu'elle ait utilisé une trame peu originale pour construire un récit moralisateur dans lequel on retrouve la vigueur de ses maximes et de son style, ne saurait justifier en aucun cas qu'on pût contester ses droits sur cette nouvelle.

c. *Divers*

On ne saurait conclure sans mentionner une lettre curieuse adressée par Fontenelle à Vernet, à Genève, le 10 septembre 1744, et visiblement destinée à l'éditeur Bousquet.[67] Fontenelle lui adresse une copie d'un privilège pour tous les ouvrages que Mme de Lambert voulait bien avouer, titre communiqué par Henri-François de Lambert lui-même. Trois titres au moins désignent des écrits inconnus, et un est assez vague; ce sont: 7. *Discours à l'Académie française*; 8. *La Naissance de la coquetterie*; 10. *Suite du roman de*; 11. *Tableau de Philostrate*.

S'il était utile d'esquisser une bibliographie raisonnée des *Œuvres* de la marquise de Lambert et de répondre à quelques questions d'attribution, il était plus intéressant encore d'obtenir des informations importantes, par l'observation des conditions dans lesquelles ses manuscrits ont été transformés

---

65. (Paris 1687; Genève 1979), Avertissement de l'auteur.

66. Les situations initiales sont identiques dans les deux nouvelles, et on a le sentiment qu'il suffisait de changer les noms des personnages et le décor pour passer de l'une à l'autre. Eleonor, la fille du marquis d'Yvrée, disgracié, est confiée à la duchesse de Misnie, qui s'est chargée de l'éducation de son fils. Celui-ci s'éprend d'Eleonor, et on les sépare pour détruire leur passion naissante. '[La duchesse de Misnie] conceut que l'amour nuiroit à la fortune de ce Fils, & fit dessein d'emmener Eleonor en Misnie, où elle estoit obligée d'aller passer une année. [...] la Duchesse crut, que puisque son fils estoit obligé de demeurer auprès de l'Empereur, l'absence détruiroit sa passion qui ne faisoit que de naistre' (p.27-28). On reconnaît la situation de la femme ermite, de son père en exil, de la princesse Zélie qui l'éduque et de son fils, le prince Camille.

67. *Œuvres* (Paris 1766), xi.65-70.

en livres. Des gestes singuliers, comme cette censure d'un type particulier qu'est le rachat d'une édition, appartiennent certes à une mythologie personnelle, mais confirment surtout les soucis d'auteur que Mme de Lambert n'a jamais voulu avouer. L'histoire des éditions prouve le succès d'ouvrages qui ont éveillé la curiosité du public avant leur publication, mais aussi longtemps après la mort de leur auteur; il est sûr qu'on ne saurait dissocier, dans cet élan, l'intérêt porté à la grande dame du désir de mieux connaître le cercle brillant qu'elle animait et qu'elle savait préserver des regards indiscrets. L'hôtel de Nevers joue aussi un rôle dans la conception même de l'écriture: les questions d'attribution font entrevoir que l'émulation, la rivalité, au sens noble du terme, rendent légitimes, dans la littérature morale comme dans le divertissement mondain, la collaboration entre auteurs et la composition à plusieurs mains. Sur ce statut particulier de l'œuvre, le meilleur témoignage est fourni par la dissertation rédigée en commun par Montesquieu et Mme de Lambert, et qui s'inscrit bien sûr au cœur même de l'idée de milieu littéraire.

Les éditions des œuvres intéressent les dernières années de la vie de Mme de Lambert; mais nous devons prendre conscience qu'elles sont parfois très éloignées du moment où elles ont été conçues. Il est donc nécessaire, pour mesurer l'influence de l'hôtesse de Nevers sur son propre milieu, de tenter de dater ses œuvres majeures.

iii. Essai de datation des écrits de Mme de Lambert

Il est tentant d'établir une chronologie, dût-elle n'être qu'approximative, des écrits majeurs de Mme de Lambert, qui a créé jusque dans un âge fort avancé,[68] et dont les productions s'échelonnent sur près de quarante années. Cette régularité est tout à fait remarquable et caractérise assez bien une œuvre libre de toute contrainte matérielle, dont la forme est parfaite et la finition soignée: nous ne connaissons pas d'ouvrage inachevé. Le temps et les modes semblent avoir peu de prise sur des écrits dont la perfection réside surtout dans l'élégance de la langue que l'auteur maîtrise depuis son plus jeune âge; et cependant, il est possible de reconnaître, à des détails presque imperceptibles, une évolution qui rattache ces œuvres littéraires aux formes et aux idées de la nouvelle préciosité dont le triomphe est attesté sous la Régence. L'abstraction et l'universalité des réflexions morales, qui excluent les allusions à la vie personnelle de l'écrivain et les références au monde contemporain, rendent précaire l'établissement d'une chronologie qui ferait apparaître cette évolution. Pour-

---

68. Jusqu'à la publication de l'*Eloge* de Sacy dans le *Mercure de France* du mois d'octobre 1727, que l'on peut tenir pour l'une de ses dernières productions.

tant, un examen attentif des œuvres de la marquise de Lambert fournit quelques indices qui permettent d'obtenir des résultats partiels pour leur datation, surtout quand ils sont confirmés par des renseignements directs donnés par la critique externe. Il va de soi que cet essai de datation des écrits majeurs constitue un préalable à toute reconnaissance de la permanence ou de l'évolution des motifs et du style de l'écrivain.

La méthode la plus commode consiste à établir un classement thématique des œuvres, en distinguant les écrits pédagogiques, les traités de morale et les ouvrages féministes, dont la matière première est l'analyse de l'amour. Or nous aurons la surprise de constater que ce classement thématique coïncide *grosso modo* avec la chronologie que nous cherchons à restituer.

1. *Les écrits pédagogiques*

Pour des raisons évidentes, les écrits pédagogiques sont les plus faciles à dater: ils font référence à des événements connus de la vie de Mme de Lambert et de ses enfants, et l'on n'éprouve pas de grandes difficultés à faire coïncider les indices internes avec les données biographiques objectives. Il n'empêche que les critiques ont généralement méconnu l'ancienneté de ces écrits, en particulier celle des *Avis d'une mère à sa fille*, le premier des ouvrages majeurs de la marquise de Lambert.

A. *L'antériorité des* Avis d'une mère à sa fille

Les *Avis d'une mère à sa fille* ont été composés pour la direction de Monique-Thérèse, à l'instant où elle entrait dans le monde. Le but avoué de l'auteur était de parfaire l'éducation d'une adolescente fraîchement sortie du couvent, et qui était encore dans son bel âge, ainsi que le prouvent ces remarques sur les capacités de la mémoire des jeunes gens: 'Comme les premières années sont précieuses, songez, ma fille, à en faire un usage utile. Pendant que les caractères s'impriment aisément, ornez votre mémoire de choses précieuses' (p.79). L'image de la jeunesse rythme cet essai et lui donne son mouvement, l'adresse à une jeune personne revenant à intervalles réguliers: 'Rien n'est donc si mal entendu que l'éducation qu'on donne aux jeunes personnes'; 'Ce n'est pas assez pour la conduite des jeunes personnes'; 'Ces réflexions sont trop fortes pour une jeune personne'; 'Pendant que vous êtes jeune, formez votre réputation' (p.56, 57, 60, 75). C'est un instant privilégié de la destinée féminine qui est précisément désigné, celui de l'entrée de la jeune fille dans le monde: 'Vous arrivez dans le Monde: venez-y, ma Fille, avec des principes'; 'Une jeune personne qui entre dans le Monde, a une haute idée du bonheur qu'il lui prépare'; 'Quand vous aurez quelque usage du Monde' (p.57, 58, 62). Cependant, cette adolescente n'entre pas dans le monde pour s'y établir; si sa mère évoque devant elle l'établissement des jeunes filles, c'est en des termes généraux qui prouvent qu'on ne songe point encore à un mariage.[69] Il faut donc admettre que ces *Avis* ont été adressés à Mlle de Lambert avant la fin de l'année 1703, et cette date bien sûr constitue le *terminus ad quem*. La jeune personne à qui l'on s'adresse a vraisemblablement entre quinze et vingt ans. Cette série d'indices permet donc d'affirmer que l'ouvrage fut en partie composé entre 1684 et 1692, pendant le séjour à Luxembourg ou dans les années qui suivirent la mort d'Henri de Lambert, ce qui n'exclut nullement que la marquise ait pu le retoucher ensuite dans le détail, quand elle décida de le montrer à ses amis. Un argument en faveur de l'ancienneté de l'ouvrage est fourni par l'absence d'allusion au procès: Mme de Lambert se contente de rappeler à sa fille leur médiocrité de fortune, sans évoquer, comme elle le fera pour son fils, les redoutables obstacles qu'elle eut à surmonter.[70]

La critique interne fournit encore, avec l'analyse des sources utilisées par l'auteur, d'autres indices qui confirment cette datation, et même permettent de la préciser. L'exorde des *Avis d'une mère à sa fille* s'inspire directement du traité *De l'éducation des filles* de Fénelon, auquel sont empruntées plusieurs formules;[71] on reconnaît aussi dans le détail des expressions que la marquise tire des *Essais de morale* de Pierre Nicole, qui sont à Luxembourg l'un de ses livres de chevet. La dette de Mme de Lambert à l'égard de la pédagogie fénelonienne conduit à penser que l'achèvement de l'ouvrage fut postérieur à 1687.

Les indices internes situent donc les *Avis d'une mère à sa fille* entre 1688 et 1692; dans une chronologie approximative, on pourra admettre que l'ouvrage, sous la forme que nous lui connaissons, fut achevé vers 1690: Monique-Thérèse venait d'avoir vingt ans.

On est surpris de pouvoir désigner pour la composition de cet ouvrage une date aussi éloignée de sa publication. Elle est confirmée cependant par des témoignages extérieurs, dont les plus importants sont ceux de la marquise elle-même, et de son vieil ami le chevalier de La Rivière, qui collabora à l'entreprise.

Nous avons déjà noté que la marquise indiquait elle-même à ses correspondants, en des termes vagues mais suffisamment éclairants, l'ancienneté de ses *Avis*. 'Il y a très longtemps que j'avais écrit ces *Avis*', dira-t-elle, en 1728, au

---

69. Une remarque fort intéressante sur l'union des cœurs dans le mariage prouve incontestablement que Mlle de Lambert n'est pas encore établie quand elle reçoit ces *Avis* de sa mère (voir p.71).

70. L'année 1692, qui marque la fin des procès, constitue une charnière entre les *Avis d'une mère à sa fille*, antérieurs, et les *Avis d'une mère à son fils*, postérieurs.

71. Ce que confirme aussi la lettre adressée par la marquise de Lambert à Fénelon en 1710. Voir *Correspondance*, p.402.

R. P. Buffier, sans établir de distinction entre les deux ouvrages, car sa mémoire éprouvait peut-être quelques difficultés à discerner des événements fort anciens. Le témoignage du chevalier de La Rivière (ii.24-26) permet de préciser l'adverbe assez vague 'très longtemps'; le 20 février 1728, il écrit à une correspondante, à propos de ces mêmes *Avis*: 'il y a plus de trente ans que cet ouvrage est fait'. Mais le renseignement est lui aussi approximatif: il situe la genèse des deux écrits vers 1695, sans distinguer les *Avis d'une mère à sa fille* des *Avis d'une mère à son fils*, et l'on peut se demander si le chevalier de La Rivière ne propose pas, en quelque sorte, une date moyenne.

L'antériorité des *Avis d'une mère à sa fille* s'impose au lecteur attentif, et Paul Hoffmann penche aussi en faveur de cette hypothèse.[72] Nous pourrions encore en trouver une preuve, assez fragile certes, dans le classement des papiers du comte de Boulainvilliers, où, conformément à la chronologie, ils viennent avant les *Avis d'une mère à son fils*, alors que toutes les éditions ultérieures adopteront l'ordre inverse.[73]

B. *Les* Avis d'une mère à son fils

Dans les *Avis d'une mère à son fils*, la relation entre l'écrit et le vécu est plus apparente; de nombreuses allusions à des réalités contemporaines permettent de dire avec précision que l'ouvrage fut achevé à la fin de l'année 1701 ou au cours du premier semestre de l'année 1702, soit une dizaine d'années après les *Avis d'une mère à sa fille*. Cette datation a toujours été admise, et Sainte-Beuve déjà parlait de cet écrit comme d'un 'traité de morale, à l'usage d'un grand seigneur de 1701'.

Il n'est pas impossible que certains éléments de l'ouvrage soient plus anciens: entre 1687 et 1693, la marquise de Lambert s'est entretenue avec le Père Cheminais, puis avec le Père Bouhours, que leurs goûts mondains portent naturellement vers le salon de cette aristocrate cultivée, et de ces entretiens est né son projet de parfaire l'éducation nécessairement inachevée de son fils.[74]

72. Paul Hoffmann, 'Madame de Lambert et l'exigence de dignité', *Travaux de linguistique et de littérature* 11 (1973), p.19: 'c'est le premier ouvrage composé par Mme de Lambert'.

73. Les éditeurs suivent en cela l'ordre des premières publications. Peut-être respectent-ils aussi une hiérarchie des valeurs établie par les contemporains: nous savons que les *Avis d'une mère à son fils* ont été adressés à Fénelon avant les *Avis d'une mère à sa fille*. Il est intéressant de noter que la seule copie du manuscrit que nous connaissions propose un classement conforme, en apparence, à la réalité.

74. C'est l'hypothèse que formulait H. de La Perrière: 'ce qui nous ramène vers 1695 et est très vraisemblable étant donné l'âge du jeune marquis de Lambert. Sans doute l'idée en vint à sa mère en causant avec les RR. PP. Bouhours et Cheminais qui avaient dirigé son éducation' (*Marquise*, p.35-36). Il faut bien sûr corriger, dans ce commentaire, une anomalie, le Père Cheminais étant mort en 1689. Le projet pédagogique de Mme de Lambert caractérise un esprit éclairé, en avance sur son temps. D'Alembert notera beaucoup plus tard, dans l'article 'Collège' de l'*Encyclopédie*, l'insuffisance d'une éducation qui livre l'adolescent aux séductions du libertinage.

Les premiers avis destinés à un jeune collégien sur le point d'embrasser le métier des armes datent sans doute de cette époque, mais il est vain, bien sûr, de chercher à les distinguer dans le texte qui nous est parvenu. Plus tard, quand la carrière du jeune officier s'est dessinée avec netteté, en particulier après la campagne de Barcelone, la marquise a voulu donner à l'ouvrage une forme définitive et plus ambitieuse: elle destinait à son fils un écrit important, qui serait à la fois un Traité des devoirs de l'honnête homme et un Discours sur la vertu inspiré par le succès récent du *Télémaque*. La période de répit qui sépare les deux campagnes de Catalogne et d'Italie convient idéalement quand on veut situer la genèse de cet ouvrage.

Une série d'indices permet également d'en dater l'achèvement. Les allusions de Mme de Lambert aux 'fautes des vivants' (p.5) dans la campagne d'Italie, désignent à l'évidence la défaite de Villeroy à Chiari, le 1er septembre 1701, et peut-être aussi la surprise de Crémone en 1702. Le ton pessimiste du passage prouve incontestablement qu'il fut écrit avant les succès de Vendôme dans les mois qui suivront; on voit mal comment la marquise aurait pu passer sous silence les avantages obtenus par les troupes royales dans les campagnes de 1702 et de 1703, où son fils en particulier s'est illustré. Les commentaires de l'hôtesse de Nevers sur les services rendus par le jeune colonel relèvent, pour le ton, d'une épître consolatoire, et cette remarque permet de formuler une hypothèse, qui semble décisive, concernant l'envoi de l'ouvrage. Nous savons par les *Mémoires* de Saint-Simon (ii.24) qu'une importante promotion d'officiers, fort attendue, se fit le 29 janvier 1702 à Versailles: 'La promotion d'officiers généraux dont j'ai parlé se fit enfin; elle fut prodigieuse: dix-sept lieutenants généraux, cinquante maréchaux de camp, quarante et un brigadiers d'infanterie, et trente-huit de cavalerie.' Or, le colonel de Lambert n'en fit pas partie, en dépit des services qu'il avait pu rendre à Barcelone et sous Catinat en 1701, et l'on peut penser qu'il a fait part à sa mère de ses impatiences et de son amertume. La marquise, déçue elle aussi dans ses projets, inquiète du désarroi d'un fils mécontent des autres, a compris que le moment était venu de donner une forme définitive à des préceptes mûris depuis longtemps. Elle insère dans son Traité des devoirs de l'honnête homme vertueux une épître consolatoire qui résume la courte carrière du colonel en une antithèse destinée à montrer que le vrai mérite et la capacité sont indépendants des honneurs et de la renommée,[75] et elle adresse à son destinataire, dans le courant de l'année

---

75. Les paroles de consolation de la mère à son fils sont redondantes: 'la Campagne de Barcelone, la plus heureuse pour les armes du Roi, et la moins célébrée'; 'Les Campagnes malheureuses pour le Roi le sont aussi pour les particuliers'; 'si votre réputation se forme moins vite, elle en est plus certaine' (*Avis fils*, p.5).

1702, cet ouvrage majeur que nous connaissons sous le titre d'*Avis d'une mère à son fils*. C'est aussi dans l'hiver 1702 qu'on apprend le départ pour l'Italie de Louis-Joseph de Vendôme, sous qui Henri-François avait déjà servi devant Barcelone; la nouvelle pouvait accroître les craintes de cette mère attentive, qui redoutait pour son fils les dissolutions du milieu libertin.

Tous ces indices sont concordants et éclairent l'heureuse alliance, dans cet ouvrage, des avis destinés à l'officier pour sa conduite dans le grade et des leçons d'honnêteté données au jeune seigneur de cour.

c. *La* Lettre sur l'éducation d'une jeune demoiselle

La *Lettre* adressée 'à Mme la supérieure du couvent de la Madeleine de Tresnel' *sur l'éducation d'une jeune demoiselle* est elle aussi facile à dater. Nous savons avec certitude que l'enfant désignée dans cet entretien est Thérèse-Eulalie de Beaupoil de Saint-Aulaire: c'est une lettre de la marquise de Lambert elle-même à Mme de Saint-Hyacinthe qui nous l'apprend. 'Je vous envoye donc, Madame, ce petit écrit que je fis pour Madame de Beuvron, lorsqu'elle étoit encore enfant dans la *Magdeleine de Tresnel*.'[76] Les usages touchant l'éducation des filles, les remarques nombreuses sur la psychologie de l'enfant, désignée dans la lettre par l'expression 'la petite personne', permettent d'affirmer que Mlle de Saint-Aulaire a environ dix ans quand elle entre au couvent. La marquise de Lambert sait que cet âge est déterminant pour la formation morale et intellectuelle des jeunes filles: 'c'est dans ces premières années que se forment dans le cerveau des traces qui ne s'effacent jamais' (*Correspondance*, p.373).

On peut estimer, en attendant la découverte de documents plus précis sur les pensionnaires de la Madeleine de Tresnel à cette époque, que la lettre fut conçue vers 1715.

La datation des écrits pédagogiques révèle l'intérêt constant porté par la marquise de Lambert aux problèmes de l'éducation des jeunes gens; sa vocation de pédagogue, qui ne s'est jamais relâchée, fut l'une de ses premières curiosités intellectuelles. Suscitée par les théories contemporaines, celles de Fénelon d'abord, que relaieront celles de Locke, cette vocation s'est épanouie dans un champ expérimental privilégié: des observations quotidiennes sur le comportement de ses enfants ont fourni à la marquise de Lambert une matière concrète qu'elle sut incorporer à ses réflexions morales. Ses *Avis à sa fille* furent sans doute achevés vers 1690; en 1702, elle adressait à son fils un ouvrage analogue, dont les premiers éléments furent conçus, selon toute vraisemblance, vers 1695.

---

76. *Recueil de pièces fugitives* (Rotterdam 1743), p.239.

Ces écrits, elle les communiquait aussi à ses amis écrivains, qui fréquentaient le salon de l'hôtel de Nevers à ses débuts. Rassurée par le succès qu'ils obtenaient, et par les encouragements qu'on lui prodiguait, la marquise accepta encore de donner une ultime leçon, dans une lettre plus modeste, mais dont le caractère exclusivement pédagogique est intéressant, écrite vers 1715.

2. Les traités de morale

On pourrait être tenté de rattacher les traités de morale composés par la marquise de Lambert à une période 'cicéronienne'; leur datation, cependant, est beaucoup plus délicate, dans la mesure où la relation entre l'écrit et le vécu est pratiquement inexistante, tout comme les témoignages extérieurs.

Il nous paraît légitime d'établir un lien entre les deux *Traités de l'amitié* de Sacy et de Mme de Lambert; nous avons dit déjà qu'ils étaient le fruit d'une heureuse émulation, et il est logique de les tenir pour contemporains. Rien n'interdit donc de penser que, comme celui de Sacy, et parce qu'il était né du même prétexte, le *Traité* de Mme de Lambert fut achevé vers 1702. En revanche, il est bien difficile d'en préciser l'origine, car l'examen le plus attentif ne fournit aucun indice sûr. L'observateur doit se contenter de noter des rapprochements nombreux entre cet ouvrage et les *Avis d'une mère à sa fille*: le passage consacré à la retraite dans le *Traité de l'amitié* semble être un matériau réemployé.[77] Mais ce constat ne constitue pas une preuve suffisante en faveur du rapprochement dans le temps des deux ouvrages, et le sentiment que la genèse du *Traité de l'amitié* pourrait se situer entre la composition des *Avis d'une mère à sa fille* et celle des *Avis à son fils* doit rester une hypothèse prudente.

Les indices concernant le *Traité de la vieillesse* ne sont guère plus déterminants, et rien ne permet d'affirmer avec certitude qu'il soit postérieur au *Traité de l'amitié*. Contrairement à ce qu'avance Paul Hoffmann (p.31), ce n'est pas le dernier ouvrage de la marquise, 'écrit sans doute dans les dernières années de sa vie', contenant 'l'expression ultime de sa sagesse'. Le *Traité de la vieillesse* appartient en effet à la période d'inspiration cicéronienne, qui réserve une large place à la sagesse antique, et coïncide avec les débuts du salon littéraire où triomphe Sacy; elle peut être approximativement désignée par la décennie 1695-1705. Le ton et les idées révèlent une sexagénaire sensible aux premières infirmités de la vieillesse, qui s'adresse aussi à sa fille; celle-ci est encore dans sa jeunesse, dans son 'bel âge': c'est là une des rares allusions au vécu, qui permet de rapporter la genèse de l'ouvrage aux premières années du siècle.

77. On comparera *Avis fille*, p.88-89, et *Amitié*, p.130-31.

La convergence des indices concernant l'âge de l'auteur et du destinataire permet d'affirmer que le traité ne saurait être postérieur à 1710. Il est très proche, lui aussi, des *Avis d'une mère à sa fille*: on a l'impression que les réflexions sur la vieillesse en ont été détachées pour former un écrit autonome, que la marquise se promettait de livrer à sa fille quand celle-ci serait en état de profiter d'une leçon austère et attristée sur les privations d'un 'âge livré à la douleur et au chagrin' (p.147).

Des autres écrits moraux, seule la paraphrase de la dissertation de Montesquieu sur *La Considération et la réputation* se laisse aisément dater; le philosophe a lu sa production à l'Académie de Bordeaux, le 25 août 1725. La collaboration de la marquise de Lambert à l'ouvrage a pu précéder cette lecture, et la paraphrase coïnciderait alors avec l'entrée de Montesquieu dans le salon de l'hôtel de Nevers, en l'année 1724.

Les ouvrages de morale les plus importants s'inscrivent dans une période assez caractéristique, qu'on est tenté de qualifier de 'cicéronienne'; les traités *De l'amitié* et *De la vieillesse* ont été composés, selon toute vraisemblance, entre 1695 et 1705. La chronologie fait donc apparaître un chevauchement: on peut la rattacher, en effet, à la période 'pédagogique' (1690-1700), ce que confirment les liens étroits entre les deux traités et les *Avis d'une mère à sa fille*. Il faut noter encore qu'elle coïncide avec les débuts du cercle littéraire de la marquise de Lambert.

3. *Les écrits sur les femmes et l'amour*

La *Métaphysique d'amour* est incontestablement le dernier des ouvrages majeurs de la marquise de Lambert; il est le résultat d'une lente maturation. Les écrits antérieurs en offrent des ébauches successives, et le ton qui caractérise un féminisme polémique et une préciosité nouvelle se précise à mesure qu'on avance dans le temps.

Ce sont d'abord, dans les *Avis d'une mère à sa fille*, les multiples remarques sur 'les femmes qui n'ont nourri leur esprit que des maximes du siècle' (p.58), sur la beauté, la pudeur et la chasteté; viennent ensuite la conclusion du *Traité de l'amitié*, qui cherche à définir l'union entre personnes de sexe différent (p.142), et l'exorde du *Traité de la vieillesse* qui établit le constat amer de l'inégalité entre les sexes (p.146-47). Il faut aussi dire un mot du *Discours sur le sentiment d'une dame qui croyoit que l'amour convenoit aux femmes, lors même qu'elles n'étoient plus jeunes*, dont le ton précieux caractérise un divertissement de salon. L'identification, que nous suggérons, du personnage d'Ismène avec

Ninon de Lenclos, conduit à proposer pour la composition de ce court écrit une date voisine de 1705.[78]

Ces ébauches préparaient le chef-d'œuvre de la marquise de Lambert, dont le ton tranche sur les ouvrages qui l'ont précédé: la langue et les idées féministes le rattachent à la nouvelle préciosité qui s'épanouit sous la Régence. La dédicace à l'abbé de Choisy fournit le *terminus ad quem*: l'ouvrage dut être achevé bien avant la mort de l'ami de Mme de Lambert, survenue le 2 octobre 1724. Des indices permettent de le situer par rapport aux mœurs contemporaines; il est probable que la dénonciation de la corruption des grands et que certaines allusions désignent l'entourage du Régent.

Les *Lettres choisies de Monsieur de La Rivière* (édition de 1751, p.7) fournissent également une indication précieuse sur la genèse de cet essai. La marquise de Lambert, en envoyant le livre au président Bouhier, lui aurait avoué:

Madame la Duchesse D*** avoit composé un petit roman, qu'elle appeloit *la Reine de Lybie*; cette reine avoit quatre enfans: elle les donna à élever à quatre Dames de la Cour; elles firent aussi chacune un petit roman: on ne les trouva pas trop bons, et l'on les tourna même en ridicule. On vint à moi pour me prier de les défendre, et j'écrivis ce petit ouvrage.

L'aveu éclaire l'allusion contenue dans l'introduction de l'essai: 'On dira que je prens un ton bien sérieux pour défendre les Enfans de la Reine de Lybie' (*Femmes*, p.175). Par leurs titres et leurs contenus, trois nouvelles ou 'histoires' imprimées au dix-huitième siècle semblent répondre aux explications fournies par Mme de Lambert. Ce sont: l'*Histoire d'Aménophis, prince de Lybie*, généralement attribuée à la comtesse de Fontaines, publiée pour la première fois en 1725; l'*Histoire du Prince Adonistus, par Mme la marquise de L**** [de Lassay], tirée des manuscrits de la comtesse de Verrue et publiée en 1738; enfin, *Amosis, prince égyptien, histoire merveilleuse*, publiée en 1728, attribuée à La Serre, mais qui pourrait bien être de Mlle de Lussan, fille d'honneur de la duchesse Du Maine. L'atmosphère de ces 'romans', les réflexions pédagogiques et les allusions politiques qu'ils contiennent, la personnalité de leurs auteurs laissent penser qu'ils ont pu voir le jour à Sceaux, dans les années qui suivirent la mort de Louis XIV; et l'auteur de *La Reine de Lybie* pourrait bien être la duchesse Du Maine elle-même.

Tout concorde donc pour voir dans cette *Métaphysique d'amour* un des plus purs chefs-d'œuvre de la littérature de la Régence.

---

78. Il faudrait aussi évoquer les *Réflexions sur les richesses* qui contiennent un développement (p.227) proche par le ton et les idées de la *Métaphysique d'amour*; il est presque impossible de dater cet opuscule, qui semble appartenir à la dernière période de création.

3. *La genèse des œuvres*

L'ambition de dater les œuvres de la marquise de Lambert doit triompher d'obstacles redoutables; les repères habituels qui permettent d'établir une chronologie satisfaisante manquent: la plupart des écrits ne sont connus que par des éditions posthumes, les témoignages extérieurs sur la rédaction sont peu nombreux et les relations entre l'écrit et le vécu sont des plus ténues. Le seul résultat positif auquel on parvienne concerne l'achèvement des *Avis d'une mère à son fils*, qui peut être situé avec précision. Il faut donc se contenter d'une chronologie approximative pour rendre compte de toutes les productions importantes, échelonnées sur quarante années, à l'exception de la nouvelle *La Femme hermite* et du *Dialogue entre Alexandre et Diogène*, pour lesquels on ne peut avancer de dates qui soient vraiment significatives.[79] Cette chronologie appelle quelques remarques générales, qui sont loin d'être négligeables. On voit apparaître trois périodes, qui correspondent à une évolution des préoccupations intellectuelles de l'auteur et à un déplacement des centres d'intérêt; les années les plus fécondes pour la création coïncident avec la réalisation du grand rêve de Mme de Lambert: c'est entre 1690 et 1705, alors qu'elle restaure dans Paris la brillante tradition des cercles littéraires, que sont composés la plupart des ouvrages majeurs. La chronologie montre aussi comment son attachement aux diverses expressions du rationalisme s'estompe pour laisser une place de plus en plus grande aux élans de la sensibilité, tandis que s'accentuent sa dénonciation de la corruption des mœurs et ses revendications féministes. Mais les liens sont étroits d'un ouvrage à l'autre, et cette évolution s'accomplit sans à-coups, sans mutation brutale: les *Réflexions sur les femmes*, qui sont un pur produit du style Régence, ne surgissent pas au hasard, et doivent autant à une lente maturation, à des ébauches sans cesse reprises qu'aux modes nouvelles. Ce que révèle cette métamorphose des formes et des idées, c'est en fait la permanence de quelques motifs fondamentaux. Quand nous aurons à définir l'esprit néo-précieux qui s'épanouit dans cette œuvre, nous devrons nous souvenir que beaucoup de faits de langue et d'idées étaient déjà fixés en 1690 ou en 1700; c'est ce qui rapproche les productions de la marquise de Lambert de celles de Fontenelle: elles témoignent de la continuité du mouvement précieux.

79. Les rapprochements opérés avec *Les Malheurs de l'amour* permettent seulement d'assigner à la nouvelle la date de 1687 comme *terminus post quem*.

Nous pouvons rappeler dans un tableau sommaire le bilan de cette étude.

Chronologie des écrits de Mme de Lambert

Entre 1688 et 1692	*Avis fille*
Entre 1695 et 1702	*Avis fils* (achevés en 1702)
	Amitié
Entre 1700 et 1705	*Vieillesse*
	Sentiment dame
Vers 1715	*Lettre sur l'éducation d'une demoiselle*
Régence (1715-1723)	*Femmes*
1724-1726	*Considération-réputation*
1727	*Eloge de Sacy*

L'étude génétique place l'observateur de plain-pied avec le milieu de Mme de Lambert. Qu'il s'agisse de définir le statut des productions des mondains, d'apprécier l'idée très particulière que l'auteur a du public, ou bien encore d'apercevoir les démarches intellectuelles qui président à la création littéraire et éclairent l'évolution d'un ouvrage à l'autre, l'analyse rencontre toujours le même déterminisme: l'entourage de l'hôtesse de Nevers a exercé sur ses œuvres de fortes contraintes. Les relations entre l'auteur, l'écrit et le destinataire sont d'une nature si singulière qu'on éprouve quelque difficulté à reconnaître le schéma familier de la transformation du manuscrit en livre: l'observateur est égaré par des jeux subtils, dans lesquels la ruse innocente le dispute au respect des bienséances. Fontenelle fut le premier à noter cette singularité de l'écriture, en faisant remarquer malicieusement (p.xv) que le mépris de Mme de Lambert pour la destinée de ses productions ne concordait pas avec le soin dont elle les entourait: 'Elle s'amusoit volontiers à écrire pour elle seule, et elle voulut bien lire ses Ecrits à un très petit nombre d'amis particuliers, car quoiqu'on n'écrive que pour soi, on écrit aussi un peu pour les autres sans s'en douter.' Ce qui nous échappe en partie, l'écueil que rencontre toute étude des salons littéraires, c'est précisément le caractère privé de la création. Comme la plupart des divertissements, sérieux ou frivoles, éphémères, voués à la destruction après avoir assumé leur fonction didactique ou épicurienne, les productions de la littérature mondaine et précieuse existent d'abord en fonction du cercle restreint auquel elles sont destinées; ce sont des différences fondamentales dans le statut de l'écriture qui séparent le mystère des ruelles de la République des lettres. Nous prenons conscience, en étudiant la genèse des œuvres de Mme de Lambert, de l'importance des relations qui peuvent être établies entre le moment où le manuscrit est rédigé et celui où le livre est débité; l'analyse doit rendre compte d'une durée privilégiée et de l'existence d'un écrit hybride, en utilisant des critères spécifiques, car le nombre impressionnant des outils et des méthodes qui fondent l'étude scientifique des manuscrits ou des livres s'amenuise, dans ce cas, considérablement. L'enjeu de ce travail méthodologique, c'est la reconnaissance du statut de l'écriture mondaine, dont la définition est malaisée et dont les droits sont encore contestés. Il faut accorder une attention particulière à la pratique féconde de l'échange: les conversations fructueuses entre les habitués du salon trouvent leur équivalent au niveau des écrits grâce à la circulation des manuscrits d'une part, à la collaboration entre auteurs d'autre part. Habitué à l'émulation, le mondain considère la paraphrase comme un exercice stimulant, aussi profitable que l'innutrition. La reconnaissance des relations multiples créées autour des manuscrits de la marquise de Lambert est une autre manière de. définir son milieu: après avoir montré comment les structures sociales déterminaient la destinée de l'individu, après avoir entrevu les sources anciennes et modernes d'une culture solide, nous observons le réseau complexe qui s'organise autour de l'axe traditionnel conduisant du manuscrit au livre. L'étude de genèse donne une idée des enjeux multiples de l'œuvre; on aperçoit les luttes et les résistances de la marquise confrontée à elle-même, aux destinataires de ses écrits, à ses amis intimes, à ses libraires, et il est parfois difficile de juger du poids véritable des événements et des mots. L'histoire compliquée, souvent confuse, des écrits a le mérite de montrer qu'en leur temps, ils dérangeaient:ils protestaient contre les bienséances, contre la dégradation du mot *précieux* et la dépréciation des productions féminines. On éprouve une gêne à constater le décalage entre le rayonnement de l'hôtel de Nevers, la gloire de la marquise de Lambert dans le Paris littéraire de la Régence et ses luttes sourdes, ses ruses, les voies compliquées qu'elle emprunte pour faire reconnaître ses mérites de femme auteur.

C'est cependant la force d'une vocation que souligne cette étude de genèse: en dépit des ambiguïtés de la condition féminine, l'amour de la création littéraire fut la passion dominante de Mme de Lambert. Le mythe par lequel la grande dame prétendait protéger sa dignité trahit souvent les coquetteries de l'auteur. L'histoire compliquée des éditions ne saurait occulter le long cheminement d'une pensée et le lent accomplissement d'un style. Il est possible d'établir de multiples rapprochements entre des œuvres parfois très éloignées dans le temps: quarante années séparent ces deux ouvrages complémentaires que sont les *Avis d'une mère à sa fille* et les *Réflexions sur les femmes*. Pendant près de vingt années, de la fin du dix-septième siècle jusqu'à la Régence, la marquise a exercé sur ses contemporains une influence linguistique et morale par son salon et dans une moindre mesure par ses ouvrages. Elle a préparé le triomphe de l'esprit néo-précieux, et ce n'est pas en 1730, quand sont publiées ses œuvres, qu'il faut situer son influence. Toute recherche sur les origines de la nouvelle préciosité et sur les traits qui la relient à l'ancienne, doit placer la marquise de Lambert aux côtés de Fontenelle pour rappeler que les changements de la Régence, dans les domaines esthétique, moral et linguistique, ont été préparés entre 1685 et 1715.

4. Le salon de la marquise de Lambert

La condition et la fortune de la grande dame, ses goûts et sa nostalgie des honnêtes maisons rendaient légitime son projet d'ouvrir à Paris son propre salon. Il appartient au chercheur de comprendre comment ce cercle s'est progressivement dégagé des usages et de l'organisation de la vie aristocratique et mondaine pour devenir cette Cour de Minerve célébrée par les contemporains, qui furent séduits par les caractères spécifiques d'un décor et d'un cérémonial rappelant la *Chambre bleue*, comme par l'urbanité et l'intelligence de la maîtresse de maison. L'histoire de ce bureau d'esprit s'inscrit aussi dans le mouvement plus vaste d'un renouveau de la vie intellectuelle et de la mondanité à l'aube des Lumières. Les ouvertures du salon de l'hôtel de Nevers sur l'extérieur ont-elles favorisé ses propres activités et la diffusion de ses productions? L'influence du cérémonial aristocratique sur la vie des cénacles précieux, des cercles savants et des institutions académiques a-t-elle la même signification qu'au siècle précédent?

i. La Cour de Minerve

Sous le nom de Lambert Minerve tient sa cour[1]

Adversaires et partisans des goûts modernes et de l'esprit néo-précieux ont été d'accord pour reconnaître le rayonnement indéniable du salon de la marquise de Lambert dans les premières décennies du dix-huitième siècle. Hostiles, réservés, amicaux ou laudatifs, tous les jugements apportent le même témoignage sur la personnalité d'une maîtresse de maison intelligente et spirituelle, et sur les caractères fondamentaux d'un cercle dont ils soulignent la fidélité aux valeurs traditionnelles de la noblesse, des honnêtes gens et des beaux esprits. La description de la Cour de Minerve intéresse au premier chef la reconnaissance d'un milieu littéraire: il sera intéressant de savoir si les usages et le ton régnant à l'hôtel de Nevers ont eu quelque incidence sur les œuvres des habitués. Il est donc utile de définir les liens établis entre les goûts, la culture de l'hôtesse et ses choix essentiels: choix d'un décor, d'un cérémonial qui devrait permettre de reconnaître l'originalité de son salon, d'activités enfin qui répondront à la définition du bel esprit propre à cette précieuse.

1. 'Epître à Mde la marquise de Lambert, qui prenait le parti des Modernes, par Madame Vatry', *Œuvres complètes de madame la marquise de Lambert* (Paris 1748), i.xxii-xxiv.

I. *Le décor intérieur*

L'étude biographique a montré l'attachement de Mme de Lambert à sa demeure de l'hôtel de Nevers, qu'elle avait aménagée avec un soin où se révèlent ses tendances intellectuelles et ses goûts; nous savons déjà qu'elle avait su faire le meilleur usage de l'espace assez irrégulier qu'elle occupait dans l'ancien palais Mazarin. Le moment est venu de décrire l'intérieur de cette demeure, avant de faire revivre les silhouettes des hôtes prestigieux qui la fréquentèrent. Sans accentuer le caractère balzacien de l'entreprise, nous croyons en effet que le décor peut donner une idée des nourritures spirituelles que les lambertins venaient chercher là, qu'il y a sans doute un accord mystérieux entre les objets, les ornements et les idées qui prirent forme en ce lieu, avant de conquérir Paris, puis l'Europe. Nous avons la chance de disposer de deux documents précieux, palliant les destructions des hommes et du temps: l'état des lieux dressé en 1725 par l'architecte Robert de Cotte et l'inventaire des notaires à la mort de la marquise rendent possible la reconstitution objective d'un décor conçu par Mme de Lambert elle-même sur les conseils de ses amis artistes, et réalisé par les meilleurs artisans parisiens du début du dix-huitième siècle.

L'hôtesse a voulu que la demeure fût adaptée à une vie littéraire brillante: sa réussite est d'avoir su concilier le goût de la solennité avec le caractère fonctionnel des appartements. Il eût été fâcheux aussi qu'eussent vieilli le mobilier et la décoration d'un salon qui prétendait donner le ton à Paris et lancer les modes. Aussi, comme tous les grands seigneurs que les événements attirèrent au Palais-Royal, la marquise procéda-t-elle, à la fin de l'année 1718, à la rénovation de son hôtel particulier. Nous essaierons donc de reconnaître, dans ce décor intérieur, l'alliance heureuse de deux projets soumis à des esthétiques différentes, en montrant comment la majesté, la solennité, pour ne pas dire l'opulence, qui prévalaient encore dans les conceptions décoratives de 1700, ont été nuancées quelques années plus tard dans le détail. Il faut rappeler, à ce propos, que la seconde phase des travaux d'aménagement consista dans la réfection des boiseries sculptées, des dorures et des glaces; la marquise en profita sans doute aussi pour rénover les tissus d'ameublement et acquérir ces petits meubles si caractéristiques du style Régence, qu'elle plaça en grand nombre entre les croisées et dans les angles des pièces. Les deux documents techniques de 1725 et 1733 nous invitent donc à rendre compte de ses ambitions quand elle s'installa à l'hôtel de Nevers, et de l'évolution de ses goûts dans les deux premières décennies du siècle.

Nous ne nous intéresserons qu'à la partie des appartements consacrée à la réception, c'est-à-dire aux trois pièces en enfilade dans la grande galerie: le salon, la salle à manger et, dans une moindre mesure, la chambre à coucher de la marquise.

A. *Le cabinet d'assemblée*

Le célèbre salon de l'hôtel de Nevers, situé sur l'arcade de la rue Colbert, fut pendant plus de trente années un des centres intellectuels les plus fréquentés de Paris. A la mort de Mme de Lambert, les notaires le désignaient dans leur inventaire par une mention assez neutre: 'une grande salle ayant vue sur la rue Colbert';[2] mais pour Robert de Cotte, qui avait visité deux fois la demeure, et qui en connaissait l'animation, cette vaste pièce était bien un 'salon' dans l'état des lieux dressé en 1725,[3] et 'un cabinet d'assemblée' sur le plan établi en 1730.[4]

Les proportions de la pièce, l'harmonie des ordres, la beauté de l'éclairage et des ornements surprenaient le visiteur introduit dans le salon de la marquise de Lambert; suivons Robert de Cotte pour en restituer l'élévation et la profondeur.

La lumière entre par trois 'croisées à guichet',[5] qui ouvrent sur la rue Colbert; il faut imaginer, dans une vision proustienne, les divinités du salon contemplant, du haut de leur arcade, les activités quotidiennes des mortels, leur va-et-vient soucieux: que de réflexions morales dut leur inspirer ce spectacle, quand Law installa la Banque royale dans l'hôtel de Nevers et que la rue Vivienne devint pour quelques mois le centre 'magique' d'un Paris en fièvre! Les opulentes tentures aux croisées, de taffetas cramoisi,[6] donnent la tonalité dominante de ce salon, où triomphe la couleur des marquis de Lambert. La description de Robert de Cotte laisse entrevoir l'ampleur des travaux de menuiserie entrepris par l'hôtesse et permet d'imaginer l'agencement des ordres. Le salon est entièrement 'boisé' dans sa hauteur (l'élévation est de 7 m 70) et dans ce revêtement ont été aménagés deux trumeaux de menuiserie avec leurs glaces entre les croisées, un grand trumeau de glaces dans la cloison vis-à-vis, avec un chambranle cintré;[7] ces trumeaux sont eux-mêmes 'ornez par la traverse d'en hault et dorés'. Les trumeaux de glaces, le chambranle, la traverse sculptée définissent parfaitement ce style de transition où s'annonce l'esthétique qui triomphera sous la Régence. Un autre élément important du

---

2. A.N., LVIII, 563, f.6r.
3. B.N., Hc 12 e, f.30v-31v.
4. B.N., Hc 15.
5. Le guichet de croisée est l'assemblage qui porte les châssis de verre.
6. A.N., LVIII, 563, f.6, cote 63: 'trois rideaux de fenestre, dont un en deux parties de taffetas cramoisy de 14 lés sur 4 aulnes de haut garnis de leurs anneaux'.
7. Il y a douze glaces aux trumeaux des croisées, et trente au grand trumeau (B.N., Hc 12 e, f.30v).

décor est constitué par la cheminée, pratiquée dans la cloison qui sépare le salon de la chambre à coucher: Robert de Cotte admirait la richesse des moulures et de la dorure qui encadraient le miroir constitué de trois glaces; le foyer proprement dit, inséré dans un chambranle de marbre blanc et noir, présentait une plaque carrée portant les armes de France, avec pelle et pincette aux garnitures de cuivre.[8]

L'harmonie des volumes et des ordres de ce cabinet d'assemblée était encore assurée par les ouvertures manifestant l'enfilade des pièces, dans un agrandissement somptueux de l'espace qui doublait les jeux de reflets produits par les glaces des trumeaux et de la cheminée. Deux portes à vantaux, situées du côté des croisées, assuraient la communication du salon avec la salle à manger d'une part, et la chambre à coucher de l'autre. Le décorateur avait su donner l'illusion de la grandeur et procurer de beaux effets de symétrie en ménageant un habile trompe-l'œil avec deux fausses portes identiques. Les historiens de l'art analyseront surtout la description, par Robert de Cotte, des quatre dessus de portes: dans leurs cadres sculptés, des tableaux peints sur toiles représentaient des temples et des palais, en harmonie avec les tableaux des trumeaux, dont le sujet était aussi un paysage.[9]

L'impression dominante, dans le salon de la marquise de Lambert, était une solennité opulente; la pièce avait conservé l'apparat des palais, dont témoignaient encore le parquet, le plafond voûté et une belle corniche sur le pourtour, qui assurait la transition avec les boiseries.[10]

Les tableaux ayant été inventoriés à part, nous ne savons pas avec précision quelles toiles la marquise exposait dans son salon, et cette remarque vaut aussi pour les porcelaines et les bronzes disposés sur les meubles. En revanche, une certitude s'impose: l'importance des trumeaux de glaces et de la collection de peinture de l'hôtesse a éliminé les tapisseries, et cela semble correspondre à une évolution générale du goût.

Nous devrons nous contenter de noter les grandes tendances que révèle l'analyse des préférences de Mme de Lambert en matière de peinture. La plupart des tableaux religieux et des portraits officiels étaient destinés aux chambres et aux cabinets privés, tandis que les pièces de réception accueillaient

---

8. A.N., LVIII, 563, f.6r, cote 55.

9. L'inventaire des biens, sous les cotes 145, 146 et 147 (f.12v) désigne successivement: 'deux paysages peints sur toile; deux autres paysages peints sur toile aussy; deux paysages peints sur toile'. Nous inclinons, comme Robert Dauvergne (p.36, n.58), à voir dans ces mentions la désignation des quatre dessus de portes et des deux tableaux des trumeaux décrits dans l'état des lieux.

10. Robert de Cotte: 'iceluy salon parqueté en bas, plafonné en calotte, avec corniche au pourtour'.

sans doute les œuvres plus décoratives qu'on peut classer selon quatre grands thèmes dominants: les natures mortes, où triomphent les fleurs, les paysages, les scènes de genre et les tableaux mythologiques. Comme dans beaucoup de demeures parisiennes du dix-septième siècle, les écoles hollandaise et flamande sont bien représentées. L'expert Tramblin n'a mentionné aucun nom d'artiste – certaines toiles estimées à un ou plusieurs milliers de livres sont incontestablement des plus grands maîtres – mais les sujets réalistes ou les paysages animés viennent très certainement des écoles du Nord: comme cette toile représentant des *Voleurs* (3 000 livres), ou ce *Paysage avec des animaux*, cette *Fille qui garde des vaches* ou ce *Paysage avec une barque*. Quelques natures mortes aux fleurs pourraient aussi être rattachées à l'école flamande de la fin du dix-septième siècle, tout comme certains thèmes mythologiques qui lui sont familiers, tel ce *Polyphème et des nymphes*. La majeure partie de la collection de la marquise de Lambert concerne l'école française; la représentation des fleurs est la spécialité des petits maîtres de la seconde moitié du dix-septième siècle, tandis que les scènes mythologiques relèvent de la tradition noble: le *Parnasse* ou la *Vénus anadyomène* sont des motifs familiers dans la décoration des demeures aristocratiques. On notera les chiffres élevés de l'estimation d'une *Bacchanale* (4 000 livres) et d'une *Cananéenne* (3 000 livres), sujets qui ont tenté les plus grands maîtres du classicisme français. On classera aussi dans cette même école une toile représentant une *Marine et architecture* (600 livres). En revanche, il est pratiquement impossible d'évaluer la place occupée dans cette collection par les écoles méridionales. Incontestablement, l'ensemble de ces tableaux révèle l'attachement de la marquise de Lambert à l'esthétique classique, que confirme le recensement de deux estampes collées sur toiles, représentant *L'Ecole d'Athènes* de Raphaël et *La Famille de Darius* de Charles Le Brun.

Pour répondre aux fonctions qui lui étaient assignées, le salon montrait une profusion de sièges et de tables, autour desquelles les habitués se réunissaient pour commenter les ouvrages nouveaux et lire leurs manuscrits. Une des belles réussites de la marquise de Lambert est d'avoir su ménager, dans cet espace majestueux, des cellules d'intimité, et de confort, de manière à favoriser les conversations par petits groupes, entre lesquels il était aisé de circuler. De là vient le caractère en apparence hétéroclite du mobilier qui, pour répondre à des besoins précis, rompt avec la solennité du décor et des volumes. Un premier groupe occupait l'angle du salon, près de la cheminée: on peut le reconnaître à la description d'une table de marbre noir bordée de marbre blanc, en harmonie avec le chambranle du foyer, dont les cotes se succèdent dans l'inventaire.[11] Elle était entourée de deux petits guéridons de bois doré

---

11. A.N., LVIII, 563, f.6r, cotes 55-56.

avec figures, qu'on peut rapprocher des espagnolettes qu'affectionne le style Régence. Les limites de ce coin de conversation étaient marquées par un paravent de six feuilles de papier figure de la Chine; ce détail vient nous rappeler que les salons ne furent pas seulement des centres de diffusion des thèmes littéraires et moraux: c'est par eux aussi que se répandirent les motifs artistiques nouveaux. L'inventaire signale ensuite 'deux tables de marbre blanc sur leur pied de bois sculpté doré avec deux guéridons aussy de bois sculpté doré',[12] qu'on doit pouvoir situer aux trumeaux des croisées. Un autre coin de conversation peut être défini par la présence d'un poële de faïence d'Allemagne qui assurait, l'hiver, un chauffage plus efficace que la cheminée. Il est bien difficile de répartir les autres meubles dans cette pièce qui pouvait contenir un nombre important de visiteurs. Notons toutefois que la marquise est restée attachée aux habitudes de la ruelle, car à côté des sophas, l'inventaire mentionne la présence de quatre 'fauteuils de ruelle' et d'un lit à rideaux, décrit avec beaucoup de détails. L'esprit conservateur de l'hôtesse est encore attesté par la présence de meubles anciens, venus de la résidence de Luxembourg, qui ne semblent pas jurer avec le mobilier plus léger, mieux adapté aux goûts nouveaux. On retrouvait bien sûr, dans les tissus d'ameublement, la couleur cramoisie dominante. Cette description ne saurait cacher la présence surprenante, dans le salon, de deux tables de jeu: 'une table de quadrille et une table d'ombre couvertes de drap vert';[13] or nous savons que la marquise avait banni les cartes.[14] Il faut donc imaginer que ces tables servaient à des divertissements plus sérieux, et que les jeux étaient remplacés le plus souvent par les feuillets des manuscrits et les livres; elles avaient la même fonction qu'une 'petite table à écrire couverte de maroquin', bien à sa place, elle.

Nous ne saurions désigner avec précision les porcelaines qui ornaient la cheminée et les tables, mais nous pouvons assurer qu'elles témoignaient des goûts modernes de l'hôtesse, plus que les bronzes dont le caractère semble s'accorder à l'esthétique des dernières années du dix-septième siècle. Mme de Lambert nourrissait une passion pour les cabinets de la Chine et les porcelaines d'Extrême-Orient: c'est probablement dans les pièces de réception qu'étaient placés les petits cabinets de vernis de Japon, fond noir en relief, ainsi que les nombreux vases de porcelaine de Chine et du Japon, aux couleurs vives, où les bleus surtout tenaient une grande place. L'inventaire recense encore un nombre important

---

12. Cote 58.
13. F.6v, cote 65.
14. La marquise détestait le jeu; elle le proscrit dans ses écrits moraux, et Fontenelle déclarera que sa maison 'étoit la seule qui se fût préservée de la maladie épidémique du Jeu' (*Eloge*, p.xiii-xiv).

d'urnes et de rouleaux[15] dans les mêmes matières et dans les mêmes teintes.

Cette description, que nous avons voulue fidèle, montre que le célèbre salon de l'hôtel de Nevers était à l'image de Mme de Lambert: l'alliance de la solennité et de l'intimité, l'union harmonieuse de tons chauds dans une dominante qui exprime la noblesse et la dignité, la conciliation de l'ordre ancien et des modes nouvelles sont des caractères que nous retrouverons dans les ouvrages et le style de la marquise.

B. *La salle à manger*

L'évocation rapide de la salle à manger s'impose également, car le cérémonial de la table comptait beaucoup à l'hôtel de Nevers. La pièce était de proportions plus modestes que le salon; c'est elle qu'on découvrait, quand on entrait dans les appartements de Mme de Lambert, après avoir gravi l'escalier. Sa destination fait naître quelques hésitations dans les nomenclatures: les notaires la désignent comme 'l'antichambre au premier étage ayant vue sur la cour',[16] et c'est sous ce nom aussi qu'elle est distinguée dans le plan de Robert de Cotte, alors que l'architecte en 1725 parlait précisément de 'salle à manger'.[17] Comme le fait remarquer Robert Dauvergne, il n'y a pas là de contradiction, car les salles à manger qui n'apparurent qu'à la fin du dix-septième siècle furent d'abord des antichambres. Quand nous parlons du salon de Mme de Lambert, il va de soi que nous désignons les 'deux vastes et belles pièces de réception'[18] que nous décrivons ici séparément.

On entrait dans la salle à manger par 'une porte à deux vantaux garnie de sa ferrure',[19] qui ouvrait directement sur le palier; la pièce était éclairée par deux croisées sans guichets donnant sur la cour d'entrée, en communication avec la rue Colbert, par où arrivaient les visiteurs, comme encore de nos jours. La cloison opposée aux croisées était 'boisée' sur toute la hauteur; une niche en renfoncement contenant un buffet et une porte à deux vantaux ouvrait sur une petite chapelle aménagée dans l'embrasure d'une fenêtre: pendant les offices, les assistants prenaient place dans la salle à manger.[20] Les autres murs

15. Le rouleau est un vase de forme cylindrique.
16. A.N., LVIII, 563, f.5r.
17. B.N., Hc 12 e, f.30v.
18. Robert Dauvergne, p.11.
19. B.N., Hc 12 e, f.30v.
20. Le mobilier de la chapelle est modeste. Il n'y a place que pour un retable d'autel et son gradin couvert d'un tapis de Turquie. Sur l'autel, une croix et deux chandeliers de cuivre argenté, une sonnette de cuivre, quatre pots de bois doré avec leurs bouquets et deux petits reliquaires de bois doré. Au mur, un tableau de dévotion représentant l'*Annonciation*. Quelques objets rituels indispensables: le calice et sa patène, une bourse, un missel à l'usage de Paris. Les vêtements sacerdotaux du confesseur de la marquise sont aussi rangés dans la chapelle: aube, manipule, chasuble, étole.

n'étaient que lambrissés à hauteur d'appui. La pièce communiquait avec le salon par une porte à deux vantaux, et dans la cloison mitoyenne était aménagée la cheminée, garnie d'un chambranle de menuiserie. Il n'y avait pas de parquet, mais seulement un pavage 'de pierre de liais rempli de marbre noir', et le plafond était constitué 'de solives et poutres à bois apparens remplies de sculptures à la mosaïque'.[21] Cette pièce sans trumeaux n'avait certes pas la noblesse du salon.

Le mobilier, lui aussi, était beaucoup plus sobre et ne mérite pas de mention particulière: les matériaux, bois et tissus, sont modestes et sans luxe excessif, les dorures souvent absentes; le caractère fonctionnel des meubles ne saurait laisser de doute sur la destination de la salle. Nous nous contenterons de relever quelques éléments caractéristiques de ce décor; le miroir de douze carreaux de glace sur la cheminée, dans son cadre sculpté doré; deux tables de marbre; une petite bibliothèque 'de bois marqueté'. Le chauffage de la pièce était assuré par un petit poële de fonte et un poële de faïence.

L'analyse de la vaisselle de table fournit en revanche des renseignements beaucoup plus intéressants. Pour répondre aux besoins importants qu'imposaient ses deux jours de réception, Mme de Lambert disposait de services nombreux, qui donnaient une note d'élégance et de richesse capable de compenser la sobriété toute relative du décor. Elle utilisait encore la vaisselle d'argent, mais dans des fonctions particulières; ce sont surtout des pièces uniques que mentionne l'inventaire: aiguières, rafraîchissoir, bassinoire, théière, cafetière, etc., destinées à mieux souligner, par contraste, la belle matière des porcelaines. Car ce qui est remarquable, c'est l'usage par Mme de Lambert des services de Chine et du Japon, dont les pièces, dans l'inventaire, sont souvent désignées comme fêlées ou cassées. Elle privilégiait la porcelaine du Japon pour les pièces qui attirent le regard et jouent dans l'art de la table un rôle important: compotiers, drageoirs, saladiers, plats de dimensions variées; tandis qu'elle préférait la porcelaine de Chine pour les services eux-mêmes: services de table et nombreux services à café, à thé ou à rafraîchissement. Comme ses contemporains, l'hôtesse de Nevers a été séduite par les modes nouvelles qui traduisaient une conception moins solennelle du cérémonial mondain.

C. *La chambre à coucher*

Comme le permettait la coutume, la marquise a reçu également dans sa chambre à coucher, où se retrouvent l'opulence et le luxe du salon, ainsi que les traditions ancestrales de la ruelle.

---

21. B.N., Hc 12 e, f.30*v*. Le liais est une pierre calcaire utilisée pour le carrelage.

4. *Le salon de la marquise de Lambert*

La pièce était éclairée par deux croisées à guichets donnant sur le jardin et le bassin de l'hôtel de Nevers; en passant d'une pièce à l'autre dans les appartements de la galerie, on jouissait ainsi de spectacles contrastés, dont la variété convenait à des esprits habitués à méditer sur l'homme et le monde. La décoration intérieure de la chambre répétait celle du salon. On retrouvait un trumeau de glaces entre les croisées, somptueusement décoré, et un lambris sur toute la hauteur de ce mur; la cloison qui séparait la pièce du cabinet et de la garde-robe était mise en valeur par la cheminée, au chambranle de marbre de Cerfontaine,[22] sur lequel était une pendule de Boucheret dans sa boîte de marqueterie, tandis qu'un miroir à trois glaces et des consoles d'angles assuraient la majesté de cet ornement; vis-à-vis de la cheminée, un second miroir, créant une heureuse symétrie, donnait au volume de la chambre toute sa plénitude. Le parquet, le plafond voûté, la corniche du pourtour reprenaient eux aussi des motifs que le visiteur venait de découvrir dans la pièce précédente.

Le mobilier de la chambre, luxueux, est quelque peu disparate, et répond aux intentions manifestes de la marquise de Lambert de maintenir les traditions de la ruelle. L'inventaire donne une description impressionnante du grand lit aux lourdes tentures de damas cramoisi galonné d'or, auxquelles répondent les deux rideaux de fenêtre dans le même tissu; il est entouré de dix 'fauteuils de ruelle' appariés, et isolé du reste de la pièce par un écran 'de tapisserie de petit point à personnages'.[23] Cette disposition est sans conteste celle d'une chambre à coucher du dix-septième siècle adaptée aux besoins de la réception.

Nous avons une idée précise de la décoration et de l'ameublement des pièces destinées à la réception dans les appartements de la marquise de Lambert à l'hôtel de Nevers; ils sont en accord avec sa personnalité, et témoignent de l'introduction prudente et raisonnable du goût moderne dans un ensemble fidèle aux tendances solennelles et majestueuses du grand siècle. L'alliance de la grandeur et de l'intimité caractérise bien un style de transition, proche du style Régence: les trumeaux, les moulures dorées, les dessus de portes, les petits meubles, les chinoiseries montrent l'ouverture de la marquise aux modes contemporaines et aux idées modernes. Mais la constitution de son patrimoine, son attachement à la tradition des ruelles, son amour de la grandeur conservent à son salon, sous la Régence et au début du règne de Louis XV, les caractères fondamentaux d'une demeure aristocratique du dix-septième siècle. Cela s'explique aussi par les fonctions que Mme de Lambert assignait à ses appartements; les pièces devaient répondre à un cérémonial littéraire précis.

22. Dans le canton de Maubeuge (Nord).
23. A.N., LVIII, 563, f.7r, cote 74.

2. *Le cérémonial*

Le renouveau des salons littéraires au début du dix-huitième siècle ne s'accomplit pas dans l'uniformité: chaque cercle cherche à se distinguer par des habitudes qui lui sont propres, les impose à ses initiés et veut les préserver en face des réunions rivales. On observera, au lendemain de la Régence, une concurrence amicale et bien innocente entre le salon de l'hôtel de Nevers et la Cour de Sceaux, dont les péripéties n'apparaîtront dérisoires qu'aux observateurs mal informés des coutumes des assemblées de beaux esprits. L'invention de l'étiquette qui règle la vie et les usages du salon n'est que rarement spontanée, et c'est au terme d'une évolution que nous aurons à décrire que les talents de Mme de Lambert ont trouvé à s'épanouir dans son fameux Mardi, devenu une véritable institution. Nous chercherons à comprendre pourquoi la rencontre de la marquise avec Fontenelle a pu transformer un cercle aristocratique orienté vers les valeurs morales en un 'bureau d'esprit'. Nous pourrons alors définir les critères qui permettaient à un homme de lettres ou à un hôte de marque d'être introduit dans cette réunion recherchée, et décrire le programme immuable d'un mardi.

A. *L'évolution du salon*

Pour comprendre la nature et la signification du cérémonial établi par la marquise de Lambert à l'hôtel de Nevers, il est nécessaire, par un retour en arrière, de montrer ce qu'il doit aux usages de la noblesse et à la tradition des honnêtes maisons.

a. *Le cercle de la rue de Richelieu*
Nous savons à présent quels rêves et quelles influences ont nourri le projet de la marquise de Lambert de maintenir dans Paris la tradition des ruelles précieuses et des honnêtes maisons, les deux adjectifs *précieux* et *honnête* se confondant dans son propre discours. Si l'on ose se servir de ce terme, on estimera que le séjour à Luxembourg a servi de 'banc d'essai' à ce projet, à condition d'admettre, bien sûr, que le caractère politique de la mission gênait un peu les activités de la *Chambre verte*, car l'animation d'une ruelle réclame plus d'indépendance et exige surtout des contacts permanents avec les foyers parisiens de la création littéraire.

Après la mort de son époux, et quand le deuil fut terminé, la marquise de Lambert, installée rue de Richelieu, eut, conformément aux usages de sa classe, son jour de réception, qui était peut-être déjà le mardi; elle chercha à lui donner un caractère sérieux et intellectuel. Son salon était ouvert aux officiers de cour, trop rares, fidèles à la mémoire du défunt, à des hôtes de marque et à des gens de lettres rencontrés autrefois chez Bachaumont, soucieux de

manifester leur neutralité dans la querelle qui l'opposait à son beau-père.[24]
Les aristocrates de son voisinage, en Bourgogne ou à Paris, lui rendaient aussi
les visites d'usage: le chevalier de La Rivière, un de ses plus anciens amis, le
duc et la duchesse de Nevers lui donnèrent leur estime, car ces mondains
aimables qui taquinaient la Muse et se piquaient de littérature trouvèrent en
elle une auditrice attentive et compétente. Ses douloureuses démarches auprès
des gens du Palais lui avaient acquis également quelques amis dans ce milieu:
c'est dans ces circonstances qu'elle rencontra, selon toute vraisemblance,
l'avocat Sacy, son cadet de dix ans, homme de cœur et d'esprit, d'une érudition
remarquable et d'un talent accompli dans l'éloquence du barreau,[25] qui devait
lui faire partager les sentiments précieux d'une amitié sincère et profonde. A
trente ans, Sacy jouissait déjà d'une réputation solide qu'il devait à un *Mémoire*
célèbre, composé en 1687, à l'occasion du privilège de la fierte de saint Romain
de Rouen.[26]

On devine donc les caractères essentiels du salon de la rue de Richelieu,
vers 1690. L'élégance aristocratique y triomphe: on y parle une langue choisie,
expression d'une 'politesse simple et soutenue' (*Eloge de Sacy*), et c'est à peine
si l'on peut noter quelque affectation dans le culte que les habitués vouent à
la poésie mondaine. Ce cercle, incontestablement, peut passer pour un cercle
littéraire, porté vers la morale et vers les productions du roman féminin. Sous
l'influence de La Rivière, et surtout de Sacy, les conversations sérieuses
tournent en leçons sur les plus belles pages des moralistes latins et sur les idées
de l'école contemporaine que voudrait animer Fénelon. Ce salon est l'asile des
Muses, mais plus encore celui du bon goût et de l'honnêteté: il conservera ce
caractère jusqu'à ce qu'il se transporte à l'hôtel de Nevers, en 1698. Il n'est
donc pas surprenant qu'il ait éveillé l'attention de beaux esprits attirés par la
vie mondaine: les relations de la marquise de Lambert avec le Père Bouhours
ont eu pour cadre ces assemblées d'honnêtes gens.

b. La rencontre avec Fontenelle

Fontenelle, l'auteur le plus en vue, fut attiré à son tour par cette réputation
naissante, d'autant que ses talents avaient besoin du public féminin, comme

24. H. de La Perrière, *Marquise*, p.27: 'au cours des longues années pendant lesquelles elle vit
défiler chez sa mère la société choisie qu'y rassemblait Bachaumont, elle avait pu bien facilement
se constituer son groupe, qui la suivit une fois chez elle'.

25. Voir les jugements de Mme de Lambert, dans son *Eloge* et dans son *Portrait* de Sacy: 'Il
fit parler aux Lois le seul langage digne de leur Majesté: langage jusques à lui presque ignoré; il
trouva le secret de dégager les Ouvrages du Barreau de l'aridité, de l'insipidité qui en faisaient
le principal caractère' (*Eloge*, *Mercure de France*, octobre 1727, p.2352-54); 'Les grâces vives et
légères sont répandues partout, même dans les matières les plus sèches, et les procès, qui par
ses mains changent de forme' (*Portrait*, p.242).

26. *Fierte*: vieux mot, synonyme de *châsse*.

le rappelle le portrait de Cydias. Nous ne sommes pas en mesure de dater avec précision cette rencontre. La clé proposée jadis par Albert Chérel, qui assimilait la marquise des *Entretiens* à Mme de Lambert, est contestée depuis longtemps: Fontenelle lui-même ne prend-il pas la précaution de déclarer cette marquise 'imaginaire'? Idéal témoin, ce personnage fictif est le symbole du public féminin que le philosophe veut conquérir à la littérature de vulgarisation, cire vierge où s'imprimera aisément une remarquable leçon de relativisme et d'humilité scientifique. Il faut donc se contenter d'admettre, comme A. Niderst, que la rencontre avec Fontenelle se situe entre 1687 et 1695,[27] quand sous le masque de Cydias, l'auteur galant fait carrière dans le monde.

Il est beaucoup plus intéressant, en revanche, de définir l'apport de cet homme célèbre à un salon aristocratique fidèle à une tradition orthodoxe de l'honnêteté. A n'en pas douter, la marquise de Lambert fut d'emblée séduite par l'esprit précieux de Fontenelle; il ne faut pas se laisser égarer ici par les mots, ni céder au parti pris de La Bruyère. A. Adam a donné de cette préciosité une définition utile, en la reliant à une tradition humaniste que maintenaient les salons, à la fin du dix-septième siècle:

[Cet humanisme] est le vrai mot de cette *préciosité* française sur laquelle tant de choses étranges ont été dites. Car les femmes que l'on appelle Précieuses, Mlle de Scudéry, Mme Deshoulières, et tant d'autres, croient à ce progrès de l'homme, à l'efficacité de cette 'école du monde', elles croient qu'il s'agit pour l'homme d'atteindre sur terre le bonheur par la culture de l'esprit, par l'affinement des mœurs, par une sagesse tout humaine.

Fontenelle est précieux, en ce sens qu''il aimait la France du temps, plus humaine, plus polie dans ses mœurs, plus délicate dans ses goûts, plus éclairée qu'elle n'avait été dans les siècles précédents'.[28] Cette définition de la préciosité de Fontenelle concorde parfaitement avec l'idéal mondain et la nostalgie d'un âge d'or de l'honnêteté que nous découvrons chez la marquise de Lambert: ses rêves, ses projets étaient identiques à ceux de l'aimable berger. Il faut prendre garde aussi que l'obscurité, l'affectation ne caractérisent ni l'écrivain ni le mondain.[29] Dans son portrait de Fontenelle, Mme de Lambert notera la propriété de son vocabulaire, sans recherche excessive, la noblesse et la simplicité de son expression (p.246); elle appréciera également les qualités

---

27. Alain Niderst, *Fontenelle à la recherche de lui-même, 1657-1702* (Paris 1972), p.335ss.
28. Antoine Adam, 'Fontenelle, homme de lettres', *Revue de synthèse* 82 (1961), p.42.
29. Voir ce jugement de F. Deloffre: 'Sa politesse, la modération avec laquelle il soutenait ses idées, sa modestie apparente dans le succès attiraient à lui même les plus susceptibles des beaux esprits' (*Marivaux et le marivaudage*, p.17). Voir aussi le portrait du bel esprit, ce 'maître caressant', donné par Marivaux dans ses *Lettres* au *Mercure, sur les habitants de Paris*, dont F. Deloffre estime que les traits s'appliquent assez bien à Fontenelle (Marivaux, *Journaux et œuvres diverses*, p.34 et 565, n.142).

humaines, la probité, une confiance qui fait naître l'estime, le rapprochant d'un vertueux comme Sacy. Si l'influence de Fontenelle dans le salon de la marquise a fini par se substituer à celle du traducteur de Pline, c'est seulement par une lente évolution des idées et des mœurs.

La rencontre avec le philosophe donnait encore leur véritable portée aux ambitions de Mme de Lambert; quand il est introduit rue de Richelieu, Fontenelle incarne des puissances. Et d'abord, celle de la philosophie, au 'parti'[30] de laquelle il veut gagner le public féminin et mondain: c'est alors son grand projet, qui s'esquisse avec son élection à l'Académie française, auquel il se donnera entièrement après 1700. Un grand combat s'engage, en faveur de l'idée de modernité – il faut préférer ce mot à celui de progrès, trop ambigu: le rapprochement est loin d'être fortuit, aux yeux de l'historien des idées, entre la nomination de Fontenelle au secrétariat de l'Académie des sciences en 1697, et l'ouverture du salon de l'hôtel de Nevers, en 1698; on notera la convergence, à l'intérieur de ces milieux, des idées littéraires, morales, philosophiques et scientifiques. Le prestige du philosophe tenait aussi à ses liens naissants avec le Palais-Royal: par ses attaches libertines avec le monde des Nocé,[31] il se rapprochait du duc d'Orléans, qui devait bientôt le loger chez lui.

Grâce à Fontenelle, le salon de la rue de Richelieu se trouvait soudainement au cœur de l'actualité littéraire et devenait le foyer d'un projet ambitieux dont le but était de faire concourir au triomphe des idées modernes le public féminin et mondain, les institutions académiques et certains milieux politiques influents. Il fallait donc lui donner un cadre et un cérémonial dignes de ces ambitions nouvelles.

c. Le triomphe du bureau d'esprit

Avec Fontenelle entraient dans le salon de Mme de Lambert les préoccupations sérieuses des académies, leurs débats parfois austères s'y prolongeaient, le transformant en un bureau d'esprit, expression retenue par les contemporains 'pour marquer ce qu'il y avait d'intellectuel et d'un peu guindé dans [cette] réunion d'hommes de lettres autour [d'une] femme intelligente'.[32]

Sur cette évolution, nous possédons le témoignage de La Rivière, qui montre

30. Fontenelle, *Entretiens sur la pluralité des mondes*, éd. Calame, préface, p.11. Comme le fait remarquer l'éditeur, 'bien qu'il soit intéressant d'entendre parler dès 1686 d'un *parti* de la philosophie, il faut se garder d'y voir une faction comme plus tard celle des Encyclopédistes'.

31. J.-R. Carré, *La Philosophie de Fontenelle ou le sourire de la raison* (Paris 1932), p.12-13. Charles de Nocé, futur roué du Régent, épousait en secondes noces, en 1690, Mme de La Mésangère; Fontenelle descendra chez eux à Paris.

32. Antoine Adam, *Le Mouvement philosophique dans la première moitié du dix-huitième siècle* (Paris 1967), p.12.

comment un cercle voué à la tradition morale s'est changé en un centre de diffusion des idées modernes:

> Elle [Mme de Lambert] a vécu jusqu'à soixante ans dans une noble simplicité, que je regardais comme la fleur de ses mérites, et le plus beau fleuron de leur couronne; tout d'un coup il lui prit une tranchée d'esprit: elle ne voulut plus voir que des personnes d'érudition; elle les brigua, elle les mendia, elle en forma chez elle un Bureau; se contentant de la science d'autrui, et ne cherchant que la réputation d'une femme d'un mérite à part, et distinguée des personnes de son sexe [...] J'ai été vingt-quatre ans sans entrer chez elle.[33]

Ce témoignage est certes suspect: le chevalier de La Rivière, hostile aux modernes, fut une des rares personnalités à contester les nouvelles orientations et à abandonner le salon. Il a toutefois le mérite de dater avec précision, en 1707, le triomphe du bureau d'esprit.[34] Vers 1710, en effet, le salon de l'hôtel de Nevers est dans toute sa gloire et jouit d'un prestige considérable, qu'il gardera jusqu'à la mort de l'hôtesse. On admire l'intelligence avec laquelle Mme de Lambert a su lui ménager des ouvertures vers des puissances en apparence contraires: grâce à Sacy, le salon est en contact avec Fénelon et le milieu du duc de Bourgogne; Fontenelle et ses disciples, mais aussi la carrière de son fils, le mettent en relation avec le Palais-Royal; enfin des amitiés nombreuses le lient à la Cour de Sceaux. On pouvait donc estimer qu'à la mort du puissant monarque, il allait devenir, d'une manière ou d'une autre, l'un des foyers intellectuels sur lequel s'appuierait le nouveau pouvoir. Son cérémonial est la première illustration de ce prestige de la femme au dix-huitième siècle, dont ont si bien parlé les Goncourt; beaucoup d'audaces lui seront permises, et l'on verra, par exemple, les lambertins imposer au ministre l'élection de Montesquieu à l'Académie française.

On peut décrire avec cohérence l'évolution du salon de la marquise de Lambert qui fut d'abord, de 1688 à 1698, dans le cadre du cérémonial aristocratique, une honnête maison où se rencontraient moralistes et mondains aimables, avant de devenir, entre 1698 et 1710, un bureau d'esprit 'présidé' par Fontenelle,[35] dans le cadre somptueux du Palais Mazarin. Vers 1710, cette réunion

---

33. La Rivière, ii.287-92.
34. En 1707, la marquise de Lambert a soixante ans, et La Rivière ne retournera à l'hôtel de Nevers qu'en 1731. Il faut cependant noter que dans une autre version, La Rivière commet un lapsus et écrit 'cinquante ans': 'Après avoir vécu cinquante ans dans une simplicité noble et lumineuse, elle tomba dans la maladie du bel esprit, dont je n'ai jamais pu la guérir. Elle établit un bureau pour des Académiciens [...] J'ai été vingt-quatre ans sans entrer chez elle' (ii.309-12).
35. Le mot est d'Emile Colombey, *Ruelles, salons et cabarets* (Paris 1892), ii.21: 'Fontenelle remplissait les fonctions de président. Mme de Lambert n'aurait pu mieux choisir; elle avait trouvé en lui un autre elle-même.'

jouit déjà de la plus haute renommée, et la Querelle sur Homère devait lui offrir l'occasion de manifester sa puissance, que symbolisaient les célèbres mardis et mercredis.

B. *Les mardis et les mercredis de la marquise de Lambert*

Le cérémonial des jours de réception de la marquise de Lambert à l'hôtel de Nevers a été maintes fois décrit, en particulier dans les travaux de E. Fournier, Ch. Giraud, E. Colombey, E. de Broglie, H. de La Perrière, Glotz et Maire, et F. Deloffre,[36] qui presque toujours utilisent les témoignages de contemporains comme le marquis d'Argenson ou le président Hénault, et surtout la célèbre correspondance échangée entre la duchesse Du Maine et La Motte, dans l'année 1726, recueillie par Mlle Delaunay.[37] Nous nous contenterons donc, ici, d'établir une rapide synthèse de faits bien connus, dont le caractère souvent anecdotique se prête mal à une analyse scientifique, en soulignant essentiellement le rôle joué par l'hôtesse et en tentant d'apercevoir l'influence que le cérémonial a pu avoir sur la création littéraire elle-même.

a. *La personnalité de l'animatrice*

Avant de montrer comment Mme de Lambert animait son salon, il convient de brosser son portrait et de définir l'impression qu'elle produisait sur les hôtes qui lui étaient présentés. Nous disposons, à cette fin, de deux documents assez différents dans leur nature. Le portrait de la marquise a été gravé et édité à Paris, de son vivant,[38] par Etienne Desrochers.[39] On peut l'étudier aussi dans une production de l'imaginaire: il est admis, à présent, que Marivaux, en

36. Edouard Fournier, 'Un salon démoli'; Ch. Giraud, 'Le salon de Mme de Lambert', *Journal des savants* (février 1880), p.112-27; Colombey, ii.17-37; Emmanuel de Broglie, 'Les mardis et les mercredis de la marquise de Lambert', *Le Correspondant* 143 (1895), p.140-62 et 319-45; La Perrière, *Marquise*; Marguerite Glotz et Madeleine Maire, *Salons du XVIIIe siècle* (Paris 1945); Deloffre, *Marivaux*, p.19-21.

37. B.N., ms. fr., nouv. acq. 27, 'Lettres de la duchesse Du Maine'. Cette correspondance a été éditée par l'abbé Le Blanc, *Lettres de La Motte, de la duchesse Du Maine et de la marquise de Lambert* (s.l. 1754).

38. On connaît un second état de cette gravure, dans une publication posthume; de l'avis des connaisseurs (voir en particulier La Perrière, *Marquise*, p.53), cette version est moins heureuse et trahit la richesse du portrait original. La planche a été retouchée pour rajeunir quelque peu le visage et surtout pour faire sourire la marquise: le résultat en est une physionomie plus unie, affadie, plus poupine, gracieuse, bienveillante. Le cartouche de l'estampe indique que la marquise est 'née à Paris en 1647 et y mourut en 1733'. Celui de l'estampe originale, au contraire, obéissant aux impératifs d'une iconographie officielle, présente la marquise comme la veuve du lieutenant général Lambert.

39. Etienne-Jehandier Desrochers (ou Desroches), graveur au burin et éditeur d'estampes, né à Lyon le 6 février 1668, mort à Paris le 8 mai 1741. Il n'a gravé que des portraits; la galerie iconographique qu'il édita conserve les effigies de la plupart des personnages historiques du règne de Louis XIV.

s'attachant à peindre Mme de Miran dans *La Vie de Marianne*, a voulu représenter la marquise de Lambert elle-même.

Etienne Desrochers a peint la marquise en buste. Admirateur de Nicolas de Largillière, le graveur a voulu rendre avec soin la richesse des étoffes (le manteau de soie, les dentelles de la robe correspondent parfaitement aux descriptions de la garde-robe fournies par l'inventaire), qui découvrent largement et comme négligemment un cou et une gorge noblement dessinés. Mais ce qui nous importe, c'est la physionomie, qui est à la fois altière et bienveillante, manifestant une harmonie étonnante de ces deux qualités contraires. La beauté du front, large et parfait, la flamme spirituelle du regard, le sourire ironique que l'artiste souligne en travaillant sur les commissures des lèvres, tout cela trahit la précieuse et révèle une femme intelligente, curieuse, presque impérieuse dans les jugements lucides qu'elle porte sur les choses et les êtres qui l'entourent. Mais un léger et discret embonpoint qui se remarque au pli du menton et aux aimables fossettes, une pointe de sensualité qui fait briller les prunelles et qui surtout s'épanouit sur les lèvres épaisses, ôtent toute méchanceté à cette lucidité, la rendent au contraire indulgente, et disent la bonté d'une âme débordante, que ne contraint aucun rigorisme, la générosité d'une nature qui ne se refuse pas aux appels de l'existence et aux plaisirs de l'amitié, dès lors qu'ils n'ont rien de grossier. De cette alliance de l'intelligence et de la bonté naît l'idée d'une véritable noblesse, et sans aucun doute aussi celle d'une beauté intérieure.[40]

Voici à présent les expressions choisies par Marianne pour décrire la physionomie de Mme de Miran; on constatera l'identité des deux portraits, Marivaux insistant à son tour sur l'harmonie particulière de l'intelligence et de la bonté, pour définir une beauté spirituelle, plus riche et plus mystérieuse que celle qui tient traditionnellement aux grâces et aux charmes naturels:

Ma bienfaitrice, que je ne vous ai pas encore nommée, s'appelait Mme de Miran, elle pouvait avoir cinquante ans. Quoiqu'elle eût été belle femme, elle avait quelque chose de si bon et de si raisonnable dans la physionomie, que cela avait pu nuire à ses charmes, et les empêcher d'être aussi piquants qu'ils auraient dû l'être. Quand on a l'air si bon, on en paraît moins belle; un air de franchise et de bonté si dominant est tout à fait contraire à la coquetterie; il ne fait songer qu'au bon caractère d'une femme, et non pas à ses grâces; il rend la belle personne plus estimable, mais son visage plus indifférent: de sorte qu'on est plus content d'être avec elle que curieux de la regarder. [...]

Or, à cette physionomie plus louable que séduisante, à ces yeux qui demandaient

---

40. Voici en quels termes H. de La Perrière commentait, de son côté, cette gravure: 'Son portrait nous permet au moins de nous l'imaginer elle-même recevant gracieusement ses habitués: les traits sont honnêtes et francs, la physionomie sérieuse et aimable, toutefois la marquise de Lambert ne semble pas avoir été jolie' (p.26).

plus d'amitié que d'amour, cette chère dame joignait une taille bien faite, et qui aurait été galante, si Mme de Miran l'avait voulu, mais qui, faute de cela, n'avait jamais que des mouvements naturels et nécessaires, et tels qu'ils pouvaient partir de l'âme du monde de la meilleure foi.[41]

Le caractère aristocratique du salon de Mme de Lambert, la société choisie qui le composait, réservaient à la maîtresse de maison un rôle primordial. Tous les témoignages s'accordent à reconnaître que la marquise fut une gardienne sévère des réglements qu'elle avait élaborés; jusqu'à sa mort, elle a soumis son salon à une orthodoxie qui devait garantir la pérennité de l'institution et assurer la permanence des goûts et des orientations. D'où l'impression que pouvait ressentir le président Hénault en face d'une hôtesse quelque peu 'collet monté', qui conservait dans son cérémonial l'austérité et la sévérité des goûts du grand siècle, injustement confondues par cet observateur avec l'affectation du précieux. Gardienne du 'noble sanctuaire',[42] la marquise s'efforçait aussi d'établir une sélection sévère: la société était plus restreinte qu'aux grandes fêtes de Sceaux, il y avait chez elle moins de relâchements et de libertés qu'ailleurs,[43] et la distinction des deux jours de réception correspondait à une hiérarchie qui peut surprendre nos habitudes modernes. Il ne faudrait pas cependant exagérer, comme on l'a fait parfois, non sans de malicieuses intentions, la discrimination entre les mardis et les mercredis: comme le fait remarquer F. Deloffre, 'la continuité entre les deux jours était assurée, non seulement par les hôtes communs, mais aussi par la forte personnalité de la maîtresse de maison'.[44]

En décrivant le caractère de l'hôtesse, on mesure l'influence qu'elle exerça sur son cercle, son rayonnement en quelque sorte, et on découvre en même temps les critères retenus par elle pour le recrutement. Le portrait de la maîtresse de maison a été donné, sous le nom d'Uranie, par La Motte dans l'une de ses fables; le peintre accorde à la divinité du salon tous les mérites, rassemblés habilement en un alexandrin:

41. Marivaux, *La Vie de Marianne*, p.167-68.
42. Ch. Giraud, 'Le salon', p.114.
43. Ch. Giraud, 'Le salon', p.112; l'auteur attribue cette régularité à la santé fragile de Mme de Lambert et à sa naissance: 'La maîtresse de maison était d'une assez grande naissance, et ce qu'on nommait la bonne compagnie y dominait, par le ton, la culture et la distinction.' Il est sûr qu'on ignorait à l'hôtel de Nevers les fêtes, le jeu, les nuits blanches, les soupers, qui caractérisent la vie mondaine dans les premières décennies du dix-huitième siècle.
44. F. Deloffre, *Marivaux*, p.19. Cette forte personnalité se révèle dans un mot qu'on attribue à la marquise de Lambert, et que rapporte l'auteur: 'J'aime beaucoup la société; tout le monde m'écoute et je n'écoute personne' (p.20). C'est moins l'anecdote qui nous intéresse ici que ce qu'elle traduit: le respect et l'admiration voués par les habitués à l'hôtesse, la fascination qu'elle exerçait sur eux.

Ton bon goût, ta raison, tes vertus, tes talens.[45]

Les attributs de l'allégorie, en dépit de leur caractère abstrait, saisissent les traits fondamentaux de la personnalité et des idées de la marquise; le poète reconnaît dans la divinité les hypostases de la grande dame, de la femme savante, de l'amie généreuse et de la femme auteur. Ce sont ces mêmes caractères qui assurent en retour l'attachement à l'hôtesse de 'ses amis d'élite':

Sçavoir, Politesse, Génie,
Guidés par l'Amitié, se rassemblent chez Toi.[46]

Les critères de la sélection sont parfaitement définis dans ces vers, si l'on veut bien entendre sous le concept de *Génie* l'esprit d'invention, l'art d'exprimer une chose nouvelle, qui caractérisent l'idéal littéraire des Fontenelle et des La Motte. Il faut ajouter que cette sélection était assez bien acceptée, la maîtresse de maison possédant l'art achevé de faire reconnaître ses exigences, moins comme des obstacles, que comme les principes d'une saine émulation; il faut donner son vrai poids au mot de Fontenelle, qui parle (p.xiii) du salon comme d'"une maison où il était honorable d'être reçu'.

On ne serait pas complet si l'on n'évoquait l'intelligence de la maîtresse de maison, dont témoignent les surnoms qu'elle a reçus: Mme Vatry loue sa sagesse sous le nom de Minerve; elle est Uranie pour La Motte, qui la croit capable de s'occuper de tout ce qu'il y a de plus élevé dans les sciences; et encore Athénaïs, dans un quatrain qui accompagne le portrait gravé par Desrochers.[47] Cette intelligence sérieuse et profonde ne s'accordait pas toujours avec une conception plus superficielle de l'esprit, qui demande du brillant, des traits et des pointes, ce qui expliquerait certains jugements peu avantageux sur la maîtresse de maison. Il n'y a pas lieu de revenir sur la satire de La Rivière, qui prétendait que la marquise ne comprenait rien aux dissertations savantes construites dans son bureau d'esprit: ce n'est là que rosserie d'un moraliste hostile à la philosophie moderne. En revanche, le témoignage de Lesage est plus curieux: F. Deloffre incline (p.20-21) avec raison à voir un portrait de Mme de Lambert, sous le nom de marquise de Chaves, au tome second, livre quatrième, chapitre huitième de *Gil Blas*; or le narrateur déclare n'avoir jamais rencontré de 'femme plus sérieuse, ni qui parlât moins', en dépit de sa réputation de 'dame de Madrid la plus spirituelle'. En réalité, le paradoxe

45. *Fables*, i.125, fable dédiée 'A Mme la Marquise de Lambert'.
46. La Motte, *Fables*, i.125.
47. Il s'agit bien sûr de la célèbre impératrice d'Orient (401-460), une des gloires de la culture hellénique et chrétienne. Voici ces vers: 'Des plus rares esprits sans cesse environnée, / Et de mille vertus ornée / Le Ciel qui la chérit en elle nous fait voir / Une autre Athénaïs par un profond sçavoir.'

souligne assez bien la dignité de la marquise de Lambert, son souci de la bienséance, sa crainte de l'opinion. Elle était au sens propre la maîtresse de maison, l'ordonnatrice de la cérémonie, et à ce titre devait surtout écouter, maintenir les préséances, distribuer les rôles, veiller au bon ordre des conversations et des débats; en somme, elle tenait dans le cercle le rôle le plus ingrat, ou si l'on veut le moins brillant. Quant à lui dénier toute forme d'esprit, l'analyse de ses œuvres et de son langage fait justice de telles allégations.

L'intelligence de la marquise de Lambert se révélait surtout dans la politesse exquise avec laquelle elle savait unir des sociétés différentes; tous les témoignages sur ce point sont unanimes, et l'on doit reconnaître là l'originalité même de son cercle. Elle fut vraiment la première, dans l'histoire des salons, à avoir mis sur un pied d'égalité les gens de lettres et les gens de condition. C'est un spectacle fascinant d'observer la liaison intime, l'amitié assez extraordinaire qui unit, dans cette demeure, une princesse du sang comme la duchesse Du Maine au poète La Motte. S'il est une société privilégiée où les seuls mérites reconnus furent ceux de l'intelligence et de la vertu, où les relations annoncèrent un monde nouveau, c'est bien celle de l'hôtel de Nevers, et il n'est pas surprenant qu'un novateur comme d'Alembert ressentît encore, un demi-siècle plus tard, les délices d'un tel commerce qui répondait à l'idéal mondain de la marquise de Lambert.

Ce bureau d'esprit doit l'essentiel de ses caractères à son animatrice; il témoigne du renouveau de la préciosité, dont l'un des éléments tient au cérémonial et à l'étiquette définis par l'intelligence des femmes.

b. Les 'heureux mardis'[48]

Le jour de réception de la marquise était le mardi, dont le cérémonial immuable fut établi quand le salon se transporta à l'hôtel de Nevers. Mme de Lambert recevait ses hôtes pour le dîner, dans la salle à manger. Robert Dauvergne rappelle que les entretiens et discussions aux mardis, comme aux mercredis également, 'commençaient à table avant d'occuper tout l'après-midi';[49] c'est à table encore que s'achevaient, avec plus de liberté, les journées consacrées au bel esprit. Celle-ci était 'célèbre par sa recherche et son abondance',[50] mais aucun document ne nous est parvenu, qui nous permettrait de décrire ce qu'on mangeait à l'hôtel de Nevers[51] et de préciser le rôle joué par cette maison dans l'évolution du goût culinaire. C'est autour de la table qu'était esquissé le

---

48. Lettre de Montesquieu à la marquise de Lambert, 15 septembre 1728, éd. Masson, iii.911.
49. Robert Dauvergne, p.11.
50. La Perrière, *Marquise*, p.29.
51. Le seul renseignement concret, fourni par l'inventaire, est la mention, dans la cave de la marquise, d'une feuillette de vin de Bourgogne, ce qui ne surprend aucunement puisque les Lambert étaient propriétaires de vignes à Saint-Bris.

programme de l'après-dîner:[52] on retenait les thèmes dont il faudrait débattre, on définissait les sujets, souvent inspirés par l'actualité littéraire ou philosophique, qui donneraient lieu à des dissertations savantes. On déterminait également l'ordre dans lequel seraient lus les manuscrits que les auteurs invités voulaient soumettre au jugement du Mardi. Sur cette coutume, nous disposons du témoignage de la marquise elle-même, dans une lettre adressée au comte de Morville, le 5 août 1726: 'Souvent il [Montesquieu] nous apporte des manuscrits de sa façon, infiniment approuvés par MM. de Fontenelle & de La Motte.'[53] En cas de disette, les ouvrages nouveaux remplaçaient les manuscrits, et c'est dans le salon que se concevaient maints extraits donnés ensuite aux gazettes. Un programme aussi chargé pouvait donner l'impression à quelques invités d'être aux 'galères', et l'abbé Trublet avouera s'être ennuyé parfois à l'hôtel de Nevers, sans pour autant avoir trouvé ces réunions ridicules. Le cérémonial devait être attentif aussi à une diplomatie d'un genre particulier, qui était la grande affaire d'un salon où se nouaient les intrigues pour les élections à l'Académie française.

Ce programme de travail rapproche le cérémonial du salon de l'hôtel de Nevers de celui d'une académie, et le président Hénault ne s'y trompait pas, qui notait dans ses *Mémoires*: 'On y lisait les ouvrages prêts à paraître. Il y avait un jour de la semaine où l'on y dînait; et toute l'après-dîner était employée à ces sortes de conférences académiques' (p.120). Dans ces conditions, il était inévitable que le Mardi devînt une espèce de tribunal[54] du bon goût et du bel esprit, ayant en charge la pureté du 'génie', comme l'Académie française avait celle de la langue. Ses prérogatives étaient de même nature; il faut prendre dans toute son énergie le mot de Mathieu Marais (iii.144) sur la marquise de Lambert, 'ce bel esprit qui protège les beaux esprits du nouveau style, et qui en tient académie chez elle'. Les juges de ce tribunal étaient inamovibles, et c'est parmi eux qu'on rencontre, pour ainsi dire, les fondateurs du salon. Nous savons, grâce aux lettres échangées entre la duchesse Du Maine et La Motte, quelle était sa composition au lendemain de la Régence. Comme la Cour de Sceaux, il était présidé par le beau sexe: Minerve elle-même recevait l'assistance de sa fille, qui dans son 'exquise sagesse',[55] veillait aussi jalousement à l'étiquette. Les juges avaient chacun leur spécialité: le bel esprit était du ressort de Fontenelle, Mairan jugeait les productions des géomètres et l'abbé Mongault

---

52. Cf. La Rivière: 'Dès le matin, elle préparait de l'esprit pour l'après-dîné; elle voulait en mettre partout' (ii.310).
53. Montesquieu, iii.1537-38.
54. La rhétorique mondaine suggère à la duchesse Du Maine l'expression 'auguste sénat'.
55. Voir l'*Epître* de Mme Vatry: 'L'aimable, l'exquise Sagesse, / Près d'elle se trouve toujours: / Dans ses beaux yeux, dans son air de noblesse, / On voit que de Minerve elle a reçu le jour.'

celles des traducteurs, l'abbé de Bragelonne, élevé dans le commerce des Muses, se réservait le domaine délicat des agréments et La Motte lui-même, ce 'nouveau Voiture',[56] était une autorité pour l'immense et productif domaine de la poésie. Sacy n'est pas nommé dans la correspondance, mais il était un des pères fondateurs, ainsi qu'en témoigne le président Hénault (p.120),[57] et jusque vers 1710 avait tenu avantageusement, dans ce tribunal, le rôle dévolu ensuite à La Motte.

Le président Hénault fournit (p.120) un témoignage malicieux, mais intéressant, sur la manière dont s'achevaient les mardis; la marquise savait procurer des divertissements moins austères, et l'atelier du soir avait moins de gravité:

Mais le soir la décoration changeait ainsi que les acteurs. Mme de Lambert donnait à souper à une compagnie plus galante: elle se plaisait à recevoir les personnes qui se convenaient; son ton ne changeait pas pour cela; et elle prêchait la belle galanterie à des personnes qui allaient un peu au delà. J'étais des deux ateliers: je dogmatisais le matin et je chantais le soir.

Il ne faudrait pas commettre de contresens sur cet atelier du soir qui n'avait rien de commun avec les fameux soupers du siècle:[58] le jeu, la débauche, le libertinage n'entraient pas à l'hôtel de Nevers, et, si du moins les souvenirs du président Hénault sont exacts, il faut admettre que le moment était choisi pour laisser place seulement au culte des Muses badines (Fontenelle et La Motte savaient aussi leur payer tribut), à la carte de Tendre, aux échos du monde. C'est peut-être dans cet atelier qu'intervenaient les acteurs et les actrices reçus par la maîtresse de maison: on a souvent vu le signe d'une grande ouverture d'esprit dans l'amitié de la marquise de Lambert pour Adrienne Lecouvreur, qui avait son couvert le mardi. Il faut noter à ce propos que le divertissement pouvait même aller jusqu'au bal, donnant au cérémonial de l'hôtel de Nevers un éclat particulier. Il faut surtout retenir de ce témoignage le détail concernant le changement d'acteurs: la maîtresse de maison, très attachée aux activités sérieuses et régulières du Mardi, voulait les distinguer de la réception aristocratique, qui n'occupait que les dernières heures de la journée.

---

56. *Lettres de La Motte*, 'Préface', p.viii.

57. 'C'était le rendez-vous des hommes célèbres: Fontenelle, l'abbé Mongault, Sacy, etc.'

58. Jadis, Edouard Fournier, grisé par les révélations malicieuses du président Hénault, se laissait aller à des commentaires délirants sur les folies chantées à l'hôtel de Nevers, dans ces 'galas' du soir. Il estimait que 'par Fontenelle déjà trop vieux pour s'attarder, par La Motte, à qui sa mauvaise vue interdisait les longues veilles, on n'a connu que de jour la maison de Mme de Lambert' (p.290). C'est là, bien sûr, pure littérature. Il faut relire les compliments sensibles de La Motte à la duchesse Du Maine pour saisir le ton de cette belle galanterie évoquée par le président Hénault, dont les allusions pourraient bien tout simplement ne concerner que cette correspondance célèbre que Paris commençait à découvrir.

La tentation est donc grande de définir les caractères fondamentaux du salon de l'hôtel de Nevers par 'des réunions variées, animées, un mélange de classes de la société qui dénote une liberté d'allures et une aisance aristocratique'.[59] Mais le trait dominant du Mardi, c'est son caractère académique: les travaux sérieux y sont programmés, l'examen des ouvrages y est aussi minutieux que dans les bureaux de la librairie.[60] On sent l'effort de la géométrie et de la philosophie nouvelle pour régler la vie littéraire de la ruelle précieuse, lui donner un caractère systématique et régulier. L'expression 'bureau d'esprit', forgée par les contemporains, est particulièrement juste, appliquée à ce salon qui fut un centre de réflexion, un cercle conçu pour le débat fécond, l'équivalent, en quelque sorte, du Club de l'Entresol pour le bel esprit et les idées morales.

c. Les mercredis

La marquise de Lambert, dont les appartements ne pouvaient contenir un public important, éprouva assez tôt le besoin d'avoir un second jour de réception, qui fut le mercredi. On l'a souvent considéré comme un jour qu'on imposait à des auteurs moins célèbres, qui auraient accompli une sorte de stage en attendant l'honneur d'entrer au Mardi. C'est une vision des faits assez caricaturale. Le mardi, nous venons de le comprendre, était entièrement consacré au travail, et le nombre des participants était limité. La maîtresse de maison se devait cependant d'accueillir dignement les hôtes de marque, les écrivains de passage, 'les artistes, les virtuoses étrangers, les littérateurs ou les savans du second ordre',[61] qui ne pouvaient être initiés aux pratiques exigeantes de la veille. A eux venaient se joindre naturellement les habitués des mardis. Le marquis d'Argenson, dont l'amitié pour Mme de Lambert fut aussi profonde que durable, mais qui n'était pas directement intéressé aux conférences du bureau d'esprit, avoue sans honte avoir été un des habitués des mercredis: 'Il y avait quinze ans que j'étais de ses amis particuliers et qu'elle m'avait fait l'honneur de m'attirer chez elle; sa maison faisait honneur à tous ceux qui y étaient admis. J'allais régulièrement dîner chez elle les mercredis qui étaient un de ses jours.'[62] Ils furent donc, eux aussi, très recherchés, et Montesquieu, absent de Paris, a la nostalgie de l'un et l'autre jour: 'Parlez de moi aux mardis, c'est-à-dire aux amis les plus chers que j'aie au monde; parlez-en aux mercredis, ce jour n'est pas moins heureux que l'autre quand on peut en jouir.'[63]

---

59. La Perrière, p.32.
60. Comme Fontenelle, Sacy, l'un des membres fondateurs, était censeur royal des livres.
61. *Lettres de La Motte*, p.xvi-xvii.
62. *Journal et mémoires*, i.164.
63. Lettre à la marquise de Lambert, du 30 avril 1728, iii.890.

4. *Le salon de la marquise de Lambert*

Il est aisé d'imaginer que les conversations sérieuses, les divertissements mondains et le ton régnant étaient identiques, à cette nuance près que les décisions de la maîtresse de maison étaient plus tranchées, et que les productions des mercredis avaient un retentissement moindre sur la vie littéraire parisienne. Ce jour finit lui aussi par avoir son propre tribunal, moins 'respectable, imposant, redoutable'[64] que le Mardi, comme en témoignent les lettres spirituelles de la duchesse Du Maine: 'Si je n'étais exposée qu'au Mercredi de M. Subtil!'[65] Les jeunes écrivains lui soumettaient leurs essais et croyaient fonder leur réputation sur ses jugements. Tous les critiques ont retenu l'anecdote de cet auteur tragique, arrêté par la marquise de Lambert dès le premier vers que prononce son héroïne:

> –De l'Arabie enfin en ces lieux débarquée...
> –Princesse, asseyez-vous, vous êtes fatiguée![66]

Ce n'est là qu'un bon mot, et il serait bien fâcheux qu'il nous conduisît à mépriser les productions des mercredis: c'est là qu'ont été divulgués bien des idées et des motifs nouveaux, qu'ont germé des ambitions louables et pris corps des essais qui décidèrent de carrières brillantes.

Sans accorder une importance excessive aux anecdotes et aux bons mots, nous sommes en mesure de reconnaître l'importance d'un cérémonial qui a contribué à fixer un ton, et peut-être même un langage, et à assumer la régularité d'une vie intellectuelle féconde, vouée aux débats savants, privilégiant les conversations sérieuses, trop souvent occultée par les manifestations plus superficielles d'une rhétorique mondaine. Mieux que la Cour de Sceaux, le salon de l'hôtel de Nevers a pu imposer ses idées et ses goûts à son siècle, parce qu'il accordait plus d'importance aux nourritures solides qu'aux divertissements. Ses habitudes et ses pratiques expliquent qu'il soit devenu une véritable institution, capable de décider de l'issue d'un grand débat littéraire ou d'une élection à l'Académie. Ses méthodes de travail, son organisation lui ont assuré une influence dont la durée est exceptionnelle dans l'histoire de notre pays. L'étude du cérémonial nous montre aussi comment fut garantie

---

64. Ce sont les adjectifs employés par la duchesse Du Maine: 'O Mardi respectable! Mardi imposant! Mardi plus redoutable pour moi que tous les autres jours de la semaine!' (*Lettres de monsieur de La Motte*, p.10).

65. *Lettres*, p.2.

66. Une mésaventure semblable était arrivée, quelques années plus tôt, à un gentilhomme bel esprit, du nom de La Bruyère, le cousin de l'auteur des *Caractères*. La Rivière confie: 'Feu Mme de Lambert et moi, nous eûmes la curiosité de le voir: on nous le donna pendant une soirée; nous le trouvâmes d'un entretien si froid, qu'il nous parut qu'il gardait son feu pour faire des livres' (ii.229).

l'unité d'un groupe cohérent et solidaire, animé par deux fortes personnalités, dont la grande expérience, l'intelligence et le rayonnement facilitaient la conciliation des points de vue, l'atténuation des différences et des discordes. Tous ces éléments furent des facteurs favorables à ses activités.

3. *Les activités*

Le salon de l'hôtel de Nevers fut un remarquable foyer de la vie littéraire à la fin du règne de Louis XIV et sous la Régence. On peut le tenir pour un des centres de diffusion les plus importants des thèmes et des motifs de la philosophie morale, dans le temps même où il contribuait à faire triompher l'esthétique moderne: il fut directement impliqué dans la seconde phase de la Querelle des Anciens et des Modernes. Il apparaît aussi comme un important foyer de la création poétique, gagné à l'esprit néo-précieux.

A. *La diffusion des idées morales*

La plupart des dissertations savantes construites en commun dans le salon de la marquise de Lambert intéressaient la philosophie morale, dont les concepts furent considérablement renouvelés dans les premières années du siècle des Lumières; on cherchait, en procédant à l'audition des participants, à établir des définitions nouvelles, en accord avec le progrès des idées et des mœurs. Cette méthode, qui s'inspire des séances de travail à l'Académie française, a laissé des traces visibles dans le discours de Mme de Lambert.

Il faut chercher le souvenir de ces entretiens dans les journaux de l'époque, en particulier dans le *Mercure*, dans les œuvres des moralistes qui fréquentaient le salon, comme Marivaux, Montesquieu, Fontenelle, le Père Buffier, l'abbé Terrasson, etc., et bien sûr dans les écrits de la marquise elle-même, qui fut l'écho sonore de son cercle. La paraphrase de la dissertation de Montesquieu offre un témoignage exemplaire sur ce type d'activités.

Certains sujets suscitaient des entretiens spontanés, qui ne demandaient ni recherche précise, ni compétence particulière; d'autres, au contraire, exigeaient une longue préparation, dans le silence du cabinet, avant d'être soumis au jugement du Mardi: ces dissertations, composées avec rigueur, pouvaient ensuite être lues dans les Académies ou données au public.

L'amour et l'amitié sont, bien sûr, des thèmes majeurs: il eût été inconcevable qu'une société gagnée à l'esprit précieux n'ait pas cherché à renouveler la carte de Tendre et le code de la politesse féminine. Nous savons que la reconnaissance des pouvoirs du beau sexe proposée par la marquise de Lambert suscita l'intérêt de Montesquieu; nous avons la certitude également que la lecture du manuscrit de *La Métaphysique d'amour* fut l'occasion de dissertations savantes sur l'égalité des sexes.[67] La recherche d'une définition du bonheur fut aussi une des préoccupations constantes du salon de l'hôtel de Nevers. Nous pouvons établir dans le détail des rapprochements nombreux entre les idées de la marquise et l'essai de Fontenelle, 'Du bonheur', publié pour la première fois dans l'édition de 1724 de ses *Œuvres diverses*; R. Shackleton estime que 'le bonheur fut un des premiers problèmes discutés chez [la marquise de Lambert] et qu'on y entendit les échos de la philosophie de Shaftesbury'.[68] On se rapproche des préoccupations esthétiques avec l'analyse des concepts de *goût* et de *bel esprit*, sujets en vogue sous la Régence. Le débat sur le goût fut lancé par l'abbé Du Bos, commensal de Mme de Lambert, qui avait esquissé une théorie séduisante dans ses *Réflexions critiques sur la poésie et sur la peinture* (1719), née en grande partie de la Querelle sur Homère, et qui devait susciter l'intérêt du Père Buffier, de l'abbé Terrasson et surtout de Montesquieu. La définition du bel esprit, elle, était dans l'air dans l'année 1717: des témoignages directs sont fournis par les deux dernières livraisons de Marivaux au *Mercure* des 'Lettres sur les habitants de Paris'[69] et par les *Dialogues des vivants* (1717) de l'abbé Bordelon, qui s'intéressaient à ce thème cher à Fontenelle. Il faudrait encore évoquer ici les *Lettres persanes* inédites que leur auteur lisait au Mardi[70] et qui fournissaient, à n'en pas douter, les sujets de dissertations variées et fécondes.

Nous avons cherché délibérément à limiter la liste de ces sujets à une période pour laquelle le chercheur dispose de dates concordantes: la décennie 1715-1725 fut une des plus fécondes pour les activités d'un bureau d'esprit qui exerça un attrait puissant sur de jeunes auteurs comme Marivaux[71] ou Montesquieu.

B. *Le salon et la Querelle sur Homère*

Il est impossible de décrire les activités du salon de la marquise de Lambert sans évoquer la Querelle sur Homère, dans laquelle s'engagea l'un de ses chefs

67. L'auteur de *L'Esprit des lois* fut particulièrement attentif à la législation proposée par la marquise de Lambert; on entrevoit dans ce fragment le sujet d'une belle dissertation: 'Mme de Lambert et les moraux d'aujourd'hui ont pensé à faire usage de l'amour pour les femmes et de celui des femmes pour les hommes, en purifiant cet amour et en le réglant. Quand un législateur emploie un mobile, il faut qu'il le juge très fort' (*Mes pensées*, éd. Caillois, i.1476).

68. Robert Shackleton, *Montesquieu, une biographie critique*, traduction de Jean Loiseau (Grenoble 1977), p.54: 'Ce que Montesquieu a dit du bonheur se trouve dans ses *Pensées*, et la date de l'insertion des premiers fragments fait penser qu'ils étaient destinés à servir de sujets chez Mme de Lambert.'

69. On trouvera les réflexions de Marivaux sur le bel esprit, parues dans les livraisons de mai et juin 1718 du *Mercure*, dans les *Journaux et œuvres diverses*, éd. Deloffre et Gilot, p.32-39.

70. Une confidence de la marquise de Lambert au comte de Morville montre que la maîtresse de maison appréciait particulièrement les *Lettres persanes*. Voir Montesquieu, éd. Masson, iii.1537-38.

71. Aucun document n'atteste le passage de Marivaux à l'hôtel de Nevers; mais les liens sont si nombreux entre ses œuvres et celles de la marquise de Lambert qu'on ne saurait douter de sa présence aux mardis et aux mercredis. Il fut sans doute introduit dans le salon par Fontenelle,

de file. Nous n'avons pas à reprendre l'histoire de la controverse,[72] mais à préciser comment les idées développées à l'hôtel de Nevers ont pu influencer, orienter les théories des Modernes, et à reconnaître le rôle joué par les salons parisiens dans cette bataille de l'*Iliade*.

Si Fontenelle ne s'est pas engagé personnellement dans la Querelle sur Homère, en ne livrant aucun ouvrage au public, il a chargé, en revanche, ses disciples d'exprimer en face de Mme Dacier le point de vue des Modernes: ce dont s'acquittèrent La Motte, bien sûr, qui était la première victime des attaques et des injures de ses adversaires, ainsi que l'abbé Terrasson, désigné pour succéder au maître à l'Académie des sciences. Le géomètre fut un théoricien écouté à l'hôtel de Nevers, et la maîtresse de maison n'hésitait pas à s'approprier nombre de ses arguments. On peut dire, pour simplifier, que la marquise de Lambert s'inspirera des idées de La Motte sur le Beau et la poésie, et empruntera à Terrasson ses arguments sur la supériorité de la philosophie et de la morale modernes. La solide *Dissertation critique sur l'Iliade*, qui est sans conteste l'œuvre d'un 'savant', reflète le ton sérieux des activités du Mardi: l'abbé Terrasson y oublie le style des Cafés, et l'ouvrage tranche sur les injures dont s'abreuvent les adversaires, sur les traits d'humeur et les parodies qui aigrissent le débat.

Le salon de la marquise de Lambert se trouva soudainement au cœur de la controverse, non seulement parce que l'honneur de La Motte était attaqué, mais parce qu'il défendait des valeurs qui étaient l'enjeu même de la Querelle. Dans cette véritable 'crise de la conscience française',[73] dans ce déchirement profond de la culture monarchique hésitant entre la fidélité à la tradition humaniste et ecclésiastique et le désir d'ouverture, les mondains étaient du côté des Modernes, qui avaient l'appui du public féminin et de la presse. Ces divisions furent douloureusement vécues dans certains milieux: chez les jésuites, par exemple, écartelés entre l'éthique mondaine et leur attachement à la culture antique, mais aussi à l'hôtel de Nevers. Mme de Lambert, nourrie de la lecture des Anciens, même si elle ne les connaissait que par des traductions, admiratrice des travaux de Mme Dacier qui témoignaient en faveur d'un savoir féminin, souffrait beaucoup des excès auxquels se livraient les deux camps.

avec qui il était lié depuis 1713, ainsi que l'a établi Giovanni Bonaccorso, *Gli Anni difficili di Marivaux* (Messine 1964).

72. Cette seconde phase de la Querelle des Anciens et des Modernes est bien connue par les travaux de N. Hepp et des spécialistes de Marivaux. On utilisera surtout: Noémi Hepp, *Homère en France au XVIIe siècle* (Paris 1968); F. Deloffre et Claude Rigault, *Œuvres de jeunesse de Marivaux* (Paris 1972), notices du *Télémaque travesti* et de *L'Homère travesti*; Michel Gilot, 'Un étrange divertissement: *L'Iliade travestie*', colloque d'Aix sur la Régence (Paris 1970), p.186-205.

73. L'expression est de Marc Fumaroli, 'Sur Homère en France au XVIIe siècle', *RhlF* 73 (1973), p.643-56 (compte rendu de la thèse de N. Hepp).

Dans ces conditions, une entente s'établit entre la marquise et le Père Buffier pour rapprocher les points de vue: ils favorisèrent la réconciliation de Mme Dacier et de La Motte, qui eut lieu chez Valincour, mais surtout formèrent un parti, non de la neutralité ou de la modération, mais du pragmatisme, qui devait l'emporter sur l'idéologie. La démarche de Mme de Lambert était inspirée en partie par l'éthique mondaine: la culture des honnêtes gens, la tradition des conversations sérieuses favorables au dialogue et à l'échange réclamaient un raccommodement général.

Le Père Buffier avait été le premier à introduire, avec son *Homère en arbitrage* (1715), dans cette querelle de théoriciens, 'un pyrrhonisme bien fondé':[74] aux critères qui avaient valeur d'absolu, il opposa un relativisme historique, proche des idées de l'abbé Du Bos, en affirmant que pour juger du goût et du Beau, il fallait prendre en compte 'la différence des temps, des pays, des nations, des coutumes', ainsi que 'la disposition des esprits et des goûts'.[75] Il adressa sa dissertation à Mme de Lambert, sans doute avant qu'elle ne fût publiée, et la marquise en donna lecture au Mardi.[76] L'hôtesse du salon, en moderne, ne pouvait adhérer aux principes du Père Buffier qui, au nom du déterminisme historique, trouvait des excuses à Homère;[77] elle lui répondit en avançant des arguments, dont beaucoup venaient de l'abbé Terrasson. Mais elle avait apprécié l'esprit de sa démarche et retenu sa leçon de relativisme: elle réclamait le droit de préférer les héros modernes aux héros de l'Antiquité, distinguait, comme nous l'avons vu, des nuances importantes entre la métaphysique d'Homère et celle de Platon, et surtout proposait de juger les productions littéraires selon un critère qui nous paraît aujourd'hui particulièrement fécond: celui du plaisir esthétique.

On aperçoit assez bien le rôle spécifique joué par le salon de l'hôtel de Nevers dans la Querelle sur Homère. Après avoir été directement intéressé à soutenir sans défaillance la cause de La Motte, il eut à proposer ses bons offices pour une réconciliation des adversaires, ce qui fut la mission de la maîtresse

74. Ce sont les termes mêmes de la marquise de Lambert: seconde lettre au R. P. Buffier sur Homère, *Correspondance*, p.388.

75. Claude Buffier, *Cours de sciences sur des principes nouveaux et simples pour former le langage, l'esprit et le cœur, dans l'usage ordinaire de la vie* (Paris 1732), 'Dissertation: Si nous sommes en état de bien juger des défauts d'Homère', p.1517.

76. 'J'ai fait voir à nos amis votre dissertation': première lettre au R. P. Buffier sur Homère, *Correspondance*, p.381. Il est clair que la marquise répond au Père Buffier au nom du salon.

77. Dans sa dissertation, le Père Buffier justifiait les extravagances d'Homère en invoquant ce déterminisme: 'les plus hautes extravagances dans un système reçu tiennent lieu de premiers principes, qui ne se révoquent point en doute et ne se mettent point en question' (p.1517). Sur un ton qui n'est pas sans rappeler celui de Fontenelle, la marquise de Lambert répondait: 'Je glisse sur les conséquences qu'on peut tirer d'un pareil principe: elles seroient bien sérieuses' (seconde lettre, p.386).

de maison, puis à définir de nouveaux critères susceptibles de convenir aux partisans comme aux adversaires d'Homère.

C. *Un foyer de la création poétique*

Si l'on a pu reconnaître à l'académie des beaux esprits réunis chez la marquise de Lambert la plus haute compétence dans le renouvellement des idées philosophiques, morales et esthétiques, il faut aussi marquer son rôle dans l'invention et la diffusion des thèmes poétiques nouveaux, où s'exprime pleinement l'esprit de la seconde préciosité. Le salon de l'hôtel de Nevers s'est détaché peu à peu de la littérature romanesque pour faire triompher, après 1710, les productions de la poésie dramatique et mondaine.

a. *Mme de Lambert se détourne de la littérature romanesque*

Dans sa première période, le salon de Mme de Lambert a réservé le meilleur accueil au 'roman' féminin et à ses auteurs: Mme d'Aulnoy, dont les visites étaient rares, mais qui avait servi d'intermédiaire entre Saint-Evremond et la marquise,[78] Catherine Bernard, la comtesse de Murat, Mlle de La Force, et sans doute la présidente Ferrand ornèrent le salon, qui avait vu 'fleurir les chefs-d'œuvre de la nouvelle'.[79] Mme de Lambert elle-même, tentée par l'esthétique du genre, peut être intégrée à cette 'école', car nous n'avons aucune raison de contester l'originalité de l'Histoire de la femme ermite et de l'Histoire d'Eleonor rassemblées dans cette 'nouvelle nouvelle' que le public découvrira après sa mort. En fait de littérature romanesque, la marquise partageait les goûts de Fontenelle, qui ne sont pas ceux d'un géomètre, comme en témoignent le célèbre article, œuvre de jeunesse, sur *La Princesse de Clèves* (1678),[80] ainsi que la *Lettre* (1687) sur *Eleonor d'Yvrée*: les deux amis, favorables à l'esthétique moderne, estimaient que le roman et la nouvelle étaient faits pour émouvoir et toucher. A. Adam a bien résumé la doctrine de Fontenelle dans ces lignes: 'Science du cœur, peinture fidèle de ses mouvements les plus délicats, émotion douce et qui plaît, voilà ce que le rationaliste Fontenelle demandait au roman.'[81] Avec *La Femme hermite*, la marquise de Lambert montrera qu'elle possède cette science du cœur, à l'égal des romancières qu'elle accueille, même si les émotions ont souvent, dans ces histoires tragiques, des accents plus violents.

La théorie occupait une place importante dans les conversations sur le roman, et le traité de Huet était dans le salon un ouvrage de référence: une longue amitié liait la marquise de Lambert à l'érudit mondain et nous possédons

78. Ch. Giraud, p.115.
79. De Lescure, 'Etude biographique et littéraire sur la marquise de Lambert', introduction aux *Œuvres morales*, p.xviii.
80. 'Lettre du géomètre de Guyenne', *Mercure galant*, mai 1678.
81. A. Adam, 'Fontenelle, homme de lettres', p.39.

une lettre par laquelle elle le remercie de l'envoi d'une nouvelle édition de *L'Origine des romans*. Ce document peu connu mérite d'être cité intégralement, car il fait connaître les positions définitives de la marquise de Lambert à l'égard du genre romanesque:

J'ai reçu, Monseigneur, par Mr de Sacy, le livre de *L'Origine des Romans*. Je vous suis très obligée du présent et d'avoir pensé à moi. Rien de plus flatteur que d'occuper une place dans votre mémoire; je suis sûre d'y être en bonne compagnie. Tout le monde vous doit des remercîmens. Quand vous vous occupez, vous travaillez pour les savans; quand vous vous amusez et délassez, vous travaillez pour nous, et vous ne dédaignez pas notre sexe. Je voudrois bien que vous le puissiez guérir du mauvais goût qui règne à présent. Ce sont les contes qui ont pris la place des romans: puisqu'on nous bannit, Monseigneur, du pays de la raison et du savoir, et qu'on ne nous laisse que l'empire de l'imagination, au moins faudroit-il rêver noblement, et que l'esprit et les sentimens eussent quelque part à nos illusions. Vous permettez les romans, et vous les autorisez par votre exemple; vous en avez fourni un modèle dans celui que vous eûtes la bonté de nous lire. Ce n'est pas la fiction seule qui y plaît, c'est l'agréable; et nous avons une grande disposition à préférer l'illusion agréable au vrai ennuyeux. Redressez, Monseigneur, les goûts qui s'égarent; apprenez-nous à penser, même à sentir, comme du temps de Madame de la Fayette, qui a laissé de si parfaits modèles. On n'a qu'à vous lire et à vous imiter pour rappeler la délicatesse et le bon goût qui nous quittent.[82]

Cette lettre importante confirme les liens qui, pour la marquise de Lambert, unissent la création romanesque au public féminin, voire au féminisme, à la tradition de l'honnêteté et au courant de la sensibilité, en même temps qu'elle rappelle la dette de l'auteur envers Mme de Lafayette.

La marquise de Lambert n'a guère apprécié l'évolution de la littérature d'imagination vers le genre du conte de fées, en vogue dans les dernières années du dix-septième siècle et au début du dix-huitième; sa lettre à Huet prouve qu'elle dut considérer les productions de Mmes d'Aulnoy ou de Murat, de Mlle de La Force[83] comme les signes d'une décadence du goût, d'autant qu'à la même époque, Fénelon renouvelait la formule du grand roman héroïque

82. B.N., mss. fr. 15188: Huet, 'Femmes célèbres. Correspondance littéraire et privée d'une partie du siècle de Louis XIV. Ou recueil de Lettres adressées à Huet, évêque d'Avranches', f.123. Cette lettre est accompagnée d'un fragment d'une autre lettre, attribuée par un annotateur à la fille de la marquise de Lambert. Elle a été reproduite par C. Henry, *Un Erudit homme du monde, homme d'Eglise, homme de cour (1630-1721)* (Paris 1879), p.29-30. C. Henry proposait de placer cette lettre vers 1670; en réalité, les allusions à la vogue des contes et la nostalgie 'du temps de Mme de Lafayette' détruisent cette hypothèse. La sixième édition du *Traité de l'origine des romans* est donnée à Paris par T. Moette en 1685; la septième, par le même, en 1693; une huitième édition est donnée à Paris par J. Mariette, en 1711. Seule cette dernière date s'accorde vraiment au contenu d'une lettre qui est certainement postérieure à 1710, et témoigne du succès durable du *Traité* de Huet (voir aussi une lettre de Mme de Tilly à l'évêque d'Avranches, p.34-35).

83. Mme d'Aulnoy, *Contes nouveaux, ou les fées à la mode* (Paris 1698); Mme de Murat, *Contes de fées* (Paris 1698); Mlle de La Force, *Les Fées, contes des contes* (Paris 1725).

et moralisateur. Vers 1700, les lambertins se détournent du romanesque, qu'ils ne redécouvriront que dans les premières années du règne de Louis XV, séduits par le roman pédagogique d'éducation princière et par les premiers essais de Marivaux dans l'analyse du cœur humain. C'est à la poésie qu'ils allaient réclamer le droit de 'rêver noblement'.

b. La lecture des comédies

Dans son portrait de la marquise de Chaves, Lesage montre quels étaient les goûts dominants à l'hôtel de Nevers, vers 1715: le narrateur confirme le mépris que les lambertins font peser sur le roman, place la comédie au même niveau et ironise sur les louanges qui étaient décernées au moindre ouvrage sérieux: ode, églogue, sonnet. A ces productions 'nobles', il ajoute les poèmes dramatiques qui fournissaient au salon sa nourriture principale.

Le témoignage de Lesage est intéressant, mais n'est pas entièrement convaincant quant à la comédie, pour laquelle Fontenelle montre un regain d'intérêt et que réhabilitent surtout les premiers succès de Marivaux. Fontenelle tenait en réserve une tragédie et plusieurs comédies qu'il destinait à une édition posthume, dont la préface était déjà écrite.[84] Il proposait une théorie intéressante du genre dramatique, fondée sur une 'échelle' des tons, comparable à la gamme chromatique, qui ménage entre la tragédie pure et la comédie pure un espace pour un genre mixte apte à prendre en charge 'le pitoyable et le tendre'. En précurseur, Fontenelle ouvre cet espace à la modernité et salue avec admiration les audaces du théâtre italien qui donne une haute idée des promesses d'une esthétique nouvelle capable d'unir 'le pitoyable et le tendre avec le plaisant et le ridicule'.[85] Mais surtout, le philosophe désigne le public idéal de cette comédie larmoyante qu'il appelle de ses vœux: c'est la sensibilité des femmes qui assurera son triomphe. 'Ici il est donc question de plaire aux femmes, qui assurément aimeront mieux le pitoyable & le tendre, que le terrible & même le grand; & je ne crois pas au fond qu'elles ayent grand tort' (p.xxvii).

L'histoire de *Macate*, comédie peu connue, illustre parfaitement le rôle assigné par Fontenelle aux salons littéraires dans la naissance de ce genre nouveau. En 1719, à sa mort, on trouve dans les papiers de l'abbé Genest une comédie écrite pour la Cour de Sceaux, dont le sujet, tiré des *Prodiges* de Phlégon, est 'l'histoire d'une jeune morte qui revenoit toutes les nuits trouver

---

84. *Œuvres* (Paris 1751), vii.i-xliv.
85. 'Il me souvient d'avoir vu une Scène Italienne entre Lelio & Arlequin, où j'étois attendri à tout ce que disoit Lelio, & je riois à toutes les reprises d'Arlequin, sans que cette singularité alternative manquât jamais. J'en fus encore plus étonné que diverti, & je remarquai bien ce phénomène théâtral, qui me parut unique' (p.xxix-xxx).

un jeune homme dans sa chambre' (p.v). La théorie du vraisemblable avait
conduit l'auteur à transposer les événements dans le monde merveilleux des
Sylphides, parti qui offrait en outre l'avantage de répondre au goût du public
pour les contes et la féerie. Fontenelle, intéressé par ce sujet, voulut prouver
à la duchesse Du Maine qu'il était possible de le traiter 'en le dénaturant
entièrement, c'est-à-dire en le remettant dans le train ordinaire des choses, où
il faut bien que ces sortes d'histoire-là rentrent, si on veut en conserver quelque
petit reste' (p.vii). La comédie de *Macate* était née (1722), composée par jeu,
et lue à Sceaux comme à l'hôtel de Nevers.[86] Mathieu Marais a conservé dans
son *Journal* de l'année 1724 une épigramme dirigée contre l'auteur allant lire
dans les maisons sa comédie du 'Fantôme'; on ne peut pas ne pas reconnaître
la duchesse Du Maine et la marquise de Lambert dans Clarisse et Chloris:

> Le phénix de nos beaux esprits,
> Poète, orateur, astronome,
> Va de Clarisse chez Chloris
> Lire sa pièce du *Fantôme*;
> Or un fantôme, ami lecteur,
> [...]
> Surprend et s'exhale en fumée.
> Ainsi va de la renommée
> Et des rentes de notre auteur.[87]

Destinée au public des salons, la comédie ne pouvait connaître un succès
éclatant: Lesage notait déjà malicieusement que les pièces applaudies chez la
marquise de Chaves étaient souvent sifflées du public.[88]

L'histoire de *Macate*, les idées de Fontenelle sur la comédie montrent que,
sous la Régence, le genre est bien représenté à l'hôtel de Nevers; les premiers
succès de Marivaux viendront confirmer cette remarque, et en 1729 une pièce
comme *La Colonie* fera écho aux préoccupations féministes du salon.

c. Création poétique et mondanité

Si le salon de l'hôtel de Nevers est un authentique foyer de la création poétique,
directement engagé dans des débats théoriques féconds, c'est au rayonnement

---

86. 'Je ne manquai pas d'être assés content de moi pour confier cette légère production à
quelques personnes choisies. J'osai même la montrer à la Princesse qui en avoit été la première
occasion, bien entendu que je lui fis valoir toutes les circonstances qui m'étoient favorables'
(p.viii).

87. *Journal et mémoires*, iii.136.

88. Voir cette remarque de Fontenelle, à propos de *Macate*, sur la distinction des deux publics:
'Il est arrivé quelquefois qu'on m'a dit, avec assés d'apparence de sincérité, que cette petite Pièce
pourroit soutenir la représentation; mais je puis assurer sans vanité que je ne l'ai pas cru' (p.ix).
Pour les mêmes raisons, Fontenelle n'a lu sa tragédie *Idalie*, composée en 1720 (chronologie
établie par J.-R. Carré) qu'à un petit nombre d'amis sûrs (p.iv). Le retour de Fontenelle à la
comédie est marqué encore par *Le Tyran* (1724), *Abdolonime* (1725) et *Le Testament* (1731).

de La Motte qu'il le doit. L'animateur ne recule devant aucune audace – ses idées sur la versification et son rôle dans la querelle de la rime sont trop connus pour être rappelés ici – et possède tous les talents; Fontenelle, dans sa *Réponse* au discours de réception de Bussy-Rabutin, évêque de Luçon (6 mars 1732), célèbre le poète nouveau qui s'est essayé dans presque tous les genres, à l'exception de la satire: ode, tragédie, opéra, comédie, épopée et fable, poésie sacrée, églogue, poésie galante, dont l'inspiratrice fut la duchesse Du Maine comme Mlle de Rambouillet l'avait été pour Voiture.[89]

Le destin de la poésie, dans ces années, est indissolublement lié à la vie des salons, comme il l'avait été au temps des précieuses; les rivaux de La Motte sont des mondains: Fontenelle, Saint-Aulaire, le président Hénault, Moncrif, protégés par la marquise de Lambert, puis après elle par Mme de Tencin. Cette protection appelle des remerciments officiels: La Motte, dans ses *Fables nouvelles*, 'qui font figure d'ouvrage précieux par excellence',[90] entraîne la marquise de Lambert dans le débat qu'il veut ouvrir sur la nature de la fable; Mme Vatry compose son *Epître* à Minerve pour la remercier de prendre le parti des Modernes contre les savants, qui sont 'Frelons, ennemis des Abeilles'. Constamment placée sous l'invocation d'Apollon, cette poésie mondaine est considérée comme un genre noble;[91] les productions les plus minces peuvent ouvrir les portes de l'Académie, et le salon fournira un contingent important de candidats mondains. Comme la Cour de Sceaux, mais avec plus de tenue et une recherche plus prononcée de l'esprit et de la pointe, l'hôtel de Nevers, prolongeant la tradition aristocratique et précieuse, fait une grande consommation de pièces de circonstance. Dans les ruelles, on aimait donner un mélange de vers et de prose; de même, la correspondance de La Motte avec la duchesse Du Maine fournit quelques exemples de cette production rimée, que les critiques, de génération en génération, s'entêtent à maintenir dans 'le pays de fadeur'. Le temps est peut-être venu d'une réhabilitation qui découvrirait dans ces ruses charmantes du cœur et de l'esprit, dans les jeux de l'Amour et des bienséances les privilèges d'un langage et le prestige des mots, comparables dans leur nature à ceux que revendiquent, à la même époque, l'esthétique et la psychologie marivaldiennes. Rival de Saint-Aulaire,[92] mais inspiré par une

---

89. *Œuvres* (Paris 1742), iii.355: 'beaucoup de pièces galantes, enfantées par l'Amour; mais par un Amour d'une espèce singulière, pareil à celui de Voiture pour Mademoiselle de Rambouillet, plus parfaitement privé d'espérance, s'il est possible, & sans doute infiniment plus disproportionné'.

90. Deloffre, *Marivaux*, p.40.

91. Voltaire lui accorde encore quelque intérêt dans son *Discours de réception* à l'Académie française (9 mai 1746).

92. Voir ce madrigal charmant adressé par Saint-Aulaire à la duchesse Du Maine: 'La Divinité qui s'amuse / A vouloir aujourd'hui pénétrer mon secret, / Si j'étais Apollon ne serait pas ma

sensibilité touchante, La Motte donne bouts-rimés, madrigaux, rondeaux, énigmes, chansons,[93] et ses vers 'charmans, et galamment tournés'[94] suscitent en retour la vocation poétique de la duchesse Du Maine. Les sujets de ces créations spontanées sont fournis par les gestes mêmes du cérémonial de l'hôtel de Nevers; nous retiendrons, comme une curiosité, le thème de cette pièce née d'une intervention de la marquise elle-même: 'Mme de Lambert ayant fait des réprimandes fort vives à M. de La Motte, de ce qu'il s'approchoit trop près de Mme la duchesse d***, sous prétexte de lui dire ses vers à l'oreille, & lui ayant dit qu'il devroit au moins laisser la coeffe de cette princesse entre elle & lui, il fit sur cela les vers que voici.'[95]

Cette poésie se développe au cœur d'une nouvelle préciosité, qui inspire également des pièces de circonstance dont les thèmes sont fournis, cette fois, par les événements privés de la vie de la maîtresse de maison. Elégies, épithalames témoignent de l'intérêt porté par le Mardi et le Mercredi aux joies et aux peines de la marquise de Lambert. Le *Journal* de Mathieu Marais conserve malicieusement le souvenir de ces productions:

Sur le mariage d'Henri-François de Lambert: et voilà les beaux esprits, avec leur imagination tendue de deuil, occupés à faire des élégies;

Sur la rupture avec l'abbé Alary: La savante marquise en fait de grandes plaintes et il en pourroit bientôt paraître quelque *Lamentabile Carmen*; mais non, c'est à la manière des anciens, il en sortira plutôt quelques couplets à la moderne.[96]

C'est encore au même observateur que nous devons un témoignage précis sur le développement de la veine érotique dans la poésie des néo-précieux. Mathieu Marais ne pouvait manquer un jeu de mots facile sur *lambertinage* et *libertinage*: les fables de Moncrif, bien accueillies à l'hôtel de Nevers, lui en fournissent l'occasion. Retenons que des pièces comme *Tithon et l'Aurore* (1727) ou *Ulysse et Circé* (1728), si caractéristiques de la nouvelle préciosité, annoncent le mythologisme triomphant du style Louis XV et les productions de l'école de Boucher.

A propos des *Lambertins*, je ne suis point étonné de leur approbation voluptueuse, car

Muse, / Elle serait Thétis, et le jour finirait' (cité dans les *Lettres de monsieur de La Motte*, avertissement).

93. Les formes n'ont pas évolué depuis la première préciosité: ce sont celles que recherchaient déjà les beaux esprits dont Molière se moque dans *Les Précieuses ridicules* et *Les Femmes savantes*. Cette correspondance contient même des Noëls: voir 'L'Histoire de Ludovise, ou comment l'Amour mit sous son pouvoir / La Motte Houdart', B.N., ms. fr. nouv. acq 27, f.36-38.

94. Vers de la duchesse Du Maine, dans sa lettre à La Motte du 3 novembre 1726, ms. fr. nouv. acq. 27, f.21.

95. *Lettres*, p.99; la pièce pourrait s'intituler: 'A la coeffe on veut me réduire!'

96. Marais, iii.144; iv.312.

le Sieur de Moncrif, grand historien des *Chats*, débite une fable de *Tithon et de l'Aurore*, que l'on lit avec admiration dans ce chaste réduit, et cette fable longuement racontée, contient un sens des plus obscènes, et apprend au monde non pas à se retirer, mais combien on peut faire en ne se retirant point; sur quoi, chacune de l'assemblée compte sur ses doigts: ce n'est pas des *Encor* ou du

> Calculateur que fut l'amant,
> Brouiller fallait incessamment,

cela sent trop l'antiquité; nos modernes veulent du nouveau, et ce nouveau est abominable; cependant je vois tout Paris, et les femmes et les filles, courir après cette nouveauté. Pierre Fredon le Monosillabe et Ovide qui dit: *Memini numeros sustinuisse novem*, n'y entendent rien près de ces auteurs de *Lambertinage*, ou de *libertinage*.[97]

Sous l'impulsion du nouveau Voiture, assisté par des mondains qui maîtrisaient parfaitement la versification, au premier rang desquels il faut compter ces bergers aimables que furent Fontenelle et le marquis de Saint-Aulaire, le salon de l'hôtel de Nevers devient, à partir de 1710, un centre de diffusion des idées doctrinales visant à renouveler la poétique et des motifs de la poésie galante. Il passe incontestablement pour un foyer important de l'esprit néoprécieux qui s'épanouit, comme au temps des ruelles, dans les pièces de circonstance et dans des poèmes plus légers où s'annonce le ton dominant du style Louis XV. On peut s'étonner, dans ces conditions, qu'aucun vers de la marquise de Lambert, qui avait pourtant sous les yeux l'exemple de la duchesse Du Maine, ne nous soit parvenu: faut-il attribuer cette absence à la prudence et au sérieux de la maîtresse de maison, qui redoutait les excès du bel esprit, ou aux injures du temps, la majeure partie de ces productions faites pour le divertissement mondain ayant disparu, parce qu'il n'y avait pas toujours une Mlle Delaunay pour les recueillir précieusement?

La description de la Cour de Minerve met en valeur deux caractères dominants: les manières et les activités littéraires à l'hôtel de Nevers furent à la fois sérieuses et précieuses. En manifestant son attachement à un cérémonial immuable, en imposant ses goûts à ses visiteurs et en assurant par son rayonnement une continuité entre les mardis et les mercredis, ainsi qu'une heureuse alliance entre les gens du monde et les gens de lettres, la maîtresse de maison a su se préserver des excès que ses commensaux auraient pu lui faire commettre. Elle a créé ce cercle précieux à son image, sans qu'on puisse pour autant la soupçonner d'avoir jamais contraint les goûts de ses amis, ou de s'être montrée hostile à la gaieté et à la galanterie. Comme ses écrits, son salon est le résultat de savants équilibres entre la tradition des honnêtes maisons, des ruelles précieuses et des cercles érudits.

---

97. Marais, iii.498-99.

4. *Le salon de la marquise de Lambert*

Ce qui rapproche encore le monde de la marquise de Lambert de ses idées ou de son style, c'est une sensibilité aux modes, une ouverture féconde sur l'univers extérieur: dans la décoration de la demeure, les exercices de l'esprit ou les thèmes de réflexion se manifestent, sans outrances, sans audaces excessives, les progrès de l'esprit nouveau et d'une esthétique de la modernité. En sorte que l'observateur peut lire une évolution dans les tendances générales du salon: de 1690 à 1730, les équilibres entre le sérieux et le précieux n'ont pas été réalisés avec les mêmes éléments. En accord avec son temps, le salon de la marquise de Lambert a progressivement agrandi l'horizon de ses conceptions: tourné à l'origine presque exclusivement vers la philosophie morale, qui restera toujours la première de ses préoccupations, ce cercle se transforme en un bureau d'esprit, dont les traits précieux s'accentuent à partir de la Régence. Le déplacement des centres d'intérêt explique la richesse de ses activités: écriture morale, roman, doctrines littéraires, actualité, rhétorique mondaine, tout est de sa compétence, et ses jugements recueillent à l'extérieur des échos favorables. On ne trouvera l'équivalent de ces recherches ni chez la duchesse Du Maine ni, plus tard, chez Mme de Tencin. L'ultime manifestation de cette activité débordante, l'engagement dans les grands débats du siècle, renforce encore les liens de ce salon avec une préciosité renaissante.

L'image dominante est, bien sûr, celle du Mardi, véritable institution qui détermine les orientations intellectuelles du siècle commençant, mais assez fermée pour qu'une grande part de ses activités et de ses jugements nous échappe aujourd'hui encore. L'habileté de la marquise de Lambert, qui possédait une connaissance instinctive des relations sociales, fut de rechercher l'appui d'esprits féconds, capables d'animer ce cercle littéraire qu'elle avait ardemment désiré. Parmi les personnalités du Mardi, qui fut à la fois un tribunal précieux, un centre doctrinal et un lieu d'échanges, on distinguera Sacy, Fontenelle et La Motte: animateurs ambitieux, ils eurent assez d'audace pour lui donner son originalité et pour assurer, ainsi que nous allons le voir, ses relations avec l'extérieur.

On serait surpris si, à la différence de nos prédécesseurs, nous ne cherchions pas à dresser la liste des habitués du salon de la marquise de Lambert. L'entreprise fait naître plusieurs difficultés. La première vient de l'exception-nelle longévité[98] de ce cercle littéraire, qui relie la génération de 1680-1690 à celle des débuts du règne de Louis XV: quelle signification donner à la

---

98. On pourrait la comparer à la longévité de la *Chambre bleue*, en plein essor à la mort de Malherbe (1628), qui brille de tous ses feux jusqu'à la mort de Voiture (1648), puis connaît un lent déclin jusqu'en 1665. On notera, à l'avantage de l'hôtel de Nevers, qu'il ne subit pas semblable déclin.

rencontre, dans cette liste, de Mme d'Aulnoy ou du Père Bouhours, morts dans les premières années du dix-huitième siècle, avec Moncrif dont la carrière littéraire s'esquisse sous la Régence? Comment distinguer aussi les hôtes qui furent de passage à l'hôtel de Nevers des assidus des mardis et des mercredis? Enfin, si pour beaucoup de commensaux les relations avec la marquise de Lambert sont bien attestées, en revanche les preuves de la présence au Mardi d'authentiques lambertins ne sont pas encore apportées – le cas le mieux connu est celui de Marivaux; on rapprochera de ce cas celui des amis éloignés du salon, comme Fénelon. Cependant, malgré ces difficultés, nous sentons bien qu'une liste des habitués du salon constituera un instrument de travail utile; nous renvoyons donc le lecteur à l'appendice, où nous proposons une synthèse des recherches de nos prédécesseurs et de nos propres découvertes.

ii. Ouvertures sur l'extérieur

Le cérémonial imposé par la maîtresse de maison assurait la cohérence et, dans une certaine mesure, l'unité du groupe; il serait intéressant de savoir si les habitués retrouvaient, quand ils fréquentaient d'autres milieux, une forme d'indépendance dans leurs jugements, et plus de liberté dans le ton, ou s'ils essayaient, au contraire, d'imposer les goûts et les tendances du bureau d'esprit. Moralistes, savants, philosophes fréquentaient des cercles variés, appartenaient à des institutions différentes: c'est donc un réseau complexe que l'on voit apparaître autour de l'hôtel de Nevers, quand on cherche à définir ses relations avec l'extérieur et qu'on suit les habitués dans leur va-et-vient. On doit, pour saisir la véritable originalité du salon, pour donner une idée des rivalités littéraires et des enjeux philosophiques à l'aube des Lumières, évoquer les relations politiques et intellectuelles d'un cercle qui accueillait les plus hautes personnalités de la Cour et du monde des lettres, et le situer aussi en fonction du renouveau des milieux littéraires, qu'accompagne l'essor des académies: faut-il rappeler que l'Académie des sciences est définitivement organisée en 1699, et que Louis XIV approuve le réglement de l'Académie des inscriptions et médailles en 1701? Ces convergences sont remarquables, et nous aurons, en particulier, à éclairer les liens étroits qui unissaient l'hôtel de Nevers à l'Académie française, dont il était devenu l'antichambre.

La description de ce réseau complexe exigerait des monographies nombreuses, une description détaillée des milieux rencontrés, et demanderait la collaboration d'enquêteurs spécialisés. Nous nous contenterons ici, pour des raisons évidentes, d'esquisser un décor, de montrer une toile de fond d'où se détacheront seulement les silhouettes les plus familières du salon; nous prêterons toutefois une attention plus soutenue à la définition du rôle joué par le salon dans les élections à l'Académie française.

1. *Les relations politiques et philosophiques*

Le rôle du salon de l'hôtel de Nevers ne fut pas exclusivement littéraire, et on ne saurait le réduire à celui d'une officine précieuse. Le caractère sérieux de ses activités devait l'ouvrir à des milieux politiques influents et à l'esprit qui allait être celui de l'*Encyclopédie*.

On a parfois souligné le goût pour l'intrigue de la maîtresse de maison. Le fait est incontestable, si l'on désigne les intrigues littéraires, comme celles qui lui donnèrent un pouvoir de décision considérable dans les élections à l'Académie française; mais jamais la marquise ne poussa ce goût jusqu'à l'intrigue politique véritable, pour laquelle Mme de Tencin montra tout son talent. On peut même estimer que Mme de Lambert veilla scrupuleusement à ne pas empiéter sur des domaines réservés, et quand nous la rencontrerons mêlée à des événements politiques importants, comme la conspiration de Cellamare, ce sera seulement dans le rôle d'un amie généreuse, cherchant à procurer quelque baume aux victimes, à Mlle Delaunay en particulier, et sans intention avouée d'exercer un pouvoir qui allait être l'apanage des femmes au dix-huitième siècle.

Si l'on peut parler d'ouvertures politiques à propos de l'hôtel de Nevers, c'est par le biais de la morale et des doctrines. Favorables aux idées modernes et à l'esprit nouveau, les familiers de la marquise de Lambert plaçaient au cœur de leurs préoccupations les réflexions sur un gouvernement éclairé, sur la gloire du prince et le bonheur des peuples, dont on trouve un écho dans les dissertations sérieuses, parfois même graves, du salon. Les esprits les plus ouverts estimaient que la mort du puissant monarque apporterait des bouleversements importants dans la conception du pouvoir; convaincus que les milieux intellectuels de la Ville auraient un rôle à jouer, sans qu'on puisse pour autant parler de revanche sur Versailles, ils se préparaient à devenir les conseillers du prince et de ses ministres. Ces sentiments éclairent les liens importants établis entre le salon et le milieu du duc de Bourgogne, puis sous la Régence et au début du règne de Louis XV avec le pouvoir lui-même. Les idées des lambertins sur la société, le bonheur, le progrès ont parfois conservé un caractère plus abstrait, plus utopique, qui permet aussi de voir dans le salon de l'hôtel de Nevers 'un berceau de l'*Encyclopédie*'.

A. *Les lambertins et le milieu du duc de Bourgogne*

Le salon de l'hôtel de Nevers s'est défini, jusqu'en 1715, comme un groupe inspiré par la morale fénelonienne, qui ne cachait pas ses sympathies à l'égard de l'exilé de Cambrai; en 1710, alors que la frontière et le diocèse sont 'le

Théâtre de toutes les horreurs de la guerre' (*Correspondance*, p.404, lettre de Fénelon à Mme de Lambert), les habitués envisagent sérieusement d'aller témoigner sur place leur fidélité et leur attachement au maître. C'est à la marquise de Lambert qu'on doit l'initiative de ce voyage: 'Combien de fois dans nos projets de plaisirs, nous sommes-nous promis de vous aller porter nos respects!' (lettre à Fénelon, p.403). On imagine bien la joie du Cygne de Cambrai qui dans sa réponse (p.404-405) laisse s'épancher un délicieux rêve de paix et de bonheur, comme seule une communauté d'idées et de sentiments peut en engendrer: 'mais dans un tems plus heureux, une belle saison pourroit vous tenter de curiosité pour cette frontière. Vous trouveriez ici l'homme du monde le plus touché de cette occasion, et le plus empressé à en profiter.' Les misères de la guerre, et surtout la disparition brutale du duc de Bourgogne empêcheront la réalisation d'un projet qui entrait dans un plan politique ambitieux.

Car à la mort du Dauphin (14 avril 1711), c'est sur son fils que 'ceux qui aspiraient à la rénovation morale du royaume [avaient] reporté leurs espérances'.[99] Le salon de l'hôtel de Nevers, sous l'impulsion de Sacy,[100] témoigne de l'intérêt porté par les milieux parisiens éclairés au successeur désigné de Louis XIV. La lettre emplie d'émotion que la marquise adresse à l'avocat (p.394-96) pour le consoler de la mort du duc de Bourgogne montre ce qu'ils attendaient du futur monarque: 'Que n'attendoit-on pas d'un Prince élevé dans des maximes si pures! [...] Il n'auroit pas pris la Royauté pour lui, mais pour les autres; persuadé qu'il se devoit à l'Etat, et que la Royauté ne lui étoit que prêtée [...] Il auroit eu des Amis; et il ne les auroit pas pris parmi ses flatteurs.' Mme de Lambert, avec une franchise qui pourrait sembler téméraire, oppose dans son portrait le 'joug léger' du prince à la grandeur imposante de son aïeul. Nous n'avons pas à juger du bien-fondé des espoirs placés par les lambertins en la personne du royal élève de Fénelon, mais seulement à comprendre leurs exigences dans le domaine de la morale politique.

La formation philosophique et morale du prince résulte de la conjonction

---

99. *Les Aventures de Télémaque*, éd. Cahen (Paris 1927), i.xxiii.

100. C'est à Sacy qu'on doit l'approbation, le 1er juin 1716, de la première édition vraiment complète (1717) du *Télémaque*, et officiellement autorisée en France. Cahen a souligné l'importance de cette approbation et l'intérêt d'une pièce qui, en dépit de son caractère officiel, est révélatrice d'un état d'esprit nouveau. Sacy exprime sans doute le jugement du Mardi sur un poème épique qui fait honneur aux Modernes, ce que l'abbé Terrasson n'a cessé de répéter au long de sa *Dissertation critique sur l'Iliade*: 'Ce poème épique, quoique en prose, met notre nation en état de n'avoir rien à envier de ce côté-là aux Grecs et aux Romains' (*Approbation*, p.cxv); il souligne aussi la portée de la leçon politique donnée par Fénelon: 'les réflexions et les conversations les plus longues paroissent toujours trop courtes à l'esprit, qu'elles n'éclairent pas moins qu'elles l'enchantent [...] Les mystères de la politique la plus saine et la plus sûre y sont dévoilés' (p.cxv).

de traditions différentes, toutes représentées dans le salon de la marquise de Lambert. Il n'y a pas lieu de s'attarder sur les bienfaits de l'enseignement donné par Fénelon. Ce qui est parfois moins connu, en revanche, c'est l'influence du malebranchisme sur le duc de Bourgogne, qui s'est exercée par l'intermédiaire de ses gouverneurs les ducs de Beauvillier et de Chevreuse. Or nous savons que la marquise, par sa formation, se réclamait, elle aussi, de la pensée de Malebranche, et l'on croit reconnaître dans son 'oraison funèbre' du duc de Bourgogne une morale inspirée de l'attribut d'amour, que nous retrouvons dans ses réflexions générales sur la gloire.[101]

A cette double influence des féneloniens et des malebranchistes s'ajoute celle des moralistes lambertins. Nous savons que le *Projet de paix perpétuelle* de l'abbé de Saint-Pierre[102] et le *Traité de l'amitié* de Sacy furent des ouvrages particulièrement appréciés par le duc de Bourgogne. Mme de Lambert écrira (p.395-96):

J'avois un ami auprès du Prince, qui, pénétré de ses vertus, m'en parloit souvent. Il m'a dit qu'un jour, en sortant de son cabinet où il avoit lu votre *Traité de l'amitié*, il lui dit: 'Je viens de lire un Livre qui m'a fait sentir le malheur de notre état: nous ne pouvons espérer d'avoir d'Amis, il faut renoncer au plus doux sentiment de la vie.'

Les écoles morales qui ont contribué à la formation du duc de Bourgogne sont bien représentées à l'hôtel de Nevers et dans la culture de Mme de Lambert. Les espoirs placés par la marquise et ses amis dans la personne d'un prince éclairé, homme de cabinet, regardent le rôle de conseillers écoutés que des lambertins comme Sacy ou l'abbé de Saint-Pierre auraient très certainement joué auprès du futur monarque et de ses ministres. La disparition brutale du

---

101. André Robinet, 'Malebranchisme et Régence', *La Régence* (Paris 1970). L'influence du malebranchisme sur le duc de Bourgogne s'exprime dans une morale politique qu'on peut définir en ces termes: 'Si l'on ajoute que ce que nous avons appelé "la dernière philosophie de Malebranche" est plus inspirée de l'attribut d'amour que les précédentes étapes de l'œuvre de l'Oratorien, on peut commencer à comprendre que la conjonction des malebranchistes et des féneloniens instaure un nouvel état d'esprit qui commence à prendre pied avec l'arrivée des ducs au Conseil, car, protecteurs de Fénelon (c'est très connu), comme de Malebranche (cela ne l'était pas du tout), les ducs représentent l'incarnation politique de la philosophie de la Raison dans le contexte d'un Etat gouverné par la Toute-puissance' (Robinet, p.268). Le double thème de la raison et de l'attribut d'amour infléchissant l'autorité du monarque organise la lettre de Mme de Lambert à Sacy.

102. Marie-Rose de Labriolle, 'Un citoyen économiste: l'abbé de Saint-Pierre', *La Régence*, p.318: 'L'abbé de Saint-Pierre était en relations suivies avec les esprits éminents qui, dans l'entourage du duc de Bourgogne, élaboraient une politique nouvelle qui aurait pu transformer la monarchie si l'élève de Fénelon n'avait pas été enlevé en 1712 [...] Le duc de Bourgogne, nous dit l'abbé de Saint-Pierre, se prononça en faveur du *Projet de paix perpétuelle*: "Le duc de Bourgogne, après avoir lu mes deux premiers tomes, avait effectivement dit qu'il trouvait ce projet très beau, très souhaitable et qu'il ne le voyait pas impraticable et qu'il méritait bien que l'on en tentât l'exécution" (*Ouvrages politiques*, tome premier).'

prince (18 février 1712), ruinant de si grandes espérances, fut une épreuve cruelle pour l'ensemble des membres du salon. Il faut donner toute son énergie à l'exorde de l'oraison funèbre (p.393), dans lequel la marquise de Lambert unit son intérêt personnel à celui du royaume: 'Je pleure le malheur public, et le mien particulier; et je regrette la portion du bonheur qui m'échappe.'

B. *L'entourage du Régent; les ministres de Louis XV*

Les espérances de l'hôtel de Nevers se reportèrent, à la mort de Louis XIV, sur le Palais-Royal, où s'était formé un 'parti d'Orléans', animé par des lambertins notoires. La marquise de Lambert détestait, cela est évident, les mœurs du Régent et de ses roués; elle était mortifiée de savoir son fils partageant parfois les plaisirs de ce prince, et, sans concessions, lui reprochait ses liaisons. Cela ne l'empêchait pas, cependant, d'apprécier l'esprit nouveau qui se manifestait dans la conduite des affaires, les initiatives d'un homme injustement éloigné du pouvoir et du commandement, le triomphe des idées modernes. Par Fontenelle, que le Régent logeait depuis longtemps au Palais-Royal,[103] par le marquis de Lambert aussi, le salon de l'hôtel de Nevers était directement intéressé aux décisions d'un groupe gagné aux idées et à l'esthétique des Modernes, dont un autre lieu de réunion à Paris était l'hôtel du président de Maisons. L'arrivée au pouvoir du Régent, après les succès obtenus dans la querelle d'Homère, officialisait en quelque sorte les nouvelles tendances et consacrait indirectement la puissance du bureau d'esprit de Mme de Lambert.

Des esprits audacieux comme l'abbé Terrasson ou l'abbé de Saint-Pierre, premier aumônier de Madame, trouvèrent, dans l'entourage du Régent, un champ expérimental pour des idées économiques qui, dans les salons ou les cafés, restaient prisonnières de la théorie. Adeptes des doctrines anglaises, ils donnèrent à l'économie politique ses lettres de noblesse et en firent une véritable science.[104] On les voit soumettre au Conseil des finances ou répandre dans le public des mémoires hardis sur le système monétaire, et quand ils sortent des mardis et des mercredis de la marquise de Lambert, ils vont tenir, au Palais-Royal, le rôle de conseillers éclairés et influents. Une amitié solide unit aussi la marquise de Lambert au lieutenant de police Marc-René d'Argenson,

---

103. Deux des juges du Mardi logent au Palais-Royal: Fontenelle, mais aussi l'abbé Mongault, chargé par le Régent de l'éducation du duc de Chartres (1710).

104. Il est sans doute excessif d'opposer, comme A. Adam, cet intérêt pour les idées écono-miques aux 'vertueuses déclamations des moralistes' (*Histoire de la littérature française du XVIIe siècle*, Paris 1956, v.17). Le cas d'un moraliste comme l'abbé Terrasson prouve qu'on pouvait être un ardent disciple de Fénelon, un défenseur de l'austérité vertueuse, sans se désintéresser pour autant du nouvel ordre économique naissant.

protecteur éclairé de Fontenelle et de ses amis,[105] l'un des personnages les plus considérables du royaume, à qui le Régent devait sans aucun doute une partie de son autorité. La marquise saura habilement tourner cette amitié pour soulager la duchesse Du Maine, dans les plus sombres moments de sa disgrâce et de son exil. Il faudrait encore parler des aristocrates que la marquise reçoit chez elle, et qui tiennent dans les Conseils une place enviable: c'est le cas, par exemple, du duc de La Force; en revanche, comme nous l'avons senti, la marquise ne semble pas avoir montré beaucoup d'estime au duc d'Antin. Les liens personnels de Mme de Lambert avec la maison d'Orléans ne se relâcheront pas à la mort du Régent: on se rappellera que l'avocat Danjan, exécuteur de son testament, était garde des archives du duc.

Les relations du salon de la marquise avec le personnel politique du royaume furent un peu moins intimes dans les commencements du règne de Louis XV, et particulièrement à l'avènement de Fleury. Cependant, les orientations définies par le Régent déterminèrent pour quelques années encore la conduite des affaires, et la marquise continua à recevoir dans son salon des personnes du premier mérite. Des liens particuliers l'attachent à Fleuriau d'Armenonville, et surtout à son fils, le comte de Morville, qui est toujours aux Affaires étrangères à la chute de M. le Duc. Après avoir perdu le duc de La Force, l'Académie de Bordeaux, à la recherche d'un protecteur, pense à lui, et pour cette mission délicate, Montesquieu s'adresse à Mme de Lambert, qui obtient le consentement du ministre. L'affaire a lieu au mois de juillet 1726, avant la disgrâce du comte; les termes employés par Montesquieu prouvent la solidité d'une union, dont la marquise elle-même nous apprend qu'elle est ancienne.

Lettre de Montesquieu (iii.849): La mort de M. le duc de La Force a laissé à l'Académie de Bordeaux le choix d'un nouveau protecteur. Nous souhaiterions fort que ce titre convînt à M. de Morville, non pas à cause des grandes places qu'il occupe, mais en vérité à cause de sa valeur intrinsèque. J'ai été chargé de vous prier de le pressentir là-dessus. Nous vous demandons M. de Morville, & que vous nous fassiez voir que vous aimez les gens de lettres;

Lettre de Mme de Lambert au comte de Morville (iii.1537-38): Le mérite, Monsieur, a ses charges & vous en allez convenir; il faut, s'il vous plaît, que vous acceptiez la place de protecteur de l'Académie de Bordeaux. Dès qu'il se forme une assemblée de gens de lettres et d'esprit, on ne la croit pas dignement remplie si vous n'êtes à la tête[106]

---

105. Les philosophes, Fontenelle, Terrasson, Voltaire, ont fait l'éloge de l'action énergique du lieutenant de police à la fin du règne de Louis XIV. La sécurité des rues et l'ordre dans la ville étaient pour eux des manifestations de l'Ordre que la Raison devait mettre dans l'univers. On lira, en particulier, les remarques étonnantes de Terrasson dans sa *Dissertation critique*, i.248, ainsi que l'*Eloge* du marquis d'Argenson prononcé par Fontenelle à l'Académie des sciences (*Œuvres*, Paris 1742, vi.141-58), qui n'hésite pas à comparer 'l'ordre d'une Police' à 'celui des Corps célestes'.

106. Ces paroles attestent la présence du comte de Morville dans le salon de Mme de Lambert.

[...] A mesure que votre gloire s'étend & que votre mérite fait du bruit, mon amour-propre s'en remercie; j'ai été la première à sentir votre mérite naissant, sur lequel j'ai formé des présages de votre grandeur future, que vous remplissez heureusement.[107]

L'intelligence et l'autorité manifestées par la marquise de Lambert dans cette intrigue font comprendre ce que le salon, comme puissance sociale, devait au rayonnement de son hôtesse; on notera que celle-ci n'acceptait d'entrer dans des négociations secrètes que pour rendre service aux lettres ou à des amis. Des liens solides l'unissaient encore aux deux fils d'Argenson, promis, comme leur père, à de brillantes carrières, ou à des commis de l'Etat comme Amelot de Chaillou, son exécuteur testamentaire.

Les relations de l'hôtel de Nevers avec le pouvoir sont légitimes, s'agissant de l'un des premiers salons aristocratiques de Paris, où il était honorable d'être reçu; mais on ne perçoit au long de ces décennies aucune intrigue politique, au vrai sens du terme. En s'ouvrant à des milieux influents, la marquise de Lambert cherchait avant tout à asseoir l'autorité de son cercle littéraire, car sous l'Ancien Régime, la vie intellectuelle est subordonnée aux décisions des institutions officielles. Il est évident aussi qu'elle n'était pas hostile à l'idée que des philosophes et des moralistes de son entourage pourraient devenir les conseillers du prince; on voit naître là un des grands rêves des Lumières, et dans son salon s'annoncent incontestablement les futures orientations de la vie mondaine vers la philosophie.

c. *Un berceau de l'*Encyclopédie

L'un des enjeux importants de l'enquête sur le salon de la marquise de Lambert vise à le situer par rapport au premier mouvement des Lumières. Fut-il exclusivement un cercle littéraire et précieux, indifférent au progrès des idées philosophiques, ou a-t-il, au contraire, contribué à leur diffusion? Les conclusions de nos prédécesseurs oscillent entre ces deux positions, en déguisant le problème sous des termes un peu différents, qui reviennent à apprécier la fidélité de la marquise de Lambert à la tradition et son attachement aux valeurs du passé. Deux attitudes extrêmes sont définies par A. Adam, pour qui les salons 'furent sans influence sur le mouvement philosophique',[108] et par S. Delorme qui, dans un bon article,[109] définit le salon de l'hôtel de Nevers comme 'un berceau de l'*Encyclopédie*'.

Ce qui vient d'être dit des ouvertures politiques de son salon prouve que la

---

107. L'allusion semble évidente – nous y reviendrons – au rôle joué par la marquise de Lambert dans l'élection du comte de Morville à l'Académie française (23 juin 1723).

108. *Le Mouvement philosophique*, p.13.

109. Suzanne Delorme, 'Le salon de Mme de Lambert, berceau de l'*Encyclopédie*', *Revue d'histoire des sciences* 4 (1951), p.223-27.

marquise de Lambert n'avait certainement pas résisté au mouvement général des idées: les références à la philosophie nouvelle sont évidentes dès qu'il s'agit de définir la morale politique éclairée développée dans le milieu du duc de Bourgogne ou le développement en France d'une doctrine économique que favorisent les idées du Régent. Le malebranchisme, la pensée de Locke, les thèmes des philosophes anglais, qu'on rencontre à la source de ces doctrines, ont trouvé un accueil favorable dans l'entourage de Mme de Lambert, même si l'on doit concéder que le bouillonnement des idées fut, là, moins important que dans les Cafés.[110] On pourrait aussi alléguer les liens avec le *club de l'Entresol*, dont la plupart des membres étaient des assidus du salon;[111] mais le caractère systématique des conférences et le secret qui les entourait montrent que les participants venaient chercher à l'*Entresol* une information et une documentation que ne leur fournissaient pas les cercles mondains: ce qui conduit à n'évoquer qu'avec la plus grande prudence les liens qui ont pu unir l'hôtel de Nevers au *club*.

Le témoignage du chevalier de La Rivière sur les nouvelles orientations du salon après 1700 est, une fois encore, des plus précieux. La marquise de Lambert n'aurait donc rien compris aux dissertations savantes qu'on bâtissait devant elle! L'intérêt qu'elle portait aux idées pédagogiques nouvelles, sa solide culture, ses interventions intelligentes, au moment de la Querelle, pour nuancer l'*Homère en arbitrage* du Père Buffier, tout cela prouve, à l'évidence, que le chevalier de La Rivière ne songeait pas à des dissertations littéraires ou morales, mais bien à des questions plus délicates de philosophie pure ou de science, quand il évoquait la 'tranchée' d'esprit dont elle souffrait. Il y a, bien sûr, des indices plus probants, comme le rôle dévolu à Dortous de Mairan dans le tribunal du Mardi:[112] pourquoi limiter son influence philosophique à des cercles de pensée comme celui de Mme Doublet? Peut-on imaginer qu'il abandonnait, en franchissant le seuil de l'hôtel de Nevers, les préoccupations sérieuses qui étaient les siennes dans les milieux savants de la ville, pour ne plus accorder d'intérêt qu'à la galanterie et aux propos aimables? La circulation des idées est inséparable de celle des individus, et nous nous refusons à placer,

---

110. La Motte et Terrasson sont des chefs de file au Gradot et au Procope. Le premier a joué dans les cafés un rôle comparable à celui de Fontenelle dans les salons. Cependant les relations du cercle de Mme de Lambert avec les cafés se bornent aux idées: le relâchement du ton, une certaine négligence dans la démonstration, le caractère superficiel de la vie intellectuelle séparent ce milieu du salon précieux. Il est vraisemblable que les bienséances et la 'sévérité' de l'hôtesse interdisaient les 'blasphèmes' et les audaces proférées dans les cafés.

111. Comme l'abbé de Saint-Pierre, d'Argenson, Montesquieu, Ramsay, Bolingbroke et l'abbé Alary.

112. Il est surprenant qu'A. Adam signale la présence de Mairan chez Mme de Tencin, mais non à Sceaux ou chez Mme de Lambert.

comme le fait A. Adam, des frontières infranchissables entre les milieux aristocratiques et les cercles savants. Ce qui est irritant, au reste, dans son propos, c'est sa volonté de réduire sans cesse la philosophie des Lumières au matérialisme et à l'athéisme, qui l'empêche de reconnaître le rôle déterminant des salons pour le premier mouvement des Lumières.

L'intérêt porté par la marquise de Lambert aux idées modernes, aux ouvrages de Malebranche et de Locke, sa dilection pour une œuvre aussi représentative de l'esprit nouveau que les *Lettres persanes*, le nombre impressionnant des érudits et des savants qu'elle recevait chez elle, ses relations avec les personnalités les plus importantes du premier mouvement des Lumières: Fontenelle, Mairan, Montesquieu, Boulainvilliers, Bolingbroke, Terrasson, l'abbé de Saint-Pierre, les frères Lévesque,[113] tous ces faits interdisent de penser que son salon n'ait pas été ouvert aux préoccupations des cercles savants et des cafés.

Car l'esprit nouveau se glissait partout, même dans des activités en apparence anodines. L'abbé Jean Terrasson, par exemple, découvrait dans les traductions du Père Brumoy une victoire de la philosophie. Or le salon de la marquise de Lambert a facilité les travaux des traducteurs, en dépit de l'hostilité affichée du parti traditionaliste et humaniste, dont l'abbé d'Olivet avait pris la tête. Il y avait dans ce milieu gagné aux idées modernes une tradition philologique solide, un désir sincère d'intégrer la connaissance de l'Antiquité au rationalisme triomphant et à la méditation sur l'homme: l'abbé Mongault, 'grand patron de la faction lambertine',[114] traducteur de Cicéron, et l'abbé Terrasson, qui s'intéressait à Diodore, poursuivaient l'œuvre commencée par Sacy. Leurs préoccupations rejoignaient les recherches des membres de l'Académie des inscriptions, qui passait pour une assemblée de beaux esprits,[115] représentée au tribunal du Mardi par l'abbé Mongault, toujours lui, et par Fontenelle. Sous la Régence, l'Académie vit une des crises intellectuelles les plus importantes du siècle, avec le débat créé autour de la notion de vérité historique, dans lequel interviennent des savants comme l'abbé Anselme, Houtteville, le Père Buffier, et que conclut Fréret: on peut penser que le salon se fit l'écho de ces controverses, comme il avait pris position dans la querelle sur Homère. La diffusion des idées philosophiques dans le public mondain fut également assurée, vers 1730, par le roman pédagogique, largement ouvert à l'utopie,

---

113. Tous deux ont joué un rôle important dans la diffusion des idées nouvelles, comme collaborateurs de *l'Europe savante*.

114. C'est ainsi qu'il est désigné dans la correspondance du président Bouhier avec l'abbé d'Olivet.

115. Voir Deloffre, *Marivaux*, p.42, qui signale que les dames étaient admises dans les assemblées publiques.

auquel la marquise porte un intérêt évident. Ainsi se manifeste un état d'esprit moderne, qui entretient, du moins aux yeux de ses adversaires, des liens étroits avec la néologie; le salon de l'hôtel de Nevers se situe dans un champ d'expériences intellectuelles qui inspireront de jeunes écrivains comme Marivaux.[116]

Mais l'influence des milieux savants sur l'hôtel de Nevers s'exerce surtout par l'intermédiaire de l'Académie des sciences, que son secrétaire associe en permanence à la vie mondaine, car l'institution a besoin du public pour officialiser un corps de doctrine qui se dégage du renouvellement des idées dans les premières décennies du siècle. Mairan, successeur de Fontenelle, restera fidèle à ces orientations. Au nombre des malebranchistes que le secrétaire avait introduits en force dans l'institution, en 1699, on compte deux des lambertins les plus influents: les abbés de Bragelonne et de Saint-Pierre. Le premier a sans doute commenté à Mme de Lambert les ouvrages du maître. Ici encore, la correspondance de La Motte et de la duchesse Du Maine risque de nous égarer: l'abbé de Bragelonne est trop souvent présenté par les observateurs comme un aimable mondain qui 'papillonne' autour de la marquise, et l'on occulte la gravité du géomètre, les recherches passionnées d'un humaniste nourri de grec et d'hébreu, ambitionnant de laisser au public une belle histoire des empereurs romains. L'utilisation maladroite des documents, trop rares, sur le salon conduit à privilégier les manifestations de la mondanité au détriment des activités savantes. Si l'on ajoute à cette liste les noms de Terrasson et de Mairan, on verra que sous la Régence le salon de l'hôtel de Nevers abrite, non les expérimentateurs, mais les doctrinaires de l'Académie des sciences, ceux qu'on appelle alors les 'géomètres'.

Le tableau rapide des relations du salon de Mme de Lambert avec les milieux politiques et savants donne une idée de la circulation des idées et des activités des individus, capables de passer avec aisance d'une assemblée à une autre: on reconnaît, dans ce brassage des opinions, dans ce mélange des sociétés un des caractères importants de la vie intellectuelle au siècle des Lumières. On comprend mal les raisons qui ont pu conduire A. Adam à n'accorder aux salons aucun rôle dans la diffusion des idées nouvelles, d'autant que le mot suppose un public éclectique et mondain susceptible de prendre le parti des rénovateurs et des réformateurs. A ignorer leur rôle, on méconnaîtrait aussi l'importance du langage pour le progrès des Lumières: les adversaires du mouvement ne s'y trompaient pas, qui désignaient l'entourage du Régent et les académies comme des foyers de la néologie. Certes, les conversations ne sont pas seulement

116. En particulier le Marivaux des *Journaux*.

un moyen de communiquer des idées, elles doivent susciter les plaisirs de l'esprit et la vivacité du dialogue; des différences majeures distinguent les activités des cafés ou des cercles savants du cérémonial du Mardi. Il n'en reste pas moins vrai que le salon de l'hôtel de Nevers fut un milieu ouvert à la science, à la philosophie, à l'érudition. Sous les grâces de l'urbanité et de la vie mondaine, les habitués – Montesquieu en est le témoin – découvraient les charmes d'une amitié où s'annonce le rêve des Lumières d'une société des gens de lettres, dont la marquise de Lambert était l'âme; en précieuse et en femme savante, elle accueillait favorablement toutes les initiatives visant à faire triompher une morale éclairée et une meilleure connaissance de l'homme.

2. *Les relations avec les milieux littéraires*

Le salon de la marquise de Lambert fut en relation aussi avec d'autres cercles littéraires, dont le personnel est souvent commun. Ce sont là des faits connus, et nous n'avons pas à reprendre, dans le cadre d'une histoire des salons du dix-huitième siècle, les parallèles entre la Cour de Minerve et celle de Sceaux ou le salon de Mme de Tencin. Nous nous contenterons de rappeler l'originalité du cénacle de l'hôtel de Nevers, par rapport à ces deux cercles rivaux. Il faut dire un mot, auparavant, des liens excellents que la marquise entretenait avec le milieu des jésuites.

A. *Les liens avec les jésuites*

Ces liens sont anciens: ils remontent à la naissance même du salon, quand la marquise demandait aux moralistes jésuites une caution pour la définition de l'honnête homme idéal, et se prolongent avec l'une des amitiés intellectuelles les plus fécondes qu'ait nouée l'hôtesse: une complicité durable unit la marquise de Lambert et le Père Buffier dans leurs projets et dans leurs publications. Les deux milieux avaient des raisons fondamentales de se rencontrer: leur adhésion à l'éthique mondaine et aux manifestations de l'esprit moderne interdisait qu'ils pussent s'ignorer. Non seulement les moralistes jésuites étaient intéressés au premier chef par la vie des salons, mais leurs convictions en faisaient d'ardents défenseurs des valeurs menacées de l'honnêteté; Mme de Lambert, qui cherchait à définir les fondements d'une science du monde, trouvait dans ce milieu des théoriciens éclairés et des praticiens experts. En outre, le sérieux des recherches de leurs *scriptores* convenait à sa conception personnelle du travail intellectuel. L'accueil favorable que le milieu des jésuites réservait à la modernité,[117] sur le plan de l'éthique et de l'esthétique, allait

117. Le Père Buffier, dans son *Traité des premières vérités*, s'inspire de Locke, comme Mme de Lambert.

placer aussi cette rencontre sous le signe de l'esprit précieux: les pères furent des propagateurs de la néologie, à ce titre la cible privilégiée du 'régiment de la Calote', comme aussi bon nombre d'anciens oratoriens géomètres protégés par la marquise de Lambert. Comme il est nécessaire, dans l'adversité, de trouver des alliances, les jésuites devinrent presque naturellement les défenseurs de La Motte et de ses partisans, et il est certain que cette communauté de vues a facilité, après l'affaire du Concile d'Embrun, la translation du salon de Mme de Lambert chez Mme de Tencin.

Les points de rencontre apparaissent donc nombreux entre deux milieux dont les intérêts sont en apparence assez éloignés. La volonté de concilier la culture humaniste traditionnelle avec les découvertes de la philosophie moderne, de mettre les connaissances les plus difficiles à la portée du public mondain, l'adoption aussi du jargon à la mode expliquent l'audience des pères dans les salons des premières années du siècle.

B. *Les liens avec Sceaux*

L'évocation du Mardi de Mme de Lambert a mis en valeur les relations privilégiées qu'il avait su établir avec la cour de la duchesse Du Maine, dans les premières années du règne de Louis XV: on peut dire qu'elles furent intimes et chaleureuses, en dépit de l'opposition apparente des deux milieux.

Avant l'exil de la duchesse Du Maine, Sceaux fut, dans sa première période, une cour princière qui voulait opposer à l'austérité de Versailles le divertissement et la fête, dans lesquels A. Adam voit avec raison se perpétuer le grand style des débuts du règne, s'exprimer une certaine idée de la gloire, et des goûts peu éloignés des nostalgies d'une grande dame comme la marquise de Lambert. Les activités littéraires, orientées vers le spectacle, répondant aux exigences contradictoires de la pompe et de l'impromptu,[118] ont à Sceaux un caractère moins sérieux et moins précieux qu'à l'hôtel de Nevers. Il ne semble pas d'ailleurs que les deux principaux animateurs, Malézieu et l'abbé Genest – qui avait été lancé dans la carrière par le duc de Nevers – puissent être comptés au nombre des familiers de Mme de Lambert. Si des liens s'établissent entre la première Cour de Sceaux et le salon de la marquise, ils sont le fait essentiellement d'aristocrates invités dans les deux sociétés ou de poètes mondains passant avec aisance de l'une à l'autre, comme le marquis de Saint-Aulaire ou Fontenelle. Ces derniers ont vite préféré l'intimité de l'hôtel de Nevers, plus propice à l'esprit précieux, et ont éprouvé quelque contrainte

---

118. C'est l'esthétique de l'impromptu qui caractérise, aux yeux de Fontenelle, le ton propre à Sceaux. Voir, dans son *Eloge de Malézieu*, cette remarque: 'Les Impromptu[s] lui étoient assez familiers, & il a beaucoup contribué à établir cette langue à Sceaux, où le génie & la gayeté produisent assés souvent ces petits enthousiasmes soudains' (vi.321).

dans les divertissements coûteux de la cour princière, comme le montrent ces vers de Saint-Aulaire rapportés par Cideville:

> Que je suis las d'Esprit! il me met en courroux,
>   Il me renverse la cervelle,
>   Lambert je viens chercher un azile ches vous
>   Entre La Motte et Fontenelle.[119]

Mme de Lambert, cependant, encourageait un va-et-vient qui servait ses vues sur l'Académie française, en lui garantissant un appui politique non négligeable. Grâce à Fontenelle, et plus tard à Mlle Delaunay qui devint sa confidente, ses liens avec Sceaux se resserrèrent, malgré de sérieux obstacles.

Le premier tient à l'absence de ton propre à la cour de la duchesse Du Maine, notée par F. Deloffre (p.19) en raison du trop grand nombre de convives et de la diversité de leurs milieux. En outre, la duchesse, 'dictatrice' perpétuelle de l'Ordre de la Mouche à miel, imposait aussi un cérémonial exigeant, qui mettait son cercle en concurrence avec celui de Paris. Mais surtout, et cela est plus sérieux, Sceaux était attaché à un humanisme traditionaliste qui conduira la Cour à prendre la défense des partisans d'Homère, sous l'impulsion du cardinal de Polignac et de Valincour. Toutes ces raisons, ajoutées au fait que les occupations savantes de la duchesse étaient souvent mal connues, expliquent que pénétrèrent seulement à l'hôtel de Nevers quelques échos des fêtes de Sceaux et de ses productions dramatiques, comme le *Joseph* de l'abbé Genest, d'abord joué sur le théâtre de Mme Du Maine (1706) avant d'être donné au Théâtre Français. La rumeur s'enfla lors de la conspiration de Cellamare qui, au témoignage de Barbier, fut l'un des grands sujets des conversations dans les salons.[120]

Tout autres sont les relations de l'hôtel de Nevers avec le second Sceaux, plus suivies, plus chaleureuses, consacrant le triomphe des lambertins. Le ton et l'esprit rapprochent désormais les deux cercles, grâce à la conversion de la duchesse Du Maine à l'esprit néo-précieux; le président Hénault, Fontenelle, Saint-Aulaire, Mlle Delaunay et surtout La Motte, qui a pris la succession de Malézieu et de l'abbé Genest, assurent des relations soutenues. Tout se passe comme si le cercle de la duchesse venait se fondre dans le Mardi, à cette réserve près que la marquise de Lambert maintient jalousement ses prérogatives sur son tribunal et que Mme Du Maine n'est guère disposée à abandonner les

---

119. Cideville, *Traits, notes et remarques*, documents présentés par Alain Niderst, *RhlF* 70 (1970), p.455-71.

120. Barbier, *Chronique de la Régence et du règne de Louis XV (1718-1763)* (Paris 1866), i.29: 'On ne parle plus de nouvelles dans les cafés, elles sont devenues trop sérieuses. Mais dans les maisons, on ne parle que de cela.'

privilèges d'une princesse du sang.[121] Ce sont là, au cœur d'une amitié profonde, les dernières manifestations d'une concurrence ancienne entre deux cercles, visibles sous la rhétorique mondaine et galante des lettres de La Motte à la princesse.

En somme, ce sont des affinités mondaines plus qu'intellectuelles qui ont rapproché ces deux groupes. Il y a toujours eu une rivalité apparente entre Sceaux et l'hôtel de Nevers, dans le cérémonial, les goûts, la conception même de l'esprit, et sans le poète La Motte, dont la marquise de Lambert, par jeu, fut un peu jalouse, ces liens eussent été moins intimes. Le salon parisien, plus audacieux, plus moderne, mieux inspiré a conquis la Cour de Sceaux au mouvement précieux vers 1725; les relations entre les deux milieux finiront par se confondre avec l'amitié qui, alors, unit les deux animatrices et assure à la marquise de Lambert, dans des années difficiles, de puissants appuis à la Cour.

c. *Mme de Tencin, héritière du salon de Mme de Lambert*

La comparaison de l'hôtel de Nevers avec le troisième des grands salons des premières années du siècle n'est plus à faire: les travaux de Masson et de Coynart,[122] les remarques de F. Deloffre et L. Versini sur le ton, la langue et l'esprit[123] de l'hôtel de Mme de Tencin, rue Saint-Honoré, donnent de ce milieu un tableau fidèle et nous permettent d'aller à l'essentiel.

Ce qu'on note d'abord, c'est l'exclusive dont a souffert Mme de Tencin, qui n'était pas reçue à l'hôtel de Nevers.[124] La chanoinesse de Montfleury, dont la vie est tout un roman, affichait dans Paris une débauche et des goûts d'aventurière qui ne pouvaient, en aucun cas, lui concilier l'indulgence de Mme de Lambert; ses liaisons tapageuses avec Bolingbroke, le Régent et le cardinal Dubois, ses aventures avec le chevalier Destouches et le conseiller La Fresnaye passaient pour des infamies aux yeux de la précieuse. Ses liens avec

121. Sur le second Sceaux, voir Glotz et Maire, p.77: 'Le public n'est plus le même à Sceaux après la captivité: les nobles n'entourent plus volontiers la duchesse dont les intimes sont suspects au Régent, puis au roi. Par contre, on y voit des parlementaires comme le président Hénault, des mondains comme Mme du Deffand; les gens de lettres, traités avec plus d'égards qu'auparavant, sont plus nombreux. Malézieu et Genest mourront bientôt; La Motte les remplacera, amené de chez Mme de Lambert par Fontenelle et Mlle Delaunay; Voltaire surtout fera de longs séjours au château.'

122. Pierre-Maurice Masson, *Une vie de femme au XVIIIe siècle, Mme de Tencin* (Paris 1909); Charles de Coynart, *Les Guérin de Tencin* (Paris 1911).

123. F. Deloffre donne un tableau du salon de Mme de Tencin dans sa thèse, p.23-25, et commente son portrait, sous le nom de Mme Dorsin, dans *La Vie de Marianne*, p.223-29. De son côté, L. Versini éclaire son portrait, sous le nom de Mme de Tonins, dans *Les Confessions du comte de **** de Duclos (Paris 1969), p.202-208.

124. Cependant, Ch. de Coynart estime (p.285) que le *Portrait de Fontenelle* par la marquise de Lambert était adressé à Mme de Tencin.

La Motte et Fontenelle, qui prennent son carrosse pour faire le voyage de Paris à la Cour en sa compagnie, ne l'excusaient point auprès de la marquise. Incontestablement, les mœurs mettaient une distance infranchissable entre l'auteur de la *Métaphysique d'amour* et cette femme qui, dans ses intrigues, confondait trop aisément la licence et l'ambition.

Le libertinage n'était sans doute pas, à ses yeux, le seul moyen de parvenir: inaugurant les usages de son siècle, Mme de Tencin a recherché la complicité d'un salon, et, vers 1710, chez Mme de Ferriol, elle a déjà son propre cercle: elle y attire Marivaux, Danchet, mais surtout Fontenelle, puis La Motte, qui ne savent résister aux tentations mondaines. Transféré rue Saint-Honoré, le cercle séduira d'autres lambertins; son existence brillante est désorganisée seulement par l'effondrement du système de Law, l'affaire La Fresnaye et l'exil d'Ablon (juin-octobre 1730).[125] Dans sa première période, le salon de Mme de Tencin semble donc s'être constitué par imitation de celui de l'hôtel de Nevers; il apparaît comme une réunion parallèle, capable d'apporter consolations et compensations à une maîtresse de maison frappée d'interdit. Le goût de l'intrigue favorisait les conversations, et l'esprit fut toujours le caractère dominant de cette société; Mme de Tencin le stimulait chez ses 'bêtes', et avait institué, pour lui donner tout son brillant, un comité des Sages, qui n'est pas sans rappeler le Mardi: on y retrouve, au reste, trois des juges, Fontenelle, La Motte et Mairan, qu'assisteront Marivaux, Montesquieu, rejoints après la mort de La Motte par Duclos et Marmontel.[126] On note encore, renforçant les liens de l'hôtel de Nevers avec la rue Saint-Honoré, dans cette première période, la présence chez Mme de Tencin de l'abbé de Saint-Pierre et du président Hénault.[127] Jusqu'en 1730, les activités de ce bureau d'esprit n'ont ni la solennité ni la régularité des travaux du Mardi. Le ton aristocratique y est plus libre, plus spontané, plus souple, et en conséquence plus familier aussi. F. Deloffre fait remarquer que 'Mme de Tencin elle-même se permet dans ses lettres intimes un style très familier, ne sacrifiant ni le mot propre, ni l'expression triviale', même si 'les bribes de sa correspondance qui

---

125. Coynart, p.293.

126. Ces Sages n'ont pas siégé ensemble au comité. L'influence de La Motte, qui meurt le 27 décembre 1731, s'est exercée surtout avant l'exil de Mme de Tencin à Ablon. Michel Gilot, *Les Journaux de Marivaux* (Lille 1974), p.85, rappelle qu'en juillet et août 1729, quand 'la police relève heure par heure les visites que Mme de Tencin reçoit, on ne trouve pas le nom de Marivaux à côté de ceux de Fontenelle, de La Motte, de l'abbé de Saint-Pierre.' Duclos et Marmontel, introduits bien plus tard, n'ont connu que la seconde période du salon.

127. Les exclusions n'étant pas moins significatives que les présences, nous devons noter l'absence à l'hôtel de Nevers de Voltaire et surtout de Piron, qui seront reçus par Mme de Tencin, le second ayant été chez elle 'l'âme des farces amusantes et des grasses plaisanteries' (Coynart, p.303).

la montrent dans l'exercice de ses fonctions mondaines ont plus de tenue.'[128] On aura un bon exemple de cette différence des tons en comparant deux lettres adressées, l'une par Mme de Lambert, l'autre par Mme de Tencin au même destinataire, Montesquieu, sur le même sujet, le désir d'un retour du voyageur, recourant au même outil métaphorique. Le ton de Mme de Lambert, solennel, moralisateur, un peu empesé, précieux, embarrassé par la rhétorique mondaine, tranche sur l'expression plus familière, proche de l'oral, de Mme de Tencin. Voici la première phrase de chaque lettre:

Mme de Lambert: Je sçais pas, Monsieur, si ma lettre vous trouvera encore à Gênes, car il semble que vous allez de pays en pays.[129]

Mme de Tencin: Je suis tout à fait alarmée, mon petit Romain, du goût que vous paraissez avoir pour votre pays. Il est vrai que vous y occupez plus de terrain qu'ici.[130]

La diversité des talents et des conversations, la forte personnalité de la maîtresse de maison assurèrent la renommée d'un cénacle 'dans lequel les Français comme les étrangers tenaient à honneur d'être reçus, considérant cette faveur comme une consécration littéraire et un brevet de bon goût'.[131] Après 1730, Mme de Tencin en fit une véritable institution, capable à son tour d'ouvrir les portes de l'Académie française, et pour lui donner un caractère officiel, elle fit du vendredi son jour de réception. Les habitués de l'hôtel de Nevers y furent assidus, surtout dans les derniers mois de la longue maladie de Mme de Lambert; le plus naturellement du monde, Mme de Tencin prit la succession de la marquise: à sa mort, elle choisit aussi le mardi pour l'un de ses jours, afin de marquer qu'elle acceptait sans réserve un héritage prestigieux. C'est à la publication récente, par R. Pomeau, d'une correspondance inédite de Montesquieu, que nous devons cette découverte. Un an après le décès de Mme de Lambert, dans la lettre que nous venons de citer, Mme de Tencin rappelle son 'petit Romain' en ces termes: 'Les sociétés du mardi et du vendredi vous désirent toutes deux; mais quand vous auront-elles? Mandez-moi un petit mot sur le temps de votre retour. Il me faut quelque chose de déterminé pour fixer mon impatience.'[132] Ce témoignage précieux nous apprend que Mme de Tencin, ne se contentant pas d'adopter des orphelins, donna aussi son entière adhésion aux principes d'un cérémonial

---

128. Deloffre, *Marivaux*, p.24. Dans le portrait de Mme de Tonins, Duclos s'étonne devant le 'bizarre mélange' de pointes assez triviales et d'expressions brillantes et légères qui caractérise les conversations sérieuses du salon (p.83).

129. Lettre de Mme de Lambert à Montesquieu, 10 décembre 1728, éd. Masson, iii.924.

130. Lettre de Mme de Tencin à Montesquieu, 8 novembre 1734, in Montesquieu, *Correspondance inédite*, produite par René Pomeau, *RhlF* 82 (1982), p.202.

131. Coynart, p.293-94.

132. Pomeau, p.302.

bien adapté à la vie littéraire. Il y eut un véritable transfert des compétences, et c'est pourquoi le lambertinage semble ne pas avoir survécu à l'hôtesse de Nevers.

Les relations du salon de la marquise de Lambert avec les milieux littéraires montrent comment l'esprit néo-précieux, s'étendant à partir de l'hôtel de Nevers, gagne un vaste public aristocratique vers 1730. L'intronisation de la duchesse Du Maine au Mardi, la réconciliation de Mme de Lambert et de Mme de Tencin après l'exil d'Ablon, visible dans l'accord tacite passé entre elles au sujet d'une succession prestigieuse, sont des faits de la plus haute importance pour l'historien de la nouvelle préciosité qui, sous l'anecdote, découvre 'le progrès de l'esprit lié aux progrès de la conversation',[133] avec ses conséquences incalculables pour l'évolution de la littérature. L'étude des faits linguistiques confirmera ces observations.

3. *L'antichambre de l'Académie française*

Les analyses précédentes ont montré comment le salon de la marquise de Lambert, véritable institution, pouvait être comparé dans ses activités et son fonctionnement à l'Académie française: le rôle dévolu à sa protectrice, la régularité de ses réunions hebdomadaires, ses lectures publiques, le caractère sélectif, pour ne pas dire électif, du recrutement, sont inspirés par les statuts de l'illustre assemblée.[134] Ouvert, dès les premières années du dix-huitième siècle aux académiciens eux-mêmes, il finit par devenir véritablement l'antichambre de l'Académie française, et c'est dans l'entourage de la marquise que se décidèrent nombre d'élections importantes, dans des conditions parfois difficiles. Nous possédons, à ce sujet, les témoignages convergents du président Hénault: 'Il fallait passer par elle pour arriver à l'Académie française' (p.120); du chevalier de La Rivière (ii.310); 'Elle établit un bureau pour des Académiciens, avec deux repas la semaine pour eux'; et du marquis d'Argenson (i.164):

Elle m'avait voulu persuader de me présenter pour une place à l'Académie française, honneur qu'elle prétendait qui me convenait et auquel je convenais; elle m'assurait du suffrage de tous ses amis qui étaient en grand nombre à l'Académie. On lui avait même donné l'air ridicule d'une chose réelle, qui est qu'on n'était guère reçu à l'Académie

---

133. Deloffre, *Marivaux*, p.25.
134. Le salon aristocratique prolongeait ainsi, dans les premières années du dix-huitième siècle, le goût de la génération précédente pour les réunions d'érudits et de savants, appelées précisément 'académies'.

qu'on n'allât chez elle se faire présenter, quand même on eût été peu connu. Il est certain qu'elle avait bien fait la moitié des académiciens.[135]

Ce dernier témoignage prouve que le salon était une puissance, et cela semble avoir particulièrement étonné les contemporains.

A. *Les faits*

Le fait pourtant n'était pas nouveau: Mme de Lambert prenait pour modèles l'hôtel de Rambouillet et le cercle de Mme de La Sablière. Faut-il rappeler, en effet, qu'à son origine l'Académie française avait d'abord été un salon, et que le cercle littéraire animé par Conrart réunissait des beaux esprits du Marais, formés chez la marquise de Rambouillet? Pellisson note, dans son *Histoire de l'Académie*, que la *Chambre bleue* avait été le modèle ambigu, à la fois admiré et jalousé, retenu par Conrart pour instituer ses conférences de la rue Saint-Martin: 'Formons un cercle de beaux esprits où, chaque semaine, comme aux samedis de l'Hôtel de Rambouillet, nous nous consulterons entre nous sur les enfants de notre Muse.'[136] Les liens sont donc évidents, depuis l'origine de l'institution, entre la mondanité et le travail académique sur la langue et le goût; l'hôtel de Rambouillet a fourni la moitié du personnel de l'Académie naissante, et assuré aux méditations des doctes, aux jugements des spécialistes une publicité sans laquelle leur critique serait restée stérile.[137] Selon l'heureuse formule de Jacques Vier, 'l'Académie naissante achèvera de prendre conscience, chez la marquise de Rambouillet, de sa vocation mondaine.'[138] Les mêmes raisons expliqueront, plus tard, les liens de l'institution avec cet autre salon précieux que sera l'hôtel de Nevers. Avant de devenir dans les premières années du dix-huitième siècle l'antichambre de l'Académie, il avait d'abord été, comme le cercle de Mme de La Sablière,[139] un lieu favorable à l'échange, où les Immortels regroupés autour de Fontenelle venaient consulter les mondains sur les ouvrages qu'ils allaient publier.

135. Le marquis poursuit: 'J'ai appréhendé cet éclat, l'envie et la satire des petits esprits prétendant à cette place, soit dans les auteurs, soit dans les gens du monde, la corvée d'une harangue en public; tant de fadaises m'ont rebuté; et probablement, ayant perdu Mme de Lambert sans avoir accepté son offre pour l'Académie, l'occasion si belle ne se présentant plus, tout, jusqu'à la tentation, m'en est ôtée, Dieu merci, pour longtemps. Peut-être, cependant, que quelque jour, une réputation plus faite [...]' (i.164-65; août 1733).

136. Cité par Daniel Oster, *Histoire de l'Académie française* (Paris 1970), p.11.

137. La querelle de *Car* montre que la langue ne saurait être le bien exclusif de doctrinaires délibérant, censurant, régentant à l'écart du monde des salons, comme l'article XXIV des statuts primitifs de l'Académie (1635) pourrait le laisser croire.

138. *Histoire de la littérature française, XVIe-XVIIe siècles* (Paris 1959), p.204.

139. Voir un article du *Mercure galant* de juin 1677 affirmant: 'la plupart de nos illustres de l'Académie Française ne dédaignent pas de la consulter [Mme de La Sablière] sur leurs ouvrages avant que de les donner au public'; cité par F. Deloffre, 'Guilleragues épistolier', p.608.

L'observateur du salon de Mme de Lambert se doit de vérifier la véracité des témoignages contemporains. Le chiffre avancé par d'Argenson est-il exact?[140] L'histoire de l'hôtel de Nevers et celle de l'Académie française finissent-elles par se confondre sous la Régence et dans les premières années du règne de Louis XV?

Une première indication apparaît quand on établit la liste des familiers de Mme de Lambert qui entrent à l'Académie entre 1700 (cette date-repère a le mérite de coïncider avec le transfert du salon à l'hôtel de Nevers et le renouvellement de l'Académie des sciences) et 1733, année de la mort de la marquise. Elle comprend treize noms d'académiciens ayant joué un rôle essentiel dans la vie des mardis et des mercredis: Sacy (1701), Saint-Aulaire (1706), Fraguier (1708), La Motte (1710), le maréchal de Villars (1714), Mongault (1718), Du Bos (1720), Boivin (1721), Hénault (1723), Alary (1723), Bouhier (1727), Montesquieu (1728), Jean Terrasson (1732). Ce qui représente environ le cinquième des membres élus dans cette période.[141] A cette liste il convient d'ajouter les noms des amis de la marquise qui siégeaient déjà à l'Académie en 1700: Jean Gallois, élu en 1673, mort en 1707; Huet, élu en 1674, mort en 1721; Valincour, élu en 1679, mort en 1730; l'abbé de Dangeau, élu en 1682, mort en 1723; l'abbé de Choisy, élu en 1687, mort en 1724; Fontenelle, élu en 1691, mort en 1757; l'abbé Bignon, élu en 1693, mort en 1743; Fénelon, élu en 1693, mort en 1715; l'abbé de Saint-Pierre, élu en 1695, mort en 1743. Il faudrait aussi évoquer le sort des personnalités du salon qui n'entreront à l'Académie qu'après la mort de Mme de Lambert: Marivaux et Mairan, en 1743, l'abbé Trublet, beaucoup plus tard, en 1761. Ainsi, il y aura en permanence, dans le premier tiers du dix-huitième siècle, un groupe cohérent, fort d'une dizaine d'individualités,[142] dont les liens avec l'hôtel de Nevers sont solides, capable d'enlever la décision dans les élections qui se succèdent.

Cette remarquable concordance entre la liste des académiciens et celle des lambertins est de la plus haute importance pour la description des relations

---

140. Les Goncourt retiennent un chiffre plus modeste: 'Au milieu de la causerie, on essayait les candidatures, on arrangeait les futures élections de l'Académie, dont Mme de Lambert ouvrit les portes à plus de vingt de ses protégés; car ce fut elle qui eut la première l'honneur et l'adresse de faire de son salon l'antichambre de l'Académie: Mme Geoffrin et Mlle de Lespinasse ne firent que lui succéder et redonner les fauteuils qu'elle avait déjà donnés' (*La Femme au XVIIIe siècle*, Paris s.d., ii.198).

141. Il y a soixante-trois élections dans les années 1700 à 1733.

142. Si l'on prend en compte l'absence de Fénelon, exilé, le groupe des lambertins atteint la dizaine avec l'arrivée du marquis de Saint-Aulaire en 1706. Il se gonfle un peu et se stabilise à la douzaine à partir de 1714, les entrées compensant les décès. Rappelons que l'abbé de Saint-Pierre est exclu en 1718.

des institutions et de la littérature. On ne saurait donc se contenter de ces résultats bruts, qui témoignent d'une représentation massive des familiers de l'hôtel de Nevers à l'Académie française, mais qui ne mettent pas en pleine lumière le rôle véritable du salon dans les élections, d'autant qu'il faudrait aussi évoquer les échecs, ceux de Ramsay (1730)[143] et de Saint-Hyacinthe (1732)[144] par exemple. L'analyse minutieuse du recrutement rendra plus évidente encore l'influence du salon, et montrera comment l'Académie française fut gagnée peu à peu à la modernité et à la nouvelle préciosité.

B. *Les mécanismes du recrutement*

La principale difficulté méthodologique pour rendre compte du recrutement dans les institutions de l'Ancien Régime réside dans la définition de critères opératoires. Pour l'institution académique, nous proposons[145] de substituer aux critères socio-professionnels reconnus par Daniel Roche[146] des concepts qui, directement empruntés aux analyses de d'Alembert, historiographe de l'Académie française,[147] semblent mieux adaptés aux mécanismes et à la vie intellectuelle de l'institution mère, ainsi qu'aux réalités des Lumières. D'Alembert reconnaît l'existence de quatre classes d'académiciens;[148] cette distinction a le mérite de prendre en compte à la fois la division en ordres de la société, la nature des pouvoirs et les conditions de la création linguistique et littéraire. L'une des classes accueille les dignitaires civils et le personnel politique: elle marque la soumission de l'institution au monarque, qui est son protecteur, et rappelle les liens étroits de la langue et du monde. Une seconde

143. En 1730, quatre personnalités briguent la succession de Poncet de La Rivière: le médecin Silva, les deux traducteurs Dupré de Saint-Maur et Hardion, et Ramsay, passionnément soutenu par la duchesse de Gontaud. C'est Hardion qui l'emportera. L'échec de Ramsay s'explique par les sympathies partagées des salons mondains pour deux Modernes, et par les maladresses de l'auteur du *Cyrus* (voir Marais, iv.157-71).

144. La candidature de Saint-Hyacinthe au fauteuil du duc de Coislin, évêque de Metz, mort le 28 novembre 1732, à une époque où la santé de Mme de Lambert déclinait, était suicidaire. Cf. Marais, iv.454: 'J'apprends que M. de Saint-Hyacinthe veut se mettre sur les rangs de l'Académie; mais je ne le crois pas catholique; il est même comme étranger et réfugié. Mme de Lambert ne réussira pas à ce récipiendaire, qui n'est pas bien propre à succéder à un évêque.'

145. Voir notre article 'D'Alembert historien de l'Académie française', *Hommages à Jacques Petit* (Paris 1985), ii.703-11.

146. 'Milieux académiques provinciaux et société des Lumières', *Livre et société dans la France du XVIIIe siècle* (Paris, La Haye 1965, 1970), i.93-184; 'Encyclopédistes et académiciens', ii.73-92.

147. *Histoire des membres de l'Académie françoise, morts depuis 1700 jusqu'en 1771* (Paris 1785-1787).

148. D'Alembert enrichit la vision de Duclos, qui s'en tenait à la distinction 'gens de lettres/gens de cour'. Dans un mémoire rédigé pour le comte de Clermont (d'Alembert, vi.350ss.), Duclos introduisait cependant une distiction, parmi les académiciens de cour, entre les 'cardinaux' et les 'gens titrés', qui a pu inspirer d'Alembert.

classe est constituée par les dignitaires ecclésiastiques: elle manifeste le pouvoir temporel et spirituel de l'Eglise. Un autre groupe réunit savants, érudits, philologues et traducteurs, indispensables à une institution qui prend en charge la langue et le patrimoine culturel du royaume. Les écrivains célèbres enfin, portés à l'Académie par la voix publique, forment la quatrième et la plus prestigieuse de ces classes.[149]

La vie de l'Académie française dépend étroitement des équilibres réalisés entre les classes: ils sont l'enjeu des élections, qui visent à assurer la domination d'un groupe ou à favoriser des alliances. Ces mécanismes font apparaître aussi les limites du pouvoir réel du salon: l'intervention du monarque, du ministre ou des princes, celle des prélats dans les périodes de crise religieuse suffisaient à anéantir les démarches de la marquise de Lambert et les cabales montées dans les cercles mondains.

Ces difficultés de méthode en partie surmontées, on peut tenter de mesurer l'influence réelle du salon de l'hôtel de Nevers sur l'Académie française à l'aube des Lumières. Nous distinguerons trois périodes, pendant lesquelles l'intervention des puissances se manifeste selon des modalités différentes: de 1700 à 1715, sous Louis XIV; de 1716 à 1723, sous le Régent; de 1724 à 1733, sous Louis XV. Nous indiquons, dans les tableaux qui suivent, les fauteuils à pourvoir et les noms des récipiendaires, rangés dans les quatre classes reconnues ici, et nous distinguons, par des italiques, les lambertins.

c. *Le rôle de Mme de Lambert dans les élections*

a. *Les élections sous Louis XIV, de 1700 à 1715*

L'examen de notre tableau montre la stabilité apparente des classes pendant cette période. Le fait ne surprend pas: même si le monarque vieillissant s'interdit d'intervenir directement dans le choix des académiciens, les vœux et les vues du pouvoir ne peuvent être ignorés et les membres de la Compagnie s'y conforment le plus souvent.

La classe des dignitaires ecclésiastiques. Sur les vingt-sept élections des dernières années du règne, huit consacrent des dignitaires de l'Eglise; en outre, parmi les ecclésiastiques qui rejoignent pendant cette période la classe des savants, deux touchent de près à la Cour, et nous aurions pu tout aussi bien les placer parmi le personnel politique: il s'agit du poète tragique mondain Gaspard Abeille, qui vécut dans la société brillante du maréchal de Luxembourg, et de Camille Le Tellier, abbé de Louvois, bibliothécaire du roi, que ses sympathies jansénistes

---

149. On notera que ces distinctions ignorent pratiquement les critères esthétiques. Nous placerons donc les dramaturges dans la quatrième classe, aux côtés des écrivains célèbres, car ils doivent leur réputation au public.

1. Première période: 1700-1715

A. Académiciens morts: fauteuils à pourvoir

Dignitaires ecclésiastiques	Personnel politique et dignitaires civils	Erudits	Ecrivains distingués
François de Clermont-Tonnerre, évêque de Noyon Bossuet, évêque de Meaux abbé Charles Boileau, prédicateur Jacques-Nicolas Colbert, archevêque de Rouen Fléchier, évêque de Nîmes Jean-François Chamillart, évêque de Senlis Fabio Brûlart de Sillery, évêque de Soissons César d'Estrées, cardinal *Fénelon, archevêque de Cambrai*	Toussaint Rose Armand du Cambout, duc de Coislin Etienne Pavillon Testu de Mauroy (eccl.) Louis Verjus, comte de Crécy Pierre Du Cambout, duc de Coislin	Segrais Charpentier Testu de Belval (eccl.) Louis Cousin *Jean Gallois* (eccl.) Paul Tallemant (eccl.) Régnier-Desmarais Jacques de Tourreil Jules de Clérambault (eccl.)	Perrault Thomas Corneille Boileau
9	6	9	3

B. Académiciens élus

Dignitaires ecclésiastiques	Personnel politique et dignitaires civils	Erudits	Ecrivains distingués
J.-Fr. Chamillart, évêque de Senlis A.-G.-M. de Rohan, coadjuteur de Strasbourg Melchior de Polignac Fabio Brûlart de Sillery, évêque de Soissons Edme Mongin, futur évêque de Bazas Henri de Nesmond, archevêque d'Albi Henri-Charles Du Cambout, évêque de Metz abbé Jean d'Estrées, évêque de Laon	Malézieu (préc.) Pierre Du Cambout, duc de Coislin *marquis de Saint-Aulaire* général-marquis Valon de Mimeure président J.-A. de Mesmes *maréchal de Villars* J.-R. Mallet duc de La Force duc d'Estrées	*Louis de Sacy* Gaspard Abeille (eccl.) abbé de Louvois (eccl.) *abbé C.-F. Fraguier* (eccl.) A. Danchet La Monnoye G. Massieu (eccl.) C. Gros de Boze	Campistron *La Motte*
8	9	8	2

2. Deuxième période: 1716-1723

A. Académiciens morts: fauteuils à pourvoir

Dignitaires ecclésiastiques	Personnel politique et dignitaires civils	Erudits	Ecrivains distingués
Jean d'Estrées, évêque de Laon *Huet, évêque d'Avranches*	François de Callières marquis de Mimeure abbé Genest (eccl.) marquis de Dangeau Marc-René d'Argenson abbé Claude Fleury (eccl.) cardinal Dubois président J.-A. de Mesmes	G. Abeille (eccl.) abbé de Louvois (eccl.) abbé Eusèbe Renaudot (eccl.) André Dacier G. Massieu (eccl.) *abbé de Dangeau (eccl.)* La Chapelle	Campistron
2	8	7	1

B. Académiciens élus

Dignitaires ecclésiastiques	Personnel politique et dignitaires civils	Erudits	Ecrivains distingués
A.-H. de Fleury, évêque de Fréjus Massillon, évêque de Clermont Languet de Gergy, évêque de Soissons	Marc-René d'Argenson *Mongault (eccl.)* L.-F.-A. Du Plessis, duc de Richelieu cardinal Dubois Houtteville (eccl.) C.-J.-B. Fleuriau, comte de Morville J. Adam *président Hénault* *P.-J. Alary*	abbé N. Gédoyn (eccl.) *abbé Du Bos (eccl.)* H.-E. de Roquette, prédicateur (eccl.) *Jean Boivin* abbé d'Olivet (eccl.)	Destouches
3	9	5	1

3. Troisième période: 1724-1733

A. *Académiciens morts: fauteuils à pourvoir*

Dignitaires ecclésiastiques	Personnel politique et dignitaires civils	Erudits	Ecrivains distingués
H. de Nesmond, archevêque de Toulouse Poncet de La Rivière, évêque d'Angers H.-C. Du Cambout, duc de Coislin, évêque de Metz Gondrin d'Antin, évêque de Langres J.-F.-P. Lefevre, abbé de Caumartin, évêque de Blois	duc de La Force Malézieu *Valincour* *comte de Morville*	*abbé de Choisy* (eccl.) H.-F. de Roquette (eccl.) *J. Boivin* *Louis de Sacy* *C.-F. Fraguier* *La Monnoye* *S. de La Loubère* *La Faye*	*La Motte*
5	4	8	1

B. *Académiciens élus*

Dignitaires ecclésiastiques	Personnel politique et dignitaires civils	Erudits	Ecrivains distingués
Gondrin d'Antin, évêque-duc de Langres Poncet de La Rivière, évêque d'Angers Bussy-Rabutin, évêque de Luçon J.-B. Surian, évêque de Vence	premier président Antoine Portail Mirabaud duc de Saint-Aignan *président Bouhier* *J.-J. Amelot de Chaillou* J. Hardion Paradis de Moncrif	Ch. d'Orléans, abbé de Rothelin abbé Sallier (eccl.) J.-F. de La Faye *J. Terrasson* (eccl.) Dupré de Saint-Maur	*Montesquieu* Crébillon
4	7	5	2

tinrent éloigné de la prélature. L'Eglise conserve donc à l'Académie la place qu'elle a acquise au long du règne:[150] aux prélats décédés succèdent d'autres prélats. Mais cet équilibre n'est qu'apparent, car les Bossuet, Fléchier, Fénelon sont des maîtres spirituels irremplaçables. Deux périodes sont particulièrement favorables aux prélats: de 1702 à 1705, six des fauteuils vacants reviennent à cinq ecclésiastiques; en 1710 et 1711, trois élections successives font entrer des évêques. La liste des réceptions des dignitaires ecclésiastiques s'établit ainsi:[151]

7 septembre 1702: Jean-François Chamillart, évêque de Senlis;

31 janvier 1704: Armand-Gaston-Maximilien de Rohan, abbé de Soubise, coadjuteur de Strasbourg, futur cardinal;

2 août 1704: abbé Melchior de Polignac, futur cardinal et archevêque d'Auch;

7 mars 1705: Fabio Brûlart de Sillery, évêque de Soissons;

1 mars 1708: Edme Mongin, prédicateur, futur évêque de Bazas;

30 juin 1710: Henri de Nesmond, archevêque d'Albi, futur archevêque de Toulouse;

25 septembre 1710: Henri-Charles du Cambout, duc de Coislin, évêque de Metz, premier aumônier du roi;

25 juillet 1711: Jean d'Estrées, abbé de Saint-Claude, chevalier de l'Ordre, évêque de Laon.

Dans ces huit élections, la liberté d'action des académiciens, et en particulier des amis de Mme de Lambert, semble avoir été particulièrement mince. Trois de ces fauteuils sont dus, sans hésitation possible, à la faveur. La fortune de l'évêque de Senlis est assurée par l'ascension brillante de son frère ministre, et nous savons que 'l'imbécile évêque' avait bien peu de titres, du côté de l'esprit, pour séduire la Compagnie.[152] C'est aussi à la Cour que revient le mérite de l'élection de deux ambitieux, les abbés de Soubise et de Polignac, dont les carrières sont concurrentes.[153] C'est aux 'beaux yeux' de Mme de Soubise que le coadjuteur de l'évêque de Strasbourg doit d'entrer à l'Académie dans sa trentième année.[154] En réalité, son élection fut tumultueuse et cache un

150. Elle la conserve, mais ne la renforce pas, en dépit des idées reçues sur la dévotion du monarque vieillissant.

151. Les titres des dignitaires sont ceux qu'ils possèdent au moment de leur réception.

152. M. de Senlis fit peu de cas de son titre d'académicien: sa biographie illustre parfaitement les inconvénients des 'places mortes' pour une société de gens de lettres.

153. On notera que, dans la faveur, Rohan précède toujours Polignac de quelques mois, à l'Académie comme dans le cardinalat.

154. Voir Saint-Simon (*Mémoires*, éd. Truc, ii.1196) montrant cette mère 'attentive à l'élévation des siens et à l'établissement de ses enfants', qui use de son pouvoir sur le roi pour obtenir le cardinalat; voir aussi les *Mémoires* du président Hénault (p.17), sur la rivalité qui oppose les Rohan aux Bouillon pour l'obtention de la coadjutorerie de Strasbourg.

échec du groupe des lambertins. L'Académie désirait donner pour successeur à Charles Perrault l'abbé de Chaulieu, dont la candidature était présentée par le duc de Bourbon et appuyée par le prince de Conti. Mais Tourreil fit valoir qu'elle s'attirerait l'exclusion du roi, et présenta celle de l'aimable et éloquent président de Lamoignon, qui fit l'unanimité.[155] De nouvelles interventions des princes du sang intimidèrent cependant le magistrat, qui se retira. Le monarque, estimant que seul un grand nom pouvait dédommager l'Académie 'de l'espèce de dégoût causé par [ce] refus',[156] imposa Rohan dans cette nouvelle version de l'huître et des plaideurs. Fontenelle, l'abbé de Choisy avaient certainement prêté leur concours à l'active campagne de l'abbé Testu de Belval en faveur de Chaulieu; mais les vues du monarque, l'hostilité de ce poète épicurien au parti des Modernes eurent raison de leurs ambitions, et ils lui préfèrent le candidat du pouvoir, admirateur des Anciens lui aussi, et ami de Boileau. Si l'on peut s'interroger, comme le faisait d'Alembert, sur les motifs assez obscurs de cette défection, il ne fait aucun doute que cette élection marque une victoire importante de Versailles sur la Ville. En revanche, les vues du pouvoir et du salon pouvaient se rencontrer dans l'élection de Melchior de Polignac; ce mondain cultivé venait de quitter son exil normand en 1702, pour reparaître à Versailles où le conduit la duchesse Du Maine, qui le réconcilie avec le roi. Son élection à l'Académie est le premier signe de son retour en grâce, avant sa nomination à Rome comme auditeur de rote, et il est à peu près certain que l'hôtel de Nevers a donné son appui à Sceaux pour assurer l'élection de ce courtisan au fauteuil de Bossuet.[157]

Dans les années qui suivront, le faveur royale accompagnera avec plus de discrétion l'élection des prélats. Le recrutement de l'évêque de Soissons et de l'archevêque d'Albi récompense deux longues carrières gallicanes et deux parfaits courtisans appréciés du monarque. L'évêque de Soissons s'était montré, dans l'affaire des *Maximes des saints*, entièrement esclave des volontés de la Cour; Henri de Nesmond, que le monarque aimait entendre, assurait, élu au fauteuil de Fléchier, la continuité: le choix de ce prédicateur montrait l'intérêt que l'Académie et le public portaient aux événements du Languedoc. Ses talents profanes de poète, sa connaissance du monde, ses grâces polies, ses qualités aimables et solides font d'Henri de Nesmond le type même du prélat

---

155. Le président de Lamoignon avait sans aucun doute l'appui des lambertins: deux ans plus tard, il interviendra auprès de Boileau en faveur du marquis de Saint-Aulaire. Voir d'Alembert, v.152-53: 'Despréaux avoit pourtant essuyé des sollicitations assez vives en faveur de M. de Saint-Aulaire, & à la tête des solliciteurs se trouvoit M. le président de Lamoignon.'

156. D'Alembert, v.532.

157. La succession du cardinal de Polignac au fauteuil de Bossuet est comme le symbole des liens qui unissent le siècle de Louis XV au siècle de Louis XIV.

mondain que la Compagnie aimera accueillir dans les premières années du règne de Louis XV, et son recrutement reflète sans doute déjà les goûts du salon de Mme de Lambert.

La même conjonction d'intérêts, conciliant les vues de la Cour et les vœux de l'Académie, explique les élections de l'évêque de Metz et de Jean d'Estrées. En deux occasions successives, ce qui en dit long sur les mœurs académiques, l'assemblée se relâche singulièrement dans ses principes, en laissant triompher le népotisme. Le fauteuil d'Henri-Charles du Cambout est 'une espèce de survivance ou d'héritage',[158] reconnue aux descendants du chancelier Séguier, protecteur de l'Académie: il succède à son frère Pierre, duc de Coislin, et à son propre père Armand du Cambout. Les académiciens ont eu en la circonstance les mains liées, et les amis de Fontenelle le déplorèrent. C'est aussi au prestige moral d'un oncle, le cardinal d'Estrées, alors doyen de la Compagnie, et qui pouvait se consacrer à elle depuis son retour d'Espagne en 1704, que l'évêque de Laon doit son élection. L'Académie fut heureuse de trouver dans une maison qui lui était chère un nom capable de combler le vide laissé par la disparition de Boileau: le drame qui l'avait tourmentée à la mort de Corneille, de La Fontaine, de Racine, et plus récemment de Bossuet, se répétait.[159]

Le cas de l'abbé Edme Mongin est isolé: le futur évêque de Bazas est peut-être le seul ecclésiastique reçu dans les dernières années du règne pour qui il n'est pas nécessaire d'invoquer la brigue et la faveur. Sa carrière académique était déjà comme tracée par la triple couronne qu'il avait obtenue dans le prix d'éloquence, et par le succès d'un panégyrique de saint Louis, prononcé au Louvre, devant la Compagnie, le 25 août 1701; le préceptorat des princes de la maison de Condé lui était aussi un titre légitime d'adoption. Mais son élection récompense surtout ses talents véritables pour la chaire: émue par la disparition de Bossuet, par la vieillesse de Fléchier, la Compagnie voulait préserver en son sein la place traditionnelle de l'éloquence chrétienne, et l'unanimité s'est faite autour de cet orateur digne et talentueux, qui prononcera l'oraison funèbre de son protecteur.

Nous nous sommes attardé volontairement sur le recrutement des académiciens de la classe ecclésiastique dans les dernières années du règne de Louis XIV, parce qu'il montre les obstacles que devait surmonter le salon de l'hôtel de Nevers pour imposer ses propres candidats. Seules les élections des abbés

158. D'Alembert, ii.163.
159. D'Alembert, iii.393: 'Nul homme de Lettres n'auroit rempli ce vide; l'Académie avoit besoin d'un nom aussi respectable que celui de d'Estrées, pour lui tenir lieu du nom illustre qu'elle étoit obligée d'effacer de sa liste.' Jean d'Estrées, courtisan adulateur, fut le premier ecclésiastique fait chevalier de l'Ordre sans être prélat.

soutenus par la Cour de Sceaux, comme Polignac ou Mongin, dont les talents différents étaient appréciés dans l'entourage de Mme de Lambert, laissent entrevoir un éventuel soutien des lambertins qui, dans ce domaine, ont accumulé plus de défaites que de succès.

La classe des dignitaires civils. En revanche, les élections des dignitaires civils, dont l'influence grandit dans les dernières années du règne, montrent mieux les progrès des lambertins à l'Académie. Le fait marquant, c'est le succès du marquis de Saint-Aulaire, reçu le 23 septembre 1706, à l'issue d'une véritable bataille littéraire qui consacre la gloire de la marquise de Lambert.

C'est un événement de la plus haute importance pour la connaissance du milieu lambertin, dont l'équivalent sera, plus tard, l'élection de Montesquieu; il détruit la thèse d'une influence tardive du salon de l'hôtel de Nevers. Il est inutile de refaire l'historique de cette élection célèbre dans les annales littéraires, car elle intéresse directement la biographie de Boileau[160] et a inspiré la verve de Voltaire.[161] Dans une lettre adressée au marquis de Mimeure, le 4 août 1706, Boileau prend plaisir à expliquer le rôle du 'vrai personnage du Misanthrope dans Molière' qu'il est venu jouer au Louvre le jour de l'élection, en abandonnant sa retraite d'Auteuil. La narration s'organise autour de ce référent, qui suffit à rendre suspecte la noble opposition du poète à la brigue mondaine du marquis de Saint-Aulaire:

Mais je fus fort surpris en arrivant dans l'Assemblée de les trouver tous changés en faveur d'un Mr de Saint-Aulaire, homme disoit-on, de fort grande réputation, mais dont le nom pourtant avant cette affaire n'estoit pas venu jusqu'à moi. Je leur tesmoignai mon étonnement avec assés d'amertume; mais ils me firent entendre d'un air assés pitoyable qu'ils estoient liés. Comme la brigue de Mr de Saint-Aulaire n'estoit pas mediocre, plusieurs gens mesme de consequence m'avoient escrit en faveur de cet aspirant à la dignité académique.[162]

Le récit de Boileau semble ostentatoire, théâtral, qui dresse le législateur inflexible, tiré de son 'désert' vertueux et austère, en face du monde et de ses cabales, en face surtout d'un médiocre versificateur, concupiscent et voluptueux, nouvel Oronte soutenu par Célimène. Il appartient aux spécialistes de Boileau de découvrir les vrais motifs de ce récit vigoureux. Son témoignage

---

160. On se reportera aux *Boloeana* et à la correspondance du poète. D'Alembert donne une bonne version de l'affaire dans son 'Eloge de François-Joseph de Beaupoil, marquis de Saint-Aulaire', lu à la réception de Condorcet, le 21 février 1782 (v.114-21, 147-55).

161. Comme le remarque d'Alembert, Voltaire a beaucoup varié dans son récit de l'affaire; la vérité est certainement contenue dans l'article qu'il consacre à Saint-Aulaire, dans le *Catalogue des écrivains du siècle de Louis XIV*.

162. Boileau, *Œuvres complètes*, éd. A. Adam (Paris 1966), p.831.

est confirmé par celui de son ami Pierre Le Verrier, qui donne au duc de Noailles des précisions éclairantes:

J'ai vu dix-huit voix assurées pour M. de Mimeure, qui n'a point fait la moindre démarche pour les avoir, et qui n'en sait encore rien. Deux dames extrêmement de ses amies, l'ont empêché d'être élu: l'une, c'est Mme de Croissy qui s'est mis en tête, à la prière de Mme de Lambert, de faire élire M. le marquis de Saint-Aulaire; l'autre c'est Mme de Ferriol, que j'ai toujours vue soumise à Mme de Croissy, comme une de ses filles, et qui cependant n'a rien oublié pour faire tomber cette place à M. l'abbé Du Bos.[163]

Le président de Lamoignon avait conjugué ses efforts à ceux de Mme de Croissy[164] et de Mme de Lambert, ce qui en dit long sur la brigue de Saint-Aulaire. Le témoignage de Le Verrier est intéressant, établissant la hiérarchie qui soumet toujours, à cette époque, le salon littéraire aux salons politiques: la 'faction lambertine' n'est pas encore assez puissante pour agir directement, et a besoin du secours de médiateurs. En revanche, le salon de l'hôtel de Nevers l'emporte déjà sur celui de l'hôtel de Ferriol où, depuis le début du siècle, se réunit autour de la belle et séduisante Angélique 'une société d'hommes de valeur et d'aimables seigneurs',[165] au nombre desquels il faut compter Vauban et le maréchal d'Huxelles. Les échecs de Du Bos et surtout du marquis de Mimeure devant le marquis de Saint-Aulaire manifestent l'irrésistible ascension de Mme de Lambert et de son entourage. Cependant, les lambertins ne purent ni ne voulurent s'opposer à l'entrée de l'admirateur d'Horace,[166] protégé du Dauphin et de Boileau, à qui ils ne montraient, au fond, aucune hostilité particulière: s'il est vrai que son *Discours de réception* est bien de la main de La Motte,[167] cette bataille académique ne saurait en aucun cas passer pour un épisode de la Querelle des Anciens et des Modernes, comme Boileau a voulu le laisser croire.

On aurait pu penser que, sous le règne de Louis XIV, les élections des

163. Lettre de Le Verrier au duc de Noailles, in *Œuvres de Boileau*, éd. de Saint-Surin (Paris 1821), citée par A. Adam, p.1228.
164. Françoise Béraud, veuve du ministre Charles Colbert, marquis de Croissy, morte le 17 septembre 1719.
165. Coynart, p.118. La clientèle de Mme de Ferriol, qui constituera le fonds primitif du salon de Mme de Tencin, occulte un peu la situation sociale du maître de maison, traitant passé de la robe à la finance. Le cercle se compose de brillants officiers supérieurs, d'ambassadeurs, d'étrangers, d'aristocrates livrés à la gaieté et au plaisir. Dans ce salon préoccupé par les affaires de la guerre et de la diplomatie, un érudit comme l'abbé Du Bos avait sa place, et la publication récente de sa brochure *Les Interests de l'Angleterre mal entendus dans la présente guerre* (1703) était un titre pour être présenté.
166. Le marquis de Mimeure est reçu le 1er décembre 1707.
167. C'est ce qu'affirme d'Alembert dans l'"Eloge de Jacques-Louis Valon, marquis de Mimeure' (iii.425).

personnalités politiques étaient du domaine réservé de la Cour; or, on constate avec surprise que loin d'accroître les oppositions, elles favorisent les ouvertures politiques des salons parisiens: elles ont contribué, en particulier, à consolider les liens de l'hôtel de Nevers avec la Cour de Sceaux. Cela est vrai de l'élection de Malézieu, qui intervient dans une période faste pour les Modernes.[168] Le protégé de Bossuet, courtisan accompli, précepteur des ducs Du Maine et de Bourgogne, est aussi un savant estimé de Fontenelle, qui apprécie le mathématicien et fait de lui un honoraire lors du renouvellement de l'Académie des sciences. Les alliances philosophique et les alliances mondaines ici se confondent: l'entrée de Malézieu à l'Académie (il est reçu le 16 juin 1701) marque, grâce à la médiation de Fontenelle, le début d'une alliance tacite entre l'entourage éclairé de la duchesse Du Maine et les lambertins. On pourrait formuler des remarques voisines sur l'élection du président à mortier Jean-Antoine de Mesmes, homme de cour, mais aussi mondain accompli, hôte assidu de Sceaux. Dans les derniers mois du règne, la récompense académique décernée à ces courtisans que sont le maréchal de Villars (reçu le 23 juin 1714) et le duc de La Force (reçu le 28 janvier 1715) donnait satisfaction à la marquise de Lambert, qui les comptait au nombre de ses amis.[169]

Il faut noter, cependant, que le pouvoir reste en mesure d'imposer ses vues: les ducs de Coislin et d'Estrées possèdent un droit d'héritage sur les fauteuils, mais sauront être amis des lettres. L'intervention du duc d'Estrées en faveur de Montesquieu atteste-t-elle ses liens avec la marquise de Lambert? En 1714, une élection vient rappeler celle du frère de Chamillart: le président Hénault, protégé du cardinal Dubois, soutenu par les Modernes,[170] doit s'incliner devant Mallet, valet de chambre ordinaire de Louis XIV; son seul titre à l'Académie est une ode très faible, mais il est le parent du contrôleur général des finances. Voici le témoignage du président Hénault: 'Je remplaçai le cardinal Dubois à l'Académie [1723]. J'aurais dû en être dès 1714, mais j'eus pour concurrent M. Mallet, cousin de Desmarets.[171] Il fallut me retirer' (p.67-68).

Les ambitions de l'hôtel de Nevers rejoignant les vues des cours princières et de Versailles, les lambertins ont favorisé plusieurs élections d'aristocrates

168. Pour des raisons que nous ne percevons pas, qui tiennent peut-être à l'absentéisme des membres de certaines classes.

169. Les liens de la marquise avec la société de Vaux-Villars sont bien attestés, et nous savons aussi que la marquise entretenait de bonnes relations avec la maison de La Force. Le duc était un ami des lambertins: il voudra partager avec Fontenelle l'honneur d'avoir voté contre l'exclusion de l'abbé de Saint-Pierre; protecteur de l'Académie de Bordeaux, il a favorisé la liaison naissante de Montesquieu avec l'hôtel de Nevers.

170. Vers 1710, Hénault vit dans l'intimité de Fontenelle, La Motte, Terrasson. Voir: *Mémoires*, p.29-30.

171. Nicolas Desmarets (1648-1721), créature de Colbert.

qui ont consolidé les liens entre la mondanité et le pouvoir, contribuant ainsi à atténuer les oppositions entre la Ville et la Cour, dont avait souffert la génération précédente.[172]

Les gens de lettres. Dans les dernières années du règne de Louis XIV, les gens de lettres et les savants n'accèdent pas en surnombre à l'Académie: dix érudits ou écrivains célèbres entrent dans la Compagnie qui, dans la même période, recrute huit dignitaires ecclésiastiques et neuf dignitaires civils. Si l'on retient les vues de d'Alembert sur les quatre classes académiques, on s'explique alors le désarroi de l'abbé d'Olivet justifiant sa décision d'arrêter l'*Histoire de l'Académie française* en 1700 par le déclin de la classe des gens de lettres. 'Mais de plus, à mesure que nous avançons, le nombre des seigneurs et des prélats ne fait que croître dans notre Académie.'[173] La pénurie semble surtout toucher le groupe des auteurs dramatiques et des écrivains célèbres: tandis que la Compagnie perd Perrault, Thomas Corneille et Boileau, elle ne recrute que Campistron et La Motte.

Si beaucoup reste à faire pour donner aux lettres une représentation véritable, cette période, en revanche, consacre les progrès des Modernes, et par conséquent des lambertins: c'est dans ces années que se constitue ce groupe qui, sous la Régence et sous Louis XV, apparaîtra à ses adversaires comme une 'faction' toute-puissante. Pour l'hôtel de Nevers, la campagne commence heureusement avec l'élection de Sacy (reçu le 27 mars 1701); quelques années après la bataille autour du nom de Saint-Aulaire, elle culmine avec l'entrée de La Motte dans la Compagnie (8 février 1710), digne successeur de Thomas Corneille. Pendant une vingtaine d'années, La Motte et Fontenelle vont assurer, à l'Académie, le triomphe des goûts et de l'esthétique modernes. Il va de soi que si la marquise de Lambert a exercé cette influence exceptionnelle sur l'institution, c'est essentiellement par l'intermédiaire de ses trois fidèles: Sacy, Fontenelle et La Motte.

C'est aux Modernes, regroupés autour de Fontenelle, qu'Antoine Danchet doit son élection (il est reçu le 22 décembre 1712); deux candidats briguaient le fauteuil: Rémond le Grec, introducteur des ambassadeurs au Palais-Royal,

---

172. Dans son 'Eloge de Malézieu', dans l'*Histoire de l'Académie des sciences*, Fontenelle établit une distinction fondamentale entre les beaux esprits de Versailles, 'les Illustres' (Bossuet, Racine, Boileau, La Bruyère, Malézieu, De Court) et ceux de Paris. La distance entre la Cour et la Ville semblait alors infranchissable: 'Ils formoient une espèce de Société particulière, d'autant plus unie qu'elle étoit plus séparée de celle des Illustres de Paris, qui ne prétendoient pas devoir reconnoître un Tribunal Supérieur, ni se soumettre aveuglément à des jugemens, quoique revêtus de ce nom si imposant de jugemens de la Cour' (vi.318).

173. *Correspondance littéraire du président Bouhier*, éd. C. Lauvergnat-Gagnière et H. Duranton (Saint-Etienne 1976), iii-iv.184 (lettre de l'abbé d'Olivet du 27 août 1733).

soutenu par le duc d'Orléans, et l'érudit Danchet qui 'se présentoit en même temps avec de bons titres & peu de fortune, & par conséquent avec plus de droit & de besoin d'une place à l'Académie'.[174] Leurs talents littéraires étant trop disproportionnés, Fontenelle intervient auprès du prince:[175] après quelques remous au Palais-Royal, Danchet est élu et sera désormais un sûr allié dans les brigues de l'hôtel de Nevers. Cette élection est un symbole, un signe des temps nouveaux: elle révèle l'influence d'un groupe cohérent, assez fort pour résister désormais aux sollicitations les plus puissantes.

Danchet sera de l'Académie des inscriptions et son élection met en évidence les liens qui unissent la Compagnie à cette institution. Avec Colbert, l'érudition a acquis ses lettres de noblesse et surtout un statut qui la rattache désormais aux cercles mondains. L'Académie des inscriptions ne devait pas résister au triomphe de l'esprit néo-précieux: elle recevra 'un brevet de la Calote qui la désigne comme une assemblée de beaux esprits',[176] dont les animateurs sont Fontenelle, toujours, et l'abbé Bignon. L'élection à l'Académie française de son secrétaire perpétuel, nommé en 1706, le numismate Claude Gros de Boze (reçu en 1715 au fauteuil de Fénelon), familier de Mme de Tencin, consacre les orientations des érudits et des savants vers la mondanité: Gros de Boze, en rédigeant les *Eloges* des membres de son Académie, suit le maître Fontenelle, et en mettant les connaissances solides à la portée d'un public mondain et féminin, se laisse séduire, lui aussi, par l'esprit nouveau. Les savants des Inscriptions entrent en force à l'Académie française dans cette période: l'abbé de Louvois, bibliothécaire du roi, le 23 septembre 1706; les abbés Fraguier et Massieu, le 1er mars 1708 et le 29 décembre 1714. L'abbé Claude-François Fraguier, en dépit de son attachement à l'humanisme traditionaliste et au parti des Anciens, fréquentait l'hôtel de Nevers, où il était honoré comme l'ami et le disciple de Huet; il y retrouvait, parmi les traducteurs, Guillaume Massieu qu'une amitié intellectuelle liait à Sacy, si l'on en croit d'Olivet affirmant que le traducteur de Pline hérita de ses papiers.[177] Mais le fait marquant est la réception du savant La Monnoye (23 décembre 1713), digne successeur de Régnier-Desmarais, disciple de Bayle: son élection marque, après celle de La

---

174. D'Alembert, ii.317.

175. Ces événements sont connus par des *Mémoires* de Fontenelle que l'abbé Trublet a édités et qu'utilise d'Alembert.

176. Dcloffrc, *Marivaux*, p.32.

177. *Correspondance de Bouhier*, iii.85: 'Il a laissé une histoire de la poésie française, déjà fort avancée, car il y aura de quoi en faire deux volumes in-12. Il a laissé aussi son Pindare traduit en entier, mais il n'avait pas encore accompagné de remarques toute sa traduction. Ces ouvrages sont tombés entre les mains de M. de Sacy, le traducteur de Pline le jeune.' L'*Histoire de la poésie française* sera publiée en 1739; la traduction de Pindare est restée inédite.

Motte, une nouvelle victoire du parti de la philosophie, et trahit les lents et difficiles progrès des Lumières au cœur d'une institution rebelle.

A la fin du règne de Louis XIV, les puissances exercent toujours des contraintes importantes sur l'Académie: l'influence de Mme de Maintenon et des ministres, celle des prélats et des cours princières, Sceaux, Chantilly, le Palais-Royal suffisent à imposer des courtisans dont les talents sont parfois inexistants. Cependant, à des signes qui ne sauraient tromper, on pressent que la Ville, en dépit de quelques échecs, commence à jouer un rôle notoire, le salon de l'hôtel de Nevers en particulier, dont l'action se confond bien souvent avec celle de Fontenelle. Les liens entre la modernité et la mondanité sont à l'image de ceux qui s'établissent entre les institutions académiques, le philosophe galant favorisant la circulation des idées et des individus entre les Académies des sciences, des inscriptions et l'institution mère. On peut affirmer que, dans ces années, la complicité entre Mme de Lambert et Fontenelle est totale. Il faut porter à leur crédit de belles victoires, avec les élections de Sacy, de Saint-Aulaire et de La Motte, qui placent le salon au cœur d'une actualité littéraire qui n'est pas sans annoncer la bruyante Querelle sur Homère. Les lambertins ont favorisé l'élection de courtisans à même d'être leurs protecteurs, comme le maréchal de Villars et le duc de La Force, de beaux esprits tournés vers les connaissances solides et l'érudition: Fraguier, Danchet, La Monnoye, Massieu, Gros de Boze. Enfin, par le jeu des alliances, ils sont entrés aussi dans les vues de Sceaux ou du Palais-Royal pour faciliter l'élection de mondains comme l'abbé de Polignac, ont pris le parti de la Cour pour reconnaître le talent de personnalités comme l'abbé de Louvois, Mongin ou le président de Mesmes. L'hôtel de Nevers a assuré l'ascension discrète du parti de la philosophie et joué un rôle non négligeable dans une dizaine d'élections, ce qui déjà nous rapproche du chiffre avancé par le marquis d'Argenson.

b. Les élections sous le Régent, de 1716 à 1723

Le fait marquant, sous la Régence, c'est l'intervention beaucoup plus nette du pouvoir dans les élections; mais les liens qui unissent le Palais-Royal aux cercles éclairés de la Ville atténuent les inconvénients de ces mœurs fâcheuses, et seule l'élection du cardinal Dubois fut vraiment un scandale: Fontenelle lui-même, alors directeur de la Compagnie, exprima avec une fine ironie, dans sa réponse au discours du ministre, fabriqué par La Motte,[178] la réprobation de ses confrères.

L'entrée massive des dignitaires. L'intervention du pouvoir dans le recrutement se manifeste par un déséquilibre entre les classes des dignitaires (douze

---

178. D'Alembert, iv.287.

académiciens élus) et celles des gens de lettres (six académiciens élus). Avant le cardinal Dubois, l'un des plus importants personnages du royaume avait brigué les honneurs de la Compagnie: le lieutenant de police d'Argenson est reçu en 1718. L'entourage du monarque, comme le veut la coutume, est également favorisé: son précepteur, l'évêque de Fréjus, est reçu le 23 juin 1717, et l'abbé Alary, sous-précepteur, le 30 décembre 1723. De son côté, le duc d'Orléans impose l'abbé Mongault, précepteur du duc de Chartres (reçu le 31 décembre 1718), Massillon[179] et le président Hénault qu'il protège;[180] l'abbé Du Bos, habile négociateur utilisé par le ministre Torcy, puis par Dubois et le Régent, peut enfin oublier d'anciens échecs: il est reçu le 3 février 1720. Mais c'est sous le ministère de Dubois (août 1722-août 1723) que les élections prennent une tournure politique évidente: outre le ministre-cardinal lui-même, 'présenté'[181] par le cardinal de Rohan et l'évêque de Fréjus, sont reçus dans la Compagnie: son secrétaire l'abbé Houtteville (élu le 19 novembre 1722, reçu le 3 décembre); le comte de Morville, ministre (reçu le 23 juin 1723);[182] et Destouches (élu le 20 juillet 1723, reçu le 25 août), qui mène assez étrangement une double carrière d'auteur comique et de négociateur, homme de confiance du Régent et de Dubois qu'il accompagne à Londres, comblé d'éloges par le duc d'Orléans qui lui promettait une fortune étonnante.[183] Seule fait exception, dans cette série, l'élection d'un savant philologue comme l'abbé d'Olivet, qui ne doit rien aux sollicitations.[184]

179. Le fauteuil d'académicien est une récompense qui vient en même temps que l'évêché de Clermont.

180. Les liens du président Hénault avec le Palais-Royal sont anciens: il était apparenté à Nicolas-Joseph Foucault (1643-1721), chef au Conseil de Madame depuis le 10 octobre 1712. A la veille de sa mort, le cardinal Dubois le pressent pour le fauteuil de l'abbé Fleury: 'On parla de l'Académie, où la mort de l'abbé Fleury avait fait vaquer une place. Il dit qu'il désirait que je la remplisse et qu'il agirait pour cela sans que je fusse commis, parce que c'était à l'Académie à me souhaiter' (Hénault, p.61); la scène se passait à Meudon, où Hénault accompagnait Mme de Tencin et La Motte. Il avait l'appui de l'évêque de Fréjus et de Valincour. En réalité, c'est le cardinal Dubois que Hénault remplaça. On notera, pour la petite histoire, qu'il composa son discours de réception et celui du comte de Morville, qui acceptait de le recevoir en remplacement de l'abbé Bignon: le discours de Morville effaça le sien (p.68). Cette anecdote est confirmée par d'Alembert. Sur la défection de l'abbé Bignon, directeur, qui, brouillé avec le cardinal, ne voulut pas prononcer son éloge, voir Hénault, p.68; Marais, tome iii, 12 novembre 1723; d'Olivet in *Bouhier*, iii.90.

181. C'est du moins ainsi qu'il présente sa candidature à Fontenelle. Voir d'Alembert, iv.281-82, qui cite la lettre du cardinal.

182. Son élection est politique, comme le suggère cette remarque de d'Alembert: 'Ce fut aussi dans ce même temps que l'Académie, joignant son suffrage à celui du Monarque, l'adopta parmi ses membres' (iv.545).

183. D'Alembert, i.356.

184. C'est aussi la brigue qui explique l'élection du duc de Fronsac, prisé de Dubois, qui aurait déclaré à Hénault (p.61) qu'il avait de l'esprit, et que s'il voulait renoncer aux femmes, il pourrait réussir dans les affaires; ainsi que celle de Jacques Adam, indéfectiblement attaché aux

Ce qui est remarquable, dans ces élections de dignitaires civils, c'est la convergence des vues du pouvoir et des ambitions de l'hôtel de Nevers. L'intervention du prince n'a rien de déshonorant, et la plupart des académiciens que nous venons de nommer sont des littérateurs estimables ou des personnes du premier mérite. L'action du Régent profite aux lambertins et aux néo-précieux: l'abbé Mongault est juge au Mardi; le président Hénault fréquente déjà, quand il est élu, le salon de la marquise, tout comme le comte de Morville qui a sans doute reçu son appui, ainsi que nous l'avons noté. Les abbés Du Bos et Alary sont des commensaux appréciés de Mme de Lambert, et le premier, sans avoir été un Moderne convaincu, a pris cependant la défense de la néologie.[185] L'abbé Houtteville, le fait est incontestable, peut être classé parmi les nouveaux précieux: le public estime qu'il doit son élection à l'ouvrage qui vient de le rendre célèbre, *La Religion chrétienne prouvée par les faits*.[186] Il n'est pas jusqu'au succès de Richelieu qu'on ne puisse expliquer par la présence des lambertins, car le duc, à sa réception, 'fait un très beau discours, où il loue fort le maréchal de Villars'.[187]

Vers une réconciliation des Anciens et des Modernes. Dans un contexte qui donne aux Modernes une influence considérable, le recrutement des littérateurs surprend quelque peu, qui tend à renforcer le parti des Anciens à l'Académie française. En effet, dans les années qui suivent la Querelle sur Homère, la Compagnie accueille des savants estimables, favorables à l'Antiquité, qui parfois même ne cachent pas leur hostilité aux nouvelles idées, et qui sont, cependant, en bons termes avec la marquise de Lambert.

Tel l'abbé Nicolas Gédoyn, de l'Académie des inscriptions (1711): sa traduction de Quintilien lui vaut d'être reçu le 25 mai 1719, et pourtant il n'a pas toujours ménagé Fontenelle et La Motte pendant la Querelle. Fidèle à ses idées, il fronde les Modernes en recevant, le 28 juin 1728, l'abbé de Rothelin dans le fauteuil de Fraguier, son collaborateur pour un projet de traduction

Conti: François-Louis de Bourbon (1664-1709) l'avait chargé de l'éducation de Louis-Armand de Conti (1695-1727), et celui-ci, à son tour, le fit gouverneur de son fils Louis-François (1717-1776). Il est vraisemblable que les lambertins n'ont montré aucune opposition au recrutement d'un savant modeste, qui avait collaboré à l'*Histoire ecclésiastique* de l'abbé Fleury, et digne, en conséquence, de lui succéder à l'Académie.

185. Du Bos, *Réflexions critiques sur la poésie et sur la peinture* (Paris 1733), ii.55: 'un Poète capable par son génie de donner l'être à de nouvelles idées, est capable en même temps de produire des figures nouvelles, & de créer des tours nouveaux pour les exprimer [...] La pensée & l'expression naissent presque toujours en même temps.'

186. Hénault, p.62. Le privilège est du 21 août 1720, le livre paraît en 1722. Sur le style affecté de l'ouvrage, on se reportera au commentaire de F. Deloffre, *Marivaux*, p.41-42.

187. Marais, ii.17-18.

des *Tusculanes*,[188] et, beaucoup plus tard, montre son hostilité à Marivaux.[189] Cet excellent connaisseur des Anciens, cependant, n'a jamais pleinement adhéré aux thèses de leurs partisans. Son *Discours des Anciens et des Modernes*[190] est conforme aux nouvelles idées et les vues de l'abbé Gédoyn sont même très audacieuses: il est plus que réservé sur l'admiration qu'on doit à l'Antiquité, tient des propos étranges sur l'apprentissage des langues mortes, célèbre, comme Terrasson, dans le *Télémaque* un chef-d'œuvre de la littérature univer-selle, partage l'animosité de La Motte contre la rime et voudrait introduire le vers libre au théâtre. Ce savant éclairé est le type même du bel esprit que la marquise de Lambert, soucieuse de neutralité,[191] aime accueillir dans son salon. Au reste, ce mondain accompli, formé dans la compagnie de Ninon de Lenclos, possède 'le ton de la bonne compagnie',[192] qui se traduit en images gracieuses, comme les aime l'hôtesse de Nevers.[193] Nicolas Gédoyn fait partie du cercle de la comtesse de Caylus, amie de Mme de Lambert, qui l'introduit sans doute aux mercredis: L. Desvignes, après Albert Chérel, le classe parmi les habitués.[194] L'élection de ce mondain à l'Académie française est, à l'image de

188. D'Olivet, in: *Bouhier*, iii.124: 'Vous avez, Monsieur, un nouveau confrère, l'abbé de Rothelin. Il fit hier son discours, il fut applaudi. L'assemblée était nombreuse et aussi belle qu'elle peut l'être pendant le compiègne. L'abbé Gédoyn, directeur, répondit éloquemment et avec une force vraiment apostolique, le goût de M. Fraguier pour l'antiquité lui ayant donné lieu de fronder les modernes'; Marais, iii.562: 'la réception de l'abbé de Rothelin et le discours de l'abbé Gédouin, qui a désavoué pour l'Académie le mépris qu'on a fait d'Homère dans quelques ouvrages, en disant: "que ce sont comme des hérésies qui ne touchent point au cœur de la religion". M. de La Motte crie comme un aveugle qu'il se vengeroit quand il seroit syndic, et il médite déjà la mort de quelqu'un de ses confrères pour avoir l'occasion de se venger pleinement.'

189. Gédoyn, lettre à Bouhier du 28 décembre 1742: 'Que vous dirai-je de nos Académies? Vous allez juger de leur splendeur et de leur mérite par un seul trait: on vient d'élire Marivaux à l'Académie française. Et Fréret, l'ennemi juré des Belles-Lettres, est déclaré secrétaire perpétuel de l'Académie des Inscriptions et Belles-Lettres' (B.N., ms. fr. 21411², f.271-72).

190. In *Œuvres diverses de M. l'abbé Gédoyn* (Paris 1745), édition posthume procurée par l'abbé d'Olivet.

191. C'est aussi cette neutralité dans le débat littéraire que d'Alembert apprécie en l'abbé Gédoyn, ce prêtre et ce savant qui 'n'avoit ni les préjugés de sa robe, ni ceux de l'érudition' (v.256).

192. Gédoyn, *Œuvres diverses*, mémoire sur la vie de l'auteur [par l'abbé d'Olivet], p.xi.

193. Les référents culturels de l'abbé Gédoyn et de la marquise de Lambert sont les mêmes. On comparera Gédoyn, p.228: 'J'ai lu qu'autrefois on avoit dit sur le Poète Aristophane que les Grâces voulant avoir un temple commun, avoient fait choix de son esprit pour y recevoir le culte des Mortels. Il me semble qu'un éloge si galant convenoit encore mieux à feue Madame la comtesse de Caylus'; et Mme de Lambert, *Portrait de Sacy*, p.243: 'je crois que l'on peut dire de lui ce que l'on a dit d'un Poète infiniment aimable, que *les Grâces ayant été longtems errantes chercher un Temple pour se placer, et qu'ayant trouvé le cœur d'Aristophane, elles s'y reposèrent, y firent leur habitation, et le comblèrent de toutes leurs faveurs.*' Ce jugement de Platon sur Aristophane avait été recueilli par le Père Bouhours dans ses *Pensées ingénieuses* (p.402).

194. Lucette Desvignes, *Marivaux et l'Angleterre*, p.15.

ses idées, ambiguë: il a fallu toute l'autorité de la marquise de Lambert pour qu'elle fût acceptée par des adversaires qu'il avait malmenés.

Le recrutement de l'abbé Du Bos et de Jean Boivin (reçu le 29 mars 1721)[195] appelle des commentaires analogues: ces deux lambertins, qui sont au nombre des habitués des mercredis, ont adopté dans la Querelle des Anciens et des Modernes une attitude conciliatrice appréciée par la marquise. Garde de la Bibliothèque du roi, professeur de grec au Collège royal, membre de l'Académie des inscriptions, traducteur de Sophocle et surtout spécialiste d'Homère, Boivin avait su, en savant intègre, défendre le poète épique sans pour autant attaquer La Motte.

Mais l'élection la plus surprenante est sans conteste celle de l'abbé d'Olivet. Soucieuse de compenser la perte d'humanistes érudits comme Eusèbe Renaudot ou Huet, la Compagnie veut s'associer l'un des meilleurs philologues pour animer ses travaux; attaché à la culture de l'Antiquité, d'Olivet est profondément hostile aux Modernes et méprise les traducteurs mondains, liés au public des femmes et 'des ignorants'. Il saura d'ailleurs profiter de la tribune académique pour exprimer son hostilité, comme Gédoyn: à la réception du président Hénault, un mois après son entrée dans la Compagnie, il crée son premier scandale en lisant un article très contesté sur La Fontaine, que Sacy condamnera, au nom des Modernes, devant le Mardi de Mme de Lambert.[196] D'Olivet était à Salins, lorsqu'il fut élu, et son absence de Paris exclut toute idée de brigue, comme lui-même le fera remarquer: 'les biens nous viennent en dormant [...] Du reste, je ne sais ni comment ni par qui la charge s'est faite.'[197] Or, nous disposons de renseignements circonstanciés sur cette élection, qui permettent d'affirmer qu'elle n'a pu se faire sans l'appui des Modernes, encouragés par le pouvoir, et principalement de Fontenelle, alors directeur. La candidature de l'abbé d'Olivet avait été présentée et défendue par les humanistes de l'hôtel de Nevers, Fraguier et Du Bos, et soutenue par l'évêque de Fréjus et Dubois. Une fois de plus, les projets des lambertins et ceux du Palais-Royal se conjuguaient, comme en témoigne l'intervention active de l'abbé de Choisy en faveur du disciple de Boileau.[198]

Les élections successives de Gédoyn, Du Bos, Boivin, d'Olivet et Adam,

195. L'élection de l'abbé Henri-Emmanuel de Roquette (reçu le 12 décembre 1720) s'explique par des contraintes internes: la Compagnie a besoin d'un orateur chrétien pour célébrer ses protecteurs, et ce rôle ne peut être tenu que par les prélats.
196. *Bouhier*, iii.93: 'J'ai su qu'il y avait quelques académiciens, et nommément M. de Sacy, qui s'étaient plaints de moi à ce sujet dans le public.'
197. *Bouhier*, iii.90.
198. Voir deux billets de Fraguier et de Du Bos, datés des 20 et 21 juillet 1723, adressés à l'abbé d'Olivet, alors à Salins. On y lit: 'Vous donnerez pour longtemps de la vie et de la santé à M. l'abbé de Choisy, puisqu'il n'est pas mort de joie' (*Bouhier*, iii.90).

qui viennent grossir le nombre des humanistes érudits à l'Académie française, réussies avec l'appui du Palais-Royal et des Modernes réunis autour de Fontenelle, favorisées par l'actif concours des familiers de l'hôtel de Nevers, incitent l'observateur à avancer une hypothèse séduisante. Tout donne à penser qu'on a cherché à prolonger la réconciliation des Anciens et des Modernes, commencée dans les salons, dans l'institution académique, qui se prêtait parfaitement à cette entreprise. La Régence apparaissait comme une période favorable à la synthèse de deux cultures opposées, à l'atténuation du débat dogmatique sur l'autorité et la liberté, la tradition et l'invention. Mme de Lambert a joué un rôle de premier ordre dans ces projets ambitieux, en intervenant dans la Querelle, puis en pesant sur les élections à l'Académie française; avec elle, la culture mondaine retrouvait l'influence qu'elle avait exercée à l'époque de la préciosité et de l'honnêteté. Il est inutile de dire que ces ambitions furent déçues: 'la vigueur, la hargne parfois', avec laquelle l'abbé d'Olivet a voulu incarner 'un type d'intellectuel disputant la place au philosophe triomphant',[199] le dynamisme qu'il sut donner à un groupe officiellement reconnu au sein de l'institution, devaient entraîner les réactions assez vives des partisans de La Motte et ranimèrent la querelle qu'on voulait oublier.

Le témoignage du marquis d'Argenson traduit fidèlement la réalité des enjeux des élections à l'Académie française sous la Régence: Mme de Lambert a fait recevoir un nombre considérable d'académiciens, et le chiffre de la moitié peut même paraître assez faible. A la liste des cinq littérateurs lambertins déjà cités (Mongault, Du Bos, Boivin, Hénault et Alary), il convient d'ajouter les noms des politiques familiers de l'hôtel de Nevers: d'Argenson et Morville; ceux des récipiendaires estimés dans le salon: Massillon, le duc de Fronsac, Destouches; ceux enfin des partisans de l'Antiquité qui devaient contribuer à la réconciliation de l'humanisme traditionaliste et de la culture moderne. Sur un total de dix-huit élections, on ne voit guère que celles de l'évêque de Fréjus, de l'abbé de Roquette, de Languet de Gergy[200] et du cardinal Dubois qui aient échappé à la marquise.

c. Les élections sous Louis XV, de 1724 à 1733

Après la Régence, les élections à l'Académie seront presque aussi favorables à la marquise de Lambert et à ses familiers. Il faut cependant remarquer que le salon perdra, pendant cette période, des amis fidèles et d'indéfectibles partisans: le duc de La Force, Valincour, le comte de Morville, l'abbé de Choisy, Louis de Sacy et surtout La Motte, si bien que quelques triomphes décisifs serviront

---

199. H. Duranton, introduction au vol.iii de *Bouhier*, p.4.

200. L'élection de l'évêque de Soissons fut particulièrement délicate, en raison de l'hostilité d'un nombre important d'académiciens au théologien défenseur de la *Bulle*.

seulement à compenser ces pertes. La grande affaire, dans ces années, sera bien sûr l'élection de Montesquieu, qui montre le pouvoir de la faction lambertine, mais qui apparaît surtout comme une victoire personnelle de la marquise, rappelant les heures glorieuses du combat mené en faveur de Saint-Aulaire.

L'élection de prélats mondains. Le fait nouveau, c'est l'élection de prélats mondains, molinistes bon teint, affables, préférant les charmes de l'urbanité aux querelles théologiques; on soupçonne que certains des dignitaires ecclésiastiques présentés par la Cour ont pu recevoir l'appui du salon de la marquise de Lambert, qui n'avait été accordé, auparavant, qu'à Massillon. Ce qui tend à le prouver, c'est que deux d'entre eux viendront occuper les fauteuils de La Monnoye et de La Motte, sans qu'on puisse pour autant évoquer une défaite de la philosophie, ou son recul devant l'Eglise. Gondrin d'Antin, évêque de Langres, succède à l'abbé de Roquette le 30 juin 1725; Poncet de La Rivière, évêque d'Angers, à La Monnoye le 10 janvier 1729; Bussy-Rabutin, évêque de Luçon, à La Motte le 6 mars 1732; Surian, évêque de Vence, à Coislin le 12 mars 1733.

Si l'élection d'un évêque courtisan comme Pierre de Pardaillan de Gondrin d'Antin n'appelle aucune remarque particulière,[201] celle de l'évêque d'Angers montre l'alliance de la Cour et du monde. En dépit d'un échec récent,[202] Poncet de La Rivière était estimé pour son discours au sacre du roi et pour son oraison funèbre du Régent, exercice redoutable s'il en fut, qu'il n'avait pas surmonté sans dommages; ce pasteur aimable ne dédaignait pas la rime, et nous avons conservé quelques vers galants, légers, qu'inspire l'esprit d'un Fontenelle ou d'un Saint-Aulaire. La même diversité de talents fait briller le fils de Bussy-Rabutin. Dans sa réponse à la réception de l'évêque de Luçon, Fontenelle laisse deviner ce que cette élection doit au cardinal Fleury, mais se plaît à souligner que le choix pouvait être aisément ratifié par l'assemblée, eu égard à la dignité familiale et aux ouvrages épiscopaux du récipiendaire. Peut-être le directeur cherchait-il à faire oublier un échec antérieur de Bussy.[203] Fontenelle prise la modération du prélat dans les querelles religieuses, vante son urbanité et se félicite que la mondanité et l'aimable philosophie aient été récompensées par ce choix: 'Ce monde où vous êtes né, & où vous avés vécu, ne se lasse point de vanter les agrémens de votre conversation & les charmes

---

201. Gondrin d'Antin n'était pas favorable aux Modernes. Voir *Bouhier*, iii.97 et 128.

202. Marais, iii.589: 'A propos d'*Eloge funèbre*, M. d'Angers n'a pas réussi dans celui de la reine de Sardaigne' (lettre à Bouhier du 12 décembre 1728).

203. L'évêque de Luçon s'était porté candidat, à la fin du mois de mai 1727, au fauteuil laissé vacant par la mort de Malézieu.

de votre société.'[204] Le rôle personnel que le philosophe a pu jouer dans cette élection est avoué dans une remarque (p.350) sur l'amitié entretenue avec le prélat: 'Je ne puis résister à la vanité de dire que vous n'avés pas dédaigné de m'admettre au plaisir que votre commerce faisoit à un nombre de personnes mieux choisies.'

Une fois de plus, dans le climat d'intrigues du début de l'année 1732, un accord se crée entre la Cour et les cercles parisiens autour du critère tout-puissant de la politesse et des agréments, et le salon de Mme de Lambert, représenté par Fontenelle, occupe toujours le premier rang.[205]

Ces remarques ne sauraient s'appliquer à l'évêque de Vence, adopté par la Compagnie alors que déjà déclinent les forces de la marquise. C'est peut-être ce qui explique la décision malheureuse de Saint-Hyacinthe, dont on murmure qu'il se porte candidat. D'autres Modernes pourraient l'emporter également: l'abbé Banier se présente de nouveau, Marivaux également, et aussi Moncrif, qui devrait recevoir l'appui du pouvoir et des salons.[206] Mais, comme le note Mathieu Marais, cette place est 'plutôt de succession que d'élection';[207] on la promet à un descendant du chancelier Séguier, le marquis de Nangis,[208] qui décline l'offre, et c'est finalement à un orateur ambitieux qu'elle revient. La multiplication des candidatures, la diversité des titres signifieraient-elles déjà le déclin du salon?

Si la Cour conserve ses prérogatives dans l'élection des prélats, un accord s'établit avec les cercles parisiens qui peuvent, comme dans le cas de l'évêque de Luçon, faire réussir ou échouer un projet. La mondanité, le refus du dogmatisme sont des critères qui ont permis au groupe de Mme de Lambert de soutenir deux élections de prélats sur quatre.

Les succès du salon dans les élections des dignitaires civils. Le salon de l'hôtel de Nevers a su imposer ses vues pour le recrutement des dignitaires civils: mondains, savants, littérateurs précieux, presque toutes les personnalités

---

204. Fontenelle, iii.349.
205. *Bouhier*, iii.164: 'Les nouvelles publiques vous auront appris que M. l'évêque de Luçon est sur les rangs pour la place du pauvre La Motte. Il a déjà rendu toutes ses visites, et il s'est hâté exprès pour prévenir les concurrents qu'il craignoit. Car M. le marquis de Nesle avoit déclaré qu'il penseroit à la première place qui vaqueroit: il me l'avoit dit, et à deux ou trois autres personnes de la Compagnie. Mais comme il a laissé M. de Luçon prendre les devants à Versailles, et faire ses visites, je ne sais s'il voudra à l'heure qu'il est tirer au bâton avec lui.' Le marquis de Nesle devait se porter candidat encore au fauteuil du comte de Morville (février 1732).
206. *Bouhier*, iii.171: 'Moncrif est fortement porté par M. le comte de Clermont et par M. d'Argenson du Palais-Royal. Marivaux n'a fait aucune visite que je sache'; iii.172: 'D'un côté M. le comte de Clermont sous le nom de Moncrif les chats, et de l'autre M. l'évêque de Vence.'
207. Marais, iv.452. Sur l'élection du successeur de l'évêque de Metz, voir iv.451-56.
208. Louis-Armand de Brichanteau (1682-1742).

doivent leur adoption par la Compagnie aux 'visites' rendues à la marquise de Lambert, qui ne connaît pendant cette période qu'un seule échec.

La première de ces élections, pourtant, ne doit rien à cette influence: reçu le 28 décembre 1724 au fauteuil de l'abbé de Choisy, le premier président Antoine Portail est porté par la tradition, plus que par ses talents d'académicien;[209] cependant, le choix du fauteuil de Choisy est tout de même symbolique, et c'est aussi le président Hénault, comme on pouvait s'y attendre, qui lui adresse le compliment.[210] En revanche, l'élection de Mirabaud (1726) consacre véritablement le triomphe des néo-précieux, capables désormais d'imposer leurs choix. Car si le récipiendaire, créature de Mongault, secrétaire des commandements de Madame et instituteur des princesses d'Orléans, est imposé par le Palais-Royal, c'est aussi le traducteur de *La Jérusalem délivrée* que la Compagnie veut honorer. L'élection, houleuse, et la réception devaient susciter les plus vives réactions des adversaires de la néologie; nous renvoyons au commentaire donné par F. Deloffre[211] de la brochure satirique dirigée contre Mirabaud et Fontenelle, directeur: *Relation de ce qui s'est passé à la réception de Messire Christophe Mathanasius à l'Académie* (1727). Le nombre élevé de candidatures, l'acharnement des adversaires des néo-précieux ont fait de cette élection une bataille difficile dont on perçoit encore les échos dans la réponse de Fontenelle, trop attentif à privilégier les mérites du traducteur, trop enclin à remercier le duc d'Orléans de sa protection éclairée et discrète. On ne peut s'empêcher, quand on relit ce discours, d'éprouver un certain malaise devant l'amertume et les regrets qu'il déguise mal.[212] D'autres candidats convenaient-ils mieux à Fontenelle?[213] Mirabaud était pourtant un Moderne

209. Marais, iii.145: 'L'un [Portail] a harangué en avocat général et peut-être en déclamateur, et non en académicien; l'autre [Valincour] a voulu instruire de la manière dont un premier président peut remplir ses travaux académiques.'

210. Marais, iii.268.

211. Deloffre, *Marivaux*, p.31-32. L'auteur estime que la caricature révèle le ton véritable des discours de Fontenelle à l'Académie.

212. Mathieu Marais résume brutalement (iii.459) l'idée centrale du discours en ces termes (c'est Fontenelle qui s'exprime): 'vous savez bien qui m'a parlé pour vous. Ce n'est que les princesses d'Orléans.'

213. Les correspondances de d'Olivet et de Mathieu Marais fournissent des renseignements abondants. Depuis 1724, d'Olivet s'activait en faveur du président Bouhier et avait levé l'obstacle de la résidence: dans une lettre du 26 août 1726, il lui déclare que son élection aurait pu être acquise, et que plusieurs académiciens l'ont réclamé (*Bouhier*, iii.95 et 110). Mathieu Marais déclare (iii.478) à Bouhier, le 7 mars 1727: 'J'ai trouvé écrit sur mon exemplaire à la réponse du Directeur, quatre noms sur qui Mathanasius l'a emporté, qui sont: Crébillon, Marivaux, La Visclède et Saint-Didier.' Fontenelle s'était-il rapproché du parti des Anciens? C'est d'Olivet qui lira à l'Académie sa *Vie de Corneille*. Voir Marais, iii.468: 'Jeudi dernier, à la réception du duc de Saint-Aignan, [d'Olivet] fit fonction de lecteur, comme autrefois l'abbé de Lavau qui lisait les ouvrages des autres. Il lut donc la *Vie* de P. Corneille.'

convaincu, 'un de nos néologistes et un monopoleur de mots',[214] qui n'avait pas hésité, dans la préface de sa traduction du Tasse, à ranimer la Querelle en attaquant Boileau et en alléguant l'autorité de Terrasson. Cette filiation, ses liens avec Mongault suffisaient sans aucun doute à lui assurer les voix de l'hôtel de Nevers.

L'élection du duc de Saint-Aignan (reçu le 2 janvier 1727) fut plus calme; gouverneur de Bourgogne, ami du président Bouhier, son adoption se fit avec l'accord des salons parisiens, qui avaient à leur tête le président Hénault.[215] Avec le président Bouhier (reçu le 30 juin 1727) et le ministre Amelot de Chaillou (reçu 25 août de la même année),[216] ce sont, nous le savons, des amis intimes de la marquise de Lambert qui entrent à l'Académie. En revanche, l'élection de Jacques Hardion au fauteuil de Poncet de La Rivière vient interrompre cette série de succès: secrétaire d'Etat, précepteur des filles de Louis XV, cet érudit estimable, membre de l'Académie des inscriptions, l'emporte sur Ramsay, candidat de la marquise. D'Olivet, dans sa correspondance (iii.150), a parfaitement résumé les enjeux de cette élection:

Lettre à Bouhier du 9 août 1730: M. d'Angers votre cadet est mort [2 août 1730]. Depuis huit jours que nous le savons, il y a une nuée de postulants. La Palais-Royal porte Coypel, peintre et poète. La palais lambertin parle Ramsay. L'abbé Gédoyn est pour l'abbé Sassenage. Tous les Bignons pour Hardion de l'Académie des Inscriptions. Et moi, tout doucement, je me remue pour Dupré de Saint-Maur, le traducteur de Milton et, qui plus est, le cousin de feu M. Valincour. Avec le temps et la paille, les nèfles mûriront.

Lettre au même du 15 septembre 1730: Hardion a été élu. Il a eu 13 voix et Ramsay 9. Dupré de Saint-Maur s'était retiré par déférence pour Hardion qui a été son précepteur.

Plus que l'anecdote attribuant à l'emploi du mot *obéissement* dans une lettre de candidature l'exclusion de Ramsay, ce qu'il faut retenir, c'est le témoignage sur la faction lambertine qui, dans les années 1710-1730, a toujours compté une dizaine de membres au moins, chiffre important pour des élections qui se jouent régulièrement entre vingt à vingt-cinq voix. Le duc de Richelieu, directeur de l'Académie, capable de faire pencher la balance en faveur de Ramsay, était absent,[217] et l'intervention de la duchesse de Gontaud, conjuguée

---

214. Marais, iii.442.
215. Marais, iii.468: 'On fut fort content du nouvel académicien [le duc de Saint-Aignan]; et encore du P. Hénault, qui donna un grand souper à l'Académie et aux dames qui avoient assisté à cette réception.'
216. Marais, iii.232: 'M. Amelot de Chaillou, intendant des finances, a été reçu à l'Académie française. Il a fait une harangue courte, et il a bien fait, car il est de la famille des Balbus, et si elle eût été plus longue, il eût peut-être bégayé.'
217. Marais, iv.170: 'cette absence fait aussi parler.' La duchesse de Gontaud écrira à d'Olivet: 'J'ai été fâchée sans doute que M. de Ramsay n'ait pas eu le bonheur d'entrer dans votre illustre Compagnie, puisqu'il le désiroit, mais je n'ai point parlé contre M. Hardion; vous savez que

à celle de Mme de Lambert, fut elle aussi insuffisante. Il ne faudrait pas cependant attacher une importance excessive à cet échec, car les partisans du roman nouveau trouvèrent à se réhabiliter avec l'élection de l'abbé Terrasson.

L'élection de Moncrif, lecteur de la reine, dont les talents poétiques, réhabilités par d'Alembert, furent injustement ravalés par la satire au rang de son *Histoire des chats*, intervient après la mort de la marquise de Lambert; l'hôtesse de Nevers n'aurait certainement pas refusé son appui à un candidat introduit dans les sociétés les plus distinguées du royaume, l'un des plus agréables animateurs de ses mardis et mercredis.

Si l'on excepte l'élection du premier président Antoine Portail et l'échec de la candidature de Ramsay, on doit reconnaître que cinq des sept dignitaires civils entrés à l'Académie française furent les candidats agréés de la faction lambertine. Ce chiffre est d'autant plus remarquable que les élections 'politiques' sont celles qui laissent le moins de liberté aux salons en face du pouvoir.

Les savants: consécration de l'esprit des Cafés. Les élections des savants confirment l'influence du salon de la marquise de Lambert, qui intervient en faveur de deux Modernes, partisans zélés de La Motte, ardents défenseurs des nouvelles idées économiques à l'époque du Système et surtout beaux esprits des Cafés: il s'agit de La Faye le cadet et de l'abbé Jean Terrasson, dont l'élection devait scandaliser les partisans des Anciens.

Le choix de La Faye, pour remplacer Valincour, ne pouvait certes agréer à Mathieu Marais (iv.93, 106):

On propose pour l'Académie M. de Verneuil, neveu de l'abbé Renaudot ou M. de La Faye. J'aimerois mieux le gazetier que le Mississipien:
> Ils dansent bien tous deux
> Mais Pierre danse mieux.

Voilà donc M. de la Faye de vos confrères. Le parti des *Modernes* en triomphe, et ce ne devoit pas être là le successeur de M. de Valincour. Je ne sais si l'historien de l'Académie mettra un jour dans la liste des *Œuvres* du nouvel académicien les *Lettres* qu'il fit pour prouver que le Système étoit le salut de la France, et qu'on ne pouvoit abolir le papier sans faire manquer de parole au Roi. J'aurois mieux aimé le mettre dans l'Académie des Sciences au nombre des algébristes ou calculateurs.

Il est sûr que ce bel esprit, collectionneur aimable, eut besoin de soutiens pour entrer à l'Académie, et Mme de Lambert est sans doute intervenue en sa faveur: 'La brigue est inconcevable pour M. de La Faye.'[218] En dépit de l'amitié qui le liait à La Motte, dont il était le faire-valoir dans les Cafés et les

---

sollicitant pour M. de Ramsay, j'ai combattu l'éloignement que vous me disiez avoir pour M. Hardion' (iv.170-71).

218. *Bouhier*, iii.140.

salons,[219] La Faye s'était opposé au maître dans la Querelle sur la rime. Cela n'empêcha point cependant le prince des poètes de le recevoir avec urbanité, car les maréchaux d'Estrées et de Villars estimèrent qu'ils n'avaient pas à gratifier ce candidat d'un éloge.[220] Il faut compter aussi au nombre des succès de Mme de Lambert l'adoption de l'abbé Jean Terrasson (reçu le 29 mai 1732) comme successeur du comte de Morville. Tous les contemporains ont compris qu'il devait cet honneur au *Sethos* et à son engagement dans le parti des Modernes et de la philosophie.[221] Mme de Lambert et Fontenelle tenaient à ce que la perte de La Motte fût compensée le plus rapidement possible, et le choix de ce fervent disciple du maître est évidemment symbolique.

Il est beaucoup plus difficile, en revanche, d'estimer l'avis formulé par les lambertins sur les autres savants recrutés. Charles d'Orléans, abbé de Rothelin, était porté par le pouvoir, et surtout par le cardinal de Polignac. L'abbé Sallier, le subordonné de Bignon à la Bibliothèque royale après la mort de Boivin, n'avait certainement ni les talents, ni les publications de son prédécesseur dans cette place pour mériter l'honneur d'entrer dans la Compagnie, et l'abbé d'Olivet écrira: 'tout Paris demande *quo jure*' (iii.130). Quant à l'élection de Dupré de Saint-Maur, elle intervient également après la mort de la marquise de Lambert; nous n'avons donc pas à nous intéresser au scandale suscité par l'avocat Normant qui, présenté par le pouvoir, refusa de se plier aux usages des visites. L'abbé Mongault, outré, s'empressa auprès des lambertins et des autres membres de la Compagnie pour l'exclure.

Les élections de Montesquieu et de Crébillon. Le prestige personnel de la marquise de Lambert apparaît dans tout son éclat avec l'élection difficile de Montesquieu. Les faits sont trop connus pour que nous nous y attardions, et nous renvoyons

219. D'Alembert, iv.419: 'Il l'étoit [aimable] au point de sacrifier quelquefois les avantages qu'il avoit dans la conversation, au plaisir d'y voir briller les autres. Il aimoit, par exemple, à piquer doucement, par de légères contradictions, son ami La Motte, pour lui donner occasion de déployer, dans ses réponses, toute la finesse & toute l'aménité de son esprit.' La Faye, qui fréquentait les mêmes sociétés que La Motte, fut certainement introduit chez Mme de Lambert.

220. *Bouhier*, iii.142. Le premier était directeur, le second chancelier. Leur attitude fait apprécier, par contraste, l'ouverture d'esprit de Mme de Lambert.

221. Terrasson l'emporta assez facilement, semble-t-il, sur le marquis de Nesle et l'abbé Banier. Cf. ces remarques amères de Mathieu Marais (iv.348), qui lui est hostile: 'Mais voici bien de quoi remplir ce déshonneur: M. l'abbé Terrasson, critique et censeur outré d'Homère, auteur du *Sethos* et panégyriste du Système, est nommé pour succéder à M. de Morville, et une science si étrange l'emporte sur le génie et la littérature de l'abbé Banier.' Cf. aussi ce commentaire amusé: 'Il y a un grand mariage de Sethos avec Marie Alacoque: c'est que M. de Sens reçoit l'abbé Terrasson à l'Académie et a brigué cette faveur' (iv.370). L'abbé Terrasson fut en effet reçu par Languet de Gergy.

au chapitre quatrième de la *Biographie critique* de R. Shackleton.[222] On admettra, comme l'auteur, que Mme de Lambert et Fontenelle ont pu croire que le président serait élu au fauteuil du duc de La Force, protecteur de l'Académie de Bordeaux. Aussi la mort de Sacy, académicien du Palais, dont les affinités avec Montesquieu étaient nombreuses, fut-elle l'occasion de revenir à un projet qui s'était révélé prématuré. Mme de Lambert s'engagea personnellement à donner à son ami le plus intime un successeur digne de ses mérites, et dès les premiers jours de novembre 1727, la rumeur publique nommait le président de Bordeaux. Nous avons déjà cité la lettre de la marquise au président Bouhier, du 17 novembre 1727, par laquelle, regrettant son absence, elle l'informe de ses démarches en faveur de l'auteur des *Lettres persanes*: 'M. le président de Montesquieu va le [Sacy] remplacer. Cela se passe très agréablement pour lui. Je voudrais bien, monsieur, que vous fussiez à portée de lui donner vos suffrages. Nous aurons au moins la consolation que notre ami sera bien loué par lui et par M. de Fontenelle qui doit le recevoir.'[223] Tous les lambertins, sans défaillances, jettent leurs forces dans l'entreprise, et nul autre candidat n'ose aller contre leurs vues.[224] C'est l'abbé Mongault[225] qui s'était mis à la tête de la faction; les humanistes érudits observèrent, dans les premiers temps, une neutralité prudente, et l'affaire semblait acquise. Quand la Compagnie se réunit, le 11 décembre, pour élire Montesquieu, celui-ci la fait remercier par le maréchal d'Estrées, directeur. Mais l'abbé Bignon vient révéler que le cardinal Fleury, sans doute poussé par le Père Tournemine, met son veto, et dans les jours qui suivent, le président doit passer un accord avec le ministre et faire amende honorable. L'élection, remise au samedi 20, se fait enfin, car les savants décident de lui accorder leurs voix, anéantissant les efforts de la cabale des prélats:

Il y eut boules noires,[226] comme bien pensez, mais non en assez grand nombre pour faire pluralité. Cette affaire n'a pas laissé de faire du bruit dans Paris. Le tort qu'elle faisait au Président, dont elle ruinait absolument la réputation, a touché quelques-uns des nôtres, qui ont trouvé plus doux d'exposer l'honneur de la Compagnie que de

222. Robert Shackleton, *Montesquieu*, p.72-74. On lira aussi: Louis Desgraves, 'Montesquieu et l'Académie française', *Revue historique de Bordeaux* 6 (1957), p.201-17.
223. 'A travers les autographes', p.249-50.
224. C'est ce qu'affirme d'Olivet, dans une lettre au président Bouhier du 11 décembre 1727 (iii.116).
225. *Bouhier*, iii.116: 'Voilà un étrange chagrin pour le président et pour sa faction. Je n'y suis, Dieu merci, entré pour rien. Et même j'étais si peu suspect qu'aujourd'hui son grand patron, M. l'abbé Mongault, ayant ramassé tous les principaux amis du Gascon, commensaux de la Vieille [la marquise de Lambert], j'ai été du dîner.'
226. Rappelons que le tiers de boules noires signifiait une exclusion à vie.

consentir à la flétrissure de ce fou. Pour moi, je n'ai eu pour confident de mes pensées que mon ange gardien.[227]

La marquise de Lambert, ulcérée, condamna vigoureusement cette cabale, comme on le voit dans une seconde lettre au président Bouhier: 'M. le président de Montesquieu a essuyé bien des traverses, mais enfin le voilà quitte; tout ce qui s'est passé est bien à la honte de l'humanité.'[228]

Le rôle de Mme de Lambert dans l'élection du second écrivain célèbre recruté par la Compagnie pendant cette période est moins apparent. Les rapports de Crébillon le tragique avec l'Académie ne laissent pas de surprendre, et d'Alembert en a marqué les raisons dans son *Eloge*: les cabales littéraires réunies contre lui dans le temps de sa gloire, une satire malheureuse contre les académiciens l'avaient tenu éloigné des honneurs, et il était comme oublié depuis longtemps, quand la Cour décida de l'utiliser pour frustrer Voltaire d'une récompense méritée. Cette version est corroborée par le témoignage de Mathieu Marais: 'Voltaire ne songe point à l'Académie, et l'Académie ne songe point à lui' (iv.264). Ce candidat imposé par la Cour ne déplaisait pas au public; et sur bien des points, sa peinture de la passion rencontrait les analyses sensibles de la marquise de Lambert.

Ainsi, les tendances observées sous la Régence se confirment dans les premières années du règne de Louis XV. Il existe dans l'Académie une véritable 'faction' lambertine, dont l'animateur est l'abbé Mongault et les chefs incontestés Fontenelle et La Motte. Elle agit conformément aux vœux de la marquise, se révèle capable de l'emporter sur les cabales les plus puissantes, comme en témoigne l'élection de Montesquieu. En s'efforçant de se concilier les humanistes érudits attachés à la culture traditionnelle, cette faction impose des choix audacieux et s'attire l'animosité de ses adversaires: elle consacre les beaux esprits des Cafés, avec La Faye le cadet et Jean Terrasson, elle impose des néologues comme Mirabaud, va jusqu'à approuver le choix de prélats mondains. Sa puissance fait oublier quelques-uns de ses échecs: l'exclusion sévère de Ramsay, la candidature malheureuse de Saint-Hyacinthe. Une période particulièrement faste peut être distinguée: les années 1726-1727, avant la disparition de La Motte, consacrent des mondains soutenus par Mme de Lambert et ses amis: le duc de Saint-Aignan, le président Bouhier, le ministre Amelot de Chaillou, le président Montesquieu. L'accord entre mondanité et modernité semble alors parfait, et l'on remarquera que cette période correspond à la plus grande gloire du Mardi, quand la duchesse Du

---

227. *Bouhier*, iii.118.
228. B.N., ms. fr. 24412, f.256r, lettre de Mme de Lambert au président Bouhier, du 8 janvier 1728.

Maine se rapproche de l'hôtel de Nevers. L'action de Mme de Lambert commence à être enviée: les correspondances du temps nous apprennent que d'autres femmes de la noblesse, comme la duchesse de Gontaud, ambitionnent de jouer un rôle analogue et rêvent d'avoir à leur tour un ou plusieurs résidents à l'Académie.

Nous sommes en mesure, à présent, de répondre avec assez de précision à la question initiale touchant le nombre des élections décidées dans le salon de l'hôtel de Nevers. Il n'y a aucune raison de contester le chiffre de plus de la moitié avancé par le marquis d'Argenson: il traduit l'ampleur réelle du phénomène, sous la Régence et dans les premières années du règne de Louis XV. Il faut rappeler que certaines élections échappent nécessairement à la volonté des académiciens eux-mêmes. Sous Louis XIV, Mme de Maintenon et les ministres interviennent directement pour imposer leurs candidats, et c'est encore vrai sous la Régence, où l'on voit le cardinal Dubois se faire élire, et sous le cardinal Fleury. Des mécanismes subtils aboutissent à la 'réservation' de certains fauteuils: ceux des éducateurs des enfants royaux, des orateurs sacrés de la Compagnie, des descendants des protecteurs (familles de Richelieu et de Séguier); à cela s'ajoutent les usages académiques qui établissent des continuités pour le même fauteuil: de maître à disciple, de genre à genre et, ce qui est plus fâcheux, de père à fils ou d'oncle à neveu. Il serait donc illusoire de croire les salons parisiens, en ce premier tiers du siècle, décident souverainement du sort d'une Compagnie où l'esprit nouveau, les goûts modernes, voire le parti de la philosophie rencontrent de fortes résistances, en particulier celles de la classe des prélats. Dans les élections plus libres, ou si l'on veut plus ouvertes, la marquise de Lambert intervient directement ou par le jeu des alliances, si bien qu'un groupe actif d'amis dévoués, constamment composé d'une dizaine de membres au moins, est, à tout moment, capable d'imposer ses choix, quand les circonstances sont propices. Cette 'faction' est elle-même en relation avec les autres académies du royaume, celle des Inscriptions en particulier, ce qui décuple ses pouvoirs. On peut distinguer quelques périodes favorables à son action: les années 1706 à 1710, 1718-1719, 1723, 1726-1727.

Les liens du salon de l'hôtel de Nevers avec l'Académie française constituent un phénomène presque unique dans la culture française. Ils sont comparables, par leur importance, à ceux qui unirent la *Chambre bleue* à l'institution naissante; mais les enjeux sont différents: il s'agit cette fois d'une véritable lutte pour le pouvoir à l'intérieur d'une institution dont les ambitions ont grandi, et dans les mémoires et les correspondances du temps, elle se grossit parfois en querelle: en témoignent les élections de Saint-Aulaire, de Mirabaud et de Montesquieu. La marquise de Lambert a découvert un nouveau pouvoir des femmes, dont la tradition se prolongera jusque dans les premières années du dix-neuvième siècle: en décidant des honneurs académiques, les femmes prenaient leur revanche sur une institution d'où elles étaient exclues.

Les activités du salon de l'hôtel de Nevers, son fonctionnement, les modalités de son recrutement, ses relations avec l'extérieur montrent qu'il fut fondamentalement un cénacle précieux, gagné à la modernité et favorable au progrès des Lumières.

Ce bureau d'esprit fait revivre la tradition des ruelles dans les premières années du dix-huitième siècle; on le perçoit à certains détails de son décor raffiné, et surtout au cérémonial élaboré par la maîtresse de maison, dont l'originalité est d'avoir distingué deux jours de réception, moins pour établir une hiérarchie, comme on l'a dit trop souvent, que pour assurer la régularité des activités littéraires. La sévérité du recrutement, la sélection des thèmes de réflexion, la programmation des séances de travail furent aussi des facteurs favorables à l'épanouissement de l'esprit, dont les moralistes renouvellent la définition dans la décennie 1710-1720. La vie intellectuelle consiste esssentiellement en lectures et en conversations qui ont conservé l'allure et le ton des dissertations qu'affectionnaient les précieuses; les idées morales, le débat féministe, la définition du talent poétique en sont toujours les sujets de prédilection. Au Mardi, la place des femmes n'est peut-être plus ce qu'elle était autrefois dans la ruelle, mais l'intelligente Minerve, qui n'est certes pas une précieuse 'muette', assistée de Mme de Saint-Aulaire, maintient les privilèges du beau sexe et rappelle les droits de la politesse féminine sur les productions de l'esprit. Les poèmes, les pièces de circonstance, les vers galants constituent toujours le fonds du divertissement précieux, qui doit l'essentiel de ses grâces à une esthétique de l'impromptu; La Motte, que ses contemporains célèbrent comme le nouveau Voiture, est l'âme du cercle, et Fontenelle, les abbés Mongault et de Bragelonne se chargent de diffuser dans le monde la part la meilleure de cette création. Au lendemain de la Régence, le Mardi, dans toute sa gloire, attire la duchesse Du Maine qui tient à se réhabiliter, qui vient surtout chercher dans cette ruelle précieuse l'intimité et le brillant qui font défaut aux fêtes de Sceaux; sa correspondance avec La Motte, ornée des pointes des 'alcôvistes', manifeste le mystère des ruelles, trahit les rivalités entre cercles concurrents, et fait du Mardi un tribunal précieux par excellence, où siègent les juges du bon goût et du 'génie'. On ne saurait taire les progrès que ce cérémonial fait accomplir à la politesse et à la mondanité: la nouvelle préciosité se confond bien souvent avec le renouveau de l'honnêteté, qui brille de ses derniers feux.

Cependant, la restauration de la tradition précieuse n'a rien d'anachronique; est-il possible, au reste, de définir l'esprit précieux sans le rapporter à la modernité, aux modes, aux audaces de la pensée et de l'expression? Le salon de l'hôtel de Nevers fut ouvert au goût et aux idées modernes. Le mélange harmonieux des deux sociétés que rassemblait la marquise de Lambert, le commerce des gens du monde avec les gens de lettres, salué à la fin du siècle par d'Alembert comme un phénomène des temps nouveaux, distingue certainement ce cercle d'un hôtel de Rambouillet. Mais c'est surtout avec les grandes querelles d'érudition qu'il apparaît comme un foyer actif de la modernité. Il fut l'asile des adversaires d'Homère, avant de prôner une réconciliation générale des esprits; c'est en son sein que germait l'autre grande hérésie du temps, quand La Motte préparait ses attaques hardies contre la rime et la versification. Ouvert aux connaissances solides, aux recherches sérieuses, ce salon précieux incline à se transformer aisément en cercle savant. Il le doit à la maîtresse de maison, qui est incontestablement moderne: sa dilection pour les *Lettres persanes* et pour le grand roman pédagogique, son attrait pour une comédie nouvelle que Marivaux allait porter à sa perfection prouvent son aisance à adopter les théories des jeunes créateurs et des novateurs. Les liens que le salon entretenait avec les autres cercles littéraires ou savants comme avec les institutions ont facilité l'épanouissement des goûts modernes. L'étude du rôle de l'hôtel de Nevers dans les élections à l'Académie française fait apparaître des changements importants dans la nature des pouvoirs: les relations de la Ville et de la Cour se modifient, l'influence des femmes grandit, la Compagnie s'ouvre au parti de la philosophie; Mme de Lambert et ses amis font entrer dans l'institution des mondains, des écrivains précieux, des poètes modernes et même des beaux esprits des Cafés, qui transforment en profondeur ses traditions humanistes. Directement ou indirectement, le salon contribue à la diffusion des motifs artistiques et des idées morales qui définissent le style Régence; il assure aussi à des écrivains dont l'existence matérielle est liée au préceptorat ou à des pensions modestes d'importantes protections; on verra sous la Régence des savants et des érudits, commensaux de la marquise, accéder au Palais-Royal à des responsabilités dans les négociations et dans le système des finances.

Il faut aller plus loin; il ne suffit pas d'établir les liens de la modernité et de la mondanité pour situer à leur vraie place les salons littéraires dans le mouvement des idées. Ouvert aux bouleversements politiques, économiques, culturels que vit son époque, le salon de l'hôtel de Nevers l'est aussi à la philosophie nouvelle. Certes, le cérémonial, la conduite des conversations, le ton précieux et mondain sont bien différents des manières des Cafés ou du ton didactique de *l'Entresol*. Mais le personnel est le même, et l'on pourra reprocher à l'hôtesse son goût pour les dissertations sérieuses. Les relations du salon avec les savants malebranchistes de l'Académie des sciences, l'amitié de Mme de Lambert pour les exilés ou les émigrés de Londres, comme Saint-Hyacinthe ou le Père Le Courayer dont elle a protégé la fuite lors de l'affaire des ordinations anglicanes, son attrait pour l'utopie, que celle-ci s'exprime dans les rêves de l'abbé de Saint-Pierre ou dans le roman de l'abbé Terrasson, ouvrent le Mardi aux préoccupations des Lumières.

Le salon de l'hôtel de Nevers est incontestablement accordé aux grands courants qui irriguent la vie intellectuelle dans le premier tiers du dix-huitième siècle: il a contribué au renouveau de la préciosité et de l'honnêteté, et assuré la victoire des goûts et des idées modernes sur l'humanisme traditionaliste.

Conclusion

L'étude du contexte biographique et historique de l'œuvre de la marquise de Lambert a le mérite de faire apparaître, par un élargissement graduel du sens, la richesse et la polyvalence du concept de milieu, en même temps qu'elle fait prendre conscience du statut particulier des écrits mondains et de la littérature précieuse.

Dans sa signification la plus immédiate le milieu se confond avec le cercle de famille, puis avec le cercle aristocratique qui façonnent la destinée de la grande dame et son univers moral. S'il est indéniable que la riche personnalité de la marquise de Lambert, sa grandeur d'âme, sa bonté, son exigence de dignité expliquent les rêves, les projets, les ambitions qui la rendront célèbre, il n'en est pas moins vrai aussi que des contraintes matérielles nombreuses ont comprimé les élans de sa sensibilité et ses aspirations spirituelles. L'éducation de la jeune fille, son mariage, les obligations de l'épouse d'officier, les procès, les soucis du foyer, la gestion des biens, l'aménagement du salon, les devoirs de la réception, les obstacles ou les activités austères ne manquent pas, qui jalonnent cette destinée féminine. Ces déterminismes, cependant, ont joué dans un sens favorable à l'épanouissement de la personnalité. Les élégances et les manières du monde furent comme la langue maternelle de l'enfant; le rêve héroïque de l'adolescente prit corps avec une alliance qui, en la faisant passer de la noblesse de robe à la noblesse d'épée, effaçait les taches des débauches de sa mère et faisait oublier les menaces d'un parâtre. Il n'est pas jusqu'à l'opulence qui n'ait servi à nourrir une morale active de la bienfaisance et à satisfaire les rêves de la précieuse: la disponibilité et l'aisance matérielle ont transformé la femme du monde en femme de lettres. Les relations de Mme de Lambert avec sa famille et sa classe sont complexes, et rythmeront sa morale de répulsions: haine de la débauche des femmes et de la dépravation des grands, mépris de l'éducation négligée et du libertinage, mais aussi d'admirations et d'élans généreux: culte des ancêtres, revendication des droits juridiques de la femme.

Les servitudes domestiques, les contraintes matérielles ne semblent avoir contrarié ni la formation intellectuelle ni la vocation d'auteur. Le désir de connaître, le goût de lire et d'apprendre se développent dans le temps même où la grande dame sacrifie à ses devoirs d'épouse et de mère, s'active à récupérer ses biens par les voies compliquées de la procédure. C'est un trait commun, qui n'a jamais été souligné à notre connaissance, à la biographie de Mme de Lambert et à celle de Mme de Lafayette; comme la romancière qu'elle admire, la marquise, libérée de la tutelle de son époux, 's'efforce d'ordonner son existence de telle manière que les sages plaisirs y alternassent avec les travaux austères'.[229] Habituée depuis l'adolescence à se mouvoir dans la sphère des idées et des rêves, elle transforme, à la manière de son maître Montaigne, son expérience en maximes et en réflexions, l'élève à l'universel et par le pouvoir des mots la fait partager à ses enfants, à ses amis. Elle ménage au cœur du divertissement mondain une retraite intérieure que vient illuminer l'image du bonheur, et qui donne à son salon un caractère sérieux. En passant avec aisance de la sphère matérielle à la sphère des idées, la marquise découvre la dimension historique de la vie de l'esprit, relie ses réflexions à la tradition humaniste de la littérature morale universelle et ses divertissements mondains à la tradition française des honnêtes maisons. Ces 'milieux' aussi imposent leurs schémas, leurs valeurs, et l'on verra cette femme intelligente les renouveler en s'ouvrant aux expressions de la pensée et de la sensibilité contemporaines. Il n'est pas sans intérêt de noter que sa réhabilitation du mot *précieux* exprime en réalité la tentation d'un savoir viril et l'aspiration à un idéal de politesse féminine.

De la recontre du loisir mondain et de la culture humaniste et philosophique allait naître la vocation de la femme auteur: les écrits de la marquise de Lambert s'échelonnent sur près de quarante années, et l'établissement d'une chronologie met en garde contre la tentation de les situer dans l'histoire littéraire de notre pays en se fondant sur le seul critère des dates de publication. Cette vocation eut à surmonter les résistances et les préjugés du milieu, d'où viennent en partie les ambiguïtés du statut de l'écriture mondaine; il n'est pas aisé de distinguer l'innutrition et la création personnelle, la confidence privée et l'effort de vulgarisation, le fruit du loisir et le traité didactique. Dans ce domaine aussi les intérêts de la femme du monde et de la femme de lettres sont si difficiles

---

229. Emile Magne, introduction aux *Romans et nouvelles de Mme de Lafayette* (Paris 1961), p.xv.

à concilier qu'ils peuvent conduire à des gestes rarissimes dans notre littérature, comme le rachat des livres à l'éditeur, que ne suffisent pas à expliquer le souci des bienséances et quelques hésitations au sujet des attributions. On comprend d'autant moins le mythe dans lequel Mme de Lambert s'enferme, ses refus de laisser publier ses écrits de son vivant, son obstination à maintenir un anonymat qui ne trompe personne, que la réception de ses manuscrits lui attire des éloges flatteurs et que les familiers de son salon lui servent de caution. Car les activités de l'hôtel de Nevers, ses relations avec l'extérieur assurent à la grande dame un prestige que seule la marquise de Rambouillet avait connu au siècle précédent, et un pouvoir qui se manifeste avec éclat dans les élections à l'Académie française. La protection dont Mme de Lambert entoure son Mardi est de la même nature que le secret où elle tient ses écrits: il faut les expliquer par la dégradation du mot *précieux* dans les dernières décennies du dix-septième siècle, qui grève dangereusement le bel esprit féminin.

Ainsi vécut, dans le décor raffiné de l'hôtel de Nevers, cette amie généreuse des gens de lettres et cette grande dame toujours prête à soulager la détresse des humbles. Nous avons voulu montrer aux prises avec les vicissitudes de l'existence et dans l'intimité du cercle de famille celle qui fut la complice de Fontenelle, la correspondante admirée de Fénelon, la Muse de La Motte, la grande amie de Montesquieu dont elle encouragea la vocation et la protectrice de Marivaux qui nous a conservé son portrait émouvant. C'est dans la fréquentation de ces écrivains illustres, autant que dans sa vaste culture, que cette précieuse et cette féministe a puisé les pensées ingénieuses, les nobles maximes et les conseils énergiques qui nourrissent les écrits qu'elle donna à la postérité avec une modestie qui force l'admiration et qui surprend, tant l'intérêt que leur porte le public se renouvelle de génération en génération. Ce sont eux que nous allons découvrir à présent, en complétant cette étude historique par une enquête thématique et stylistique qui s'attachera à montrer l'originalité du lambertinage, défini comme une éthique et une esthétique de la fin du grand siècle.

L'étude du *lambertinage* doit accompagner la présentation de la vie et de l'œuvre de Mme de Lambert et l'enquête sur son célèbre salon littéraire. Par ce terme *lambertinage*, nous désignons à la fois l'éthique et l'idéal néo-précieux que révèlent les traités et opuscules attribués à la marquise, ainsi que sa correspondance. Cette étude se propose de retrouver dans les écrits de la marquise de Lambert les préoccupations intellectuelles de son salon et la langue qu'on y parlait. Elle veut aussi le définir comme la quête ardente et passionnée d'une perfection morale et d'un art de vivre raffiné, d'une politesse exquise que donnent l'usage du monde et la fréquentation des beaux esprits; cela suppose un examen attentif de la genèse des idées morales et des formes de l'idéal précieux. Elle doit enfin faire appel à l'enquête linguistique et stylistique, indispensable à toute définition de la préciosité.

Ainsi se justifie le double mouvement de cette étude, qui définira le *lambertinage* comme une éthique et comme une nouvelle préciosité.

II

Le lambertinage: une éthique

L'ARTICLE nécrologique de Mme de Lambert, dû à Fontenelle, publié dans le *Mercure* d'août 1733, met en lumière l'une des problématiques de l'étude du lambertinage. L'auteur laisse deviner l'effort de la jeune fille pour atteindre, à la fois dans l'indépendance et dans la communion avec les morts et les vivants, à une sagesse qu'elle voulait arracher aux livres, et montre l'épanouissement d'un esprit libre, affranchi des préjugés et de l'opinion. Mais dans le même temps, il souligne l'heureuse influence sur l'enfant du monde choisi qui fréquentait chez Bachaumont, puis célèbre la reine de Paris qui sut restaurer l'honnêteté et les bienséances des grandes maisons d'autrefois. Fontenelle fait l'éloge du salon de l'hôtel de Nevers, à ses yeux l'une des rares demeures où l'on savait converser, vivre avec élégance, se nourrir d'esprit et d'urbanité. Il ajoute curieusement que la dépense noble, le train aristocratique avaient su empêcher qu'il ne se transformât en bureau d'esprit, comme si l'éternel dilemme de l'élégance et du bel esprit, souligné par les théoriciens de l'honnêteté, était toujours d'actualité dans les premières années du dix-huitième siècle.

Fontenelle, observateur averti de la vie à l'hôtel de Nevers, qui fut l'âme du cercle, confident de surcroît de la marquise, a parfaitement défini l'une des caractéristiques de la pensée de son amie: après lui, en effet, le chercheur doit s'interroger sur la manière dont la grande dame conciliait les exigences de la représentation mondaine et l'amour de la retraite, l'urbanité la plus exquise et la quête d'un bonheur qui se nourrit de solitude et de méditations personnelles. Cette problématique générale fait naître une multiplicité de questions particulières: comment Mme de Lambert faisait-elle coïncider les élans de la sensibilité avec l'ataraxie, l'image du tourbillon mondain avec celle du repos? Comment pouvait-elle répondre aux appels contradictoires de la gloire et de l'*aurea mediocritas*, goûter à la fois aux plaisirs délicats de l'épicurisme et aux biens solides de la connaissance?

Les contemporains de la marquise de Lambert n'éprouvaient guère de difficultés à concilier le culte du moi et la pratique du monde, l'attention aux plaisirs et le perfectionnement philosophique. Les *Lettres persanes*, par exemple, dont l'histoire implique aussi celle de l'hôtel de Nevers, ont été considérées comme le fruit du loisir d'un parlementaire mondain: la pensée sérieuse et réformatrice, qui annonçait l'auteur de *L'Esprit des lois*, ne séduisait pas plus que le roman du sérail ou la peinture des mœurs exotiques, à laquelle Montesquieu devait revenir en dressant le décor de ses histoires légères, grecques ou orientales. L'époque n'imagine pas qu'on puisse séparer la connaissance du cœur humain de la connaissance du monde. Que deviendrait le marivaudage, si l'on voulait isoler l'analyse subtile et raffinée des sentiments de la description des conditions sociales qui les font naître? Le lexique lui-même subit des mutations significatives: l'honnêteté se métamorphose en sociabilité, et dans l'entourage de la marquise, où s'élaborent des philosophies sociales, le bon abbé de Saint-Pierre 'invente' le mot *bienfaisance*. C'est le monde qui façonne la sensibilité, qui la fait naître, et à son tour la sensibilité nouvelle transforme le monde, aspire à le rendre meilleur, plus juste, mieux poli.

Ces liens de réciprocité entre le sentiment et les manières, entre le moi et le monde, sont l'objet des réflexions de la marquise de Lambert. Ses écrits moraux enregistrent les mutations qu'elle perçoit avec une acuité qui manque souvent aux mémoires de l'époque, dont l'ambition première est pourtant l'observation exacte des mœurs. Formée à l'école des moralistes de l'âge classique, la marquise a l'habitude de méditer sur les thèmes majeurs qui définissent les morales du grand siècle: la gloire, l'honnêteté, le bonheur sont analysés par elle selon les deux codes de l'aristocratie et des salons, et du cœur vertueux, et chacun de ces thèmes appelle un traité imaginaire, que le lecteur peut aisément construire.

5. Un traité de la gloire

La première des trois morales juxtaposées est la morale héroïque, centrée sur une définition de la gloire, s'exprimant dans une pratique de la perfection individuelle. Elle s'est imposée naturellement à la pensée de la marquise de Lambert, car elle oriente chaque geste, elle explique chaque coutume de sa classe; par son mariage avec Henri de Lambert, la grande dame allait mieux la connaître encore, en entrant dans une famille élevée dans le culte de la valeur, de la capacité militaire, de l'honneur des armes, et dont l'existence se confond avec le service fidèle et loyal du roi. La jeune femme a pu, dans une heureuse harmonie, accorder les valeurs de sa vie privée à celles de son siècle: elle en gardera la nostalgie quand, plus tard, se fortifiera chez elle le sentiment de la déchéance de la noblesse asservie à Versailles, démoralisée par une politique militaire désastreuse. Née avec la Fronde, admiratrice de Turenne, fille spirituelle de Corneille, pour lequel seul elle établit une exception quand elle interdit aux jeunes filles l'accès à l'univers livresque des passions, Anne-Thérèse de Marguenat de Courcelles appartient à une génération qui cultivait l'énergie avec romanesque, qui distinguait mal parfois l'héroïsme de la guerre et celui du théâtre ou des romans. Car il ne faudrait pas ignorer les sources précieuses de l'éthique glorieuse. Les apparences inciteraient donc à découvrir dans le désir de la gloire, le code de l'honneur et l'apologie de l'ambition, qui sont les fondements de la morale héroïque lambertine, l'expression d'une sensibilité tournée vers un passé mythique.

Mais les apparences ici nous trompent. La volonté constante de Mme de Lambert est de lever toutes les ambiguïtés qui encombrent les valeurs du mot *gloire*. Comme son personnage Diogène qu'elle fait dialoguer avec Alexandre, elle sait que 'ce qui s'appelle *Gloire* est très arbitraire' (p.252); elle le rappelle encore à son fils, quand elle veut lui montrer 'la gloire des héros'. Ce souci constant peut-il être expliqué par les pressions de l'opinion publique contemporaine, par le renouvellement des idées qu'impose l'esprit philosophique? Un débat se crée, dans les premières années du dix-huitième siècle, autour de l'idée de gloire, qui révèle, sinon un antiludovicisme crispé, du moins un malaise profond des consciences que trouble la politique guerrière du règne: y participent des écrivains comme Fontenelle, Robert Challe, l'abbé de Saint-Pierre, Terrasson, Marivaux, Montesquieu. On peut dire que le champ sémantique du mot *gloire* connaît, dans les années 1700-1720, des bouleversements et des épurations identiques à ceux qui avaient transformé, dans les années 1680-1700, celui du mot *héros*. Presque tous ces écrivains appartiennent au milieu lambertin; mais celui-ci n'est pas le seul à être touché par le phénomène. Nous savons que le Dauphin, éduqué par Fénelon, avait écrit un *Discours sur la généalogie des grandeurs humaines*; il n'est donc pas étonnant que la figure du duc de Bourgogne apparaisse en filigrane dans la définition nouvelle de la gloire proposée par la marquise de Lambert. Mais il appartiendra au plus fidèle et au plus intime ami de la marquise de donner une synthèse habile et agréable sur ce thème: à la fin de l'année 1714, Fontenelle approuve le manuscrit du *Traité de la gloire* de Louis-Sylvestre de Sacy. L'ouvrage paraît dans le premier trimestre de l'année suivante, peu de temps avant la mort du grand monarque. Rassemblées, les réflexions éparses de Mme de Lambert pourraient elles aussi constituer un Traité de la vraie gloire, dont l'esprit est plus proche de la future Régence que de celle d'Anne d'Autriche. Il proposerait une généalogie du désir lambertin de la grandeur: on verrait celui-ci naître à l'appel des héros, et grandir sous l'influence des modèles familiaux; se confondre avec l'ambition proclamée légitime, tout en évitant les pièges de la Renommée qui ne tendent qu'à le dégrader; s'ouvrir enfin à des valeurs nouvelles et porteuses d'avenir, qui achèveront sa métamorphose.

i. 'La gloire des héros'

Les ambiguïtés sémantiques du mot *gloire* viennent des connotations sociales qu'il véhicule. Mme de Lambert hésite à proposer à son fils le sens définitif d'un terme pourtant central; elle sait, quand on parle de gloire, que 'chaque profession a la sienne' (*Avis fils*, p.2). C'est un axiome important qu'elle formule, sur lequel le siècle construira un nouveau système de valeurs. Chaque individu peut dans l'amour de son état découvrir une authentique dignité; la marquise appartient bien à une génération qui bientôt attribuera le véritable honneur au négociant et le couvrira de gloire. Mais en 1700, la grande dame n'a pas encore définitivement franchi ce pas, en particulier quand elle s'adresse à un jeune colonel. Si elle accepte volontiers la polysémie du mot gloire, elle s'empresse aussitôt de privilégier un sens noble entre tous, celui que lui confère le métier des armes: 'Chaque profession a la sienne. Dans la vôtre, mon fils, on entend la gloire qui suit la valeur. C'est la Gloire des Héros. Elle est la plus brillante.' Certes, la finalité du discours oriente le choix sémantique: cette mère attentive veut redonner confiance à un jeune officier déçu, désabusé, meurtri par une campagne désastreuse en Italie. A ce jeune homme dont on sent qu'il vient de traverser une crise grave, qui voit s'écrouler autour de lui les valeurs chères à la noblesse d'épée, il faut montrer les ressources de l'éthique héroïque. Les *Avis d'une mère à son fils* ont été conçus pour une destination privée: ils ne reprendront pas en écho la critique généralisée de l'héroïsme guerrier que les moralistes développent tout au long du règne. Quand la marquise de Lambert affirme: 'Tout le monde a consenti qu'on donnât le premier rang aux vertus militaires' (p.3), elle ne cherche pas à combattre un état d'esprit général, elle parle comme toutes les mères; elle veut ignorer les voix discordantes qui au nom d'un humanisme éclairé nient l'idée de vertu guerrière, et se font plus nombreuses au fur et à mesure que le règne s'avance: celles d'un Boileau, d'un La Bruyère, d'un Robert Challe; bientôt du jeune Marivaux ou de l'abbé Terrasson dans leur critique d'Homère. L'idéal héroïque que la marquise de Lambert propose à son fils recommande la pratique d'un culte familial, exalte l'exigence aristocratique de l'honneur, célèbre les vertus du vrai chef, en un mot associe la gloire du nom à celle du grade; reconnaître au cœur de sa morale mondaine cet idéal archaïque, est-ce donner de sa pensée, comme certains critiques l'ont avancé, une image conservatrice?

i. *Les modèles familiaux: 'l'appel du héros'*

La morale héroïque de Mme de Lambert est fidèle à l'idéal aristocratique le plus pur: elle exalte les vertus de la race, elle désigne la famille à qui cherche des modèles à imiter et à dépasser pour son propre perfectionnement. La mère entretient dans l'esprit du fils le culte des ancêtres, elle veut lui faire entendre dans l'écho de son nom 'l'appel du héros'[1] que connaissent entièrement, selon Bergson, 'ceux-là seuls qui se sont trouvés en présence d'une grande personnalité morale', et qui suscite, disait le philosophe, 'le désir de ressembler à un modèle que l'on a adopté'. Dans son salon l'hôtesse maintient, contre Versailles asservi, contre Sceaux dissipé, les valeurs d'une génération disparue; elle n'a 'pas eu la force de franchir les barrières du collet monté'.[2] Il faut entendre l'heureuse expression du président Hénault dans son sens propre; la personnalité des deux premiers marquis de Lambert, Jean et Henri, autorise et justifie la rédaction des *Avis d'une mère à son fils*, en y imprimant une image de l'héroïsme qu'on pourrait croire surannée en 1700. Il sera instructif de parcourir la traditionnelle galerie des portraits de famille, pour observer les détails soulignés par le peintre et confronter la vérité psychologique et morale du tableau à la réalité biographique. Le critique devra encore reconnaître tout ce que la marquise met, autour de cette valeur archaïque du nom, de la race, d'exigences qui la renouvellent. Lectrice de La Bruyère, elle a médité sa leçon sur les Grands, et elle écrit pour que leur privilège cesse de leur être contesté.

---

1. Henri Bergson, *Les deux sources de la morale et de la religion* (Paris 1962), p.30.
2. Hénault, *Mémoires*, p.120.

Bien que la marquise de Lambert n'ait pas connu son beau-père Jean de Lambert, elle laisse s'épancher dans son admiration pour lui une sensibilité qui prouve assez que son alliance avec les marquis de Saint-Bris fut un refuge contre la honte: elle a célébré la vertu d'une race qui la purifiait d'une souillure morale. A condition de bannir le commentaire psychanalytique final maladroit et sans doute illusoire, on peut adhérer au jugement de Gonzague de Reynold sur l'adolescente: 'jusqu'à son mariage, Anne-Thérèse de Marguenat allait se sentir, et sans jeunesse, et sans famille. Née dans l'isolement où la vie devait sans cesse la rejeter, elle manquera toujours de naturel, d'abandon, de simplicité. C'est une "refoulée" comme diraient les psychanalystes.'[3] La jeune fille découvre la famille qui lui manquait; ou plus exactement ce dans quoi celle-ci s'incarne, un nom, sur lequel opère une cristallisation de la vertu. L'élan de la sensibilité qui l'emporte vers ce nom admiré efface toutes les mortifications, toutes les frustrations de l'orpheline meurtrie, privée de la protection d'un père, dont elle a peut-être découvert avec tout Paris la dérisoire histoire conjugale; de la jeune précieuse abhorrant une mère dénaturée; de l'adolescente élevée dans un foyer illégitime, en dépit de la tendre affection que lui montre le bel esprit qui veille à son éducation.

Il faut donc donner sa pleine valeur à la métaphore du trésor que choisit la marquise de Lambert pour indiquer la nécessité de construire la morale individuelle virile sur un modèle paternel: 'C'est un grand trésor, qu'un bon Nom, et la réputation de ses Pères' (p.7). La formule est si importante qu'elle rythme les *Avis à son fils*, en souligne l'articulation logique; l'écrivain l'utilise de nouveau à propos de la générosité: 'C'est un grand trésor, qu'une grande Réputation' (p.40). La répétition montre comment les vertus imitatives se transforment en vertus actives et personnelles, elle donne d'"une grande naissance' (p.41) l'image dynamique d'un patrimoine qu'il faut mettre en valeur. L'expérience vécue par la marquise de Lambert a sans aucun doute joué un rôle primordial dans la découverte de ce trésor, auquel l'attachent des liens ambigus et complexes: Mlle de Courcelles n'a guère connu son prère, qui n'était sans doute pas son vrai père; elle a reporté son affection sur son père adoptif et parâtre, et son admiration sur son beau-père, qu'elle n'a pas connu non plus; enfin, quand elle s'adresse à son fils pour lui recommander la pratique du culte des ancêtres, elle se substitue à un père défunt dont elle assume le rôle moral. On comprend mieux pourquoi le *Discours* qu'elle écrira

---

3. Gonzague de Reynold, 'Madame de Lambert et son salon', *Le XVIIe siècle, le classique et le baroque* (Montréal 1944), p.273.

en commun avec Montesquieu fera dépendre la réputation du hasard et de la Fortune, alors qu'il rattachera la considération aux qualités personnelles.[4]

La recherche des modèles a sans doute aussi une signification plus générale qui tient en particulier au contenu pédagogique de l'ouvrage. Il est sûr que dans l'éducation aristocratique la tradition des *vitae* joue encore un rôle important à la fin du dix-septième siècle; et l'on voit bien comment, dans une éthique de l'honneur, la famille peut se substituer à l'histoire.

La 'réputation de ses pères', Mme de Lambert la révèle à son fils dans deux portraits brossés avec vigueur et sensibilité, d'une belle facture; ils immortalisent devant la postérité les deux premiers marquis de Lambert. Cependant leur signification dépasse le cadre limité d'un culte familial. Ils ont une valeur symbolique et morale que Fénelon perçoit bien quand, après avoir lu le manuscrit des *Avis d'une mère à son fils*, il écrit à Sacy: 'Le Fils doit sans doute beaucoup aux exemples de Valeur, de Probité, de Fidélité, de Capacité militaire, qu'il trouve sans sortir de chez lui; mais il ne doit pas moins à la tendresse et au génie d'une Mère, qui met si bien dans leur jour ces exemples' (*Correspondance*, p.400). Ce qu'ils proposent en effet, c'est en raccourci une histoire de la grandeur et de la servitude militaires au dix-septième siècle; ils font comprendre comment les ans ont métamorphosé peu à peu la virtù en vertu et quels liens secrets unissent l'âge de Henri IV au règne de Louis XIV. Le premier tableau, qui porte la patine du temps, montre le vieux gouverneur de Metz dont la forte personnalité se détache sur un fond de batailles et de sièges innombrables; il cerne un caractère digne de Plutarque, expose les ressorts d'une vertu virile quelque peu romaine, trempée dans le moule d'airain de la politique voulue par Richelieu. Dans le second portrait, la manière du peintre comme le siècle a changé: les détails physiques et moraux s'estompent, et le pinceau s'attarde à saisir les nuances d'une psychologie raffinée et sensible; pour peindre l'époux trop tôt disparu, le style de la marquise est plus délicat, les tons sont plus chauds. Les détails que retiennent les deux tableaux contrastent avec le fond historique sur lequel se détachent les avis maternels: ils sont prodigués au fils à un moment où la capacité militaire et la détermination politique font cruellement défaut à la nation, qui découvre avec stupeur la désastreuse campagne que le jeune colonel vient de vivre en Italie. En outre, l'éducatrice ne voit pas sans angoisse les dangers de la vie parisienne pour un jeune homme au tempérament vif et altier, qui ne craint pas le scandale; elle redoute l'exemple dangereux de la débauche et de l'impiété dissolvantes, d'autant plus inquiétant qu'il vient d'en haut déjà, comme dans la société du Temple où se préparent les excès futurs de la Régence.

---

4. *Réputation-considération*, p.277.

II. *Le lambertinage: une éthique*

Placés dans le portique de l'essai, les deux portraits ont une place et une fonction symboliques. On comprend que la mémoire mythique de la famille est aussi celle de la nation, quand on découvre la clé secrète de leur architecture: l'apologie du service du prince. L'ordre monarchique échappe à la durée, il abolit la succession des générations, la classe de la noblesse répétant de père en fils les mêmes gestes, dans la célébration du culte de l'autorité. Remonter vers les origines pour découvrir les vertus des ancêtres, c'est aussi prendre conscience de la formation de la nation sous ses protecteurs: l'héroïsme individuel coïncide idéalement avec la grandeur collective. En outre les deux modèles se projettent sur la carrière du jeune homme, éclairent sa fragile expérience et son avenir, imposent l'idée obsédante de la loyauté dans le service, si bien que la durée historique finit par se dissoudre dans une temporalité mythique: la destinée des individus trouve sa signification dans un accomplissement qui dépasse les limites d'une vie humaine, en vertu de la maxime selon laquelle 'les grands Noms ne se font pas en un jour' (p.5).

Le portrait de Jean de Lambert met en valeur deux qualités qui caractérisent en effet les prouesses et les beaux gestes de sa carrière militaire: la bravoure et la loyauté. Autour d'elles s'organise une morale du soldat, archaïque, propre au règne de Louis XIII, mais que prend en charge l'éthique lambertine de la gloire. Inspiré par l'exemple de Bassompierre, son maître et protecteur, l'officier du régiment de Piémont a une conception de la discipline et du commandement qui ne laisse aucune place aux sentiments personnels, aux calculs et aux intérêts.

Sous Richelieu, le métier de la guerre a changé, des stratégies nouvelles s'élaborent, mais ces mutations ne surprennent pas l'officier expérimenté, qui sait que la bravoure et l'habileté des capitaines ne suffisent plus seules, que la prévision, la gestion, le calcul entrent désormais dans la définition du devoir. Dans un âge avancé, formé uniquement au maniement des armes, Jean de Lambert saura s'adapter à ces changements: il acquiert l'intelligence de la guerre moderne, il soumet à la raison pratique les combats de masse, si différents des escarmouches des guerres civiles, et la marquise, en femme éclairée, pourra louer l'efficacité de ses initiatives et de ses entreprises: 'Il s'étoit acquis une telle estime et une telle autorité dans l'Armée, qu'avec dix mille hommes il faisoit plus que les autres avec vingt' (p.7). C'est le comportement exemplaire qui intéresse le peintre; la marquise a choisi un modèle sur lequel elle peut construire une pédagogie. Elle fait intervenir son héros préféré, Turenne, qui lui sert de caution: elle rappelle que celui-ci avouait sa dette envers Jean de Lambert qui lui avait appris son métier (p.9).[5] Il est significatif

---

5. L'éloge était plus accentué dans le manuscrit: Turenne aurait dit aussi 'qu'il n'avoit jamais connu un si grand Général' (*Lettre d'une dame à son fils*, p.274).

que la descendante prenne soin de clore son portrait sur ce témoignage prestigieux, qui garantit l'authenticité de cette vie illustre et souligne par la même occasion l'injustice faite à la modestie de l'ancêtre. L'intervention de Turenne dans le tableau assure aussi une continuité symbolique entre les deux règnes, et relie la carrière du beau-père à celle de l'époux.

Bien sûr, le peintre ne pouvait manquer de sélectionner, dans cette longue carrière, l'épisode fameux du siège de Gravelines (28 juillet 1644), dont le président Hénault[6] et Fénelon[7] ont aussi gardé le souvenir. A l'hôtel de Nevers, on voulait fonder sur la noble hardiesse de Lambert une leçon de morale politique exemplaire et audacieuse, consacrée au sens du devoir et à la relativité de la hiérarchie des grades et des rangs. A la faveur ou à la naissance, les lambertins se plaisaient à opposer l'idée d'un mérite personnel fondé sur le service de l'Etat et sur le zèle du bien public. Le Sethos de Terrasson est nommé 'conservateur de l'Egypte', 'par une reconnaissance' que lui témoignent les rois pour récompenser 'la gloire que ce Héros avoit acquise à l'Egypte par tant de travaux aussi avantageux au genre humain que désintéressez pour lui-même'.[8] C'est un titre de gloire pour le héros que d'ajouter la bienfaisance au désintéressement. Cette leçon, que n'aurait pas désavouée l'abbé de Saint-Pierre, avait aussi des implications historiques: elle montrait la nécessité, pour un jeune monarque dont le pouvoir était encore incertain, de rechercher l'appui des serviteurs fidèles et loyaux de sa couronne. En ce sens, elle était bien faite pour plaire dans un milieu proche de celui du duc de Bourgogne, et l'on comprend que Fénelon ait tenu à souligner le caractère édifiant de cette conduite.

Le peintre choisit dans cette carrière exemplaire un autre événement dont la valeur symbolique est encore plus nette. Quand la guerre civile éclate, Gaston d'Orléans, l'homme puissant du royaume, se souvient de la valeur du lieutenant général Jean de Lambert, et cherche à l'entraîner dans son parti. Mais le vieux guerrier, mûri dans de nombreux travaux, refuse le seul honneur qui lui manquât encore, attendu tant d'années et tant de fois mérité. Pour repousser ce hochet qu'on lui tend, le bâton de maréchal, Jean de Lambert n'a qu'à se remémorer les leçons de Bassompierre, son premier maître. La marquise embellit ce geste de l'aïeul, qui est d'un héros nourri de Plutarque et d'un sage stoïcien élevé dans le mépris des honneurs; il est l'ornement le plus remarquable de cette vie militaire et occupe dans le portrait, qu'il illumine, la place centrale. Il appelle, dans un mouvement de réciprocité, le geste royal de l'envoi du

---

6. *Nouvel abrégé chronologique de l'histoire de France* (Paris 1756), à la date de 1644.
7. *Correspondance*, p.400.
8. Tome iii, livre x, p.700.

brevet de chevalier de l'Ordre, qui unit définitivement, en dépit de l'envie, le nom des Lambert aux fastes de la monarchie française.

La symbolique du portrait explique aussi l'intérêt porté au gouverneur de Metz. Sous l'Ancien Régime, la carrière militaire est parallèle à une carrière politique, qui peut conduire l'officier à assumer le gouvernement d'une province, d'une cité, d'une citadelle, et la marquise veut préparer son fils à des responsabilités futures, qui lui donneront en charge des populations civiles. Mme de Lambert doit donc éclairer de l'intérieur la destinée du soldat, c'est-à-dire en montrer la valeur morale. L'évocation de la carrière du gouverneur de Metz est accordée à celle du capitaine: la même indifférence à l'égard des distinctions établies dans le monde caractérise le politique aussi bien que l'officier, et illustre (p.6) une définition exemplaire du héros: 'Il ne suffit pas d'avoir l'honneur de la valeur, il faut aussi avoir l'honneur de la probité. Toutes les vertus s'unissent pour former un Héros.'

Le portrait s'accorde donc bien avec l'intention générale d'un écrit qui pourrait être un Traité des devoirs, dont l'idée hantera aussi Montesquieu. La méthode de la marquise de Lambert, utilisée également dans la morale du bonheur, consiste à distinguer soigneusement l'effort authentique accompli par chaque individu pour sa réalisation personnelle, des valeurs extérieures et artificielles qui le placent dans la dépendance des autres. Solitaire, le héros ne puise ses forces qu'en lui-même; par sa vertu, il s'élève avec hardiesse au-dessus des passions et des autres hommes, dans un espace moral privilégié où seul le monarque, parce qu'il est d'une autre essence, le domine encore. De l'exemplaire carrière de l'aïeul, de ses innombrables faits d'armes et de sa mission politique, le peintre a détaché quelques faits singuliers qui tous montrent le héros dans la même attitude, celle du refus;[9] insensible aux désirs qui animent les autres hommes, l'officier rejette toutes les séductions et les tentations du monde et de la puissance, représentés par quelques objets dont la fonction symbolique est évidente, comme l'argent ou le 'bâton', et qui, habilement choisis et disposés par la narratrice, imposent à la chronologie une signification morale. La biographie veut dévoiler une destinée dont l'accomplissement postule un ordre supérieur aux intérêts des hommes, qu'incarne la personne du roi. Au camp devant Gravelines, pendant la Fronde, à Metz, le même impératif dicte la conduite de l'officier: le héros n'épouse aucune des querelles mesquines des hommes, et demeure indifférent à leurs pauvres

---

9. Des redondances lexicales soulignent avec netteté cette attitude du refus: 'Il leur *défendit* de reconnaître ces Généraux pour leurs Chefs; il *refusa* le Bâton de Maréchal de France; il *ne voulut jamais* y donner son *consentement*; il *refusa* cent mille francs' (*Avis fils*, p.8-9). Cette fermeture aux ambitions et aux intérêts des autres contraste avec la *fidélité*, l'*attachement* au roi.

ambitions. Au-dessus de la mêlée, au-dessus des partis, il se place sous le seul regard du roi, pour se délecter de l'estime qu'il lui donnera, en récompense de sa fidélité et de son attachement.

Le portrait de l'époux se présente sous la forme d'un triptyque, moins bien équilibré que celui du beau-père, dans la mesure où l'évocation des 'talents pour la guerre' de l'officier est volontairement occultée par la marquise au profit de la description des vertus du gouverneur de Luxembourg et des qualités de l'honnête homme. Cela tient sans doute aux circonstances historiques. La carrière de l'officier Henri de Lambert fut en tous points exemplaire, puisqu'il fut distingué par le monarque, qui l'honora de plusieurs emplois de confiance, et qu'il fut sur le point, dit-on, de recevoir le bâton qui avait manqué à son père; mais les conceptions nouvelles qui président à l'organisation de l'armée et à la guerre sous Louis XIV sont moins favorables à l'image du héros qu'avaient élaborée les générations précédentes. En outre, la veuve de l'officier tient plus à souligner les injustices dont l'époux a souffert que ses exploits de guerre.

Le portrait de l'époux assume donc une double fonction. Il tente de réhabiliter, pour la postérité, la carrière d'un officier injustement brimé dans son attachement à son général. Dans le même temps, la marquise s'adresse aussi à son fils, qui vient d'être oublié dans l'importante promotion d'officiers du mois de janvier 1702; pour atténuer son amertume et le consoler de ses déboires, pour rendre sa leçon plus sensible, cette mère tendre choisit précisément dans l'histoire une figure à laquelle l'un et l'autre sont unis par les liens les plus sacrés. Texte et contexte mettent en lumière la symbolique de ce portique des *Avis d'une mère à son fils*: l'histoire n'est qu'un absurde bégaiement, car il est permis de se demander si les oublis dont fut victime Jean de Lambert ne sanctionnaient pas eux aussi son attachement à Bassompierre, compromis dans la journée des dupes. Dans les maximes que Mme de Lambert égrène, et qui nourrissent cette épître consolatoire à son fils, se rencontrent deux leçons néo-stoïciennes, sur la résignation et la patience, et sur la disgrâce. Ses pensées, dignes de la sagesse antique la plus pure, jouent de l'opposition du moi et du monde, et délivrent une image de la vraie gloire, bâtie sur le mépris de la Fortune, sur la force d'âme et les certitudes intérieures;[10] la marquise de Lambert est déjà en possession de ces belles formules qui orneront sa paraphrase de la dissertation de Montesquieu.

Le second volet du triptyque contraste avec cette leçon néo-stoïcienne sur l'adversité: le souvenir de Plutarque et de Sénèque s'estompe pour faire place

---

10. Voir *Avis fils*, p.10-11, et particulièrement: 'Il voulut mettre la Fortune dans son tort'; 'Il sut joindre la patience à la dignité.'

à une définition plus moderne du héros, adaptée à l'image sensible que Fénelon venait d'en donner. Le motif conducteur reste toujours le thème de l'autorité, mais il est significatif que la marquise de Lambert ne retienne plus la comparaison avec un vice-roi pour évoquer le gouverneur de Luxembourg. Celui-ci est le représentant d'un monarque qui a su se faire craindre des nations d'Europe; l'autorité de droit divin lui est déléguée, et l'écrivain veut montrer comment une morale éclairée pourrait la rendre utile au genre humain. La marquise reconnaît trois attributs symboliques du pouvoir, qui pourraient définir le monarque idéal. Le gouverneur de Luxembourg substitue l'amour à l'autorité et à la crainte: 'Il avoit la main légère, et ne gouvernoit que par amour et jamais par autorité' (p.11). Ce premier attribut est lui-même complété par la bonté, dont le rôle est d'abréger la distance qui sépare l'homme investi de l'autorité des sujets qui obéissent. La générosité à son tour assure l'aisance des administrés et soulage les malheureux que ne saurait souffrir un gouvernement éclairé. Lectrice de *Télémaque*, admiratrice du duc de Bourgogne, la marquise de Lambert est persuadée que les âmes sensibles peuvent réaliser le rêve d'un royaume heureux, dans lequel le monarque bienfaisant serait aimé de ses sujets. Elle achève son évocation sur une note où s'annonce la sensibilité du dix-huitième siècle: 'aussi étoit-il l'amour de ceux qui vivoient sous son gouvernement; et quand il mourut, s'ils l'avoient pu, ils l'auroient racheté de leur sang' (p.12).

Les documents d'archives concernant Henri de Lambert gouverneur de Luxembourg confirment l'éloge laissé par sa veuve.

Comme son père, Henri de Lambert savait aussi mépriser les richesses; mais ce n'est plus un détachement inspiré de Plutarque qui séduit la marquise: ouvert aux influences du quiétisme, le portrait montre les élans d'une âme pure, que blesse la corruption du monde, et qui aspire à un univers de bonté et d'amour. La description que la marquise de Lambert donne de l'estime réciproque qui unit les habitants de Luxembourg à leur gouverneur, retrouve le langage des Parfaits qu'on reprochait à Fénelon: 'Dans un tems si corrompu, il avoit des mœurs si pures; il pensoit d'une manière bien différente de la plupart des hommes' (p.12).

Dans les années 1680-1690, l'image du héros s'est profondément renouvelée: tel est l'ultime enseignement de ce portrait. Les silhouettes du lieutenant général et du gouverneur finissent par s'estomper, et seule subsiste celle d'un honnête homme, pur et vertueux. Une image nouvelle de l'officier s'impose: celle d'un homme aimable, que Versailles a poli, dont la conduite est raisonnable et généreuse. Former un jeune colonel, en 1700, comme prétendent le faire les *Avis d'une mère à son fils*, c'est former un héros qui serait honnête homme. Cette exigence est le résultat d'une lente évolution des mœurs et des idées que décrivent, symboliquement, les deux portraits placés dans le portique de l'ouvrage.

2. *'La haute réputation': une exigence aristocratique*

On doit se demander si la vive admiration de la bru et l'estime sensible de l'épouse ont aussi une signification sociale. L'appel des héros désigne-t-il seulement des valeurs morales, qui définissent les normes d'une conduite exemplaire dans le cercle restreint de la famille? N'exprimerait-il pas également une éthique aux ambitions plus vastes, fondée sur une description de la condition des grands? Certes, la fierté du nom, le culte des ancêtres permettent de reconnaître en toute sûreté une mentalité aristocratique; mais à l'époque de Mme de Lambert, ce sont encore l'héroïsme du soldat, la bravoure militaire qui fournissent la meilleure définition de l'idée de noblesse, et qui s'imposent avec la force d'un préjugé.

Voltaire rappelle, dans son *Supplément au Siècle de Louis XIV* (p.1249), 'que le grade militaire est toujours à l'armée au-dessus de la naissance'. La Bruyère, au chapitre 'Des grands', en opposant le défaut de courage dans les conditions basses au sentiment de la gloire chez l'homme né, finissait par découvrir que la bravoure était peut-être l'essence même de la noblesse: 'Cette disposition de cœur et d'esprit, qui passe des aïeuls par les pères dans leurs descendants, est cette bravoure si familière aux personnes nobles, et peut-être la noblesse même.' La morale héroïque de la marquise de Lambert s'accorde parfaitement à la définition proposée par La Bruyère. Tous les moralistes sont unanimes, à la fin du siècle, pour donner de la naissance cette image dynamique et exigeante. Fontenelle dans ses *Dialogues* veut bien admettre en souriant que la mort glorieuse n'est pas le lot d'une condition obscure;[11] Robert Challe, dans ses *Mémoires*, exclut les 'gens de vile et basse naissance' de la vie héroïque.[12]

Tout ramène donc le noble à l'idée de sa propre gloire, elle seule peut donner quelque réalité à la notion de grandeur. Au jeune officier qui découvre la profession des armes, la marquise propose cette maxime rayonnante qui confère à l'amour de la gloire les privilèges de la grandeur: 'Tout homme qui n'aspire pas à se faire un grand nom, n'exécutera jamais de grandes choses' (p.3). Et lorsqu'il s'agit de faire reconnaître les marques visibles de la grandeur, l'écrivain moraliste emprunte encore à une classe qui paie à la guerre un lourd tribut, sa propre définition; c'est 'la bonne mort' qui authentifie la vie illustre: 'Les grands hommes ne mesurent pas la vie par la durée du temps, mais par

11. *Nouveaux dialogues des morts*, Marie Stuart et David Riccio.
12. Ed. A. Augustin-Thierry (Paris 1930), p.187.

la durée de la gloire. La bonne mort donne du relief à la vie, et la mauvaise la déshonore' (*Vieillesse*, p.164). Certes, la définition de la grandeur n'est pas restreinte ici au seul domaine militaire, mais c'est l'idéal aristocratique et chevaleresque qui donne toute sa force à l'image de la bonne mort.

La gloire relève donc du point d'honneur, le seul préjugé devant lequel l'homme doit s'incliner. Les occasions où la marquise de Lambert concède aux créations artificielles de l'esprit humain le pouvoir de s'imposer aux individus sont assez rares pour qu'on puisse mentionner cette définition de l'honneur qu'elle propose à sa fille: 'Quoique l'Honneur soit l'ouvrage des hommes, rien n'est plus réel que les maux que souffrent ceux qui ont voulu s'y dérober. Il seroit dangereux de se révolter contre lui' (*Avis fille*, p.61). L'éthique lambertine, dont le premier souci est d'assurer l'indépendance des hommes, ménage parfois les puissances du monde; la marquise donne au sentiment de la gloire la force d'un préjugé, qui vient se substituer, dans une morale aristocratique renouvelée, au titre, au rang ou à la terre. L'étude du champ sémantique du mot *gloire*, dans le premier mouvement des *Avis d'une mère à son fils*, qui comprend la définition du terme et les deux portraits des marquis de Lambert, confirme d'ailleurs l'importance des concepts sociaux dans le code aristocratique: la gloire de l'officier a besoin de témoins pour exister, et elle s'inscrit dans une carrière délimitée par des signes honorifiques concrets qui la rattachent à la vie générale du corps politique. Ce double caractère est exprimé par deux séries lexicales complémentaires qui ordonnent le discours, celle de l'avancement et celle de la réputation. Elles renseignent précisément sur la fonction du préjugé dans le cercle aristocratique: l'éclat de la gloire doit toucher un regard, séduire des témoins, et le pouvoir suivra ensuite la rumeur publique pour répartir et distribuer grâces et récompenses. La leçon morale de la marquise de Lambert, visible déjà dans les portraits des ancêtres, vise à définir la conduite du héros en fonction de ce préjugé: la vraie gloire sera celle qui réalisera l'équilibre délicat entre l'exigence d'indépendance et le souci de la réputation, entre la dignité intérieure et la recherche de l'estime d'autrui, qui saura concilier deux significations de l'honneur comme principe dynamique de l'action morale et comme récompense sociale.

Un autre mot aux connotations très fortes soumet la morale héroïque de la marquise de Lambert aux préjugés et aux normes d'une classe: le verbe *dégénérer* est employé à deux reprises pour définir l'honneur des armes: 'Les uns n'embrassent la profession des armes, que pour éviter la honte de dégénérer'; 'Le mérite de vos Pères rehaussera votre gloire, et sera votre honte si vous dégénérez' (*Avis fils*, p.3, 6-7). La marquise, ici encore, a recueilli l'héritage des moralistes réformateurs: elle se souvient de la noble leçon de Molière (*Dom Juan*, IV.iv), ou de celle de Boileau dans la cinquième *Satire*.

Le rapprochement de ces textes permet d'apercevoir les normes sociales qui inspirent l'apologie de la gloire des héros chez la marquise de Lambert; cette apologie s'accompagne d'une condamnation implicite des abus, qui se devine à l'allure générale du discours, mais qui n'entraîne jamais une remise en cause directe d'une société hiérarchisée. Même si la marquise de Lambert prend la précaution de dire qu'elle est bien incapable de juger du métier des armes, l'intérêt de ses réflexions sur la bravoure est de montrer la prise de conscience qui s'opère dans l'aristocratie éclairée de la fin du dix-septième siècle. Par un retour aux sources qui restaure l'idéal féodal de l'honneur et de la bravoure, la noblesse est invitée à accorder lucidement ses actes et son mode de vie aux principes qui lui donnent une existence légale. Bientôt son ami Montesquieu pourra affirmer, au chapitre vii du livre iii des *Lois*, que l'honneur demandant 'des préférences et des distinctions', poussant chacun au bien commun par les intérêts particuliers, est le principe du gouvernement monarchique qui suppose une noblesse d'origine.

3. *Les vertus militaires*

Pour se faire entendre, l'appel du héros doit donc agir sur un ressort moral auquel se reconnaît la race, dans sa double extension de famille ou de classe: le sens de l'honneur. Mais la gloire des armes a d'autres exigences, et le noble, poussé vers la seule profession qu'il puisse exercer,devra prouver que l'impératif moral auquel il obéit ne lui sert pas de prétexte commode pour déguiser des intérêts mesquins. La carrière militaire qu'il parcourt a aussi ses normes spécifiques, l'héroïsme guerrier exige une disponibilité morale et des qualités humaines exemplaires. Les portraits des aïeux avaient pour fonction de les désigner, d'en rappeler la nécessité, car elles ne sont pas l'apanage d'une famille. La mémoire mythique qui fait coïncider le destin d'un nom et celui de la nation, doit aussi révéler le vrai mérite de l'officier; la leçon pédagogique de la marquise portera sur les ressources de l'homme capable, définira la valeur, limitera 'le droit de l'épée' souvent trop étendu.

Le vrai mérite du capitaine est indépendant du nom et des dignités. Mme de Lambert sait que les récompenses et les grades dans l'armée sont trop souvent mal distribués. Ses *Avis à son fils* reflètent le mécontentement général qui va grandissant dans l'opinion publique après 1690. Dans ses *Mémoires* (p.171), un Robert Challe dénonce le pouvoir de Mme de Maintenon et dénigre, avec la verve acide qui lui est familière, les promotions d'officiers qui ne sont qu'un obscène accouchement de la favorite royale.[13] Les événements

---

13. Plus tard, l'abbé Terrasson dans son *Sethos* dénoncera le gouvernement néfaste de la reine Daluca, qui impose à Osoroth, roi vieillissant et sans volonté, des généraux incapables, pleins 'd'une ambition qui n'étoit soutenuë d'aucune vertu' (ii.437).

militaires, au début de la guerre de la succession d'Espagne, confirment le déclin des affaires. De tous les motifs qui éclairent la genèse des *Avis*, le besoin de consoler un fils meurtri par une des campagnes les plus désastreuses du règne, et peut-être aussi de se consoler soi-même pour des espérances perdues, est l'un des plus apparents. En termes généraux, mais néanmoins vigoureux (p.5), la marquise dénonce, comme tout Paris, l'incapacité de Villeroy, favori de Mme de Maintenon et du roi, en Italie, dans la campagne de 1701.

Si les titres et les grades de la hiérarchie militaire ne correspondent pas toujours à la capacité, qui donne la mesure du mérite d'un officier, la première qualité pour réussir dans le métier des armes sera donc la patience, qui modère les désirs, tempère les aspirations aux dignités et aux commandements supérieurs. La marquise de Lambert veut, dans ce domaine aussi, tirer profit de l'amertume et de la déception; elle cherche à dégager une leçon positive des réalités contraires aux projets et aux rêves légitimes, en montrant la valeur irremplaçable et unique de l'expérience. Lectrice de Montaigne, elle privilégie une forme de l'expérience, l'essai, en donnant au terme si riche chez le maître une coloration pédagogique plus vive: 'De plus, de pareilles Campagnes vous instruisent davantage: vous vous êtes essayé, vous savez vous-même à peu près ce que vous êtes, les autres le savent aussi; et si votre réputation se forme moins vite, elle en est plus certaine' (p.5). L'écrivain moraliste découvre dans l'essai les éléments d'une harmonie, dont la quête l'obsède, entre le moi et le monde; l'expérimentation soumet les actions individuelles à un double jugement, qui concilie l'exigence socratique du 'connais-toi toi-même' et la nécessité de se faire reconnaître par les autres. Mais surtout l'essai permet d'acquérir une précision technique qui éliminera de la carrière le hasard, les circonstances heureuses et exceptionnelles; il intervient au moment où la personne se transforme en personnage, quand l'appréciation lucide de ses propres forces rencontre celle du cercle social. C'est grâce à lui que naît la considération. 'La considération vient de l'effet que nos qualités personnelles font sur les autres' (*Réputation-considération*, p.276). Elle est le fruit d'une longue patience, d'une lente acquisition de biens solides, qui ne tiennent pas aux circonstances heureuses d'un moment, d'une occasion: 'La Considération est le revenu du mérite de toute une vie, et la Réputation est souvent donnée à une action faite au hazard: elle est plus dépendante de la Fortune' (p.277).[14] Au moment des *Avis*, Mme de Lambert n'a pas encore établi de discrimination entre la

14. Les deux dissertations s'éclairant réciproquement, on notera que Montesquieu est plus audacieux, ou malicieux, que Mme de Lambert, quand il choisit le mot *sottise*: 'la considération est le résultat de toute une vie, au lieu qu'il ne faut souvent qu'une sottise pour nous donner de la réputation' (*Œuvres complètes*, Paris 1973, i.121). En outre, il est significatif que la marquise retienne, pour illustrer l'action dépendante du hasard, l'exemple d'une victoire.

considération et la réputation, comme elle le fera sous l'influence de Sacy et de Montesquieu; mais la définition qu'elle propose d'une réputation plus certaine quand elle se forme moins vite, prouve bien qu'elle distingue clairement la dualité sémantique du terme, que la dissertation future précisera.

Les conseils maternels sur la patience prétendent rendre plus lâches les liens traditionnels entre la gloire des héros et la Fortune. Le portrait de Henri de Lambert montre comment, dans la disgrâce, l'essai peut se transformer en épreuve: 'Il y a des vertus qui ne s'acquièrent que dans la disgrâce; nous ne savons ce que nous sommes, qu'après l'avoir éprouvé' (*Avis fils*, p.10). Les deux formules se répondent en écho d'une page à l'autre, par la reprise de l'expression centrale: 'savoir ce que l'on est'. Le portrait paternel, dans une construction 'en abyme', évoque une crise identique à celle que traverse le jeune homme: 'Il sut souffrir sans découragement, parce qu'il avoit en lui une infinité de ressources. Il crut que son devoir l'obligeoit à demeurer dans sa profession, persuadé que la lenteur des récompenses ne nous autorise jamais à quitter le service' (p.11). Par un mouvement de laïcisation qui sans doute ne heurtait plus les consciences de ses contemporains, et qui annonce l'esprit dans lequel Voltaire rédigera l'article 'Vertu' du *Dictionnaire philosophique*, la marquise intègre à sa morale du monde des éléments premiers de l'enseignement chrétien: la patience, sœur jumelle de la prudence, est montrée comme une vertu cardinale qui, avec l'aide de l'expérience, permettra de parcourir une carrière où la Fortune est volontiers capricieuse, souvent contraire, voire hostile. On est bien loin désormais de l'enthousiasme juvénile et féodal des frondeurs, qui ouvrait sur d'immenses espaces héroïques. Mme de Lambert appartient à une génération qui veut jalonner le chemin de la gloire, et Marivaux se souviendra de sa leçon pour peindre avec un humour glacé, dans *Le Chemin de fortune*, les conditions de la réussite sociale: avant de sauter le redoutable fossé où veille le Scrupule, il faut traverser un sinistre cimetière, un pays où 'il y a une furieuse mortalité sur les vertus';[15] le Chemin de l'Honneur, que désigne l'allégorie marivaldienne, avait été tracé dans la *Lettre sur la vraye gloire* publiée par le Père Desmolets.

Ce chemin est rugueux, malaisé: 'La Fortune, mon fils, ne vous a pas applani le chemin de la Gloire' (p.4). Mme de Lambert accepte ici la dualité sémantique du mot Fortune, dans la mesure où les conditions de la réussite et du succès sont étroitement liées dans la carrière militaire aux puissances de l'argent et à la position sociale. L'apprentissage de Henri-François montre les difficultés et les obstacles rencontrés par la noblese de cour dans l'accomplissement de son devoir, pour concilier les impératifs du service du roi et les exigences de sa

---

15. *Le Cabinet du philosophe*, in: *Journaux et œuvres diverses*, p.356.

morale. Il est juste de reconnaître cependant que, sous le ministère de Louvois, la monarchie s'était efforcée d'atténuer des abus trop visibles; dans sa maturité, Louis XIV, redoublant de vigilance quand il était question de l'organisation de son armée, avait édicté des principes sévères pour la formation de ses officiers. On aperçoit bien les obstacles que cette mère vigilante a dû déplacer pour ouvrir à son fils le chemin de la gloire: à la cour, la veuve et l'orphelin, dont l'héritage même était contesté devant les tribunaux, ne pouvaient compter que sur la reconnaissance du roi; les inégalités des rangs les désavantageaient dans l'impitoyable course aux grades qui se jouait, les *Mémoires* de Saint-Simon le révèlent, dans le secret des intrigues compliquées de Versailles; il fallait encore répondre aux exigences pédagogiques du monarque, faire valoir le mérite au-delà des protections et des recommandations, triompher aussi du hasard des campagnes.

Cependant, dans la morale lambertine, les obstacles extérieurs, qui tiennent à des biens matériels, n'ont qu'une importance secondaire: si Henri-François n'a pas été avantagé par la Fortune, il n'a pas non plus souffert de ses rigueurs. Mme de Lambert, mère éclairée, perçoit les avantages d'une situation privilégiée, en même temps qu'elle en sent les dangers. C'est pourquoi elle prend soin de justifier sa dépense aux yeux du jeune courtisan par des mobiles pédagogiques et philosophiques: seul le souci premier de forger la capacité par l'expérience doit expliquer qu'elle ait tenu à le seconder dans la course aux régiments, qu'elle ait accepté de lui voir assumer des responsabilités si lourdes dans un âge si tendre: 'Je vous donnai de bonne heure un Régiment, persuadée qu'on ne pouvoit entrer trop tôt dans une profession où l'expérience est si nécessaire' (*Avis fils*, p.5). Par l'importance qu'elle donne à l'expérience, à la formation, à l'apprentissage, Mme de Lambert est moderne: les *Avis à son fils* annoncent les innombrables traités éducatifs et les romans qui abonderont au long du siècle, dont l'ambition sera d'ajuster la connaissance du cœur et de l'esprit à l'ensemble des autres connaissances et aux réalités les plus concrètes du monde, celles en particulier de la profession. Ses idées sont celles de la génération de l'*Encyclopédie*, qui verra dans l'acquisition des connaissances une garantie pour l'utilité des places.[16] Pour situer la pensée de la marquise de Lambert dans son milieu, pour l'accorder en particulier à la nouvelle philosophie de Locke, il faut donner toute son importance à sa volonté de réduire les élans du rêve héroïque à une démarche empirique, à son souci de modérer

16. Voir, par exemple, pour la vulgarisation de l'idée, cette remarque de François-Ignace de Wendel: 'nos connaissances acquises nous rendront susceptibles des places où nous pourrions être utiles à nos concitoyens' ('Instruction d'un père à ses fils', *Essais inédits*, éd. L. Versini, Nancy 1983, p.87).

l'exaltation de la gloire par une expérimentation sur soi-même et sur les faits. Il est sûr aussi que cette démarche moderne s'inspire en partie de la condamnation contemporaine de la guerre et de l'héroïsme. En montrant les difficultés de la profession militaire, en affirmant que le rêve héroïque d'hommes mal préparés et mal formés ne saurait tenir lieu de capacité et d'expérience, la marquise apporte sa contribution à l'amélioration d'un système barbare. Née dans une génération nourrie de l'idée de gloire, entourée de philosophes qui en contestent les prestiges, cette épouse et cette mère d'officiers veut la préserver, parce qu'elle la sait, en dépit des malheurs et de tous les désastres, indispensable au bonheur de l'homme; elle prévoit que l'héroïsme restera l'ultime ressource d'une classe toujours plus appauvrie. Ce serait une erreur de sous-estimer les motifs compensatoires qui organisent la leçon lambertine sur la gloire. Une correspondance inédite de Montesquieu livre une leçon analogue fondée sur l'exemple prestigieux du maréchal-duc de Berwick, tué devant Philipsbourg le 12 juin 1734. Son parent, le maréchal de camp Bulkeley, écrit au philosophe pour le conjurer de consoler la veuve, dont la triste condition est évoquée en ces termes:

Que de raisons pour elle de s'affliger! Quand je songe que cet homme après avoir travaillé comme un forçat pendant quarante ans, et après de grands services rendus aux deux plus grands rois de l'Europe, sans avoir jamais eu un échec, est mort sans laisser de quoi payer ses dettes, et après avoir toujours vécu sans faste, sans ostentation: je vous avoue que cette réflexion suffit pour dégoûter du métier, de la fortune et du monde; ses enfants n'ont pour tout héritage que le mérite de leur père, heureux s'ils peuvent l'imiter.[17]

L'ami de la marquise de Lambert ne pouvait rester insensible à un appel dans lequel il retrouvait le raisonnement, le ton indigné et le lexique des *Avis d'une mère à son fils* sur la capacité mal récompensée.

L'importance accordée par Mme de Lambert à la patience, à l'expérience qui assurent la capacité, n'exclut pas cependant l'ancienne notion de valeur, chère à la génération de la Fronde.[18] La célèbre maxime du Cid semblait ébranlée par des réflexions qui montrent la nécessité des années de formation, par un style qui confère au tableau du vieux Lambert couronné de lauriers un mystérieux pouvoir de fascination. Or la marquise veut préserver les dons de la belle nature, les ressources des âmes d'exception: 'la valeur ne se conseille point; c'est la Nature qui la donne' (p.6).

---

17. Montesquieu, *Correspondance inédite*, p.196.
18. La valeur et la capacité définissent traditionnellement le capitaine dans la langue des moralistes. Voir par exemple chez l'abbé Jean Terrasson: 'toute la capacité & toute la valeur d'un grand Capitaine' (*La Philosophie applicable à tous les objets de l'esprit et de la raison*, Paris 1754, p.53).

Valeur et capacité se complètent donc comme le don et le talent, comme la nature et l'art, comme le cœur et l'esprit pour former l'officier idéal. Car la valeur est en propre une vertu militaire,[19] ce qui la distingue de la bravoure et de l'honneur qui sont la noblesse même. La valeur est cette fermeté courageuse qu'une belle âme montre dans l'exercice d'un métier rude, difficile; elle n'existe pas hors de la profession. Elle permet d'accéder à la vie glorieuse;[20] elle est au sens propre ce désir naturel, premier, de montrer ce que l'on vaut, de briller sur le théâtre de la guerre. L'auteur du *Télémaque* souhaitait qu'elle fût réglée par la prudence;[21] la marquise de Lambert précise dans la nouvelle *La Femme hermite* (p.303) le sens de la maxime fénelonienne. L'occasion lui en est fournie par la première campagne du prince Camille:

Il ne fut pas longtems à l'armée sans montrer sa valeur. Il joignoit à son courage, un grand sens, et beaucoup de prudence; mais la prudence restoit dans sa tête, et n'avoit pas passé jusqu'à son cœur. Ses lectures et ses réflexions lui tenoient lieu d'Expérience: ce qui faisoit croire qu'il seroit un jour un grand Général.

La distinction du cœur et de l'esprit, chère à la marquise, n'est pas toujours un cliché à la mode. Il est possible, dans la morale lambertine, de conserver intacte, entière, libre, la valeur, que Fénelon voulait régler, car elle n'est pas du même ordre que la capacité donnée par l'expérience ou par la culture livresque et morale qui lui est ici substituée. L'ordre de l'esprit et l'ordre du cœur se rejoignent pour former le grand général, âme d'élite qui suit d'instinct les élans d'une nature heureuse et généreuse, homme prudent qui soumet ses actes à l'exercice de la raison pratique. Il n'y a donc pas d'incompatibilité entre la jeunesse du prince Camille et la maturité du vieux Lambert. Les gestes symboliques d'indifférence ou de refus de l'aïeul à La Capelle, à Metz, à Gravelines ne sont pas des gestes de prudence et ne trahissent pas un cœur desséché: ils montrent une fierté indépendante qui convient bien à la jeunesse. La dignité que dévoile le tableau du peintre et que veulent enseigner les avis maternels naît de la rencontre heureuse des rêves héroïques et de la lucidité; ils caractérisent deux âges de la destinée individuelle, mais aussi de la destinée collective. L'analyse patiente et sceptique que pratiqueront les disciples de

19. On dénombre cinq occurrences du mot dans la première partie des *Avis* consacrée à la description des vertus militaires.
20. Cf. *Avis fils*, p.2: 'la gloire qui suit la valeur'; 'la valeur fait les hommes extraordinaires; c'est elle qui les commence' (p.6). C'est là un lieu commun: l'abbé Terrasson le placera dans la bouche de Saphon qui incarne, en face de Sethos, l'héroïsme traditionnel. Son personnage ne croit pas 'devoir chercher d'actions héroïques hors de la guerre' et se déclare 'persuadé que la première vertu du Héros est la valeur' (i.293).
21. Voir *Télémaque*, livre x. La leçon de Fénelon est recueillie par son disciple Jean Terrasson: 'Je fais peu de cas de la prudence, si elle n'est accompagnée d'une certaine hardiesse. Je ne fais aucun cas de la hardiesse, si elle n'est pas accompagnée de prudence' (*La Philosophie*, p.51).

Fontenelle était en germe dans la psychologie des précieux. C'est dans cette manière d'appartenir à deux âges, de les vivre simultanément, que se révèle l'originalité de la marquise de Lambert. Quand ils traiteront la question du courage, les moralistes de son salon, cela est vrai en particulier des disciples de Fénelon, ne l'envisageront que sous l'angle particulier du 'courage de l'esprit',[22] ce qui leur permettra de distinguer la valeur de la fureur.[23] Mais tous seront de nouveau d'accord, dès qu'il s'agira de montrer les exigences d'un véritable héroïsme guerrier et de définir un juste 'droit de l'épée'.

La belle personnalité de l'officier convient à la sagesse lambertine, qui en tout veut concilier l'exercice de l'entendement et les élans de la sensibilité, la lucidité et la générosité, et qui en tire ensuite d'importantes conséquences pour la vie en société. La capacité et la valeur réunies donnent une force plus grande aux impératifs moraux qui justifient la conduite du capitaine, dans son commandement comme dans la vie civile; elles invitent l'officier généreux et vertueux à restreindre 'le droit de l'épée', souvent trop étendu.[24]

La marquise de Lambert a pu juger d'un observatoire privilégié les qualités du bon général, quand elle représenta à Luxembourg, ou dans ses réceptions à l'hôtel de Nevers. Charles Giraud a comparé utilement son salon à celui de la maréchale de Villars,[25] qu'elle recevra et qui sera 'un des ornements des matinées dansantes du mardi, où elle brillait comme de coutume par la grâce et la beauté'. Le maréchal de Villars, qui avait fait avec Henri de Lambert les dernières campagnes de Condé, ainsi que celles de Luxembourg, avait conservé de bonnes relations avec la marquise devenue veuve; il faisait exception dans le grand nombre de ceux 'qui ne savent pas être amis des morts' (p.17). Plusieurs des familiers de Mme de Lambert ou des hôtes choisis de l'hôtel de Nevers étaient de grands seigneurs distingués par leurs fonctions militaires, ou qui connaissaient bien le métier des armes. Ainsi Valincour, attaché à la

22. L'expression est de l'abbé Jean Terrasson, *Dissertation critique sur l'Iliade d'Homère*, i.381. On se reportera pour cette question au chapitre 'Les vertus du chef' de la thèse de Maryse Marchal.

23. Dans le lexique de la morale éclairée du milieu de Fénelon, '*fureur* et *valeur* sont désormais deux termes bien distincts' (Maryse Marchal, p.370).

24. Lieu commun de l'écriture morale. L'idée se trouve chez Bossuet, dans l'oraison funèbre de Henri de Gornay: 'Ordinairement ceux qui sont dans les emplois de la guerre croient que c'est une prééminence de l'épée de ne s'assujettir à aucune loi' (*Oraisons funèbres*, éd. Jacques Truchet, Paris 1961, p.31).

25. Ch. Giraud, p.112-27. Suite de 'La maréchale de Villars', *Journal des savants*, octobre-décembre 1879 et janvier 1880. Il s'agit d'une biographie de Jeanne-Angélique de La Rocque de Varengeville, épouse de Louis-Hector, duc de Villars, et sœur de la présidente de Maisons. Giraud note dans le milieu de Vaux-Villars, qui prend toute son importance en 1712, au lendemain de Denain, une coloration politique et administrative plus marquée qu'à l'hôtel de Nevers, où règnent la culture et la distinction, sous l'autorité de la république des lettres.

maison du comte de Toulouse; ou l'élu du cœur, le marquis de Saint-Aulaire, lieutenant général pour le Limousin, dont la carrière militaire avait été rapide. La marquise et lui choisirent pour leurs enfants un mariage conforme aux traditions des deux familles.

La connaissance des choses de la guerre, des mœurs des officiers généraux est donc consubstantielle à ce salon aristocratique; elle donne leur prix aux réflexions de la marquise sur le commandement et sur les 'talents pour la guerre'. La description de la 'grande bataille' dans la nouvelle de *La Femme hermite* (p.303-304) révèle aussi une narratrice sensible aux mouvements imprévus et vigoureux d'un beau combat. Par l'intérêt qu'il porte à la profession militaire, le salon de la marquise de Lambert est voisin, pour la même époque, de celui de Mme de Ferriol; il y a là une 'coloration', que l'on n'a pas assez souvent remarquée. Ce n'est pas seulement la morale des *Avis d'une mère à son fils* qui en porte la trace, comme le soulignait Gonzague de Reynold.[26] Elle éclaire aussi les liens du salon avec l'Académie française, où les gens de guerre sont bien représentés dans la dernière partie du règne de Louis XIV. Elle explique l'engagement du cercle de la marquise dans la querelle sur l'*Iliade*, qui n'est bien souvent qu'un débat sur la manière dont les généraux choisis à Versailles conçoivent la guerre. La critique actuelle découvre dans *L'Homère travesti* de Marivaux un grand livre de protestation sociale; il contient, selon M. Frédéric Deloffre, 'la satire la plus féroce qu'on ait faite de la guerre au XVIIIe siècle, *Candide* non excepté'.[27] La condamnation morale des guerriers d'Homère, la définition d'une idée de la bravoure digne des temps modernes obsèdent l'abbé Jean Terrasson. Les arguments d'éthique de sa grave *Dissertation critique sur l'Iliade d'Homère* égalent en importance sa poétique ou sa critique littéraire; le lambertin se fait stratège pour démontrer les 'Fautes de jugement & de conduite dans Agamemnon, quoi qu'il soit donné par le Poète pour un grand Général', et pour dénoncer les 'Imprudences d'Hector regardé comme Général' (troisième partie, première section, chap. III, art. iii et chap. IV, art.ii). Il juge le comportement des généraux sur le champ troyen, et leurs caractères, selon un code voisin de celui que la marquise montrait à son fils.[28]

26. 'On trouve dans les *Avis d'une mère à son fils* – les plus belles pages de Mme de Lambert, et les plus dignes de lui survivre – un culte de l'honneur qui fait penser à Vigny, poète-soldat, un stoïcisme qui fait penser à Vauvenargues, philosophe-soldat, mais qui viennent de son mari, du père et des ancêtres de son mari. Même dans son bureau d'esprit, elle restera toujours la femme d'un lieutenant général, gouverneur de province conquise' (Reynold, p.274).

27. Marivaux, *Œuvres de jeunesse*, éd. F. Deloffre et C. Rigault (Paris 1972), p.xi, 1310 et 1317.

28. Le débat ouvert par le premier article invoqué est significatif: 'Nous nous étendrons un peu davantage sur l'article de la prudence & de l'extravagance, parce qu'il nous donnera lieu, plus qu'aucun autre, d'établir en general le caractere que devoit avoir le Chef de l'Armée Grecque pour rendre le Poëme également instructif & majestueux. Il paroît qu'Homere a voulu faire d'Agamemnon un homme digne de la place qu'il occupoit' (i.353). Cf. encore: 'Il est pourtant

L'abbé Terrasson retrouve parfois directement telle ou telle remarque des *Avis*; quand il condamne les 'commandemens ambigus' du Roi des Rois ('Cela ne rend-il pas toujours le commandement douteux, & l'obéissance chancelante & incertaine?', i.364), il se souvient peut-être de l'éloge de Jean de Lambert: 'L'exécution des ordres qu'il recevoit n'étoit jamais douteuse entre ses mains' (*Avis fils*, p.7). Il est sûr que les arguments avancés par le géomètre ne sont pas toujours innocents, et qu'il s'y mêle parfois quelque finesse. Le public mondain prenait un malin plaisir à voir renaître les commentaires satiriques que suscitèrent dans les salons et les Cafés les désastres guerriers des quinze dernières années du règne. La querelle sur l'*Iliade* s'enracine dans une actualité politique récente, qu'il ne faut pas sous-estimer; le débat littéraire passionné ne doit pas cacher le dernier assaut contre les institutions, avant le grand frémissement de liberté de la Régence.

L'analyse du comportement de l'officier, au camp comme dans le cercle aristocratique, est donc familière à des hommes polis par le commerce du monde; elle recourt à un code utilisé aussi pour juger des ouvrages de fiction parfois fort éloignés dans le temps. Son ambition est de restreindre le droit de l'épée devant les exigences d'une morale de la générosité. La vie noble, autrefois partagée selon les saisons entre la guerre et l'amour, est désormais plus régulière, plus unie; le roi vieillissant est devenu plus difficile pour l'octroi des congés; les formes du divertissement de cour ont évolué, et l'image rayonnante de l'honnête homme ne tolère aucune exception en faveur de professions privilégiées. L'idéal d'une société douce et polie repousse toute espèce de communication qui s'établirait sur la contrainte ou sur la force. Loin du champ de bataille, plus rien ne distingue de ses concitoyens l'officier, qui ne borne pas ses mœurs et ses devoirs à l'acquisition des vertus militaires: 'La plupart des jeunes gens croyent toutes leurs obligations remplies, dès qu'ils ont les vertus militaires; et qu'il leur est permis d'être injustes, mal-honnêtes, et impolis. N'étendez point le droit de l'épée; il ne vous dispense pas des autres devoirs' (*Avis fils*, p.6). Deux codes s'affrontent dans ce conseil important, qui se limitent l'un l'autre et qui trahissent aux yeux de l'historien la lente, mais définitive, transformation de la société postféodale, sous l'influence des mœurs policées de Versailles; toutes proportions respectées, la limitation du droit de l'épée a la même signification que l'interdiction des duels.

L'honnêteté la plus exacte inspire les conseils maternels destinés à éclairer le jeune officier sur ses relations hiérarchiques et sur son commandement. Si la plupart de ces avis visent à définir 'le titre d'honnête homme', certains ne

certain que jamais homme n'a été si dépourvu de jugement & de bon sens, qu'Agamemnon paroît estre dans presque toute l'*Iliade*' (i.354).

concernent, à l'évidence, que le colonel de l'armée royale. Il faut avoir assimilé l'art du courtisan pour réussir sous un ministre comme Chamillart. La marquise, qui a parfois les préjugés d'une précieuse envers la cour, inculque au jeune homme une idée de l'obéissance compatible avec l'exigence intérieure de dignité. Elle croit pouvoir concilier une morale pragmatique mondaine, qui prend en compte les réalités du pouvoir politique, et une morale personnelle de l'honneur capable d'apaiser les blessures d'amour-propre et les rigueurs de la servitude. 'Il faut faire sa cour aux Ministres; mais il la faut faire avec dignité' (p.19). Il faut parvenir 'par l'envie de plaire', mais la marquise ne donnera 'jamais des leçons de bassesse' (p.19). Son discours veut concilier des exigences contradictoires, et la situe par là-même dans une double réalité historique. Trop lucide, trop moderne pour ne pas comprendre que l'asservissement de l'aristocratie sous le règne personnel de Louis XIV est un mouvement irréversible, elle en aperçoit aussi les dangers: l'honnêteté des mœurs, 'le bel air', dont le souverain est un modèle parfait, et qui annoncent la société éclairée dont rêvent tous les généreux – pour la marquise de Lambert, c'est une chance historique que de vivre sous le règne de Louis XIV – risquent de servir d'alibi à la corruption des cœurs, à l'affaiblissement des sentiments nobles. Elle attend de la tradition qu'elle cautionne les valeurs d'un monde naissant. La synthèse, que tente sa morale mondaine, d'un code de l'honneur et d'un code de l'honnêteté engage l'avenir, et surtout celui d'une classe qu'elle sait condamnée, et Gonzague de Reynold n'a sans doute pas tort de déceler dans ses remarques les accents de Vigny. La pédagogie de Mme de Lambert fut efficace: son fils a su profiter de ses leçons, et sous la Régence on le verra dans l'intimité du duc d'Orléans. Le président Hénault portera sur lui ce jugement flatteur: 'le marquis de Lambert était un homme de mérite: il avait fait la guerre avec le duc d'Orléans, Régent, qui en faisait cas' (p.121).

'La noblesse des sentiments' transparaît également dans la partie du droit de l'épée qui règle les rapports de l'officier avec ses inférieurs. Toute sagesse repose toujours implicitement sur un fonds de pédagogie pratique. De même que les *Avis d'une mère à sa fille* définissent avec précision, sous l'influence de Locke, les liens affectueux qui doivent unir les maîtres à leurs domestiques, les conseils maternels au jeune officier montrent la nécessité de mettre beaucoup de chaleur humaine dans le commandement militaire. La bru et l'épouse de gouverneurs sait d'expérience que le rayonnement et l'autorité du chef sur ses hommes ne s'expriment pas seulement sur le champ de bataille. Spectatrice privilégiée du vrai mérite, Mme de Lambert veut corriger l'humeur d'un jeune officier porté à la misanthropie, fût-il son fils; elle veut lui montrer qu'un bon capitaine peut être aussi un homme poli et policé, chez qui l'autorité se confond avec l'exercice de la bonté et de la générosité. La pédagogie pratique de la marquise ne répugne pas à indiquer les actes concrets de la vie militaire où pourraient s'exprimer cet idéal sensible, qui peut revêtir des formes diverses: camaraderie des camps, sollicitations de pensions, gratifications aux blessés et aux soldats valeureux. Le père du jeune marquis de Lambert est encore une fois cité en exemple, pour les vertus de son commandement à Luxembourg; l'une des règles morales de sa conduite mériterait d'être reçue par tout un corps: 'Il ne pouvoit souffrir qu'il y eût des malheureux où il commandoit' (p.11). Un conflit, toujours le même, s'esquisse entre une éthique de la grandeur et une morale de la sensibilité, qui suscite une réaction, constante dans les leçons morales de la marquise de Lambert, pour protéger les individualités contre la pompe et la solennité d'une société fortement hiérarchisée. La dignité du grade, la supériorité du rang, la grandeur du nom ne doivent pas faire obstacle à des relations humaines fondées sur une estime mutuelle et sur une bienveillante compréhension. 'Si vous voulez vous faire un grand Nom, il faut être accessible et affable. La profession des armes n'en dispense point' (p.42). La marquise donne une illustration concrète à son propos sur la fraternité des armes, en faisant apparaître, d'après Tacite, la silhouette de Germanicus au camp, 'adoré de ses soldats'. Etranges pouvoirs d'un texte qui préfigure, pour le lecteur moderne, l'imagerie de l'épopée napoléonienne, héritière d'un idéal romain exalté! Mais le lecteur du manuscrit devait y voir aussi l'image négative du général médiocre: le recours à l'histoire est le prétexte d'un discours plus violent et plus audacieux sur la 'mollesse' et la 'tyrannie' du commandement dans les guerres monarchiques.

Il est facile, pour ce motif aussi, d'apercevoir la philosophie éclairée sous-jacente à la morale sensible. C'est le principe de l'autorité qui est remis en cause, comme il l'est à la même époque dans les sciences, dans la critique littéraire et même dans les matières de religion. Une maxime comme celle-ci (p.42) porte la marque de son temps: 'Il faut commander par l'exemple, et non par l'autorité.' Le bon officier 'a la main légère' (p.11), il substitue l'estime née de l'admiration à l'autorité et à la contrainte. La marquise de Lambert recherche plus qu'une alliance de la morale du soldat et de la morale du généreux: elle étend au commandement militaire les données du quiétisme et de la morale fénelonienne, qui remplacent la force par la bonté et l'amour. Le grand général sait l'art de gagner les cœurs, renverse les idées reçues sur la hiérarchie, et comme le Germanicus de Tacite jouit de sa gloire, récompense d'une pédagogie sensible et moderne longuement développée dans le *Télémaque*. Le degré le plus raffiné de l'éthique héroïque est atteint, qui fait du grand homme véritable l'homme le plus accessible. La marquise de Lambert va même jusqu'à indiquer les fondements théoriques de ce droit de l'épée renouvelé qu'elle propose à son fils. Ses incursions dans le domaine juridique sont assez rares pour être commentées. Elle est moderne, elle annonce même lointainement Rousseau, quand elle affirme qu'une convention lie celui qui commande à celui qui obéit, et quand elle la justifie par le droit naturel de la vertu à régner sur les cœurs. Il faut peser chaque mot de cette pensée lourde de conséquences politiques, et qui fait incontestablement de Mme de Lambert une femme philosophe (p.42):

Apprenez dans quelle vue on a institué le commandement, et de quelle manière on doit s'y conduire: c'est la Vertu, c'est le respect naturel qu'on a pour elle, qui ont fait consentir les hommes à l'obéissance. Vous êtes un usurpateur de l'autorité, dès que vous ne la possédez pas à ce prix. Dans un Empire où la Raison seroit la maîtresse tout seroit égal, et l'on ne donneroit de distinction qu'à la Vertu.

Rarement le discours de la marquise a été aussi riche de suggestions, et son art de s'exprimer plus séduisant. Elle sait ménager une transition habile de la pédagogie pratique à la morale politique, pour s'arrêter aux portes de l'utopie. L'émergence d'un beau rêve égalitaire, qui n'a peut-être aussi d'autre but inavoué que de tempérer une maxime par trop audacieuse, vient rappeler les relations étroites que son salon entretient avec les utopistes contemporains, regroupés dans une admiration commune pour l'œuvre de Fénelon. L'empire de la raison fait penser à Salente, ou au pays des Atlantes du *Sethos*; l'utopie envahissait même la scène comique, et la métaphore aurait pu suggérer à Marivaux le second titre de ses *Petits hommes*, *L'Ile de la raison*, qui de son aveu même, avaient diverti les gens d'esprit, dans les lectures privées, avant l'échec des premières représentations.

La politique extérieure de Louis XIV, comme l'évolution des techniques, ont bouleversé l'art de la guerre dans la seconde moitié du dix-septième siècle. La stratégie, la conduite des opérations, la vie et les mœurs des généraux et du soldat en campagne, l'organisation des armées, tout a considérablement bougé en ce domaine, entraînant aussi un changement des valeurs de l'éthique militaire, et en particulier un renouvellement profond dans les consciences de l'image de l'officier. Quel observateur moraliste pouvait, mieux que la marquise de Lambert, bru, épouse et mère d'officiers généraux, dire la signification essentielle de ce changement, en tirer la leçon historique? Vauban, peut-être, dont les contemporains admiraient la générosité, alliée à la plus pure intelligence de l'art![29] Une bravoure héroïque quelque peu sauvage ne tient plus lieu de

29. L'*Eloge du maréchal de Vauban*, lu à l'Académie des sciences (*Œuvres de Monsieur de Fontenelle*, Paris 1742, v.160-79), révèle la conformité des vues de Fontenelle avec les idées de la marquise de Lambert. Le philosophe donne comme une des qualités morales essentielles de Vauban, qui lui était inspirée par une 'humanité naturelle' (p.168), le souci de la conservation des hommes. C'est pour Fontenelle la marque d'un esprit moderne: 'Il leur sacrifioit toujours l'éclat d'une conquête plus prompte, & une gloire assés capable de séduire; & ce qui est encore

mérite; la répétition monotone des guerres du règne multiplie aussi les désastres, et l'exigence d'un talent fondé sur la capacité s'impose à la ville, sinon à la cour. Pour des esprits éclairés qui supportent de plus en plus mal l'impéritie du commandement et la politique désastreuse du 'patronage' bureaucratisé, livré à la toute-puissance de Mme de Maintenon, la patience, l'expérience apparaissent comme des vertus premières qui ne coïncident pas toujours avec l'idée reçue d'un officier de cour. Sous l'influence de la philosophie nouvelle et de la pédagogie de Locke, la carrière de l'officier est désignée comme un métier difficile, qui exige un apprentissage délicat et demande des qualités morales et intellectuelles évidentes. Cependant l'esprit nouveau ne détruit pas entièrement l'image traditionnelle de la profession des armes, chère à l'aristocratie; l'éthique héroïque, qui reporte le lecteur au temps de la Fronde, admet que la valeur peut aussi tenir lieu de capacité. Sur ce point, les partisans d'une vertu sensible, disciples de Fénelon, comme les esprits éclairés sont plus sceptiques, moins intéressés à défendre une morale de l'honneur militaire qui leur semble déjà archaïque. L'originalité de la synthèse opérée par la marquise n'en est que plus évidente. Ses réflexions sur le droit de l'épée l'illustrent bien: Mme de Lambert utilise les valeurs de l'honnêteté et l'exercice de la générosité pour rendre plus humaine la figure quasi stoïcienne du général capable et valeureux. Sans doute un homme comme Vauban répondait-il à son idéal. L'importance accordée aux *Avis d'une mère à son fils* n'est pas excessive; elle vient rappeler – c'est un des buts de cette étude – le caractère aristocratique du salon de la marquise de Lambert, qui fut ouvert aux personnalités les plus illustres de la caste militaire. Les officiers fréquentaient dans ce cercle choisi des esprits éclairés, étrangers à leur profession, qui la jugeaient de l'extérieur, selon des critères nouveaux. La marquise, qui par ailleurs percevait avec intelligence les réalités de l'histoire et le changement des mœurs, s'est faite l'écho de ces contacts fructueux. Ses réflexions sur le métier des armes prennent en compte les idées nouvelles, de Fénelon, de Locke, de Fontenelle, des Modernes, pour mieux préserver, contre les usurpateurs et les favoris, les hautes vertus d'une caste qui s'illustre dans ce qui est encore pour elle la plus noble des professions.

plus difficile, quelquefois il résistoit en leur faveur à l'impatience des Généraux, & s'exposoit aux redoutables discours du Courtisan oisif' (p.168). Autre trait du portrait conforme à l'éthique lambertine, la politesse formée par les qualités du cœur: 'Il méprisoit cette politesse superficielle dont le monde se contente, & qui couvre souvent tant de barbarie; mais sa bonté, son humanité, sa libéralité lui composoient une autre politesse plus rare, qui étoit toute dans son cœur' (p.178). Comme l'époux de la marquise, Vauban sait être généreux envers des officiers dans le besoin (p.178). On soulignera enfin la conclusion 'lambertine' de l'éloge: 'Ses mœurs ont tenu bon contre les Dignités le plus brillantes, & n'ont pas même combattu. En un mot c'étoit un Romain qu'il sembloit que notre Siècle eût dérobé aux plus heureux tems de la République' (p.179).

II. *Le lambertinage: une éthique*

De tous les éléments qu'on aperçoit dans le traité lambertin de la Gloire, l'éthique héroïque est sans conteste le plus archaïque. Un ouvrage pédagogique comme les *Avis d'une mère à son fils* entretient avec l'écriture privée aristocratique des années 1660-1680 des rapports évidents. Les beaux portraits des ancêtres, qui viennent s'articuler chronologiquement autour d'une époque symbolique, la Fronde; l'exaltation de la noblesse du métier des armes; les figures des grands capitaines du royaume, qui défilent à l'arrière-plan; tous ces traits rapprochent l'écrit des mémoires aristocratiques antérieurs. On peut même affirmer que l'ouvrage, dans sa fonction symbolique, double ici la lecture traditionnelle des *Vies illustres*. Bref, un jugement rapide, qui fut celui des critiques du dix-neuvième siècle, révélerait une marquise de Lambert attachée à la morale de sa classe, fidèle aux valeurs du passé, élevée dans l'admiration des vertus militaires qui sont la raison de vivre, et de mourir, des aînés de la noblesse et des meilleurs courtisans, dévoués au roi.

Il est vrai que la marquise de Lambert ne déteste pas le propos de guerre. Mais une lecture plus patiente trouve sa récompense. Certes, on ne découvre pas chez elle les grands bouleversements que son époque impose aux concepts d'honneur et d'héroïsme; elle met plus de prudence que ses contemporains, ne serait-ce que dans l'intérêt de son propre fils, dans des remarques amères sur le pouvoir. Néanmoins des détails significatifs la rapprochent des Modernes qui gravitent dans son salon. Comme Fontenelle et son groupe, elle pense qu'il faut rendre les guerres plus humaines; les premières traces d'une influence de Locke sont visibles, quand elle recommande à l'officier un empirisme prudent; comme Fénelon surtout, elle critique un art de gouverner et de commander qui ne prendrait pas en compte la vertu, la sensibilité et la générosité. Certaines pointes, comme sa critique de Louvois que des éditeurs peu scrupuleux gommeront le plus simplement du monde, comme ses protestations contre l'injustice des récompenses, se rapprochent même des audaces politiques qu'un Robert Challe confie à ses journaux intimes. Plus d'un trait annonce qu'elle pourra comprendre, et c'est un paradoxe pour un cercle aristocratique, la critique de l'héroïsme guerrier qui deviendra un des thèmes favoris des jeunes Modernes engagés dans la querelle d'Homère. Il est encore difficile de faire le départ, dans les *Avis d'une mère à son fils*, entre ce qui relève de la culture personnelle de Mme de Lambert, et ce qui se dit autour d'elle. Mais on pressent déjà que son salon occupera, entre le pouvoir et la ville, une place singulière. Pour toutes sortes d'excellentes raisons, il avait un rôle de premier plan à jouer dans le renouvellement de la morale aristocratique.

ii. L'ambition légitimée

A 'l'appel' qui pousse le héros vers la perfection, qui l'invite irrésistiblement à se conformer à des modèles imposés de l'extérieur, correspond aussi un dynamisme intérieur, une tension psychologique intense, un effort personnel, grâce auxquels il peut s'élever jusqu'aux hautes cimes de la gloire. Les valeurs de l'éthique héroïque sont promises et réservées aux âmes ambitieuses. Mais l'ambition est suspecte, et suspectée; elle suscite bien des réticences, qui sont universelles, parce qu'elle se confond trop souvent avec l'arrivisme ou l'égoïsme, et qu'elle habitue à vivre dans la mauvaise foi et le cynisme. La question se complique encore à la fin du dix-septième siècle, car c'est autour d'une telle notion que s'affrontent la morale profane et la théologie. On peut dire, en simplifiant, que pour les moralistes de la vertu fidèles à la tradition chrétienne, l'humilité et la modestie sont les signes d'une pureté intérieure, et que le dépassement de la nature humaine, la recherche de la perfection ne peuvent être conçus que sur le modèle de la sainteté. Hostiles au monde, ils condamnent l'ambition; le talent des plus grands s'exerce contre elle, celui d'un Bossuet qui lui consacre un sermon en 1666; puis elle finit par devenir la matière 'usée et triviale' de l'éloquence de la chaire.[30] En face, les laïcs qui ne veulent pas renoncer au monde disent ses beautés, l'attrait de la renommée, l'amour de la grandeur. Ils voient bien qu'elle est un des ressorts de la morale aristocratique, que l'honneur du sang lui donne une légitimité. Il n'est pas jusqu'au roman qui n'en fournisse des indices; Mme de Villedieu établit, sans avoir à se justifier, un lien de causalité entre la naissance et l'ambition: 'le marquis renonçant à tous les désirs qu'une juste ambition donne aux gens de sa naissance'.[31] La correspondance échangée entre Sacy, Fénelon et Mme de Lambert, au sujet du manuscrit des *Avis d'une mère à son fils et à sa fille*, met en évidence ce débat d'idées chez des moralistes qui donnent les mêmes contours à la notion de vertu, mais qui divergent sur les moyens à mettre en œuvre pour former une élite morale. Puisqu'on le presse de donner son jugement sur les conseils maternels prodigués à l'officier, Fénelon tranche avec une netteté que ménage à peine la rhétorique épistolaire mondaine: 'Je ne serois peut-être pas tout-à-fait d'accord avec elle sur toute l'ambition qu'elle demande de lui; mais nous nous raccomoderions bientôt sur toutes les vertus par lesquelles elle veut que cette ambition soit soutenue et modérée' (*Correspondance*, p.400). Car le conflit entre la morale du monde et la morale chrétienne est éternel. Sacy lui-même retiendra la leçon. Dans la Préface de son *Traité de*

---

30. C'est ce qu'affirme La Bruyère, *Les Caractères*, 'De la chaire', 26.
31. *Les Désordres de l'amour* (1675), éd. Micheline Cuenin (Genève 1970), p.85.

la gloire (p.v), conscient que son apologie profane risque de heurter les lecteurs dévots, il prend soin d'éviter le scandale, s'entoure de précautions pour 'rassurer un grand nombre de personnes pieuses, qui persuadées que l'un des principaux fondemens de la Religion chrétienne, & son caractère le plus essentiel est l'humilité, s'imagineroient [qu'il veut] la détruire, & élever sur ses ruines l'orgueil soubs un autre nom'. Le mot est prononcé: la répulsion de l'Eglise pour la morale héroïque vient de ce que l'ambition est par essence liée au péché d'orgueil; sa nature luciférienne ne laisse d'inquiéter.

La légitimation de l'ambition s'inscrit donc dans un mouvement intellectuel plus vaste, dont l'enjeu est la définition des rapports, toujours changeants, établis entre l'individu et le monde. Sur cette problématique générale vient se greffer une question plus particulière. La discrimination des sexes infléchit-elle de façon notable le discours de la marquise de Lambert sur l'ambition? La critique du dix-neuvième siècle a cru reconnaître des inflexions marquées, des nuances importantes dans les matières de direction maternelle, et les rapportait à la condition du destinataire. Faut-il admettre que les leçons sur la gloire des héros, entrevue grâce à une ambition exaltée, à une énergie dans la grandeur qui annoncent lointainement l'égotisme stendhalien, sont réservées exclusivement au jeune officier dont la marquise prend soin d'assurer la fortune? Les écrits pédagogiques sur l'éducation de la jeune fille – il ne faudrait pas oublier la lettre importante adressée à la Supérieure du couvent de la Madeleine-du-Tresnel, pour l'éducation de Mlle de Saint-Aulaire, future marquise de Beuvron – s'efforcent-ils d'accorder l'éthique héroïque à la condition sociale de la femme? L'apologie de la pudeur et de la modestie du beau sexe, dont on verra l'importance dans l'analyse de la pensée féministe et précieuse, refuse-t-elle la gloire aux femmes, ce qui serait au demeurant surprenant en un siècle où devait être reconnu leur pouvoir intellectuel et politique? Au début de notre siècle, J.-P. Zimmermann refusait de diviser ainsi la pédagogie lambertine. Au-delà des différences légères dans le ton, il s'attachait à reconnaître 'les mêmes principes généraux qui doivent diriger la conduite de l'honnête homme et de l'honnête femme'; et il proposait cette conclusion: 'Ainsi il n'y a rien de foncièrement différent dans ces deux ouvrages; tout est dans les nuances: les devoirs d'une femme du monde ne sont pas ceux d'un capitaine; mais l'idéal de perfection et de bonheur que Mme de Lambert propose à leurs efforts est absolument identique.'[32] L'analyse de la définition lambertine de la gloire fournit l'occasion idéale de démontrer que la marquise a su rapprocher en effet deux paradigmes bien distincts, qui

---

32. J.-P. Zimmermann, 'La morale laïque au commencement du XVIIIe siècle. Mme de Lambert', *RhlF* 24 (1917), p.55.

opposaient l'exaltation aristocratique et laïque de l'énergie des jeunes gens, à la louange, d'allure bourgeoise et chrétienne, de la modestie de la jeune fille. Nous aurons à vérifier que les divers mouvements de l'âme ambitieuse: l'amour de la grandeur, l'envie de se distinguer, le dépassement de soi-même, la recherche d'une perfection, le goût du risque, sont reconnus par Mme de Lambert à l'homme comme à la femme.

i. *L'amour de la grandeur*

L'image de la mort ou la crainte du danger ne sauraient être des obstacles à la bravoure de l'officier; de la même manière, les apparences sociales ou les bienfaits de la Fortune ne doivent pas imposer de limites à son désir de gloire. Il n'y a rien de plus éloigné de la leçon lambertine sur l'ambition masculine que la contrainte, qu'elle se manifeste sous la forme d'une rétraction peureuse devant le destin ou d'une évaluation mesquine des intérêts et des chances de réussite. Une métaphore privilégiée s'impose, qui fournit à la marquise de Lambert une de ses plus heureuses formules: 'Les uns ont la Fortune pour objet; les autres l'élévation et l'immortalité. Ceux qui se bornent à la Fortune ont toujours un mérite borné' (p.3). La médiocrité du désir relève d'ailleurs d'un mauvais pari, au sens pascalien du terme; c'est méconnaître ses intérêts que de préférer la Fortune à la gloire, car 'la grande gloire a toujours la Fortune à sa suite' (p.4). Les éléments liés à une réalité spatiale qui oppose la rétraction à l'expansion sont également complétés dans la définition lambertine de l'ambition par des sèmes qui l'assimilent à un mouvement, qui la décrivent comme une énergie: la nonchalance et la langueur sont les signes d'une âme qui ne jouira jamais de la vraie gloire. Mme de Lambert oppose, dans une image bien accordée à la réalité militaire qu'elle évoque, ceux qui 'soutenus par l'ambition, marchent à pas de Géants dans le chemin de la gloire' à 'ceux qui marchent nonchalamment' (p.3).[33] Le dynamisme de l'âme ambitieuse apparaît dans toute sa force, quand on découvre les effets négatifs de son mouvement contraire: la modestie. 'Cette modestie est une langueur de l'âme, qui l'empêche de prendre l'essor, et de se porter avec rapidité vers la gloire' (p.4). Ainsi la métaphore de l'espace et celle du mouvement se combinent dans l'apologie de l'ambition pour distinguer deux essences du désir: les vœux de l'âme médiocre sont terrestres, matériels, temporels, bornés; ils sont célestes, éthérés, touchent à l'immortalité et à l'infini dans l'âme du héros. L'on passe d'un degré à l'autre du désir dans un mouvement caractéristique d'ascension;

---

33. On trouve une formule voisine dans le *Traité de la gloire* de Sacy, p.231: 'Dans la carrière de la gloire, c'est reculer que de ne pas avancer.'

la gloire est un essor, une élévation: Mme de Lambert prend plaisir à répéter, dans cette page sur l'ambition, les mots qui traduisent cette idée.

L'analyse du tissu métaphorique permet de distinguer la différence d'essence entre l'attrait de la gloire et la quête du bonheur: Mme de Lambert reconnaît l'ambition à un mouvement, à une énergie capable d'arracher l'âme à son repos: 'Il faut par de grands objets donner un grand ébranlement à l'âme, sans quoi elle ne se mettroit point en mouvement' (p.4). Le mouvement, qu'il soit tourbillonnaire ou ascensionnel, caractérise le monde; le repos, euphorisant ou confondu avec l'ennui, marque l'absence du monde. La méditation sur l'ambition forme comme une ligne de fracture dans l'éthique lambertine, où se séparent le culte égotiste et le cérémonial mondain. La gloire est l'objet d'un désir qui fait de l'homme 'un être des lointains'. Elle crée une tension, exprimée par un lexique que la marquise de Lambert rejettera quand il lui faudra définir le bonheur: le goût, l'aspiration, l'ardeur, le désir, l'espérance, la vivacité, tous ces mots disent bien que l'âme ambitieuse est une âme inquiète. Le désir de la gloire n'est compatible ni avec les certitudes du bon sens, ni avec l'engourdissement de l'imagination.

L'âme animée par l'ambition ne connaît plus de limites, et se meut dans un espace dilaté, en expansion, qu'envahit le concept obsédant de grandeur. La répétition insistante de l'adjectif *grand*, renforcée par la métaphore du géant, est, avec l'accumulation des termes qui disent un essor, le trait lexical marquant des pages consacrées à l'ambition. C'est elle qui donnait sa vigueur à la citation précédente; comme si l'utilisation en était mécanique, elle sert encore à frapper l'une des plus belles maximes de la marquise sur la gloire: 'Tout homme qui n'aspire pas à se faire un grand nom, n'exécutera jamais de grandes choses' (p.3).[34]

Il n'est donc pas possible de commettre un contresens sur la signification que Mme de Lambert donne à l'ambition, assimilée à l'amour de la grandeur dans une leçon dépourvue de tout machiavélisme. Cette passion d'essence aristocratique, non bourgeoise, postule une morale ouverte centrée sur l'exaltation de l'énergie individuelle, dont on pourrait craindre cependant qu'elle ne conduise à des sentiments outrés, l'idée de grandeur se métamorphosant parfois trop aisément en celle de supériorité. Mais comme le notait Fénelon avec soulagement, l'homme supérieur de la marquise de Lambert ne l'est que par ses plus belles facultés; l'écrivain ne désigne jamais d'autre supériorité que

---

34. Transformée en conseil pratique, la maxime perd incontestablement de sa force: 'Rien ne convient moins à un jeune homme qu'une certaine modestie qui lui fait croire qu'il n'est pas capable de grandes choses' (*Avis fils*, p.4). Il faut noter aussi la présence, dans les formules sur l'ambition, de l'adjectif *supérieur*, variante de *grand*; par exemple, 'la véritable ambition consiste bien plus à se rendre supérieur en mérite qu'en dignité' (p.10).

celle du mérite. La belle conclusion qui clôt sa leçon ne devrait gêner aucun lecteur, fût-il le plus scrupuleux: 'Il y a un mérite supérieur qui sent que rien ne lui est impossible' (p.4). Cette 'dame de la Cour' se garde bien de confondre la grandeur avec l'élévation; elle retrouve les subtiles distinctions qui lui sont chères de l'être et du paraître pour faire le départ entre la richesse spirituelle de l'homme et les faux biens dont la possession lui est sans cesse contestée. Ainsi spiritualisée, dépouillée de toutes les vues intéressées et mauvaises qui la déforment trop souvent, l'ambition fonde la dignité de l'homme. C'est ce que dit sans ambiguïté le court essai *Sur les richesses*. La marquise y réhabilite, dans un mouvement paradoxal et précieux, les deux passions décriées, par les prédicateurs chrétiens en particulier, l'amour et l'ambition. Il y a une unité profonde dans sa pensée: les questions qu'elle pose ici seront aussi à l'origine de sa *Métaphysique d'amour*. Le but de la morale n'est pas de corriger et de modifier l'homme, mais d'enrichir sa nature, qu'il s'agisse de sa sensibilité ou de sa 'sociabilité'. La marquise prétend fonder la dignité de l'homme sur la passion la plus ambiguë, qui passe pour tenir à la fois de l'orgueil et de l'hypocrisie. Son éthique procède d'un esprit précieux qui veut dégrossir une nature originellement bonne, mais détournée de ses buts spirituels par une humanité incapable de réussir l'opération nécessaire de purification et d'enrichissement. Le parallèle entre les deux passions tourne à l'avantage de l'amour: les hommes n'ont pas su mettre dans leur ambition la délicatesse qui raffine leur amour, comme le montre l'invention des codes de la galanterie. Les formules discréditent toujours l'ambition. Ainsi le *Traité de l'amitié* (p.127) refuse d'accorder ce premier des biens de la vie 'à ceux que l'ambition possède'. Une hiérarchie des passions est donc tacitement établie, qui situe l'ambition en retrait par rapport à l'amour et à l'amitié. Ce n'est pas que Mme de Lambert se renie: comme à son habitude, elle distingue des degrés dans la nature d'un sentiment, et elle reproche aux hommes de l'entretenir à l'état brut, sans aucun raffinement, contre leur propre intérêt d'ailleurs, car toute passion mal réglée finit par dégénérer. L'ambition n'échappe pas à cette loi: 'L'Ambition trop poussée dégénère en folie' (*Vieillesse*, p.169). Comme il y a un art d'aimer, il existe un art de régler le désir de la gloire;[35] les *Avis d'une mère à son fils* ont la même fonction que les *Réflexions sur les femmes*: apprendre aux hommes à conduire leurs passions, en leur découvrant les principes premiers de leurs comportements.

C'est la vertu qui donne sa légitimité au sentiment, amour ou ambition.

---

35. C'est ce que dit aussi Montesquieu: 'Ainsi un homme n'est pas malheureux parce qu'il a de l'ambition, mais parce qu'il en est dévoré' ('Pensées sur le bonheur', *Œuvres complètes*, éd. Roger Caillois, Paris 1973, i.1060).

C'est pourquoi la protestation de Fénelon n'est pas véhémente. La marquise de Lambert n'emprunte pas ses maximes aux leçons de Machiavel; l'ambition ne peut être tolérée que chez les vertueux: elle 'dégénère' chez les 'petites âmes', chez les 'esprits médiocres' (*Richesses*, p.225). Elle ne peut se comprendre que comme un dynamisme du mérite, un ressort de la grandeur, à l'intérieur d'un système moral qui sert de relais entre la pensée de Fénelon et celle de Vauvenargues. Mme de Lambert propose une définition de la concurrence qui exclut l'image triviale de l'ambition, trop souvent reçue, au profit d'une morale où s'annonce l'idéal héroïque et dynamique du 'philosophe de la gloire': 'Il faut savoir vivre avec ses concurrens. Rien de plus ordinaire que de vouloir s'élever au-dessus d'eux, ou de chercher à les détruire; mais il y a une conduite plus noble, c'est de ne les attaquer jamais, et de ne songer qu'à les surpasser en mérite. [...] Disputez de gloire avec vous-même' (*Avis fils*, p.36). L'ambition bien comprise ouvre sur une morale du dépassement.

2. *Une exigence de dépassement*

L'ambition, nous l'avons dit, est un rêve des lointains. Dès lors, le héros refuse de se laisser enfermer dans des limites qu'il n'aurait pas lui-même fixées, que lui imposeraient son entourage, les autres, les convenances, les coutumes et les usages. Rien ne lui est impossible pour atteindre une morale supérieure, et pour perfectionner sans cesse ses vertus.

La morale lambertine tend vers l'idée d'un mérite supérieur qui accueillera avec faveur tout ce par quoi l'individu peut se distinguer du groupe, et qui affichera un mépris pour toutes les manières d'être et de penser grossières, triviales. Le héros est bien un être d'exception qui dans ses actions, dans ses sentiments et dans ses pensées refuse d'être confondu avec le vulgaire. Mme de Lambert oppose fréquemment, dans sa description des mouvements de la sensibilité et des opérations de l'entendement, le peuple et la noblesse, ce qui met en lumière le rôle du code aristocratique dans l'élaboration de sa morale. Le désir de l'immortalité est chez elle associé au 'mépris du vulgaire', qui détermine toute recherche d'un ordre intellectuel satisfaisant. Mme de Lambert pense comme les philosophes de son salon: l'asservissement aux préjugés, à l'opinion est le caractère d'un esprit bas, la marque visible de la trivialité. 'Donnez-vous, dit-elle à sa fille, une véritable idée des choses; ne jugez point comme le peuple; ne cédez point à l'opinion; relevez-vous des préjugés de l'enfance' (*Avis fille*, p.87). La leçon philosophique n'est pas différente de celle qu'elle donne à son fils; ce sont les mêmes termes qu'elle associe: 'Essayez de pénétrer les premiers principes des choses, et ne vous laissez pas trop asservir aux opinions du vulgaire' (*Avis fils*, p.45). La méthode de Bayle, fondée sur le 'libre examen', qui prône l'affranchissement de toute espèce d'autorité, celle du savant ou celle du peuple, a été assimilée par la marquise, que la pensée de Fontenelle ait servi ou non de relais.

La dénonciation des préjugés s'applique à l'évidence aux sentiments religieux. Il existe une religion pour les 'âmes élevées' (il faut soigneusement repérer cette expression construite avec l'adjectif *élevé*, dont l'ambivalence sémantique est particulièrement remarquable dans la langue lambertine), qui est aussi, nous le verrons, celle des honnêtes gens, et qui n'a rien de commun avec la fausse supériorité d'une incrédulité tapageuse. La formation de l'esprit et le sentiment épuré du divin distinguent l'homme supérieur, autant que sa conduite dans le monde. Mme de Lambert dit à sa fille l'idéal d'une morale aristocratique, différente des normes communes. L'appel du héros est vécu comme une libération, il invite à s'évader d'un cercle mesquin, à refuser les valeurs de la médiocrité. Ce n'est pas là orgueil d'une classe figée dans ses privilèges et dans sa supériorité. L'opposition de la noblesse et de la trivialité n'est jamais fondée chez Mme de Lambert sur le modèle de la société d'ordres; elle s'exprime au contraire par des figures d'inversion, qui sont quasi systématiques, et qui confinent à la satire sociale. Dans cette rhétorique, ce sont le prince et les courtisans qui méritent d'être classés parmi le peuple, comme le notait déjà La Bruyère:[36]

J'appelle peuple tout ce qui pense bassement, et communément: la Cour en est remplie [*Avis fille*, p.87];
Qu'on trouve de peuple à la Cour! [*Avis fils*, p.21];
Tout Prince que vous êtes, vous êtes un homme du peuple par votre manière de penser [*Dialogue Alexandre-Diogène*, p.256].

Le même procédé d'inversion découvre les signes de la vraie grandeur dans un mérite modeste, incompatible avec la morgue des grands. Il existe donc une 'noblesse des sentiments' (*Avis fils*, p.21), une élévation des pensées qui caractérisent un aristocratisme véritable: l'idéal du héros remet en cause les valeurs d'une classe figée dans ses acquis, et affirme la supériorité d'une vie intellectuelle et affective affranchie sur des conduites sociales conformistes.

Dernier trait de cette morale du mérite: le rejet de toute comparaison. La référence aux conduites d'autrui, la conformité aux valeurs communes, acceptées pour telles, sont contraires à la véritable noblesse. Quand la marquise de Lambert fait apprécier à son fils la beauté des modèles familiaux, c'est pour lui rappeler ce qu'il est, d'où il doit partir, non pour lui montrer un but à

---

36. 'Des grands', 53: 'Ces hommes si grands ou par leur naissance, ou par leur faveur, ou par leurs dignités, ces têtes si fortes et si habiles, ces femmes si polies et si spirituelles, tous méprisent le peuple, et ils sont peuple.'

atteindre, un idéal à imiter. Il est significatif aussi que l'adjectif 'noble' vienne sous sa plume dans le moment même où elle invite sa fille à refuser la maxime triviale qui recommande de modeler les comportements sur la norme reçue: '*Il faut être*, dit-on, *comme les autres*; ce *comme* s'étend bien loin. Ayez une émulation plus noble: ne souffrez pas que personne ait plus d'honneur, de probité et de droiture que vous' (*Avis fille*, p.75). Mme de Lambert ne variera pas. Plus tard, en rivalisant dans son salon avec Fontenelle pour trouver une solution à la dialectique de la gloire et du repos, elle refusera de restreindre les droits au bonheur individuel et de se plier aux exigences communes: paradoxalement, sa pensée se retournera alors contre la gloire, ou du moins contre un héroïsme que nourrirait le regard des autres, ostentatoire, incapable d'estimer par lui-même ses propres limites, celle en particulier qui conditionne tout, la retraite. L'homme heureux et indépendant de Fontenelle servira alors de référent à un discours refusant toute évaluation par la comparaison. 'Mais est-il sage de tant consulter les hommes? Faut-il toujours vivre d'Opinion, et doit-elle nous servir de règle pour la conduite de notre vie?' (*Réputation-considération*, p.284). La morale du mérite consiste à substituer à l'égalité dans le conformisme la différence dans l'émulation. Mais se comporter autrement, c'est aussi se faire autre.

L'aristocratisme intellectuel et moral exige un perpétuel dépassement de soi et des autres, il veut construire la personnalité à partir d'éléments neufs et originaux, ou empruntés provisoirement à des modèles. Pour comprendre comment Mme de Lambert renouvelle les lieux communs, il faut comparer ses idées morales aux thèses de la psychologie de son temps. Le domaine du cœur aussi est gagné par l'empirisme naissant, on y voit apparaître les éléments que le siècle empruntera à Locke. L'innéisme cartésien est progressivement remplacé par une vision empirique, qui condamne le code aristocratique traditionnel fondé sur les valeurs essentielles de la naissance et du don. Il importe à la marquise de définir avec soin les privilèges du héros pour les distinguer clairement de ceux d'une caste: l'aristocratisme, chez elle, ne se confond pas avec un attachement aux valeurs du passé. Elle aime reprendre à son compte la leçon des moralistes de l'âge classique sur la naissance, définit l'héroïsme comme un essor vers la grandeur; mais cela encore ne lui suffit pas. La marquise de Lambert sait que, mal comprise, pervertie par le mépris, le cynisme et le libertinage, l'idée de la race risque de conduire à un donjuanisme néfaste, qui menace d'ailleurs en permanence le jeune officier qu'elle veut éduquer. La naissance doit donc être une invitation au dépassement, elle fait découvrir un au-delà de la vertu. Le legs des ancêtres doit non seulement être maintenu, mais considérablement enrichi: 'Votre père ne vous a laissé qu'un Nom et des Exemples'; vos pères 'vous ont mis à portée de tout. Ce n'est pas assez de les égaler, il faut les passer, et arriver au terme' (p.13, 7). La naissance est un signe d'élection, la vraie richesse d'une classe dépouillée peu à peu de ses privilèges économiques. En restaurant l'idéal du héros, la morale du dépassement, Mme de Lambert veut sauver l'aristocrate de la catastrophe où il court, quand il prône la morale du libertin. Elle lui propose de changer un conformisme qui se donne les apparences de la liberté, contre une éthique dynamique et exigeante. Tenir la naissance pour chimérique est signe de médiocrité et de vulgarité (*Amitié*, p.123-24).

La marquise refuse de transformer la morale du héros en morale du surhomme. L'homme supérieur rejette toute comparaison, mais ne saurait repousser les modèles, qui lui serviront de repères dans la voie du perfectionnement. Le saint peut pratiquer 'l'imitation' d'un modèle donné pour parfait, le héros doit dépasser un modèle présenté comme perfectible. Il est peut-être plus surprenant qu'un esprit moderne choisisse ses modèles de préférence dans l'Antiquité. Mais Mme de Lambert est fille de Plutarque! En outre, l'argument de l'éloignement sert une morale du sublime: l'histoire, comme le roman, entoure le héros d'une beauté parfaite, mystérieuse, que dégraderait un réalisme trop marqué.[37]

La marquise aime reprendre à son compte le conseil de Sénèque à son disciple Lucilius:[38] il faut choisir parmi les grands hommes le plus respectable, l'élire pour son ami idéal, puis agir et penser comme si l'on était sans cesse en sa présence. Ce double serait en quelque sorte l'hypostase laïque et philosophique de l'ange gardien. Devant ce double, et pour lui-même, l'homme est invité à chaque instant, pour chaque geste, à se poser cette question centrale de la morale du héros,[39] maxime gravée en lettres d'or au cœur des *Avis d'une mère à sa fille*: 'Ne pourrois-je pas mieux faire?', et qui appelle elle-même un superlatif qui a valeur d'absolu: 'Dans toutes vos entreprises, et dans toutes vos actions, tendez au plus parfait' (p.76). Le conflit des morales du grand siècle apparaît nettement dans ce passage. Comment concilier l'honnêteté et les bienséances, qui exigent de prendre en compte la présence d'autrui, de s'effacer devant lui pour le mettre en valeur, avec cette exigence de dépassement, cette soif d'absolu et de grandeur, qui laissent derrière soi toutes les valeurs reconnues? L'idée néo-stoïcienne d'un double idéal apporte une ré-

---

37. 'On hazarde moins quand on choisit ses modèles dans l'Antiquité, parce qu'ordinairement on ne vous y présente que de grands exemples. Dans les Modernes, cela peut avoir ses inconvéniens; rarement les copies réussissent' (*Avis fille*, p.77). L'échec vient justement de l'imitation, qui fait perdre le naturel, et qui supprime la tension permanente vers l'idéal, que réclame l'ascèse indiquée par la marquise.

38. Voir *Avis fille*, p.76 et *Amitié*, p.124.

39. Sacy aussi parle d'une émulation du même type: 'on se compare avec soy-même' (p.161).

ponse fragile à cette contradiction vécue en permanence par l'aristocrate du dix-septième siècle.

L'âme qu'anime l'ambition est exaltée, tournée vers des lointains qu'elle désire, prête à de durs sacrifices pour tendre au plus parfait. La morale héroïque du dépassement finit par incorporer le goût du risque, ce qui est paradoxal chez un écrivain moraliste qui met tant de soin et de vigueur à dénoncer le jeu et ses dangers. Une morale aristocratique authentique ne peut se satisfaire du legs des ancêtres, elle refuse de donner aux biens du passé une valeur d'actualité, elle est incapable même de garantir à ses adeptes la réussite au terme de leur quête. 'Quelque ardent, quelque vif que soit votre amour pour la gloire, vous demeurerez encore bien au-deçà du terme; mais quand vous n'iriez qu'à moitié chemin, il est toujours beau d'avoir osé' (*Avis fils*, p.4). Par cette belle formule, l'écrivain moraliste attribue à toutes les âmes nobles la première des vertus militaires, l'audace, pour en restreindre aussitôt les pouvoirs: la métaphore spatiale dit l'impossibilité d'une possession totale de l'idéal, et révèle la lucidité d'une conscience éclairée sur ses propres limites. Sur ce point aussi les valeurs de l'éthique héroïque semblent rompre avec les notions cartésiennes de certitude et d'ordre, et s'accorder mieux à la conception empirique d'une conscience se formant, se réalisant par des actes concrets et répétés. Les deux adjectifs *ardent* et *vif*, qui caractérisent toujours chez Mme de Lambert le désir et la passion, l'élan de la vie sensible décrivent un univers intérieur animé de fortes tensions; la morale lambertine dérive vers une morale de l'effort, et touche parfois au renoncement. Est-ce à dire qu'elle soit incompatible avec le bonheur? La grande loi de la nature est une loi de l'effort. Les difficultés de la création personnelle, de la recherche d'une perfection ne sont pas l'apanage de la seule morale héroïque: dans le domaine social, celui des conditions et des états, dans la quête du bonheur, dans le monde du sentiment même, dans la vie intellectuelle, tout est ascèse, tout coûte à l'homme dès qu'il veut créer; et s'il n'a pas le goût du risque, inséparable du goût d'entreprendre, il échoue. La conception du monde propre à l'écrivain exclut toute facilité: l'accomplissement de l'homme est toujours une victoire sur une nature qui n'est pas généreuse dans son principe. Après Xénophon qui affirmait que 'les dieux nous vendent toutes choses au prix de notre travail', la marquise de Lambert dit à son tour la nécessité de l'effort et du risque: 'Il est de l'ordre de la Nature, et peut-être de la Justice de son œconomie, qu'elle charge ses bienfaits de conditions proportionnées à leur valeur. Honneurs, Richesses, Sentimens, Repos même, tout est à prix; et nous reconnaissons toujours qu'elle nous a vendu bien cher ce que nous avions cru obtenir de sa pure libéralité' (*Discours Délicatesse*, p.274).

Reconnaître dans la nature une force adverse, contraignante, et poser en face d'elle la question de l'homme et de son bonheur, c'est esquisser les traits essentiels d'un humanisme aux accents modernes. La morale lambertine du héros n'est réservée ni à un groupe d'hommes, ni à une classe, ni à un sexe: elle intéresse tous les individus assoiffés d'absolu et de perfection. La réussite de l'ambitieux peut alors être interprétée comme une victoire de l'homme sur son destin, un destin qui prendrait les noms de naissance, de race, de sang. L'ambition est légitime, quand elle est définie comme un refus d'accepter les déterminismes du hasard, de la nature et de la société, qui installent l'homme dans des situations, privilégiées ou non, qu'on ne peut remettre en cause. On s'éloigne désormais de l'image de l'ambition qu'avaient transmise les romancières et les mémorialistes de l'âge précédent; elle était pour eux liée à la classe de la naissance, et constituait le ressort de la politique et de la diplomatie. Grâce à elle, l'aristocrate était élevé naturellement à la gloire, comme porté par les événements de l'histoire. Chez la marquise de Lambert, l'ambition procède véritablement d'un dynamisme intérieur. La vraie noblesse, pour elle, consiste à dire non, à refuser de tenir pour satisfaisant ce que les ancêtres ont légué; le véritable aristocrate est prêt à risquer à chaque instant ses acquis. Une telle morale est accordée à l'esprit de ses contemporains, qui refuseront de la même manière tout innéisme, dans les domaines de l'esthétique et de la pensée. Il n'est pas étonnant, dès lors, que les jeunes Modernes aient été séduits par l'éthique héroïque. L'abbé Jean Terrasson, commensal de la marquise, est d'entre eux celui qui ira le plus loin dans la recherche d'une alliance de l'héroïsme et de l'humanisme. Il fera du héros un novateur, un bienfaiteur de l'humanité, qui renonce à tout dans un don total aux autres. Quand il décrit l'héroïsme comme une aventure individuelle, une ascèse vers la grandeur, un dépassement de soi, l'auteur du *Sethos* se montre un parfait disciple de Mme de Lambert.

iii. Les pièges de la Renommée, ou la dégradation du héros

Les valeurs sont ambivalentes: le même humanisme qui nourrit la définition lambertine de la gloire en fixe aussi les limites. Les générations qui ont vécu les fastes et les misères du grand règne, qui en ont aperçu toutes les ambitions et les visées expansionnistes, qui ont souffert des crises et des revers militaires, ont eu à méditer sur l'un des thèmes majeurs de la morale, qui hante les consciences: quelle est l'idée du vrai héros?

Quand Mme de Lambert rédige les *Avis* destinés à son fils, la célébration du culte héroïque, l'exaltation de la renommée ont envahi tous les domaines de la vie culturelle. Qu'il s'étale pompeusement dans les grandes fresques officielles des palais, qu'il s'insinue dans les productions à la mode, comme le portrait, ou qu'il se réfugie dans les allégories et dans les natures mortes chères à l'époque, le motif de la renommée est devenu le lieu commun favori des peintres. Les mêmes remarques pourraient être formulées pour l'architecture et la sculpture. La célébration du monarque-héros trouve refuge aussi dans les prologues des opéras et des comédies: les ouvrages de Quinault, le *Bellérophon* du jeune Fontenelle (représenté en 1679), *Le Malade imaginaire* en offrent des exemples fameux. A l'Académie française, les gens de lettres ne montrent guère plus d'imagination, et, pour des années, le discours officiel se figera dans le leitmotiv de la gloire, qui finit par donner la nausée même aux esprits les moins éclairés. La rue et la satire s'emparent aussi du thème, l'on se divertit à entendre les couplets qui chansonnent les capitaines malheureux ou glorieux. L'abondance a son revers: à force de célébrer la gloire et la renommée, on finit par s'interroger sur leur raison d'être, sur ce qui les fonde. Ce qui est par essence extraordinaire, hors de la nature, loin du vulgaire, ne saurait, par définition, être enfermé dans le lieu commun. A trop admirer la peinture, on finit par apercevoir les trompe-l'œil, les jeux de l'illusion, les déformations de la perspective, les mauvaises nuances. Des signes inquiétants étaient apparus assez tôt, qui rendaient difforme le belle figure du héros. C'est la furieuse Hermione, par exemple, qui ironise de manière cinglante sur la perfidie de Pyrrhus, dont elle fait l'apanage du conquérant; elle le blesse à vif en lui rappelant un passé souillé de sang, dont il se croyait délivré. Il est aisé de comprendre que l'évolution des consciences sera parallèle à l'évolution politique: l'histoire événementielle et diplomatique du long règne éclaire suffisamment celle des mentalités pour qu'il ne soit pas nécessaire d'insister sur ce point.

Les *Avis* à Henri-François de Lambert sont le produit de cette réflexion humaniste sur la gloire; en s'adressant au jeune et brillant officier, la mère ne pouvait ignorer les défiances et les méfiances de ses contemporains à l'égard du héros. L'apologie lambertine de la gloire n'exclut pas une sévère mise en garde contre les pièges que la Renommée sait tendre. Des maîtres dont la marquise pouvait se recommander, La Bruyère semble avoir été le plus influent: il avait eu le courage, du sein même de l'Académie, sous le regard de tous, de repousser les séductions dangereuses de la gloire. Les écrits de Mme de Lambert confirment avec éloquence les dégradations que subit l'idéal du héros au fur et à mesure que s'affirment les ambitions du monarque en politique extérieure. Fourniront-ils des indices suffisants pour affirmer que son salon fut un des rendez-vous privilégiés des écrivains soucieux de renouveler la morale héroïque, et qui rassembleront leurs forces dans le combat contre le divin Homère? Dans certaines acceptions, le mot *héros* est devenu péjoratif. On assiste à une inversion du mythe et des figures: l'héroïsme est tenu pour un signe de folie, et l'on reproche au héros contemporain de n'être qu'un conquérant extravagant. Ce sera la critique favorite des Modernes, jeunes ou moins jeunes, arme redoutable dont ils useront dans la Querelle. Quant à la Renommée, les esprits, lassés d'en reconnaître partout l'allégorie, la réduisent à 'un son vain'; c'est une parole vide de sens, qui ne découvre que la surface des choses et des êtres, qui ne célèbre que des masques, des idoles élevées par une Fortune capricieuse.

i. *Un mythe inversé: le conquérant extravagant*

La barbarie des conquêtes constitue le principal écueil dans la voie héroïque. Les remarques de Mme de Lambert en disent long sur l'état de l'opinion publique dans les dernières années du règne; elle mêle sa voix à la forte rumeur qui dénonce la fureur du conquérant. Les Modernes qui trouvent asile chez elle pour critiquer les généraux et la conduite des guerres étendent leurs réflexions à l'héroïsme en général; la querelle sur Homère leur fournit un bon prétexte pour détruire, dans une iconoclastie véhémente, l'image du conquérant: on ne peut pas penser sérieusement qu'ils n'aient pas eu en vue des événements qui les touchaient de près, quand ils s'acharnaient à dégrader les peintures de l'*Iliade*. Maryse Marchal, dans sa thèse sur *La Morale de l'abbé Jean Terrasson* (p.212), a souligné la violence de l'assaut mené par le géomètre: la vigueur du verbe, quand sont dénoncées la barbarie des combats homériques ou la folie d'Achille, supposerait un aveuglement pour le moins surprenant chez ce disciple de Fontenelle, chez le plus doux et le plus pondéré des philosophes. Il faut s'en persuader: la géométrie n'explique pas seule la hargne de Terrasson contre Homère; elle vient aussi d'une sensibilité exacerbée par les événements de l'histoire contemporaine, comparable à celle d'un indépendant comme Robert Challe. La détresse devant les misères de la guerre n'est certes pas nouvelle, et l'on aurait beau jeu de remonter jusqu'à l'évangélisme d'un Rabelais, dans l'épisode des guerres picrocholines, pour montrer que la dénonciation du conquérant était devenue un lieu commun de la pensée morale. Mais il est indéniable que celle-ci prend, dans les premières années du dix-huitième siècle, des accents singuliers, surtout chez les lambertins.

Parmi les écrits de la marquise de Lambert, l'intéressant *Dialogue entre Alexandre et Diogène* est parfaitement accordé aux idées nouvelles. La grande dame a voulu s'essayer dans un genre en faveur auprès des moralistes mondains qui sont aussi ses maîtres, Fontenelle et Fénelon. Le premier des *Dialogues* de

Fontenelle dressait déjà le héros macédonien contre Phryné, et livrait la gloire du conquérant au dénigrement ironique de la courtisane. Le choix de Diogène, comme porte-parole de la marquise, répond à la même intention provocatrice. Le dialogue, centré sur le thème du bonheur et de la sagesse, offre à Mme de Lambert l'occasion de montrer l'insatisfaction du héros. Si elle enseigne à son fils l'ascèse de la gloire, c'est pour qu'il découvre en lui-même des satisfactions intérieures, le sentiment de son propre mérite: la Fortune tend au conquérant des pièges dangereux. Ce qui est vrai pour la naissance, l'est aussi pour les conquêtes: il faut dépouiller Alexandre de ses privilèges, de la beauté sublime dont l'entoure l'histoire, et le voir comme un 'héros de Fortune', dont la destinée n'échappe pas entièrement au hasard, soumis surtout au redoutable déterminisme de l'instinct sanguinaire et à la fantaisie de ses caprices. Par la bouche de Diogène, la marquise de Lambert dit hautement que la gloire est un mal, si elle doit être acquise au détriment d'autrui et au préjudice de la raison.

Prendre conscience de la présence d'autrui, et de sa valeur, c'est d'abord, pour le conquérant, reconnaître le mérite propre de ses soldats et de ses officiers: 'Hé! quelle part avez-vous à ces grandes Conquêtes, dont vous vous glorifiez tant? Si vous rendiez à vos Soldats et à vos Généraux la part qu'ils y ont, qu'il vous en resteroit peu!' (p.251). Ce sévère rappel de Diogène à Alexandre sur l'efficacité collective de l'armée vise, à n'en pas douter, les thuriféraires zélés du monarque absolu. La marquise de Lambert emprunte l'argument à Fontenelle qui faisait dire à Phryné, sur le même ton: 'La Grèce, l'Asie, la Perse, les Indes, tout cela est d'un bel étalage. Cependant si je retranchois de vôtre gloire, ce qui ne vous en appartient pas; si je donnois à vos Soldats, à vos Capitaines, au hazard mesme, la part qui leur en est deuë, croyez-vous que vous n'y perdissiez guère?'[40]

A Fontenelle encore, Mme de Lambert emprunte cet autre motif: le conquérant est un barbare. Pour sa défense, Phryné posait à Alexandre une question bien embarrassante: 'Et vous, vous estes fort satisfait d'avoir désolé la meilleure partie de l'univers? Que ne s'est-il trouvé une Phriné dans chaque Ville que vous avez ruinée! Il ne seroit resté aucune marque de vos fureurs' (p.114). Diogène dira avec plus de tranchant: 'Je ne puis vous savoir gré de faire la désolation universelle' (p.251). Le refus d'admirer est ici un refus philosophique, qui prélude aux dégoûts d'un Voltaire devant les carnages, et

---

40. *Nouveaux dialogues des morts*, éd. Jean Dagen (Paris 1971), p.117. J. Dagen cite les sources antiques, Quinte-Curce et Cratère, où Fontenelle aurait pu puiser. Nous préférons, comme le suggère mieux un rapprochement établi par le même critique avec des textes de Montaigne, y voir un des traits universels de la réflexion morale.

qui caractérise assez bien la nouvelle génération: les Modernes, en assimilant le héros au conquérant, auront des mots très durs pour lui reprocher sa cruauté. Parmi les plus agressifs, il faut placer l'abbé Jean Terrasson qui s'engage avec fougue dans sa *Dissertation sur l'Iliade* contre Achille et les furieux de son espèce.[41] On décèle une accélération dans l'évolution des idées: vers 1680, le mythe d'Alexandre, qui disait le désir d'une nature surhumaine, quasi divine, est ébranlé; à la fin du règne, on lui a substitué la peinture de la folie d'Achille, et quand il apparaît encore, le conquérant est assimilé au héros furieux d'Homère.[42] La pensée de Mme de Lambert a pu servir de relais. En contact avec le milieu intellectuel de Fénelon, la mère du colonel Lambert occupait aussi un poste d'observation privilégié. Pour comprendre la dégradation du mythe héroïque, il faudrait ici interroger les historiens et leur demander des statistiques sur l'âpreté des combats, les pertes en hommes, la durée des sièges et des campagnes à la fin du règne. Toujours est-il que les écrits destinés à rester confidentiels, pour un temps du moins, comme les *Mémoires* d'un Robert Challe, ou les essais audacieux d'un jeune Moderne comme Marivaux, trahissent des impatiences anti-bellicistes étonnantes. Tous ces penseurs généreux se reconnaissent dans une communauté d'idées, qu'on pourrait appeler l'humanitarisme naissant: il éclaire les réflexions de la marquise de Lambert, qu'on ne saurait soupçonner de contradiction. La bravoure, indispensable à l'officier, et la première des vertus militaires, n'est pas incompatible avec les sentiments humanitaires. Le *Dialogue entre Alexandre et Diogène* se situe très exactement à mi-chemin d'un discours aristocratique sur la gloire et d'une satire, d'inspiration bourgeoise, des guerres de conquête. L'héroïsme, au début du dix-huitième siècle, est compris comme une perversion, une dénaturation de la vertu aristocratique du courage et de l'honneur féodal, qui transforme le capitaine en brigand. Diogène affirme: 'Le Héros n'a que la bravoure d'un Pyrate, qui par la circonstance se rend un Conquérant; et cette vertu en soi si noble cesse d'être une Vertu par l'usage que vous en faites' (p.254). Le dénigrement diogénique assimile les conquêtes d'Alexandre dans leur origine et dans leurs conséquences à des actes de piraterie. La formule soutiendrait la

41. Fénelon déjà portait dans le *Télémaque* un jugement défavorable sur 'ce jeune héros, qui n'étoit propre qu'à troubler les hommes, qu'à renverser les villes et les royaumes' (ii.361). Les propos de l'abbé Terrasson l'aggravent: 'Achille dont les vices vont à la destruction du genre humain, & qui se complaît en ces vices mêmes' (*Dissertation*, i.332).

42. Jean Terrasson réunit Achille et Alexandre dans la même condamnation. Pour lui, le modèle épique a corrompu la figure historique: 'la lecture d'Homère a corrompu Alexandre' (ii.37). Il reprend l'argument dans l'*Addition* (Paris 1716) qu'il donne à sa *Dissertation*, pour mettre en garde les princes contre les vices d'Achille et les illusions d'Alexandre: 'de peur que les Princes ne fussent tentez de croire comme Alexandre, que leur véritable grandeur consiste à se rendre formidables au genre humain par leur colère & par leurs vengeances' (p.57).

comparaison avec les audaces d'un Robert Challe; pis, elle compromet gravement le nom de *héros* qui, par une dégradation significative, finit par prendre
des connotations péjoratives dans le lexique lambertin, la marquise lui préférant
désormais celui de *grand homme*: 'Mais vous n'avez voulu être qu'un Héros,
et non pas un grand homme' (p.254). C'est là une distinction fénelonienne
qu'explique la lassitude de l'opinion publique. Les carnages répétés ont entraîné
la dégradation du code aristocratique: la bravoure a été déviée de ses fins, et
la loi de l'honneur n'est plus qu'un droit du plus fort.[43]

Il ne suffit pas de constater l''avilissement' du héros, et sa dénaturation; il
faut en rechercher les motifs. Comme presque tous les moralistes de son
époque, Mme de Lambert découvre dans la conduite du conquérant les signes
d'un irrationalisme inquiétant. Elle dénonce un héroïsme aveugle et fougueux,
qui relègue à l'arrière-plan la raison et la lucidité. Elle recourt à une explication
physiologiste et mécaniste pour montrer le héros enchaîné, soumis à ses
instincts et à son tempérament, livré aux impulsions violentes de la nature; il
est frustré de ses aspirations les plus nobles, Mme de Lambert le prive de la
grandeur qu'il revendique, elle détruit surtout le mythe de la liberté dans
lequel il prétend s'incarner: 'Mais je vous dis moi, que ce que vous appelez
Grandeur, n'est qu'une violente fermentation de votre sang, qui vous allume
l'imagination. Quoi! parce que votre sang a acquis un certain degré de chaleur
et de vitesse, il faut que toute l'Asie périsse?' (p.251). L'explication par la
théorie des humeurs donne à la dépréciation une efficacité redoutable, là où
les maîtres de la marquise, Fontenelle ou Saint-Evremond, se contentaient de
noter, pour le condamner, le caractère instable d'un homme toujours agité et
toujours en mouvement.[44] L'identification du physique au moral, affirmée par
la double définition antithétique de la première phrase, confirmée par la
subordination causale qu'une inversion met en relief, prouve que la pensée
lambertine n'hésite pas à s'aventurer aux confins du matérialisme pour détruire
plus efficacement le mythe. Les origines physiologiques de l'ambition reconnues, l'analyse de Diogène peut alors se développer, conforme en tous
points au discours lambertin sur l'insatisfaction: livré à la puissance de son
imagination, le conquérant est incapable de sagesse et de mesure, l'*hybris* le

---

43. 'Vous avez uni toute votre Raison à votre épée, qui est toute votre loi' (*Dialogue Alexandre-Diogène*, p.251).

44. *Nouveaux dialogues des morts*, p.119-20: 'mais de courrir toûjours, sans sçavoir où, & de prendre toûjours des Villes, sans sçavoir pourquoy, & d'exécuter toûjours, sans avoir aucun dessein'; Saint-Evremond, *Sur Alexandre et César* (édité en 1664): 'ce désir de gloire immodéré, et cette ambition trop vaste qui ne luy laissoit point de repos'; 'Alexandre ne donnoit au monde pour raisons que ses volontés, il suivoit partout son ambition ou son humeur' (*Œuvres en prose*, éd. René Ternois, Paris 1962, i.218, 225).

pousse hors des bornes de l'humain et du vraisemblable. Le lexique lambertin joue à plein: *égaremens | foiblesses | extravagance | présomption*, telles sont les embûches d'une quête furieuse, jamais assouvie. C'est un itinéraire circulaire qu'une destinée aussi malicieuse que l'ironie diogénique impose à Alexandre: poussé par l'imagination, celui-ci est finalement 'rayé de l'histoire' et 'renvoyé' par la postérité aux romans. Le héros qui voulut confondre les droits de la raison avec ceux de l'épée est condamné à n'être qu'une figure du discours le moins raisonnable. L'ironie ici atténue la violence de la satire, brise l'élan iconoclaste, laisse au mythe quelques oripeaux dérisoires: au terme de la dégradation, l'héroïsme est devenu une figure de la folie. Ce 'furieux' qu'est Alexandre et 'les fous qui [le] suivent' (p.249 et 255) sont dignes de notre pitié. L'inversion du mythe installe le gueux dans une position supérieure qu'il doit à sa sagesse, et ne laisse au surhomme que les désenchantements nés de l'illusion; mais inversé, le mythe garde sa valeur d'exemplarité, puisque c'est à un dérisoire Alexandre que 'nous devons la folie de tous les Héros!' (p.252).

La dégradation du héros dans les dernières années du règne de Louis XIV, inscrite au cœur des dissertations contre Homère, comme dans les écrits plus confidentiels, ou prétendus tels, porte la marque incontestable de l'esprit nouveau; elle témoigne d'une évolution irréversible des mentalités, et pourrait être comparée, toutes proportions gardées, au triomphe des idées pacifistes pour la génération de 1914-1918.

2. La Renommée: un 'son vain'

Si le mythe est déformant, l'histoire ne l'est pas moins, qui s'obstine à sélectionner les actions humaines pour ne retenir que les prouesses, les exploits, les beaux gestes, les victoires qui ornent les vies illustres. Cette conception du récit, comme le mythe du héros, est entrée à son tour dans 'l'ère du soupçon'. Nous avons dit que la marquise de Lambert, comme ses contemporains, attendait de l'histoire la découverte d'une vérité universelle qui aiderait chaque lecteur à se mieux connaître. Le double héritage de la morale pessimiste et du rationalisme cartésien la conduit à refuser, au nom d'une nature humaine immuable, l'idée que les puissants seraient d'une essence différente des autres hommes. Un conflit surgit dans le discours lambertin, qui oppose l'action à la connaissance, l'école du cœur à l'école des mœurs. Lire l'histoire, c'est posséder un miroir de la vérité où se réfléchit une image authentique et nue de l'homme, tout masque arraché, toute perspective déformante supprimée. C'est une technique du dévoilement que la marquise de Lambert attend de la méthode historique et de la lecture objective des faits, analogue à celle que Marivaux proposera dans l'une de ses fictions les plus séduisantes, la relation de la découverte du Nouveau Monde, ou *Voyage au monde vrai*.[45] Son explorateur du Nouveau Monde fait cette rencontre étonnante: il découvre des hommes vrais, dont l'âme est 'à découvert, au lieu que la nôtre est toujours masquée'; les peindre au moral consistera à accomplir ce geste banal, mais riche de significations: 'lever le masque' que portent les hommes faux qui nous entourent. On ne s'étonnera pas si, de la multiplicité des leçons psychologiques, morales et esthétiques que le lecteur du dix-huitième siècle est invité à tirer de cette fiction si vive, il s'en trouve une aussi sur les éloges outrés et leur malignité. Les expériences et les découvertes du nouvel initié s'enchaînent par la volonté d'un narrateur moraliste, à la recherche du 'temps du dépouillement des âmes' (p.390), et qui semble avoir fait sienne la maxime féconde de la marquise de Lambert: remonter aux principes, pour connaître les actions équivoques des hommes.

La leçon de tous les moralistes héritiers de la pensée libertine prône une salutaire naïveté. C'est elle qui découvre l'authenticité des vies illustres, c'est elle aussi qui dénonce l'erreur de perspective qui les place pour nous dans une situation avantageuse. Dans le système très cohérent qui permet à la marquise de Lambert d'opposer la fausse et la vraie gloire, la Renommée est toujours en position d'accusée. Dans le court traité des *Richesses* (p.233), on l'accuse de prendre parti en faveur de la pompe et de la grandeur, contre la vertu: 'elle ne se charge que des actions d'éclat, presque jamais des actions vertueuses'. Est vouée au néant l'entreprise des historiens et des poètes laudateurs, qui travaillent sur une matière que n'a point épurée encore la rénovation morale. Dans son éloge du duc de Bourgogne, adressé à Sacy, la marquise vante les mérites du héros généreux, et refuse de le juger comme le firent ses contemporains, selon un code de valeurs qu'elle récuse: 'Il avoit déplacé la Gloire du Monde: il ne la mettoit pas à répandre des fleuves de sang, à faire taire les Loix, et à faire gémir le Peuple. [...] C'est pourtant cette gloire qui fait la désolation publique, que la Renommée porte et célèbre, que les Poètes chantent et que l'Histoire consacre' (p.395). Ignorant les revers de la trop funeste campagne des Flandres, en 1708, qui avaient terni la gloire du prince, la marquise le réhabilite en plaçant le généreux au-dessus du héros, et complète sa leçon morale par une leçon philosophique en montrant l'homme éclairé, en qui la vérité éclipse tous les préjugés. La vraie gloire est l'apanage de la raison, elle appartient à qui saura abolir, dans une recherche lucide de la vérité, les préjugés attachés à la grandeur. Il n'est pas nécessaire de rappeler les fondements chrétiens d'une telle leçon sur la vanité de la renommée, familière à la morale des saints; il est vraisemblable que les méditations d'un Malebranche

45. *Journaux et œuvres diverses*, p.389ss.

sur la recherche de la vérité, qui font la synthèse de cette double tradition philosophique et chrétienne, ont servi de stimulant dans ce renouvellement des valeurs.

Lever les masques, corriger les vues déformantes, mais encore renverser les idoles: tel est le sens de la dénonciation de la Renommée dans le discours lambertin. La flatterie est l'adjuvant de la gloire, et contribue dangereusement à transformer le héros en demi-dieu: 'La Renommée exagère leur mérite [celui des Favoris de la Fortune], et la Flatterie les déifie' (*Avis fils*, p.20). Refuser la déification du puissant est une attitude commune aux moralistes et aux philosophes de la fin du grand siècle. Mme de Lambert en a trouvé la leçon chez deux de ses maîtres, Fontenelle et Malebranche. Dans les *Nouveaux dialogues des morts* (p.160), avec une grande justesse de ton, Pierre Aretin ramène devant l'empereur Auguste la louange à son juste rang et l'invite à en rabattre beaucoup: 'On est si avide de loüanges, qu'on les a dispensées, & de la justesse, & de la vérité, & tous les assaisonnemens qu'elles devroient avoir.' Avant Fontenelle, Malebranche avait consacré plusieurs lignes de sa *Recherche de la vérité* à la condamnation des louanges excessives et des flatteries mensongè-res, qu'il réunissait comme le fera Mme de Lambert. Ce souci de la vérité, devenu le premier critère de l'esprit philosophique, enracine incontestablement la dénonciation de la fausse gloire dans un mouvement d'idées qui se prolongera avec les Lumières.

Le milieu lambertin, dans son refus de dégrader la parole et l'éloquence qui doivent servir la vérité, contribue aux progrès de la raison. Mais il n'y a pas de rupture dans ces progrès, il faut parler seulement de métamorphose: la génération précédente orchestrait le grand thème de la vanité des grandeurs humaines, et le Diogène de la marquise de Lambert s'en souvient. Le cynique, attaché d'une manière étrange et surprenante aux valeurs traditionnelles, rappelle que les biens de la gloire sont vides, que seuls leur donnent un sens l'intérêt du flatteur et l'amour-propre de celui qui est flatté. La Renommée est sans consistance: 'Ce que vous appelez Renommée, et à quoi vous sacrifiez tout, je l'appelle un son vain, tributaire du caprice de la Fortune, et je ne puis comprendre qu'on fasse tant de cas de l'opinion générale de ceux qu'on méprise particulièrement' (p.259). A la vaine gloire du monde, l'homme sage préférera la vertu: 'Apprenez que le chemin de l'Immortalité est celui de la vertu' (p.259). La nouvelle génération orchestrera ce thème avec complaisance, sous l'influence rayonnante de Fénelon, et Montesquieu sera d'accord avec Mme de Lambert pour préférer un bonheur né de la considération due à l'estime des particuliers, aux biens de la réputation, bruyamment accordés par la voix publique.

L'association bipolaire de la vertu et de la grandeur jouera désormais le premier rôle dans la définition de la 'vraye Gloire', qui constitue pour la marquise de Lambert l'enjeu véritable d'une morale héroïque renouvelée, c'est-à-dire épurée de toute la matière grossière qui donnait du grand homme une idée déformée et déformante, contraire aux exigences de la raison et aux droits du cœur. La dénonciation des extravagances du conquérant et de la vacuité de la Renommée doit souligner, dans la dialectique lambertine, la nécessité de concevoir le héros en fonction de sa lucidité, de sa pureté et de sa générosité.

iv. Une définition de la vraie gloire

De même qu'on confondra trop facilement à la fin du siècle la vertu avec les élans de la sensibilité, de même la première génération des Lumières semble l'avoir volontiers assimilée au sentiment de la gloire. L'exigence aristocratique de l'honneur, la soif d'ambition et le désir de se dépasser, une lucidité qui refuse le faux héroïsme barbare et qui permet d'éviter les pièges de la Renommée, ces élans divers conduisent les Modernes vers une définition nouvelle de la gloire, dont la recherche a hanté cette génération, et en particulier le milieu lambertin. Louis de Sacy décide de lui consacrer un traité; Montesquieu et Mme de Lambert fabriquent en commun une dissertation sur la réputation et la considération; bien des années plus tard, Marivaux s'intéresse encore au thème et lit, le 29 décembre 1744, à l'Académie française, des *Réflexions sur les différentes sortes de gloire*, dont le texte est perdu, mais dont le titre ne déparerait pas une édition des œuvres complètes de la marquise.

Les 'strates' sémantiques sont si hétérogènes que les moralistes prennent soin de préciser qu'ils entendent s'exprimer sur la 'vraie' gloire, comme le fait Sacy par exemple. La marquise, elle, ne galvaude pas l'expression: sur trente-sept occurrences du mot *gloire* dans les *Avis d'une mère à son fils*, quatre seulement renvoient aux groupes 'vraie gloire', 'véritable gloire', et une à leur antonyme 'vaine gloire'. Mais les précieuses aussi parlaient de la 'vraie gloire'. Il serait donc illusoire de chercher à définir en diachronie l'idée nouvelle de la gloire, en l'opposant aux acceptions antérieures. En revanche, la délimitation précise du champ sémantique du mot dans les écrits de la marquise de Lambert s'impose, qui permettrait de découvrir la signification de l'expression 'vraie gloire' dans une confrontation avec les autres sens rejetés par l'écrivain. Ce travail préliminaire accompli, il devrait être aisé de reconnaître la place qu'occupera la gloire authentique dans la vie du soldat, comme dans celle de l'honnête homme.

5. Un traité de la gloire

1. Gloire et vraie gloire: analyse d'un champ sémantique

Dans un article consacré à l'étude du mot *gloire* chez Mme de Lambert et chez Vauvenargues,[46] Mme Andrée Hof constate que l'analyse sémantique demeure la méthode d'approche la plus féconde pour les œuvres morales. La seule trace qui nous soit restée de la lecture de Marivaux à l'Académie française laisse entrevoir la part qu'il dut accorder aux définitions dans sa dissertation. Il n'y a rien de plus complexe en effet que le champ sémantique du mot *gloire* dans la langue des moralistes de la première moitié du dix-huitième siècle, comme en témoignent les écrits de la marquise de Lambert. Il s'organise, chez elle, autour de trois pôles.

La gloire, dans son sens le plus apparent et le plus évident, est une valeur sociale, qui détermine les désirs individuels (on privilégiera ici la métaphore du chemin), et qui transforme l'homme capable de l'atteindre en homme célèbre, réputé, renommé. Elle est essentiellement liée à la profession ou au pouvoir politique, et s'inscrit dans un réseau lexical dont les constituants essentiels sont ces termes sans cesse répétés: *grandeur, dignité, réputation, éclat.* Le lien qu'elle entretient avec le monde, son caractère d'extériorité explique que la détermination du substantif soit assumée la plupart du temps par l'article défini, qui l'emporte en fréquence sur l'adjectif possessif: cette gloire-là est à atteindre, à acquérir, à conquérir; comme elle est liée au grand thème de la vanité des choses, sa possession est toujours incertaine.

Le discours lambertin n'ignore pas non plus le sens cher au dix-septième siècle: la gloire est une marque personnelle, un sentiment particulier de l'honneur, une fierté d'être; elle est la satisfaction qu'éprouve le moi à se sentir accordé au monde, à remplir avec délicatesse et probité les devoirs les plus exigeants. Le substantif est alors presque toujours déterminé par l'adjectif possessif. L'article n'apparaît, comme dans cet exemple des *Avis d'une mère à son fils* (p.22), que dans des observations dont la portée est générale: 'ils sont convenus entre eux des devoirs de la Société, et ont attaché l'idée de la gloire à la pratique de ces devoirs'. Pour être plus personnelle, cette autre 'sorte' de gloire n'en est pas moins dépendante encore du monde, et conserve un caractère d'extériorité assez marqué.

Mais ce que la génération nouvelle célèbre, c'est 'la vraie gloire', tant l'exigence de vérité semble envahir tous les domaines de la morale: le lexique lambertin définit de la même manière la vraie grandeur, la véritable ambition, la véritable amitié, la vraie politesse, etc. Le caractère premier de cette vérité

---

46. 'Vauvenargues fils spirituel de madame de Lambert?', *Le Génie de la forme, mélanges Jean Mourot*, p.277-86.

semble bien être l'intériorité: cette gloire est un élan du cœur, un pur sentiment, la qualité visible de l'âme sensible et vertueuse.

Cependant, bien des ambiguïtés peuvent naître du contexte, et les trois significations majeures du terme se recouvrent parfois. Les *Avis d'une mère à son fils* fournissent un exemple remarquable de cet usage polyvalent du mot. Dans le premier mouvement du traité, consacré aux devoirs de l'officier, l'emploi renvoie uniquement à l'honneur de la profession: c'est de la 'gloire des héros' ou 'grande gloire' dont il est question. Il est vrai que l'expression 'vraie gloire' apparaît à deux reprises, ainsi que ses similaires 'bonne gloire' et 'véritable gloire', la caractérisation par l'adjectif invitant le jeune homme à ne pas juger de ses vertus en fonction du seul droit de l'épée. La marquise peint ensuite les devoirs de la société, qui font l'honnête homme: le mot gloire s'impose alors dans son sens ancien, pour dire la réputation d'un mondain aimable. Puis dans la dernière partie de l'ouvrage, c'est le troisième sens du mot qui triomphe, imposant l'image d'un homme vertueux et sensible.

Les occurrences de *gloire* sont plus nombreuses dans les écrits dont le référent est la carrière masculine (les *Avis d'une mère à son fils*, le *Dialogue entre Alexandre et Diogène* et la *Lettre à Sacy sur la mort du duc de Bourgogne*) que dans les textes consacrés à la peinture de la condition féminine (les *Avis d'une mère à sa fille*, les *Réflexions sur les femmes* et le *Discours sur le sentiment d'une dame*). De même, le sens le plus souvent proposé à l'homme est celui de la gloire envisagée dans sa dimension sociale, orientant une carrière et une profession, tandis que l'idée de la gloire définie par le respect de soi-même et la fidélité aux bienséances domine dans les textes consacrés à la femme. Pour celle-ci, les chemins de la gloire sont fermés, et le discours sur la célébrité se développe le plus souvent en termes négatifs, qui disent une insoutenable frustration. L'étude des fréquences d'emploi et la délimitation du champ sémantique montrent comment la réalité d'un statut juridique et moral est inscrite au cœur des mots; elles viennent confirmer les résultats de l'analyse thématique traditionnelle: la femme est tenue à la réserve, contrainte par les bienséances, quand l'homme, dans un libre essor, se donne le monde et lui-même à conquérir.

La marquise de Lambert ne galvaude pas l'expression 'vraie gloire'; cependant, dans les *Avis à son fils et à sa fille*, on constate qu'elle est d'un usage aussi courant que l'emploi du mot dans son second sens. Il est utile de donner la liste exhaustive des occurrences de l'expression, de manière à la faire apparaître dans son contexte:

Son cœur, sensible à *la vraye gloire*, sans vanité, sans vue de récompense, méprisoit les richesses et n'aimoit la vertu que pour elle-même [*Avis fils*, p.9];

Il a su joindre l'ambition à la modération; il aspiroit *à la véritable gloire*, sans trop penser à sa fortune [p.10];

Oubliez toujours ce que vous êtes, dès que l'humanité vous le demande; mais ne l'oubliez jamais, quand la *vraye Gloire* veut que vous vous en souveniez [p.43];

La Vanité cherche l'approbation d'autrui; *la vraye Gloire*, le témoignage secret de la conscience [p.50];

Qui se connoissoit mieux que luy en *vraye Gloire*? Il la faisoit consister à rendre les hommes heureux [*Duc de Bourgogne*, p.395];

L'âme se repose dans l'approbation publique, et *la vraye gloire* consiste à s'en passer [*Avis fille*, p.64];

Il ne faut pas rejeter le sentiment de la Gloire, c'est l'aide le plus sûr que nous ayons pour la Vertu; mais il est question de choisir *la bonne gloire* [p.106];

Les hommes ne veulent qu'être élevés; ils ne se soucient pas d'être grands. Ce n'est pas *la vraie gloire* que l'on cherche, mais les distinctions établies parmi les hommes [*Richesses*, p.225];

[Sacy] a fait les Traités *de l'Amitié* et *de la Gloire*; par l'un et par l'autre, il inspire et fortifie deux sentimens si nécesaires à la société: l'honneur et *la vraie gloire* sont le soutien de tous les devoirs [*Portrait de Sacy*, p.242].

Eu égard à la relative rareté de son emploi, il est intéressant de noter que l'expression vient, dans ce dernier exemple, à la suite de l'évocation du *Traité de la gloire* de Sacy, comme si elle lui était intimement et évidemment liée. On ne s'étonnera pas qu'elle manque absolument dans les deux traités *De la vieillesse* et *De l'amitié*: la rétraction frileuse de l'individu vieillissant, la solitude heureuse où s'enferment les deux amis font référence à un identique mouvement de clôture, disent une fermeture au monde et aux autres. En revanche, son absence est plus surprenante dans une nouvelle aristocratique comme *La Femme hermite*, qui se propose de peindre la dialectique de la passion et de la gloire. On y recense treize occurrences du mot qui, à une exception près, s'applique machinalement, non sans monotonie, à la situation du prince Camille, à sa valeur, à la réputation qu'il acquiert dans sa première campagne.

Il est possible de tirer d'utiles enseignements de l'observation du contexte dans lequel apparaît l'expression *vraie gloire* et ses variantes. L'examen des neuf occurrences montre, comme on pouvait s'y attendre, qu'elle se définit autant par opposition à la vaine ou fausse gloire, que par ce qu'elle est. Nous sommes en présence d'un équilibre sensible entre les éléments négatifs et les éléments positifs de la définition, que souligne la recherche d'antithèses ou de symétries apparentes. Il est aisé de délimiter les champs sémantiques antinomiques.

La fausse gloire, assimilée à deux reprises à la vanité, est une tension vers le monde et vers les choses; elle s'intéresse à des réalités extérieures, prend en compte le masque social, ou ce qui regarde le personnage; récompense, richesses, ambition, fortune, approbation d'autrui, élévation, distinctions, sont les éléments livrés à son appétit: elle est vraiment l'expression de 'l'animal sociable'. Louis-Sylvestre de Sacy sera fidèle à la pensée de son amie quand il prétendra distinguer à son tour, dans la préface de son traité (p.vi), la gloire de ces vices grossiers que sont l'orgueil, la vanité, le faste, l'ostentation. Dès les premières lignes de l'ouvrage, il retrouve même un mot qui fait partie du lexique lambertin, et traite de 'chimères' les richesses, la magnificence, l'autorité, les dignités, les puissances auxquelles il refuse d'attacher la gloire (p.2-3).

La vraie gloire, au contraire, est un dynamisme intérieur; elle se nourrit de réalités intimes, est liée fondamentalement à la sensibilité ou à la conscience; modération, amour de la vertu, bonheur, dignité, grandeur sont les objets de ses désirs. La série lexicale renvoie d'une manière typique à la morale du dix-huitième siècle, qui aime unir la conscience à la vertu, et la sensibilité au bonheur: les mots parlent d'eux-mêmes. La vraie gloire est aussi définie comme une exigence de dignité, un sentiment de sa propre grandeur, où se font entendre les échos lointains de l'héroïsme cornélien. Elle repose enfin sur l'affirmation qu'elle est indispensable à la vie sociale. L'individu n'est pas encore tenté, comme il le sera à la fin du siècle, de s'enfermer dans la délectation exclusive de sa propre existence; la vraie gloire est un élan du cœur vers autrui, pour lui apporter réconfort et chaleur humaine: elle finirait presque par se confondre avec ce que l'abbé de Saint-Pierre appelait bienfaisance, lui qui justement avait consacré un ouvrage à établir la différence entre 'l'homme illustre', dont les actions sont éclatantes, et le 'grand homme', dont les actions sont vertueuses et généreuses.

L'opposition de la vraie et de la fausse gloire recouvre assez bien un couple de notions qui intéresseront, dans une réflexion commune, Montesquieu et Mme de Lambert, et qui sont la considération et la réputation.

La reconnaissance d'un débat autour de l'idée de réputation constitue, du point de vue méthodologique, une des manières les plus fécondes d'approcher le milieu lambertin. On découvre dans le *Traité de la société civile* du Père Buffier des indications particulièrement intéressantes. L'ami de la marquise de Lambert consacre à cette notion un article de son ouvrage, qui se développe en réalité sous la forme d'une dissertation comme on aimait en bâtir à l'hôtel de Nevers, et qui répond à cette question: 'Si c'est une chimère que le désir d'avoir de la réputation après la mort.' La question elle-même est accompagnée d'une remarque digne d'éveiller notre curiosité: 'ça été un sujet de dissertation entre des personnes qui avoient beaucoup d'esprit et de littérature, que la question dont il s'agit ici, et qui pourroit bien n'être qu'un sophisme peu embarrassant'.[47] Ce que nous savons de la faveur du thème chez les moralistes proches de Mme de Lambert (Fontenelle, Sacy, Montesquieu, Marivaux), l'alliance reconnue aux devisants du bel esprit et de la culture littéraire, le goût précieux dans lequel le sujet est traité,[48] tout semble rendre vraisemblable l'hypothèse d'une dissertation proposée à l'hôtel de Nevers par la marquise à ses hôtes. La concordance des dates en est un indice supplémentaire, car si l'ouvrage du P. Buffier fut publié dans la première moitié de l'année 1726, il avait été approuvé par Saurin dès le 22 août 1720.

La démonstration du théoricien, comme d'entrée de jeu sa dénonciation du sophisme, éclaire l'esprit dans lequel la question avait été proposée; s'interroger sur le caractère chimérique de la bonne réputation, en ouvrant de nouveau le débat suscité par le traité de Sacy, c'est remettre en cause une des maximes essentielles de l'Eglise, qui prescrit aux fidèles le soin de leur honneur: *curam habe de bono nomine*. Naturellement, le Père Buffier entreprend de justifier le précepte, et son article peut être considéré comme la transposition de sa contribution personnelle à un débat oral. Il éprouve beaucoup de peine à défendre la position des théologiens, conscient qu'à l'intérieur de la morale chrétienne aussi se dessine le conflit redoutable, entrevu par la philosophie, entre un discours héroïque et un discours mondain. A la morale des saints, qui prône le mépris de l'opinion d'autrui, qui l'exalte même, s'oppose la voix de l'Esprit Saint qui inspire le désir de la bonne réputation. Aussi, tout en soulignant la vanité 'de ce qui s'appelle renom' parmi les hommes, le Père Buffier tente-t-il de légitimer le désir du chrétien, qu'il trouve conforme aux desseins de la Providence et aux exigences de la raison, que seule une philosophie malveillante et suspecte peut taxer de chimère. Dans la conclusion de sa dissertation, en bon rhéteur, il fait entrevoir un nouveau débat, et formule une question dont s'empareront Montesquieu et la marquise de Lambert: 'Si ceux qui ont de la réputation jouissent du plaisir de connaître tous ceux qui les estiment?' Habile à distinguer les nuances, prompt à épurer les concepts, le jésuite est pourtant battu sur son propre terrain, dans la mesure où il ne semble faire aucune différence entre la réputation et la considération. Ce sera en revanche la première démarche de Montesquieu que d'affirmer la supériorité de la considération sur la réputation dans la quête du bonheur, parce qu'elle touche de plus près aux individus. La marquise de Lambert a compris l'enjeu du débat et a su concentrer toute l'argumentation en une formule d'une vigueur exceptionnelle: 'L'on jouit mieux de la Considération que de la Réputation:

---

47. Livre iii, chapitre 21, in: *Cours de sciences*, p.1178.
48. Le Père Buffier évoque 'le raffinement de subtilité sur la question' (p.1180).

l'une est plus près de nous, et l'autre s'en éloigne' (*Réputation-considération*, p.277).

Cette considération dont Montesquieu fait l'apanage de l'honnête homme des temps modernes n'est pas une valeur nouvelle: on peut l'assimiler aisément à ce que Mme de Lambert appelle 'vraie gloire'. Par l'insistance, tout d'abord, avec laquelle elle est ramenée sans cesse à la vertu, Montesquieu refusant une réputation qu'on croirait acquérir par des voies plus faciles, celles de la naissance, des richesses, des emplois, des honneurs, de la faveur. L'orgueil, source de tous les maux, qui joue dans la dissertation du moraliste un rôle analogue à celui que Mme de Lambert assigne à la vanité, est funeste à la gloire. En revanche, la modestie, l'amour de ses concitoyens, celui surtout de la vertu diffusent dans l'âme une douceur et procurent un bonheur comparable à celui que décrit la marquise. Il y a peu de différences entre les séries lexicales antinomiques de la considération et de la réputation chez Montesquieu, et celles de la vraie gloire et de la vaine gloire chez Mme de Lambert. Dans sa paraphrase la marquise définit la considération par 'l'effet que nos qualités personnelles font sur les autres' (p.276), et la rapporte au couple dynamique de l'admiration ou de l'amitié, ces 'deux sentimens si nécessaires à la société', dira-t-elle dans le portrait de Sacy. Voilà la clé secrète qui fait comprendre le caractère des relations nouées à l'hôtel de Nevers. Pour la marquise de Lambert comme pour Montesquieu, la considération tient pour moitié à la 'vraie gloire', pour moitié à l'amitié, qui à elles deux définissent la sociabilité, cette exigence de l'esprit nouveau, dont Sacy était le théoricien officiel aux yeux du salon, et qui deviendra le fondement d'une morale de l'honnêteté. On est en présence ici d'une filiation littéraire évidente, et l'on peut être convaincu que les deux 'Romains' de l'hôtel de Nevers étaient faits pour se succéder à l'Académie française dans le même fauteuil.

D'autres éléments confirment le caractère légitime d'une assimilation des notions de considération et de réputation à celles de vraie et fausse gloire. La marquise de Lambert déclare dans sa paraphrase que la réputation 'est à la merci de la Renommée' (p.277); or nous savons de reste en quelle suspicion elle tient cette vaine allégorie. Si, par ailleurs, elle réussit à transformer avec élégance les formules de Montesquieu, parfois même à les améliorer, c'est que certaines viennent de son propre fonds. La remarque du philosophe: 'l'homme n'est que haut dans la prospérité, mais il est grand dans l'adversité',[49] devient chez elle: 'Le Grand homme est haut et élevé dans la prospérité, mais il est grand dans l'adversité' (p.283). Or la formule renvoie précisément à la huitième occurrence de 'vraie gloire', recensée dans l'essai sur les *Richesses*, qui proposait

49. *Œuvres complètes*, i.124.

une définition reposant également sur l'opposition de la grandeur et de l'élévation.

Incontestablement, l'idée de vraie gloire est inscrite au cœur de cette dissertation commune à Montesquieu et à Mme de Lambert, et qui s'inspire du traité de Sacy, de qui le président de Bordeaux, son successeur à l'Académie, dira, dans son discours de réception, qu'il avait su concilier la morale héroïque et l'honnêteté.

De nombreux textes administrent la preuve que les habitués du salon de l'hôtel de Nevers ont exploré avec passion et avec méthode le champ des signifiés du mot *gloire*, à la recherche d'une définition qui fût accordée aux mentalités nouvelles. Ils s'inscrivent dans une histoire assez cohérente. Tout part des *Avis d'une mère à son fils et à sa fille*, qui suscitent les réticences de Fénelon, transmises au salon par Sacy lui-même, qui sent la nécessité, pour concilier le point de vue du mondain et celui du chrétien, de donner des fondements théoriques aux maximes et aux conseils pratiques. Mais sa théorie, qui assimile la bonne réputation à la gloire (*Traité*, p.41), est compromise par l'histoire:la mort du puissant monarque, la prise du pouvoir par les parvenus sous la Régence rendent suspecte la notion de réputation. Un autre concept s'impose alors, celui de considération, qui offre le double avantage d'intégrer les valeurs de l'honnêteté à la morale héroïque et de débarrasser la gloire de toutes les impuretés qui gênaient l'esprit philosophique. La marquise accepte la définition qu'on en donne dans son salon (il est probable que le Père Buffier a apporté sa contribution au débat) et l'assimile à ce qu'elle appelait autrefois 'vraie gloire'. La considération peut être définie par les devoirs de l'homme envers les autres: le héros devient un conquérant des cœurs; et par les devoirs de l'homme envers soi-même: la vraie gloire réclame le témoignage de la conscience. C'est ce que Sacy montrait dans son traité, au livre second (p.148): il y prouvait que la gloire est le plus utile des biens, aux peuples comme aux particuliers, engagés 'à bien vivre avec eux-mêmes & avec les autres'.

2. *La conquête des cœurs*

Rechercher la véritable gloire dans la conquête des cœurs, découvrir une grandeur authentique dans l'exercice de la vertu et de la générosité, telle est l'affirmation constante d'une grande dame qui appartient bien au dix-huitième siècle: l'association de la gloire et d'une vertu sensible constitue la clef de voûte de l'édifice qu'elle construit, c'est elle qui organise chacun de ses écrits, même les plus brefs. Elle parvient ainsi à réunir des sens différents du mot *gloire*, que les générations précédentes distinguaient plus nettement. Cette association concerne en premier lieu la gloire du héros qui, par la voix de

Diogène, devient désormais un conquérant des cœurs: 'Le grand homme réunit toutes les vertus, et les a pures. Jamais vous n'avez pensé que la première et la plus noble conquête étoit celle des cœurs' (*Dialogue Alexandre-Diogène*, p.255).

La morale fénelonienne de la pureté vertueuse semble avoir gagné tous les domaines de la pensée; on ne se contente plus de dénoncer la fureur barbare du conquérant: un siècle plus éclairé et plus sensible réclame une politique plus généreuse, et tous les familiers de la marquise de Lambert, les jeunes Modernes en particulier, l'appelleront de leurs vœux. Tandis que le monarque vieillissant semble de plus en plus isolé, la conquête des cœurs sert à dessiner une nouvelle image du prince dans sa grandeur; dans son *Traité de l'amitié* (p.129), plaignant les rois privés du plus doux des sentiments humains, la marquise lâche cette remarque, où le sentimentalisme l'emporte sur la philosophie: 'C'est une belle domination que de régner sur tous les cœurs.' Le puissant est malheureux car la dignité et la grandeur attachées à la première des places l'isolent dans une carapace d'insensibilité que ne parviennent à forcer ni l'estime de ses sujets, ni ses propres élans d'humanité et de générosité. Figé dans la solennité de sa fonction – 'c'est toujours le Roi, et rarement la personne' (p.129) – il est pauvre au milieu de ses richesses, il ignore les vrais trésors qui rendent l'homme heureux.

Sous l'influence des idées de Fénelon, la marquise de Lambert rappelle aux 'intellectuels' qu'elle réunit chez elle cette exigence: la bonté du prince. Comme d'habitude, de tous ses familiers, c'est Marivaux qui méditera ses pensées le plus fidèlement. Il prête à son Spectateur français un développement assez long sur la sensibilité du monarque et brode sur la métaphore des richesses utilisée par la marquise.[50] Le Prince vraiment heureux, affirme-t-il, est celui qui sait faire un généreux usage de la majesté de son rang. Le même vœu se découvre dans des poèmes officiels de La Motte (1721 et 1722), dans des compliments de Fontenelle, dans le discours du président de Mesmes prononcé dans le lit de justice tenu pour la majorité du roi, dans les sermons de Massillon. C'est bien là un vœu universel, qui ne reste pas cantonné aux productions officielles: il devient le premier principe de la morale politique. Pendant que l'abbé de Saint-Pierre formule sa théorie de la bienfaisance, l'abbé Jean Terrasson recourt aux privilèges de la fiction pour décrire l'itinéraire qui conduit le héros à 'sacrifier [aux autres] ses intérêts', et à se faire 'un devoir de la félicité qu'il leur procure' (i.xvi), son roman ayant pour 'principal ou plutôt pour unique sujet la vertu bienfaisante' (i.ii). A la fin du siècle précédent, les systèmes qu'on bâtissait empruntaient encore leurs schémas à la théologie;

---

50. *Journaux et œuvres diverses*, p.135-36.

la bonté du prince, chez Fénelon par exemple,[51] est le reflet sur terre du premier attribut de Dieu. Le traitement du thème dans le milieu lambertin a contribué pour une part à humaniser les principes de la morale politique. Désormais, c'est dans son cœur, dans sa propre sensibilité que le monarque découvre en partie la légitimité de son pouvoir.

Derrière l'idéale figure du duc de Bourgogne qui est, pour les familiers de l'hôtel de Nevers, le modèle de ce prince généreux qu'attend la génération nouvelle,[52] se profilent aussi les ombres de tous ceux qui, à des degrés divers de la hiérarchie, incarnent l'autorité monarchique, et sont à ce titre invités à 'user de la puissance pour faire du bien'. Ainsi, les carrières des gouverneurs de Metz et de Luxembourg offrent au fils de Mme de Lambert une belle illustration de l'art de conquérir les cœurs dans des territoires nouvellement annexés. Il n'est pas étonnant que les militaires jouent, dans les académies comme dans les salons, un rôle qui n'est pas négligeable dans la naissance du mouvement des Lumières. L'officier doit désormais conquérir des cœurs, transformer l'hostilité de populations meurtries, sinon en amour, du moins en estime pour le nouveau maître. L'aristocrate modeste trouve, dans des fonctions qui étaient réservées au plus haut mérite et aux plus grands noms, l'occasion de prouver l'attachement de sa race à la personne royale; mais ce sont surtout sa manière d'être et de penser, son univers moral qui sont considérablement bouleversés. Les conditions historiques imposent la transformation définitive d'un idéal barbare et sauvage de la gloire en un idéal policé, et plus éclairé. Nous avons vu comment la marquise de Lambert décrivait à l'avocat Sacy la signification profonde de cette métamorphose, à partir de l'exemple du duc de Bourgogne qui sut, au sens propre, 'déplacer' la gloire du monde. C'est toujours la même métaphore obsédante de la conquête des cœurs qui s'impose à elle, dans sa réflexion sur l'autorité. 'Il nous a prouvé que ce sont les vertus et l'amour du Peuple qui savent donner une grande renommée; et quand on sait se placer dans le cœur des hommes, on sait s'assurer une place dans la postérité la plus reculée' (*Duc de Bourgogne*, p.397). L'avocat lui répondra dans son *Traité de la gloire* en précisant, sous l'influence directe des idées de l'abbé de Saint-Pierre, qu'il faut assimiler l'héroïsme de l'officier des temps modernes à la bienfaisance. Sacy veut distinguer l'ambition barbare et dévastatrice des

---

51. Dans le *Télémaque*, Fénelon affirme que les monarques dignes de ce nom font 'avec fidélité la fonction des dieux sur la terre' (ii.358-59).

52. 'Que n'attendoit-on pas d'un Prince élevé dans des maximes si pures, si bien instruit des justes bornes qu'on doit mettre à l'autorité; qui ne se permettoit rien, parce que tout lui étoit permis; qui n'auroit usé de la puissance que pour faire du bien!' (lettre à Sacy sur la mort du duc de Bourgogne, p.394).

guerriers, d'une vraie gloire que définiraient les talents utiles à la patrie.[53] La valeur est certes une vertu, à condition d'en préciser exactement le sens: 'Mais pour estre vertu, elle doit en avoir le caractere essentiel. Ce caractere, c'est d'estre bien faisante & avantageuse à la société. Dez qu'elle lui est pernicieuse, elle est crime, c'est fureur, ferocité brutale, cruauté' (p.147).[54] Il va de soi que cette valeur bienfaisante réclame, sur le champ de bataille, en faveur de l'humanitarisme et des droits du vaincu, et qu'elle définit un nouveau type de conduite.

Or, il est significatif que la marquise de Lambert rattache précisément ces droits nouveaux à l'idée de vraie gloire, dans une remarque fénelonienne sur l'action bienfaisante de l'aïeul dans la ville de Metz: 'Son cœur, sensible à la vraye gloire, méprisoit les richesses, et n'aimoit la vertu que pour elle-même' (*Avis fils*, p.9). Les portraits des ancêtres nous ont permis d'observer les mouvements de la sensibilité par lesquels se manifeste la belle gloire. A la rétraction fière d'un cœur pur qui se ferme aux séductions du monde, succède l'élan vers les autres, qui se confond avec le sens du devoir. Cette gloire impose l'image d'un monde nouveau, d'une existence qui ne serait plus dominée par les intérêts égoïstes et souillée par la vulgarité. L'homme investi d'une autorité est un citoyen vertueux; le héros des temps nouveaux possède l'affabilité des grands que souhaitera la morale éclairée de Massillon, il rayonne d'un charisme qui n'est pas celui du saint, mais de l'homme bienfaisant dont la première génération des Lumières dit la louange: il verse sur son entourage une chaleur humaine qui annonce l'idéal philanthropique de la fin du siècle.

L'apport essentiel du *Traité de la gloire* de Sacy réside aussi dans l'exposé d'une définition nouvelle de la gloire, à laquelle la première génération des Lumières sera si attachée qu'elle semble la caractériser parfaitement: c'est ce que Paul Hazard a appelé 'l'honneur marchand', et il n'y a aucune raison de ne pas retenir une formule aussi heureuse. Voltaire a fourni l'illustration la plus célèbre de cette idée neuve, avec son apologie du commerce anglais dans les *Lettres philosophiques*. En réalité, l'observateur des mœurs insulaires ne faisait que conserver leur actualité à des vues déjà anciennes, qui avaient séduit les Modernes familiers de l'hôtel de Nevers. Beaucoup d'"intellectuels" français s'intéressaient au négoce. Le détestable Système de Law semble avoir eu au moins un mérite: celui d'ouvrir les esprits à des formes de pensée et à des valeurs éthiques nouvelles. A tous ceux qui ne portaient pas un grand nom, il

53. *Traité de la gloire*, p.145-46: 'Attribuer à la gloire toutes les fureurs de l'ambition, c'est imputer à la Religion toutes les extravagances de l'idolâtrie.'

54. C'est exactement cette conception que développe la *Lettre persane* 89 consacrée à la gloire. 'Tout homme est capable de faire du bien à un homme: mais c'est ressembler aux dieux que de contribuer au bonheur d'une société entière.'

offrait la chance d'une promotion sociale extraordinaire. Le cas du géomètre Jean Terrasson pourrait ici servir d'exemple: 'l'éminence grise' de Fontenelle tiendra, au Palais-Royal, le rôle d'un conseiller de premier plan, qui mettra toute son intelligence à justifier les ambitions de la nouvelle politique économique. Certes, la fin désastreuse de l'expérience balaiera tous les espoirs, et la nation hébétée repoussera avec entêtement les projets visionnaires de négociants hardis. Ce qui n'empêchera nullement Jean Terrasson de renouveler dix ans plus tard, dans son utopie du *Sethos*, sa foi en un commerce colonial actif et éclairé, capable d'assurer la grandeur et la richesse du royaume.

Le salon de la marquise de Lambert sut accueillir toutes ces idées comme elles le méritaient, et Sacy leur donna une vigueur particulière en ouvrant à la gloire un domaine plus étendu que celui de la seule morale aristocratique. Plus pragmatique, il la définit par référence à l'utilitarisme et démontre, dans le second des trois livres dont se compose son *Traité*, comment elle doit servir aux particuliers de tous les ordres de la société. Il affirme que la gloire d'une nation se confond avec sa puissance extérieure, que garantit un commerce florissant; il est donc nécessaire de la réconcilier avec le négoce, trop injustement méprisé: 'C'est une erreur grossière que de s'imaginer que l'espérance du gain puisse seule engager dans le commerce, & que l'amour de la gloire n'y puisse entrer par aucun endroit' (p.92).[55] Mais il est nécessaire aussi d'assurer la gloire de la nation à l'intérieur, en la rendant sage, laborieuse et tranquille. Sacy invite donc ses lecteurs à reconnaître que chaque 'état' possède sa gloire propre, tout en concédant qu'elle est moins étendue et plus obscure dans les métiers manuels.

A l'exception de Robert Challe, tous les moralistes qui renouvellent l'idée de gloire dans les premières années du siècle appartiennent au milieu de Mme de Lambert; dans ces conditions, il est indispensable d'interroger les écrits de la marquise, pour savoir s'ils conservent des traces de ces bouleversements culturels qui se produisent autour d'elle. Les apparences sont trompeuses et risquent d'égarer. Les ouvrages de la marquise de Lambert, ses écrits pédagogiques en particulier, sont d'une grande dame attachée aux valeurs de sa classe, et les critiques du siècle dernier y recherchaient unanimement l'idéal

---

55. Cf. aussi: 'L'amour de l'honneur ou de la gloire peut donc seul animer, estendre & perfectionner le commerce' (p.94). L'abbé Terrasson, qui connaissait bien les idées de Sacy, liera lui aussi, dans les mémoires de la Régence, l'idée de la gloire au commerce: 'nous allons voir la France faire le Commerce d'une partie du Monde, & multiplier ses richesses & sa Gloire sans bornes' (*Compagnie des Indes*, p.20). Il reprendra dans le *Sethos* plusieurs des arguments du *Traité de la gloire* en faveur du commerce: celui-ci suscite l'idée du cosmopolitisme, apprivoise les hommes les plus sauvages, favorise le développement d'une classe sociale courageuse et intelligente (*Traité de la gloire*, p.96-104).

assez pur de la noblesse à la fin du règne de Louis XIV. Pour l'observateur attentif cependant, des indices, certes modestes et rares, permettent de nuancer cette impression première. L'idée lambertine de la vraie gloire, définie comme la plus belle des conquêtes, celle des cœurs, ouvre la morale aristocratique aux valeurs des autres classes. Dès les premières lignes de ce chapitre, nous avons noté la vigueur de la maxime qui reconnaît à chaque profession sa propre gloire: elle a inspiré Sacy, lecteur privilégié du manuscrit des *Avis d'une mère à son fils*. Si la valeur ouvre la carrière la plus brillante, si la gloire du soldat occupe encore le premier rang dans la hiérarchie des 'états', les qualités d'un cœur vertueux et généreux leur contestent ces privilèges. Dans le *Portrait de Sacy* (p.241), la marquise de Lambert, qui sera aussi l'amie de parlementaires comme Montesquieu ou Hénault, ne suit pas l'opinion des gens de sa classe sur la noblesse de robe: elle montre la dignité du magistrat, la compare à celle du héros: 'On a comparé l'Eloquence à la valeur; mais il est bien plus flatteur d'assujettir les hommes par la persuasion, que de les vaincre par la force.' Le même mouvement qui opposait au conquérant sanguinaire le conquérant généreux, lui oppose à présent l'orateur profane; la morale aristocratique investit les lieux de la parole: le Palais, le Parlement. Enfin, la pensée sociale généreuse de la marquise de Lambert, les conseils pratiques qu'elle donne à ses enfants pour régler leur conduite envers les domestiques, directement inspirés des moralistes chrétiens, confirment l'idée que la vraie gloire pour l'aristocrate consiste à savoir reconnaître la dignité des autres, même lorsque les hasards de la naissance[56] les ont placés à une distance éloignée de ce qui est brillant et grand. On ne doit pas être étonné de constater l'identité des principes qui inspirent les avis donnés à l'officier sur la vraie gloire et de ceux qui apprennent au maître à se bien conduire avec ses domestiques: on retrouve le même élan de bonté[57] qui porte le puissant vers l'inférieur, pour le soulager dans ses peines, pour rendre plus douces des tâches contraires au grand principe de l'égalité naturelle.[58]

56. Le thème du hasard des naissances, qui établit des inégalités que la nature n'a pas voulues, plongeant l'humanité dans le temps du mépris, transformant les individus en humiliés et offensés, obsède la marquise de Lambert. En mère éclairée, elle invite ses enfants à ne pas augmenter la cruauté d'une loi contraire à la raison et au cœur. 'Songez que vous ne devez qu'au hasard l'extrême différence qu'il y a de vous à eux: ne leur faites point sentir leur état, n'appesantissez point leur peine. Rien n'est si bas, que d'être haut à qui vous est soumis' (*Avis fille*, p.114); 'Mais ne perdons point de vue un nombre infini de malheureux, qui sont au-dessous. Vous ne devez qu'au hasard la différence qu'il y a de vous à eux' (*Avis fils*, p.53).

57. 'Accoutumez-vous à avoir de la bonté et de l'humanité pour vos Domestiques' (*Avis fille*, p.114).

58. 'Le service étant établi contre l'égalité naturelle des hommes, il faut l'adoucir' (*Avis fille*, p.115).

5. *Un traité de la gloire*

Tout portait cette chrétienne éclairée à accueillir favorablement les idées nouvelles sur la gloire qui s'échangeaient autour d'elle: sa formation philosophique et morale, et l'influence du milieu sur son intelligence la destinaient presque naturellement à donner à l'éthique aristocratique de la gloire une dimension nouvelle, en l'ouvrant à des réalités ignorées ou méconnues. La conquête des cœurs n'est pas le privilège du bon officier: elle doit être le but de tous les hommes de bonne volonté, s'ils ont une idée exacte et généreuse de ce qu'est la vraie gloire. Mais il est encore un dernier sens que prend en charge l'expression: d'une certaine manière, la recherche de la gloire est aussi une conquête de soi-même.

3. *La conquête de soi-même*

La vraie gloire est un mouvement de la sensibilité qui porte l'être vers autrui, et dans le même temps ce mouvement assure un coïncidence du personnage et de la personne, un retour à soi-même. Le prix de la vaine gloire consistait dans la satisfaction de sentir les regards des autres se poser avec admiration à la superficie de la personnalité; mais la récompense de la vraie gloire est dans 'le témoignage secret de la conscience'. La marquise de Lambert sait, avec éloquence, laïciser une pratique ancestrale de la perfection chrétienne, rénover une antique conception de la gloire, définie comme le sentiment intime de la pureté. Ce mot de conscience est en effet un des mots neufs d'une génération marquée par la pensée de Malebranche.

C'est l'observation du lexique qui, une fois de plus, nous permettra d'établir les traits distinctifs et caractéristiques du milieu lambertin. Elle fait apparaître d'emblée, aussi bien chez Mme de Lambert que chez Marivaux, la laïcisation indéniable du terme *conscience*; elle est assumée, dans les écrits de la marquise, par la métaphore 'parlante' d'un tribunal où le juge serait aussi le témoin. La mère propose l'image à l'un et l'autre de ses enfants (*Avis fille*, p.61-62, et *Avis fils*, p.49-50). Si le concept, pour la jeune fille, garde encore quelques valeurs chrétiennes, la définition proposée au fils, en introduisant la notion d'honneur, l'en détache, et toutes les connotations chrétiennes s'effacent définitivement dans l'assimilation ultime de la conscience au sentiment de la gloire. Celui-ci est un appel, une voix intérieure qui s'impose à la raison, aussi contraignante que le regard des autres. Une nouvelle dialectique s'esquisse alors, de la gloire et de la vertu, du monde et du moi, du bonheur de l'honnête homme et de la joie de l'homme probe. A ce point, la pensée réussit un équilibre entre deux pratiques de la perfection: il n'y a plus de frontière pour empêcher l'éthique héroïque de se métamorphoser en honnêteté, et l'honnêteté de rejoindre le culte du héros. Les textes eux-mêmes entretiennent d'une manière significative l'ambiguïté; la conscience, dit la mère à sa fille, témoigne que l'on est une 'honnête' personne, et à son fils (p.50), alors qu'elle lui parle de gloire, elle déclare: 'Il est moins question de paraître honnête homme, que de l'être.'

L'avocat Sacy était destiné à apprécier mieux que quiconque la métaphore du tribunal intérieur. Il semble avoir voulu apporter, sur ce thème, une réponse personnelle à son amie. Il reprend ses mots, ses formules, pour évoquer à son tour 'la joye que le témoignage secret de [n]otre conscience ne manque jamais de [n]ous donner après une bonne action. Cette douce satisfaction est la première récompense de la vertu; [il est doux d']être touché de ce plaisir secret, la plus flatteuse & la plus précieuse de toutes ces récompenses' (p.23-24). Cependant sa réflexion sur la notion de conscience l'amène à juxtaposer deux morales. Cette joie secrète est réservée au sage ou au héros, elle est le privilège d'une élite: en cela il est d'accord avec la marquise de Lambert. Mais il pense que cette morale aristocratique peut coexister avec une morale pragmatique plus indulgente, moins exigeante, susceptible d'être étendue au plus grand nombre: 'Mais ce degré de perfection & de désintéressement que nous demandons dans le Héros, & dans le Sage, gardons-nous bien de l'exiger du commun des hommes. Souffrons qu'ils aiment dans la vertu les choses qu'elle-même employe pour se faire aimer' (p.25). Pour la morale commune, 'la gloire est à proprement parler l'hommage public' (p.28), Sacy peut même l'assimiler à la bonne réputation (p.41), elle est 'l'honneur que chacun s'empresse de rendre au mérite' (p.61). C'est une récompense aussi flatteuse que le témoignage secret de la conscience, une récompense qu'il est légitime de rechercher, parce qu'elle procède d'un désir honnête, et qu'elle vient de la vertu. Sacy semble avoir voulu nuancer la leçon plus exigeante de Mme de Lambert. Certes, il lui emprunte directement l'idée que la gloire ne peut être que la récompense de la vertu, qu'elle n'en est jamais le motif (p.12), mais la marquise, elle, ne croyait pas qu'il était possible de concilier la recherche de l'approbation publique avec l'exigence de pureté, avec le désir de perfection. A deux reprises, elle affirme avec force que la vertu qui mène à la gloire doit ignorer les applaudissements d'autrui:

L'âme se repose dans l'approbation publique, et la vraye gloire consiste à s'en passer. Qu'elle n'entre donc pas dans les motifs de vos actions: c'est bien assez qu'elle en soit la récompense [*Avis fille*, p.64-65];

Ceux qui ne se soucient pas de l'approbation d'autrui, mais seulement de ce qui la fait mériter, obtiennent l'un et l'autre [*Avis fils*, p.50].

Lorsqu'il s'agit de dire la conquête de soi-même, la marquise de Lambert accorde une entière confiance à la conscience, et refuse toute concession pragmatique à la faiblesse humaine; sur ce point, son éthique de la gloire rejoint la morale des saints, et Sacy, en philosophe pragmatique, a voulu la rendre plus humaine, dans l'un de ces dialogues féconds qui ont fait la richesse intellectuelle du salon de l'hôtel de Nevers.

Est-ce à dire que le héros cher au cœur de Mme de Lambert est un être désincarné? Sa pratique de la perfection ouvrirait-elle la voie aux théories négatrices et réductrices qui s'exprimeront beaucoup plus tard, à la fin du dix-neuvième siècle? Si la marquise ne croit pas comme Sacy que la seule gloire soit celle que nous recevons des autres, si elle tend à préférer au public le juge que nous portons en nous-mêmes, et qui nous donnera la mesure exacte de notre mérite, elle admet cependant que la grandeur vraie sait reconnaître la présence d'autrui, et qu'elle est traitable. Elle sait trouver des formules qui parlent à l'esprit, dans lesquelles un vocabulaire concret, jouant sur la polysémie du mot *grandeur*, montre qu'il existe une morphologie de l'exigence morale, qu'une haute vertu s'extériorise dans les manières, dans le bon air (*Avis fils*, p.21; *Portrait de Mlle ****, p.238). A ce point, l'éthique héroïque rencontre précisément l'honnêteté: il n'y a pas de contradiction chez la marquise de Lambert entre le culte du moi et la pratique du monde; la vraie gloire doit être un des fondements de la politesse mondaine. Une de ses plus belles maximes nous servira à prouver qu'elle établit sans cesse un lien entre ces deux pratiques de la perfection; la modestie, valeur centrale de toute morale mondaine, est nécessaire aussi à la conquête de soi-même. Elle sert de faire-valoir dans le monde, mais elle est indispensable aussi dans la solitude où se forme la grandeur, afin que le futur héros puisse se soumettre en toute humilité au jugement du tribunal intérieur.

Les familiers de l'hôtel de Nevers ont dialogué avec passion autour de l'idée de gloire, pour en rechercher une définition qui fût accordée à l'esprit moderne. Ce fut un sujet de dissertation, n'en doutons pas, proposé à maintes reprises par la marquise de Lambert à ses hôtes, sous des formes variées; nous avons conservé de ces exercices des traces matérielles, qui apportent un témoignage irréfutable sur la richesse de la vie intellectuelle du salon, et qui nous font comprendre comment les lambertins procédaient dans la recherche de la vérité. Tous, d'une manière ou d'une autre, ont réfléchi sur ce thème, et il n'est pas étonnant que le concept nouveau de vraie gloire naisse de la rencontre de grands courants de pensée traditionnels.

L'un vient de l'Antiquité: tous les lambertins sont d'accord pour affirmer que la gloire tient à la vertu; mais leur dialogue vise à définir les places respectives de l'une et de l'autre. Il s'agit pour eux, comme le fera Sacy dans son *Traité de la gloire*, de discuter la position de Cicéron dans les *Offices*, qui par une morale pragmatique subtile, difficile et délicate, croyait pouvoir donner aux hommes la vertu pour intérêt. Mme de Lambert, lectrice de Plutarque, dont elle maintient l'héritage, refuse toute concession à la faiblesse humaine et, par une haute exigence où survit aussi quelque chose de l'idéal chevaleresque, fait de la gloire un élément de la vie intérieure, la nature même d'un cœur vertueux et sensible. A la différence de Sacy, et même de Vauvenargues qui sur bien des points pourtant peut passer pour son fils spirituel, elle refuse d'admettre que la gloire puisse être un motif de la vertu. Elle tolère à peine qu'elle en soit la récompense. Ce qui l'intéresse, c'est l'action de l'homme de bien, l'exercice d'une vertu bienfaisante: elle retrouve ainsi l'idéal des humanistes de la Renaissance,[59] celui d'Erasme, par exemple, qui donnait la préférence à l'homme de bien sur l'homme poli.

La tradition chrétienne n'est donc pas étrangère à une morale aristocratique presque pure. Sous un certain angle, la haute exigence de la marquise de Lambert pourrait être rapprochée de la morale des saints. Elle est proche en esprit des prédicateurs modernes qui, comme Fénelon ou Massillon, veulent eux aussi renouveler l'idée de la gloire, en conciliant l'humanité et la grandeur. Du reste, le débat sur la notion de réputation, sur le conflit entre la gloire du monde et la gloire du Ciel est familier à l'Eglise. Mais c'est surtout la notion de conscience, héritée de Malebranche, qui permet à des écrivains laïques comme Mme de Lambert ou Marivaux de donner une définition satisfaisante de la vraie gloire. En montrant l'importance d'un tribunal intérieur qui justifie l'entreprise glorieuse, qui détermine la grandeur du héros, la marquise énonce une idée fondamentale que retiendront les philosophes dans leur recherche des fondements naturels de la morale.

L'idée lambertine de gloire concilie donc à chaque instant une pratique individuelle de la perfection avec l'engagement du vertueux dans le monde. La morale héroïque finit par rejoindre l'honnêteté: les écrits entretiennent en permanence une ambiguïté qui assimile le grand homme à l'honnête homme. La gloire a un rôle à jouer dans l'expression nouvelle de la civilité que le siècle est en train d'inventer, et qui s'appellera sociabilité; mais dans le même temps, la grande dame nourrie de Plutarque, élevée dans la nostalgie de l'héroïsme cornélien, sent que la grandeur est une ascèse solitaire. Ses écrits contiennent un 'Traité de la vraie gloire', dont la leçon, assez originale, dit l'union du culte aristocratique de l'honneur et du culte philosophique de la vertu.

---

59. C'est ainsi que Sacy indique comme sources principales de son *Traité de la gloire*, le *Medices legatus*, dialogue de 1522, imité de Cicéron, du Vénitien Pierre Alcyonius, et le traité *De la gloire* de l'évêque de Silves, Jérôme Osorio, paru à Anvers en 1595.

5. *Un traité de la gloire*

Si tous les lambertins étaient d'accord pour admettre, comme l'affirmera l'auteur des *Lettres persanes*, que le désir de la gloire est comparable à l'instinct de conservation, qu'il est gravé dans le cœur de tous les hommes,[60] ils n'en proposaient pas tous la même définition, persuadés que 'l'imagination et l'éducation [le] modifient de mille manières' (lettre lxxxix). La diversité et la richesse du champ sémantique du mot *gloire*, exploré avec passion par les familiers de l'hôtel de Nevers, confère à la remarque d'Usbek toute sa justesse; celle-ci convient parfaitement à l'analyse de Mme de Lambert.

Il est indéniable que l'éducation de la marquise a influencé sa définition de la gloire. Les modèles familiaux qu'elle propose à son fils, et qui ont illustré le marquisat, exercent sur elle un attrait puissant: même quand elle prend conscience de la polysémie du terme, et qu'elle admet la possibilité pour d'autres professions d'exalter 'cette noble passion', Mme de Lambert demeure fidèle à l'éthique d'une classe, d'un groupe. Incontestablement, sa morale héroïque est l'expression d'un idéal aristocratique. L'attachement à la famille, à la race, à un passé mythique coïncide en outre avec les goûts d'une époque: jusqu'à son mariage, la jeune femme s'est nourrie de l'idéal de la génération de 1660-1670, fascinée, obsédée par la gloire. Mlle Marie-Thérèse Hipp rappelle (p.212) que 'l'époque incline à l'héroïsme, à la joie du risque, de l'action, de la puissance; à l'ambition qui a pour objet la conquête, la gloire.' La marquise est aussi une lectrice de Plutarque, et ses écrits pédagogiques maintiennent, pour un cercle privé, la tradition des *Vies illustres*; elle a du goût pour les gestes nobles et vertueux qui arrachent l'humanité à la médiocrité de l'existence quotidienne, elle sait mieux que quiconque quelle puissante énergie communicative anime la vie glorieuse. Plus tardive, acquise dans l'âge mûr, sa culture philosophique lui a permis cependant de nuancer l'idéal de sa jeunesse: comme les esprits éclairés de la fin du dix-septième siècle, sa foi dans les valeurs de la noblesse ne l'aveugle pas au point d'oublier combien sont féroces les mœurs guerrières, et quelles dégradations subit la morale héroïque au contact des vanités terrestres et des illusions de la Renommée. La sévère critique de l'univers barbare de l'*Iliade* est pour ainsi dire née chez elle, à l'hôtel de Nevers. Enfin, plus généralement, les échanges intellectuels dont elle a profité en animant la vie de son salon ont modifié son idéal; son idée de la gloire s'est progressivement enrichie de tous les débats féconds qu'elle a su conduire avec intelligence. On devine qu'elle a dialogué passionnément avec Fontenelle, avec Sacy, plus tard avec Montesquieu, pour en obtenir la meilleure définition et la transmettre à des créateurs admiratifs comme Marivaux.

60. Montesquieu emprunte l'idée à Sacy, p.32-33: 'ce désir de la gloire si universellement gravé dans le cœur de tous les hommes, [leur est] aussi naturel que la vie'.

Modestes, parfois même presque imperceptibles, les progrès de ses idées révèlent que cette grande dame un peu 'collet monté', que cette chrétienne éclairée a refusé d'être prisonnière de codes trop rigides. Si les préoccupations de ses amis philosophes sur l'honneur marchand ne sont pas passées directement dans ses propres écrits, il est clair qu'elle a su comprendre leurs exigences de dignité, leur respect du travail de l'homme.

L'imagination aussi a joué un rôle dans la généalogie de sa morale héroïque. On a répété au siècle dernier que la marquise de Lambert était fille de Corneille; on a montré plus récemment qu'un moraliste comme Vauvenargues pouvait passer pour son fils spirituel. Il est exact en effet qu'on trouve chez elle un culte de l'énergie, une soif de dépassement qui s'expriment dans des formules frappées au coin du romanesque. Lectrice des grands romans précieux, nostalgique de l'idéal chevaleresque, la marquise rêve de purifier la passion de la gloire, comme elle purifiera l'amour. Elle étonne ses lecteurs par sa pratique de la perfection individuelle, par son ardeur à conquérir le monde, les autres et soi-même, en réunissant, dans un mélange hardi, les qualités du grand homme, du conquérant et du saint. Ce qui lui vaut parfois d'être reprise par les chrétiens, obligés en conscience comme Fénelon de contenir les élans de son ambition. En humble servante, elle montre qu'elle est capable de recevoir ces reproches, mais elle ne peut s'interdire de rappeler au maître, au créateur de *Télémaque*, qu'il a su lui-même exalter l'imaginaire collectif par la représentation d'une vertu hors du commun. Même dans un âge avancé, elle sait préserver les élans de la bienfaisance, et exercer sa générosité en la confondant avec la vraie gloire; il est vraisemblable qu'elle s'est enthousiasmée pour les projets d'un rêveur comme l'abbé de Saint-Pierre. L'étude de sa morale héroïque fait découvrir une synthèse des rêves du chevalier en quête de la haute vertu et des idées réformistes des premiers philosophes. Pour que la remarque de Montesquieu s'appliquât parfaitement à son cas, il aurait fallu aussi montrer, aux côtés de l'éducation et de l'imagination, le rôle de la sensibilité, du cœur. Le héros lambertin apparaît parfois comme un chef charismatique, attentif aux autres, à leurs souffrances. Le temps du mépris n'est pas favorable à la carrière héroïque: l'exercice de l'ambition, la recherche d'une perfection individuelle ne font pas oublier la nécessité d'établir une communication bienveillante avec son entourage, où s'annonce l'idéal si proche de la philanthropie. Il y a une modernité dans l'idée de la gloire qui interdit de ne voir dans la morale héroïque de Mme de Lambert qu'un attachement nostalgique aux valeurs d'un âge révolu.

6. Un traité de la société civile

Les analyses de Magendie et de R. Lathuillère ont montré que la morale de l'honnêteté de développait au dix-septième siècle en suivant deux courants qui parfois se confondent, mais souvent coexistent. Le courant bourgeois – l'étiquette est de Magendie, mais elle n'est peut-être pas très heureuse – assimile l'honnête homme à l'homme de bien, pose l'amour des vertus morales comme condition préalable à l'honnêteté. Dans l'autre courant, l'honnête homme et le galant homme se confondent: l'accent est mis sur les vertus mondaines, sur les agréments de la politesse.

Dans la lignée de Castiglione, Faret affirmait qu'il n'y avait d'honnête homme qu'à la cour; mais cette conception paraîtra trop étriquée aux théoriciens qui le suivront et qui refuseront de réduire l'honnêteté à l'art du courtisan. Le chevalier de Méré, en particulier, fera de l'honnête homme 'un citoyen du monde', en attachant cependant moins d'importance que Faret et Bardin aux qualités morales des individus. Sa théorie aboutit à la dissolution de la vertu au profit de la bienséance, elle n'envisage qu'une honnêteté de surface, réduite à une science du monde, alors que ses prédécesseurs réclamaient des vertus personnelles, intimes. En somme, et pour schématiser, l'on peut admettre que l'un de ces courants réduit l'honnêteté à l'observance exacte des bienséances dans les salons, et que l'autre la limite à une classe idéalisée, la noblesse, et à un lieu privilégié, la cour.

Telles sont les valeurs aux exigences différentes, parfois contradictoires, dont hérite la marquise de Lambert dans les toutes dernières années du dix-septième siècle, alors qu'elle doit résoudre les problèmes délicats de l'éducation de ses enfants, c'est-à-dire de leur insertion dans le monde, et qu'elle cherche elle-même, probablement sous l'influence de Fontenelle, à réunir ses amis en un bureau d'esprit qui devrait être un modèle de politesse et d'élégance. Pour satisfaire ses ambitions, devra-t-elle abandonner l'idéal aristocratique d'une vertu héroïque et désintéressée? Comment concilier les exigences du monde avec l'admiration pour la destinée solitaire du grand homme? La marquise devra-t-elle renier les valeurs de la famille et de la race pour répondre aux impératifs de la vie mondaine? L'installation à l'hôtel de Nevers coïncide dans la vie de Mme de Lambert avec une crise des valeurs. L'appel de la liberté, le sentiment de la disponibilité créent une rupture dans une existence que justifiait cet absolu: le service du roi. D'emblée cette crise prend la forme d'un conflit qui oppose la Ville à la Cour. Les *Avis d'une mère à son fils* auront à

355

répondre à une question urgente, qui n'aurait sans doute pas été posée dans les mêmes termes du vivant de l'époux: comment être honnête homme quand on est officier de cour? Celle-ci en appelle une autre, plus importante encore, qui obsède la marquise de Lambert quand elle ouvre son salon: que doit-on attendre du commerce des hommes? Y a-t-il des devoirs de l'honnêteté comme il y a des devoirs dans la morale héroïque?

En réalité, la marquise de Lambert ne découvrait pas ce conflit des valeurs: elle l'avait rencontré dans ses années de formation, mais il n'avait pas cette acuité. La jeune fille élevée par ce fin lettré que fut Bachaumont avait pu goûter, grâce à lui, les charmes de la bonne compagnie. Plus tard, vers 1670, dans les premières années de son mariage, elle avait découvert l'enseignement de Méré. Ainsi Mme de Lambert s'initiait à la science du monde et à la connaissance de ses valeurs dans le temps même où elle rencontrait, par son mariage, l'éthique aristocratique qui prolongeait la morale de la vertu dont elle était nourrie: car l'adolescente était fille de Plutarque et de Corneille. Mais dans les années 1670-1680, les deux courants coexistaient aisément, parce que les idées de Méré avaient encore tout leur éclat, et que celles de Plutarque avaient été comme renouvelées par le roman précieux, ainsi que l'a montré R. Aulotte.[1]

Le contexte culturel dans lequel cette crise survient doit aussi être pris en compte. Le débat intéresse en réalité toute une génération. L. Versini a montré (*Laclos et la tradition*, p.187) l'intérêt que le dix-huitième siècle allait porter aux notions du siècle précédent: honnêteté, civilité, politesse. L'esprit de synthèse de la marquise de Lambert rencontrait dans l'honnêteté un thème de réflexion idéal. Les deux courants coexistent dans son œuvre: l'honnêteté est pour elle une science du monde, elle permet d'apprendre l'art de plaire, mais elle tient aussi aux qualités morales, aux sentiments du cœur. Le vocabulaire de Mme de Lambert n'a pas encore établi les frontières visibles qui distingueraient l'honnêteté de la civilité: le même mot désigne l'une ou l'autre de ces attitudes. La question essentielle est donc simple à poser: de ces deux conceptions qui cohabitent dans la synthèse de Mme de Lambert, laquelle est à ses yeux la plus importante? La pensée de la marquise offre un témoignage exceptionnel, à un moment privilégié qui permet de comprendre comment l'honnêteté est en voie de se transformer en sociabilité.

1. *Amyot et Plutarque*, p.255-56.

i. Le code des salons: l'art de plaire

Si le sens des mots est encore assez confus au début du dix-huitième siècle, les deux termes *honnêteté* et *civilité* ayant tendance à se recouvrir, si les esprits hésitent à établir une hiérarchie définitive entre l'honnêteté, la civilité et la politesse, l'unanimité en revanche s'établit autour d'un héritage qui fait de l'envie de plaire le premier principe de la vie civile. Dans son *Traité de civilité*, le Père Buffier le proclame hautement: 'L'envie de plaire mal réglée & qui passe les bornes est un des plus grands désordres; l'envie de plaire réglée & dans une juste mesure est la première des vertus morales & civiles' (col.1128).[2] Pour le moraliste mondain, l'art de plaire est à la convergence des deux courants traditionnels, il permet en quelque sorte de les concilier.

Mme de Lambert a recueilli le même héritage: l'honnêteté donne lieu chez elle à une axiologie qui devrait permettre aux individus d'évoluer avec aisance dans le monde. L'axiologie est complétée par une pédagogie qui apprend à reconnaître le rôle de l'amour-propre et les caractères de la société polie. A un autre niveau encore se situe une pratique qui établit les devoirs de l'honnêteté.

1. *Honnêteté et axiologie*

L'exorde des *Avis d'une mère à son fils* orchestre le thème privilégié de l'héroïsme, illustré par les portraits de ses ancêtres; mais la nature de ce thème s'altère très vite, et l'ouvrage se transforme bientôt en un traité des devoirs de l'honnête homme. Mme de Lambert prend soin de souligner les articulations logiques de sa pédagogie morale: 'Comme je ne souhaite rien tant que de vous voir parfaitement honnête homme, voyons quels en sont les devoirs, pour connoître nos obligations' (p.14). Les *Avis* sont donc destinés à guider le jeune homme dans la découverte de la civilité et de ses devoirs. La psychologie, la connaissance du cœur humain serviront dans un premier temps à élaborer une axiologie. Fidèle à la tradition, Mme de Lambert rapporte l'honnêteté à une valeur rayonnante, centrale: le mérite. C'est le mérite qui définit la seule hiérarchie que les hommes puissent admettre. Lui seul est capable de justifier les distinctions établies dans la société civile; il doit être la cause unique des grandeurs et des dignités: 'la supériorité réelle et véritable entre [les hommes], c'est le mérite' (p.18). Cette maxime fondamentale relie la morale de l'élite à l'honnêteté. Il y a une profonde unité dans la pensée de Mme de Lambert, qui rend complémentaires l'art de se conduire dans le monde et l'exigence de

2. Col.1061: 'ce qui peut faire regarder ce volume comme un *Traité de Civilité*, fondé en principes & en raisonnement: par là il se trouvera proportionné au caractère de toutes sortes de personnes' (*Traité de la société civile*, in *Cours de sciences*).

grandeur: le discours mondain est imbriqué dans le discours politique. La polyvalence de la maxime justifie bien sûr l'apologie de l'honnêteté, élevée au rang de l'éthique aristocratique: 'Le titre d'honnête-homme est bien au-dessus des Titres de la fortune' (p.19). L'idée vient directement de Méré (cinquième *Conversation avec le maréchal de Clérambault*). L'exigence de dépassement est au cœur de la morale des honnêtes gens; comme il était confronté à lui-même dans la morale héroïque l'individu sera confronté aux autres dans la morale mondaine. La complémentarité des vertus mondaines, héritées de Méré, et de la morale héroïque, traduit d'emblée la volonté de la marquise de Lambert de concilier les deux courants traditionnels de l'honnêteté.

Avant d'en terminer avec la reconnaissance de cette axiologie, il faut encore souligner l'influence exercée par le salon littéraire. On peut difficilement dissocier la notion de mérite de celle d'urbanité, même si ce mot ne fait pas partie du lexique de Mme de Lambert. L'hôtel de Nevers est le lieu idéalisé où s'affirment le goût de l'émulation, les sentiments d'estime et la reconnaissance du mérite. D'Alembert, décrivant le milieu de la marquise, a bien compris qu'on ne pouvait séparer l'urbanité de la créativité, et la politesse des talents; il définit la 'société charmante' réunie autour de Mme de Lambert comme un microcosme de l'honnêteté,[3] et montre comment, dans l'éthique mondaine de ce groupe, le mérite est inséparable de l'émulation, l'exigence de dépassement pouvant avoir sa source dans la rivalité. L'honnêteté aura pour but d'atténuer les tensions et les conflits qui pourraient naître de passions mal réglées: c'est le rôle que la marquise a voulu assumer comme hôtesse dans son salon, comme éducatrice auprès de ses enfants.

2. *Le double jeu de l'amour-propre*

L. Versini est le premier, à notre connaissance, à avoir signalé (p.188, note 6) qu'on rencontrait chez Mme de Lambert une théorie des deux amours-propres qui annonçait directement Jean-Jacques et sa distinction entre amour-propre et amour de soi. La morale de l'honnêteté suppose une exacte connaissance de la nature de l'amour-propre, qui peut favoriser un égocentrisme néfaste ou bien contribuer au bonheur des hommes.

Comme les moralistes de l'âge précédent, la marquise dénonce un amour-

---

3. *Eloges* (Paris 1787), i.223-25: 'Cette Dame rassembloit chez elle plusieurs célèbres Ecrivains [...], qui unissoient la Philosophie aux charmes de la Littérature, l'urbanité aux talens, l'estime réciproque à la rivalité [...]. On croyoit au contraire, & on avoit le bonheur de l'éprouver à chaque instant auprès de Mme de Lambert, qu'une femme honnête, délicate & sensible, pleine d'âme, d'esprit & d'agrémens, étoit le lien & le charme le plus doux d'une société si heureusement assortie, rare assemblage de savoir & de grâces, de finesse & de profondeur, de politesse & de lumières.'

propre vicieux et corrompu, exactement opposé à l'honnêteté, dont il serait la face d'ombre (p.29). L'amour-propre néfaste apparaît sous deux visages. Renouant avec la tradition pascalienne, Mme de Lambert découvre en lui un élan impérieux qui rend le moi haïssable, et qui le rapproche de cette volonté de puissance qu'on dénoncera plus tard. Plus insidieux, plus séduisant, l'amour-propre sait aussi se déguiser et prendre le masque du flatteur. Mais la marquise pense qu'il est possible de régler cette force, de la rendre naturelle et légitime, de la mettre au service d'une morale dynamique. On rencontre chez elle un discours traditionnel, qui vise à réprimer les élans néfastes de la nature, et un discours pragmatique qui cherche à les tourner au profit de la vie civile.

L'amour-propre impérieux exacerbe les tendances individualistes et favorise le goût de la parade. Il est à l'origine d'un égocentrisme contre lequel viennent buter les recommandations lambertines en faveur de la modestie et de la pudeur; il sert les ambitions du moi, qui finit par devenir envahissant et incommode. 'Rien ne déplaît tant que de montrer un amour-propre trop dominant, de faire sentir qu'on se préfère à tout, et qu'on se fait le centre de tout' (p.24). Ce postulat vaut aussi pour le sexe féminin: la leçon de Mme de Lambert à sa fille comporte une mise en garde (p.104) contre les tentations de la domination. Les valeurs essentielles de la société sont préservées grâce à des équilibres délicats et précaires qu'un rien peut rompre; elles définissent une morale qui donne aux individus un rôle actif et de lourdes responsabilités: il leur appartient de réprimer les passions qui menacent les équilibres fondamentaux. La métaphore qui met en œuvre des mouvements simultanés d'élévation et d'abaissement, est familière aux moralistes de cette génération: on la rencontre chez Pascal, La Rochefoucauld et Fontenelle. Mme de Lambert l'utilise pour montrer que la domination suscite toujours un sentiment d'humiliation.[4] Ces mouvements parallèles traduisent le jeu d'amours-propres qui se heurtent. Par une tragique illusion, l'individu tire sa subsistance de ce qui blesse l'autre, la malignité naturelle recherche sans cesse des victimes. C'est le principe des mouvements parallèles qui sert à expliquer la difficulté d'admirer et d'estimer: 'Les actions d'éclat inspirent plus d'envie que d'admiration: les hommes se révoltent contre ce qui les abaisse; aussi l'admiration est un état violent pour la plupart des hommes et elle ne demande qu'à finir' (*Réputation-considération*, p.278). La morale pragmatique saura tirer des ressources de

---

4. Ces formules sont fréquentes: 'Nous croyons nous *élever, en abaissant* nos semblables; c'est ce qui nous rend médisans et envieux' (*Avis fille*, p.101); 'Conseillés par la malignité naturelle, nous croyons nous *donner* ce que nous *ôtons* aux autres' (p.103); 'c'est l'idée que vous avez de vous-même, qui vous fait soutenir vos droits avec tant de hauteur, et prendre sur ceux d'autrui' (p.105); 'Vous excitez les Passions qui révoltent et qui blessent l'Amour-propre des hommes; votre *grandeur* les *abaisse* et mesure leur petitesse' (*Dialogue Alexandre-Diogène*, p.249).

cette nature des passions; la sagesse consistera à créer des équilibres nés de mouvements inverses. La connaissance du cœur humain permet d'utiliser habilement l'amour-propre d'autrui, pour le mettre en valeur. C'est cette technique que développe Diogène, à la différence d'Alexandre: 'Pour moi je ne leur inspire que de la Pitié; et la Pitié leur fait sentir leur supériorité, et les conduit à la Tendresse' (p.249). Mme de Lambert la recommande également à sa fille, comme une pratique qui exige une rare maîtrise de soi et une connaissance parfaite des replis du cœur humain.[5] La technique de la dissimulation n'est pas en contradiction avec les valeurs de l'honnêteté; Mme de Lambert en restreint considérablement le champ d'application, et admet qu'elle n'est possible qu'entre amis. Par ailleurs, elle doit être justifiée par le désir de substituer aux élans de la haine un sentiment de reconnaissance, qui pourra à son tour déclencher le repentir. C'est donc en fin de compte une mécanique morale bien subtile que la marquise met en œuvre, pour préserver d'une destruction irrémédiable les amitiés blessées: le jeu de la dissimulation ne saurait, en aucun cas, outrepasser les limites d'une thérapeutique salutaire. La dénaturation de l'amour-propre impérieux est sans conteste une exigence de l'honnêteté qui préfère à la haine et à l'envie une démarche masquée profitable au commerce.

Cette position est bien caractéristique du pragmatisme lambertin: les ressources de la nature humaine sont limitées, et la sagesse doit compter avec ce qui lui est donné. Nous sommes en face d'une attitude analogue à celle qui avait permis de prendre en charge l'ambition, pour en faire un des ressorts de la morale héroïque. Mme de Lambert connaît la puissance des dynamismes de l'âme, et veut tirer profit de ses mouvements: il est donc moins question d'anéantir l'amour-propre que de l'épurer. Il faut restaurer dans ses droits la nature étouffée par le code social: c'est déjà l'esprit de la Régence qui s'annonce. Mme de Lambert étend de la sorte le domaine de l'amour-propre légitime, qu'elle mettra au service de la vertu. Car le fondement de sa doctrine est la distinction de deux amours-propres: 'On distingue deux sortes d'Amour-propre; l'un naturel, légitime et réglé par la justice et par la raison; l'autre, vicieux et corrompu' (*Avis fils*, p.29). C'est cette théorie qui donne à la technique de la dissimulation sa véritable signification: au-delà de l'indulgence à l'égard d'une passion qu'on cherche à tourner au profit du commerce honnête, se situe la légitimation d'une puissance. Les natures heureuses et vertueuses sont des natures conquérantes et dominatrices. Les *Avis d'une mère à sa fille* répéteront cette leçon: 'Il n'y a qu'une domination permise et légitime; c'est celle que vous donne la Vertu' (p.104). Mme de Lambert s'est éloignée de la

---

5. *Avis fille*, p.109: 'En dissimulant, vous flattez leur Amour-propre.'

maxime tranchée sur 'le moi haïssable'; elle a voulu donner un sens positif à la remarque de La Rochefoucauld sur les terres encore inconnues du pays de l'amour-propre.

C'est parce qu'elle a reconnu l'importance sociale et l'utilité morale de ce dynamisme que la marquise de Lambert refuse avec mépris un usage vicieux de l'amour-propre, qui en fait une puissance d'illusion. Le dynamisme de l'amour-propre doit être tourné au profit d'autrui; mais il faut le bannir, dès qu'il sert à entretenir l'illusion sur soi-même, dès qu'il voile la vérité intérieure. Mme de Lambert reste fidèle sur ce point à l'analyse de La Rochefoucauld: pour elle aussi, 'l'amour-propre n'est qu'un flatteur' (*Avis fille*, p.94). Cette maxime servira de matrice à un discours dénonçant l'illusion sur soi. La morale et la pédagogie tireront de la leçon de La Rochefoucauld des conséquences pratiques: le pédagogue saura former une belle âme, au terme d'un combat singulier contre une puissance redoutable,[6] et le moraliste fera découvrir l'art de se juger sans aveuglement, sans flatterie, sous le regard lucide d'autrui.[7]

L'amour-propre flatteur est un obstacle à la recherche de la vérité, il repousse le désir de s'embarquer pour le monde vrai. Il n'y a là, au fond, rien de très original, et c'est plutôt dans la force des formules qu'il faut rechercher la marque personnelle de Mme de Lambert. Certaines sont adroitement tournées: 'Notre amour-propre nous dérobe à nous-mêmes, et nous diminue tous nos défauts' (*Avis fille*, p.92). Cependant, les analyses de l'amour-propre sont parfois assez fines, et les découvertes de Mme de Lambert dans son voyage au monde vrai annoncent Marivaux. C'est ainsi qu'elle voit dans l'amour-propre un principe dynamique de la psychologie de la jeune fille, et qu'elle en fait une des ressources les plus sûrs de la coquetterie féminine.[8] Elle note aussi finement que l'amour-propre chez les grands est une marque de vulgarité.[9]

L'analyse lambertine de l'amour-propre se développe dans la tradition des moralistes de l'âge précédent: celui-ci est vicieux et corrompu, quand il présente le double caractère d'une puissance d'illusion et de domination. Cependant, la pensée pragmatique s'efforce de réhabiliter la nature humaine

---

6. Lettre à la supérieure de la Madeleine de Tresnel, p.374-75. La métaphore filée du combat montre le pédagogue aux prises avec l'amour-propre. 'Le grand ennemi que nous avons à combattre, c'est l'Amour-propre [...]. Par là, vous fortifiez leur amour-propre. Laissez-les faire, quelqu'appliquée que vous soyez à le détruire, il soutiendra ses droits contre vous.'

7. Dans *Avis fille* (p.94), la marquise oppose la lucidité de nos ennemis à notre aveuglement. 'Vous devez plutôt les croire que l'amour-propre qui n'est qu'un flatteur [...]. L'on a trop de penchant à se flatter, et les hommes sont trop près d'eux-mêmes pour se juger.'

8. 'L'amour-propre est toujours nourri de ce qu'elles voyent en elles, ou de ce qu'elles inspirent' (*Vieillesse*, p.152). La marquise parle ici des jeunes femmes qui ont de la beauté et des agréments.

9. Voir *Dialogue Alexandre-Diogène*, p.256.

pour en exploiter les ressources: l'honnêteté admet, dans certains cas, une technique de la dissimulation qui pourrait tourner cette puissance au profit du commerce. Mais il faut établir les relations sociales sur des principes plus solides.

3. *La société douce et polie*

La société de l'hôtel de Nevers fut à l'image du monde poli dont rêvait la marquise de Lambert. Celui-ci s'ordonnait autour des valeurs chères à l'honnêteté, avec cependant des nuances que cette étude devrait permettre de cerner. Tous les commensaux de la marquise de Lambert ont loué les agréments de la société policée: Montesquieu, l'abbé Terrasson, le Père Buffier, le marquis de Saint-Aulaire. Mais c'est incontestablement l'image de Fontenelle qui s'impose, quand on cherche à définir le mondain des premières années du siècle. Elle vient prendre place en quelque sorte, entre celles de Saint-Evremond et de Voltaire. On rencontre Fontenelle dans tous les milieux, chez Mme de Lambert et à Sceaux, au Palais-Royal, chez Mme de Tencin, plus tard chez Mme Geoffrin. On trahirait les grâces de son urbanité si l'on voulait le juger à travers l'épigramme de J.-B. Rousseau, comme un bel esprit brillant au milieu des caillettes parisiennes.[10] Sa politesse fut exquise, et nous pensons qu'il eut plus d'influence 'par sa conversation que par ses ouvrages' après 1700.[11] Il a probablement suggéré à la marquise de Lambert, en même temps que les moralistes de l'honnêteté, une définition de l'art de plaire en société.

Le jeu social a ses règles, la vie civile impose des devoirs: l'homme bien né les connaît et les respecte. Il s'applique à établir un commerce presque toujours qualifié dans les traités de morale de l'époque de 'doux' et de 'poli'. Cette politesse, qui fait appel à un savoir théorique et pratique, représente un progrès de la civilisation. Les collectivités humaines n'étaient à l'origine que des établissements destinés à protéger les individus et à garantir leur conservation; en se perfectionnant, les hommes ont éprouvé le besoin de transformer la vie communautaire, de l'adapter à des mœurs plus douces: ils ont métamorphosé la sauvagerie en politesse: 'Après avoir prescrit les devoirs nécessaires à leur

---

10. 'Depuis trente ans, certain berger normand, / Aux beaux esprits s'est donné pour modèle, / Et leur apprend à traiter galamment / Les grands sujets en style de ruelle. / Ce n'est le tout: chez l'espèce femelle, / Il brille encor, malgré son poil grison; / Et n'est caillette, en honnête maison, / Qui ne se pâme à sa douce faconde. / En vérité, caillettes ont raison, / C'est le pédant le plus joli du monde.' Cité par Mathieu Marais, iii.459. Voir iii.461, lettre du 30 décembre 1726, au président Bouhier: 'L'épigramme de Rousseau court tout Paris: Fontenelle la laisse courir, et les caillettes en rient.'

11. F. Deloffre, *Marivaux*, p.17.

sûreté commune, ils ont cherché à rendre leur commerce agréable; ils ont établi des règles de politesse et de savoir-vivre aux personnes bien nées' (*Avis fils*, p.23).

Ce commerce agréable est justifié en théorie par le principe de la sociabilité; il se manifeste dans la politesse, qui est comme le langage de l'honnêteté, et dans la conversation.

A. *Honnêteté et sociabilité*

Les moralistes de l'honnêteté fondent leur système de valeurs sur l'aptitude sociable des individus; le Père Buffier en fait le principe premier de son *Traité de la société civile*: 'Les hommes ne subsistent que par le commerce qu'ils entretiennent ensemble, et par le besoin mutuel qu'ils ont les uns des autres' (col. 1063). C'est la sociabilité qui justifie en théorie l'éthique collective. Nous venons de voir qu'elle se présentait, dans sa forme primitive, comme une communauté d'intérêts, à laquelle Mme de Lambert veut donner plus de générosité en lui associant les idées de gloire et d'honneur (*Avis fils*, p.22). Le principe de la sociabilité permet à la marquise de Lambert d'échapper aux tentations individualistes de la morale aristocratique. Nous aurons l'occasion de répéter que le discours mondain ne saurait être un discours de la singularité, le mot étant entendu dans les deux sens. Les lois ont été conçues pour la répression du méchant, qui s'exclut de lui-même de la communauté. La synthèse de Mme de Lambert est parfaite, puisqu'elle lui permet d'assimiler d'emblée les deux sens du mot *honnête*: l'honnête homme est un homme d'honneur, il ignore les vices qui sont le partage du méchant. Celui-ci agit à l'écart de la communauté, et contre elle; il doit s'avancer masqué. La vérité est son ennemie.[12] Or, pour Mme de Lambert, 'le faux dans les actions' et 'le faux dans les paroles' sont inconnus de l'honnête homme: 'les honnêtes-gens ne sont point faux; qu'ont-ils à cacher?' (p.23-24). 'Quand un homme a acquis la réputation de vrai, on jureroit sur sa parole; elle a toute l'autorité des sermens; on a pour ce qu'il dit un respect de Religion' (p.23). Henri-François de Lambert retrouvait les valeurs de l'honnêteté que lui avaient enseignées ses éducateurs jésuites. La morale de Mme de Lambert coïncide parfaitement avec les principes de la connaissance du monde développés par le Père Buffier. Quand la marquise rappelle que celui qui dit la vérité est semblable aux dieux, quand elle affirme (p.23) que 'le véritable usage de la parole, c'est de servir la vérité', elle annonce au fond les maximes du *Traité de la société civile*: il y a un caractère divin de la vérité, et le commerce des menteurs est dangereux.[13]

12. Voir, par exemple, le Cléon de Gresset, qui joint la dissimulation au plaisir pervers de nuire.

13. *Société civile*, iii.XVII, col.1170, 'Du mensonge'.

La sociabilité ne tient pas seulement à l'acquisition des vertus fondamentales du vrai, qui préservent le commerce humain des dangers que lui font courir les méchants, les hypocrites et les menteurs – on remarquera que ce sont là trois des types favoris de la comédie classique et néo-classique; elle suppose aussi l'acquisition des 'qualités agréables et liantes' (p.24). Ce dernier adjectif est un des plus caractéristiques du lexique mondain de la marquise de Lambert. C'est la connaissance de l'art de plaire qui permet d'établir les liens nécessaires au commerce; Mme de Lambert affectionne même une expression plus forte: elle parle de 'savoir-plaire',[14] ce qui prouve que l'honnêteté repose sur une pratique, sur une technique. Le verbe *plaire* et son antonyme *déplaire* sont au cœur de cette définition du commerce; réunis dans la dyade, ils soulignent les liens complexes de réciprocité et d'interdépendance qui apparaissent dans le concept de sociabilité. Dans cette remarque: 'c'est aussi par l'humeur qu'on plaît et qu'on déplaît' (p.26), se révèle le double mouvement de l'envie de plaire et de la reconnaissance; l'adhésion au code mondain exige l'abandon de tout égocentrisme et la soumission au jugement d'autrui. Mme de Lambert a fait de cette reconnaissance du mérite un des principes majeurs de l'honnêteté. Dans l'analyse des rapports du moi et du monde, le discours sur la vertu est complété par un discours sur les agréments; les manières doivent assurer les qualités du cœur et de l'esprit. La marquise donne au jeune officier des conseils sur sa carrière, qui visent à le mettre en garde contre les tentations d'une vertu fière et solitaire. Il n'est pas interdit de découvrir dans la définition lambertine du 'savoir-plaire' l'équivalent, dans le domaine moral, de l'esthétique nouvelle qui est en train de naître: toute une génération recherche l'âme de la forme, le sourire de la ligne, la physionomie spirituelle de la matière, pour reprendre les mots appliqués à Watteau par les Goncourt.

La réussite dans l'art de plaire réclame un travail permanent sur l'humeur et l'esprit. 'Pour n'être point désagréable et quelquefois odieuse, la franchise a souvent besoin du secours de la politesse qui la tempère';[15] elle exige aussi un bon usage de la parole, une maîtrise des conversations, une connaissance parfaite de l'art de conférer.

B. *La politesse*

Le lambertinage désigne une conception exquise de la politesse[16] et l'urbanité d'un salon littéraire. Pour l'éclairer dans sa nature, il est nécessaire de rappeler

---

14. *Avis fils*, p.24: 'Je vous ai déjà dit que dans les Emplois subalternes, on ne se soutient que par *savoir plaire*.'

15. J.-P. Zimmermann, p.442.

16. Zimmermann, p.442: 'Rien de plus fin, rien qui révèle une plus profonde connaissance du monde, rien qui témoigne de plus de distinction de sentiments et de manières que les réflexions de Mme de Lambert sur la politesse.'

qu'il repose sur la double analyse des relations entre le moi et le monde, entre la nature et la culture. Le Père Buffier rapporte le principe général de la morale et de la société civile à l'idée du bonheur: le désir d'être heureux explique les conflits qui opposent les individus.[17] Mme de Lambert, dans une conception plus traditionnelle, admet qu'ils naissent de la contradiction des caractères: l'humeur conditionne les manières, et le premier soin de l'honnête homme doit être de corriger ou de tempérer sa nature. Après avoir modelé le caractère, la politesse s'attachera à trouver le point de perfection des agréments et des qualités extérieures.

La définition de l'urbanité rencontre le problème de la conciliation de la nature et de la société. Il n'est pas juste d'affirmer que 'Mme de Lambert ne voit aucun antagonisme entre l'état de nature et l'état de société.'[18] La morale de l'honnêteté vient en effet buter sur la question difficile du caractère, dont la marquise propose cette définition utile: 'L'humeur est la disposition avec laquelle l'âme reçoit l'impression des objets' (p.26). La marquise de Lambert esquisse une caractérologie fondée sur le critère de l'adaptabilité au cercle mondain. Elle répartit les individus en deux catégories. La première est définie en des termes empruntés à Molière: elle regroupe 'les humeurs sombres et chagrines', ou misanthropiques, plus gravement encore appelées 'humeurs farouches'; elle s'oppose à la catégorie des 'humeurs douces' (p.27). Ainsi le discours mondain incorpore, dans une contre-épreuve, un discours de l'importunité et de la singularité, dont les figures essentielles sont empruntées à la comédie et au genre des 'caractères'. Comme l'avait fait le discours amoureux avec sa géographie de Tendre, la morale de l'honnêteté désigne les terres étranges où le mondain ne pénétrera pas. Les distinctions établies par Mme de Lambert, grâce aux adjectifs qui caractérisent le mot *humeur*, sont familières aux moralistes contemporains. Le Père Buffier fait défiler, dans une accumulation caractéristique, les figures singulières: il esquisse une carte de la singularité, sur laquelle on pourrait situer les propos de Mme de Lambert concernant la misanthropie. Plusieurs articles du second livre du *Traité de la société civile* sont consacrés aux 'manières singulières ou rebutantes', 'qui diminuent l'agrément de la société civile sans les détruire.' 'Telles sont les manières hautaines, hardies, importantes, piquantes, brusques, bizarres, chagrines, distraites, affectées, vétilleuses, prétieuses, pédantesques, et autres

17. *Société civile*, col.1071: '"Je veux être heureux; mais je vis avec des hommes qui, comme moi, veulent être heureux également chacun de leur côté: cherchons le moyen de procurer mon bonheur en procurant le leur, ou du moins sans y jamais nuire." Tel est le fondement de toute la sagesse humaine, la source de toutes les vertus purement naturelles, et le principe général de toute la morale et de toute la société civile.'

18. J.-P. Zimmermann, p.442.

semblables' (col.1121). Cette liste est ouverte: s'y ajouteront encore, au fil de la démonstration, les 'insolentes' et les 'tracassières'. L'énumération du Père Buffier s'inspire de la tradition des *Caractères* et des *Avis*. Il n'est pas inutile de rappeler, pour éclairer le texte de Mme de Lambert, la définition que le jésuite donne des manières 'chagrines': 'Les manières *chagrines* ont une teinture d'injustice odieuse; paroissant attribuer à ceux qui nous approchent, la cause de ce qui nous déplaît' (col.1125).

La marquise de Lambert est fermement persuadée que l'acquis peut modifier l'inné, que l'expérience et l'éducation peuvent transformer l'humeur, la mode-ler au gré de la volonté: 'La plupart des Hommes s'imaginent qu'on ne peut travailler sur l'humeur; ils disent: "je suis né comme cela", et croyent que cette excuse leur donne droit de n'avoir aucune attention sur eux' (p.26-27). Il est donc nécessaire d'établir une école de civilité, où le respect d'autrui passerait par le respect de soi-même. Mme de Lambert a sans aucun doute approuvé le projet du Père Buffier d'inclure un *Traité de civilité* dans un vaste et ambitieux *Cours de sciences*: le savoir-vivre est un savoir à part entière, et le moraliste jésuite voudrait atténuer son caractère spéculatif. L'œuvre de Mari-vaux journaliste illustrera cet esprit nouveau. M. Gilot a montré (p.454) que, dans *Le Spectateur français*, Marivaux avait voulu créer une 'école de responsabilité', fondée sur l'"interaction continue de la psychologie et de la morale comme connaissance et comme action'. 'L'attention portée aux autres', trait si marivaudien selon le même auteur (p.448), trait qui caractérise aussi la morale pragmatique mondaine du milieu des jésuites, ne peut exister sans l'attention portée à soi-même: l'enseignement de Mme de Lambert le rappelle constamment.

La leçon du *Misanthrope* fournit un des thèmes favoris de cet apprentissage: toute réflexion sur l'honnêteté implique, à sa façon, une réécriture de la pièce. Mme de Lambert, qui a emprunté à Molière le lexique de sa caractérologie, le suit également dans son analyse du code mondain. Comme lui, elle pense que la misanthropie exclut l'honnêteté, qui découvre ses plaisirs les plus délicats dans l'amabilité et dans l'amitié.[19] L'humeur douce, au contraire, se reconnaît à cette indulgence que Molière prêtait à Philinte, et à la générosité, ces deux vertus que l'hôtesse de Nevers avait perfectionnées, expression parfaite d'une sensibilité agissante. En apparence, l'indulgence est aisée, natu-relle, comme le sont l'héroïsme et la générosité de l'aristocrate. Mais chez des natures moins heureuses – c'est ce que dira le Père Buffier – la douceur du commerce doit atténuer, effacer mille occasions quotidiennes de conflits; la

19. 'Les humeurs sombres et chagrines, qui penchent vers la misanthropie, déplaisent fort' (*Avis fils*, p.26).

civilité succède à une infinité de compromis délicats, qui tentent de concilier les exigences contradictoires des rangs, des conditions, des fortunes, des désirs, des sentiments, des passions. Le Père Buffier est contraint à cet aveu que, pour le savoir-vivre, l'usage du monde instruit mieux que les livres. La morale de l'honnêteté a ceci de commun avec la morale héroïque, qu'elle exige un effort, un dépassement, une maîtrise de soi.

Les réflexions de Mme de Lambert sur la misanthropie ne visent pas à traiter de nouveau la question de la sincérité, que se doit d'éclairer tout ouvrage sur la civilité; elles posent le problème plus vaste du bonheur individuel, elles montrent le déchirement d'une conscience en proie à la double postulation vers la solitude et vers le monde. L'équilibre est délicat à réaliser entre la morale du bonheur, qui met l'amour de la retraite au centre de ses préoccupations, et la morale de l'honnêteté qui vante les charmes du commerce doux et poli. La difficulté augmente encore avec les déterminismes qui pèsent sur l'urbanité et la menacent, en particulier l'âge et la condition. Le point de perfection est atteint, quand l'honnête homme parvient à concilier les joies particulières de son jardin secret avec les charmes de la société polie: 'Mais quand on sait vivre avec soi-même et avec le monde, ce sont deux plaisirs qui se soutiennent' (p.49). Cet idéal naît d'un équilibre de mouvements contradictoires, dans lesquels l'humeur, qui tient au caractère, à l'âge, au métier, joue le rôle principal.

L'art de plaire impose une étude caractérologique préalable, car les manières sont conditionnées par l'humeur. L'honnêteté de la marquise de Lambert affirme qu'il est possible de modifier la nature; on peut, particulièrement, triompher de la misanthropie, néfaste à la civilité et à l'indulgence qui définissent la douceur du commerce, et qui sont les attributs de l'âme aristocratique.

Dès que l'humeur ne constitue plus un obstacle aux manières, la société douce et policée peut s'établir. La politesse en est le langage. Mais une mise au point du vocabulaire s'impose. Est-elle parfaitement identique à celle que célébraient les théoriciens de l'honnêteté, Méré en particulier? Quels liens la marquise de Lambert établit-elle entre la politesse et l'honnêteté? Comment définit-elle les agréments?

La politesse est comme le langage de cette société douce dont rêvent les lambertins. Le sens du mot s'est élargi à la fin du règne de Louis XIV, et sous la Régence. Il s'est chargé en particulier de connotations philosophiques, et il n'a plus la même signification que pour les contemporains de Méré. La politesse entretient des liens avec la modernité: l'idéal d'une société douce et polie est le fruit du progrès des mœurs et de l'intelligence, l'avènement des Lumières l'enrichit.

La seconde phase de la Querelle des Anciens et des Modernes a pour beaucoup contribué à faire prendre conscience de cette corrélation. L'échange littéraire entre le Père Buffier et la marquise de Lambert en est un bon exemple: il faut mettre un terme à la querelle trop bruyante qui oppose Mme Dacier et La Motte, les injures et la polémique nuisent à l'image idéale que la marquise voudrait donner du commerce de l'esprit. Dans cette correspondance, la corrélation de l'honnêteté et de la politesse apparaît ausi à un autre degré: elle est utilisée dans le débat comme un argument de fond. Le Père Buffier, séduit par la notion de relativité, est profondément convaincu de l'arbitraire du goût, ce qui lụi permet d'affirmer la présomption de tout jugement sur Homère.[20] Sa démarche lui vaut une objection de La Motte, que Mme de Lambert exprime au nom de son salon: 'Si les héros d'Homère doivent servir de modèles?' (*Première lettre*, p.381). Dans une réponse brève et modeste, la marquise avance son sentiment personnel, qui reflète l'opinion générale de ses commensaux: 'Il me semble que nos Héros d'à présent gâtent un peu ceux d'Homère' (p.381). Ces héros, ce sont bien sûr ceux de l'*Astrée* et des grands romans précieux, ce sont les personnages du Tasse ou de Corneille; mais la marquise pense aussi à *Télémaque*. Elle propose à son correspondant le sentiment de La Motte, pour lui prouver que les Modernes sont eux aussi conscients de la relativité des goûts: 'Mr de La Mothe convient que si Homère étoit venu dans des tems plus avancés et aussi polis que les nôtres, il auroit été un Poète admirable' (p.381). Tous ces arguments s'inspirent de la magistrale *Dissertation sur l'Iliade* de l'abbé Jean Terrasson, dont les idées font autorité à l'hôtel de Nevers. Profondément convaincu du progrès linéaire de la 'philosophie', c'est-à-dire selon sa propre définition de la morale et de la raison, le disciple de Fontenelle et de La Motte avoue préférer aux héros fous et insensés d'Homère le héros sage et pieux de Virgile, et à ce dernier les héros du Tasse ou celui de Fénelon: c'est dans l'épopée moderne qu'il faut rechercher des leçons de grandeur, de vertu et de politesse.

La marquise pensait aussi à des modèles vivants. Ses portraits de La Rivière et de Fontenelle sont inspirés par le même idéal d'urbanité. Le 'berger des ruelles', ce 'favori de la raison', joint aux qualités solides les agréables, et son amie peut affirmer qu'elle n'a 'jamais connu personne d'un commerce si aisé' (*Fontenelle*, p.247). Pour désigner la politesse de La Rivière (p.232), la marquise recourt à un terme qui a un peu vieilli dans le sens où elle l'emploie: elle se sert toujours du mot *galanterie* pour désigner l'aisance des attitudes et la finesse des pensées. Il est vrai que les amours apparaissent dans le décor de ce portrait

---

20. Buffier, *Dissertation: si nous sommes en état de bien juger des défauts d'Homère, lettre première*, in: *Cours de sciences*, col.1511.

aimable, ce qui permet au mot de retrouver un usage plus conforme à celui de l'époque. La galanterie s'ordonne donc autour de ces deux pôles: 'la politesse des manières et celle de l'esprit'. L'équilibre est moins bien réalisé dans le portrait de Fontenelle: Mme de Lambert passe légèrement sur 'la figure', pour appuyer sur les agréments de l'esprit. Mais avant de décrire ce qu'elle met dans 'les manières' et dans 'la délicatesse de l'esprit', il est nécessaire d'établir la place qu'elle donne à la politesse par rapport aux 'agrémens du cœur' (p.245).

Si Mme de Lambert utilise encore le mot *galanterie*, c'est que son lexique ne confond pas la *politesse* et l'*honnêteté*: en ce sens, il témoigne des évolutions sémantiques importantes qui s'accomplissent dans les premières années du siècle.[21]

Une formule centrale pose le problème en toute clarté. La politesse est indispensable au commerce, elle est le langage de la sociabilité (*Avis fils*, p.31):

La Politesse est la qualité la plus nécessaire au commerce: c'est l'art de mettre en œuvre les manières extérieures, qui n'assurent rien pour le fonds. La Politesse est une imitation de l'Honnêteté. et qui présente l'Homme au dehors, tel qu'il devroit être au dedans; elle se montre en tout, dans l'air, dans le langage et dans les actions.

Mme de Lambert n'innove pas en établissant cette frontière entre les qualités extérieures et celles du cœur, en distinguant la politesse de l'honnêteté. Elle s'inspire des moralistes qui l'ont précédée, et particulièrement de La Bruyère, qu'elle paraphrase.[22] Apparences, imitation. Il y a dans cette théorie de la politesse fortement influencée par la morale de la Cour, un étrange mélange de scepticisme et de confiance en l'homme. Le conflit entre le cœur et les manières, entre la sensibilité et la sociabilité, entre la politesse et l'honnêteté devient de plus en plus aigu. Les deux courants traditionnels de l'honnêteté, le courant vertueux et le courant mondain, se rejoignent encore, mais pour combien de temps? L'influence de l'esprit de cour est toujours visible dans la morale de la Ville. Mme de Lambert enseigne à ses enfants que la politesse est indispensable, qu'elle est un phénomène compensatoire (*Avis fils*, p.32; *Avis fille*, p.112). Comme les moralistes de l'âge précédent, elle indique qu'elle n'est qu'une illusion nécessaire, mais croit en la possibilité de suppléer par l'éducation aux défauts de la nature, pour prévenir bien des actions viles et brutales. Chez elle, la politesse est à la fois un masque et un 'supplément de la vertu' (*Avis fille*, p.110-11). J.-P. Zimmermann avait raison de noter jadis

---

21. Voir L. Versini, p.188. L'auteur montre l'influence des idées de Mme de Lambert sur celles que développera plus tard Le Maître de Claville dans son *Traité du vrai mérite de l'homme* (1734). On retiendra surtout ce commentaire: 'On voit nettement comment, pénétrées de sensibilité, les vieilles notions sont en train de se muer en sociabilité.'

22. 'De la société et de la conversation', 32.

(p.442) qu'une telle conception témoignait du triomphe de la morale laïque sur les valeurs chrétiennes:

La politesse est une de ces vertus sociales qui remplacent les vertus chrétiennes. Mauvaise pour le chrétien qui ne recherche que l'intention du geste (et le désir de plaire est un motif égoïste et coupable), elle est utile et recommandable pour qui n'examine que les résultats, les actions qu'elle inspire.

Les honnêtes gens ne nourrissent aucune illusion sur ce langage de la sociabilité: ils aperçoivent lucidement ce qu'il doit aux vices des hommes, à leur hypocrisie, à la corruption des mœurs. Le paradoxe que Jean-Jacques développera dans son premier *Discours* leur est familier. Ils admettent que la politesse est indispensable dans des sociétés qui ont oublié la vertu primitive. Mme de Lambert invente une fable aimable établissant que la société douce et polie est le fruit de la volupté, peut-être même de la corruption (*Avis fille*, p.111). Pour les honnêtes gens de la fin du dix-septième siècle, les fondements théoriques ont moins d'importance cependant que les applications pratiques; ils se gardent bien d'arracher les masques. Leur pragmatisme leur fait voir surtout les bienfaits de ce substitut de la vertu; la connaissance de la politesse est indispensable, ils l'assimilent à une science de plaire, dont il faut avoir appris les principes.

Les définitions de la politesse que nous venons de rencontrer font une large place au verbe *plaire*: il est le centre d'où rayonnent toutes les réflexions et toutes les observations. La politesse est bien un art de plaire; elle deviendra même 'une science de plaire' pour Le Maître de Claville, qui la placera bien haut, et pour le Père Buffier la première des vertus. La marquise de Lambert elle-même, sans en faire comme eux un absolu, reconnaît que la vertu est en danger, quand elle est méprisée; l'honnêteté, au sens vertueux du terme, est conditionnée par les manières. En s'efforçant de paraître, l'homme finit par être. Il y a une dimension morale héritée de Plutarque dans le concept lambertin d'imitation: comme on peut imiter les vertus du grand homme, on peut aussi imiter les vertus du généreux en cultivant la politesse. Le masque finit par coller à la peau et l'art de plaire embellit l'homme poli.

Tous les moralistes de cette génération conviennent avec Mme de Lambert qu'il est nécessaire d'enseigner les premiers principes d'une technique indispensable au commerce. L'art de plaire, en effet, naît de l'exacte observation des rapports du moi et du monde (*Avis fille*, p.111), qui permet de découvrir trois règles fondamentales, que le chevalier de Méré et La Bruyère avaient en partie dévoilées. La première veut que la politesse soit attentive à ménager l'amour-propre d'autrui (*Femmes*, p.185; *Réputation-considération*, p.278-79); sur ce point, Mme de Lambert s'éloigne quelque peu de Montesquieu, qui n'admet aucun compromis pour la morale de la vertu, qui refuse d'être dupe de cette espèce de tromperie. Cette première règle a un corollaire: le savoir-vivre veut qu'on sache s'effacer, l'établissement de la paix entre les hommes exige que soient émoussés les désirs et les passions. C'est le chevalier de Méré qui avait formulé cette seconde règle (première *Conversation*), que Mme de Lambert fait sienne et répète à satiété (*Réputation-considération*, p.279; *Avis fils*, p.32; *Avis fille*, p.111). Les applications en sont multiples: cacher sa supériorité (*Avis fils*, p.32), oublier son rang (*Femmes*, p.180; *Portrait de Mlle de ****, p.238), etc. La politesse apparaît donc bien comme une imitation de l'humilité, et l'on assiste à un glissement révélateur de la morale chrétienne vers la morale laïque: c'est désormais le monde qui condamne l'orgueil et l'égoïsme. La laïcisation des vertus joue aussi à un autre niveau: l'humilité de l'homme poli le prépare à la charité, car la troisième règle de l'art de plaire fait prendre conscience des besoins du prochain. La politesse doit venir au secours d'autrui, pour mettre en valeur ses qualités. C'est Méré qui avait reconnu ce mouvement de réciprocité; le moi doit s'effacer pour laisser triompher la personnalité de l'autre. Mme de Lambert le reprendra: 'une personne polie [...] ne pense qu'à faire valoir le prochain' (*Réputation-considération*, p.279). Entre temps La Bruyère avait orienté définitivement la morale de l'honnêteté vers une définition de la politesse qui l'assimilait à une satisfaction mutuelle, à un contentement réciproque: 'Il me semble que l'esprit de politesse est une certaine attention à faire que par nos paroles et par nos manières les autres soient contents de nous et d'eux-mêmes' (v.32). Les moralistes mondains ne changeront rien à cette formule: on la retrouve presque textuellement chez la marquise, chez le Père Buffier[23] et chez Le Maître de Claville.[24] Il est probable, comme semble l'indiquer la dissertation *Sur la réputation et la considération*, que la définition de la politesse a été proposée comme sujet de morale aux habitués du salon. L'abbé Terrasson, sensible aux arguments de Mme de Lambert, proposera de distinguer 'l'envie de plaire' de 'l'attention à ne pas déplaire', rattachant celle-là à l'égoïsme et faisant de celle-ci l'âme de la société douce et polie.[25]

La connaissance des règles fondamentales du savoir-vivre permet à l'individu d'extérioriser ses qualités; elle introduit dans le cercle mondain la politesse des

23. *Société civile*, col.1085: 'l'essence et l'âme du savoir-vivre est le soin de contribuer à la satisfaction des autres, afin qu'ils soient contens de nous, et que nous soyons contens d'eux.'

24. *Du Vrai mérite*, cité par L. Versini, p.189: '[la vraie politesse est] une attention à faire que par nos paroles et nos manières les autres soient contens de nous et d'eux-mêmes.'

25. *La Philosophie applicable* (Paris 1754), p.52: 'Il y a bien de la différence entre l'envie de plaire, et l'attention à ne pas déplaire. La première n'a pour fondement ordinaire que l'intérêt propre, l'ambition, et quelquefois même des intentions lâches et criminelles. La seconde a pour principe la satisfaction des autres, ou la crainte de les chagriner; et elle est l'âme de la société douce et polie.'

manières et la politesse de l'esprit. C'est autour de cette double articulation que se construit l'image du commerce et de ses agréments dans tous les écrits de Mme de Lambert, dans ses avis sur l'honnêteté comme dans les portraits mondains. La distinction de la politesse des manières et de la politesse de l'esprit est délicate, subtile, et il convient de la rapporter dans les termes qui sont ceux de Mme de Lambert: 'Il y a la Politesse de l'esprit, et la Politesse des manières. Celle de l'esprit consiste à dire des choses fines et délicates; celle des manières, à dire des choses flatteuses, et d'un tour agréable' (*Avis fils*, p.31). On retrouve dans cette dualité le double mouvement de l'envie de plaire et de l'attention à ne pas déplaire. Ces deux politesses se manifestent à chaque instant, dans chaque acte et dans chaque parole de l'honnête homme; elles se montrent en tout, 'dans l'air, dans le langage et dans les actions'. Le mondain accompli a rejoint, à la fin du dix-septième siècle, le parfait courtisan formé à Versailles sur le modèle de la politesse de Louis XIV jeune. De ce point de vue, il n'y a plus de conflit dans les années 1680-1690 entre la Cour et la Ville: le déséquilibre réapparaîtra plus tard, quand s'épanouira l'urbanité des salons, et que la Cour, au contraire, s'enfermera dans l'austérité de la fin du règne. L'aversion de la marquise de Rambouillet pour les manières peu élégantes de Louis XIII ne serait plus de mise; la marquise de Lambert admire la politesse de Louis XIV, elle en fait l'éloge, car cette politesse incarne parfaitement l'idéal du masque aimable qui doit cacher la corruption des cœurs: 'Quand les courtisans auroient le cœur corrompu, il règne toujours à la Cour une honnêteté qui masque le vice. Nous sommes bien heureux d'être nés dans un siècle, où la pureté des mœurs et le respect de la Religion sont nécessaires pour plaire au Prince' (*Avis fils*, p.16). Si Mme de Lambert a parfois des mots durs pour les courtisans, c'est qu'ils n'ont pas su imiter le monarque, pour accorder les deux honnêtetés, pour masquer la dépravation et la grossièreté des goûts. Les écrits de la marquise de Lambert constituent le maillon manquant dans l'histoire de l'honnêteté qui nous est de mieux en mieux connue. Celle-ci a été fixée définitivement jusqu'en 1680, grâce en particulier aux travaux de Magendie, de R. Lathuillère, de M.-T. Hipp. Ceux de L. Versini ont montré comment, vers 1730, elle se transformait en sociabilité. L'intérêt des réflexions de Mme de Lambert est de faire apercevoir ce qu'il y eut entre temps, à la charnière des deux siècles. Les ouvrages de la marquise assurent la transition entre les courants de l'honnêteté 'classique' et la morale de la sociabilité. Ils disent la réconciliation de la préciosité avec la Cour, ils prônent la conciliation de l'honnêteté mondaine et de l'honnêteté vertueuse, ils affirment la nécessité de garder encore un masque agréable au moment où le cœur va triompher. C'est tout à la fois Faret, Bardin, Mme de Rambouillet, Mlle de Scudéry,

Méré, La Rochefoucauld et La Bruyère qui inspirent l'idéal lambertin de la politesse, sans contradictions apparentes.

La danse d'Acaste devant le miroir, au début du troisième acte du *Misanthrope*, est d'une rare vérité psychologique. L'autoportrait complaisant du marquis de Molière est conforme à l'idéal de l'homme poli proposé par Mme de Lambert à son fils et à ses hôtes. Acaste a plaisir à ne déceler aucune imperfection dans son 'masque'. Si le personnage est comique, c'est tout simplement qu'il oublie les recommandations de tous les moralistes de l'époque, dont Mme de Lambert se fait l'écho: les qualités du cœur ont leurs exigences, et la politesse ne saurait être qu'une imitation de l'honnêteté, non son essence. Dans le *Portrait de La Rivière* (p.232), le vocabulaire de la marquise est identique à celui d'Acaste: 'Il est bien fait: il a la taille fine et aisée, le visage agréable; de la délicatesse, de la bienséance dans l'esprit; du goût et du sentiment.' On a le sentiment que ces portraits sont stéréotypés: la taille fine, l'esprit, le goût sont des critères constants pour définir l'homme aimable.

Placée sous le signe des grâces, la politesse se manifeste dans 'l'air', dans 'la figure'. On sait quelle richesse une étude lexico-sociologique de ces termes fait découvrir. Le Père Bouhours déclare le mot *air* 'tout-à-fait du bel usage'.[26] Quant à la figure, elle renvoie à des qualités diverses: pour apprécier les agréments physiques, on juge la taille et le visage, c'est-à-dire l'allure et la physionomie; mais la galanterie des manières et des discours est prise en compte également. C'est dire si 'la figure' engage le personnage tout entier: le mot désignerait assez bien ce que nous entendons par le comportement. L'idéal de l'homme aimable a peu varié depuis les débuts du règne, quand le jeune monarque donnait le ton à la Cour. Il a gagné le milieu urbain, d'autant plus facilement que si la galanterie est innée, on peut à coup sûr la perfectionner. Mme de Lambert le répète à sa fille. L'éducation doit corriger les défauts de la physionomie. C'est toujours l'idée très pragmatique d'une substitution qui inspire les conseils de la marquise. Ainsi, la modestie peut être 'le supplément de la beauté' chez des natures ingrates, quand la laideur ensevelit le mérite de la jeune fille, car 'on ne va point chercher dans une figure disgraciée, les qualités de l'esprit et du cœur' (p.67). Presque tous les portraits composés par la marquise de Lambert, à l'exception de ceux de La Motte, pour des raisons évidentes, et de Sacy, font une place aux agréments physiques; cela est vrai surtout des portraits de femmes.

Les grâces n'ont pas en charge la seule 'figure', elles doivent aussi former l'esprit qui viendra l'animer. Comme ses prédécesseurs, Mme de Lambert définit la politesse de l'esprit par la délicatesse. Elle 'consiste à dire des choses

26. Dans les *Entretiens d'Ariste et d'Eugène* (1671).

fines et délicates', nous venons de le voir. Cette définition est reprise dans les *Avis d'une mère à sa fille*: 'Il y a bien des degrés de politesse. Vous en avez une plus fine, à proportion de la délicatesse de l'esprit' (p.112).[27] Il faut s'attarder un instant sur cette définition qui, malgré son caractère traditionnel, est une des plus caractéristiques du vocabulaire lambertin de l'honnêteté. Plus fondamentalement encore, qui ne voit que la politesse de l'esprit engage la vie littéraire d'un salon qui prétendit restaurer l'atmosphère de la *Chambre bleue*? Les mots 'politesse' et 'délicatesse' sont presque synonymes, on serait presque tenté de dire qu'ils expriment les aspirations convergentes du grand monde et des gens d'esprit; ils sont une des composantes de l'urbanité de l'hôtel de Nevers que célébrait d'Alembert.

La délicatesse de l'esprit est une exigence que rappelle sans cesse Mme de Lambert, dans son évocation de la douceur du commerce. Elle concerne indifféremment l'homme ou la femme, et n'est pas, en dépit des apparences, incompatible avec la profondeur et la force de l'esprit. Si elle sait répandre des agréments sur les choses les plus stériles, elle peut cependant conduire à des excès: la recherche d'une trop grande perfection menace à terme la politesse, et l'honnête homme doit prendre conscience qu'une délicatesse outrée risque de le 'dégoûter' de lui-même et des autres.

Il faut enfin réserver une place au goût, qui est une des composantes de la politesse de l'esprit. Il apprend à ménager l'amour-propre des autres, ainsi que nous l'avons constaté; mais il permet surtout d'apprécier avec exactitude les éléments qui sont l'essence même de l'honnêteté entendue dans son sens mondain. Nous connaissons un court essai de Mme de Lambert *Sur le goût*, qui a été réemployé dans les *Réflexions sur les femmes*, car le goût aura une place de choix dans la définition de l'honnêteté féminine. Ces lignes sont en réalité une paraphrase des idées de Méré, et dans une moindre mesure du Père Bouhours. Elles démarquent en effet la célèbre distinction des deux justesses, établie par le théoricien de l'honnêteté dans son *Discours de la justesse* (1671). Ces réflexions de la marquise n'ayant aucune originalité, nous nous contenterons de rappeler simplement que le goût, pour elle comme pour Méré, est un supplément de l'entendement, dont l'objet serait tout ce qui échappe aux règles, c'est-à-dire 'l'agréable'. C'est une sorte d'instinct, il tient au je-ne-sais-quoi. Toutes les composantes de l'art de plaire sont de son ressort.

Ce court essai a tout de même un mérite important: il signale, dans un témoignage irréfutable, l'effort accompli par la marquise de Lambert pour parvenir à une synthèse idéale des deux courants de l'honnêteté. De ce point de vue, la brève conclusion est des plus précieuses: 'Jusqu'à présent on a défini

27. Voir La Rochefoucauld, *Maximes*, 99.

le bon Goût, "un usage établi par les personnes du grand monde, poli et spirituel". Je crois qu'il dépend de deux choses: d'un sentiment très délicat dans le Cœur, et d'une grande justesse dans l'Esprit' (*Goût*, p.218). La marquise veut se situer au-delà du courant mondain de l'honnêteté, représenté par Méré qui avait cherché à définir 'le bon goût' dans la quatrième *Conversation*. Elle voudrait le concilier avec le courant vertueux, sans pour autant renier ses acquis. Les valeurs de l'honnêteté ont conservé à la fin du dix-septième siècle tout leur prestige, mais le conflit entre la Cour et la Ville s'est estompé, et il ne s'agit plus de rechercher les modèles sociaux de l'honnête homme. L'honnêteté, même dans son sens mondain, est devenue à part entière un domaine de la morale vertueuse, ce qui permettra à la seconde génération du dix-huitième siècle de l'assimiler aisément à la sociabilité: ce glissement opéré, le titre d'honnête homme ne sera plus qu'un titre méprisé.[28] Les réflexions de Mme de Lambert sur les qualités extérieures de l'honnête homme annoncent cette évolution décisive. Déjà la politesse s'est séparée de l'honnêteté, et surtout on aspire à la couper de ses modèles sociaux. On admet avec une facilité surprenante qu'elle ne soit qu'un masque, et le temps n'est pas loin où l'on pensera que ce masque ne devrait plus être d'aucune utilité, si la vertu pouvait triompher. L'importante synthèse opérée par cette femme intelligente, à partir des analyses raffinées de ses prédécesseurs, ne doit pas faire illusion: les nuances qu'elle ajoute témoignent d'une pensée novatrice. L'art de plaire vit ses derniers moments.

c. *La conversation*

La conversation est par excellence l'âme de la société douce et polie. Tous les théoriciens de l'honnêteté ont réservé une place de choix à 'l'échange paisible et élégant de sentiments délicats', à cette 'forme intellectuelle et relevée de la vie de société'.[29] Depuis Montaigne, dont les leçons sur l'art de conférer ont été précieusement recueillies par les mondains du dix-septième siècle, on essaie d'en saisir le secret. Il est impossible d'évoquer l'art de plaire, les manières, la politesse, le bon goût, les bienséances, sans rencontrer la conversation. La marquise de Lambert reprend les idées de Méré, de La Rochefoucauld, de La Bruyère, qui avaient recherché les règles de 'la manière du dire' et qui s'attachaient à décrire des situations concrètes en montrant comment utiliser la pointe, la louange, la raillerie, etc. Comme Montaigne, elle dévoile les défauts que l'honnête homme doit éviter.

28. L. Versini a montré (p.191-92) comment l'honnêteté était déjà fort déconsidérée dans l'ouvrage de Toussaint, *Les Mœurs* (1748). Seules sont sauvegardées au milieu du naufrage, la politesse et les bienséances.
29. Magendie, *La Politesse mondaine et les théories de l'honnêteté* (Paris 1925), p.28.

Tous les théoriciens de l'honnêteté sont unanimes à reconnaître que les règles élémentaires de la politesse valent aussi pour la conversation. Les pouvoirs de la parole sont immenses, et il importe de savoir la manier adroitement. La prudence conseille de ménager la susceptibilité et l'amour-propre de l'auditeur. Il faut donc mettre en garde l'honnête homme contre le désir excessif de briller aux dépens des autres. L'art de la conversation consiste bien moins à montrer de l'esprit qu'à en donner à son prochain; c'est ce qu'affirmait La Bruyère,[30] et Mme de Lambert s'inspirera de ces réflexions. Comme lui, elle pense que les hommes n'aiment pas à admirer,[31] et surtout, elle redoute la louange: celle-ci peut être dangereuse et blessante si elle n'est entièrement désintéressée (*Avis fils*, p.36). Le 'caractère plaisant' a encore plus d'inconvénients; 'souvent pour un bon mot on perd un bon ami'. La marquise de Lambert donne, dans les *Avis d'une mère à sa fille*, plusieurs conseils pratiques sur l'attitude des honnêtes gens en face de leurs 'spectateurs'. Ils prendront soin de dissimuler et se garderont de répondre aux provocations (p.109); ils ne chercheront pas à rivaliser dans le trait d'esprit, dans la saillie, car 'rarement en faisant rire se fait-on estimer' (p.113).[32] La prudence à l'égard du pouvoir dangereux des mots, la conception de l'honnêteté comme imitation de la charité justifient amplement les conseils répétés sur la raillerie. Comme le chevalier de Méré, la marquise reconnaît que celle-ci peut fournir des agréments au commerce; il ne faut pas bannir l'enjouement, le fonds de gaieté, la joie fine et spirituelle qui sont l'âme d'un salon aristocratique. Mais elle est d'un maniement difficile.[33] L'honnête homme doit prendre garde de ne pas mordre, de ne pas blesser, de ne pas offenser. La marquise retrouve les idées du plus ancien fonds de l'honnêteté pour montrer avec beaucoup de tact et de finesse que 'de la plus douce raillerie à l'offense, il n'y a qu'un pas à faire' (*Avis fils*, p.25). Il n'y a rien de plus éloigné du ton des salons où s'épanouit la nouvelle préciosité, sous l'influence rayonnante de Fontenelle[34] ou de mondains comme Saint-Aulaire et Valincour, que ce 'ton de l'extrêmement

30. 'De la société et de la conversation', 16.

31. 'L'admiration est un état violent pour la plupart des hommes; et elle ne demande qu'à finir' (*Réputation-considération*, p.278).

32. Montesquieu exprime la même idée dans la dissertation sur *La Considération et la réputation*: 'voilà ce qui fait que nous disons si souvent un bon mot qui nous déshonorera demain, que, pour réussir dans une société, nous nous perdons dans quatre, et que nous copions sans cesse des originaux que nous méprisons'(*Œuvres complètes*, i.120-21).

33. 'La raillerie, qui fait une partie des amusemens de la conversation, est difficile à manier' (*Avis fils*, p.25). Mme de Lambert répète la leçon de Madeleine de Scudéry et de Méré.

34. Fontenelle a une position identique à celle de Mme de Lambert sur la raillerie. Dans son *Eloge de Valincour* à l'Académie des sciences, il écrit: 'Un certain sel qu'il avoit dans l'esprit l'eût rendu fort propre à la raillerie, mais il s'est toujours défendu courageusement d'un talent dangereux pour qui le possède, injuste à l'égard des autres' (vi.445).

bonne compagnie' que définira le cynique Versac dans le roman de Crébillon. Toutes les réflexions du personnage tournent autour du ridicule, qui devient un style de vie, et l'objet premier de la conversation.[35] Or, comme La Rochefoucauld, Mme de Lambert prend en haine le ridicule, et refuse d'admettre que le ton d'une société puisse être soumis au caprice de quelques hommes à la mode, 'qui n'ont de l'esprit qu'aux dépens des autres' (p.25). Le ridicule tient à la subjectivité d'un regard, il n'est pas dans l'objet lui-même; il est fortuit, relatif, et dépend de la disposition de celui qui raille. Ces remarques appellent un plaidoyer *pro domo*: 'Cela est si vrai que telles personnes à qui on donneroit du ridicule dans certaines Sociétés, seroient admirés dans d'autres où il y aura de l'esprit et du mérite' (p.26). L'honnêteté qui survit dans le salon précieux de la marquise de Lambert donne à la conversation enjouée un caractère moral qui la distingue du persiflage à la mode sous la Régence et sous Louis XV. Elle demande une 'raillerie délicate' qui réalise un équilibre subtil entre la gaieté et l'indulgence (p.25). Cette raillerie permise aux honnêtes gens n'est au fond qu'une louange spirituelle et amusée; elle ne blesse pas, n'incommode point, et les défauts ne sont censurés qu'avec douceur. C'est exactement l'idéal de La Bruyère, bien éloigné déjà de la bruyante et philosophique gaieté que recherchait Montaigne, et surtout de l'irritation qu'il montrait dans la compagnie des sots. La raillerie correspond à l'idéal d'une honnêteté vertueuse, et trouve sa place dans une morale généreuse et altruiste; seule l'intention de faire du bien peut justifier un procédé cruel.

Les mondains ont retenu également la leçon de Montaigne sur la nécessité de 'dire ordonnément, prudemment et suffisamment' (iii.8). L'honnête homme ne prend pas la parole intempestivement, et sait écouter. Mme de Lambert en fait une des règles premières de la conversation. Une personne polie ne trouve pas le temps de parler d'elle; en revanche, elle tire profit des propos des devisants. Le silence et la réserve dans le cercle, comme la modestie dans les manières, révèlent une belle personnalité et doivent être recommandés surtout aux jeunes filles. C'est toujours une attitude sage et prudente que de parler

35. Le ridicule est le premier critère esthétique et moral du petit-maître. Rappelons quelques maximes de Versac: 'Le cœur et l'esprit sont forcés de se gâter dans le monde, tout y est mode et affectation. Les vertus, les agréments et les talents y sont purement arbitraires, et l'on n'y peut réussir qu'en se défigurant sans cesse. [...] Pour réussir, il faut être ridicule. Il faut étudier avec soin [...] les ridicules qui conviennent le plus à notre état. [...] Un travers que l'on possède seul fait plus d'honneur qu'un mérite que l'on partage avec quelqu'un. [...] Vous ne pouvez assez vous emparer de la conversation. [...] je fais consister le ton de la bonne compagnie dans la noblesse, et l'aisance des ridicules. [...] C'est à la façon de médire que l'on reconnaît ceux qui possèdent le bon ton. En général, et même lorsqu'on songe le moins à railler, ou qu'on en a le moins de sujet, on ne peut avoir l'air trop ricaneur, ni le ton trop malin' (Crébillon, *Les Egarements du cœur et de l'esprit*, éd. Etiemble, in *Romanciers du XVIIIe siècle*, Paris 1965, p.150ss).

peu; il faut éviter de jouer un méchant personnage, celui du sot, du fat ou du pédant.[36] 'La principale prudence consiste à parler peu, et à se défier plus de soi-même que des autres' (*Avis fille*, p.114). Cependant, la réserve de l'honnête homme n'est pas celle du misanthrope ou de l'orgueilleux: il est des cas où le silence a quelque chose d'insultant. L'écrivain moraliste doit donc distribuer quelques conseils sur l'art de prendre la parole; ils sont souvent empruntés aux ouvrages de Madeleine de Scudéry. A sa fille, Mme de Lambert propose cette définition (p.113) du style oral, parfaitement accordée à l'idéal des honnêtes gens: 'Contez peu; narrez d'une manière fine et serrée; que ce que vous direz soit neuf, ou que le tour en soit nouveau.' Pour le fond, il faut refuser tout excès et respecter les bienséances dans les discours. Le caractère sérieux de l'honnêteté de Mme de Lambert se manifeste dans la volonté, qui rappelle celle de Montaigne, de faire de l'art de conférer un art de penser: 'Il faut savoir que la première règle pour bien parler, c'est de bien penser' (p.113).

Si la marquise stigmatise ces parleurs étranges qui ne savent mettre qu'eux-mêmes dans leurs propos, et souvent d'une manière grossière, c'est qu'elle fait de la conversation l'expression parfaite de la politesse, qui fait valoir les qualités du prochain. Bien parler, c'est 'dire à chacun ce qui lui convient' (*Avis fils*, p.32), c'est louer avec habileté sans aller jusqu'à l'adulation. Les paroles matérialisent en quelque sorte la sociabilité, elles sont les signes d'une re-connaissance mutuelle du mérite. Il faut charger ces signes de sentiments, donner aux paroles une chaleur humaine capable de leur attirer la reconnais-sance du prochain. Il va de soi que le commerce de civilités et de compliments établi par l'usage ne saurait répondre à cet idéal élevé. Mais la louange est tout aussi difficile à manier que la raillerie, et les honnêtes gens prennent plaisir à en définir les caractères. Le pragmatisme de Mme de Lambert sait s'inspirer des vues de La Rochefoucauld sur l'amour-propre pour fonder la civilité sur la notion de l'intérêt bien compris. Cette louange délicate et intéressée est 'une chose assez rare', et doit venir à propos. La marquise dresse un tableau des différents caractères du laudateur,[37] où sont analysées des formes plus grossiè-res. Le pragmatisme cependant est une attitude provisoire, qui ne doit pas faire illusion: la louange délicate est conforme à l'éthique de la générosité. Elle part du cœur, elle dépouille l'individu de ses droits, pour lui faire découvrir le plaisir de rendre justice au prochain.

On a le sentiment, parce qu'elles sont traditionnelles, que les réflexions de

---

36. Comparer avec La Bruyère, *Caractères*, v.11.

37. L'un de ces caractères, celui du glorieux, est peint d'après La Rochefoucauld. Comparer: 'Le Glorieux ne donne des louanges que pour en recevoir' (*Avis fils*, p.35) et: 'On ne loue d'ordinaire que pour être loué (*Maximes*, 146).

Mme de Lambert sur l'art de conférer ne livrent pas le secret des conversations de l'hôtel de Nevers. La marquise réalise une brillante synthèse de tout ce qu'ont dit les mondains et les précieux sur l'art de bien s'exprimer, sur ses règles et sur les situations concrètes qu'il engendre; mais celle-ci occulte la véritable originalité des entretiens qu'elle animait dans son salon. Il est vrai que cette synthèse, contenue essentiellement dans les écrits pédagogiques destinés à ses enfants, fut réalisée à une époque où l'hôtel de Nevers n'était pas encore devenu le premier foyer de l'esprit parisien. Il faudra donc compléter cette étude de la conversation honnête par le commentaire stylistique du langage parlé dont les traces apparaissent dans les écrits mondains postérieurs. Cependant, il serait illusoire de croire que le langage des honnêtes gens et celui des nouveaux précieux soient vraiment différents; l'importance que la marquise de Lambert accorde à la parole pour la formation de l'honnête homme, qui répond à la fois à l'idéal de Montaigne et à celui de La Bruyère, à l'idéal de Méré et à celui de Madeleine de Scudéry, est conforme à ce que nous savons de l'animatrice du salon et de la femme savante.

4. *Les devoirs des honnêtes gens*

La marquise de Lambert construit l'image de l'honnête homme idéal à partir de matériaux différents. Elle fonde les valeurs de l'honnêteté sur l'analyse des ressorts de l'âme humaine; la réflexion morale lui permet d'élaborer le code élémentaire de l'art de plaire. Ces méthodes différentes sont complétées dans une ultime démarche: le moraliste doit encore montrer au mondain les devoirs de la société. L'articulation logique des écrits pédagogiques souligne avec netteté ce passage de l'axiologie et de la théorie à la pratique.[38] Le code des salons assume donc une double fonction: il sert à définir un art de plaire, et il garantit une meilleure entente entre les hommes. La morale de l'honnêteté établit un code de civilité, qu'il faut s'appliquer à respecter pour être un honnête homme accompli.[39] La définition de la politesse s'ordonnait autour du mot-clé 'plaire'; la reconnaissance des devoirs et des obligations de l'honnête homme obéit à un thème majeur: le respect des bienséances.

La marquise de Lambert dessine, dans les ouvrages qu'elle destine à ses enfants, un 'ordre', une hiérarchie des devoirs de civilité. Il faut savoir vivre avec ses supérieurs, avec ses égaux, avec ses inférieurs et avec soi-même.[40] On

---

38. L'articulation est identique d'un écrit à l'autre: 'Passons, ma fille, aux devoirs de la société' (p.100); 'Passons aux devoirs de la Société' (p.22).

39. *Avis fils*, p.22: 'Le plus honnête homme est celui qui observe [les devoirs de la Société] avec plus d'exactitude; on les multiplie à mesure que l'on a plus d'honneur et de délicatesse.'

40. *Avis fils*, p.14. Cette hiérarchie est implicite dans les *Avis fille* qui s'achèvent sur des conseils regardant la conduite des maîtres envers les domestiques.

peut simplifier cette hiérarchie et la ramener, comme dans les *Avis d'une mère à sa fille*, à la distinction des devoirs envers les autres et des devoirs envers soi-même. Cependant, cette hiérarchie humaine est elle-même soumise à un ordre supérieur: le culte de l'Etre suprême est au-dessus de tous les devoirs (*Avis fils*, p.15). Et ce culte est défini par une relation dont le langage est celui de l'honnêteté: 'la Religion est un commerce établi entre Dieu et les hommes.' Ainsi s'établit un lien étroit entre le sacré et le profane; de plus en plus, les vertus chrétiennes sont définies par rapport aux valeurs du monde.[41] La bienséance ordonne l'univers de l'honnête homme et soumet sa perception du divin et de l'humain au concept d'ordre: l'honnêteté parfaite fait régner l'harmonie dans le microcosme et dans le macrocosme, dans la triple relation de l'homme avec lui-même, avec ses semblables et avec Dieu. C'est l'individu qui est au cœur de cette classification au caractère platonicien, construite sur les différentes directions de sa recherche morale et spirituelle.

A. *Les devoirs de bienséance*

Parmi les obligations multiples que les honnêtes gens ont envers les autres hommes et envers eux-mêmes, figurent les devoirs de bienséance; ils demandent une exacte connaissance des convenances et réclament une sévère observance du code humain. La notion de bienséance était, au dix-septième siècle, indépendante de la morale individuelle; elle pouvait même s'accorder avec le vice caché, s'il était de nature à apporter de l'agrément à la vie de société. Il sera intéressant de montrer comment la marquise de Lambert a pu donner à cette notion purement mondaine une dimension intérieure qui la rattache à la morale de la vertu.

Le rôle traditionnel de la bienséance est de gêner les manifestations des impulsions naturelles et de réduire les satisfactions accordées aux sens. La première obligation des honnêtes gens sera donc la décence. Mme de Lambert la recommande constamment, en particulier dans son discours féminin: dans les *Avis d'une mère à sa fille*, dans le *Traité de la vieillesse*, également adressé à Mme de Saint-Aulaire, et dans les *Réflexions sur les femmes*. Mais il va de soi qu'une extrapolation est possible, et que la conduite décente doit être celle des honnêtes gens des deux sexes.

C'est la décence qui conserve à la jeune fille son honneur et sa réputation,

---

41. Cette division ternaire est traditionnelle. Le Père Buffier, dans son *Traité de la société civile*, la rapporte à la tradition paulinienne: saint Paul recommandait au chrétien de vivre avec sobriété, avec justice et avec piété. Elle organise également le *Traité des devoirs* (1725) de Montesquieu, qui envisage successivement 'les devoirs en général, dont Dieu est l'objet universel', 'les devoirs envers les hommes' qui sont de deux espèces, selon qu'ils 'se rapportent plus aux autres hommes qu'à nous' ou 'plus à nous qu'aux autres hommes' (*Œuvres complètes*, i.109).

et à la femme âgée l'estime du public. Bien que la morale lambertine accorde à la conscience et au tribunal intérieur une place importante, le tribunal extérieur ne doit pas être négligé. Du mépris de l'approbation publique naît le mépris de la vertu. Les honnêtes gens doivent ménager le cercle des spectateurs; les regards du public s'emparent de notre vie privée, s'introduisent dans notre intimité; 'ce n'est pas assez de bien vivre pour soi', il faut encore vivre pour les autres. Dans sa forme première, la bienséance apparaît comme une censure rigoureuse, qui s'applique en particulier aux actes et aux gestes de la femme. Celle-ci doit, sans relâche, se contenir et ménager une réputation si précaire et si précieuse; cette exigence vaut pour tous les âges de la vie, et les conseils lambertins s'adressent autant à la jeune fille qu'à la femme âgée. C'est à l'automne de sa vie surtout que la femme doit redoubler de prudence:[42] ses discours et ses parures seront discrets, sans affectation et sans recherche excessive.[43] A cet âge, 'il sied mal de faire la jolie', et pour éviter le scandale et le ridicule, qui sont les redoutables écueils de la morale mondaine, le *Traité de la vieillesse* recommandera à la femme une retraite digne et décente. Connaître la bienséance, c'est savoir reconnaître le moment où, dans la vie publique, l'honnêteté, entendue au sens restreint d'honneur et de probité, devient indécence. Mme de Lambert a retenu la leçon de Célimène à Arsinoé; mais, pour elle, la rupture avec le monde n'est pas contraire à l'exigence de dignité: il est possible de concilier le respect des convenances et le sentiment d'une légitime fierté.[44] Il y a un art de vieillir, comme il y a un art de plaire ou un savoir-vivre; il s'exprimerait dans une règle, qu'on pourrait résumer en ces termes: la décence doit être l'obsession de la vieillesse. L'art de vieillir consiste à trouver des refuges contre les disgrâces; les Goncourt les ont assez bien analysés: les trois recours de la femme vieillissante sont, au dix-huitième siècle, 'la dévotion, les bureaux d'esprit et les intrigues de cour' (ii.174). Cette définition conviendrait bien à Mme de Lambert, à la condition de donner à la dévotion les colorations quiétistes et déistes que nous allons signaler, et de remplacer, pour les intrigues, la Cour par l'Académie. Quant au bureau d'esprit, qui, toujours selon les Goncourt, serait 'une espèce de retraite du cœur dans les plaisirs de l'intelligence, dans la paix et l'aimable volupté des lettres' (ii.193), ses contours sont parfaitement esquissés dans ce conseil de la

42. Cette prudence est un des traits caractéristiques du portrait de la femme du dix-huitième siècle dressé par les Goncourt: 'Toute femme bien élevée gardait jusqu'au bout la décence de la vieillesse' (ii.236-37).

43. *Vieillesse*, p.155.

44. Les Goncourt, encore, ont assez bien traduit l'esprit du *Traité de la vieillesse*, quand ils écrivent: 'Toutes ces femmes du dix-huitième siècle qui savaient si bien vieillir, mettaient à accepter l'âge plus que de la résignation, mais encore de l'esprit et du goût' (ii.235).

marquise: 'Il faut aussi avoir attention à ses sociétés, et ne s'unir qu'à des personnes de mœurs et d'âge semblables. [...] Les avantages de l'esprit se soutiennent mal au milieu d'une jeunesse brillante' (*Vieillesse*, p.155). Les propos des Goncourt traduisent bien la dignité et la délicatesse contenues dans la décence que Mme de Lambert exige des honnêtes gens. La coupure avec le monde n'est ni radicale ni définitive: la retraite prudente n'est pas une rétraction frileuse. Les brillants soupers de l'hôtel de Nevers, les ateliers spirituels du soir furent l'expression 'd'une galanterie décente' (ii.197). Les reproches que lui adresse son vieil ami janséniste, le gentilhomme Henri-François de La Rivière, qui avait fait retraite à l'Oratoire, et qui ne pouvait comprendre qu'elle fût prise sur le tard d'une 'tranchée de bel esprit', confirment indirectement la volonté de Mme de Lambert de ne pas faire de la soumission aux bienséances une frustration. L'honnêteté prend alors toute sa valeur et, dans une plénitude sémantique, concilie les exigences du moi et du monde: 'Il y a cependant des amusemens permis; et tout ce qui s'appelle plaisir honnête n'est point interdit' (p.156). Même si l'on ne peut s'empêcher d'apercevoir la casuistique subtile qui conduit à de telles concessions, il faut noter le dynamisme d'une attitude qui corrige les rigueurs, repousse les censures et abolit les interdits. Confrontée aux graves crises de l'existence, la morale des honnêtes gens demeure une morale souriante. Il faut que la joie demeure; le caractère acariâtre, l'avarice, au sens propre comme au figuré,[45] sont les écueils d'une vieillesse décente. L'honnête homme au crépuscule de sa vie a gardé cette humeur épicurienne que la marquise apprécie chez l'abbé de Choisy: il n'a pas épuisé le 'fonds de joie qui est en lui', la vieillesse lui sied bien, il a su 'rétablir l'intelligence entre les passions et la raison' (*Correspondance*, p.371), il est capable d'opérer la distinction délicate entre les plaisirs et les amusements. C'est à la pratique de ces devoirs de bienséance et à cette heureuse conception de la vieillesse qu'on doit en partie les belles personnalités du salon de la marquise de Lambert, ces vieillards aimables et spirituels, ces honnêtes centenaires que furent Fontenelle et Saint-Aulaire.

Il faut se garder de croire que les devoirs de bienséance, qui se réduisent en fin de compte au choix des plaisirs honnêtes, n'intéressent que la vieillesse: la décence des honnêtes gens est toujours accordée à la pureté de leurs sentiments. Le respect des autres passe par le respect de soi-même. Cette adhésion intime interdit toute hypocrisie, détruit toutes les tentations d'une conduite masquée, assure une harmonie parfaite de l'être et du paraître. Sans

---

45. *Vieillesse*, p.150. Voir en particulier cette formule centrale: 'Nous devenons ennemies de la joye que nous avons intérêt de conserver en nous, et que nous ne devons pas condamner dans les autres.'

la dimension intérieure qui leur est ainsi donnée, les devoirs de bienséance seraient purement formels, les individus pourraient s'y soumettre comme à 'un usage de politique' (*Femmes*, p.199), et se contenteraient de 'donner quelque dehors' pour satisfaire à leurs obligations. L'honnête femme n'échappe pas plus aux regards des autres qu'aux reproches de sa propre conscience. Elle concilie, dans les devoirs de bienséance, ce qu'elle doit au public et ce qu'elle se doit à elle-même; elle recherche une paix qui préserverait sa réputation et son repos. C'est aux moralistes de la génération précédente que Mme de Lambert a emprunté cette définition; on songe à Mme de Lafayette, et surtout à La Bruyère ('Des femmes', 14), dont la marquise a médité l'idéal.

On comprend bien que, dans sa dimension intérieure, la décence se confond avec la pudeur, et la morale mondaine avec la morale de la vertu. La bienséance ainsi comprise se situe à l'exact point de rencontre des deux courants traditionnels de l'honnêteté. La définition des devoirs de la femme fait coïncider parfaitement la pudeur et les bienséances, comme le révèle cette apologie des mœurs françaises, empruntée à Huet: 'elles jouissent d'une grande liberté en France, et elles ne sont gardées que par leur pudeur et par les bienséances' (p.194).[46] C'est bien à la morale de l'honnêteté qu'appartient l'image d'une vertu dont la finalité est de maintenir la femme à son rang et dans ses prérogatives.

La marquise de Lambert cependant n'est pas dupe de ses préjugés: elle ne veut pas rendre la femme esclave des convenances. Son féminisme saura dénoncer toutes les perversions qui altèrent la notion de bienséance et qui la transforment insensiblement en brimade. La seule légitimité des bienséances est d'ordre moral; elles sont condamnables dès qu'elles établissent un système de contraintes extérieures et de préjugés. Son sens de la relativité lui interdit de faire du souci de la réputation un absolu.[47] Quoi qu'en ait dit le président Hénault, les barrières que la marquise a voulu imposer n'étaient pas celles 'du collet monté et du précieux': la bienséance est chez elle une notion dynamique qui doit libérer les forces vives de la personnalité pour faire progresser l'individu dans l'échelle des valeurs. La pudeur, le respect des convenances et des principes engagent toutes les autres vertus.

46. *Traité de l'origine des romans* (Paris 1711), p.208ss: 'en France, les dames vivent sur leur bonne foi, et n'ayant point d'autre défense que leur vertu et leur propre cœur, elles s'en sont fait un rempart plus fort et plus sûr que toutes les clefs, que toutes les grilles, et que toute la vigilance des duègnes.'

47. *Avis fille*, p.105-106: 'La réputation est un bien désirable; mais c'est foiblesse de la rechercher avec trop d'ardeur, et de ne rien faire que pour elle [...]. Il ne faut pas rejeter le sentiment de la Gloire, mais il est question de choisir la bonne Gloire.'

B. *La religion des honnêtes gens*

Les idées religieuses de Mme de Lambert ont fait couler beaucoup d'encre, en particulier chez les éditeurs du dix-neuvième siècle qui destinaient ses écrits à un public féminin.[48] La grande question est de savoir si elle est chrétienne. Les critiques semblent gênés par cette indifférenciation entre le sacré et le profane dont témoignent ses écrits, par cette manière toute laïque dont elle parle de la dévotion. J.-P. Zimmermann, au début du vingtième siècle, donne le mot définitif sur les idées religieuses de la marquise: c'est à ses yeux la religion des honnêtes gens qui transparaît dans les conseils d'une mère à ses enfants; ils annonceraient même l'attitude indifférente des esprits forts de la première moitié du dix-huitième siècle, dont le marquis de Lassay serait le prototype. J.-P. Zimmermann reconnaît (p.57) que l'honnête homme est encore un chrétien, en particulier quand on le met en garde contre l'incrédulité; mais dans le sentiment religieux qu'on lui inculque, il se glisse plus de prudence que de piété véritable. La religion de Mme de Lambert, 'ce serait la religion d'une femme intelligente qui a médité les cartésiens', et qui veut qu'on se soumette aux préjugés de son époque. 'Sa religion est un domaine à part, un petit sanctuaire où l'âme se recueille pour adorer la source de son être. Nous ne sommes pas loin du vague sentiment d'adoration des déistes du dix-huitième siècle et particulièrement de Rousseau.'

Il est vrai que les conseils de Mme de Lambert à ses enfants sur la religion accordent une place importante à la bienséance. Les arguments qu'elle avance à son fils contre l'incrédulité se transforment vite en conseils pragmatiques sur la quiétude que procure la soumission aux préjugés du siècle. L'intérêt du courtisan est de respecter la foi, car Versailles se règle sur la dévotion du monarque vieillissant; c'est aussi celui de l'honnête homme qui veut jouir du bonheur d'être accordé aux idées dominantes du cercle mondain. 'Ceux même qui ne sont pas assez heureux pour croire comme ils doivent, se soumettent à la Religion établie; ils savent que ce qui s'appelle préjugé tient un grand rang dans le monde, et qu'il faut le respecter' (*Avis fils*, p.16). Les conseils de Mme de Lambert à sa fille révèlent un pragmatisme semblable, bien qu'ils ne comportent pas de leçon sur les dangers du libertinage et que la dévotion y soit moins superficielle. Toutes les remarques sur la formation de la jeune fille tournent autour d'une métaphore concrète: celle-ci doit 's'envelopper du

---

48. Voir, par exemple, l'introduction aux *Œuvres morales* de la marquise, par de Lescure pour la *Bibliothèque des dames* de Jouaust. 'Mme de Lambert se plaçait moins au point de vue de l'orthodoxie religieuse que de la convenance morale, de la bienséance mondaine' (p.xxii); 'Il est du devoir de tout éditeur loyal de dire exactement ce qu'on trouvera dans le livre qu'il réimprime'; 'nous n'avons pas de querelle à faire à Mme de Lambert sur sa façon plus profane, plus mondaine que religieuse d'envisager les choses de la morale' (p.xxiii).

manteau de la religion' (p.58), qui la protège dans la jeunesse et la console dans la vieillesse. L'intérêt bien compris montre la nécessité d'aimer Dieu: c'est un sentiment utile, la religion étant à la fois un rempart et un asile, un secours contre les disgrâces, et surtout une technique du bonheur valable pour tous les âges de la vie.[49] Le *Traité de la vieillesse* ne renie pas cette conception mondaine de la foi; une définition explicite montre comment la dévotion concilie la soumission aux bienséances et l'intérêt personnel: 'c'est un sentiment décent, et le seul nécessaire' (p.154). Dans une leçon qui semble s'inspirer du *Traité de l'usage de la vie* (1658) de Saint-Evremond,[50] Mme de Lambert, comme les mondains de la génération précédente, évoque la nécessité d'une retraite dévote, qu'elle justifie par l'appel du bonheur. C'est la vieille leçon de Montaigne qui réapparaît, avec des accents chrétiens. Pour son repos, l'individu doit se préparer à la mort: 'Peut-on sans prévoyance et sans crainte, aller tenter un si grand événement?' (p.159). Il faut noter encore le choix du mot 'prévoyance', dicté par une morale pragmatique: la quiétude et les douceurs de la dévotion se substituent aux plaisirs du monde dans l'âge où ceux-ci nous quittent. La place de la dévotion dans le *Traité de la vieillesse* est assez importante: un épicurisme discret la charge de compenser les pertes de la vie mondaine et de consoler l'âme désabusée, revenue de ses illusions.

On doit cependant nuancer cette impression générale. La marquise de Lambert est une chrétienne qui répugne à réduire définitivement le sacré à la bienséance. Des correspondances s'établissent d'un écrit à l'autre, qui permettent de saisir sur le vif l'effort de la pensée en quête de la vérité. Les *Avis d'une mère à sa fille* corrigent l'affirmation sans nuances qui réduit la dévotion à la soumission au préjugé: 'C'est mal parler que de traiter la Religion de préjugé: le préjugé est une opinion qui peut servir à l'erreur, comme à la vérité. Ce terme ne doit s'appliquer qu'aux choses incertaines, et la Religion ne l'est pas' (p.61). La correction est d'importance; en refusant de mettre sur le même plan le préjugé de l'honneur et la religion, Mme de Lambert dit sa détermination à maintenir des frontières nettes entre le sacré et le profane. Il serait hasardeux de s'appuyer sur cette confrontation des textes pour conclure à une évolution (en l'occurrence bien rapide!) des idées religieuses de la marquise. Il est plus juste d'admettre que ses réflexions s'infléchissent en

---

49. *Avis fille*, p.57-58: 'Rien n'est plus heureux et plus nécessaire, que de conserver un sentiment qui nous fait aimer et espérer, qui nous donne un avenir agréable, qui accorde tous les tems, qui assure tous les devoirs, qui répond de nous à nous-mêmes, et qui est notre garant envers les autres.'

50. *Œuvres* (Paris 1753), vii.35: 'Que chacun juge donc combien nous importe la religion, combien il nous importe de connaître Dieu, et de nous soumettre à ses volontés, tant par la considération du devoir que par l'intérêt de notre repos.'

fonction du destinataire de l'écrit, et qu'elles montrent en même temps les efforts réels d'une femme intelligente pour concilier les exigences d'un christianisme authentique avec les idées nouvelles.

Il est indéniable que cette religion des honnêtes gens est influencée par le cartésianisme triomphant. L'intérêt bien compris, la quête individuelle du bonheur ne suffisent pas à expliquer la prééminence de la bienséance dans cette conception de la dévotion. Il faut aussi faire intervenir un amour profond de l'ordre. Seule la rencontre de Dieu peut rendre les conduites humaines cohérentes; la connaissance du divin donne un sens à la destinée. C'est une découverte importante, que toute une génération doit à Malebranche. La religion de Mme de Lambert est celle d'une femme philosophe qu'obsède la recherche d'une vérité intérieure qui serait en harmonie avec les comportements et les actes. Elle l'exprime dans des maximes centrées sur ce mot-clef, l'ordre:

Je demande seulement que l'amour de l'Ordre soumette à Dieu vos lumières et vos sentimens, que le même amour de l'Ordre se répande sur votre conduite [*Avis fils*, p.15];

[Quand la Religion sera gravée dans notre cœur], tous les devoirs se rangeront chacun dans leur ordre [*Avis fille*, p.57].

Dans le *Traité de la vieillesse* Mme de Lambert va encore plus loin: elle rejoint la tradition de l'honnêteté morale et vertueuse en assimilant cet amour de l'ordre à une totale soumission à la volonté divine. Magendie avait accordé (p.823) beaucoup d'importance au *Testament* (1648) du Père Fortin de La Hoguette, qui recommandait à la raison humaine de s'humilier, de s'incliner devant Dieu. Dans la belle péroraison de son traité, la marquise se souvient de ces conseils: elle abandonne tout pragmatisme mondain, et dans un pur mouvement d'humilité et de soumission, qui est d'une vraie chrétienne, qui a lu, comme le rappelait Sainte-Beuve, la *Vie de Rancé* de Marsollier (Paris 1703), elle s'en remet à Dieu: 'Lorsque nous sommes dans sa main, et que notre volonté est soumise à la sienne, nos inquiétudes cessent; la soumission et l'ordre nous donnent la paix que notre révolte nous avoit ôtée; il n'y a point d'azile plus sûr pour l'homme, que l'amour et la crainte de Dieu' (p.172). Ces derniers mots résonnent comme ceux d'un testament, et leur sérénité a plus de prix à nos yeux que le bonheur ambigu promis par la dévotion mondaine.

Si la religion de l'honnête homme est en accord avec l'esprit philosophique nouveau, elle le manifeste sans conteste dans cette prétention constamment affirmée d'établir une véritable ligne de démarcation entre la piété et la superstition. Mme de Lambert veut préserver les sentiments des honnêtes gens de la souillure des croyances populaires. Nous avons montré comment le salon de l'hôtel de Nevers pouvait passer pour un foyer du déisme. L'attitude religieuse de l'amie de Fontenelle est moderne: la protection qu'elle accorde au Père Le Courayer persécuté, ses liens avec les réfugiés d'Angleterre, son attitude malicieuse dans l'affaire du cloître de Saint-Médard, tout confirme l'indépendance d'esprit de Mme de Lambert. Elle voudrait de même que la religion de l'honnête homme soit une religion éclairée, qui prendrait en haine toute forme grossière de la foi chrétienne.

La marquise déplore l'éducation médiocre de la jeune fille, qui ne découvre Dieu qu'au travers des idées vulgaires que lui en donnent les gouvernantes, alors qu'il faudrait favoriser une connaissance authentique des vertus chrétiennes.[51] Dans sa lucidité, cette chrétienne éclairée a compris que les excès appelaient les excès, et que la superstition favorisait le développement de l'incrédulité. C'est pourquoi elle met en garde le jeune officier, dans un âge où la foi chrétienne s'appauvrit et s'affaiblit, contre la tentation de confondre une dévotion éclairée et pure, qu'on peut recommander à une élite morale et intellectuelle, avec les pratiques d'une piété populaire. Elle use même d'un argument beaucoup plus fort: le libertinage est, comme la superstition, contraire à la raison; il ne prouve pas la supériorité de l'esprit, mais seulement la méconnaissance de ce bonheur authentique d'aimer Dieu et de vivre une foi pure.

Ce culte épuré est en accord avec une définition très vague de la divinité: le dieu de Mme de Lambert et des honnêtes gens annonce celui des déistes. C'est à peine si l'on peut lui reconnaître quelques attributs traditionnels. Dans les *Avis d'une mère à son fils* pourtant, l'amour de l'ordre conduit à la source de Justice, ce qui permet à la marquise d'esquiver une définition déiste de la connaissance de Dieu, pour retrouver l'un des attributs de la puissance divine reconnus par l'orthodoxie. C'est vers un être vague, indéterminé, que l'individu est conduit par l'amour de l'ordre; dans le vocabulaire de la marquise apparaissent ces expressions qui seront familières aux gens du dix-huitième siècle. A commencer par celle de 'l'Etre suprême', qui concurrence déjà le mot 'Dieu', dans les *Avis d'une mère à son fils*. Dans ses *Réflexions sur les richesses*, Dieu est défini comme 'le premier Etre' et 'le Souverain Etre', et ces deux expressions pourraient être acceptées également par les déistes.

Mais en ce domaine encore, il convient d'être prudent. Nous avons noté que la définition d'une dévotion à l'usage des mondains n'excluait pas de véritables sentiments d'humilité chrétienne; de la même manière, les Lumières n'illuminent pas entièrement le domaine de la foi. La marquise, par une réserve importante, refuse de soumettre à l'évidence rationnelle les matières de la

---

51. Lettre à la supérieure de la Madeleine, p.374: 'Il faut de bonne heure lui donner une grande idée de Dieu et de la Religion, lui en parler d'une manière touchante.'

religion. Disciple de Bayle et de Fontenelle, elle affirme la nécessité de libérer la pensée du joug de l'autorité, à l'exception de la religion (*Avis fille*, p.84). On pourrait admettre qu'il s'agit là d'une prudence qui sied bien à une honnête femme. Mais la destination privée des *Avis d'une mère à sa fille* détruit l'argument. A ce compte, il faudrait aussi soupçonner sa condamnation de l'incrédulité.

L'on ne serait pas complet si l'on n'évoquait le sentimentalisme religieux de la marquise de Lambert. Sa dévotion aux vagues colorations déistes s'adresse sans doute à l'honnête homme, mais aussi à l'homme sensible. Cette religion à l'usage des mondains n'ignore pas la valeur de l'expérience mystique, la morale pragmatique n'a pas entièrement effacé les traces d'une vie chrétienne authentique. Dans la péroraison du *Traité de la vieillesse* (p.172), l'humilité chrétienne appelle cette maxime très pure, et digne d'une mystique: 'La place du cœur de l'homme est le cœur de Dieu.' Cette belle image n'est pas isolée dans l'œuvre de la marquise. La même religiosité transparaît dans la volonté de soumettre à Dieu les lumières et les sentiments,[52] elle anime la conception d'une existence qui jaillirait d'une source féconde, d'un cœur empli par Dieu.[53] Le sentiment du divin donne un sens à la destinée humaine, et le commerce entre les hommes et Dieu dépasse de beaucoup le respect des bienséances. Il faut noter dans le vocabulaire de Mme de Lambert la présence d'un mot-clef, qui passe trop souvent inaperçu, et qui la rapproche d'un écrivain comme Marivaux: la foi est une grâce de Dieu aux hommes.[54]

Que la dévotion de la marquise de Lambert ait été celle d'une grande dame soucieuse des convenances, prompte à transformer les vertus chrétiennes en vertus mondaines, on ne saurait le nier. Nous en aurons une dernière preuve

52. *Avis fille*, p.15. La religion de Mme de Lambert est une religion du sentiment: 'tout part du cœur, et va à Dieu.' Ces idées ont pu influencer Marivaux, qui dans *Le Paysan parvenu* distinguera la véritable piété de la dévotion, en opposant la vie authentique du cœur aux exercices formels et aux postures des dévots (éd. Deloffre, p.47-48).

53. Pour découvrir cette source vivifiante, il ne suffit pas de s'assujettir aux bienséances. Ce sont les sentiments qui déterminent les diverses composantes de la personnalité, et la religion est le principe de ces sentiments (*Avis fille*, p.56-57).

54. *Avis fils*, p.15: 'La Religion est un commerce établi entre Dieu et les hommes, par les Grâces de Dieu aux hommes.' M. Deloffre a noté l'importance des interventions de la grâce dans l'œuvre de Marivaux, esprit chrétien; voir: l'épisode de la conversion de Mme de Sainte-Hermières dans l'*Histoire de Tervire*; *Le Spectateur français*, quinzième et dix-neuvième feuilles; *Le Cabinet du philosophe*, troisième feuille. Les similitudes dans l'attitude religieuse de Mme de Lambert et de Marivaux sont visibles. M. Gilot établit ce bilan: 'formé à l'école du jansénisme, lecteur attentif des "libertins", Marivaux s'est frayé une voie personnelle en jetant les bases d'une pensée à la fois humaniste et chrétienne, ce qui n'était pas si banal en 1734. [...] Sur les rapports de la morale et de la religion, sa pensée est très proche de celles de Mme de Lambert et de l'abbé de Saint-Pierre, tous deux disciples de Saint-Evremond' (p.693 et 695). M. Gilot insiste surtout sur la volonté caractéristique de limiter la métaphysique au profit de la morale.

dans le choix qu'elle fit de son confesseur, un des plus mondains de Paris. Sa spiritualité fut en harmonie avec le cadre de son existence. Dans le portrait de Mme de Miran, Marivaux a présenté l'attitude religieuse de Mme de Lambert avec beaucoup de justesse et de compréhension.[55] Sans doute avait-elle 'plus de vertus morales que de chrétiennes'; elle 'aimait plus Dieu qu'elle ne le craignait' et 'c'était son cœur, et non pas son esprit qui philosophait là-dessus'.[56] Mais faut-il aller, comme le fait M. Gilot (p.64), jusqu'à parler d'"attitude agnostique'? La formule semble un peu brutale. Certes, la métaphysique est par elle limitée au profit de l'éthique; son culte sentimental s'adresse à une divinité aux attributs vagues, qui annonce le dieu des déistes. Mais il y a chez cette admiratrice de Saint-Evremond d'authentiques sentiments chrétiens. Elle rejette l'incrédulité aussi bien que la superstition, et le sentiment du divin lui inspire de belles réflexions sur la mort et sur l'existence. Il serait fâcheux que le conformisme qu'elle suggère à l'honnête homme, inspiré par des considérations pragmatiques et parfois même politiques, cachât les certitudes d'un cœur spirituel et la foi sereine d'une chrétienne éclairée.

L'analyse des rapports du moi et du monde a passionné le dix-septième siècle. Les progrès des mœurs, l'établissement de relations nouvelles entre la Cour et la capitale, l'exquise courtoisie de Louis XIV ont conditionné l'évolution des notions de politesse et d'honnête homme. L'étude de la genèse des idées permet d'apercevoir et d'interpréter les couches successives qui composent la morale de l'honnêteté. De ce point de vue, les écrits de la marquise de Lambert sont des documents typiques et irremplaçables, en ce qu'ils se présentent comme une synthèse d'idées et de pensées diverses, à l'usage des honnêtes gens de 1700. Les apports les plus visibles sont ceux de Madeleine de Scudéry et de Méré, de Saint-Evremond et de Pascal, et surtout de La Bruyère; mais des influences plus diffuses s'exercent aussi, qui prouvent que les mondains du dix-huitième siècle vivent encore, parfois inconsciemment, sur l'héritage des premiers théoriciens de l'honnêteté. Si les réflexions de la marquise de Lambert sur l'amour-propre, sur la conversation, sur les agréments, sur l'art de mettre en valeur les qualités d'autrui, sur la soumission aux bienséances sont traditionnelles, en revanche la sociabilité, la délicatesse, le sourire épicurien d'une philosophie aimable, la modernité, l'exigence d'une religion éclairée sont des traits qui distinguent l'honnête homme du début du siècle des Lumières. Les écrits de la marquise de Lambert permettent d'établir ce double constat: la connaissance de la science de

55. M. Gilot constate: 'Marivaux présente l'attitude de Mme de Lambert avec beaucoup de compréhension et de sympathie, mais ces phrases suffisent à montrer qu'il ne partageait pas tout à fait sa conception de la religion' (p.1109, n.317).

56. *La Vie de Marianne*, éd. Deloffre, p.171.

plaire et de la politesse est un objectif primordial de l'aristocrate, et la transformation des vertus chrétiennes en qualités mondaines est définitive.

La synthèse opérée par Mme de Lambert, au cœur de laquelle se déploie la recherche essentielle d'un art de plaire, montre comment se construisent les traités de civilité qui obsèdent encore les moralistes de la première génération des Lumières. Il faudrait prendre le temps de comparer les propositions de la marquise à celles d'écrivains aussi différents que le comte de Boulainvilliers, le Père Buffier, l'abbé de Bellegarde, Dupuy la Chapelle, Le Maître de Claville, Moncrif[57] pour prendre conscience de la permanence des thèmes anciens, trop souvent éclipsée par l'attention légitime accordée aux idées de devanciers comme Méré ou le Père Bouhours. Il faut rappeler aussi l'importance que les premiers philosophes, Fontenelle, Montesquieu, l'abbé Terrasson, l'abbé de Saint-Pierre attachent à l'idéal d'une société douce et polie. Il apparaît que l'œuvre de la marquise de Lambert doit être placée aux côtés des *Caractères* de La Bruyère, pour obtenir un maillon important dans l'histoire complexe, et parfois confuse, de la politesse mondaine sous la monarchie triomphante. En schématisant, on pourrait dire que ces écrits marquent le moment où l'honnêteté chère au dix-septième siècle commence à se transformer en sociabilité, où le code des salons commence à être remplacé par celui du cœur. Cette métamorphose est d'autant plus intéressante que la morale lambertine de l'honnêteté entretient des liens étroits avec la renaissance des salons, au début du dix-huitième siècle, inspirée par le modèle prestigieux de la *Chambre bleue*.

ii. Le code du cœur: l'honnête homme vertueux

La morale lambertine de l'honnêteté ne se réduit pas à cette synthèse sur la politesse mondaine, qui révèle une lectrice attentive des moralistes du dix-septième siècle. Les réflexions sur l'art de plaire n'éclipsent pas l'analyse des vertus primordiales qu'un Traité de civilité digne de ce nom doit décrire. Deux codes sont juxtaposés ou superposés en permanence dans l'étude des rapports complexes du moi et du monde: le code des salons, mais aussi le code du cœur,[58] qui assure la continuité entre l'idée du héros et l'idée d'honnête

---

57. Jean-Baptiste Morvan de Bellegarde, *Œuvres diverses* (Paris 1723); N. Dupuy La Chapelle, *Instruction d'un père à son fils, sur la manière de se conduire dans le monde* (Paris 1730); François-Augustin Paradis de Moncrif, *Essais sur la nécessité et sur les moyens de plaire* (Genève 1738; Paris 1738).

58. Ce serait une illusion de croire que le courant mondain de l'honnêteté ait ignoré les besoins du cœur. Méré, dans la *Quatrième conversation*, propose cette définition dynamique: 'L'esprit invente des moyens pour atteindre à la perfection, et le cœur est nécessaire pour pratiquer ce qu'on juge de meilleur; car l'honnesteté n'est pas une simple spéculation, il faut qu'elle agisse et qu'elle gouverne' (i.55).

homme. L'importance que Mme de Lambert accorde au paraître, au masque qui embellit nécessairement l'honnête homme et qui lui permet d'évoluer avec plus d'aisance dans le cercle social, trahit incontestablement un indéfectible attachement au passé. Mais ces définitions ne constituent pas un absolu pour la marquise, séduite aussi par l'autre courant de l'honnêteté et qui préfère souvent la vertu à l'art de plaire. L'écrivain moraliste a voulu revitaliser et réactualiser les valeurs qui avaient servi à définir l'honnête homme vertueux. Les travaux de Magendie ont montré qu'il y a toujours eu dans l'expression ambiguë d'honnête homme, la double idée de *vir urbanus* et de *vir probus*. Mais au début du dix-huitième siècle, sous la double influence de la sensibilité et de la philosophie, les bouleversements sémantiques s'accentuent et rendent l'expression encore plus ambiguë; les écrits de Mme de Lambert en témoignent, dans lesquels l'honnête homme peut désigner successivement, et parfois dans le même contexte, l'homme poli ou le vertueux. L'honnêteté est double, et L. Versini a parfaitement établi que, pour les moralistes des années 1730-1740, 'l'idée d'un savoir-vivre conçu dans les limites du petit cercle des honnêtes gens se colore des idées du siècle, s'élargit – et se dilue – en fonction des exigences de la sociabilité à la mode' (p.191). Nous croyons que les écrits de Mme de Lambert ont joué un rôle non négligeable dans cette évolution des idées. Les *Avis* à ses enfants traduisent sans ambiguïté la volonté de concilier le paraître et l'être, de faire coexister le savoir-vivre et les élans du cœur, de réunir dans une morale agissante les idées parfois contradictoires des prédécesseurs. Comme elle a su dépasser le conflit du monde et de la Cour, où s'étaient enlisés les premiers théoriciens de l'honnêteté, elle saura réconcilier la galanterie et la politesse avec la sincérité et la franchise.

Des formules capitales soulignent, dans ses ouvrages, les charnières où se rejoignent les deux conceptions. Le masque aimable des honnêtes gens est moins important que leur cœur, la vie secrète et profonde de la personne l'emporte sur son comportement social; comme l'écrira plus tard Le Maître de Claville, le vrai mérite se moque du mérite. Telle est exactement la leçon que Mme de Lambert donne à son fils: 'Qu'on vous dispute vos bonnes qualités où l'on ne vous connoît pas, consolez-vous en. Il est moins question de paroître honnête homme, que de l'être' (p.50). Les honnêtes gens sont toujours prêts à sacrifier le masque à l'éthique, les apparences à la vérité.Le code des salons n'a d'autre but que de servir à une meilleure entente entre les hommes, l'honnêteté doit assurer les fondements de la société civile. L'art de plaire se transforme sans cesse en un code de conduite qui fait de l'honnête homme un homme d'honneur. Le glissement de la politesse à la probité est évident dans le lexique de Mme de Lambert. 'Passons aux devoirs de la société [...] Le plus honnête homme est celui qui les observe avec plus d'exactitude; on les multiplie à mesure que l'on a plus d'honneur et de délicatesse' (p.22).

Le code du cœur permet de reconnaître les vertus cardinales qui régleront le comportement des honnêtes gens: la bienfaisance, l'amitié et la justice. Toutes répondent à la même exigence; l'honnête homme prend conscience des besoins de son prochain et découvre cette vérité essentielle, aux accents qui annoncent le siècle de la sensibilité: 'ce sont les qualités du cœur qui entrent dans le commerce' (*Avis fille*, p.104).

Cette vérité s'imposera aux âmes sensibles comme une évidence; mais au début du siècle, elle a encore besoin d'être démontrée. La marquise de Lambert ne répugne pas, pour assurer le triomphe des droits du cœur, à recourir à un pragmatisme exigeant et dynamique. Elle propose de soutenir les élans de l'âme sensible par un amour-propre habile qui découvrirait, dans une recherche ardente et exclusive de l'intérêt personnel, les douceurs de la vertu (*Amitié*, p.119; *Avis fille*, p.101). C'est dans cet amalgame d'un pragmatisme mondain et d'un idéal sensible qu'on sentira le mieux ce que la morale lambertine de l'honnêteté doit à une époque de transition.

i. *La bienfaisance*

L'honnêteté repose sur l'exercice de la générosité, on dira bientôt de la bienfaisance, quand l'abbé de Saint-Pierre aura introduit le mot dans le vocabulaire français. C'est une des qualités du cœur sur laquelle la marquise de Lambert veut fonder la société civile; la politesse n'entretient pas seule des liens avec la charité: au terme de son effort pour donner aux vertus chrétiennes une dimension purement laïque, la femme du monde finit par assimiler l'honnêteté même à la charité.[59] Cette exigence est apparue avec les années difficiles de la fin du règne: le pays est ruiné par des guerres dévastatrices, aucune classe sociale n'est vraiment épargnée et la libéralité traditionnelle ne suffit plus à faire supporter la vue des misères à des âmes sensibles qu'éclaire déjà la philosophie nouvelle.[60] Il serait trop banal de rappeler les accents émouvants de telle page de La Bruyère ou de Vauban sur la gravité du mal. L'aristocratie française prend conscience à son tour de la nécessité d'atténuer les rigueurs et les inégalités de la société. Les maximes commodes sur la libéralité du gentilhomme ne sont certes pas reniées; Magendie a montré que la générosité avait été, tout au long du siècle, un des éléments du paraître, et

---

59. *Avis fille*, p.103: 'L'Honnêteté est une imitation de la Charité.'

60. L. Versini fait remarquer (p.191) que la bienfaisance devient aussi un des thèmes nouveaux du roman et constate: 'on n'imagine pas Mme de Clèves rendant visite à ses vassaux pour les secourir'.

Mme de Lambert ne repousse pas cette tradition. Elle déclare à son fils: 'La Libéralité est un des devoirs d'une grande naissance. Quand vous faites du bien, vous ne faites que payer une dette' (p.41).[61] Mais cela ne suffit plus; l'idéal des âmes chrétiennes d'exception, comme 'Monsieur Vincent', a trouvé un écho dans une génération éclairée. La générosité est devenue aussi un geste spontané dans les relations entre amis. L'exemple de la marquise de Lambert est presque parfait pour montrer comment l'exercice de la bienfaisance est désormais une exigence première de la morale mondaine: il existe une convergence remarquable des témoignages sur la générosité de cette grande dame et des conseils qu'elle donne.

La générosité de la marquise de Lambert était proverbiale. La grande dame l'assimilait pratiquement à l'amitié, elle les confondait dans le même élan de la sensibilité. Mais certains indices font entrevoir que cette générosité n'était pas réservée aux amis: elle s'exerçait aussi envers les plus humbles, la marquise prêtant toujours une attention favorable aux cas douloureux qu'on pouvait lui soumettre.

Il est aisé de rassembler des témoignages convergents sur l'âme généreuse de Mme de Lambert. Le premier en date est celui de Sacy, dans sa dédicace du *Traité de l'amitié* en 1703: 'Je respecte en vous une personne [...] qui compte entre ses plus doux plaisirs et ses plus grandes richesses, les offices qu'elle peut rendre; et qui enfin ne voudroit de la fortune, que le pouvoir et les occasions de placer des bienfaits' (p.6). Il sera confirmé plus tard par celui de Fontenelle, qu'on ne saurait suspecter de complaisance, dans l'article nécrologique du *Mercure* (p.xvi-xvii de l'édition Bousquet): c'est ce témoignage que répéteront tous les biographes de la marquise:

Elle n'étoit pas seulement ardente à servir ses Amis sans attendre leurs prières, ni l'exposition souvent humiliante de leurs besoins; mais une bonne action à faire, même en faveur des personnes indifférentes, la tentoit toujours vivement, et il falloit que les circonstances fussent bien contraires, si elle n'y succomboit pas. Quelques mauvais succès de ses générosités ne l'en avoient point corrigée, et elle étoit toujours également prête à hazarder de faire le bien.

La rupture de Mme de Lambert avec l'abbé Alary illustre assez bien la dernière remarque de Fontenelle sur les déceptions inévitables que devait connaître une grande dame inlassable à faire le bien. Le dix-huitième siècle a vécu sur cette image de Mme de Lambert. L'éditeur Marc-Michel Bousquet y fait référence en dédicaçant les *Œuvres* de la marquise à Mme Esther Herff, épouse de Jean-Jacques Sinner, conseiller de la République de Berne: 'Si vous n'avez pas écrit comme l'a fait Madame la Marquise de Lambert, vous l'égalez

---

61. *La Double inconstance* repose sur la même leçon: 'un gentilhomme doit être généreux'!

en œuvres de bénéficence et de charité' (p.vi-vii). Derrière le compliment conventionnel, nous découvrons que, dans l'esprit des contemporains, la bienfaisance est devenue l'âme des salons littéraires. Mme de Tencin, et surtout Mme Geoffrin auront la même conception de l'amitié, même si chez la première la générosité se manifeste parfois dans des attitudes plus étriquées, comme cette coutume de donner à ses 'bêtes', pour leurs étrennes, une pièce de velours.[62]

Ce trait de caractère rend légitime la tradition qui voit dans le portrait de Mme de Miran celui de la marquise. Il faut rappeler que la générosité est un des ressorts de l'intrigue de *La Vie de Marianne*: Marivaux veut opposer la 'charité' de M. de Climal, les réflexions qu'elle fait naître chez l'héroïne,[63] à la générosité de la bienfaitrice. Les subtiles distinctions établies par Marivaux viennent confirmer les remarques de Fontenelle: la générosité n'est pas chez Mme de Lambert une attitude, elle est une vertu, un élan qui précède et prévient l'exposition humiliante des besoins. 'Jamais elle ne fut généreuse à cause qu'il était beau de l'être, mais à cause que vous aviez besoin qu'elle le fût; son but était de vous mettre en repos, afin d'y être aussi sur votre compte' (p.169). Comme Fontenelle, Marivaux souligne l'inutilité des paroles de gratitude et de reconnaissance, en face d'une sensibilité qui trouve en elle-même sa propre satisfaction,[64] et le romancier se plaît à noter la bonté d'un cœur que ne rebutent point les mauvais procédés des âmes basses.[65] Il serait bien difficile, après avoir constaté la convergence de ces indices, de douter de l'identité réelle du personnage de Marivaux.

L'étude de la correspondance de Mme de Lambert confirme les témoignages de ses amis. Dans sa lettre de vœux pour l'année 1712, Fénelon fait allusion à une démarche généreuse et charitable de la marquise (p.407). L'échange épistolaire entre Mme de Lambert et Montesquieu, au mois de novembre 1728, signale un autre exemple de cette générosité, qui s'exerce cette fois en

---

62. Voir Ch. de Coynart, p.303. Duclos et Marmontel ont laissé des témoignages sur la générosité de Mme de Tencin (p.287 et 300). Quelques personnages intéressés ont été tentés d'abuser des bontés de leur bienfaitrice, et Mme de Tencin a connu les mêmes déboires que Mme de Lambert (p.304).

63. Ed. Deloffre, p.39: 'La charité n'est pas galante dans ses présents; l'amitié même, si secourable, donne du bon et ne songe point au magnifique; les vertus des hommes ne remplissent que bien précisément leur devoir, elles seraient plus volontiers mesquines que prodigues dans ce qu'elles font de bien: il n'y a que les vices qui n'ont point de ménage.'

64. 'Lui marquiez-vous beaucoup de reconnaissance, ce qui l'en flattait le plus, c'est que c'était signe que vous étiez content. [...] De tout ce que vous lui disiez, il n'y avait que votre joie qui la récompensait' (p.169).

65. 'Son bon cœur ne l'abandonnait pour personne, ni pour les menteurs qui lui faisaient pitié, ni pour les fripons qui la scandalisaient sans la rebuter, pas même pour les ingrats qu'elle ne comprenaient pas' (p.170).

faveur de la duchesse de Nevers. La Rivière, dans sa lettre de vœux pour l'année 1727 (p.425), dit son admiration pour un secours apporté par la marquise à une orpheline dans le besoin, ce qui nous reporte, cette fois encore, à *La Vie de Marianne*.

Les *Mémoires* de Mme de Staal-Delaunay donnent une dimension philosophique et politique à la bienfaisance telle que la conçoit Mme de Lambert. En amie généreuse, la marquise intervient pour apporter quelque consolation à la confidente de la duchesse Du Maine dans les tristes moments de la conspiration de Cellamare. Avertie sans doute par d'Argenson, elle fait prévenir Mlle Delaunay qu'on s'apprête à arrêter dans la nuit sa maîtresse.[66] Plus tard, quand la jeune fille sera embastillée, la marquise interviendra encore auprès du lieutenant de police pour que soient allégées les rigueurs de la captivité.[67] Un témoignage comme celui-là révèle la haute opinion que la marquise se faisait de son rôle d'hôtesse. Sans jamais avoir été mêlée à aucune intrigue politique, elle savait néanmoins utiliser adroitement ses connaissances et jouer de son influence pour en faire bénéficier tous ceux qui en avaient besoin. Cette conception de la générosité est conforme à l'idée qu'elle en donne dans le portrait de son époux; ainsi que nous l'avons souligné en son temps, la générosité est agissante, dynamique, et ne se réduit pas à quelques gestes ostentatoires. La bienfaisance comble une profession, emplit une carrière, devient le but de l'existence. Dans ses *Avis à son fils* Mme de Lambert illustre par quelques exemples concrets la manière dont le crédit, la position sociale, l'amitié des supérieurs peuvent être tournés au profit des nécessiteux ou des subalternes (p.11-12); mais ce sont surtout les malheureux, tous ceux qui sont démunis et qui souffrent des contraintes de la hiérarchie sociale, qui doivent en profiter.

La critique interne confirme les témoignages extérieurs: les leçons de la marquise de Lambert à ses enfants accordent une large place à l'exercice de la bienfaisance, de plus en plus ressenti comme une nécessité, en particulier chez les philosophes qui fréquentent l'hôtel de Nevers. Il suffit de rappeler le rôle bien connu d'un utopiste comme l'abbé de Saint-Pierre dans cette prise de conscience collective. Les écrits de la marquise sont en accord avec leur temps; ils insistent également sur la dimension sociale de la générosité.

---

66. Ed. F. Barrière (Paris 1864), p.127-28. Mlle Delaunay est tirée de son sommeil par une servante, envoyée par la marquise de Lambert, pour la prévenir de l'imminence de l'arrestation.

67. 'M. d'Argenson, seul avec moi, me demanda fort gracieusement si j'étais bien traitée, et me fit voir que c'était son intention; d'où je jugeai que je lui avais été recommandée de bonne part. En effet, la marquise de Lambert avait témoigné à une personne qui avait beaucoup de crédit sur lui, de ses amies à elle, tout l'intérêt qu'elle prenait à moi' (p.141-42). Il y a tout lieu de croire que cette amie commune à la marquise et à d'Argenson est la supérieure du couvent de la Madeleine de Tresnel.

La bienfaisance joue un rôle de compensation, en atténuant les inégalités, les distances, les barrières qu'établit la hiérarchie civile. Chaque individu, en particulier lorsque ses fonctions le portent au commandement et l'investissent d'une autorité légitime, doit saisir toutes les occasions d'être généreux et libéral. L'officier, par exemple, saura se laisser entraîner par les élans de son cœur, pour adoucir les rigueurs de la discipline et la sévérité inséparable de son personnage; la maîtresse de maison mettra la même humanité dans ses relations avec les domestiques. Mme de Lambert aime recourir à ces exemples concrets qui engagent l'âme sensible dans des responsabilités quotidiennes; sa pédagogie pratique arrache l'idéal naissant de bienfaisance au domaine utopique où le cantonnait l'abbé de Saint-Pierre. Les hautes ambitions de la morale héroïque, tournées vers le monde, permettent une assimilation totale de l'honnêteté à la générosité. 'Le plaisir le plus touchant pour les honnêtes gens, c'est de faire du bien et de soulager les misérables' (*Avis fils*, p.40). La constatation n'a rien d'original, et tous les théoriciens de l'honnêteté avaient, avant la marquise de Lambert, célébré le plaisir de faire du bien: l'affirmation se répète de Bardin à La Bruyère, en passant par Méré. Mais elle se teinte, chez Mme de Lambert, de colorations sensibles. Les *Avis d'une mère à son fils* proposent (p.40) une définition de la libéralité, qui refuse de la réduire à un acte de commande et de surface: 'La libéralité se caractérise par la manière de donner; le Libéral double le mérite du présent par le sentiment.' A son tour, le *Traité de l'amitié* (p.129) fait intervenir les élans du cœur dans cet honnête désir de soulager autrui: 'Qui est celui qui pense à s'attacher les cœurs par des bienfaits, à chercher les personnes de mérite, à les secourir, à se préparer un azile dans le cœur d'un ami pour le tems de la disgrâce?' Pour répondre à cet idéal, il faut avoir le mépris des richesses et des biens de fortune. Le commerce des honnêtes gens préfigure les liaisons sensibles que le siècle célébrera. Transposition de la charité dans le domaine mondain, l'honnêteté suppose aussi un authentique sacrifice, et retrouve les exigences de dépassement et d'émulation de la morale héroïque. 'Ayez plus de bonté et de générosité que les autres; soyez en avances de services et de bienfaits, c'est le moyen de vous élever' (*Avis fille*, p.104). Il va de soi que la générosité, sur laquelle Mme de Lambert veut fonder le commerce des âmes sensibles, est un des premiers devoirs de l'amitié: nourrie des belles formules des Anciens, de celles de Diogène en particulier, la marquise rappelle que de véritables amis mettent leurs biens en communauté et que l'avarice oppose 'un obstacle insurmontable' à 'une sensible amitié' (*Amitié*, p.132-33).

La vraie satisfaction du mondain est de mettre en accord ses actes avec sa morale: l'exercice de la bienfaisance répond chez Mme de Lambert à un authentique respect d'autrui. Les réflexions de la marquise sur la libéralité révèlent incontestablement un glissement de la notion d'honnêteté, progressivement assimilée aux élans de la sensibilité. Quand les idées de bienfaisance et de philanthropie se seront définitivement imposées comme premiers principes d'un traité de la société civile, l'honnêteté ne sera plus qu'un masque gênant; la sensibilité risquait 'bien évidemment de la contrarier, voire de la submerger'.[68] Mais Mme de Lambert n'avait sans doute pas conscience des dangers qui menaçaient ainsi l'honnêteté, quand elle tentait cette synthèse presque parfaite de l'honnêteté bourgeoise et de l'honnêteté aristocratique, qui devait assurer la conquête du sens intime de l'existence, comparable à la conquête des cœurs qu'entreprend le héros, et qui devait fonder les relations humaines sur le respect et l'amour d'autrui.

2. *L'amitié*

Le *Traité de l'amitié* n'est pas une production isolée dans l'œuvre de la marquise de Lambert. La description des charmes, des caractères et des devoirs de 'la sensible amitié' s'intègre naturellement à l'éthique mondaine: comme la générosité, ce noble sentiment finit par être assimilé à l'honnêteté elle-même.

La marque d'une âme sensible, c'est aussi la capacité à jouir des douceurs de l'amitié. Spontanément s'impose l'image d'un commerce bien différent du commerce mondain: l'amitié se dérobe au regard des spectateurs. Il peut donc paraître a priori surprenant de découvrir dans l'amitié l'une des vertus cardinales de l'honnête homme. C'est pourtant une assimilation sans ambiguïté des deux notions que livrent les *Avis d'une mère à son fils*: 'Vous ne sauriez être un Homme aimable, que vous ne sachiez être Ami, que vous ne connoissiez l'Amitié [...] Tous les devoirs de l'Honnêteté sont renfermés dans les devoirs de la parfaite Amitié' (p.27). Comme son maître Montaigne, et sous l'influence grandissante de la sensibilité, la marquise de Lambert veut restreindre les dimensions de l'honnêteté pour situer les relations mondaines dans le cercle de l'intimité. D'Alembert a clairement perçu cette évolution: il rappellera, dans l'*Eloge de Sacy*, ce que la genèse du *Traité de l'amitié* doit à 'la petite académie' réunie à l'hôtel de Nevers et aux liens privilégiés qui pouvaient unir en son sein deux âmes sensibles. 'Si l'esprit des Fontenelles et des La Mottes lui offrait plus d'agrément et plus de ressources, [Mme de Lambert] trouvait dans M. de Sacy une sensibilité qui allait plus à son cœur, et une âme qui répondait mieux à la sienne.'[69] L'éthique mondaine ne peut se contenter des calculs pragmatiques inspirés par une pédagogie éclairée; elle doit compter

68. L. Versini, p.203.
69. *Œuvres*, éd. J.-F. Bastien, vii.369.

aussi avec les besoins et les aspirations de l'âme sensible. Les sentiments intimes, la vie secrète des individus influencent directement leurs comportements sociaux, non pas en créant ces ruses et ces jeux habiles qu'avait décelés La Rochefoucauld, mais en leur faisant découvrir, au contraire, les douceurs d'un commerce sincère. Cette exigence explique l'intérêt porté dans le milieu lambertin, vers 1700, à l'un des thèmes de prédilection de la réflexion morale, qui avait suggéré à Montaigne, à Mme de Rambouillet, à La Fontaine de si belles formules. Mais ce serait une erreur que de donner à ces belles âmes les traits sensibles que la seconde moitié du siècle se complaira à décrire. D'Alembert ne parvient pas à cacher sa déception en lisant l'ouvrage de Sacy: tout en lui reconnaissant une grande vérité,[70] il ne peut s'empêcher de le trouver 'froid' dans sa composition et dans son inspiration, et il note l'échec d'un moraliste qui n'est 'ni assez tendre pour les âmes sensibles, ni assez penseur pour les philosophes' (p.372). Il ne serait pas impossible de formuler des remarques analogues sur le traité de la marquise qui avoue, sans la déguiser, sa dette envers Cicéron. Mme de Lambert, cependant, semble avoir été moins gênée par cette dualité: les élans de l'âme féminine, où s'annonce la métaphysique du cœur, l'influence directe des pages lyriques de Montaigne l'inclinent vers une peinture sensible de l'amitié, qui ne nuit en rien à une conception plus mondaine. L'amitié reste pour elle un instrument de la réussite sociale. Dans les conseils pragmatiques qu'elle prodigue à son fils, inspirés pour l'essentiel par la définition de La Rochefoucauld (*Maximes*, 83) qui soumet ce noble sentiment aux visées de l'intérêt, qui le réduit à un échange de bons offices, la marquise reconnaît (p.24) que l'amitié est d'une grande ressource pour 'arriver aux honneurs' et pour asseoir sa réputation. On s'aperçoit très vite, cependant, que cette définition étroite ne la satisfait guère, parce que trop pauvre, trop sèche. Comme La Bruyère ('Du cœur', 57), elle avoue le caractère pénible d'une amitié intéressée, et comme lui, elle veut l'intégrer à une morale plus dynamique fondée sur le mérite; chez l'un comme chez l'autre, l'amitié digne de ce nom ne peut naître que d'une estime réciproque: 'Voulez-vous être estimé? Vivez avec des personnes estimables' (*Amitié*, p.126). C'est donc le mérite qui, dans la morale pragmatique mondaine, servira de critérium pour distinguer efficacement les liaisons intéressées de la véritable amitié; l'honnête homme ne se laissera pas abuser par un commerce où l'estime n'entrerait pas (*Avis fils*, p.28). C'est dégrader l'amitié que de la réduire à une complicité entretenue autour du plaisir ou de l'intérêt: s'il faut faire tenir en elle tous les devoirs de l'honnêteté, c'est qu'elle se confond avec la probité et l'honneur. La

---

70. 'On sent que M. de Sacy, quand il parle de l'amitié et de la vertu, parle de ce qui le touche et de ce qu'il aime' (p.372-73).

recherche d'une définition de l'amitié, en relation avec la notion traditionnelle d'honnêteté, fait encore découvrir d'autres exigences. Il est certes intéressant de cultiver un sentiment utile à l'ascension sociale, mais il est impérieux de comprendre ce qu'il apporte dans le perfectionnement moral des individus. Avoir trouvé un 'ami vertueux et fidèle', c'est avoir trouvé 'un trésor' (p.28). Grâce à la conception très dynamique de la conscience morale, qui caractérise si bien l'éthique lambertine, et dont nous avons dit qu'elle assumait la transition entre la morale héroïque et celle de l'honnêteté, l'amitié peut être définie comme une présence idéale, comme un regard bienveillant qui donne une valeur à l'individu qu'il enveloppe. Un ami sert de caution, il répond de nous aux autres et à nous-même, il fait 'couler dans l'âme les paroles de la vérité' (p.28). Cette conception dynamique de l'amitié est en tous points conforme à l'idéal d'honnêteté: l'ami se substitue avantageusement aux bienséances et au public. Il exerce lui aussi une forme de censure, mais avec moins de sévérité que le monde. Et surtout, il peut mettre en œuvre une pédagogie délicate pour atténuer les défauts, les humeurs brusques et farouches qui contrarient l'idée d'un parfait honnête homme (p.27). L'élection d'un ami, dans le système pédagogique lambertin, est un acte décisif de l'existence: l'honnête homme doit savoir choisir le conseiller capable de façonner un homme aimable et de corriger les autres avec douceur. Mme de Lambert est fermement persuadée qu'il vient un temps dans la vie où un ami doit se substituer aux premiers éducateurs, dans une relation comparable à celle que décrit le roman pédago-gique d'éducation princière, dont le modèle est évidemment le *Télémaque*. L'amitié a donc sa place dans un traité de civilité, à la fois comme vertu cardinale de l'honnête homme et comme élément formateur dans la découverte de l'art de plaire. Mais il est sûr qu'une conception aussi raffinée et aussi riche de l'amitié est réservée à des âmes délicates, et que la marquise de Lambert est d'accord avec La Rochefoucauld ou La Bruyère pour reconnaître la rareté d'un sentiment qui est 'le plus grand de tous les biens'.

L'entrée dans le monde coïncide avec l'élection de l'ami, dont la présence sera également indispensable dans la vieillesse. Comme la dévotion, l'amitié est un appui, une consolation dans un âge où le public se détourne de nous. Le loisir de la solitude explique aussi en partie la genèse du *Traité de l'amitié*; la marquise constate: 'Plus on avance dans la vie, et plus on sent le besoin que l'on a de l'amitié' (p.118-19). La délicate question de la retraite, qui hante le mondain, perd de son acuité, puisqu'il est aisé de substituer l'amitié au commerce du monde, pour atténuer les rigueurs d'une rupture trop brutale. L'exorde du *Traité* montre à l'honnête homme les ressources d'un sentiment décent et nécessaire.

Mme de Lambert fait de l'amitié un élément majeur de la morale des honnêtes gens, capable de satisfaire le pragmatisme mondain et les besoins du cœur. Elle en décrit les caractères en s'inspirant dans une large mesure de Cicéron et de Montaigne: elle vante ses charmes et ses avantages, repère ses traits distinctifs, établit ses devoirs.

Comme beaucoup d'honnêtes gens de son temps,[71] la marquise de Lambert a lu passionnément les pages de Montaigne, et, sans réticence, s'inspire de son lyrisme et de son enthousiasme pour décrire les charmes du plus délicieux des sentiments. L'amitié ne doit pas servir exclusivement à fonder la société civile: elle emplit aussi l'existence des individus, assure leur repos, comble les vides de la destinée. Une inspiration d'origine néo-platonicienne lui donne une signification qui la rapproche de l'amour. Le cœur humain est fait pour sentir et pour aimer: l'amitié, qui s'enrichit aisément des pertes de l'amour (p.121), s'offre aux âmes sensibles et raisonnables à la fois, pour leur faire découvrir 'toutes ses délicatesses', sans les jeter dans les inconvénients de la passion. Comme chez Montaigne, elle présente chez Mme de Lambert les caractères de l'amour: née d'une fatalité qui pousse deux cœurs à la rencontre l'un de l'autre, qui les entraîne et les enchaîne, elle met dans leur union une confiance entière et les rend transparents. Elle les protège aussi de la corruption du monde. Il n'est pas sans intérêt de noter une des premières apparitions du thème du danger des liaisons dans la description d'un engagement qui a l'avantage de recréer les conditions de la retraite et de la solitude au cœur même du cercle social: 'Quelle ressource que l'azile de l'amitié! Par elle, vous échappez aux hommes qui sont presque tous trompeurs, faux et inconstans' (p.123). A l'image du mentor se superpose celle du protecteur, la hantise d'être trompé ou trahi par un scélérat confirme l'importance du choix d'un ami. La marquise de Lambert entrevoit en tremblant la dégradation que la liaison dangereuse fera subir à un sentiment noble, elle devine le rôle que le roman de séduction fera jouer à l'amitié dans l'initiation perverse: 'Il faut aussi dans l'amitié des mœurs pures; vous courez trop de risque de vous unir avec une personne de mœurs déréglées' (p.130). Pour préserver l'amitié de la corruption, pour la protéger contre les entreprises des 'mal-honnêtes gens', la morale mondaine doit rejoindre l'éthique du grand homme et s'inspirer, comme elle, des modèles admirables légués par l'Antiquité. C'est pourquoi, conformément à une tradition ancienne dont Montaigne avait hérité, l'amitié demeure pour Mme de Lambert une vertu dont la rareté fait le prix. L'éthique lambertine en donne une image idéalisée, dont la seule originalité vient des colorations sensibles dont elle se teinte: unis dans une communauté des biens, à l'abri du

---

71. Sacy témoigne dans son *Traité de l'amitié* du succès des pages de Montaigne (deuxième édition de 1704, p.149).

monde et des regards, les vrais amis, qui sont aussi de parfaits honnêtes hommes, refusent toute compromission qui nuirait à leur ascèse vers l'héroïsme ou vers la vertu.

La formation de l'honnête homme implique la reconnaissance des caractères d'un sentiment indispensable et nécessaire, qui réintroduit les privilèges de la vertu dans la morale mondaine. Mme de Lambert reconnaît quatre traits dominants: la probité, la liberté, la sensibilité et la générosité.

L'idéal du parfait ami, qui sert de caution morale à qui l'a élu, impose le choix d'un homme vertueux, affranchi des passions contraires à un engagement fondé sur l'estime, comme l'ambition démesurée et la passion amoureuse. Il faut concevoir une liaison dont il y a tant à attendre, selon le critérium de la probité qui s'impose dans le système lambertin comme un impératif moral. Le public a le droit de juger un honnête homme sur le choix qu'il fait de son ami. L'ambition et l'amour sont des passions trop tumultueuses, trop 'turbulentes' pour pouvoir coexister avec 'un sentiment doux et réglé' (p.127), trop égoïstes pour satisfaire aux exigences d'une harmonieuse union de deux personnalités.

Les deux derniers traits de l'amitié en font un privilège des âmes sensibles. Il serait dangereux de ne la fonder que sur la seule vertu; les exigences morales et philosophiques ne doivent pas éclipser celles du cœur. La marquise de Lambert ne partage pas les réticences qu'inspire à son ami Sacy le lyrisme de Montaigne; elle affirme, dans un postulat assez moderne, les origines sensibles de l'amitié: 'Quoique l'on ait toujours dit qu'il faut donner à l'amitié des fondemens plus solides que la simple sensibilité; cependant, si le goût ne s'en mêle, on n'est point entraîné, l'esprit ne peut être convaincu' (p.127-28). La générosité entre amis est une illustration concrète de ce qu'est le commerce de deux âmes sensibles qui partagent leurs joies et leurs peines,[72] qui bannissent de leur existence l'égoïsme et l'avarice qui sont aussi, nous le savons, des défauts inconnus de l'honnête homme.

Les caractères dominants de l'amitié sont eux-mêmes conditionnés par l'existence d'une conformité dans les idées et dans les actes des deux amis: l'âge, les goûts, les conditions doivent être en rapport, ce qui restreint considérablement, dans la pratique, le choix de l'ami idéal. Si le pragmatisme mondain suggère de privilégier les unions avec des personnes d'une condition et d'un rang supérieurs, c'est seulement pour susciter une émulation bénéfique, qui permettra de distinguer le vrai mérite des apparences. On ne saurait donc opposer les écrits pédagogiques et le *Traité de l'amitié*, une conception utilitaire

---

72. *Amitié*, p.120-21: 'il n'est pas permis de se parer du beau nom d'amitié dès que l'on manque à ses amis dans le besoin.'

et une conception sensible des relations amicales. La marquise de Lambert affirme sans ambiguïté que les biens de l'amitié sont interdits aux 'esprits déréglés que la fortune caresse' (p.129), ainsi qu'aux puissants, et d'une manière générale à tous ceux qu'aveuglent les grandeurs. Comme chez les Anciens, la solitude demeure le lieu privilégié de l'amitié: le néo-stoïcisme cohabite aisément dans la pensée lambertine avec l'éloge épicurien du plus doux des plaisirs. L'heureux ermitage est un motif trop fréquemment évoqué dans les écrits de Mme de Lambert pour n'être qu'un souvenir littéraire ou un ornement du style. Il vient un temps où l'éthique mondaine n'a plus prise sur l'amitié: celle-ci finit par échapper à l'honnêteté, et devient un sentiment de pure quiétude dont l'analyse relève d'une morale du bonheur et d'une métaphysique du cœur.

Le monde, cependant, fait encore sentir sa présence, dès qu'il s'agit de définir les devoirs de l'amitié. Certains n'ont d'autre but, en effet, que de justifier et de défendre le choix de l'ami, et sa réputation, devant un public dont le regard reste contraignant. Mme de Lambert reconnaît d'une manière assez didactique trois temps dans l'amitié, dont les exigences sont différentes.

Dans les commencements de l'amitié, il est nécessaire de faire intervenir la raison pour échapper aux illusions du sentiment et pour ménager les goûts. Dans le même temps, et sans que cela soit contradictoire, une technique épicurienne permettra d'entretenir d'agréables sensations, éprouvées dans le présent, espérées pour le futur. Seule l'estime, sur laquelle seront fondés les devoirs du commencement, pourra prévenir le dépérissement de la sensibilité et atténuer la sécheresse d'une attitude trop raisonnable. Mme de Lambert se contente d'appliquer à l'amitié la peinture de l'amour naissant qu'avaient proposée les romanciers de la génération précédente. Des difficultés surgissent néanmoins de la rencontre d'exigences par trop différentes. On ne voit pas toujours très bien comment peuvent cohabiter la notion d'un 'bon choix' (p.134), directement inspirée de la lecture de Cicéron et de Pline, et l'image plus sensible de l'élan, de l'entraînement, inspirée de Montaigne. A Cicéron (*De amicitia*, 44) la marquise emprunte l'idée que 'le bandeau qu'on donne à l'amour, on l'ôte à l'amitié' (p.134), dans le temps même où, en disciple de Montaigne, elle célèbre les 'amitiés d'étoile et de sympathie' (p.122). Les raffinements de l'analyse juxtaposent deux éthiques différentes: l'amitié est éclairée, elle possède sur l'amour cette supériorité de pouvoir justifier ses engagements par la reconnaissance du mérite, quand bien même elle relèverait en grande partie du mystère des destinées.

Tant que l'amitié durera, les devoirs d'estime se traduiront en exercices pratiques que la marquise examine avec une rare délicatesse. L'estime s'entretient et se vivifie par un mutuel respect qui interdit toute complaisance pour les défauts de l'ami qui s'égare. Comme Montaigne, Mme de Lambert veut éclairer 'la vérité qui redresse', avec moins d'opiniâtreté, mais sans indulgence. Si l'amitié s'interdit de censurer, sa finalité est 'd'être une aide à la vertu' (p.134). L'ami estimable doit être capable de donner des conseils et des avis, même si ceux-ci peuvent déplaire; la morale de l'honnêteté lui recommandera cependant de recourir à l'euphémisme, pour leur donner les meilleures chances de succès. L'influence des idées pédagogiques est sensible dans cette conception d'une amitié éclairée; la marquise de Lambert voulait apparaître à ses enfants, non comme une mère sévère, bardée d'autorité et investie d'un pouvoir de censure, mais comme une authentique amie, soucieuse de les aider dans leur propre recherche de la vérité. Cet idéal est conforme à la conception fenelonienne d'une pédagogie morale, et il n'aurait pu voir le jour sans les progrès accomplis antérieurement par la notion d'honnête homme, dont la dette envers la morale de l'Antiquité est immense.[73] Les difficultés d'un compromis délicat entre la complicité et la censure, le silence et la parole, l'indulgence et l'autorité, sont levées dès qu'il s'agit d'appeler le monde dans le commerce de l'amitié: la connivence des amis doit alors être entière, le devoir impose de défendre la réputation incertaine de celui que le public incrimine. Les deux conceptions de l'honnêteté jouent un rôle complémentaire: l'éthique mondaine et le code de l'honneur prennent le relais de la sensibilité dès que l'intrusion d'un regard étranger rend caduc le code du cœur. La probité cependant restreint les commodités du masque; la protection délicate de l'ami défaillant, les droits sacrés de l'amitié ont des bornes qui s'appellent Dieu et l'honneur. Cette concession aux bienséances ne doit pas faire illusion; elle permet en réalité à la marquise de Lambert d'étendre considérablement les droits de la sensibilité. Elle fait intervenir une nuance délicate que Cicéron avait délibérément éludée (*De amicitia*, 36) en posant la question de savoir jusqu'où l'amour pouvait aller dans l'amitié: 'il y a bien des choses qu'un honneur délicat vous défendroit pour vous-même, qu'il vous seroit permis et honnête de faire pour vos amis' (p.135).[74] La générosité arrache le parfait ami au confort et à la sécurité que lui procurent ses certitudes morales, pour lui faire distinguer dans une zone ambiguë de la conscience les subtiles nuances qui entourent la notion de chose honnête et permise. On donne souvent, et à juste titre, le traité de Cicéron comme un ouvrage bien supérieur à ceux de Sacy et de Mme de Lambert. Il faut reconnaître pourtant que la position de la marquise témoigne d'un sens

---

73. La notion d'une censure délicate, mais efficace, se trouve chez Cicéron.

74. Cicéron établit une symétrie plus rigoureuse, dans laquelle les impératifs moraux, mieux définis, éliminent la casuistique raffinée qui préoccupera la marquise de Lambert: 'Il faut donc faire à l'amitié une loi de ne pas demander de chose honteuse, de n'en pas faire si on nous en demandait' (*De amicitia*, 40).

exquis de la nuance et d'une conception raffinée de la notion de conscience, même si ses exigences sont encore en-deçà des hardiesses de Montaigne. L'ami de La Boétie avait fait couler beaucoup d'encre au dix-septième siècle pour avoir affirmé audacieusement qu'on pouvait confier à son ami le secret d'autrui.[75] Jacques Esprit, dans *La Fausseté des vertus humaines* (1678) et Sacy, dans le *Traité de l'amitié*, avaient protesté contre cette maxime. Le premier estimait qu'à ce compte l'amitié pourrait autoriser l'impiété, l'infidélité et la trahison des secrets. C'est aussi, moins tranchée, l'opinion de Mme de Lambert. Sur la question du dépôt du secret, qui passionne les mondains de son époque, elle adopte une attitude déterminée et balaie, par la même occasion, les doutes émis par La Rochefoucauld.[76]

L'amitié exige aussi des devoirs dans le temps de la rupture. Aux devoirs d'estime et d'honnêteté succèdent les devoirs de délicatesse, qui tentent d'éviter la séparation et ses éclats, si celle-ci n'est pas inéluctable, ou qui justifient devant le monde l'ancienne amitié. Ils sont fondés sur des qualités qui appartiennent en propre à l'honnête homme. C'est d'abord l'indulgence. Dans l'amitié comme dans le commerce du monde, on ne doit pas compter avec âpreté les défauts du prochain. L'excuse, le pardon seront des expressions naturelles que l'indulgence saura trouver pour protéger l'ami de tout soupçon. La marquise de Lambert a su réinterpréter librement la leçon de La Rochefoucauld: 'Il est plus honteux de se défier de ses amis que d'en être trompé' (*Maximes*, 84); 'On met en droit de commettre une faute celui que l'on croit capable de la faire' (*Amitié*, p.136). L'indulgence suggérera aux âmes délicates des comportements dignes d'un honnête homme: il faut savoir se charger des torts de l'ami, écarter la superbe et l'autorité des conseils qu'on pourrait lui donner. Entre l'art de plaire du mondain et les devoirs du véritable ami, le parallélisme est parfait; le pardon emprunte à la politesse ses scrupules délicats: 'contens de pouvoir épargner une peine à notre ami, nous lui laissons le plaisir de nous pardonner, et lui épargnons la honte et le besoin du pardon' (p.136). Toutes ces remarques ont une valeur pédagogique évidente, et certaines d'entre elles recoupent la leçon que Mme de Lambert donnait à ses enfants; à sa fille (p.107-108) elle recommandait déjà de ne pas achever les torts que les autres commencent, et lui montrait la nécessité de savoir dissimuler quand nos amis nous manquent. Comme la politesse, les devoirs de délicatesse déguisent sous

75. Montaigne, i.28: 'Le secret que j'ay juré ne deceller à nul autre, je le puis, sans parjure, communiquer à celuy qui n'est pas autre: c'est moy.'

76. Le dépôt du secret suggère à La Rochefoucauld cette remarque inquiète: 'Comment prétendons-nous qu'un autre garde notre secret, si nous ne pouvons le garder nous-mêmes?' (*Maximes*, 584). Mme de Lambert apporte une réponse catégorique: 'Il n'y a pas à délibérer; le secret est un dépôt, nous n'en pouvons disposer: ce n'est pas notre bien' (*Amitié*, p.135-36).

le masque et sous les apparences les émotions profondes d'un cœur déçu. Mme de Lambert, qui a constamment affirmé les caractères communs à l'amour et à l'amitié, fait appel aux bienséances pour préserver l'âme sensible des dégradations que lui feraient subir les excès et la colère. Les éclats et les bruyantes querelles sont indignes de l'amitié ancienne et d'un choix qu'on a longtemps soutenu.[77] Les *Avis* ont éclairé la signification de la colère: elle marque le triomphe d'une nature brute, elle met le cœur à nu, elle 'démasque' dans le sens le plus authentique d'un terme que la marquise elle-même utilise: 'Quand vous vous faites voir pleine d'humeur et de colère, (car souvent on se démasque devant son domestique), quel spectacle n'offrez-vous point à leurs yeux?' (*Avis fille*, p.115). Le rôle de l'indulgence et de la sérénité est double: elles font triompher l'honnêteté, et elles apaisent la sensibilité. Elles apportent une consolation, elles étouffent le remords. Il est beau, dans la rupture, de ne pas regretter tout ce qu'on a mis dans un engagement délicieux; il est noble de justifier un choix qui s'est avéré mauvais ou décevant. Inspirée par la conception idéalisée de Montaigne, la marquise distingue à son tour les amitiés communes de 'la souveraine et maistresse amitié'; elle constate, comme lui, que dans les premières 'la liaison n'est pas nouée en manière qu'on n'ait aucunement à s'en deffier', ce qui la conduit à voir dans la rupture une punition infligée à l'ami fidèle. L'idée est délicate et mérite d'être notée, car elle suggère une formule où le sentiment chrétien de la faute colore curieusement une conception néo-stoïcienne de l'existence: 'Mais si on est assez malheureux pour avoir fait un mauvais choix, il faut le soutenir, et par là se punir de son imprudence et de sa légèreté à s'engager' (p.138).

Les devoirs les plus difficiles et les plus exigeants commencent quand tout est consommé. L'ami déçu, arraché à sa retraite, doit revenir à la vie sociale et soutenir devant le monde l'ancienne amitié. Il faut être parfaitement honnête homme, au sens mondain du terme, pour justifer, malgré l'échec, les mérites de l'honnête homme vertueux.[78] La difficulté de l'exercice vient entièrement de l'intensité du regard que le public porte sur un couple placé au premier rang de l'actualité; les métaphores qui décrivent cette présence gênante, même si elles sont traditionnelles, parlent d'elles-mêmes: l'image du spectacle rappelle que le monde est un vaste théâtre, et celle du tribunal, plus contraignante, transforme les spectateurs en juges. Cependant, les dés sont pipés: la pièce et

77. Le *Traité de l'amitié* recoupe les *Avis d'une mère à sa fille*. Comparez: 'il faut se retirer et se calmer' (*Avis fille*, p.107) et 'Dérobez-vous aux occasions de vous irriter' (*Amitié*, p.137); ces deux conseils pratiques apparaissent dans un contexte identique.

78. C'est un des rares exemples dans les écrits de la marquise de Lambert qui nous ont habitué au schéma inverse, où l'honnêteté vertueuse a besoin de l'honnêteté mondaine pour se soutenir. 'Ce sont les devoirs les plus difficiles, et où l'honnêteté seule vous soutient' (*Amitié*, p.139).

le jeu des acteurs sont mauvais, les juges prévaricateurs sont les ennemis de l'accusé. L'épreuve de la rupture doit être redoutée des honnêtes gens. Les remarques inquiètes de la marquise annoncent les désastres, les destructions que dévoilera le roman de séduction: 'Il ne faut point appeler le monde à vos querelles [...] Songez que tout le monde a les yeux ouverts sur vous' (p.139). Les observations des derniers moralistes de l'honnêteté sur les mécanismes de la relation sociale ont servi aux roués, qui les ont mises au service de la perversité. L. Versini voit juste quand il se demande (p.630), devant le dénouement des *Liaisons dangereuses*, 'si l'honnêteté n'est pas intéressée à dénoncer le danger des liaisons et à fournir, en provoquant l'indignation du public, un démenti à des êtres qui sont un scandale pour la société'. Il ne se peut que l'optimisme des honnêtes gens, en amitié comme en amour, ne soit un jour déçu par des êtres imparfaits ou moins parfaits: c'est par là que la souffrance vient aux âmes sensibles, qui avaient confié leur bonheur à la vertu et à la sociabilité, et le monde veut l'ignorer ou en rire par une 'malignité naturelle'.

Il faut encore signaler un devoir d'un caractère particulier, dont le bénéfice a cruellement manqué à la marquise dans son veuvage: un honnête homme sait être ami des morts. La parfaite amitié doit durer au-delà du tombeau, et la morale sensible ne saurait se satisfaire de la pompe des larmes: le nom, la gloire, la famille de l'ami disparu réclament des devoirs, ainsi que Montaigne l'avait proclamé en choisissant dans l'Antiquité des exemples touchants (*Essais*, i.28).

L'honnête homme et le parfait ami sont continuellement confondus dans un système moral qui veut établir les relations sociales sur le modèle de l'union des cœurs. L'amitié est sans doute un des thèmes de prédilection des moralistes de l'honnêteté, mais les lambertins lui ont donné une importance exceptionnelle. On devine à travers la correspondance de Mme de Lambert, comme dans ses réflexions morales, que la plupart des liens noués dans le salon de l'hôtel de Nevers donnaient la permission de réclamer les droits et les devoirs de l'amitié, parfois même d'en abuser. Cet idéal de vie se reflète bien évidemment dans les conceptions philosophiques et morales. Cette fois encore, on reste admiratif devant les qualités de la synthèse proposée par Mme de Lambert. La marquise est fidèle à l'image d'une vertu antique, rare et exigeante; pour le fond, son *Traité de l'amitié* démarque le plus souvent l'ouvrage de Cicéron. Il lui donne aussi l'occasion de dialoguer avec ses prédécesseurs ou avec ses amis: elle commente librement les réflexions, sur le même sujet, de La Rochefoucauld, de La Bruyère, de Sacy. Il se colore aussi de nuances plus originales dues à la sensibilité féminine et à l'idéal néo-platonicien de l'union des cœurs qui s'y épanchent. En vérité, les accents sensibles de la peinture lambertine sont souvent empruntés à Montaigne: la marquise a admiré et tenté de reproduire les mouvements de l'effusion sentimentale, la peinture d'un idéal presque inaccessible qui ont immortalisé l'ami de La Boétie. Son *Traité*, connu assez tardivement puisque la première édition date de 1736, a probablement contribué à renouveler la fortune des *Essais* dans la France du dix-huitième siècle.

3. *L'équité et la probité*

Comme le grand homme, l'homme de cœur aime et vénère la justice, agit et juge selon l'équité. Ce qui est en jeu, ce n'est plus seulement cette franchise, cette haine du mensonge et de la tricherie qu'exige l'honnêteté mondaine. L'amour de la justice a ses origines profondes dans le cœur de l'homme, dans la part sensible de son être. Il est possible, bien sûr, de reconnaître plusieurs strates dans l'éthique lambertine, et l'on ne saurait nier que le pragmatisme a pu inspirer une conception sociale de la probité: dans les *Avis à sa fille* (p.114), Mme de Lambert montre l'intérêt d'une 'conduite droite', qui attire 'à la longue plus d'avantages de la fortune, que les voyes détournées'. Il serait parfois difficile, comme le constatait La Rochefoucauld (*Maximes*, 170), 'de juger si un procédé net, sincère et honnête est un effet de probité ou d'habileté'. Mais de tels préceptes restent rares, et l'utilitarisme ne résiste pas longtemps à la métaphysique: l'amour de la justice doit servir à la recherche de la vérité.

Un traité de la société civile reconnaît dans l'équité l'un des premiers principes des relations humaines. Le commerce suppose une infinité de jugements mutuels qui doivent être équitables. Dans une proposition particulièrement généreuse, Mme de Lambert appelle de ses vœux un mimétisme qui confondrait les jugements particuliers et les jugements solennels.[79] Le but n'est plus de faire triompher une morale de l'intérêt bien compris, mais de bannir de la société douce et polie 'les haines et les inimitiés' qui l'altèrent, d'extirper les racines du mal. Les honnêtes gens du début du siècle placent leur confiance dans la sociabilité, et redoutent la 'malignité naturelle' (p.103) qui incline l'être humain à la médisance et à la méchanceté. Un honnête homme ne peut, de son propre chef et sans procès, se rendre 'l'arbitre de la réputation' d'autrui. Les conseils pratiques prodigués dans les écrits pédagogiques donnent presque toujours à l'équité la mission d'étouffer les instincts mauvais pour que triomphe la culture; comme la bienfaisance et l'amitié, l'amour de la justice finit par être entièrement assimilé à l'honnêteté.

L'amour de la justice, la recherche de l'équité inspirent à la marquise de Lambert de belles pensées sur le problème particulier de la vengeance. La

---

79. *Avis fille*, p.103: 'Il faudroit, dans les jugemens particuliers, imiter l'équité des jugemens solennels. Jamais les Juges ne décident sans avoir examiné, écouté et confronté les témoins avec les intéressés.'

grande dame peut ainsi effleurer, par des voies détournées, la délicate question du duel, sur laquelle viennent buter la morale aristocratique de l'honneur et la morale mondaine en général. Les écrits pédagogiques destinés à donner les éléments d'une éducation aristocratique privée, et tout particulièrement les conseils prodigués à un jeune officier bouillant et turbulent, devaient montrer une image de la vengeance conforme à l'idéal de l'honnête homme.

Même si le duel est un des motifs usés de l'intrigue de la nouvelle française, on ne sera pas insensible au fait que la marquise de Lambert l'utilise dans *La Femme hermite*, avec des intentions moralisatrices évidentes. Comme dans l'*Eugénie* (1657) de Segrais, la jalousie peut conduire un rival à songer au duel, et c'est un duel qui fournit le dénouement; mais c'est le duc de Praxède qui tue le prince Camille. Le séducteur triomphe, la belle âme périt, et la jeune fille déshonorée doit réparer éternellement l'éclat qu'elle a suscité. La signification morale de la nouvelle est sans ambiguïté: le code de l'honneur conduit à une impasse, il n'est d'aucune ressource pour l'honnête homme.

Les écrits pédagogiques, en attirant l'attention sur la notion de vengeance légitime, colportent une leçon semblable: l'antique image de l'honneur, d'origine féodale, doit être renouvelée, car désormais homme d'honneur et honnête homme sont synonymes. Si les préceptes sur la vengeance sont assez développés, en particulier dans les *Avis d'une mère à son fils*, ils n'apportent pas de solution vraiment originale. La marquise pense en chrétienne et adapte à la morale profane les leçons de l'Evangile (p.37). La nécessité d'intégrer les valeurs chrétiennes à la morale des honnêtes gens a été rarement affirmée avec autant de netteté, même si quelques références à la vertu antique permettent de superposer la patience du chrétien et la clémence du grand homme. Les préceptes d'une mère à sa fille sur la haine et sur la vengeance sont plus discrets, pour des raisons évidentes, mais ils confirment cette laïcisation, qui semble définitive, de la modération chrétienne.

La conception vertueuse de l'honnêteté, qui fut la première à apparaître en France, retrouve de sa vigueur à la fin du dix-septième siècle sous la double influence des écrits de La Bruyère et des développements de la sensibilité. Les honnêtes gens ont trouvé dans les *Caractères* une conception neuve des relations sociales qui leur semblait en accord avec une façon différente de vivre et de sentir. Ce courant vertueux de l'honnêteté nourrit désormais la morale aristocratique: les étiquettes proposées par Magendie pour la période de 1600 à 1660 sont caduques. 'L'honnêteté n'oppose plus seulement l'aristocratie à la bourgeoisie, mais l'aristocratie à elle-même.'[80]

80. L. Versini, p.207.

6. *Un traité de la société civile*

C'est dans la période de 1690 à 1715 que se consolident les fondements de la sociabilité du dix-huitième siècle: la bienfaisance, l'amitié, la justice sont des exigences des âmes sensibles, qui ont besoin pour s'épanouir de s'ouvrir à autrui dans un respect mutuel. Ces élans de la sensibilité ne sont pas encore débarrassés de tout pragmatisme, ils s'insèrent aisément dans un art de plaire tout mondain. La génération de Mme de Lambert n'a pas encore séparé les besoins de l'âme sensible des devoirs de la politesse. Le vocabulaire de la marquise rappelle sans cesse qu'honnêteté et sensibilité se recouvrent parfaitement: 'le plaisir le plus touchant pour les honnêtes gens, c'est de faire du bien; tous les devoirs de l'honnêteté sont renfermés dans les devoirs de la parfaite amitié; l'honnête homme aime mieux manquer à la fortune, qu'à la justice.' Ces maximes, nous l'avons dit, définissent des rapports humains inspirés par le respect d'autrui, et proposent une image nouvelle de l'homme aimable. Le code des salons s'ouvre à celui du cœur; on ne saurait réduire le lambertinage à un phénomène linguistique, car ce serait oublier que le salon de l'hôtel de Nevers fut le foyer d'un humanisme nouveau, dont Marivaux, l'abbé de Saint-Pierre et dans une certaine mesure Montesquieu seront les porte-parole, jusqu'à ce que, au cœur du siècle, cette conception généreuse de la politesse soit à son tour submergée par la sociabilité. La morale mondaine de Mme de Lambert est à la fois l'un des derniers systèmes de l'honnêteté et l'un des premiers traités de sociabilité.

Le caractère synthétique des réflexions de la marquise de Lambert sur l'honnêteté ne doit pas surprendre: la morale des honnêtes gens repose sur quelques grands thèmes, inlassablement examinés par les générations successives et nuancés en fonction de l'évolution des mœurs et des goûts. Le didactisme du *Traité de la société civile* du Père Buffier restitue de façon satisfaisante la genèse de ces idées. Le mondain établit d'abord les principes de la société civile et s'interroge sur les conditions du bonheur et de la vertu dans la rencontre des aspirations particulières et des exigences de la collectivité. Il peut appliquer ensuite les principes généraux aux sujets particuliers de la société civile: il reconnaît alors la nécessité d'élaborer un art de plaire, dont les expressions privilégiées sont la politesse, la conversation et les manières. Cette pratique du monde lui permet de définir les vertus de l'honnête homme (il ne lui est guère possible d'ignorer la permanence des thèmes de l'amitié, de la réputation et de la franchise), et d'établir les devoirs que lui imposent les bienséances et la délicatesse. Ces cadres traditionnels laissent peu de place à l'improvisation, et la morale de l'honnêteté se constitue sur un héritage assez contraignant, comme l'ont montré les travaux de Magendie.

Il va de soi que ce fonds commun est bien connu de l'aristocratie cultivée de la fin du siècle, et que des nombreuses maximes proposées par la marquise de Lambert, beaucoup sont familières aux gens de sa classe. Cicéron et Montaigne restent les maîtres incontestés pour la formation d'une doctrine mondaine qui subit aussi les influences parallèles de la préciosité et de Méré. Les notations lucides et amères de La Bruyère ont vigoureusement impressionné l'aristocratie généreuse, et les *Caractères* sont appelés à devenir également une référence majeure pour la description des relations sociales. Le poids de l'héritage ne doit pas faire négliger les phénomènes d'échange et de circulation des thèmes et des idées entre les différents systèmes qui sont élaborés. Les pensées et les maximes de Mme de Lambert se retrouvent chez Sacy et le Père Buffier, chez l'abbé de Bellegarde ou Le Maître de Claville.

La synthèse de Mme de Lambert prouve que les deux courants traditionnels de l'honnêteté se rejoignent au moment où ils vont être submergés par la sociabilité. On peut même affirmer que cette ultime définition de l'honnête homme contient en germe celle de l'homme sensible dont rêveront les philosophes. L'acquisition des manières et de la politesse, la connaissance des règles de l'art de plaire sont encore indispensables pour paraître à son avantage, à une époque où renaît la vie brillante des salons,[81] mais apparaissent en recul par rapport aux qualités du cœur et aux vertus agissantes qui devront établir des relations sociales fondées sur le respect d'autrui. Les touches personnelles du portrait de l'honnête homme vertueux peint par Mme de Lambert viennent d'une sensibilité féminine nourrie d'un rêve héroïque où se rencontrent Plutarque, Corneille et les héros précieux.

En réalité, la question de fond que posent aussi bien le traité de la Gloire que le traité de la Société civile est la question du bonheur. Les interrogations soulevées par des sujets comme la retraite ou la réputation, qui sont au cœur du rêve héroïque et de l'art de plaire, trouveront une réponse définitive dans la formulation d'une sagesse capable de donner le dernier mot sur le conflit des tendances individualistes et des contraintes du monde.

L'importance des emprunts avoués ou inavoués ne doit pas faire oublier que les réflexions de la marquise de Lambert sur la société civile caractérisent assez bien l'ultime effort des moralistes mondains pour proposer une image satisfaisante de la politesse et de l'homme aimable. Jusqu'à leur ruine définitive, vers 1740, les théories de l'honnêteté en France offrent des traits permanents, particulièrement visibles dans la pensée lambertine: la question de savoir si les lectures de Plutarque, de Montaigne, de Méré, de La Bruyère correspondent

---

81. L'intérêt que les jésuites, premiers éducateurs de l'aristocratie, portent de nouveau aux idées de l'honnêteté, s'explique en partie par le renouveau de la vie mondaine dans les premières années du dix-huitième siècle.

à des moments différents de la formation morale de la marquise est assez vaine, puisque le système qu'elle propose a justement pour but de concilier les exigences différentes de ces devanciers. Leurs idées ne sont ni périmées, ni d'actualité, elles constituent seulement le fonds indispensable où puise l'aristocrate qui veut construire, vers 1700, sa théorie personnelle de l'honnêteté.

L'organisation du traité de la Société civile sur le double code des salons et du cœur indique sans ambiguïté qu'on ne saurait, dans l'esprit de son auteur, l'isoler de la morale héroïque. C'est au fond la même démarche qui inspire l'aristocrate méditant sur les relations du moi et du monde, mais les valeurs rencontrées sont différentes selon qu'elles s'adressent à l'homme d'épée et d'honneur, ou au grand seigneur, homme du monde. Il va de soi que ce traité appelle un traité complémentaire du bonheur. Pour le chevalier de Méré, qui faisait de la connaissance de l'honnêteté le bien suprême, les deux questions étaient liées, sans faire naître de difficultés. Comment la marquise de Lambert, nourrie de culture antique, pourra-t-elle concilier l'image de la sagesse traditionnelle avec la reconnaissance des devoirs du héros et de l'honnête homme?

7. Un traité du bonheur

Un traité de morale qui prétendrait rendre compte de manière exhaustive des rapports du moi et du monde réserverait obligatoirement un chapitre à la définition de l'idée du bonheur, qui demeure la préoccupation première des méditations chrétiennes ou profanes. La question du bonheur est au cœur du système lambertin, puisque traiter des devoirs, en philosophe païen ou en philosophe chrétien, c'est parler des récompenses attachées aux conduites glorieuses ou vertueuses. L'image du sage recouvre normalement celles du héros et de l'honnête homme.

Dans sa logique, le traité lambertin du bonheur s'apparente à celui de la Gloire, dans la mesure où la découverte de la félicité succède à la dénonciation des préjugés qui l'occultent. Comme il y a un faux héroïsme, il existe de faux biens qui aveuglent l'homme, et le premier effort de la philosophie consiste à débarrasser l'idée de toutes les définitions erronées qu'on en donne. Inspirée par l'apologétique pascalienne, la marquise de Lambert se propose de peindre la misère de l'homme, pour mieux faire connaître les charmes de la vie heureuse à un lecteur revenu de ses égarements et arraché à ses illusions.

i. Misère de l'homme

Au risque de trahir la richesse de réflexions morales développées souvent avec beaucoup de nuances, au risque de trahir également le foisonnement et le désordre que leur imposent les exigences d'une publication qui juxtapose dans un même recueil des pièces et des traités manuscrits où sont repris les mêmes motifs, où se répètent parfois des développements identiques, il est permis de déceler dans l'enquête lambertine sur le bonheur une démarche simple qui fait progresser la pensée par antithèses: la définition de l'idée du bonheur est précédée d'une négation, l'image en est comme développée à partir d'un négatif. Ce que révèlent d'abord les différents écrits de la marquise, c'est le refus d'une fausse conception du bonheur à laquelle, sans doute, beaucoup de ses contemporains adhéraient encore.

L'hédonisme, qui confond la recherche du bonheur avec celle des plaisirs – Mme de Lambert sera d'une sévérité intransigeante à l'égard de toutes les expressions de la volupté – l'attachement aveugle à tous les biens et à toutes les réalités que propose le monde, bref la vie selon 'l'ordre de la chair', sont vigoureusement dénoncés par un écrivain moraliste qui les tient pour les signes de la misère de l'homme.

Les spécialistes de la pensée morale aux dix-septième et dix-huitième siècles, R. Mauzi en particulier, ont montré à quel point le contenu des divers traités pouvait être hétérogène, et ont souligné l'abondance parfois déroutante des lieux communs qu'ils véhiculent. L'intérêt d'une telle étude est donc avant tout de déterminer l'originalité de Mme de Lambert dans sa condamnation, d'apercevoir l'orientation et la signification de ses emprunts divers. Au-delà des thèmes traditionnels de la réflexion morale, parfois venus du fond des âges, légués par l'Antiquité ou le christianisme, qui malgré leur banalité ne devaient pas paraître indignes d'être proposés à la méditation du public, au-delà des thèmes plus récents où se reconnaît l'influence des moralistes chrétiens et profanes, il est permis de déceler dans la condamnation lambertine de 'l'ordre selon la chair' un accent personnel, un écho des idées et des propos de la nouvelle génération de 1680, qui insensiblement oriente la pensée morale, à l'aube du dix-huitième siècle, vers des horizons nouveaux. Ce sont quelques regards furtifs, mais perspicaces, que l'on jette sur une société en pleine mutation.

i. *La condamnation des plaisirs de la volupté*

La condamnation de la volupté et de ses plaisirs procède chez Mme de Lambert d'une conscience aiguë de l'évolution des structures mentales de sa propre classe à l'aube du dix-huitième siècle. Il est permis de penser en effet, après de nombreux historiens, que l'aristocratie a cherché à compenser par la recherche des plaisirs matériels et quotidiens du jeu, de la fête, l'inertie politique à laquelle le pouvoir autoritaire et absolu de Louis XIV venait de la condamner définitivement. La morale lambertine se présente donc d'abord comme une protestation contre un hédonisme de plus en plus envahissant. L'hôtesse d'un salon que les contemporains regardaient comme le modèle de l'urbanité nouvelle a voulu rompre avec les activités les plus 'banales' de la vie mondaine et de la vie de cour. Car l'usage du grand monde est aussi un usage des plaisirs: on y aime, on y joue, on y dîne, on s'y divertit.

Parmi les plaisirs de la volupté, les jeux de l'amour occupent la première place. Nous aurons l'occasion, dans le chapitre consacré à la métaphysique du cœur, de souligner la sévérité de l'écrivain à l'égard de la plus dangereuse des passions: mais lorsqu'il s'agit de peindre l'amour charnel, sa sévérité devient répulsion.

La quête de l'érotisme est dangereuse, car elle entraîne avec elle toutes les autres perversions; dans ses *Réflexions sur les femmes*, évoquant la catégorie de ces amazones 'qui ne cherchent et ne veulent que les plaisirs de l'Amour' (p.197), Mme de Lambert constate qu'elles accueillent tous les divertissements susceptibles de flatter leur passion dominante. Les activités des salons qui permettent le rapprochement des deux sexes sont recherchées avec empressement, ainsi que 'tout ce qui porte la livrée du Plaisir' (p.198).

L'érotisme a besoin d'une mise en scène qui favorise d'autres dépravations; le théâtre de la séduction est un théâtre du plaisir qui transforme le libertin en débauché: en Don Juan sommeille un Rolla. Celui qui se livre à l'amour charnel s'abandonne par nécessité, puis par goût, à tous les autres plaisirs des sens. Associer le plaisir amoureux aux plaisirs du jeu et de la table, c'est souligner sa dépendance à l'égard du pouvoir corrupteur de l'argent, c'est montrer les dangers de la vie mondaine pour la sensibilité. L'organisation sociale du divertissement, le luxe raffiné de la vie des salons et de la cour, de connivence avec les sens, pervertissent le cœur humain, séduit par le cortège voluptueux d'Eros.

Le jeu, qui occupait déjà dans l'analyse pascalienne du divertissement une place de choix, est certainement la manifestation la plus caractéristique de l'oisiveté luxueuse de la civilisation des Lumières. Une des images mentales que nous créons le plus spontanément quand nous cherchons à l'évoquer, nous présente, réunies dans la même complicité autour d'une table chargée, dans la féerie des flambeaux, d'élégantes silhouettes inclinées vers un enjeu qui les inquiète à peine, comme indifférentes aux sommes fabuleuses qui s'engagent sous leurs yeux. Le jeu, refuge contre l'ennui croissant des salons, où l'art de la conversation semble s'être dégradé au dix-huitième siècle, concentre le cynisme, l'égoïsme, la désinvolture qu'agréaient toutes les sociétés de l'époque. Seul le cercle de Mme de Lambert échappe à cette règle, le jeu en étant impitoyablement banni.

Ce trait est si caractéristique que le chercheur peut identifier en toute sécurité, dans la littérature de l'époque, une description qui évoquerait un salon aristocratique d'où les plaisirs du jeu seraient exclus. C'est au marquis d'Argenson que l'on doit le témoignage le plus affirmatif sur ce point: 'J'allais régulièrement dîner chez elle les mercredis qui étaient un de ses jours; on y raisonnait sans qu'il fût question de cartes, comme au fameux hôtel de Rambouillet, si célébré par Voiture et Balzac.'[1] Après lui, les biographes de Mme de Lambert ne manqueront pas de souligner cette sévérité pour le jeu,[2] sans doute parce qu'une telle attitude était rare en son temps.[3]

1. *Journal et mémoires*, i.164. Le président Hénault, lorsqu'il évoque avec une malice certaine le changement de décor du salon, le soir, peut ironiser sur la 'belle galanterie' (p.120), sans pour autant parler du jeu.

2. De Lescure, reprenant le témoignage de d'Argenson, lie ce mépris du jeu à l'atmosphère précieuse du salon: 'on n'y joua jamais; on n'y agiota point' (*La Société française au dix-huitième siècle*, Paris 1881, p.11); V.-L. Saulnier note: 'On cause sans jouer' (*La Littérature française du siècle philosophique*, Paris 1963, p.17).

3. On trouvera de nombreux témoignages dans l'article de R. Mauzi. On pourrait aussi évoquer

Les écrits moraux confirment ces témoignages sur le salon. C'est dans les *Avis d'une mère à son fils* (p.38) que la marquise s'est exprimée avec le plus de sévérité:

Pour le Jeu, c'est un renversement de toutes les bienséances: le Prince y oublie sa dignité, et la femme sa pudeur. Le gros jeu renferme tous les défauts de la société. On se donne le mot à de certaines heures pour se ruiner et pour se haïr. C'est une grande épreuve pour la probité; peu de gens l'ont conservée pure dans le Jeu.

Elle a voulu mettre en garde son fils contre les dangers redoutables qu'il aurait à affronter dans le monde, dangers bien réels, comme le confirment plusieurs témoignages contemporains sur le 'gros jeu'. C'est ainsi que la duchesse d'Orléans, dans sa *Correspondance* de 1695, écrit: 'On joue ici des sommes effrayantes et les joueurs sont comme des insensés';[4] on pourrait aussi rappeler l'exemple romanesque de *Manon Lescaut* et l'insistance de l'abbé Prévost à dénoncer la tricherie dans le jeu.

Mais si cet avertissement important est motivé par les craintes d'une mère attentive qui cherche à protéger un brillant officier contre les débordements et les erreurs de la jeunesse, il a aussi une portée plus générale. Sous la pensée féministe qui rappelle les femmes à la pudeur, sous la réflexion consacrée à la probité, perce une inquiétude évidente en face des désordres qu'engendre le 'gros jeu'. Est-il si hardi de déceler dans cette réflexion pleine de fermeté un appel de Mme de Lambert aux siens, aux gens de sa classe – l'allusion au prince devrait réveiller en eux le sens du devoir et de la responsabilité – pour que soit mis fin à des excès qui compromettent dangereusement la paix sociale, qui font appréhender une catastrophe historique dont témoigne très bien la série lexicale: 'renversement, ruiner, haïr'? Il faut sentir dans cette observation la présence d'un esprit éclairé qui discerne dans les faits les signes précurseurs de profonds bouleversements à venir.

Mme de Lambert reprendra souvent cette condamnation, dans des réflexions plus générales sur le plaisir: le mot 'jeu' apparaît alors dans des séries énumératives qui veulent dresser un catalogue des passions ardentes; il est associé presque automatiquement à la table, comme pour souligner les deux aspects les plus apparents du phénomène de la consommation.[5] Les avertissements se multiplient dans les *Réflexions sur les femmes*, indiquant la responsabi-

---

L'Encyclopédie, article 'Jeu (droit naturel et morale)': 'Il n'y a que peu d'hommes qui aient une aversion sincère pour le jeu.'

4. Cité par Antoine Adam, *Lettres persanes*, p.146.

5. *Femmes*, p.198: 'Vous les voyez occupées du Jeu, de la Table'; p.181: 'Quelle multitude de goûts se succèdent les uns aux autres! La Table, le Jeu, les Spectacles'; p.208: 'Voyez les Femmes du monde, qui sont livrées au jeu, aux Plaisirs et aux Spectacles'; *Avis fils*, p.37-38: 'La Table et le Jeu ont leurs excès et leurs dangers.'

lité de l''aimable sexe' dans la corruption ou l'épuration des mœurs.[6] Si dans tous ces exemples la condamnation du jeu n'a pas la même vigueur que dans les *Avis d'une mère à son fils*, le lecteur est néanmoins surpris par l'insistance avec laquelle Mme de Lambert la répète, et cette impression est due autant au retour obsédant des formules qu'à l'énumération des exemples voluptueux où le jeu est toujours présent, comme s'il était le symbole même du plaisir. Enfin, Mme de Lambert ne se contente pas de dénoncer le 'gros jeu', comme la plupart des moralistes de son époque: ce qui l'inquiète, plus que la ruine économique, c'est la faillite des plus nobles aspirations humaines, évanouies dans la frivolité et l'inconsistance de l'amusement.

Deux textes en particulier s'éclairent vraiment à la lumière de la condamnation lambertine. Dans la cinquante-sixième *Lettre persane*, le voyageur Usbek souligne la fureur de jouer, qui semble s'être emparée des Européens depuis les dernières années du dix-septième siècle. Mme de Lambert constatait les dangers corrupteurs du jeu pour la 'probité' et les bienséances; Montesquieu insiste à son tour sur le bouleversement des valeurs sociales et morales, mais dans un mouvement ironique très caractéristique du ton de l'ouvrage, la signification en est inversée, le jeu devenant le garant de toutes les bienséances: 'C'est un état que d'être joueur; ce seul titre tient lieu de naissance, de bien, de probité.' Ce qui surprend le musulman Usbek, c'est la fureur que les femmes mettent dans cette activité: 'les femmes y sont sur-tout très adonnées'. Mais il est un rapprochement plus précis encore, qui nous permet de saisir sur le vif l'influence d'un milieu où circulent thèmes et motifs que retiennent les écrivains: Montesquieu, comme Mme de Lambert, voit dans la passion des femmes pour le jeu une conséquence directe de la recherche active de l'amour: 'Il est vrai qu'elles ne s'y livrent guère dans leur jeunesse que pour favoriser une passion plus chère,' constate malicieusement Usbek. Et Mme de Lambert, comme Montesquieu, condamnera les femmes qui 'ne cherchent dans l'Amour que les plaisirs des sens, que celui d'être fortement occupées et entraînées, et que celui d'être aimées. [...] Ces personnes se livrent à toutes les passions les plus ardentes. Vous les voyez occupées du Jeu, de la Table: tout ce qui porte la livrée du Plaisir est bien reçu' (p.198). Mme de Lambert parle des 'passions les plus ardentes', Montesquieu privilégiait le mot 'fureurs': nous sommes bien en présence de réactions identiques. Les *Lettres persanes* développeront aussi l'argument lambertin de la ruine économique, mais en lui donnant la signification malicieuse d'un affrontement conjugal: 'elles veulent ruiner leurs maris'.

Le second texte où peut se déceler l'influence des idées de Mme de Lambert

6. Comme la marquise de Rambouillet, Mme de Lambert croit que la restauration de la morale aristocratique viendra du sexe féminin.

est encore un texte d'imagination. L'abbé Prévost a illustré le thème de la haine entre les joueurs dans le récit remarquablement concis de la mort de Lescaut, tué le soir d'une partie de jeu par un garde du corps de ses amis, qu'il venait de dépouiller de 'cent écus en une heure'.

Comparée aux témoignages nombreux sur la passion du jeu au dix-huitième siècle et sur son développement dans les salons, l'attitude de Mme de Lambert est originale. Sa sévérité s'explique par la volonté sincère de proposer une autre idée du bonheur à des contemporains qui croyaient le trouver dans la passion du jeu et du gain; elle se justifie aussi par l'idéal précieux qu'elle a cherché à restaurer dans une société où se manifestent un 'recul de l'honnêteté et la perte de l'art de converser'.[7] Mais surtout, et c'est sa véritable originalité, elle procède d'un idéal moral que l'aristocratie est en train de trahir: en participant au phénomène de la consommation frivole, de la dilapidation des énergies, dont le jeu est l'expression la plus remarquable, cette classe approuve un renversement de toutes les bienséances et précipite la corruption de l'honnêteté qui repose essentiellement sur les valeurs de la dignité et de la générosité. Le jeu est contraire à la quête du bonheur que se propose l'honnête homme. Loin d'être conservatrice, l'intransigeance lambertine a des accents qui seront ceux du second versant du siècle.[8] Elle nous invite à nous méfier d'un jugement hâtif qui verrait dans ce mépris du jeu l'expression d'une mentalité bourgeoise.

L'autre image vivante d'une consommation où se concentrent tous les superflus, où se dilapident d'immenses revenus, qui menace aussi de ruine l'individu atteint cette fois dans sa chair même, c'est la table. Mme de Lambert n'a pas plus d'indulgence pour elle que pour le jeu, et les associe souvent dans la même condamnation.

L'activité culinaire est sans doute une des plus caractéristiques de toutes celles de la vie des salons, et les Français avaient su se donner un goût très sûr pour la juger, s'il faut en croire cette remarque de l'abbé Du Bos: 'Ils sont prêts à dire leur sentiment avec autant de franchise, que les amis commençaus d'une maison disent le leur sur un Cuisinier que le Maître essaïe. Ce n'est pas le moins équitable des jugements de notre païs.'[9] La table est le signe extérieur sur lequel veulent être jugés le grand ou le parvenu que Mme de Lambert désigne comme des 'favoris de la fortune': 'Entrez chez eux, tout est en proportion avec cette idée de grandeur: Maison superbe, Table délicate,

---

7. L. Versini, *Les Confessions du comte de ****, p.205.

8. Jean-Jacques, au livre septième des *Confessions* (*Œuvres complètes*, Paris 1959-, i.313), semble lier le jeu à l'existence de la société aristocratique, essentiellement oisive: 'le jeu n'est que la ressource des gens ennuyés'.

9. Jean-Baptiste Du Bos, *Réflexions critiques sur la poésie et sur la peinture* (Paris 1733), ii.322.

Equipage magnifique' (*Richesses*, p.223). Ailleurs, dans un portrait imité de La Bruyère, c'est encore par l'image de la table et de ses raffinements que l'écrivain 'matérialisera' la gloire du riche: 'Ce Maître de la maison que vous honorez, songez, en l'abordant, que souvent c'est l'Injustice et le Larcin que vous saluez. Sa table, dites-vous, est délicate; le goût règne chez lui' (*Femmes*, p.181). Le refus de découvrir la véritable grandeur dans l'expression la plus matérielle du plaisir et du luxe est commun aux lambertins. Fénelon dans le *Télémaque* (ii.99) avait dénoncé cette fausse conception de la gloire abaissée au rang de l'excellence culinaire: 'Quelle honte que les hommes les plus élevés fassent consister leur grandeur dans les ragoûts, par lesquels ils amollissent leurs âmes et ruinent insensiblement la santé de leurs corps!' Le portrait du fermier, dans les *Lettres persanes* (48), exprime la même condamnation: 'Il auroit eu la meilleure table de Paris, s'il pouvoit se résoudre à ne jamais manger chez lui: [...] il excelle par son cuisinier', inspirée directement du mot célèbre de Célimène, que nul sans doute n'aurait voulu appliquer à Mme de Lambert, pas même les détracteurs de son 'bureau d'esprit'.

On peut rapprocher de la dénonciation des vanités de la 'gloire' culinaire, celle de l'usage du vin, que Mme de Lambert partage avec de nombreux moralistes de l'époque. De tous les plaisirs de la volupté, l'ivresse est peut-être le plus dégradant, parce qu'elle corrompt les facultés intellectuelles indispensables à l'homme pour atteindre le bonheur: 'Rien de plus honteux que de perdre dans le vin la Raison, qui doit être le guide de l'Homme.' On ne s'étonnera point de découvrir cette condamnation dans les *Avis d'une mère à son fils* (p.38); Mme de Lambert pouvait craindre l'exemple néfaste des débauches scandaleuses de certains cercles, commes les orgies de la réunion du Temple, pour un jeune seigneur de l'aristocratie parisienne, dont le sens moral, même si le témoignage de Mathieu Marais doit être accueilli avec prudence, n'était peut-être pas aussi développé que celui de ses ancêtres.

Au-delà des motifs personnels, cette maxime doit être située dans le contexte général de la réflexion morale de l'époque. La condamnation de l'usage du vin qui trouble la raison est un lieu commun chez les écrivains proches de Mme de Lambert. Montesquieu la développe dans la cinquante-sixième *Lettre persane*, si lambertine: elle y est associée, très significativement, à celle des dérèglements du jeu et de l'amour. L'argument séduira Marivaux, qui fait de l'ivresse une des multiples causes de la petitesse des hommes dans *L'Ile de la raison*, favorisant de la sorte un thème promis à un avenir philosophique, celui de l'ivrognerie en milieu rural. Parmi les lambertins, on pourrait alléguer encore l'exemple de l'abbé Du Bos invitant, à la suite d'Horace, de Pétrone ou de Juvénal, le jeune artiste, dans l'âge où se forme le génie, à se méfier des deux passions de l'amour et du vin. C'est chez le Père Buffier qu'on trouverait le développement le plus ample de ce motif: cherchant à démontrer, dans son *Traité de la société civile*, qu'il n'y a pas de vices particuliers, que ce qui nuit au bonheur individuel nuit aussi à la société, il développe à plaisir l'exemple de l'ivresse, le plus redoutable de tous les vices.

Avec la dénonciation du goût pour les divertissements et pour les parures se poursuit la critique lambertine d'une société livrée aux illusions de la représentation, à la dissipation, à la consommation, qui cherche à combler par les plaisirs des sens les vides de l'oisiveté, et qui croit trouver son bonheur dans la recherche d'une vie artificielle et frivole.

Mme de Lambert a jugé sévèrement les manifestations de la parade mondaine, où s'évanouissent toutes les énergies de l'individu. Dans sa dénonciation, les spectacles ont une place privilégiée: ils sont 'l'appareil des plus grands plaisirs' (*Avis fille*, p.73), l'expression de la pompe et des fastes d'une société que caractérise le geste de la dilapidation, car l'écrivain ne manque pas de condamner les 'dépenses' qui les suivent. Or l'entraînement au gaspillage est fondamentalement contraire à l'idée lambertine du bonheur conçu comme un repos que procure la 'tempérance'.

Elle ne confond pas, dans sa sévérité pour les spectacles, le jugement esthétique et le jugement moral: trop d'artistes et de créateurs ont gravité dans son salon pour que sa condamnation soit radicale. Il est d'ailleurs très significatif qu'elle s'exprime sur cette question dans les *Avis d'une mère à sa fille*: l'appel à la modération est destiné au sexe féminin. Car l'écrivain sait très bien que le spectacle n'est souvent qu'une des multiples occasions de la rencontre mondaine, choisie par la femme pour poser avec ostentation devant un public. Au spectacle l'on observe, mais surtout l'on est observé. Les remarques de Mme de Lambert sont universelles, et des romanciers comme Balzac ou Proust, dans leurs descriptions de l'Opéra par exemple, leur donneront une expression immortelle. Avec beaucoup de finesse d'ailleurs, la mère conseille à sa fille (p.72), et donc à toutes les femmes, de ne point abuser de ce moyen de séduction trop facile: 'Ce n'est pas connoître ses intérêts: si vous avez de la beauté, il ne faut pas user le goût du public en vous montrant toujours; il faut encore être plus retenue, si vous êtes sans grâces.' Que le spectacle se réduise pour la femme à une parade, l'interdiction presque totale d'y paraître dans la vieillesse le signifie pleinement, ainsi que l'ont montré les devoirs de bienséance. L'idée d'une parade mondaine, dans laquelle la coquetterie féminine découvre l'occasion idéale de s'exercer, est fort bien rendue dans les *Avis d'une mère à sa fille* par le recours à un vocabulaire de l'exhibition, où les mots *montrer*, *grâce* et *parer* mettent l'accent sur le rôle de l'artifice dans cette représentation, tandis que la leçon morale tend à faire valoir une attitude très lambertine, qui suggère la pudeur et même la fuite devant un danger redoutable. Apparaît ici un thème que les romanciers de la génération suivante privilégieront, celui de 'l'occasion': 'Fuyez le grand monde, il n'y a point de sûreté: il y a toujours quelque sentiment qu'on avoit affoibli, qui se réveille; on ne trouve que trop de gens qui favorisent le dérèglement' (p.90). Le thème des dangers du monde s'étend à l'ensemble des divertissements et des fêtes. C'est lui qui organise la composition de la nouvelle *La Femme hermite*, dont le propos est de dénoncer les dangers de la vie de cour;[10] chaque fête, chaque divertissement seront autant de pièges pour l'héroïne, qui ne pourra finalement assurer son repos que dans la fuite, l'ensevelissement dans le silence et la solitude de l'ermitage constituant un cas limite de la retraite lambertine: 'J'ai quitté le Monde pour me fuir', dira-t-elle (p.289). Sa conquête par le duc de Praxède intervient dans une atmosphère de fêtes et de spectacles que le Roi donne pour le mariage de la princesse Orimante; c'est l'occasion pour Mme de Lambert de dénoncer les dangers de la fête aristocratique: l'attention à la parure et aux pierreries, la comédie de 'l'après-dînée', le souper 'superbe', le bal (p.311-12). La partie de chasse de la princesse,[11] la fête dans la maison de plaisance fourniront au duc d'autres 'occasions'. Visiblement, l'écrivain a pris plaisir à évoquer les grâces séduisantes de la fête,[12] et la nouvelle pourrait servir d'illustration concrète à son propos moral sur la 'dissipation'. Les spectacles sont donc dangereux, parce qu'ils favorisent la vanité féminine qui se nourrit du grand cérémonial dont ils sont entourés, et parce qu'ils menacant en permanence la vertu: 'Il est difficile que l'exacte pudeur se conserve avec l'extrême dissipation' (*Avis fille*, p.72). L'ordre de la chair, 'le train de la volupté'[13] ne sauraient montrer à l'homme la voie du bonheur.

Mme de Lambert a également soutenu sa dénonciation par l'argument de la tradition chrétienne, qui voit un danger pour l'âme dans la représentation

10. *Femme hermite*, p.308: 'L'hiver se passa en fêtes. La Reine étoit jeune, et les plaisirs étoient de son goût. Il n'y eut point d'assemblée, dont elle n'eut la bonté de me mettre; et j'y parus avec assés de succès.'

11. C'est le seul texte où Mme de Lambert évoque le motif pascalien de la chasse; mais le mot est vide de tout contenu: il est simplement utilisé dans une énumération des plaisirs aristocratiques.

12. Voir la description des couples dans la danse (p.308 et 337), avec la valeur qu'il faut attacher à des expressions comme: 'Le Duc parut à cette Fête d'une manière fort brillante.' Il est évident que depuis *La Princesse de Clèves* la scène de l'entrée au bal constitue un élément important de la structure narrative.

13. *Avis fille*, p.98: 'La Musique, la Poésie, tout cela est du train de la volupté.' Ces deux exemples concrets viennent s'ajouter à la liste des plaisirs de la fête énumérés dans la nouvelle de *La Femme hermite*. Dans une courte dissertation sur la fable de *Psyché*, rapide essai sur la volupté et ses plaisirs, Mme de Lambert unit de la même manière spectacles et musique: 'La volupté la [Psyché] sert: les spectacles, la symphonie, les saisons même ont l'intendance de ses plaisirs' (p.229). La grâce du style, la métaphore de 'l'intendance' qui rappelle l'expression 'l'appareil des plus grands plaisirs', suggèrent le faste des fêtes, celles de la Cour dans les débuts du règne et celles de Sceaux.

des passions, en particulier celle de l'amour. Elle a repris l'argument de Pascal contre le théâtre, mais en l'appliquant aussi à d'autres formes de divertissements, comme les leçons de musique ou les lectures, capables d'éveiller chez la jeune fille les sentiments interdits (*Avis fille*, p.97-98).

Enfin, le dernier argument avancé par Mme de Lambert dans sa mise en garde contre les spectacles regarde le goût. L'excès des divertissements finit par le corrompre,[14] et l'accoutumance aux plaisirs vifs éloigne l'homme de la félicité qui se découvre dans des plaisirs plus simples et plus naturels.[15] Les divertissements entraînent une perversion de la nature par la culture: toutes proportions gardées, cette insistance sur la dénaturation annonce le grand thème rousseauiste de la corruption sociale, qui se nourrira aussi d'une dénonciation vigoureuse des spectacles.

La dénonciation des spectacles et des fêtes a des causes variées: mettre en garde la jeune fille contre les tentations de la parade mondaine, l'inviter à fuir les dangers corrupteurs des divertissements; stigmatiser un groupe social, que les historiens modernes appellent volontiers la 'classe de loisir', livré à la dilapidation et au gaspillage; dévoiler à l'individu les pièges de l'artifice, afin de lui redonner le goût du plaisir simple. Toutes les maximes qui l'expriment révèlent une attitude lambertine caractéristique: il faut refuser systématiquement tout ce qui compromet le véritable bonheur de l'homme, et préconiser l'abandon du monde, pour permettre à l'individu de se retrouver. La 'classe de loisir' se définit par l'agitation, la dissipation; Mme de Lambert lui opposera une classe d'hommes heureux dans le repos et la tempérance.

Mme de Lambert a vu dans l'ostentation vestimentaire une des causes de la misère de l'espèce humaine livrée aux plaisirs, en insistant cette fois encore sur la responsabilité particulière des femmes en ce domaine. A mi-chemin entre les spectacles et le luxe, le goût des parures trahit la volonté de tenir la vie pour un perpétuel spectacle dans lequel l'individu se fait acteur, de la réduire aux jeux permanents d'une métamorphose de la nature sans cesse modifiée pour le plaisir des autres. C'est bien parce que les parures n'existent que pour un public et par l'artifice, que Mme de Lambert les classe dans le voisinage du spectacle et dans la même dénonciation de l'être en représentation.[16]

14. *Avis fille*, p.72: 'd'ailleurs, le grand usage des spectacles affoiblit le goût.'

15. *Avis fille*, p.73: 'On se gâte le goût par les divertissemens; on s'accoutume tellement aux plaisirs ardens, qu'on ne peut se rabattre sur les simples.' Plaisir ardent et plaisir vif caractérisent l'intensité de la vie mondaine et s'opposent, bien sûr, au repos.

16. L'ordre des termes dans l'accumulation suivante est significatif: les femmes 'ne sont livrées qu'à leurs plaisirs. Spectacles, habits, Romans et sentimens, tout cela est de l'empire de l'imagination' (*Avis fille*, p.86). Habits et spectacles voisinent. Le détail reflète la structure d'ensemble: dans l'ouvrage, la réflexion sur la mode (p.70) précède l'allusion aux spectacles (p.71-72).

La mode est critiquée au nom de la nature. Les caractères authentiques de la personnalité sont étrangers à tous les artifices extérieurs; pour l'exprimer, l'écrivain recourt au concept des 'grâces', en le chargeant cette fois de la valeur que lui avait conférée l'esthétique classique, celle d'une essence rebelle au paraître: 'Il faut mettre des bornes aux ajustemens, et ne s'en pas occuper: les véritables grâces ne dépendent pas d'une parure trop recherchée' (p.70).[17] Ce conseil à sa fille révèle un des mythes les plus puissants de l'aristocratie: celui du naturel, mais d'un naturel qui ne se confond pas avec la nature, qui suppose au contraire l'art savant et imperceptible de la modifier par l'affectation du négligé,[18] qui est une nature au second degré. Le négligé dans la parure ou dans le geste permet de trouver un juste milieu entre la nature brute et le travestissement excessif du réel. Pour l'aristocrate, l'outrance est méprisable autant que la grossièreté. C'est bien le sens qu'il faut donner à la définition de la 'propreté', c'est-à-dire de l'élégance,[19] que Mme de Lambert propose à sa fille, en utilisant ce concept du négligé: 'La propreté est un agrément, et tient son rang dans l'ordre des choses gracieuses; mais elle devient petitesse, dès qu'elle est outrée: il est d'un meilleur esprit de se négliger sur les choses peu importantes, que de s'y rendre trop délicate' (p.70).

La suspicion à l'égard de la bagatelle et des parures,[20] qui ne répondent pas à l'idéal aristocratique d'un mérite naturel, touche également la mode, qui en crée les formes, toujours changeante, toujours inconstante: 'Il faut satisfaire à la Mode, comme à une servitude fâcheuse, et ne lui donner que ce qu'on ne peut lui refuser. La Mode seroit raisonnable si elle pouvoit se fixer à la perfection, à la commodité et à la bonne grâce: mais changer toujours, c'est inconstance, plutôt que politesse et bon goût' (p.70). Cette condamnation est révélatrice du goût classique de Mme de Lambert qui, refusant l'être baroque protéiforme, affirme le besoin d'une vérité permanente, d'une raison pragmatique capable de montrer à l'homme des normes universelles par lesquelles pourrait être définie l'honnêteté.[21]

17. Le mot *grâce* retrouve ici son indépendance par rapport au mot *beauté*.

18. Les théoriciens de l'honnêteté au dix-septième siècle, Faret (*L'Honneste homme*, chapitre 'De l'Affectation et de la négligence'), Méré (*Discours des agrémens*), ont dénoncé l'"importune affectation' et recommandé la négligence apparente qui cache l'artifice.

19. *Dictionnaire de l'Académie* (1694), article 'Propreté': ce qui est 'ajusté', 'bien arrangé'. L'idéal aristocratique rejoint ici l'honnêteté. Méré avait 'plus de soin de la propreté, que de la parure' (*Cinquième conversation*, éd. Boudhors, i.76). Boudhors cite aussi Faret: 'il vaut mieux estre propre que paré' (ii.163).

20. On trouve des exemples de cette suspicion dans la lettre à la supérieure de la Madeleine (p.376-77) et dans *Sentiment dame*, p.266.

21. Les idées de Mme de Lambert sur la mode sont celles de Fénelon: l'éducation des filles devra souligner ses inconvénients.

Le mépris de la parure et de l'artifice, qu'accompagne un plaidoyer en faveur de la nature et de la transparence, avaient sans doute en leur temps un accent original. Dès la Régence en effet s'affirme un esprit nouveau, sensible aux raffinements de l'artifice, qui assimile l'art féminin de la séduction à un art de l'ornement. Dans cette ode le poète P.-C. Roy chante pour le 'sexe aimable' la supériorité du siècle présent sur l'âge passé dans l'art de plaire:

> Non, vos Mères dans l'Art de plaire
> N'entendoient rien au prix de vous:
> Rusticité, Contrainte austère,
> Nuisoient aux attraits les plus doux.
>
> Art de seconder la Nature,
> Assortiment de la Beauté,
> Choix d'Ornements, goût de Parure,
> Chef-d'œuvre en nos jours inventé.[22]

On doit attacher de l'importance à ce témoignage: cette apologie du déguisement et de la mode contemporaine, vraisemblablement conçue au lendemain de la Régence, est exclusivement destinée à ce public que la morale lambertine cherche à toucher, à cette 'classe de loisir' où sans doute la Cour et la haute aristocratie – pour lesquelles écrit ce poète mondain[23] – occupent les premiers rangs. Pour ses contemporains, l'appel de Mme de Lambert devait retentir comme venu d'un autre âge, il était porteur de la nostalgie d'un passé plus proche de la nature et de la vérité, il trahissait une fidélité à des goûts anciens. Mais on pourrait aussi y découvrir les signes précurseurs d'une mentalité avide de sincérité et de pureté, qui s'exprimera plus tardivement. La place de la morale lambertine, pour qui cherche à la situer dans le mouvement des idées, est marquée du sceau de l'ambiguïté.

La parade de la 'classe de loisir' est une parade fastueuse; le temps de la représentation est aussi celui de la consommation, et sous la peinture de 'l'appareil des plus grands plaisirs' de la volupté, qui 'se font acheter trop cher' (*Avis fille*, p.74), apparaît le gouffre des dépenses. Le motif des ressources financières assure l'unité de ces réflexions diverses sur l'amour vénal, le jeu, les plaisirs de la table, les fêtes, les parures.

Comme Fénelon,[24] et avant Rousseau, Mme de Lambert a signifié nettement

---

22. *Œuvres diverses* (Paris 1727), i.136.

23. Les *Odes galantes* sont composées pour un public aristocratique: elles sont dédiées à la marquise de Nesle, à la marquise de Villars, etc., tandis que la première des *Eglogues* est dédiée à la Reine.

24. Voir ce commentaire d'A. Cahen, *Télémaque*, i.121: 'Fénelon devait être particulièrement sévère contre le "faste": il instruit à plusieurs reprises, du *Sermon pour l'Epiphanie* (1685) à l'*Examen de Conscience* et aux *Plans de gouvernement* (1711), le procès du luxe, de ses progrès

que le luxe était à l'origine de la corruption des mœurs. C'est une loi morale que l'écrivain énonce en donnant à sa fille (p.74) un conseil de modération dans les dépenses: 'Le faste entraîne la ruine. La ruine est presque toujours suivie de la corruption des mœurs.' Il y a dans la formulation de cette loi comme une analyse prophétique des bouleversements sociaux et économiques qui marqueront profondément la France de la Régence; les historiens ne manqueront pas d'exploiter les témoignages de ces moralistes, qui leur révéleront la mentalité d'une classe obsédée par l'idée de la ruine, de la déchéance économique. Cette obsession permet de supposer qu'avant même la grande catastrophe du Système de Law, certaines fissures inquiétantes devaient être aperçues par les esprits les plus lucides dans l'édifice économique et social, comme elle permet de mieux comprendre les causes psychologiques profondes de la panique collective qui se manifestera rue Quincampoix, créant un déchirement durable dans la conscience française.

Ce n'est donc pas le jeu seul qui fait peser sur la fortune la menace d'une catastrophe, c'est globalement toute une civilisation qui est condamnée, celle du 'superflu'. Cette condamnation, Mme de Lambert l'énonce certes au nom de la morale: 'On ne doit chercher dans une conduite réglée qu'à éviter la honte et l'injustice attachées à une conduite déréglée; il ne faut retrancher les dépenses superflues que pour être en état de faire mieux celles que la bienséance, l'amitié & la charité inspirent' (p.74). Mais dans ces maximes qui se veulent universelles, il est difficile de ne pas sentir le poids de l'histoire. Mme de Lambert a mis dans ce mot 'injustice' les craintes qu'elle éprouve pour une classe sur laquelle planent de lourdes menaces.

Des personnages observés dans la réalité sont à l'origine de ses tableaux, comme le brillant portrait des 'favoris de la Fortune' (*Richesses*, p.222-23), qui a tous les traits de la vérité:

Tout ce qui entoure ces favoris de la fortune sert leurs illusions. Ces vils adulateurs qui les approchent et qui déshonorent la louange par l'emploi qu'ils en font; ces Poètes illustres, ces Orateurs, ministres de la renommée, s'abaissent quelquefois jusqu'à servir leur amour-propre. [...] Ils sentent que toute la nature ne travaille que pour eux: l'on ouvre les entrailles de la terre pour en tirer l'or et les pierreries; les pierreries qui renferment toute la majesté de la nature ne sont qu'à leur usage. Entrez chez eux, tout est en proportion avec cette idée de grandeur: Maison superbe, Table délicate, Equipage magnifique. Tout ce qui les approche ne saurait être trop haut, trop élevé.

Dans un autre portrait d'une facture identique, proche de La Bruyère, Mme de Lambert a accentué la satire en travaillant sur ce motif qui lui est cher: 'Il

---

inévitables "de la plus haute condition à la lie du peuple" (*Examen* II, XII), de ses effets désastreux pour les mœurs et pour la fortune des particuliers et de l'Etat (*Sermon*, II; *Plans*, VII).'

y a peu de grandes fortunes innocentes' (*Avis fils*, p.13). Il lui fournit l'occasion d'opposer dans une antithèse vigoureuse le luxe élégant d'une riche maison à l'âme criminelle et vicieuse du maître (*Femmes*, p.181):

On ne cherche plus que ces maisons où règne un luxe honteux. Ce Maître de la maison, que vous honorez, songez, en l'abordant, que souvent c'est l'Injustice et le larcin que vous saluez. Sa table, dites-vous, est délicate; le goût règne chez lui. Tout est poli, tout est orné, hors de l'âme du Maître. Il oublie, dites-vous, ce qu'il est: Eh, comment ne l'oublieroit-il pas! Vous l'oubliez vous-même. C'est vous qui tirez le rideau de l'oubli et de l'orgueil devant ses yeux.

L'idée est très forte et annonce le thème rousseauiste de l'incompatibilité de l'argent et de la vertu. S'il n'est guère possible de désigner des modèles précis, il est en revanche facile de déceler dans ces portraits des 'favoris de la Fortune' l'image de cette race d'hommes nouveaux, brasseurs d'affaires, financiers, agioteurs, apparue vers la fin du siècle précédent,[25] d'y apercevoir aussi le faste des cours princières qui s'étalait à la même époque librement à l'écart de Versailles. Ils apportent un témoignage important sur l'évolution des mœurs et de la société entre 1680 et 1730, ils éclairent la formation d'un thème philosophique et moral que retiendront, après Fénelon, les penseurs du dix-huitième siècle, comme l'abbé Terrasson, Voltaire ou Rousseau: celui des rapports du luxe et de la vertu.

Mme de Lambert, à la recherche du bonheur véritable, a formulé une condamnation sans appel et lucide des plaisirs de la volupté, qui prend racine dans l'observation des mœurs de son époque. Derrière ses remarques sur les puissances corruptrices de l'argent et du luxe, sur le phénomène nouveau de la consommation et de la 'dissipation', se dessine une réalité historique concrète: la transformation du mode de vie, 'l'affaiblissement des vieilles disciplines morales' (Adam, v.9) dans la seconde moitié du règne de Louis XIV, en réaction contre les austérités de la Cour. L'aboutissement en sera, à l'époque de la Régence, la grande fête libératrice des débauches et des plaisirs, l'exaltation de la vie raffinée et des jouissances présentes, qui constituent l'idéal dont se nourrit, dans l'Europe heureuse du dix-huitième siècle, une catégorie sociale privilégiée, celle de la 'classe de loisir'. Il est donc légitime de découvrir sous les sentences et les avertissements moraux qui privilégient le motif de la fuite, de l'abandon, un esprit de critique sociale.

Que cette dénonciation des plaisirs matériels soit aussi celle des mœurs de

---

25. Voir l'analyse d'A. Adam dans l'*Histoire de la littérature française du XVIIe siècle*, v.9, qui voit dans ces personnages 'un des types de la société nouvelle'. Il constate: 'L'agiotage devient, à partir de 1690, une façon toute normale de s'enrichir.'

l'époque, ce passage des *Réflexions sur les femmes* (p.181) le prouve à l'évidence: 'Mais à présent, que ne faut-il point pour l'emploi du tems, pour l'amusement d'une journée? Quelle multitude de goûts se succèdent les uns aux autres! La Table, le Jeu, les Spectacles. Quand le luxe et l'argent sont en crédit, le véritable honneur perd le sien.' Cette remarque conviendrait à merveille à une définition des 'mœurs Régence', que caractérisent une multiplication effrénée des besoins, une transformation profonde du statut du plaisir qui remplace 'l'amusement', plaisir passager et superficiel, par 'le divertissement', plus profond et plus intense,[26] et enfin une libération morale qui peut facilement passer pour une décadence.

Ne voir dans cette dénonciation que l'expression d'une mentalité ancienne, nourrie du pessimisme pascalien à l'égard de la chair, nostalgique de la pure nature et du rigorisme moral, fidèle à l'idéal 'classique' de la permanence et de la raison, que ne satisfait point le mouvement d'essence baroque créé par la quête d'un plaisir toujours nouveau et toujours différent; n'y voir qu'un attachement au passé, le refus obstiné de l'ancienne génération à accepter l'époque nouvelle et son idéal de bonheur, serait sans doute trahir l'admirable lucidité de Mme de Lambert. Dépassant les réflexions de sa propre classe, elle la critique de l'intérieur, dans un avertissement prophétique des dangers redoutables nés du décalage de plus en plus grand entre le 'superflu' et le 'nécessaire'. Car il y a dans l'aristocratie, à cette époque, un mouvement de critique interne – Fénelon, Mme de Lambert en sont les animateurs – qui peut parfois, comme nous l'avons remarqué à propos de la dénonciation du jeu, rencontrer les valeurs de la bourgeoisie, mais qui dans sa finalité ne saurait se confondre avec elles.

Ainsi saisie dans son ambiguïté, la dénonciation lambertine de l'hédonisme nous paraît caractériser l'esprit de la Régence, fait d'une contradiction fondamentale entre 'l'exaltation de la vie présente' et la 'nostalgie du sentiment vrai, de la pure nature et du bonheur durable'.[27] Les réflexions de Mme de Lambert sur le bonheur la manifestent en pleine lumière: ce n'est point un conflit de générations, mais un conflit de tendances qu'elles révèlent.

26. L'article de Jaucourt, dans l'*Encyclopédie*, 'Divertissement, Amusement, Récréation, Réjouissance', permet de mieux apprécier l'analyse de Mme de Lambert, qui joue sur une opposition entre le mot *amusement* et l'accumulation de plaisirs divers et successifs. Pour Jaucourt, *l'amusement* est une 'occupation légère, de peu d'importance, et qui plaît'; '*l'amusement* [...] porte sur des occupations faciles et agréables, qu'on prend pour éviter l'ennui, pour moins penser à soi-même.' Au contraire, le *divertissement* 'est accompagné de plaisirs plus vifs, plus étendus'.

27. Jean Sgard, 'Style rococo et style Régence', *La Régence* (Paris 1970), p.20.

2. *La vanité des biens terrestres*

La réflexion sur les plaisirs ne saurait être séparée d'une méditation sur les agents qui les créent, sur les puissances qui favorisent leur épanouissement. Si le développement de l'hédonisme dans la France du dix-huitième siècle s'explique par des conditions historiques, par des mutations de mentalités qui bouleversent en profondeur la société, par l'apparition d'une civilisation du luxe, les moralistes savent que l'attrait du plaisir est un instinct de l'homme, et que la possession des biens matériels l'a toujours favorisé. La recherche avide des richesses, des honneurs, des dignités est universelle: Mme de Lambert l'a souvent rapprochée,[28] dans sa dénonciation du bonheur illusoire de l'homme, de l'amour des plaisirs.

Pas plus que la volupté, les biens de ce monde ne sauraient combler la spiritualité de l'individu ni fonder sa dignité. En dénonçant leur vanité, Mme de Lambert a voulu mettre en garde son public contre les illusions de la puissance et de la grandeur. C'est la tradition des grands philosophes chrétiens de l'âge classique, Pascal, Malebranche, toujours vivante à l'aube des Lumières, qui nourrit une telle attitude.

Le mépris des richesses est sans doute un des lieux communs les plus anciens que pouvait rencontrer l'écrivain. Il serait vain de vouloir chercher à préciser les sources antiques et chrétiennes de ce thème chez Mme de Lambert, qui avait pleinement conscience de puiser dans un patrimoine séculaire. L'épigraphe de ses *Réflexions sur les richesses* est une paraphrase de trois sentences de Salomon, assez libre d'ailleurs,[29] définissant les attitudes du sage et de l'insensé à l'égard des richesses. Plus généralement, l'opposition des faux biens du monde et des vrais biens de la sagesse, maintes fois affirmée par Mme de Lambert dans sa quête du bonheur, est profondément chrétienne, et il est parfois facile de reconnaître un accent biblique dans telle ou telle maxime. Mais c'est aussi l'Antiquité païenne qui lui fournit ses motifs: ainsi Diogène, dans son dialogue avec Alexandre, devient le porte-parole de ses idées sur la vanité des biens terrestres. Toutes les grandes écoles de l'Antiquité enseignent le mépris des richesses, en particulier les Stoïciens dont Mme de Lambert réactualise la leçon. Le *De Vita beata* de Sénèque, qui montre comment les

---

28. Parfois même elle les associe dans le même binaire: 'Voilà l'état d'un homme que les Richesses et les plaisirs ont séduit' (conclusion des *Réflexions sur les richesses*, p.228), ou dans le même ternaire: 'Il croit trouver dans les honneurs, dans les plaisirs et dans les richesses, des appuis et des repos qui lui échappent' (p.220).

29. *Proverbes*, xiv.24; xvii.16; xiv.21. Il faut noter que le même chapitre des *Proverbes* fournit le sujet du prix de prose de l'Académie française en 1727.

biens sont en servitude chez le Sage, est l'une de ses premières sources.[30]

Mais la condamnation des richesses par Mme de Lambert dépasse la leçon chrétienne et néo-stoïcienne. La marquise a su renouveler des réflexions traditionnelles, en les fondant dans une méditation sur le bonheur et sur la vertu très caractéristique de son siècle. Sur les richesses, l'écrivain ne s'est pas contenté de quelques avis moraux destinés à ses enfants: sa méditation s'organise en un discours cohérent, qui n'est pas à proprement parler un 'traité', mais qui n'en occupe pas moins une place de choix parmi ses œuvres morales. Les *Réflexions sur les richesses* sont comme l'embryon d'un *Traité du bonheur*, et elles portent la marque de la maturité.

L'amour des richesses occupe dans la hiérarchie des désirs qui portent l'homme vers les biens matériels une des premières places.[31] Les richesses prétendent restaurer l'homme dans sa dignité et dans sa royauté originelles, elles veulent le rétablir dans sa grandeur d'avant la chute: telle est l'affirmation de l'exorde des *Réflexions sur les richesses*. Mme de Lambert a voulu situer sa réflexion morale sur les plus hautes cimes; elle découvre l'origine métaphysique des richesses, qui seraient capables d'effacer en l'homme la nostalgie d'un bonheur primitif, qu'il s'agisse de l'éden chrétien – évoqué au début de l'essai – ou de l'âge d'or des Anciens.

Finalement, ce mépris des richesses est-il bien d'une chrétienne? On a souvent rappelé que le style Régence s'est plu à traduire en termes mystiques les conceptions de la nouvelle sensibilité, et cette remarque doit s'appliquer aussi à la dissertation sur *les richesses*. Mme de Lambert stigmatise l'amour des biens de fortune, parce que l'homme les a progressivement substitués aux deux passions qui étaient faites pour son bonheur et qu'il n'a pas su utiliser, l'ambition et l'amour. Cette logique réduit considérablement la signification du mythe de la chute originelle, sur laquelle en outre Mme de Lambert, dans une attitude toute profane qui annonce Jean-Jacques, ne donne aucun renseignement.

Certes, la condamnation des richesses par Mme de Lambert a d'abord une signification morale; dans la hiérarchie des valeurs, les biens de fortune sont subordonnés à la vertu: 'Les richesses n'ont jamais donné la Vertu; mais la Vertu a souvent donné les richesses' (*Avis fils*, p.21).[32] Mais cette signification

---

30. Sénèque, *De Vita beata*, xxvi.1. Voir aussi Cicéron, *De Officiis*, i.20: 'Rien n'est d'un si étroit et petit esprit que d'aimer la richesse.'

31. Voir *Avils Fils*, p.40 et *Richesses*, p.220.

32. Platon, au premier livre de *La République*, subordonne les richesses à la vertu (voir le discours de Céphale, i.330-31). L'idée que les richesses sont la récompense du vertueux est aussi d'origine biblique; on pourrait alléguer les *Proverbes*, x.4-5; x.20; xi.18; xi.28; et en particulier xv.6: 'Biens abondants dans la maison du juste, / mais les revenus du méchant sont source d'inquiétude.'

a aussi des implications politiques et trahit l'influence des idées malebranchistes. Les réflexions sur les richesses conduisent à découvrir l'injustice et le privilège, à condamner tous les abus nés d'une fausse conception de la grandeur, à donner une image dépréciée des puissants. C'est sur eux finalement que rejaillit le mépris: 'Que le mauvais usage qu'ils [les grands] font de leurs biens vous apprenne à mépriser les richesses, et à vous régler. La vertu ne conduit point leur dépense' (*Avis fils*, p.20). Il serait vain de réduire de telles recommandations à des motifs privés, pour oublier la valeur universelle du portrait des grands. La condamnation lambertine des richesses est sans conteste politique: 'La licence et l'impunité étant un des grands privilèges de la Richesse, l'homme puissant s'est fait une citadelle dans son cœur, qui le met en sûreté contre les approches de la vérité, et contre les reproches de sa raison et de sa conscience' (*Richesses*, p.222). Cette même formule se retrouvera dans les *Réflexions sur les femmes* (p.176), mais beaucoup plus audacieuse, car la marquise supprimera entre le crime et la grandeur l'intermédiaire des richesses: 'La licence et l'impunité sont les privilèges de la Grandeur.'

Les réflexions lambertines sur les richesses font découvrir les sources morales d'une pensée politique, la couleur biblique de telle métaphore rappelant tout ce que l'esprit de réforme qui caractérise la seconde moitié du dix-septième siècle a dû au christianisme rénovateur d'un Pascal ou d'un Malebranche.

Ce sont les honneurs et les dignités qui conduisent aux richesses et qui les procurent; la langue de Mme de Lambert exprime souvent cette relation par l'association de ces mots dans des groupements ternaires ou binaires. L'élévation dans la hiérarchie des rangs ne procure pas des biens plus consistants que les richesses; ils sont, comme elles, illusoires et méritent d'être traités avec le même mépris (*Avis fille*, p.106). C'est donc une condamnation générale de la grandeur, dans sa signification sociale et politique, que développe Mme de Lambert; elle a tenu en suspicion naissance, richesses, honneurs, dignité, toutes les valeurs qui confirment l'individu dans le sentiment de sa puissance, de sa supériorité; elle a refusé son crédit aux ressorts les plus apparents du système monarchique, la hiérarchie, la soumission, le privilège. A ces fausses grandeurs, elle opposera les biens véritables capables de rétablir l'homme dans son indépendance et dans sa liberté, et de lui assurer le bonheur auquel il aspire. En cela Mme de Lambert réactualise la morale stoïcienne. Le *De Vita beata* de Sénèque lui a fourni (ii.4) un motif qu'elle reprend constamment: l'opposition des grandeurs du dehors et des biens réels du dedans.

Il s'agit pour elle de remplacer une hiérarchie sociale et politique, celle des rangs, par la hiérarchie morale des mérites et des vertus, qui met chacun à égalité de chances (*Avis fils*, p.18). On retrouve dans ce désir de distinguer le mérite de l'autorité un vœu cher à Malebranche.[33] Mais c'est surtout, plus fondamentalement, un élan de fierté et de dignité aristocratiques qui pousse Mme de Lambert à diviser l'humanité en deux catégories, celle des âmes nobles qui n'ont que mépris pour la grandeur selon la chair, et celle des âmes basses toujours prosternées devant elle. Cette conviction qu'elle a voulu communiquer à ses enfants s'exprime dans les *Avis* par une métaphore, répétée avec obsession, celle de la prosternation, aux connotations politiques et religieuses qui confèrent à la pensée de l'écrivain un caractère frondeur: 'Que le faste ne vous impose pas: il n'y a que les petites âmes qui se prosternent devant la Grandeur' (*Avis fille*, p.106); 'Il y a des âmes basses, qui sont toujours prosternées devant la Grandeur' (*Avis fils*, p.18).[34] Ce refus d'une prosternation devant la grandeur, comme l'apologie de la supériorité du mérite, trahissent une écriture aristocratique saisie dans toute sa pureté et témoignent historiquement des résistances qu'oppose encore, à l'aube des Lumières, une morale féodale de l'honneur à l'établissement d'une monarchie moderne.

Savoir distinguer l'être du paraître, le vrai de l'apparat, apprendre à reconnaître l'individu caché sous le masque social, telle est la finalité de la morale lambertine, justifiant la distinction établie entre les fausses grandeurs du monde et la vraie grandeur de l'âme (*Avis fils*, p.18). Or, dans une société organisée selon le principe de la vénalité des offices, les rangs, les honneurs attachés aux places élevées de la hiérarchie permettent à l'individu de se dérober à l'exigence de dignité intérieure sur laquelle il pourrait fonder son bonheur: les hommes 'sont aussi flattés d'une place achetée que d'une place méritée. Les hommes ne veulent qu'être élevés; ils ne se soucient pas d'être grands. Ce n'est pas la vraie gloire que l'on cherche, mais les distinctions établies parmi les hommes' (*Richesses*, p.225).Le jeu, constant chez Mme de Lambert, sur le double sens du mot grandeur trouve son expression achevée dans la distinction subtile entre 'être élevé' et 'être grand', en même temps qu'il établit clairement les rapports entre les privilèges de l'argent et ceux du pouvoir. C'est l'ensemble du système monarchique de la subordination qu'ébranle la réflexion morale. Sans aller jusqu'à découvrir dans l'œuvre de Mme de Lambert une pensée réformiste, il faut prendre acte des réticences de l'aristocratie éclairée à l'égard des puissances, qu'il est facile de reconnaître dans cette dénonciation des grandeurs 'd'institution'.

33. Malebranche, dans son *Traité de morale*, condamne la puissance aveugle des grands en affirmant que 'la nature humaine étant égale dans tous les hommes, et faite pour la Raison, il n'y a que le mérite qui devrait nous distinguer, et la Raison nous conduire' (*Œuvres complètes*, éd. M. Adam, Paris 1966, xi.242-43).

34. C'est encore à Malebranche que Mme de Lambert emprunte cette image particulièrement expressive de la proskynèse: 'Un Philosophe chrétien regarde sans s'ébranler la magnificence qui étonne et qui prosterne les imaginations faibles' (*Traité de morale*, xi.241).

L'idée de grandeur selon le monde ne peut donc se concevoir qu'en fonction d'une hiérarchie des rangs qui distingue les individus par les apparences. Pour la détruire, il suffisait à Mme de Lambert de montrer que le mécanisme social dépend d'un puissant ressort, celui du pur hasard, qui voisine souvent dans son œuvre avec l'antique figure de 'l'aveugle Fortune'. Un passage important du *Dialogue entre Alexandre et Diogène sur l'égalité des biens* (p.250) permet de comprendre la nuance que l'écrivain établit entre ces deux figures si proches. Diogène distingue trois formes de supériorité, trois espèces de grandeur: celle de la naissance, celle de la fortune et celle du mérite. 'Il y a des Princes de Naissance; il y a des Princes de Fortune; il n'y a gueres de Prince de mérite.' Et dans une remarque qui rappelle La Rochefoucauld, le philosophe cynique constate que l'amour-propre des hommes s'accommode de la rareté de la dernière espèce, car il est toujours pénible d'avoir à reconnaître la supériorité du mérite: 'Heureusement pour notre amour-propre, nous aurions trop à souffrir, s'il falloit convenir que c'est le mérite qui vous a mis au-dessus de nous: nous nous consolons, quand nous pensons que vous ne devez qu'au hasard, ou au caprice de l'aveugle Fortune, cette extrême différence qu'il y a de vous à nous' (p.250). La correspondance des ternaires permet d'affirmer que Mme de Lambert utilise le concept de *hasard* pour désigner les privilèges et les distinctions de la naissance, tandis qu'elle recourt à l'antique allégorie de la *Fortune* pour désigner ceux qui s'acquièrent dans la vie sociale, comme les richesses, les dignités, les biens du conquérant, bref pour distinguer dans la grandeur l'inné de l'acquis, à l'intérieur d'un déterminisme qui ne doit rien au mérite personnel des individus. Mais la pensée n'est pas toujours aussi précise, et parfois *hasard* et *Fortune* sont presque synonymes. Pour le fond, la pensée de Mme de Lambert n'est pas neuve: nous savons à présent que ces distinctions sont familières à l'éthique aristocratique et aux théories de l'honnêteté. La Fortune et le hasard sont donc les deux noms d'un même mécanisme créateur de grandeurs illusoires, distribuant les premières places et les premiers emplois dans l'ignorance absolue des qualités morales et personnelles des individus, favorisant des attitudes d'orgueil et de vanité injustifiées.

Ces biens de la Fortune ne peuvent être proposés à l'homme pour son bonheur, car ils n'offrent rien de solide; ils ne sont ni sûrs ni définitifs. Mme de Lambert recourt à la métaphore du prêt pour souligner que les avantages de la naissance et du rang n'impliquent aucune possession réelle (*Avis fils*, p.24). Elle est tentée d'ajouter aux traits antiques de l'allégorie de la Fortune, représentée comme une divinité aveugle, une symbolique médiévale, qui souligne son inconstance, concrétisée par l'image de la roue, machine aveugle également, mais surtout ironique, toujours empressée de reprendre ce qu'elle n'a fait que prêter. C'est ce symbole qu'elle a voulu sans doute exprimer à sa fille par le court apologue de la cassette du favori (p.91), qui n'est en réalité qu'une paraphrase du dénouement de la fable de La Fontaine, 'Le Berger et le Roi'. Le favori de la Fortune ne tire de sa cassette qu'un vieil habit tout déchiré, tout comme le berger-magistrat ne serre dans son coffre que des lambeaux, 'l'habit d'un gardeur de troupeaux'. Cette rencontre n'est pas sans intérêt dans la mesure où la fable de La Fontaine nous paraît livrer une leçon politique très forte, construite autour du souvenir vivace de la terrible disgrâce de Fouquet. Ainsi le discours pédagogique, sous le couvert de l'imitation littéraire, implique directement un discours social et politique qui s'en prend aux rigueurs du pouvoir monarchique à l'égard des particuliers.

Dans sa quête du bonheur, pour atténuer les maux nés de l'injustice et de l'incertitude du sort, l'individu devra puiser dans le fonds des vertus chrétiennes: la modestie, la charité sauront, dans le détail de la vie quotidienne, adoucir la rigueur des hiérarchies; il devra aussi se souvenir des vertus de l'honnête homme du dix-septième siècle qui savait, selon l'heureuse expression du chevalier de Méré, se mettre 'au-dessus de la Fortune'.[35]

Ainsi l'homme heureux refuse de prendre à son compte les inégalités du sort: il place sa sagesse dans l'art de distinguer les biens dont il est responsable de ceux qui ne dépendent point de lui, d'affirmer que le droit au bonheur est au-delà de tous les privilèges et de toutes les conventions. Telle est la leçon que le prince Camille, dans *La femme hermite*, donne à la princesse Zélie, sa mère, qui cherche à le détourner de l'héroïne malheureuse en lui représentant les inconvénients d'une mésalliance.[36]

Certes la critique du privilège et de la naissance n'a rien de radical, dans la mesure où elle ne vise pas à détruire l'organisation de la société en ordres; mais on ne saurait nier les efforts d'une morale qui veut faire dépendre le bonheur d'un idéal social généreux.

Tout ce qui est revêtu des prestiges du paraître, les biens attachés aux premières places et aux premiers emplois qui confirment l'individu dans le sentiment de sa grandeur et de sa puissance, les richesses, les honneurs et les dignités, tout cela n'a pas plus de solidité que les plaisirs voluptueux et ne peut être présenté

---

35. *Cinquième conversation*, i.76: 'J'observe aussi que ces gens-là sont comme au-dessus de la Fortune, au moins la teste leur tourne peu dans la prosperité, et quelque mal-heur qui les attaque, sans leur entendre jamais dire que leur vertu ne les abandonne point, on sent qu'ils en ont de reste.'

36. 'Elle lui représenta la distance qu'il y avoit de lui à moi: les malheurs de ma Maison; nos charges perdues; nos terres confisquées. Ce sont les fautes de la Fortune, dit le Prince; ce ne sont point les siennes. N'est-ce point aussi un peu la vôtre, Madame, de faire tant de cas de ces sortes de biens qui ne dépendent point de nous?' (p.295).

à l'homme pour son bonheur. Sans l'exigence intérieure de dignité, sans les qualités profondes attachées à l'être et non aux apparences, l'homme ne saurait atteindre l'état heureux où, dans une pure transparence, il échappe aux illusions de la volupté et de la grandeur.

Incontestablement, l'enquête lambertine sur le bonheur révèle la richesse d'une méditation, beaucoup moins timide qu'on ne l'a dit, sur la place de l'individu dans une société organisée en ordres. A la recherche du monde vrai, où se situe le bonheur, elle illustre l'essor de la morale laïque dans la seconde moitié du dix-septième siècle, et il faut donner raison à ceux qui y perçoivent les signes précurseurs de la morale politique des Lumières: 'Il y a dans cette morale des honnêtes gens les germes d'une morale sociale, quelque chose qui prépare la philosophie des mœurs et la philosophie des lois qui seront l'œuvre du XVIIIe siècle.'[37] Mais aussi, la réflexion sur les puissances permet d'apprécier la part encore importante du fonds chrétien dans une telle morale et invite à ne pas séparer aussi radicalement le courant laïque du courant religieux. Sans rappeler l'influence de Pascal sur la démarche lambertine, on pourrait se souvenir de la remarque célèbre de La Bruyère ('De la chaire', 26) sur la morale de la chaire. Les leitmotive de la prédication chrétienne nourrissent la pensée de Mme de Lambert sur le bonheur illusoire, et cependant nous sentons bien qu'elle se situe dans le domaine plus profane de la morale 'satirique'. La proposition d'une morale purement laïque du bonheur ne rompt pas avec le christianisme.[38]

3. *Une analyse du divertissement*

La dénonciation des plaisirs et des biens terrestres est inséparable d'un regard critique porté sur la civilisation et la société qui les produisent; elle est inséparable aussi d'une analyse de la psyché humaine dans ses relations avec le monde, avec les objets et avec les autres hommes, placée sous le signe de l'analyse pascalienne du divertissement, que Mme de Lambert semble avoir longuement méditée.

L'enquête sur le bonheur est une enquête sur l'âme: il s'agit de déterminer les circonstances dans lesquelles l'individu a le sentiment d'être heureux ou malheureux. Nous reconnaîtrons chez Mme de Lambert, complétant l'image pascalienne de la misère humaine, le souvenir vivace de la psychologie carté-sienne des passions et des impressions, qui n'est pas incompatible avec des systèmes plus neufs, comme le sensualisme lockien, qui fournira l'image du

---

37. Voir J.-P. Zimmermann, p.52.
38. La même remarque s'impose à propos de Marivaux; voir M. Gilot, p.429 (à propos du *Spectateur français*).

vide et le thème de l'inquiétude. C'est finalement dans les dissolutions du moi au contact de l'univers que l'écrivain rencontrera la misère de l'homme. L'ordre selon la chair, loin d'apporter une plénitude qui ferait le bonheur, montre sans cesse les marques d'une déchéance, d'un aveuglement, dévoile un vide intérieur. Telle est l'image lambertine de l'homme livré à la tyrannie des puissances corruptrices et aliénantes, à la duperie des puissances trompeuses, au désespoir de l'inquiétude et de l'ennui.

A. *La déchéance de l'homme soumis aux puissances corruptrices*

L'homme livré à la jouissance se dégrade et finit même par aliéner sa propre liberté; en devenant esclave des sens, il tourne le dos au bonheur, qui réclame une indépendance vertueuse. La recherche du bonheur dans l'hédonisme ou dans la possession des biens matériels est vaine, elle est même corrosive: tourné vers la matière, l'homme anéantit ses facultés physiques et morales, et use sa vitalité. Cela est vrai des richesses, qui au lieu d'élever abaissent; cela est vrai de la volupté: 'Se livrer à la volupté, c'est se dégrader' (*Avis fils*, p.38). La hantise de la dégradation du moi dans l'ordre de la chair est véritablement caractéristique de la morale lambertine, comme le soulignent ces maximes qui valent aussi pour les plaisirs vifs de l'amour dont les effets sont comparables à ceux du poison: ils troublent le repos, gâtent le goût et rendent insipides les plaisirs simples (*Avis fille*, p.71). Sous sa forme la plus élémentaire, l'idée du bonheur relève de l'analyse médicale. La sagesse consiste à préserver des équilibres physiologiques et suppose que soient connus les rudiments d'une toxicologie morale. La métaphore du poison, Mme de Lambert l'a peut-être empruntée à Pascal qui l'utilisait dans son chapitre du 'Divertissement'. Les plaisirs sont corrupteurs, en ce qu'ils sont une menace pour les mœurs et pour la vertu: il n'est guère nécessaire d'insister sur ce lieu commun tourné en précepte pédagogique. Plus originale, en revanche, l'idée que l'accoutumance à la volupté risque d'entraîner l'individu à ne plus connaître de plaisir que dans la jouissance forte, un peu comme l'accoutumance à l'alcool ou à une épice finissent par détruire un palais, et c'est le texte même de Mme de Lambert qui invite à cette comparaison. La fusion des éléments physiologiques et psychologiques est permanente chez ce moraliste pour qui les maladies de l'âme sont aussi graves que celles du corps. Or, justement, la vie dissipée, la recherche des plaisirs matériels sont les symptômes d'un tempérament malade (*Avis fille*, p.72-73).

L'écrivain moraliste a donc élaboré une physiologie morale, déterminée par cette loi simple, mais constamment affirmée, que les plaisirs sont néfastes et corrupteurs: '[ils] flattent, mais ils nuisent; le tempérament de l'âme s'altère et se gâte, comme celui du corps' (p.74). Ce n'est pas seulement une comparaison commode: il s'agit ici d'un postulat qui oriente la démarche de Mme de Lambert moraliste, et dont il faut découvrir l'origine, une fois de plus, dans la lecture de Sénèque: en effet, le *De Vita beata* (iii.3) affirme que la condition première de la vie heureuse est la santé de l'âme. La marquise propose à son public une médecine des âmes, une thérapeutique pédagogique. Son rigorisme n'est donc pas absolu; elle ne condamne pas définitivement les goûts, car la recherche des plaisirs en effet est une des tendances de l'homme, et le but du médecin n'est pas la mort. Ses restrictions et ses réticences s'intègrent à sa recherche d'une diététique qui réglerait l'usage des plaisirs, qui assurerait leur conservation, les préserverait de la corruption: 'Il faut donc ménager ses goûts; nous ne tenons à la vie que par eux. C'est l'innocence qui les conserve, c'est le dérèglement qui les corrompt' (p.74).

Nous sommes en présence d'un épicurisme authentique, qui par certains aspects n'est pas sans rappeler lointainement celui d'un Saint-Evremond, en présence d'un art de vivre dont la science suprême consiste à savoir entretenir la joie, la préserver de tout excès et de toute corruption, et qui, par un langage assez caractéristique, assimile l'innocence à la santé.

Les plaisirs mettent en danger les mœurs, les goûts eux-mêmes, mais aussi la raison. Le temps de la jouissance, en assurant la prédominance des sens, affaiblit la faculté de raisonner. Il y a incompatibilité entre les fonctions sensorielles et les facultés intellectuelles que désigne l'allégorie de 'Psyché dans le palais de l'Amour' (p.230). La volupté agit à la manière de l'ivresse, et c'est pourquoi la mère propose à son fils (p.38) de méditer une maxime qui est sans doute l'une des plus importantes de sa morale: 'La Volupté est étrangère aux personnes raisonnables.'

Les plaisirs constituent donc une redoutable menace pour toutes les facultés de l'individu, physiques, morales et mentales; c'est pourquoi le thérapeute, quand le danger se fera pressant, n'hésitera pas à repousser les solutions épicuriennes, pour ordonner un remède plus radical: 'la plus nécessaire disposition pour goûter les plaisirs, c'est de savoir s'en passer' (p.38).

L'ordre selon la chair est aussi un ordre aliénant: l'individu y perd sa liberté en acceptant l'esclavage des sens ou des préjugés. En choisissant de vivre selon les normes du monde, c'est son bonheur qu'il met en jeu, car celui-ci ne se définit pas seulement par l'innocence, mais encore par l'indépendance. C'est une des leçons les plus claires et les plus constantes de la morale lambertine, qui ne découvre de possibilité pour l'homme de restaurer l'harmonie de toutes ses facultés que dans la retraite – solitude, vieillesse, état de pauvreté diogénique; l'éloignement du monde et de ses valeurs conduit au bonheur. Ainsi Mme de Lambert reprend à son compte l'appel néo-stoïcien pour une liberté intérieure qui se découvre d'abord dans l'affranchissement des plaisirs (p.48), puis dans la révolte contre la 'tyrannie de l'opinion' et des préjugés, que favorise la vieillesse, qui est vraiment l'âge de l'invention de la liberté (*Vieillesse*, p.166).

C'est sans conteste la *Lettre à l'abbé* *** qui fournit l'analyse la plus complète de la tyrannie de l'opinion. Mme de Lambert cherche à convaincre son ami qu'il a tort d'abandonner sa retraite pour rentrer dans le monde, et l'argument principal qu'elle avance est celui de l'esclavage, reconnu ici sous un triple aspect. C'est d'abord l'asservissement à autrui, la soumission à un regard: 'vous y avez perdu; parce que votre bonheur tient aux autres; vous avez besoin d'eux, et vous êtes déchu de votre liberté' (*Correspondance*, p.421); elle va de pair avec la soumission aux caprices de la Fortune: 'La Fortune ne donne rien, elle vend tout; l'on donne de vrais biens pour de faux: cela n'est bon que pour des esclaves' (p.421). Dans cette formule concise, l'image lambertine, héritée de Fontenelle, d'un prêt onéreux est remplacée par la métaphore, plus dépréciative, d'un marchandage trompeur, d'un troc désavantageux. A la soumission aux autres et à la Fortune s'ajoute enfin la soumission aux choses. Dans une analyse où fusionnent les thèmes antiques de l'épicurisme et du stoïcisme, Mme de Lambert dénonce la conception d'un bonheur dans lequel l'individu ne serait pas entièrement affranchi de ses désirs et libre de ses choix: 'Le bonheur que vous avez dans la vie répandue tient à une infinité de choses; ainsi vous avez une infinité de besoins. Plus vous avez de désirs, plus vous avez de pauvreté; vous devenez esclave, le sentiment de la liberté est moins vif, et s'affoiblit' (p.418-19). Ainsi se comprend le paradoxe par lequel Diogène, devant Alexandre (p.245), découvre sa vraie richesse dans le dénuement: 'Par elle [la pauvreté] je jouis de ma liberté et de mon indépendance.' C'est moins l'image du héros cynique que l'écrivain retient, que celle du sage épicurien, affranchi des préjugés, jouissant à l'écart du monde de sa liberté inventée. L'invitation à dépouiller l'homme des illusions et des désirs dans un mouvement de rupture avec le monde est un des aspects les plus caractéristiques de la morale lambertine, qui assimile l'âge de la vieillesse à l'état diogénique du dénuement: 'Les privations ne sont pas sensibles quand les désirs sont éteints' (p.253).[39] C'est chez Sénèque que Mme de Lambert a découvert cet art de concilier l'appel épicurien à l'extinction des désirs et l'exigence de la liberté intérieure.

Il est nécessaire d'insister sur ce trait, que nous retrouverons au cœur de la définition du bonheur, et qui semble caractériser le milieu de Mme de Lambert. L'influence de la maîtresse du salon, parallèle à celle de Fontenelle – dans son *Traité du bonheur* le philosophe utilise 'de la même façon le stoïcisme au profit

---

39. La même formule se retrouve dans *Vieillesse*, p.167, avec cette variante: 'le désir est éteint'.

d'une recherche épicurienne'[40] – est déterminante. L'intérêt de la marquise pour la figure de Diogène n'est pas isolé: on la retrouve dans une des œuvres que la critique considère comme la plus audacieuse de son époque, dans cette 'provocation'[41] qu'est *L'Indigent philosophe* de Marivaux (1727). Ce que nous voudrions ajouter aux excellents commentaires de M. Gilot (p.509-13) sur le personnage de l'Indigent que Marivaux crée au lendemain de la Régence, c'est que 'l'éloge du naturel, l'élan de dépouillement, l'amertume du regard jeté sur la cérémonie sociale' doivent peut-être beaucoup aussi, au-delà de la séduction qu'exercent sur son créateur l'épicurisme et le cynisme, à l'éthique aristocratique de Mme de Lambert. Mais alors que, pour la marquise, le naturel et la liberté sont revendiqués comme les fondements d'un bonheur qui restaurerait dans sa pureté la notion de gloire, le héros de Marivaux, et c'est là sans doute que triomphent sa jeunesse et sa modernité, les revendique dans un pur élan existentiel, négateur de toutes valeurs et refusant la morale spéculative. De tels indices ne doivent pas être négligés: qu'il y ait peut-être à l'origine du personnage le plus provocateur de Marivaux une fascination pour les valeurs de l'univers aristocratique, que ce soit justement cette pensée aristocratique qui redécouvre les bienfaits de l'indigence et du dépouillement, témoigne bien de la richesse de cette période ambiguë que fut la Régence.

B. *Les puissances trompeuses*

L'autre condition du bonheur, avec la saine innocence et la liberté, c'est la vérité. Or l'ordre selon la chair n'est pas seulement corrupteur et tyrannique, il est aussi trompeur: les biens et les plaisirs terrestres n'offrent à l'homme que des jouissances éphémères, illusoires, qui ne sont ni solides ni même réelles. Après Pascal, Mme de Lambert reprend l'analyse de 'l'être imaginaire', dénonçant à son tour l'occultation de la vérité dans la vie selon la chair.

Pour elle le monde est par excellence l'espace de l'illusion, de l'aveuglement, de l'erreur, un lieu où la vérité est occultée en permanence. L'aveuglement est d'abord aveuglement de soi sur soi. La grandeur et la puissance conférées par les richesses, les honneurs, les dignités, les privilèges activent dans l'individu toutes les passions, et particulièrement cette dangereuse puissance d'illusion qu'est l'amour-propre, à laquelle peu d'hommes sont capables de résister. C'est ainsi que toute la vie morale et psychologique du riche se fige dans une vanité qui l'égare éternellement: soulignant que les grandes fortunes sont 'l'aliment à notre amour-propre', Mme de Lambert constate dans le *Traité des richesses* (p.221-22) qu'elles 'inspirent à la plupart des hommes une certaine

---

40. Gilot, p.504.
41. Gilot, p.509: 'Marivaux ébauche ainsi une esthétique, une morale et une métaphysique bien neuves pour son temps.'

hauteur; mais ce n'est pas une hauteur de dignité, ce n'est qu'une hauteur d'illusion'. La morgue du riche est une puissance trompeuse, contraire à la vraie gloire, à la vraie grandeur. Sur la vanité qui enferme l'individu dans le cercle étroit des égoïsmes et des préjugés, l'écrivain fait peser un mépris où se révèlent les exigences de l'éthique aristocratique. C'est par cette assimilation totale de la vraie grandeur à la vérité que Mme de Lambert se démarque de Pascal: celui-ci voulait, en dénonçant les puissances trompeuses, ramener l'homme à la vérité et à la gloire du Verbe divin; la marquise, elle, en utilisant le même vocabulaire où reviennent avec obsession les mots *erreur*, *illusion*, *ignorance*, *vanité*, cherche uniquement à le ramener à lui-même, à sa propre grandeur et à sa véritable dignité. Ce qui est grave, c'est que cet aveuglement sur soi finit par trouver chez autrui des secours et des appuis. L'illusion du puissant, grâce au jeu des préjugés et de l'opinion, se métamorphose en un aveuglement collectif et réciproque. La flatterie courtisane était, dans une société organisée sur le modèle de Versailles, le mécanisme le plus apparent de cette illusion collective, et l'écrivain moraliste ne pouvait manquer d'en faire la satire. Pour juger de l'homme, il faut donc arracher le masque social, le dépouiller des qualités matérielles, lui ôter tous les caractères du paraître qui le situent dans une position de privilégié.

Comme Pascal, la marquise de Lambert place aux côtés de l'amour-propre, que favorise la flatterie, une autre puissance trompeuse: l'imagination. C'est elle qui lie l'homme à la chair, qui le pousse dans la quête des plaisirs et des biens matériels, et qui le trompe, parce qu'elle ne tient jamais ses promesses et qu'elle établit un décalage tragique entre le rêve et le réel. Les métaphores du désenchantement sont très caractéristiques de la réflexion lambertine sur l'imagination qui attache aux choses une valeur qu'elles ne possèdent pas en réalité. L'entrée dans le monde fait prendre conscience de ce désenchantement; la jeune fille, victime de son imagination, s'est formé une image mythique du bonheur mondain, qui ne résistera pas à ses expériences. C'est ce que disait Fénelon;[42] c'est ce que répète Mme de Lambert: 'Une jeune personne qui entre dans le Monde, a une haute idée du bonheur qu'il lui prépare; elle cherche à la remplir; elle court après son idée; elle espère un bonheur parfait' (*Avis fille*, p.59-60). Le motif, d'origine chrétienne, se colore dans les différents ouvrages de teintes stoïciennes. Ceux qui reviennent du monde sont des désenchantés de l'imaginaire.

C'est elle, l'imagination, qui ordonne le grand spectacle de tous les plaisirs de la volupté, qui assure l'éblouissante féerie des amusements de la chair. Les femmes tout particulièrement doivent se méfier de ses pouvoirs d'illusionniste:

42. *De l'éducation des filles*, chapitre ii.

'Spectacles, habits, romans et sentimens, tout cela est de l'empire de l'imagination. Je sais qu'en la réglant vous prenez sur les plaisirs: c'est elle qui en est la source, et qui met dans les choses qui plaisent le charme et l'illusion qui en font tout l'agrément' (p.86). L'opposition des plaisirs frivoles de la volupté et des joies solides équivaut dans l'éthique lambertine à une opposition des séductions de l'imagination et des certitudes de la raison. Le bonheur pour l'homme est dans sa raison, tandis que l'imagination est la source de toutes ses misères.

La nostalgie du bonheur chez Mme de Lambert est une nostalgie de la transparence; entre le moi et l'univers l'imagination s'interpose comme un obstacle à la vérité: 'Elle est toujours entre la vérité et vous: la raison n'ose se montrer où règne l'imagination. Nous ne voyons que comme il lui plaît: les gens qu'elle gouverne savent ce qu'elle fait souffrir. Ce seroit un heureux traité à faire avec elle, que de lui rendre ses plaisirs, à condition qu'elle ne vous feroit point sentir ses peines' (p.86).

Cet héritage de Pascal et de Malebranche, Fontenelle aux côtés de Mme de Lambert le revendique également. Dans son *Traité du bonheur*, l'analyse du rôle joué par l'imagination, la reconnaissance de ses méfaits et de ses ressources sont centrales. Le philosophe estime possible une action de l'homme pour le bonheur et la situe dans un domaine purement intellectuel. Il fait entière confiance à la raison pour assurer la réussite du premier acte: l'extirpation de tous les maux imaginaires qui constituent la plus grande part de la destinée humaine et qui sont 'seulement ceux qui tirent leur origine de quelque façon de penser fausse, ou du moins problématique'.[43] Nous sommes donc en présence d'une définition purement philosophique de la faculté d'imaginer, perçue comme un manque de rigueur dans l'examen critique. La leçon de Fontenelle est identique à celle de Mme de Lambert, chez qui nous trouvons les traces d'un même rationalisme, comme dans cet avis où la marquise propose à sa fille une méthode pour écarter la douleur: 'Quand il vous arrive quelque chagrin, tenez la méthode suivante; je m'en suis bien trouvée. Examinez ce qui fait votre peine, écartez tout le faux qui l'entoure, et tous les ajoutés de l'imagination: vous verrez que souvent ce n'est rien, et qu'il y a bien à rabattre. N'estimez les choses que ce qu'elles valent' (p.87). La parenté ne joue pas seulement au niveau d'une rhétorique qui se plaît à mettre en œuvre le vocabulaire de l'estimation marchande; c'est, en profondeur, une même philosophie qui rapproche Fontenelle et Mme de Lambert, la même volonté de dépouiller le mal réel de tous 'les ajoutés de l'imagination'. L'auteur du *Traité du bonheur* tient le même langage: 'assez souvent aux maux réels nous ajoutons

43. *Œuvres complètes* (Paris 1766), iii.247.

des circonstances imaginaires qui les aggravent' (p.248). Mais s'il dénonce une redoutable puissance d'illusion, il veut aussi montrer toutes les ressources que l'homme peut tirer, pour son bonheur, de cette faiblesse même (p.250-52). C'est également l'intention de Mme de Lambert, en particulier dans ses conseils à sa fille (p.90-91), qui propose d'utiliser les puissances de l'imagination, non pour établir un bilan positif où les sensations agréables élimineraient les désagréables, ni pour parer le monde extérieur de prestiges et d'attraits qu'il n'a point, mais pour susciter au contraire un univers terrifiant, d'où naîtront l'audace et le courage qui, si les circonstances étaient moins redoutables, feraient défaut.

La comparaison de ces deux techniques est intéressante. On découvre à l'origine la même idée: détourner de leur cours naturel les forces dévastatrices de l'imagination pour les transformer en une énergie bénéfique. Mais, tandis que chez Mme de Lambert la méthode conduit à la formation d'une humanité sûre d'elle-même, audacieuse, héroïque, qui assurera son bonheur par ses propres forces, chez Fontenelle au contraire l'homme est invité à se réfugier dans la vie médiocre, heureux de pouvoir échapper aux périls où le jette sa faiblesse (p.254). Le stoïcien, pour être heureux, apprend à être fort en demandant à son imagination de lui peindre de grands malheurs; l'épicurien se complaît dans sa faiblesse, en remerciant son imagination de lui faire entrevoir tous les malheurs qu'il aurait pu subir. L'un s'attend à un grand malheur, l'autre à un petit bonheur.

Il faut sans doute entendre dans ces textes un écho de ce que devaient être les conversations sérieuses dans le salon de la marquise de Lambert. On imagine volontiers un débat, proposé au cercle des habitués, sur ce thème: 'quel est le rôle joué par l'imagination dans notre malheur et dans notre bonheur?' Chacun pouvait alors, à des schémas fondamentaux agréés par tous, apporter les nuances que lui dictaient ses goûts, son tempérament, sa culture. La reconnaissance des réseaux thématiques et le rapprochement des textes restent, pour notre démarche, le seul moyen d'entrevoir le contenu de ces conversations morales que nous pouvons ainsi ressusciter.

S'il faut déceler, sous l'immense édifice des préjugés et des illusions, les méfaits de l'amour-propre unis à ceux de la 'faculté imaginante', il faut aussi reconnaître le pouvoir des objets, qui séduisent l'homme et font son malheur. Cette ultime vision est un héritage de la traditionnelle psychologie cartésienne des passions et des impressions. Dans la vie selon le monde, l'homme ne peut maîtriser ses facultés de penser et de sentir; les autres et les objets s'interposent entre la vérité et lui, pour modifier ses jugements, malgré sa résistance à la multiplicité des impressions. Ce pouvoir de séduction du monde est plus redoutable encore que le pouvoir de corruption. Aussi Mme de Lambert exhorte-t-elle ses lecteurs à le fuir, à le quitter définitivement. L'élan vers le bonheur, chez elle, est d'abord un acte de rupture.

L'homme malheureux est un homme égaré, une créature séduite, éblouie par les faux biens du monde. Il est sûr que la conception chrétienne de la nature humaine marque encore de son empreinte puissante l'éthique lambertine, en laquelle certains se plaisent à retrouver des accents jansénistes. Et, sans doute, le souvenir vivant d'une lecture des *Pensées* qui anime cette méditation sur les puissances trompeuses peut renforcer ce sentiment. L'image d'une société perçue comme un ensemble de miroirs déformants, mis en place par l'amour-propre et l'imagination, est assez pascalienne. Mais il ne faudrait pas négliger la dimension laïque de la réflexion lambertine: c'est un élan cartésien qui anime la quête du bonheur, qu'on ne peut concevoir hors du domaine raisonnable de l'homme. Le refus d'un monde opaque ou déformant, l'élan de dépouillement qui arrache tous les masques, l'exigence d'authenticité et de transparence peuvent caractériser aussi bien l'éthique chrétienne que l'éthique aristocratique.

c. *Une analyse de l'inquiétude et de l'ennui*

L'ordre selon la chair est un ordre aliénant et trompeur qui favorise les ravages de la vanité et de l'imagination, puissances irrationnelles et aveuglantes. L'homme qui s'y livre est un perpétuel insatisfait, toujours livré à l'ennui, car il ne tarde pas à prendre conscience de 'la fausseté des plaisirs' que cet ordre propose. C'est le dernier des grands thèmes que nous rencontrerons dans la dénonciation de la misère de l'homme, et il semble remonter à une image originelle que la marquise a rencontrée chez Montaigne, celle de 'la trahison' des plaisirs (*Avis fils*, p.48), Ces pièges et cette trahison, l'écrivain moraliste les découvre dans les trois temps de la jouissance selon la chair, qui sont trois moments décevants, trois temps vides correspondant à trois états malheureux de la conscience: le temps du désir, qui n'est qu'inquiétude vaine; le temps de la possession, qui déçoit et laisse insatisfait; le temps de la perte, qui fait naître les regrets et la prise de conscience d'un vide intérieur que rien ne saurait combler. C'est une analyse du plaisir qui peut se formuler en ces termes concis: 'Les plaisirs du Monde sont trompeurs: ils promettent plus qu'ils ne donnent: ils nous inquiètent dans leur recherche, ne nous satisfont point dans leur possession et nous désespèrent dans leur perte' (*Avis fille*, p.59). Mme de Lambert redonne une vigueur nouvelle à une idée traditionnelle, que sa lecture de Sénèque lui avait rendue familière.[44]

La recherche des plaisirs et des biens terrestres est une recherche inquiète, car ce qu'elle se propose est par essence divers et multiple: aussi l'individu

---

44. *De Vita beata*, vi.1 et x.2.

'livré aux objets extérieurs' (*Femmes*, p.209) est-il incapable d'assumer la profondeur et l'unicité d'une passion dominante qui pourrait assouvir sa faim. Il se laisse entraîner dans un rythme qui exclut les temps morts, les états de repos, pendant lesquels il pourrait goûter la joie d'être à soi-même, et qui sont la condition fondamentale du bonheur. L'inquiétude naît donc de la multiplicité des tentations, qui fragmente et morcelle le désir, ainsi que la passion chargée de le réaliser, ce qui entraîne une dispersion contraire à la constance et à la sérénité nécessaires au bonheur. 'L'inconstance, par l'agitation qu'elle donne, est le supplément du bonheur. Ce n'est pas des choses dont vous jouissez, c'est de leur recherche' (*Dialogue Alexandre-Diogène*, p.256).

La sagesse épicurienne de Mme de Lambert enseigne à savoir préserver, contre les tentations du monde extérieur, 'la portion d'attention et de sentiment' créatrice du désir, que la nature ne nous a pas donnée en abondance et qui s'use dans la vie dispersée de la chair. Elle ne vise pas à éteindre le désir, mais au contraire, comme celle de Saint-Evremond, à l'entretenir, à le préserver contre l'inquiétude qui sans cesse l'affaiblit, le mine, à le protéger en voyant avec lucidité ce qu'il a de rare, donc de précieux.

A la source de ces réflexions sur l'inquiétude, on doit reconnaître l'influence déterminante de Locke, ainsi que celle, importante, de Pascal et de son analyse du divertissement. Pour Mme de Lambert le temps plein selon la chair, le temps rempli d'occupations diverses, réelles, actives, qui se situent dans des chronologies objectives, est en fait un temps vide de cette substance intérieure qu'est le désir authentique. Celui-ci postule une plénitude, tandis que l'inquiétude, qui l'altère, débouche sur le néant d'une vaine consommation. La durée intérieure et le temps réel ne coïncident pas; c'est une des belles leçons que la mère s'efforce de donner à sa fille: 'Songez que la vie n'est pas dans l'espace du tems, mais dans l'emploi que vous en devez faire' (p.79).[45] L'art n'est pas de vivre, mais de savoir vivre.

L'absence de coïncidence entre les deux durées, l'écart entre la vie intérieure et le divertissement fait le tragique de l'humaine condition, frustrée du bonheur qu'elle attend dans les jouissances, toujours emportée par l'élan d'espérances jamais satisfaites: 'la vie se consomme en espérances vaines, à courir après la fortune, ou à l'attendre. Tous les hommes sentent le vuide de leur état: toujours occupés, sans être remplis' (p.79). Ce qui est vrai pour les richesses, les biens, les charges, les dignités – Mme de Lambert adhère entièrement à l'analyse pascalienne du divertissement – l'est aussi pour les sentiments. Comme chez

---

45. Souvenir de La Bruyère, *Les Caractères*, 'De l'Homme', 19.

Saint-Evremond, l'espérance est une des sources principales de l'inquiétude.[46] Faut-il donc l'arracher du cœur de l'homme? Non, sans doute. Le même épicurisme qui invite à cultiver, aux sources du bonheur, le désir authentique, reconnaît aussi dans l'espérance les aspirations de l'âme à une vie plus belle: avec La Rochefoucauld, Mme de Lambert en apprécie le pouvoir consolateur, les ressources. Mais cet épicurisme est impur:[47] la marquise ne prend en compte ce 'sentiment consolant' que pour en dénoncer la fragilité et les dangers: 'C'est un sentiment consolant, mais qui peut être dangereux puisqu'il vous prépare souvent bien des mécomptes. Le moindre mal qui en arrive, c'est de laisser échapper ce qu'on possède en attendant ce qu'on désire' (p.92). En fin de compte, l'espérance est aussi dangereuse, aussi tragique que la volupté; l'oubli du réel n'est pas moins condamnable que le seul attachement au réel. Mme de Lambert l'a signifié clairement en distinguant parmi les hommes deux espèces identiques de folie: celle qui porte les individus vers l'avenir, et celle qui les attache au présent, toutes deux ruineuses.

C'est toujours le même principe qu'on retrouve à l'origine de l'analyse lambertine de l'humaine condition: la dénonciation d'un pouvoir d'illusion, de métamorphose du réel, qui finit par interdire toute coïncidence entre la durée intérieure et la durée objective. L'espérance est une forme de mort, elle est un oubli de vivre. Cette constatation a fourni à Mme de Lambert l'une de ses plus belles formules: les gens agités 'passent leur vie en désirs et en espérances: ainsi ils ne vivent pas, mais ils espèrent de vivre' (*Richesses*, p.227).

Au cœur de cette analyse du tragique se découvre un des motifs vraiment caractéristiques de l'éthique lambertine: celui du vide intérieur, expression concrète de l'insatisfaction perpétuelle à laquelle conduisent les désirs. La dilection de Mme de Lambert pour l'antithèse vigoureuse du plein et du vide est frappante; le désir est une plénitude, mais comme il ne peut jamais être satisfait, il conduit nécessairement à un vide qu'il ne saurait éviter, et qui ne peut être comblé. 'Partout [l'homme] trouve des plaisirs insuffisans, des vuides renaissans qui ne peuvent se remplir, et un bonheur fugitif qui lui est montré

---

46. *Œuvres*, éd. de Planhol (Paris 1927), iii.31, lettre au comte de Lionne (1668?): 'L'espérance est la source, ou du moins une des premières causes de l'inquiétude, et l'inquiétude n'est supportable qu'en amour, où elle a même des plaisirs [...]; partout ailleurs c'est un grand tourment.'

47. Il est intéressant de comparer sur ce thème de l'espérance trois attitudes épicuriennes représentatives de l'écriture aristocratique. L'épicurisme pur de Saint-Evremond, négateur de toute espérance, ne lui reconnaît de valeur que dans le cadre 'frivole' d'un libertinage amusé sur les plaisirs de l'amour. L'épicurisme désespéré de La Rochefoucauld a besoin de l'espoir pour sauver la vie de l'absurde, tant est aiguë la conscience des ravages de l'erreur et de l'illusion. L'épicurisme menacé de Mme de Lambert ne parvient pas à protéger les ressources de l'espérance contre le sentiment tragique de ses insuffisances.

et aperçu, où il n'arrive jamais' (p.227). L'horizon du bonheur est sans cesse reculé, à chaque expérience: la jouissance matérielle suscite toujours un nouveau vœu, et ainsi se déroule l'histoire de l'insatisfaction perpétuelle de l'homme, suite infinie de désirs où se succèdent les plénitudes et les néants. Telle est l'ambiguïté du désir, de se développer dans un univers à la fois plein et vide. Dans l'histoire de la réflexion sur la misère humaine, l'analyse lambertine, sous l'influence de Pascal, prélude au grand thème qu'orchestrera la pensée romantique, de Chateaubriand à Flaubert, celui de l'écart tragique qui sépare le rêve et le réel.

Il faut signaler encore une autre image du vide intérieur, qui annonce la peinture de l'âme des romans sensualistes et qui révèle l'ouverture de la marquise de Lambert aux idées nouvelles. Son attachement à l'analyse cartésienne traditionnelle des passions n'exclut pas une séduction évidente pour une psychologie qui explique, chez la femme en particulier, l'éveil des sensations et des désirs par l'existence d'un ennui fondamental, d'un vide intérieur. Il s'agit cette fois de décrire, à l'origine même du désir, un ennui que les sensations vont remplir. Le schéma est donc différent; ce n'est plus comme dans l'image précédente un vide qui naît de l'insatisfaction et de l'impossibilité d'atteindre la plénitude, qu'on pourrait définir comme une nostalgie d'un univers plein. Mme de Lambert utilise le schéma 'sensualiste' pour montrer l'origine de l'idée de l'amour chez les jeunes filles. L'état d'innocence et d'ignorance de la psyché féminine finit par se confondre avec l'ennui, qui favorise l'éveil des sensations; le vide originel s'efface alors au profit d'une tension inquiète vers le monde (*Avis fille*, p.71).[48]

La dernière explication que Mme de Lambert donne de la quête des biens et des plaisirs de ce monde, l'assimile à une fuite de soi-même, traduite par des images heureuses et vigoureuses, tout aussi caractéristiques que celle du vide intérieur. Si l'inquiétude montre l'absence de coïncidence entre le temps réel et le temps intérieur, l'analyse du désir permet aussi de reconnaître l'absence de coïncidence entre deux formes du moi, le moi véritable et le moi social, entre la personne et le personnage. Les motifs du divorce, de la désertion, de la mascarade sont chargés d'exprimer cette tension de l'homme vers un bonheur qu'il croit saisir hors de lui-même, à laquelle Pascal donnait le nom de divertissement. 'La plupart des hommes ne savent pas vivre avec eux-

---

48. Les explications de Mme de Lambert dénoncent par avance cette 'psychologie de l'instant' que L. Versini analyse dans le roman du dix-huitième siècle, en notant qu'elle fait pièce à la métaphysique d'amour, et dont s'offense 'celui qui n'a pas compris que le remède à l'ennui et à la satiété est dans la quête renouvelée de sensations inédites' (*Laclos et la tradition*, p.438). L. Versini note à ce propos (p.440) que les sensualistes ont été les théoriciens – souvent involontaires – de l'inconstance.

mêmes: ils ne songent qu'à se séparer et à chercher leur bonheur au-dehors' (*Avis fils*, p.44). Chez Mme de Lambert le divertissement, par une création stylistique vigoureuse, est devenu désertion. 'Tous ces favoris de la fortune ne sont que des fugitifs et des déserteurs d'eux-mêmes' (*Richesses*, p.225-26). C'est une réflexion de Diogène sur les conquêtes d'Alexandre qui éclaire la genèse de cette vigoureuse métaphore. La gloire du conquérant n'exprime que la faiblesse humaine, tire son existence de l'amour-propre et des suffrages des autres. Mais il est des moments où la vérité 'tire les voiles' et, dit Diogène à Alexandre, 'vous montre à découvert. Vous ne pouvez alors soutenir cette vue de vous-même; et c'est pour vous fuir, que vous vous êtes embarqué dans vos conquêtes' (p.256). Cette désertion signifie une démission de l'individu, qui refuse d'assumer la vérité sur lui-même, quand il est dépouillé des préjugés.

Inquiétude, insatisfaction, vide intérieur, fuite de soi-même: tous ces éléments font du temps du désir un temps de rupture, de déséquilibre, et révèlent chez Mme de Lambert l'obsession d'une idée du bonheur qui ferait coïncider la vie intérieure avec la vie dans le monde.

Dans l'ordre des biens et des plaisirs de la chair la possession ne satisfait pas plus que le désir. Comme lui, elle est marquée du sceau de l'inquiétude. Le besoin est insatiable, surtout lorsqu'il s'agit de biens matériels; la soif des honneurs et des richesses n'est jamais assouvie: 'leur possession donne de nouveaux désirs' (*Avis fille*, p.59). C'est là un leitmotiv de la dénonciation des richesses, qui, pour mettre en relief l'image d'une nature humaine insatiable, livrée aux besoins dévorants, joue du paradoxe des biens qui appauvrissent (p.92).

Le bonheur n'est donc pas dans la possession, car les joies qu'elle procure ne sont ni durables ni pures: 'Songez qu'auprès des plus grands plaisirs, vous attend un chagrin pour les troubler, ou un dépit pour les finir' (*Avis fils*, p.38). Un épicurien superficiel trouverait dans pareille réflexion une raison supplémentaire d'affirmer que le *carpe diem* est la seule attitude raisonnable; mais pour Mme de Lambert, la seule plénitude qui se puisse découvrir dans la jouissance et dans la volupté, c'est celle de l'ivresse: c'est une erreur de croire que dans la voie des plaisirs, il puisse y avoir des 'demi-embarquements', qu'il soit possible de s'arrêter aux frontières qui séparent le raisonnable de l'égarement. Le plaisir, entité baroque, obéit aux jeux des métamorphoses et des illusions; rebelle à la raison, il reste insaisissable, et l'écrivain n'a pas manqué de souligner son caractère évanescent: 'L'habitude aux plaisirs les fait disparaître [...]. Dès que l'habitude est formée, le sentiment du plaisir s'évanouit' (*Avis fille*, p.59). Les biens de la chair sont corruptibles et le caractère fragile et éphémère de leur possession convient aussi à l'image de lui-même que l'homme découvre en eux, celle d'un être périssable, destructible, esclave

445

d'une matière qui l'asservit. Au-delà du thème traditionnel de la vanité de toutes choses, Mme de Lambert rencontre une nouvelle fois l'idée de la mort qui la hante: c'est avec elle qu'elle dialogue dans ses réflexions sur l'hédonisme.

L'acte de la possession suppose aussi une union, une fusion de l'homme avec les objets extérieurs: dans le plaisir, les facultés les plus nobles de l'être humain, celles qui lui assurent sa dignité, sont donc altérées par le réel. Déchu de sa grandeur, livré à la puissance des objets, l'homme ne peut connaître dans la jouissance qu'une forme inférieure de la vie psychique. Seul l'amour fera exception, Mme de Lambert lui reconnaissant le pouvoir de supprimer l'indispensable relation du moi à l'objet, sur laquelle se forment les plaisirs de la volupté.

Une des belles leçons de l'enquête lambertine sur le bonheur enseigne que la joie n'est pas dans l'objet, mais en nous, apprend à distinguer la jouissance de la possession. C'est une leçon épicurienne, teintée de stoïcisme, qui cherche à rendre l'homme indépendant à l'égard des objets et du monde extérieur, qui cherche surtout à lui faire découvrir un bonheur qu'il porte en lui, à mettre en valeur des ressources inexploitées.

Quand les plaisirs disparaissent, l'homme qui s'y est livré reste démuni, en proie aux regrets, souffrant de ce qui a été perdu. C'est une idée assez commune, dans l'éthique lambertine, que l'évocation du cortège des maux qui viennent à la suite des plaisirs. Mme de Lambert s'éloigne de la philosophie d'Epicure qui découvrait un plaisir dans le souvenir du plaisir, et passe du côté de Plutarque, qui reprochait au maître du Jardin de n'avoir pas compris que le souvenir du plaisir ne faisait qu'aggraver la souffrance.

Pour la marquise, les succès de l'hédonisme sont dus en grande partie au refus généralisé des hommes d'envisager le terme inévitable des plaisirs terrestres. Et pourtant la prise de conscience des souffrances futures devrait permettre à l'individu d'adopter l'attitude la plus sage dans les deux premiers temps du désir et de la possession. La vue des peines à venir devrait suffire à arracher de soi le désir. 'Vous cesserez de craindre, dès que vous cesserez de désirer' (*Avis fille*, p.91). C'est la formule d'un épicurisme pur, qui préconise de fuir la douleur, et par conséquent le désir qui l'apporte inévitablement avec lui. Cet épicurisme s'accordait parfaitement à la pensée stoïcienne: la marquise de Lambert est séduite par l'idéal de l'ataraxie, et tire cette formule de la cinquième *Lettre à Lucilius*. Envisager les peines futures dans les plaisirs, c'est aussi se défier de leur possession; le meilleur remède contre les maux inévitables, Mme de Lambert le demande à Montaigne: il ne faut que se prêter aux choses qui plaisent, et ne pas s'y donner.

L'originalité de Mme de Lambert n'est pas d'avoir signifié que le temps de la souffrance succède toujours au temps de la jouissance, d'avoir invité chacun à savoir évaluer, par une exacte pesée morale, à la manière des épicuristes, les justes proportions des peines et des plaisirs;[49] son originalité est d'avoir insisté sur l'idée que les plaisirs engagent l'individu pour une vie entière. L'attrait des sensations agréables, le goût de la frivolité caractérisent surtout la jeunesse: y succomber, c'est se préparer une vieillesse douloureuse, au physique comme au moral, une vieillesse inquiète.

Plus cruelle encore que les regrets, la prise de conscience du néant des réalités terrestres laisse l'homme devant un vide effrayant. L'existence selon la chair est un itinéraire tragique: en chaque saison, c'est toujours le vide que l'homme rencontre. Celui qui déçoit le désir, ou même parfois le fait naître; celui que découvre l'acte de la possession; celui enfin que laissent les plaisirs quand ils s'évanouissent: 'Quand vous ne vivez que pour les plaisirs, et qu'ils vous quittent, [...] l'âme tombe dans un grand vuide' (p.72); ou les biens terrestres quand on les perd: 'en les perdant, ils vous laissent du vuide et du besoin' (p.59). L'homme, dans cette voie, est sans cesse ramené au vide d'où il part, qu'il avait voulu fuir; au terme de sa course, il retrouve l'inquiétude à laquelle il avait cru échapper en se divertissant.

Cette hantise d'un néant où s'abîment toutes choses,[50] qui fait revenir sans cesse sous la plume l'image obsédante du vide, caractérise parfaitement la réflexion lambertine sur l'ordre de la chair, dans lequel l'homme à la recherche du bonheur ne rencontre qu'"un fantôme de vanité, qui n'a pu le remplir, et des plaisirs insufisans pour son bonheur' (*Richesses*, p.228). Pour échapper à l'angoisse du vide, Mme de Lambert trouvera des ressources: sa conception du bonheur procède d'une tentative pour combler des vides, pour satisfaire des besoins insatiables, sans cesse renaissants; elle se confond avec une sagesse capable de calmer l'inquiétude tragique de l'homme livré à la chair, de préserver le dynamisme de la psyché, d'atténuer la hantise tenace de la mort.

Dans l'analyse du divertissement, Mme de Lambert a su utiliser d'une manière personnelle le double héritage de l'épicurisme et du stoïcisme: l'extinction des désirs, seul remède contre la souffrance qu'ils entraînent, l'apologie de la 'pensée sobre' sont recommandées pour préserver la vie intérieure contre les séductions du monde et favoriser la tension de l'individu vers un bien supérieur. De même, elle a su donner une unité aux images que lui ont fournies les moralistes français sur les puissances trompeuses et les ravages de l'inquiétude.

49. *Avis fille*, p.91: 'Quand vous désirez quelque chose fortement, commencez par examiner la chose désirée: voyez les biens qu'elle vous promet, et les maux qui la suivent.' C'est là l'examen épicurien.

50. Idée exprimée avec force dans les *Avis à son fils*: 'toutes choses entrent continuellement dans l'abîme du passé, dont elles ne sortent jamais' (p.53).

Si des lectures nombreuses et diverses nourrissent sa réflexion, son originalité n'est jamais prise en défaut. Déjà s'annoncent les postulations philosophiques du siècle à venir: exigence d'innocence, nostalgie d'une transparence, haine de toute contrainte. Sous les idées de Pascal, on découvre une ouverture aux formes nouvelles de la pensée et de la sensibilité: la lecture de Locke a joué son rôle dans cette analyse de l'inquiétude humaine. On rencontre en abondance des thèmes et des images très personnels, qui devraient permettre d'identifier avec certitude l'accent de Mme de Lambert. L'élan vers le bonheur, qui rompt avec les objets, qui entraîne un repli sur soi, permettant d'échapper à l'angoisse du néant, signifié par l'image obsédante du vide, est vraiment caractéristique.

L'ensemble des images négatives qui décrivent l'univers de l'homme misérable et sa recherche vaine d'un bonheur illusoire, celui que postule l'hédonisme ou que lui offre le monde, permettent d'entrevoir ce que sera pour Mme de Lambert le monde de l'homme heureux. Il ne s'agit pas à proprement parler d'antithèse, mais plutôt d'une image développée à partir de ces négatifs. Pour lutter contre la dilapidation, la consommation, le gaspillage, l'écrivain moraliste recommandera la frugalité et la tempérance; à l'homme raffiné et corrompu, elle opposera l'homme simple et sain; à la déperdition des énergies que suscite la recherche inquiète des jouissances et des biens, mouvement incessant et infini, elle préférera le repos. L'illusion est un autre trait de la vie des plaisirs: l'homme misérable est un homme séduit. Egaré par les objets, les préjugés, les fausses grandeurs, aveuglé par la vanité, l'amour-propre, l'imagination, il ne connaît pas comme l'homme heureux les douceurs d'une vie raisonnable, il ne sait pas réserver son estime au mérite et à la vérité, il ne s'épanouit pas dans un univers de valeurs solides, sûres, essentielles, et se laisse attirer par des biens éphémères et inconsistants. Ces images négatives sont animées par la nostalgie d'une pure nature, d'une transparence, et par une pudeur sincère qui retient l'homme de se livrer à la chair; elles justifient l'invitation sans cesse répétée à fuir les plaisirs corrupteurs, à rompre avec un monde dangereux, pour se retrouver soi-même, par un dépouillement profitable. Cet itinéraire très lambertin est symboliquement signifié dans une nouvelle qui transforme l'héroïne en 'femme hermite'.

Ce constat dressé par Mme de Lambert propose une image de l'homme héritée des grands maîtres de la morale païenne: il faut privilégier dans ce domaine l'influence d'Epicure et de Sénèque, dont l'héritage a été transmis aux honnêtes gens par Montaigne. Mais ce constat est aussi, quoi qu'on en dise, celui d'une chrétienne, qui a longuement médité les textes sacrés, qui n'est pas insensible à certains aspects de la morale traditionnelle de l'Eglise, dénonçant par exemple le goût des spectacles et du luxe. Sa méditation révèle surtout l'importance d'un courant chrétien réformateur, novateur, encore très influent à l'aube du dix-huitième siècle, qui a hardiment contribué, il faut lui rendre cette justice, à l'évolution des mentalités. Trois maîtres l'ont suscité, qui, chacun à sa manière, exercent une séduction certaine sur Mme de Lambert: à Pascal, elle emprunte la dénonciation des puissances trompeuses et l'image de l'homme misérable livré au divertissement; comme Malebranche, elle sent la nécessité de repenser les idées sur l'organisation des sociétés à la lumière du cartésianisme, et sa dénonciation des richesses et des fausses grandeurs doit beaucoup à la connaissance de l'Ordre; avec Fénelon enfin, elle chante les charmes et les douceurs d'un cœur assoiffé de pureté et de vertu. Ce christianisme est généreux, il séduira la jeune génération qui fréquente le salon de l'écrivain. Il faut lui rendre, dans la grande rénovation philosophique et morale qui s'annonce, la place qu'il mérite, qu'on a peut-être trop oubliée, mais qui est évidente quand on jette un regard sur le milieu lambertin. L'image de l'homme misérable doit beaucoup aussi à la grande école des moralistes français. Leurs accents sont encore perceptibles dans les écrits de Mme de Lambert: ceux de La Rochefoucauld sur l'amour-propre, mais moins pessimistes, moins désespérés; ou de La Bruyère dans ses descriptions saisissantes de la vie humaine; ceux de Saint-Evremond, dont l'égotisme discret, l'art de cultiver contre le désespoir les ressources de l'âme et du corps ont séduit visiblement cette grande dame; ceux des théoriciens de l'honnêteté, qui avaient aussi posé la question du bonheur. Il faudrait rappeler enfin que tous ces thèmes, ces motifs, ces images circulent dans le milieu lambertin, qu'ils constituent de véritables 'réseaux', à l'origine desquels on trouve, aux côtés de la 'nouvelle Arthénice', deux créateurs aussi différents que Fontenelle et Fénelon.

Reste enfin à comprendre les causes profondes et diverses qui ont conduit Mme de Lambert à ce constat. Il faut faire la part d'abord de l'idéal précieux qui anime cette condamnation: la dénonciation du jeu à l'hôtel de Nevers permet au marquis d'Argenson d'évoquer le souvenir de l'hôtel de Rambouillet. D'une manière générale, dans le mépris de l'écrivain pour les 'réalités' et les plaisirs se découvre l'attitude un peu 'collet monté' – le mot est du président Hénault – à l'égard de toute vulgarité, de tout ce qui ne répond pas aux aspirations de l'esprit: c'est, pour le dire en un mot, le mépris d'une précieuse à l'égard de la chair. L'idéal féministe n'est pas absent non plus: bien des remarques sur l'hédonisme s'adressent particulièrement à la femme, font appel à sa conscience, à ses responsabilités. L'affirmation des droits du cœur et de la vie intérieure contre les puissances de la chair et du monde prouve aussi que la sensibilité nouvelle a vivifié et renouvelé ces réflexions sur la misère de l'homme. Il ne faudrait pas méconnaître les intentions polémiques qui suscitent cette analyse: elles expliquent dans une certaine mesure l'admiration de la nouvelle génération pour la personnalité de l'écrivain. Le regard de Mme de

Lambert porte sur la société qui sécrète ces plaisirs et ces biens condamnables. Fidèle aux anciennes valeurs, la marquise refuse obstinément d'applaudir au triomphe de la 'classe de loisir' dans l'Europe heureuse du dix-huitième siècle. Elle proteste contre l'hédonisme envahissant qui la caractérise, contre le phénomène nouveau, et angoissant, d'une civilisation de la consommation en train de naître. Elle croit nécessaire de rappeler à cet homme heureux, à cet homme nouveau, tout ce qui a été dit dans les âges passés sur le bonheur, et qui retrouve une actualité évidente en raison des mutations des sociétés et des mentalités. Un phénomène semble retenir l'attention de l'écrivain: la montée des puissances de l'argent, sentie comme un défi à la collectivité. Enfin cette analyse de la misère de l'homme a des accents frondeurs qui mettent en cause le pouvoir, les abus politiques, les privilèges de la grandeur. C'est sans doute l'idéal aristocratique qui la nourrit. Des codes et des mentalités antagonistes s'affrontent dans l'aristocratie de cette époque: aux conceptions étroites d'une caste égoïste, attachée à ses privilèges, s'oppose l'antique morale de l'honneur, venue du fond des âges, mais qui avait été profondément renouvelée à l'époque de Louis XIII. Elle affirme la valeur de l'énergie contre la dilapidation, du mérite contre le privilège, elle rappelle que la race ne se confond point avec le sang: l'homme heureux se définira dans le souvenir du généreux de l'âge précédent.

Pour toutes ces raisons, si Mme de Lambert appartient à un âge de transition, c'est dans le sens le plus noble qu'il faut l'entendre: son analyse de la misère de l'homme prouve que chez elle l'attachement aux valeurs du passé n'a rien de conservateur. C'est sur des fondements anciens que s'établira la pensée philosophique.

ii. La vie heureuse

Les dix-huitiémistes ont, à ce jour, une notion assez précise des mécanismes variés qui ont contribué à la formation de l'idée du bonheur à l'âge philosophique. Ils savent bien en particulier que les consciences ont hésité et oscillé longtemps entre une conception dynamique et une conception passive: 'cette dualité symbolique, écrit R. Mauzi, qui partage l'homme entre la tentation du vertige et le rêve du repos' est particulièrement caractéristique du dix-huitième siècle.[51] Mme de Lambert doit être classée parmi la foule nombreuse des moralistes, des philosophes, ou tout simplement des gens du monde, qui ont choisi la seconde postulation, et qui, tout au long du siècle, ont célébré les louanges de la félicité immobile. A cette image, elle en associe étroitement une

---

51. Robert Mauzi, *L'Idée du bonheur dans la littérature et la pensée françaises au XVIIIe siècle* (Paris 1960), p.127.

autre, plus traditionnelle, celle de la retraite, héritage de l'âge précédent, mais qui, pour la première génération des Lumières, est encore une réalité bien vivante. C'est cette bipolarité exemplaire du repos et de la solitude qui organise sa peinture du bonheur.

Mais la chasse au bonheur passe inévitablement par des itinéraires différents: ce qui intéresse le moraliste, c'est de les indiquer. Réfléchir aux moyens de se rendre heureux, c'est aussi indirectement souligner certains caractères du bonheur. Tout en l'associant presque conventionnellement à la vertu – on sait combien les frontières respectives du bonheur et de la vertu sont floues au dix-huitième siècle – Mme de Lambert a tenté de réaliser une synthèse du rationalisme et de la sensibilité.

Il est bien évident que l'analyse de l'idée du bonheur réservera une part moins importante à la critique du phénomène social, car les perspectives vont changer: la personne est invitée à oublier le monde et à se replier sur soi, ce qui explique que l'analyse psychologique, la réflexion philosophique et morale se substituent insensiblement à la peinture sociale dominante.

i. *Repos et solitude*

L'image lambertine du bonheur vrai se dégage en une belle antithèse de la peinture négative de l'hédonisme: au tourbillon du monde, à la multiplicité et à la vivacité des plaisirs sont préférés un retour à soi-même, une découverte des douceurs de la retraite et des charmes de la vie simple et tranquille.

A. *Le retour à soi-même*

Ce que Mme de Lambert condamne dans la morale du plaisir, c'est la tension de l'homme vers le monde extérieur, l'élan qui le pousse vers les objets, beaucoup plus que la jouissance elle-même; en somme, ce qui l'inquiète, c'est le dynamisme qui l'anime et qui menace à chaque instant de le détruire. La recherche du bonheur sera donc une tentative pour abolir cette tension, pour nier ce mouvement. Les origines de la félicité coïncident avec une rupture: l'homme doit savoir interrompre l'élan qui le projette hors de lui-même, hors du temps présent aussi.

Le *Traité des richesses*, sur la nécessité d'une telle rupture, propose (p.226) des images et des expressions tout à fait claires: 'Il faut s'arrêter, et séjourner sur les goûts et sur les plaisirs pour en jouir; il faut des repos pour le bonheur. Il n'y a point de présent pour une âme agitée [...]. Le bonheur des gens agités n'est qu'un bonheur de passage, et tout au-dehors.'[52] La métaphore dominante

---

52. De la même façon, Diogène fait remarquer à Alexandre (p.256) que l'agitation ne saurait être qu'un ersatz de bonheur: 'L'inconstance, par l'agitation qu'elle donne, est le supplément du bonheur. Ce n'est pas des choses dont vous jouissez, c'est de leur recherche.'

est ici celle de la station, de l'arrêt: c'est une invitation à abandonner une quête, à délaisser un itinéraire et la perpétuelle marche en avant qu'il impose. La rhétorique lambertine, qui se plaît à décrire l'univers psychologique, moral ou intellectuel en termes concrets, oppose fréquemment les images du mouvement (la course, le passage) à celles du repos. Les métaphores de l'itinéraire sont toujours négatives, soit qu'elles condamnent un excès de précipitation, soit qu'elles dénoncent une conscience tournée vers les plaisirs. Il est intéressant de relever un même fait de style chez un écrivain comme Fontenelle.[53] Les moralistes cherchent donc à susciter le goût du 'séjour', image-archétype du bonheur, à appeler ce geste, qu'ils savent difficile, d'une suspension. On apprécie mieux alors la justesse de la métaphore de l'embarquement, choisie par le sage Diogène pour désigner la vie illusoire; Mme de Lambert a retrouvé là une image de la philosophie épicurienne, transmise par Sénèque (*De Vita beata*, xix.1).

Le texte des *Richesses* a le mérite de faire apercevoir le double aspect de cette fixation,[54] qui ne saurait en aucun cas être confondue avec la fixité: il s'agit d'échapper à la mouvance qui caractérise le désir et le plaisir, qui devront être appréhendés dans la pure stabilité d'un présent, tout en abolissant l'espace du monde, tout en occultant le 'dehors', au profit d'un espace intérieur.[55] L'idée du bonheur suppose donc que l'homme puisse s'arracher à la ligne du temps et à l'espace des objets pour se fixer en un point unique, celui qu'occupe une conscience transparente à elle-même et libre de l'hypothèque de l'avenir.[56]

L'idée du séjour, d'un état stationnaire tend donc à faire disparaître le devenir 'cyclothymique' dans lequel les plaisirs sont vécus, se succédant dans un mouvement continuel de vivacité et d'évanouissement. Dans le bonheur vrai est abolie la chronologie au rythme binaire: moments pleins-moments vides; le temps est appréhendé dans sa plénitude et dans sa continuité, et non plus dans sa porosité: dans les plaisirs 'Ce qui se fait sentir, c'est le passage d'un état à un autre; c'est l'intervalle d'un tems malheureux à un tems heureux' (*Avis fille*, p.59). La vivacité du plaisir suppose une tension, elle révèle un dynamisme de crise, fait d'élans et de ruptures; le bonheur, lui, est uniforme

---

53. 'Puisqu'il y a si peu de biens, il ne faudrait négliger aucun de ceux qui tombent dans notre partage; cependant on en use comme dans une grande abondance, & dans une grande sûreté d'en avoir tant qu'on voudra: on ne daigne pas *s'arrêter* à goûter ceux que l'on possède; souvent on les abandonne pour *courir* après ceux que l'on n'a pas' (*Du bonheur*, iii.256).

54. *Avis fille*, p.59.

55. Fontenelle (p.263-64) utilise une image encore plus scientifique: l'homme heureux ne doit pas augmenter 'son volume'. 'Celui qui veut être heureux se réduit & se resserre autant qu'il est possible. Il a ces deux caractères: il change peu de place, & en tient peu.'

56. La vie heureuse est une vie dans le présent. 'Nous ne vivons point assez dans le présent, nos désirs et nos espérances nous portent sans cesse vers l'avenir' (*Avis fille*, p.78).

dans son rythme, si bien qu'il pourrait être vécu comme une immobilité. Il est peut-être permis de reconnaître là une mentalité propre à la Régence: il y a chez ses individus une hantise de l'éphémère, un besoin d'échapper à ce qui est fugitif, de se situer à l'intérieur d'un univers statique qui offrirait une protection contre la folle précipitation des événements de l'histoire. Chez Fontenelle, par exemple, l'attitude est semblable: dès l'introduction de son *Traité*, le philosophe définit aussi le bonheur comme un état, une permanence, une durée sans changement, opposé en cela au plaisir éphémère: 'On entend ici par le mot de bonheur un état, une situation telle qu'on en désirât la durée sans changement; & en cela le bonheur est différent du plaisir, qui n'est qu'un sentiment agréable, mais court & passager, & qui ne peut jamais être un état. C'est donc l'état qui fait le bonheur' (p.241-42). Comme chez Mme de Lambert, le temps des plaisirs apparaît dans sa discontinuité: il s'agit pour Fontenelle de distinguer les 'instants répandus dans la vie de chaque homme' du 'fond' de cette vie même, les plaisirs n'étant que 'des momens semés çà & là sur un fond triste qui en sera un peu égayé' (p.242). A côté de la perception lambertine d'un temps poreux, se dessine celle d'un temps 'en miettes', suggérée par l'image plus spatiale des semailles. Avec plus de netteté encore que son amie, Fontenelle désigne l'immobilité comme le premier caractère de l'homme heureux: 'Celui qui voudroit fixer son état, non par la crainte d'être pis, mais parce qu'il seroit content, mériteroit le nom d'heureux; on le reconnaîtroit entre tous les autres hommes à une espèce d'immobilité dans sa situation; il n'agiroit que pour s'y conserver, & non pas pour en sortir' (p.243). On aura reconnu au passage l'emploi commun aux deux moralistes du verbe *fixer*, si caractéristique. Et Fontenelle de chanter alors l'idéal de 'l'immobilité fortunée' qu'il oppose, comme Mme de Lambert, au tourbillon du monde, évoqué par la belle image d'un univers moléculaire:[57] le plaisir, univers mouvant, est lié à l'image de la foule, d'une multitude agitée; le bonheur, au contraire, dans sa stabilité et sa permanence postule la solitude; tous deux s'opposent comme s'opposent la matière et l'esprit, le créé et le divin, le multiple et l'Un.

Tous les avis de Mme de Lambert sur le bonheur recommandent un retour à soi-même, une redécouverte du moi qui devient ainsi le lieu privilégié où se fixeront les désirs et les goûts:

Pour fixer vos désirs, pensez que vous ne trouverez point hors de vous de bonheur solide ni durable [*Avis fille*, p.59];

---

57. 'Les malheureux qui s'agitent composent le tourbillon du monde, & se font bien sentir les uns aux autres par les chocs violens qu'il se donnent' (p.243).

Ne nous croyons heureuses, ma fille, que lorsque nous sentirons nos plaisirs naître du fond de notre âme [p.60].

Alors que dans la voie des plaisirs l'homme s'élance vers le monde, dans un mouvement dynamique dont le terme est la dissolution de la conscience, au contraire les conditions du bonheur seront réunies si, dans un mouvement involutif, il sait s'arracher au monde pour être ramené à lui-même et redécouvrir les sources intérieures auprès desquelles il devra séjourner. 'Il faut, s'il est possible, établir votre félicité avec vous-même, et trouver en vous l'équivalent des biens que la fortune vous refuse' (*Avis fils*, p.44). Une telle leçon n'est point dictée par un stoïcisme rigide;[58] Mme de Lambert cherche à susciter l'idée d'un contrat qu'on passerait avec soi-même, et la substitue avantageusement à celle du divorce, de la séparation, mise en lumière dans la condamnation des plaisirs. Cette redécouverte précède l'apologie des bienfaits de la retraite intérieure. Il n'y a pas de moments privilégiés dans la vie humaine pour l'assumer; Mme de Lambert s'élèvera avec vigueur – et c'est une leçon dont pourrait encore profiter notre époque – contre le préjugé qui fait de la vieillesse un âge de la déchéance et de la misère (*Vieillesse*, p.157).

La récompense de ce retour à soi-même, de cette interruption de tous les dynamismes qui déséquilibrent l'être humain, c'est une profonde quiétude, qui n'est pas sans rappeler lointainement l'ataraxie des philosophes antiques, c'est 'la paix de l'âme', expression qui revient souvent sous la plume de l'écrivain moraliste (*Avis fille*, p.89; *Avis fils*, p.49; *Vieillesse*, p.163). L'image du repos qui définit l'idée lambertine du bonheur est à présent complète. Pour qui sait s'arrêter et séjourner, se reposer à l'écart des troubles et des agitations vaines, se découvre un calme essentiel et inaltérable, apte à le rendre disponible pour la jouissance vraie; dans cet état, l'être humain s'approprie des caractères qui le rendent semblable aux dieux: permanence, stabilité, autosuffisance, créativité.

B. *L'apologie de la retraite*

Le choix de la retraite, le goût de la solitude résultent de ce mouvement de rupture avec le monde et de retour à soi-même. Rien de neuf en ce sens dans

58. Même attitude chez Fontenelle: la fière pensée d'une indépendance totale est chimérique; il est toutefois possible d'agir pour son propre bonheur. 'Il ne faut pas, disent les philosophes rigides, mettre notre bonheur dans tout ce qui ne dépend pas de nous; ce seroit trop le mettre à l'aventure. Il y a beaucoup à rabattre d'un précepte si magnifique: mais le plus qu'on en pourra conserver sera le mieux. Figurons-nous que notre bonheur devroit entièrement dépendre de nous, & que c'est par une espèce d'usurpation que les choses de dehors se sont mises en possession d'en disposer: ressaisissons-nous autant qu'il est possible d'un droit si important, & si dangereux à confier; remettons sous notre puissance ce qui en a été détaché injustement' (p.258).

ce leitmotiv lambertin, qui est au cœur des traités de l'Honnêteté et du Bonheur: il serait fastidieux de retracer l'histoire de ce lieu commun qui assimile le repos de l'âme au repos physiquement éprouvé dans la solitude ou dans la retraite, loin de l'agitation du monde. L'étude des sources montre que la marquise l'emprunte aussi bien à la Bible (*Avis fille*, p.89) qu'à Pline, lu dans la traduction de son ami Sacy (*Correspondance*, p.413); mais on pourrait alléguer aussi Sénèque (*De brevitate vitae*), et même, proche d'elle, Fontenelle, chez qui l'on trouve le même éloge poétique et ancestral de la *mediocritas*.

Plutôt que de s'attarder à repérer à l'infini les lectures qui ont pu inciter Mme de Lambert à broder sur ce lieu commun, il semble préférable d'en donner une analyse typologique. Un inventaire permet en effet de reconnaître trois types différents de retraite décrits par l'écrivain: à celui qui fuit le monde s'offrent des asiles qui sont la vieillesse, l'isolement ou son propre 'intérieur'.

Nous avons vu, dans le traité de la société civile, comment l'idée d'une vieillesse décente devait s'imposer aux honnêtes gens soucieux de leurs devoirs. La soumission aux bienséances peut se transformer aisément en une technique du bonheur. Savoir se retirer du monde à propos, s'arracher à ses plaisirs pour se préparer au grand passage de la mort, apprendre à se réconcilier avec des valeurs souvent oubliées, parce que contraires à la vie active, mais auxquelles l'âme sera confrontée dans sa vie de l'au-delà: c'est là, sans doute, l'ascèse la plus traditionnelle de l'homme de l'âge classique. Héritière directe de ce passé, la marquise savait qu'il était dans l'ordre des choses que le grand, après une vie active, animée, parfois trop libertine, pensât à se préparer à la mort. Et c'est sans doute à un public aristocratique que son discours s'adresse, quand s'impose cette métaphore dans le goût précieux par laquelle s'achève le *Traité de la vieillesse*: 'Rien de plus glorieux que de faire une honorable retraite, et de mettre un espace entre la vie et la mort' (p.169).

Mais de tous les exemples moraux qui s'offraient à elle, Mme de Lambert semble avoir retenu surtout la technique du bonheur enseignée par Montaigne; une fois de plus, les *Essais* vont stimuler sa réflexion et contribuer à donner une coloration plus profane à un thème qui semblait être entré dans le domaine réservé de la morale chrétienne. 'La Mort n'est pas un acte de la société, c'est l'acte d'un seul' (p.169). Il est intéressant de noter que Mme de Lambert a lu, médité, retenu l'important essai 'De la Vanité', qui l'a aidée à placer ses réflexions sur la retraite sous le signe d'une tradition plus philosophique que religieuse. Cependant, si le texte des *Essais* peut stimuler la pensée, celle-ci aussitôt s'en éloigne: l'écrivain moraliste oublie le thème si riche de la comédie du mourant qui tente d'émouvoir ses proches, pour en venir à l'affirmation plus abstraite et plus générale de la nécessité d'un retour à soi-même dans le dernier âge de la vie.

Cet antique sujet de la réflexion morale est donc encore au cœur des préoccupations intellectuelles de l'aristocratie au début du dix-huitième siècle. Un exemple significatif en est le texte commun à Montesquieu et à Mme de Lambert du *Discours sur la différence qu'il y a de la réputation à la considération*. Montesquieu veut stimuler son auditoire par une remarque visiblement inspirée de la belle pensée de Plutarque selon laquelle la disgrâce des grands hommes serait un signe de la puissance de l'Etat: 'Il n'y a rien qui conserve et qui fixe mieux la réputation que la disgrâce' (i.124). Le paradoxe est brillant, et rappelle lointainement, dans sa formulation, celui de Mme de Lambert sur la gloire de la retraite: la disgrâce est un privilège de la grandeur. Quant à l'humanité commune, non héroïque, elle peut trouver dans la retraite le substitut avanta-geux de ce privilège. La démarche de Montesquieu consiste alors à la définir, et à en fixer l'à-propos: son attitude morale, fondée sur les exigences de la vertu, le conduit à douter de la possibilité d'une 'sage retraite', acte digne de l'âme la plus noble, mais difficile à assumer, car le monde exerce sur l'individu un fort pouvoir d'attraction. Mme de Lambert au contraire, plus expérimentée, moins stoïcienne, veut affirmer cette idée qui lui tient à cœur, que la retraite peut être assumée comme un geste naturel. Chez elle, le critère de l'à-propos n'est plus moral, mais purement temporel: la vieillesse est l'âge naturel de la retraite, indépendamment de ce que peut être la carrière du monde. Ce qui la heurte, semble-t-il, dans l'idée de Montesquieu, c'est la démission de la sagesse; aussi ose-t-elle introduire cette question importante, dirigée contre l'héroïsme stoïque du philosophe: la vertu mérite-t-elle que lui soit sacrifié le temps destiné à la jouissance? Ce sont bien deux codes différents qui s'affrontent ici, et cela est sensible dans l'emploi du concept d'innocence, qui se substitue à celui de vertu. En effet, l'innocence n'a besoin pour exister que d'une conscience solipsiste, tandis que la vertu, dans le texte de Montesquieu, se définit par rapport à l'opinion; le sage est solitaire, mais le héros a besoin d'être comparé et admiré. Le changement introduit dans le choix de l'adjectif qui caractérise la retraite, 'belle' pour le philosophe, 'sage' pour Mme de Lambert, n'en est que plus significatif. A l'éclat, au brillant, l'amie de Fontenelle oppose la vie cachée, indépendante, innocente. Il ne s'agit plus ici de paraphrase, mais bien d'une réfutation amicale, et cependant déterminée, ferme dans ses principes. Le texte lambertin peut alors se terminer sur une série de questions embarras-santes pour le jeune philosophe.

Mme de Lambert réaffirme donc ici l'essentiel de ses arguments, si proches du *Traité du bonheur* de Fontenelle, et propose pour la question de la félicité une approche sensible et épicurienne, qui s'éloigne de la conception vertueuse et néo-stoïcienne. Au dynamisme des actes, elle substitue la passivité secrète de la jouissance, en découvrant paradoxalement les avantages de l'usure des goûts. Ainsi dans la vieillesse, qui est une déchéance physiologique et psychologique, une destruction des forces vitales, la nature réalise, sans qu'il en coûte rien à l'individu, le vieux rêve de l'ataraxie, l'antique mythe de l'extinction des désirs et des actes, ce qui est à l'opposé de la morale active et dynamique de l'héroïsme vertueux. L'autre avantage de la solution proposée par Mme de Lambert, qui consiste à faire coïncider la retraite avec la vieillesse, est de préserver l'indépendance de l'homme par rapport au monde, ce qui était aussi un des aspects essentiels de la sagesse des Anciens. Il ne s'agit plus de définir un acte qui puisse être 'regardé comme', qui puisse 'conserver la place [qui nous est] donnée dans l'idée des hommes', mais bien un acte qui puisse légitimement et naturellement satisfaire le désir 'de nous rendre heureux selon nos goûts': la sémantique de la possession s'est substituée définitivement à la sémantique de la comparaison. La retraite peut être proposée comme un geste naturel succédant à une jouissance de soi-même, loyale, innocente, indépendante, la nature se chargeant elle-même de nous économiser l'effort d'une quête philosophique coûteuse.

Si la vieillesse constitue le terme naturel de la carrière du monde, s'il est légitime de la quitter quand se manifestent les premiers signes de la décadence des facultés, cela ne veut pas dire qu'il ne faille pas savoir aussi ménager des îlots de solitude au cœur même de la vie active. C'est un autre sens, bien connu à l'âge classique, du mot retraite, et Mme de Lambert a maintes fois brodé sur ce lieu commun.

Pour être heureux, il faut savoir 'se dérober au monde'. Mme de Lambert prodigue cet avis, et les personnes capables de le suivre reçoivent des éloges décernés avec plaisir. Ce lieu commun suscite un schéma symbolique assez révélateur: l'opposition de l'ermite et du courtisan. Il apparaît déjà en filigrane dans la *Lettre à l'abbé* ***, où la correspondante réfléchit sur la signification d'un itinéraire qui a métamorphosé un sage abbé, qui vivait 'autrefois dans une grande retraite, avec une fortune médiocre', en un abbé de cour (*Correspondance*, p.417).

Ce schéma, emprunté à une biographie authentique, sert, inversé cette fois, à mettre en place la biographie imaginaire de la belle ermite: toute la nouvelle s'organise en effet à partir de l'image mère qui oppose l'ermitage à la cour. Ce récit encadré n'accorde qu'une importance mineure à l'histoire première, narration prétexte, destinée à situer la découverte de la femme ermite par Bellamirte et son cercle. Et cependant, pour rudimentaire qu'il soit, ce premier récit apparaît déjà comme le parfait miroir du récit central, la longue confession de l'héroïne, qui décrira l'histoire d'un retrait du monde, le passage de la vie de cour à la vie érémitique. En effet, Bellamirte et ses amies offrent une première image du cercle aristocratique dans lequel sera contenue la destinée du personnage principal. Mais de ce groupe, Bellamirte semble se détacher, par l'attrait très vif qu'elle manifeste pour cette solitude: 'C'est ici ma promenade ordinaire; j'aime cette secrète horreur; ce lieu est propre à nourrir une douce mélancolie; et j'y viens souvent seule et sans autre compagnie que mes réflexions' (p.286). Ce n'est plus chez elle la curiosité toute mondaine qu'Adélaïde affiche à l'égard de la vie érémitique, 'si fort au-dessus de l'usage ordinaire'. Sa mélancolie justifie l'accueil sensible que les dames réserveront à l'héroïne, en même temps que s'annonce le grand thème que développe la nouvelle: l'opposition de la vie cachée et de la vie mondaine. L'orchestration de ce thème dans le récit central se fait avec beaucoup de souplesse: la confession se déroule au rythme de crises qui font se succéder les retraites et les retours au monde, jusqu'à la rupture définitive, l'entrée dans l'ermitage et la clôture absolue dans 'le silence des bois' (p.289). Ce suicide final, car c'en est un,[59] l'héroïne l'assume, soumise à la force d'un destin qui a fait alterner régulièrement les faveurs et les disgrâces, la plénitude et le dénuement. La romancière, bien avant Diderot, a voulu dénoncer la claustration, née de la 'cruelle persécution' que subissent d'innocentes victimes du monde et de ses passions.

Dès lors, la solitude érémitique apparaît comme un échec; la conscience tragique, torturée et souffrante, est vouée à s'y contempler sans fin dans son propre malheur (p.289):

J'ai quitté le monde pour me fuir; et je me suis toujours présente. J'ai cru que, quand je n'aurois plus des témoins de mes foiblesses, je pourrois les oublier et me les pardonner; mais impitoyable à moi-même, je me condamne et me punis toujours. Le silence des bois me les rend plus présens et plus sensibles: désoccupée de tout, c'est l'occupation de tout mon loisir.

Il s'agit bien pour Mme de Lambert de dénoncer une conception passive, 'contemplative' de la solitude: celle-ci est mauvaise quand, plus subie que choisie, elle n'est qu'une pratique tardive, née d'un désenchantement profond. L'héroïne n'a pas su se dérober au monde suffisamment tôt, et tirer profit d'une retraite moins tragique, plus active, non pas en personne 'désoccupée de tout', mais en femme capable au contraire de soumettre l'ensemble de ses valeurs au jugement d'une conscience dynamique et lucide. Pour la marquise de Lambert, l'isolement n'est pas un remède à des plaies incurables, il est une prévention; il n'est point un refuge contre le malheur, mais une préparation au bonheur.

---

59. L'entrée dans l'ermitage se substitue à un suicide qu'interdit la religion: 'je n'ai plus rien à faire sur la terre; il ne nous est pas permis de nous donner la mort' (p.363). L'acte doit donc être interprété comme une auto-punition.

7. Un traité du bonheur

L'amour de la solitude, la volonté de rompre avec l'espace du monde doivent favoriser la recréation d'un espace intérieur, exprimé par l'image fréquente chez la marquise de la 'retraite de l'âme', où l'homme dépossédé pourra récupérer l'avoir qui se dégrade et qui lui échappe parmi les objets, et tout particulièrement le bien le plus précieux, lui-même: 'Encore une fois, qu'on est heureux de savoir vivre avec soi-même, de se retrouver avec plaisir et de se quitter avec regret!' (*Avis fils*, p.49).[60] Ces conseils pour un retour à soi-même qui favorisera la découverte d'un art de vivre, synonyme moderne du mot *sagesse*, sont inspirés à Mme de Lambert par la lecture des philosophes stoïques, dont elle se plaît à répéter le message: 'retirez-vous en vous-même', dit-elle avec Marc-Antonin (p.44). Mais de temps à autre, comme nous le remarquons souvent chez elle, ces belles formules à l'antique, qui brillent d'un feu pur et clair, jettent quelque étincelle différente, qui trahit une origine chrétienne.

La littérature stoïcienne fournit d'ailleurs à Mme de Lambert l'un des plus agréables paradoxes: cette solitude, où doit être bâti l'asile intérieur, est faite de présence, elle n'a rien d'un désert, ni ne se confond avec le dénuement. En se retrouvant soi-même, est récupéré l'avoir le plus précieux, le trésor de l'amitié: la marquise a repris avec complaisance le thème cher à Sénèque de l'ami absolu. La première des règles de la vie tranquille, c'est-à-dire heureuse, qu'elle formule pour sa fille, c'est 'd'être son premier ami à soi-même' (p.89). C'est cet ami qu'on va retrouver dans la retraite, c'est cette présence qu'on y recherche, alors que la femme ermite, elle, n'y a découvert qu'une image hostile de soi. L'apologie lambertine de la solitude se nourrit de la nostalgie néo-stoïcienne[61] d'une pure coïncidence, et cette nostalgie est assez forte tout au long du siècle pour qu'on puisse relier l'image du bonheur proposée par Fontenelle ou Mme de Lambert à celle de Jean-Jacques.[62]

60. Leçon que Mme de Lambert donnait à sa fille en des termes presque identiques: 'Apprenez que la plus grande science est de savoir être à soi. [...] Assurez-vous une retraite, un azyle en vous-même; vous pourrez toujours revenir à vous et vous retrouver. Le monde vous étant moins nécessaire, aura moins de prise sur vous' (p.88). On sera sensible à un style qui met en relief la métaphore de l'itinéraire (*revenir*) et celle du dédoublement (*vous retrouver*), annonciatrice du thème de l'absolue amitié.

61. Le thème de l'absolue amitié, c'est-à-dire l'art d'être à soi-même son propre ami, vient directement de Sénèque, cité à deux reprises par Mme de Lambert, ce qui dit assez l'importance qu'elle attachait à cette idée. *Amitié*, p.130: 'Sénèque dit: j'ai assez profité pour apprendre à être mon ami'; *Avis fille*, p.88: 'J'ai appris, disoit un Ancien, à être mon ami, ainsi je ne serai jamais seul.' Dès l'introduction du *De Vita beata*, Sénèque signale que la voie du bonheur est solitaire, qu'elle exige de rompre avec la multitude.

62. Voir Marcel Raymond, *Jean-Jacques Rousseau, la quête de soi et la rêverie* (Paris 1962), p.137: 'Directeur spirituel, dans ses lettres morales à diverses personnes, ou quand il délègue son pouvoir à Julie guidant Saint-Preux, Rousseau enseigne immanquablement à "rentrer en soi", à "se concentrer en soi", à "se circonscrire", à réduire le plus possible la surface par où nous sommes vulnérables.' C'était là, déjà, l'image du bonheur proposée par Fontenelle.

La leçon morale signifiée par la destinée de la femme ermite trouve ici sa justification; ce n'est pas un élan de misanthropie qui doit conduire à la solitude, comme la mère le rappelle à son fils: 'mais il faut que ce soit un principe de raison qui vous ramène à vous, et non pas un éloignement pour les hommes' (p.44). De la même manière, la pratique de la retraite intérieure, l'accoutumance au renouvellement spirituel ne doivent pas conduire à l'oubli des valeurs essentielles de l'honnêteté et faire naître la misanthropie, toujours ressentie comme un des mouvements les plus détestables du cœur humain. Dans l'âge mûr, la conciliation des valeurs du monde et de la retraite, l'harmonie des impératifs de l'honnêteté et de la sagesse représente sans doute le plus beau modèle de réalisation que l'on puisse proposer à un homme jeune entrant dans la carrière. 'Quand on sait vivre avec soi-même et avec le monde, ce sont deux plaisirs qui se soutiennent' (p.49). La pensée de Mme de Lambert se nuance d'un écrit à l'autre: il est aisé de distinguer entre la solitude qui sied à la vieillesse et celle qu'il convient de recommander à un jeune seigneur de cour. Il est même émouvant de surprendre sur le vif la délicatesse et la fermeté avec lesquelles cette mère attentive tâche de redresser l'humeur misanthrope d'un fils qui n'a peut-être pas toujours su être à la hauteur de l'idéal moral qu'elle nourrissait: 'Vous aimez la solitude, on vous reproche d'être trop particulier: je ne condamne pas ce goût, mais il ne faut pas que les vertus de la société en souffrent' (p.44). Il est facile de retrouver dans un tel avis la leçon de *La Femme hermite*; la retraite pratiquée par Mme de Lambert doit être un refuge contre le monde et ses pièges, non une fuite, une démission: ce n'est pas son désespoir que l'homme y va nourrir, mais bien sa dignité, car il y conquiert une plénitude que traduit le privilège de faire coïncider l'avoir et l'être, si bien rendu par la belle image stoïcienne de l'ami de soi-même.

c. *Les avantages de la solitude*

La retraite sous toutes ses formes, condition nécessaire au développement d'une sagesse définie comme l'art de vivre avec soi-même, offre en outre de grands avantages, dont l'énumération nous aidera à compléter l'image lambertine du bonheur: elle assure l'indépendance, contribue au perfectionnement des goûts solides, affine le sentiment.

Il est certain que l'image de l'homme heureux reste l'image traditionnelle d'un homme libre, indépendant, et la retraite favorise beaucoup cette indépendance, dans la mesure où, en le séparant du monde, elle l'éloigne des objets qui asservissent et de l'opinion qui tyrannise. Pour Mme de Lambert l'élan du bonheur est un dynamisme qui se défait du préjugé, qui secoue l'opinion, et cet élan libérateur s'accorde avec la solitude, car celle-ci peut créer le changement de perspective nécessaire à une nouvelle estimation des choses, d'où surgira le véritable bonheur, qui est le 'bonheur indépendant'. En effet, en rapprochant l'homme de l'état de nature, la solitude modifie les besoins, qui deviennent moins nombreux et moins vifs. Telle est la leçon donnée dans la *Lettre de Madame de Lambert à Madame ***, sur les avantages de la solitude*, qui, pour l'essentiel, annonce la pensée de Rousseau, et l'idée d'un bonheur découvert dans l'opposition de la nature et de la culture. Cette filiation semble si importante pour l'histoire des idées, que le passage mérite d'être cité: 'Il me semble que dans la solitude nous n'avons que les besoins de la nature, qui, après tout, sont très bornés; et que dans la ville nous avons ceux de l'opinion, qui sont immenses' (*Correspondance*, p.413).

La vieillesse fait découvrir des valeurs analogues. L'un des avantages qu'on doit lui reconnaître est l'accès à la liberté. Le renoncement au monde n'est pas une première mort, mais seulement un détachement de tout ce qui nous asservit; l'âme n'a pas à entrer dans une phase de consomption, pendant laquelle elle guetterait sa propre destruction: 'C'est une chose bien triste de s'aimer tant, et de se voir mourir à tous moments. Il faut pour notre intérêt nous détacher de nous-mêmes, rompre tous les jours quelque lien, afin d'être plus libres, fermer toutes les avenues au retour du monde, et ne point tourner la tête vers lui' (*Vieillesse*, p.170). L'éthique du détachement contient une des leçons les plus pures qui se puissent donner à l'homme, et à ce titre, elle mérite d'être célébrée sur le mode lyrique, à la manière antique. Souvent, dans l'apologie néo-stoïcienne de la vie heureuse, Mme de Lambert retrouve les accents des Anciens, comme dans cette maxime frappée à la façon de Sénèque ou d'Epictète: 'Il n'appartient qu'aux âmes libres de peser la vie et la mort' (p.170-71). La liberté retrouvée dans la retraite contribue donc à cette nouvelle estimation des valeurs d'où pourrait surgir une éthique régénérée; la vieillesse est célébrée comme un temps plein, réservé 'aux âmes pleines de ressources' (p.171). Tout en se plaçant sous l'autorité morale des grands maîtres de l'âge passé – avant elle, La Rochefoucauld déjà avait eu cette belle formule: 'peu de gens savent être vieux' (*Maximes*, 423) – la marquise s'adresse à une élite d'hommes indépendants et actifs, à une aristocratie de l'esprit et du cœur, pour qui la liberté est disponibilité.

Paradoxalement, la sphère vitale de cette élite est la vie simple, elle est cette médiocrité tant vantée des philosophes et des poètes. Le discours sur le bonheur s'adresse à une race d'hommes affranchis des privilèges de la puissance et de la gloire, qui ont su limiter leurs désirs en les mettant au niveau de leur fortune. Ces hommes heureux ne sont ni des surhommes ni des héros: la félicité est secrète, elle est, selon l'heureuse formule de Fontenelle (p.266), 'assaisonnée du mystère',[63] elle apparaît comme une technique solitaire, indivi-duelle, un art d'utiliser au mieux les ressources disponibles,[64] de les mettre en valeur. Etre heureux, c'est, au sens plein du terme, se rendre libre.

Dans la mise en valeur des ressources qui doivent faire la richesse de la vie solitaire, la faculté raisonnable joue un rôle important. La morale du détachement, en même temps qu'elle libère, conduit à la vérité; la solitude en est le lieu d'élection, elle est la condition d'une connaissance authentique et pure de toutes scories (*Correspondance*, p.413).

Non seulement le détachement favorise le regard transparent qu'un homme libre porte sur les choses, révélées dans leur vérité, mais il permet un enrichisse-ment intellectuel né de la nécessité de combler les heures solitaires, car, comme le remarque Diogène (p.257), il faut assez 'de fonds d'esprit pour remplir les vuides du temps'.

Ces avantages tiennent d'abord aux 'bonnes lectures', qui font du temps solitaire un temps occupé, empli, si vivement et constamment recommandées par Mme de Lambert pour l'enrichissement de la vie morale;[65] elles sont les véritables nourritures de l'âme. Le commerce des bons auteurs est toujours meilleur que celui du monde, leur fréquentation préférable à la recherche des 'vains applaudissements' de la société; c'est ce qu'a bien compris l'idéale amie du *Discours sur le sentiment d'une dame* (p.270). La vie solitaire favorise aussi les réflexions qui sont le complément des lectures, mises par Mme de Lambert sur le même plan qu'elles, l'équivalent de l'examen de conscience que prati-quaient les stoïciens. De sorte que la solitude chère à Mme de Lambert est une solitude peuplée; la personne y est entourée de la présence chaleureuse

---

63. Le traité s'achève d'ailleurs sur l'apologie de la *mediocritas*.

64. Comme Fontenelle, Mme de Lambert pense que le bonheur doit être découvert dans 'l'état', et qu'il réside dans l'habileté à utiliser au mieux les ressources présentes. Cf. *Avis fille*, p.77-78: 'Songez à vous rendre heureuse dans votre état; mettez tout à profit; mille biens nous échappent, faute d'application. Nous ne sommes heureux que par l'attention, et que par comparaison. Plus vous avez d'habileté, plus vous tirez de votre état, et plus vous étendez vos plaisirs. Ce n'est pas la possession qui nous rend heureux, c'est la jouissance; et la jouissance est dans l'attention.' Il faut éliminer, poursuit Mme de Lambert, l'envie et l'ambition. La technique du bonheur consiste à tirer profit de biens en apparence médiocres, et la comparaison les fait estimer. Encore une fois, la pensée est identique à celle de Fontenelle, l'homme heureux n'agissant que pour se conserver dans son état (*Du bonheur*, p.243). Fontenelle attire aussi l'attention sur l'art de comparer: 'Chacun brille d'un faux éclat aux yeux de quelqu'autre, chacun est envié pendant qu'il est lui-même envieux' (p.255).

65. *Femmes*, p.180: 'Quand nous savons nous occuper par de bonnes lectures, il se fait en nous insensiblement une nourriture solide qui coule dans les mœurs.' On remarquera, dans toutes ces réflexions, la fréquence de l'image néo-platonicienne du banquet et des nourritures. *Avis fils*, p.44-45: 'La retraite nous met en commerce avec les bons auteurs. Les habiles gens n'entassent pas les connaissances, mais ils les choisissent.' La retraite dont rêvera Des Grieux contient aussi 'une bibliothèque composée de livres choisis'.

d'amis nombreux, les morts: l'écrivain a célébré avec ferveur ce thème de l'amitié des morts, qui donne des accents émouvants et sensibles au tableau de la vie heureuse. 'Dans la retraite, [...] en société avec les morts, ils vous instruisent, vous guident et vous consolent: ce sont des amis sûrs et constants, sans légèreté et sans jalousie' (*Vieillesse*, p.171).

En même temps que se développent les qualités intellectuelles, dans la solitude s'affine le sentiment, qui gagne en délicatesse et en vivacité. Avec l'ensemble de son siècle, Mme de Lambert aime réunir ces deux ordres de la spiritualité, et on retrouve souvent chez elle aussi le binaire passe-partout du 'cœur et de l'esprit'; non seulement elle les réunit, mais elle semble passer indifféremment de l'un à l'autre, dans la mesure où les mêmes caractérisants servent à leur définition. C'est ce que montrent bien les réflexions sur la solitude. Celle-ci favorise le développement de deux qualités essentielles, la délicatesse et l'attention, qui peuvent être appliquées à l'ordre du cœur comme à celui de l'esprit. La retraite constitue donc une expérience enrichissante pour la sensibilité, car 'la solitude est amie des sentiments' (*Correspondance*, p.414), elle les affine, au fur et à mesure que diminue le prix attaché aux choses extérieures. Dans la psychologie de Mme de Lambert, le désir est ambivalent: néfaste, quand il soumet l'âme aux impressions; bénéfique, quand il la vivifie pour lui donner plus de délicatesse.

Tels sont donc les prestiges et les pouvoirs de la solitude, ressource contre la faiblesse humaine, mais tels aussi ses dangers, car, fortifiée, la sensibilité peut déchaîner ses tempêtes. Il en est ainsi des passions, que l'on pourrait définir comme des sentiments qui auraient échappé au contrôle de la délicatesse et de l'attention; elles aussi amies de la solitude, comme en témoigne la nouvelle exemplaire de *La Femme hermite*: 'les passions sont amies de la solitude, elles s'augmentent et se fortifient dans le silence' (p.340).

Les caractères de l'image lambertine du bonheur, avec sa bipolarité du repos et de la solitude, permettent de la classer dans la troisième des quatre catégories distinguées par R. Mauzi (p.114 et 120), celle qu'illustrera Jean-Jacques, quand il définira la félicité comme un 'resserrement' de l'être autour d'un point unique, le moi, comme un 'rapprochement de soi'. Ce qui sera finalement la leçon de Rousseau, 'faire coïncider l'être et l'existence' (p.121), est déjà présent chez Mme de Lambert, dans une synthèse moins connue, mais peut-être plus complète: son idée du bonheur consiste à faire coïncider l'avoir, l'être et l'existence. C'est ici l'occasion d'affirmer le rôle fondamental d'intermédiaire joué par le milieu lambertin, sous l'impulsion principalement de Fontenelle et de la marquise; il a renouvelé le vieux fonds de la sagesse antique et vulgarisé des images destinées à retrouver un sens neuf.

L'image bipolaire du repos et de la solitude vient du fond des âges, mais il est facile de repérer les couches successives dont elle est formée. On y retrouve: l'ataraxie des épicuriens et leur apologie de l'*aurea mediocritas*, en laquelle R. Mauzi (p.175-79) voit une des images morales typiques du bonheur 'bourgeois' au dix-huitième siècle,[66] mais qui existe aussi au cœur de l'univers aristocratique; le désir d'indépendance et de détachement du monde des stoïciens; le goût chrétien de la retraite et de la méditation intérieure; l'apologie des charmes de la solitude, chère aux moralistes de l'âge classique. C'est une chaîne continue qui mènera jusqu'à Jean-Jacques, à l'aube du romantisme.

Ce que nous disons des caractères de l'image du bonheur, vaut aussi pour les moyens de l'atteindre: en associant la félicité à la vertu, à la raison et à la sensibilité, Mme de Lambert renouvelle encore une trilogie elle aussi millénaire, que le siècle exploitera avec complaisance.

2. *Les voies du bonheur*

A. *Bonheur et vertu*

Avec son siècle, Mme de Lambert a cru que le pilier du bonheur était la vertu. Certes, il n'y a guère de notion plus complexe et plus floue que celle-là; en écrire l'histoire serait s'engager dans un chemin périlleux. Dans le système lambertin, l'idée de vertu est susceptible de deux approches différentes: considérée comme un ressort mis en œuvre dans le jeu social, elle peut fonder la morale de l'honnêteté; dans une perspective intérieure, elle est le fondement du traité du bonheur.

Lorsque la marquise affirme que la voie du bonheur est celle de la vertu, elle entend désigner à l'attention de ses auditeurs la pureté et l'innocence des mœurs, ce qui l'entraîne à placer au cœur de son système la notion fondamentale de conscience. Mais l'innocence ne peut guère elle-même être définie sans référence aux plaisirs, aux dérèglements qui la menacent: son apologie appelle donc le thème qui lui est complémentaire de la tempérance, de l'abstinence.

La volonté de confondre les voies de la félicité avec celles de la vertu doit sans aucun doute être reconnue comme un des traits essentiels de la morale du milieu lambertin. C'est un lieu commun que nous rencontrerons à l'origine d'un vaste réseau constitué par les entrelacs de thèmes moraux, littéraires et épistolaires apparus au sein de ce milieu. Un aperçu de la consistance de ce réseau peut être donné par cette phrase de la troisième lettre de Mme de

---

66. 'La médiocrité n'est en somme que la transposition sociale de l'idée de repos' (p.175); 'La médiocrité heureuse demeure un thème de la pensée bourgeoise. Elle implique une morale de la méfiance et de la mesure' (p.179).

Lambert au Père Buffier: 'De plus, un auteur de votre connaissance m'a appris que la félicité n'était donnée aux hommes que par l'entremise de la vertu' (p.393). C'est Fénelon qui est désigné ici comme le maître de la vertu, l'initiateur d'une pensée qui devait vivifier ce milieu. Le confirmerait assez l'échange épistolaire entre Mme de Lambert et l'archevêque de Cambrai, dans lequel la marquise avoue la dette immense qu'elle a contractée envers l'auteur du *Télémaque*. C'est en lui que tous les lambertins peuvent se reconnaître, puisqu'ils ont retenu sa leçon sur l'étroite dépendance du bonheur et de la vertu en théorie comme en pratique, sur le plan de la réflexion morale comme sur celui de l'existence, au niveau des actes concrets et quotidiens. Tous les écrivains de la nouvelle génération, des auteurs comme Marivaux, Terrasson, Montesquieu bâtiront leur image du bonheur sur ce modèle.

En assimilant à maintes reprises l'état du bonheur à l'état d'innocence, Mme de Lambert semble orienter la réflexion morale vers le domaine du mythe. Et il est vrai qu'émerge parfois de son discours l'image d'un âge d'or, d'un univers édénique où l'homme d'avant la chute jouissait d'un repos durable, comme dans cette peinture qui inaugure le *Traité des richesses* (p.220):

Quand il possédoit l'empire de lui-même, et qu'il savoit régler ses passions et ses sentimens, il jouissoit d'un calme sans interruption: ses sens soumis à sa raison le servaient en esclaves, ses passions présentoient des plaisirs sans le forcer, toutes les créatures s'offroient à lui et ne pensoient qu'à lui plaire.

L'évocation mythique est de coloration épicurienne: une subtile harmonie est établie entre les passions et les plaisirs. Ce qui relève du mythe encore, au sens où celui-ci est toujours une visée vers l'intégrité perdue, c'est l'organisation du temps selon un avant et un après, que l'on retrouve souvent, comme un schéma qui s'impose avec force, dans le modèle de la destinée heureuse proposé par la marquise, en particulier dans ses réflexions sur la vieillesse. L'écrivain refuse de croire que l'âge porte en lui-même sa propre malédiction; s'il existe une fatalité, elle n'est pas extérieure, mais purement intérieure, car ce sont toujours nos actes antérieurs qui nous engagent: l'innocence du premier âge et de la jeunesse garantit celle de la vieillesse, qui peut être l'âge heureux par excellence.

Le repos succède à l'innocence; il est aussi lié à l'ordre. Dans l'image utopique du *Traité des richesses*, le monde apparaît comme soumis à la raison, qui en élimine les troubles, les rythmes irréguliers, les accidents. Y domine la règle. Cette définition nous permet d'apercevoir d'autres connotations dans le concept négatif de dérèglement, qui désigne toute rupture de l'équilibre hiérarchique entre la chair, le cœur et l'esprit, qui introduit la subversion dans le royaume de ce monarque absolu qu'est l'homme heureux.

Ainsi pensée mythique et réflexion morale se rejoignent pour signifier la responsabilité des individus dans la construction de leur bonheur; l'homme n'est pas renvoyé à une idée, moins encore à une utopie, mais à des actes concrets, qui l'engagent authentiquement, et pour toute une destinée. La distinction théorique entre le bonheur et le malheur s'identifie, au plan de l'existence individuelle, à une distinction pragmatique entre l'innocence et le dérèglement. C'est sans doute parce que cette leçon sur la responsabilité individuelle lui apparaissait fondamentale, que Mme de Lambert est revenue souvent sur le lieu commun qui découvre le repos dans l'innocence. A sa fille et à son fils, elle répète constamment que le bonheur se trouve dans la vertu, qui n'est plus ce bien abstrait, quasi chimérique des purs stoïciens, mais qui se confond avec la chasteté et se définit par rapport au sentiment chrétien du péché, de la faute.

Pour Mme de Lambert la récompense de la vertu ne tient pas à des valeurs mondaines et matérielles; c'est un bien qui se situe sur le plan de l'être, et non sur celui de l'avoir; elle peut, par conséquent, être estimée sans aucune référence au monde extérieur. 'La récompense de la vertu n'est pas toute dans la renommée, elle est dans le témoignage de votre propre conscience. Une grande vertu ne peut-elle pas vous consoler de la perte d'un peu de gloire?' (*Avis fille*, p.88). Cette attitude caractérise aussi Fontenelle qui, dans les mêmes termes, affirme (p.264-65) que la vertu peut fort bien ne conduire ni à la richesse, ni à l'élévation, ni même à la gloire. Il dit la nécessité d'une retraite intérieure, où l'on pourrait être en paix avec sa conscience, en se consolant à l'écart du monde des déboires de la Fortune, dans cette obscurité chère aux poètes anciens, en possession d'un bonheur 'sans éclat'.

De tous les Modernes, c'est Marivaux qui donnera aux leçons de Mme de Lambert sur les témoignages de la conscience les développements les plus intéressants. On sait le rôle que jouent, dans sa psychologie romanesque, la délicatesse et le sens de l'honneur; ses personnages, fidèles à l'idéal lambertin, en sont pourvus, Marianne, et même Jacob: tous deux ont l'intuition que, sans eux, le bonheur ne saurait exister. Les jugements qu'ils portent sur le monde, les leçons qu'ils en tirent pour l'action, respectent toujours leurs scrupules; Jacob, qui n'a pourtant pas ceux de Marianne, hésitera à épouser Geneviève et notera, au terme d'un débat moral entre la conscience et la cupidité: 'Mais est-on heureux quand on a honte de l'être?'[67]

---

67. *Le Paysan parvenu*, éd. Deloffre, p.28. On retrouve cette dialectique du bonheur et de la conscience dans l'étrange et savoureuse comédie intitulée *Le Chemin de Fortune*, dans la troisième feuille du *Cabinet du philosophe* (composée dans l'été 1733, publiée au début de l'année 1734), où de manière significative l'écrivain crée le personnage symbolique du Scrupule. Cet été-là, Mme de Lambert venait de s'éteindre à Paris. Dans le domaine sérieux, celui de la création de *La Vie de Marianne*, comme dans le domaine plaisant, il n'est pas invraisemblable de penser que

Voisine de l'innocence, qui grâce au témoignage actif de la conscience favorise l'ouverture au bonheur, la tempérance, plus nettement physiologique et physique, bien que Mme de Lambert n'hésite jamais, comme elle en a coutume, à assimiler santé du corps et santé de l'âme. Sur elle, les traces de la morale antique sont plus visibles: il est inutile de rappeler qu'épicuriens et stoïciens étaient d'accord pour découvrir la sagesse véritable dans la recherche de la tempérance. Réunies, tempérance et innocence sont les deux sources d'un bonheur qui prendrait l'aspect d''une joie douce et égale' (*Avis fille*, p.73-74), qui ignorerait les successions cyclothymiques de l'ardeur et du dégoût, révélatrices d'un état morbide. Les plaisirs innocents 'ne se font point acheter trop cher'. L'application de la métaphore du marché au domaine moral est sans doute l'expression la plus caractéristique des lambertins dans leur quête du bonheur. Il s'agit d'évaluer, d'estimer, de choisir le plaisir en fonction de sa rentabilité, dans le sens épicurien du moindre effort, de la moindre douleur. Etre tempérant, c'est savoir acheter le plaisir au plus bas prix; de toute évidence, la sobriété est économique: la création métaphorique rejoint indirectement la condamnation morale du luxe. Le phénomène linguistique dépasse certainement les limites du salon de Mme de Lambert; c'est probablement du côté de Fontenelle, qui dans le domaine de la langue a donné le ton à toute une société – les travaux de l'école de F. Deloffre l'ont montré amplement – c'est du côté de l'aimable philosophe qu'il faut en chercher, sinon l'origine, du moins la vigueur. On trouve dans son *Traité du bonheur* la meilleure définition de cette arithmétique épicurienne qui préside à la sélection des plaisirs, fondée sur l'image fondamentale du profit et du gain qui, comme le note M. Gilot, exprime (p.202) une vision de l'homme révélatrice d'un solide réalisme. Pour Fontenelle, la recherche du bonheur n'est qu'une question de calcul (p.259-60):

Mais comme nous ne pouvons pas rompre avec tout ce qui nous environne, quels seront les objets extérieurs auxquels nous laisserons des droits sur nous? ceux dont il y aura plus à espérer qu'à craindre. Il n'est question que de calculer, la sagesse doit toujours avoir les jettons à la main. Combien valent ces plaisirs-là, & combien valent les peines dont il faudrait les acheter, ou qui les suivraient? On ne saurait disconvenir que selon les différentes imaginations les prix ne changent, & qu'un même marché soit bon pour l'un & mauvais pour l'autre.

L'idée que la vertu conduit au bonheur ne vient pas seulement, comme on pouvait s'y attendre, du remodelage d'un thème stoïcien; c'est, dans les écrits de Mme de Lambert, une notion complexe, où fusionnent plusieurs traditions

---

Marivaux a pu se souvenir de tel *avis d'une mère à sa fille*, qui aurait pu le frapper: 'Fortifiez donc ce préjugé de l'honneur, et que votre délicatesse le porte jusques au scrupule' (p.61).

différentes. L'idée de vertu conserve chez elle des traits de l'âge passé, garde un caractère pragmatique, une signification concrète qui la relient à la connaissance des mœurs et à l'art de se conduire avec les autres et avec soi-même, dans le respect d'un code de l'honnêteté. Mais en même temps, Mme de Lambert entrevoit tout ce que la sensibilité future fera de cette notion, une sorte de voix intérieure, en assimilant vertu et conscience, récupérant ainsi un héritage plus ancien pour le situer dans le courant moderne de la sensibilité. On trouve déjà sous sa plume cette définition capitale et relativement neuve: 'Il aime la vertu; il la médite et en nourrit son âme; il est difficile que la vertu remplisse nos connoissances, sans se saisir de nos sentiments; après avoir occupé l'esprit, elle descend au cœur' (*Portrait de Sacy*, p.242). Ces mots viennent nous rappeler que pour la marquise de Lambert et les écrivains de son milieu, la morale n'est pas seulement affaire de raison, mais aussi de sensibilité. En établissant un équilibre délicat entre la vie intérieure et le monde, entre la sensibilité et le pragmatisme, ils se situent bien à la charnière de deux siècles différents.

B. *Bonheur et raison*

La quête du bonheur intéresse la sensibilité des hommes, mais on ne saurait aussi oublier qu'elle conduit nécessairement à une réforme de l'esprit. Mme de Lambert est d'accord avec les Anciens pour assimiler la vie heureuse à la vie raisonnable; elle a sans cesse recommandé la recherche active des plaisirs de l'esprit.

La marquise réutilise avec beaucoup de complaisance ce lieu commun de la pensée stoïcienne et néo-stoïcienne: il n'y a de bonheur véritable que dans l'exercice des facultés de la raison. L'homme heureux s'exerce dans les activités de l'intelligence, qui se substituent tout naturellement à la jouissance illusoire des biens de la matière. La vie de l'esprit complète celle du cœur, et, dans ce temple du bonheur que l'écrivain veut édifier, les deux piliers de la sagesse portent inscrits en lettres flamboyantes les deux axiomes: 'être raisonnable'; 'être vertueux'. C'est toujours la volonté de définir un bonheur qui ne dépende que de soi-même, libre de toutes attaches extérieures, qui justifie cette apologie: être en société avec soi-même, c'est être en société avec sa raison (*Avis fille*, p.72).

Il n'est pas toujours aisé de percevoir dans les écrits des moralistes de l'époque l'exacte définition du mot raison, qui comme celui de vertu peut être employé avec bien des nuances différentes. Chez Mme de Lambert, la raison semble désigner, d'une manière très lâche, une sorte de sagesse intérieure, acquise par l'expérience, formée au long d'une vie humaine; c'est une lumière capable de faire briller les richesses du trésor que nous possédons en l'ignorant parfois. L'écrivain moraliste distingue trois âges dans la destinée humaine, qui correspondent à trois types distincts d'expériences et de connaissances: la jeunesse est le temps de l'imagination, la maturité celui où règne l'opinion, la vieillesse enfin celui de la raison, ainsi que du bonheur.

La vie humaine est donc perçue comme un cycle: 'sorti' de lui-même pour s'égarer dans le monde, l'homme se retrouve finalement, mais enrichi par l'expérience; il a substitué à un égocentrisme sensuel l'image d'une sagesse libérée des erreurs de l'imagination et des préjugés de l'opinion; il jouit en paix du bonheur retrouvé, concentré sur lui-même. Or ce sage est un homme vieilli: c'est que la vieillesse est le temps du bonheur, et l'on se demande à chaque page du *Traité* qu'elle lui consacre, si la marquise ne voulait pas écrire un *Traité du bonheur*. Dès l'exorde, la confusion entre les deux thèmes est volontairement entretenue: en voulant parler aux femmes de la vieillesse (p.146), l'écrivain entend en même temps 'leur apprendre la grande science du bonheur'. Et dans un binaire dont la phrase de Mme de Lambert est coutumière, cette recherche du bonheur est assimilée au pouvoir de 'perfection-ner [la] raison'. Il est alors aisé de comprendre pourquoi la vieillesse peut et doit être l'âge heureux; les deux caractères essentiels de la raison étant sa perfectibilité et sa capacité de se substituer à l'expérience, le dernier âge de la vie apparaît naturellement comme celui qui lui convient le mieux. Cette conviction appelle les métaphores du profit, car le bonheur est un enrichisse-ment, un art de tirer parti des choses; il est, plus que jamais, une technique, une quête pragmatique de tout ce qui s'appelle avantage. L'homme heureux est donc l'homme habile, et la science du bonheur apparaît comme un compromis entre une éthique du profit, d'allure bourgeoise, héritière du vieux fonds épicurien, et une éthique du perfectionnement, plus aristocratique, se réclamant de la tradition stoïcienne; ce compromis suscite à son tour une technique individuelle, qui conduit à la réalisation d'équilibres difficiles entre les choses et l'esprit, entre la jouissance et la sagesse, l'ensemble se perfection-nant avec l'âge. Pour l'historien des idées, ce qui compte dans cette éthique, c'est la place importante qu'y occupe l'individu; la science du bonheur peut certes se définir à partir de concepts généraux, mais elle est avant tout une expérience personnelle: derrière les axiomes, les maximes, ce sont des vies privées qui se profilent. Ce trait caractérise, semble-t-il, l'époque: quand Saint-Evremond, Fontenelle, Mme de Lambert, plus tard Montesquieu ou Voltaire même, parlent du bonheur, c'est sur eux-mêmes qu'ils méditent.[68]

68. R. Mauzi montre que plus tard, vers le milieu du siècle, les esprits seront amenés à douter de la possibilité pour la philosophie de définir le bonheur, un traité du Bonheur ne pouvant être que le portrait de l'homme heureux qui l'a conçu (p.95). Il cite Saint-Lambert ou Delisle de Sales: Fontenelle ne leur a appris que comment lui, Fontenelle, s'était rendu heureux.

L'apologie de la jouissance des biens intellectuels est le contrepoids de l'obsédante condamnation des plaisirs de l'hédonisme; il serait vain de vouloir relever toutes les maximes par lesquelles l'écrivain recommande les occupations 'sérieuses', 'solides', en les opposant aux amusements frivoles et vides. Les plus intéressantes sont celles qui, dans leur formulation, utilisent la métaphore caractéristique de la rentabilité et du profit, comme par exemple dans cette apologie des nobles maisons de l'honnêteté et de la première préciosité: 'Ces plaisirs spirituels et délicats ne coûtoient rien aux mœurs, ni à la fortune; car les dépenses d'esprit n'ont jamais ruiné personne' (*Femmes*, p.181). Il est permis de reconnaître dans cette affirmation un plaidoyer *pro domo*; Mme de Lambert semble vouloir préserver son salon des reproches que certains contemporains hostiles avaient laissé paraître.

La quête du bonheur, qui consiste à savoir être 'en société avec sa raison', appelle une image classique, révélatrice d'un idéal aristocratique, celle d'une retraite heureuse nourrie par les plaisirs simples de la méditation et de la réflexion, parfois par ceux de la conversation intime; ces plaisirs sont un indispensable complément aux lectures, qui mettent en commerce avec les bons auteurs, puisqu'ils invitent à la création personnelle.

Il n'y a place, sur cette terre, que pour un bonheur limité, relatif, compromis fragile entre les aspirations à la puissance et les désillusions de l'expérience, entre le désir d'absolu et la faiblesse de la nature humaine. La leçon de Mme de Lambert prélude à celle des contes de Voltaire; le bonheur, comme le constatera Candide, est dans 'la manière de penser' (*Avis fille*, p.106-107).[69] Comme il n'y a rien de constant dans la vie humaine, que 'tout est mêlé' (*Avis fils*, p.52), il ne faut rechercher que les objets dont les caractères s'accordent à l'image du bonheur: stabilité, constance, sérénité, plénitude, solidité.

La raison, au sens où Mme de Lambert l'utilise dans sa quête du bonheur, n'est point un redoutable et complexe argument de métaphysique; c'est une notion pragmatique: synonyme de bon sens, elle désigne une manière de penser qui se fortifie avec l'âge et avec les vicissitudes de l'existence, en transformant l'homme en un sage expérimenté. Derrière le lieu commun hérité du néo-stoïcisme, on aperçoit les motifs profonds qui poussent l'écrivain moraliste à souligner son importance. La raison prouve l'amour de l'ordre, l'univers qu'elle dévoile est incompatible avec celui des passions orageuses, monde agité et soumis au mouvement. Tout se passe comme si la marquise transposait dans le domaine profane et laïque l'itinéraire traditionnel de la religion, tel qu'il est

---

69. C'est un lieu commun, formulé en des termes identiques par Fontenelle dans son *Traité du bonheur*: 'Nous pouvons quelque chose à notre bonheur, mais ce n'est que par nos façons de penser' (p.245).

encore abondamment décrit dans les traités de l'époque. C'est le même besoin de se détacher du monde, de se rendre indépendant des sens et de la matière, pour s'abîmer dans la contemplation sereine de l'ordre et de la stabilité. Mais, tandis que chez le chrétien ce détachement s'opère au profit d'une totale vision en Dieu, qui assure la possession d'un absolu extérieur à l'homme, chez Mme de Lambert il assure un retour à soi-même, un repli égocentrique vers un bien intérieur, ce qui explique que la vieillesse soit désormais désignée comme le terme idéal de cette quête.

c. Bonheur et sensibilité

Vertueux, raisonnable, mais aussi sensible: tel apparaît l'homme heureux selon le cœur et l'esprit de Mme de Lambert. Le bonheur ne réside pas seulement dans l'exercice de la vertu et dans l'application des facultés rationnelles, il est aussi dans la manière de sentir; l'on ne saurait le définir sans le rapprocher du courant de la nouvelle sensibilité où baigne la pensée lambertine. Ainsi appréhendée d'une façon satisfaisante et définitive par ce ternaire essentiel: *vertu-raison-sensibilité*, l'image du bonheur pourra, sans beaucoup de difficultés, être rattachée à son siècle.

Si la marquise de Lambert use, comme ses contemporains, du cliché pédagogique et littéraire 'le cœur et l'esprit',[70] c'est presque toujours dans un sens favorable aux forces de la sensibilité, qui priment sur les facultés intellectuelles. Sans aucune ambiguïté, elle adhère à toutes les expressions, à toutes les créations du phénomène de civilisation désigné sous l'étiquette de 'nouvelle sensibilité', et en particulier à cette affirmation que la voie du cœur est celle du bonheur, qu'elle est même une voie plus sûre pour y parvenir que celle de l'esprit. Elle la formule déjà, pour son fils, à l'aube du siècle: 'Je vous exhorterai bien plus, mon fils, à travailler sur votre cœur, qu'à perfectionner votre esprit: ce doit être là l'étude de toute la vie. [...] L'on n'est estimable que par le cœur, et l'on n'est heureux que par lui, puisque notre bonheur ne dépend que de la manière de sentir' (p.47-48). La distinction permet de saisir sur le vif les rapports entre le milieu lambertin et les morales qui vont s'épanouir tout au long du siècle. Certes, le chemin est encore long qui mènera à l'apologie rousseauiste des mouvements de la sensibilité, mais déjà l'honnête

70. Sur les liens que ce cliché entretient avec le thème du bonheur, voir L. Versini, p.444-53, et particulièrement: 'C'est autour de 1730 qu'ils deviennent indissociables, comme le permet l'optimisme d'une génération qui veut croire possible le mariage du cœur et de l'esprit, mobilisés pour concourir au bonheur de l'homme dans un effort destiné à surmonter tous les obstacles à la sociabilité.' On lira surtout l'analyse de ce cliché dans les textes de Prévost, pour découvrir ses rapports avec le siège de la sensibilité. L. Versini note que Marivaux évite le plus souvent ce lieu commun dont abuse Prévost, mais que, comme la marquise de Lambert, 'il privilégie le cœur, en lui accordant, surtout dans la nature féminine, primauté et antériorité' (p.450).

homme n'est plus proposé comme le seul modèle de la perfection humaine, il commence à être concurrencé par l'homme sensible; le cœur, source de l'estime, de la gloire, de la véritable grandeur, l'est aussi de la félicité.

Le bonheur éprouvé dans l'épanchement du sentiment s'exprime en nuances singulières, celles de la joie. On trouve chez Mme de Lambert d'intéressantes réflexions sur ce thème, comme cette mise en garde à l'adresse des femmes vertueuses 'par nécessité', menacées dans leur vieillesse de devenir des personnes acariâtres: 'Elles doivent être en garde contre la tristesse. Nous devenons ennemies de la joie que nous avons intérêt de conserver en nous, et que nous ne devons pas condamner dans les autres' (p.150). C'est elle qu'on doit substituer à la sensibilité, que caractérisent ses charges d'affectivité, ses excès de rythme, ses masses d'exaltation et de souffrance, en tout opposée à l'idéal de 'la tranquillité et de l'uniformité de la vie'. Or il serait néfaste que cet idéal ne se réalisât que dans la tristesse et l'ennui, qui sont des nappes psychiques dormantes, mais dans lesquelles les ressources humaines se diluent, atteintes de consomption. Seule la joie peut faire de l'eurythmie un idéal authentique. C'est ce que pense aussi un lambertin comme Saint-Hyacinthe: 'Quand je réfléchis sur ce que j'appelle *Bonheur*, il me semble que c'est un sentiment d'approbation de l'état où je suis, d'où naît ce que j'appelle constamment joie, tranquillité d'âme.'[71] Comme presque tous les esprits de son siècle qui ont réfléchi sur le bonheur, Mme de Lambert a perçu avec lucidité les dangers qui menaçaient une définition fondée exclusivement sur l'idée d'un repos absolu; elle n'était pas prête, au nom de l'impassibilité qu'elle célébrait, à sacrifier entièrement les ressources du dynamisme vital. L'apologie de la joie – le mot devait sans doute lui paraître d'une coloration moins épicurienne que celui de plaisir – est la solution assez originale qu'elle apporte au grand débat du siècle sur l'antinomie du mouvement et du repos.

La joie est donc cette qualité particulière du bonheur, capable de préserver la spontanéité du vivant et d'empêcher le rêve du repos d'être confondu avec un rêve de la mort, un désir d'anéantissement.[72] Elle est toujours évoquée, dans le lexique moral de Mme de Lambert, contre la décrépitude, elle apparaît comme l'ultime recours contre 'la fatalité qui nous poursuit': elle n'est pas seulement une manière de sentir, mais aussi d'exister, presque de survivre. Le

---

71. *Recherches philosophiques sur la nécessité de s'assurer par soi-même de la vérité, sur la certitude de nos connaissances et sur la nature des êtres* (Londres 1743), p.241.

72. Enumérant les caractères du 'bonheur-équilibre' ou 'bonheur-sagesse', R. Mauzi note: 'Au niveau des réalités de l'âme, un tel repos représente à la fois la victoire sur l'ennui et le refus de l'exaltation. Plus profondément, il se réfère au besoin d'achèvement de soi. [...] Au fond de tout rêve du repos se devine le rêve d'une mort qui n'est pas anéantissement, mais naissance à l'être' (p.126).

suprême savoir de l'épicurien se découvre alors dans sa faculté de préserver et d'économiser une énergie aussi précieuse: '[vous] qui n'avez jamais pu épuiser ce fonds de joye qui est en vous, quelque dépense que vous en ayez su faire' (*Correspondance*, p.371), écrit Mme de Lambert à l'abbé de Choisy, dans une lettre dont le champ sémantique met en relief cette idée essentielle de l'économie. Derrière la figure épicurienne de l'abbé se profile, mythique, celle de Saint-Evremond: c'est lui qui doit être reconnu comme le véritable initiateur de l'épicurisme de Mme de Lambert et de ses amis. C'est lui qui leur a enseigné cette technique si caractéristique du ménagement,[73] cet art d'entretenir en soi l'énergie vitale, le bonheur d'exister, dont l'importance augmente à l'approche de la mort; qui leur a demandé d'exclure les caractères chagrins de la course au bonheur.

Mais si la joie est un instinct, ce par quoi l'individu s'éprouve comme un être en lutte contre les forces destructrices qui le menacent, elle est aussi le lien qui le relie aux autres, qui le fait appartenir à une communauté heureuse. En effet, la technique du bonheur chez Mme de Lambert n'est pas un égoïste art de jouir, une quête d'un repos qui se découvrirait à l'intérieur d'une monade fermée au tumulte du monde; il ne s'agit point de trouver sa satisfaction dans le désert de l'amour-propre. Une fois de plus, les réflexions sur la sensibilité et sur l'art d'être heureux renvoient directement à la morale de l'honnêteté: 'Si vous voulez être heureux tout seul, vous ne le serez jamais; tout le monde vous contestera votre bonheur; si vous voulez que tout le monde le soit avec vous, tout vous aidera' (*Avis fils*, p.29). Cet avis de Mme de Lambert à son fils prouve sans ambiguïté que le bonheur ne peut exister que dans l'altruisme. Il s'agit là d'une leçon héritée tant du fonds épicurien que du fonds stoïcien: les deux systèmes avaient exalté les sentiments de la générosité et de l'amitié comme principes et moyens de la vie heureuse. Il suffit donc, à cette place, de signaler que les images du héros, de l'honnête homme et de l'homme heureux se superposent exactement, comme le couronnement d'un édifice cohérent. Les tensions de l'ambition, les inquiétudes et les agitations du monde s'évanouissent dans ces deux sentiments, dont nous comprenons à présent qu'ils possèdent les traits distinctifs du bonheur.

Dans l'image lambertine de l'homme heureux se fondent, avec beaucoup de cohérence, plusieurs silhouettes: celle du généreux de l'âge précédent, qui

73. 'Vous qui avez su ménager la nature dans les plaisirs, afin que les plaisirs soutinssent la nature' (Mme de Lambert, lettre à Choisy, p.372); même conception chez Fontenelle, qui condamne (p.262-63) un bonheur 'trop composé & trop compliqué', conçu par une 'imagination effrénée & insatiable. Cet homme-là ne pourrait être heureux qu'à trop grands frais; certainement la nature n'en fera pas la dépense.'

pourrait assez facilement passer – ce n'est qu'une hypothèse hardie – pour l'ancêtre de l'homme sensible; celle, plus difficile à concevoir en revanche, d'un épicurien, pour qui l'utilisation des ressources du dynamisme intérieur apparaît comme le seul remède contre le tragique de la destinée humaine. Il possède, ce lambertin heureux, beaucoup moins philosophique et théorique que l'homme heureux de Fontenelle, plus vivant et plus séduisant, en dépit de son caractère composite, l'éternelle jeunesse de Saint-Evremond, l'attention à soi et aux autres du chevalier de Méré, la disponibilité au bonheur des personnages de Marivaux. Ces qualités, fondues dans le moule d'une sensibilité féminine, ne s'émoussent point au fil des années, l'âge et l'expérience les rendent au contraire plus dynamiques.

Mme de Lambert n'a négligé aucune des ressources qui pouvaient favoriser la félicité; on doit la louer d'avoir voulu concilier sensibilité et rationalité. Alors que de nombreux moralistes, surtout à la fin du siècle, choisissent l'une des deux voies, à l'exclusion de l'autre, on trouve chez elle un exemple du dialogue de l'âme sensible avec la raison, une synthèse du 'bonheur sentimental' et du 'bonheur philosophique'.

La félicité peut être découverte dans l'épanchement des sentiments altruistes: c'est la rencontre de la conscience heureuse avec d'autres consciences qui permet de triompher des dangers inhérents à la conception du bonheur-repos: étroitesse de l'égoïsme, opacité du solipsisme, consomption de l'âme malade de solitude. Les lambertins font confiance à la nature, dont ils conservent le vitalisme et le dynamisme, présents dans les vagues de la sensibilité, et en même temps gardent intact l'immense édifice moral, en maintenant des liens étroits entre morale individuelle et morale collective, entre morale du bonheur et morale de l'honnêteté.[74]

Mais pour rendre ces ressources encore plus efficaces, il est nécessaire que l'âme sensible soit purifiée par la vertu. Certes ce concept, chez Mme de Lambert, est encore chargé de connotations philosophiques, héritées en particulier de la pensée antique, qui permettent souvent de l'assimiler à l'abstinence et à la tempérance. Mais il faut bien reconnaître que, sous l'influence de la morale fénelonienne, toute une génération opère sur lui un renouvellement considérable: le *Télémaque* est sans doute à l'origine de l'image sensible de la vertu que colporteront, jusqu'au cœur du siècle, des *minores* comme Saint-Hyacinthe ou l'abbé Terrasson. Chez la marquise de Lambert, l'idée de vertu est marquée du sceau de l'ambiguïté: on rencontre chez elle cette contradiction,

74. Le siècle est soucieux de préserver cette intégrité: on retrouve la même conciliation de la sensibilité et de l'honnêteté dans les aphorismes sur le bonheur du Philosophe bienfaisant (*Œuvres du philosophe bienfaisant*, Paris 1763).

qui sera aussi celle de son siècle, entre une définition théorique et optimiste (celle des *Traités*) des bienfaits de la vertu, et l'image tragique qu'en propose *La femme hermite*, où les personnages innocents sont des victimes souffrantes. L'apologie de la vie sensible fait donc apparaître plusieurs antinomies sous-jacentes, que le discours théorique fondu dans le moule de la maxime et de l'aphorisme semblait devoir escamoter. Parmi elles, la plus importante est celle qui fait hésiter les consciences entre le repos et le mouvement.

C'est aussi cette hésitation qui oriente la synthèse vers l'apologie de la vie raisonnable. De même qu'elle demande à la nature, par l'intermédiaire de la sensibilité, d'empêcher toute confusion entre repos et néant, Mme de Lambert attend de la culture qu'elle éloigne l'ennui et la solitude, qu'elle retienne l'âme au bord du vide. La vie raisonnable est à la fois une présence et un trésor, le bonheur n'est ni dans l'ascèse ni dans le dénuement, même si la figure diogénique peut passer un instant pour le symbole de la sagesse. En insistant sur la nécessité de protéger l'idée du repos contre le risque de consomption, en montrant les ressources du dynamisme intellectuel et sensible, Mme de Lambert découvre une solution avantageuse, qui préserve aussi bien l'activité que la liberté de la personne humaine: dans la solitude, l'être n'est point privé de l'avoir, les signes distinctifs par excellence de l'humaine condition, la créativité et la possession, sont présents. Si cette synthèse peut sembler parfois quelque peu monotone, dans la mesure où elle se développe à partir de motifs usés, elle a du moins le mérite de témoigner en faveur d'un humanisme pur.

La quête du bonheur est aussi pour Mme de Lambert une pratique, presque une technique, héritée des grands maîtres de la sagesse que sont Montaigne et Saint-Evremond qui, comme elle, accordent une place centrale à la vieillesse. Réfléchir sur le bonheur, c'est souvent délivrer des conseils pratiques pour l'atteindre. La volonté d'en donner une définition humaniste a donc ses limites: comme chez les écrivains de son milieu, un Montesquieu ou un Fontenelle, la quête du bonheur, chez Mme de Lambert, est un acte de la vie privée et relève d'une démarche individuelle. Plus tard, des esprits plus systématiques, comme les Encyclopédistes, sentiront l'insuffisance d'une peinture de l'art d'être heureux pour atteindre à l'idée de la félicité. Mais la marquise, elle, appartient encore à l'âge des moralistes. Cette technique du bonheur accorde une place importante à l'arithmétique des plaisirs chère à Fontenelle: il faut savoir, très concrètement, estimer le prix des choses, les choisir en fonction de leur rentabilité. La présence de cette pratique épicurienne rend la synthèse lamber-tine assez hétéroclite: en effet, elle s'apparente à une définition du bonheur compris comme une évaluation d'états de conscience différents et successifs, ce qui n'a plus rien de commun avec la définition d'un bonheur-repos, où la conscience est appréhendée dans son immobilité et dans sa continuité. Cela nous confirme dans ce que nous savons de la place que Mme de Lambert occupe dans son propre milieu: elle en est comme 'l'écho sonore', s'il est permis d'avancer cet anachronisme; sa pensée, comme son salon, est un lieu de rencontres, un creuset où bouillonnent des alliages divers qui donneront un métal pur et solide.

Conclusion

Les réflexions morales de la marquise de Lambert épousent intimement les rythmes de son existence; on ne l'imagine pas construisant en 'philosophe', comme l'avait fait Malebranche en quelques mois, un *Traité de morale* rigoureusement organisé en chapitres, capable de rassembler les acquisitions essentielles d'une longue méditation antérieure. Chez elle, les réflexions et les avis naissent spontanément des événements de la vie publique ou privée, des rencontres, des conversations, des lectures; seuls l'effort pour présenter les idées avec cohérence et les visées pédagogiques leur donnent cette organisation logique que nous leur connaissons. La richesse de la pensée morale vient donc du poids d'une existence qui se déroule selon deux rythmes en apparence contradictoires: la recherche d'une sagesse, dans les livres ou dans les conversations, conduit au culte du moi, qui doit s'accorder avec la pratique du monde, pour une grande dame dont le principal souci fut, selon l'expression de Fontenelle, de 'faire une dépense très noble' à l'hôtel de Nevers, afin de restaurer l'idéal de la Chambre bleue. L'analyse des relations du moi et du monde est donc impliquée en permanence par les actes de cette aristocrate cultivée, dont la vie, qui fut déterminante pour l'évolution du goût français, fournirait à peine quelques anecdotes ou aventures marquantes dignes d'être consignées dans des *Mémoires*. Cette analyse fait naître des questions nombreuses, appelle d'amples développements qui fournissent la matière des trois traités de la Gloire, de la Société civile et du Bonheur, que nous pouvons reconstituer à partir des écrits moraux qui s'offrent à l'observateur sous des formes plus ou moins élaborées (maximes, réflexions, avis, dissertations, discours, traités).

C'est donc une synthèse que propose la marquise de Lambert, caractérisée par la superposition de plusieurs codes (codes de l'honneur, des salons et du cœur) et de plusieurs images de l'homme (le héros, l'honnête homme et l'homme heureux). On aperçoit bien aussi les principales forces qui l'animent: la vertu subordonne les jugements au critère du mérite, la sensibilité suscite les actions généreuses, l'art de plaire montre le prix des caractères aimables, la raison condamne les comportements singuliers et les conduites aveugles.

7. Un traité du bonheur

Cette synthèse avoue sans cesse sa dette envers les philosophes et les moralistes qui l'inspirent, et dont les noms jalonnent l'itinéraire spirituel de Mme de Lambert: Cicéron, Sénèque, Plutarque, Montaigne, Pascal, Méré, Saint-Evremond, La Bruyère, Malebranche, Fontenelle, Fénelon.

Ces influences n'en occultent pas cependant l'originalité; le discours féminin, l'éthique aristocratique, les conversations sérieuses de l'hôtel de Nevers donnent à ces idées des tons et des nuances qu'on chercherait en vain chez les maîtres à penser ou chez leurs épigones. Le système moral lambertin est moins orienté vers le passé qu'il n'est ouvert sur son siècle; le salon de la marquise, berceau de l'Encyclopédie, récupère un héritage, moins pour en user que pour le renouveler. L'image de l'homme sensible, l'esquisse d'une morale de la sociabilité et de la philanthropie, le refus des injustices nées de l'organisation de la société en ordres, l'adhésion à l'idéal des Modernes, les séductions d'une religion éclairée qui tend déjà vers la religiosité des déistes, tous ces traits annoncent incontestablement la morale des Lumières.

Cette synthèse subit aussi l'influence d'une préciosité nouvelle, qui en accuse la modernité: le mythe du héros, le rêve d'une restauration de la galanterie, la chasse au bonheur que suscitent les élans de la sensibilité, appartiennent à l'univers d'une précieuse. C'est là un autre aspect du lambertinage, dont il nous appartient à présent de définir les traits généraux et particuliers.

III

Le lambertinage:
une nouvelle préciosité

LE salon de l'hôtel de Nevers et les ouvrages de Mme de Lambert sont au cœur de la nouvelle préciosité qu'illustrera Marivaux. Une remarque s'impose aussitôt: la marquise a eu le privilège, elle aussi, de donner son nom à une manière de penser, à un style de vie. Certes, le terme créé ne connaîtra pas la fortune extraordinaire de ses voisins, *marivaudage* et *marivauder*, apparus du vivant de l'auteur: seul Mathieu Marais, dans sa correspondance, se sert à plusieurs reprises du mot *lambertins* pour désigner les nouveaux précieux, et sur celui-ci il forge *lambertinage*, que les critiques utilisent de temps à autre et qui, au fond, ne choque personne. Cette étiquette de *lambertins*, même si elle fut d'un emploi très limité, justifie l'ambition d'interroger les œuvres de la marquise de Lambert, pourtant absentes des dernières éditions du *Dictionnaire néologique*, comme des témoins importants de la nouvelle préciosité.

Ici se pose une question de terminologie. A l'évidence, ce mouvement se définit par rapport à la poussée précieuse de la période de 1650 à 1660, comme le prouvent l'un et l'autre des deux adjectifs, *nouvelle* ou *seconde*, qui servent à le désigner. Ce sont les caractères de ce mouvement originel qui pourront définir la nouvelle préciosité. En bonne méthode, il faut auparavant la situer dans ses limites chronologiques. Il paraît raisonnable, comme l'indique F. Deloffre, de faire remonter ce mouvement aux œuvres de jeunesse de Fontenelle, vers 1680; c'est dire s'il est voisin, dans le temps, de la 'poussée précieuse' dont il s'inspire. Cependant, ni Louis XIV, ni la Cour ne sont précieux, et le triomphe de la nouvelle sensibilité coïncidera en fait avec le puissant mouvement de libération des mœurs et des idées sous la Régence; il représente aussi, ne l'oublions pas, la revanche de la Ville sur Versailles. L'esprit et la langue à la mode vers 1720-1730 peuvent donc définir ce mouvement qui a été patiemment préparé: la nouvelle préciosité, c'est le reflet dans la littérature du style de vie de la Régence et des premières années du règne de Louis XV.

Ces idées générales sur la délimitation historique du mouvement restent insuffisantes. Il est nécessaire aussi d'en préciser les caractères. Les traits communs sont nombreux entre la première et la seconde préciosité; leur caractères généraux sont identiques. En adoptant les vues d'A. Adam, de F. Deloffre et de R. Lathuillère, on peut présenter la préciosité comme le résultat d'une conjonction de trois phénomènes essentiels. Le premier concerne l'influence des femmes et l'expression d'un idéal féministe: c'est un truisme de dire que la préciosité a permis à d'"honnêtes filles' de donner des règles à la galanterie et de revendiquer avec intelligence leurs droits au savoir et à la liberté. Le second phénomène touche à la morale au sens large du terme: les précieuses ont voulu renouveler la connaissance du cœur, elles ont multiplié les analyses raffinées sur les passions et les sentiments. L'objet privilégié de leur étude a été l'amour et l'art d'aimer: elles en ont donné une image épurée et délicate qui reste unique dans l'histoire de la pensée occidentale. Enfin, la préciosité est un phénomène linguistique: c'est peut-être son caractère le mieux connu, à cause des fines caricatures laissées par Molière. Les précieuses ont été passionnées par les questions de style, elles ont su se donner une langue adaptée à la vie littéraire de leurs cercles et à leur interrogation du cœur. Comme la première préciosité, la seconde sera, elle aussi, définie par un combat, une éthique, un style.

On observe que la carrière de Mme de Lambert s'inscrit presque idéalement dans les limites historiques et idéologiques définies ici. Ses ouvrages sont élaborés entre 1700 et 1725: ils reflètent donc l'évolution des idées et des goûts imposée par le changement de règne. La marquise est la première des femmes à restaurer dans Paris la tradition des salons littéraires, dont le déclin s'était accentué dans le dernier quart du dix-septième siècle. Comme les précieuses, aussi, elle se passionne pour les questions de morale; elle aime disserter, analyser, et surtout elle aime écrire. Mais il y a plus. Mme de Lambert prend la parole au nom des femmes, et adapte le féminisme des moralistes cartésiens au goût du jour. Elle élabore même un manifeste précieux sur la condition féminine, qui peut passer pour son œuvre la plus originale. Elle y exalte la parfaite amitié, recommande au beau sexe d'épurer le sentiment amoureux et s'intéresse à une épistémologie du cœur. Elle se montre sensible aussi aux questions du style, et s'efforce d'allier l'élégance de la langue mondaine qu'elle maîtrise parfaitement au brillant de l'esprit précieux. Mme de Lambert, au nom d'une éthique qu'inspire l'idéal de la gloire et de l'honnêteté, mène un combat en faveur de la dignité de la femme, en se forgeant un style adapté aux goûts de sa classe et de son époque. C'est sous cette triple forme: féminisme, métaphysique d'amour, accomplissements du style, que se manifeste chez elle l'esprit néo-précieux.

8. Le féminisme

Il est assez banal d'affirmer que le dix-huitième siècle est le siècle de la femme: c'est répéter un lieu commun qui doit beaucoup de sa force aux écrivains du siècle passé, en particulier aux Goncourt qui en ont donné la formulation la plus exquise. Récemment, la thèse de Paul Hoffmann sur *La Femme dans la pensée des Lumières*[1] est venue apporter à leurs idées brillantes le poids scientifique qui leur manquait. L'historien peut être tenté d'expliquer par l'évolution des mœurs et des institutions, dont la production littéraire d'une époque est toujours le reflet, l'importance du rôle de la femme à cette époque. Les Goncourt, dans leur essai, le justifiaient par son intelligence qui la porte à dominer: 'La femme au dix-huitième siècle est le principe qui gouverne, la raison qui dirige, la voix qui commande. [...] Rien ne lui échappe, et elle tient tout. [...] La femme touche à tout. Elle est partout. Elle est la lumière, elle est aussi l'ombre de ce temps' (ii.97-99). Ils montraient aussi comment une influence politique se conjuguait à cette domination intellectuelle, la femme ayant tenu pendant tout le siècle la clef de l'Académie (ii.127). Selon cette définition, la marquise de Lambert, animatrice d'un salon qui sut accueillir la fleur des beaux esprits, ouvert aux puissances politiques et intellectuelles de l'époque, peut passer pour une des plus belles figures féminines du siècle. Il n'est donc pas étonnant que les idées féministes aient trouvé à l'hôtel de Nevers un milieu propice à leur développement.

En réalité, il ne peut s'agir que d'une résurgence d'idées anciennes, car jamais en France la vieille 'querelle des dames' ne s'est réellement éteinte, et d'époque en époque on la voit se ranimer. Au moment où elles apparaissent dans le milieu lambertin, on croit entendre encore les derniers éclats du débat qu'animèrent les précieuses. Ce sera un des objectifs de cette étude du féminisme de Mme de Lambert, que de tenter de comparer l'idéal de cette 'nouvelle précieuse' à celui qui prit en son temps la forme d'une 'doctrine sociale subversive';[2] car on peut parler d'une véritable 'poussée féministe' au dix-septième siècle, à laquelle la préciosité devait donner 'un éclat sans précédent'.[3] Le rayonnement de la femme au dix-huitième siècle n'est pas impromptu: une continuité existe, qui unit les idées des théoriciens de l'honnê-

---

1. (Paris 1977).
2. E. Magne, introduction à *La Prétieuse* de l'abbé de Pure (Genève 1938), i.LXXVII. On trouve dans cette page une excellente synthèse des idées de la cabale des 'précieuses galantes'.
3. R. Lathuillère, i.654.

teté et des précieuses au féminisme qui s'épanouit sous la Régence du duc d'Orléans et au début du règne de Louis XV, dans les écrits de Mme de Lambert ou de Marivaux. C'est trop peu de souligner ce que ce féminisme doit à l'explosion, manifeste à partir de 1685, des traités pédagogiques sur l'éducation des filles et des ouvrages d'inspiration cartésienne sur l'égalité des sexes.[4] Nous aurons souvent l'occasion de remonter à des sources plus anciennes pour expliquer la pensée de Mme de Lambert et montrer comment, même diffuses, survivent les idées attachantes des théoriciens de l'honnêteté féminine, comme le Père Du Bosc ou Grenaille de Chatounières, qui ont laissé des traités aux titres évocateurs: *L'Honneste femme* (1632-1636), *L'Honneste fille* (1640). C'est pourquoi il paraît bien excessif d'abuser des formules à la mode pour évoquer, à propos de Mme de Lambert seulement, un 'nouveau féminisme' qui annoncerait celui de Mme Simone de Beauvoir.[5]

Le dix-huitième siècle, en reconnaissant à la femme la place qu'elle méritait d'occuper dans la société, devait inévitablement prendre conscience des injustices dont elle avait souffert et que, sans aucun doute, elle endurait encore. L'enquête sur la condition féminine, qui est le point de départ de tout mouvement féministe, a intéressé de nombreux penseurs. A l'époque de Mme de Lambert, certains moralistes, continuant le combat des précieuses, dénonçaient l'inégalité des deux sexes dans le mariage: ainsi Marivaux, dans la cinquième feuille du *Cabinet du philosophe*, ou l'abbé Jean Terrasson.[6] D'autres, plus nombreux en ce siècle pédagogue, voyaient la source de tous ses maux dans l'insuffisance de son éducation. Le premier point de cette étude montrera contre quelles injustices Mme de Lambert se révolte, et quelle image elle donne de la condition féminine.

L'enquête menée, il faut établir les responsabilités. La réalité humaine est complexe, et si le dix-huitième siècle peut être défini comme le siècle de la

4. R. Démoris voit une relation entre l'émergence de l'idée d'égalité des sexes et 'le nombre des traités sur l'éducation des femmes, qui paraissent à partir de 1685' (*Le Roman à la première personne* (Paris 1975), p.263). Il estime même que cette égalité est partiellement réalisée en littérature, en constatant qu''il y a deux fois plus de romans écrits par des femmes entre 1685 et 1709 qu'entre 1660 et 1684' (p.264).

5. M. Launay et G. Mailhos, *Introduction à la vie littéraire du dix-huitième siècle* (Paris 1968), p.73. Dans un article récent, Mme Ginette Kryssing-Berg sombre dans la même illusion ('La marquise de Lambert ou l'ambivalence de la vertu', *Revue romane* 17 (1982), p.35-45).

6. Jean Terrasson critique la morale antiféministe de Despréaux et réutilise un argument de Perrault en faveur des femmes: 'Une autre preuve de la grossièreté de sa Morale, est la Satire contre les Femmes, à laquelle M. Perrault, inférieur à lui pour le Talent poétique, opposa la Satire contre les Maris. On sait assez que dans les Familles mal composées, les Inférieurs sont les plus à plaindre. Ainsi, comme M. Perrault l'a très bien exposé, une Femme qui a un mauvais Mari, est un objet mille fois plus digne de compassion, qu'un Mari qui a une mauvaise Femme' (*La Philosophie applicable*, p.184-85).

femme, il n'en est pas moins vrai que la société française demeure, et pour longtemps encore, une société dont les lois, les usages et les mœurs favorisent jusqu'à l'excès un sexe au détriment de l'autre. Il ne faut donc pas s'étonner si beaucoup de penseurs se contentent de peindre avec générosité les souffrances féminines, et préfèrent suspendre tout jugement qui porterait une condamnation définitive. Parmi ceux qui s'engagèrent aux côtés de la femme, certains, Marivaux, Rousseau, durent cruellement retourner les armes contre elle, en l'accusant d'avoir dégradé les mœurs et d'être elle-même responsable de sa servitude morale. Les Encyclopédistes, Diderot en tête, ennemis du préjugé pourtant, ne purent que lui conseiller en amis, dans un mouvement de compassion, la solution du compromis et l'acceptation résignée de l'injustice. C'était beaucoup déjà que de poser, comme Montesquieu, le débat en termes théoriques et de montrer en juriste que la condition de la femme moderne était contraire au droit naturel. Il fallait donc une certaine audace, dans cette société, pour en arriver même à l'idée d'un partage des torts, et plus encore à une condamnation des hommes. Mme de Lambert n'en manqua pas, et nous ferons sentir la vigueur de son plaidoyer, dont les accents rappellent ceux des précieuses.

Mais un véritable féminisme ne se contente ni de montrer les abus ni de dénoncer les coupables: il indique les remèdes, il revendique, il recherche – c'est du moins la signification qu'il a fini par prendre à l'âge moderne – l'émancipation de la femme. Il faudra donc poser la question centrale: le féminisme de Mme de Lambert peut-il être qualifié d'émancipateur? Quelles sont les solutions de la marquise pour rendre aux femmes cette noblesse et cette dignité que leur avait reconnues la plus haute tradition de la morale aristocratique aux âges de la courtoisie? Car le féminisme n'est pas seulement, au sens étroit du terme, un mouvement polémique. P. Hoffmann, dans sa riche étude, nous invite à le considérer comme une tradition morale qui n'est pas tapageusement revendicatrice, mais créatrice de valeurs: 'les périls mêmes de la condition de la femme, écrit-il, pouvaient être l'occasion pour elle de déployer des ressources intérieures qui fussent à la mesure de son abandonnement' (p.21). Seule la femme du monde pouvait créer une problématique de la liberté. Mais cette liberté, cette émancipation ne devaient-elles pas la ramener au monde? L'idéal féministe et l'idéal mondain ne seraient-ils pas indissociables, comme l'avait affirmé la première préciosité?

i. Les maux de la condition féminine

Si être féministe, c'est apercevoir, ou croire apercevoir, dans la situation de la femme vis-à-vis de l'homme, des injustices de tous ordres, qui la mettent en position flagrante d'infériorité et qui sont la source de perpétuelles souffrances, à coup sûr Mme de Lambert l'est. Elle peint la condition de la femme à l'aube des Lumières pour en montrer les misères: c'est le premier temps de son attitude féministe. Elle dénonce vigoureusement la servitude dans laquelle le beau sexe est maintenu dans tous les âges de la vie, pour constater ensuite que les libertés morales revendiquées par la femme, afin de compenser un statut intellectuel et social inférieur, ne font qu'accentuer encore les souffrances de sa destinée.

1. *Dénonciation de la servitude de la femme*

Le statut de la femme à l'aube des Lumières est celui d'un être privé par la société, à toutes les époques de sa vie, des libertés et des droits fondamentaux qui sont reconnus à l'homme. Ces injustices apparaissent dès les premières années – l'éducation des filles est négligée – et l'entrée dans le monde ne corrige en rien les méfaits de cette inégalité primordiale.

Dans la longue querelle des dames, le débat soulevé par l'éducation de la femme n'a certes rien d'original et, de Fénelon à Laclos, le dix-huitième siècle ne manque ni de pédagogues, ni de moralistes, ni de romanciers pour s'indigner des défauts trop évidents de la formation de la jeune fille. Si leurs jugements intimes sur la nature féminine varient presque à l'infini, tous en revanche s'accordent à reconnaître dans ce fléau la raison fondamentale de la servitude qui opprime la femme. Que Mme de Lambert ait dénoncé, elle aussi, ces négligences n'est pas fait pour surprendre, d'autant que chez elle la réflexion pédagogique est inséparable des réflexions morales. Le soin qu'une mère doit prendre à parfaire l'éducation de ses enfants est plus important à ses yeux que la codification de règles générales pour leur conduite, et les confidences intimes, les 'avis' à sa fille seront souvent à l'origine de ses *Réflexions sur les femmes*. Sur ce point, Mme de Lambert pense comme les novateurs de son époque. Fénelon lui sert de caution; dans les *Avis à une dame de qualité sur l'éducation de sa fille*, parus à la suite de l'édition de 1715 de *L'Education des filles*, il affirme préférer l'éducation maternelle privée à celle des couvents.[7] Ce qui est propre à Mme de Lambert, c'est la véhémence avec laquelle elle proteste contre l'inégalité des deux sexes dans l'éducation, même si bien souvent ses formules décalquent celles du traité de Fénelon, dont elle épouse les thèses.

D'un écrit à l'autre les mêmes expressions reviennent sous sa plume avec insistance. Les *Avis d'une mère à sa fille* s'ouvrent (p.55) sur une remarque

---

7. *Œuvres complètes* (Paris-Besançon 1830), xvii.101-102.

amère: 'On a dans tous les tems négligé l'éducation des Filles; l'on n'a d'attention que pour les hommes.'[8]

Il est facile de mesurer le poids de ces négligences, si l'on se souvient des réserves émises par Mme de Lambert au sujet de l'éducation de son propre fils, et de l'importance qu'elle accorde, comme son maître Fénelon, aux années de jeunesse pour la formation de l'individu. Elle est intimement convaincue que les impressions de l'enfance engagent l'adulte futur et déterminent la personnalité. Mais de la leçon de Fénelon, qui montrait la nécessité d'une réflexion psychologique approfondie pour élaborer un système éducatif efficace, elle retient surtout la portée morale: 'les premières années sont précieuses,' dit-elle à son fils (p.1), 'puisqu'elles assurent le mérite des autres'.

La gravité de ces négligences apparaît à l'évidence dans l'usage d'abandonner dès l'enfance les jeunes filles entre les mains des plus médiocres éducatrices: elles sont confiées 'à des Gouvernantes, qui étant prises ordinairement dans le peuple, leur inspirent des sentiments bas, qui réveillent toutes les passions timides, et qui mettent la superstition à la place de la Religion' (p.56).[9] L'écrivain moraliste qui dénonce avec tant de vigueur les dangers de l'amour-propre, prompt à établir et à maintenir entre les êtres les distances et les distinctions de la hiérarchie sociale, trouve étrange que, dans le choix si important de l'éducatrice, la société de son temps montre tant de faiblesses. Cependant son féminisme, ainsi que le rôle important qu'elle entend jouer dans l'éducation de ses propres enfants, interdisent à Mme de Lambert d'étendre sa condamnation aux négligences maternelles, comme le faisait Fénelon. Celui-ci, bien sûr, dénonçait les passions basses qu'inspirent à la jeune fille de l'aristocratie des gouvernantes complaisantes, mais en pédagogue chrétien il reprochait surtout avec véhémence aux mères leurs faiblesses, leur ignorance et leur égoïsme: à ses yeux, ce sont elles qui 'gâtent' les enfants 'dès leurs premières années' (chapitre 1).

Mme de Lambert se plaît à relever une seconde contradiction qui donne à

---

8. Cf. aussi: 'Rien n'est donc si mal entendu que l'éducation qu'on donne aux jeunes personnes' (*Avis fille*, p.56). Fénelon montrait la même sévérité; son *Education des filles* commence aussi par des mots très durs: 'Rien n'est plus négligé que l'éducation des filles. La coutume et le caprice des mères y décident souvent de tout: on suppose qu'on doit donner à ce sexe peu d'instruction' (p.3). Le pédagogue consacrait les premières lignes de l'ouvrage à la dénonciation de l'inégalité des deux sexes dans l'éducation: 'L'éducation des garçons passe pour une des principales affaires par rapport au bien public. [...] Pour les filles, dit-on, il ne faut pas qu'elles soient savantes' (p.3). Le verbe *négliger* est caractéristique: il est commun à Fénelon et à Mme de Lambert; voir *Vieillesse*, p.146 et *Femmes*, p.188.

9. Le blâme de Mme de Lambert est sévère, mais cette sévérité est celle de son siècle. On verra des exemples similaires dans la thèse de L. Versini (p.547-48), qui cite en particulier Fénelon et Mme de Puisieux.

sa pensée un tour plus vif. Il existe bien pour les enfants un statut juridique capable de définir leurs droits à jouir des biens matériels de la famille dont ils sont issus; il est donc étonnant que dans le domaine plus important des biens spirituels, la coutume n'ait pas cherché à établir des prérogatives analogues (p.56).

Si le choix de l'éducatrice est médiocre,[10] le contenu de l'apprentissage de la jeune fille ne vaut guère mieux. Son existence n'est qu'un immense vide; elle n'est 'occupée à rien de solide': la formule est un leitmotiv de la pensée lambertine. 'Comme on ne les occupe à rien de solide, elles ne sont livrées qu'à leurs plaisirs' (*Avis fille*, p.86). 'Nous n'occupons leur esprit à rien de solide, et le cœur en profite' (*Femmes*, p.188). Toute étude sérieuse qui nourrirait son esprit lui est refusée, et ce vide n'est comblé que par la spiritualité la plus vulgaire, la plus inférieure: la superstition tient lieu de religion, la coquetterie de mérite, les erreurs de l'amour-propre de principes. C'est en fin de compte la bagatelle, puis les idées libertines, qui rempliront ce néant. Sur ce point, la pensée de Mme de Lambert n'ajoute strictement rien aux analyses de Fénelon.

Négligée au profit de l'homme, livrée par une société inconséquente à la médiocrité de ses éducatrices, privée de toute spiritualité, la jeune fille n'a plus qu'à attendre son entrée dans le monde: on ne lui a appris, en définitive, qu'à être un spectacle agréable aux yeux, ce à quoi elle consent par une 'sensibilité pernicieuse'. Et cependant, cet abandon ne s'achève pas vraiment avec l'enfance; 'espèce à part', la femme n'existe que pour les tâches serviles, et continue, après son entrée dans le monde, à vivre 'sans secours', dans un vide intellectuel et moral que rien ne vient combler (p.55).

Il convient certainement de ne pas commettre de contresens sur la signification de cette servitude sociale: Mme de Lambert veut maintenir, à l'aube des Lumières, la grande liberté dont jouit la femme française (*Femmes*, p.194), son aisance dans le cercle mondain, privilèges que lui ont acquis les précieuses, mais qui ne doivent pas faire illusion.

La société civile, après l'entrée dans le monde, ne répare en rien les injustices et les inégalités du système éducatif: 'Elles ne sont dans la suite de leur vie, chargées ni du soin de leur fortune, ni de la conduite de leurs affaires' (*Avis fille*, p.86). Traitée en mineure pour ses biens, exclue des responsabilités ,tenue à l'écart de la gestion de ses affaires, la femme doit se contenter de régner sur

---

10. Nous remarquerons l'absence de jugement sur l'éducation reçue par la jeune fille au couvent. Néanmoins une lettre adressée à la supérieure du couvent de la Madeleine de Tresnel permet d'apprécier le degré de confiance que la marquise se croit obligée d'accorder à l'institution, pour assurer à l'enfant les premiers mérites de l'esprit et du cœur. Comme dans l'éducation reçue par le garçon au collège, tout n'y serait pas négatif.

l'univers étroit et clos du foyer, et limiter ses ambitions à l'accomplissement des activités quotidiennes. Il n'est plus question pour Mme de Lambert de suivre Fénelon qui voulait fonder l'égalité des deux sexes sur la répartition des tâches et sur l'humilité du travail féminin.[11] Son féminisme dynamique réclamera, après Poullain de la Barre, d'autres valeurs: la chrétienne veut bien admettre que les vertus domestiques donnent à la femme sa dignité, mais la féministe rêve d'égalité.

Ce sentiment de frustration, Mme de Lambert l'a éprouvé. 'J'ai fait ce que j'ai pu pour mettre quelque ordre à nos affaires, où l'on ne laisse aux Femmes que la gloire de l'œconomie' (*Avis fils*, p.13).[12] L'ironie amère est assez justifiée par les difficultés inextricables qui l'opposèrent à ses propres parents. C'est dans son expérience de femme que Mme de Lambert trouve les motifs profonds de sa dénonciation et de ses revendications. Et cependant cette parole de femme semble se rapporter à une vie idéale plus qu'à une existence réelle. Elle jette une lumière singulière sur la période du veuvage, sur les activités dynamiques d'une grande dame enfin libre de jouir à son gré de ses richesses, d'ordonner la dépense pour créer un cadre de vie exquis et raffiné, habile à défendre ardemment contre les plus hautes autorités du royaume ce que son goût et son intelligence ont créé. Tout se passe comme si l'épouse du gouverneur de Luxembourg et l'hôtesse de Nevers étaient deux femmes différentes, et il est inquiétant de sentir que la disparition du mari a suffi à réaliser cette métamorphose.

A l'injustice du statut social s'en ajoute une plus importante, d'ordre spirituel, que Mme de Lambert n'a cessé de dénoncer avec vigueur. Sans hésiter à rouvrir la vieille querelle des femmes savantes, elle a protesté contre le préjugé qui interdit aux femmes le savoir: on retrouve la même discrimination entre les sexes dans l'accès au savoir et aux connaissances, les mêmes injustices, les mêmes inégalités. 'Si l'on passe aux Hommes l'amour des Lettres, on ne le pardonne pas aux Femmes' (*Femmes*, p.175). Molière est accusé d'avoir accrédité ce préjugé dans le public, par sa comédie des *Femmes savantes*, et d'avoir aggravé une injustice fondamentale. Cette façon d'ouvrir le débat sur le savoir féminin est révélatrice: elle montre combien Mme de Lambert est

11. *De l'éducation des filles*, p.5: 'Voilà donc les occupations des femmes, qui ne sont guère moins importantes au public que celles des hommes, puisqu'elles ont une maison à régler, un mari à rendre heureux, des enfants à bien élever.' Le féminisme de la marquise de Lambert s'accommodera des deux derniers points de ce traité égalitaire, mais le premier lui paraîtra toujours trop ingrat: au plan des valeurs, ce féminisme prend soin de distinguer la dignité de l'égalité.

12. L'*économie*, c'est-à-dire l'administration de la maison, l'art de diriger avec sagesse les affaires domestiques: tâche importante, comme le souligne Fénelon, mais qui ne suffit pas à faire de la femme une majeure.

fascinée par le modèle d'un âge d'or de l'honnêteté; elle situe aussi son féminisme dans le courant vivant d'une préciosité nouvelle, héritière de la préciosité originelle des années 1650-1660. On peut s'étonner légitimement de voir encore surgir, et cela dans l'introduction même de l'essai *sur les femmes*, cette attaque vigoureuse contre Molière. Il fallait que le ressentiment de cette précieuse fût bien vif pour que résonnât encore, au cœur de la Régence, le lointain écho des querelles soulevées par la satire des salons mondains que véhiculent *Les Précieuses ridicules*, *L'Ecole des femmes* et *Les Femmes savantes*. Sans verser de nouvelles pièces au dossier, et en remarquant que la marquise de Lambert était mariée depuis six ans quand la comédie fut jouée pour la première fois, il faut prendre acte de son intervention dans le débat. Elle prend la parole au nom des victimes de Molière pour refuser avec énergie ses plaisanteries et pour l'accuser avec gravité de corruption des mœurs. La comparaison choisie par ce procureur indigné est redoutable: les effets destructeurs de la pièce sont assimilés à ceux du *Don Quichotte*, coupable d'avoir abaissé la monarchie espagnole. On ne peut passer légèrement sur de telles accusations, car elles éclairent le passé de la marquise de Lambert, ses années de jeunesse. R. Lathuillère a montré avec quelle passion les contemporains avaient recherché et désigné les modèles des précieuses de Molière; il en fut de même, une décennie plus tard, avec ce type social un peu différent, celui de la femme savante. Et Mme de Lambert se sent concernée. Son assaut contre Molière est une des pièces à conviction qu'il faut verser au dossier d'un féminisme qui ne veut pas cacher ses liens avec la préciosité.

Avec ce thème de la privation du savoir, la dénonciation de la servitude féminine se fait plus virulente, et rappelle les accents d'humeur des précieuses les plus sévères, comme Angélique-Clarisse d'Angennes, l'Anacrise du *Grand Cyrus*. La femme est injustement humiliée dans sa pureté: en la privant du savoir, la société 'déplace' et renverse les valeurs; par une hypocrisie fondamentale, on veut faire passer pour vicieux, honteux, un divertissement innocent. Mais c'est aussi dans ses légitimes ambitions qu'elle se sent lésée: elle est contrainte de se mouvoir dans un univers clos, borné par les 'bienséances'; les aspirations de l'esprit y sont refoulées, il est interdit d'y rien produire. Au moment où rebondit la querelle des Anciens et des Modernes, la marquise a reconnu en Mme Dacier une savante aimable, héritière des grandes figures de l'honnêteté féminine, qui se joint à elle pour 'protester contre l'erreur commune' (lettre au Père Buffier, p.383), contre l'atroce préjugé qui condamne la femme à l'ignorance.

Les formules de protestation contre ce préjugé sont nombreuses dans l'œuvre de la marquise de Lambert: sous cet aspect, son féminisme ressuscite les vieux débats du siècle précédent sur l'intégration de la précieuse et de la femme savante dans le cercle mondain.

Refuser, abaisser, condamner, honte: le vocabulaire employé par Mme de Lambert est celui de l'offense et de l'humiliation; il trahit le sentiment d'une servitude intérieure et morale plus rigoureuse encore que la servitude sociale. Conjugués, ces deux avilissements condamnent la femme à une vie sans éclat, l'effacent dans une morne solitude.

C'est dans cet isolement, dans cet abandonnement, que doit se situer l'ensemble de la destinée féminine. Négligée au profit de l'homme pendant toute sa jeunesse et après son entrée dans le monde, la femme est livrée à elle-même dans sa vieillesse, privée de tous les secours qu'une vie spirituelle assure au temps de la retraite: 'Mais pour les Femmes, dans tous les âges, on les abandonne à elles-mêmes: on néglige leur éducation dans la jeunesse; dans la suite de leur vie, on les prive de soutien & d'appui pour leur vieillesse' (*Vieillesse*, p.146). C'est, en raccourci, toute une vie de femme que dessine ici la succession de termes négatifs: 'abandonnée, négligée, privée'.

La femme est ainsi exclue de l'action, et Mme de Lambert se révolte contre cette maxime universelle, venue du fond des âges, qui 'ne donne aux femmes que le seul mérite d'être inconnues' (*Avis fille*, p.64).[13] Les éclats de la gloire et les bruits de la renommée ne sont pas pour cet être brimé dans ses ambitions. Cette image traditionnelle de la femme effacée peut lui sembler intolérable: Mme de Lambert néanmoins n'ira jamais jusqu'à recommander aux femmes d'afficher, par compensation, des attitudes provocantes, tapageuses, comme on peut en observer dans l'histoire du féminisme. Au contraire, elle découvre dans cette obscurité des tâches quotidiennes, dans cette humilité des devoirs accomplis, que ne justifie, au fond, qu'une injustice énorme, l'occasion pour la femme de prouver sa dignité, car on acquiert plus de mérites dans l'ombre que dans la lumière.

La leçon qu'il faut tirer de cette double dénonciation de l'éducation négligée des filles et de la servitude sociale, morale et intellectuelle de la femme est amère. Avec une ironie fine, Mme de Lambert dénonce un paradoxe insoutenable; on veut négliger et isoler un être dont le rôle social et moral est primordial. Les *Avis d'une mère à sa fille* (p.55) s'ouvrent sur une énumération de trois arguments propres à toucher un élémentaire bon sens. Il y a en effet beaucoup d'incohérence à abandonner comme 'une espèce à part' un être qui forme la moitié de l'espèce humaine, à qui l'on est obligé de s'unir pour le meilleur et pour le pire, qui assure la postérité des 'Maisons' et qui se charge de l'éducation des enfants 'dans la première jeunesse'. C'est en quelque sorte l'élément de sa propre conservation, capable de garantir sa pérennité en

13. Cf. également: 'nous autres femmes nous ne sommes faites que pour être ignorées' (*Correspondance*, p.410).

assurant la succession des générations, que la société essaie de bannir et de rejeter comme un corps étranger. La démonstration a une valeur universelle indéniable, mais elle est conçue surtout pour séduire l'aristocrate. L'argument de la postérité des maisons ne prend tout son sens que lié à l'idée de la race; celui du bon mariage, sans renier les thèses précieuses, ne saurait laisser le noble indifférent: il suffit de lire Saint-Simon pour s'en convaincre; quant à l'appel à l'éducation privée, il devrait toucher un public traditionaliste. Le développement du paradoxe est le fait d'un avocat éloquent; en réalité Mme de Lambert emprunte l'idée à Fénelon: celui-ci avait découvert dans l'importance du rôle social des femmes une compensation à leur faiblesse naturelle, à leur infériorité physiologique, physique et même intellectuelle. Avec beaucoup d'habileté Mme de Lambert a su éliminer tout ce qui pouvait heurter ses convictions d'un raisonnement encore esclave de la tradition chrétienne, pour n'en retenir que les aspects positifs et utiles à ses thèses. Le rapprochement des textes montre l'adresse d'une féministe à tronquer un discours masculin ambigu, pour lui faire dire plus. Si l'on veut désigner Mme de Lambert comme une féministe avant la lettre, ce n'est pas le caractère contestataire, polémique et subversif de sa pensée qu'il faut interroger – on oublierait qu'elle ne rapporte souvent que ce qu'elle entend, qu'elle est l'écho de son siècle – mais bien sa capacité à métamorphoser un discours masculin favorable aux femmes en un discours féminin désireux de convaincre les hommes.

2. *Les égarements du cœur féminin*

C'est d'ailleurs par ce même thème de la 'folie' humaine que Mme de Lambert introduit ses réflexions sur les conséquences morales d'une telle servitude: 'Il y a une injustice, ou plutôt une folie, à croire qu'une pareille éducation ne tourne pas contre elles' (p.56). Livrées à elles-mêmes et abandonnées, les femmes croiront trouver dans les égarements du cœur une compensation à leur amertume, et en recherchant tous les plaisirs, s'exposeront à de cruelles souffrances, que les hommes, d'ordinaire, ne connaissent pas. A cette peinture des égarements du cœur féminin et de ses souffrances, Mme de Lambert attache autant d'importance qu'à la dénonciation de la servitude qui en est la cause essentielle.

C'est d'abord dans les négligences de son éducation qu'il faut rechercher les origines de la perversion chez la femme. L'éducation de la jeune fille n'a d'autre but que de la préparer à son entrée dans le monde, en la formant aux seuls mérites de l'art de plaire, mérites tout extérieurs destinés à faire d'elle un objet agréable, un pur spectacle, destiné à un public averti (p.56; *Femmes*, p.188). Cette dénonciation, Mme de Lambert, une fois de plus, la souligne en mettant en lumière un nouveau paradoxe de la société: 'Mais ce qu'il y a de singulier, c'est qu'en les formant pour l'Amour, nous leur en défendons l'usage' (p.188). Belle inconséquence, et comme Mme de Lambert sait manier la pointe pour convaincre!

Mais ce qui est grave surtout aux yeux de l'écrivain psychologue et pédagogue, c'est que la nature de la femme constitue un terrain propice au développement des défauts de cette éducation. Ainsi, la coquetterie, qu'on dit si féminine, saura trouver les avantages de ce laisser-aller: 'Elles ne songent donc qu'à cultiver leurs agrémens, et se laissent aisément entraîner au penchant de la Nature; elles ne se refusent pas à des goûts qu'elles ne croyent pas avoir reçus de la Nature pour les combattre' (p.188). C'est parce qu'elle sent que la coquetterie est la voie royale des plaisirs que Mme de Lambert se défie d'elle. Elle a retenu la leçon chrétienne de Fénelon sur la mode: celle-ci est protéiforme, éphémère,[14] et l'éducatrice devra s'en méfier, tout comme elle devra habituer la fillette, dès son plus jeune âge, à mépriser les parures et à ne pas surestimer le prix des agréments extérieurs.[15]

C'est à l'imagination surtout que profitent les carences de l'éducation: cette faculté maîtresse de la femme, sans cesse en activité, comble ce vide, peuple ce néant de tous les fantasmes illusoires des plaisirs: 'Spectacles, habits, Romans et sentimens, tout cela est de l'empire de l'imagination. Je sais qu'en la réglant, vous prenez sur les plaisirs: c'est elle qui en est la source, et qui met dans les choses qui plaisent le charme et l'illusion qui en font tout l'agrément' (p.86). Et c'est ainsi que 'toutes les dispositions' de l'esprit féminin, dont, pour l'essentiel, la supériorité 'vient de la sensibilité, et de la force de l'imagination' (p.188), que toutes les bonnes qualités de sa nature sont corrompues, gâtées par de coupables négligences originelles.

Quand même la jeune femme hésiterait à marcher dans la voie que sa nature et sa formation lui montrent toute tracée, la pauvreté, la médiocrité de sa vie spirituelle suffirait à l'inciter à chercher ailleurs des compensations. Chez elle, la recherche des plaisirs est la conséquence naturelle des privations intellectuelles: 'nous n'occupons leur esprit à rien de solide, et le cœur en profite' (p.188).[16] Elle est aussi la conséquence des injustices de sa condition

14. On trouve une condamnation de la mode, en des formules empruntées à Fénelon, dans *Avis fille*, p.70.

15. Tels sont les conseils donnés à la supérieure de la Magdeleine, p.375: 'Il ne faut jamais les louer sur les grâces extérieures; elles s'accoutument à croire que cela tient lieu de tout'; p.376-77: 'si c'est pour leur parure, vous relevez l'idée qu'elles ont de ces choses, qu'il faut leur apprendre à mépriser'.

16. On sent combien, dans cette belle maxime de Mme de Lambert, le binaire 'le cœur et l'esprit', si vide de substance parfois dans la langue des moralistes et des romanciers du dix-huitième siècle, est chargé de signification, la conjonction de coordination *et* révélant tout un déterminisme.

sociale; privée de toute responsabilité, mais née pour plaire, et pour dominer, la femme se dédommage par les charmes tout extérieurs de la coquetterie.

Cette voie des plaisirs est celle des illusions et des désillusions, qui prépare à la coquette et à la femme sensible une destinée peu enviable. Leurs souffrances naîtront d'abord du mérite illusoire de leur beauté, Mme de Lambert brodant sur ce lieu commun: 'la plupart des femmes perdent tout en perdant leur beauté' (*Sentiment dame*, p.272); 'il y a peu de femmes dont le mérite dure plus que la beauté' (*Vieillesse*, p.147). Ce n'est pas que l'écrivain moraliste dénie à la femme le pouvoir de se rendre aimable par les agréments: 'les sentimens sont un tribut qu'on paye à la beauté' (p.267)! C'est même une des puissances de la beauté féminine que de tenir lieu parfois de mérite;[17] mais ce pouvoir est inique, il est un scandale pour la raison.[18]

Outre que ce mérite reste au niveau superficiel des sens sans jamais atteindre à celui de 'l'esprit et du cœur', et qu'il ne saurait donc être confondu avec l'estime, il relève du mode de l'illusion, car l'empire qu'il crée est éphémère et soumis à la loi destructrice du temps. Accorder sa confiance aux puissances de la beauté, c'est limiter nécessairement dans le temps les triomphes et les moments heureux de sa destinée, car 'il n'y a qu'un fort petit nombre d'années de différence entre une belle femme, et une qui ne l'est plus' (*Avis fille*, p.70).[19]Ainsi la beauté n'est qu'une puissance trompeuse, une ivresse de l'âme, qui entretient de tragiques méprises sur ses avantages réels. Lorsque s'écroule l'édifice des apparences, une fois le charme rompu, la femme se retrouve seule, une fois de plus, abandonnée dans un vide désespérant. Cette fois encore, c'est parce qu'elle prend conscience du néant auquel est vouée l'existence féminine, marquée du sceau tragique de la solitude, que Mme de Lambert condamne les agréments, quand ils sont le seul titre de gloire des femmes.

La vie, ici, établit de nouvelles inégalités entre les deux sexes, et les femmes dont tout le mérite a consisté en agréments extérieurs, ont plus à souffrir que les hommes. 'Chacun perd en avançant dans l'âge; et les femmes plus que les hommes. Comme tout leur mérite consiste en agrémens extérieurs, et que le

17. La beauté prévient en faveur d'une jeune personne, tandis que les difficultés sont grandes, au contraire, de faire naître le mérite 'au travers d'un extérieur désagréable' (*Avis fille*, p.67). Mme de Lambert va plus loin en notant que cette puissance peut être parfois à l'origine de l'ascension sociale de la femme: 'de grands établissemens ont été souvent la suite & la récompense d'un sentiment' (*Vieillesse*, p.152).

18. Cf. P. Hoffmann, 'L'exigence de dignité', p.19: 'La beauté répand autour d'elle une présomption de mérite, [...] comme si la seule destination de la femme était de plaire et qu'à son égard étaient rompus, d'une façon éclatante et scandaleuse, ces rapports d'équité qui, selon l'exigence de la raison, doivent régner entre les hommes.'

19. 'Le règne de la Beauté est peu durable' (*Femmes*, p.177); 'Rien n'est plus court que le règne de la Beauté' (*Avis fille*, p.68).

tems les détruit, elles se trouvent absolument dénuées' (*Vieillesse*, p.147). Et il est inutile d'espérer pouvoir rappeler ce que le temps détruit inéluctablement: c'est parce qu'elle se consume dans cette recherche vaine que la vieille coquette se couvre de ridicule (p.155).

Cet abandon au plaisir, cet oubli de soi contiennent leur propre malédiction: Mme de Lambert n'a cessé de mettre en garde la femme contre le danger des liaisons, en multipliant ses réflexions sur ce thème qui apparaît aujourd'hui comme un lieu commun du siècle: 'L'exemple de celles qui se sont relâchées, les malheurs qui les ont suivi [*sic*] de si près, suffiroient pour arrêter le penchant le plus rapide; car il n'y a pas une Femme galante, qui, si elle veut être sincère, ne vous avoue que c'est le plus grand malheur du monde, que de s'être oubliée' (*Avis fille*, p.62). Les écrits de Mme de Lambert offrent un témoignage intéressant sur les origines d'un lieu commun fameux. L. Versini a tout dit sur ce thème du danger des liaisons; il faut, après lui, rappeler qu'avant de devenir un thème favori du roman de séduction, la dénonciation des dangers du monde était de tradition dans la morale laïque. A l'origine, le lieu commun concerne le danger de l'amour; il menace surtout la femme sensible, en ce qu'il est intimement lié au thème du tourbillon du monde. C'est la fatalité du vide que d'aliéner la liberté de la femme, en la poussant vers les plaisirs matériels qui lui ôtent toute lucidité! On voit bien comment les avis de Mme de Lambert seront pervertis dans le roman de séduction par des scélérats qui les videront de leur sagesse. C'est en partie pour échapper au tourbillon du monde qui l'a entraînée, que la marquise de Merteuil se fabrique sa méthode personnelle, lointainement imitée de celle de Mme de Lursay.

Il est un paragraphe du *Traité de la vieillesse*, particulièrement intéressant, dans lequel Mme de Lambert montre que de toutes les catégories de femmes, celle des femmes sensibles est la plus exposée aux souffrances de la vieillesse: 'elles ont plus à perdre en vieillissant, et plus à travailler' (p.150). Bien sûr, ces malheurs seront le lot de celles qui, perverties, n'auront connu que les plaisirs, n'auront vécu que par les sens;[20] mais ils n'épargneront pas davantage celles qui ont su se respecter et rester fidèles à la vertu: elles trouveront des souffrances plus grandes encore dans les mouvements de leur sensibilité, car 'le cœur ne s'use pas comme les sens' et 'plus les sentimens sont retenus, et plus ils sont vifs' (p.151).[21] Mme de Lambert va plus loin encore; elle n'hésite

---

20. 'Pour celles qui n'ont rien ménagé, qui ont été infidèles aux préjugés et aux vertus de leur sexe, elles perdent infiniment: les plaisirs, le seul lien qui les unissoit aux hommes, venant à manquer, elles ne tiennent plus à eux, ni eux à elles' (p.150-51).

21. 'Les caractères sensibles ont plus à souffrir; [...] La fidélité à vos devoirs est souvent suivie d'une longue et pénible sensibilité: l'amour se dédommage sur les sentimens du cœur de ce que les sens lui ont refusé' (p.151).

pas à dénoncer la dépravation, la débauche des femmes comme une des causes de leur déchéance sociale: en voulant imiter les hommes, elles n'ont fait que se mettre sous leur dépendance.[22]

Sous quelque aspect qu'on l'envisage, la destinée de la femme sensible est toujours vouée à la souffrance, qu'il s'agisse des désillusions qui accompagnent la fin de l'empire des agréments et de la beauté, ou des malheurs inhérents aux liaisons.

Mais qu'elle refuse ou qu'elle accepte les dangers de la sensibilité, la femme aura toujours à souffrir du vide de la vieillesse et de sa solitude, qu'elle doit assumer faible et délaissée. La richesse de son cœur en accentue les maux, et il est vain de croire, comme P. Hoffmann, que l'invention de la liberté, le refus de la solitude, qui fondent l'essence de la féminité, soient le privilège de la jeunesse. Le repos est loin d'être garanti à ce cœur toujours plein, destiné à battre dans un monde vide, victime incomprise de sa propre abondance et de ses illusions.

Cette peinture de la condition féminine est bien amère: l'image que Mme de Lambert donne de la femme est celle d'un être négligé, aliéné, privé de savoir et de pouvoir, abandonné, solitaire et souffrant, soumis aux inégalités et aux paradoxes qu'entretient une société qui ne s'active que pour une moitié d'elle-même. Frustrée dans son éducation, dans ses aspirations intellectuelles et sociales, elle peut avoir parfois le sentiment de combler le vide de sa destinée et de se révolter contre sa servitude en se livrant à tous les égarements du cœur, en s'étourdissant dans la vivacité des plaisirs et dans la jouissance des charmes dominateurs de sa beauté; mais les satisfactions qu'elle peut ainsi se procurer sont illusoires, éphémères, rendent plus cruelles encore les souffrances auxquelles la voue une sensibilité riche, que la société, par une folie coupable, tente sans cesse de dessécher. Tel est le bilan, si lourd de souffrances et d'amertumes, que dresse Mme de Lambert; tel se présente le constat, au moment d'établir les responsabilités.

ii. L'établissement des responsabilités

S'il est possible de surprendre, dans la peinture de la servitude féminine, une dénonciation des inconséquences et des paradoxes d'une société insouciante,

22. 'Par-là elles se sont dégradées, et sont déchues de leur dignité: car il n'y a que la Vertu qui leur conserve leur place, et il n'y a que les Bienséances qui les maintiennent dans leurs droits. Mais plus elles ont voulu ressembler aux Hommes de ce côté-là, et plus elles se sont avilies' (*Femmes*, p.177).

il serait faux de croire que Mme de Lambert se contente de termes assez vagues dans l'analyse des causes de cette situation. Elle cherche avec ardeur à établir les responsabilités et chez elle, comme chez les précieuses du siècle précédent, la dénonciation de l'aliénation de la femme s'accompagne toujours d'une condamnation vigoureuse de l'attitude masculine. C'est, dans son œuvre, un obsédant leitmotiv. Les hommes ont, en tyrans, interdit aux femmes le savoir et ne les ont considérées que comme les objets de leurs plaisirs. Mais le féminisme de Mme de Lambert n'est pas aveugle: sa condamnation des hommes a ses limites. C'est aussi pour eux qu'elle écrit, en s'efforçant de susciter une prise de conscience de leurs responsabilités et de leurs propres contradictions; elle sait, en outre, que dans la carrière de la débauche et de la corruption, les deux sexes se suivent parfois au moins d'un pas égal.

i. *La condamnation des hommes*

Le sexe fort a véritablement soumis la femme à sa tyrannie, qui se fait sentir en particulier dans deux domaines: ce sont les hommes qui ont interdit à la femme l'accès au savoir, et ce sont eux qui la dégradent en la réduisant à servir leurs plaisirs.

L'homme a soumis la femme à son pouvoir et à sa domination. Cette inégalité introduite dans les relations entre les deux sexes est une violence faite à la nature: elle est illégitime, l'homme jouit de droits qu'il a usurpés. La distinction entre sexe fort et sexe faible n'est pas une simple formule pour la marquise de Lambert. La vigueur de cette affirmation est, de ce point de vue, caractéristique: 'Les Hommes, par la force plutôt que par le droit naturel, ont usurpé l'autorité sur les Femmes' (*Femmes*, p.177). La remarque, qui pourrait servir de préambule à une déclaration des droits de la femme, est au cœur du débat féministe, au cœur de la querelle des Dames; on peut l'identifier comme une maxime caractéristique du milieu lambertin. Elle a pu servir à la formulation de l'un des beaux sujets que méditaient les habitués de l'hôtel de Nevers, et auxquels ils s'efforçaient de répondre dans leurs dissertations ou leurs débats oraux, comme en témoignent la trente-huitième des *Lettres persanes* de Montesquieu ou telle page du Père Buffier. Mme de Lambert, en invoquant le droit naturel qui exclut le principe de la force, ne pense plus en chrétienne: elle rejette le dogme catholique qui fonde en raison et en nature la faiblesse de la femme, légitime la domination de l'homme et se satisfait de l'inégalité.

Cette tyrannie les hommes l'imposent dans tous les domaines, aussi bien à l'esprit qu'au cœur: 'Les Femmes pourroient dire: "Quelle est la tyrannie des Hommes! Ils veulent que nous ne fassions aucun usage de notre esprit, ni de nos sentimens. [...] C'est étendre trop loin leurs droits"' (p.179). Mais c'est surtout lorsqu'elle s'applique au domaine des sentiments qu'elle apparaît particulièrement odieuse. Force, injustice, inégalité: voilà ce qu'impose la loi masculine dans les liaisons amoureuses entre les deux sexes, pour le plus grand malheur de la femme qui s'exposerait à en subir les rigueurs (*Sentiment dame*, p.273-74):

L'usage les a si bien servis, que tout est pour eux, et contre nous. Quelque indignité qu'ils mettent dans leur conduite, nous ne pouvons nous en plaindre; notre témoignage ne porte point contre eux; et c'est par une suite de l'injustice de leurs loix, que nous ne pouvons faire avec eux aucun traité où l'égalité soit observée. Ils ont étouffé notre droit sous la force.

La marquise de Lambert évoque ici avec précision la question de l'inégalité juridique et morale des deux sexes dans la répression de l'adultère; les lois et l'opinion publique garantissent à l'homme une totale impunité, et le déshonneur n'est que pour la femme. Cette inégalité, si sensible dans les lois françaises de l'époque,[23] avait été souvent dénoncée par les moralistes chrétiens; Mme de Lambert a pu trouver dans le *Télémaque* des arguments en faveur de sa thèse. Fénelon y exprime en une formule concise son indignation devant une telle injustice, quand il évoque le mariage dans les mœurs innocentes et simples de la Bétique: 'L'honneur des hommes, en ce pays, dépend autant de leur fidélité à l'égard de leurs femmes, que l'honneur des femmes dépend, chez les autres peuples, de leur fidélité pour leurs maris' (i.336). Son libéralisme s'inspire des idées de l'abbé Fleury qui recommandait au duc de Bourgogne de punir sévèrement l'adultère.[24] Il est utile de prendre conscience des sources chrétiennes de la revendication féministe qui se développe dans le milieu lambertin, au contact du cercle intellectuel formé autour de l'héritier de la couronne. A trop vouloir centrer la féminité sur la valeur de liberté, on finit par ranger systématiquement les penseurs de l'Eglise du côté des ennemis de la femme, et l'on oublie que leur prédication pouvait rejoindre les plaidoyers en sa faveur.

23. Voir, par exemple, le *Dictionnaire de droit et de pratique* de l'avocat Claude-Joseph de Ferrière (première édition, 1734) à l'article 'Adultère', où l'auteur explique les raisons pour lesquelles, selon le droit français, l'adultère de la femme passe pour un crime bien plus grave que celui du mari. Quant aux sanctions prévues par les 'loix de l'usage' – la prétérition de Mme de Lambert permettant de mesurer la détresse morale de la femme adultère – ce sont essentiellement, toujours selon le même article: le fouet pour les femmes de basse condition, et pour la femme du monde, la réclusion dans un monastère pour deux ans ou à vie, selon la volonté du mari, avec privation de dot.

24. 'Aux yeux de la loi canonique comme de la morale, la faute est égale des deux parts. Fleury, dans ses *Avis à Louis, duc de Bourgogne*, insère cette note: "*Adultères*: honteux qu'ils soient impunis en France à l'égard des hommes [...]: faire loi sévère sur ce sujet", et il rappelle la condamnation portée contre ce crime par l'Ecriture (*Proverbes*, vi.32-33)' (*Télémaque*, i.336, commentaire de Cahen).

8. *Le féminisme*

Le thème cependant était tombé depuis longtemps dans le domaine de la morale profane. On peut le considérer aussi comme un héritage du féminisme libertin développé dans le milieu de Ninon de Lenclos. L'abbé de Châteauneuf, dans son *Dialogue sur la musique des Anciens*, en 1725, venait de l'utiliser pour tenter, en des termes parfois proches de ceux de la marquise de Lambert, une réhabilitation paradoxale des égarements féminins. Il présentait les femmes comme les victimes d'un 'préjugé si dangereux, qui, en faisant de l'amour [leur] plus grand vice, semble [...] leur laisser la liberté de s'abandonner à tous les autres'.[25]

La protestation de la marquise de Lambert contre les abus d'un système juridique et d'une éthique qui favorisent un sexe au détriment de l'autre ne manque pas de vigueur et a inspiré la nouvelle génération. Son féminisme retrouve les accents provocateurs d'une Ninon; ses ouvrages laissent entendre le cri de la nature féminine étouffée sous la tyrannie, ils vibrent d'une révolte indignée, ils réclament plus de justice et l'égalité des droits.

Cette tyrannie, cette violation du droit naturel par la force, Mme de Lambert tente de l'expliquer aussi par la psychologie masculine. Qu'il interdise à la femme le savoir, ou qu'il la réduise à l'état d'objet, c'est toujours à son orgueil que l'homme obéit, comme s'il devait assouvir une sorte de besoin de mépriser et d'humilier. Paradoxalement, la fourberie et la lâcheté sont complices de cet orgueil. Parce qu'ils ont les lois et l'usage pour eux, les hommes peuvent trahir impunément un sexe qui ne peut se venger de leurs infamies, en raison de sa faiblesse naturelle. La notion de conscience, qui caractérise si bien l'éthique lambertine, et surtout celle de justice, leur sont étrangères. Quand on analyse les motifs d'une conduite aussi odieuse, on découvre une lâcheté incommensurable: s'ils ont établi entre eux un code de l'honneur, s'ils en respectent les règles, c'est qu'ils se craignent mutuellement. Mais ils gomment ces valeurs, dès lors qu'ils sont en commerce avec un être plus faible qui ne peut les meurtrir (*Avis fils*, p.32).

Ainsi l'orgueil et la force ont conjugué leurs efforts pour maintenir la femme sous un joug détestable, contre nature. Mais les hommes sont accusés aussi de la maintenir à un rang inférieur par leur conception même de l'amour, fondée sur la recherche du plaisir que procurent les agréments extérieurs. Pour eux, la seule beauté, dans le sens où Mme de Lambert la définit, à savoir 'tout ce qui plaît aux sens' (*Sentiment dame*, p.267), tient lieu des qualités de l'esprit et du cœur. Leur conception de l'amour est triviale, qui préfère toujours, chez la femme, les grâces au mérite ou à la vertu.

25. Texte cité par E. Colombey, *Correspondance authentique de Ninon de Lenclos* (Paris 1886), p.223.

Dans ce procès de la tyrannie masculine apparaît alors un nouveau chef d'accusation: celui de la corruption d'un être innocent, fait pour le repos et le devoir. La dénonciation de l'homme corrupteur est sans équivoque dans les *Avis* que la marquise fait passer à son fils: 'Les Hommes ne sont pas en droit de tant blâmer les Femmes; c'est par eux qu'elles perdent l'innocence: hors quelques Femmes destinées au vice dès leur naissance, les autres vivroient dans l'habitude de leurs devoirs, si on ne prenoit pas soin de les en détourner' (p.34). Elle se dit convaincue que la plupart des hommes ignorent le véritable amour et ne recherchent dans les liaisons que le plaisir (*Femmes*, p.204). L'univers féminin n'est pour eux qu'un spectacle agréable, et dès que la femme, réduite au rôle d'objet, en perd les qualités, elle quitte le champ de leur conscience pour rentrer dans son néant.[26] Ce n'est donc pas seulement l'amour qu'ils dégradent, mais, à travers lui, la femme, objet qu'on peut monnayer comme tous les autres objets. Ainsi les hommes sont dénoncés pour avoir établi avec elle des liaisons qui reposent sur l'artifice et relèvent, comme l'ivresse, de la pure illusion.

Cette psychologie et ce comportement amoureux postulent la loi, typiquement masculine, de l'inconstance, qui soumet la femme à une autre forme de servitude. Les hommes ne sont occupés qu'à renouveler et entretenir leur 'goût pour la nouveauté': 'Les hommes sont bien plus touchés du nouveau que de l'excellent: mais cette fleur de nouveauté dure peu; ce qui plaisoit comme nouveau, déplaît bientôt comme commun' (*Avis fille*, p.69). En ce sens, la nouvelle *La Femme hermite* peut apparaître comme une illustration concrète de cette condamnation du goût masculin qui s'use sans cesse et croit trouver dans le changement un remède contre l'usure. Une des clés de l'intrigue pourrait bien résider dans cette formule très lambertine: 'C'est assez la manière des hommes d'avoir quelque objet en réserve, de promener leurs imaginations, et d'user leurs goûts sur les objets présens qui leur plaisent' (p.355). Le duc de Praxède serait en quelque sorte l'archétype romanesque de l'homme amoureux, dont l'inconstance provoque les souffrances de la femme.

Plus grave encore semble être l'incapacité fondamentale de l'être masculin à reconnaître à la femme un mérite autre que celui des charmes extérieurs, des attraits physiques:

[Mais] quand les Femmes seroient capables de se donner un mérite solide, il est à

---

26. Cette dénonciation de la psychologie masculine s'exprime en particulier dans *Sentiment dame*: 'mais ils nous ont imposé la loi d'être belles & ne nous ont donné que cela à faire' (p.262); 'L'objet de la passion des hommes c'est la Beauté; quand on la perd, tout échappe' (p.272); 'ils nous ont destiné à être un spectacle agréable à leurs yeux; & dès que nous ne montrons rien qui plaît, nous n'avons ni leurs regards, ni leurs attentions' (p.262). Cette dernière formule est caractéristique pour son réseau sémantique du paraître: '*spectacle-yeux-montrons-regards*'.

craindre, que peu d'hommes seroient capables d'en être touchés [*Sentiment dame*, p.272-73];

Ils veulent profiter des foiblesses des personnes aimables: ils ne feroient rien de leurs vertus; ils n'aiment point à estimer; ils aiment mieux être amusés par des personnes peu estimables, que d'être forcés d'admirer des personnes vertueuses [*Avis fille*, p.69].

Il n'y aura guère que Marivaux, dans les pages célèbres du *Cabinet du philosophe*, pour donner un accent aussi vibrant et ardent à une condamnation identique. Les éditeurs du texte (p.653) ont noté l'étroite parenté des deux plaidoyers. 'C'est un des points, affirment-ils, où l'on peut saisir sur le vif l'influence exercée réciproquement par les membres d'une même société.' Marivaux, en effet, semble avoir emprunté à la marquise le vocabulaire et le ton de son plaidoyer; en outre, il la suit de près dans son raisonnement. Comme elle, il estime scandaleux que la vertu des femmes puisse être rebutante. Comme il en a l'habitude, il illustre l'expression pudique de Mme de Lambert, 'des personnes peu estimables', par une gradation impressionnante de termes qui montrent comment la femme est contrainte de se dédommager par la méchanceté, la ruse, la finesse, la coquetterie, l'industrie humiliante, le vice. C'est le seul choix que lui laisse une société implacable, pour sortir de son néant (p.378):

Il faut vous plaire, ou vieillir ignorées dans leurs maisons: nous n'échappons à votre oubli, à vos mépris, que par ce moyen; nous ne sortons du néant, nous ne saurions vous tenir en respect, faire figure, être quelque chose, qu'en nous faisant l'affront de substituer une industrie humiliante, et quelquefois des vices, à la place des qualités, des vertus que nous avons, dont vous ne faites rien, et que vous tenez captives.[27]

La peinture lambertine du commerce des deux sexes est décidément bien pessimiste! On y découvre une femme 'captive', dégradée au rang d'objet, destinée à satisfaire les plaisirs de l'homme, livrée à ses caprices, à son inconstance, à sa débauche, soumise au désir physique qui, chez lui, tient lieu d'estime. Sa vertu est sans pouvoir, son exigence de dignité est stérile. Son

---

27. Ce plaidoyer semble avoir été préparé, sur un ton différent, par une pièce comme *La Colonie* (1729). Il est vraisemblable que la source grecque, la comédie d'Aristophane *Lysistrata*, ne devait pas être inconnue dans le milieu féministe de Mme de Lambert. Marivaux transformera d'une manière significative le nom de son héroïne noble Silvia en Arthenice, comme si après la mort de la marquise il n'avait plus à rougir d'utiliser une clé trop voyante. Il est sûr que certains arguments d'Arthenice, quelques formules, quelques images, semblent empruntés aux *Réflexions sur les femmes*. Tout invite à voir dans le personnage un portrait de Mme de Lambert; c'est sur son intelligence que le dramaturge compte pour assurer le dynamisme des scènes. Cette précieuse met en avant quelques arguments lambertins: la tyrannie des hommes n'est pas raisonnable, elle étouffe l'esprit des femmes, dont la seule ressource ambiguë reste la coquetterie; il faut créer une égalité intellectuelle entre les deux sexes; le système éducatif et juridique (problème de l'adultère) est injuste.

rêve d'une union des cœurs, tout comme ses aspirations au savoir et à la responsabilité, est brimé par l'attitude tyrannique du maître.

2. *Les limites d'une condamnation*

Néanmoins, en dépit du ton ardent, vigoureux, le réquisitoire contre la tyrannie masculine a ses limites. Le féminisme de Mme de Lambert, dynamique, sûr de lui, n'est jamais agressif, et n'a rien qui soit comparable à ces attitudes outrées, à ces revendications excessives auxquelles nous habitue notre mentalité contemporaine. Si l'écrivain moraliste condamne les hommes avec tant d'insistance, c'est pour mieux les convaincre de leurs propres intérêts, en leur révélant certaines de leurs contradictions; nous venons de voir que Marivaux retiendra cette méthode. En outre, la marquise n'est pas assez aveugle pour ignorer que dans la corruption des mœurs, les deux sexes partagent les responsabilités.

Même si Mme de Lambert s'est vigoureusement défendue d'avoir voulu publier ses *Réflexions sur les femmes*, il était difficile à l'écrivain d'oublier qu'elles étaient destinées à un cercle où l'élément masculin régnait en maître. La condamnation des hommes ne pouvait être trop rigoureuse. Et c'est une des originalités du féminisme lambertin que de s'adresser directement à eux, dans le but de les convaincre que leur intérêt n'est ni d'interdire aux femmes le savoir, ni de les maintenir dans une vie dissipée et libertine. C'est la finalité même de la revendication de Mme de Lambert, c'est ce qui a orienté sa pensée féministe. Elle l'exprime avec netteté dans la conclusion de ses *Réflexions sur les femmes* (p.212):

J'ai été blessée que les Hommes connussent si peu leur intérêt, que de condamner les Femmes qui savent occuper leur esprit. Les inconvéniens d'une vie frivole et dissipée, les dangers d'un cœur qui n'est soutenu d'aucun principe, m'ont toujours frappée. J'ai examiné si on ne pouvoit pas tirer un meilleur parti des Femmes.

En privant la femme d'une dignité intellectuelle et morale, en ne voyant en elle qu'un être fait pour plaire, c'est son propre bonheur que l'homme expose, son désir même qu'il dégrade, son plaisir qu'il diminue: c'est aussi une des grandes leçons du féminisme lambertin.

Montrer à une personne où réside son intérêt est certes un moyen habile de la convaincre; lui révéler les contradictions de sa conduite est aussi une arme efficace de la persuasion. Comme elle s'est efforcée de mettre en lumière les paradoxes de la société, Mme de Lambert a cherché à dénoncer ceux de la conduite masculine. Il est un passage des *Réflexions sur les femmes* particulièrement révélateur de la vigueur et de la subtilité de son art de convaincre. La marquise place l'homme devant une alternative, qui est le fondement de sa pensée féministe: ou bien celui-ci s'attachera aux qualités solides de la femme, ou bien, s'il lui refuse le droit au savoir, il acceptera toutes les corruptions du libertinage. Et Mme de Lambert le presse de choisir, sans contradictions (p.188-89):

Ce qu'il y a de singulier, c'est qu'en les formant pour l'amour, nous leur en défendons l'usage. Il faudroit prendre parti: si nous ne les destinons qu'à plaire, ne leur défendons pas l'usage de leurs agrémens; si vous les voulez raisonnables et spirituelles, ne les abandonnez pas quand elles n'ont que cette sorte de mérite.

La symétrie de la construction, qui souligne l'alternative, donne au raisonnement toute sa force. Sûre d'avoir visé juste, la féministe exprime alors la conclusion de son raisonnement, impressionnant dans son évidence (p.190):

Je demande aux Hommes, de la part de tout le Sexe; Que voulez-vous de nous? Vous souhaitez tous de vous unir à des personnes estimables, d'un esprit aimable, & d'un cœur droit: permettez-leur donc l'usage des choses qui perfectionnent la raison. Ne voulez-vous que des grâces qui favorisent les plaisirs? ne vous plaignez donc pas si les femmes étendent un peu l'usage de leurs charmes.

Il y a dans la progression du raisonnement une ironie, au sens profond du terme. Ces réflexions sur les contradictions flagrantes d'une conduite incompréhensible devraient, dans l'esprit de l'écrivain moraliste, inciter son interlocuteur à modifier son comportement, et par les vertus d'une maïeutique, modeste certes, l'amener à effacer lui-même ses incohérences. Cette ironie, qui sait être souriante parfois,[28] est une des meilleures armes du féminisme lambertin. La tyrannie des hommes à l'égard du sexe féminin est condamnable, parce qu'ils en sont eux-mêmes les victimes: elle nuit à leur propre bonheur et révèle des contradictions qui peuvent prêter à sourire. Si Mme de Lambert les accuse, c'est avec le sentiment de les aider à se mieux comprendre, et cela d'autant plus que, par leur nature et par leur conduite, les femmes elles-mêmes justifient parfois les arguments de leurs tyrans.

Il serait illusoire en effet de penser qu'elles n'ont aucune responsabilité dans la corruption générale des mœurs. La question du partage des responsabilités entre les deux sexes est particulièrement intéressante à évoquer, car les solutions proposées par les moralistes du dix-huitième siècle seront différentes. Mme de Lambert n'est pas sans savoir que certaines femmes, rejetant les vertus de leur sexe, la pudeur et la délicatesse, 'se font une habitude de Galanterie' et 'ne cherchent que les plaisirs' (p.199). Le portrait qu'elle donne de ces femmes libertines est sans indulgence. A l'égal des hommes, elles dégradent et corrompent 'la sensibilité des cœurs'; habituées à ne rechercher que les seuls plaisirs, elles sont incapables de nourrir des sentiments profonds

28. Par exemple dans *Femmes*, p.185: 'Il faut avouer que les Hommes ne connoissent pas la grandeur du présent qu'ils font aux Dames, quand ils leur passent l'esprit du Goût.'

et durables: 'Ceux des Femmes galantes ne sont ni vifs, ni durables: ils s'usent, comme ceux des Hommes, en les exerçant' (p.201). Cette formule exprime sans ambiguïté l'égalité des deux sexes dans la dégradation du sentiment. Cette égalité se rencontre tout autant dans la débauche. Le goût du luxe, l'attente de l'occasion, l'attrait pour les frivolités, le vertige de la corruption, tout ce que l'écrivain moraliste dénonçait comme pernicieux n'est pas ignoré des femmes: 'Voyez les Femmes du monde, qui sont livrées au Jeu, aux Plaisirs, & aux Spectacles; que ne leur faut-il pas pour l'emploi du tems?' (p.208).

C'est par sa nature même que la femme contribue souvent à cette dégradation de l'amour. Plus intuitive, plus spontanée, plus sensible que l'homme, elle est toujours prête à se laisser 'entraîner', le mot est à accepter dans toute sa force, et à tomber ainsi dans tous les pièges qui lui seront tendus. Le 'torrent' du monde, pour Mme de Lambert, est une fatalité intérieure autant que sociale.

Ces traits sont accusés jusqu'au défaut chez la jeune fille, trop frivole, trop légère, totalement 'livrée à la bagatelle',[29] incapable de créer ce recueillement qui sera nécessaire au véritable amour. Elle ignore ce que c'est que 'vivre pour un seul objet', ne saurait éprouver un sentiment qui soit unique et, par conséquent, durable: 'Comme elles ignorent tout, & que tous les objets ont pour elles le charme de la nouveauté, elles courent à tout: c'est autant de pris sur le goût principal' (*Sentiment dame*, p.266).

Certes, avec l'âge, la femme pourra se perfectionner et acquérir des mérites plus solides; mais elle ne se départira jamais de cette inquiétude qui est un des traits de sa nature. Elle est en effet par essence un être d'intuition, et, chez elle, le sentiment tient lieu souvent d'entendement: 'c'est à notre imagination et à notre cœur, que la nature a remis la conduite de nos actions, et de ses mouvements' (*Femmes*, p.186), affirme Mme de Lambert, dans un passage consacré à l'intuition féminine. Si cette apologie de la spontanéité intuitive de la femme lui permet de ruiner un des arguments de l'antiféminisme tradition-nel, qui dénonce l'inconstance intellectuelle d'un être inférieur, incapable de soutenir la réflexion et de la prolonger, elle ne l'empêche pas pour autant de reconnaître les défauts d'une telle nature, d'apercevoir les dangers de la sensibilité, qui emporte l'individu dans un élan aveugle: 'La plupart des Femmes, sans plan et sans dessein, se laissent entraîner au sentiment qui leur

---

29. *Sentiment dame*, p.266. Dans tout ce passage (p.265-67), les deux âges de la femme, celui de la jeunesse et celui de la maturité, sont opposés au détriment de la jeune fille: tout son mérite est dans les grâces, dans les agréments extérieurs, 'elle n'emprunte rien sur le mérite du cœur ni de l'esprit' (p.267). La jeune fille n'est occupée que de ses attraits et de sa parure; elle est incapable de mettre en œuvre la réflexion qui augmente le mérite de l'esprit, et elle ignore la vertu qui augmente celui du cœur. La marquise de Lambert donne de l'adolescente un portrait que Marivaux voudra corriger.

plaît.' Cette sentence de *La Femme hermite* (p.322) livre une des clés de la nouvelle, qui veut montrer le danger des liaisons pour les cœurs sensibles, soumis à une force dominatrice toujours prête à les 'entraîner'.

A l'état naturel, et principalement chez la femme, le sentiment s'impose donc comme une force irrésistible qui livre l'individu à tous les dangers de ses séductions. Mais perfectionnée par une métaphysique subtile, c'est cette même force qui saura donner sa plénitude à 'l'union des cœurs', et c'est par elle que la femme pourra accéder à la dignité qui lui convient.

A aucun moment Mme de Lambert n'a ignoré la lourde responsabilité des femmes dans leur aliénation; elle a remarqué avec plus d'un moraliste de son époque, que 'la plupart des Femmes vivent sans attention & sans retour sur elles-mêmes' (*Vieillesse*, p.146-47). D'une nature plus sensible que les hommes, souvent entraînées par la force de leurs sentiments, les femmes ont contribué aussi à la corruption des mœurs, et en particulier à la dégradation de l'amour.

Lorsqu'il a fallu découvrir les responsables de la servitude féminine, Mme de Lambert, sûre de la justesse de ses arguments, a trouvé les accents les plus vigoureux et les plus âpres pour dénoncer l'intolérable tyrannie masculine qui, violatrice du droit naturel, abaisse l'être faible sous la force et l'orgueil. Elle a voulu donner à son féminisme des fondements juridiques.

Ses accents rappellent parfois ceux des premières précieuses, qui se révoltèrent contre les mœurs grossières des hommes, inconstants et corrupteurs, et qui ne voulurent pas admettre que leur soit interdit l'accès au savoir. Mais, à leur différence, elle a su atténuer la vigueur de son plaidoyer et partager les torts avec plus d'équité. Ses idées sont aussi celles d'une femme éclairée, qui a opéré une habile synthèse des arguments avancés dans les salons par les moralistes cartésiens, à l'occasion des derniers éclats de la querelle des dames.

Ce sont surtout celles d'une femme sensible, fine psychologue et adroite métaphysicienne; son projet pour sauver les deux sexes de la déchéance des plaisirs et pour réaliser l'union idéale des cœurs dans laquelle hommes et femmes atteindraient, en toute égalité et dans l'harmonie, la plénitude de leurs désirs et de leurs pensées, devait abolir la tyrannie masculine que les excès de la sensibilité féminine favorisent trop souvent. La femme, en abandonnant son statut d'objet pour devenir un sujet véritable, offrirait à l'homme des mérites solides, capables de fonder un bonheur durable. Comme Marivaux, la marquise de Lambert a milité pour que soit reconnue la dignité de la femme vertueuse: chez ces nouveaux précieux, la pensée féministe coïncide avec un idéal de pureté.

iii. Les revendications

La protestation contre les inégalités, les injustices et les maux dont souffre la femme, accompagnée du constat qui en établit les responsabilités, ne saurait être séparée de l'image de l'idéal féminin que propose Mme de Lambert. Ses réflexions montrent en effet la voie d'une 'émancipation féminine', pour utiliser une expression familière à notre mentalité contemporaine; elle passe par la revendication des mérites solides de l'esprit et de ceux, plus délicats, du cœur, pour proposer une description des rapports de l'homme et de la femme, où est défini le rôle spécifique que celle-ci pourra tenir dans la recherche d'une 'honnêteté' féminine et d'une 'métaphysique du cœur'.

1. *La revendication des mérites de l'esprit*

La conquête de sa dignité doit d'abord être, pour la femme, une conquête des mérites de l'esprit, et le féminisme lambertin, dans ses revendications premières, a toujours cherché à lui assurer les satisfactions intellectuelles. Cette recherche se confond, dans la pensée de Mme de Lambert, avec une apologie de la femme savante; l'accès au savoir est une des formes de l'émancipation, mais la femme saura garder dans ses connaissances une modestie propre à lui éviter les ridicules qui firent injustement échouer les tentatives passées. Dans le même temps, les réflexions de l'écrivain suggèrent aussi des propositions concrètes pour l'éducation de la jeune fille, esquissent un programme éducatif et définissent en quelque sorte les conditions favorables à l'épanouissement du savoir des femmes.

Mme de Lambert a dénoncé, et en cela elle nous paraît mériter vraiment le nom de 'nouvelle précieuse', la toute-puissance d'une bienséance injuste qui arrête tout essor intellectuel chez la femme. Admiratrice de Madeleine de Scudéry, lectrice passionnée de *La Clélie*, la marquise a retenu la belle leçon sur la nécessité pour la femme de substituer aux mérites éphémères et fragiles de la beauté une gloire plus solide et durable. C'est donc en bonne logique qu'elle réclame pour les femmes le droit de se libérer d'un préjugé intolérable et d'accéder à un savoir qu'elles sont tout à fait capables d'assumer,[30] et dont elles pourront légitimement être fières. C'est sur ce point que le féminisme lambertin se rapproche le plus d'un appel à l'émancipation.[31]

30. Saint-Evremond lui-même, dans *L'Idée de la femme qui ne se trouve point et qui ne se trouvera jamais*, n'a-t-il pas placé le 'modèle de perfection' chez la femme? *Femmes*, p.189-90: 'Les Femmes ont pour elles une grande autorité: c'est S. Evremont. Quand il a voulu donner un modèle de perfection, il ne l'a pas placé chez les Hommes.'

31. Même s'il faut faire la part de la création stylistique, cette métaphore de la première lettre au Père Buffier sur Homère est très révélatrice: Mme de Lambert loue Mme Dacier d'avoir '*mis en liberté* l'esprit qu'on *tenoit captif* sous ce préjugé' (p.382).

8. Le féminisme

Le premier souci de Mme de Lambert est de débarrasser le nom de 'femme savante' des fausses hontes qu'on lui attache. Les exemples empruntés à la réalité l'aideront dans son entreprise. Elle évoquera celui, récent, de Mme Dacier, qui sut assumer la plus solide érudition sans outrepasser néanmoins les bienséances, et cela en dépit de la célébrité bruyante qui la mit en valeur à l'occasion des derniers sursauts de la Querelle des Anciens et des Modernes. Ceux, plus lointains, empruntés à un âge d'or presque oublié, de Henriette d'Angleterre, de la marquise de Rambouillet et de Mme de La Sablière (p.180-81, 187). Ceux encore de poétesses et de romancières injustement méconnues (p.182).

Les 'plaisirs spirituels et délicats', le commerce des Muses, 'l'étude des Sciences et des beaux-Arts', tout ce qui est 'nourriture solide' (p.180-81) doit être garanti à la femme. On réclame pour elle une possession et une jouissance totales du domaine de l'esprit, d'où ne serait exclu aucun territoire; même l'ascension des hauteurs du sublime devrait lui être permise, car elle en est capable: les femmes 'qui [se] sont attachées à l'étude des Sciences et des beaux-Arts, n'y ont-elles pas réussi, et dans le sublime, et dans l'agréable?' (p.182).

Néanmoins, il serait faux de croire que cet appel lancé pour une libération intellectuelle invite la femme savante à faire étalage, pompeusement, de ses connaissances. S'il est intolérable qu'elle ait à rougir en public de son érudition, elle doit, en revanche, se garder de tout excès et conserver dans le cercle une modestie, une pudeur, une retenue conformes à sa nature de femme et respectueuses des bienséances. 'Songez que les filles doivent avoir sur les Sciences une pudeur presque aussi tendre que sur les Vices.' Cette recommandation de Mme de Lambert à sa fille (p.82-83) prouve que la leçon du passé a été comprise – il ne faut pas que renaissent les excès qui couvrirent de ridicule les précieuses – et définit assez bien l'attitude des contemporains à l'égard du savoir des femmes. L'étalage de l'érudition, la pédanterie chez une femme heurteraient trop les principes de l'honnêteté. Mme de Lambert elle-même, par l'attitude qu'elle a su adopter dans la Querelle des Anciens et des Modernes, fournit le modèle vivant de cette image idéale d'une femme capable de participer au débat d'érudition le plus animé, tout en gardant assez de retenue pour n'avoir pas à assumer les difficiles engagements d'une femme savante. Ainsi, même s'il faut faire la part de la formulation de politesse, purement conventionnelle, cette réponse au Père Buffier: 'Vous me faites trop d'honneur, mon R. P., de me juger digne de décider sur des matières si graves. Je sais demeurer à ma place. Je dois vous écouter, et me taire' (p.381) nous permet d'entrevoir ce que pourraient être l'attitude et la place de la femme dans le cercle mondain: née pour l'harmonie et la conciliation par excellence, capable de juger de toute chose, mais préservée de tout excès par une modestie qui apparaît bien, au fond, comme une estimation lucide et objective de sa propre valeur, de ses propres forces.

Les revendications intellectuelles de Mme de Lambert (c'est dans cet esprit qu'il faut les comprendre) ne sauraient outrepasser les limites qu'impose la politesse, et enfreindre les normes du code de l'honnêteté. Cela explique à la fois leur hardiesse et leur pondération.

Les *Avis* de Mme de Lambert à sa fille définissent les conditions dans lesquelles pourrait se réaliser l'éducation d'une jeune femme cultivée. Intéressants pour l'historien des idées pédagogiques en France, ces conseils le sont aussi dans la mesure où ils permettent d'apprécier concrètement les voies d'une libération intellectuelle de la femme. Ce programme éducatif reprend bien des idées chères au dix-septième siècle.

La première de ces voies est destinée à sensibiliser la jeune fille aux valeurs du monde extérieur, à la rendre réceptive aux 'idées étrangères' (p.85), en développant et en exerçant sa mémoire, en favorisant toujours un 'sentiment de curiosité [...] qui va au-devant de l'instruction' (p.80), en l'occupant à des lectures solides, en particulier celle de l'histoire, l'ancienne et la moderne, et celle de la morale, ces 'sciences solides' (p.80) étant destinées à fortifier l'entendement, l'âme, siège des idées morales, et le cœur où résident sentiments et passions. En tout cela, rien d'original. Mme de Lambert s'engage davantage, quand elle permet à la jeune fille d'accéder au domaine réservé de la spéculation philosophique, et en particulier de s'éclairer aux lumières de la philosophie nouvelle, quand elle lui permet aussi de s'initier à la connaissance de la langue latine, qui 'ouvre la porte à toutes les sciences' et qui 'met en société avec ce qu'il y a de meilleur dans tous les siècles' (p.81). Mme de Lambert ne se contente pas de mettre à la portée des dames les travaux des vulgarisateurs. Elle veut que l'accès à la connaissance soit véritablement formateur: la teinture de philosophie et de rhétorique doit donner à la femme la maîtrise du raisonnement. Plus encore qu'une femme savante, son idéal vise à former une femme intelligente: au-delà du féminisme cartésien traditionnel, son lointain modèle pourrait être Marie de Gournay, ou l'honnête fille idéalisée par le Père Du Bosc (1632-1636) et Grenaille de Chatounières (1640); le féminisme de Mme de Lambert vient directement de leurs traités: il en a la confiance, l'enthousiasme, la politesse. Ces moralistes croyaient, comme elle, que les femmes accomplies n'étaient pas faites pour être de 'bonnes ménagères', mais pour découvrir, avec l'homme, des horizons intellectuels nouveaux. La marquise donne son entière adhésion à leurs idées. Son féminisme ne serait-il pas destiné, en priorité, à des hommes?

Car en empiétant ainsi sur les domaines virils par tradition, Mme de Lambert reste pondérée, mesurée: 'je ne blâmerois pas', 'je ne m'opposerois pas', ce langage est celui de la réserve, il ne caractérise pas des recommandations pressantes et impérieuses. Cette hardiesse mesurée, cette pudeur que l'écrivain conseille à la femme cultivée expliquent mieux certaines réserves, certaines réticences. Il n'y a guère à s'attarder sur celles qui relèvent d'un jugement moral, comme par exemple la condamnation de l'apprentissage mondain de la langue italienne, qui est la 'Langue de l'Amour' (p.81), ou la mise en garde contre les 'inconvéniens' de la Poésie, exception faite de l'univers héroïque de la tragédie cornélienne, ou encore la dénonciation traditionnelle des dangers et des perversions rencontrés dans la lecture des romans. Il peut être, en revanche, plus intéressant de noter que l'attitude de la marquise reste réservée en face du domaine de l'érudition et des sciences, domaine propice aux agitations de l'imagination et aux élans de l'orgueil, source de vanités et d'extravagances. Cette attitude illustre concrètement le motif de la pudeur de la femme savante: Mme de Lambert met en garde 'contre le goût du Bel-esprit' (p.83), et assez paradoxalement retrouve la leçon de Molière, dont elle faisait pourtant un adversaire résolu du savoir féminin.[32] En réalité, la leçon qui se dégage de ce passage très important dépasse le cadre du féminisme: elle témoigne de l'esprit naissant des Lumières, qui exigera de l'homme mesure et humilité dans la connaissance.

La seconde voie, plus importante encore aux yeux de l'écrivain moraliste, est celle de la réalisation personnelle, dans laquelle l'individu tire ses jugements non plus des autres, mais de son 'propre fonds', et qui en accoutumant à la réflexion et en exerçant l'esprit, par la méditation solitaire, doit aboutir à un véritable 'savoir-penser'. Cet itinéraire devrait profiter plus à la femme qu'à l'homme, car les excès coûteux de sa nature imaginative pourront être corrigés par une soumission aux règles de la raison (p.85-86).

Ce programme d'éducation offre une image assez fidèle de l'idéal lambertin qui vante à la femme les mérites de l'esprit: tous les domaines de l'activité intellectuelle doivent lui être ouverts, réserve faite pour celui de certaines sciences que les premières précieuses envahirent peut-être avec trop d'imprudence; mais la femme savante devra toujours conserver une réserve que lui commandent à la fois les impératifs moraux, le code de l'honnêteté et le nouvel esprit d'humilité des Lumières naissantes. Les féministes des ruelles du dix-

32. En réalité, cela ne doit guère nous surprendre; accuser Molière d'antiféminisme est certes excessif, et nous avons appris depuis à déceler dans son théâtre plus d'un écho aux préoccupations féministes des précieuses. Voir Emile Magne, éd. critique de *La Prétieuse*, i.LXXVI-LXXXVII: les précieuses galantes 'prirent la tête d'un mouvement féministe, entraînant dans leur sillage maints écrivains et, parmi ces derniers, Molière qui, visiblement inspiré par la *Prétieuse*, porta à la scène leurs légitimes revendications'. Voir aussi Lathuillère, p.102-57.

septième siècle réclamaient une libération sociale, la préciosité lambertine met plus l'accent sur la libération intellectuelle.

2. *La revendication des mérites du cœur*

La finalité d'une éducation est avant tout, pour Mme de Lambert, la formation du sens moral: celle des femmes devrait contribuer à leur inspirer le sentiment de leur propre 'gloire', qui les fortifierait contre les errements des sens et les surprises de l'amour.[33] Pour s'épanouir dans sa liberté et dans sa dignité, la femme doit donc s'efforcer d'acquérir les mérites du cœur à l'égal de ceux de l'esprit. Ces mérites eux aussi révèlent une dualité, où s'unissent modération et exaltation: il s'agit de louer la pudeur chez les femmes, tout en les exhortant à la vertu. Les réflexions lambertines veulent indiquer la voie moyenne entre le respect des bienséances et la force des convictions intérieures, entre la honte et la gloire, entre l'approbation du monde et le tribunal de la conscience.

Le thème de la pudeur féminine est cher à Mme de Lambert: c'est un motif conducteur de sa pensée, qui peut servir d'indice sûr, quand il s'agit de déceler les influences qui se manifestent dans son milieu. Il se développe chez la marquise autour de deux notions voisines, qui parfois même se confondent: la modestie est l'ornement de la femme dans le commerce du monde, tandis que la pudeur, plus intérieure, aime la solitude, se contente du regard d'un spectateur unique et privilégié.

La première ébauche de l'attitude pudique, la plus élémentaire, la plus facile aussi à réaliser, est la modestie, qui doit être par excellence le 'caractère' de la femme, ce qui la distingue, et le soutien assuré de ses vertus: 'Et que faire d'une femme sans modestie? La timidité doit être le caractère des femmes; elle assure leurs vertus' (lettre à la supérieure de la Madeleine, p.380). La condition et le rôle moral de l'éducatrice à qui sont destinées ces lignes rappellent à propos le désir de la marquise de ne point rompre définitivement avec la tradition religieuse. Les *Avis d'une mère à sa fille* prétendent ramener les sentiments, les vertus et les devoirs des femmes à la religion (p.57-58), qui sera leur 'asile assuré' dans la vieillesse. Mais le traité écrit sur ce thème ne confirmera pas cette confiance accordée à la foi, et substituera la lucidité de la raison à une piété somme toute extérieure. Cependant, sur ce thème de la modestie et de la timidité, l'écrivain moraliste pouvait alléguer la tradition chrétienne et ses belles leçons sur l'humilité et la chasteté.

33. L'idée est clairement exprimée dans *Femmes*, p.206: 'Pour celles qui ont été bien élevées, et à qui on a inspiré des principes, les préjugés se sont profondément gravés; quand il faut déplacer de pareilles idées, ce n'est pas le travail d'un jour.'

Il n'est pas toujours aisé de distinguer la modestie de la timidité.[34] Si la timidité fait la personnalité même de la femme, la modestie est plus extérieure: elle est dans les manières, et à ce titre elle entre dans la définition des agréments féminins. La marquise de Lambert a cette formule expressive: 'la Modestie est le supplément de la beauté' (p.67).[35] C'est ce qui permet de la distinguer de la pudeur, avec laquelle elle se confond parfois sous la plume de l'écrivain et de ses contemporains. C'est ainsi que *Le Spectateur français*, dans la vingt-quatrième feuille, l'accorde à la sœur de l'Inconnu; chez ce personnage aussi, la modestie supplée à la beauté, et oppose une froideur vertueuse au discours trop tendre, trop galant d'un jeune financier qui veut profiter de sa détresse. La modestie, telle que la définissent les lambertins, aura un rôle à jouer dans le récit édifiant dont se délectera le siècle.

La modestie caractérise aussi la femme, parce qu'il existe en effet une frontière, que la marquise de Lambert tient à maintenir, entre la condition virile, faite pour la gloire et la renommée, et la condition féminine, privée d'honneurs et de distinctions. La timidité et la modestie sont donc l'expression pour la nature et la société d'une réserve qui est par excellence la vertu de la femme; la pudeur en est la troisième manifestation, sur le plan moral.

L'expression la moins méritoire de la pudeur est la honte, sous sa forme positive, qui fortifie la vertu défaillante et la rassure dans ses incertitudes, 'qui nous détourne du mal par la crainte du déshonneur. Il faut l'avouer, cette honte est quelquefois le plus fidèle gardien de la Vertu des Femmes: très peu sont vertueuses pour la Vertu même' (p.62-63). Cette honte fortifiante, soutien des mœurs, joue un rôle analogue à celui de la modestie ou de la pudeur: l'analyse lambertine, qui refuse toute déréliction, sait trouver des remèdes aux défaillances de la nature humaine. Pour les personnalités fragiles, incapables de se livrer à l'exaltation des ressources intérieures, d'acquérir une certitude sur la validité des impératifs moraux, la marquise jalonne un itinéraire à leur mesure. La faiblesse humaine n'est jamais condamnée par un pessimisme lucide qui sait trouver des valeurs de substitution.

Moins craintive que la honte: la pudeur. Cette notion, Mme de Lambert l'affectionne, et les analyses qu'elle en donne sont toujours vives, fines, d'une délicatesse qui relève d'un esprit précieux dans le meilleur sens du terme. Elle occupe dans son système moral une place de choix: la pudeur chez les femmes est une de leurs plus hautes vertus, comparable à la 'suprême Valeur' chez

---

34. Comme le remarque la marquise de Lambert elle-même: 'La timidité & la modestie sont sœurs; elles se ressemblent, & souvent on les prend l'une pour l'autre' (*Correspondance*, p.380).

35. Cf. aussi *Femmes*, p.194: 'Les Femmes [...] ont perdu l'envie de plaire par des manières douces & modestes; & c'étoit pourtant la véritable source de leurs agrémens.'

l'homme (p.63). Mais cela ne signifie pas qu'elle doive régner seule, en repoussant toutes les autres qualités exigées par la société: elle est au contraire la parure et l'ornement des passions, des actions et de toute la personne. Elle se présente d'abord comme une exigence de la société: il faut respecter le public, les bienséances et les préjugés. En ce sens le langage doit toujours la manifester intimement, et la conversation féminine doit se soumettre à ses exigences et bannir toute audace.[36] Mais si puissantes sont les bienséances, si redoutable le regard du public, qu'il est toujours difficile de concilier les exigences de la pudeur avec le tourbillon des activités de la vie mondaine. C'est pourquoi l'exacte pudeur, au sens lambertin, ne saurait s'accorder avec les éclats du monde: c'est une vertu de la solitude. Ce n'est pas là une attitude de fuite qui se contenterait de la voie la plus facile. Par ce mouvement de refus, la pudeur féminine intériorise en quelque sorte le devoir d'ordre social pour le transformer en devoir individuel: elle transforme le tribunal du monde en un tribunal de la conscience, le respect des autres en un respect de soi-même.[37]

Il reste à définir à présent la triple série des avantages que la pudeur offre aux femmes. Comme la modestie et la honte, ses sœurs, elle est d'abord 'une sûreté pour les mœurs' (*Femmes*, p.178), qui permet de résister 'aux impressions de l'Amour' (p.194). Mais dans la mesure même où elle est résistance, c'est elle qui donne son prix à l'amour qu'elle accompagne toujours nécessairement, non seulement à l'amour, mais aussi à ses plaisirs: 'Elle est aussi l'aiguillon des désirs: sans elle, l'Amour seroit sans gloire, et sans goût; c'est sur elle que se prennent les plus flatteuses conquêtes; elle met le prix aux faveurs. La Pudeur, enfin, est si nécessaire aux plaisirs, qu'il faut la conserver, même dans les tems destinés à la perdre' (p.178). La délicatesse de cette dernière phrase n'a d'égale que son audace: c'est dans de telles formules que se révèle tout le charme des réflexions lambertines. De cet aiguillon il est un art délicat et subtil d'user; la pudeur, c'est son troisième avantage, peut servir la coquetterie féminine: 'Elle est aussi une coquetterie raffinée, une espèce d'enchère que les belles personnes mettent à leurs appas, & une manière délicate d'augmenter leurs charmes en les cachant' (p.178-79). La formule ici encore est exquise, et

36. Voir *Avis fille*, p.66 et 113.

37. C'est un mouvement essentiellement lambertin. La nouvelle de *La Femme hermite* contient un passage très révélateur de cette double exigence de la pudeur féminine, qui est respect du monde, mais avant tout respect de soi-même. Voir le débat sur le préjugé du veuvage dans l'*Histoire d'Eleonor*, p.324-25: 'Je ne pense point comme vous, lui dis-je: je n'ai point vu de femme, avoir rejeté tout-à-fait le préjugé de l'Honneur, et qui valut quelque chose. Mais d'ailleurs, je me respecte plus que le monde: j'ai besoin de ma propre estime; et le témoignage de ma conscience m'est plus nécessaire, que les suffrages du public.'

c'est dans cette 'mignardise', qui orne autant la phrase que la pensée, qu'il faut rechercher l'esprit précieux de Mme de Lambert. La pudeur des femmes n'a rien à voir avec une pruderie sèche, austère, sévère, qui détruirait tous les efforts de la pensée féministe pour faire d'elles l'ornement de la société. Il ne faut point faire payer sa chasteté: la vertu des femmes est aimable. La lecture des historiens a fait découvrir à Mme de Lambert une figure sans agréments: celle d'Anne de Bretagne, 'Princesse impérieuse et superbe'. La domination des femmes ne saurait être fondée sur ce modèle: 'Ne croyez pourtant pas que votre seule Vertu soit la Pudeur; il y a bien des Femmes qui n'en connoissent point d'autre, et qui se persuadent qu'elle les acquitte de tous les devoirs de la Société: elles se croient en droit de manquer à tout le reste, et d'être impunément orgueilleuses et médisantes' (*Avis fille*, p.65). La remarque est directement inspirée du roman de l'abbé de Pure et la définition d'une pudeur au service de la coquetterie est conforme à l'idéal des précieuses. Un personnage note au sujet des historiens: 'Ils sont comme ces honnestes femmes que la présomption de leur honnesteté rend insupportables; et qui toutes laides et bizarres et importunes qu'elles sont, ne laissent pas de tenir leur rang, et ne parlent d'autres choses que de leur vertu' (i.139). Ces formules de la marquise de Lambert éclairent la genèse de l'œuvre de Marivaux: elles pourraient être appliquées à maintes attitudes de Marianne ou des héroïnes du théâtre, qui sauront faire de leur pudeur une suprême coquetterie, délicate et raffinée.

Timidité, modestie, honte, pudeur, pudeur tendre, pudeur coquette: autant de repères qui jalonnent l'itinéraire qui conduit la femme aux mérites du cœur, sans lui faire oublier pour autant que cet itinéraire doit l'amener à découvrir aussi les agréments de l'honnêteté. Leur énumération n'est pas sans rappeler les subtiles distinctions par lesquelles les premières précieuses pouvaient délimiter les cantons de leur géographie allégorique. C'est certainement le même esprit précieux qui joue dans les réflexions de Mme de Lambert; mais, chez elle, le souci de la définition précise, de la distinction subtile, de la maxime, et les exigences d'un esprit avide de clarté ont remplacé le goût de la métaphore audacieuse que file à l'infini une imagination débordante. Il n'en reste pas moins vrai que le thème de la pudeur des femmes apparaît comme un motif caractéristique d'un milieu où la nouvelle préciosité se développa à l'aise.

A ne considérer que cette apologie de la pudeur, on courrait le risque d'estimer que les revendications pour la femme des mérites du cœur sont assez passives, en tout cas peu exigeantes. En réalité, la finalité de cette apologie est de fortifier la vertu. Il n'est pas question dans ces pages sur le féminisme de Mme de Lambert de revenir sur le thème de l'exhortation à la vertu, aperçu au chapitre précédent et qui constitue un des fondements de sa morale, mais simplement d'en préciser un aspect particulier, et mineur: les femmes vertueuses, en paix avec leur conscience et avec celle du public, pourront espérer accéder au bonheur.

La progresion dans cette voie est beaucoup plus difficile: l'écrivain moraliste est éloigné de croire que l'amour des femmes pour la vertu soit, chez elles, un caractère inné. Nous avons surpris cet aveu, que 'très peu sont vertueuses pour la Vertu même.' Ce pessimisme sur la nature humaine rappelle celui des grands moralistes classiques. Mme de Lambert semble se défier tout particulièrement de l'instinct, des penchants profonds de la nature. Seules quelques âmes exceptionnelles sont capables d'intégrer la vertu dans un véritable idéal moral, vivifié de l'intérieur; mais pour bien des femmes elle n'est qu'une exigence de la civilisation, imposée de l'extérieur par les conventions sociales, et à laquelle il est facile de se dérober en jouant habilement des avantages de l'hypocrisie. C'est pourquoi cet avis que la marquise donne à sa fille: 'ne regardez pas la Vertu des Femmes comme une Vertu ordonnée par l'usage: ne vous accoutumez pas à croire qu'il suffit de se dérober aux yeux du monde, pour payer le tribut que vous devez à vos obligations' (p.61), constitue un excellent témoignage de la haute idée qu'elle se fait de cette vertu, qui apparaît finalement comme un besoin profond d'être en paix avec sa conscience.

Mais si la vertu des femmes se présente d'abord comme une exigence intérieure, il serait vain de penser qu'on puisse en négliger la dimension sociale: 'Il ne faut pourtant pas abandonner l'approbation publique; parce que, du mépris de la réputation, naît le mépris de la Vertu' (p.62). Cette vertu se confond aussi avec le souci de sa réputation, elle est une soumission aux préjugés du siècle, et nous avons signalé déjà qu'une des sources du malheur de la condition féminine était dans le mépris du monde; il faut peindre le danger des liaisons, pour faire naître le goût de la vertu.[38]

Les réflexions de Mme de Lambert sur la vertu des femmes sont intéressantes dans la mesure où elles témoignent d'une évolution dans l'histoire des idées morales. Le pessimisme relatif sur la nature humaine, le besoin de recourir à un ensemble de conventions qui soumet le moi au regard d'autrui, sont deux traits qui relèvent encore de l'âge classique; mais la volonté de définir un impératif moral qui soit une exigence intérieure, de le vivifier à des sources

---

38. Cette leçon se dégage de la nouvelle de *La Femme hermite*, qui montre avec l'accablement final de l'héroïne, 'victime de la vanité d'un perfide', la situation de la femme pour qui dans l'amour tout est crime: 'ma vie, ma réputation, tout va être enveloppé dans l'horreur du crime: me voilà confondue parmi toutes celles de mon sexe, qui ont abandonné & la Gloire & l'Honneur' (p.365).

d'où pourrait naître le bonheur semble au contraire annoncer une conception de la vertu plus moderne.

3. *Vers une nouvelle situation de la femme*

Ces revendications vigoureuses, maintes fois répétées, des mérites de l'esprit et du cœur, cette exigence d'émancipation appellent une définition du statut social et moral de la femme et permettent d'entrevoir le rang qui devrait être le sien. En effet, respectée dans ses aspirations intellectuelles, se respectant elle-même dans ses liaisons, la femme peut avoir un rôle particulier à tenir dans les relations entre les deux sexes. Il est possible d'apercevoir certains éléments d'une honnêteté spécifiquement féminine – c'est pourquoi il faut lui réserver une place dans ce chapitre – où pourront s'épanouir les qualités acquises; appréhendée dans une dimension plus individuelle, cette honnêteté deviendra le fondement de 'la métaphysique d'amour'.

A la femme qui serait capable d'acquérir les mérites revendiqués, Mme de Lambert laisse entrevoir la possibilité de tenir dans le cercle social un rôle irremplaçable: en usant avec habileté des bienfaits de son émancipation, cette femme parviendrait à la maîtrise d'un nouvel art de plaire et donnerait un ton spécifiquement féminin à l'honnêteté, dont les valeurs occupent une place importante dans le système moral lambertin. La finalité des revendications féministes est bien de 'faire voir combien une Femme est aimable par les qualités solides, quand elle a su les cultiver' (*Sentiment dame*, p.268). Mme de Lambert ne borne pas le mérite des femmes au savoir et à la pudeur: elle veut faire, comme les premiers théoriciens de l'honnêteté, de la politesse une vertu.

La contradiction apparente entre les avantages naturels des femmes et leur servitude sociale a sans doute inspiré maints débats et plusieurs dissertations à l'hôtel de Nevers. On en retrouve des traces visibles dans le projet d'une *Histoire de la jalousie* suggérée peut-être à l'excellent peintre du sérail par les hôtes de la marquise.[39] Les fragments de l'œuvre épars dans les *Pensées* montrent que Montesquieu aurait consacré un chapitre à la *Servitude domestique*, qu'il explique par un beau paradoxe: 'Il faut remarquer qu'excepté dans des cas que de certaines circonstances ont fait naître, les femmes n'ont jamais guère prétendu à l'égalité: car elles ont déjà tant d'autres avantages naturels, que l'égalité de puissance est toujours pour elles un empire' (i.1076). Si Montesquieu a soutenu cette thèse devant le cercle des lambertins, ce que l'on peut admettre avec vraisemblance, la marquise lui a sans doute rappelé que l'empire des femmes ne saurait être trop étendu, dès lors que doit triompher

---

39. Robert Shackleton, *Montesquieu*, p.55.

la société douce et polie. La beauté est une puissance qu'il faut rendre socialement utile.

Il n'y a ni contradictions, ni palinodie dans la pensée lambertine. L'intention de la marquise n'est pas d'adoucir sa dénonciation des charmes éphémères et illusoires de la beauté. Sa sévérité visait en premier lieu à détruire l'explication commode que les femmes donnaient de leur conduite frivole, en même temps qu'elle prétendait les arracher à la tyrannie masculine qui les condamne au néant des objets agréables. Mais il n'appartient qu'à un féminisme épuré et supérieur de conserver à la beauté ses privilèges, de lui rendre sa puissance originelle en l'associant aux qualités du cœur et de l'esprit, d'affirmer que la femme émancipée peut être une femme aimable. Car, s'il est vrai que la beauté féminine est trop souvent une puissance trompeuse, il est indéniable aussi qu'elle a sur les âmes un pouvoir parfois incomparable: 'Quelle domination est plus prompte, plus douce et plus absolue que celle de la Beauté? La Majesté et l'Autorité n'ont droit que sur les choses extérieures; la Beauté en a sur l'âme; il n'y a gueres de femme aimable qui n'ait jouï de ces triomphes secrets' (*Vieillesse*, p.152). Elle 'a de grands avantages. [...] La beauté inspire un sentiment de douceur qui prévient. Si vous n'avez point ces avances, on vous jugera à la rigueur' (*Avis fille*, p.67). Cette puissance, source de triomphes, est un atout pour la femme dans le cercle mondain, elle doit en exploiter toutes les ressources, en l'associant aux charmes de la femme sensible et aux mérites de la femme savante. Et Mme de Lambert de définir, dans une rhétorique précieuse, un jeu où s'unissent agréments extérieurs et agréments solides.

A l'origine est ce postulat que 'le mérite n'est pas brouillé avec les grâces' (*Femmes*, p.192). Mais, comme il faut non seulement 'plaire', mais aussi 'toucher', ce sont les mérites du cœur et de l'esprit, 'beautés ravissantes et toujours nouvelles' (p.192), qui donneront aux agréments extérieurs le poids et la durée qu'ils n'ont pas en eux-mêmes. Néanmoins, s'il est vrai que 'la Vertu n'a jamais enlaidi personne' (p.192), Mme de Lambert reconnaît, dans le second temps d'une dialectique subtile, que 'le grand malheur de la laideur, c'est qu'elle éteint et qu'elle ensevelit le mérite des Femmes: on ne va point chercher dans une figure disgraciée, les qualités de l'esprit et du cœur' (*Avis fille*, p.67). Ainsi se justifie le postulat initial qui réclame une harmonie de tous les agréments: pas de vraie beauté sans mérite, mais pas de vrai mérite sans grâces (p.68).

Cette recherche d'une harmonie de tous les mérites, qui saurait allier les agréments physiques, moraux et intellectuels, amène l'écrivain à définir une honnêteté spécifiquement féminine. En effet, la véritable source des charmes de la femme, Mme de Lambert la découvre dans 'l'envie de plaire', qui ne suppose pas seulement l'acquisition des mérites essentiels, mais qui postule l'élargissement de ces mérites en des qualités capables d'inciter la femme à se dépasser et à se placer dans le cercle social sur un pied d'égalité avec l'homme. Il lui faut à cette fin transcender sa condition morale par l'acquisition des vertus réputées viriles; de ce point de vue, ce passage des *Avis d'une mère à sa fille* (p.68) est capital:

Il faut donc que les Femmes ayent un mérite aimable, et qu'elles joignent les grâces aux vertus. Je ne borne pas simplement le mérite des Femmes à la pudeur; je lui donne plus d'étenduë. Une honnête Femme a les vertus des Hommes, l'amitié, la probité, la fidélité à ses devoirs. Une Femme aimable doit avoir, non-seulement les grâces extérieures, mais les grâces du cœur & des sentimens.

La femme ne peut être elle-même que gracieuse, Mme de Lambert le sait bien; mais elle doit aussi, sous cette enveloppe de charmes et de grâces, entretenir un idéal reconnu d'ordinaire comme l'apanage de l'honnête homme. La définition du mérite aimable est au cœur du féminisme lambertin: la femme supérieure exerce sur l'homme la fascination de l'éternel féminin, en même temps qu'elle se fait reconnaître comme son égale dans l'expression des nobles sentiments. Belle, pudique, honnête, la femme aimable réunit les qualités et les vertus des deux sexes; en établissant une hiérarchie des mérites, elle déplace les limites de sa condition pour acquérir la maîtrise d'un art de plaire, que découvre la dialectique de la beauté et de la générosité, de la pudeur et de la sensibilité. Marivaux romancier donnera à la leçon de la marquise toute sa portée, en faisant de *La Vie de Marianne* une vie lambertine au sens noble du terme.

L'art de plaire ainsi défini est beaucoup plus délicat à mettre en œuvre qu'il n'y paraît. Il exige 'bien des ressources et des sortes de mérites' (p.69). Pour maintenir et forcer le respect des hommes, trop sujets à l'inconstance et qui 'n'aiment point à estimer', la femme devra proposer sans cesse 'à l'esprit une variété de grâces et de mérites' (p.69), faire valoir, dans une recherche subtile et toujours renouvelée, ses agréments physiques, au risque de passer pour coquette. Cette affirmation que l'émancipation de la femme doit, sous l'un de ses aspects, aboutir à la recherche d'une forme supérieure de la coquetterie, peut paraître illusoire et assez fragile, en tout cas peu convaincante pour des esprits du vingtième siècle. En réalité, il faut y voir, comme M. Gilot l'a remarqué (i.658) en commentant un aspect du féminisme de Marivaux, qui se présente d'une manière identique, 'la suprême preuve que les femmes puissent donner de leur dignité'. Le féminisme du début du dix-huitième siècle a donné une forme définitive aux analyses des précieuses et des moralistes mondains, en faisant de la coquetterie l'essence de la féminité. C'est Marivaux qui ira le plus loin dans cette voie. Il a découvert très tôt, chez La Rochefoucauld, une vérité essentielle: 'La coquetterie est le fond de l'humeur des femmes' (*Maxi-*

mes, 241); dans ses *Lettres sur les habitants de Paris*, il affirme à son tour: 'Une femme qui n'est plus coquette, c'est une femme qui a cessé d'être'.[40] Le thème lui était donné, et il n'avait plus qu'à fournir, sur 'ce mouvement perpétuel' de l'âme féminine des variations infinies.

Cet art de plaire aux hommes en jouant habilement des grâces et des mérites, qui constitue l'élément extérieur, la façade en quelque sorte de l'honnêteté féminine, nécessite la mise en œuvre de qualités spécifiques qui relèvent aussi bien de la connaissance du cœur humain que de celle des devoirs de la société. La pudeur, que Mme de Lambert a réclamée avec tant d'insistance, ne saurait constituer à elle seule le fondement de cette honnêteté: elle doit être accompagnée d'autres talents dont on ne peut la séparer, elle doit être mise en valeur par les agréments: l'honnête femme ne fait point 'payer sa chasteté'. Pour réussir dans cette difficile entreprise, elle peut compter sur des qualités innées, sur des présents qu'elle a reçus de la nature et qu'il lui suffit d'extérioriser: 'l'Imagination, la Sensibilité, le Goût' (*Femmes*, p.212), et l'esprit; toutes ces dispositions naturelles devraient l'aider à parvenir à la maîtrise de l'art de plaire. On reconnaît dans cet argument une idée sur laquelle se fonde le féminisme lambertin: les prétentions de la femme à une réévaluation de son statut social et moral trouvent leur légitimité dans sa nature, ses revendications reposent sur des droits et des qualités naturels.

La pratique de cet art de plaire devrait permettre de faire renaître l'idéal de la politesse des femmes, que certaines époques ont porté à sa perfection. Le féminisme de Mme de Lambert s'enracine dans la nostalgie d'un âge d'or de l'honnêteté classique. Les femmes avaient su, en ces temps reculés, dans leur commerce avec les hommes tenir un rang noble où s'épanouissait leur dignité, et nul ne pourrait leur ôter 'la gloire d'avoir formé ce que nous avons eu de plus honnêtes gens dans le tems passé' (*Avis fils*, p.33). A l'aube du dix-huitième siècle, Mme de Lambert cherche encore à inculquer à un jeune officier colonel des principes qui ont plus de cinquante ans d'âge. L'éloge des dames semble n'avoir pas varié depuis que Du Soucy dans son *Triomphe des dames* (1646) dédié à Mademoiselle vantait dans les mêmes termes la politesse des honnêtes femmes: 'La douceur de leur entretien est toujours la plus belle école des honnêtes gens.'[41] Il existe donc une continuité indéniable dans l'histoire de l'émancipation des femmes, qui relie la préciosité au dix-huitième siècle. L'analyse de l'honnêteté féminine montre que leur triomphe social fut préparé au cœur du dix-septième siècle; R. Lathuillère rapporte à cette époque les victoires futures du féminisme (p.657-58). Les écrits de la marquise de

---

40. *Journaux et œuvres diverses*, p.28.
41. Cité par Magendie, p.707.

Lambert ont servi de relais, par le rappel d'une idée ancienne: les femmes découvriront leur liberté dans l'urbanité.

Elles sont en effet les gardiennes de l'honnêteté, les inspiratrices du code de civilité; 'c'est à elles qu'on doit la douceur des mœurs, la délicatesse des sentimens, & cette fine Galanterie de l'esprit & des manières' (p.33).[42] Il est aisé de mesurer l'importance que la féministe attache à cette politesse des femmes: c'est grâce à elle qu'elles pourront espérer changer leur condition et retrouver une situation d'égalité dans leurs relations avec l'être masculin, c'est d'elle que dépend l'existence même de l'honnête homme. Ce dernier, en effet, s'est condamné lui-même quand il a condamné la femme à l'infériorité: 'Les hommes se sont séparés des Femmes, & ont perdu la politesse, la douceur, & cette fine délicatesse qui ne s'acquiert que dans leur commerce' (*Femmes*, p.193-94).[43]

Dans l'entourage de la marquise, les esprits les plus sérieux retiendront sa leçon et lui donneront une signification politique et philosophique plus prononcée. Montesquieu, dans *L'Esprit des lois*, admettra que l'émancipation des femmes forme le goût d'une nation, et que celui-ci est la source de ses richesses. Il décrit une nation policée par les femmes, qui ressemble fort à la société française de son temps, et il en apprécie l'esprit de liberté (xix.5). Avant lui, dans son utopie du *Sethos* (1731), l'abbé Jean Terrasson avait développé la même idée dans une parfaite leçon de lambertinage. Soucieux d'opposer l'éducaton privée à l'éducation publique, il reprochait au système traditionnel l'abandon des jeunes gens au sortir de l'enfance, par lequel il expliquait la débauche généralisée des adolescents modernes. Seules l'urbanité et les conversations du beau sexe pourraient les arracher à un dégoût universel.[44]

---

42. L'apologie d'une nature féminine délicate n'exclut pas une analyse lucide de certaines de ses violences. Ainsi cette réflexion sur la haine des femmes: 'Je dois encore vous avertir, qu'il ne faut pas attirer leur haine: elle est vive & implacable: il y a des offenses qu'elles ne pardonnent jamais, & on risque beaucoup plus qu'on ne pense, à blesser leur gloire: moins leur ressentiment éclate, plus il est terrible: il s'irrite en le retenant. N'ayez rien à démêler avec un Sexe qui sait haïr & se venger' (*Avis fils*, p.35). Cette analyse, qui révèle une profonde connaissance de l'âme féminine, appelle les développements d'un Laclos ou d'un Nietzsche sur ce thème de la haine et de la vengeance des femmes.

43. La formule est reprise dans *Avis fils*, p.33: 'les Hommes [ont perdu la] douceur et cette délicate politesse, qui ne s'acquièrent que dans leur commerce'. Voilà encore un thème qui permettrait d'assimiler l'Arthenice de *La Colonie* à la marquise de Lambert. Le personnage de Marivaux déclare: 'Voilà toutes les fonctions qu'ils nous laissent ici-bas; à nous qui les avons polis, qui leur avons donné des mœurs, qui avons corrigé la férocité de leur âme' (scène 9).

44. *Sethos* (Paris 1731), i.136: 'La légèreté d'esprit, la haine des devoirs, la perte du temps qui semble faire aujourd'hui le bon air de la jeunesse Grecque & Romaine, déshonorait en Egypte les jeunes gens, je dis même auprès des Dames qui s'intéressoient à eux: Et ce qui est le seul indice d'une Cour véritablement polie, ils ne pouvoient parvenir à leur plaire que par le mérite & par la sagesse.' Les jeunes débauchés trouvaient à la Cour, pour favoriser leurs vices, des

Mais il allait plus loin encore, en montrant que pour corrompre une nation, il suffisait de commencer par détruire la politesse des femmes. C'est ce que fait la mauvaise reine Daluca, sans doute Mme de Maintenon; elle met en place des favorites qui ont perdu le goût du bel esprit et du beau langage, et la disparition des conversations honnêtes favorise la naissance du libertinage.

Auparavant, Fontenelle avait lui aussi fait l'apologie du commerce des femmes, en recevant à l'Académie française, le 28 septembre 1726, Mirabaud, précepteur des princesses d'Orléans. On croirait que Mme de Lambert lui a dicté ces propos:

Pour les recherches laborieuses, pour la solidité du raisonnement, pour la force, pour la profondeur, il ne faut que des hommes; pour une élégance naïve, pour une simplicité fine et piquante, pour le sentiment délicat des convenances, pour une certaine fleur d'esprit, il faut des hommes polis par le commerce des femmes. Il y en a plus en France que partout ailleurs, graces à la forme de notre société, et de là nous viennent des avantages, dont les autres Nations tâcheront inutilement ou de rabaisser, ou de se dissimuler le prix.[45]

L'historien des idées découvre dans la permanence des thèmes moraux la continuité de la poussée féministe apparue au dix-septième siècle. Le motif de la politesse des femmes semble bien caractéristique dans cette perspective, puisqu'il relie, d'un siècle à l'autre, et de façon assez surprenante, la morale de l'honnêteté à la morale de la vertu, l'œuvre de la marquise de Lambert ayant servi de relais important dans le développement du thème. Pour la préciosité, la femme est le miroir où l'homme découvre sa propre perfection; mieux, elle garantit la valeur des créations de l'esprit qui sont son apanage, en veillant à maintenir le beau langage. La signification véritable de la politesse féminine est bien dans cet accord de la pureté des mœurs et de la pureté de la langue. Dans cette domination totale de la nature par la culture, dans cette victoire absolue sur le corps, sur la sensibilité et sur l'esprit, le féminisme a vu la revanche de la femme sur sa condition servile; il a lié le sort d'une civilisation fondée par des hommes, conçue pour des hommes, à la destinée de celle qui en avait été exclue.

En définissant une honnêteté qui conserve à la femme les charmes puissants de 'l'éternel féminin', qui l'incite à toujours se dépasser elle-même pour plaire et toucher, à retrouver sa souveraineté dans le domaine de la politesse, Mme de Lambert donne à son féminisme un relief tout particulier: il ne s'agit pas d'opposer les deux sexes en un perpétuel et stérile conflit, mais de dévoiler au

femmes libertines qui avaient oublié la politesse de leur sexe, et 'qui ne sçavoient parler que de leur tempérament, de leurs goûts, & de leurs parures' (i.137).
45. Edition Brunet, iii.347.

contraire comment tous deux pourraient trouver leur épanouissement et leur dignité dans un commerce fécond. Ce que l'écrivain entrevoit finalement dans cette apologie de l'honnêteté féminine, c'est l'impossibilité pour l'un des deux sexes d'exister sans l'autre: la douce et délicate 'envie de plaire' des femmes ne peut naître qu'en présence du sexe opposé, qui lui-même emprunte sa politesse au modèle dont elles sont les dépositaires.

Une fois reconnue cette honnêteté féminine qui repose pour l'essentiel sur la définition d'un art de plaire et de 'toucher', il est aisé d'apercevoir, si l'on abandonne le point de vue mondain pour envisager les relations d'individu à individu, quel rôle original la femme, dans son commerce avec l'être masculin, pourrait tenir dans la naissance d'une 'métaphysique du cœur'. Le passage de l'honnêteté à la métaphysique du cœur est contenu dans la définition même de l'art de plaire, que Mme de Lambert assimile à la recherche de l'amitié, qui est une façon d'intérioriser le triomphe des grâces (*Avis fille*, p.68). Pour transformer la conquête par les agréments en un sentiment profond et durable, l'écrivain moraliste affirme, sans ambiguïté, la supériorité de la femme sur l'homme (*Femmes*, p.207; *Amitié*, p.143), ce qui revient à donner au thème de la politesse des femmes son équivalent dans le commerce de deux cœurs.

L'éternel féminin, c'est essentiellement pour Mme de Lambert une délicatesse, une finesse, une grâce des manières, de l'esprit et de la sensibilité surtout, propres à retenir, soumettre et perfectionner aussi bien l'honnête homme que l'amant. Si elle a pu reprocher aux jeunes gens leur grossièreté envers les femmes, dont ils ignorent volontairement l'esprit de politesse, elle peut reprocher de la même façon aux hommes la grossièreté avec laquelle ils se conduisent en amour vis-à-vis d'elles.

C'est la pudeur féminine qui, dans l'honnêteté, suscitait toute une gerbe de vertus mondaines et parfois même viriles; c'est encore elle qui est à l'origine de la métaphysique du cœur: 'C'est des désirs et des desseins des Hommes, de la pudeur et de la retenue des Femmes, que se forme le commerce délicat qui polit l'esprit, et qui épure le cœur' (*Femmes*, p.194). Cette belle formule, où se réalise un équilibre entre le désir masculin et la retenue féminine, montre une nouvelle fois que c'est dans l'harmonie, dans l'entente que les deux sexes pourront trouver le bonheur et l'épanouissement auxquels ils aspirent. On saisit donc l'importance, dans la pensée lambertine, de ce motif de la pudeur des femmes, revendiquée comme un des mérites essentiels du cœur et de la vie mondaine, à l'origine de l'honnêteté féminine comme de la métaphysique du sentiment.

Il est impossible de dissocier le féminisme de Mme de Lambert de sa conception de l'honnêteté et de l'amour. L'écrivain affirme la supériorité du beau sexe dans ses attachements; le rayonnement de la femme, dans le monde comme dans l'union des cœurs, a quelque chose d'éternel: ses grâces, sa douceur, sa politesse, sa délicatesse fascinent le maître, honnête homme ou amant, qui dans un mouvement pétrarquiste abandonne en sa présence les prérogatives parfois rudes et grossières de la morale virile. Cette supériorité morale qui lui est enfin reconnue a encore d'autres avantages pour la femme, puisqu'elle lui permet d'entrer en possession des mérites qui lui manquent par nature. L'honnêteté féminine et l'union des cœurs sont les deux faces d'un même idéal aux lointaines origines platoniciennes: l'harmonie parfaite entre les deux sexes rétablit une égalité mythique. L'homme épure et raffine sa virilité par la politesse des femmes, et celles-ci acquièrent, dans la reconnaissance de leur dignité, les mérites virils qui leur faisaient défaut. Cette image rayonnante de la politesse féminine réalise une synthèse habile de la tradition courtoise et néo-platonicienne, du féminisme cartésien et de la morale de l'honnêteté; elle caractérise parfaitement une préciosité nouvelle, qui prolonge jusqu'au cœur du dix-huitième siècle les aspirations de la ruelle. On peut en suivre le double développement dans le marivaudage et dans l'apologie des femmes donnée par les lambertins philosophes: Fontenelle, Montesquieu, Terrasson, l'abbé de Saint-Pierre. Le temps n'est guère éloigné où cette apologie platonisante et pétrarquisante se muera en un débat philosophique sur la constitution physique et morale des femmes.

Les revendications de Mme de Lambert visent à montrer l'importance morale et sociale des femmes; peut-on dire aussi qu'elles contiennent un appel à un authentique émancipation?

La marquise de Lambert milite pour que soient reconnus les droits de la femme au savoir: elle réclame une libération intellectuelle, même si les excès des précieuses l'inclinent à la modération et lui commandent de la tempérer par la modestie. Les accents émancipateurs se font entendre encore dans l'apologie de la pudeur et de la vertu féminines, son thème favori. C'est la seule voie qui lui paraisse efficace pour libérer la femme des plaisirs qui l'asservissent aux hommes, pour mettre un terme aux souffrances de son cœur meurtri. On peut aussi parler d'émancipation à propos de la politesse des femmes, car le rôle exceptionnel qui leur est donné dans l'honnêteté et dans la parfaite amitié leur garantit la découverte d'un bonheur authentique.

La démarche de Mme de Lambert est cohérente et complète. Elle se présente d'abord comme une enquête sur la condition de la femme, sensible à sa détresse et à sa servitude. Puis elle établit les responsabilités, condamnant sans appel les hommes, parce qu'ils ont maintenu la femme dans un néant affreux, et partageant les torts entre les deux sexes qui ont contribué également à la dégradation des mœurs. Enfin, elle propose, avec la revendication du droit de la femme au savoir et au respect, et par la définition du rôle social que sa politesse et sa pudeur lui permettent d'espérer, les voies d'une émancipation qui ferait cohabiter les deux sexes dans l'entente et dans l'harmonie.

Le féminisme de Mme de Lambert est celui d'une nouvelle précieuse. On y retrouve les accents et certaines attitudes qui avaient caractérisé les revendications des 'ruelles'. Comme les premières précieuses, Mme de Lambert a réclamé pour la femme le droit d'être savante sans honte, sans avoir à rougir de ses légitimes aspirations intellectuelles. Comme elles, elle s'est révoltée avec énergie contre l'insupportable tyrannie masculine, et les reproches qu'elle adresse à une société patriarcale sont souvent audacieux par la pensée et par le ton. Comme les précieuses, elle a vu dans l'épuration des sentiments, dans le raffinement des mœurs et des manières le moyen de soumettre l'être masculin à la loi féminine.

Mais lorsqu'on rapproche les deux préciosités par le biais du féminisme, on aperçoit vite ce qui les distingue. La doctrine sociale a beaucoup moins d'importance chez Mme de Lambert: la marquise a certes médité sur la servitude domestique de la femme et sur l'inconsistance de ses devoirs, sur l'insuffisance de son éducation, mais jamais on ne la sent obsédée par des problèmes concrets, et subversifs, comme ceux du mariage, du divorce, de la maternité volontaire, etc. Son réquisitoire contre l'être masculin est sans agressivité; au contraire, même au moment des plus durs reproches, il s'adresse encore aux hommes, et vise essentiellement à établir une entente entre les deux sexes. Lorsqu'elle a voulu exprimer les aspirations intellectuelles de la femme – l'essentiel à ses yeux – Mme de Lambert s'est souvenue des événements qui couvrirent de ridicule les précieuses: la retenue et la modestie sont à ses yeux les premières qualités de la femme savante.

Ainsi, le féminisme lambertin est plus moral que social, ou plus exactement, il part d'une prise de conscience des abus odieux dont témoigne la condition féminine, pour définir une émancipation par des voies psychologiques et morales. En ce sens, il caractérise une pensée qui se situe à la charnière de deux époques: on conserve l'habitude de rapporter tous les jugements à la connaissance du cœur humain, mais on pressent pourtant que l'évolution des idées conduira à situer l'homme par rapport au monde et à la cité. A l'aube des Lumières, Mme de Lambert a senti le besoin d'une réforme du statut social de la femme: elle déteste les abus et les préjugés qu'elle y découvre, elle se révolte en particulier contre la puissance tyrannique d'une société patriarcale figée; mais, pour combattre cette inertie, elle redéfinit le rôle de la femme en se référant à la notion de bienséance (qu'il s'agisse de l'honnêteté ou de la métaphysique du cœur), qui est par excellence un concept de l'âge précédent et dont l'ambiguïté même, comme elle l'a très bien montré, utilisée par les antiféministes, avait servi à justifier la servitude féminine. N'est-ce pas ce même danger d'inhibition qui l'incite, comme le fera après elle Marivaux, à compléter son apologie de la pudeur des femmes par la recherche d'un art de plaire, afin de sauvegarder, en conciliant pudeur et coquetterie, l'essence même de la féminité? De la même façon, la réhabilitation lambertine de la sensibilité de la femme, dont la plénitude s'épanche dans le vide d'un monde égoïste qui s'obstine à la réduire au rang d'objet agréable, a des accents qui survivront largement au siècle et dont les échos peuvent encore être perçus dans la désespérance des premiers romantiques; en regard, sa nostalgie d'une politesse des femmes, gardienne de l'honnêteté, apparaît bien enracinée dans le passé.

C'est certainement l'intérêt d'une telle étude que d'observer ces esprits de la première génération du siècle, ainsi déchirés entre le désir de préserver l'héritage du passé et le pressentiment d'idées nouvelles qui brillent à l'horizon, de les voir rechercher pour l'homme un équilibre entre les exigences du cercle social et celles, plus intérieures, de la conscience.

Héritier de l'âge précédent, annonciateur de la pensée nouvelle, ce féminisme est révélateur avant tout de la personnalité de Mme de Lambert. D'abord parce qu'il contient beaucoup d'elle-même, qu'il se nourrit de son expérience de femme, de mère, de pédagogue. Mais surtout parce qu'il vibre d'une discrète indignation devant les souffrances et les misères: la sincérité de ce plaidoyer, qui s'adresse autant à l'homme qu'à la femme, et qui touche autant le cœur que la raison, a des accents capables d'émouvoir encore à notre époque des esprits sensibles à la détresse de la femme.

Il contient également plus d'un thème, répété avec l'obsession d'un leitmotiv, où nous pourrons reconnaître l'influence exercée par Mme de Lambert sur son entourage: l'indignation devant les négligences de l'éducation des filles, l'apologie de la pudeur et de la vertu féminines, la nostalgie de la politesse des femmes.

S'il est vrai que les arguments traditionnels de l'antiféminisme ont toujours trouvé un terrain favorable à leur épanouissement dans les couches populaires de la société, et surtout dans le milieu de la bourgeoisie, l'univers aristocratique au contraire a su proposer des morales qui offraient à la femme une dignité exemplaire, en lui reconnaissant l'honneur d'être la gardienne et même l'objet des conquêtes de l'héroïsme viril: on songe, bien sûr, au développement de l'esprit courtois et aussi, dans une moindre mesure, à l'épanouissement de l'honnêteté à l'âge classique. Il n'est pas impossible alors de déceler dans le féminisme de Mme de Lambert une prise de conscience de la dégradation de l'idéal aristocratique et de l'effritement des valeurs nobles. La restauration de la morale héroïque passe par la réhabilitation de la dignité féminine. Quand

8. Le féminisme

l'homme épure ses sentiments et raffine ses manières par la fréquentation de l'honnête femme, c'est l'esprit de la courtoisie et du pétrarquisme qui renaît. L'idéal d'une société douce et polie, réglée par la délicatesse de la femme, traduit la nostalgie d'un âge d'or révolu, et la volonté de restaurer un univers qui s'effondre.

Ce féminisme, dont le principal mérite est d'avoir donné, de l'intérieur, une juste appréciation de 'l'éternel féminin', est avec la métaphysique d'amour, qu'il appelle d'ailleurs naturellement, un des aspects les plus caractéristiques et les plus attachants de la pensée de Mme de Lambert; sa connaissance est indispensable à la définition des concepts de 'lambertinage' et de 'nouvelle préciosité'.

9. La métaphysique d'amour

LE discours précieux est un discours féministe; c'est aussi un discours sur l'amour. Dans la première préciosité comme dans la nouvelle, ces deux discours se superposent: les personnages de l'abbé de Pure dénoncent la servitude du mariage et définissent l'idéal ami; la marquise de Lambert fait de l'honnête femme une femme aimable.

Les maux de leur condition obligent les femmes à déployer des ressources intérieures qui sont à la mesure de leur cœur. Ces ressources créent, nous l'avons dit, une problématique de la liberté: le féminisme de la marquise de Lambert exige une émancipation. Mais on serait tenté de dire qu'elles créent plus encore une problématique du sentiment. On ne peut dissocier l'idéal féministe de l'idéal mondain: la femme célébrée à l'hôtel de Nevers, c'est la femme polie et 'galante', au sens honnête du terme. Mme de Lambert précieuse soumet la poussée féministe à l'élaboration d'un art d'aimer: symboliquement, dans sa carrière, les écrits pédagogiques qui soulignent les carences de l'éducation précèdent les *Réflexions* raffinées *sur les femmes*.

Ce recueil gracieux, qui sort de l'hôtel de Nevers à la fin de l'année 1727, doit être tenu pour un véritable manifeste précieux. Les contemporains ne s'y trompèrent pas. Mathieu Marais, observateur malicieux et malveillant des mœurs du salon de la marquise de Lambert, exulte quand Paris le découvre avec étonnement. Comme le prouve sa correspondance avec le président Bouhier, l'anonymat n'avait trompé personne, et les 'initiés' savaient que l'ouvrage sortait de la 'fabrique' lambertine. Tous les adversaires des Modernes, tous les ennemis des nouveaux précieux pouvaient se gausser sans fard de cette *Métaphysique d'amour* que proposait au public 'une Dame de la Cour'. Car tel est le titre véritable de ce Traité sur les Femmes et l'Amour: il est mentionné explicitement dans la conclusion, et des libraires hollandais le retiendront ultérieurement pour une contrefaçon de l'ouvrage.[1] Nous aurons à montrer que ce titre convient parfaitement, en effet, à sa matière et à son style.

Mathieu Marais prête avec habileté à une femme, puisqu'il s'agit de juger une matière féminine par excellence, un commentaire impertinent sur le recueil

---

1. *Métaphisique d'amour, par madame la marquise de L**** (La Haye 1729). Le public parisien, dès la sortie de l'ouvrage, avait choisi ce titre malicieux: *L'Art d'aimer métaphysiquement*. Voir le témoignage de Mathieu Marais: 'Je n'ai point lu le livre de l'*Art d'aimer métaphysiquement*. Je crois que c'est seulement le titre que l'on a donné malicieusement au dernier ouvrage de la Marquise, où elle a pris le parti des femmes et a prêché l'amour platonique' (iii.521).

le plus original de Mme de Lambert: 'Une dame de beaucoup d'esprit me disoit le dernier jour que ce petit chef-d'œuvre ne pouvoit faire des femmes que des p. et des précieuses' (iv.236). Réhabiliter le besoin d'aimer, louer la tendresse des femmes, proposer un nouvel art d'aimer, ce triple objectif de la *Métaphysique* lambertine restaurait en effet, au lendemain de la Régence, l'idéal des précieuses. Il récusait une volumineuse littérature morale et romanesque, presque toute la production des deux générations précédentes, qui s'était attachée à montrer sous toutes ses formes les souffrances et les désordres de la passion. La marquise de Lambert elle-même entretenait la surprise, en recourant à la fin de l'ouvrage à une métaphore promise à un bel avenir: 'Voilà l'Histoire de mes idées; si vous voulez, de mes égaremens' (*Femmes*, p.213).

En réalité, ce manifeste précieux ne sortait pas du néant. Fidèle à ses habitudes de penser, Mme de Lambert avait réalisé auparavant, dans des genres aussi divers que la nouvelle, les écrits pédagogiques ou les traités de morale, une habile synthèse, où se retrouvait la méditation désespérée des 'classiques' sur les désordres de la passion, où était réactualisée aussi la description lyrique du besoin d'aimer produite par les écrivains de la sensibilité. On ne comprendrait pas les raisons profondes de la métaphysique qu'elle a imaginée, si l'on ne décrivait d'abord, en l'éclairant dans sa genèse, son analyse de l'amour. La pratique d'un art d'aimer platonicien ne fait pas violence à la nature humaine, elle apporte un remède à des souffrances exemplaires.

La contradiction que souligne l'avocat Marais, et dans laquelle il prétend enfermer 'la caillette de Fontenelle', n'existe pas. Le choix n'est pas entre le libertinage et la préciosité. L'amour platonique de Mme de Lambert est destiné à la femme 'galante', qui inspire des sentiments et qui en prend; il lui est proposé pour la soulager de ses souffrances; la métaphysique lambertine chante la victoire d'un cœur épuré sur tous les déterminismes que la nature et la société imposent à la femme.

i. De l'amour

Comme dans l'écriture morale traditionnelle, la peinture de l'amour occupe dans l'œuvre de la marquise de Lambert une place importante: la passion amoureuse y est observée dans sa naissance, suivie dans ses développements, dénoncée dans ses ravages. L'analyse fournissait naturellement une matière romanesque idéale, aux recettes éprouvées, que la marquise n'a pas dédaignée: sa nouvelle *La Femme hermite* ajoute un fleuron à la production féminine, caractérisée par un foisonnement remarquable du genre court à la fin du dix-septième siècle. L'analyse intéresse aussi au premier chef les écrits pédagogiques: le jeune hommme, la jeune fille qui entrent sur le grand théâtre du monde doivent apercevoir en toute lucidité le ressort principal de toutes les intrigues qui s'y nouent.[2] Elle peut même enrichir les traités de morale traditionnels, 'à la manière de' Cicéron: l'amour et l'amitié entretiennent des relations de parasynonymie, tandis que la cruelle question de la vieillesse impose une réflexion nécessaire et urgente sur les conditions d'une retraite heureuse, et fait aborder de front l'idée d'une rupture définitive avec la sensibilité. Sur ce point, les *Œuvres complètes* de Mme de Lambert ont recueilli une dissertation originale et fine, qui donne un bon exemple de ce que pouvaient être les débats moraux et les conversations choisies dans le goût précieux, comme on les aimait à l'hôtel de Nevers; le titre, tout droit venu du roman de l'abbé de Pure, est à lui seul tout un climat: *Discours sur le sentiment d'une dame qui croyoit que l'amour convenoit aux femmes lors même qu'elles n'étoient plus jeunes.* Mais ce que l'on retient surtout, ce sont les *Réflexions sur les femmes*; on doit les considérer comme l'un des chefs-d'œuvre de la peinture de l'amour dans le premier tiers du siècle, l'équivalent si l'on veut de *L'Embarquement pour Cythère* ou des *Indes galantes.* C'est un recueil central, sur lequel tous les spécialistes de l'imaginaire ont attiré l'attention, les théoriciens du marivaudage aussi bien que les historiens du roman de Prévost à Laclos.

Devant cette abondance et cette diversité, le lecteur de Mme de Lambert demeure d'abord perplexe. Il se croit fondé à parler d'une topique amoureuse, il a le sentiment de se trouver devant un trésor de figures, de motifs, de formes légués par la tradition, et qu'il reconnaît aussi comme un bien collectif où puisent les contemporains de la marquise. Les réflexions sur l'amour s'organisent en un réseau complexe qui développe son tissu dans le temps et dans l'espace. Le lecteur retrouve dans les tableaux de la marquise les visions de terres brûlées et désolées découvertes par les moralistes de l'âge précédent; il voit les réticences d'une précieuse qui ne veut pas le conduire par les itinéraires malaisés et rugueux que laissaient dans l'ombre les cartes raffinées de Tendre. Mais sous d'autres climats, une nature luxuriante, riche, puissante, neuve, féconde lui est aussi découverte; la peinture alors frémit de toutes les promesses d'un imaginaire exalté. L'ambiguïté fondamentale de l'amour, présenté simultanément par la marquise comme une force de destruction et comme un élan irrésistible de la sensibilité, renforce sa perplexité première.

La surprise est bien que l'écriture féminine et l'écriture morale puissent, en

2. A la fin du siècle, le roman de Laclos et l'essai théorique sur l'éducation féminine qui le complète soulignent encore l'importance d'une exacte connaissance de la passion amoureuse pour réussir l'entrée dans le monde.

ce domaine aussi, aboutir à une synthèse originale. Au centre rayonnant de ce réseau de thèmes amoureux, la culture et l'intelligence de l'hôtesse de Nevers ne se contentent pas d'accumuler et d'exploiter des lieux communs, elles leur donnent la noblesse conceptuelle des principes. Il y a bien une physique de l'amour, en effet, et la marquise de Lambert veut en pénétrer les lois premières; en ce domaine aussi, la communauté d'esprit avec Fontenelle s'impose: c'est chez l'un comme chez l'autre la même alliance d'une préciosité raffinée et d'une intelligence lucide pour saisir sous la variété protéiforme des apparences les lois immuables et simples de la nature.

Les longues dissertations des précieuses, les multiples remarques pessimistes des moralistes de 'l'âge classique', les observations foisonnantes des mémorialistes et des romanciers de la seconde moitié du dix-septième siècle[3] ont laissé à la marquise un champ d'expérimentations et d'observations aussi infini que le commerce des hommes. Elle en a rapporté quelques lois simples et la conviction que l'univers amoureux est soumis à un déterminisme. On y voit à l'œuvre des forces qui s'imposent aux individus, irrésistibles: le besoin d'aimer est un des besoins premiers de notre nature. C'est un univers irrationnel, dominé par une puissance tyrannique: il échappe à chaque instant à la maîtrise et au contrôle de l'entendement impuissant. C'est enfin un univers tourmenté et ravagé par des forces dévastatrices.

i. *Le besoin d'aimer*

'Nous avons autant de besoin d'aimer que d'estimer.' Cette formule centrale des *Réflexions sur les femmes* (p.192), qui les justifie dans leur origine et dans leur développement, situe la métaphysique d'amour en fonction d'un cœur raffiné qui est le seul à pouvoir 'donner des nouvelles un peu sûres de nous', supérieures 'à celles que notre esprit veut faire à sa guise',[4] qui 'a des idées qui lui sont propres'. 'Les âmes sensibles ont plus d'existence que les autres'.[5] Loin de biffer d'un trait le discours féministe et précieux sur l'avilissement des sens et sur le concept sacré d'estime, la formule lui redonne une actualité et un dynamisme dont allait profiter la génération de la Régence. Le flou narratif habile qui efface les contours du pronom personnel 'nous' pourrait laisser croire que marquise applique cet axiome au genre humain dans son ensemble, les deux sexes confondus; en réalité, le discours est un plaidoyer en faveur des femmes: la marquise de Lambert prend la parole en leur nom, ce

---

3. Marie-Thérèse Hipp, p.102: 'Bien entendu, dans toute la tradition littéraire et singulièrement romanesque l'amour demeure la forme privilégiée de la sensibilité.'

4. *La Vie de Marianne*, p.22.

5. Duclos, *Considérations sur les mœurs de ce siècle* (s.l. 1751), cité par L. Versini, *Laclos*, p.369.

'nous' la place au milieu d'elles, pour affirmer que la destinée féminine est soumise au déterminisme de l'amour. Il y a chez la femme un impérieux besoin d'aimer, qui vient de sa nature, de sa sensibilité. L'amour, qui agit par surprise, profite de cet élan sensible, et sait découvrir dans la psyché féminine les éléments qui lui seront favorables. Enfin, parce qu'il entretient avec la volonté de puissance des rapports ambigus, ce besoin d'aimer peut être analysé aussi comme un besoin de s'affirmer contre l'autre sexe.

La femme est naturellement portée à l'amour, elle l'éprouve comme une nécessité vitale. Ce constat est bien éloigné de celui de La Rochefoucauld: 'Il y a des gens qui n'auraient jamais été amoureux, s'ils n'avaient jamais entendu parler de l'amour' (*Maximes*, 136). La marquise de Lambert aime comparer ce besoin d'aimer aux autres besoins physiologiques, pour en montrer la force, pour en dire la supériorité. Sans l'amour la vie spirituelle des femmes serait un néant; les en priver reviendrait à les condamner plus sûrement que de priver leur corps de nourriture: 'Celles qui sont destinées à vivre d'une vie de sentiment sentent que l'Amour est plus nécessaire à la vie de l'esprit, que les aliments ne le sont à celle du corps' (p.209). Le cœur a ses lois qu'on ne saurait ignorer, il a ses droits qu'on ne saurait réprimer, sans créer un vide désespérant que la raison ne pourrait combler seule. Quand l'amour est absent, la destinée féminine est incomplète, inachevée, minée par le sentiment existentiel d'un manque. 'Il faut prendre la Nature comme elle est' (p.191). Comprimer l'élan de la sensibilité, ce serait à proprement parler dénaturer la femme. Trois facultés l'expliquent tout entière: l'imagination et le goût, dont nous avons dit qu'ils justifient les ambitions du discours féministe, mais aussi la sensibilité: 'ce sont des présens qu'elle [a] reçus de la Nature' (p.212), et qui conditionnent sa vie affective.

Une grande part du lexique des *Réflexions sur les femmes* accrédite l'idée que l'amour est chez elles une force irrésistible, comme le rappelle la conclusion de l'ouvrage: 'la sensibilité les domine, et les porte naturellement à l'Amour' (p.212-13). Il y a, bien sûr, les termes que nous venons de rencontrer, le mot *besoin* qui est très fort, et le concept bien vague de *nature*, auquel on peut prêter des sens multiples. Il y a aussi les adjectifs, presque synonymes, et souvent associés dans le binaire *tendre* et *sensible*, dont le sens est en continuelle évolution. Dans la langue de Mme de Lambert, ils appartiennent au registre du cœur, comme le montre cet exemple: 'Il y a des femmes qui ont une autre sorte d'*attachement*. On ne peut les dire galantes; cependant elles *tiennent* à l'Amour par les sentimens. Elles sont *sensibles et tendres*, et elles reçoivent l'*impression* des passions' (p.200-201). *Sensible*, qui pourra appartenir aux trois registres des sens, de l'esprit et du cœur, comme l'a démontré L. Versini dans son analyse pénétrante du vocabulaire du sentiment chez Crébillon et ses héritiers (p.459-62), est associé par Mme de Lambert à *touché* pour qualifier le cœur aimant, et la femme tendre et sensible peut être dite raisonnable: 'Si vous voulez trouver une imagination ardente, une âme profondément occupée, *un cœur sensible et bien touché*: cherchez-le chez les Femmes d'un caractère raisonnable' (p.201). A ces deux adjectifs correspondent les deux substantifs qui sont aussi, pour Mme de Lambert, pratiquement synonymes: le mot *tendresse* qu'elle utilise à plusieurs reprises dans les *Réflexions sur les femmes* se confond avec 'la sensibilité des cœurs' (p.201).

La marquise de Lambert, comme toute son époque, fait du besoin d'aimer une des lois fondamentales de la psychologie féminine, qui expliquera en partie la création de Marivaux. Il existe comme une complicité entre la nature des femmes et l'amour, qui s'empare des cœurs disposés à le recevoir. La passion triomphe de la femme, à son insu parfois, et le plus souvent malgré la résistance qu'elle lui oppose. Tous les récits de *La Femme hermite*, l'histoire de la narratrice, d'Eleonor et de la comtesse Emilie l'illustrent de façon tragique et exemplaire; la confidence d'Emilie à la belle recluse est un aveu de l'impuissance à maîtriser les élans de la sensibilité; on ne commande pas à la tendresse, 'puisque le cœur ne demande congé à personne pour sentir' (p.359). La métaphore empruntée aux relations sociales et appliquée ici à la vie du cœur annonce les plus fines créations du marivaudage.

L'amour, en effet, agit par surprise,[6] et son mouvement est d'autant plus aisé qu'il opère sur un terrain qui est favorable. La marquise de Lambert fait sienne l'analyse de La Bruyère,[7] pour la prolonger en de fines et délicates réflexions annonciatrices des longues variations de Marivaux sur ce thème.

Le discours pédagogique d'une mère à sa fille ne répugne pas à recourir à l'allégorie chère à l'esthétique baroque; comme dans l'univers mythologique des peintres contemporains, les idées prennent chair, s'animent et sont person-nifiées. L'amour, dieu malicieux et rusé, s'avance masqué, et d'intelligence avec le cœur, surprend l'esprit lucide et la pudeur craintive. 'L'amour, dans les commencemens, ne vous présente que des fleurs, & vous cache le danger; il vous trompe' (p.96). La remarque de la marquise plonge dans le monde baroque de l'illusion, du divertissement qui permet à l'individu de s'éblouir, de s'égarer, d'échapper, dans les délices du sentiment, aux contraintes désolan-tes d'une analyse sévère et d'une exacte connaissance de soi. L'amour apporte

---

6. Motif romanesque cher à Mme de Villedieu, en particulier dans *Alcidamie* (1661) et dans *Les Désordres de l'amour* (1675). Voir Hipp, p.103.

7. La Bruyère fut un des premiers explorateurs de ces Terres inconnues. Il en a rapporté cette observation, longuement méditée par ses héritiers, et qui rompait définitivement avec les conceptions de l'amour héroïque: 'L'amour naît brusquement, sans autre réflexion, par tempéra-ment ou par faiblesse' ('Du cœur', 3).

en naissant 'un fonds de gaieté', dont Marivaux verra d'instinct toutes les ressources pour la scène, lui qui concevra le jeu de l'amour comme un jeu social: pour mieux égarer, ses personnages intervertissent les rôles, déguisent leur identité, car sous le costume, c'est bien sûr la personnalité qui est impliquée. On sait, depuis les études de G. Poulet et de F. Deloffre, que les différentes peintures de la naissance de l'amour, dans le théâtre et dans le roman de Marivaux, coïncident avec de fortes crises de l'identité. La dramaturgie marivaldienne pourrait être interprétée comme l'illustration symbolique de cette mise en garde d'une mère à sa fille: l'amour 'prend toujours quelque forme qui n'est pas la sienne' (p.96).

L'amour, être baroque, est protéiforme; lié à la nature, il sait l'anéantir sous des déguisements divers: l'intérêt, l'amusement, la curiosité sont les défroques qu'il endosse pour se glisser dans un cœur. Mais son jeu dangereux se mue bientôt en stratégie, et la métaphore de la guerre surgit presque naturellement[8] pour décrire ses assauts et ses ruses; pour l'aider à pénétrer dans une place, les Tarpeia ne manquent pas, et 'jusques à ce que l'amour se soit rendu le maître, il est presque toujours ignoré' (p.96). Ce beau passage des *Avis d'une mère à sa fille* n'a pas manqué d'attirer l'attention d'un psychologue comme Marivaux qui semble avoir voulu apporter une réponse personnelle à la marquise. Dans l'analyse que Marianne donne des premiers mouvements de l'amour, Marivaux retient à son tour la métaphore, usée sans conteste par la préciosité, de la tyrannie. Mais alors que la surprise de l'amour chez Mme de Lambert est décrite comme une crise de la conscience qui découvre avec le temps, dans un moment d'angoisse, qu'elle a été leurrée, que les fleurs cachaient un piège, elle devient chez Marivaux plus audacieux une crise de l'identité; chez lui, le moment unique où l'amour pénètre dans un cœur est fait d'un mélange de frayeur et de plaisir:

On se demanderait volontiers dans ces instants-là: que vais-je devenir? Car, en vérité, l'amour ne nous trompe point: dès qu'il se montre, il nous dit ce qu'il est, et de quoi il sera question; l'âme, avec lui, sent la présence d'un maître qui la flatte, mais avec une autorité déclarée qui ne la consulte pas, et qui lui laisse hardiment les soupçons de son esclavage futur.[9]

---

8. Dans ce même passage des *Avis fille* (p.96), deux mots concrets, judicieusement choisis, *partisans* et *surprendre*, font surgir la métaphore traditionnelle qui rapporte la conquête d'un cœur à celle d'une place: 'il a trop de partisans chez nous; dès qu'il vous a surpris, tout est pour lui contre vous.' Des éditeurs peu scrupuleux ne seront pas plus sensibles à ce style vigoureux qu'à celui de Marivaux; au dix-neuvième siècle, dans l'édition fournie par de Lescure (Paris 1883), une variante banale édulcore le texte de la marquise: 'il a trop d'intelligences avec notre cœur' (p.81).

9. *La Vie de Marianne*, p.66. F. Deloffre renvoie aussi, pour une analyse identique, à: *Arlequin poli par l'Amour*, sc.v; *La Double inconstance*, I.vi; *La Dispute*, sc.iv.

Chez la marquise de Lambert, la vérité triomphe finalement de l'illusion, après que se sont succédés deux états d'âme violemment antithétiques; chez Marivaux, l'âme s'éprouve dans ses ambiguïtés et dans ses contradictions, et c'est en toute lucidité qu'elle découvre une vérité à la fois délicieuse et cruelle.

L'amour stratège, grand dissimulateur et simulateur, est en possession d'un 'art' accompli, il agit avec artifices. Le passage des *Avis d'une mère à sa fille* sur ce thème se retrouve mot pour mot dans l'histoire d'Eleonor, où l'on note toutefois cet ajout significatif, quand l'héroïne s'étonne devant 'l'art' déployé par l'amour. Cependant l'illusion est aussi dans le cœur des personnages: 'Je fus très longtems sans convenir avec moi-même de ce que je sentois', constate Eleonor (p.320) au moment même où elle reconnaît la maîtrise de l'amour. De sorte que la mise en scène baroque d'Eros se fonde aussi sur une psychologie de l'insincérité, empruntée par la sensibilité nouvelle aux grands moralistes de l'âge précédent. L'analyse lambertine[10] se développe sous le signe de ces maximes terribles, qui font autorité: 'L'esprit est toujours la dupe du cœur'; 'Il est aussi facile de se tromper soi-même sans s'en apercevoir qu'il est difficile de tromper les autres sans qu'ils s'en aperçoivent' (La Rochefoucauld, 102 et 115). La femme surprise par l'amour sait se forger des alibis, et trouver spontanément des excuses à sa faiblesse. C'est là un lieu commun sur lequel brode la création imaginaire, et le roman tout particulièrement s'attachera à décrire les ruses de la sensibilité.[11] Les analyses de la marquise de Lambert sur l'égarement ont précédé celles du roman de séduction. On trouve dans le grand roman de Crébillon une analyse de l'enchaînement fatal des passions strictement conforme aux enseignements de l'hôtesse de Nevers. C'est une page intéressante, où sont réutilisés les arguments de la marquise sur la surprise de l'amour, et jusqu'à son vocabulaire:

L'amour dans un cœur vertueux se masque longtemps. Sa première impression se fait même sans qu'on s'en aperçoive; il ne paraît d'abord qu'un goût simple, et qu'on peut se justifier aisément. Ce goût s'accroît-il, nous trouvons des raisons pour excuser ses progrès. Quand enfin nous en connaissons le désordre, ou il n'est plus temps de le combattre, ou nous ne le voulons pas. Notre âme déjà attachée à une si douce erreur craint de s'en voir privée; loin de songer à la détruire, nous aidons nous-mêmes à l'augmenter. [...] Nous cherchons sans cesse à soutenir le trouble de notre cœur, et à le nourrir des chimères de notre imagination. [...] Nous allons d'égarements en égarements sans les prévoir ni les sentir.[12]

10. Comme aussi d'ailleurs celle d'un Vauvenargues. Cf. cette maxime: 'La raison ne connaît pas les intérêts du cœur.'

11. On trouvera une excellente analyse des ruses de la sensibilité chez les personnages de Crébillon fils dans la thèse de Laurent Versini, p.167-68.

12. *Les Egarements du cœur et de l'esprit*, éd. Etiemble, *Romanciers du XVIIIe siècle* (Paris 1965), p.51.

La marquise de Lambert elle-même avait été la première à intégrer la réflexion morale dans la trame romanesque. Quand elle a voulu peindre la naissance de l'amour d'Eleonor pour le comte ***, elle n'a eu qu'à se répéter. Dans ce morceau réemployé (p.320), elle ménage avec beaucoup d'habileté un subtil passage au discours indirect libre: 'C'est un simple amusement; c'est l'esprit qui nous touche.' Le procédé, qui ne peut pas ne pas évoquer Marivaux,[13] suggère une théâtralité, une 'mise en scène' au sens plein du terme, propre à leurrer un spectateur – c'est le refus d'un aveu direct à une mère pédagogue, ou à une confidente – propre surtout à égarer le sujet lui-même dans un monologue intérieur insincère.

La rencontre avec Marivaux s'impose ici à l'évidence: celui-ci exploitera les données de l'analyse lambertine, pour doter ses personnages d'une casuistique qui les caractérise si bien. Deux exemples suffisent à le prouver. Qu'on songe à Marianne blessée, portée sur un lit de repos chez Valville: 'C'était ma chute qui avait tort' (p.67). Ou encore, dans le *Jeu* (II.ix), à Silvia déguisée en Lisette qui aime Dorante sous le costume de Bourguignon, et qui se plaît à se mentir à elle-même: 'tu me trouverais d'une bonté sans exemple, d'une bonté que je blâmerais dans une autre. Je ne me la reproche pourtant pas; le fond de mon cœur me rassure, ce que je fais est louable. C'est par générosité que je te parle.'

D'autres complicités aggravent encore l'aveuglement sur soi, et rendent plus crédible le mensonge à soi-même. L'amour trouve dans la curiosité[14] et dans l'amour-propre des auxiliaires précieux; l'envie de connaître, le désir de plaire lui préparent un terrain propice. Nombreux sont les moralistes qui, en chaire ou dans les livres profanes, ont glosé sur ces défauts féminins, et comme eux la marquise de Lambert rappelle dans sa dénonciation qu'ils livrent la jeune fille à la merci de son adversaire.

Car le déterminisme de l'amour s'explique aussi par l'éternel affrontement des deux sexes. L'analyse traditionnelle assimile le besoin d'aimer à la volonté de puissance, et identifie ses effets à ceux de la haine; sur ce point, La Rochefoucauld demeure un maître à penser (*Maximes*, 68 et 72). Comme le signifie la plus antique allégorie, le fils de Vénus et de Mars est naturellement le premier acteur de la guerre sourde que se livrent l'homme et la femme pour assurer la victoire d'un sexe sur l'autre. Il y a dans le besoin d'aimer un besoin de dominer, et même parfois de faire souffrir. 'Il y a toujours une sorte de cruauté dans l'amour. Les plaisirs de l'Amant ne se prennent que sur les

---

13. Deloffre, *Marivaux*, p.223-25: 'Marivaux s'est montré un initiateur en ce qui concerne ce point précis de la technique du romancier.'

14. Comme déjà chez Corneille: 'La curiosité souvent dans quelques âmes / Produit le même effet que produiraient des flammes' (*Le Menteur*, IV.ix).

douleurs de l'Amante' (p.206-207). Dans cette observation importante qui justifiera la marquise dans son ambition de proposer une métaphysique de l'amour, il est significatif que le plaisir soit masculin et que la souffrance soit réservée à la femme. La description que Mme de Lambert donne de l'amour est, comme son discours féministe, soumise à l'idée d'une hostilité entre les deux sexes. C'est ce que dira encore, à la fin du siècle, le roman de Laclos, dont le titre à lui seul explore toutes les significations de cette rivalité.

La marquise de Lambert présente la femme ermite comme une victime de la vanité masculine, elle en fait une sœur d'Elvire: 'Et de quelle main le perds-je? de la main d'un perfide, qui ne m'a peut-être jamais aimée; j'ai été la victime de sa vanité; [...] me voilà confondue parmi toutes celles de mon sexe, qui ont abandonné et la Gloire et l'Honneur' (p.365). Si la nouvelle recrée l'atmosphère de la tragédie, c'est parce que cet asservissement vient au terme d'une lutte vaine: 'un sentiment involontaire est entré dans mon âme: je l'ai rejeté et combattu' (p.365). On se tromperait à ne pas voir dans le thème de la servitude d'amour l'expression privilégiée d'une guerre des sexes. Un familier de la marquise de Lambert, l'aimable président Hénault, présente crûment, dans ses *Mémoires* (p.124), le duc de Richelieu[15] comme un 'dompteur' de femmes: 'L'homme à bonnes fortunes du siècle, il a été le dompteur de toutes les femmes, au point que l'on a remarqué celles qui lui avaient résisté. [...] Il n'a pu se souvenir, bien souvent, dans un cercle si telle ou telle femme lui avait cédé, tant le nombre a été grand.' On retrouve dans ce discours masculin exempt de toute intention moralisatrice, orienté par l'image féroce du domptage, un lexique identique à celui de Mme de Lambert, qui partage les deux sexes en maîtres et victimes, qui les voue à la tyrannie ou à la résistance.

Il faut donc apprendre à se défier de sa sensibilité. Le cœur nous dupe et nous prépare une servitude qui est aussi morale. C'est le thème que développpait Mme de Villedieu dans l'élégie *Que rien ne deffend un cœur contre la puissance de l'amour*:

> Mais, le lâche qu'il est, aime sa servitude;
> Ses ardeurs, ses transports, sa tendre inquiétude,
> Ont pour ses mouvements un charme si puissant,
> Qu'il ne croit estre un cœur que depuis qu'il les sent.[16]

Il est sûr que chez Mme de Lambert, comme aussi chez Marivaux, la

---

15. Louis-François Armand de Vignerot du Plessis, duc de Fronsac, puis duc de Richelieu (1696-1788).

16. *Recueil des plus belles pièces des poëtes français, depuis Villon jusqu'à Benserade* (Paris 1752), v.46.

défiance à l'égard de l'amour et du cœur recouvre en fait une défiance à l'égard du sexe opposé; née de l'observation des mœurs contemporaines, elle leur est également lointainement suggérée par la préciosité, on ne saurait le dissimuler. On retrouve chez la marquise les traces d'un code de la gloire qui teinte de courtoisie ce combat amoureux. En précieuse, elle formulera une psychologie de la résistance, afin de ne pas laisser la femme désemparée devant cette maxime (p.206) venue tout droit du siècle précédent: 'il y a toujours une image de servitude attachée à l'Amour.'[17] L'hôtesse de Nevers est profondément convaincue que la femme trouvera dans le sentiment de sa propre dignité les moyens de résister au dompteur vaniteux.

Mais quel peut être le sens d'un tel combat, quand l'ennemi est puissant en apparence?

2. *Un ennemi puissant*

Les ruses de l'amour réussissent d'autant mieux que le cœur féminin est disposé à se laisser surprendre. Mais si celui-ci se complaît dans sa propre 'lâcheté', pour reprendre l'expression vigoureuse de Mme de Villedieu, s'il dupe l'esprit avec tant d'aisance, il sait aussi susciter les complicités du corps et de l'imagination, qui multiplient ses prestiges et le font apparaître comme une puissance redoutable. Ses 'partisans' sont chez nous, ils occupent déjà la place que nous voulions défendre.

La trahison des sens est un motif usé de la topique amoureuse. Le corps est le premier complice du cœur, toujours prêt à trahir, à révéler l'intime secret de l'amante incapable de se dominer. Dans *La Femme hermite* (p.351), l'héroïne est surprise un soir par le duc qui, bravant les bienséances, la 'commet' cruellement; vaincue par sa hardiesse, elle doit entendre sa déclaration, sans pouvoir fuir: 'Je voulus échapper, et appeler mon Amie; mais je ne fis rien de tout ce que je voulois faire; un sentiment inconnu, et qui étoit plus fort que moi, s'empara de mon Ame; et mes jambes me refusèrent leur secours.' La romancière propose une explication clinique de la paralysie en insistant sur la dissociation du moi, le 'je' conscient et volontaire (le verbe *vouloir* est répété à escient) se séparant d'un corps qui se dérobe. Cette peinture physiologique de la sensibilité est probablement un héritage de l'analyse racinienne.

Ce moment unique permet de prendre conscience de l'importance du rôle joué par le corps dans les comportements sociaux. Dans la même scène de la

---

17. Thème que Mme de Villedieu développait dans la même élégie: 'Mais, ô cruel Amour! quels sont tes privileges? / N'est-il rien de sacré, pour tes feux sacrileges? / La haine, la raison, le sexe & le devoir / Ne peuvent-ils sauver un cœur de ton pouvoir? [...] Et doit-il estre dit que tout ce qui respire / Se range, tost ou tard, sous ton injuste empire?' (v.45).

nouvelle, l'héroïne est trahie par son silence, et surtout par ses yeux qui, selon la métaphore précieuse la plus usée, sont les interprètes du cœur: 'Heureusement je ne pus lui parler, et je ne lui répondis que du cœur; mais les yeux en auroient été interprètes, s'il avoit pu les voir' (p.351-52). La notation répète en écho cette confidence d'Eleonor: 'J'étois sûre de ma bouche, mais je craignois mes yeux' (p.323).

L'imagination, puissance trompeuse, qui égare l'homme dans sa quête du bonheur, est aussi une fidèle alliée de l'amour. La personne sensible opère sur l'objet de ses vœux une véritable cristallisation qui la rend incapable d'un jugement objectif. Dans *La femme hermite* la romancière établit une distinction subtile, mais fondamentale, entre le mérite réel et le mérite supposé. Eleonor, dans une confidence qui est centrale, avoue la défaite du discernement devant la passion: 'J'étois livrée aux exagérations de mon esprit; et comme il est rare que la possession fournisse tous les agrémens que lui prêtent nos désirs, j'ai aimé, non pas selon le mérite que j'avois trouvé, mais selon celui que j'ai imaginé' (p.327).

Pour l'être lucide, l'amour est un scandale; et c'est ce constat qui conduira la marquise à proposer sa métaphysique. La passion amoureuse est un défi à la raison et à la conscience, à la lucidité et à la dignité, car elle ne se mérite point (p.191). Dans le commerce qui naît des seuls attraits de la beauté féminine se glisse une injustice métaphysique qui révolte la précieuse et la femme tout à la fois. Seules 'la disposition des organes' et 'la puissance de l'imagination' justifient un goût qui n'a rien de solide ni de fondé. L'indignation de la marquise est une révolte contre un matérialisme qui dépouille la créature de toute authenticité intérieure. Ce n'est pas un trait d'esprit qui attribue à son projet le nom de 'métaphysique'; elle a voulu comprendre, comme ses maîtres Pascal ou Malebranche, la psychologie dans une perspective spirituelle. Elle prétend restaurer la sensibilité déchue et lui rendre une plénitude intérieure et une beauté morale. 'L'Amour ne se mérite point: il échappe aux plus grandes qualités. Seroit-il donc possible que le cœur ne pût dépendre des loix de la Justice, et qu'il ne fût soumis qu'à celles du Plaisir?' (p.191).

Le plaisir des sens peut donc être mis sur le même plan que les grandeurs d'établissement qui éblouissent l'homme. Il faut redouter ses séductions: les recommandations de la morale du bonheur peuvent aussi lui être appliquées, qui visaient à dépouiller toutes les grandeurs de leurs apparences pour les apprécier dans leur vérité. La mère préconise à sa fille de rompre avec l'imagination: 'Ne soyez point en commerce avec votre imagination: elle vous peindra l'amour avec tous ses charmes. Tout est séduction, illusion, quand il passe par elle' (p.98). C'est un lieu commun de la pédagogie: la confidente de la belle Hortense de Théville, dans *Les Egarements* de Crébillon, décrit la naissance de l'amour dans les mêmes termes.[18] A sa fille, Mme de Lambert recommande donc de dépouiller l'ennemi pour le voir sans complaisance dans sa simplicité et dans sa faiblesse: 'Ecartez tous les agrémens que vous lui donnez; ne lui prêtez rien, et ne lui faites grâce sur rien, et vous verrez qu'il lui en reste peu' (p.99).

La recherche de la vérité s'impose aussi à la vie sensible: la marquise de Lambert voudrait la placer sous le signe des *Confessions* de saint Augustin. L'ouvrage, qui a séduit le dix-septième siècle, offrait un itinéraire exemplaire, avec ses deux parties bien distinctes que souligne une rupture capitale. C'est d'abord, par le retour à l'enfance et à l'adolescence, une évocation du 'bonheur d'aimer et d'être aimé', une peinture vive de la volupté, si dangereuse que la marquise ose à peine la conseiller à sa fille;[19] ses tableaux de la volupté portent témoignage du rôle actif de l'imagination dans la création d'un bonheur factice: 'Il dit que ce qu'il aimoit se présentoit à lui sous une figure charmante' (p.98). Puis vient la rupture essentielle, la découverte d'un monde vrai, sous le regard de Dieu, où l'amour se découvre dans sa dimension spirituelle. Dire que Mme de Lambert a lu saint Augustin en chrétienne serait sans doute excessif. Elle en tire une leçon toute profane sur les charmes de l'amour et les dangers de la volupté. Il est cependant intéressant de reconnaître cette influence aux sources de sa métaphysique: saint Augustin lui a enseigné, au même titre que Platon, la technique d'une épuration de l'amour, la possibilité de découvrir sous la gangue grossière des plaisirs, au-delà des artifices de l'imagination, le principe spirituel d'une passion capable de donner à l'homme le sens du divin, le goût de la perfection.

L'adversaire est un ennemi intérieur, qui se nourrit de notre existence, qui finit par devenir une partie de nous-mêmes: 'Songez que vous portez votre ennemi avec vous' (p.97). C'est ce qui le rend redoutable, et ce qui fait en même temps sa singularité. La marquise de Lambert semble avoir été particulièrement fascinée par la nature hybride de l'amour qui, comme tous les autres plaisirs de la volupté, tient aux objets, mais qui existe aussi dans le sujet qui les perçoit; présent et absent dans le monde, hors de nous et en nous, l'amour est sur le plan philosophique un être singulier qui échappe à notre perception coutumière des choses. Il appartient à une catégorie de l'étrangeté, celle de l'objet-sujet, de la chose-conscience, d'où il tire sa nature égarante.

18. 'Ajoutez à cela l'opinion avantageuse que vous avez conçue de son esprit, sur quelques mots, jolis à la vérité, mais cependant assez frivoles pour ne devoir rien déterminer là-dessus' (p.49-50).
19. 'Il a fait une peinture de ce qui se passoit dans son cœur, si vive, qu'on ne sauroit la lire sans danger' (p.98).

Mme de Lambert a pris soin de donner dans ses *Réflexions sur les femmes* (p.211) un développement tout à fait remarquable sur sa nature singulière:

La différence de l'Amour aux autres plaisirs est aisée à faire à ceux qui en ont été touchés. La plupart des plaisirs ont besoin, pour être sentis, de la présence de l'objet. La Musique, la bonne-chère, les Spectacles, il faut que ces plaisirs soient présens pour faire leur impression, pour rappeler l'âme à eux, et la tenir attentive. Nous avons en nous une disposition à les goûter; mais ils sont hors de nous, ils viennent du dehors. Il n'en est pas de même de l'Amour; il est chez nous, il est une portion de nous-mêmes; il ne tient pas seulement à l'objet, nous en jouissons sans lui.

La peinture d'une passion qui vit en nous et hors de nous, sur laquelle la raison n'a pas de prise, illustre bien la définition capitale, et célèbre, que Marianne donnera des 'objets de sentiment', qui échappent à la réflexion. Il y a peut-être là une filiation lointaine qu'il est intéressant de noter, car elle engage le marivaudage dans son ensemble: 'Ce sont des objets de sentiment si compliqués et d'une netteté si délicate qu'ils se brouillent dès que ma réflexion s'en mêle; je ne sais plus par où les prendre pour les exprimer: de sorte qu'ils sont en moi, et non pas à moi.'[20]

L'amour entraîne la conscience vers les zones de l'irrationnel où règne le paradoxe. Un de ces paradoxes est que la solitude, loin d'apporter l'apaisement, exacerbe la sensibilité et fortifie la passion. Seule avec elle-même, la femme qui aime est obsédée par un sentiment omniprésent qui se nourrit de silence. L'héroïne de *La Femme hermite* découvre la douceur amère de l'unique mouvement d'une conscience que ne divertissent plus les objets extérieurs: 'Les passions sont amies de la solitude; elle s'augmentent et se fortifient dans le silence. Je me trouvois dans des dispositions qui m'étoient inconnues; dans un trouble et une agitation, qui avoient pourtant un charme secret' (p.340). L'écrivain moraliste prend un visible plaisir à décrire les découvertes singulières faites dans les terres inconnues de la sensibilité, dont Racine fut un des premiers explorateurs. Son héroïne cherche en vain à restaurer dans le silence de la nature la sérénité d'une âme troublée.

La peinture de la sensibilité apporte un autre constat important: l'omniprésence de l'amour abolit l'espace comme elle abolit le temps. La marquise de Lambert trouve pour l'exprimer une de ces belles formules dont elle a le secret; elle dit que l'amour 'use l'espace'. Eleonor avoue: 'J'ai les idées si vives, qu'il y a des momens où je le crois auprès de moi, et mon amour use l'espace qui nous sépare' (p.326). La faculté de se rendre présent l'objet éloigné ou absent explique la qualité particulière, l'acuité du sentiment dans la solitude: 'nos désirs ne sont-ils pas plus vifs et plus forts dans la retraite?' (p.209).

20. *La Vie de Marianne*, p.166.

La raison, qui devrait permettre une distinction claire des catégories de l'espace et du temps, n'a donc aucune prise sur l'amour. Obsédée par une passion omniprésente, la conscience devient son otage. Parler de servitude est encore bien faible, quand la marquise de Lambert n'hésite pas à réemployer l'antique motif précieux de la prison d'amour. L'âme touchée, entièrement livrée à une puissance irrationnelle, se meut dans un univers de totale irresponsabilité. La marquise rapporte ce témoignage effrayant qu'elle tient d'une amie: 'N'avez-vous jamais senti la force de l'Amour? Je me sens liée, garrotée, entraînée; ce sont les fautes de l'Amour, ce ne sont plus les miennes' (p.200). L'aveu d'une telle déchéance, d'une démission de la volonté et de la dignité devant une passion despotique appelleront une réaction énergique: la précieuse réagit comme la féministe devant cette nouvelle forme d'aliénation. Mme de Lambert rapproche le témoignage de son amie de l'analyse psychologique donnée par Montaigne dans l'*Apologie de Raimond Sebond*; 'enlevé tout vivant, transporté hors de lui-même' (p.200), celui-ci donnait à la passion amoureuse les caractères de l'enthousiasme, de l'expérience mystique, dans une description propre à terroriser un disciple de Fontenelle.

On comprend mieux dès lors la défaite de la femme ermite, son impuissance à rejeter le sentiment qui l'entraîne. Le spectacle des résistances vaines de ceux 'que la violence de la passion entraîne' est tragique, car 'enfin l'Amour est le plus fort' (p.200). Mme de Lambert, fidèle à sa pensée au fil des ans, reprendra dans les *Réflexions sur les femmes* la leçon qu'elle donnait déjà à sa fille: 'l'amour ne s'arrache point de l'âme avec des efforts ordinaires' (p.96). La description effrayante de la marquise atteint un point limite avec l'affirmation que la résistance à l'amour ne sert qu'à l'augmenter et à le fortifier. Il se joue des difficultés, il se vivifie dans les mouvements destinés à le contrarier. Non content d'asseoir sa puissance sur des complicités intérieures, il se plaît à s'éprouver et à se prouver dans les triomphes remportés sur l'adversaire. L'écrivain moraliste retrouve l'univers du baroque pour décrire le déploiement dynamique d'une force qui triomphe des principes contraires de pesanteur et de mort; ses tableaux sont animés par des tensions et des élans qui transportent hors de la matière, hors de la sphère terrestre. Mme de Lambert reconnaît dans le sentiment une puissance de vie, quasiment indestructible, qui l'entraînera vers le monde métaphysique.

Comme Racine, la marquise de Lambert placera la créature humaine impuissante devant une divinité terrible, l'impérieuse Vénus se métamorphosera pour elle en un dieu jaloux: 'l'Amour est un Dieu jaloux, qui ne souffre aucune rivalité' (p.209). L'aimable allégorie de Cupidon s'estompe pour faire place à une divinité plus redoutable, mieux accordée à la nouvelle sensibilité: la Régence a vu la restauration de la dramaturgie racinienne et l'épanouissement de la tragédie de Crébillon père. Il faut à ce dieu nouveau des adorateurs monothéistes, il exige d'eux que toutes les passions s'inclinent devant sa puissance.

On ne traite point à la légère cette divinité redoutable, on ne pactise point avec cet ennemi intraitable; nous sommes sans ressources devant lui. Puisque notre propre résistance et la solitude le servent insidieusement, nous le rendent encore plus présent, il faut souhaiter ne le rencontrer jamais. La méditation sur la destinée exemplaire de saint Augustin suggère une attitude radicale devant la puissance de l'amour: il faut le fuir. C'est d'ailleurs un lieu commun de la prédication chrétienne, dont s'empare aussi la littérature du temps. Sur ce précepte élémentaire se fondent des avis itératifs de la mère à sa fille, dans lesquels le mode impératif dit la gravité du danger: 'Dès qu'il s'est fait sentir, fuyez, n'écoutez point les plaintes de votre cœur' (p.96); 'Prenez une conduite qui vous réponde de vous à vous-même: fuyez les spectacles, les représentations passionnées. Il ne faut point voir ce qu'on ne veut point sentir' (p.97). Il va de soi que les spectacles, le romanesque, les lectures – les tableaux dangereux et séduisants produits par saint Augustin en étaient un exemple – constituent un imaginaire collectif où se renforcent les illusions de chacun et les prestiges de l'amour.

Mme de Lambert accompagne sa mise en garde effrayée contre la passion d'une condamnation assez vigoureuse de toutes ses représentations dans le roman et dans la poésie, ce qui semble la rattacher au courant le plus traditionnel de la pensée moralisatrice. L'écart est important entre la peinture sensible et précieuse de l'amour dans l'opuscule consacré aux *Femmes* et les réserves sérieuses à l'endroit de la passion émises dans les *Avis d'une mère à sa fille*. Les formules de la mère pédagogue n'annoncent pas les analyses d'une nouvelle comme *La femme hermite*, pourtant orientée par des considérations moralisatrices; elles semblent contrarier la volonté de restaurer la sensibilité dans ses prestiges, à l'occasion d'une *Métaphysique d'amour*; elles ne s'accordent pas à l'atmosphère toute mondaine de grâces et de jeux qui caractérise certaines des manifestations du salon dans sa maturité, comme cet 'atelier du soir' dont parle le président Hénault; elles ne laissent pas deviner que l'hôtel de Nevers était appelé à devenir le foyer d'une poésie galante et précieuse dont Moncrif est un bon représentant. La finalité pédagogique et moralisatrice d'un écrit 'privé' destiné à une jeune fille qui entre dans le monde ne suffit pas à expliquer la condamnation radicale de toute production 'romanesque', conforme à la plus orthodoxe des prédications religieuses. Le théâtre est rejeté en bloc, et si la marquise fait une seule exception en faveur de Corneille, celle-ci est si restrictive qu'elle finit par être vidée de son sens. Les silences de la marquise sont également éloquents. Elle ne dit rien de la représentation racinienne de la passion, ni du genre naissant de l'opéra, qui suscitait pourtant un débat public autour de la notion de vertu. Les plus sévères le décriaient et le condamnaient, notamment les admirateurs des Anciens, fidèles, comme leur maître Boileau, à une morale chrétienne rigoureuse. On reprochait à Quinault en particulier l'image trop sensuelle qu'il donnait de l'amour, ses tableaux lascifs et ses représentations galantes. C'est l'abbé Terrasson qui, en moderne, se fera un titre de gloire d'avoir réconcilié l'esthétique et la morale en proposant un système d'épuration des mœurs pour la tragédie en musique, comme il l'avait fait pour 'la tragédie naturelle'.

Les spectacles sont ensevelis dans le même néant que le roman, qui demeure la cible privilégiée de la censure morale. On ne cherchera pas dans les *Avis d'une mère à sa fille* les traces d'une quelconque émotion devant les descriptions d'une nature sensible; Mme de Lambert y juge la production romanesque en cartésienne (p.81-82): les romans 'mettent du faux dans l'esprit.[21] Le Roman n'étant jamais pris sur le vrai, allume l'imagination, affoiblit la pudeur, met le désordre dans le cœur.' Sur ce point les *Avis* sont bien différents des *Réflexions sur les femmes* qui proposeront une réhabilitation du grand roman précieux de Madeleine de Scudéry, monument à la gloire de la nation française, qui égale les analyses délicates du chef-d'œuvre épique de *La Jérusalem délivrée*. Plus surprenante encore la justification de l'auteur, qui déclare avoir composé cet ouvrage, sans doute contemporain de la Régence, pour défendre des romancières contre les attaques injustes qui jetaient le discrédit sur leurs productions. Le lecteur des *Avis d'une mère à sa fille* a le droit d'être déçu par cette condamnation quelque peu retardataire du romanesque et de ses prestiges, des terres de la Romancie et de la sensibilité, fondée sur un argument unique: la représentation de l'amour est dangereuse. La marquise de Lambert, dans sa maturité, baigne encore dans une atmosphère janséniste; la vieillesse et le monde lui découvriront les charmes, la douceur épicurienne de la vie sensible. Nourrie de philosophie antique, elle n'a pas encore apprécié à leur juste valeur les découvertes de la création moderne dans le domaine du sentiment, auxquelles l'initieront Fontenelle et La Motte.

En réalité, il serait faux de croire que la seule morale chrétienne inspire les exhortations à fuir l'amour, les condamnations des spectacles, de toutes les formes de 'représentations passionnées'. La marquise de Lambert, qui partage avec l'abbé Terrasson l'idéal d'une pratique littéraire subordonnée à la réflexion

---

21. Mme de Lambert, dans cet écrit, ne pense pas comme Fontenelle qui découvrait dans le roman féminin de la dernière génération du dix-septième siècle une 'science du cœur' authentique, 'des peintures fidèles de la nature', un art de rendre 'certains mouvements du cœur presque imperceptibles à cause de leur délicatesse' (lettre publiée dans *Le Mercure* d'août 1687).

morale, admet comme lui les exigences d'une éthique profane de la vertu, qui semble s'être exprimée dans un double courant littéraire. Le premier caractérise l'écriture féminine, et nous conduit jusqu'à la préciosité, par l'intermédiaire de Mme de Lafayette, dont le chef-d'œuvre voulait illustrer la contradiction tragique entre une confiance totale en la vertu et 'l'élan enthousiaste du cœur'. Le second se manifeste dans le roman pédagogique d'éducation princière, avec lequel les *Avis* de la marquise de Lambert entretiennent des rapports indirects, sous l'influence, d'ailleurs avouée, de Fénelon. Dans le *Télémaque*, Mentor arrache son disciple aux envoûtements sensuels de la nymphe Eucharis, en le précipitant avec lui dans les flots. Assez paradoxalement, l'île qui, dans la littérature du temps, représente l'espace mythique du bonheur et de l'idéal, devient dans cet épisode l'enfer maudit qu'il faut fuir, tandis qu'inversement l'océan redoutable, avec ses dangers, est décrit comme un espace du salut. L'abbé Terrasson, épigone de Fénelon, donnera dans son roman *Sethos* une leçon identique; Amedès nourrit son disciple des préceptes de Mentor, et le romancier amplifie le dénouement de *La Princesse de Clèves* en imaginant pour son prince-héros une retraite qui l'arrache à l'amour et à ses Etats.

Or, tous ces refuges contre la passion: la maison religieuse dans *La Princesse de Clèves*, les flots menaçants du *Télémaque*, l'appartement chez les prêtres où se retire Sethos, sont des images du tombeau et préfigurent la mort; pour les atteindre, l'être humain doit réprimer l'élan vital de sa sensibilité, contenir les effusions de son imagination. Seule une élite héroïque est capable de s'imposer une telle dénaturation, pour atteindre un univers où la vertu transcendante et la raison pure se substituent aux forces vives du cœur. Pour l'humanité commune, cette ascèse signifierait un dépérissement certain à plus ou moins brève échéance. L'exhortation édifiante à fuir l'amour est une solution qui ne peut être que provisoire, un compromis éphémère, imparfait, porteur de mort, entre le cœur et la raison: l'admettre, c'est aussi reconnaître la nécessité d'une métaphysique capable d'améliorer ce compromis et de le rendre durable. Le manifeste précieux de Mme de Lambert s'adresse lui aussi, et à sa manière, à des âmes exceptionnelles.

3. *Les dégradations de l'amour*

Le pessimisme de la marquise de Lambert est à son comble quand elle décrit la physique d'amour. Comme les précieuses, elle hait les plaisirs des sens et le libertinage, contraires à son idée du bonheur: les premiers sont éphémères, et la sensualité use l'amour. Elle reconnaît en eux l'ennemi principal du sentiment, fait pour durer; ils le dégradent, en même temps qu'ils dégradent l'individu livré à la débauche.

Certaines passions ne résistent pas aux serments indiscrets des amants, et les protestations de constance ne les protègent pas de l'usure du temps: ce sont celles qui ont pour objet l'enivrement des sens. La princesse Zélie, se souvenant de l'éternelle leçon de *La Jeune veuve*, mise sur le temps pour arracher son fils Camille, séparé de celle qu'il aime, 'à un désespoir qui faisoit tout craindre' (p.298). Comme le père sage de La Fontaine, elle veut se persuader de la supériorité du divertissement sur le sentiment; une morale vulgaire lui fait croire qu'un goût chasse l'autre, et que 'le temps ramène les plaisirs'. 'Quelque chose qu'il pût dire, elle espéra du secours du tems, et elle songea à faire diversion d'un sentiment par un autre' (p.297).[22] Sur ce motif de l'usure de l'amour par le temps se greffe une remarque qui permet à la romancière de rappeler la distinction traditionnelle entre une passion vraie, qui n'est 'pas sujette au pouvoir du tems', et les passions communes que 'guérissent les réflexions' (p.297). Comme celle du prince Camille, la passion d'Eleonor, dont la peinture constitue le sujet du récit encadré, illustre également cette définition d'une passion vraie capable de résister au temps. La signification morale de la structure d'ensemble de la nouvelle est donc claire. Avec l'histoire d'Eleonor, la marquise de Lambert a voulu représenter la passion tumultueuse de la femme sensible, dont le roman nouveau de la génération précédente – on pense surtout à Mme de Villedieu, à Mme de Murat, à la présidente Ferrand – avait revendiqué les droits.

Or le premier caractère de cette passion authentique est sa capacité à résister au temps et aux réflexions qui minent la passion commune (p.318-28). Les remarques de l'héroïne sur une passion qui échappe aux lois habituelles de la durée, qui l'assimilent à un cas pathologique, fournissent une des clés de la construction de la nouvelle: la marquise de Lambert a voulu identifier dans une construction en abyme les deux passions authentiques et tragiques du prince Camille et d'Eleonor. Dans le cas de l'héroïne aussi, la recherche d'une diversion, exprimée dans des termes identiques, s'avérera inopérante: 'J'essaïai de me donner du goût pour quelques personnes qui s'étoient attachées à moi, espérant d'affoiblir un sentiment par un autre, afin d'échapper à tous les deux' (p.326). Il est donc un amour qui peut durer: celui que ne divertissent point les sens, les goûts et les réflexions. La métaphysique d'amour ne saurait être isolée des forces vives de la sensibilité, qui est restaurée dans ses droits, dans le temps même où s'exprime une condamnation radicale du libertinage et des

---

22. Elle est secondée dans son dessein par le confident de Camille, Timandre, qui pense selon les mêmes normes et qui 'lui dit qu'il falloit composer avec la douleur du Prince; [...] qu'il falloit plaindre le Prince, et le distraire; lui donner quelque grand objet pour le guérir, sans lui faire sentir qu'on en avoit le dessein' (p.299).

goûts. Quoi qu'en pense Mathieu Marais, elle n'est pas faite pour la femme sensuelle, incapable de découvrir une plénitude hors du temps, qui n'attend de sa débauche que la répétition et la multiplication d'un plaisir toujours identique, qui finit par se consumer de lui-même et par perdre de sa vivacité.

La marquise de Lambert, devant une conception de l'amour sensuelle, et bientôt sensualiste, réagit en précieuse. 'Traitant de mépris les sens et la matière', elle situe sans ambiguïté sa condamnation dans la nostalgie d'une culture révolue: elle ne reconnaît plus dans les mœurs contemporaines de la nation française l'ancienne et délicate galanterie qu'elle regrette. Le regard qu'elle porte sur son époque lui découvre la décadence des mœurs, qu'elle explique par la décadence progressive d'un code social.

L'observation du libertinage et de la crapule de la Régence, que pouvait laisser entrevoir un évident relâchement des mœurs dès les premières années du siècle, conduit la marquise à ce constat radical: 'la Nation Françoise [est] déchue de l'ancienne Galanterie' (*Femmes*, p.194). Tout révèle dans la transformation progressive de l'art d'aimer une décadence qu'exprime l'utilisation sans complaisance du verbe 'déchoir'. Cette leçon de l'histoire peut être déchiffrée dans le lexique même de la marquise, qui évolue en soulignant une dégradation assez rapide des mœurs. Dans les *Avis d'une mère à son fils*, rédigés au début du siècle, l'écrivain nostalgique du code précieux se contentait de noter un changement néfaste dans le commerce des deux sexes: 'Il est vrai qu'à présent la Galanterie extérieure est bannie: les manières ont changé, et tout le monde y a perdu' (p.33).[23] Dans l'essai *Sur les femmes*, le ton s'est durci, il y a plus de véhémence: l'expliquent en partie la libération des mœurs, l'étalage de la débauche, le style de vie imposés par la Régence. Un indice en effet permet d'en rapporter la genèse au changement de règne: l'allusion, tirée de Plutarque (*Femmes*, p.176), à Alexandre et sa sœur qui assimilent la dépravation à l'exercice du pouvoir, semble désigner assez claire-ment l'entourage du Régent. Cependant, cette interprétation, toute légitime qu'elle est, n'efface pas d'un trait les critiques que pouvait inspirer aussi la vie galante du feu roi.

La marquise de Lambert semble juger de cette décadence dans son aspect le plus extérieur, on serait tenté de dire qu'elle adopte un point de vue politique: elle exprime l'opinion des milieux vertueux de Paris révoltés par les mœurs scandaleuses de la Cour. D'une certaine façon, elle rejoint l'éthique et les modes de penser de la bourgeoisie, quand elle exprime ses craintes devant les désordres qu'entraîne la débauche: 'Le désordre s'est accru par l'exemple, et a été autorisé par les Femmes en dignité; car la licence et l'impunité sont

23. La formule sera encore utilisée dans les *Réflexions sur les femmes* (p.193).

les privilèges de la Grandeur' (p.176). Lectrice de Plutarque, elle regrette le culte rendu à Vénus la voilée et se sent provoquée par une débauche qui s'extériorise sans honte (p.179).

Le procès intenté contre la décadence des mœurs l'est aussi par une précieuse: l'emploi fréquent, et si caractéristique, du mot 'galanterie' implique des contenus sémantiques que l'unique point de vue d'un observateur historien sur une société libérée ne suffit pas à expliquer. Le mot renvoie à des usages passés. Tous les observateurs ont noté l'étroite dépendance entre la métaphysique du sentiment et une nouvelle préciosité. Sur ce sujet, presque tout déjà a été dit. Il est nécessaire cependant de préciser de nouveau la position de la marquise de Lambert, tant cette question constitue comme la clef de voûte de ses œuvres morales. Dans son sens noble, la galanterie est pour elle une des formes les plus raffinées de la vie sociale, un code des manières élégantes pour l'extérieur, qu'agrémente une fine politesse de l'esprit: les précieux l'avaient porté à son plus haut point de perfection. Mais elle emploie aussi le mot 'galanterie' dans un sens qui commence à se déprécier, quand elle évoque les 'femmes galantes', qui se 'font une habitude de Galanterie' (p.199). Les séducteurs, les libertins sont désignés de la même manière: ils 'se font un métier de la Galanterie' (*Avis fils*, p.34). A l'évidence, le mot ne désigne plus ici que la recherche des plaisirs, il décrit un commerce banal où le cœur est perdant, une liaison qui ne prend en compte que les plaisirs et qui, par conséquent, exclut l'amour vrai.

Il est vrai que la marquise de Lambert aide parfois son lecteur en caractérisant le mot 'galanterie' employé dans son sens laudatif par l'adjectif 'ancienne', qui l'inscrit dans une évolution historique et sémantique. C'est que pour elle, la décadence des mœurs a pour cause la décadence de la galanterie. 'En vérité, les deux sexes n'ont rien à se reprocher: ils contribuent également à la corruption de leur siècle' (p.193). L'historienne, l'écrivain moraliste porte de graves accusations contre le sexe féminin; la précieuse rétablit en quelque sorte l'équilibre, en accablant aussi le sexe opposé dans la dénonciation d'un type d'homme nouveau, le séducteur libertin. Sur cette égale responsabilité des deux sexes dans la dégradation de la galanterie, La Motte, fidèle à l'esprit de la marquise, a produit une fable charmante, 'La Rose et le papillon', bien caractéristique du style Régence, dans laquelle 'le petit-maître papillon' et la rose coquette s'adressent de mutuels reproches. Le poète conclut par cette moralité: 'C'est providence de l'amour / Que Coquette trouve un Volage.'[24] La décadence de la galanterie est liée à l'apparition d'un style de vie, le libertinage, accusé de l'avoir séparée de l'honnêteté. Sur cette rupture, ce sont

---

24. *Fables nouvelles* (Utrecht 1760) (approbation de Fontenelle du 1er mars 1719), i.59-62.

les *Avis d'une mère à son fils* qui apportent le témoignage le plus important, où l'on voit bien la place privilégiée que la marquise voulait assigner à l'amour dans la définition du concept nouveau de sociabilité. Mme de Lambert y peint la psychologie et la stratégie du libertin en des termes qui annoncent le futur roman de séduction, qui éclairent, parmi tant d'autres exemples, ce que sera le drame de la présidente de Tourvel: 'Quel métier, où ce que vous faites de moins mal, c'est d'arracher les Femmes à leur devoir, de déshonorer les unes, de désespérer les autres; où souvent un malheur certain est toute la récompense d'un attachement sincère et constant!' (p.34). Le lexique de la marquise est très exactement ici celui de la liaison dangereuse qui s'est substituée à la galanterie précieuse. Or Mme de Lambert ne prononce jamais le mot de libertin, ni celui de petit-maître qui est à la mode; mais pour définir ce séducteur, cet homme galant, elle parle de 'mal-honnête' homme. Ce faisant, elle joue en précieuse sur les deux sens du terme *malhonnête*: 'Aussi, en examinant de près ceux qui se font un métier de la Galanterie, on les trouve souvent de mal-honnêtes gens; ils contractent de mauvaises habitudes, les mœurs se gâtent, l'amour de la vérité s'affoiblit, on s'accoutume à négliger sa parole et ses sermens' (p.33-34). On voit bien ici que ces malhonnêtes gens manquent des qualités du cœur, qu'ils portent en eux le vice, une corruption détestable; et qu'en même temps, ils rejettent les règles du jeu social, de la politesse, de l'honnêteté. Le malhonnête homme est le négatif à la fois de l'honnête homme, *vir probus*, et de l'homme honnête, *vir urbanus*, tels qu'on les distingue au dix-huitième siècle.[25]

Le point de vue de la marquise de Lambert nous semble donc important pour l'histoire des idées. Ce qu'elle exprime, c'est bien sûr la lamentation d'une précieuse et d'une féministe sur la dégradation d'une politesse, d'un code des bienséances qui protégeait le sexe faible contre les pièges du monde, et lui assurait une exquise dignité grâce au raffinement de 'l'esprit et des manières'. Mais c'est aussi, et surtout, la répulsion sincère d'une femme sensible devant les dépravations et les corruptions du cœur, le vertige qui s'empare d'elle devant les abîmes d'une nature perverse. Car l'argument d'"une éducation négligée' (p.32) ne suffit pas seul à expliquer la malhonnêteté, vice

25. Sur cette distinction établie par l'époque, voir Versini, p.190, qui utilise en particulier Le Maître de Claville, *Traité du vrai mérite de l'homme* (Paris 1734). Thémiseul de Saint-Hyacinthe analysait avec clarté les mutations sémantiques du mot, à la fin du règne de Louis XIV, en 1714: 'Honnête en François, signifie un *homme complaisant, poli, qui sçait vivre, qui fait ce qu'il fait avec décence, avec politesse*. Lorsque cet adjectif est joint avec le *substantif homme*, comme dans cette expression *honnête-homme*, il marque quelquefois, quoique très rarement, un *homme de probité*; mais il faut observer, que dans le tems même qu'il a cette signification, il conserve encore celle d'*homme affable*, d'*homme qui sçait vivre*' (*Le Chef-d'œuvre d'un inconnu*, Londres 1758, p.126-27).

de la nature masculine: la marquise découvre dans le jeu du séducteur la lâcheté inadmissible de l'homme qui se plaît à opprimer dans sa sensibilité un sexe trop faible pour se faire craindre ou pour se venger. La révolte féministe contre un statut juridique qui protège l'homme adultère intéresse aussi la métaphysique d'amour: la précieuse se scandalise des lois mauvaises qui favorisent le développement du libertinage. 'De la manière dont l'amour se traite aujourd'hui, il est souvent suivi de ruptures d'éclat; la honte étant toujours la punition du vice' (*Amitié*, p.142). Mais cette honte n'accable que la femme trahie. Le code social de l'honneur, appliqué à la liaison amoureuse, ne concerne pas le séducteur, libre d'agir sur le grand théâtre au-delà du bien et du mal, de trouver son épanouissement dans une éthique de l'infidélité.

La réflexion sur le commerce amoureux met en lumière toute la richesse que la marquise de Lambert accorde au concept d'honnêteté: donnant au mot sa plus vaste extension, elle accepte toutes les couches sémantiques déposées par les âges précédents, et y ajoute les connotations que lui prêtent la nouvelle préciosité et la métaphysique du sentiment. Elle hérite des premiers théoriciens de l'honnêteté un code de l'honneur auquel elle reste fidèle; elle le complète par la recherche des agréments d'une politesse raffinée qu'avaient définie les précieuses – elle continue toujours à l'appeler la Galanterie; elle se fait l'écho de la dénonciation plus récente des brimades subies par la femme aimante. Finalement, sa métaphysique d'amour, l'art d'aimer épuré qu'elle proposera pourra être défini comme l'une des significations qu'elle donnait au concept d'honnêteté. Sa pensée, parce qu'elle a évolué au cœur d'un salon mondain et littéraire ouvert à de multiples influences, a su réaliser, sur ce point encore, une synthèse originale. Son vocabulaire en porte témoignage: quand elle définit 'l'honneur tendre et délicat' qui doit régler la vie des femmes, elle cherche à les réconcilier avec la passion; elle cherche aussi à réconcilier la préciosité et la sensibilité, en montrant que la fidélité au code ancien des bienséances n'est pas incompatible avec les exigences nouvelles du cœur.

Décrire la décadence de la galanterie, c'est donc écrire l'histoire du libertinage, c'est montrer comment un code éthique et social librement accepté s'est transformé en 'métier', s'est dégradé en système. Mme de Lambert va plus loin encore, dans l'une de ses réflexions *Sur les femmes* (p.194), qui éclaire d'une lumière vive l'avenir du roman au dix-huitième siècle; la galanterie des temps nouveaux serait une honnêteté dégradée, elle témoignerait d'une déviation, d'une perversion de la galanterie précieuse: 'Les Hommes en ont fait un Art de plaire; et ceux qui s'y sont exercés, et qui y ont acquis une grande habitude, ont des règles certaines quand ils savent s'adresser à des caractères foibles.' Ce nouvel art de plaire, qui laisse entrevoir ce que sera la scélératesse des héros d'un Laclos, est une trahison du code d'amour élaboré par les précieuses. C'est peu alors de parler de décadence; Mme de Lambert veut montrer comment un système d'idées morales a été perverti, détourné de ses fins premières par un libertin qui a su prendre ses distances à l'égard des règles initiales pour perfectionner une méthode infaillible de séduction. En toute lucidité la marquise a compris que la 'syntaxe' du plaisir était bien plus dangereuse que la matière même du plaisir. Elle a pressenti tout ce que son siècle allait mettre de raffinement dans l'extériorisation de la scélératesse, comment la galanterie précieuse allait se métamorphoser progressivement en un code libertin. Sa lucidité sévère à l'égard du nouveau style de vie s'explique pour beaucoup par sa fidélité aux valeurs de la première préciosité. Elle se plaît à noter que la décadence des mœurs, la déchéance de la galanterie n'ont pas contribué à améliorer la qualité du plaisir (p.191). Elle vit dans la nostalgie d'une époque révolue où 'l'honnête maîtresse', au cœur 'droit et sensible', possédait le secret de faire goûter à un homme admiratif et respectueux le plaisir le plus raffiné. L'évolution de l'art d'aimer conduit à une impasse une société qui a cru découvrir plus de charmes dans un style de vie libertaire et moins contraignant.

Le libertinage a donc gâté le plaisir des hommes, qui ne savent plus apprécier en leurs maîtresses les délicatesses de l'envie de plaire, comme il a gâté celui des femmes, asservies désormais à la fourberie et à l'égoïsme masculins. Le code galant a été vidé de tout contenu spirituel et sensible; l'argent s'est substitué crûment et brutalement au sentiment: 'Ce sexe aimable [...] n'est plus le prix du cœur: il n'est que le prix de l'argent' (*Richesses*, p.227).

Plus insidieusement, d'une manière moins visible, la dégradation du code galant commence aussi quand les amants s'habituent à n'estimer plus que les attraits extérieurs: 'Nous le [l'amour] dégradons nous-mêmes contre notre propre intérêt. Nous plaçons mal notre estime et nos sentimens; nous ne les donnons qu'aux grâces' (p.227). Le séducteur est accusé d'avoir insensiblement dégradé l'amour-estime en amour-goût, pis en amour vénal, d'avoir préféré le masque à la vérité de l'âme, l'ordre de la beauté à celui de la générosité. Quelques années encore, et l'amour ne sera plus qu'abandon au caprice, soumission aux sens, comme le décriront les romans de Crébillon. Pour la marquise de Lambert, le petit-maître n'est pas seulement un type social; elle est profondément convaincue que la psychologie donjuanesque explique le comportement général des hommes de son temps, indiscrets dans leurs serments, sans probité, soumis à la nature, incapables surtout de rechercher dans l'amour une durée qui le préserverait de toute dégradation: 'La plupart des hommes d'à présent croyent que les sermens que l'Amour a dictés n'obligent à rien. La morale et la reconnaissance ne défendent point les sens contre les amorces de la nouveauté. La plupart aiment par caprice, et changent par tempérament' (*Femmes*, p.197). L'analyse lambertine atteint ici un point critique, avec cet aveu d'impuissance de la morale devant la nature. Le roman de l'époque confirmera son jugement, jusque dans le vocabulaire.

Corrompre, déchoir, dégrader: le vocabulaire de Mme de Lambert est celui d'un réquisitoire violent, entrepris pour réhabiliter la nature féminine, et qui finit par se retourner contre elle. La galanterie se dégrade, et la femme moderne déchoit. Sans pudeur, sans délicatesse, sans cœur, elle a préféré la recherche effrénée du plaisir à l'envie de plaire. Comme Ninon, modèle parfait de ce type nouveau, elle a su 'se faire homme': 'Voilà l'Amour d'usage et d'à présent, et où les conduit une vie frivole et dissipée' (p.199). A la merci du séducteur, humiliée dans ses aspirations les plus nobles, brimée dans sa conquête de la connaissance, la femme moderne est coupable d'avoir oublié sa dignité, de s'être égarée dans les bourbiers, les gouffres, les 'pentes', les abîmes que mentionnaient avec effroi les cartes de Tendre. Elles ont appris des hommes à transformer l'inconstance en infidélité; perdues d'honneur, elles ont violé sans remords toutes les bienséances, et, comme la trop célèbre Mme de Courcelles, ont compensé par les plaisirs la perte de leur réputation. Le déshonneur chez elles a joué pour le libertinage le même rôle que le caprice chez les hommes: 'Toute leur vie, elles passent de foiblesse en foiblesse' (p.199). La femme sans aucun doute a plus perdu que l'homme à ce changement des mœurs et de la galanterie. L'originalité de la marquise de Lambert est bien d'avoir voulu parler du libertinage en femme, à des femmes, pour leur découvrir l'ampleur du désastre, pour leur faire craindre le malheur d'aimer sans pudeur.

L'amour mal réglé dégrade, il avilit, use les sens et les plaisirs, ôte toute dignité. Aux tourments inévitables qu'il fait subir à la femme sensible correspondent, pour la femme libertine, les humiliations, la honte de se sentir bannie du cercle social, la marquise parlera même d''avilissement' (*Sentiment dame*, p.273). Les égarements du cœur, comme ceux des sens, placent la créature féminine dans la plus misérable des conditions. Aussi la leçon lambertine sur l'amour est-elle destinée à un public féminin: la mère donne à sa fille des avis répétés pour la mettre en garde contre une des expressions les plus dangereuses de l'existence humaine, contre 'le malheur' d'en être occupée (p.95).

Mme de Lambert soutient même la thèse qu'il y a plus à souffrir de l'amour dans la vieillesse que dans la jeunesse. Cette démonstration fournit une dissertation dans le goût précieux, représentative des exercices de l'hôtel de Nevers, ainsi que nous l'avons montré. La marquise de Lambert et Ismène, qui représente probablement Ninon de Lenclos, s'affrontent sur ce thème: 'L'usage a établi que l'Amour, qui est défendu aux Femmes dans tous les tems, l'est infiniment davantage dans un Age un peu avancé.' La marquise rappelle à son tour que 'l'Amour se nourrit de larmes'; la cruauté attachée à sa nature se manifeste sous la forme d'une délectation morbide, qui rive la victime à sa propre souffrance: 'Ce que l'Amour fait souffrir, souvent n'apprend pas à s'en passer; il n'apprend qu'à le déplorer' (p.197). Ultime constat, qui déterminera la marquise de Lambert à donner un autre cours à la sensibilité, pour aider l'exilée à sortir de cette vallée de larmes.

La peinture du physique de l'amour et des conditions qui le favorisent: la sensibilité et l'imagination des femmes, la volonté de puissance et l'égoïsme des hommes, rapproche la marquise de Lambert des deux dernières générations du dix-septième siècle, sans qu'on puisse pour autant parler d'archaïsme, dans la mesure où ses commensaux pensent souvent comme elle. Ses tableaux décrivent les mêmes terres brûlées que parcourait La Rochefoucauld, les mêmes embûches signalées déjà par la géographie des précieuses, les mêmes tempêtes qui tourmentaient les romancières comme Mme de Lafayette, Mme de Villedieu ou la présidente Ferrand. Les écrits lambertins disent la victoire permanente des élans irrationnels du cœur sur la lucidité; il n'est pas de sagesse raisonnable qui puisse tenir devant les ruses et les surprises d'une passion insidieuse et impérieuse, qui se fortifie dans le temps même où l'honnêteté se dégrade.

Les contemporains prônaient deux attitudes pour endiguer ce flux de la sensibilité, qui porte malheur à tous ceux qu'il touche. Un ami de la marquise, le président Hénault, les a exposées dans un genre mondain en vogue, le dialogue des morts. Il rapporte avec beaucoup de grâces une conversation aux enfers, dans le goût de Fontenelle, entre sa maîtresse Mme de Flammarens et Ninon de Lenclos, sur la possibilité de concilier l'idée du bonheur et l'amour. La voie de la pureté, suivie par 'l'honnête maîtresse', est celle d'un néo-stoïcisme à coloration féministe, qui veut rompre avec la sensibilité pour briser définitivement le joug imposé par les hommes. Ninon résume ainsi la position de Mme de Flammarens, qui n'est pas sans rappeler les conseils prodigués, sans illusions, par la marquise de Lambert pour la recherche d'une sagesse capable de préserver l'être humain du danger des passions: 'Vous avez considéré que le bonheur ne pouvait être solide qu'autant qu'il était indépendant; que de se mettre à la merci des hommes, c'était le vrai secret de le hasarder, surtout quand on était né sensible' (p.107). Cette solution fait violence à la nature, nie la vie du cœur pour maintenir la raison dans ses privilèges, et lui conserver sa sérénité; Mme de Flammarens affirme qu''il était sensé de se garantir d'un mal violent par la privation d'un bien médiocre' (p.108). A l'opposé, la position de Ninon est bien connue, qui choisit la voie épicurienne du plaisir: 'J'ai toujours regardé l'amour comme une société de plaisir qui ne s'entretient que par lui, et qui cesse avec lui' (p.111). Son attitude nie les élans du cœur, réduit la vie sensible à un commerce dont le terme inévitable est la débauche. Ninon et Mme de Flammarens n'étant au demeurant d'accord que pour reconnaître l'incompatibilité de l'amour et du bonheur.

Ce dialogue traduit assez fidèlement l'opinion générale des contemporains devant les désordres de l'amour. L'originalité de la marquise de Lambert, en son temps, consistera à proposer une troisième voie, entre le stoïcisme et l'épicurisme, qui légitimerait les mouvements de la sensibilité, capable de faire les délices d'une existence, sans renier pour autant le besoin des âmes fières d'échapper à toute vulgarité. C'est pourquoi sa *Métaphysique d'amour* a pu surprendre: elle empruntait de nouveau celle que les précieuses avaient suivie. Mme de Lambert était convaincue qu'une femme sensible ne pouvait faire avec l'amour aucun traité pour son bonheur. Une question unique l'obsède; elle l'exprime dans une lettre au président Bouhier: 'Quand on se refuse aux sentiments, qu'ils ne sont pas permis, ou parce que l'âge ou la raison nous le défendent, que faire de toute la sensibilité qui est en nous?'[26] C'est une question centrale, et la marquise l'avait déjà posée dans son *Traité de l'amitié*: 'Que faire des sentimens qui sont en elles [les Femmes]?' (p.143). On la retrouve encore, organisant le mouvement des *Réflexions sur les femmes*: 'Ce que l'Amour fait souffrir, souvent n'apprend pas à s'en passer; il n'apprend qu'à le déplorer. Voyons ce que nous en pouvons faire' (p.197).[27]

Cette question, la marquise la pose sous l'influence d'un double mouvement. Comme les précieuses, elle ne veut pas oublier que le cœur est capable d'embellir et de perfectionner toutes les créations de l'esprit. Elle fait sienne la maxime d'Agathonte, rapportée par l'abbé de Pure (i.3), selon laquelle 'les ouvrages d'esprit ne sont jamais plus parfaits que quand le cœur s'en est meslé.' Les précieuses lui ont appris que la perfection dans l'art et dans la pensée venait de la passion. Et les romancières de la sensibilité l'ont en outre convaincue que vouloir la détruire, c'était vouer l'être humain au dépérissement: la misère de l'homme vient d'une sensibilité mal exercée, non de la sensibilité elle-même. C'est pourquoi, après avoir reconnu la puissance

---

26. *RhlF* 23 (1916), p.249-50. Ce n'est sans doute pas un hasard si la question essentielle posée par la métaphysique d'amour constitue une des préoccupations majeures de cette lettre, datée du 17 novembre 1727. Il faut noter la proximité dans le temps entre cet échange avec le président Bouhier et l'impression des *Réflexions sur les femmes*. C'est le 23 novembre que le libraire Le Breton acquiert le privilège de l'ouvrage. Or les correspondants du président Bouhier, on songe à Mathieu Marais, n'accueilleront pas le livre avec enthousiasme.

27. On la retrouve également dans la lettre où la marquise, sensible au succès de son ouvrage en Angleterre, se justifie devant Saint-Hyacinthe: 'Il [le traducteur Lockman] m'accuse d'avoir l'âme *tendre et sensible*; je ne m'en défends pas: il n'est plus question que de savoir l'usage que j'en ai su faire' (*Correspondance*, p.424). La marquise de Lambert, peu janséniste, ne veut pas condamner la nature, mais seulement l'usage qu'on en fait.

dangereuse du sentiment, la marquise cherchera à le rendre utile aux individus; c'est l'objet de sa Métaphysique d'amour, qui veut donner une réponse positive, salutaire, à une situation tenue pour tragique.

ii. Une victoire de la sensibilité: l'art d'aimer

'L'amour fait tous les biens et tous les maux' (*Femmes*, p.208).

Tout ce que l'amour fait souffrir peut être transformé en joie par la volonté et la lucidité; tous les obstacles peuvent être surmontés, et le fiel de la passion changé en nectar. L'amour pour la marquise de Lambert est bien une aventure, dans laquelle les femmes découvriront leur capacité à maîtriser leur destin.[28] Admettre qu'il est la source de tous les biens et de tous les maux, c'est refuser la fatalité de l'échec et de la souffrance, c'est affirmer surtout que l'être humain est capable de dominer les forces qui l'entraînent, de modeler à son profit sa propre nature, de triompher de cette transcendance interne qu'on appelle, sur la scène tragique, fatalité.

La marquise de Lambert veut faire confiance à la raison et à la conscience morale pour restaurer une conduite amoureuse cohérente et pure, elle veut sauver la sensibilité du chaos: la première opération de cette alchimie d'amour qu'est sa métaphysique consistera à séparer le vice du plaisir, à distinguer avec efficacité l'appel des sens et les exigences du cœur. Puisqu'il n'est pas possible d'étouffer la nature, puisque l'amour augmente par la défense et se nourrit de tous les interdits, à commencer par ceux de la raison, le savant chimiste saura mettre en œuvre les phénomènes compensatoires, et procédera en fonction de ce postulat: 'l'amour se dédommage sur les sentimens du cœur de ce que les sens lui ont refusé' (*Vieillesse*, p.151).

Après avoir décrit les désordres et les malheurs de l'amour, la marquise restaure le sentiment dans sa dignité, fait de la sensibilité non plus l'implacable ennemie, mais l'alliée triomphante de l'homme. Elle montre à son lecteur les mérites d'un amour épuré, et lui indique les recettes d'un art d'aimer qui lui ouvrirait la voie du perfectionnement moral, qui lui ferait redécouvrir les délicatesses de la fine galanterie, qui lui procurerait les joies ineffables de l'union des cœurs.

---

28. P. Hoffmann, 'L'exigence de dignité', p.22: 'L'aventure du cœur, elle sait en dire l'enivrement, mais les périls aussi. Cette aventure, elle voudrait que toute femme la vécût raisonnablement, dans une perpétuelle attention à soi, afin de se garder de la souffrance, de l'échec, de l'humiliation; qu'elle réussît la paradoxale alliance de la lucidité et de la joie'; 'Ce qu'elle a voulu faire, c'est leur apprendre [aux femmes] à se sauver d'une vie de société qui les réduisît à l'inculture, qui est une fatalité humaine, partant remédiable; c'est leur enseigner quelques règles, par le moyen desquelles elles puissent, autant que faire se peut, maîtriser leur destin' (p.32).

1. *L'amour épuré*

Il faut refuser la démission de l'esprit et de la raison devant les forces brutes de la nature. L'étude morale doit, selon la marquise de Lambert, servir éminemment à maîtriser les élans irrationnels et instinctifs; elle est fermement convaincue qu'on peut dominer la passion amoureuse, mieux même, qu'on peut la discipliner. Sa démarche s'apparente à celle des spagyristes; elle propose une technique de l'épuration du sentiment, qui se déroule en deux phases. La première consiste à réduire le corps mixte en ses principes, c'est-à-dire à distinguer clairement dans l'amour le vice du plaisir. Ces deux éléments séparés, on peut ensuite raffiner la matière débarrassée de sa gangue pour l'enrichir et la rendre plus noble encore.

La marquise de Lambert ne rougit point 'd'avoir l'âme tendre et sensible'; elle sait qu'être femme, c'est ne pas pouvoir 'ne point sentir [son] cœur' (p.204). La sensibilité appartient certes à la nature, mais elle est aussi une valeur. Elle relève d'une double hiérarchie, généralement admise dans l'entourage de la marquise; le président Hénault, quand il évoque la carrière de Mme de Prie, femme de tête en plaisir comme en affaires, note (p.79) 'qu'elle était galante, sans être sensible'. On passe nécessairement de la nature à la culture, car on ne découvre la sensibilité comme valeur que par un apprentissage, une éducation, une discipline. A plusieurs reprises la marquise de Lambert insiste sur la nécessité de faire un bon 'usage' de la sensibilité, elle affirme que les sentiments et les passions doivent être réglés, et qu'à cette condition seulement ils deviendront utiles. Le premier effort de cette culture consiste à les séparer minutieusement des vices, pour les débarrasser de la gangue des sens et leur donner plus de délicatesse. Comme dans l'alchimie traditionnelle, l'opération préalable pour le traitement de la matière première est un 'nettoyage', une purification.[29] L'adjectif 'épuré', cher aux précieuses, est un des plus caractéristiques de la langue de Mme de Lambert, et on le retrouvera aussi chez Marivaux. Pour garantir l'efficacité de l'opération, la nouvelle préciosité n'innove guère en rappelant à la femme la nécessité de soumettre son comportement aux bienséances; elle est plus originale, en revanche, quand elle révèle les charmes de la pudeur. Une loi importante est établie par cette maxime que vivifie l'oxymore: 'Plus les sentimens sont retenus, et plus ils sont vifs' (*Vieillesse*, p.151). La recherche d'une intensité de l'émoi amoureux montre bien qu'il n'est pas question de nier à la femme son droit à la sensibilité. La marquise de Lambert va jusqu'à admettre, dans des écrits plus mondains

---

29. On pense à l'alchimie quand Mme de Lambert parle à sa fille d'"un cœur à épurer et à conduire' (p.79).

marqués par le style mythologique et allégorique,[30] qu'il n'est pas mauvais que Vénus conserve 'un droit sur son cœur', et qu'une femme l'ait *'sensible et tendre pour ses amis'* (*Portrait de Mlle de* ***, p.237). La capacité de sentir et d'aimer pourrait même devenir la qualité féminine par excellence chez celle qui saurait conserver les agréments de son sexe et en éloigner 'toutes les foiblesses' (p.237). Bref, la marquise de Lambert n'est point une 'janséniste de l'amour', on dira plus trivialement deux siècles plus tard qu'elle n'est point une bégueule: elle ne condamne pas le 'goût pour la délicate volupté, qui est si éloignée de la débauche' (p.237).[31]

Toutes ces remarques donnent sa couleur particulière à cette préciosité renaissante, la teintent de cet épicurisme raffiné, de cette joie de vivre qui caractérisent si bien l'esthétique rococo. La marquise de Lambert, en précieuse, emploie le mot volupté, et le qualifie même par l'épithète *délicat*, caractéristique de son lexique[32] au même titre que les adjectifs *vif* et *épuré*. Voici réunis, et enfin conciliés, deux caractères qui chez elle désigneront à coup sûr les charmes du cœur – comme aussi les grâces de l'esprit: la délicatesse et la vivacité. De nouveau, le rapprochement avec l'alchimie traditionnelle s'impose: après l'avoir nettoyée et débarrassée de ses impuretés, l'adepte doit *'nourrir'* et enrichir la matière première. Dans l'alchimie d'amour lambertine, la pureté du sentiment garantit sa délicatesse: ce qu'elle propose à l'ambition des cœurs tendres, 'c'est de porter nos sentimens, et ceux de la personne aimée, au dernier degré de délicatesse, et de les rendre toujours plus tendres, plus vifs et plus occupans' (*Femmes*, p.205). On ne pourrait exprimer en style plus précieux idée plus précieuse que ce raffinement qu'un alchimiste amoureux et savant impose au sentiment, que cette épuration d'une matière première à l'origine méconnaissable, répugnante, déformée par la gangue tenace des plaisirs vulgaires.

L'éditeur Marc-Michel Bousquet a retenu, pour les insérer dans les *Œuvres complètes* de la marquise, de brèves réflexions qui sont l'ébauche d'une dissertation sur la délicatesse d'esprit et de sentiment. Le jeu consiste, selon une technique propre à ce genre d'exercices, à dévoiler un paradoxe qui jaillit d'une antithèse. Mme de Lambert montre le prix de la délicatesse, vante les douceurs que celle-ci met dans les choses, le raffinement qu'elle apporte aux plaisirs. Mais elle souligne en même temps les difficultés de la délicatesse, et aboutit à

---

30. Que vulgarisera Boucher, parfois dans les deux sens du terme.

31. Voilà encore un mot qui caractérise la métaphysique d'amour des précieuses. L. Versini rappelle que vers 1730 'la volupté est réservée aux âmes tendres et très nettement dissociée du plaisir' (p.460).

32. Il reflète fidèlement celui de son époque, qui aime associer dans un binaire lexicalisé *tendre* et *délicat*. Voir cet exemple tiré de Crébillon fils: 'son cœur était alors tendre et délicat' (*Egarements*, p.28).

la conclusion paradoxale que celle du sentiment peut faire le malheur des amants au même titre qu'une passion brute et mal réglée. La délicatesse peut introduire en effet un divorce intolérable 'entre deux cœurs qui n'en sont pas également touchés' (*Discours Délicatesse*, p.275): elle devient alors une source de reproches et d'accusations incessantes adressés au partenaire soupçonné 'd'un manque d'attention ou de sincérité', dans le temps même où elle lui trouve des excuses et des justifications qui l'innocentent (p.276). Ces sentiments violents et contradictoires créent dans le cœur des désordres identiques à ceux d'une passion sauvage: le style de la marquise les suggère avec un réalisme psychologique étonnant, par le recours au style indirect libre qu'elle utilise toujours quand les mouvements secrets du cœur font naître des discours et des paroles outrés, contraires aux bienséances.

En dépit de l'hostilité avouée, dans l'exorde de la *Métaphysique d'amour*, envers la comédie des *Femmes savantes*, Mme de Lambert retrouve donc, à son insu peut-être, l'idée et les mots d'Armande, et même de Bélise qui exigeait à ses autels des 'vœux épurés', d'où les désirs auraient été rigoureusement bannis. Mais il faut soigneusement noter ce qui distingue les deux préciosités: si la seconde emprunte à la première la technique alchimique de l'épuration, son magistère se borne à la sensibilité. Les nouvelles précieuses n'aspirent pas à changer une nature par une autre. Or Saint-Evremond, en commentant son poème satirique contre les précieuses, *Le Cercle*, note que le but des premières était de passer d'une matière à une autre, de transformer la sensualité en intellectualité, ce qui, selon lui, faisait manquer à ces alchimistes la connaissance de la véritable nature de l'amour. La métaphysique du cœur conçue par Mme de Lambert voudrait réconcilier les jansénistes de l'amour avec la sensibilité; la marquise s'exprime en toute franchise, et avec sérieux, sans craindre les reproches et les sarcasmes. L'amie de Mathieu Marais était bien injuste, ou avait mal lu l'opuscule, quand elle affirmait que les maximes de la marquise permettaient l'amour aux femmes. Mme de Lambert ne croit pas les dégrader en leur vantant les douceurs d'un sentiment tendre. Car elle a soin de prôner l'union de l'amour et de la vertu; et surtout la délicatesse qu'elle exalte est décrite d'après le modèle parfait d'Olinde, réplique exacte du héros courtois dans *La Jérusalem délivrée*, qui 'désire beaucoup, espère peu et ne demande rien' (*Femmes*, p.204). Le dernier degré de délicatesse est un rayonnement de parfaite vertu; l'homme ou la femme qui l'atteint est un être accompli selon le monde, dont la pureté de cœur embellit la conversation et les mœurs. Est-ce un hasard si le mot 'précieux' vient sous la plume de l'écrivain, quand il lui faut louer l'amour épuré? 'Mais rien n'est si précieux ni si durable que cette sorte d'Amour, quand vous y avez associé la Vertu. Il met de la décence dans les pensées, dans la conduite, et dans les sentimens' (p.204). Il n'est pas de désir violent et impérieux qui ne puisse être refoulé par l'effort d'une pudeur raisonnable, pour le plus grand profit de l'amour lui-même qui s'en trouve affiné. La marquise de Lambert n'hésite pas même à situer la passion dans le cercle des valeurs de l'honnêteté; elle lui appliquera dans ses *Réflexions sur les femmes* (p.205) une formule qu'elle avait utilisée dans la leçon à son fils sur l'ambition: 'Il n'y a rien de borné dans l'Amour, que pour les âmes bornées.'

Plus on le raffine, plus l'amour gagne en délicatesse, et plus il ennoblit l'être humain: l'œuvre de l'épuration est une ascèse, un perfectionnement moral. Dans le lexique de Mme de Lambert, comme dans celui des précieuses, le verbe *perfectionner* est tout aussi caractéristique que l'adjectif *épuré*, auquel il est parfois associé. La sensibilité joue pour la vie intérieure un rôle dynamique analogue à celui que l'éthique mondaine confère au mérite. C'est sans doute ce qui a surpris les contemporains, quand ils ont découvert l'ouvrage anonyme, dans lequel 'une Dame de la Cour' moraliste venait leur vanter les bienfaits de l'amour, leur montrer son rôle dans la formation d'hommes accomplis.

Une des thèses primordiales de la métaphysique d'amour consiste à démontrer la conjonction du caractère et du sentiment: l'amour corrompt les corrompus, mais il élève les belles âmes. On serait tenté de dire que Marivaux a voulu donner avec *La Vie de Marianne* une illustration de cette loi. On commettrait un grave contresens, comme certains contemporains de la marquise, en ne voyant dans sa *Métaphysique d'amour* qu'un divertissement de salon, comme la débauche intellectuelle d'une précieuse aimable et enjouée. C'est l'excuse que Mme de Lambert elle-même avance dans la conclusion de son ouvrage, pour réclamer l'indulgence du lecteur. Mais le piège est trop visible. En réalité, les *Réflexions sur les femmes* ne diffèrent pas dans leur essence de ses autres écrits; elles s'inscrivent dans un projet beaucoup plus vaste, établi par l'écrivain moraliste dès son premier traité, et contenu dans cette affirmation d'un principe majeur: 'La Morale n'a pas pour objet de détruire la Nature, mais de la perfectionner' (*Avis fille*, p.93). Clé de voûte de toute l'œuvre, cette règle d'or oriente évidemment aussi l'analyse lambertine de la passion amoureuse. Elle contient une condamnation implicite de toutes les prédications, chrétiennes ou profanes, qui tiennent la nature en suspicion; mais si le jansénisme de l'amour prôné par certaines précieuses est contraire au lambertinage, le libertinage ne l'est pas moins, qui est, lui, un processus d'involution.

2. *La fine galanterie*

L'amour épuré embellit et enrichit la vie intérieure des humains, il donne au sentiment une qualité particulière qui l'élève au rang des plus belles vertus. Il a un rôle analogue à jouer pour l'épanouissement de la personnalité dans le cercle social, et pour la restauration de l'ancienne galanterie dont le royaume de France est déchu; cette galanterie qui réconcilierait la gloire et le plaisir, qui certifie qu'il n'y a pas d'incompatibilité entre la sensibilité et l'honnêteté.

La pratique d'un amour épuré peut réconcilier les élans du cœur avec les bienséances et accorder la vie intérieure sensible aux contraintes d'une existence placée sous le regard d'autrui. C'est dans une certaine mesure libérer l'homme, à tout le moins favoriser son épanouissement, que lui montrer la douceur d'un sentiment qui échapperait enfin au déterminisme social de la honte et de l'humiliation. La métaphysique d'amour veut donner au plaisir la dignité qu'il n'a pas dans le commerce vulgaire des sens, elle veut sauver la passion de la déchéance qui la menace, quand elle se réduit à la quête des seuls agréments. En ce sens, elle était en germe dans les *Avis d'une mère à son fils*, où la marquise de Lambert entrevoyait déjà les éléments d'une dialectique de l'amour et de la gloire: 'La sagesse se sert de l'amour de la gloire, pour se défendre des bassesses où jette la Volupté' (p.38). Cette dialectique permettra de surmonter le scandale moral que constitue un amour non réglé, et qui ne se mérite pas. L'alliance de la beauté et de la pudeur en effet crée chez la femme un mérite nouveau, qui contribue à son ascension morale et sociale. 'Une Amante aimable, et qui a de la gloire dans le cœur, ne songe qu'à se faire estimer, et l'Amour la perfectionne' (*Femmes*, p.207). Mme de Lambert restaure l'éthique précieuse qui fondait la galanterie la plus délicate sur le sentiment de la gloire féminine. Elle propose aux 'âmes fières' un amour que n'altéreront ni le temps ni les hommes. Sa métaphysique conçoit 'pour les cœurs qui sont sensibles à la gloire et au plaisir' (p.205), déchirés entre deux pulsions contradictoires, soumis à une double postulation, un amour capable de les satisfaire. A ces caractères fiers qui éprouvent la passion comme une servitude, qui ne voient dans les soins et les plaisirs ordinaires que des 'pauvretés horribles', Mme de Lambert propose l'amour épuré, éloigné de toute vulgarité, capable de porter les sentiments à un degré de délicatesse qui procurera un plaisir sans honte. L'amour épuré 'inspire une hauteur dans l'esprit, qui sauve des abaissemens de la volupté' (p.205). On pourrait dire, en schématisant quelque peu, que l'idéal platonicien arrache la femme à l'impasse où l'enfermaient le désir épicurien et la résistance stoïcienne; l'amour platonique réconcilie en elles la vertu et la nature.

Quand il est vécu par des femmes vertueuses, l'amour acquiert une beauté et une délicatesse singulières. L'art d'aimer lambertin accorde un rôle important à la résistance, pour le perfectionnement du cœur. Il n'y a pas d'amour quand le devoir ne s'oppose pas au sentiment. 'Celles qui ont été bien élevées, et à qui on a inspiré des principes' sont d'une conquête pénible, et ne subissent qu'avec peine le joug amoureux. Mais leur résistance fait le plaisir secret de l'amant: ce sont 'les plus aimables conquêtes' (p.206). Sur ce point, la marquise de Lambert est fidèle à l'éthique des précieuses. 'La préciosité a accumulé les obstacles à l'amour pour le rendre plus noble et plus pur. Elle a tenté une sorte d'ascèse sentimentale pour transposer les exigences de la chair dans le domaine de l'esprit.'[33] Comme les précieuses, Mme de Lambert veut faire de l'amour 'un censeur sévère', prompt à réprimer toute impatience chez ses sectateurs, les soumettant à une longue attente réglée par des bienséances rigoureuses. Son maître et ami Fontenelle, dont la pensée a été un relais entre les deux préciosités, avait consacré l'un de ses *Dialogues des morts* (i.39-43) à cette question précieuse de la conquête et de la résistance. Sapho et Laure s'affrontent aux enfers, pour déterminer 's'il a été bien établi que les hommes attaquent, et que les femmes se défendent'. Un féminisme malicieux suggère à Fontenelle une révolte précieuse contre l'injustice qui place toujours l'homme dans la position du conquérant, alors que 'le Personnage d'une Femme n'est que de se défendre' (p.40). Sapho s'indigne: 'Ils ne goûtent dans le plaisir d'être aimé, que celui de triompher de la Personne qui les aime; & les Amans heureux ne sont heureux, que parce qu'ils sont Conquérans' (p.41-142). Mais Laure rétablit un heureux équilibre, en montrant les perfections que l'amour tire de ce code de galanterie, les agréments qu'il doit à la résistance féminine, même si celle-ci peut paraître injuste par nature: 'Oh! les choses iroient trop vite, & l'amour est un commerce si agréable, qu'on a bien fait de lui donner le plus de durée que l'on a pu. [...] Rien ne seroit plus insipide, si l'on ne faisoit que s'entr'aimer' (p.42).[34]

La marquise de Lambert pense exactement comme la Laure de Fontenelle: l'amour se fortifie et augmente par la résistance qu'on lui oppose, et son plus grand ennemi, au contraire, est la satisfaction du désir:

C'est dans la résistance que les sentimens se fortifient, et acquièrent de nouveaux degrés de délicatesse. La passion s'éteint dès qu'elle est satisfaite; et l'Amour, sans crainte et sans désirs, est sans âme [p.196][35];

De la manière dont on se conduit, l'Amour meurt avec les désirs, et disparoît quand il n'y a plus d'espérance [p.205].

La métaphysique lambertine est bien un code précieux, dans la mesure où elle invente pour le sentiment des obstacles qui entretiennent sa vitalité; la fine

---

33. Lathuillère, i.347.

34. Le même débat est repris encore dans le cinquième *Dialogue des morts modernes* (p.91), entre Agnès Sorel et Roxelane, où l'on affirme que 'la galanterie turque' ignore les 'douceurs de l'amour si raffinées', à savoir 'le plaisir de la résistance' chez les femmes, et 'le plaisir de la victoire' chez les hommes.

35. Ici encore l'analyse lambertine doit à La Rochefoucauld: la réflexion de la marquise sur la mort de l'amour n'est qu'un démarquage, à peine déguisé, de la maxime 75.

galanterie a pour mission de trouver le point d'équilibre entre la vie impatiente du désir brutal et la mort de l'amour dans la possession. Le développement de l'esprit précieux ne reniera jamais cette leçon importante; dans une œuvre caractéristique du libertinage de la Régence comme *Le Temple de Gnide*, on ménage, dans une conclusion qui baigne pourtant dans une atmosphère d'érotisme raffiné, la 'dernière retraite' de l'amour: c'est la métaphore significative du tombeau, avatar du thème précieux de la mort de l'amour, qui exprime l'ultime pudeur de la sévère Thémire.

Cependant la marquise ne croit pas que la résistance puisse être une rébellion totale contre le sentiment. Elle n'est pas faite pour durer; enfin, il faut céder. Le devoir de bienséance que les femmes opposaient à leur tendresse doit alors se transformer en un devoir d'amour, la résistance se changer en constance et en délicatesse. 'Le sentiment de gloire qui les occupe tourne au profit de l'Amour' (p.207). Celui-ci a certes triomphé de la vertu, mais ne l'a pas détruite: pudeur et sévérité vont servir désormais à former une amante 'plus tendre, plus vive, plus appliquée' (p.207). Sans heurter les bienséances, elle goûtera à loisir aux douceurs de la vie sensible, et seuls les mauvais procédés pourraient rompre un engagement qu'elle veut durable. La métaphysique de Mme de Lambert joue de nouveau du paradoxe, pour affirmer que les femmes d'un caractère raisonnable sont les amantes les plus sensibles (p.201-202):

Mais si vous voulez trouver une imagination ardente, une âme profondément occupée, un cœur sensible et bien touché: cherchez-le chez les Femmes d'un caractère raisonnable. Si vous ne trouvez de bonheur et de repos que dans l'union des cœurs; si vous êtes sensible au plaisir d'être ardemment aimé, et que vous vouliez jouir de toutes les délicatesses de l'Amour, de ses impatiences, et de ses mouvemens si purs et si doux; soyez bien persuadé qu'ils ne se trouvent que chez les personnes retenues, et qui se respectent.

Ce lent perfectionnement de l'amante fidèle, la jeune fille n'en est pas capable. Chez une jeune personne 'sûre de plaire par ses charmes', et par son âge, on ne voit à l'œuvre que des agréments extérieurs; indifférente à toutes les beautés d'une délicatesse sensible, 'souvent le mot de Vertu lui est inconnu' (*Sentiment dame*, p.267). Il serait aisé de découvrir dans ce double portrait de l'amante sensible et de la jeune beauté les prototypes de la présidente de Tourvel et de Cécile Volanges, preuve supplémentaire de l'influence déterminante de la métaphysique du cœur sur l'évolution de la sensibilité au dix-huitième siècle.

Il n'est pas possible d'affirmer que Mme de Lambert a codifié, au sens strict du terme, et comme l'avaient fait avant elle les précieuses, les rapports de la gloire et du plaisir; elle n'a certes pas distribué sur une carte de Tendre les obstacles que doit surmonter un amour authentique. Mais il faut souligner l'importance qu'elle accorde aux éléments traditionnels d'une galanterie qu'elle restaure: la résistance des femmes, leur devoir de bienséances, le bonheur d'espérer. Il y a bien chez elle un itinéraire amoureux, une quête précieuse de la perfection et de la délicatesse qui couronnent l'amante d'une beauté singulière. Le fait nouveau, propre à son siècle, est qu'elle conçoive cet itinéraire comme une exigence profonde du cœur, un appel de la vertu sensible.

La marquise de Lambert toutefois ne se contente pas de rappeler les exigences de la gloire à l'égard de l'amour: elle réserve à la sensibilité un rôle plus important encore dans l'établissement de l'honnêteté. Comme les précieuses, elle est fermement convaincue que l'art d'aimer donne la mesure d'un mérite authentique; elle veut revendiquer aussi les droits du cœur et de la passion honnête, trop souvent réprimés par des conventions sociales injustes.

L'art d'aimer de la marquise de Lambert emprunte plusieurs de ses recettes à Mlle de Scudéry, dont l'esprit survit dans cette maxime qui doit régler la conduite amoureuse des femmes: 'la mesure du mérite se tire de l'étendue du cœur et de la capacité qu'on a d'aimer' (p.209). C'est, dans la première comme dans la seconde préciosité, un art de sentir. Il ne suffit pas pour le maîtriser de prouver sa capacité à réussir l'œuvre préalable de l'épuration; il faut savoir ensuite faire un bon usage de sa nature, apprendre à se délecter de sa propre sensibilité. Ce plaisir, bien sûr, est inconnu des femmes sensuelles et des débauchées, qui ne se proposent qu'un but dans l'amour, et qui en écrivent bien vite le roman. La règle édictée par Madeleine de Scudéry et par les précieuses n'est plus comprise. Tous les désastres et tous les désordres de la passion viennent de ce que l'on ne sait plus aimer. Comme dans son plaidoyer féministe, la marquise de Lambert expose au grand jour les paradoxes de la conduite humaine; elle s'étonne: 'Il y a tant d'Ecoles établies pour cultiver l'esprit; pourquoi n'en pas avoir pour cultiver le cœur? C'est un Art qui a été négligé' (p.196). L'association routinière et mécanique qui, dans le langage du monde, unit dans tant de formules usées le cœur et l'esprit, trouve dans ce constat une vigueur nouvelle. Aimer est un art, il faut inventer ou redécouvrir les techniques qui porteront le sentiment au point de perfection où il se confondra avec le pur bonheur. L'idée de codifier l'amour n'est pas neuve et se trouve déjà dans *L'Astrée*. Cependant la remarque de la marquise de Lambert semble ignorer toutes les tentatives antérieures, celles des précieuses en particulier; c'est qu'à ses yeux sans doute leurs dissertations méticuleuses, par trop analytiques, étouffaient souvent la sensibilité vraie, méconnaissant les ressorts secrets de la passion. Son art d'aimer ne veut pas être une nouvelle géographie de Tendre; la marquise ne prétend pas légiférer: ce qui l'intéresse, c'est en quelque sorte la 'rhétorique' du cœur, la métaphysique de l'amour. Elle est à la recherche des principes premiers qui permettront d'"apprendre à

561

conduire' (p.196) le sentiment, et qui feront entrevoir à l'homme la réalité d'un bonheur efficace et durable. Celui-ci n'a 'qu'une portion d'attention et de sentiment' (p.209), et il ne sait pas l'utiliser pour son propre plaisir. L'étonnement de la marquise se poursuit: 'Je suis toujours surprise qu'on ne veuille pas raffiner sur le plus délicieux sentiment que nous ayons' (p.204). Cette formule centrale éclaire le projet lambertin, comme elle éclaire aussi le marivaudage qui en est si voisin; elle met en relief surtout les nuances qui distinguent les deux préciosités. Raffiner sur l'amour, c'est rappeler des règles anciennes oubliées ou tombées en désuétude, c'est restaurer le code galant que les mœurs du temps ont rendu illisible; mais c'est surtout, en le dégageant de la puissance mortelle des sens, rétablir la sensibilité dans sa force, dans sa plénitude, dans ses élans vers un absolu de bonheur. La première préciosité avait codifié l'amour; Mme de Lambert et Marivaux ont voulu analyser les lois fondamentales du cœur: ils ont été au sens noble du terme, ce que n'avaient pas été les précieuses, des métaphysiciens de l'amour.

La maîtrise de l'art d'aimer, l'exacte conduite du sentiment seront désormais l'aune du mérite, et même de la vertu; un cœur sec ne saurait être généreux, avait affirmé Madeleine de Scudéry, qui était même allée très loin dans cette voie, en reconnaissant qu'il fallait avoir aimé pour découvrir l'honnêteté. Mme de Lambert a recueilli une partie de cet héritage, elle qui se montre intimement persuadée que l'amour épuré polit les manières et l'esprit, que l'amant parfait acquiert sans effort apparent les qualités exigées par le monde. L'amour donne de l'alacrité; il inspire aussi toute une gamme de sentiments qui répondent chez l'amant à un besoin de s'ouvrir à autrui, de laisser s'épancher une sensibilité abondante: l'humanitarisme, la générosité forment le cortège vertueux d'un amour épuré. Car la vie sensible est la source de l'honnêteté, elle embellit les relations sociales dont la rigueur s'atténue même parfois pour faire place aux droits du cœur.

La question du mariage d'inclination constitue un bon exemple des revendications de la nouvelle préciosité en faveur de ces droits. Mme de Lambert a posé les données de ce problème difficile dans une œuvre de fiction, parce qu'elle estimait sans doute que la matière romanesque exprimait mieux les cas psychologiques et moraux concrets. Dans *La Femme hermite*, la princesse Zélie s'oppose à l'inclination de son fils pour l'héroïne: la situation est intéressante, car elle s'apparente à celle de Mme de Miran qui, dans *La Vie de Marianne*, doit aussi affronter la passion naissante de Valville. Mme de Lambert et Marivaux ont voulu traiter la même question de morale: l'inégalité des conditions chez deux jeunes personnes qui s'aiment suscite un conflit entre l'autorité familiale, représentée dans les deux cas par la mère, et les droits du cœur; et ce conflit fait le malheur des adolescents. Les deux récits montrent comment la rigueur maternelle cède devant l'irrésistible passion d'un fils. La raison ou la bonté sont touchées par les arguments du cœur: la princesse Zélie permet à Camille de revoir l'héroïne exilée, et Mme de Miran consent à ce que Valville épouse Marianne. L'intérêt de cette rencontre entre Mme de Lambert et Marivaux réside dans l'identité des structures narratives et des principales formules qui éclairent le débat moral:

L'Amour augmente par la défense [...] la Princesse sa Mère se vengeoit sur moi de la nécessité où on la mettoit de consentir à une liaison, dont on appréhendoit les suites [...] Il avoit un respect infini pour Madame sa mère; mais j'étois les bornes de son dévouement: il faisoit ce qu'elle vouloit, hors sur ce qui me regardoit [...] Les jugemens de mon cœur, Madame, et ceux de vos yeux, sont bien différens: vous voyez, et je sens; quelque inégalité qu'il y ait entre les personnes, l'Amour les rapproche toutes [...] Il lui dit [...] que son pouvoir ne s'étendoit pas sur les sentimens. Quand elle voulut lui opposer son autorité, et ses devoirs, il lui dit que le cœur avoit ses droits et ses devoirs à part [...] [Timandre dit à la princesse] qu'il ne falloit pas mesurer son pouvoir avec celui de l'amour, ni ses droits contre ceux du cœur; que l'un et l'autre ne se gouvernoient pas par autorité [*Femme hermite*, p.293-99];

Il dit que je ferais son malheur si je m'y opposais, que c'est une inclination insurmontable, que sa destinée est de t'aimer et d'être à toi [...] Suivant les maximes du monde, mon fils fait une folie, et je ne suis pas sage de souffrir qu'il la fasse [...] l'orgueil et l'intérêt ne veulent point que tu l'épouses; tu ne les écoutes pas, tu n'en crois que ton amour [...] je serais réduite à être ton tyran, et je crois qu'il vaut mieux être ta mère [*La Vie de Marianne*, p.205].

On sait que l'épisode de Marivaux illustre peut-être le drame vécu par la marquise de Lambert, quand son fils épousa, le 12 janvier 1725, la veuve du marquis de Locmaria. La genèse de *La femme hermite* nous étant mal connue, il est impossible de situer la nouvelle par rapport à cet événement. Il est certain que ce débat autour du mariage d'inclination, quels qu'en pussent être les tenants et les aboutissants au regard de la vie privée de la marquise, se situe au cœur d'une préciosité dont Marivaux et la nouvelle Arthénice nous apparaissent encore une fois comme les plus actifs représentants. S'y exprime une pensée féministe et précieuse, que récupérera 'la propagande de Diderot et de tant d'autres'.[36] Laclos, on le sait, réactualisera le débat, mais en l'insérant dans une situation ironique, et par conséquent tragique, qui en fausse les données. Il est intéressant cependant de noter que Mme de Volanges renonçant, trop tard, au mariage de convenance, s'exprime dans les mêmes termes que la princesse Zélie et que Mme de Miran (lettre xcviii, p.217-19):

ferai-je le malheur de ma fille? tournerai-je contre elle les qualités les plus précieuses de l'âme, la sensibilité et la constance? est-ce pour cela que je suis sa mère? [...] Aux

36. Laclos, *Œuvres complètes*, éd. L. Versini (Paris 1979), p.1309.

malheurs qu'elles me font redouter, je compare ma fille, heureuse avec l'époux que son cœur a choisi, ne connaissant ses devoirs que par la douceur qu'elle trouve à les remplir; mon gendre également satisfait et se félicitant, chaque jour, de son choix; chacun d'eux ne trouvant de bonheur que dans le bonheur de l'autre, et celui de tous deux se réunissant pour augmenter le mien. L'espoir d'un avenir si doux doit-il être sacrifié à de vaines considérations? Et quelles sont celles qui me retiennent? uniquement des vues d'intérêt. De quel avantage sera-t-il donc pour ma fille d'être née riche, si elle n'en doit pas moins être esclave de la fortune?

Comme ce rêve sur le bonheur dans le mariage paraît venir bien tard, dans le roman aussi bien que dans l'histoire des idées! Il est rare d'apercevoir avec autant de netteté toute la charge idéologique, toute la puissance de rêve et d'illusion d'une 'structure' narrative présente dans des créations si différentes.

Les convenances ne doivent pas étouffer la passion honnête, la sensibilité réclame un renouvellement des conventions sociales quand elles sont contraires aux élans du cœur. L'amour pur crée un monde plus beau, plus généreux. La marquise de Lambert ira même jusqu'à charger l'art de sentir d'établir un nouvel ordre intellectuel. Car il y a une intelligence supérieure, qui est celle du cœur: 'Un seul sentiment, un seul mouvement du cœur a plus de crédit sur l'âme que toutes les Sentences des Philosophes' (*Femmes*, p.187). Le portrait de La Rivière, mondain accompli formé par les mains de l'amour, n'est que le pendant d'un modèle encore plus achevé, orné de grâces indicibles: Mme de La Sablière montre dans leur perfection les beautés de cette honnêteté nouvelle née des élans du cœur. Dans un éloge admiratif, où elle aimait sans doute à se reconnaître, la marquise de Lambert dit la supériorité de la femme sensible dans tous les domaines de l'intelligence et de la sociabilité. On mesure bien les progrès de l'honnêteté, de Mme de Rambouillet à Mme de La Sablière: ils épousent ceux de la sensibilité, ils signifient l'effacement progressif des droits de l'esprit analytique devant ceux du cœur. On a souvent dit que Mme de Lambert avait voulu restaurer l'idéal de la Chambre bleue: ce qui est vrai. Mais cette nouvelle préciosité a enregistré aussi les acquis de la morale sensible. Entre l'hôtel de Nevers et la Chambre bleue se situe le cercle de Mme de La Sablière, de cette femme admirable qui 'n'a jamais pensé, qui ne fai[sait] que sentir' (p.187). La femme sensible qui pratique le monde possède une force de communication et de persuasion que n'a pas la personne qui n'a cultivé que son esprit.

La fine galanterie que restaure la métaphysique d'amour de Mme de Lambert est bien un héritage de la préciosité; mais la métaphysique du sentiment introduit beaucoup de nuances originales dans cette fidélité au passé. La marquise n'est attentive à la législation sentimentale que pour mieux analyser les principes premiers de la vie sensible. Son rêve d'un bonheur dans le mariage est plus moderne: certaines précieuses l'auraient sans doute rejeté avec mépris.

Mais dans l'ensemble, c'est l'esprit de Madeleine de Scudéry, ou des héroïnes de l'abbé de Pure, qui revit dans toutes les maximes où l'on veut régler le plaisir par la gloire, pour le sauver des bassesses des sens; qui inspire les règles d'un art d'aimer où le sentiment s'enrichit en triomphant des obstacles que lui oppose le devoir de bienséance. C'est lui surtout qui entraîne la conviction qu'on ne saurait être honnête homme sans être sensible. Dans la métaphysique du sentiment revit cette préciosité sérieuse qui prétendait allier la grandeur au sublime et au délicat. Mme de Lambert veut transporter les amants dans les régions où la vertu triomphe des sens, où l'esprit l'emporte sur la chair, en leur montrant 'l'art délicat de l'amour' (p.195), cette fine galanterie typiquement française qu'elle restaure en en rappelant les règles élémentaires. Seulement, la ruelle est devenue plus sensible, on pourrait même dire sentimentale. Elle s'adresse à des êtres d'exception. Tous les hommes ne sont pas aptes à cette ascèse platonicienne qu'est la galanterie néo-précieuse. De même qu'elle refusait à la jeune fille cette beauté spirituelle dont rayonne dans sa maturité l'amante parfaite, Mme de Lambert affirme catégoriquement que 'les caractères médiocres' ne peuvent atteindre à 'la parfaite amitié' (p.203-204). L'amour abaisse encore plus l'être vil; il n'embellit qu'une belle âme.

3. *L'union des cœurs*

Chacun sait que l'œuvre alchimique ne se réduit pas à la seule transformation de matières hétérogènes, observées de l'extérieur dans l'athanor; elle passe aussi et surtout pour une œuvre spirituelle, elle exprime symboliquement la quête mystique d'une perfection intérieure. Il en va de même pour la métaphysique d'amour de la marquise de Lambert, qui à bien des égards s'apparente à une alchimie du sentiment. Le processus d'épuration du plaisir doit certes favoriser la naissance d'un mondain accompli; il s'agit bien de transformer la matière sensible en matière honnête. Mais ces impératifs extérieurs, liés à la restauration de l'ancienne galanterie déchue, ne doivent pas faire oublier le projet originel de la marquise, qui voulait réconcilier l'amour et la sagesse, et poser la question d'un bonheur humain partagé. La pratique de son art d'aimer doit conduire à la découverte d'une vie heureuse et pure. Mme de Lambert la montre dans 'la parfaite amitié', qui rapporte tous les agréments de la vie honnête et galante à la solitude du couple, et qui mêle dans une synthèse parfois singulière le rêve d'un âge d'or pastoral et la croyance dans le mythe platonicien de l'androgyne primitif. En outre, cette existence heureuse possède les caractères d'une vie spirituelle: l'art d'aimer est une quête mystique, qui doit autant au quiétisme sentimental d'une Mme Guyon qu'aux analyses raffinées de Madeleine de Scudéry. C'est dans l'union des cœurs que se réalise la plénitude intérieure de l'individu: ce n'est pas là un paradoxe pour la tradition platonicienne et courtoise.

Les amants que l'amour perfectionne pour le monde sont unis par des liens plus solides et plus beaux encore que ceux de la fine galanterie. La pratique de la métaphysique d'amour conduit à la découverte de 'la parfaite amitié', ultime transformation de la matière brute sensible que le savant chimiste amène à son point de perfection. 'La récompense de l'amour vertueux, c'est l'amitié; mais ce n'est pas l'amour ordinaire qui nous y conduit, c'est l'amour épuré' (*Amitié*, p.127). La règle centrale édictée ici montre que la métaphysique lambertine est bien une alchimie du sentiment; elle indique clairement la double voie du grand œuvre, l'épuration de l'amour ordinaire et la métamorphose de l'amour vertueux en amitié. Cette seconde opération est un vœu platonicien, même si aucune référence précise à tel ou tel passage du philosophe grec ne vient prouver une pratique directe de ses textes. L'idée d'une récompense renvoie, elle, plus précisément à l'univers chevaleresque et à la tradition courtoise; mais associée au verbe 'conduire', qui fait image, elle rappelle la carte de Tendre, une géographie précieuse qui suppose l'exacte connaissance d'itinéraires concurrents. Mme de Lambert tient à sa formule qu'on retrouve aussi, sous une forme voisine, dans son *Traité de la vieillesse*: 'Le revenu de la beauté, c'est l'amour; et la récompense de l'amour vertueux, c'est l'amitié' (p.153). Cette seconde maxime a le mérite de souligner la supériorité hiérarchique, au regard d'une tradition courtoise et précieuse, de la récompense sur le revenu. Mais quelle signification Mme de Lambert donne-t-elle à ce mot polyvalent? Chez elle, les frontières entre l'amitié et l'amour, particulièrement l'amour comblé, ne sont pas toujours distinctes. La parfaite amitié est l'amour platonique, qu'une élite vertueuse a rencontré en se refusant au commerce des sens, et en célébrant l'amour épuré; elle a su triompher des épreuves que lui ont imposées les bienséances extérieures et la vertu intérieure, et qui ne sont pas sans rappeler le 'guerredon' de l'éthique courtoise. Cette amitié se définit aussi comme la quintessence de la matière sensible épurée et travaillée, elle est au sens le plus vrai du terme l'union parfaite de deux cœurs. Elle est un bien désirable, comme celui auquel aspirent le sage de Platon ou le héros courtois, lavé de toutes souillures de la matière, solide, inaltérable, fait pour triompher du temps. Mme de Lambert dit des amantes parfaites: 'Quand une fois elles se sont engagées, c'est pour la vie' (p.207). La parfaite amie définie par la marquise est sœur de 'l'honnête maîtresse' louée par Bussy-Rabutin, qui 'fait de sa passion la plus grande affaire de sa vie', et qui veut faire goûter à l'amant les plus fines délicatesses, 'quand elle le surprend par mille petites grâces à quoi il ne s'attend pas'.[37] La véritable union des cœurs consiste en une

---

37. Bussy-Rabutin, *Histoire amoureuse des Gaules*, éd. A. Adam (Paris 1967), p.79.

rencontre idéale de l'amour et du mérite, elle est un art de plaire et de se faire estimer, que procure une vie entièrement consacrée 'à un seul objet', 'car un sentiment ne sauroit être vif et fort, qu'il ne soit unique' (*Sentiment dame*, p.266).

L'union des cœurs est vécue comme une solitude à deux; source de joies intérieures, la parfaite amitié se suffit à elle-même: 'tous vos plus grands plaisirs sont dans votre Amour' (p.211). Le terme de la métaphysique d'amour est une mort au monde pour les amants, conçue non comme une rupture tragique, mais comme une libération qui rappelle le mythe de Tristan et Yseult. La nouvelle préciosité s'est éloignée cette fois de Sapho et de l'abbé de Pure. La leçon de la parfaite Eulalie n'a plus cours, qui prétendait distinguer la vie intérieure secrète de 'ce qui passe au dehors', qui tenait pour certain 'que l'apparence et le semblant extérieur est l'unique objet des honnestes soins et de la belle prudence' (i.23). Sapho parlait, elle, de cette 'civilité spirituelle et galante, que l'amour seulement peut donner'.[38] Dans la métaphysique lambertine, au contraire, les amants parfaits s'enferment dans leur amour, pour y goûter des joies pures et ineffables que ne donne pas le monde. Il est significatif que l'ouvrage de la marquise oppose les femmes du monde, livrées à ses plaisirs, à ses jeux, à ses fêtes – le cercle social n'est plus la ruelle, l'espace de l'honnêteté – aux véritables amantes, 'qui sont destinées à vivre d'une vie de sentiment' (p.208-209), moins factice. Celles-ci ont fait le don spirituel de leurs agréments à un être élu, distingué de tous les autres. La règle de leur amour est encore celle d'un art de plaire, où cependant la beauté rayonnante de la vertu l'emporte sur les autres grâces. De même que le libertinage trahit l'entreprise de personnes malhonnêtes, l'amour platonique justifie les honnêtes personnes: 'l'Amour dont je parle, est l'appui le plus sûr de la Vertu. Tous les exemples le confirment. Combien d'Amans ont demandé à combattre devant leur Maîtresse, et ont fait des choses incroyables? Voilà le motif pour lequel les honnêtes personnes se permettent d'aimer.' L'enjouement épicurien de la métaphysique lambertine ne doit pas faire illusion: la justification de l'amour est douloureuse, le prix du bonheur est dans un sacrifice total des désirs à la vertu, conforme à l'antique code courtois. La référence à l'éthique chevaleresque reste toujours diffuse dans l'œuvre de Mme de Lambert; nous rencontrons ici une des rares allusions concrètes aux mœurs féodales. Elle pourrait peut-être, au reste, venir tout simplement de la matière romanesque, de l'*Astrée* ou de la nouvelle historique: on songe, par exemple, à l'épisode célèbre du tournoi dans *La Princesse de Clèves*. La théorie amoureuse de la marquise réussit une synthèse, que l'on pourra juger parfois naïve, de l'amour

38. *Le Grand Cyrus* v, cité par Lathuillère, p.588.

platonique, de l'idéal chevaleresque, de la chasteté chrétienne, de la tendresse précieuse et de l'honnêteté bourgeoise: la simple énumération de ces éthiques variées dit assez si elle est ambitieuse. La ruelle n'a plus le privilège de la législation du sentiment: l'amour prend possession pour plus d'un siècle des territoires de la vertu sensible. La nouvelle préciosité mérite bien son nom, qui a su découvrir des rapports nouveaux entre le sensible et l'honnête, et préparer la voie au roman sentimental des Lumières. Pour les précieuses du dix-septième siècle, le raffinement de l'amour devait dévoiler 'le mystère des ruelles'; la marquise de Lambert le réduit à la jouissance solitaire et extatique d'un sentiment enfin permis. Il y a dans le bonheur des amants parfaits comme une revanche sur le péché, l'oubli d'une malédiction millénaire. La première préciosité, héritant de l'idéal courtois, avait entrevu cette libération de l'individu, sa victoire sur une nature suspecte: en lui inculquant le mépris de la chair, elle l'avait fait accéder à une forme supérieure d'humanité, mais au prix d'une dépossession de soi. La nouvelle préciosité le réconcilie avec lui-même.

Il est juste d'affirmer que l'union des cœurs décrite par Mme de Lambert témoigne d'une réelle nostalgie de l'honnêteté précieuse, qu'elle ne saurait exister sans la restauration de l'ancienne galanterie. Mais la marquise a aussi sur l'amour des idées originales: elle a su interpréter tous les besoins et toutes les exigences d'un siècle nouveau. En dépit des références nombreuses au passé, constituées par les citations qui doivent illustrer le discours moral, elle est plus proche de Marivaux que de Madeleine de Scudéry. L'union des cœurs ne fait pas découvrir un art de plaire et de s'insérer dans le monde; l'amour est chez elle une aventure individuelle, une conquête du bonheur qui est d'abord une conquête de soi-même. Il faut échapper aux regards et aux tabous pour jouir, dans la solitude, d'une nature enfin purifiée de la faute. Sa métaphysique retrouve l'idéal courtois qui définissait l'amour comme une purification, un perfectionnement moral, un dépassement héroïque d'une nature faible et souillée. Ainsi présentée, cette définition est encore incomplète; il faut, à présent, montrer quels liens unissent cette conception de l'amour à la métaphysique du sentiment qui distingue la génération de 1730.

Mme de Lambert a décelé en l'homme un 'vide du cœur' que seul l'amour peut combler, et c'est pourquoi elle construit sa métaphysique. Tous les êtres humains ressentent confusément ce besoin 'd'aimer et d'être aimé' qui, chez les âmes mélancoliques privilégiées, constituera la seule existence authentique. Ne plus aimer, c'est déjà mourir: 'Ceux qui ont vécu de la vie de l'Amour savent combien leur vie étoit animée; et quand il vient à leur manquer, ils ne vivent plus' (p.208). Une telle affirmation annonce les descriptions du mal de vivre, dont les origines sont déjà anciennes; elles viennent de l'analyse racinienne, ainsi que des premières investigations de Madeleine de Scudéry ou de Mme Deshoulières. Lorsqu'elle parle de la 'vie de l'amour', Mme de Lambert cerne plus un état d'âme qu'elle n'analyse le cours d'une existence: c'est un sentiment vague, un 'je-ne-sais-quoi' entièrement nouveau, qui ne concerne plus que le cœur, qui échappe aux investigations subtiles de l'esprit.

En réalité, la 'vie de sentiment' (p.209)   ce complément de caractérisation est un des plus remarquables de la langue de la marquise – analysée dans ses troubles, ses appels, ses émois, ses ferveurs irrationnelles, cette matière sensible dont Marivaux fera la substance même de son roman, a plus d'un point commun avec la vie mystique. Crébillon fils, l'un des meilleurs analystes du cœur, ne s'y trompait pas, qui l'assimilait malicieusement à un 'quiétisme de l'amour'.[39] La marquise de Lambert dit le bonheur ineffable promis à l'amant parfait, uni à l'âme sœur comme le quiétiste à la divinité. Paradoxalement, c'est sous le signe de la pastorale de Fontenelle que se place son quiétisme; mais elle a su renouveler la bergerie galante pour en faire une aventure mystique personnelle, si bien que sa métaphysique d'amour pourra aussi être interprétée comme la chronique d'un cœur spirituel.

L'amour parfait apaise les inquiétudes que l'existence donne aux âmes tendres, il les détache de leur destin terrestre, comble leur soif d'idéal et leurs aspirations les plus nobles. C'est sagesse que de réputer l'amour indispensable à la recherche de la félicité; il n'est pas possible d'ignorer un sentiment 'si nécessaire au bonheur des humains' (p.196). La marquise de Lambert va plus loin encore, et n'hésite pas à assimiler l'amour au bonheur même. Si les rites et le cérémonial qu'elle préconise n'ont guère évolué depuis la préciosité, le sentiment acquiert en revanche une dimension nouvelle. Le dieu qu'on adore a changé de visage. L'amour comblé est une solitude à deux, une existence authentique qui abolit tous les impératifs du monde. Indifférent aux valeurs étrangères à son bonheur personnel, le parfait amant trouve dans l'âme sœur et en lui-même toutes les jouissances et toutes les félicités; sa destinée se confond désormais avec un sentiment unique. L'âme pure touchant au terme de sa quête découvre un bonheur qui ne saurait décevoir, parce qu'il est sa propre existence. Soixante ans avant le Promeneur solitaire, Mme de Lambert parlant de l'amour affirmait qu'être heureux et sentir étaient une seule et même chose. Elle dit sa certitude avec un lyrisme frémissant (p.211-12):

39. Le héros des *Egarements*, trahi par le sentiment, vaincu par Mme de Lursay, déplore son inexpérience qui ne lui a pas permis de faire le départ entre le libertinage et l'amour sentimental. 'J'aurais sauvé mon cœur du désordre de mes sens et, par ces distinctions délicates, que l'on pourrait appeler le quiétisme de l'amour, je me serais livré à tous les charmes de l'occasion, sans pouvoir courir le risque d'être infidèle' (p.187). Cette perversion de la métaphysique du sentiment par le libertin ne laisse pas d'inquiéter!

Cette joye de l'âme que donne la certitude d'être aimée, ces sentimens tendres et profonds, cette émotion de cœur vive et touchante, que vous donnent l'idée et le nom de la personne que vous aimez; tous ces plaisirs sont en nous, et tiennent à notre propre sentiment. Quand votre cœur est bien touché, et que vous êtes sûre d'être aimée, tous vos plus grands plaisirs sont dans votre Amour: vous pouvez donc être heureuse par votre seul sentiment, et associer ensemble le bonheur et l'innocence.

Comme l'affirmera aussi Jean-Jacques, ce bonheur d'exister et de sentir s'éprouve dans la solitude; indifférents au monde, les amants parfaits oublient ses valeurs, et jusqu'à leur individualité, pour cet absolu qui les absorbe tout entiers. 'Ceux qui sont destinés à une vie si heureuse sont dans le monde comme s'ils n'y étoient pas, et ne s'y prêtent que pour des instans. Rien ne les intéresse, que ce qu'ils sentent; rien ne les peut remplir, que l'Amour' (p.210). Le style, vibrant, ainsi que l'idée sont d'une mystique; que ce soit justement l'amour pur qui unisse la personne à cet absolu, qui l'invite à mépriser le destin terrestre et à préférer la contemplation béate du divin, voilà qui place incontestablement la métaphysique lambertine sous l'autorité lointaine de Mme Guyon.[40] La conformité des analyses de la sensibilité, dans la *Métaphysique d'amour* de Mme de Lambert et dans les mémoires de la mystique, qui lui sont contemporains, est étonnante. Mme Guyon dit avec suavité comment un cœur est fait pour être empli par l'amour, qui transforme délicieusement l'existence ordinaire:

Tout ce que je voiois m'instruisit à vous aimer. S'il pleuvoit, je voulois que toutes les gouttes d'eau se changeassent en amour & en louanges. Mon cœur se nourrissoit insensiblement de votre amour, & mon esprit s'occupoit de votre souvenir. Je m'unissois à tout le bien qui se faisoit au monde, & j'aurois voulu avoir le cœur de tous les hommes pour vous aimer.

Rien ne m'étoit plus facile alors que de faire oraison: les heures ne me duroient que des momens, & je ne pouvois ne la point faire: l'Amour ne me laissoit pas un moment de repos.[41]

Elle chante le bonheur ineffable de s'arracher aux activités du monde pour retrouver dans la solitude l'unique objet aimé: 'Tout ce qui n'étoit point mon Amour, m'étoit insupportable' (i.87). 'Mon unique divertissement étoit de dérober des momens pour être seule avec vous, ô mon unique Amour! tout autre plaisir m'étoit une peine, & non pas un plaisir' (i.93). Elle affirme surtout, et l'idée est conforme au postulat lambertin, que l'amour est indispensable à

---

40. Cf. Jean Sgard, 'Style rococo et style Régence', *La Régence*, p.16: 'Cette "métaphysique de l'amour" nous apparaît comme la transposition dans le domaine du sentiment des intuitions mystiques de Fénelon et de Mme Guyon, et plus généralement comme le transfert d'une métaphysique à une psychologie de la sensibilité.'

41. *La Vie de madame Jeanne Marie Bouvières de la Mothe Guïon, écrite par elle-même* (Cologne [Amsterdam] 1720), i.37, i.80.

l'existence et au bonheur de l'homme: 'Nul ne peut s'exempter d'aimer, car nul ne peut vivre sans cœur, ni le cœur sans amour. Pourquoi s'amuser à chercher des raisons d'aimer l'amour même? Aimons sans raisonner sur l'amour, & nous nous trouverons remplis d'amour avant que les autres aient appris les raisons qui portent à aimer' (i.42-43). Ce bonheur que célèbre Mme Guyon est bien sûr un bonheur intérieur: la mystique s'accoutume à trouver en elle-même la félicité qu'on cherche d'ordinaire au-dehors; elle dit comment la pratique de l'oraison de cœur l'a conduite à cette découverte, 'autant délicieuse qu'amoureuse', que le bonheur est au-dedans de soi. De la même manière, Mme de Lambert exprime la délectation de l'individu dans l'amour pur, en accumulant des attributs qui disent une plénitude et qui louent la perfection des facultés personnelles épanouies dans une unité supérieure: 'nous jouissons d'un bonheur sans interruption; nos sentimens sont profonds, nos joyes sont pures, nos espérances sont flatteuses, l'imagination est agréablement remplie, l'esprit vivement occupé, et le cœur touché' (p.210).[42] Pour rendre l'idée de ce bonheur plus expressive, la marquise utilise deux métaphores que n'auraient désavouées ni Mme Guyon ni Fénelon, et qui sont d'une mystique. La première est spatiale, et tente de décrire un ciel mystique où s'abolissent les misérables réalités terrestres: 'Il y a dans cette sorte d'Amour des plaisirs sans douleur, et une espèce d'immensité de bonheur qui anéantit tous les malheurs, et les fait disparaître' (p.210). Lui succède une métaphore plus traditionnelle, abondante dans les théologies de la fin du siècle, qui assimile la vie amoureuse à un état de grâce, à la manifestation d'une lumière divine qui triompherait des imperfections de la création. 'L'Amour est à l'âme, ce que la lumière est aux yeux: il écarte les peines, comme la lumière écarte les ténèbres' (p.210). C'est l'amour qui, éclairant les objets, les découvre dans leur vertu, comme chez Mme Guyon, pour qui l'"Amour Dieu' est un soleil qui dissipe les ténèbres où vivent les hommes: 'Hélas, leur seul éloignement fait leur perte: puisqu'en s'éloignant de vous, ô divin Soleil, elles entrent dans la région des ténèbres' (i.43-44). La marquise de Lambert semble avoir voulu transporter dans le domaine profane les vues métaphysiques de Fénelon, héritées directement de Malebranche, sur la vision en Dieu. Il suffirait de remplacer, dans ce passage, le mot 'Dieu' par le mot 'amour' pour se convaincre des liens étroits qui unissent les deux métaphysiques:

42. On notera, pour l'étude du vocabulaire du sentiment chez Mme de Lambert, le choix des deux derniers termes: *occuper* pour l'esprit et *toucher* pour le cœur. Le libertin aussi connaît bien leur valeur: ils apparaissent de la même manière dans le tableau dressé par L. Versini pour Crébillon, dans la colonne 'But', ce qui montre l'opposition entre l'extase du cœur mystique et la stratégie méthodique du libertin (p.462).

Ainsi je vois Dieu en tout, ou, pour mieux dire, c'est en Dieu que je vois toutes choses […] C'est donc à la lumière de Dieu que je vois tout ce qui peut être vu.

C'est une lumière qui n'éclaire pas seulement les yeux ouverts et sains; elle ouvre, elle purifie, elle forme les yeux qui doivent être dignes de la voir. Elle ne se répand pas seulement sur les objets pour les rendre visibles; elle fait qu'ils sont vrais, et hors d'elle rien n'est véritable […].

O douce lumière! […] Je suis rassasié dès que vous paraissez.[43]

Il est donc légitime de parler, après Crébillon, mais sans ironie, d'un quiétisme de l'amour à propos d'une métaphysique qui célèbre le bonheur, assimilé à la vérité, que procure l'amour pur élevé au rang du divin. Il ne faudrait cependant pas oublier que beaucoup de ces aspirations étaient contenues déjà dans les morales de l'âge précédent. Si le rapprochement avec les élans sensibles de Mme Guyon s'impose, l'influence de sagesses profanes est visible elle aussi: celle, plus lointaine, de Montaigne par exemple. Ce 'sentiment profond' emplit à lui seul une existence, avec laquelle il finit par se confondre. En outre, tous les êtres humains ne sont pas également prédisposés à jouir de ce sentiment exclusif: il convient mieux aux 'caractères mélancoliques'. Il faut peser chaque mot de ces lignes dans lesquelles Mme de Lambert assimile la prédisposition au spleen et la prédisposition à l'amour, en célébrant avec ferveur une existence emplie par une passion unique (p.208):

Les caractères mélancoliques y sont plus propres. Qui dit amoureux, dit triste; mais il n'appartient qu'à l'Amour de donner des tristesses agréables.[44] Les personnes mélancoliques ne sont occupées que d'un sentiment; elles ne vivent que pour ce qu'elles aiment. Désoccupées de tout, aimer est l'emploi de tout leur loisir. A-t-on trop de toutes ses heures, pour les donner à ce qu'on aime?

Ces lignes peuvent faire songer aussi à ce Watteau romantique qu'inventera le dix-neuvième siècle, ainsi qu'à tous les personnages de la scène, occupés d'un sentiment exclusif. Il est vrai aussi que la marquise de Lambert oppose fermement la mélancolique à la femme du monde: sa 'tendre amante' à qui l'amour tient lieu d'absolu, ne saurait être la reine du cercle précieux. L'ermitage auquel elle condamne l'héroïne infortunée de sa nouvelle est-il si différent

---

43. *Traité de l'existence de Dieu* (Paris 1880), p.150-51.

44. Crébillon, décrivant l'amour naissant dans le cœur des adolescents, parlera lui aussi de 'cette voluptueuse mélancolie où se plonge un cœur tout occupé de son objet' (*Egarements*, p.118). L'analyse psychologique d'une 'tristesse douce-amère' est encore une découverte de la sensibilité baroque comme aussi de la psychologie de Malebranche. Voir Marie-Thérèse Hipp, p.99-100. Au reste, Mme de Lambert a pu trouver le motif dans *La Princesse de Clèves*, avec la rêverie de Nemours sous les saules: 'Ces larmes n'étaient pas de celles que la douleur fait répandre, elles étaient mêlées de douceur et de ce charme qui ne se trouve que dans l'amour (édition Magne, p.369). Sur la symbolique de cette rêverie, Marie-Thérèse Hipp a dit de fort belles choses dans son article, 'La dialectique du divertissement et du repos', in *Le Génie de la forme*, p.215.

du 'désert' qu'Alceste propose à sa mondaine, pour s'y 'ensevelir' à deux dans une heureuse union des cœurs? Incapable de 'renoncer au monde', Célimène est le prototype de ces femmes qui ne sont pas faites pour le véritable amour, parce qu'elles le 'prennent comme un amusement' et qu''elles ne connoissent point ces sentimens profonds qui occupent l'âme d'une tendre Amante' (p.209).

D'autres valeurs profanes ont servi à la description de cette vie heureuse; on reconnaît aussi aux sources du 'quiétisme' de Mme de Lambert l'idéal pastoral des *Eglogues* de Fontenelle, qui constitue un contrepoids mondain aux aspirations mystiques à la félicité. Il faut souligner le rôle important qu'elles ont joué comme relais entre la première et la seconde préciosité. La distance qui sépare en apparence la bergerie de Cydias de la métaphysique d'amour élaborée par la nouvelle Arthénice ne doit pas faire illusion: en ce domaine aussi l'influence du maître n'échappe pas à l'observateur, et le rayonnement de Fontenelle dans la première période du dix-huitième siècle ne se réduit pas à la seule vulgarisation d'un jargon précieux. Mme de Lambert a pu trouver dès 1688 – la concordance est remarquable entre cette date et les limites chronologiques que nous assignons à cette étude du milieu – les thèmes centraux et les prolégomènes de sa *Métaphysique d'amour* dans les *Poésies pastorales* que Fontenelle faisait suivre d'un *Discours sur la nature de l'églogue*.[45] Le poète emprunte à la préciosité la peinture '[d]es plus tendres Amours' (iv.1),[46] c'est-à-dire en fait de l''amour véritable' (iv.16), capable de procurer aux amants un bonheur pur, ineffable, et lui-même communicatif. Cet amour, comme chez Mme Guyon ou chez Mme de Lambert, installe l'individu dans une durée qui n'est plus celle de la vie ordinaire, transmute les moments du quotidien en moments de grâce.

Mais ce bonheur ne concerne pas seulement les discours, les regards, les gestes, les mouvements sensibles, les émois des parfaits amants; on passe bientôt du physique de l'amour à sa métaphysique, quand Fontenelle exprime le bonheur de parler de l'amour, qui jaillit de l'écriture, du discours sur la tendresse. A la fin de l'exorde de la première églogue, le poète exalte 'la puissante & douce rêverie' que fait renaître la Bergerie restaurée 'Dans l'éclat des siècles passés' (iv.9). Il se plaît à opposer les héros du Lignon à ceux des romans héroïques, dont les modèles sont l'*Amadis* et le *Don Quichotte*, il dit préférer la tendresse des bergers aux 'prouesses extravagantes', il montre comment les délices de l'imaginaire peuvent servir de rempart contre les

---

45. Le privilège pour les *Poésies pastorales* (Paris 1688) est accordé le 23 janvier 1688.

46. L'expression 'tendres amours' comme le mot 'tendresse' revient souvent dans les *Eglogues*, et l'on notera la présence d'un adjectif que Catherine Bernard comme Mme de Lambert intégreront à leur description de la sensibilité.

amertumes du réel, coment l'on peut fuir dans les 'douces chimères' les rigueurs de la vie quotidienne. La marquise de Lambert accordera la même place à la préciosité: l'émergence de l'idylle se situe après la dénonciation de la corruption de l'espèce, de la stagnation dans le mal et dans la chair. Elle aussi d'ailleurs revendique, après Fontenelle, le droit du créateur d'entrer dans un monde artificiel, factice, de s'enfermer dans une clôture idéale pour susciter les prestiges de la rêverie; elle célèbre les bienfaits d'une écriture libre et libératrice, qui permet un renouvellement des valeurs. La nouvelle préciosité transpose en effet dans le domaine profane le modèle mystique d'un espace clos où se révèle l'essence du monde; elle croit accéder à une vérité et à un bonheur supérieur, en recréant au-dessus de la nature brute une nature idéale, celle de l'Arcadie. Pan n'est plus le seul dieu des bergers, il a un maître: Eros. La métaphysique de Mme de Lambert aussi sauvera l'homme des détresses physiques, l'affinement de l'amour le préservera des souffrances de la sensibilité et de la sensualité. Sa pensée nous apparaît une fois de plus comme une synthèse d'aspirations qu'on croirait contradictoires: le rêve pastoral de la bergerie précieuse se fond harmonieusement dans les élans quiétistes de l'amour pur.

Les immensités du bonheur promises à qui découvre l'amour comblé, et partagé, sont parcourues aussi par qui en célèbre les bienfaits. La métaphore de la 'promenade' intellectuelle utilisée par la marquise de Lambert ne saurait être édulcorée. La littérature précieuse possède certains des privilèges de la littérature mystique: celui de décrire une expérience ineffable, extatique, et de la revivre dans l'acte d'écrire. A ce stade du commentaire, il faut s'interroger pour savoir dans quelle mesure les *Réflexions sur les femmes* sont encore un ouvrage de morale. Les réalités sublimes qu'elles révèlent relèvent-elles de l'éthique? C'est la problématique que suggère P. Hoffmann par ce constat: 'Ses *Réflexions* sont moins un ouvrage de moraliste que la chronique d'un cœur spirituel'(p.24).

Il est vrai que le bonheur promis par la métaphysique lambertine est réservé à une élite sentimentale et morale, que la plupart des hommes le côtoieront sans jamais le connaître. Il est vrai que l'amour comblé est un état de grâce, qu'il exige pour être connu les réels efforts d'une ascèse comparable au grand œuvre de l'alchimiste, à la recherche de l'absolu du mystique. La carte de Tendre s'est profondément métamorphosée, et l'on parlerait plus volontiers d'initiation: la quête du véritable amour est un parcours semé d'embûches, une invitation à dépouiller le vieil homme pour construire une personnalité morale renouvelée, purifiée, perfectionnée par un art d'aimer qui doit 'polir l'esprit' et 'épurer le cœur'.

L'hôtesse de Nevers, en édictant les règles de cette nouvelle *ars amatoria*, ne se faisait d'ailleurs aucune illusion sur la facilité de les mettre en œuvre, de leur trouver une application pratique: 'la pratiquera qui pourra', cette sublime métaphysique. Peut-être même a-t-elle pressenti, comme Fontenelle, qu'un 'esprit si dangereusement raffiné' pourrait la pervertir. C'est ce que décriront les *Egarements* de Crébillon qui montrent comment une hypocrite confusion de la pruderie et de la vertu permet d'utiliser la démarche platonicienne aux fins du libertinage. Meilcour reproche à la perverse Mme de Lursay, qui se fait passer pour 'Dame à sentiment' (p.71), de détourner la métaphysique d'amour de ses nobles buts pour justifier les sens.

Le pressentiment néfaste des altérations dont sa métaphysique d'amour risquait de souffrir explique en partie les hautes ambitions de la marquise. Elle a voulu laisser un ouvrage qui fût un élan platonicien vers l'idéal, qui dît une soif d'absolu, qui extirpât toute ambiguïté humaine, qui s'imposât comme une transcendance, qui fît entrevoir, comme dans la courtoisie et la préciosité, un au-delà du corps et de la matière. L'amour est un élan vital, dynamique et puissant, qui arrache l'homme à une vie monotone, quotidienne, routinière, pour le transporter dans une existence frémissante, pleine, abondante, riche, unique: 'Quoique l'on ait toujours dit qu'il faut donner à l'amitié des fondemens plus solides que la simple sensibilité, cependant, si le goût ne s'en mêle, on n'est point entraîné, l'esprit ne peut être convaincu. Si le cœur n'est pas touché, l'on ne va ni bien vite ni bien loin' (*Amitié*, p.127-28). Mais paradoxalement, ces lointains n'existent que dans un univers intérieur; l'âme est ramenée à elle-même, la transcendance se confond avec l'existence, le bonheur est celui d'être et de sentir. Le cœur aimant est un cœur spirituel, et pour en dire les émotions, la langue, fidèle à une tradition ancienne qui remonte à Platon, se sert du vocabulaire religieux.[47] On recense dans les *Réflexions sur les femmes* quelques métaphores lexicalisées, parfois éculées, mais qui restent significatives, car toutes assimilent la quête amoureuse à un sacrifice rituel. Les femmes ne doivent pas 'immoler' leur gloire à l'Amour (p.198); 'c'est à la vertu seule qu'on sacrifie les désirs de son cœur' (p.202). L'image la plus caractéristique fait du projet lambertin un culte rendu par une humble servante à la divinité: 'en passant par son Temple, il a bien fallu lui payer tribut, et jeter quelques fleurs sur son Autel' (p.213). Images précieuses certes, mais qui rapprochent aussi la *Métaphysique d'amour* des mémoires d'une Mme Guyon, où l'on retrouve en permanence le même mélange de mots d'amour et d'expressions

---

47. La préciosité a servi de relais à cette rhétorique dont s'empare la création romanesque de la seconde moitié du dix-septième siècle. Cf. Hipp, p.102 'La conception de l'amour générateur de grandeur, qui procède de la tradition néo-platonicienne reprise par l'*Astrée*, explique l'usage fréquent de ces métaphores qui assimilent l'être aimé à la divinité.'

théologiques. La mystique s'adresse toujours à Dieu par l'invocation lyrique: 'ô mon Amour'; elle établit cet axiome théologique, qui identifie les deux essences de l'amour et du divin: 'Dieu est Amour, et l'Amour est Dieu' (iii, ch.21). Cette fusion du vocabulaire religieux dans la langue de l'amour constitue d'ailleurs un des traits du style rococo.

Si les parfaits amants de la marquise de Lambert sont encore précieux, quand ils savent repousser les appétits sensuels et les tentations de la chair, grâce à l'alacrité d'esprit que donne l'amour, ils représentent en revanche une humanité nouvelle, quand ils goûtent les joies d'un cœur pur et fort, d'un sentiment abondant et délicat. La littérature sensible et féministe a assigné à la femme le devoir d'entretenir une existence enrichie et enrichissante, singulière et spirituelle: 'car il faut convenir, à la gloire ou la honte des femmes, qu'il n'y a qu'elles qui savent tirer d'un sentiment tout ce qu'elles en tirent' (*Amitié*, p.143). D'accord avec les précieuses pour ignorer la vie selon la chair, l'auteur de *La Femme hermite* ne fait pas le même usage qu'elles de l'amour parfait et découvre d'autres finalités au 'plus délicieux' des sentiments. Il ne lui suffit plus qu'il affine les qualités mondaines, elle veut qu'il serve au perfectionnement des individus, à la recherche d'une vérité spirituelle, à l'élévation de l'âme. Il y a chez elle, comme aussi parfois chez Marivaux qui est son plus proche disciple, une véritable spiritualisation du sentiment et une épistémologie du cœur. Son art d'aimer est une technique de la réalisation personnelle, un accomplissement de toutes les parties nobles de l'homme. L'amour est le moteur des vertus, le révélateur des qualités aristocratiques; il stimule l'être pur, formé par l'éthique courtoise, dans sa quête du bonheur; il apparaît comme une lumière intérieure qui chasse les ténèbres impures des passions dévastatrices, qui éclaire l'existence et lui donne un sens.

L'existence, en effet, a une signification mystérieuse, secrète, et l'amour véritable en fournit la clé: la marquise de Lambert a retrouvé inconsciemment le sens ineffable du roman du Graal, quand elle voit dans l'amour une aventure spirituelle[48] capable de dévoiler les liens mystérieux qui unissent au-delà du temps et de l'espace, deux destinées uniques. De son discours émergent des métaphores lexicalisées intéressantes, qui toutes ont pour référent lointain le mythe platonicien de l'androgyne. C'est d'abord l'expression caractéristique, relevée par les commentateurs, qui place les deux sentiments voisins, l'amour et l'amitié, sous un signe magique favorable: à deux reprises, la marquise de Lambert évoque 'les amitiés d'étoile', les 'goûts d'étoile'. L'idée, comme l'image, est certes usée, et la marquise a pu l'emprunter à la topique romanesque

---

48. Paul Hoffmann, p.25, parle d'une amitié qui mêle 'à la raison un goût d'aventure et de péril'.

du siècle précédent, qui aimait aussi placer des destinées héroïques exceptionnelles sous le signe heureux d'une étoile brillante. Mme de Lambert la
renouvelle cependant considérablement, quand elle intériorise en quelque sorte
le signe d'élection, et assimile l'étoile à la *sympathie*, notion qui retiendra
l'attention curieuse du jeune Marivaux.[49] 'Il y a aussi des amitiés d'étoile &
de sympathie, des liens inconnus qui nous unissent, & qui nous serrent; nous
n'avons besoin ni de protestation ni de serment; la confiance va au-devant des
paroles' (*Amitié*, p.122). Il va de soi que cette peinture du mystère des destinées
et des rencontres, de l'origine quasi magique de la vie affective, est placée sous
le patronage de Montaigne et de La Boétie. L'originalité est plus apparente
quand la marquise de Lambert utilise de nouveau le complément de caractérisation pour décrire, dans *La femme hermite* (p.319), la naissance de l'amour chez
le fidèle ami d'Eleonor: 'Il avoit pour moi un de ces goûts d'étoile.' Un même
halo de mystère entoure la description de l'amitié singulière qui rapproche les
deux sexes, supérieure à l'amour lui-même, et qui, mieux que lui encore,
révèle l'origine divine de toute destinée humaine. Il faut relire ce passage qui
termine le *Traité de l'amitié* (p.143-44), et noter encore la présence centrale du
mot 'sympathie' dans la série lexicale du mystère:

De plus, comme la nature a mis des rapports et des liens invisibles entre les personnes
de sexe différent, on trouve tout préparé à l'Amitié. Les ouvrages de la nature sont
toujours plus parfaits: ceux où elle n'a pas la principale part ont moins d'agrémens.
Dans l'Amitié dont je parle, on sent que c'est son ouvrage: ces nœuds secrets, ces
sympathies, ce doux penchant auquel on ne peut résister, tout s'y trouve; un bien si
désirable est toujours la récompense du mérite.

49. Le mot est à la mode. On le retrouve aussi chez Crébillon, qui l'utilise pour opposer deux
conceptions de l'amour: 'Ce qu'alors les deux sexes nommaient amour, était une sorte de
commerce où l'on s'engageait, souvent même sans goût, où la commodité était toujours préférée
à la sympathie, l'intérêt au plaisir, et le vice au sentiment' (*Egarements*, p.15). On soulignera
l'intérêt d'une série lexicale qui associe le goût, la sympathie et le sentiment. Rappelons la
définition du *Dictionnaire de Trévoux* de 1743: '*Sympathie*. Convenance d'affections, d'inclinations;
conformité de qualités naturelles, d'humeurs ou de tempérament, qui font que deux personnes
s'aiment, se cherchent, s'accordent & demeurent agréablement ensemble.' L'article cite cet
exemple de Saint-Evremond, qui éclaire la position de la marquise: 'Il y a une sympathie secrète,
qui bien plutôt que l'estime, forme la liaison des cœurs.' On voit dans quelle tradition morale se
situe Mme de Lambert, quand elle cherche à concilier la sympathie et l'estime. Elle a certainement
proposé à son entourage de débattre de cette question morale. Dans *Le Chef-d'œuvre d'un inconnu*,
Saint-Hyacinthe produit un 'fragment d'une belle lettre' dans le goût précieux sur l'amour et
l'amitié. L'amitié y est dite 'fille de deux mères, l'*estime* & la *sympathie*. [...] L'amitié ne peut
être ni tendre ni solide sans la coopération de l'une & de l'autre' (i.112-13). F. Deloffre rappelle
que la technique d'un roman comme *La Vie de Marianne* doit être éclairée par le concept de
destinée: 'Ce qui importe dans une destinée, c'est sa signification. Or, comme Robert Challe,
Lesage ou Prévost, sous la plume desquels le mot d'*étoile* revient sans cesse, Marivaux rejette
l'idée qu'un hasard aveugle préside à ce qui nous arrive' (p.L).

Rarement la marquise de Lambert est passée avec autant d'aisance de la magie à la métaphysique. Son spiritualisme se réclame ici sans ambiguïté d'un néo-platonisme qui survivra encore dans les affirmations plus didactiques des romantiques. La parenté de son idéal avec les vers célèbres où Jocelyn décrira, conformément au mythe platonicien, la destinée des âmes sœurs et le bonheur de leur union, est étonnante.[50] Lamartine semble avoir connu ces lignes de Mme de Lambert, quand il évoquait les 'invincibles instincts' qui poussent l'une vers l'autre les sœurs du ciel.[51] Chez elle déjà, le couple des amants reforme le mystérieux androgyne originel, conçu par une nature-providence dont les desseins et les réalisations sont marqués du sceau de la perfection. La nature l'emporte sur la culture, ce qui rend vain pour un cœur spirituel l'art d'aimer des précieuses. Saurait-on mieux dire que le sentiment, qu'il s'agisse de la véritable amitié ou de l'amour qui en est le commencement, entraîne irrésistiblement l'humanité, nostalgique du vrai bien, à la découverte d'une vérité supérieure: la beauté et la perfection de la création? 'C'est le triomphe d'une culture que d'avoir su, sans la nier, annexer la sensualité à quelque chose qui la dépasse infiniment et qui est le cœur', écrit P. Hoffmann (p.25). On devrait pouvoir modifier sans difficulté la fin de cette belle formule: 'et qui est le divin'.

Denis de Rougemont ne semble pas avoir aperçu l'originalité, pour l'Occident, de la conception lambertine de l'amour. S'il pouvait regretter la décadence du mythe dans le roman du dix-septième siècle – avec la préciosité, selon lui,

---

50. Voir le Journal de Jocelyn, troisième époque, 16-17 et 20 septembre 1793.

51. L'idée lambertine d'un penchant, d'un attrait irrésistible, se retrouve en particulier dans ces vers:

> Et quand ces sœurs du ciel ici-bas se rencontrent,
> D'invincibles instincts l'une à l'autre les montrent;
> Chaque âme de sa force attire sa moitié,
> Cette rencontre, c'est l'amour ou l'amitié,
> Seule et même union qu'un mot différent nomme,
> Selon l'être et le sexe en qui Dieu la consomme;
> [...]
> Par l'infaillible instinct le cœur soudain frappé,
> Ne craint pas de retour, ni de s'être trompé,
> On est plein d'un attrait qu'on n'a pas senti naître,
> Avant de se parler on croît se reconnaître.

(Lamartine, *Œuvres complètes*, éd. Marius-François Guyard, Paris 1963, p.621-22). On pourrait encore citer ces vers sur le bonheur de cette union (p.623):

> Mon cœur ne dépend plus d'un rayon de soleil,
> De la saison qui fuit, du nuage qui passe;
> Son bonheur est en lui; [...]
> Qu'importe aux cœurs unis ce qui change autour d'eux?
> L'un à l'autre ils se font leur temps, leur ciel, leur monde.

'la mystique se dégrade en pure psychologie'[52] – il n'avait pas le droit d'ignorer les efforts de la marquise pour restaurer le mythe dans sa force première, pour dire les mystères de l'amour. D'autant que ces efforts allaient à contre-courant des morales du temps, ce qui explique certaines contradictions qui l'embarrassent parfois. Celle en particulier qui la conduit, à la fin du *Traité de l'amitié*, à assimiler le mystère de l'amour au mérite, ce concept révélateur pour Denis de Rougemont d'un 'baroque classique qui vient emprisonner, dans l'artifice de ses pompes, le sentiment' (p.175). Il est vrai qu'il semble difficile de concilier le mérite et la 'sympathie', l'ordre d'une justice humaine capable de se déployer selon la hiérarchie des agréments et l'ordre providentiel d'une nature qui agit en secret. Ce conflit entre l'éthique et la mystique, on pourrait dire entre la moralité et la mysticité, disparaîtra définitivement dans les *Réflexions sur les femmes*, définies comme une promenade au pays du mythe, dans une nature affranchie des normes humaines; ce qui explique l'émergence de la métaphore malicieuse des 'égarements'. Le 'terrible écart' de la marquise de Lambert se mesure selon la morale en effet; mais l'écrivain joue avec les mots. La marquise ne transgresse pas les convenances pour justifier la passion, elle ne passe pas de la morale à l'immoralisme; elle s'écarte du domaine moral, pour entrer dans celui du mythe, qui 'ne déploie son empire que là précisément où s'évanouissent toutes les catégories morales – par delà le Bien et le Mal, dans le *transport*, et dans la transgression du domaine où vaut la morale' (de Rougemont, p.175).

La métaphysique d'amour imaginée par la marquise de Lambert constitue l'une des expressions les plus caractéristiques de l'esprit néo-précieux. La nostalgie de l'univers sentimental raffiné de Madeleine de Scudéry s'y exprime sans ambiguïté; la restauration de l'ancienne galanterie pratiquée dans les honnêtes maisons et dans les ruelles de jadis y est affirmée comme une nécessité vitale face à la corruption des mœurs du temps. L'itinéraire compliqué, fait d'obstacles et de résistances qui, par l'amour épuré, doit conduire à la parfaite amitié, est lui aussi conforme au code précieux le plus authentique, tout comme l'aspiration à un amour comblé, née du mépris de la chair et des sens. Si elle pressent que la scélératesse ou l'hypocrisie pourraient dévier de son but un code aussi raffiné, pour l'appliquer au libertinage, la marquise demeure convaincue qu'on ne raffinera jamais assez sur le plus délicieux des sentiments humains.

Cependant, on s'aperçoit vite que la législation sentimentale ne l'intéresse que par sa conformité avec l'œuvre alchimique de l'épuration et de l'enrichisse-

---

52. *L'Amour et l'Occident* (Paris 1962), p.164.

ment de la sensibilité. Son art d'aimer, de conduire le cœur, ne vise pas à donner la maîtrise des secrets de la ruelle, il veut imposer la découverte des richesses intérieures de l'homme. Des contradictions apparaissent au moment même où l'on se croyait fondé à parler de préciosité attardée. La marquise n'est pas indifférente au bonheur de vivre dans une solitude à deux, de s'enfermer dans un 'ermitage'.[53] L'amour polit l'esprit et les manières certes, mais pour former une personnalité digne d'une existence riche, authentique, pleine, exclusive, que la femme tendre seule peut révéler dans sa plénitude. La mystique courtoise[54] et un spiritualisme néo-platonicien s'allient pour affirmer l'idéal d'un amour comblé, réservé à une élite sentimentale et morale. Il n'est pas jusqu'au problème particulier du bonheur des époux qui ne soit l'occasion d'une rupture avec les thèses précieuses, la marquise de Lambert, ouverte aux exigences de l'esprit moderne, prônant une réconciliation de l'Amour et de l'Hymen.

C'est qu'en réalité, dans cette synthèse originale, deux éthiques sont sans cesse juxtaposées, parfois malaisément. Elles s'organisent et se développent à partir de deux pôles, dont la nature peut être définie dans ces deux mots-clés du vocabulaire lambertin: l'estime et la tendresse. Elles constituent l'héritage de deux générations successives, et leur rencontre s'exprime parfois en mouvements originaux, comme cette dialectique de la gloire et de l'amour chère à Mme de Lambert. Car la marquise doit beaucoup aussi aux romancières de la sensibilité, aux mémorialistes et aux moralistes, aux quiétistes également, qui lui ont montré la force d'un sentiment exclusif, qui lui ont appris que nul ne se connaît tant qu'il n'a pas aimé, qui l'ont habituée à tenir compte des intermittences du cœur, qui lui ont montré la richesse de la vie affective et des activités obscures de l'âme. Ces rencontres expliquent le caractère synthétique d'une pensée qui brasse l'ancien et le moderne, qui recherche le mystère et qui aime la lucidité, qui mêle le précieux et le sensible. Quand on croit découvrir chez la marquise de Lambert les traces d'un quiétisme, c'est la bergerie de Fontenelle qui émerge, venant rappeler qu'elle était une de ses 'caillettes'. Quand on croit déceler sa dette envers l'*Astrée*, on est surpris de

---

53. L'idéal de la femme ermite avait été exprimé par une Mme de Villedieu. Dans son églogue 'A Clidamis', une amante reproche à l'amant de la fuir, et de lui préférer la 'fortune' et le séjour de la cour.

> Peut-être, Clidamis, que mon simple hermitage
> Ne vous paroîtra plus un si méchant partage,
> Vous connaistrez alors, que nos prez et nos lois
> Sont un plus doux séjour que les palais des rois;

(*Recueil des plus belles pièces*, v.41).

54. Même si, M.-T. Hipp nous l'a appris, les éléments du code courtois sont connus par l'intermédiaire du roman du dix-septième siècle.

l'entendre exalter une mélancolie qui n'est plus celle des bergers du Lignon. Quand on pressent dans certains de ses accents lyriques le bonheur de sentir et de rêver, on est ramené à la perfection romanesque des honnêtes héros du Tasse.

Dès lors, devons-nous tomber dans l'illusion comme Mathieu Marais, et n'avons-nous à choisir qu'entre la sensibilité et la préciosité? En réalité, ces deux éthiques ne sont pas simplement juxtaposées. S'il est légitime d'évoquer une nouvelle préciosité, c'est bien parce que la marquise de Lambert assimile constamment le sentiment à l'estime. Elle épure la gloire de toutes les scories mondaines et intellectuelles dont l'embarrassent les précieuses, pour la faire coïncider avec le bonheur d'aimer et d'être aimé. Mais c'est d'un amour réglé, harmonieux qu'elle rêve, comme les précieuses. La marquise redoute l'exaltation d'une passion dévastatrice, elle craint 'l'amour bizarre', sur lequel raffinera ce romancier du cœur moderne qu'est Prévost. Il s'agit bien pour elle d'"aimer mieux", et non pas d'"aimer plus fort".[55] L'union des cœurs, chez Mme de Lambert comme chez Fénelon ou chez Terrasson a l'estime pour moteur. 'Ne sentez-vous pas le besoin d'estimer ce que vous aimez? Quelle paix cela ne met-il pas dans un commerce?' (*Femmes*, p.202). Et réciproquement, l'amante aimable 'qui a de la gloire dans le cœur' sait se faire estimer. Il est sûr que la trilogie de l'estime, de la gloire et de la paix renvoie à un idéal antérieur, celui de l'*Astrée*,[56] celui aussi du chef-d'œuvre de Mme de Lafayette. Mais désormais l'estime s'entoure de mystère, elle est attachée à la nature, non à la culture, elle ne se définit plus par rapport aux normes et au monde; elle se confond avec un je-ne-sais-quoi, avec la sympathie, avec le secret des destinées. L'amour n'est plus un scandale pour qui sait interpréter les affinités mystérieuses qui unissent deux cœurs.

Au risque de heurter l'orthodoxie précieuse, Mme de Lambert affirme cependant que l'estime seule est insuffisante; si elle fait la douceur du commerce amoureux, elle ne se substitue pas aux émois du cœur. La marquise admet avec la préciosité et l'honnêteté 'qu'il est nécessaire que les Femmes se fassent estimer', pour ajouter aussitôt: 'mais n'avons-nous besoin que d'estime, et ne nous manquera-t-il plus rien?' (p.191). La nouvelle préciosité a réussi ce qui

55. La distinction est établie par Rémond de Saint-Mard, *Lettres galantes et philosophiques par mademoiselle de* *** (Cologne 1721), p.127-28: 'Vous avez beau dire qu'il en aime mieux ce qu'il aime parce qu'il le méprise; vous avez beau le prouver en disant que les combats que la raison livre inutilement au cœur, le remuent et l'attachent plus fortement. Vos subtilités ne me touchent point: ce n'est pas là aimer mieux s'il vous plaît; c'est aimer plus fort, c'est être toujours déchiré, toujours en guerre avec soi-même.'

56. La formule de Mme de Lambert vient de l'*Astrée*, mais le ton n'a pas le caractère péremptoire que soulignait Magendie, quand il commentait la maxime d'Honoré d'Urfé: 'Il est impossible d'aimer ce que l'on n'estime pas' (p.196).

n'avait pu être réalisé auparavant, l'égal partage entre le besoin d'aimer et le besoin d'estimer.

Telle est l'originalité de la métaphysique d'amour lambertine, qui célèbre un ordre différent de celui de l'esprit, qui réclame la liberté d'abandonner les droits de la raison pour ceux du cœur, qui veut réintégrer l'imprévu et le mystère dans la conduite du sentiment, prendre en compte les intermittences du cœur, faire reconnaître la légitimité des égarements, des écarts, d'une sensibilité qui ne compromet ni la galanterie, ni l'honnêteté, ni la pudeur. Cette entreprise est bien le fruit d'une nouvelle préciosité. En communion avec l'esprit des ruelles, la marquise de Lambert affine l'art d'aimer; elle participe dans le même temps au grand frémissement sensible qui allait saisir son siècle. Précieuse, quand elle restaure les lois qui doivent régler l'amour, et moderne, quand elle dit la vie mystérieuse du cœur. Moderne, son désir de ne pas brimer les élans affectifs de la personnalité, ce qui deviendra bien plus tard l'inconscient; précieuse, son affirmation que cette part méprisée est la plus noble en l'homme, son vrai domaine spirituel, comme le dira également son plus fidèle disciple, Marivaux. C'est pourquoi nous voudrions que soit rendu, à l'un des plus purs chefs d'œuvre du style rococo, son titre originel, qui le justifie dans ses ambitions et dans ses grâces: *La Métaphysique d'amour*.

10. Le style de Mme de Lambert: mondanité et préciosité

F. DELOFFRE a proposé pour le salon de l'hôtel de Nevers une définition qui convient au style de la marquise de Lambert: 'le ton régnant chez Mme de Lambert semble avoir été à la fois sérieux et précieux'.[1] Ces deux termes ne s'excluent pas au début du dix-huitième siècle. Rapportée au phénomène néologique, cette définition en recouvre une autre, importante pour les critères esthétiques de l'époque: le désir d'être naturelle et la recherche de l'esprit[2] cohabitent chez Mme de Lambert quand elle parle ou quand elle écrit. En réalité, la perception de l'un ou l'autre de ces deux tons, de l'une ou l'autre de ces deux attitudes peut varier en fonction des époques.

Les contemporains de la marquise de Lambert semblent avoir été sensibles surtout à sa préciosité. Il n'est pas utile de rappeler les sarcasmes de Mathieu Marais qui assimilent l'hôtel de Nevers à un 'bureau d'esprit', ou au 'pays de fadeur' (iv.147). Le même qualificatif avait déjà été employé par Lesage dans le second livre de *Gil Blas* (1715): dans le portrait de la marquise de Chaves, qui passe pour être celui de Mme de Lambert, la maison de la grande dame est désignée comme le 'bureau des ouvrages d'esprit' de la capitale. Il faudrait encore ajouter le témoignage plus tardif du président Hénault, que nous avons déjà cité, et qui rappelle que la marquise 'n'avait pas eu la force de franchir les barrières du collet monté et du précieux' (p.120). Sous la Régence, le salon de l'hôtel de Nevers peut donc être tenu, au même titre que les Cafés, pour un des foyers actifs du bel esprit, qui envahit à son tour les ouvrages qu'on y produit. Mathieu Marais, toujours lui, le constate dans une formule vigoureuse: Mme de Lambert est 'ce bel esprit qui protège les beaux esprits du nouveau style, et qui en tient académie chez elle' (iii.144). La remarque ne laisse plus de doute, cette fois, sur les liens qui unissent la modernité et la néologie: c'est le nouveau style qui caractérise le bel esprit sous la Régence. Nous n'en avons pas fini encore avec les témoignages abondants et sévères de Mathieu Marais sur la préciosité de Mme de Lambert.[3] Pour lui, tout est néologie chez cette

---

1. *Une préciosité nouvelle*, p.21.

2. Rappelons la définition de la néologie proposée par F. Deloffre: 'la néologie procède du désir de la nouveauté et de la recherche de l'esprit' (p.35).

3. On retrouve des remarques analogues, et aussi peu favorables, sur le bel esprit de la marquise de Lambert dans la correspondance de son vieil ami janséniste La Rivière.

grande dame. Il écrit à sa manière l'histoire de la 'politesse soutenue', quand il commente ainsi, pour le président Bouhier (iv.239), l'annonce d'une publication des *Nouvelles réflexions* de La Rochefoucauld:

Pour moi, je ne suis pas si grand admirateur de ces *réflexions*, où il y a beaucoup de malignité et de subtilité métaphysique; le goût, l'air, les manières, tout cela est trop fin et était bon à l'hôtel de Rambouillet ou avec M. de Clérambault et le chevalier de Méré, et est à peine souffert chez Mme de Lambert où *tout est néologue en pensées et en paroles.*

Ce témoignage est particulièrement intéressant, parce qu'il présente Mme de Lambert comme l'animatrice de la néologie; mais aussi parce qu'il indique que la filiation entre les deux préciosités n'est pas directe. Il permet d'entrevoir ce qui distinguait, aux yeux des contemporains, la Chambre bleue de l'hôtel de Nevers, et il souligne dans le même temps les liens étroits entre la mondanité et la préciosité. Mathieu Marais jugeait en des termes aussi absolus les écrits de la marquise, en particulier les *Avis d'une mère à son fils*, dont il avait lu le manuscrit: 'Elle avait épuisé tout son esprit à lui donner de beaux conseils, qu'on a vus manuscrits dans le monde et il n'en a point profité. C'était bien le précis de tout ce que notre langue peut avoir de plus affecté et de plus précieux' (iii.144). Deux ans plus tard, quand les *Avis* seront publiés sous l'anonymat, il se fera fort de les reconnaître immanquablement: 'Le style de la marquise est bien facile à connaître; je saurai bientôt ce qui en est' (iii.464). Ces témoignages hostiles ne laissent pas de surprendre, car ils désignent dans la production de Mme de Lambert un ouvrage où le ton sérieux domine, où l'affectation et la recherche de l'esprit sont modérées en regard de divertissements plus mondains. Il est encore un témoignage important sur Mme de Lambert précieuse: Voltaire désigne une triade néologique, du type père-mère-fils, qui réunit Fontenelle, la marquise et Marivaux. Ce point de vue est original: avec l'éloignement dans le temps, l'influence de La Motte semble s'estomper; il était, vers 1725, la première victime de Mathieu Marais et du *Dictionnaire néologique*, mais il est remplacé dans cette apotropée par Marivaux. Ecoutons Voltaire:

Je tâcheray du moins de m'éloigner autant des pensées de mad de Lambert, que le stile vray et ferme de me du Châtelet s'éloigne de ces riens entortillez dans des phrases précieuses, et de ces billevesées énigmatiques

Que cette dame de Lambert
Imitoit du chevalier Dher,
Et dont leur laquais Marivaux
Farcit ses ouvrages nouvaux.

> Que ceci soit entre nous dit,
> Car je veux respecter l'esprit.[4]

Le persiflage ne doit pas oblitérer la métaphore d'une famille aristocratique et de sa domesticité qui montre le lien étroit qu'un esprit comme Voltaire établit entre le style précieux et la langue du grand monde. Ce témoignage rencontre celui de Mathieu Marais, qui faisait de Mme de Lambert 'la caillette' de Fontenelle, mais il met l'accent sur le phénomène nouveau du marivaudage.

En revanche, au fur et à mesure que le siècle s'écoule, les sarcasmes sur la préciosité de la marquise de Lambert s'atténuent. D'Alembert, dans ses *Eloges* de Sacy et de Saint-Aulaire, tente même de la réhabiliter. Il s'inspire de l'*Eloge* de Fontenelle pour montrer que le style de cette femme 'célèbre par son esprit'[5] concilie l'urbanité et le goût, la mondanité et la préciosité:

Mme de Lambert qu'on accusait de n'aimer que l'esprit, et qui honorait ce reproche des sots d'une attention dont elle aurait pu se dispenser [...] était le lien et le charme le plus doux d'une société si heureusement assortie, rare assemblage de savoir et de grâces, de finesse et de profondeur, de politesse et de lumières.[6]

Le marquis de Saint-Aulaire semblait être, aux yeux de d'Alembert, l'interprète idéal pour accorder, à l'hôtel de Nevers, 'ces deux classes d'hommes, assez peu faites pour traiter ensemble' (x.333), les gens du monde et les gens de lettres. Le secrétaire perpétuel apprécie dans les productions poétiques que son confrère donna à l'hôtel de Nevers 'le tour élégant et noble' (x.334). A la fin du siècle, ce qui passait jadis pour affecté et précieux, est senti comme le caractère d'une langue raffinée et aristocratique. Ces jugements favorables au style des néo-précieux annoncent l'éloge de Sainte-Beuve, qui vante, chez Mme de Lambert, la noblesse de l'art d'écrire. Il appartenait à notre époque de donner leur juste place, dans l'histoire de la sensibilité et du goût, au marivaudage et à la métaphysique du sentiment: jusqu'à cette réhabilitation, le ton élégant et mondain de la marquise l'emportent sur sa préciosité aux yeux des critiques. De Lescure est sensible au caractère 'aimable', aux 'termes galants', au langage 'agréable' de Mme de Lambert dédiant à l'abbé de Choisy ses *Réflexions sur les femmes* (p.xxvi-xxvii); il apprécie 'sous la grâce un peu fanée, et qui semble fade aux goûts blasés, d'une forme antique, le piquant d'un fonds d'idées tout moderne' (p.xxxi). Il reconnaît certes dans la *Métaphysique d'amour* 'des circuits un peu subtils, qui attestent la familiarité des labyrinthes du Tendre' (p.xxx); mais si Mme de Lambert lui semble précieuse, ce n'est pas en tout comme l'affirmait Mathieu Marais, mais dans les pensées: 'On y

---

4. Lettre à Thiriot du 1er mars 1736 (Best.D1027).
5. Eloge de Saint-Aulaire, *Œuvres de d'Alembert*, éd. J.-F. Bastien, x.333.
6. Eloge de Sacy, vii.368-69.

sent qu'elle a connu les héros de certains romans de la Fronde, et qu'elle est demeurée précieuse moins encore par le goût des belles expressions que par celui des beaux sentiments' (p.xl). H. de La Perrière complique le débat en essayant de concilier la tradition élogieuse de la critique beuvienne et les réticences des contemporains de la marquise à l'endroit de sa préciosité. Il propose de séparer les ouvrages de Mme de Lambert en deux groupes: les traités sérieux, au ton noble et élégant, devraient être distingués des productions mondaines où règne l'afféterie. L'analyse de la langue et du style de la marquise fera justice de ces prétentions: il n'est pas possible de distinguer le sérieux et le précieux.

En réalité, tous les ouvrages de Mme de Lambert, majeurs ou mineurs, moralisateurs ou inspirés par la gaieté, témoignent des perfections d'un style. C'est toujours la grande dame qui s'exprime, et qui s'exprime en précieuse. Il est très difficile de la juger en fonction des critères de son époque: la distinction entre le naturel et l'affectation n'est pas toujours opérante. Tel tour familier, telle image plaisante peuvent très bien passer pour de l'afféterie; faut-il rappeler, même si la comparaison n'est guère heureuse, qu'une mondaine comme Célimène n'hésite pas, pour divertir le cercle de ses admirateurs, à employer des mots bas et des expressions familières? A l'inverse, une phrase sentencieuse, une maxime seront tournées presque mécaniquement sur un schéma familier au mondain. Il est donc malaisé de reconnaître dans les écrits de Mme de Lambert ce qui vient du fonds aristocratique et ce qui relève d'une création personnelle: la maîtrise d'une langue élégante et raffinée se confond toujours chez elle avec la recherche d'"idées riantes' capables de séduire l'esprit précieux. Ce qui ajoute encore à ces difficultés, c'est qu'il faut tenir compte des principes qui ont nourri la critique du nouveau style. F. Deloffre les a énumérés dans son analyse de la néologie, en rappelant qu'ils étaient inspirés en grande partie des critères du dix-septième siècle. On peut les rappeler brièvement: l'introduction de mots nouveaux est interdite, la hiérarchie des tons est maintenue, et le critère du goût est tout-puissant. Par sa formation, la marquise de Lambert ne saurait être indifférente à de telles exigences; mais dans le même temps, sa modernité lui interdit de penser que la langue a pu atteindre son point de perfection au siècle précédent, et elle réclame la liberté qui lui permettra de se doter d'un outil analytique original. Une ultime difficulté surgit encore: cette étude a montré que la nouvelle préciosité était, comme la première, un phénomène de salon. Mondanité et préciosité ne sont pas dissociables; où s'établiront les frontières entre la langue élégante parlée dans les salons et les créations néologiques?

Ces remarques préliminaires font entrevoir la difficulté de définir le style de Mme de Lambert: elle est certes inhérente à l'étude de la prose mondaine du dix-huitième siècle,[7] mais elle tient aussi au mélange des tons. Le salon de la marquise fut un salon sérieux, 'philosophique', occupé à des débats de morale et à des questions de littérature. Ce caractère sérieux se retrouve naturellement dans le ton des ouvrages de l'écrivain moraliste: Mme de Lambert a assimilé avec aisance les procédés de la phrase oratoire, et sa prose est d'une remarquable efficacité. Cependant, nous savons aussi que l''atelier', le soir, changeait de décor: le badinage, le divertissement, même s'ils sont moins épicuriens qu'à Sceaux, ne sont pas absents de ce salon aristocratique et de ses productions littéraires; le discours de la marquise de Lambert est orné, il a les agréments du discours mondain. L'esprit précieux s'y reflète également: la recherche de la pointe, certains tours prouvent que la néologie n'a pas laissé l'hôtesse de Nevers indifférente. Il faudra se demander si l'afféterie a ce degré d'intensité que lui ont attribué Mathieu Marais et Voltaire.

Il reste un mot à dire sur la méthode qui permettra de reconnaître les accomplissements du style de Mme de Lambert. L'ouvrage de référence est, bien sûr, la thèse de F. Deloffre sur le marivaudage: ses vues sur la néologie définissent, aujourd'hui comme hier, des limites au-delà desquelles il n'y a plus rien à découvrir. C'est un guide irremplaçable qu'il faut suivre pour comprendre ces phénomènes presque imperceptibles, dévoilés avec une précision étonnante: la naissance de la phrase d'analyse dans la prose française, le développement de l'esprit précieux, les rapports de la langue parlée et de la langue écrite sous la Régence, etc. Quant à l'outil stylistique, je l'ai naturellement emprunté aussi à l'école de Nancy, dont l'ambition fut, sous l'impulsion du regretté Jean Mourot, de doter des générations d'étudiants d'un instrument efficace, leur offrant un minimum de garanties scientifiques pour l'approche du texte littéraire. Un dernier aveu m'oblige à dire encore ce que cette étude doit à celle du style de Laclos, proposée par L. Versini: son analyse exemplaire m'a permis de surmonter des difficultés écrasantes, liées à l'étude du jargon aristocratique et à la multiplicité des tons dans la prose mondaine du dix-huitième siècle.

i. Le style de l'écrivain moraliste: l'efficacité

Indubitablement, les traités moraux et les écrits pédagogiques de la marquise de Lambert ont un ton sérieux, une sobriété qu'ont notés tous les critiques.

---

7. L. Versini rappelle, après G. Lanson, la difficulté qu'on rencontre quand on aborde la prose du dix-huitième siècle, à laquelle s'en ajoute une autre, 'propre au style de la conversation mondaine'. 'Langage de la politesse et prose d'idées se prêtent également mal à une étude sylistique; les schémas habituels achoppent et ne peuvent s'adapter à ces phrases rapides et brèves que l'on désespère de pouvoir découper et étiqueter' (p.311).

L'écrivain moraliste veut instruire, perfectionner, être utile; son style est précis, efficace. Celui-ci doit son caractère, en premier lieu, à la phrase oratoire qui domine le plus souvent, et qui n'est pas sans rappeler la phrase des moralistes de la génération précédente. Cependant, cette première impression doit être nuancée, car la nouvelle préciosité, l'influence du langage mondain lui donnent souvent une couleur originale.

La recherche de l'efficacité apparaît aussi dans l'expression de la pensée dont l'impeccabilité surprend le lecteur moderne. Tout se passe comme si l'esprit cartésien voulait chasser les zones d'ombre, prétendait tout ramener à des définitions précises, dans le temps même où le discours gnomique enferme l'analyse dans des formules lapidaires surabondantes.

1. *La phrase oratoire*

La phrase oratoire de la marquise de Lambert est caractérisée par le rôle qu'y joue la redondance et par la recherche systématique des constructions symétriques. Les répétitions et la géométrie des structures lui confèrent cette expressivité et cette efficacité qu'ont admirées, à travers les âges, les lecteurs de Mme de Lambert; on aime parler à son propos de la noblesse de ses sentiments, en accord avec celle de la forme. Il est vrai que son style a ce caractère soutenu qu'on devait sans doute découvrir dans la langue parlée des salons: les lignes de la phrase sont pures, harmonieuses, élégantes, et portent souvent la marque de l'oralité.

A. *Les répétitions oratoires*

Les répétitions de mots ne sont pas toujours des négligences, même et surtout lorsqu'elles abondent dans le discours; elles sont bien souvent l'élément constitutif de la trame de la phrase. Chez Mme de Lambert, elles définissent des procédés assez caractéristiques, comme l'écho; elles font apparaître aussi des structures typiques, comme la dyade, véritable 'tic' d'écrivain;[8] elles peuvent enfin avoir un caractère ludique plus affirmé, sous la forme d'allitérations expressives qui soulignent les rythmes.

a. *Les phénomènes d'écho*
Une forme particulière de répétition, utilisée très souvent par la marquise de Lambert, est l'écho, qui fait résonner à la fin de la phrase un mot utilisé dans cette même phrase. F. Deloffre, qui est le premier à notre connaissance à avoir signalé ce procédé, constate qu'il est plus rare chez Marivaux (p.21 et 457), et fonde à juste titre sur cette différence la distinction entre une phrase parlée,

---

8. J'appelle *dyade* un groupe de deux mots de même nature, ou complémentaires.

plus souple et plus variée, et une phrase oratoire, travaillée, apprêtée. Le procédé de l'écho caractérise assez bien en effet la pratique mondaine de l'écriture morale, et Mme de Lambert l'a imité de ses prédécesseurs du dix-septième siècle. La Rochefoucauld l'utilisait constamment, on serait tenté de dire d'une manière presque mécanique, pour donner leur énergie à nombre de ses maximes; il a légué à ses imitateurs les schémas multiples qui permettent de recourir au procédé avec beaucoup de souplesse. Dans ses maximes, l'écho apparaît dans toute sa pureté:

C'est une grande *habileté* que de savoir cacher son *habileté* [245];

Les petits esprits sont trop *blessés* des petites choses; les grands esprits les voient toutes, et n'en sont point *blessés* [357];

En amour, celui qui est *guéri* le premier est toujours le mieux *guéri* [417].[9]

La Bruyère aussi sait créer des échos, mais il le fait moins systématiquement que La Rochefoucauld:

Les femmes s'attachent aux hommes par les *faveurs* qu'elles leur accordent; les hommes guérissent par ces mêmes *faveurs* ['Des femmes', 16];

Il y a de certaines gens qui veulent si ardemment et si déterminément une certaine chose, que de peur de la *manquer*, ils n'oubilient rien de ce qu'il faut faire pour la *manquer* ['Du cœur', 61].

Le prototype de l'écho, qui donne à la phrase lambertine un caractère oratoire soutenu et un volume sonore remarquable, est fourni par cette maxime que la mère propose à son fils: 'Les uns ont la fortune pour objet; les autres l'élévation et l'immortalité. Ceux qui se *bornent* à la fortune ont toujours un mérite *borné*' (p.3). Le même écho sonore réapparaît en effet dans les *Réflexions sur les femmes* (p.205), sous une forme voisine: 'Il n'y a rien de *borné* dans l'Amour, que pour les âmes *bornées*.' Ces exemples permettent de comprendre pourquoi le procédé est efficace dans la recherche des formules ou des maximes: il attire l'attention sur un mot important, qui est répété à une place privilégiée de la phrase ou du paragraphe.

Chez Mme de Lambert, le procédé consiste souvent à utiliser différentes formes de la conjugaison d'un même verbe: l'écho est ainsi associé au polyptote,[10] et l'effet sonore varie en fonction de l'écart qui sépare les formes phonétiques. Il va de soi que la phrase: 'Ils vous *échappent* dès que vous leur *échappez*' (*Avis fils*, p.49), est plus 'sonore' que: 'Après bien des années de

---

9. Voir aussi les maximes 250, 355, 457 et 561.

10. Fontanier définit le polyptote comme l'emploi dans une même phrase de plusieurs formes accidentelles d'un même mot, distinguées en grammaire par les cas, les nombres, les personnes, les temps et les modes.

persécution, le tems *fit* sans le secours de ma raison ce qu'elle n'avoit pu *faire*' (*Femme hermite*, p.321). Le polyptote se révèle très efficace quand il est associé à cette forme particulière de l'écho qu'est l'épanadiplose:[11] '*Soyez*, mon fils, ce que les autres promettent d'*être*' (p.6);[12] 'Quand vous *désirez* quelque chose fortement, commencez par examiner la chose *désirée*' (*Avis fille*, p.91). Mme de Lambert a probablement hérité ces deux procédés de La Rochefoucauld. L'écho créé à partir d'un polyptote verbal est chez lui d'un usage banal; sans prétendre à l'exhaustivité, on peut recenser une vingtaine de maximes construites sur ce tour: 'La fortune nous *corrige* de plusieurs défauts que la raison ne saurait *corriger*' (154); 'Quand les vices nous *quittent*, nous nous flattons de la créance que c'est nous qui les *quittons*' (192).[13] Chez La Rochefoucauld, les maximes bâties sur l'épanadiplose sont moins nombreuses, mais bien représentées tout de même; elles sont du type: 'On *parle* peu quand la vanité ne fait pas *parler*' (137).[14] L'intérêt du polyptote associé à l'écho est de donner à la pensée, au discours, une vigoureuse élégance capable de séduire les moralistes mondains. On comprend que la marquise de Lambert, en grande dame, ait recherché ce procédé qui lui permettait de mettre en valeur des verbes à la mode, comme *plaire* ou *faire* employés neutralement: 'Enfin, il cherchoit à *plaire*, et peut-être voyoit-il bien qu'il *plaisoit*' (*Femme hermite*, p.338); 'Croyez donc n'avoir jamais assez *fait*, dès que vous sentez que vous pouvez mieux *faire*' (*Avis fils*, p.28). Dans une proportion moindre, l'écho s'obtient aussi avec d'autres mots grammaticaux, par la répétition de l'adjectif ('mérite *borné*') ou du pronom: 'Comme elles ignorent *tout*, et que tous les objets ont pour elles le charme de la nouveauté, elles courent à *tout*' (*Sentiment dame*, p.266). Plus oratoire, la formule a perdu l'élégance que conférait le polyptote: elle sert principalement à mettre en relief l'un des pronoms favoris des mondains.[15] L'écho des pronoms n'est d'ailleurs, comme aussi chez La Rochefoucauld, qu'un élément parmi d'autres d'une phrase qui se complaît dans la recherche de vigoureuses symétries. 'Quand *nous ne tenons pas à nous* par des goûts solides, *nous tenons à tout*' (*Femmes*, p.179). Le polyptote des pronoms *nous* et *tout*, l'écho, l'antithèse, la correspondance obtenue par la

11. L'épanadiplose consiste à 'encadrer' la phrase en répétant à la fin le mot qui la commence.

12. Marivaux s'est-il souvenu de cette belle formule, quand il 'traduit' le maintien d'une femme aimable à l'église par ces mots: 'Je *suis* naturellement tout ce que ces femmes-là voudraient être'? (*La Vie de Marianne*, p.59).

13. Voir aussi les maximes 115, 118, 136, 146, 174, 197, 263, 270, 294, 304, 309, 322, 362, 369, 371, 407, 438, 524, 558.

14. Voir aussi les maximes 54, 56, 242, 254, 352, 439, 476, 533, 555. L'épanadiplose pouvait même être utilisée par La Rochefoucauld pour des fragments plus amples: voir la maxime 215, sur la valeur.

15. Alexis François, *Histoire de la langue française*, vi.1081.

répétition du tour verbal produisent une formule où le jeu précieux sur les sonorités vient nuancer avec bonheur un procédé oratoire trop voyant.

L'écho se révèle, au même titre que l'antithèse, un outil efficace pour la création des symétries et des rythmes binaires dont use et abuse la maxime mondaine. Il souligne avec vigueur le procédé de la correspondance,[16] qu'il contribue d'ailleurs à définir en partie, puisque le mot répété souligne le lien phonétique et sémantique entre la protase et l'apodose, la phrase tirant alors son énergie d'une forme sonore brillante (elle doit pouvoir être facilement mémorisée) et d'un équilibre apparent des éléments grammaticaux. C'est aussi un procédé apte à servir de clausule, par sa structure même; l'écho sert naturellement à clôturer un paragraphe.[17]

On peut percevoir aussi un écho affaibli, lorsque la répétition joue sur des mots qui sont apparentés: 'Quand une fois elles se sont *engagées*, c'est pour la vie, à moins que les mauvais procédés ne les *dégagent*' (*Femmes*, 207). Dans ce cas, ce que la phrase oratoire perd en vigueur, elle le regagne en finesse, puisque la répétition prend ici l'allure d'un jeu, dans lequel un esprit précieux aiguise des antithèses qu'il emprunte à une même famille de mots. Cette répétition est d'un type particulier: c'est la dérivation, que Fontanier définit comme l'emploi dans une même phrase ou dans une même période de plusieurs mots dérivés de la même origine. Nous verrons que l'écho de phrase à phrase repose souvent sur la dérivation: Mme de Lambert rapproche *agréable* d'*agréments*, *oubli* d'*oublier*, *bonheur* d'*heureux*, *occuper* de *désoccuper*, etc. L'écho obtenu par la dérivation était aussi un procédé de La Rochefoucauld; il lui a permis de tourner maintes maximes, du type: 'Le ridicule *déshonore* plus que le *déshonneur*' (326); 'Il y a des gens *niais* qui se connaissent et qui emploient habilement leur *niaiserie*' (208).[18]

Si les deux mots perçus dans l'écho sont de véritables antonymes, non apparentés, l'effet sonore n'est presque plus perceptible, mais la formule réussit un équilibre heureux entre la préciosité et l'éloquence. L'écho obtenu à l'aide d'antonymes abonde chez Mme de Lambert:

---

16. Nous adoptons la terminologie de F. Deloffre: il y a parallélisme quand les éléments symétriques sont de même rang grammatical, et il y a correspondance quand ils sont subordonnés du point de vue grammatical (p.453).

17. Dans *Avis fils*, p.27, un écho de phrase à phrase (*vengeance/venger*) permet à Mme de Lambert de conclure un paragraphe avec vigueur. Sur l'efficacité de l'écho comme clausule, voir F. Deloffre, p.457 et L. Versini, p.397-98.

18. Voir ces autres maximes créées sur une dérivation en écho: 78 (justice/injustice), 120 (trahison/trahir), 179 (légèrement/légèreté), 224 (reconnaissance/reconnaissants), 329 (flatterie/flatter), 338 (haine/haïssons), 381 (fidèle/infidélité), 395 (trompé/détrompé), 500 (amoureux/aiment), 532 (ennui/désennuyer).

Et je ne puis comprendre qu'on fasse tant de cas de l'opinion *générale* de ceux qu'on méprise *particulièrement* [Dialogue Alexandre-Diogène, p.259];

Car il est *né* ce que les autres *deviennent* [*Portrait de Fontenelle*, p.244];

La plus nécessaire disposition pour *goûter* les plaisirs, c'est de savoir *s'en passer* [*Avis fils*, p.38];

ne se *souvenant* jamais de ce qu'elle est, que quand les autres l'*oublient* [*Portrait de Mlle de ****, p.238].[19]

L'originalité de ces maximes et du style de Mme de Lambert vient de cette heureuse disposition à concilier les traits de la phrase précieuse et ceux de la phrase oratoire.

Mme de Lambert sait donner une richesse sonore à sa phrase en faisant entendre plusieurs échos qui 's'entrecroisent', s'il est permis de s'exprimer ainsi. Le but de l'écrivain n'est plus de créer des symétries parfois trop visibles, mais bien de jouer avec des cascades de sons, qui sont comme les harmoniques de la phrase. 'Vous ne pourrez jouir des *plaisirs de l'esprit*, sans la *santé de l'esprit*; tout est presque *plaisir* pour un *esprit sain*' (*Avis fille*, p.89). Pour l'utilisation du procédé de la répétition, cette phrase est une des mieux venues. Elle est organisée pour produire un écho majeur, obtenu par la dérivation *santé/sain*. On entend aussi dans le premier élément un écho secondaire avec la répétition du mot *esprit*, et cet écho se prolonge dans le second élément de la phrase; le caractère oratoire du procédé est sensible: c'est l'épiphore que Mme de Lambert emploie ici, le mot *esprit* se répétant pour souligner les trois membres d'un ternaire. Enfin, ce qui n'est pas banal, une troisième voix éloignée, lointaine, fait entendre aussi en écho le mot *plaisir*. Cette construction d'une série d'échos est remarquable, dans la mesure où elle est voisine pour la forme du climax, procédé le plus oratoire de la répétition; mais pour le sens, la phrase n'est que redondante, car ses deux éléments expriment la même idée, sous sa forme négative puis sous sa forme positive. Elle offre un exemple supplémentaire de l'aisance avec laquelle la marquise de Lambert fusionne un style féminin et un style sentencieux, elle montre comment la marquise sait allier le jeu précieux à la rigueur de l'expression.[20]

Moins riche peut-être, et plus mécanique, l'écho d'une voix unique, mais multiplié, apte à donner à la phrase une expressivité, une éloquence qui sont celles du cœur, qui conviennent mieux à la passion et à l'expression du sentiment qu'à la recherche de l'idée. Dans une phrase comme celle-ci: 'le

19. A comparer à: 'mais ne l'*oubliez* jamais, quand la vraye Gloire veut que vous vous en *souveniez*' (*Avis fils*, p.43).
20. La Rochefoucauld construit, lui aussi, certaines maximes sur une cascade de mots. 'L'espérance et la crainte sont inséparables, et il n'y a point de crainte sans espérance, ni d'espérance sans crainte' (515).

cœur étant fait pour *aimer*, il est sans vie dès que vous lui refusez le plaisir d'*aimer*, et d'être *aimé*' (*Amitié*, p.121), le verbe aimer repris en écho dit la douceur et la force de la parfaite amitié qui s'impose à deux cœurs, à deux êtres qui en sont également touchés. Ici, le caractère oratoire s'affaiblit au profit d'un rythme affectif: la transition s'accomplit, d'une phrase oratoire à une phrase affective, et la répétition commence à se charger d'autres valeurs.

Procédé efficace dans la recherche des effets oratoires, l'écho peut servir aussi à créer des effets rythmiques de phrase à phrase. La place du mot répété dans la seconde phrase importe peu, car la distinction des deux éléments fondamentaux de la syntaxe suffit à elle seule à garantir la bonne perception du phénomène de l'écho. On relève cet exemple d'un écho obtenu par la dérivation, qui souligne en outre l'articulation logique, le lien consécutif établi entre deux phrases: 'Il semble qu'elles ne soient faites que pour être un spectacle *agréable* à nos yeux. Elles ne songent *donc* qu'à cultiver leurs *agrémens*' (*Femmes*, p.188). Il va de soi que la réussite de l'écrivain tient à son habileté à choisir les places privilégiées dans chacune des phrases. La Rochefoucauld en était conscient: 'Dans toutes les professions, chacun affecte une *mine* et un extérieur pour paraître ce qu'il veut qu'on le croie. Ainsi on peut dire que le monde n'est composé que de *mines*' (256). Comme lui, la marquise de Lambert sait trouver ces places choisies. Un mot apparenté est répété au début de la seconde phrase, et c'est presque une anadiplose: 'Les personnes mélancoliques ne sont *occupées* que d'un sentiment; elles ne vivent que pour ce qu'elles aiment. *Désoccupées* de tout, aimer est l'emploi de tout leur loisir' (*Femmes*, p.208).[21] L'épiphore joue un rôle analogue, et l'écrivain peut en renforcer l'expressivité en la doublant d'un écho secondaire: 'Il y a bien à gagner à changer l'idée de son néant contre l'idée de l'*Eternité*! Si nous vivons d'une manière à la rendre *heureuse*, c'est un beau point de vue qu'une *éternité* de *bonheur*' (*Vieillesse*, p.158). Les phrases suivantes sont plus oratoires encore, dans la mesure où l'écho majeur produit par le mot *cœur* et l'écho mineur *intelligence/esprit* sont combinés dans un chiasme: 'Ne doit-il pas leur suffire de régler tout le mouvement de *notre cœur*, sans se saisir encore de *notre intelligence*? Ils veulent que la bienséance soit aussi blessée quand nous ornons *notre esprit*, que quand nous livrons *notre cœur*' (*Femmes*, p.179). Le mouvement oratoire convient bien au plaidoyer énergique de l'écrivain féministe.

Enfin, l'écho peut rouler de phrase en phrase, en donnant au fragment une expressivité singulière, apte à reproduire les mouvements et la vivacité d'un dialogue ou d'une conversation: 'Il *oublie*, dites-vous, ce qu'il est: Eh, comment

---

21. L'expressivité vient aussi des échos secondaires '*aiment/aimer*' et '*tout /tout* leur loisir'.

ne l'*oublierait*-il pas? Vous l'*oubliez* vous-même. C'est vous qui tirez le rideau de l'*oubli* et de l'orgueil devant ses yeux' (*Femmes*, p.181).

De toutes les répétitions oratoires, l'écho se révèle la plus efficace, pour souligner des symétries comme pour créer des enchaînements et des rythmes expressifs. Il vient renforcer des procédés traditionnels comme le polyptote ou la dérivation. Mais il semble particulièrement convenir à la formule et à la maxime, comme l'avait senti La Rochefoucauld, qui en a fait un usage habile. La marquise de Lambert l'a utilisé abondamment, parce qu'elle a reconnu, à son tour, la commodité de cette figure d'élocution, susceptible de se confondre avec l'épanadiplose, l'anadiplose et l'épiphore; sa présence parfois est presque mécanique: les allures langagières de certaines formules prouvent d'ailleurs que l'écho devait être une des constructions favorites de la langue parlée dans les salons. Mais l'intérêt de cette figure oratoire vient surtout de ce qu'elle est peu contraignante pour un esprit précieux qui aime jouer avec les sens et les sonorités des mots. L'écho permet de mieux aiguiser l'antithèse, de trouver aisément la place d'un mot sur lequel portera la pointe. Cette dualité, le procédé convient autant à la phrase précieuse qu'à la phrase oratoire, explique la faveur dont il jouira pendant longtemps chez les mondains.

b. La consonance dans les dyades

L'utilisation systématique des rythmes binaires signale aussi, sans que cela puisse surprendre, un style 'sérieux et moralisateur';[22] la formule la plus rudimentaire et la plus mécanique du binaire est la dyade, qu'on trouve en abondance chez Mme de Lambert.

L'écrivain associe systématiquement deux mots de même nature, le plus souvent deux substantifs, deux adjectifs, deux verbes, parfois deux adverbes, et les relie de la façon la plus banale par la conjonction *et*, plus rarement par un autre mot coordonnant.[23] Ces dyades ont plus d'étendue, et caractérisent une phrase oratoire, quand elles sont formées par des associations de groupes syntaxiques fondamentaux:

substantif – adjectif: 'un grand sens et un esprit sérieux' (*Femmes*, p.180);

verbe – complément: 'qui polit l'esprit et qui épure le cœur' (*Femmes*, p.194);

adverbe – adverbe: 'très délicatement et trop solidement' (*Sentiment dame*, p.260).

---

22. Deloffre, p.468.
23. *Ou*: 'Quand on traitoit, *ou* qu'on disputoit avec elle' (*Femmes*, p.192); *ni*: 'ne coûtait rien aux mœurs, *ni* à la fortune' (p.181).

La présence nombreuse de ces dyades, où l'isométrie est de règle,[24] est un bon caractère de la langue de Mme de Lambert, imitée peut-être de la langue parlée, et parfois menacée de monotonie par leur surabondance. C'est ainsi qu'on en recense jusqu'à treize dans les deux pages des *Réflexions sur les femmes*,[25] où elle compare les maisons d'autrefois à celles de son époque. A rechercher une expressivité mécanique, on court le risque d'appauvrir la langue, et ces dyades finissent par n'être plus qu'un 'tic' d'auteur, de pauvres locutions pléonastiques. Comme dans cette phrase, où les dyades soulignent la netteté de la symétrie sans pour autant renforcer le sens: 'Tout le monde craint la vieillesse: on la regarde comme un âge livré *à la douleur et au chagrin*, où tous *les plaisirs et les agréments* disparaissent' (*Vieillesse*, p.147). On peut en dire autant des dyades rassemblées dans la liste suivante: 'le laisserons-nous *le maître et l'arbitre* de notre réputation?' (*Femmes*, p.174); 'l'âme était *nourrie et fortifiée*'; 'un amour-propre *vicieux et corrompu*'; '*vous soutiennent et vous consolent*'; 'l'amour *d'usage et d'à présent*'; 'conduites *par des principes et par des préceptes*'; '*parer et embellir*'; '*liée et unie*'; '*sensible et délicate* sur la réputation'. L'efficacité du redoublement ne concerne que la forme et le rythme de la phrase, le terme redoublé n'étant qu'un parasite sémantique.

C'est pour échapper aux inconvénients d'un tour stéréotypé devenu pléonastique, c'est pour lui rendre sa vigueur que Mme de Lambert recherche des consonances. Elle peut répéter le son initial de chacun des termes de la dyade pour obtenir l'allitération, ou le son final pour obtenir l'homoïotéleute,[26] ou combiner l'allitération et l'homoïotéleute pour créer des dyades encore plus expressives. C'est chez elle un tour mécanique, qui parfois ne révèle aucune intention stylistique précise, qui vise seulement à donner à la phrase oratoire sa couleur musicale. Il faut noter que souvent les consonances sont renforcées par la répétition oratoire de l'outil grammatical (article, possessif, préposition, pronom) qui introduit ou qui complète les mots associés dans la dyade. Pour illustrer ce style caractéristique, je proposerai un relevé de ces dyades, extraites de leur contexte et sans références pour alléger le texte, sauf quand une intention stylistique manifeste appelle un commentaire.

Allitérations. Dyades de substantifs: 'sa *d*ouceur et sa *d*élicatesse'; 'la *p*atience et la *p*aix'; 'à ses *a*ffaires et à ses *a*musements'; 'sans *g*loire et sans *g*oût'; 'un

---

24. C'est ce qui distingue cet usage rythmique de la dyade de celui que Marivaux fait du binaire court. Voir F. Deloffre, p.467-68: 'Dans les binaires courts, formés en général de membres à un seul élément rythmique, la disposition des termes par ordre croissant est la règle presque absolue.'

25. *Femmes*, p.180-82, de 'Il y avoit autrefois' à 'l'azile des mœurs.'

26. Terminologie de Marcel Cressot, *Le Style et ses techniques* (Paris 1969), p.29.

*m*élange et un *m*énagement de ces qualités'; 'par des *p*rincipes et par des *p*réceptes'.

Dyades d'adjectifs: 'imaginations *a*rdentes et *a*llumées'.

Dyades de verbes: 'votre innocence vous *c*alme et vous *c*onsole'; 'ne laissent pas de *s*entir et de *s*oulager'; '*p*arler et *p*enser'.

Le procédé n'est pas toujours mécanique; l'allitération dans une dyade peut être un élément consonant d'un contexte euphonique: 'cette volonté libre, forte et indomptable *s*'émousse et *s*'éteint insensiblement'. La dyade a pour but ici de souligner l'harmonie imitative qui donne sa tonalité à la phrase. C'est l'euphonie qui justifie, dans certains cas, le recours à ce qui n'est qu'un pléonasme: 'L'amitié d'un amant est trop *s*èche. Il peut vous donner des *s*oins et des *s*ervices, mais il n'a plus de *s*entiment à vous offrir' (*Amitié*, p.127).[27] Il faut encore noter que les dyades de verbes pronominaux du type '*s*'étend et *s*'augmente', '*s*'affaiblit et *s*'éteint' ne doivent pas faire illusion, dans la mesure où l'allitération ne provient que de la répétition du pronom.

La marquise de Lambert sait introduire un élément de variété dans ces dyades stéréotypées, en substituant à l'adjectif épithète une brève proposition relative explicative; elle assure de la sorte l'isométrie du binaire, tandis que l'allitération lui permet d'en préserver le caractère oratoire. Exemple: 'd'une manière *f*erme et qui vous *f*ixe'.

Homoïotéleutes. *Dyades de substantifs*: 'Le maî*tre* et l'arbi*tre*'; 'état de grand*eur* et de bonh*eur*'; 'leçons de poli*tesse* et de délica*tesse*'; 'de son imaginati*on* et de sa rais*on*'; 'la tranquill*ité* et l'uniform*ité* de la vie'; 'la prob*ité* et l'am*itié*'; 'ni prob*ité* ni fidél*ité*'; 'la majes*té* et l'autori*té*'; 'de bon*té* et de générosi*té*'; 'de bon*té* et d'humani*té*'; 'une injusti*ce* et une viole*nce*'.

Il va de soi que l'homoïotéleute dans la dyade peut intéresser aussi le contexte: 'ces actes de bon*té* et de générosi*té* souvent répé*tés*' (*Avis fille*, p.102).

Dyades de verbes: on pourrait citer ici tous les redoublements d'infinitifs, du type: 'conserv*er* et port*er*'.

Dyades d'adjectifs: 'plus form*é* et plus orn*é*'.

Dyades d'adverbes: les dyades formées avec les adverbes en -ment à la mode sont évidemment les plus nombreuses. 'Tout ce qui pense basse*ment* et communé*ment*'; 'plus vive*ment* et plus forte*ment*'.

Les dyades construites sur l'homoïotéleute sont les plus monotones, car dans la plupart des cas elles consistent à réunir deux mots formés avec le même suffixe.

---

27. L'harmonie imitative est en accord avec le sens: il existe un rapport entre la dyade, qui n'est guère qu'un pléonasme, et la stérilité du comportement de l'amant.

Combinaisons sonores. En revanche, les dyades construites sur l'allitération et sur l'homoïotéleute sont les plus expressives: ce sont elles surtout qui donnent à la phrase sa vigueur, son caractère de perfection rythmique, car elles créent dans la trame symétrique générale d'heureuses symétries de détail.

Dyades de verbes: 'la nouveauté *pl*aît et *pr*omet'.

Dyades d'adjectifs: 'il faut être *a*ccessi*ble* et *a*ffa*ble*'; 'on ne serait ni *a*mbi*tieux*, ni *e*n*vieux*'.

Dyades d'adverbes: 'il est bon de vivre *sé*rieus*ement* et un peu *sé*vèr*ement* avec eux'; '*tr*ès délica*tement* et *tr*op soli*dement* établies'. Dans ce dernier exemple, le redoublement mécanique et encombrant de l'adverbe en -ment est allégé par la découverte heureuse du couple adverbial euphonique *très/trop*.

Quelle que puisse être la richesse sonore de certaines de ces dyades, Mme de Lambert n'obtient que des beautés de détail qui ne suffisent pas à faire oublier la monotonie et la banalité du tour, qui est chez elle un véritable 'tic' d'auteur. Il est difficile de dire s'il est la transcription directe d'un usage de la conversation, qui se doit d'employer les figures expressives, ou s'il manifeste une préciosité féminine qui se délecterait à souligner par les sonorités des figures pléonastiques. Ces dyades agrémentent sans aucun doute la phrase et lui assurent en même temps la plus grande efficacité, quand elles sont reliées entre elles par des phénomènes de consonance. Les moyens de cette liaison sont variés.

Le plus simple est celui du parallélisme qui met en relation pour le sens deux dyades consonantes. Le style vigoureux de la marquise de Lambert excelle à trouver ces symétries expressives et agréables. 'Je n'avois pour moi que la justi*ce* et mon *c*ourage; je l'ai gagné sans *c*rédit et sans basse*sse*' (*Avis fils*, p.17). L'euphonie peut s'étendre à chaque élément du parallélisme dans une coulée fluide de la phrase: '*dans leur* jeune*sse* elles sont *v*aines et *d*issipées; et *dans leur* vieille*sse* elles sont *f*aibles et *d*élaissées' (*Vieillesse*, p.147). La technique de Mme de Lambert pour construire de telles symétries s'applique d'une manière plus générale aux différents binaires que fera apparaître le parallélisme, qui ne sont pas toujours des dyades: 'Il les justi*fie* par l'exemple, il les déi*fie* par la poésie' (*Femmes*, p.205-206); 'L'admir*ation* force à l'imit*ation*, bien plus que le commandement' (*Avis fils*, p.42). Les dyades consonantes ont une expressivité et un rôle analogue dans les concordances: 'Armez-vous de la for*ce* et de l'autori*té* que donne la pruden*ce* des sages conseils et la pure*té* des bonnes intentions' (*Amitié*, p.134).

c. Les allitérations expressives

Les dyades qui caractérisent si bien le style moralisateur de Mme de Lambert apparaissent souvent comme des automatismes. On peut rapprocher de ce procédé des tours plus originaux, plus singuliers, qui servent encore à garantir l'expressivité de la prose, mais qui transforment imperceptiblement une phrase oratoire d'allure rigide en une phrase plus souple, qui annonce la phrase affective. Ces répétitions plus précieuses sont la dérivation allitérante et la paronomase.

Mme de Lambert utilise une forme de redoublement oratoire qu'on pourrait appeler la dérivation allitérante. Il s'agit de cette allitération curieuse, dont Marcel Cressot soulignait la vigueur, qui sera recherchée par les écrivains et les poètes de la seconde moitié du dix-neuvième et du début du vingtième siècles: elle constituera, par exemple, un des traits fondamentaux du style de Péguy. Elle consiste à déterminer un adjectif par le substantif qui lui correspond, ou à utiliser un verbe et un complément formés sur le même radical. Mme de Lambert utilise une forme voisine de ce procédé, qui revient à combiner le phénomène de l'écho par la dérivation et celui du binaire allitérant. Elle le fait avec bonheur, en donnant à sa phrase une coulée rythmique expressive: 'Je ne suis jamais sûre d'amener une personne sensible à mon goût: je n'ai point d'*attrait pour l'attirer* à moi' (*Femmes*, p.184). Le redoublement expressif dit la difficulté, le désarroi de l'esprit incapable de convaincre et de persuader sur des vérités qui échappent à la raison, incapable de transformer les 'vérités de sentiment' en 'vérités de démonstration'. Dans une première version, la phrase de Mme de Lambert était plus affective: 'et on n'est jamais sûr d'amener une personne sensible à son goût: on n'a point de *liens*, d'*attraits pour l'attirer* à soi' (*Goût*, p.215). Le renforcement affectif de l'expression au moyen de deux synonymes *liens* et *attraits*, dont nous savons qu'il est un des traits de la phrase féminine, imitée de la phrase parlée,[28] amplifie l'effet rythmique de l'expression construite avec un substantif et un verbe formés sur le même radical. Le procédé est un des traits constitutifs de la phrase oratoire, mais il caractérise aussi la phrase précieuse. Il apparaît à plusieurs reprises dans les *Réflexions sur les femmes*, lié à la phrase affective, qui sera analysée ultérieurement. Mme de Lambert utilise de cette façon le verbe *vivre*, lui donne pour complément le substantif *vie*, pour former cette locution expressive qui convient à son lyrisme, à son enthousiasme: *vivre d'une vie*.[29] 'Ceux qui *ont vécu de la vie* de l'Amour' (p.208); 'Celles qui sont destinées à *vivre d'une vie* de sentiment' (p.209).

Tout aussi expressive, quoique moins oratoire, répondant mieux au goût précieux: la paronomase. Ce procédé peut être comparé à un jeu, qu'ont aimé

28. Deloffre, p.429.
29. Ce tour est appelé complément d'objet interne. Verlaine lui donnera toute sa musicalité: voir, par exemple, *Le Son du cor*.

les bons écrivains de l'époque; certains puristes s'en indigneront, comme Fontanier, qui s'étonne presque de le trouver chez Massillon. La paronomase peut être utile cependant, et Mme de Lambert ne l'a pas dédaignée, parce que celle-ci convenait aussi bien à ses préoccupations oratoires qu'à ses recherches précieuses sur le sens des mots.

L'expression de Mme de Lambert, habile à jouer de l'allitération, devait inévitablement rencontrer la paronomase. Il est facile en effet de passer du rythme expressif d'un binaire comme celui-ci: 'des a*ppui*s et des re*pos* qu*i* l*ui* écha*ppent*' (*Richesses*, p.220), à cette dyade où s'esquisse la paronomase: 'il ne m'en restera que l'*ennui* et l'*inu*tilité' (*Correspondance*, p.413). Dans ses recherches sur les rythmes et les sonorités, l'écrivain ne pouvait manquer d'être séduit par les prestiges oratoires d'un procédé capable de lui fournir quelques belles formules. 'L'homme puissant s'est fait une citadelle dans son cœur, qui le met en sûreté contre les *approches* de la vérité, et contre les *reproches* de sa raison et de sa conscience' (*Richesses*, p.222). Le contexte métaphorique montre bien les origines précieuses de la paronomase: si le mot *approche* peut être justifié par la métaphore militaire filée (puissant, citadelle, en sûreté), le mot *reproche*, lui, n'entretient avec son entourage que des liens phonétiques.

Cet emploi de la paronomase permet de comprendre pourquoi les puristes la reprocheront aux précieux: elle risque d'affaiblir la langue, en proposant des combinaisons artificielles et purement formelles. Quand la marquise de Lambert évoque en ces termes l'attitude des hommes devant les puissants: 'On ne cherche qu'à se *dédommager d'un hommage* qu'on est forcé de rendre à leur place' (*Avis fils*, p.21), elle s'enferme dans un jeu formel, elle ne recherche qu'une combinaison habile de sonorités. L'amour précieux du jeu, de la pointe vient au secours du style moralisateur, les sonorités expressives renforcent une métaphore hardie, lui donnent une ampleur oratoire: c'est la seule justification qu'on puisse donner à la rencontre de deux termes qui forment une image 'fausse', s'il fallait la juger en fonction des critères de l'époque.

Le style moralisateur de Mme de Lambert fait un usage habile des répétitions; elles offrent à l'écrivain des formules diverses, relativement rigides, qui caractérisent bien sa phrase oratoire: l'écho, la dyade, les expressions allitérantes sont des ressources sûres pour un discours pédagogique et pour une prose sentencieuse qui aiment la maxime. Créées par des automatismes parfois trop apparents, ces figures donnent au style de Mme de Lambert cette sobriété et cette austérité qu'on lui reconnaît parfois; elles favorisent aussi la prédominance des rythmes binaires. Ces procédés ne sont pas rigides cependant au point d'interdire à l'esprit précieux de les animer pour leur donner plus de souplesse, et pour attribuer à la phrase oratoire les privilèges du style féminin.

B. *L'efficacité des constructions*

D'autres figures servent à construire ces phrases équilibrées, où prédomine le binaire, et dont la tendance est à l'isométrie: les antithèses, les chiasmes, les synonymies, les anaphores sont les auxiliaires efficaces du style moralisateur.

a. *L'antithèse*

L'antithèse est recherchée avec constance par les néo-précieux, qui goûtent toutes les variétés d'oppositions de mots; l'art de les mettre en valeur, de surprendre par des alliances inattendues caractérise incontestablement une nouvelle préciosité. Mais il est un autre usage de l'antithèse, plus sérieux, qui vise à l'efficacité de la prose, bien adapté au style moralisateur. Les couples de mots antithétiques sont les éléments primitifs de la structure binaire de la phrase sérieuse. L'antithèse est en outre un facteur de symétrie, d'une utilisation commode pour créer les rythmes binaires.

Les symétries dans la phrase lambertine s'organisent parfois à partir de deux pôles constitués par deux termes opposés: la matière oratoire, comme aimantée par chacun des éléments du couple formé, emplit les membres isométriques de la phrase. La plupart du temps, les deux mots qui créent l'antithèse occupent une place visible, au commencement ou à la fin de l'élément de symétrie. La remarque vaut pour le parallélisme comme pour la correspondance. Un exemple typique de cette construction est fourni par cette correspondance: 'et pour sauver le *présent*, je n'ai qu'à vous renvoyer au *passé*' (*Femmes*, p.193).[30]

Mais la phrase oratoire recherche en général des équilibres bien plus savants: il est possible de greffer un couple antithétique secondaire sur le couple antithétique majeur: 'C'est l'*innocence* qui les [les goûts] *conserve*, c'est le *dérèglement* qui les *corrompt*' (*Avis fille*, p.72). Dans ce parallélisme, le développement oratoire de l'antithèse, constituée à l'origine par l'opposition des substantifs *innocence* et *dérèglement*, suscite un second couple *conserve/corrompt* qui vient occuper l'autre place stratégique des éléments du binaire. Un autre schéma utilisé par la marquise de Lambert consiste à réduire le nombre de mots qui séparent les deux antonymes, de façon à créer une symétrie par l'encadrement d'un terme, l'allitération devant compenser dans ce cas la perte des équilibres binaires: 'Il est, de plus, difficile que *l'exacte pudeur* se conserve avec *l'extrême dissipation*' (p.72).

La phrase abandonne de sa vigueur oratoire, quand elle est fondée sur l'antithèse synonymique qui convient mieux à un esprit soucieux de distinguer

---

30. L'aisance de cette construction simple vient peut-être de ses origines orales. Cf. chez Marivaux: 'C'est que pour parvenir à *être honoré*, je saurai bien cesser d'*être honorable*' (*La Vie de Marianne*, p.87).

les nuances; mais la construction symétrique reste la règle. Nous l'étudierons ultérieurement dans les procédés de la phrase d'analyse.

La véritable spécialisation de l'antithèse dans la phrase oratoire, c'est la création de symétries qui appellent des rythmes binaires presque mécaniques. Il ne s'agit plus seulement d'équilibrer les éléments symétriques de la phrase par un jeu de contrepoids qu'assurent des couples d'antonymes habilement répartis. L'antithèse cette fois s'étend à l'ensemble d'une phrase typiquement redondante, comme l'illustre ce parallélisme: 'les vertus de la prospérité sont douces et faciles; celles de l'adversité sont dures et difficiles, et demandent un homme tout entier' (*Avis fils*, p.10-11). La redondance est d'abord phonétique: les antonymes se répondent en écho, par l'allitération (*d*ouces/*d*ures), ou par l'homoïotéleute (prospér*ité*/advers*ité*; fa*cile*/diffi*cile*); elle est aussi syntaxique: la construction grammaticale attributive du premier élément du binaire est fidèlement reproduite. Cependant des éléments de variété sauvent cette phrase symétrique de la monotonie: l'emploi du pronom démonstratif permet d'éviter la répétition trop voyante du substantif sujet, tandis que l'addition d'une proposition indépendante coordonnée crée la cadence majeure, qui est la cadence normale du français parlé, et qui avait été compromise par la disproportion syllabique entre le substantif déterminé 'les vertus' et le pronom 'celles'. Les exemples de phrases redondantes de ce type, construites sur un binaire antithétique, sont nombreux dans les écrits de Mme de Lambert. Leur expressivité convient bien aux formules recherchées par un écrivain moraliste et pédagogue, qui aime les symétries nettes et impeccables: celles-ci seront capables de définir des conduites ou des valeurs qui ne sauraient être ambiguës. 'Les mœurs du souverain dominent: elles ordonnent ce qu'il fait, et défendent ce qu'il ne fait pas' (*Avis fils*, p.16). La conduite du monarque règle impérativement celle du courtisan: l'étiquette à Versailles n'est qu'un aspect, le plus matériel, d'un code qui ne souffre aucun écart; la perfection de la symétrie, son jeu de miroirs convient à un univers où toutes les attitudes naissent d'un modèle tenu pour absolu, où ce qu'il faut faire ou ne pas faire peut être distingué avec netteté.

Les plus oratoires de ces phrases symétriques fondées sur l'antithèse sont celles qui se développent en systèmes quaternaires. 'Tout est pour elle, / dès qu'elle ne voudra que jouir; // tout se refuse à elle, / dès qu'elle voudra connoître' (*Psyché*, p.230). Les systèmes quaternaires fondés sur l'antithèse conviennent à merveille également, quand l'écrivain veut décrire les mouvements complexes d'une mécanique morale qui met en jeu des forces contraires. 'Songez que si dans les tems que l'on vous élevoit, / vous n'en valiez pas davantage; // à présent que l'on vous abaisse, / vous n'en valez pas moins' (*Avis fille*, p.108). L'antithèse exprimée par le couple central *élever/abaisser* déclenche un jeu de mouvements contraires qui se développent avec une régularité mécanique suggérée par le rythme concordant. Or le rythme concordant est sans expressivité particulière, et son caractère neutre convient ici à l'idée que les distinctions sont impuissantes à modifier le mérite personnel et à le rendre sensible aux variations des jugements.

b. L'efficacité des chiasmes

Le chiasme est, comme l'antithèse, un procédé oratoire très utile pour un écrivain qui cherche à donner à ses formules et à ses maximes la plus grande efficacité, au risque de leur prêter parfois un caractère quelque peu rigide et mécanique. Le chiasme est un moule, une matrice, certes peu originale, mais qui permet des productions parfois heureuses, et qui ne brime jamais l'esprit dans ses inventions ingénieuses. Car tel est le pouvoir du chiasme, d'enfermer dans une construction qui manque à l'évidence de souplesse, le trait, la pointe, le jeu de mots. On comprend dès lors qu'il soit une des figures favorites d'un style qui concilie le sérieux de la réflexion morale et le caractère badin de la conversation mondaine.

Le chiasme abonde dans le style épistolaire; dans la 'Lettre à l'abbé de ***', on peut en relever trois particulièrement visibles, qui font apercevoir les avantages du procédé, mais aussi ses limites:

Mettre la *sagesse* à être *heureux*, cela est raisonnable; cependant j'aimerois encore mieux mettre mon *bonheur* à être *sage* [p.417];

N'auriez-vous pas plutôt fait de mettre vos *désirs* au niveau de votre *fortune*, que votre *fortune* au niveau de vos *désirs*? [p.420];

Il vous est plus aisé de *vous* accommoder aux *choses*, que les *choses* à *vous* [p.420].

Cette succession de chiasmes dans une même lettre montre comment l'écrivain peut varier un procédé mécanique et relativement monotone: le chiasme de mots peut croiser des termes identiques, des termes apparentés (jeu sur les substantifs dérivés) ou des termes de nature grammaticale différente (pronom et substantif). Il est clair aussi que le chiasme est, comme l'antithèse, un puissant facteur de symétrie. Il est parfaitement adapté dans les exemples précédents au parallélisme: l'ellipse de l'élément commun, la reprise des termes en chiasme suffisent à créer la formule. Il va de soi que le chiasme crée avec la même facilité la correspondance: 'Comme j'ai vu que le *tems* n'étoit pas d'accord avec mes *désirs*, j'ai essayé d'accommoder mes *désirs* au *tems*' (p.412). Le chiasme sert presque toujours à souligner l'opposition vigoureuse entre deux attitudes, entre deux idées, entre deux choix; il n'est donc souvent qu'un élément de la phrase antithétique, comme dans cet exemple, où il manque de netteté: 'L'Amour est le premier des *plaisirs* et la plus douce des *erreurs*; mais dès que vous avez perdu la jeunesse, les *peines* doublent et les *plaisirs* diminuent' (*Vieillesse*, p.156).[31]

Le chiasme convient particulièrement aux maximes dépouillées, dont il souligne le caractère gnomique; dans leur simplicité, elles s'imposent avec la force de l'évidence, au service d'une pédagogie pratique efficace. 'Les *richesses* n'ont jamais donné la *vertu*; mais la *Vertu* a souvent donné les *richesses*' (*Avis fils*, p.21); 'Mais s'il ne faut pas toujours *dire* ce que l'on *pense*, il faut toujours *penser* ce que l'on *dit*' (p.23). L'ingéniosité de cette dernière formule vient de ce qu'elle met en œuvre un chiasme de mots apparent qui s'annule en quelque sorte lui-même par les effets secondaires du polyptote: les verbes *dire* et *penser* sont repris en chiasme, mais les formes verbales sont symétriques (succession infinitif-indicatif présent / infinitif-indicatif présent). On pourrait encore, sans allonger cette liste, citer cette belle formule dans laquelle la chiasme établit les places respectives de l'amitié et de la générosité: 'mais les *services* doivent être à la suite de l'*amitié*, et non l'*amitié* à la suite des *services*' (*Amitié*, p.128-29).

Le chiasme se prête avec aisance à l'expression de relations logiques diverses. Il convient bien à la comparaison: 'Songez qu'il y a des choses *vraisemblables* sans être *vrayes*, comme il y en a de *vrayes* qui ne sont pas *vraisemblables*' (*Avis fille*, p.102-103). En se souvenant de l'aphorisme célèbre de Boileau, la marquise de Lambert veut mettre en garde sa fille contre les condamnations hâtives fondées sur des paroles calomniatrices ou sur des soupçons d'apparence. La force de sa leçon vient de l'expressivité d'un chiasme qui joue sur des mots apparentés; cette leçon permet de découvrir aussi la complexité des situations humaines, sur lesquelles on ne peut porter que des jugements nuancés, qui se prêtent bien aux jeux de l'antithèse synonymique. Cette formule illustre comment le langage mondain sait réaliser l'habile synthèse de la phrase oratoire et de la phrase d'analyse. Un usage voisin consiste à répéter dans le chiasme un mot en l'utilisant dans un sens différent; le procédé servira alors à metre en relation deux idées complémentaires. 'Respectez dans vos discours', dit Mme de Lambert à sa fille (p.113), 'les préjugés et les coutumes. Les *expressions* marquent les *sentimens* et les *sentimens* sont les *expressions* des mœurs.' La remarque est d'une précieuse. Le mot 'expression' est d'abord utilisé dans son sens technique: il désigne les tournures, les figures du discours; il renvoie ensuite à un sens plus vague, celui d'une marque, d'un signe distinctif. Mais le chiasme fait ambiguïté, et impose aussi l'idée d'un sens métaphorique qui permettrait de définir, dans le goût précieux, un langage des mœurs. Un chiasme comme celui-là rapproche la phrase oratoire de la phrase d'analyse: il tient de près au procédé de la reprise, sur lequel est fondée la phrase en

---

31. Ce qui est dû à son caractère hybride, à la fois chiasme de mots et chiasme d'idées.

escalier. La construction montre comment se font les découvertes du spectateur des mœurs: une série d'inductions lui permettent de remonter des paroles au cœur, et du cœur aux principes.

A côté des chiasmes de mots ou d'idées, il existe encore une autre catégorie: celle des chiasmes syntaxiques, qui opèrent des répétitions de termes de même nature grammaticale. Ils sont utiles à l'écrivain pour introduire un élément de variété dans les dyades dont il use en abondance. Le chiasme syntaxique servira par exemple au rétablissement de la séquence progressive dans le groupe substantif – épithète, quand l'ordre des mots a imposé la séquence inverse: 'elle cachoit un *grand sens* et un *esprit sérieux*' (*Femmes*, p.180). Les chiasmes syntaxiques peuvent s'étendre à des propositions entières dans des phrases oratoires qui relèvent du style noble, et qui donnent ce ton sérieux qui caractérise les écrits de la marquise de Lambert. 'S'aimer comme il faut, / c'est aimer la Vertu; // aimer le Vice, / c'est s'aimer d'un amour aveugle et mal entendu' (*Avis fils*, p.30). Les avantages du chiasme syntaxique sont mis en évidence: celui-ci permet d'allier la concision de la phrase sentencieuse à l'élégance de la phrase d'analyse. La construction de la phrase, moulée dans le chiasme, est assez rigide; mais l'écrivain sait la rendre plus souple, en travaillant sur la distribution des éléments grammaticaux qui sont répétés. Dans cet exemple, le présentatif *c'est* porte tour à tour sur l'infinitif non pronominal, puis sur l'infinitif pronominal, pour créer un chiasme souple qu'on pourrait représenter par cette formule: $1 - P.2 // 2' - P.1'$.

Mme de Lambert maîtrise avec dextérité des constructions plus savantes: elle sait enfermer un chiasme secondaire dans un chiasme majeur. 'Cela est si vrai, / qu'un même *objet* / ne fait pas les mêmes impressions sur tous les hommes; // et que souvent nos sentimens *changent*, / sans qu'il y ait rien de *changé* dans *l'objet*' (*Femmes*, p.190). Le chiasme général est un chiasme d'idées: il coïncide exactement avec le parallélisme créé sur l'élément commun 'cela est si vrai'; le lecteur le perçoit dans la répétition de l'adjectif indéfini *même* et du verbe *changer*. Ce chiasme majeur s'exprime dans cette succession d'idées: identité ('même') / diversité ('pas les mêmes') / diversité ('changent') / identité ('rien de changé'). De ce premier ensemble se dégage un chiasme secondaire, qui est un chiasme de mots: *objet* / *changent* / *changé* / *objet*, adroitement souligné par l'écrivain, pour qu'il soit effectivement perçu, par le procédé de l'écho.

Un autre caractère de la prose oratoire de la marquise de Lambert résulte de l'utilisation simultanée des deux figures de l'antithèse et du chiasme. Sur un élément commun, l'impératif 'songez', qui sert très souvent à introduire la phrase pédagogique des *Avis*, la marquise greffe deux compléments qui se développent dans une antithèse et dans un chiasme: 'Songez qu'il faut *peu* de chose pour les besoins de la vie, *mais* qu'il en faut *infiniment* pour satisfaire aux besoins de l'opinion; que vous aurez bien plutôt fait de mettre vos *désirs* au niveau de votre *fortune*, que votre *fortune* au niveau de vos *désirs*' (*Avis fille*, p.91-92). Cette combinaison des procédés oratoires aide efficacement la pédagogie: la répétition est nécessaire pour que la leçon soit comprise, mais avec un art consommé l'écrivain sait éviter les pièges qui la rendraient monotone. L'utilisation successive du parallélisme et du chiasme enferme la même idée dans deux formules variées.

c. Symétries et équilibres

Presque tous les procédés qui viennent d'être analysés ont mis en valeur le caractère fondamental de la phrase oratoire de Mme de Lambert: la recherche des équilibres et des symétries. Cette recherche fait appel à d'autres éléments qui soulignent dans la trame de la phrase la vigueur des constructions; le parallélisme, l'anaphore sont utilisés par l'écrivain moraliste pour ordonner le monde des valeurs, pour organiser cette quête d'un bonheur qui n'est donné à l'homme 'que par l'attention, et que par comparaison' (*Avis fille*, p.77).

Afin d'aider à cette découverte du bonheur, l'écrivain moraliste privilégie des phrases aux constructions grammaticales simples, fondées sur des groupements binaires ou ternaires, qui font apparaître des symétries et des parallèles pour montrer des équivalences, qui établissent des comparaisons pour faciliter les choix. Son discours prend alors des allures 'géométriques', qui lui viennent de l'isométrie rigoureuse de telles phrases: il reflète sa volonté de définir et de comparer avec netteté des conduites individuelles pour les adapter aux événements du monde et aux passions des hommes.

Au même titre que l'antithèse, la synonymie est un facteur de symétrie: des couples de synonymes servent à construire des parallélismes qui conviendront parfaitement pour souligner des équivalences. Les remarques formulées précédemment peuvent être appliquées à ces parallélismes: elles concernent l'habileté de l'écrivain à ménager des équilibres. 'Enfin, / corrigez-moi, / où je manque; // consolez-moi / si je perds' (*Amitié*, p.118). Si l'on fait abstraction du mot de liaison, l'isométrie de cette phrase est parfaite (2//2). Elle sert de clausule à une confidence inquiète sur la rareté des amitiés; après avoir exprimé ses doutes, Mme de Lambert a besoin de se rassurer et d'être rassurée, l'équilibre de la phrase traduit un équilibre intérieur, plus secret, qu'il faut restaurer. Chez elle, l'ordre dans les mots reflète un ordre intellectuel supérieur. Une phrase comme celle-là peut servir de prototype: on la retrouve toutes les fois que s'expriment des certitudes morales. Au moment où il tire les conclusions de ses analyses patientes, l'écrivain moraliste accède à une sérénité qui s'exprime dans une prose géométrique, aux équilibres parfaits; celle-ci se définit par un enchaînement de parallélismes, qu'ils soient fondés sur l'antithèse ou la synonymie. Voici un échantillon de cette prose apaisée, sereine, dont la tendance est à l'isométrie presque absolue. 'Il faut donc / ménager / ses goûts; // nous ne tenons / à la vie / que par eux. C'est l'innocence / qui les conserve, // c'est le dérèglement / qui les corrompt' (*Avis fille*, p.72).

Cette sérénité, cependant, n'est jamais source de monotonie. L'écrivain sait introduire discrètement des tours qui atténuent le caractère mécanique des symétries. Tout en préservant l'isométrie, le rythme concordant, il recherche des dissymétries grammaticales qui sont un élément de variété. Une formule caractéristique consiste en particulier à présenter deux verbes synonymes, l'un dans un tour négatif, et l'autre avec sa valeur positive. Elle s'applique à la correspondance: 'Ils croient / que vous leur *donnez*, // ce que le monde / ne leur *accorde* pas' (2//2; *Avis fils*, p.27); comme au parallélisme: 'Il n'est plus permis / d'avoir tort, // et nous avons perdu / le droit de faillir' (2//2; *Sentiment dame*, p.263). Le second exemple laisse voir toutefois combien ces ressources sont limitées: le procédé introduit dans la prose des formules pléonastiques qui finiraient par nuire à son efficacité et à son expressivité. De telles redondances peuvent être expliquées en partie par les habitudes de la langue parlée qui viennent contaminer la sobriété des phrases sentencieuses.

Les équilibres réalisés par Mme de Lambert dans ses constructions sont soulignés et renforcés par l'emploi de l'anaphore. Ce procédé traditionnel est utilisé dès que la phrase abandonne le schéma binaire au profit de constructions plus amples. L'anaphore permet en particulier d'organiser les ternaires, dont la disposition dans la phrase oratoire peut être variée.

L'anaphore organise les phrases bâties sur un ternaire:

   1. *Plus* vous avez d'habileté,
   2. *plus* vous tirez de votre état,
   3. et *plus* vous étendez vos plaisirs' (*Avis fille*, p.77).

Des anaphores peuvent être combinées pour souligner un emboîtement de ternaires:

   1. *Les plaisirs* du monde sont trompeurs;
   2. *ils* promettent plus qu'ils ne donnent;
   3. *ils nous* inquiètent dans leur recherche,
        ne *nous* satisfont point dans leur possession,
       et *nous* désespèrent dans leur perte (*Avis fille*, p.59).

Le ternaire final, organisé sur l'anaphore du pronom personnel *nous*, est lui-même contenu dans le dernier élément d'un ternaire majeur, souligné par l'anaphore du pronom personnel *ils*. La construction rend plus évidente la dépendance des hommes à l'égard des plaisirs du monde.

L'anaphore intervient aussi dans des ensembles plus complexes: elle est utilisée pour organiser le paragraphe. Quand l'écrivain moraliste veut analyser et comparer différents comportements, l'enchaînement d'anaphores est un moyen habile de montrer les liens établis entre les valeurs éthiques. Le paragraphe suivant fournit une bonne illustration du rôle que l'anaphore peut jouer dans l'organisation de constructions savantes:

I.
1. *Si vous voulez* être parfaitement honnête homme,
   songez à régler votre amour-propre ⎱ 2
   et à lui donner un bon objet. ⎰ ⎱ 2   ⎱
   L'honnêteté consiste à se dépouiller de ses droits, ⎱   2
   et à respecter ceux des autres. ⎰

2. *Si vous voulez* être heureux tout seul, ⎱ 2
   vous ne le serez jamais; ⎰   ⎱ 2
   tout le monde vous contestera votre bonheur. ⎰

3. *Si vous voulez* que tout le monde le soit avec vous, ⎱ 2
   tout vous aidera.

2 ⎰ 1. *Tous* les vices favorisent l'amour-propre,
   ⎱ 2. et *toutes* les vertus s'accordent à le combattre:

3
1. *la* valeur l'expose,
2. *la* modestie l'abaisse,
3. *la* générosité le dépouille,
4. *la* modération le mécontente,
5. et *le* zèle du bien public l'immole' (*Avis fils*, p.29).

On est sensible, dans cet ensemble, au jeu savant qui mêle rythmes progressifs, rythmes symétriques et rythmes régressifs, rythmes pairs et rythmes impairs. Tout se passe comme si l'anaphore, en désignant les structures fondamentales, permettait à la prose d'échapper aux normes du 'style oral', soumis à la cadence majeure et au rythme concordant. Elle semble tenir le double rôle d'outil régulateur et d'outil servant à introduire la variété.

Les réduplications sont voisines de l'anaphore, et jouent un rôle identique dans les constructions complexes. Elles conviennent mieux aux rythmes pairs, et trouvent leur meilleur emploi dans l'organisation des binaires ou des quaternaires:

Les causes du déshonneur | sont connues
| et certaines;

le ridicule est purement arbitraire;
il dépend | *de la manière* que les objets se présentent,
| *de la manière* | de penser
| et de sentir (p.26).

Dans cet exemple, la réduplication s'apparente au procédé de la retouche; la phrase oratoire finit par se confondre avec la phrase d'analyse qui cerne par touches successives le concept du déshonneur sur lequel réfléchit l'écrivain. Les réduplications peuvent aussi se combiner entre elles pour souligner des symétries complexes dont la tendance est à l'isométrie: 'Ce n'est pas *vivre* comme l'on *doit*, que de *vivre* au gré de ses passions et de ses fantaisies; et nous ne *vivons* comme nous *devons*, que quand nous *vivons* selon la *raison*; car ce qui s'appelle nous, c'est notre *raison*' (*Vieillesse*, p.155). Ce bel exemple montre à l'évidence, avec le rôle donné aux mots de liaison, que l'efficacité des rythmes, pour Mme de Lambert, est au service du raisonnement.

La phrase oratoire caractérise la prose moralisatrice. Elle se rapproche souvent du style 'oral', en ce qu'elle respecte la cadence majeure et le rythme concordant. Mais l'esprit analytique et l'esprit précieux introduisent souvent des éléments de variété qui lui donnent une allure originale: le sérieux et le jeu s'allient pour ôter toute monotonie à des constructions régulières et à des symétries rigoureuses. Même quand certains procédés se transforment en automatismes, l'efficacité d'une telle phrase n'est pas entamée. L'habitude de redoubler les mots est peut-être imitée du langage mondain; on attribuera les phénomènes d'écho et les jeux d'allitérations au goût précieux; les chiasmes et les anaphores conviendront au contraire à l'esprit d'analyse qui confronte, classe, distingue, opère, choisit. La phrase oratoire répond avantageusement au besoin de briller et au besoin de raisonner du mondain. Elle est aussi l'outil indispensable de l'écrivain moraliste, qui en a observé le fonctionnement chez ses précurseurs du dix-septième siècle. L'efficacité qu'on peut lui attribuer est comparable à celle que possèdent les textes gnomiques.

2. *L'expression de la pensée*

Le critère de l'efficacité peut s'appliquer également à l'expression de la pensée. La marquise de Lambert, comme les néo-précieux, comme les honnêtes gens en général, aime recourir aux définitions. Elle éprouve en permanence le besoin d'éclairer le sens des mots qu'elle emploie et, d'une manière plus caractéristique encore, elle développe son raisonnement à partir de ces définitions lexicales. L'habitude de classer, de définir vient en droite ligne des précieuses. On la retrouvera, bien entendu, dans les conversations sérieuses des mardis de l'hôtel de Nevers. C'est pourquoi il n'est pas sans intérêt d'analyser la technique de la définition dans les écrits de Mme de Lambert, car elle doit être voisine de celle que pratiquaient les beaux esprits de son salon.

La marge n'est pas très grande de la définition à la maxime, qui appartient elle aussi à la même tradition mondaine et précieuse. Ce genre caractérise à ce point l'écriture morale aristocratique qu'ils ne sauraient exister, semble-t-il, l'un sans l'autre. Tout poussait la marquise de Lambert à pratiquer la maxime: sa position sociale, sa formation morale, son goût précieux, et par dessus tout le rôle qu'elle prétendit jouer dans l'éducation de ses enfants. On peut se demander, en la situant dans l'histoire d'un genre qui semble avoir lié son sort à celui de la monarchie absolue, si elle ne lui a pas, d'une certaine manière, donné un nouvel élan.

A. *Le recours aux définitions*

Mme de Lambert, comme Fontenelle ou comme Marivaux,[32] aime recourir aux définitions qui donnent à la pensée force, vigueur, concision, clarté, et qui, plus souvent encore, la nuancent et permettent de cerner de plus près les réalités mouvantes de l'âme et du monde. Chez elle, la définition est un outil efficace au service du raisonnement, de la maxime et du discours gnomique.

Avec un goût philologique sûr et délicat, l'écrivain prend plaisir à donner la définition des mots qu'il utilise. La définition brute d'un terme peut apparaître à l'occasion d'une classification qui vise à ordonner les différents éléments de l'analyse; celle-ci confère alors au discours moral les caractères d'objectivité et de rigueur d'une explication scientifique, comme dans cet exemple: 'L'humeur est la disposition avec laquelle l'âme reçoit l'impression des objets' (p.26). Mais le plus souvent, la définition complète, pour l'information du destinataire, une remarque antérieure: elle succède à un précepte ou à une maxime pour éclairer un mot qui pourrait faire difficulté. Par ce moyen l'auteur préserve la concision et la brièveté inhérentes au style moralisateur, sans renoncer pour autant à éclairer tout ce qui pourrait rester imprécis ou confus. La définition, presque toujours introduite dans ce cas par un effet de reprise, apparaît comme un automatisme commode, mais efficace, grâce auquel Mme de Lambert concilie deux de ses exigences fondamentales: le goût de la formule et la recherche de la plus grande rigueur dans la pensée. L'efficacité de la prose est assurée par la conjugaison de l'effet rythmique et de la recherche lexicale: l'attention du destinataire est captée par un écho sensible, produit par la répétition du terme à définir, tandis que la pensée se fige dans une pause qui interrompt le mouvement de l'analyse pour laisser place à une intervention personnelle de l'auteur. De ce mouvement caractéristique, on peut donner ces deux exemples:

Le fondement du bonheur est dans la paix de l'âme, et dans le témoignage secret de

32. Voir F. Deloffre, p.23: 'comme Marivaux, Mme de Lambert possède un sens de la langue très fin, qui se plaît aux définitions'.

la conscience. Par le mot de conscience, j'entends ce sentiment intérieur d'un honneur délicat qui vous assure que vous n'avez rien à vous reprocher [*Avis fils*, p.49];

Les sentimens sont un tribut qu'on paye à la beauté, et l'estime à la vertu. J'entends par le mot de beauté, tout ce qui plaît aux sens [*Sentiment dame*, p.267].

Ici, c'est la polysémie qui requiert l'intervention du philologue; dans d'autres cas, ce sont les connotations dont le mot est chargé qui risquent d'entretenir l'ambiguïté. La définition du mot *gloire* à l'usage de son fils (p.2) montre que Mme de Lambert a un sens de la langue très fin, et révèle une perception toute moderne des mécanismes lexicologiques:

Vous ne pouvez aspirer à rien de plus digne, ni de plus convenable que la gloire; mais il faut savoir ce que l'on entend par le terme de gloire et quelle idée vous y attachez. Il en est de bien des sortes; chaque profession a la sienne. Dans la vôtre, mon fils, on entend la gloire qui suit la valeur. C'est la gloire des héros.

L'écho prolongé, obtenu par la quadruple répétition du mot gloire, sert avec bonheur le sens, en donnant au terme tout son prestige. On pourrait de la sorte dresser à l'usage des lexicologues la liste des termes ainsi définis en raison de leur polysémie, de leurs connotations ou de leurs transferts de sens. Ce schéma binaire efficace, qui consiste à juxtaposer une formule et une définition destinée à éclairer l'un de ses termes, est le plus simple. Mme de Lambert aime aussi enfiler plusieurs définitions qui se succèdent dans un rythme allègre de rebondissements où se révèle un esprit attentif et mobile qui joue avec les nuances; elle connaît les ressources de ce procédé très sûr qu'est la concaténation: 'Soyez humble, sans être *honteuse*. *La honte* est un *orgueil* secret. *L'orgueil* est une erreur sur ce que l'on vaut, et une injustice sur ce que l'on veut paraître aux autres' (*Avis fille*, p.105). Enfin, la définition apparaîtra comme l'outil le plus efficace de la persuasion, lorsque l'écrivain moraliste voudra redresser une idée reçue qui lui semble erronée; redonner aux mots leur sens véritable reste encore l'arme la plus efficace pour dénoncer les opinions fausses. 'C'est mal parler que de traiter la religion de préjugé; le préjugé est une opinion qui peut servir à l'erreur comme à la vérité' (p.61). Le mouvement reste identique: l'enchaînement de la définition à la maxime s'accomplit toujours par une répétition qui porte sur le mot à définir; mais la pensée est plus vigoureuse, puisqu'elle oppose à la subjectivité d'une opinion la justesse et la rigueur d'une démonstration philologique sans faille. L'écrivain aime aussi apporter quelque variété dans ses procédés: il ne recourt pas toujours à cette construction facile et efficace, qui consiste à relier le mot notionnel à son attribut par le verbe-copule être. Il peut lui préférer la définition qui fait appel à la périphrase; elle a moins de rigueur logique dans la mesure où le mot notionnel est effacé, mais permet en revanche une approche plus sensible du fait lexical et qui s'ouvre surtout aux nuances de l'euphémisme et de la litote. Dans l'exemple suivant: 'Ceux qui attaquent les Femmes ont prétendu que l'action de l'esprit qui consiste à considérer un objet, étoit bien moins parfaite dans les Femmes' (p.185), il y a de l'habileté à définir le mot *entendement* par une périphrase qui épargne au beau sexe une constatation bien amère. Celle-ci renforce la restriction contenue dans 'ont prétendu'.

La définition est donc un outil manié avec efficacité; mais elle peut avoir aussi plus de gratuité et de grâces sous la plume d'un écrivain moraliste qui cultive l'art de la maxime. Dans ce domaine, bien sûr, La Rochefoucauld est un précurseur et un modèle: nombre de ses maximes, et parmi les plus célèbres, sont fondues dans le moule primordial de la définition. Un substantif notionnel, souvent déterminé par l'article défini, et placé à l'initiale, appelle un attribut qui lui est relié par le verbe-copule être, ou par ses variantes du type 'consister à',[33] etc. C'est dans le second élément, le groupe de l'attribut, que se concentreront les grâces, le jeu, l'effet de surprise qui séduiront le lecteur. Le prototype pourrait être fourni par cette maxime célèbre: 'L'amour-propre est le plus grand de tous les flatteurs.' Mme de Lambert recourt fréquemment à cette définition confondue avec la maxime, dont on pourrait dresser l'inventaire alphabétique:

L'Amour est le premier des plaisirs, et la plus douce des erreurs [*Vieillesse*, p.156];

L'Amour est le premier plaisir, la plus douce et la plus flatteuse de toutes les illusions [*Femmes*, p.196];

L'Honnêteté consiste à se dépouiller de ses droits, et à respecter ceux des autres [*Avis fils*, p.29];

La licence et l'impunité sont les privilèges de la Grandeur [*Femmes*, p.176].

Cette liste n'est certainement pas limitative. En face de telles maximes, qui ne sont guère plus que des définitions lexicales, il est permis de s'interroger sur leurs origines. La pratique de ce genre moral traditionnel a dû répondre en partie aux besoins de l'honnête homme, épris de purisme, soucieux de la justesse du style.[34] Il aimait sans doute noter dans ses cahiers personnels certaines définitions lexicales adroites, qu'il avait entendues ou lues, et qui venaient compléter les illustrations abondantes des dictionnaires. L'émulation, l'envie de briller auraient ensuite perfectionné cette pratique lexicale, et lui auraient donné le goût de la maxime. On retrouve des habitudes intellectuelles voisines dans la coutume des libraires de l'Ancien Régime de réserver une

33. La Rochefoucauld, maxime 244: 'La souveraine habileté *consiste à* bien connaître le prix des choses.'

34. Voir Magendie, p.882: 'Vers 1660, la notion de justesse dans le style, qui n'est au fond qu'une forme de bienséance, se répand de tous côtés.'

place importante au glossaire dans la table des matières d'un ouvrage. La formule peut être enrichie, si le substantif admet une caractérisation, adjectif épithète ou proposition relative:

La raillerie délicate est un composé de louange et de blâme [*Avis fils*, p.25];

L'amour qui s'offre n'est guère piquant: il semble que ce soit l'ouvrage de la Nature, et non pas celui de l'Amant [*Femmes*, p.195].

Ce dernier exemple fait apercevoir les limites extrêmes à l'intérieur desquelles la définition possède encore une existence autonome; au-delà, elle finirait par s'évanouir dans la maxime pure. La définition de ce type peut avoir une allure moins personnelle: que l'on remplace la finesse de l'observation par l'évidence du bon sens, et la maxime cédera sa place au proverbe. Le registre familier permettra alors d'éviter le dessèchement qui finirait par guetter un esprit trop logicien ou trop précieux. Dans l'exemple qui suit, trois proverbes successifs – le premier d'allure franchement populaire[35] – cernent la définition de la beauté servie par le mérite; et par leur naturel, qu'ils tiennent d'une langue usuelle et quotidienne, ils donnent une vie nouvelle à un motif usé de la rhétorique précieuse: 'la Vertu n'a jamais enlaidi personne; et cela est si vrai, que la beauté, sans mérite et sans esprit, est insipide, et que le mérite fait pardonner la laideur' (*Femmes*, p.192). Comme Marivaux, Mme de Lambert a bien senti la nécessité de refuser la coupure, trop souvent opérée, entre la langue de l'analyse et celle des conversations familières et quotidiennes; son attitude est sans ambiguïté, quand elle propose pour un terme une définition empruntée à la langue populaire: 'Les Espagnols disent que "la beauté est comme les odeurs, dont l'effet est de peu de durée"' (p.192).

Par un usage hérité de la génération précédente, la définition sert aussi à inaugurer le débat moral proprement dit. L'exigence de clarté philologique prélude à un ample mouvement de la pensée et sert d'introduction à l'argumentation. L'honnête homme, comme les précieux, procédait de la sorte, et l'on trouverait chez le chevalier de Méré ou chez l'abbé de Pure maintes ouvertures de ce type, dont Mme de Lambert a gardé le souvenir. La définition n'est plus alors un outil de l'analyse, elle ne sert plus à réaliser cette forme privilégiée de l'écriture morale: la maxime ou la sentence. En elle se concentre désormais la vie des salons, aperçue dans l'un de ses exercices de prédilection: la dissertation. La définition peut être considérée dans ce cas comme le sujet du débat moral: elle est élaborée par l'ensemble des devisants, pour un mot choisi et lancé par l'animatrice du cercle. Insérée dans le mouvement des *Réflexions*

35. Comme le note F. Deloffre, *Vie de Marianne*, p.47, citant Hérissant, *Principes de style* (Paris 1779), p.96: 'les phrases proverbiales passent à l'époque pour familières au peuple'.

sur les femmes, cette définition du ridicule (174-75) semble avoir fixé dans l'écrit, d'une manière assez précise, l'allure et le ton du débat oral, tel qu'on le pratiquait à l'hôtel de Nevers: 'Je demande ce qu'il est? On ne l'a point encore défini. Il est purement arbitraire, et dépend plus de la disposition qui est en nous, que de celle des objets. Il varie et relève, comme les Modes, du seul caprice.' La définition obéit à une intention morale, et non plus philologique: le prédicat, devenu autonome, peut se multiplier en une série de courtes indépendantes successives. Une amplification bien caractéristique fait voir toutes les nuances du mot à définir, une lente et progressive formation par couches ramène la dissertation morale à l'établissement d'une série de prédicats. Le commentaire permet d'avancer ici une hypothèse sur la conduite des débats chez Mme de Lambert, si l'on veut bien admettre que l'écriture est un reflet des conversations de son salon: chaque devisant intervenait tour à tour pour proposer sa définition personnelle, qui servait à la construction de l'édifice bâti en commun. Un des meilleurs exemples qu'on puisse donner de cet exercice est cette définition de la politesse, proposée par la mère à sa fille (p.110-11); comme dans le passage précédent, Mme de Lambert intervient personnellement, par le même jeu de renvoi du 'je' au 'on', et le mot essentiel 'définir', qui oriente l'exercice, est encore soigneusement prononcé:

La Politesse est une envie de plaire. La Nature la donne, l'Education et le Monde l'augmentent. La Politesse est un supplément de la Vertu. On dit qu'elle est venue dans le Monde, quand cette fille du Ciel l'a abandonné. Dans les tems les plus grossiers, où la vertu régnoit davantage, on connoissoit moins la Politesse; elle est venue avec la Volupté, elle est la fille du Luxe et de la Délicatesse. On a douté si elle tenoit plus du Vice que de la Vertu. Sans oser décider, ni la définir, m'est-il permis de dire mon sentiment? Je crois qu'elle est un des plus grands liens de la société, puisqu'elle contribue le plus à la paix. Elle est une préparation à la Charité, une imitation même de l'Humilité. La vraye Politesse est modeste; et comme elle cherche à plaire, elle sait que les moyens pour y réussir sont de faire sentir qu'on ne se préfère point aux autres, qu'on leur donne le premier rang dans notre estime.

L'Orgueil nous sépare de la société: notre Amour-propre nous donne un rang à part, qui nous est toujours disputé. L'estime de soi-même qui se fait trop sentir est presque toujours punie par le mépris universel. La Politesse est l'art de concilier avec agrément ce qu'on doit aux autres, et ce qu'on se doit à soi-même; car ces devoirs ont leurs limites, lesquelles passées, c'est flatterie pour les autres, et orgueil pour vous; c'est la qualité la plus séduisante.

L'amplification et le mouvement de la pensée sont bien caractéristiques. Le champ du mot *politesse* est formé par treize prédicats, dont huit introduits par le traditionnel terme-copule 'est', tandis que la formule de type lexicographique habituelle, 'la politesse est', rythme à quatre reprises le développement de la dissertation, dont le modèle serait un discours oral: elle reproduirait les interventions successives des devisants d'un cercle. En outre, l'intérêt de l'exercice est soutenu avec beaucoup d'habileté. C'est, au départ, la recherche d'une définition du mot 'politesse', activité intellectuelle constamment pratiquée par Mme de Lambert. Puis les premiers prédicats ramènent insensiblement le destinataire à la rhétorique traditionnelle du débat moral, suscité par une question depuis longtemps débattue: 'la politesse tient-elle plus du vice que de la vertu?' Celle-ci provoque l'intervention personnelle de l'animatrice et appelle une définition nouvelle, et moderne, qui concilie les exigences de la morale mondaine et celles de la morale chrétienne. L'ultime prédicat a valeur de clausule, comme le suggère le recours au superlatif relatif. Une telle technique est familière à Mme de Lambert: il faut comparer cette 'définition-dissertation' de la politesse à celle qui est proposée dans les *Avis d'une mère à son fils* (p.31-32). Le contenu change, en fonction du caractère et du sexe de chaque destinataire, mais le mouvement de la page est identique. Le champ de la définition est encore formé ici par treize prédicats, dont sept sont introduits par un terme-copule, 'est' ou 'consiste à'. L'intervention de Mme de Lambert se place au septième de ces prédicats exactement comme dans l'exemple précédent, dans une position centrale rigoureuse qui sans doute ne doit rien au hasard. Mais, chez elle, les procédés n'ont jamais rien de systématique et de monotone; elle aime à varier les tons. Le prédicat au superlatif relatif, qui était utilisé comme clausule, sert maintenant d'introduction, il donne l'impulsion au mouvement de la page. La technique reconnue ici devrait pouvoir aider, semble-t-il, à authentifier la griffe de Mme de Lambert. On pourrait citer maints exemples qui prouvent qu'elle aime circonscrire le concept moral ou psychologique qu'elle choisit, par de courtes propositions qui le précisent lentement et progressivement, comme en une stratification qui semble, répétons-le encore, reproduire un schéma oral. C'est la définition 'enveloppante', qu'illustrent parfaitement ces exemples consacrés à la pudeur, à l'imagination et à la louange:

elle sert d'excuse à la laideur; elle est le charme des yeux, l'attrait des cœurs, la caution des vertus, l'union et la paix des familles [*Femmes*, p.178];

c'est elle qui fait les poètes et les orateurs; rien ne plaît tant que ces imaginations vives, délicates, remplies d'idées riantes. Si vous joignez la force à l'agrément, elle domine, elle force l'âme et l'entraîne; car nous cédons plus certainement à l'agrément qu'à la vérité. L'imagination est la source et la gardienne de nos plaisirs [p.182-83];

J'entends de ces louanges naturelles qui se marquent par la surprise; que ses agréments enlèvent sans peine, se faisant toujours désirer quand on ne la voit point, laissant des regrets quand on la perd [*Sentiment dame*, p.269].

On pourra considérer qu'un minimum de trois prédicats oriente la définition vers la dissertation: avec ce chiffre se constitue un embryon de débat. L'exemple donné précédemment pour le mot *gloire* entre donc dans cette catégorie, comme aussi cette définition de la curiosité: 'La curiosité est une connoissance commencée, qui vous fait aller plus loin et plus vite dans le chemin de la vérité; c'est un penchant de la nature qui va au-devant de l'instruction; il ne faut pas l'arrêter par l'oisiveté et la mollesse' (*Avis fille*, p.80). A l'inverse, l'autre limite est atteinte quand un essai autonome, en général assez court, n'est rien d'autre dans son essence qu'une longue définition d'un concept soumis à l'analyse. On trouve deux écrits de ce genre dans les œuvres publiées de Mme de Lambert: ce sont ses deux paraphrases, les *Réflexions sur le goût* et le *Discours sur la différence qu'il y a de la réputation à la considération*. Le premier est une dissertation autonome qui sera insérée ultérieurement dans les *Réflexions sur les femmes*; il se propose de définir le *goût*, car en dépit de sa fréquence d'emploi,[36] ce vocable présente un champ de prédicats qui a beaucoup fluctué entre 1650 et 1730: c'est ce que constate la courte introduction de l'essai qui, après avoir rappelé la définition de Mme Dacier, en rapport avec l'intelligence, puis la position intermédiaire conciliant sensibilité et intelligence, suggère une définition initiale qui devrait convenir à la génération de 1730:[37] 'Ce qui fait croire que le Goût tient plus au Sentiment qu'à l'Esprit, c'est qu'on ne peut rendre raison de son Goût, parce qu'on ne sait point pourquoi l'on sent; mais on rend toujours raison de ses connoissances' (p.215). Celle-ci appelle un commentaire plus long, tout en annonçant la composition logique de l'essai, qui s'achève sur une ultime définition où se retrouve le schéma dynamique cher à Mme de Lambert, qui oppose le 'on' et le 'je', l'usage linguistique reçu et l'analyse personnelle novatrice: 'Jusqu'à présent on a défini le bon Goût, "un usage établi par les personnes du grand monde, poli, et spirituel". Je crois qu'il dépend de deux choses: d'un sentiment très délicat dans le cœur, et d'une grande justesse dans l'esprit' (p.218). Le second texte procède différemment, mais relève de la même intention. Il cherche à donner toutes les nuances qui distinguent deux termes voisins, la *considération* et la *réputation*, que l'usage linguistique confond trop souvent. L'analyse cherche donc à les différencier dans leur originalité par un mouvement de comparaison, un va-et-vient de l'un à l'autre; et chacune des deux notions se précise au fur et à mesure que la dissertation progresse.

Le goût des définitions caractérise assez bien la pratique mondaine de la conversation et de l'écriture. Depuis le milieu du siècle précédent, un des besoins premiers de l'honnête homme, qui est aussi une forme de bienséance,

---

36. 'Tout le monde parle du Goût; [...] cependant rien de moins connu que le Goût' (p.214).
37. Montesquieu, par exemple, y adhérera pleinement; on retrouve une remarque voisine, dans son *Essai sur le goût*: 'le goût naturel n'est pas une connaissance de théorie; c'est une application prompte et exquise des règles mêmes que l'on ne connaît pas.'

est celui de la justesse dans la langue, dans le ton, dans le style. Définir avec précision, pour soi et pour les autres, les mots qu'on emploie, répond à cette priorité. Ces recherches personnelles sur les mots s'élargissent très vite en une pratique de la maxime. Et comme la définition se révèle efficace et dynamique, elle finit par devenir aussi l'instrument des conversations sérieuses. A l'hôtel de Nevers, les dissertations des mardis ne pouvaient être rigoureusement construites comme elles le sont quand elles sortent des longues méditations du cabinet. La marquise de Lambert elle-même reconnaît d'ailleurs, dans son portrait de Fontenelle (p.246), qu'il faut distinguer les ouvrages sérieux des productions spirituelles du monde: 'Des grands sujets il passe aux bagatelles avec un badinage noble et léger. Il semble que les Grâces vives et riantes l'attendent à la porte de son Cabinet, pour le conduire dans le monde et le montrer sous une autre forme.' Les dissertations mondaines se réduisaient donc bien souvent à l'examen des définitions proposées par chaque devisant sur un thème choisi. C'est ce qui donne ce caractère oral à certains opuscules de Mme de Lambert, ou à certains passages de ses traités où triomphe son goût de la définition. Ces textes sont précieux, car ils permettent de se faire une idée de la langue qui était parlée dans son salon.

B. *La pratique de la maxime*

En cédant au goût de la maxime, Mme de Lambert s'inscrit dans une tradition précieuse et mondaine. Ce genre a tenté de nombreux écrivains, ainsi que des aristocrates. En s'essayant à la maxime, les grands seigneurs et les grandes dames ont cherché à consigner dans des recueils, dont un petit nombre seulement ont mérité d'être imprimés, leurs impressions et leurs expériences. C'est sous l'influence du milieu de Mme de Sablé que La Rochefoucauld donnera au genre ses lettres de noblesse. Pour le définir, il est plus aisé de recourir à des critères esthétiques qu'à des critères moraux. Il est relativement facile, en effet, de faire apparaître les procédés de la maxime, assez mécaniques et qui étaient familiers aux mondains: l'écho, la symétrie, l'antithèse, la définition, qui caractérisent la phrase oratoire, sont parmi les plus constants. L'art de la maxime consiste à trouver une formule lapidaire (la phrase unique est un de ses moules privilégiés) qui met en valeur un jeu sur la place ou sur le sens des mots-clés, l'expressivité de la formule devant aider à sa mémorisation. Mais il est beaucoup moins aisé de définir la maxime en la rapportant aux intentions moralisatrices du créateur. S'il est possible de distinguer – encore n'est-ce pas toujours le cas – le proverbe ou la sentence de la maxime, on confond bien souvent sous cette étiquette des synonymes comme l'axiome, l'aphorisme, etc. Des problèmes de méthode délicats se posent donc pour l'étude de la maxime chez Mme de Lambert. La classer en fonction des procédés recensés reviendrait sans doute à répéter ce qui a été dit sur la phrase oratoire. Proposer une typologie semble également hasardeux, car Mme de Lambert n'a pas laissé, à notre connaissance, un recueil de ses maximes; nous opérons des choix arbitraires et artificiels dans l'ensemble de ses réflexions, pour en extraire des formules qui ont à nos yeux les caractères du genre. Il y aura donc plus de profit à montrer comment Mme de Lambert se situe par rapport à la tradition mondaine et précieuse, comment elle intègre la maxime à sa conception morale de l'homme.

L'honnête homme est relié à l'ensemble des siècles et des générations grâce à la tradition des proverbes et des sentences. S'il ne fonde plus sur elle, comme dans les siècles passés, l'enseignement moral et intellectuel, il continue cependant à la tenir en estime. Il connaît un nombre considérable de ces formules, dont il ne méprise pas le caractère familier: le style figuré, la couleur lui semblent des qualités intéressantes, capables de donner une touche originale à un discours plus abstrait. Il attend surtout des proverbes qu'ils confirment ses propres observations et ses propres expériences: c'est un des traits de l'esprit moderne aussi que l'appel au bon sens pour fonder les connaissances solides.

Le proverbe se signale de lui-même, dans le discours moral de Mme de Lambert, par sa figure ou par l'indication de ses origines. La marquise rappelle l'anecdote du fou d'Athènes qui redemandait sa folie en justice (lettre à l'abbé ***, p.418); nous venons de voir qu'elle cite un proverbe espagnol. Elle aime s'accorder à la sagesse des nations, et ses préférences vont à l'Antiquité. Montaigne lui a montré comment profiter des Anciens, elle aime les citer; mais elle ne se contente pas de sélectionner des maximes exprimant la plus pure morale. Elle s'attache à des propos, à des formules qui ont les caractères du proverbe, c'est-à-dire ce style figuré, ce sens de l'image, cet amour du concret susceptibles de toucher tous les hommes. Elle a su se constituer un recueil personnel d'adages. La Bible fournit aussi un lot important de proverbes à cette grande dame nourrie des livres sapientiaux. Elle paraphrase Salomon; elle cite le roi David. Pour elle qui rapporte tout à la culture morale, la Bible est le premier des livres, où s'exprime la Sagesse, en des formules qui peuvent servir efficacement l'éducatrice (*Avis fille*, p.89; *Lettre à la supérieure de la Madeleine*, p.413).

On peut assimiler aussi aux proverbes des maximes passées dans l'usage. Elles abondent dans le discours de Mme de Lambert, présentées par le tour 'on dit que'. Elles possèdent les traits qui servent à caractériser le proverbe: une pensée lapidaire surprend agréablement l'esprit par une image concrète ou par un jeu sur les mots:

On dit qu'il faut servir ses amis jusques aux Autels [*Amitié*, p.135];

On a dit qu'il y avoit d'illustres Scélérats, mais qu'il n'y avoit pas d'illustres Avares [*Avis fils*, p.39];

L'on a dit que l'argent étoit un bon Serviteur, et un mauvais Maître [p.39-40];

Celui-là, dit-on, est semblable aux Dieux, qui fait du bien et qui dit la Vérité [p.23];

Il y a longtemps que l'on a dit que toute copie doit trembler devant son original [*Avis fille*, p.77].[38]

On devine, en découvrant cette liste qui n'est pas exhaustive, que les sentences et les proverbes n'ont pas pour seul but de colorer l'expression d'une touche concrète. Ces images judicieuses jalonnent l'itinéraire moral individuel, elles doivent permettre à l'honnête homme d'éviter de grossières erreurs de jugement.[39] Mais le bon sens et l'expérience des nations peuvent être contestés par une culture morale raffinée; pour un esprit moderne, certaines sentences portent les marques insidieuses de l'autorité et du préjugé. L'honnête homme se gardera bien de modeler son comportement sur une axiomatique qu'un esprit supérieur peut suspecter; il doit avoir conscience que, parfois, la sagesse des nations ronronne:

Il faut être, dit-on, *comme les autres*; ce *comme* s'étend bien loin [*Avis fille*, p.75];

Il y a, dit-on, deux préjugés auxquels il faut obéir: la Religion et l'Honneur. C'est mal parler que de traiter la Religion de préjugé [p.60-61].

Notons encore que Mme de Lambert pédagogue a reconnu l'utilité du proverbe dans l'élaboration des règles de conduite. Elle a voulu souligner le bon sens et

38. Le caractère proverbial de ces phrases n'est pas toujours attesté. 'L'argent est un bon serviteur et un mauvais maître' est sans conteste un proverbe d'origine française: c'est ainsi que le classe l'*Encyclopédie des citations* de P. Dupré (Paris 1959); il est recensé également dans le *Dictionnaire des proverbes français* de La Mésangère (Paris 1823). 'Amis jusqu'aux Autels' est ausi une locution proverbiale, recensée dans le *Dictionnaire comique, satyrique, critique, burlesque, libre et proverbial* de Philibert-Joseph Leroux (Lyon 1735). Celui-ci recense également les formules 'La copie vaut mieux que l'original' et 'c'est une fort méchante copie d'un bon original', la première étant notée aussi par le *Dictionnaire de l'Académie* de 1695.

39. Ces maximes ont un caractère aristocratique évident. Lorsqu'on confronte cette littérature gnomique à celle de Marivaux (voir, par exemple, les listes de proverbes ou de locutions figurées dressées par F. Deloffre pour les œuvres travesties), on sent bien la distance qui sépare la tradition populaire d'une tradition humaniste d'inspiration érasmienne. C'est une illustration supplémentaire des liens étroits qui unissent l'honnêteté érudite à la tradition des *Moralia*. On trouverait l'origine de la plupart de ces maximes dans les *Apophtegmes* d'Erasme. V. L. Saulnier, puis R. Aulotte ont montré le rôle de la littérature gnomique, particulièrement prisée, dans la vie de l'humaniste du seizième siècle: il reste aussi important au dix-septième siècle, pour le mondain, et il a vraisemblablement la même signification. 'Avec les *Apophthegmata*, comme avec les *Parabolae* ou *Similia*, tirées en partie des *Moralia* de Plutarque, Erasme retrouvait cette littérature gnomique où, pensait-il, était contenue presque tout entière la philosophie des Anciens, qui, confirmée par l'épreuve des âges, offrait à l'homme moderne les secours d'une sagesse éternellement repensée et toujours utilisable' (Robert Aulotte, *Amyot et Plutarque*, p.36).

l'évidence de certaines de ses remarques en leur conférant l'expressivité du style sentencieux: 'La solitude est amie de la Sagesse' (*Amitié*, p.130); 'Quiconque sait vivre avec soi-même, sait vivre avec les autres' (p.130); 'On doit du respect à l'ancienne amitié' (p.139). Les maximes de Mme de Lambert seront incontestablement plus travaillées, plus recherchées; dans ces formules qui s'apparentent aux proverbes, elle a voulu mettre ce naturel, cette facilité qu'elle aimait chez La Fontaine.

Cette source inépuisable de sagesse, ce fonds ancien sur lequel pendant des siècles, et jusqu'à la fin du seizième, s'était développée la formation morale des individus, avait été renouvelé dans le sens d'un plus grand raffinement et d'une plus grande abstraction par les précieux et les honnêtes gens. A l'âge classique, l'art de la maxime atteint à une perfection qui semble unique. Or, les maîtres à penser de Mme de Lambert, le chevalier de Méré, La Rochefoucauld, La Bruyère sont aussi – et ce n'est pas un hasard – des maîtres du genre. La marquise leur emprunte beaucoup: sans avertir son lecteur, elle insère dans son discours ces maximes étrangères devenues siennes, souvent citées de mémoire ou paraphrasées d'une manière assez lâche.

Les citations approximatives prouvent que les maximes ornent la mémoire des gens du monde; elle s'offrent à eux quand ils écrivent, aussi naturellement que quand ils parlent. 'Le Déshonorant offense moins que le Ridicule,' écrit la marquise de Lambert (*Avis fils*, p.25), en citant La Rochefoucauld: 'Le ridicule déshonore plus que le déshonneur' (326). De tels indices confirment les remarques de Magendie sur l'émulation qui entraîne les mondains: on pèse les mots, on discute la valeur de la maxime, on l'adapte aux goûts du jour. Ce genre court n'interdit nullement la paraphrase. Le travail sur une idée, favorisé par les jeux de la mémoire, fait remonter à un modèle, dont il ne subsistera, dans la nouvelle mouture, qu'un syntagme. Voici ce que devient, refondue par Mme de Lambert, la maxime 63 de La Rochefoucauld: 'L'aversion du mensonge est souvent une imperceptible ambition de rendre nos témoignages considérables, et d'attirer à nos paroles un respect de religion'; 'Quand un homme a acquis la réputation du vrai, on jureroit sur sa parole; elle a toute l'autorité des serments; on a pour ce qu'il dit un respect de religion' (*Avis fils*, p.23). On ne saurait nier la parenté des deux formules; et cependant l'intention est bien différente. L'ironie, le cynisme même percent chez La Rochefoucauld, qui ne veut pas croire en la pureté de l'homme intègre: celui-ci n'est à ses yeux qu'un froid calculateur qui utilise habilement sa réputation de franchise pour en imposer aux autres. La sincérité ne serait donc, à son tour, qu'une des multiples formes de l'amour-propre? Mme de Lambert ignore de tels raffinements: l'honnête homme ne connaît pas le mensonge, et la sincérité doit être proposée en modèle au vertueux.

Toutes les confrontations, toutes les combinaisons sont possibles pour une mémoire aussi richement meublée. La marquise peut donner plus d'étoffe à deux formules lapidaires de Méré et de La Rochefoucauld, dans cet exemple:[40]

[L'honnêteté] a plus d'égard au mérite qu'à la fortune;

Notre mérite nous attire l'estime des honnêtes gens, et notre étoile celle du public;

On doit du respect aux personnes élevées en dignité, mais ce n'est qu'un respect extérieur; on doit de l'estime et un respect de sentiment au mérite.

Elle peut aussi procéder de manière inverse, en élaguant une maxime qui lui est donnée, pour la rendre plus énergique. On rencontre ce procédé en particulier dans ses paraphrases de La Bruyère. Cette exclamation remarquable: 'Qu'on trouve de peuple à la Cour!' (*Avis fils*, p.20), condense une remarque et une définition des *Caractères* ('Des grands', 53):

Qui dit le peuple dit plus d'une chose: c'est une vaste expression, et l'on s'étonnerait de voir ce qu'elle embrasse, et jusques où elle s'étend. Il y a le peuple qui est opposé aux grands: c'est la populace et la multitude; il y a le peuple qui est opposé aux sages, aux habiles et aux vertueux: ce sont les grands comme les petits;

Ces hommes si grands ou par leur naissance, ou par leur faveur, ou par leurs dignités, ces têtes si fortes et si habiles, ces femmes si polies et si spirituelles, tous méprisent le peuple, et ils sont peuple.

La Bruyère avait su ménager un effet de contraste: le déséquilibre entre la protase et l'apodose surprend, il se dégage un parfum de scandale de la clausule. La remarque de Mme de Lambert, dense et glacée, s'impose comme un axiome. Quand elle emprunte à l'auteur des *Caractères*, la marquise de Lambert semble vouloir donner plus de concision à des pensées qu'elle admire; elle en apprécie la justesse, mais leur caractère raisonneur est un obstacle qu'elle veut lever. Cette comparaison le confirme:

Si un grand a quelque degré de bonheur sur les autres hommes, je ne devine pas lequel, si ce n'est peut-être de se trouver souvent dans le pouvoir et dans l'occasion de faire plaisir ['Des grands', 31];

Le plaisir le plus touchant pour les honnêtes gens, c'est de faire du bien et de soulager les misérables [*Avis fils*, p.40].

Dans ce cas aussi, la marquise a voulu éliminer le point de vue particulier de l'observateur: la remarque de détail sur la politesse du courtisan s'est transformée en aphorisme. L'on voit bien, dans le traitement stylistique de la même idée morale, la distance qui sépare la Cour de la Ville. Dans la formule de Mme de Lambert survit aussi un souvenir du chevalier de Méré, qui lui a fourni le tour superlatif: 'Considérez ce que c'est que le plaisir de faire du

---

40. *Cinquième conversation*, i.76; maxime 165; *Avis fils*, p.18.

bien: il n'y en a point à mon gré de plus pur, ni de plus noble' (i.83). L'art de la maxime est sans conteste un art synthétique, favorisé par les lectures personnelles, par la fréquentation du monde et par une habitude naturelle de l'innutrition. Les idées morales ont trouvé dans la vie des salons un milieu favorable à leur épanouissement, parce qu'il devait sauvegarder la plupart des formules découvertes à l'âge précédent.

L'innutrition n'est pas une imitation servile. Les recettes, les tours langagiers, les images, qui se transmettent comme par héritage dans le langage des mondains, ne figent pas la maxime dans une forme immuable: jusqu'à Chamfort, elle ne cessera d'évoluer. Les écrits de Mme de Lambert témoignent de cette métamorphose, de cet effort pour transformer le rituel des mots:

1. Il faut avoir de bien éminentes qualités pour se soutenir sans la politesse [La Bruyère, 'De la société', 32];

Il faut avoir bien du mérite pour percer au travers des manières grossières [*Avis fils*, p.32];

Ceux qui manquent de manières ont plus besoin de qualités solides [*Avis fille*, p.112].

2. La politesse n'inspire pas toujours la bonté, l'équité, la complaisance, la gratitude; elle en donne du moins les apparences, et fait paraître l'homme au dehors comme il devrait être intérieurement ['De la société', 32];

La politesse est la qualité la plus nécessaire au commerce; c'est l'art de mettre en œuvre les manières extérieures, qui n'assurent rien pour le fond. La Politesse est une imitation de l'Honnêteté, et qui présente l'Homme au dehors, tel qu'il devrait être au dedans [*Avis fils*, p.31].

L'émulation intellectuelle et spirituelle que suscite l'amour de la maxime oppose aussi les moralistes entre eux. Dans sa paraphrase du *Discours* de Montesquieu *sur la considération et la réputation*, Mme de Lambert a su resserrer certaines structures un peu lâches du texte modèle, pour enchâsser l'idée dans des formules où joue l'esprit précieux.[41]

Il était utile de montrer que la pratique de la maxime est un aspect important de la culture aristocratique: elle est à la fois une discipline morale et une expression privilégiée du langage de la politesse. Il ne faudrait pas oublier cependant qu'elle s'enrichit aussi d'une expérience unique, irremplaçable. Dans la maxime, l'honnête homme concentre l'essentiel de ses observations sur les mœurs, les caractères, les comportements.

Mme de Lambert, qui a su réunir autour d'elle des gens de qualité, et les meilleurs esprits du royaume, les a regardés avec lucidité, les a observés dans

---

41. On comparera cette maxime fondée sur l'oxymore: 'les disgrâces parent les grands hommes' (*Discours Réputation-considération*, p.283), au texte de Montesquieu: 'Il n'y a rien qui conserve et qui fixe mieux la réputation que la disgrâce' (i.124).

leurs comportements. Cette grande dame connaît les hommes, leurs passions, leurs vices, leurs qualités, leurs faiblesses. Ses réflexions ont le caractère de l'évidence. C'est pourquoi la maxime se confond si souvent, nous l'avons vu, avec la définition. Les qualités et les défauts sont décrits dans des formules lapidaires, nettes, qui annoncent le goût du dix-huitième siècle pour les classifications. Souvent, les références se trouvent dans d'autres notions abstraites: la modestie est le supplément de la beauté, la politesse une imitation de l'honnêteté. La méthode de Mme de Lambert est claire: la maxime est un outil commode pour établir les équivalences, les complémentarités, les synthèses, soulignées par ces locutions: 'est l'imitation de ...', 'est le supplément de ...', 'est un composé de ...', 'est une préférence de ... à ...'. La description des vertus et des vices qui vient se condenser dans la maxime retrouve naturellement les procédés de la phrase oratoire. Le chiasme reste efficace pour établir un parallèle ou une opposition, par la juxtaposition de deux maximes.[42] La comparaison se révèle utile aussi: elle permet de rapprocher de manière saisissante deux expériences différentes. 'Les Maîtres sont comme les Maîtresses: quelque service que vous leur ayez rendu, ils cessent de vous aimer, quand vous cessez de leur plaire' (*Avis fils*, p.18). Une telle maxime doit être au goût des néo-précieux: Mme de Lambert joue sur les mots, s'amuse à rapprocher l'expérience politique de l'expérience amoureuse; l'esprit d'abord étonné, découvre sous cette comparaison inattendue, une vérité universelle, l'explication de comportements variés. Forcer le secret d'une maxime, c'est découvrir des analogies, de mystérieuses correspondances entre la vie collective et celle des cœurs, c'est entreprendre le voyage dans le Monde vrai qui tentera Marivaux.

Car l'expérience du moraliste trouve sa pleine signification dans la multiplicité des échos qu'il éveille chez son auditeur ou chez son lecteur. C'est de l'universelle analogie que le genre de la maxime tire son existence. Les marques syntaxiques du discours sentencieux le rappellent sans cesse: le caractère personnel de l'expérience se dilue dans la pluralité du 'nous', et les adverbes de l'universalité l'emportent: 'L'Orgueil nous sépare de la société; notre Amour-propre nous donne un rang à part, qui nous est *toujours disputé*. L'estime de soi-même, qui se fait trop sentir, est *presque toujours punie* par le mépris *universel*' (*Avis fille*, p.111). La maxime se confond avec l'axiome, l'observation des mœurs se transforme en recherche de la vérité, et le regard mondain en regard critique. Dans ces formules où la marquise de Lambert rencontre inévitablement les éternelles passions des hommes, et parmi elles

---

42. 'L'amour-propre est une préférence de soi aux autres, et l'honnêteté est une préférence des autres à soi' (*Avis fils*, p.29).

l'amour-propre, survit l'esprit de La Rochefoucauld. Leurs deux voix semblent se confondre: 'Nous faisons peu de bien et beaucoup de mal' (*Avis fils*, p.46); 'Nous croyons nous élever en abaissant nos semblables' (*Avis fille*, p.101). L'aventure individuelle, décrite dans la plupart des sentences proposées à ses enfants ou aux habitués de l'hôtel de Nevers, est terminée. La maxime enferme l'ensemble des comportements humains dans un regard critique, les formules lapidaires ont le ton péremptoire qu'inspire la crainte de voir les hommes vivre dans la déraison. 'Une conduite déréglée est toujours suivie d'événemens malheureux' (*Avis fils*, p.46). Les maximes les plus critiques relèvent du domaine où excelle la marquise de Lambert: l'analyse du comportement amoureux. Elles s'entassent, pertinentes, cruelles, désabusées. Pour ce La Rochefoucauld féminin, l'amour a remplacé l'amour-propre. Il est partout, et partout il est dénoncé, dans des formules qui s'appellent mécaniquement, comme s'il s'agissait d'obséder l'ennemi:

L'Amour qui s'offre n'est gueres piquant: il semble que ce soit l'ouvrage de la Nature, et non pas celui de l'Amant [*Femmes*, p.195];
La passion s'éteint dès qu'elle est satisfaite [p.196];
Il y a toujours une image de servitude attachée à l'amour [p.206];
Il y a toujours une sorte de cruauté dans l'Amour [p.206-207].

D'autres procédés viennent renforcer la valeur du présent de l'indicatif, qu'on ne s'étonne pas de rencontrer dans le discours gnomique; l'emploi du pronom indéfini peut élargir le champ des réflexions, comme aussi le substantif *le monde* qui peut le remplacer dans la position de sujet: '*Le Monde* est rempli de gens qui portent des sons à l'oreille, sans rien dire à l'esprit' (*Avis fille*, p.113). L'expression *la plupart de* a, elle, valeur d'euphémisme: 'la plupart aiment par caprice et changent par tempérament' (*Femmes*, p.197); 'la plupart des femmes perdent tout en perdant leur beauté' (*Sentiment dame*, p.272). L'évidence de l'expérience ne pouvant l'emporter sur le rêve platonicien, l'expression permet d'épargner quelques cœurs d'exception, et donne ses chances à l'amour épuré.

L'appel au bon sens et à l'expérience, la recherche de la vérité dans la plus pure tradition du pessimisme de La Rochefoucauld, ne rendent pas compte entièrement de la fonction de la maxime dans le discours lambertin. Proverbes, axiomes, les formules lapidaires de la marquise sont aussi des préceptes, elles révèlent les règles de conduite élaborées par cette mère pédagogue.

Ces règles sont tirées, bien entendu, de l'expérience personnelle de celle qui exhorte, et qui, à ce titre, doit marcher la première. Les préceptes sont annoncés alors par une affirmation du type 'je crois', qui prétend leur donner le poids d'une expérience irremplaçable.[43] Mais presque toujours, le caractère

43. 'Je crois qu'il faut éviter le monde et l'éclat' (*Avis fille*, p.64).

rigoureux de la règle énoncée s'exprime dans le support 'il faut', qui est la marque la plus fréquente de la proposition impérative chez Mme de Lambert:

Il faut savoir donner en pure perte, il faut avoir le courage de faire des ingrats [*Amitié*, p.132];

Il faut se prêter aux usages de la vie, mais il ne faut pas y engager son opinion, ni sa liberté [*Vieillesse*, p.169];

Il ne faut que se prêter aux choses qui plaisent [*Avis fils*, p.48].

Comme elle doit engager une destinée, comme elle implique les plus hautes valeurs, la formule, plus sérieuse et plus pédagogique, devient pléonastique. Le précepte n'a plus la sobriété et l'élégance de la maxime, la proposition impérative est renforcée par des termes redondants qui cherchent à capter l'attention:

La règle est, qu'*il faut* cesser d'aimer dès qu'on cesse de plaire [*Sentiment dame*, p.262];

Mais comme on ne peut pas toujours se taire, *il faut savoir* que la première *règle* pour bien parler, c'est de bien penser [*Avis fille*, p.113].

Les règles ont parfois le caractère de véritables recettes pratiques: les maximes abandonnent toute force, toute grâce, et ne sont plus que des conseils de bonne conduite, égrénés dans un dialogue simulé grâce à l'interrogation directe: 'Voulez-vous être estimé? Vivez avec des personnes estimables' (*Amitié*, p.126); 'Voulez-vous qu'on pense et qu'on dise du bien de vous? ne dites jamais de mal de personne' (*Avis fille*, p.103). La maxime se transforme ici en un catéchisme mondain, dont tout le charme est dans les échos qui se font entendre de la question à la réponse. Les agréments du langage de la politesse peuvent être conciliés, par un écrivain habile, avec l'efficacité pédagogique. L'utilisation, plus discrète, du mode impératif permet souvent à Mme de Lambert de donner des conseils qui préservent l'élégance et la sobriété de son art:

Soyez en société avec votre raison [*Avis fille*, p.72];

Songez que l'avarice profite peu, et déshonore beaucoup [p.74];

Préparez-vous une vieillesse heureuse par une jeunesse innocente [*Vieillesse*, p.148].

De tels préceptes n'ont rien à envier aux maximes les mieux tournées.

Il n'est pas excessif d'affirmer que les traités moraux de la marquise de Lambert sont de véritables recueils de maximes, de préceptes, d'axiomes. C'est sans doute ce qui donne à son style ce caractère sentencieux qu'ont noté presque tous les critiques.

Si la maxime domine à ce point, c'est qu'elle reste au début du dix-huitième siècle, et pour longtemps encore, une pratique morale fondamentale: les individus sont toujours jugés d'après les bienséances et les règles de la politesse;

la culture mondaine ne saurait ignorer un genre extraordinairement fécond, qui semble assumer, si l'on peut s'exprimer ainsi, les fonctions de mémoire de l'honnête homme. Toute analyse aboutit à des maximes, toute maxime suscite la réflexion formatrice. C'est par la maxime que sont véhiculées les idées qui traversent le siècle, de salon en salon, sous des formes diverses; et réciproquement, le langage mondain a des tours immuables, des procédés éprouvés qui permettent de mouler dans une forme unique les idées les plus diverses.

Mme de Lambert est souvent proche d'un La Bruyère ou d'un La Rochefoucauld: ils lui ont appris à transformer l'observation personnelle en un regard critique, parfois même cruel. Mais ses maximes conservent un caractère original: plus féminines, plus précieuses, elles réservent une place importante aux vibrations de l'âme, au sentiment; elles ne sont pas glacées comme les remarques du grand maître de la désespérance. Les perspectives aussi changent: sous le pessimisme apparent, c'est la parfaite amitié que chante cette précieuse, et la délicatesse platonique le dispute au réalisme psychologique. Ne perçoit-on pas un accent féminin dans certains aphorismes? 'Ce ne sont pas ceux qui cèdent qui aiment le plus, ce sont ceux qui résistent. Tout ce que vous refusez aux sens, tourne au profit de la tendresse' (*Femme hermite*, p.326-27). Cette féminité s'accompagne d'un mélange de générosité et de grandeur stoïcienne qui éloignent encore Mme de Lambert de La Rochefoucauld pour la rapprocher d'un Vauvenargues, qui à son tour l'imitera.[44] La marquise n'a pas exclu de ses maximes les beaux sentiments de générosité et de grandeur. 'La plupart des amis dégoûtent de l'amitié,' remarquait amèrement La Rochefoucauld (427); Mme de Lambert, comme lui, a conscience qu'une amitié véritable est un sentiment rare, mais elle la croit possible, elle met toute sa sensibilité à fonder sur elle les plus nobles destinées. Mme de Lambert a trouvé chez le maître de la maxime un moule idéal pour ses propres pensées, une forme d'une rare perfection; elle lui a emprunté aussi une manière de voir les hommes, une technique du regard; mais elle ne l'a pas suivi dans les terres brûlées de la vanité. Elle veut édifier de jeunes âmes,[45] non les désespérer; quand elle ôte

---

44. Sur 'la parenté d'âme irrécusable' des deux moralistes, voir Andrée Hof, 'Vauvenargues fils spirituel'. Louise Colet, déjà, était sensible à cette parenté; voir *Œuvres morales de Mme de Lambert* (Paris 1843), 'Essai sur les ouvrages de Mme de Lambert', p.15.

45. Il y a une belle page de Louise Colet sur les vertus pédagogiques de la maxime lambertine, qui en souligne bien l'originalité. 'Ce sont de tendres et bienfaisants conseils dictés par le cœur et l'expérience [...]. Les maximes écrites par un père ou une mère, à l'usage de leurs enfants, sont d'ordinaire le résultat de l'étude faite chaque jour avec amour et sollicitude du caractère qu'ils veulent diriger ou réformer' (p.16-17). Et cependant, elle n'en a pas goûté la perfection formelle: 'Ce qu'on pourrait reprocher aux *Avis* que Mme de Lambert adresse à son fils et à sa fille, c'est une forme sentencieuse qui donne parfois à son style trop de sécheresse et de monotonie.'

le bandeau, ce n'est point pour dégrader les beaux sentiments, mais pour éveiller des disciples à une morale plus haute. Chez ses prédécesseurs, la maxime, dans sa perfection formelle, révélait à un homme dépouillé de ses grandeurs les ravages effrayants de l'amour-propre; chez elle, la maxime le place en face de sa conscience, où jouent les ombres et la lumière: 'Si vous vous dérobez à vos devoirs, vous n'échapperez pas aux remords' (*Sentiment dame*, p.262); 'Il est dangereux de croire que ce qui est ignoré soit innocent' (*Femmes*, p.199). La maxime achève là sa métamorphose: elle est le miroir de l'âme, par où l'on entre dans le monde vrai; elle fait 'voir l'âme au visage', dira Marivaux.[46] La dernière citation, dans sa richesse, montre comment la technique du dévoilement, empruntée aux moralistes pessimistes, a été détournée de ses fins. Elle est devenue l'instrument d'un discours pédagogique utile, qui lui donne un caractère original, qui l'arrache de façon irrécusable à la tradition. Mme de Lambert a assumé la transformation d'une pratique honnête de la maxime en une pratique philosophique, sous l'influence de l'esprit précieux, entendu dans le sens le plus noble du terme, celui d'un puissant élan de toutes les facultés épurées de l'homme vers la perfection, vers un idéal qu'on ne coupe pas de ses racines mondaines.

Le ton sérieux et le ton précieux ne sont pas incompatibles. Certes la prose de la marquise de Lambert est une prose sentencieuse: des structures géométriques, des rythmes expressifs, des procédés apparents lui donnent ce dépouillement, cette austérité, ce caractère parfois mécanique de régularité, mais aussi cette élégance, cette noblesse qui ne sont pas sans rappeler lointainement le style des plus grands moralistes de l'âge précédent: Pascal et La Rochefoucauld ont fourni à Mme de Lambert des motifs, des idées, mais aussi des tours, des techniques stylistiques. Cependant l'influence du langage de la politesse et du style précieux reste sensible. Il n'est pas toujours aisé en face d'une maxime, d'une antithèse, d'un parallélisme, de faire la part de l'esprit précieux et de l'esprit pédagogue, de distinguer la langue polie de la langue raisonneuse. On ne peut comprendre les réticences de certains critiques qui soulignèrent jadis la monotonie du ton sentencieux de Mme de Lambert, comme s'ils hésitaient à accorder à l'écrivain les qualités reconnues à la femme philosophe. Dans le détail, une grande variété vient sans cesse atténuer les géométries rigoureuses de l'ensemble. Cela est dû en partie à la culture de la marquise, à sa pratique de l'innutrition qui fait la richesse de sa pensée comme de son art. Ces

Les *Maximes* de La Rochefoucauld avaient mis le genre à la mode, Mme de Lambert en a abusé' (p.19).

46. *Le Cabinet du philosophe*, sixième feuille, p.389.

remarques interdisent aussi toute prétention à vouloir distinguer les écrits pédagogiques et moraux des écrits mondains. Certes les traités et les *Avis* se prêtent moins facilement aux grâces légères du badinage poli, ce qui ne veut pas dire que le bel esprit en soit chassé. Il suffit de rappeler le jugement de Fénelon sur les *Avis d'une mère à son fils*: 'Tout m'y paroît exprimé noblement, et avec beaucoup de délicatesse: ce qu'on nomme Esprit y brille partout' (lettre à Sacy, p.399). Ce jugement pourra servir de conclusion à l'analyse du ton sérieux de la marquise de Lambert qui doit à une langue aristocratique épurée sa majesté et à l'esprit de la nouvelle préciosité son raffinement.

ii. Le style d'une grande dame: les agréments du discours

Le ton sérieux reflète les préoccupations d'un salon passionné par les questions de morale et de littérature. Mais l'hôtel de Nevers accueille aussi les gens du monde, les grands y côtoient les érudits. Le salon de Mme de Lambert est un salon aristocratique: l'hôtesse a su préserver, au cœur des débats savants, les grâces et l'élégance raffinée du discours noble. L'originalité de son milieu tient à cette alliance rare, unique en son siècle, de deux mondes et de deux 'tons' différents. Les ouvrages de la marquise révèlent le même équilibre. Mme de Lambert s'exprime en grande dame: pourrait-elle oublier son rang quand elle se charge de l'éducation de ses enfants, quand elle s'adresse à ses correspondants? Ses écrits offrent des témoignages authentiques sur la langue parlée à l'hôtel de Nevers; la recherche de l'efficacité ne nuit pas aux agréments, la rhétorique sait mettre en valeur les ornements mondains. Ceux-ci sont-ils prodigués?

L'élégance aristocratique concerne au premier chef le style figuré: les images et le mythologisme sont les ornements indispensables du discours noble. Mais les bienséances, dont les exigences s'étendent aussi, il faut le rappeler, au langage, ne laissent pas libre cours à l'imagination. Il faudra donc montrer comment s'établissent les rapports entre un style figuré lexicalisé, commun à une classe et à un groupe, et une recherche métaphorique personnelle et créative.

La conversation mondaine ne se réduit pas à un langage unique. Sa projection dans les écrits de Mme de Lambert se caractérise par l'emploi de tons variés, pour ne pas dire de styles. A la fois sérieuse et aimable, profonde et légère, soumise à l'influence d'une hôtesse intelligente, cette conversation a les caractères de celle des femmes du dix-huitième siècle, analysée dans une page éblouissante par les Goncourt. Rapides, précises, élégantes, les remarques sont tout à la fois des saillies, des traits, des maximes, des analyses. On retrouve cette variété des tons dans les œuvres de la marquise: elles imitent le jargon mondain, la langue parlée à l'hôtel de Nevers, elles en ont le caractère affectif et elles annoncent le style d'analyse que Marivaux portera à son point de perfection. La définition du discours mondain de Mme de Lambert passe par la double étude du style figuré et de la variété des tons.

1. *Le style figuré*

Le souci de l'efficacité et la recherche de l'ornement parfois se confondent. L'aristocrate étend la notion de bienséance à son langage, et c'est l'imagination qui en fait les frais. Tous les portraits laissés par Mme de Lambert affirment la nécessité de trouver une harmonie entre la nouveauté et la règle, entre la fantaisie et la mesure. Cet idéal, éloigné du goût baroque, hérité de l'honnêteté, limite considérablement les créations du style fleuri. Les portraits de Sacy et de La Motte répètent que les ornements doivent être 'placés et ménagés' (p.241); 'les idées riantes' de l'imagination ne doivent pas nuire à la justesse des mots et à la cohérence du discours. Il faut noter ici que les critères esthétiques de Mme de Lambert, fondés sur les idées de goût et de bienséance, hostiles à l'affectation, ne sont pas différents des critères qu'emploieront les ennemis de la néologie.

Le style orné est, par excellence, le style du discours aristocratique: il fait largement appel au style figuré, que justifient les usages du beau monde. Une grande dame, Mme de Lambert le rappelle dans son *Discours sur le sentiment d'Ismène* (p.271), 'ne parle de rien qu'elle ne l'orne'. Mais l'ornement n'est ni baroque, ni précieux. Dans l'immense fonds des images utilisées par la marquise, nous ne rencontrerons que quelques créations précieuses: presque toutes les métaphores de l'écrivain viennent de la langue des salons, et semblent avoir pour but principal d'accorder l'expression au décor de la vie aristocratique. Le recours à la périphrase, modéré et prudent, confirme cette impression que l'ornement doit donner au discours son élégance. Celui-ci s'inscrit dans une culture raffinée qui accorde une place importante à ces représentations figurées caractéristiques du divertissement noble que sont l'allégorie et la fable mythologique.

A. *Le fonds métaphorique*

L'étude des images chez les écrivains du dix-huitième siècle pose de réels problèmes de méthode, définis par F. Deloffre dans son étude du marivaudage. Il faut prendre en compte, dans un premier temps, les limites imposées à l'imaginaire par les genres, familières à la stylistique de cette époque: l'écrivain ne peut se soustraire à ces contraintes. Cela est particulièrement vrai pour Mme de Lambert: la réflexion morale, qu'on peut rapprocher des genres nobles, supporte mal le style métaphorique, et l'immense domaine des images concrètes ou familières lui est souvent interdit. D'autres difficultés apparaissent ensuite, dès qu'il faut apprécier l'ingéniosité, la fantaisie, la qualité de l'invention: les résultats sont souvent décevants car l'époque n'est guère favorable à l'épanouissement de l'imaginaire, la langue est très peu colorée et les choix de l'écrivain portent souvent sur des expressions entièrement lexicalisées, ou qui renvoient à des langages, à des tons spécifiques. C'est presque une gageure de vouloir surprendre sur le vif l'imagination de la marquise de Lambert, dont les audaces métaphoriques sont prudentes.

L'enquête mérite cependant d'être menée, ne serait-ce que pour confirmer ce que nous savons déjà des grandes tendances de l'évolution du style figuré à la fin du dix-septième siècle et au début du dix-huitième. Elle permettra également de découvrir, de temps à autre, telle création originale, telle image précieuse. Il n'est pas plus inutile d'interroger les images de Mme de Lambert que sa bibliothèque, pour connaître ses goûts. La grande dame puise, en vue d'enrichir et d'orner sa pensée, dans un fonds traditionnel, parfois usé, voire banal; mais les choix lexicaux qu'elle opère ne sont pas innocents: ils trahissent ses habitudes, ses préoccupations, sa manière de vivre.

On adoptera la méthode la plus simple, en classant les images de l'écrivain suivant les domaines auxquels elles sont empruntées; sans se fier à des statistiques trop aléatoires, on verra néanmoins apparaître des activités humaines privilégiées, qu'il sera possible de relier à l'expérience intime de l'écrivain. C'est un véritable microcosme qui s'organise, reflet du monde vrai dans lequel vit la marquise, avec ses domaines traditionnels de la guerre, de la justice, des affaires, du voyage, du théâtre, de la vie domestique, des activités scientifiques. Le commentaire stylistique s'attachera à distinguer les images nouvelles et originales, pour les rapporter à des tons, à des types de discours ou à des langages spécialisés.

a. Rareté de la comparaison

Constater l'indigence d'un style figuré comparatif chez la marquise de Lambert n'a rien de surprenant: la comparaison ne sied guère à une langue abstraite et peu colorée. Celle-ci abonde dans les écrits moraux certes, mais uniquement comme instrument logique: elle est un outil de l'intelligence, non de l'imaginaire. La comparaison sert dans la langue de l'analyse à confronter deux attitudes pour les distinguer dans leurs nuances, elle permet de rapprocher deux états d'âme, deux concepts, deux idées abstraites. La marquise n'éprouve que rarement le besoin de comparer les objets de ses analyses à des repères concrets: la comparaison chère aux baroques ne l'intéresse guère.

La comparaison apparaît dans des locutions proverbiales; elle peut aussi établir une analogie entre la perception sensorielle et l'analyse. Les rares comparaisons recensées se rapportent en effet à des sensations, visuelles ou olfactives. Il n'est pas indifférent de constater que l'image, sous sa forme la moins abstraite, la moins intellectualisée, est tirée du domaine qui préoccupe le moins les écrivains de l'époque: la nature. F. Deloffre a pu établir que chez Marivaux moins d'un dixième des images 'sont tirées des choses de la nature', tandis que 'huit dixièmes proviennent des diverses formes de l'activité humaine' (p.256-57). La proportion vaut aussi pour Mme de Lambert, et la rareté des images tirées de la nature peut être mise en relation avec la rareté des comparaisons. L'écrivain les utilise pour montrer les correspondances entre le monde des sentiments et l'univers créé. Ainsi le rapport de l'amour à l'âme est-il identique à celui de la lumière à l'œil, car il 'écarte les peines, comme la lumière écarte les ténèbres' (*Femmes*, p.210). Plus subtilement, un même comparant, l'odeur, servira à définir la beauté[47] ou bien au contraire les défauts: nous vivons avec ces derniers 'comme avec les odeurs que nous portons' (*Avis fille*, p.92); dans les deux cas Mme de Lambert tire de sa comparaison une leçon unique: 'on s'y accoutume, et on ne les sent plus' (*Femmes*, p.192); 'nous ne les sentons plus; elles n'incommodent que les autres' (p.92). La comparaison empruntée à Mlle de Scudéry est plus expressive que celle du proverbe: l'utilisation du verbe *incommoder* trahit la délicatesse d'une mondaine sensible aux qualités de l'honnête homme et de l'honnête femme, et qui réagit presque physiquement au contact désagréable d'une personnalité mal policée, d'un amour-propre trop impérieux.

Si les comparaisons sont rares dans les écrits de Mme de Lambert, les métaphores en revanche abondent, qu'elles soient ou non lexicalisées. Cette préférence de l'écrivain s'explique: la métaphore convient mieux que la comparaison à une phrase dense, à une intelligence habituée à saisir dans le même mouvement les rapports de l'abstrait au concret. La suppression de l'outil grammatical comparatif peut satisfaire aussi le goût précieux, qui recherche les surprises agréables nées du raccourci.

b. *Les métaphores de la guerre et du pouvoir politique*

Bien que la plupart des métaphores que nous allons rencontrer ici soient banales, et lexicalisées depuis longtemps, leur nombre important a une signification évidente sous la plume d'une épouse et mère d'officiers courtisans. Ce fonds métaphorique est parfois fort ancien: les images de citadelles et de remparts devaient être familières à une lectrice de la Bible. Si elles ne sont pas neuves, ces métaphores permettent cependant de comprendre comment

---

47. La comparaison n'a rien d'original; Mme de Lambert l'emprunte à un adage espagnol.

une classe enferme dans son langage ses valeurs. Elles prouvent aussi l'attache-ment de l'écrivain à l'ancienne langue, car au début du dix-huitième siècle, dans le langage à la mode, les images d'origine militaire sont en recul, à l'exception des métaphores poliorcétiques qui abondent dans la langue des séducteurs.[48]

Bru, épouse et mère de soldats, Mme de Lambert applique le lexique de la guerre à un grand nombre de faits moraux. Cette admiratrice de la bravoure aime prendre une revanche sur sa condition féminine en s'appropriant les vertus dynamiques du métier des armes. Elle déclare la guerre au vice, au nom des vertus brusquement métamorphosées en légions vengeresses; la métaphore du combat lui permet d'animer des abstractions comme la valeur, la modestie, la générosité, la modération et le zèle du bien public, qui conjuguent leurs efforts et 's'accordent à combattre l'amour-propre'. Dans une énumération vigoureuse, elle accumule les termes de la langue militaire et politique pour préciser le rôle de chacune de ces vertus; la plupart peuvent passer pour des 'synonymes de style', relevant du genre noble:[49] 'la valeur l'expose; la modestie l'abaisse; la générosité le dépouille; la modération le mécontente; et le zèle du bien public l'immole' (*Avis fils*, p.29). La phrase imite les mouvements rapides et successifs d'une stratégie efficace. Une métaphore bien moins neutre fait des favoris de la Fortune 'des fugitifs et des *déserteurs* d'eux-mêmes' (*Richesses*, p.226-27): l'image ne manque pas de force, et elle est à la mode, car F. Deloffre la relève aussi chez Fontenelle et chez Marivaux (p.261), employée il est vrai en matière de galanterie.[50] D'autres images concrètes évoquent les armes et la poliorcétique, mais elles sont si neutres qu'on ose à peine affirmer qu'elles colorent la langue. Que 'la fermeté et l'insensibilité de l'âme' soient 'le meilleur bouclier qu'on puisse opposer aux maux', 'le soutien des vertus et le rempart contre les vices' (*Lettre à la supérieure*, p.378), il n'y a là rien que de très banal: c'est l'accumulation, plus que l'invention, qui donne à la phrase son énergie.[51] Si de telles images lexicalisées retiennent tout de même l'attention, c'est en raison de leur ambivalence. Dans cette poliorcétique morale, la citadelle peut aussi parfois être érigée contre le bien: 'l'homme puissant s'est fait une *citadelle* dans son cœur, qui le *met en sûreté* contre les *approches* de la vérité et contre

---

48. Voir Deloffre, p.261, et Versini, p.361: 'les comparaisons militaires et cynégétiques sont banales sous la plume des don juans'.

49. Voir Alexis François, vi.1030.

50. On la rencontre dans les *Lettres galantes* (première partie, lettre 7), dans *Les Serments indiscrets* (1732) et dans *L'Heureux stratagème* (1733).

51. La destinaire de la lettre est la Supérieure du couvent de la Madeleine de Tresnel: Mme de Lambert a choisi pour elle des métaphores militaires du texte biblique, abondantes en particulier dans les livres sapientiaux que la marquise a beaucoup fréquentés.

les reproches de sa raison et de sa conscience' (*Richesses*, p.222). Ce qui attire Mme de Lambert, c'est la possibilité de 'filer', de prolonger de telles images, un mot banal en appelant d'autres plus expressifs (*Amitié*, p.138-39):

Rien n'est plus triste que de *combattre* contre ces imaginations ardentes et *allumées*, qui n'ont d'esprit que pour *soutenir leur tort*; quelque chose que vous fassiez, vous n'en aurez que de l'improbation. Ne mettez pas votre *gloire* à les *réduire*, mais à vous *vaincre*; il faut vous *retirer*, et que votre innocence vous calme et vous console.

Les métaphores politiques se présentent naturellement aussi quand la marquise de Lambert s'adresse à son fils, à ce jeune officier rompu aux manœuvres délicates du courtisan, qui s'acquittera de plusieurs missions à Versailles. L'image du pouvoir est presque banale dans un discours sur les grandeurs d'institution: 'Quand de concert la Fortune et la Vertu ont mis un homme en place, c'est un double *empire* et qui exige une double *soumission*' (p.18). Le langage du mondain adhère naturellement à celui du courtisan. A l'inverse, l'exercice du commandement sans la vertu signalera 'un *usurpateur* de l'autorité' (p.42): on ne saurait nier à cette image son expressivité.

C'est surtout dans le discours féministe que la marquise file la métaphore politique; la revendication des droits de la femme est inséparable de la dénonciation de la tyrannie qui opprime le sexe faible. L'image de l'usurpateur s'impose encore pour dénoncer le pouvoir illégitime des hommes: elle déclenche toute une série d'images secondaires qui disent la nécessité d'établir des frontières exactes entre le droit et l'oppression (p.177):

Les Hommes, par la *force* plutôt que par le *droit naturel*, ont *usurpé* l'*autorité* sur les Femmes; elles ne rentrent dans leur *domination* que par la Beauté et par la Vertu. Si elles peuvent joindre les deux, leur *empire* sera plus absolu. Mais le *règne* de la Beauté est peu durable: on l'appelle une courte *tyrannie*; elle leur donne le *pouvoir* de faire des *malheureux*, mais il ne faut pas qu'elles en *abusent*.[52]

L'art de prolonger la métaphore permet de revitaliser les images banales et vidées de leur sens, les clichés de la galanterie précieuse qui assimilent la beauté à un pouvoir. Dans le même ouvrage (p.206), la marquise revitalise également la métaphore poliorcétique qui désigne la conquête amoureuse chez les précieux, et qui restera en faveur pendant le dix-huitième siècle:[53]

Ces caractères fiers coûtent plus à l'amour pour les *assujettir*. [...] Il y a toujours une image de *servitude* attachée à l'amour. [...] Celui-là prend toujours sur elles, et ce sont

---

52. Mme de Lambert aime cette image de la tyrannie. Cf. 'l'autorité est le *Tyran* de l'extérieur, qui *n'assujettit* point le dedans' (*Avis fille*, p.57).

53. Voir Alexis François, vi.1097, *Nouveaux mélanges de Mme Necker*: 'L'amour est un état de guerre: c'est pour cela que tous les termes en sont militaires: vaincu, vainqueur, chaîne, conquêtes, etc.'

ordinairement les plus aimables *conquêtes*. Vous sentez l'*effort* et la *résistance* que le devoir *oppose* à leur tendresse. Un Amant jouit du plaisir secret de sentir tout son *pouvoir*. La *conquête* est plus grande et plus pleine; elles ont plus à perdre, vous leur coûtez davantage.[54]

On voit bien comment les séducteurs dans leur jargon pervertiront la significa-tion de cette conquête; ils substitueront à l'héroïsme de la résistance féminine la gloire d'une conquête masculine rapide et prestigieuse. Mme de Lambert a prévu lucidement de telles situations; il arrive en effet que la place soit mal défendue, livrée à l'ennemi par trahison, quand le cœur est 'd'intelligence' avec l'amour (*Avis fille*, p.96):

Le cœur d'*intelligence* avec lui sait vous cacher son penchant, de peur d'*alarmer* la Raison et la Pudeur. [...] Enfin, jusques à ce que l'amour se soit rendu le *maître*, il est presque toujours ignoré. [...] L'amour ne s'arrache point de l'âme avec des *efforts* ordinaires, il a trop de *partisans* chez nous: dès qu'il vous a *surpris*, tout est pour lui contre vous, et rien ne veut vous *servir* contre l'amour.

On ne recense, chez cette admiratrice de l'idéal chevaleresque, qu'une seule image tirée du service courtois; encore est-elle lexicalisée: elle désigne, dans la correspondance (p.419), un abbé qui est devenu 'le Chevalier' de ses sensations.

La réflexion morale aime aussi user d'images empruntées aux diplomates. Redoutant pour sa fille les ravages de la passion, la marquise lui recommande une 'méthode', il convient de souligner ce terme, qui serait celle d'un habile négociateur (p.94-95):

Quand vous vous sentez agitée d'une passion vive et forte, *demandez quelque tems* à votre sentiment, et *composez* avec votre foiblesse; si vous voulez, sans l'*écouter* un moment, sacrifier tout à votre raison, à vos devoirs, il est à craindre que la passion ne se *révolte*, et ne devienne *la plus forte*: vous êtes sous sa *loi*, il faut la *ménager* avec adresse.

L'émergence de la métaphore diplomatique surprend agréablement sous la plume d'un écrivain qui, de temps à autre, sent la nécesité de tempérer par un bon sens pragmatique les hautes exigences de la gloire. Les images tirées du droit constitutionnel sont voisines: l'humanisme de l'écrivain ne se satisfait pas de la tyrannie et cherche partout à limiter les droits du plus fort par des traités faits pour le bonheur des faibles: 'La raison n'ose se montrer où *règne* l'imagination. Nous ne voyons que comme il lui plaît: les gens qu'elle *gouverne* savent ce qu'elle fait souffrir. Ce seroit un *heureux traité* à faire avec elle, que de lui rendre ses plaisirs, *à condition qu'*elle ne vous feroit point sentir ses peines' (p.86). L'intérêt de ces images militaires et politiques repose dans leur

---

54. Autres métaphores de la capture et de la servitude: les femmes du monde sont *livrées* aux plaisirs (p.208); les sens de l'homme soumis à sa raison le servaient en *esclaves* (*Richesses*, p.220).

capacité à s'adapter à des destinataires et à des discours variés. Dynamiques, relevant d'un style de combat, elles montrent à un fils les voies difficiles de la *virtù*; à une jeune fille éprise de gloire, elles recommanderont une conduite souple. Si la plupart sont lexicalisées, elles caractérisent cependant assez bien une langue aristocratique, pour laquelle les métiers du soldat, du courtisan et du négociateur n'ont pas de secrets. Elles révèlent souvent une forte personnalité, capable de moduler l'attaque ou la défense, de prôner le refus ou la soumission, de susciter la révolte ou la modération. Les images de cet ordre confèrent à la pensée une grande souplesse, et la rendent apte à épouser les causes et les combats de destinataires variés.

c. Les métaphores tirées des choses de la justice

Un autre domaine qui fournit à la langue du monde un nombre important d'images est celui des choses de la justice. Mme de Lambert n'a pas oublié les longs procès de son veuvage, les tristes réalités de la mécanique judiciaire. Mais les métaphores qu'elle utilise sont souvent affaiblies, en raison de leur lexicalisation.

Toutes ces images s'organisent autour d'un lieu important, le tribunal, où se rendent les différents jugements. C'est l'image du tribunal qui sert à illustrer cette valeur nouvelle: la conscience.[55] Si la métaphore n'est sans doute pas originale chez une chrétienne, la manière dont elle est filée caractérise bien l'art de la marquise de Lambert: une expression assez banale fait naître toute une série d'images colorées qui la complètent, et qui retrouvent une expressivité certaine grâce à la redondance: 'La Vanité cherche l'*approbation* d'autrui; la vraye Gloire, le *témoignage* secret de la conscience. Cherchez à satisfaire le sentiment de Gloire qui est en vous; assurez-vous de ce *témoignage* intérieur: votre *Tribunal* est en vous-même, pourquoi le chercher ailleurs? Vous pouvez toujours être *Juge* de ce que vous valez' (*Avis fils*, p.50). Quand elle apparaît ailleurs, appliquée cette fois à l'amour dans une langue proche de la galanterie précieuse, l'image du tribunal suscite le même enchaînement de métaphores accessoires, comme si l'image du prétoire devait inévitablement faire ressurgir pour la marquise le souvenir des mauvais jours, l'importunité des querelles et des débats interminables. Ce passage du *Discours sur la délicatesse* (p.275-76) montre bien le rôle, dans le style de Mme de Lambert, de l'accumulation métaphorique:

55. L'image du double tribunal, celui du monde et de la conscience (*Avis fille*, p.62), est familière aussi à Fontenelle, qui l'applique à la critique des ouvrages dramatiques: 'Les Ouvrages Dramatiques ont deux Tribunaux à essuyer, très-différens, quoique composés des mêmes juges, tous deux également redoutables, l'un parce qu'il est trop tumultueux, l'autre parce qu'il est trop tranquille, et un Ouvrage n'est pleinement assuré de sa gloire, que quand le Tribunal tranquille a confirmé le jugement favorable du tumultueux' (iii.330).

Mais ces malheurs ne sont rien, si on les compare avec ceux que cause la Délicatesse des Sentimens. Quelle source de *querelles* entre deux cœurs qui n'en sont pas également touchés! Quel *crime* ne fait-elle pas d'un manque d'attention ou de sincérité! Quelle peine d'*accuser* la personne qu'on aime, et dont on voudroit payer l'*innocence* de sa propre vie! On ne veut pas se *fier* à elle-même du soin de sa *justification*: on cherche en secret à l'*excuser*; quelle douleur quand on n'y peut pas réussir!

Marivaux aussi aimera ce thème du procès entre deux amants et le développera dans *Le Cabinet du philosophe*.[56]

Les termes qui se rapportent à l'acte même du jugement sont abondants dans la langue de Mme de Lambert. L'écrivain moraliste veut arbitrer l'éternel conflit de la raison et des passions, et soumettre à des lois équitables la dualité qui déchire toute personne. En règle générale, les expressions originales qui se rapportent aux choses de la justice révèlent une pensée lucide qui ambitionne d'éclairer les expériences incertaines des hommes par des principes transcendants. Elles peuvent paraître banales, mais elles trahissent les desseins d'une femme supérieure, habituée à être à elle-même son propre juge (comme elle le recommande à son fils), qui censure sans complaisance les désirs de la chair et les défauts d'une mauvaise éducation.[57] Mme de Lambert s'indigne dans les *Réflexions sur les femmes* (p.191) que 'le cœur ne pût dépendre des lois de la justice, et qu'il ne fût soumis qu'à celles du plaisir.'

Un troisième motif complète le champ des métaphores tirées de la justice: l'image du cachot est familière à une lectrice de Platon et de Pascal. La description de l'univers des passions et des plaisirs est celle de la servitude; des termes à coloration platonicienne et stoïcienne le soulignent systématiquement: les plaisirs *soumettent* les hommes, l'ambition les *possède*, l'amour les tient dans ses *liens*. Il faudrait toujours 'chercher des amis *libres, affranchis* des passions' (*Vieillesse*, p.127). Une image néo-platonicienne montre les souffrances de l'âme dans sa prison de chair: 'La servitude des passions est une *prison* où l'âme *diminue* et s'*affoiblit*; quand nous en sommes *affranchis*, l'âme *s'agrandit* et *s'étend*' (p.168-69). La métaphore de la prison est étroitement liée à la perception de l'espace; ce lien permet de comprendre le sens que la marquise donne à une image directement empruntée à Platon,[58] quand elle affirme qu'on 'coupe les ailes' à l'esprit des femmes (p.189). L'homme qui accepte de passer son existence dans l'univers carcéral a démissionné de sa liberté et de sa dignité: il vit dans un état d'aliénation juridique. A l'inverse,

56. Cinquième feuille, p.378: 'Là-dessus, grand procès entre eux: il l'assiège de galanteries, de respects, d'assiduités, de mille tendres soins. C'est la manière de plaider de l'Amour.'

57. Cf. *Avis fille*, p.77: 'Que votre Délicatesse soit votre propre *Censeur*.'

58. La métaphore des ailes de l'âme est développée par Platon dans *Phèdre* (246c; 248e; 249a, d; 256d) et dans la *République* (V, 467d.).

il faut partout faire reconnaître le caractère légitime de l'estime: 'Les [qualités] estimables sont réelles et intrinsèques aux choses, et par les *loix de la justice* ont un *droit naturel* sur notre estime' (p.190). L'examen de la bibliothèque de la marquise de Lambert ne permet pas d'affirmer en toute certitude qu'elle possédait les ouvrages de Pufendorf; mais son vocabulaire fait souvent appel à cette notion de droit naturel, qui venait d'être au cœur d'un vaste débat entre les juristes européens. Imperceptiblement, la culture philosophique se met à imprégner le langage mondain.

d. Les métaphores d'affaires

Les métaphores d'affaires, plus ou moins banales, abondent dans le langage mondain. On se lasserait à les recenser toutes chez la marquise de Lambert, chez Fontenelle ou chez Marivaux. C'est ce que constate F. Deloffre (p.258-59):

Les métaphores d'affaires semblent avoir été très à la mode dans le langage mondain de la seconde moitié du XVIIe siècle. [...] Mme de Lambert en use très fréquemment. [...] Comme Mme de Lambert, Marivaux se sert constamment de métaphores d'affaires plus ou moins banales. Elles se présentent chez lui tantôt sous la forme de locutions verbales [...], tantôt sous la forme de locutions adverbiales.

Si le phénomène est banal, il n'en demeure pas moins intéressant, et les historiens de la langue ne semblent pas avoir d'explication satisfaisante pour rendre compte de cette invasion dans le langage aristocratique des termes de la langue du négoce. Sommes-nous en présence d'une attitude psychologique comparable à celle qui conduit cette mondaine accomplie qu'est Célimène à recourir à des métaphores familières, et même triviales, pour divertir le cercle de ses admirateurs? Y aurait-il des raisons politiques plus précises? Sans nul doute, ce phénomène linguistique intrigue, qui révèle une fusion étonnante des préoccupations bourgeoises et des préjugés aristocratiques ou intellectuels. Car ceux-là sont toujours vivaces: dans l''Eloge de Montmort', Fontenelle lui-même déclare (vi.67) que ce géomètre ayant eu à soutenir des procès, 'avoit pour les affaires la double haine et d'honnête homme et de sçavant.'

Ce mélange des valeurs aristocratiques et bourgeoises apparaît bien dans une formule comme celle-ci: 'Mais pour donner aux choses *le rang* et *le prix* qu'elles méritent, distinguons les qualités estimables et les agréables' (p.190). Il existe une double mesure de la valeur des choses, calquée sur l'estimation marchande et sur les réglements de l'étiquette.

Le marché fournit à la marquise de Lambert un nombre élevé de métaphores qui apparaissent dans des termes sans cesse utilisés (le prix, coûter, acheter, vendre), ou dans des locutions verbales et adverbiales. Le monde moral est identique à celui des affaires: tout est question d'exactitude dans l'évaluation et de justice dans la rétribution. Acheter au marché, c'est, dans la société de l'Ancien Régime, savoir marchander, proposer le juste prix. 'Examinez ce qui fait votre peine [...]: vous verrez que souvent [...] il y a bien à *rabattre*. N'*estimez* les choses que ce qu'elles *valent*' (*Avis fille*, p.87). Rabattre du prix des choses: la locution verbale est souvent utilisée par la marquise de Lambert, surtout quand elle veut dévoiler les objets surestimés par l'imagination.[59] Sa langue est même parfois celle d'un financier qui établirait les lois du marché; elle dit en parlant d'une femme exquise: 'Je ne sais pas si la *rareté* en *augmente le prix*, mais je n'ai jamais connu un si aimable caractère' (*Sentiment dame*, p.271). Comme Marivaux, elle aime aussi mettre les choses morales à l'enchère. Quand elle affirme que la pudeur 'met le prix aux faveurs' (p.178), elle se contente de recourir à une locution verbale usée; mais son style se colore aussitôt avec une remarque que n'aurait pas reniée l'auteur de *La Vie de Marianne*: 'Elle est aussi une coquetterie raffinée, une espèce d'*enchère*, que les belles personnes mettent à leurs appas.' Dans le même passage, la langue précieuse lui fournit encore d'autres images bourgeoises pour décrire la pudeur féminine: 'C'est la pudeur qui *sert* leur véritable *intérêt* [...]: elle est la *caution* des vertus.'

Car cette grande dame ne dédaigne rien de ce qui peut être source de 'profit',[60] d'enrichissement, elle recherche tout ce qui crée un revenu certain, elle surveille ses placements.[61] L'image du revenu est certainement chez elle la plus expressive et la plus productive. Il y a un revenu du mérite, et c'est la considération;[62] un revenu de la beauté, c'est l'amour (*Vieillesse*, p.153).[63] La grande dame aime les placements qui lui offrent rentabilité et sécurité: ce sont presque toujours ceux de la vertu. Il faut être en paix avec sa conscience, dit-elle à sa fille (p.63), car 'c'est un *revenu* de plaisirs *certains*, et vous avez encore la louange et la bonne réputation *de plus*'. Le calcul, l'intérêt n'ont rien de

59. 'Dans la solitude [...], nous apprenons à *rabattre du prix* des choses que notre imagination sait nous *surfaire*' (*Femmes*, p.180). La formule se retrouve, identique, dans la correspondance, p.413. Cf. aussi: 'mais souvent, *en donnant trop de valeur* à ces plaisirs passagers, on les *achète* communément tous *trop cher*, et *plus* qu'ils ne *valent*' (*Richesses*, p.226).

60. Comme Fontenelle, comme Marivaux, la marquise de Lambert utilise souvent ce petit mot sans éclat de *profit*, qu'elle charge de significations philosophiques ou morales diverses.

61. *Sentiment dame*, p.272: 'mettre à profit', 'se dédommager de ce qu'on a perdu'.

62. 'La considération est le *revenu* du mérite de toute une vie' (*Considération-Réputation*, p.277). L'image commerciale est une des transformations remarquables que la marquise apporte au texte de Montesquieu, beaucoup plus neutre: 'La considération est le *résultat* de toute une vie' (i.121).

63. Expression lexicalisée, en usage dans le langage du monde et chez les écrivains de l'époque, à laquelle Fontenelle avait donné un développement célèbre dans les *Lettres galantes* (première partie, lettre 6), que Marivaux imitera dans *Le Cabinet du philosophe* (p.378). Il faut relire ces deux passages pour apprécier la modération de Mme de Lambert dans le style figuré.

sordide: comme le pari de Pascal, ils invitent le destinataire de l'ouvrage à s'engager sans hésiter dans une affaire saine, où il n'y a qu'à gagner. Mais parfois l'estimation des valeurs morales est plus habile; l'écrivain moraliste, comme un négociant avisé, se livre à des calculs précis pour éviter le déficit, pour équilibrer ses comptes et rendre l'affaire rentable. Ces calculs apparaissent dans nombre de formules expressives, la langue de Mme de Lambert aimant faire appel à une arithmétique morale:

La Politesse *coûte peu* et *rend beaucoup* [*Avis fille*, p.112];

les mœurs y ont infiniment *perdu* et les plaisirs n'y ont pas *gagné* [*Femmes*, p.191];

les plaisirs innocents ne se font point *acheter* trop *cher* [*Avis fille*, p.74];

la curiosité nous fait *acheter bien cher* le peu de connoissance qu'elle nous donne [*Psyché*, p.230];

vous *perdez* tous ces *profits*: il n'y a rien à *gagner* dans la vie dissipée [*Correspondance*, p.419-20];

l'amitié *s'enrichit* des *pertes* de l'amour [*Amitié*, p.121].

A l'inverse, il n'est pas nécessaire de calculer dans l'exercice de la vertu; celle-ci procure des satisfactions comparables à celles qu'on tire d'une bonne affaire. Si l'on ne peut guère citer ici la locution verbale 'payer le tribut', beaucoup trop neutre, il faut en revanche souligner l'expressivité de l'image d'un paiement au comptant, reçu avec plaisir: 'il y a, à la suite de la Vertu, un sentiment de douceur qui *paye comptant* ceux qui lui sont fidèles' (*Avis fille*, p.65). L'image complémentaire est celle de la libération de la dette. Embrasser la profession des armes dans le seul but d'éviter la honte de dégénérer, ce n'est que payer une dette (*Avis fils*, p.3): ici l'image bourgeoise souligne la dégrada-tion subie par le code aristocratique. Pour cette grande dame généreuse, s'acquitter d'une dette est d'ailleurs un geste aisé: 'Si on vous a offensée, vous ne devez que du mépris, et c'est une *dette* aisée à *payer*' (*Avis fille*, p.107).

Mais les rapports de l'écrivain avec l'argent sont ambigus. L'aristocrate reparaît pour signifier que la recherche du profit est souvent méprisable. Le calcul, l'intérêt ne sont que des images destinées à montrer la bonne voie; il est bon aussi de se laisser aller à la prodigalité. La marquise de Lambert sait que les plaisirs spirituels ne coûtent rien, que 'les dépenses d'esprit n'ont jamais *ruiné* personne' (*Femmes*, p.181). Il faut savoir parfois ne pas compter, car il est un profit supérieur au gain matériel, qui assure la vraie richesse, celle de l'esprit et du cœur: 'Les plaisirs qu'on a faits dans le tems de l'amitié doivent être oubliés dans la rupture; et quand on ne se croit pas *payé* de son bienfait par le plaisir qu'on a eu de le faire, on n'a point *donné*, on n'a fait que *prêter* ou *vendre*' (*Amitié*, p.138).

La marquise de Lambert attache aussi beaucoup d'importance à l'établissement du contrat, à la manière de traiter les affaires. Il faut savoir surmonter les difficultés de l'ascèse morale, comme celles de la vie quotidienne; pas plus que les autres hommes, l'aristocrate n'est délivré entièrement des soucis matériels, et ses préoccupations se reflètent dans sa langue. Le plus redoutable des traitants, c'est la Fortune: 'La Fortune ne *traite* même avec ses Amis qu'à des *conditions dures*; elle leur fait *acheter bien cher* ses présens' (*Dialogue Alexandre-Diogène*, p.253). La même métaphore est filée dans la lettre à l'abbé *** (p.421), placée sous la plume du correspondant de la marquise, ce qui suffit à attester son appartenance au langage mondain: 'Où est le tems que vous me disiez: "Tout est *trop cher au marché*; la Fortune ne donne rien, elle *vend* tout; l'on donne de vrais biens pour de faux; cela n'est bon que pour des esclaves"?' Traiter avec la Fortune, c'est accepter un marché de dupes: 'Je crois que vous ne pouvez faire un aussi bon *Traité* avec la Fortune qu'avec la Sagesse, qu'il y a toujours à *perdre*' (p.422). Et la lettre se termine sur le même ton, close par une métaphore vraiment originale que n'auraient reniée ni Fontenelle ni Marivaux: 'Il faut que vous *passiez en dépense* contre vous toutes les *avances* que vous auriez fait dans le chemin de la vertu: elles sont en *pure perte*.' Plus généralement, l'image d'un marché difficile peut être appliquée au monde; celui-ci a ses exigences, et il n'est pas toujours aisé d'être tenu quitte. A son fils, la marquise de Lambert propose cette locution métaphorique qu'on peut tenir pour une des plus caractéristiques de son vocabulaire: 'Il ne vous est pas permis d'être un homme médiocre: on ne vous en *quittera* pas *à bon marché*' (p.6); 'c'est habileté que d'être poli: on vous en *quitte à meilleur marché*' (p.32). La législation commerciale n'est pas simple, et les contrats financiers sont toujours complexes; ces formules expressives le disent bien, qui toutes renvoient à un art de se conduire dans le monde: 'Ceux qui ne *commercent* pas de manières *payent* de réalités' (lettre à la Supérieure, p.380); 'l'homme faux *paye* de mine et de discours; l'homme vray *paye* de conduite' (*Avis fils*, p.24). Il va de soi que toutes ces images sont formées à partir d'une matrice ancienne, le commerce désignant depuis longtemps les relations sociales. C'est pourquoi d'ailleurs les hommes, comme les objets, peuvent être estimés; ils ont leur valeur, leur prix: dans les emplois subalternes, 'dès qu'on se néglige, l'on est d'un *très petit prix*' (p.24).

Les métaphores d'affaires sont par leur abondance les plus caractéristiques de la langue de Mme de Lambert. Il y a peut-être à cela des raisons biographiques: cette veuve accablée de procès, ordonnant ses affaires pour aménager avec un goût exquis l'hôtel de Nevers, aux prises pendant de longues années avec les architectes du Roi pour faire valoir ses baux locatifs, qui déshéritera son fils pour le punir de son inconduite, a toujours su de quel poids les soucis matériels grèvent une existence. Mais beaucoup de ses images, même quand elles sont expressives, sont familières à ses contemporains: le langage à la mode confirmait ses expériences personnelles. Elle y a trouvé un fonds métaphorique commode pour affirmer, comme son maître Fontenelle, la nécessité d'évaluer chaque chose, chaque individu à leur juste prix. Etre heureux, c'est savoir passer avec l'existence un contrat habile et avantageux. Comme Montaigne, Mme de Lambert a voulu se prêter aux autres et ne se donner qu'à elle-même, sauf en amitié. Son message, fait de lucidité et de mesure, émane d'un esprit positif, trempé dans la dure expérience du monde. Comme l'argent lui-même, la langue commerciale lui semblait commode, parce qu'elle parle à l'esprit, qu'elle touche en l'homme de vieilles passions, qu'elle sait lui montrer ses véritables intérêts. C'est aussi une explication satisfaisante de la vogue qu'elle connaît à la fin du dix-septième siècle, dont témoignent les textes de l'époque.

e. Les métaphores du voyage

Le langage, reflet des mœurs, a toujours fait une large place au voyage, auquel Mme de Lambert emprunte également plusieurs images.

Depuis la plus haute antiquité une tradition assimile la quête intellectuelle à l'itinéraire d'un voyageur: c'est à ce fonds que puise la marquise de Lambert pour rappeler cette formule d'un Ancien selon qui les pensées seraient 'les promenades de l'esprit'. Ce motif usé lui donne l'occasion de prolonger la métaphore pour revendiquer, après Montaigne, le droit du créateur d'aller d'une allure libre, capricieuse, et pour ainsi dire buissonnière. 'J'ai cru avoir le privilège de me promener de cette manière', déclare-t-elle à la fin de ses *Réflexions sur les femmes* (p.212), en complétant l'image primitive de la prome-nade par des locutions adverbiales qui définissent un espace de la rêverie, des 'ravasseries' aurait dit Montaigne: 'Les Idées se sont offertes assez naturelle-ment à moi, et de *proche en proche* elles m'ont *mené plus loin* que je ne devois, ni ne voulois. Voici le *chemin* qu'elles m'ont fait faire'. La métaphore est sans doute assez banale, mais l'idée l'est moins, semble-t-il. L'image naît d'un jeu de mots sur la notion d'écart: 'On me dira: "Voilà un terrible *écart*." J'en conviens' (p.212). Pour peindre ses débauches d'esprit, Mme de Lambert retrouve le sens propre du mot égarement, qui devait connaître un succès durable dans la langue de l'analyse du cœur. Mais on ne note aucune angoisse chez le voyageur égaré: le pays inattendu qu'il découvre est une contrée heureuse, aimable, attrayante, voluptueuse. C'est un paysage de Watteau, un décor de fête galante, semblable à ceux des demeures aristocratiques ou des théâtres, qu'on retrouve aussi dans les écrits libertins de Montesquieu comme *Le Temple de Gnide* (1725), *Céphise et l'Amour* ou le *Voyage à Paphos* (1727). Là se dresse un temple à l'antique comme l'époque les aime, et c'est le Temple de l'Amour, devant lequel le voyageur doit se recueillir un instant: 'En *passant* par son Temple il a bien fallu lui payer tribut, et jeter quelques fleurs sur son autel' (p.213). A l'arrière-plan se déroule l'heureuse contrée des jeux et des ris, qui cède 'doucement aux haleines des Zéphyrs' (*Céphise*, i.414): 'Je serai bien heureuse, si ayant les défauts qu'on reproche à Montaigne, je pouvois comme lui conduire ceux qui liront ce petit Ecrit, dans le *Païs* de la Raison et du Bon-sens, quelquefois même dans celui des Fleurs et des Zéphirs' (p.213). On ne peut manquer d'être sensible à la grâce de cette métaphore filée du voyage au pays de l'Amour, si caractéristique du style Régence, qui rappelle plus Watteau que Montaigne, et qui veut concilier la liberté et la retenue, la fantaisie et le raisonnement, le sérieux et l'épicurisme. Fontenelle, Marivaux, Montesquieu lui-même n'ont pas dédaigné d'entrer dans ce domaine enchanté. Il faut constater que la langue mondaine véhicule des motifs identiques à ceux du cadre de vie de l'aristocrate. Nous savons, par l'état des lieux dressé en 1725 par Robert de Cotte, que les quatre portes du salon de l'hôtel de Nevers (deux vraies et deux feintes en trompe-l'œil) étaient ornées de quatre dessus de porte, d'un peintre qui ne nous est pas connu; c'étaient des *vedute*, dont nous ignorons si elles étaient imaginaires ou réelles, des paysages représentant des temples et des palais.

La métaphore du voyage, qui donne ses dimensions géographiques et historiques à la création de l'esprit, se retrouve aussi dans des écrits où l'influence du style Régence est moins sensible. Dans son *Dialogue d'Alexandre et de Diogène* (p.253), la marquise de Lambert évoque également un itinéraire intellectuel: 'Vous avez tellement *ébranlé* les esprits, dit Diogène à Alexandre, qu'ils se sont faits des *routes nouvelles* dans le cerveau; et l'habitude de penser comme vous les a tenues toujours *ouvertes*.' Si la métaphore est moins heureuse, on ne peut cependant lui dénier le mérite de mêler avec hardiesse le concret et l'abstrait. Le *Portrait de Fontenelle* permet de comprendre la genèse de cette image. Ceux qui ouvrent les routes, ce sont les pionniers, au sens militaire du terme; or, Fontenelle et La Motte furent ces pionniers dans l'aventure philosophique, des éclaireurs dans le meilleur sens du terme: 'esprit original, qui s'est fait une *route* toute *nouvelle*, ayant secoué le joug de l'autorité' (p.244).[64] Dans ces exemples, la métaphore de l'itinéraire est encore expressive. Mais il faut peu de chose pour qu'elle perde de sa force et devienne beaucoup plus neutre. Il faut se contenter de signaler une série de locutions lexicalisées: on peut *marcher* 'mollement dans le *chemin* de la vertu' (*Amitié*, p.131), ou 'à

64. La même image est utilisée dans le portrait de La Motte: 'Quand ce monde matériel a disparu à ses yeux par la perte de la vue, un monde intellectuel s'est offert à son âme; son intelligence lui *a tracé* une *route de lumière* toute nouvelle dans le *chemin* de l'esprit' (éd. Louise Colet, p.221).

pas de Géans dans le *chemin* de la Gloire' (*Avis fils*, p.3), qui parfois n'est pas 'aplani' et qu'il faut '*ouvrir*' (p.4-5).[65] C'est la caractérisation ou l'adverbe qui permettent de triompher de la banalité d'une image employée fréquemment par l'écrivain. Mme de Lambert éprouve constamment le besoin d'emprunter à l'arpenteur sa méthode pour préciser les limites et les bornes de la quête intellectuelle et morale. Les images de cette nature s'imposent à l'évidence dès qu'il s'agit d'inviter un jeune officier à embrasser du regard la carrière qui s'ouvre devant lui, quand même il demeurerait 'bien au-deçà du terme', quand même il n'irait 'qu'à moitié chemin' (p.4). Mais elles sont proposées aussi à la jeune fille, pour lui signifier, il est vrai, de sévères interdictions: les femmes 'trouvent *fermés* les *chemins* qui conduisent à la Gloire et à l'Autorité', elles sont contraintes de prendre 'une autre *route* pour y *arriver*' (*Avis fille*, p.69-70). Incontestablement, la métaphore de l'itinéraire fait partie du lexique familier[66] de la fille adoptive de Bachaumont, le spirituel auteur du fameux *Voyage*, dont l'épicurisme avait métamorphosé avec grâce la réalité d'un voyage aux eaux en un itinéraire pittoresque et moral. Comme Montaigne aussi, son autre maître, la marquise de Lambert possède les règles de l'art de voyager, qu'elle assimile à un art de penser et de raisonner qui n'aurait rien de cartésien, car 'pour *aller* à la vérité', 'pour *arriver* plus vite au *but*' (*Femmes*, p.186), il faut se laisser dominer par la sensibilité. L'art est de savoir trouver le meilleur rythme pour apprécier sans hâte les choses et les êtres rencontrés dans le voyage.[67]

Le voyage, c'est aussi d'un pays à l'autre, d'un continent à l'autre, le voyage par mer. Tout un style de vie apparaît dans le motif assez commun de l'embarquement.[68] On ne peut pas ne pas songer à Watteau bien sûr quand l'image s'applique avec exactitude à l'univers épicurien de la fête galante, des 'sensations agréables'. Le motif de l'embarquement apparaît dans la correspondance (p.419), genre mondain par excellence, quand Mme de Lambert reproche à un abbé épicurien de ses amis d'avoir quitté sa retraite pour la cour du Régent: 'Le profit des passions, n'est que dans l'enivrement; je ne

65. Cf. chez Marivaux, 'le chemin de l'Honneur', dans *La Vie de Marianne* et dans *Le Spectateur français*.

66. Cf. aussi: ces '*avenues* qu'il faut *fermer* aux passions' (*Avis fille*, p.90); ce '*guide sûr*' dont on a besoin pour 'être *conduit* en amitié' (p.123), car il faut toujours marcher dans 'un *droit chemin*'.

67. La hâte sert à exprimer le thème de l'inquiétude: 'les jeunes personnes *courent* avec inquiétude vers les objets sensibles' (p.71); 'c'est la source de ses inquiétudes: elle *court* après son idée' (p.59).

68. F. Deloffre, travaillant sur la même image de l'embarquement chez Marivaux, note que les 'images empruntées aux voyages par mer sont (chez cet écrivain) d'un ton plus littéraire que celles qui se réfèrent aux voyages par terre' (p.263).

connois point les demi-goûts, ni les demi-*embarquemens*: et il a grand tort, s'il a la force de *s'arrêter*, de *se mettre en chemin*.' Incontestablement le mot appartient au vocabulaire mondain: la présence dans la même phrase de deux mots composés avec *demi*, dont raffole la langue du dix-huitième siècle, suffit à le prouver. C'est aussi un motif précieux: le style Régence retrouve, pour la renouveler, la géographie de Tendre. L'analyse permet d'apercevoir une nouvelle fois la convergence des motifs linguistiques et artistiques. Il est regrettable que la correspondance de la marquise de Lambert nous soit parvenue défigurée, mais dans cette lettre qu'on voudrait intituler *L'Embarquement pour Saint-Cloud*, se laisse deviner l'univers des plaisirs du Régent. Le pèlerin de Saint-Cloud s'est embarqué confiant en cette maxime: 'Plus vous avez de goût et de sensations agréables, plus vous avez de bonheur, parce que vous avez plus de ressources' (p.417). Mais la marquise de Lambert le met en garde contre les dangers du voyage: 'Le bonheur qui n'est fondé que sur les sensations est peu solide, variable et plein d'illusions. [...] Il me semble qu'on n'a jamais donné pour règle du véritable bonheur les sensations agréables. [...] Le profit des passions n'est que dans l'enivrement' (p.418-19). Le lexique moral qu'ordonne le motif central de l'embarquement conviendrait aussi pour décrire les toiles de Watteau consacrées au pèlerinage à l'île de Cythère. Là cependant s'arrête ce rapprochement, car dans la suite de la lettre l'image de l'embarquement vient se fondre dans celle plus banale du 'chemin de la Fortune', sur laquelle brodera également Marivaux (p.420-21):

Peut-on croire que l'on puisse *avancer* également dans le *chemin* de la perfection et dans la *route* de la fortune? Cela me paroît impossible: les idées du vrai échappent dans la *foule*;[69] et nous nous trouvons *heurtés* et *ébranlés* par les erreurs populaires et par les objets sensibles. [...] Montrez-moi quelqu'un, qui en acquérant du bien ait perdu la soif des Richesses, et je m'*embarquerai*.[70]

Les métaphores du voyage sont commodes, et les moralistes, chrétiens ou profanes, en usent volontiers; elles peuvent tout exprimer: les honneurs, les plaisirs, l'amour précieux, le libertinage, les créations de l'esprit, tout est susceptible d'être rapporté à la topographie. Ces métaphores caractérisent bien la langue mondaine, car le voyage fait partie des mœurs aristocratiques qui imposent un va-et-vient de la résidence urbaine à la maison de campagne. Sur

69. Chez Marivaux, au contraire, les terres de la déesse Fortune sont glacées: son domaine est une nécropole. Mais la signification de l'allégorie est identique: tumultueux ou funèbre, le chemin de la Fortune ne convient pas au sage.

70. Verbe caractéristique de la langue mondaine, qu'on rencontre aussi bien chez Marivaux que chez Mme de Staal; chez celle-ci, il sert à décrire l'itinéraire amoureux que doit emprunter un couple à la Watteau. M. de Silly ne voulant pas s'engager avec elle, Mme de Staal note: 'la crainte de s'embarquer avec moi' (p.85).

ce point encore, l'harmonie est remarquable entre le mode de vie et la langue qui l'exprime.

f. Les métaphores du spectacle

Comme celles du voyage, les métaphores du spectacle sont anciennes. Elles servent traditionnellement à décrire la vie humaine. Auguste mourant déclarait que la comédie était terminée. L'image est vivace, et les moralistes du dix-septième siècle l'utilisent toujours. Pascal en particulier lui consacre une pensée: 'Le dernier acte est sanglant, quelque belle que soit la comédie en tout le reste: on jette enfin de la terre sur la tête, et en voilà pour jamais.'[71] Une formule aussi expressive ne pouvait échapper à Mme de Lambert qui la paraphrase dans son *Traité de la vieillesse*, d'allure pascalienne. Méditant sur les destinées parallèles du chrétien infidèle voué à l'enfer et du philosophe promis au néant, elle évoque l'idée d'une tragédie: 'Voilà ce qui termine la plus belle vie du monde; le dernier acte est toujours tragique' (p.158). Cette première image appelle à sa suite la formule plagiée de Pascal: 'L'idée du dernier Acte est toujours triste: quelque belle que soit la comédie, la toile tombe; les plus belles vies se terminent toutes de même: on jette de la terre, et en voilà pour une éternité' (p.163). Moins brutale que celle de Pascal, la pensée de Mme de Lambert dans son développement ménage des progressions qui ont valeur d'euphémisme: ainsi s'explique la présence de l'image concrète de la toile qui tombe, qu'elle ajoute à son modèle. La même métaphore se prolonge en échos de page en page: 'Il faut espérer que le Ciel aura soin du dernier Acte'; 'Pour juger de quelqu'un, il faut lui avoir vu jouer le dernier rôle' (p.164). C'est Montaigne alors qui inspire l'ultime utilisation de cette image, qui semble être la seule à pouvoir se prêter au traitement du thème de la mort: 'La Mort, dit Montaigne, n'est pas un Acte de la Société, c'est l'acte d'un seul' (p.169).[72] Ce style figuré redondant ne peut laisser indifférent: l'image du théâtre du monde est sans doute des plus banales dans la langue de l'époque, mais ce qui est intéressant ici, c'est le prolongement de la pensée baroque dans l'écriture aristocratique. La mort est toujours un spectacle, la pompe funèbre à la fin du grand règne emprunte encore au théâtre son vocabulaire, et ses décors. C'est peut-être pourquoi Mme de Lambert, à la fin de son développement, éprouve le besoin de revenir à l'idée chère à Montaigne d'un monologue. Dans cette paraphrase de Pascal, elle sait fondre avec habileté deux réalités contradictoires, la vision émouvante du service mortuaire et

---

71. No. 210 de l'édition Brunschvicg; no. 341 de l'édition Lafuma.

72. On notera que la langue classique est moins colorée et vigoureuse que celle de Montaigne. La citation édulcore considérablement la métaphore des *Essais*: 'Cette *partie* n'est pas du *rolle* de la société: c'est l'*acte* à un seul *personnage*' (III.ix, p.979).

l'image mondaine de la comédie, grâce à une trouvaille qui lui permet de souligner l'analogie entre le mouvement de la toile et celui de la poignée de terre qu'on jette: ce double mouvement descendant dit la rupture définitive avec la vie, avec le spectacle, la fin de l'illusion comique.

Le monde lui-même n'est qu'un vaste théâtre, où de subtils jeux de rideaux et de décors font naître ou disparaître l'illusion. Mme de Lambert associe toujours l'idée de la vérité à l'image du voile. Pour découvrir le vrai, il faut 'tirer le rideau'[73] ou 'ôter le bandeau' qui nous aveugle. Le cercle social est placé sous le signe du paraître, de l'illusion: la langue mondaine l'assimile à un décor de théâtre où chacun 'joue un rôle'[74] avec plus ou moins de talent, devant un parterre de 'spectateurs' (*Dialogue Alexandre-Diogène*, p.257),[75] jusqu'à ce que tombent les masques.[76]

Cette représentation baroque de l'existence relie la marquise de Lambert à la génération précédente; cette image semble s'édulcorer au dix-huitième siècle, sauf dans le langage des petits-maîtres et des libertins qui lui conserveront sa vigueur, mais dans un champ de significations plus restrictif, celui de la galanterie.

g. Les métaphores empruntées à la vie des salons

La vie des salons entretient avec le théâtre des liens évidents, surtout dans ce bureau d'esprit qu'est l'hôtel de Nevers. Par son rituel d'abord: le président Hénault recourt presque naturellement à l'image du théâtre pour décrire le cérémonial d'un mardi.[77] Par l'esprit, qui y brille de mille feux. Et puis aussi, parce qu'elle est animée, en partie, par les dramaturges et les acteurs: Mme de Lambert s'entoure des plus grands noms du théâtre, La Motte, Marivaux, Crébillon, Adrienne Lecouvreur. Il est donc légitime de vouloir retrouver dans la langue aristocratique les traces d'un décor, celui d'un salon de la fin du grand règne et de la Régence.

Il n'est pas surprenant de rencontrer la métaphore des fleurs dans les images consacrées à la vie des salons. Les métaphores de la nature sont rares dans la

---

73. 'Dans la disgrâce l'homme se manifeste, et montre ce qu'il est: le rideau est tiré' (*Réputation-considération*, p.282-83); 'C'est vous qui tirez le rideau de l'oubli et de l'orgueil devant ses yeux' (*Femmes*, p.181); 'Mais empêcheront-ils que la Vérité ne vienne quelquefois tirer le rideau?' (*Richesses*, p.224).

74. 'Il faut surtout éviter le caractère plaisant: c'est toujours un mauvais personnage, et rarement en faisant rire se fait-on estimer' (*Avis fille*, p.113).

75. Dans ce *Dialogue*, la métaphore du parterre est loin d'être banale, car ces spectateurs sont les courtisans eux-mêmes, et il n'est pas possible d'ignorer qu'Alexandre représente Louis XIV.

76. Pour l'honnêteté, il n'y a aucune différence entre le cercle mondain et le parterre du théâtre. Voir *Sentiment dame*, p.264: 'J'ai donc besoin du *Public*, puisqu'il est mon Juge, et que je *passe en spectacle* devant lui.'

77. 'Mais le soir la décoration changeait ainsi que les acteurs' (p.120).

langue mondaine du début du dix-huitième siècle, mais les fleurs, elles, éclosent partout, sur la gorge des femmes, sous leurs pas, dans les guirlandes de la fête galante. Faut-il rappeler aussi que les fleurs appartiennent aux armes de la marquise de Lambert, qu'elles sont dans le blason des Marguenat? Toute demeure aristocratique s'orne, à la fin du siècle, d'opulentes natures mortes, dans lesquelles les espèces florales s'arrangent en guirlandes ou s'épanouissent dans les vases et les corbeilles. La représentation des fleurs se développe aussi dans les arts décoratifs: elle envahit les trumeaux, les décors, la tapisserie des meubles, les étoffes, le costume féminin.

Le goût de la marquise de Lambert est accordé à celui de son époque; il suffit de lire l'inventaire de ses biens pour découvrir l'importance des fleurs dans son décor quotidien, représentées dans ses tableaux bien sûr,[78] mais aussi dans ses porcelaines et sur ses vêtements.[79] La langue ornée de la grande dame est en harmonie avec ce décor: les fleurs sont sur ses lèvres quand elle parle à ses hôtes, comme sur le satin, le taffetas, le velours de ses robes ou de ses manteaux. Héritière des précieuses, Mme de Lambert revendique le droit de guider son lecteur dans le pays enchanté 'des Fleurs et des Zéphirs', qui jouxte le pays philosophique 'de la Raison et du Bon sens' (*Femmes*, p.213).

Le style et l'éloquence sont comparés par Mme de Lambert à l'art de l'horticulteur. Sacy 'sème des fleurs sur sa route avec une main sage et ménagère' (*Portrait de Sacy*, p.241-42); si l'imagination de La Motte 'répand des fleurs, c'est avec une main ménagère, quoiqu'elle en pût être aussi prodigue que toute autre' (*Portrait de La Motte*, p.219). Aussi n'est-il pas étonnant de la voir cultiver à son tour des variétés florales: 'la fleur de réputation, qui répand une bonne odeur sur le reste de la vie' (*Portrait de Sacy*, p.242); la pudeur, qui est la fleur de la beauté (*Femmes*, p.178); la fleur de l'innocence (*Avis fille*, p.97); les fleurs séductrices de l'amour (p.96); la fleur du bel âge (*Vieillesse*, p.148); les fleurs du visage (p.148). Presque toutes ces expressions sont lexicalisées; mais cette création est plus audacieuse et caractérise la langue des nouveaux précieux:[80] 'La justesse de Goût juge de ce qui s'appelle agrément, sentiment, bienséance, délicatesse, ou *fleur d'esprit* (si on ose parler ainsi)' (*Femmes*, p.184).

78. On recense dans l'inventaire des biens onze tableaux consacrés aux fleurs: deux miniatures avec leur verre, deux tableaux de marqueterie, trois tableaux peints sur glaces, quatre toiles.

79. L'inventaire de la garde-robe de la marquise est éloquent. Faute de pouvoir tout citer, retenons quelques pièces qui nous permettent d'imaginer Mme de Lambert dans son rôle de Minerve: une robe de satin, fond pourpre à grandes fleurs; un manteau de satin blanc à fleurs d'or; une robe de toile blanche à fleurs; une robe de satin brun à bouquets de petites fleurs d'argent; une robe à fond noir à fleurs jaunes et bleues. Voir R. Dauvergne, p.22-23.

80. On rencontre aussi l'expression à la même époque chez Fontenelle, dans sa *Réponse* au discours de réception de Mirabaud à l'Académie française, le 28 septembre 1726.

La métaphore des fleurs permet à Mme de Lambert d'exprimer des notions abstraites dans la langue des précieux: elle fait pénétrer dans son bureau d'esprit un peu de l'air embaumé de la Chambre bleue.[81] Mais elle sait aussi que le monde sensuel des fleurs peut égarer les humains,[82] en particulier quand il se confond avec celui des passions frivoles ou de l'amour.

Si le cadre de vie de l'aristocrate se reflète dans sa langue, celle-ci fait aussi une place importante aux traditionnelles métaphores gastronomiques. Hôtesse accomplie, habituée à mêler les savants et les gens de qualité, la marquise de Lambert, comme toutes les femmes de son rang, veille au cérémonial de la table; sa langue trahit ses préoccupations, même si les images tirées du goût et de la cuisine sont fort usées. Les plaisirs intellectuels sont assimilés à ceux de la table; le motif du banquet est un des motifs favoris de cette lectrice de Platon. Mme de Lambert savait 'nourrir l'âme' d'amitié, son grand souci (*Amitié*, p.127), ou de vertu (*Portrait de Sacy*, p.242), ou de vérité (*Avis fille*, p.79); elle oppose ces nourritures délectables à la crapule: 'L'amour donne à l'âme une joye d'yvresse' (*Amitié*, p.127). Le raffinement ne nuit pas à l'appétit: on n'imagine pas les privations de notre époque en ce siècle élégant, qui ne craint ni l'abondance ni la vigueur. Les bonnes lectures sont 'une nourriture solide qui coule dans les mœurs' (*Femmes*, p.179-80); la marquise s'enorgueillit que son salon passe pour un nouvel hôtel de Rambouillet, l'une de ces maisons d'autrefois d'où 'on sortoit comme des repas de Platon, l'âme nourrie et fortifiée' (p.181). L'image des nourritures spirituelles vient des précieux, et le temps n'est plus où Molière pouvait la railler en la prêtant à Trissotin.

La juxtaposition des deux registres, le matériel et le spirituel, n'est pas dépréciative, car la métaphore appelle parfois un comparatif de supériorité qui souligne l'avantage des nourritures spirituelles: 'Celles qui sont destinées à vivre d'une vie de sentiment, sentent que l'Amour est plus nécessaire à la vie de l'esprit, que les alimens ne le sont à celle du corps' (*Femmes*, p.209). Ces biens sont nécessaires à la vie, et l'homme prévoyant veille à en faire provision (*Avis fille*, p.79-80 et 85) pour les temps d'affliction. Si l'image est éculée, celle de la disette en revanche l'est moins: 'Une gloire si mal fondée marque une grande disette de mérite' (*Avis fils*, p.50).

Les images tirées du goût sont inséparables de ces métaphores alimentaires. Le lexique de Mme de Lambert accueille des vocables qui viennent d'un fonds

---

81. La divine Arthénice adorait les fleurs: on se reportera au portrait qu'en donne Madeleine de Scudéry dans le *Grand Cyrus*. On sait le rôle du bouquet et de la guirlande dans ce milieu. Sur le bouquet, on verra aussi les développements de Grenaille dans *Les Plaisirs des dames*, cités par R. Lathuillère, i.583.

82. L'expression 'présenter des fleurs' est synonyme de 'tromper'. Voir *Avis fils*, p.48 et *Avis fille*, p.96.

commun. Nous verrons comment le mot *assaisonner* peut encore passer à ses yeux pour un néologisme fâcheux. On peut goûter les productions de l'esprit ou les idées abstraites, comme l'on goûte un mets. Certains mets, mal assaisonnés, sont insipides: c'est le cas de 'la beauté, sans mérite et sans esprit' (*Femmes*, p.192), ou du plaisir vif, ce poison qui trouble le repos, qui 'gâte le goût' et rend 'insipides tous les plaisirs simples' (*Avis fille*, p.71). Il n'y a rien de plus contraire à la sagesse lambertine, comme à celle de Fontenelle, que l'idée d'un homme dégoûté, qui ne sait plus découvrir la vraie richesse de l'existence. Toutes les images qui tournent autour du goût sont expressives, car elles sont ambivalentes: ainsi l'amour peut tour à tour éveiller l'appétit ou bien frapper le sujet d'agustie. Ces caractères expliquent leur profusion; l'on est obligé de constater que les autres activités des salons sont moins bien représentées.

Les images tirées des activités domestiques sont moins nombreuses, mais cependant significatives. La grande dame ne méprise pas les détails du ménage, ses écrits nous l'ont prouvé; dans sa vie réglée, chaque détail a son importance: l'ordre domestique est le reflet d'ordres supérieurs, celui des bienséances, celui du goût qui a présidé à la décoration de la demeure. Les passions ardentes, celles qui précisément sont liées à la débauche, s'expriment en images tirées de la vie mondaine: elles portent une marque, un trait distinctif comparable à celui qui signale l'équipage et la domesticité d'une grande maison: 'Ces personnes se livrent à toutes les passions les plus ardentes. Vous les voyez occupées du Jeu, de la Table: tout ce qui porte la livrée du Plaisir est bien reçu' (*Femmes*, p.198). L'image a de la force et de la justesse: les mots sont l'exacte traduction d'une psychologie. Il faut se souvenir de la diligence avec laquelle la marquise avait adressé au bureau d'enregistrement de Paris ses armoiries, comme l'exigeaient les décrets des 4 décembre 1696 et 23 janvier 1697; il était important pour elle que sa 'livrée' pût être authentifiée. La grande dame a un respect sacré pour les symboles et pour les signes qui ordonnent les destinées: sa langue accorde une place importante à toute une série d'images lexicalisées qui se cristallisent autour de l'idée de rang. L'existence aristocratique se définit dans des signes qu'il faut apprendre à connaître; le même ordre doit éclairer la vie morale, les signes devenant bienséances. La langue, en somme, n'est que le reflet d'un univers cohérent.

h. Les images scientifiques
Si l'on n'est guère surpris de retrouver dans les ornements du langage aristocratique un reflet de la vie des salons, on l'est plus, en revanche, de constater que les images tirées des sciences sont plus rares: la femme savante hésite à laisser passer dans ses écrits des expression figurées à caractère technique. Sous l'influence de la politesse, la vie mondaine s'est ouverte aux

manifestations les plus solides de la connaissance; mais la langue de tous les jours ne reflète pas ces préoccupations. Ce constat peut être confirmé par l'analyse du tableau statistique que présente F. Deloffre, et qui porte sur les métaphores signifiantes de Marivaux: les sciences occupent l'avant-dernière place, juste avant l'histoire et les légendes. Cette observation permet d'affirmer que Mme de Lambert reste proche de la tradition aristocratique et précieuse, qu'elle est moins moderne sur ce point que les hôtes de Sceaux. Le goût de la duchesse Du Maine pour les observations scientifiques et pour les sciences exactes est bien connu; il semble se refléter dans la langue qui était parlée à Sceaux: on relève dans les *Mémoires* de Mme de Staal plusieurs métaphores hardies qui transposent les figures du sentiment en figures scientifiques.[83] Mme de Lambert est beaucoup plus sobre, et ces images modernes n'ont pas encore contaminé sa langue. Elle semble surtout, sur ce point, avoir subi l'influence de Fontenelle, qui s'est fait une spécialité de la vulgarisation scientifique et dont les écrits ont grandement contribué à introduire le goût des images scientifiques dans les salons.

On ne recense dans les écrits de Mme de Lambert que deux images vraiment significatives ayant trait aux techniques de l'observation. Encore doivent-elles plus à un esprit précieux qui cherche à surprendre son interlocuteur par l'originalité de l'invention qu'à un effort d'ouverture aux réalités scientifiques. Les lunettes et le microscope sont deux instruments qui fournissent à Mme de Lambert une pointe dans le goût précieux, d'autant plus saisissante que l'écart est important qui sépare l'objet-repère de la réalité psychologique évoquée: 'Il y a des gens qui mettent toujours les lunettes du ridicule; ce n'est pas la faute des objets, c'est la faute de ceux qui les regardent' (*Avis fils*, p.26). La formule montre parfaitement comment l'esprit précieux anime la phrase: il tient d'abord à l'invention qui découvre un rapprochement inattendu entre l'objet technique et la réalité abstraite, puis à l'explication, la pointe s'éclairant après coup. Une image voisine, qui porte les marques de la préciosité, et qui pourrait bien venir de Fontenelle,[84] est celle du microscope qu'on applique à la délicatesse. Mme de Lambert en fait un instrument d'observation qui 'grossit

83. Chez Mme de Staal, quelques images étonnantes trahissent la femme savante. 'Dans la solitude les objets se boursouflent comme ce que l'on met dans la machine du vide' (p.32); 'Il y avait une grande place à passer; et, dans les commencements de notre connaissance, il prenait son chemin par les côtés de cette place: je vis alors qu'il la traversait par le milieu; d'où je jugeai que son amour était au moins diminué de la différence de la diagonale aux deux côtés du carré' (p.33).

84. On rencontre aussi la métaphore du microscope chez Fontenelle: 'Tout sujet exactement considéré devient infini, et l'attention est une espèce de *microscope* qui le grossit et le multiplie à proportion qu'elle est plus parfaite' (*Histoire de l'Académie des sciences*, cité par Jean Rostand, 'Fontenelle à l'Académie des sciences', *Revue de synthèse* 82 (1961), p.66).

pour un certain tems ce qui est imperceptible aux autres' (*Délicatesse*, p.274-75).

D'autres images peuvent être rattachées à ce thème de l'observation scientifique, mais elles sont moins neuves. Comme jadis les précieuses, Mme de Lambert utilise abondamment les mots *clarté*, *lumière*:[85] elle les renouvelle en les rapportant aux réalités scientifiques. On ne sait pas si la marquise, en femme cartésienne, a pratiqué, comme la duchesse Du Maine, l'observation et l'art difficile de manier la lunette astronomique ou le microscope; mais Fontenelle a pu lui apprendre que 'les Observations sont une manœuvre très-fine et très-délicate' (v.259). Elle ne semble pas ignorer l'importance de l'éclairage et du réglage, et ces techniques difficiles lui servent à qualifier aussi la perception des idées par l'entendement. Peut-être sommes-nous ici aux sources des métaphores des 'Lumières'! 'L'attention est nécessaire; elle fait naître *la lumière*, pour ainsi dire, *approche* les idées de l'esprit et les met à sa portée' (*Femmes*, p.186). L'utilisation efficace de l'instrument d'observation passe par la recherche d'une image nette: 'Je ne crois donc pas que le sentiment nuise à l'entendement; il fournit de nouveaux esprits, qui *illuminent* de manière que les idées se présentent plus vives, plus nettes et plus démêlées' (p.186). Est-ce une coïncidence? Les images concrètes qui définissent le point de vue de l'observation et décrivent le champ de la perception sont familières à celle qui, dans les dernières années de sa vie, souffrira cruellement des infirmités de la vue. Les conditions de l'observation, dont dépend l'exactitude des connaissances, sont toujours décrites avec soin:

Tout, *en éloignement*, me paroît diminuer de prix et de valeur; hors vous, Madame, qui êtes toujours pour moi dans le même *point de vue* [*Correspondance*, p.414];

C'est un *beau point de vue* qu'une éternité de bonheur [*Vieillesse*, p.158].

A la recherche de la vérité, la marquise aime 'voir les choses à découvert' (*Sentiment dame*, p.272). Notons enfin que la métaphore de l'observation scientifique peut exister sans l'instrument, mais elle est dans ce cas beaucoup plus banale: 'des gens entêtés, qui ne vous *voyent* qu'au travers de leur prévention' (*Amitié*, p.138). De telles métaphores devraient permettre de caractériser la langue d'un milieu; on les retrouve chez Fontenelle, qui aime lui aussi peindre la recherche de la vérité en termes d'éloignement ou de grossissement. Ces métaphores semblent avoir lié leur sort à la Querelle des Anciens et des Modernes qui fit de la question de la perspective un débat de fond. C'est un axiome dans les salons modernes, que l'antiquité est un objet d'une espèce particulière, l'éloignement le grossit' (*Dialogues des morts*, i.48):

85. Voir Lathuillère, i.498-500.

la pointe est digne de l'esprit précieux de Fontenelle. Il n'est pas sans intérêt de noter que la métaphore de l'observation plaît aux philosophes et aux beaux esprits. Mme de Lambert lui donnera des significations analogues: elle utilise le jeu des perspectives dans l'espace et dans le temps pour souligner la disproportion entre les jugements humains et le prix véritable des choses, pour dénoncer les préjugés. L'apprentissage des techniques de l'observation finit par se confondre avec une leçon philosophique qui préfigure l'orchestration voltairienne sur le thème de la relativité: 'Il est bon d'*approcher* les hommes, de les *voir* à découvert et avec leur mérite de tous les jours. *De loin*, les Favoris de la Fortune vous imposent: *l'éloignement* les met *dans le point de vue* qui leur est favorable [...]. Pour se désabuser de la Grandeur, il faut la *voir de près*' (*Avis fils*, p.19-20).

Les mots techniques ou concrets qui servent à décrire les phénomènes physiques sont également appliqués aux faits abstraits: la langue de l'analyse cerne les réalités psychologiques et morales dans les termes qu'utilise le savant pour décrire les qualités d'un objet. Dans ce domaine, les images les plus banales peuvent cohabiter avec des tours originaux. Dans l'exemple qui suit, la métaphore du verbe *user* est neutre;[86] mais elle appelle, par association, le mot favori des mondains *pointe*[87] que qualifie le verbe concret *s'émousser*: 'Mais il arrive souvent que le goût *s'use*, que cette *pointe* de sentiment *s'émousse* par l'habitude' (*Amitié*, p.132-33).

Tous les objets fabriqués par l'homme sont susceptibles, depuis des temps immémoriaux, d'entrer dans un tel langage. Certaines métaphores sont si banales qu'on peut à peine les mentionner. Dans la même page (p.270) du *Discours sur le sentiment d'une dame*, on relève: les 'appas' de la Cour, et une mémoire 'meublée' de choses précieuses.

Les concepts qui décrivent l'univers, définissent le mouvement, montrent la distribution de la matière sont familiers aux mondains et leur fournissent des métaphores expressives. Mme de Lambert ne les ignore pas, mais l'usage qu'elle en fait n'est guère original. Le *Discours sur le sentiment d'une dame*, où elles abondent, l'illustre assez bien. On y rencontre, appliqués au monde moral, des termes qui servent à la mesure des corps: tour à tour le caractère, les sentiments, les qualités, le mérite, sont qualifiés par l'adjectif *solide*, ou par son contraire *léger*. Le vocabulaire est aussi celui de la déformation et de la transformation des corps: les qualités de l'âme *échauffent*, l'esprit *augmente* en délicatesse. Mais c'est surtout l'étude du mouvement des corps qui est productive: la physique cartésienne semble avoir imposé l'image si fréquente du *vide*,

---

86. L'expression est lexicalisée: on la rencontre aussi dans *Sentiment dame*, p.266.
87. Voir *Histoire de la langue française*, vi.1080.

ainsi que la métaphore *être répandu*. Les notions de mécanique ont envahi la langue; on est sensible à la théorie des chocs: les sensations *ébranlent* l'âme (*Vieillesse*, p.163); 'il faut par de grands objets donner un grand *ébranlement* à l'âme' (*Avis fils*, p.4). Si ces images lexicalisées n'ont pas l'originalité de celles de Fontenelle, qui crée une véritable morale corpusculaire, elles sont néanmoins bien accordées aux connaissances scientifiques de l'époque. Des remarques analogues peuvent être formulées sur le vocabulaire qui définit le mélange des corps: il servira lui aussi à caractériser la langue d'un milieu. Pour Fontenelle, la grandeur de Charles Quint n'est 'qu'*un composé* de plusieurs hazards' (i.77), et pour Mme de Lambert 'la raillerie délicate est *un composé* de louange et de blâme' (*Avis fils*, p.25). L'image, parfois, est plus expressive: 'Nous leur demandons *un mélange* et un ménagement de ces qualités, qu'il est difficile d'attraper et de réduire à *une mesure* juste' (*Femmes*, p.189).

Depuis l'Antiquité, les images se rapportant aux maladies servent à désigner l'amour et ses fièvres: dans la langue des salons précieux, dans celle de Fontenelle comme dans celle de Marivaux, toutes les variations sur ce thème sont possibles. Dans ses *Lettres galantes*, Fontenelle avait développé au long d'une lettre (i.488) une comparaison dans le goût précieux entre la petite vérole et la maladie gagnée par le correspondant, 'accoutumé à respirer un air très dangereux'. Moins hardie, plus neutre, la métaphore se trouve aussi dans les ouvrages de la marquise de Lambert: 'Si votre cœur est *attaqué* par l'amour, voici les *remèdes* pour en *arrêter le progrès*' (*Avis fille*, p.95). Tout cela est banal; l'indication du remède sert à Fontenelle, dans la conclusion de la lettre: 'Si vous avés peine à la deviner, demandés à votre Médecin quelle elle peut être, il vous le dira bien sur les symptômes que je vous mande, et ce Billet pourra servir de Mémoire instructif pour une Consultation' (i.489). On la retrouve aussi chez Marivaux dans la scène 3 du *Legs* (1736):

Lisette: Laissez-là la découverte que vous avez faite de mes grâces, et passez toujours sans y prendre garde.
Lépine: Je les ai vues, Mademoiselle; j'en suis frappé, et n'ai de remède que votre cœur.
Lisette: Tenez-vous donc pour incurable.

Dans une signification voisine, l'amour peut être un poison (*Avis fille*, p.71); mais, plus généralement, c'est l'air du monde qui est corrupteur et dangereux. 'Le Monde communique son venin aux âmes tendres' (p.90). C'est la raison pour laquelle la sagesse, l'existence du vertueux ne sauraient être assimilées à un état pathologique. Il faut avoir 'le cœur sain', il ne faut pas s'approcher des plaisirs 'avec un goût de malade' (p.72-73).[88]

88. L'image du lit de repos complète la métaphore de la maladie. Voir *Richesses*, p.222: les

10. *Le style de Mme de Lambert: mondanité et préciosité*

Les images de Mme de Lambert répondent parfaitement à son idéal esthétique d'un style orné, dont les caractères seraient l'élégance et le naturel. On peut difficilement parler de lambertinage métaphorique. La plupart des images appartiennent à un fonds courant; le chercheur ne doit pas les dédaigner cependant, car elles pourraient servir à caractériser un langage commun à un milieu, celui des salons et des Cafés fréquentés par les nouveaux précieux. C'est le cas, en particulier, des métaphores commerciales et des métaphores scientifiques. D'autres, beaucoup plus neutres, appartiennent depuis longtemps à la langue de l'aristocrate; celles qui peuvent passer pour des expressions du jargon, au moment où Mme de Lambert les emploie, sont beaucoup plus rares. Parfois, une création plus personnelle tranche sur ce fonds métaphorique courant, qui montre que l'esprit précieux est en alerte et ne se contente pas de ce qui lui est donné.

On ne saurait donc accuser la marquise de Lambert d'avoir abusé des images: l'ornement n'est ni baroque, ni précieux. Fontenelle ou La Motte, Marivaux ou Mme de Staal montreront plus de hardiesse. On acquiert la conviction, en analysant le fonds métaphorique de l'hôtesse de Nevers, qu'elle devait écrire comme elle parlait. Il y a plus d'invention, en revanche, dans son art de prolonger la métaphore, de la filer avec grâce. Il faudra rapprocher cette technique de son goût pour les fables et les allégories.

B. *Les périphrases*

Les périphrases sont à mettre également au nombre des expressions figurées caractéristiques de la langue des mondains. Les difficultés méthodologiques rencontrées pour l'étude d'ensemble du style de la marquise de Lambert réapparaissent: elles concernent la distinction entre mondanité et préciosité. Il est tentant, en effet, de considérer la périphrase comme un procédé de la langue précieuse, qui les affectionne pour des raisons que l'étude de R. Lathuillère a soulignées, et qui tiennent à la fois aux bienséances et à la noblesse du style. Ces raisons se retrouvent aussi chez Mme de Lambert. Mais il suffit de découvrir la liste des périphrases précieuses citées par Somaize, ou celle établie plus tard par le *Dictionnaire néologique*, pour comprendre que les périphrases lambertines sont moins affectées. On ne trouverait pas, chez la marquise, des créations comme celles que l'on reproche aux *Fables* de La Motte, cet ouvrage qu'elle met au-dessus de tout: 'l'infame anachorète de Beelsébuth', qui désigne l'avare, ou le 'magasin des jambes', qui désigne l'écrevisse, sont des échantillons représentatifs de la périphrase néo-précieuse.

---

richesses 'sont l'appui à notre foiblesse, et les lits où notre âme se repose: elle est foible et languissante sans elles.'

Chez Mme de Lambert, le recours à la périphrase est conforme aux usages de la langue noble, et peu de créations sont vraiment originales. On est donc fondé à parler d'une autre valeur, à propos de ce procédé: il semble possible, sinon de distinguer toujours, du moins de différencier une périphrase précieuse et une périphrase mondaine. L'une se définirait par rapport à l'esprit, serait une figure de la surprise, et devrait être jugée selon le critère de la réussite dans l'invention. L'autre ne serait rien de plus qu'un ornement, se définirait par rapport à une psychologie et serait appréciée en fonction du ton: elle permet en effet d'éliminer les dissonances, pour le signifiant en évitant une forme commune ou réaliste, et pour le signifié en accordant la pensée aux bienséances.

L'étude des périphrases dans les *Réflexions sur les femmes* et dans les portraits confirme cette interprétation. On ne s'attachera pas à la valeur des périphrases qui apparaissent à l'occasion de citations: elles sont senties comme étrangères, ce sont les ornements les plus froids de la langue. Dans le *Portrait de Sacy*, Mme de Lambert rappelle que les Grecs nommaient les orateurs 'les conducteurs des peuples' (p.241). La périphrase mondaine, dans sa fonction la plus élémentaire, doit accorder la pensée aux exigences du jargon. Elle substitue au mot simple un tour complexe qui accueillera un des mots favoris. Tel est le cas de périphrases formées avec l'adjectif *aimable* qui fait partie du vocabulaire fondamental de l'honnête homme. 'L'aimable Sentiment' est préféré à l'amour (*Femmes*, p.192), et dans le *Portrait de Mlle de ****, le corps de la femme accomplie est devenu 'la prison aimable de l'âme de Lucrèce' (p.237). Lorsqu'elle se développe, la tournure périphrastique se nuit à elle-même, comme ce fut le cas trop souvent dans la langue des précieuses. La phrase assez libre des portraits perd de sa noblesse et de son énergie dans des formules alambiquées. Que penser de cette proposition dans laquelle la cécité de La Motte est exprimée en termes redondants: 'Quand ce monde matériel a disparu à ses yeux par la perte de la vue' (p.220)?

La périphrase mondaine doit servir à la variété des tons. Elle ne se rattache à la fonction spirituelle que d'une manière assez lâche, et c'est par rapport aux bienséances qu'elle trouve sa justification. Fondamentalement, elle se confond avec l'euphémisme:[89] grâce à elle, l'écrivain peut éviter de traduire par le terme propre des réalités brutales ou vulgaires de l'existence humaine, qui révoltent la pudeur ou blessent la sensibilité. Comment ne pas être sensible, à notre

---

89. La rencontre de l'euphémisme permet de signaler l'usage classique de la litote, autre figure de l'atténuation. La plus expressive est sans doute celle-ci, qui permet à une mère attentive de ménager l'amour-propre de l'adolescente: 'vous n'êtes pas née sans agréments, mais vous n'êtes pas une beauté' (p.67).

époque où triomphe la trivialité, à l'élégance d'une langue capable d'exprimer avec tant de raffinement le rôle de la pudeur ou les ravages de la vieillesse?

La Pudeur est si nécessaire aux plaisirs, qu'il faut la conserver, même *dans les tems destinés à la perdre* [*Femmes*, p.178];

Il est dans l'âge où les sentiments deviennent plus délicats, parce qu'on échappe à l'empire des sens [*Portrait de La Rivière*, p.234].

La périphrase euphémistique apparaîtra naturellement dans toutes les occasions où les valeurs du code aristocratique doivent éclairer la conduite des individus. Elle permet en particulier de dire avec noblesse ce qui peut être tenu pour une faute politique, pour un manquement au devoir: 'Il ne s'est pas contenté d'assurer dans ses premières années sa réputation sur la valeur: il en a souvent donné des marques aux dépens de sa soumission à nos loix' (p.233).

c. *Personnifications, allégories et fables*

Un dernier trait essentiel du style figuré de la marquise de Lambert se définit dans la propension à animer les abstractions; elle s'exprime principalement dans le mythologisme et la fabulation.[90]

Tous les concepts de morale sont susceptibles d'être définis à l'aide de qualités humaines, même quand le procédé se réduit à l'utilisation d'un terme unique et lexicalisé, un verbe le plus souvent. Celui-ci, en effet, contribue beaucoup à donner vie aux idées abstraites, auxquelles il suppose une conscience capable de motiver les actes: 'cacher', 'surprendre', 'servir', sont des verbes qui indiquent les mouvements de la volonté. Ces personnifications rudimentaires passent pour de véritables ornements du discours; elles peuvent être envisagées comme des figures d'expression du style élégant.[91] Elles sont suggérées le plus souvent par la métaphore filée. Cet exemple emprunté au *Traité de la vieillesse* (p.157) montre comment la métaphore juridique pourrait donner naissance à une personnification authentique: 'La nature fait une espèce de *traité* avec les hommes; elle ne leur *donne* la vie qu'à des *conditions*; elle ne nous donne rien *en propriété*, elle ne fait que nous *prêter*.' En fait, bon nombre des images rencontrées précédemment sont dans ce cas. Il suffit que l'idée d'un personnage humain, investi d'une autorité ou d'une fonction sociale, soit contenue dans la métaphore, pour que celle-ci se métamorphose en personnification. Le procédé est toujours en relation avec la description de la vie politique et

90. Terminologie de Fontanier, *Les Figures du discours* (Paris 1977).
91. La définition proposée par Fontanier pour les personnifications de ce type souligne leur fonction dans le style orné. 'Les seules *personnifications* vraiment *figures d'expression*, ce sont ces personnifications courtes, rapides, qui ne se font qu'en passant, sur lesquelles on n'appuie pas, et qui ne sont visiblement qu'une expression un peu plus recherchée, substituée à l'expression ordinaire' (p.113).

des relations sociales. On peut ébaucher une liste de ces personnifications élémentaires, qui compléterait l'étude des métaphores, sous cet angle particulier.

Personnifications ayant trait à l'autorité: l'imagination est un tyran (*Avis fille*, p.86); la droite raison est un maître (*Portrait de La Motte*, p.219); le vice est un grand seigneur (*Avis fille*, p.90).

Personnifications ayant trait au service: la sensibilité est un serviteur (*Femmes*, p.187); la honte est un gardien (*Avis fille*, p.63).

Personnifications ayant trait à l'éducation: la vérité est transformée en pédagogue (*Femmes*, p.179-80).

Personnifications ayant trait à l'amitié: la Fortune séduit l'homme par ses caresses (*Amitié*, p.129). Cette image permet de remonter aux sources d'expressions lexicalisées comme 'le favori de la Fortune' (*Avis fils*, p.19), 'le favori de la raison' (*Portrait de Fontenelle*, p.245).

De telles personnifications annoncent l'existence de ces entités, de ces 'démons', qui, dans un plan supérieur, organisent encore la destinée du noble à l'aube du dix-huitième siècle. Nous avons souligné, dans l'analyse des idées morales, l'importance de l'allégorie de la Fortune et du symbole de l'étoile. On peut ajouter à ces figures celle du temps (météorologique), présenté avec grâce dans la correspondance comme un petit dieu malicieux.[92] Le ridicule est aussi une entité capricieuse, qui trouble l'ordre et les bienséances servant à régler la conduite de l'aristocrate: 'Il est devenu si redoutable, ce Ridicule, qu'on le craint plus que le Déshonorant. Il a tout déplacé, et met où il lui plaît la honte et la gloire. Le laisserons-nous le maître et l'arbitre de notre réputation? [...] Il a pris le savoir en aversion' (*Femmes*, p.174-75). Insensiblement, la personnification se transforme en allégorie, par un jeu de correspondances qui enlacent le registre abstrait et le registre concret.

Est-il besoin de dire que les attributs symboliques traditionnels, qui aident à l'identification des allégories, servent aussi à ces personnifications élémentaires? Ils sont familiers à des esprits habitués à se mouvoir dans un monde de représentations culturelles figurées. A Cicéron, Mme de Lambert emprunte la distinction de l'amour et de l'amitié par l'attribut du bandeau: 'Le bandeau qu'on donne à l'amour, on l'ôte à l'amitié' (*Femmes*, p.134).

Il faut enfin classer parmi ces ornements un procédé qui consiste en une inversion de la personnification: ce sont les mots abstraits, les idées morales qui serviront à désigner une personne. Le tour, particulièrement expressif, fait 'voir' le vice ou la qualité, et transforme le caractère en type, en donnant à la

---

92. 'Comme j'ai vu que le temps *n'étoit pas d'accord* avec mes désirs, j'ai essayé d'accommoder mes désirs au temps; et pour *me venger* de *sa malice*, j'ai résolu [...]' (p.412).

réflexion morale une portée générale. 'Ce Maître de la maison, que vous honorez, songez, en l'abordant, que souvent c'est l'Injustice et le Larcin que vous saluez' (p.181).

Les personnifications sont les ornements les plus discrets du discours; elles se situent aux limites du domaine métaphorique, là où l'idée s'anime, prend figure humaine. Elles annoncent un style allégorique qui, lui, est beaucoup plus significatif: il témoigne du lien qu'entretient la langue mondaine avec les représentations culturelles et idéologiques de la société. Les allégories, les figures mythologiques sont des modes d'expression familiers aux nouveaux précieux. Il suffit d'alléguer deux exemples probants. Les écrits libertins et mondains de Montesquieu peignent un décor qui aurait pu inspirer Boucher, qu'il s'agisse du séjour de sa Vénus gnidienne, ou des bois d'Idalie que parcourt sa Céphise.[93] On voit, dans le temple de la déesse à Gnide, des tableaux qu'on rencontre dans les demeures aristocratiques du début du siècle, et en particulier à l'hôtel de Nevers. Mme de Lambert possédait dans sa collection des toiles de ce goût: 'Vénus sortant du bain', 'Vénus et l'Amour', 'Vénus sur les eaux', 'Bacchus et Ariane', 'Narcisse et la nymphe Echo'. L'autre exemple sera tiré de l'œuvre de Marivaux, qui révèle une dilection pour les divertissements et les prologues dans le goût de l'opéra: elle a influencé *L'Amour et la vérité* (1720), *Le Triomphe de Plutus* (1728), *La Réunion des amours* (1731), *Le Chemin de la Fortune* (1734).

La grande dame vit dans un monde intellectuel qui emprunte ses références à l'Antiquité, à la mythologie païenne: il est accordé aussi au décor de la vie quotidienne, dans l'intimité des salons ou dans la solennité des palais. Rien n'a vraiment changé depuis l'humanisme de la Renaissance: les divinités, comme dans la *Vie de Marie de Médicis* vue par Rubens, participent toujours aux événements, importants ou mineurs, de l'existence des hommes. Elles ordonnent l'univers aristocratique et ornent ce qui doit l'exprimer.

Les Grâces et les Amours président à l'élégance mondaine: ils sont partout et inspirent en particulier le style orné. De temps à autre, ils s'animent dans une authentique allégorie. La plus gracieuse orne le portrait de Fontenelle (p.246), et nous confirme qu'il faut tenir les Grâces pour les divinités tutélaires

---

93. L'allégorie peut aussi avoir chez Montesquieu une signification satirique et philosophique. Voir *Le Démocrite français* in: *Revue du dix-huitième siècle* 2 (1970), p.6-12. Sous la forme allégorique, ce texte décrit l'aventure de Law: on retrouve au centre de la fable le dieu Plutus cher à Marivaux. Il contient aussi une description d'un tableau mythologique qu'on pourrait intituler 'La France, favorite de Pallas'. Cette valeur de l'allégorie lui vient en partie du théâtre de l'époque. Voir la présentation du discours allégorique par F. Deloffre dans l'étude du *Bilboquet* (1714) de Marivaux (p.103): le rôle du procédé dans les *Fables nouvelles* de La Motte y est souligné.

du salon aristocratique: 'Il semble que les Grâces vives et riantes l'attendent à la porte de son Cabinet, pour le conduire dans le monde et le montrer sous une autre forme.' Selon la mythologie, tout agrément vient des Grâces. L'idée a survécu dans la culture mondaine par la lecture des Anciens, comme le prouvent deux allusions dans le *Portrait de Sacy*.[94] Les Grâces sont associées par prédilection au bel esprit et à la poésie: on leur doit les ouvrages de La Motte, de Sacy, de La Rivière. Tous les textes réunis autour de ce motif mythologique confirment l'importance des discussions poétiques à l'hôtel de Nevers. Les Muses semblent concurrencer les Grâces; en réalité, elles ont un rôle complémentaire: les Grâces donnent l'élégance de l'expression, et les Muses président aux lectures, à la culture, elles demandent un commerce au sens le plus noble du terme:

Elle se dérobe à ses affaires et à ses amusemens pour être en bonne fortune avec les Muses. Elle lit tout [*Portrait de Mlle de ****, p.239];

C'est par les yeux que [l'homme de lettres] est en société avec les Muses [*Portrait de La Motte*, p.221].

La politesse la plus exquise, la culture la plus raffinée réunissent l'idéale entente des Grâces et des Muses, comme dans les maisons d'autrefois, 'où il étoit permis de parler et de penser, où les Muses étoient en société avec les Grâces' (*Femmes*, p.180).

Vénus, Psyché, Cupidon, que nous avons déjà rencontrés, sont aussi bien représentés dans la salon de la marquise de Lambert que dans sa langue. Nous les retrouverons à propos de la fable mythologique. Il faut cependant dire un mot ici d'une image chère au siècle, celle de la ceinture de Vénus.[95] En elle se cristallisent toutes les grâces mondaines, tous les charmes de la politesse; Mme de Lambert l'évoque pour sa fille (p.112) avec un lyrisme discret et précieux, qui constitue sans doute le plus bel exemple qu'on puisse donner de son style poli: 'Les personnes les plus polies ont ordinairement de la douceur dans les mœurs, et des qualités liantes; c'est la Ceinture de Vénus; elle embellit, elle donne des grâces à tous ceux qui la portent; avec elle vous ne pouvez manquer de plaire.'

La personnification et le mythologisme sont incontestablement les ornements du langage mondain. Mais ils peuvent aussi construire un discours gnomique

94. 'On peut dire de lui ce qu'on a dit d'un grand Poète, que si les Grâces avoient voulu parler aux hommes, elles auroient emprunté son langage'; 'On peut dire de lui ce que l'on a dit d'un Poète infiniment aimable: que les Grâces ayant été longtemps errantes chercher un Temple pour se placer, et qu'ayant trouvé le cœur d'Aristophane, elles s'y reposèrent, y firent leur habitation et le comblèrent de toutes les faveurs' (*Portrait de Sacy*, p.241 et 243).

95. Marivaux, dans *L'Iliade travestie*, donne une explication de la ceinture de Vénus selon l'usage qu'en faisaient les femmes de 1715 (vii, vers 571-614).

qui séduit l'esprit moderne et l'esprit précieux: la fable. Mme de Lambert l'insère avec aisance dans ses réflexions morales et dans ses productions mondaines. Nous avons montré, dans la première partie, que la marquise était une lectrice d'Ovide et de La Fontaine, qu'elle avait défendu avec passion le projet controversé de La Motte. Il faut rappeler que la fable joue un rôle traditionnel important dans l'éducation aristocratique, et qu'elle appartient aussi à la tradition précieuse, en particulier quand elle fait appel, sans doute sous l'influence platonicienne, au mythe des origines. On rencontre chez l'abbé de Pure, 'une fable mystérieuse' sur l'empire du sexe (i.30ss.), dont Mme de Lambert a pu s'inspirer. On retrouve chez elle, en effet, les éléments narratologiques qui rapportent l'allégorie aux origines du monde:

Les Dieux à la naissance du monde, consultèrent entre eux lequel des deux sexes auroit le commandement, et seroit réputé le chef et le maistre de l'autre. Il s'y trouva de grandes difficultez; la fierté de l'homme parut à quelques-uns [...]. Mais d'un autre costé la beauté de la femme parut [...]. La question s'echauffa parmy les Dieux [...]. Mars opina [...]. Amour au contraire fit voir [...]. Le Destin prit la parole.

Puis la fable, passant du mythe à l'histoire, développe une longue allégorie géographique sur le double empire. La marquise de Lambert s'inscrit dans cette tradition, mais élague considérablement un discours métaphorique touffu.

Les fables mythologiques sont les mieux représentées, surtout dans le genre mondain du portrait. Elles se développent sous la double inspiration de Platon et de la préciosité. La fable s'empare du mythe des origines, qui tente un esprit moderne, aux fins de le renouveler.

L'impulsion initiale est souvent une allégorie traditionnelle, comme celle-ci qui vient de Platon et qui fait de l'amour le fils de la pauvreté et du dieu des richesses. Mme de Lambert éclaire rapidement, en reprenant un développement beaucoup plus long de Fontenelle dans son *Histoire des oracles*,[96] la signification de l'allégorie: 'Un ancien dit que l'amour est fils de la pauvreté, et du Dieu des richesses; de la pauvreté, parce qu'il demande toujours; du Dieu des richesses, parce qu'il est libéral' (*Amitié*, p.120). Elle s'empresse ensuite d'appliquer cette symbolique à l'amitié: 'L'amitié ne pourroit-elle pas aussi avoir la même origine?' La réponse à cette question s'exprime en un développement précieux, qui établit un parallèle raffiné: l'amitié témoigne elle

---

96. 'Il dit que l'Amour est fils du Dieu des Richesses, et de la Pauvreté; qu'il tient de son Père la grandeur de courage, l'élévation des pensées, l'inclination à donner, la prodigalité, la confiance en ses propres forces, l'opinion de son mérite, l'envie d'avoir toujours la préférence; mais qu'il tient de sa Mère cette indigence qui fait qu'il demande toujours, cette importunité avec laquelle il demande, cette timidité qui l'empêche quelquefois d'oser demander, cette disposition qu'il a à la servitude, et cette crainte d'être méprisé qu'il ne peut jamais perdre' (ii.254).

aussi de cette dualité, car elle est à la fois avide de sentiments et généreuse. Cet exemple montre assez bien le rôle des souvenirs mythologiques dans la culture mondaine. L'allégorie est recherchée pour sa transparence: à la différence du symbole, les zones d'incertitude qu'elle laisse subsister sont vite comblées par l'analyse précieuse qui l'enrichit, mais en aucun cas ne la modifie. En outre, la peinture des divinités mythologiques a l'avantage de souligner le caractère universel de l'idée précieuse, et l'inscrit dans un monde où elle est débarrassée de toutes les impuretés terrestres. Un néo-platonisme évident inspire cette culture mythologique. Il se révèle dans la double structure des fables. Elles ont un caractère ouranien quand elles font agir, loin de la race des mortels, les figures de l'Olympe qui légueront à la terre des modèles de perfection: la politesse, les Grâces, tous les agréments réunis renvoient à une harmonie céleste primitive. Elles ont un caractère 'lithique' et tellurique quand, travaillant sur l'opposition platonicienne de l'esprit et de la matière, elles montrent la supériorité des agréments de l'esprit: la hiérarchie des qualités renvoie au mythe de l'âme enfermée dans le corps.

Fables à structure ouranienne. La Pudeur conserve de ses origines célestes un caractère de liberté et d'aisance. Elle doit à un oubli fâcheux de Jupiter[97] d'être la première parure de la femme. Le caractère ouranien de la Politesse est indirect. Celle-ci intervient dans une fable allégorique généalogique; comme l'Amour, ses géniteurs sont connus: elles est 'fille du Luxe et de la Délicatesse' (*Avis fille*, p.111). La généalogie la désigne comme figure de l'histoire. Et cependant elle tient aussi au mythe, car son rôle fut de se substituer à une fille du ciel. Il est nécessaire de commenter rapidement les structures narratives de cette fable attachante. Elle se développe en deux discours distincts. Dans le premier, qui est un discours généalogique relié au mythe, apparaissent les outils grammaticaux du récit fabuleux: 'La Politesse est un supplément de la Vertu. *On dit qu'*elle est venue dans le Monde, *quand* cette fille du Ciel l'a abandonné. *Dans les tems* les plus grossiers, où la Vertu régnoit davantage, on connoissoit moins la Politesse; elle est *venue* avec la Volupté; elle est la fille du Luxe et de la Délicatesse' (p.110-11). Comme souvent chez Mme de Lambert,

---

97. *Fable de la Pudeur.* La transformation du discours fabuleux en discours gnomique coïncide avec le passage du mythe des origines à la réflexion morale, sensible dans le changement des temps. Nous soulignons les outils grammaticaux de la narration. '*On dit que* Jupiter en formant les passions, leur donna à chacune sa demeure; la Pudeur fut oubliée, et *quand* elle se présenta, on ne savoit plus où la placer: on lui permit de se mêler avec toutes les autres. *Depuis ce tems-là*, elle est inséparable; elle est Amie de la Vérité, et trahit le Mensonge qui ose l'attaquer; elle est liée et unie particulièrement avec l'Amour; elle l'accompagne toujours, et souvent elle l'annonce et le décèle; enfin l'Amour perd ses charmes, dès qu'il est sans elle. C'est un grand lustre à une jeune personne, que la Pudeur' (*Avis fille*, p.66). Il va de soi que la dernière phrase sert de moralité.

une question morale dans le goût précieux annonce un discours gnomique à la première personne, l'opposition du 'on' et du 'je' marquant le moment où la fable se métamorphose. Ce 'je' est ambigu: le fabuliste et le moraliste se confondent: 'On a douté si elle tenoit plus du Vice, que de la Vertu. Sans oser décider, ni la définir, m'est-il permis de dire mon sentiment? Je crois qu'elle est un des plus grands liens de la Société' (p.111). Le maniérisme d'une fable aussi gracieuse, la forme de la dissertation précieuse donnée au second mouvement tranchent avc le ton sérieux et moralisateur des *Avis d'une mère à sa fille*. On est tenté d'admettre que la fable a pu être composée à une époque antérieure; peut-être est-elle un des écrits de l'adolescence qu'évoquait Fontenelle.

Vénus occupe dans ces fables à structure ouranienne une place à part. Le *Portrait de Mlle de* *** est ordonné autour de cette figure céleste, qui s'est substituée à Jupiter dans le rôle de divinité protectrice des mortelles les plus aimables. 'Vénus en a fait une personne à part, et seule semblable à elle-même' (p.237). Elle est secondée dans ce rôle par son fils. Leur protection suffit à désigner une race de mortels privilégiés (p.236-37):

Vénus et l'Amour, *depuis longtemps*, avoient parmi les mortels une race chérie, qu'ils avoient prise sous leur protection; c'étoit un sang privilégié, et qui étoit tributaire à l'Amour et à sa Mère; la beauté et les grâces présidoient toujours à leur naissance;[98] les amours et les jeux les accompagnoient dans la suite de leur vie.

On ne peut plus aimable fiction; et cependant l'allégorie trahit ses origines idéologiques: elle apparaît comme la figure d'un discours aristocratique. Il faut à la race, au sang, au privilège une origine mythique, une naissance qu'on ne saurait contester parce qu'elle toucherait au sacré. On peut se demander si les allégories (Vénus, Mars, Amour, Grâces) n'ont pas joué dans la culture aristocratique un rôle identique à celui d'Apollon dans le culte monarchique. Cette fable est sans doute la plus riche des fables composées par Mme de Lambert, car elle fait appel aussi à une seconde structure: au motif de la protection de Vénus est juxtaposé celui de la prison de l'âme.

Il faut encore placer parmi les fables à caractère ouranien un écrit aimable, qui sert d'épithalame. Dans une lettre à une dame dont l'identité nous est inconnue (p.416), Mme de Lambert développe, pour la complimenter sur son mariage, une fable précieuse sur la réconciliation des deux frères ennemis, l'Amour et l'Hymen. Il n'y a là rien d'original: le compliment mondain est dans le goût de l'époque. Il faudrait sans doute le comparer au divertissement

---

98. On retrouve, transposé, le thème des dons des fées, cher à l'époque. Voir la fin de la première feuille du *Cabinet du philosophe*: M. Gilot, tout en rappelant la frivolité de la société, invite à goûter la fraîcheur de ce passage (p.614).

fourni en 1688 par J. de La Chapelle, secrétaire des commandements du prince de Conti, à l'occasion du mariage de François-Louis de Bourbon et de Marie-Thérèse de Bourbon: *L'Amour et l'Hymen. Divertissement. Donné à l'hôtel de Conty, après le mariage de Leurs Altesses Sérénissimes.*[99] C'est bien dans la tradition aristocratique la plus pure qu'il faut situer le style orné de Mme de Lambert. Cette fable, une fois encore, entraîne irrésistiblement la pensée vers un âge d'or: 'De leur intelligence dépendent vos beaux jours. Qu'ils coulent ces heureux jours dans l'Innocence et dans la paix!' (lettre à Mme ***).

Fables à structure 'lithique' et tellurique. La fable mythologique peut aussi décrire le caractère extraordinaire des plus belles qualités humaines en les rapportant à des événements terrestres. Le mythe platonicien de la chute de l'âme dans la matière s'impose alors à l'écrivain. La description du principe spirituel emprunte, dans le récit fabuleux, ses référents au monde minéral et au monde métallique. Le *Portrait de La Motte* fournit une fable aimable (p.220) sur l'alliage des métaux qui explique la hiérarchie des âmes: 'Un philosophe *a dit* que quand Dieu forma les âmes, il jeta de l'or dans la fonte des unes, et du fer dans celle des autres. Dans la formation de certaines âmes privilégiées, telle que celle de M. de La Motte, il a fait entrer les métaux les plus précieux; il y a renfermé toute la magnificence de la nature.' La fabulation traditionnelle inspire Mme de Lambert qui, fidèle à son habitude, propose une interprétation nouvelle d'un thème connu. Son chef-d'œuvre, en ce domaine, est sans conteste le récit qu'elle consacre au mythe de Psyché; il avait autrefois singulièrement frappé Louise Colet qui y voyait (p.22) non un emblème du sensualisme païen, mais un reflet sublime de l'idéalisme du *Phédon*. Psyché enfermée dans le palais de l'Amour, dans un monde minéral voluptueux, est un emblème de l'âme enfermée dans le corps. Or le bonheur, comme l'Amour, ne peut être connu: la curiosité et la vanité précipiteront Psyché dans le malheur. Par son motif, cette fable ingénieuse doit être rapprochée de celle de Vénus qui, en s'opposant aux divinités olympiennes, sauve Lucrèce du Tartare, en enfermant son âme dans le corps féminin le plus aimable. La présence de la divinité protectrice, rendue sensible par le recours à la prosopopée, détourne le mythe platonicien de la prison de sa signification primitive. Le récit fabuleux traditionnel est perverti: les âmes d'élite, les 'âmes originales' savent rompre leurs liens matériels. Une fois de plus, Mme de Lambert donne à l'allégorie un sens nouveau, et cherche à séduire par l'invention. Les fables chargées de

---

99. D'après P. M. Conlon, *Prélude au siècle des Lumières en France* (Genève 1970), i, no.3941. Les allégories de ce type sont courantes dans la tradition aristocratique; voir C. F. Menestrier (de la Compagnie de Jésus), *L'Alliance sacrée de l'honneur et de la vertu au mariage de monseigneur le dauphin avec madame la princesse électorale de Bavière* (Paris 1680).

décrire le poids de l'âme, en rapport avec l'alliage des métaux ou la pierre des prisons, ne s'opposent pas absolument aux fables ouraniennes: une puissante nostalgie des origines, un souvenir du Ciel (qu'il prenne la forme de l'ennui ou de la liberté) animent toujours la fable à structure tellurique. Les agréments, le commerce des grâces et des Muses réconcilient l'histoire et le mythe, et doivent être, pour une nouvelle préciosité, les médiateurs entre le monde terrestre et l'idéale patrie.

Mme de Lambert a pratiqué aussi l'apologue, à des fins pédagogiques. Le genre caractérise le style figuré, quoiqu'il soit plus didactique, moins représentatif d'une culture aristocratique que la fable mythologique. La marquise appréciait La Fontaine; elle lui a emprunté l'idée centrale de sa fable 'Le Berger et le roi' (x.9). Dans les *Avis d'une mère à sa fille*, un apologue charmant qu'on pourrait intituler 'Le Favori et sa cassette' est chargé d'illustrer l'antique thème de la roue de fortune. Mme de Lambert a considérablement élagué son modèle: son récit est bref, concis. Elle a débarrassé la fable de La Fontaine de ses représentations politiques: on sait simplement que son héros est 'un Favori parvenu au comble de la Fortune' (p.91). La signification aussi est différente: ce n'est pas le thème de l'ambition qui l'intéresse. Deux personnages seulement interviennent dans un récit où alternent le style indirect et le style direct. Celui-ci est centré sur le motif de la cassette: comme chez La Fontaine, l'objet crée l'effet de surprise, ménagé exactement au milieu du récit. Le favori couvert d'honneurs ne serre dans sa cassette 'qu'un vieil habit tout déchiré' (p.91). L'apologue se termine sur une moralité, accordée aux thèmes développés dans les paragraphes précédents. Comparée à son modèle, cette fable est d'une grande sobriété: elle recherche avant tout l'efficacité pédagogique. Elle est la seule de cette espèce. Cependant, de temps à autre, une personnification fait naître un embryon de récit fabuleux, en particulier quand elle s'appuie sur un proverbe. Dans ce passage de la lettre à Sacy sur la mort du duc de Bourgogne (p.396-97), dans des circonstances moins tragiques, une fable se serait développée autour de la figure de la Mort: 'On dit qu'on doit estimer misérables ceux qui n'ont que le nombre d'années pour preuve d'avoir vécu; pour lui, il n'auroit amassé que des vertus; et la mort le crut vieux, quand elle compta le nombre de ses bonnes actions.'

Bien qu'important, le style figuré de la marquise de Lambert est sans hardiesse excessive. L'appareil, dans son ensemble, est lexicalisé, et caractérise parfois la langue d'un groupe littéraire, le plus souvent celle d'une classe. L'imagination se déploie selon des schémas conventionnels propres au goût aristocratique; les créations vraiment originales sont peu nombreuses, mais surprennent toujours agréablement par leurs grâces et par leur ingéniosité.

2. *La variété des tons*

Les agréments du discours tiennent aussi à la variété des tons. La marquise de Lambert, quand elle écrit, retrouve la langue parlée dans son salon: quelques traces discrètes du jargon mondain, un mot favori, un tour, une construction, donnent à ses ouvrages l'élégance d'une langue aristocratique qui commence à perdre les caractères qu'elle avait au dix-septième siècle, quand elle se confondait avec la langue des honnêtes gens. Pour apprécier exactement cette métamorphose, il faut rappeler la définition qu'en donnait Magendie (p.886):

Ainsi s'établit définitivement la langue des honnêtes gens; le vocabulaire en sera trié, pur et décent, protégé avec soin contre les taches populaires, provinciales, archaïques, contre les inventions de la fantaisie individuelle; la phrase sera exacte et juste, claire et nette, harmonieuse, bien équilibrée. La raison la pénètre et l'organise. Trop dépourvue, à notre goût, d'éléments sensibles, trop défiante à l'égard de la liberté et même du caprice, un peu pauvre, pâle et froide, cette langue est bien celle d'une société aristocratique, qui apprécie les qualités mesurées et générales au détriment des personnalités marquées; elle se prête admirablement à la conversation distinguée et raisonnable, et à l'analyse des idées.

Cette phrase équilibrée, harmonieuse, froide, qui convient bien, nous venons de le voir, au ton sérieux de l'écrivain moraliste, cohabite avec une phrase plus expressive, plus appuyée, qui emprunte ses caractères à la phrase parlée, fait revivre les dialogues dans leur vivacité, donne de l'importance aux devisants. Ce ton mondain expressif est lui-même voisin du ton affectif. Les éléments sensibles, dont Magendie note l'absence dans la langue de l'honnêteté, commencent à animer le discours mondain et féminin. Mme de Lambert laisse parler son cœur, un lyrisme fleuri orne ses ouvrages. Enfin, la marquise a éprouvé le besoin de posséder un outil adapté aux exigences de la sensibilité, capable d'exprimer les vérités de sentiment. Certains procédés du style de l'analyse lui sont familiers, elle a même entrevu cette phrase si particulière que Marivaux allait mettre au point.

A. *Le ton mondain*

On a souvent le sentiment que la marquise de Lambert écrit comme elle parle. Cela est évident dans sa correspondance avec les familiers, ainsi que dans les portraits de ses amis ou dans certaines de ses dissertations. Encore ne faudrait-il pas sous-estimer le ton sérieux que conservent toujours de telles productions: les éditeurs de la marquise ont cru bon de les retenir. La correspondance qu'elle échange avec Fénelon est solennelle, respectueuse; les lettres adressées au Père Buffier, pendant la querelle sur Homère, ont une allure savante; certaines de ses dissertations gardent un caractère didactique prononcé. A l'inverse, dans les traités de morale, et en particulier dans les *Avis*, le ton se relâche parfois, pour laisser entrevoir la présence intime de la narratrice. On peut donc déceler, dans tous les écrits, à des degrés divers, les traits mondains du discours de Mme de Lambert. Il faut les rechercher d'abord dans le vocabulaire employé: quelques mots, de rares tournures appartiennent au jargon, et s'ils n'ont jamais un caractère d'affectation soutenu, ils trahissent cependant la grande dame. Mais c'est surtout la phrase qui retient l'attention: quand Mme de Lambert abandonne le ton sentencieux et moralisateur, apparaissent des formes plus souples, plus libres, qui imitent celles de la langue parlée dans les salons.

a. *Le vocabulaire des mondains*

Le vocabulaire de la marquise de Lambert conserve des traces encore importantes du style noble de la génération précédente; des mots comme *soin, objet, engagement, triste, crime, secrète horreur* (*Femme hermite*, p.286), qu'elle emploie fréquemment, donnent à sa langue une allure solennelle, un peu guindée. Mais ce n'est sans doute pas là ce qui caractérise le mieux cette grande dame. Il est bien plus intéressant de montrer quel usage elle fait des mots à la mode. Certains ont une signification métaphorique évidente et viennent d'être étudiés. D'autres témoignent d'une réelle affectation, et nous les retrouverons quand nous évoquerons la langue des précieux. Il reste une catégorie de termes qui ne définissent ni un style figuré, ni un style précieux, et qui cependant caractérisent bien la langue du beau monde. Les listes dressées par Alexis François dans l'*Histoire de la langue française* nous aideront à déterminer ce qui, chez Mme de Lambert, relève du jargon.

Les mondains apprécient les termes qui, sans passer pour hyperboliques, ont toutefois une valeur laudative indéniable, en accord avec les accents affectifs de la langue parlée dans les salons. L'adjectif *délicieux*, que Mme de Lambert emploie dans ses *Réflexions sur les femmes* pour désigner l'amour, est de ceux-là. Autour de lui gravite une pléiade de qualificatifs qui chantent les douceurs et les agréments de l'existence: *agréable, charmant, doux, vif* sont des termes familiers à tous ceux qui fréquentent le monde. L'adjectif *riant*, appliqué aux productions intellectuelles, est aussi un mot qui caractérise assez bien le vocabulaire élégant de la marquise de Lambert. Plus fréquent que *délicieux*, l'adjectif *heureux* est bien représentatif lui aussi; la mondaine l'utilise en toutes occasions:

Ceux même qui ne sont pas assez *heureux* pour croire comme ils doivent [*Avis fils*, p.16];

Nous sommes bien *heureux* d'être nés dans un siècle où [...] [p.16];

Si vous êtes assez *heureux* pour avoir trouvé un ami vertueux [p.28].

La marquise de Lambert utilise déjà *joli*, autre adjectif laudatif dont Paris allait faire son idole à la fin du dix-huitième siècle.[100]

Les adjectifs en -able, mis à la mode par les précieux, allaient connaître également leur heure de gloire. Nous venons de rencontrer *agréable*: on pourrait aussi lui adjoindre *durable, souhaitable* (*Discours Délicatesse*, p.275). Mais le plus représentatif du vocabulaire de Mme de Lambert est sans conteste *aimable*, surtout quand il accompagne un autre substantif favori, comme le mot *caractère* par exemple (*Avis fils*, p.30):[101] 'Il y a d'*aimables caractères* qui ont une convenance naturelle et délicate avec la vertu.' Pour le ton, comme pour l'idée, cette phrase peut passer pour un échantillon parfait du style mondain. Il faut noter, puisqu'il apparaît ici, que Mme de Lambert connaît le sens figuré du mot *caractère*,[102] et qu'elle en raffole. Dans l'un des portraits de l'honnête femme idéale, il apparaît trois fois dans la même page: 'Elle s'est donnée *un caractère de dignité*'; 'sa sœur est à peu près *du même caractère*' (p.271); 'je n'ai jamais connu *un si aimable caractère*'.

Les termes favoris peuvent être recherchés aussi pour leur valeur expressive. L'accent d'intensité tient à la louange comme à la valeur concrète du mot. Des verbes assez forts, comme *incommoder* ou *se dédommager*, sont en usage dans la langue du monde: ils sont communs à La Rochefoucauld et à Mme de Lambert.[103]

On peut rapprocher de la valeur expressive du jargon la signification de deux adjectifs, employés à tout propos par les mondains pour mesurer les qualités: *grand* et *petit* semblent avoir pour but d'éliminer de la langue élégante tout ce qui est moyen, commun. Le second surtout convient au goût des mondains pour les diminutifs. Voyons-les jouer à tour de rôle dans deux paragraphes successifs: 'Quand on aspire à se faire une *grande* réputation'; 'Dès qu'on se néglige, l'on est d'un très *petit* prix' (*Avis fils*, p.24).

Les usages mondains affectent également les procédés de la formation des mots. Mme de Lambert aime recourir aux noms composés avec le préfixe *demi*: nous avons rencontré, dans les métaphores du voyage, les expressions 'demi-goûts' et 'demi-embarquemens'. Ce procédé se retrouve chez les écrivains de son milieu: Marivaux crée 'demi-souffleur',[104] et Fontenelle 'demi-volonté'.[105]

---

100. Selon Sébastien Mercier, *Tableau de Paris* (1782-1788); voir A. François, vi.1081.

101. Il accompagne aussi ce mot favori: *facilité*. 'Il avoit de ces *facilités aimables*' (p.12).

102. Voir A. François, vi.1080.

103. La Rochefoucauld, maxime 242: 'On incommode souvent les autres, quand on croit ne les pouvoir jamais incommoder'; 33: 'L'orgueil se dédommage toujours et ne perd rien, lors même qu'il renonce à la vanité.'

104. Dans le *Télémaque travesti*; voir Deloffre, p.110.

105. *Eloge de Monsieur de Montmort*: 'Il n'avoit pas des goûts faibles, ni des demi-volontés' (vi.55).

Il reste encore à évoquer l'usage, venu de la préciosité, puis senti comme une élégance, d'employer certains termes abstraits au pluriel. Nous analyserons, dans le style hyperbolique des précieux, une valeur particulière de ce pluriel. Mais il n'est parfois qu'un tour expressif du jargon: F. Deloffre a montré avec précision (p.306) comment cet usage s'était élargi à la fin du dix-septième siècle chez des écrivains comme La Bruyère ou Fontenelle. Le vocabulaire de Mme de Lambert confirme cette analyse. De tous les tours recensés dans ses œuvres, le plus probant est celui-ci, qu'on rencontre dans la nouvelle de la *Femme hermite*: 'Voilà une habitation que *les destinées* m'offrent; j'y veux passer le reste de mes tristes jours' (p.367).

b. L'imitation de la langue parlée

Les mots favoris s'insèrent avec aisance dans une phrase plus souple et plus libre que la phrase oratoire, qui imite la phrase parlée dans les salons et qui emprunte à l'oralité plusieurs caractères importants. Ceux-ci sont évidents dans le dialogue, qui est omniprésent chez Mme de Lambert. Mais ils caractérisent aussi, hors du dialogue, un discours mondain qui recherche les termes d'appui, les phrases introduites par un présentatif ou par un impératif, et qui privilégie certains tours grammaticaux remarquables.

Omniprésence du dialogue. Les liens qui unissent les écrits de la marquise de Lambert au langage parlé sont permanents et partout visibles. Le ton de la conversation domine, grâce au dialogue qui est omniprésent. Certains genres ne font que le mimer: les lettres, ou cet exercice, lié par essence à la vie intellectuelle des salons, qu'est le dialogue des morts. Le dialogue constitue aussi la trame des portraits, des dissertations mondaines, celles surtout qui mettent en scène des interlocuteurs: dans le *Discours sur le sentiment d'une dame*, écrit à la première personne, la narratrice commente et réfute la thèse soutenue par Ismène. Le dialogue apparaît aussi, nous l'avons montré en étudiant la genèse des œuvres, dans les traités de morale: l'adresse au lecteur est toujours visible, qu'il s'agisse des enfants ou des amis.

Mais le dialogue s'insinue encore dans le discours, même quand la présence du destinataire n'a plus sa raison d'être. Il a, bien sûr, dans ce cas une fonction pédagogique, qui ne saurait cependant faire oublier sa valeur esthétique: l'écriture morale retrouve le ton de la conversation, qui s'impose naturellement, comme une élégance. Un bon échantillon de ce ton mondain est fourni par le 'caractère' du financier, dans les *Réflexions sur les femmes* (p.181):

Ce Maître de la maison que vous honorez, songez, en l'abordant que souvent c'est l'Injustice et le Larcin que vous saluez. Sa table, *dites-vous*, est délicate; le goût règne chez lui. Tout est poli, tout est orné, hors de l'âme du Maître. Il oublie, *dites-vous*, ce qu'il est: Eh, comment ne l'oublieroit-il pas! Vous l'oubliez vous-même. C'est vous qui tirez le rideau de l'oubli et de l'orgueil devant ses yeux.

Le style direct introduit de courtes phrases, dans lesqueles deux amis s'échauffent à la recherche de la vérité. C'est La Bruyère qui avait renouvelé cette technique du dialogue socratique. Mme de Lambert ici l'imite: comme lui, elle présente les confidences de l'autre par un 'dites-vous', qui appelle une réponse; comme lui, elle confie le soin au narrateur de clore ce dialogue sur un point de vue qui devrait faire triompher la vérité. On comparera sa technique à celle du maître, dans le caractère de Philanthe ('Des grands', 8):

'Je ne sais, *dites-vous* avec un air froid et dédaigneux, Philanthe a du mérite, de l'esprit, de l'agrément, de l'exactitude sur son devoir, de la fidélité et de l'attachement pour son maître, et il en est médiocrement considéré; il ne plaît pas, il n'est pas goûté'.
Expliquez-vous: est-ce Philanthe, ou le grand qu'il sert, que vous condamnez?

Tous les lecteurs de Mme de Lambert sont agréablement surpris par ce jeu qui contribue à varier les tons et qui donne à son discours le rythme alerte des conversations. Les bienséances n'interdisent pas l'expression énergique du propos. Mme de Lambert sait prendre un ton 'bien sérieux' pour défendre les femmes, et ses termes sont percutants: 'j'attaquerai les mœurs du tems' (p.175).[106] Pour convaincre, elle cherche à associer une communauté à son combat, celle des femmes bien entendu, mais le public masculin n'est pas exclu. A la première personne du singulier se substitue alors la première personne du pluriel, un 'nous' ambigu et divers.[107] Il peut désigner les femmes savantes, ces victimes du préjugé; Mme de Lambert parle en leur nom: 'Il est devenu si redoutable, ce Ridicule, qu'*on* le craint plus que le Déshonorant. Il a tout déplacé, et met où il lui plaît la honte et la gloire, Le laisserons-*nous* le maître et l'arbitre de *notre* réputation? Je demande ce qu'il est. *On* ne l'a point encore défini' (p.174). Le jeu subtil des pronoms est mis en œuvre par un habile avocat, exercé à prendre la parole et à organiser le débat dans le salon le plus brillant de Paris. On ne peut commenter cette maïeutique sans évoquer un modèle idéal: celui des conversations sérieuses à l'hôtel de Nevers. Le 'nous' peut aussi désigner l'un des deux sexes: 'Tout le monde convient qu'il

106. On notera l'attaque vigoureuse de la phrase lambertine: c'est un trait du style de la conversation. Le dialogue est sans cesse imité grâce à des anaphores qui opposent 'on dit que...' à 'je crois que...'.
107. Mme G. Kryssing-Berg a commenté ce flou narratif et cette identité fluctuante du 'nous': 'l'identité de ce "nous" est fluctuante, car un glissement constant s'effectue entre un "nous" désignant les hommes et les femmes et un "nous" désignant soit les femmes, soit les hommes' (p.43). Mais son point de vue est exclusivement idéologique, et n'envisage cette ambiguïté sémantique que sous l'angle de l'affrontement des sexes. Elle oublie l'importance des critères esthétiques, et en particulier le référent mondain qui justifie l'introduction de ce 'nous'.

est nécessaire que les Femmes se fassent estimer; mais n'avons-*nous* besoin que d'estime, et ne *nous* manquera-t-il plus rien?' (p.191). Il peut encore désigner une communauté de responsables, dans laquelle hommes et femmes partagent des torts mutuels: 'Nous gâtons toutes les dispositions que leur a donné la Nature; nous commençons par négliger leur éducation' (p.188). La distinction d'une communauté désignée par le 'nous' à l'intérieur d'un ensemble plus vaste, celui d'un 'on' parfois hostile, toujours différent, ne relève pas du seul ton polémique. Cette opposition des voix est un des meilleurs caractères du discours lambertin. On la rencontre presque systématiquement dans le *Traité de la vieillesse*, où le passage du 'on' à 'nous' souligne la valeur dynamique de la prise de parole, la volonté d'un sujet de refuser le préjugé et l'opinion reçue.[108]

Le glissement du singulier au pluriel implique la présence d'un auditoire idéal, qui joue un rôle identique à celui des devisants dans le cercle mondain. Il apparaît aussi dans le glissement parallèle de la première à la seconde personne, qui établit un dialogue intime, où la leçon morale se transforme en exhortation: 'si *vous* les voulez raisonnables et spirituelles, ne les abandonnez pas quand elles n'ont que cette sorte de mérite' (p.189).

La phrase interrogative joue naturellement un rôle important dans cette imitation de la conversation sérieuse des salons. Elle ordonne autour du moi de l'animatrice la diversité des voix; elle répond aussi, dans une maïeutique calquée sur les usages de l'honnêteté, aux exigences des bienséances. Grâce à elle, la pensée progresse en prenant en compte tous les aspects d'une réalité complexe, sans qu'une opinion puisse être imposée d'autorité. Toutes les formes personnelles peuvent convenir à ces interrogations qui animent les dialogues. Nous venons de rencontrer des interrogations expressives, centrées sur la première personne: 'Je demande', 'n'avons-nous besoin'. L'utilisation du style direct permet aussi d'opposer deux thèses, sert la confrontation: 'Les Femmes ne peuvent-elles pas *dire* aux Hommes: "Quel droit avez-*vous* de nous défendre l'étude des Sciences et des Beaux-Arts?"' (p.182); 'Je demande aux Hommes, de la part de tout le Sexe: "Que voulez-vous de nous?"' (p.190). Dans tous ces exemples, la phrase conserve le naturel de l'interrogation orale: elle étonne souvent par sa brièveté. C'est sans aucun doute de la conversation entre gens du monde que vient cet art d'enfermer dans quelques mots les

---

108. '*On* ne travaille que pour les Hommes; mais pour les Femmes, *on* les abandonne à elles-mêmes. [...] *Nous* arrivons à chaque âge de la vie sans savoir *nous* y conduire ni en jouir. [...] Mais comme les regrets sont inutiles, à moins qu'ils ne servent à *nous* redresser, *voyons* à profiter du tems qui *nous* reste' (*Vieillesse*, p.146-47). Ce 'nous' peut être anaphorique: dans un même paragraphe ('Nous avons en nous de quoi jouir... qui tous deux nous égarent', p.162), on le recense quatorze fois; il est accompagné de huit possessifs *notre/nos*.

débats les plus importants; cet art aussi de suggérer la réponse à la question posée: 'Ce qui fait les malheurs d'un certain tems, c'est que vous voulez conserver et porter des sentimens dans un âge où ils ne doivent point être: est-ce la faute de l'âge? n'est-ce pas la nôtre?' (*Vieillesse*, p.156-57).

Il serait faux de croire que l'imitation de la phrase parlée apparaisse exclusivement dans les dialogues et que le style de la conversation se réduise à varier habilement les voix narratives. La langue parlée se reconnaît aussi à d'autres marques.

Les appuis du discours. F. Deloffre a montré comment 'la langue parlée, pour des raisons tant rythmiques que psychologiques, parsème le discours de termes à peu près dépourvus de sens objectif, auxquels on donnera le nom d'*appuis du discours*' (p.428). La marquise de Lambert n'abuse pas de ces appuis. Toutefois, l'interjection, de temps à autre, fait sentir la présence familière de l'écrivain; elle donne au portrait du financier son caractère expressif: 'Eh! comment ne l'oublieroit-il pas!'. Les interjections abondent naturellement dans le *Dialogue entre Alexandre et Diogène*, où elles sont imitées de Fontenelle: 'Hé! quelle part avez-vous à ces grandes conquêtes?'; 'Quoi! parce que votre sang a acquis' (p.251); 'Quoi! la Gloire, et la Gloire supérieure n'est donc pas un Bien?' (p.252). Dans ce dernier exemple, le caractère expressif de la phrase parlée est renforcé par la répétition affective du mot *gloire* qui traduit l'émoi de l'interlocuteur. On retrouve les mêmes interjections dans la correspondance de la marquise de Lambert, ce qui tend à confirmer le rôle qu'elles jouent dans l'expressivité de la langue mondaine: 'Quoi! son esprit n'a pu s'élever à quelque chose de plus parfait que ce qu'il voyoit?' (lettre au Père Buffier sur Homère, p.387). On peut sentir comme un appui du discours le recours à l'expression 'pour moi' qu'utilisent les deux héros du dialogue quand ils cherchent à prendre position l'un en face de l'autre: *Diogène*: 'Pour moi je ne leur inspire que de la Pitié' (*Dialogue Alexandre-Diogène*, p.249); *Alexandre*: 'Pour moi je pense comme tous les hommes' (p.255); *Diogène*: 'Pour moi j'ai eu assez de fonds et de fermeté pour me passer de tout l'attirail de la Gloire' (p.256-57). Mme de Lambert retrouve naturellement des appuis de ce genre dans ses traités, pour simuler le dialogue et pour imiter la vivacité des conversations: '*On a dit que* la Dévotion étoit le foible de la Vieillesse; *pour moi* je crois qu'elle en est le soutien' (*Vieillesse*, p.154). On peut formuler une remarque analogue sur la proposition à valeur d'incise qui permet d'opposer la narratrice à Ismène: 'Je prends le monde comme il est; qu'elle le fasse penser plus sainement, c'est son affaire' (*Sentiment dame*, p.261). De tels tours trahissent la langue parlée dans les salons, découvrent une mondaine habituée à faire valoir ses opinions et à soutenir l'attention de ses interlocuteurs.

Il faut faire une place à part à un tour grammatical qui sert aussi d'appui au discours: les formes simples du démonstratif sont souvent remplacées dans la langue des mondains par les formes composées (*ce...là, ce...ci*). A l'origine, cet emploi est un fait de style: il semble avoir une valeur laudative, il souligne l'éminence des qualités. On sent bien cette valeur dans ces deux exemples de Fontenelle. L'académicien évoque le succès des conférences de Duverney sur l'anatomie auprès d'un public mondain: 'A mesure qu'il parvenoit à être plus à la mode, il y mettoit l'Anatomie, qui [...] osa se produire dans le beau monde, présentée de sa main. Je me souviens d'avoir vu des gens de *ce monde-là*, qui portoient sur eux des pièces sèches préparées par lui' (vi.450). La forme renforcée apparaît avec la même valeur dans un éloge de *La Recherche de la vérité*: 'Ce fut là que *La Recherche de la vérité* lui tomba entre les mains. On ne lit guère *ce livre-là* indifféremment, quand on est d'un caractère qui donne prise à la Philosophie' (iv.55). Mais cette valeur laudative a dû bien vite s'affaiblir, la forme n'étant rien de plus qu'un appui du discours. Elle apparaît avec une valeur plus neutre dans le *Dialogue* entre Apicius et Galilée: 'Galilée: ce sont les yeux des Philosophes. *Ces gens-là*, à qui il importe de sçavoir si le soleil a des taches' (i.153). Mme de Lambert connaît la valeur laudative de la forme renforcée du démonstratif; elle sert à souligner l'éminence des qualités de l'aïeul Jean de Lambert: 'Plus d'une personne en place ont dit bien des fois que c'étoit la honte de la France, qu'un homme de *ce mérite-là* n'ait pas été élevé aux premières dignités de la guerre' (*Avis fils*, p.9). L'exemple est particulièrement intéressant, puisqu'il apparaît avec le style indirect: le tour est indubitablement lié à la langue du grand monde. On le sent bien lorsqu'il est chargé de mettre en valeur un mot à la mode: 'Nous ne fournissons point de *ces supplémens-là*' (*Sentiment dame*, p.272). Cette valeur toutefois n'est pas toujours aussi nette: la forme renforcée du démonstratif se présente plus souvent dans des emplois neutres: 'Elle ne se permet pas la dissipation des femmes de *ce pays-ci*' (p.271); 'Je renvoye à toutes les femmes sensibles, et qui ont poussé *ce goût-là* plus loin qu'elles ne devoient' (p.273). Ces emplois sont comme lexicalisés. Faut-il les sentir comme une élégance? Trahissent-ils au contraire l'affectation d'un ton familier? Doit-on les expliquer plus simplement par des raisons rythmiques? C'est par centaines qu'on trouvera ces formes chez Marivaux, et les statistiques établies par F. Deloffre montrent qu'elles servent essentiellement à souligner le ton familier ou à imiter le langage de la conversation.

Phrases introduites par un présentatif ou par un démonstratif. Les phrases introduites par un présentatif sont de plus en plus appréciées dans la langue parlée pour leur commodité et leur expressivité. L'outil présentatif a un rôle psychologique: il sert à capter l'attention de l'interlocuteur; c'est aussi un outil logique qui met en valeur les conséquences de ce qui vient d'être affirmé, qui souligne l'intérêt de ce qui va être dit. Les phrases ou les propositions introduites par un présentatif abondent dans les écrits de la marquise de Lambert: elles sont un des meilleurs caractères de son ton mondain.

Comme Fontenelle dans ses *Dialogues des morts*, la marquise de Lambert recourt au présentatif *voilà*, qui renvoie toujours à ce qui précède:

Voilà, mon fils, vos modèles [*Avis fils*, p.9];

Voilà sur quoi vous avez à vous former [p.13];

Voilà des préceptes généraux pour combattre les vices de l'esprit [*Avis fille*, p.94];

Voilà les inconvéniens pour les deux Sexes, où conduit l'éloignement des Lettres et du Savoir [*Femmes*, p.181-82];

Voilà l'Amour d'usage et d'à présent, et où les conduit une vie frivole et dissipée [p.199].

Ce présentatif peut avoir une valeur plus soutenue; dans un contexte solennel, il prend un caractère oratoire évident: '*Voilà* ce qui termine la plus belle vie du monde; le dernier acte est toujours tragique' (*Vieillesse*, p.158). *Voilà* a une valeur anaphorique qui lui permet de désigner les choses comme les personnes; dans ce dernier cas, il est beaucoup plus expressif. Après avoir fait l'éloge de son époux, la marquise rappelle: '*Voilà*, mon fils, ce que nous avons perdu' (*Avis fils*, p.13). *Voici* est plus rare; il se rapporte, lui, à des faits subséquents: '*Voici*, mon fils, quelques préceptes qui regardent les mœurs. Lisez-les sans peine' (p.2).

La présentation au début de la phrase ou de la proposition d'un substantif déterminé par le démonstratif, pour reprendre une idée qui vient d'être exprimée, est aussi un procédé de mise en relief qu'il faut sans doute rattacher à l'oralité. Mme de Lambert aime ce tour distingué. Il a également une valeur anaphorique, et peut être associé dans l'anaphore au pronom démonstratif: '*Mais cette* fleur de nouveauté dure peu; *ce* qui plaisoit comme nouveau, déplaît bientôt comme commun. Pour occuper *ce* goût pour la nouveauté, il faut avoir en soi bien des ressources, et des sortes de mérites' (*Avis fille*, p.69). Le pronom neutre *cela* a une valeur analogue; pour la mondaine, il unit l'élégance à l'efficacité: '*Cela* est bon pour tous les tems' (*Avis fils*, p.16); '*Cela* prouve que rien n'est si absolu que' (*Femmes*, p.188); '*Cela* me paroît impossible' (lettre à l'abbé ***, p.420). Jouant le même rôle, les pronoms déterminatifs ont un caractère plus soutenu, et peuvent même prendre une valeur emphatique:

Ceux même *qui* ne sont pas assez heureux pour croire comme ils doivent [*Avis fils*, p.16];

Mais croire que *celui-là* est le plus heureux, *qui* a le plus de sensations agréables, il me semble que *c'est* donner une fausse idée de la félicité [lettre à l'abbé ***, p.417-18];

celui-là me paroît le plus heureux *qui* est le plus sage [p.418].

De tous les présentatifs, *c'est*, sans conteste, caractérise le mieux le style mondain de la marquise de Lambert. Il met en évidence, dans des formules variées, tel constituant de la phrase, qu'il présente dans la perspective la meilleure. L'extension des emplois du présentatif *c'est* est remarquable dans la langue élégante du dix-huitième siècle. 'De plus en plus, il est élégant de se servir de *c'est* dans les phrases où, selon l'usage latin, la place du sujet suffirait à le mettre en évidence.'[109] L'Académie le recommande, en 1719, sous l'impulsion de Dacier qui commente le *Quinte-Curce* de Vaugelas;[110] l'usage de Mme de Lambert est en parfait accord avec de telles prescriptions. Dans le gallicisme *c'est...qui*, il sert à mettre en valeur un substantif choisi, qui peut lui-même être déterminé par un démonstratif: 'C'est l'innocence *qui* les conserve, *c'est* le dérèglement *qui* les corrompt' (*Avis fille*, p.72); 'C'est cette connoissance *qui* nous réconcilie avec la sagesse' (*Vieillesse*, p.170). Une construction qui s'impose pour son élégance et son expressivité, et dont Mme de Lambert raffole, consiste à présenter l'idée par *c'est*, pour la préciser ensuite par un infinitif introduit par *de* ou par *que de*:

C'est une belle domination *que de* régner sur tous les cœurs [*Amitié*, p.129];

C'est une chose bien triste *de* s'aimer tant, et *de* se voir mourir à tous momens [*Vieillesse*, p.170];

C'est le caractère des choses estimables *de* redoubler de prix par leur durée, et *de* plaire par le degré de perfection qu'elles ont [*Femmes*, p.177];

C'est une victoire pour eux *de* vous trouver des défauts [*Amitié*, p.137];

C'est un mauvais spectacle pour le public, et un mauvais rôle pour vous, *que de* rompre avec éclat [p.139];

C'est un devoir, ma fille, *que d*'employer le tems [*Avis fille*, p.79];

C'est chez nous un talent qui se repose, *que de* savoir penser [p.85].

La possibilité de varier presque indéfiniment la construction du groupe nominal présenté par *c'est* explique en partie le succès du tour. Les écrits de Mme de Lambert offrent ici un bon témoignage sur l'évolution de la langue. Ce tour, en effet, est en concurrence avec celui que nous venons de rencontrer: le recours au pronom démonstratif *celui-là...qui* est une manière de latinisme, et Alexis François a montré comment 'c'est être sage que de bien employer son

109. A. François, vi.1736.
110. François, vi.1737, montre comment les grammairiens du milieu du siècle, Mauvillon, Condillac, recommanderont *c'est* pour sa finesse et son expressivité.

tems' allait être préféré à 'celui-là est sage qui emploie bien son temps'. Il n'est pas sans intérêt de noter que chez la marquise de Lambert, le tour ancien apparaît dans la correspondance surtout, comme si celle-ci subissait encore l'influence d'une rhétorique archaïque. Le présentatif *c'est*, on le devine, a une valeur anaphorique: il joue un rôle efficace dans la phrase d'énumération, pour l'introduire ou pour l'articuler:

Ce qui la [l'amitié] rend plus sûre et plus solide, *c'est* la vertu, l'éloignement du monde, l'amour de la solitude, la pureté des mœurs, une vie qui nous ramène à la sagesse et à nous-mêmes, un esprit élevé, mais surtout un cœur droit [*Amitié*, p.131-32];[111]

Aujourd'hui *ce n'est pas* le goût qui unit, *ce sont* les besoins; *ce n'est pas* l'union des cœurs ni de l'esprit qu'on cherche [p.126].

Un autre emploi expressif du présentatif *c'est*, qui est à la fois un tour oral et une élégance, concerne le rôle qu'il peut jouer dans l'anacoluthe: 'Les Rois sont aussi privés de ce doux sentiment. Ils ne sauroient jamais jouir de la certitude d'être aimés pour eux-mêmes; *c'est* toujours le Roi, et rarement la personne' (p.129).

Le présentatif *il y a*, dans son tour négatif ou positif, est, lui aussi, continuellement employé. Mais il n'a pas le caractère élégant du précédent, et nous ne le mentionnons ici que pour sa valeur anaphorique. Il constitue toutefois un trait distinctif de la phrase lambertine:

Il y a trois tems dans l'amitié [p.132];

Il y a toujours à perdre pour tout le monde dans les ruptures [p.138];

Il y a cependant des amusemens permis [*Vieillesses*, p.156];

Il n'y a que la Vertu qui leur conserve leur place; et *il n'y a que* les Bienséances qui les maintiennent dans leurs droits [*Femmes*, p.177].

Il est inutile d'allonger cette liste; le dernier exemple montre la parenté de ce tour avec le précédent.

On peut, pour la commodité de l'exposé, évoquer ici une construction que prise la marquise de Lambert. Le pronom indéfini *rien* est utilisé très souvent pour introduire une phrase, et joue un rôle qui s'apparente à celui d'un présentatif. L'adjectif qui le qualifie porte la marque de l'intensité ou de la comparaison (comparatif d'infériorité et de supériorité); l'idée est précisée ensuite par un infinitf introduit par *que de*. Pour la forme, ce tour expressif est donc parent du tour 'moderne' *c'est...que de*. Cette construction se rencontre fréquemment, et a, elle aussi, beaucoup d'élégance:

111. Mme de Lambert est d'accord avec les grammairiens de son époque (l'Académie en 1704, Buffier) qui recommandent l'emploi plus rigide de *c'est* rappelant un antécédent: la construction *ce qui..., c'est* l'emporte ici sur *ce qui..., sont*. Voir François, vi.1736.

Enfin, *rien* de si difficile *que de* bien entrer dans le monde, et *d'*en bien sortir [*Discours Réputation-considération*, p.284];

*Rien de plus aisé que d'*imposer avec les Richesses [*Richesses*, p.226];

Rien de plus triste *que de* tomber en de mauvaises mains [*Amitié*, p.126].

On rencontre dans la même page du *Traité de la vieillesse* (p.155) deux constructions de ce type: '*Rien* de plus ridicule *que de* faire sentir par des parures recherchées [...] *Rien* de moins décent *que d'*y montrer un visage sans grâce'. Le caractère 'oral' de cette construction attachante vient de l'ellipse du verbe. Le tour privilégie en effet la proposition sans verbe qu'aime la langue parlée. Dans une construction plus organisée, on verrait apparaître le lien de l'attribution, comme dans ces exemples: '*Rien* n'est si difficile, *que de* plaire sans une attention qui semble tenir à la Coquetterie' (*Avis fille*, p.69); '*Rien* n'est plus important qu'un tel choix' (*Amitié*, p.126). Parfois aussi la construction avec le verbe permet d'éviter la répétition de l'adjectif. Le tour '*Rien* ne convient mieux *que d'être* chez soi' (*Vieillesse*, p.156) permet à Mme de Lambert d'éviter l'emploi de l'adjectif convenable ('Rien de plus convenable que...') déjà utilisé dans la même page.

La phrase impérative. Il faut rapprocher de ce type de phrase la phrase impérative qui joue dans les écrits le même rôle que dans la conversation mondaine: elle invite expressément le destinataire à réfléchir, elle l'interpelle avec vivacité. Elle a une place de choix dans le mouvement propre au style de la conversation, caractérisé par un changement continuel des tons, présentatifs, exclamatifs, impératifs se succédant au fil des pages.

La phrase impérative appartient au discours gnomique: c'est l'impératif qui permet de faire passer les avis, les préceptes, les conseils. Il n'y a pas lieu de commenter ici les propositions du type: 'soyez en garde contre vous-même' (*Amitié*, p.137). En revanche, la phrase impérative retrouve le ton de la conversation, lorsqu'elle montre une pensée qui se développe en deux temps. Elle contient une maxime, une formule, mais à la différence de ce qui se passe dans la phrase oratoire, celle-ci est présentée à l'interlocuteur par un impératif. Des verbes comme 'songez', 'pensez', 'considérez' jouent en tête de la phrase le rôle de présentatifs; ils rappellent la tradition des *Conversations* du chevalier de Méré, et possèdent une valeur anaphorique qui permet de les comparer aux tours analysés précédemment. 'Songez' est le mieux représenté, la marquise de Lambert l'employant comme par habitude. Il est vrai que ce tour lui permet d'exprimer des nuances variées; l'exhortation: '*Songez* à vous rendre heureuse dans votre état' (*Avis fille*, p.77); la recommandation: '*Songez*, ma fille, à en faire un usage utile' (p.79); la mise en garde: '*Songez* que les filles doivent avoir sur les Sciences une pudeur presque aussi tendre que sur les vices' (p.82-

83); la révélation de la vérité: '*Songeons* que les deux principes de toutes nos connaissances, la Raison et les Sens, manquent de sincérité et nous abusent' (p.83).

Procédés grammaticaux de la langue élégante. La langue parlée dans les salons, que la marquise de Lambert imite à l'écrit, se caractérise encore par quelques tours grammaticaux assez typiques.

Les grammairiens ont noté l'extension d'emploi du partitif qui envahit une foule de locutions. Des expressions comme 'promettre de la beauté', note F. Deloffre (p.369), sont usuelles chez le cardinal de Retz, Mme de Sévigné ou Mme de Lambert. Les références citées ici semblent désigner le procédé comme un tour mondain. Les locutions avec le partitif ne sont pas rares, en effet, chez Mme de Lambert: 'on donneroit du ridicule', 'où il y aura de l'esprit et du mérite' se rencontrent dans la même phrase (*Avis fils*, p.26), suivies quelques lignes plus loin de cette autre expression: 'que vos manières offrent de l'amitié' (p.27). Le tour partitif est fréquemment employé devant le démonstratif; l'usage de la marquise de Lambert le confirme: 'il avoit de ces facultés aimables' (p.12).[112] Notons enfin que Mme de Lambert emploie encore, comme Marivaux d'ailleurs, le tour *de certains*: 'On se donne le mot à *de certaines* heures pour se ruiner et pour se haïr' (p.38); 'Il faut être sûr de soi pour oser se donner *de certains* amis' (*Amitié*, p.125).

La phrase élégante possède une souplesse et une liberté qui lui permettent d'échapper aux contraintes rigides d'une grammaire logicienne. Elle accepte facilement la syllepse, l'ellipse, l'anacoluthe, et recherche des liaisons commodes.

La syllepse. Une syntaxe peu exigeante permet la production de tours élégants et expressifs, qui ne nuisent pas à la clarté du sens. Des grammairiens rigoureux condamneraient cette syllepse qui fournit pourtant une formule heureuse: 'L'aveu des fautes ne coûte guère à ceux qui sentent en eux de quoi *les* réparer' (*Avis fils*, p.28).

L'ellipse. De la même manière, l'ellipse, quand elle ne force pas le sens, sert à construire des expressions légères, alertes. Le tour qui préfère l'article devant l'adjectif dans les cas d'ellipse du substantif a pour lui sa brièveté. Il est recherché, même si l'Académie débat toujours sur la phrase de Vaugelas: 'il sait la langue grecque et la latine'. Comme chez ses contemporains, le tour ne manque pas d'élégance dans les écrits de la marquise de Lambert:

Les vertus morales sont en danger sans *les chrétiennes* [p.15];

---

112. Nous venons de rencontrer le tour particulièrement caractéristique: 'nous ne fournissons point de ces supplémens-là'. Il réunit le partitif et la forme renforcée du démonstratif pour déterminer un mot du jargon! Cf. encore: 'elle lui donna *de ces* grâces finies' (p.237).

L'on sent les choses présentes, on imagine *les futures* [*Amitié*, p.133];

A tant de qualités solides, il joint *les agréables* [*Portrait de Fontenelle*, p.244].

L'ellipse, retrouvant les ressources d'une langue parlée, donne au discours une expressivité accordée au sens. Dans l'exemple suivant, l'ellipse du verbe déclaratif (on a supprimé: 'je parle ainsi à mon tour') confère au passage une vigueur en harmonie avec le ton biblique: 'Dans l'Ecriture, l'homme abusé par l'objet qui l'a séduit, parle ainsi: 'J'ai dit au rire et à la joye, pourquoi m'avez-vous abusé?' A qui ces reproches ne s'adressent-ils pas? Forcée d'en dire autant, Honneurs, Dignités et Richesses, vous n'êtes que des spectacles vuides de réalité' (*Richesses*, p.228). On peut considérer, sous un certain angle, que la liberté dans la construction du complément de nom est une forme de l'ellipse. Elle concilie l'élégance et l'expressivité dans des formules souples. '*Le bonheur de la Grandeur*, c'est lorsque les autres trouvent leur fortune dans la nôtre' (*Avis fils*, p.20). Le relâchement syntaxique crée des ambiguïtés sémantiques heureuses, qui ne déplaisent pas à l'esprit précieux: '*Les vertus de la prospérité* sont douces et faciles; *celles de l'adversité* sont dures et difficiles' (p.10-11).

L'anacoluthe. La phrase élégante tolère l'anacoluthe. Mme de Lambert construit assez librement le participe passé en tête de la phrase, sans le subordonner au sujet dominant, comme le réclament les grammairiens logiciens.[113] L'anacoluthe, toutefois, n'est pas amphibologique: 'Elevée dans les bras d'une mère qui l'aimoit trop pour ne la pas gâter, tous les défauts qui sont à la suite d'une grande naissance *l'*attendoient' (*Portrait de Mlle de* ***, p.237-38). En revanche, dans la correspondance, l'anacoluthe menace parfois le sens et trahit l'influence de la langue parlée; elle rapproche aussi la langue élégante du langage des émotions: 'Et si Monsieur l'Abbé m'assure qu'il n'a jamais poussé ses goûts jusqu'à l'illusion, qu'il a des goûts sages, qu'il sait s'arrêter, tant pis pour sa sensibilité' (lettre à l'abbé ***, p.419).

Liaisons expressives. On peut rapprocher du procédé de l'ellipse une liaison à la mode que F. Deloffre a étudiée chez Marivaux et chez Mme de Lambert (p.496-97). Elle concerne l'emploi de la conjonction de coordination *et* pour introduire à la fin du paragraphe une phrase de conclusion, qui exprime les conséquences de l'analyse, ou qui renferme une pointe. L'outil a une valeur très forte; il se substitue à une conjonction de subordination, qui a été supprimée, et qu'il remplace avec souplesse. La marquise use sans scrupule du procédé: on le rencontre à plusieurs reprises dans les premières pages des *Avis d'une mère à son fils*:

Les Campagnes malheureuses pour le Roi le sont aussi pour les particuliers; la Terre

---

113. Voir François, vi.1842-54. Féraud exigera que le participe se rapporte au nominatif dominant, et non pas à un nom (ou pronom) employé 'au cas oblique' (p.1850).

ensevelit les morts et les fautes des vivants; *et* la Renommée se tait, et ne parle plus des services de ceux qui restent [p.5];

La naissance fait moins d'honneur qu'elle n'en ordonne; *et* vanter sa race. c'est louer le mérite d'autrui [p.7];

Nous croyons souvent n'en vouloir qu'aux hommes, *et* nous en voulons aux places [p.22].

C'est une grammaire de la langue mondaine qu'on entrevoit derrière ces exemples limités; tous ces procédés distinguent une langue élégante, souple et libre, qui, sans se soumettre aux exigences des logiciens, respecte toujours cependant la clarté du sens.

Le vocabulaire et la phrase de Mme de Lambert reproduisent le mouvement des conversations sérieuses ou du badinage des salons. L'élégance du discours est rarement affectée; on rencontre peu de phrases du genre: 'nous ne fournissons point de ces supplémens-là', que la multiplication des traits du langage mondain rapproche de la phrase précieuse. Les mots favoris du jargon, soigneusement triés, et les tours grammaticaux, toujours discrets, nuancent le discours sérieux d'agréments délicats. Le caractère dominant de cette langue aristocratique est sa faculté de reproduire les formes vivantes du dialogue et d'introduire dans l'écrit la diversité des tons de la conversation. L'imitation de la langue parlée, dans son expressivité, retrouve parfois les accents du langage d'émotions. Car la marquise de Lambert abandonne de temps à autre le ton moralisateur et le ton mondain au profit du ton affectif.

B. *Le ton affectif*

Les accents émouvants d'une sensibilité féminine animent les traités sérieux comme les écrits mondains. La marquise de Lambert observe le monde avec son intelligence, mais elle le juge avec son cœur. Ses analyses lucides et patientes ne sont jamais froides, la raison n'étouffe jamais la plainte ou la joie. Les états d'âme de la narratrice, les mouvements de sa sensibilité épousent les rythmes de la phrase. La recherche de l'expressivité, la présence d'une prose lyrique définiront le ton affectif. Il se caractérise par l'importance donnée à la phrase exclamative et par la tendance à organiser le discours selon un ternaire, que nous appellerons le ternaire lyrique.

La phrase exclamative joue dans le ton affectif le même rôle que la phrase impérative dans le ton mondain. Maintes exclamations appartiennent, à coup sûr, au style de la conversation; elles se confondent souvent avec l'impératif. Mais il en est de plus poétiques, qui portent les marques de la subjectivité. Celles-ci peuvent accompagner l'anacoluthe, qui trahit une émotion discrète. 'Il faut les plaindre, ils avoient un sentiment agréable, il leur a échappé; que n'avions-nous de quoi le retenir!' (*Amitié*, p.133). C'est une plainte qui s'échappe, et le ton lyrique, irrésistiblement, fait apparaître un ternaire qui organise le discours; puis l'émotion dirige la pensée vers le moi: le changement de pronom crée l'anacoluthe. Le désordre dans la phrase est le reflet d'un mouvement intérieur qui s'exprime avec vivacité dans l'exclamation, plus brève. La cadence mineure s'impose au moment où la conscience découvre les causes du désagrément qui la trouble.

La phrase exclamative est liée à une esthétique du désordre. Elle apparaît dans un discours qui n'a d'autre articulation logique que l'anaphore; l'univers serein et lumineux de l'intelligence est menacé, la pensée est impuissante à organiser l'afflux de la sensibilité: 'De plus, quelle source d'amusemens ne fournit pas l'envie de plaire! tout l'appareil de la galanterie permise à une jeune personne, la parure, les spectacles, tous ses plaisirs, sont l'occupation d'un certain âge. Quels mouvements ne donnent point les passions!' (*Vieillesse*, p.152). Dans cet exemple, l'effort de la pensée pour expliquer, et donc pour dominer la passion n'est pas encore étouffé entièrement. Mais parfois, l'accumulation de phrases nominales exclamatives traduit le déferlement de la sensibilité: une matière brute, non organisée, celle de l'émotion à l'état pur envahit la conscience. Cette expansion est rythmée par l'anaphore de l'adjectif exclamatif: chez Mme de Lambert, l'épanchement lyrique se produit sous formes d'ondes, de vagues de plus en plus importantes, qui se succèdent dans des groupements ternaires. Dans l'exemple suivant, un groupement ternaire de phrases exclamatives, à l'intérieur desquelles la pensée procède en deux temps, exprime un sentiment d'intense admiration: '*Quelle* fidélité à tenir sa parole! il la gardoit toujours à ses dépens. *Quel* désintéressement! il comptoit le bien pour rien. *Quelle* indulgence n'avoit-il pas pour les foiblesses de l'humanité! il excusoit tout, regardoit les fautes comme des malheurs, et se croyoit seul obligé d'être honnête homme' (*Avis fils*, p.12).

La prose lyrique s'organise dans la phrase exclamative. L'interjection senti-mentale appelle un substantif sans déterminant, qui reçoit des qualifications successives par l'adjectif et la proposition relative (*Vieillesse*, p.170):

O vie heureuse, qui se trouve affranchie de toutes servitudes,
               où on renonce à tout,
                  { non par un dégoût passager,
                  { mais par un goût constant qui vient de la
                  connoissance du peu de valeur des choses!

L'amplitude lyrique de cette phrase exclamative est remarquable: elle dit la surabondance du bonheur qui vient emplir un cœur libre et disponible. Le rythme tient à l'organisation des volumes: expansion caractéristique, répétitions (anaphore du pronom relatif, répétition de l'indéfini *tout*, reprise en écho de *dégoût* et de *goût*). Il retrouve naturellement certaines cadences familières.

Indubitablement, la prose lyrique de Mme de Lambert apparaît avec la phrase exclamative; mais elle a d'autres caractères. Emportée par la véhémence de son plaidoyer ou par les vagues de la sensibilité, la marquise adopte un ton vibrant. 'L'ardente imagination' qui fait les poètes ne lui est pas étrangère, surtout quand elle parle de l'union des cœurs et du parfait amour. Sa phrase s'étoffe et se colore: adjectifs, adverbes, propositions relatives sont utilisées plus volontiers, et le binaire didactique disparaît pour faire place au ternaire lyrique.

Quand Platon parle de l'amour, remarque Mme de Lambert, 'son imagination s'échauffe, son esprit s'illumine, et son style s'embellit' (*Femmes*, p.196-97). L'autorité du philosophe justifie la marquise: chez elle aussi l'évocation de l'amour divin entraîne l'illumination de la phrase (on remarquera comment la définition du lyrisme de Platon s'inscrit naturellement dans un ternaire isométrique), et les accents de sa prose sont ceux d'une mystique. La beauté du style est sensible dans cette phrase où la marquise de Lambert vante la perfection des ouvrages de la nature (*Amitié*, p.144):

1. Dans l'Amitié dont je parle,
   on sent que c'est son ouvrage;
2. ces nœuds secrets,
   ces sympathies,
   ce doux penchant auquel on ne peut résister,
   tout s'y trouve;
3. un bien si désirable
   est toujours la récompense du mérite.

Le vocabulaire pourrait être d'une mystique: on remplacerait volontiers la nature par Dieu, le lexique platonicien se confondrait aisément avec la soif du divin. Mais la prose également. La construction de l'ensemble repose sur un ternaire qu'on retrouve en mineur dans le rythme anaphorique des substantifs accumulés et déterminés par un démonstratif expressif. Ces ternaires atténuent la vigueur des binaires didactiques qui encadrent la phrase: la pensée mystique réussit une habile synthèse entre le mystère et la certitude, entre le je ne sais quoi et la connaissance, entre l'élan platonicien vers l'inconnu et le souvenir de l'expérience heureuse. L'allitération euphonique de la sifflante ajoute à cette harmonie de l'ensemble.

A l'état pur, la prose lyrique est entièrement soumise au ternaire.[114] Le beau style, ce style orné et fleuri qui répond à un idéal de la marquise de Lambert, laisse parfois passer comme un frisson de la sensibilité (*Vieillesse*, p.148):

$$
\left\{
\begin{array}{l}
\text{1.} \left\{
\begin{array}{l}
\text{Souvenez-vous} \\
\text{que le bel âge n'est qu'une fleur} \\
\text{que vous verrez changer;}
\end{array}
\right. \\[1em]
\text{2.} \left\{
\begin{array}{l}
\text{1. les grâces vous abandonneront,} \\
\text{2. la santé s'évanouira,} \\
\text{3. la vieillesse viendra effacer les fleurs de votre visage;}
\end{array}
\right. \\[1em]
\text{3.} \left\{
\begin{array}{l}
\text{quelque jeune que vous soyez,} \\
\text{ce qui vient avec tant de rapidité,} \\
\text{n'est pas loin de vous.}
\end{array}
\right.
\end{array}
\right.
$$

Suscitée par le souvenir des métaphores lyriques de Ronsard et de Corneille, cette phrase dont la ligne mélodique est très pure annonce les épanchements sensibles. Les grâces du lyrisme fleuri sont évidentes ici: elles doivent beaucoup à la tendance de la prose affective à s'organiser en groupes rythmiques presque isométriques. Mais c'est surtout le jeu des temps qui soutient le rythme de la phrase: projetée dans le futur, la pensée triste envahit soudainement le présent d'une conscience hantée par la fuite du temps.

Le ternaire lyrique, qui peut passer, rappelons-le, pour un trait du langage féminin,[115] s'identifie aisément dans la prose de Mme de Lambert. Comparons, dans la même page des *Réflexions sur les femmes* (p.190), ces deux structures exprimant une vérité de sentiment et une vérité de démonstration. Le binaire didactique, où l'on reconnaît l'emploi mondain de l'article dans le cas d'ellipse du substantif, sert à établir une classification théorique; il est centré sur le verbe *distinguer*, qui se rapporte à l'esprit: 'Mais pour donner aux choses le rang et le prix qu'elles méritent, *distinguons* les qualités estimables et les agréables.' En revanche, l'éloge emphatique des qualités féminines s'inscrit dans un ternaire expressif, bâti sur un verbe qui a trait au cœur: 'Vous *souhaitez*

114. C'est en général le ternaire en expansion qui domine, comme dans cette phrase: 'C'est une société, / c'est un commerce, / enfin ce sont des engagemens réciproques, // où l'on ne compte rien, / où l'on n'exige rien, / où le plus honnête homme met davantage, et se trouve heureux d'être en avance' (*Amitié*, p.124). L'expansion joue au niveau de chaque ternaire (l'isométrie des deux premiers membres est rompue); elle joue aussi au niveau de la phrase (les volumes du second ternaire sont plus importants).

115. C'est l'analyse que propose F. Deloffre. 'On ne peut manquer d'être frappé par le fait que le ternaire traduit de façon privilégiée une émotion, passion, reproche, colère, etc. Pourquoi Marivaux lui confère-t-il cette valeur? peut-être parce qu'il lui paraît propre au langage féminin, plus probablement encore par un pur instinct. On verra plus loin que presque tous les exemples cités rentrent dans une des trois catégories suivantes: langage "affectif", langage féminin, portraits de femmes' (p.469).

tous de vous unir à des personnes estimables, d'un esprit aimable et d'un cœur droit.' L'opposition du binaire et du ternaire, de l'ordre de l'esprit et de l'ordre du cœur, peut se faire dans la même phrase. Voici un exemple de l'usage le plus fréquent, qui consiste à utiliser le ternaire en position finale, formant clausule (p.202-203):

{ 1. Il y a un plaisir plus touchant et plus durable
{ 2. que la liaison des sens: //
    c'est l'union des cœurs,

{ 1. ce penchant secret qui vous porte vers ce que vous aimez,
{ 2. cet épanchement de l'âme,
{ 3. cette certitude qu'il y a une personne au monde qui ne vit que pour vous, et qui feroit tout pour vous sauver un chagrin.

La comparaison objective des valeurs est établie dans la protase, tandis que l'apodose, beaucoup plus longue, régie par l'anaphore du démonstratif, est caractérisée par une amplification en accord avec l'idée même exprimée dans le groupe central: l'épanchement de l'âme. Il existe aussi un type de phrase beaucoup plus original, qui utilise le sentiment aux fins de la démonstration. Dans une très longue protase en expansion, remarquable par sa construction anaphorique et par son isométrie, se développe le ternaire élégiaque; l'apodose, très brève, crée un déséquilibre dont profite la raison: celle-ci interrompt l'épanchement de la sensibilité, et apporte une conclusion qui s'impose avec la force de la vérité. Deux exemples illustreront cette construction originale (*Femmes*, p.201-202):

Mais si vous voulez trouver
{ 1. une imagination ardente,
{ 2. une âme profondément occupée,
{ 3. un cœur sensible et bien touché, //
cherchez-le chez les Femmes d'un caractère raisonnable.
{ 1. Si vous ne trouvez de bonheur et de repos que dans l'union des cœurs,
{ 2. si vous êtes sensible au plaisir d'être ardemment aimé,
{ 3. et que vous vouliez jouir { de toutes les délicatesses de l'amour,
                                     de ses impatiences,
                                       et de ses mouvements si purs et si doux, //
soyez bien persuadé qu'ils ne se trouvent que chez les personnes retenues, et qui se respectent.

On remarquera l'habileté des effets rythmiques secondaires. A l'intérieur du ternaire, la dyade est un binaire d'équilibre: les répétitions 'sensible et bien touché', 'si purs et si doux' préservent l'isométrie. Celle-ci disparaît, dans le ternaire mineur, quand il s'agit d'opposer la douceur et les impatiences de l'amour.

Le ternaire lyrique intervient encore dans la phrase d'analyse, qui fait coïncider la recherche de la vérité et l'épanchement de la sensibilité. On est en présence de phrases parfaitement équilibrées, partagées entre les binaires et les ternaires. Elles montrent un équilibre heureux de toutes les facultés de l'homme. Elles pourront exprimer l'apaisement que procure à l'homme abandonné la découverte de l'amitié; les balancements binaires qui traduisent ses incertitudes, ses doutes, ses hésitations sont compensés par un ternaire progressif majeur qui restaure la sérénité dans le rythme et dans l'idée (*Amitié*, p.120):

1. { Sans elle, la vie est sans charme,
   { l'homme est plein de besoins;
2. { renvoyé à lui-même il sent un vuide
   { que l'amitié seule est capable de remplir;
3.   { toujours inquiet,
      { et toujours agité,
      { il ne se calme
      { et ne se repose
      que dans l'amitié.

Le même équilibre apparaît dans la vision édénique de l'homme avant la chute, transparent au monde qui l'entoure. L'harmonie est rendue par le développement d'un ternaire isométrique dans un binaire majeur, et par l'allitération euphonique de la sifflante (*Richesses*, p.220):

1. { 1. Quand il possédoit l'empire de lui-même,
   { 2. et qu'il savoit régler ses passions et ses sentimens,
       il jouissoit d'un calme sans interruption;
2.   1. ses sens soumis à sa raison le servoient en esclaves,
   { 2. ses passions présentoient des plaisirs sans le forcer,
      3. toutes les créatures s'offroient à lui et ne pensoient qu'à lui plaire.

Le lyrisme de la marquise de Lambert est attachant. La femme sensible vient au secours de la femme savante pour donner aux idées tout leur poids. Car la recherche de la vérité passe par le cœur, il faut toucher la sensibilité pour convaincre. C'est pourquoi l'ordre intellectuel s'écroule parfois sous l'afflux du sentiment. L'abondance des exclamations, et surtout l'usage varié du ternaire lyrique, qui semble caractériser la prose féminine, transforment la phrase sérieuse en une phrase affective que l'écrivain maîtrise à la perfection.

c. *Le style de l'analyse*

Il serait illusoire de croire, nous l'avons remarqué à plusieurs reprises, que les différents tons du discours lambertin ne se recouvrent pas. Il est possible de définir un style de l'analyse qui les mêle tous dans une forme originale. Ce style n'ignore ni les principes de la phrase oratoire, à laquelle il emprunte sa concision et son caractère abstrait, ni les expressions de la grande dame: on pourrait même être tenté de voir en lui un style féminin. Il sait aussi s'approprier les procédés de la phrase affective, le ternaire en particulier. Ce style réussit une alliance idéale: il a l'expressivité du style moralisateur, l'élégance du discours mondain et l'allure progressive de la phrase lyrique. Le mélange de ces qualités dans une forme nouvelle qui apparaît au début du siècle s'explique par la conception même que les néo-précieux ont de l'analyse. La marquise de Lambert partage avec Marivaux la conviction que le cœur aide l'esprit dans sa démarche, et que le but de l'écrivain est d'exprimer ce qui est senti, de traduire ce qui se passe dans l'âme.

a. La raison et le sentiment

Le style de l'analyse, au cours du dix-huitième siècle, s'est développé autour de deux pôles, qui sont la raison et le sentiment. La distinction des 'objets de sentiment' et des 'objets de réflexion' chère à Marianne (p.166)[116] exprime bien la finalité de l'analyse que pratiquaient les néo-précieux. Marianne pose en toute lucidité le redoutable problème, à la fois stylistique et psychologique, de l'incapacité de la réflexion, et par conséquent de la langue,[117] à démêler les objets de sentiment. Pour la nouvelle préciosité, il y a deux modes de connaissance: celui du raisonnement et celui de la spontanéité, celui de l'intelligence et celui de la sensibilité. Le second est 'le plus précoce et le plus perspicace';[118] 'il n'y a que le sentiment qui nous puisse donner des nouvelles un peu sûres de nous' (*Marianne*, p.22).

Ce postulat vient des théoriciens de l'honnêteté, et c'est dans le salon de Mme de Lambert qu'il fut restauré dans les années 1710-1725. Il apparaît dans les réflexions de la marquise sur le goût, qui démarquent les idées du chevalier de Méré. Dans la *Quatrième conversation* (i.55), Méré définissait le goût en recourant au 'je ne sais quoi'; avoir le goût délicat, déclarait-il, c'est 'juger bien de tout ce qui se présente, par je ne sçay quel sentiment qui va plus viste, et quelquefois plus droit que les réflexions.' La marquise adopte cette définition: 'Le Goût est le premier mouvement et une espèce d'instinct qui nous entraîne, et qui nous conduit plus sûrement que tous les raisonnemens' (*Goût*, p.215). On retrouve là les deux caractères liés à cette connaissance: la précocité et la

116. Cette distinction était en germe dans la théorie du sublime, développée par Marivaux dans le *Mercure* de mars 1719. Il définissait un 'sublime de pensée' et un 'sublime de sentiment', ce dernier étant 'cette matière qui traite, ou plutôt qui peint le cœur en général' (*Journaux*, p.59).

117. La langue qui est à la disposition de l'écrivain est insuffisante; celui-ci a donc le droit, s'il veut démêler cette complexité et cette 'netteté si délicate' des objets de sentiment, d'utiliser une langue neuve, d'être un néologue, dans le sens noble du terme. La distinction entre ce qui est senti et ce qui est dit, accablante pour le style traditionnel, est durement ressentie par Marianne 'écrivain': 'il me semble que mon âme, en mille occasions, en sait plus qu'elle n'en peut dire' (p.166).

118. Versini, p.369.

perspicacité. La marquise de Lambert va plus loin que le chevalier de Méré, et affirme, avant Marianne, l'incapacité de la réflexion à 'se mêler' des objets de sentiment, qui relèvent du goût: 'Le Goût a pour objets des choses si délicates, si imperceptibles, qu'ils échappent aux règles; c'est la Nature qui le donne, il ne s'acquiert pas, le monde délicat seulement le perfectionne' (p.217). Elle reprend cette définition dans les *Réflexions sur les femmes* (p.185), en opposant fondamentalement le goût à la raison: 'Le Goût est d'une grande étendue; il met de la finesse dans l'esprit, et vous fait apercevoir d'une manière vive et prompte, sans qu'il en coûte rien à la Raison, tout ce qu'il y a à voir dans chaque chose.' Il va de soi que le mot 'esprit' doit être entendu ici dans son sens classique, qu'il conserve dans le théâtre de Marivaux: l'esprit, c'est à la fois la finesse intuitive, qualité féminine par excellence, et l'aptitude à juger. Comme le dira admirablement Lucile, dans *Les Serments indiscrets* (acte IV, scène ix), avoir de l'esprit, c'est savoir lire dans les cœurs. L'analyse que pratiquent les néo-précieux fait appel au goût, qui doit réunir 'un sentiment très délicat dans le cœur' et 'une grande justesse dans l'esprit' (p.185). Ainsi définie, l'analyse lie son sort à la féminité, car 'l'esprit du goût' passe pour la première qualité des dames. Incontestablement, la création, au début du dix-huitième siècle, d'un instrument qu'avaient ignoré les moralistes classiques,[119] doit s'expliquer par la poussée féministe triomphante.

Cette technique de l'analyse s'oppose donc à la démarche cartésienne, et la complète aussi. L'écrivain moraliste raisonne, essaie de convaincre, fonde ses préceptes sur l'appel au bon sens et à la droite raison: 'La justesse de Sens a pour objet la vérité: elle consiste à bien établir ses Principes, à en tirer des Conséquences justes, à sentir les rapports qu'il y a d'une chose à une autre, soit qu'on les assemble, ou qu'on les sépare. Cette justesse vient du bon sens, et de la droite Raison' (p.217). Or, la définition d'un second mode de connaissance permet d'opposer la persuasion à la conviction. C'est encore une distinction que la nouvelle préciosité doit en partie à la marquise de Lambert et à sa réhabilitation de l'intuition féminine. En toutes occasions, la grande dame répète que la persuasion l'emporte sur la conviction. Elle s'appuie sur l'exemple de Mme de La Sablière, qui sert de modèle à l'honnête femme, pour le prouver: 'Rien n'est si absolu que la supériorité de l'esprit qui vient de la sensibilité et de la force de l'imagination, parce que la persuasion est toujours à sa suite' (*Femmes*, p.188). On pourrait alléguer d'autres passages

---

119. Voir Deloffre, p.443.

qui modulent ce postulat;[120] celui-ci éclairera suffisamment les principes qui président au style de l'analyse (p.186):

Je ne crois donc pas que le sentiment nuise à l'entendement: il fournit de nouveaux esprits, qui illuminent de manière que les idées se présentent plus vives, plus nettes et plus démêlées; et pour preuve de ce que je dis, toutes les passions sont éloquentes. Nous allons aussi sûrement à la Vérité par la force et la chaleur des sentimens, que par l'étendue et la justesse des raisonnemens; et nous arrivons toujours par eux plus vite au but dont il s'agit, que par les connoissances. La persuasion du cœur est au-dessus de celle de l'esprit, puisque souvent notre conduite en dépend: c'est à notre imagination et à notre cœur, que la Nature a remis la conduite de nos actions et de ses mouvemens.

Le postulat est fécond; il éclaire la psychologie et le style de Marivaux: 'vous êtes fille d'esprit, dit Lucile à Lisette (IV.ix), vous pénétrez les mouvements des autres, vous lisez dans les cœurs, l'art de les persuader ne vous manquera pas.' Beaucoup plus tard, Duclos, dans ses *Considérations sur les mœurs de ce siècle* (1751), se fera l'écho des idées chères à Mme de Lambert et à Marivaux, en montrant que la persuasion est active, quand la conviction n'est souvent que passive.[121] La connaissance intuitive, soutenue par l'imagination, est seule capable de rendre compte du mystère des âmes: l'analyse devra inventer un instrument nouveau apte à traduire ce qui n'est que deviné,[122] capable de compléter les approches de la raison, toujours trop sèche.[123] La distinction de la persuasion et de la conviction définit aussi une pédagogie nouvelle: il est plus utile de travailler sur le cœur que de perfectionner l'esprit,[124] et la formation intellectuelle ne peut plus être conçue indépendamment de la sensibilité.

Les objets de cette connaissance différente de l'entendement constituent les 'idées sublimes' chères à Marivaux: ce sont, pour Mme de Lambert, Dieu,[125]

---

120. *Amitié*, p.128: 'si le goût ne s'en mêle, on n'est point entraîné, l'esprit ne peut être *convaincu*. Si le cœur n'est pas touché, l'on ne va ni bien vite ni bien loin.'

121. 'On pourroit dire que le cœur a des idées qui lui sont propres. [...] La conviction n'est souvent que passive, la persuasion est active, et il n'y a de ressort que ce qui fait agir' (cité par Versini, p.369).

122. *Amitié*, p.122: 'On aime ses amis bien plus par les qualités qu'on *devine*, que par celles qu'on *connoît*.'

123. *Amitié*, p.133: 'L'illusion disparoît, et vous êtes réduit à soutenir l'amitié par raison, *qualité qui est toujours sèche*.'

124. *Avis fils*, p.47: 'Je vous exhorterai bien plus, mon fils, à travailler sur votre cœur, qu'à perfectionner votre esprit.'

125. La véritable connaissance de Dieu passe par le cœur. Voir la lettre à la Supérieure, p.374: 'Il faut de bonne heure lui donner une grande idée de Dieu et de la Religion, lui en parler d'une manière touchante. *Vous ne vous rendrez maîtresse de l'esprit qu'en intéressant le cœur*: trop heureuse si dans la suite de la vie, ses sentiments n'ont que Dieu pour objet.'

le Beau[126] et le parfait amour, qui échappent à la raison pure et qui ne peuvent être décrits que par un style du cœur. Le désir de l'écrivain de se doter d'un instrument nouveau et original est donc légitime; les nouveaux précieux croient qu'il est possible d'enfermer dans les mots ce 'je ne sais quoi' qu'on peut mieux sentir que dire. Ce sera la principale revendication de Marivaux, à des moments différents de sa carrière, qui lui servira indirectement à justifier le style néologique. Les principes qui ont servi à l'élaboration d'une stylistique nouvelle sont rappelés avec force dans *Le Paysan parvenu* (éd. Deloffre, p.262):

Je n'ignore pas qu'il y a des lecteurs fâcheux, quoique estimables, avec qui il vaut mieux laisser là ce qu'on sent que de le dire, quand on ne peut l'exprimer que d'une manière qui paraîtrait singulière; ce qui arrive quelquefois pourtant, surtout dans les choses où il est question de rendre ce qui se passe dans l'âme; cette âme qui se tourne en bien plus de façons que nous n'avons de moyens pour les dire, et à qui du moins on devrait laisser, dans son besoin, la liberté de se servir des expressions du mieux qu'elle pourrait, pourvu qu'on entendît clairement ce qu'elle voudrait dire, et qu'elle ne pût employer d'autres termes sans diminuer ou altérer sa pensée.

Mme de Lambert aurait entièrement adhéré à cette esthétique; elle avait défini l'art de l'orateur à l'aide de critères voisins, car elle pensait que la véritable éloquence prouve, touche et plaît à la fois.[127] Toute connaissance qui ignore la vie de l'âme est vouée au tombeau; le discours gnomique à l'état pur n'est qu'une pyramide: 'Vous ne pouvez avoir ni humanité, ni générosité, sans sensibilité. Un seul sentiment, un seul mouvement du cœur a plus de crédit sur l'âme que toutes les sentences des Philosophes' (*Femmes*, p.187). C'est là une formule centrale qui éclaire toutes les productions de la nouvelle préciosité: la vérité, l'action, les agréments de l'art viennent du cœur. Une belle maxime reste froide: elle est d'une perfection marmoréenne, elle reste abstraite, tant que le style de l'analyse ne l'a pas animée.

La marquise de Lambert a entrevu l'essentiel de cette stylistique nouvelle. On voit s'ébaucher dans ses écrits un type de phrase qui n'existait pas à proprement parler: c'est la phrase de l'analyse psychologique. Ce style s'exprime aussi pleinement dans le genre du portrait, qui occupe une position de juste milieu entre l'écriture morale et l'écriture précieuse.

b. La phrase d'analyse
La phrase d'analyse, instrument indispensable à la recherche de cette vérité que l'entendement seul ne peut découvrir, naît du triple souci d'abstraire, de préciser et de nuancer.

126. Dans son jugement sur Homère, Mme de Lambert fait appel à la connaissance intuitive: l'imperfection du poète vient de ce qu'il n'a pas suivi l'instruction de son cœur.
127. En décrivant le métier de l'avocat Sacy, qui savait 'que l'homme est plus sensible que raisonnable', Mme de Lambert rappelle que 'pour persuader et pour toucher, il faut plaire'

Pour exprimer ce qui est senti, la phrase d'analyse tend à l'abstrait; elle s'éloigne du style figuré, car la métaphore ne ferait qu'ajouter à l'imprécision du langage traditionnel. Elle est transparente, concise, comme cette 'netteté si délicate' qu'elle prétend traduire. C'est la phrase des mondains: des procédés comme l'ellipse, l'anacoluthe, l'inversion, la construction libre du complément de nom favorisent la tendance à l'abstraction et à la rapidité, deux caractères de la phrase du dix-huitième siècle. Dans la proposition suivante, l'inversion et le zeugma suppriment avec hardiesse tous les mots oisifs: 'qui fait sentir que *l'amour n'est par lui ni sérieux, ni respecté*' (*Portrait de Fontenelle*, p.246). La langue du monde et la langue de l'analyse coïncident parfaitement; ces exigences nouvelles peuvent expliquer aussi la réapparition de la phrase précieuse qui, par des caractères importants, se présente comme une phrase substantive. Dans la pratique, il est souvent impossible de distinguer, dans la nouvelle préciosité, ces héritages divers. Toutefois, on peut reconnaître la phrase abstraite de l'analyse, quand les tours mondains ne l'envahissent pas et quand elle n'a pas l'affectation de la phrase précieuse.

Cet échantillon montre comment Mme de Lambert procède pour exprimer l'idée sublime (*Avis fils*, p.15):

Les âmes élevées ont pour Dieu des sentimens et un Culte à part, qui ne ressemble point à celui du peuple; tout part du cœur, et va vers Dieu. Les vertus morales sont en danger sans les chrétiennes. Je ne vous demande point une piété remplie de foiblesse et de superstition, je demande seulement que l'amour de l'Ordre soumette à Dieu vos lumières et vos sentimens, que le même amour de l'Ordre se répande sur votre conduite: il vous donnera la Justice, et la Justice assure toutes les vertus.

La tendance à l'abstraction se manifeste par l'élimination du style figuré; il n'y a pas de mots concrets, pas d'images expressives. Le destinataire de l'écrit doit assimiler le lexique de l'idée sublime: il est invité à méditer sur les liens abstraits qui unissent la vertu et l'entendement, on lui propose de les découvrir dans le double concept d'ordre et de justice, où se réalise une harmonie supérieure, celle du microcosme et du macrocosme. Une autre tendance du style d'analyse apparaît également ici: l'idée se dégage de la confrontation, de l'opposition, de la distinction. Une double comparaison, exprimée par la symétrie, fait apercevoir la différence entre la foi de l'honnête homme et la piété superstitieuse du vulgaire. Les mots oisifs ont été éliminés: les dyades, ici, ne sont plus de simples ornements, elles signifient l'union secrète des deux ordres du cœur et de l'esprit ('des sentimens et un culte', 'vos lumières et vos sentimens'). L'organisation des phrases n'est régie ni par la nécessité de mettre

(p.240-41). Il va de soi que cette dernière formule pourrait s'appliquer à l'éloquence de la marquise.

en valeur la maxime, ni par l'épanchement lyrique; le rythme est celui d'une démonstration qui s'adresse à l'intelligence et à la sensibilité: 'qui ne ressemble point...', 'sont en danger sans...', 'je ne vous demande point...', 'je demande seulement...'.

Un second échantillon, choisi dans un autre registre, confirmera l'importance des substantifs abstraits dans la langue de l'analyse. C'est sur eux que travaille l'écrivain pour saisir l'exacte nuance de ce qui se passe dans les âmes. 'Il montre aussi de la sagesse et de la retenue; de sa retenue on en fait aisément du dédain. Il donne l'impression d'un caractère dégoûté par délicatesse' (*Portrait de Fontenelle*, p.247). Le style est celui d'une mondaine occupée à scruter les attitudes et les sentiments. Une nouvelle prose est en train de naître: si l'on osait hasarder un anachronisme, on la dirait volontiers 'impressionniste'. Elle cerne par touches successives, par des impressions qui se corrigent mutuellement, la nuance exacte du caractère observé. Les propositions indépendantes très courtes sont ordonnées par la série progressive des termes abstraits: sagesse, retenue, dédain, dégoûté par délicatesse.

Il faut déplorer l'absence des manuscrits de Mme de Lambert: l'étude des variantes et des corrections permettrait d'apprécier à sa juste valeur la recherche de la concision. Dans ce domaine, nous ne possédons qu'un document significatif: le *Discours sur le goût*, que Mme de Lambert devait insérer dans ses *Réflexions sur les femmes*. Les deux états du texte sont presque identiques; ils révèlent cependant un travail d'élagage qui confirme cette tendance à l'abstraction. Dans la première version, Mme de Lambert définit le goût en recourant au style figuré: elle utilise la personnification pour faire comprendre les rapports du cœur et de l'esprit: 'D'autres personnes ont cru que le Goût étoit *une union* du sentiment et de l'Esprit; que le sentiment, *averti* par les objets sensibles, *faisoit son rapport* à l'Esprit, (car tout *parle* à l'Esprit); et que l'un et l'autre d'*intelligence* formoient *leurs Jugements*' (p.215). La métaphore filée disparaît dans la seconde version, et d'une manière significative, le pluriel à valeur concrète et expérimentale du mot 'jugement' est remplacé par un singulier, indiquant un degré supérieur de conceptualisation: 'Une autre personne a prétendu que le Goût est une union du sentiment et de l'esprit, et que l'un et l'autre, *d'intelligence*, forment ce qu'on appelle le Jugement' (p.183-84).

La phrase d'analyse se caractérise aussi par la volonté de préciser les mots et les expressions utilisés. L'écrivain dispose de plusieurs procédés. La marquise de Lambert les connaît, même si elle ne les prodigue pas.

Le procédé le plus élémentaire consiste à répéter un terme ou une structure de la phrase, pour commenter ou préciser une notion trop floue: 'le ridicule est purement arbitraire: il dépend *de la manière* que les objets se présentent, *de la manière* de penser et de sentir' (*Avis fils*, p.26). La redondance ici n'est pas gratuite: elle sert à préciser les modalités d'un fait abstrait. Dans le *Portrait de La Rivière* (p.234), une répétition du même type permet de montrer les deux aspects d'une même réalité: 'Il est *dans l'âge* où les sentimens deviennent plus délicats, parce qu'on échappe à l'empire des sens; *dans cet âge* où l'on vit encore pour ce qui plaît, et où l'on se retire pour ce qui incommode.'

L'apposition joue un rôle analogue. Elle n'a pas le caractère oratoire que lui donne La Bruyère. La marquise de Lambert l'utilise habilement dans le changement des voix narratives.[128] Dans le genre du portrait, l'apposition permet de commenter le récit biographique, d'en préciser la valeur symbolique: 'Rendu à la vie privée, il pratiqua toutes les vertus paisibles, et devint ce que les autres veulent paroître; chose plus difficile que de s'élever par les vertus d'éclat, où la gloire soutient' (p.233).

On rencontre aussi chez Mme de Lambert un des traits caractéristiques de la phrase d'analyse que F. Deloffre propose d'appeler la retouche corrective. Ce procédé 'consiste à redoubler un terme dans la fonction où il vient d'apparaître, en le faisant précéder d'un instrument distinctif spécial (*mais, je dis*, etc.), et en lui adjoignant de nouvelles déterminations' (p.477). La retouche corrective est donc un tour voisin de la reprise du terme ou de l'apposition; son originalité réside dans l'apport d'une précision à ce qui vient d'être exprimé. Il n'est pas inutile de rappeler, après F. Deloffre, que ce procédé provient de la langue parlée et qu'il 'était en grande vogue dans la langue élégante du XVIIe siècle' (p.448). La valeur de renchérissement affectif qu'il pouvait avoir à l'oral et qu'il conserve encore à l'écrit, s'estompe chez Mme de Lambert qui met le tour au service de l'analyse. Elle s'en sert pour préciser le contenu d'un substantif à valeur abstraite:

Elle en a écarté tous les défauts, et n'en a conservé que les sentimens de gloire; *mais une gloire* qui n'incommode point les autres, et qui n'est que pour elle [*Sentiment dame*, p.238];

Ce n'est pas assez de les égaler, il faut les passer, et arriver au terme; *je veux dire* aux honneurs qu'ils ont approchés de si près, et qu'une mort prématurée leur a ravis [*Avis fils*, p.7].[129]

---

128. Mme de Lambert aime un type de phrase qui lui permet, grâce à l'apposition, de juxtaposer au récit, à l'élément narratif, un commentaire subjectif servant de justification. 'Je vous donnai de bonne heure un régiment, *persuadée qu'*on ne pouvoit entrer trop tôt dans une profession où l'expérience est si nécessaire' (p.5); 'Il crut que son devoir l'obligeoit à demeurer dans sa profession, *persuadé que* la lenteur des récompenses ne nous autorise jamais à quitter le service' (p.11).

129. Les phrases s'organisent, grâce à ces retouches, en une structure progressive qui aboutit à l'élaboration d'un paragraphe original. Le génie créateur de Marivaux saura réunir en une seule phrase ces propositions pour créer la phrase à escaliers, si caractéristique de son style d'analyse. Un paragraphe comme celui-ci, chez Mme de Lambert, montre comment ce type de phrase a

On voit bien le rôle de cette retouche dans l'analyse; elle permet, dans le premier cas, d'opérer un choix sans se tromper dans un champ de signifiés multiples; ou, dans le second cas, de faire 'parler' un terme trop vague. Le présentatif *c'est* peut servir d'instrument distinctif pour cette retouche: 'La plupart des jeunes gens croyent aujourd'hui se distinguer en prenant *un air de libertinage*, qui les décrie auprès des personnes raisonnables; *c'est un air* qui ne prouve pas la supériorité de l'esprit, mais le dérèglement du cœur' (p.15). En réalité, le présentatif permet à Mme de Lambert d'éviter la reprise du mot, qu'elle ne pratique pas, c'est-à-dire la répétition du substantif sans déterminatif. La conjonction de coordination *et*, très souple, sert aussi à la retouche corrective: elle a la valeur de *et l'on sait*, *et notez-le*, et semble se spécialiser dans la reprise du verbe: 'Mais pour persuader, et pour toucher, il faut *plaire*; *et* l'on ne *plaît* que par les grâces' (*Portrait de Sacy*, p.240).

Etre concis et précis, mais aussi savoir distinguer les nuances les plus subtiles, telles sont les ambitions de l'observateur des mœurs. Mme de Lambert possède au plus haut degré le sens de la nuance; ses fines analyses la conduisent à de subtiles distinctions de mots voisins ou synonymes, qui en réalité désignent des états d'âme ou des idées différents. La recherche du terme propre est une exigence essentielle de l'esprit moderne: seule une réflexion hâtive peut croire équivalents des mots qui ont entre eux des écarts sémantiques importants.[130] Les historiens de la langue ont montré qu'une partie non négligeable de la littérature moralisante du dix-huitième siècle consistait en un travail sur les synonymes.[131] Montesquieu et Mme de Lambert n'écrivent-ils pas une dissertation visant à distinguer *réputation* et *considération*? Cette démarche se retrouve dans le détail des traités moraux de la marquise: les mots du lexique des mondains sont soigneusement commentés quand ils entretiennent des rapports de synonymie. Mme de Lambert invite sa fille à ne pas confondre *délicat* et *dégoûté* (p.73): il y a dans le second de ces termes une idée de

pu naître: '*La Honte* est un sentiment dont on peut tirer de grands avantages en la ménageant bien. *Je ne parle point de la mauvaise honte* [...]; *je veux dire celle* qui nous détourne du mal par la crainte du déshonneur' (*Avis fille*, p.62-63). Sur la phrase à escaliers de Marivaux, voir F. Deloffre, p.450-51.

130. A. François rappelle (vi.1251) que la proposition selon laquelle il n'y a pas de synonymes parfaits a une portée absolue aux dix-septième et dix-huitième siècles.

131. C'est une tradition qui remonte aux premières précieuses. Rappelons, à ce sujet, le commentaire de Magendie: 'Les Précieuses semblent s'être fait une spécialité de différencier les mots qui, dans l'usage courant, sont synonymes, et par là même, de discerner dans les sentiments que la foule se contente de reconnaître en gros, des nuances subtiles, qui, en définitive, enrichissaient la connaissance de l'âme. C'est à saisir et à exprimer ces imperceptibles demi-teintes, que se révélait la finesse pénétrante de l'esprit, et la souplesse exacte du vocabulaire. Elles ne se sont pas lassées de distinguer, de définir, de classer, et furent, surtout en matière d'amour, d'ingénieuses psychologues' (p.578-79).

corruption que ne saurait contenir le premier. Une leçon analogue passe dans le portrait de Sacy: 'si quelques passions ont pu *l'amuser*, aucune ne l'a *assujetti*' (p.243). On pourrait dresser une liste, qui serait longue, de ces distinctions conceptuelles: il faut différencier l'amitié ordinaire et l'amitié délicate (p.136), la vanité et la vaine gloire (p.50), les serments et la parole de l'honnête homme (p.110), le déshonneur et le ridicule (p.25-26), etc. Dans la matière romanesque, le travail sur les synonymes se manifestera sous la forme de belles scènes où s'affronteront deux belles âmes, dans une dialectique de l'amour et de la gloire: 'il me faisoit un sacrifice de sa *grandeur*, et je lui en faisois un de ma *fierté*' (*Femme hermite*, p.303).

Entre l'analyse et le pragmatisme moral les liens sont étroits: la distinction des synonymes est utile aussi pour définir les règles de conduite qu'utiliseront les honnêtes gens. La connaissance des usages, des bienséances, des caractères se confond bientôt avec celle des mots. Tout est question de nuances:

La raillerie, qui fait une partie des amusemens de la conversation, est difficile à manier [...]. De la plus douce *raillerie* à *l'offense*, il n'y a qu'un pas à faire [*Avis fils*, p.25];

L'Amour-propre outré fait les grands *crimes*; quelques degrés au-dessus, il fait les *vices* [*Avis fille*, p.110].

Les préceptes construits sur des distinctions semblables sont nombreux dans les traités de Mme de Lambert; ils montrent comment exploiter les ressources de la nature pour perfectionner ce qu'elle nous donne. Le pragmatisme moral de la marquise a sa source dans la lucidité de ses analyses: '*Approuvez*, mais *admirez* rarement' (p.114); 'Etes-vous *timide*? tournez cette foiblesse en *prudence* [...] Etes-vous dissipatrice? Aimez-vous à donner? Il est aisé de la *prodigalité* d'en faire de la *générosité*' (p.93).

Un moyen plus efficace encore de distinguer ces synonymes est de les opposer en une antithèse qui est différente de l'alliance de mots. Ces antithèses synonymiques sont vraiment caractéristiques de la langue de l'analyse. F. Deloffre rappelle qu'elles semblent manquer chez les premières précieuses, alors qu'elles connaissent une faveur extraordinaire au dix-huitième siècle, aussi bien dans le genre didactique que dans les genres moraux (p.237-38). La marquise de Lambert en a créé de nombreuses. L'amitié et l'amour peuvent être définis comme des forces attractives, mais les mots qui les exprimeront ne sauraient être identiques: 'l'amitié *attire*, l'amour *entraîne*' (p.121). Il va de soi que le parallélisme se prête bien à de telles distinctions: les symétries transforment la remarque psychologique ou morale en avertissement ou en maxime:

Les jeunes gens ont des *sociétés*; rarement ont-ils des *amis* [*Avis fils*, p.28];

La personne que vous attaquez a seule droit de juger si vous plaisantez; dès qu'on la blesse, elle n'est plus *raillée*, elle est *offensée* [p.25];
Il aspiroit à la véritable *gloire*, sans trop penser à sa *fortune* [p.10].

Dans ce dernier exemple, l'antithèse synonymique s'explique par le conflit de deux morales; pour un esprit vulgaire, qui ne pense qu'aux biens matériels, les mots *gloire* et *fortune* sont identiques: il faut une grandeur d'âme pour distinguer des biens plus nobles.

Beaucoup d'antithèses synonymiques sont aiguisées d'après ce schéma, Mme de Lambert privilégiant la préposition *sans*. Voici des exemples recensés dans les *Avis d'une mère à sa fille*: 'souvent nous en sommes [des passions] *désabusées sans* en être *guéries*' (p.97); 'Soyez *humble sans* être *honteuse*' (p.105); 'Songez qu'il y a des choses *vraisemblables sans* être *vrayes*' (p.102). La conjonction de coordination *et*, qui a tant de souplesse dans la phrase du dix-huitième siècle, peut prendre une valeur d'opposition. Mme de Lambert se souvient de la formule célèbre de Montaigne, 'il se faut prester à autruy et ne se donner qu'à soy-mesme' (iii.10, p.1003), pour l'appliquer au comportement des femmes envers l'amour: 'La plupart des femmes prennent l'Amour comme un amusement: elles *s'y prêtent, et* ne *s'y donnent* pas' (p.209). Cette antithèse synonymique devait être chère aux mondains; on la retrouve, avec une variante, dans les *Avis d'une mère à sa fille*: 'La première [règle], de ne *se* pas *livrer* aux choses qui plaisent, de ne faire que *s'y prêter*' (p.89). Il est parfois difficile de distinguer l'originalité de ces créations. Certaines antithèses synonymiques semblent appartenir à la communauté linguistique, ce qui est une preuve de leur succès. On rencontre chez Mme de Lambert le couple 'inconstant/infidèle' qui allait connaître la faveur des romanciers: 'Mais enfin, comme il est écrit que toute sensibilité périt, et que les cœurs les mieux faits ne peuvent pas répondre de garder toujours cette chaleur d'une amitié naissante, ils peuvent donc quelquefois être *inconstans*, mais jamais *infidèles*' (p.133). L'antithèse désigne ici l'amitié, et comme elle est encore un peu nouvelle, la marquise prend soin de l'expliquer: 'La vivacité du goût se perd, mais l'amour du devoir subsiste.' Les romanciers du libertinage lui donneront une autre signification, en la situant par rapport à une rupture que la marquise n'envisage pas ici.

Mme de Lambert a bien compris son époque: la littérature moralisante, qui reconnaît en Montaigne un lointain initiateur, fait appel de plus en plus à l'analyse psychologique, qui suppose une connaissance de la langue en accord avec la connaissance du cœur humain. Les subtiles distinctions de synonymes ne sont pas un jeu gratuit: elles permettent souvent de lever les ambiguïtés nées d'un vocabulaire mal adapté aux progrès de l'analyse, aux découvertes faites dans le monde du sentiment. Les Modernes, un théoricien comme l'abbé Terrasson l'exposera clairement, sont convaincus que le perfectionnement de la langue coïncide avec un progrès de la civilisation et de la connaissance de l'homme.

Comparée à la phrase de La Rochefoucauld ou de La Bruyère, et à celle de Marivaux, la phrase de Mme de Lambert est particulièrement intéressante: elle témoigne en effet d'un moment important dans l'évolution de la phrase française vers plus de souplesse, plus de ductilité. Marivaux devait léguer au dix-neuvième siècle une phrase originale, qu'il a pour ainsi dire inventée, et qui allait être l'outil idéal de l'analyse psychologique. La marquise de Lambert n'a pas trouvé la forme définitive de cette phrase, mais elle en a aperçu toutes les virtualités: son analyse du cœur féminin lui avait fait comprendre combien il était urgent qu'un tel instrument fût inventé. Marivaux a pu être initié par elle à deux procédés qui allaient être déterminants: la retouche corrective et l'antithèse synonymique.

c. L'art du portrait

La recherche d'une phrase nouvelle, accordée à la connaissance intuitive que postule la morale du sentiment, est le caractère le plus original du style de l'analyse. Celui-ci s'exprime aussi dans un genre traditionnel, dont les origines aristocratiques et précieuses sont connues: le portrait. On sait l'importance que lui accorde le roman français, des grands ouvrages précieux de Mlle de Scudéry aux analyses de Marivaux. Mais le portrait a aussi une existence autonome: c'est une production caractéristique de la littérature moralisante et précieuse. La mode des portraits, répandue par Madeleine de Scudéry, est sortie des ruelles pour gagner le grand monde et devenir un passe-temps mondain. La célèbre 'Journée des portraits', organisée par Mlle de Montpensier en 1657, a contribué à fixer les éléments esthétiques et stylistiques d'un genre littéraire qui devait connaître dans les salons un engouement durable, que la renaissance de la vie intellectuelle mondaine au début du dix-huitième siècle remit tout naturellement à l'honneur. Il fait partie des productions de l'hôtel de Nevers, et aussi des divertissements de la Cour de Sceaux.[132] La Motte demande à Mme de Lambert de le peindre; nous savons par la correspondance échangée entre le poète et la duchesse Du Maine, que la marquise de Lambert a donné au mardi un portrait de la reine de Sceaux. Ces indices révèlent la

---

132. Les *Mémoires* de Mme de Staal-Delaunay en témoignent. 'Nous avions à Sceaux dans ce temps-là madame du Deffand. Elle me prévint avec des grâces auxquelles on ne résiste pas. Personne n'a plus d'esprit, et ne l'a si naturel. Le feu pétillant qui l'anime pénètre au fond de chaque objet, le fait sortir de lui-même, et donne du relief aux simples linéaments. Elle possédait au suprême degré le talent de peindre les caractères; et ses portraits, plus vivants que leurs originaux, les font mieux connaître que le plus intime commerce avec eux. Elle me donna une idée toute nouvelle de ce genre d'écrire, en me montrant plusieurs portraits qu'elle avait faits' (p.224-25). La dernière remarque de Mlle Delaunay semble désigner une renaissance du genre.

réputation acquise par l'hôtesse de Nevers dans ce genre caractéristique de l'écriture aristocratique.

En grande dame, la marquise de Lambert s'est plu à peindre sur le vif, ou indirectement d'après des témoignages oraux et livresques, les personnes qu'elle a aimées et fréquentées. On ne parcourt pas sans émotion, quand on essaie de faire revivre son milieu, sa 'galerie des peintures': celle-ci nous conserve les traits des êtres chers du cercle familial, des amis fêtés dans son salon, des personnalités qu'elle a connues dans le grand monde, de quelques dignitaires du royaumes entrés dans l'histoire. La marquise de Lambert a su retrouver l'esprit de Sapho: le portrait reste pour elle un divertissement aristocratique, mais il est aussi un témoignage d'amitié. Plus sentimental, moins cérébral, le genre reflète les mœurs de l'hôtel de Nevers, où le monde le plus distingué côtoie le monde savant et littéraire. Cet équilibre apparaît bien dans la répartition des portraits publiés par les premiers éditeurs de la marquise de Lambert au dix-huitième siècle: un portrait aristocratique (de Mlle de ***), deux portraits littéraires (ceux de Fontenelle et de La Motte), deux portraits d'amis (Sacy et La Rivière). Mais si l'on veut juger de l'art du portrait chez Mme de Lambert, il faut ajouter à ces productions 'officielles' bien d'autres créations éparses dans les écrits: on peut recenser vingt-trois portraits dans les œuvres connues, ce qui est assez considérable, sans compter les allusions nombreuses à des personnages connus, qui illustrent les propos de l'écrivain. Ainsi, le portrait du duc de Bourgogne, ceux de Jean et Henri de Lambert viennent compléter cette galerie des peintures, qui contient, outre ces grands portraits officiels, des miniatures attachantes, souvent consacrées à des personnalités féminines, comme Henriette d'Angleterre, Mme de La Sablière ou Mme Dacier. Si l'on ajoute à cela les ébauches ou dessins préparatoires, et les caractères à la manière de La Bruyère, on aura une idée assez fidèle du talent de Mme de Lambert portraitiste. Quelques remarques générales sont indispensables encore pour comprendre sa technique et ses intentions.

Personne et personnage. Le portrait chez la marquise de Lambert est entièrement soumis à l'analyse psychologique et morale. Une règle éclaire cette esthétique: 'je n'aime pas à peindre pour les yeux, mais seulement pour l'esprit,' déclare Mme de Lambert (p.232). Comme dans la peinture de l'âge précédent, les détails physiques sont sans importance, et l'on serait bien en peine de relever une seule notation concrète. La tradition du portrait 'classique' est donc toujours forte. La remarque pourrait convenir aux épures de Montesquieu, dans les *Lettres persanes*, ou aux tableaux peints par Marianne; c'est la vie intérieure, l'âme, que Marivaux cherche à décrire dans le portrait de Mme de

Miran: les longues réflexions de l'héroïne sur 'l'air de franchise et de bonté' de sa bienfaitrice cherchent sur la physionomie les traces de la sensibilité. La marquise de Lambert procède de la même façon: elle se débarrasse en un mot de la description physique dans le portrait de La Rivière: 'Il faut vous dire un mot de sa figure. Il est bien fait: il a la taille fine et aisée, le visage agréable' (p.232). La notation est encore plus fugace dans le portrait de Fontenelle: 'Vous connoissez sa figure: il l'a *aimable*' (p.244). Nous ne saurons rien des traits de La Motte, ou de Sacy: si la marquise fait allusion à la cécité du prince des poètes, c'est seulement pour montrer comment elle a servi l'intelligence et la douceur des mœurs. Mme de Lambert est en apparence plus prolixe pour décrire la beauté féminine, mais les mots qu'elle choisit sont à la fois conventionnels et abstraits: 'Sa prison fut *aimable*. [Vénus] lui donna de ces *grâces* finies qui ne sont que pour les délicats, une *physionomie spirituelle*' (p.239). De la nouvelle Paulo, 'née une des plus belles femmes de la Cour, du consentement du Public', nous n'en saurons pas plus: 'Elle a une *figure* unique: c'est un assemblage de tous les agrémens; un mérite assorti; son Corps étoit fait pour loger le plus aimable Esprit du monde, et son Esprit étoit destiné pour animer la figure la plus parfaite' (*Sentiment dame*, p.269). Ces descriptions sont traditionnelles, comme le prouvent ces termes qui se répètent. Ce qui intéresse le peintre, ce qu'il y a de plus difficile à traduire, ce sont les qualités solides et les agréments. Les éléments constitutifs de ses portraits sont: les mérites de l'esprit, les charmes de l'honnêteté, les talents et surtout les mœurs. La marquise de Lambert cherche sans cesse à montrer la sensibilité du sujet dans ses manières et dans ses créations, elle veut décrire la personne sous le personnage. Les plaidoiries et les traductions de Sacy doivent révéler sa vertu; l'innocence des mœurs de Fontenelle se reflète dans ses conversations et dans ses amitiés; une âme d'exception anime la politesse agréable du gendre de Bussy; la gloire de Mlle *** est digne d'une âme originale; une âme chrétienne illumine le prince cultivé et couvert d'honneurs, éduqué par Fénelon. Mme de Lambert s'insinue dans l'intérieur des personnages, pour atteindre le siège de la sensibilité, l'endroit mystérieux où se forment les belles âmes.

L'éloge amical. Le portrait traditionnel est un genre difficile, parce qu'il demande des dons que ne possède pas un observateur superficiel, et surtout parce qu'il fait appel à la sincérité. Il ne doit pas être un éloge flatteur: pour peindre l'originalité d'une personnalité, il faut savoir désigner par une touche discrète les défauts qui ne pouvaient passer inaperçus. La marquise de Lambert a triomphé aisément de cette difficulté, car elle conçoit le portrait comme un témoignage d'amitié, un gage de confiance, une marque d'estime, ce qui écarte les suspicions et donne une chance à la réhabilitation. L'analyse ne vise pas seulement à distinguer les nuances: la connaissance par le cœur permet une métamorphose originale du défaut en vertu. Tous les grands portraits de Mme de Lambert ont ce caractère, même quand il est subtil.

Dans le portrait de La Motte, la réhabilitation est d'ordre littéraire: la marquise balaie les reproches injustes adressés au recueil des *Fables* et montre la dignité du poète offensé par Mme Dacier. On pouvait reprocher à Fontenelle sa misogynie et son dédain: son amie le justifie en montrant l'innocence de ses mœurs. Le portrait de Sacy s'explique par des intentions voisines: la vertu de l'avocat ne saurait rendre suspecte son éloquence. La Rivière a su transformer sa galanterie en sagesse. L'humanité du duc de Bourgogne n'est pas une faiblesse; chez celui qui devra assumer la royauté et commander aux hommes, elle est la marque d'un esprit supérieur. L'extraordinaire bravoure de Jean de Lambert excuse son sens absolu du commandement, qui compte pour rien la vie des hommes; la bienfaisance de l'époux permet d'oublier les disgrâces de la Fortune. Les défauts inhérents à une grande race sont mis sur le compte d'une conception originale de la gloire dans le portrait de Mlle de ***.

Chez Mme de Lambert, la morale du sentiment transforme imperceptiblement le portrait mondain en un portrait sensible, que Marivaux portera à son point de perfection.

Un genre rococo. Ce divertissement aimable révèle les exigences de la nature; les grâces mondaines enveloppent une vie intérieure intense; le langage lui-même est ambigu, puisqu'il déguise l'éloge sensible sous la forme la plus spirituelle, un peu comme Vénus enferme l'âme originale dans une prison aimable. 'Le sens n'est pas montré, mais suggéré par le miroitement des surfaces':[133] cette définition proposée pour le style rococo conviendrait aux portraits de la marquise de Lambert, si l'on veut bien admettre qu'ils ont toujours une double signification. Une figure aimable, une vie illustre cachent une belle âme que le peintre désigne aux hommes comme un modèle.

Les goûts de l'époque sont visibles aussi dans le maniérisme de la forme. Le décor de ces portraits fait une large place, nous l'avons dit, aux figures allégoriques. Le temps des tableaux solennels, qui soulignaient une correspondance entre un caractère et les attributs de la puissance, semble révolu. L'art de Mme de Lambert annonce celui d'un Boucher, qui, à sa façon, restaurera le maniérisme: le temps n'est guère éloigné où ce dernier introduira un décor mythologique dans un portrait de Mme de Pompadour, dont on a pu dire par ailleurs qu'il était plus le portrait d'une robe que d'un caractère. Les critiques

133. Jean Sgard, 'Style rococo et style Régence', p.19.

du dix-neuvième siècle, qui jugeaient trop mièvres les portraits peints par la marquise de Lambert, n'avaient pas deviné que cette grande dame avait su exprimer dans toutes ses nuances la sensibilité de son époque.

Les deux expressions caractéristiques du style de l'analyse montrent l'importance que Mme de Lambert accorde à la connaissance du cœur. Pour exposer dans leur netteté les objets de sentiment, la marquise a éprouvé le besoin d'utiliser un outil neuf, capable de les saisir en procédant par touches successives. Ses portraits agissent de la même manière: en apparence une série de phrases courtes illustre un motif simple, qu'on peut identifier aisément. Mais ces phrases convergent aussi vers une réalité plus secrète, qui est le véritable centre du portrait. En définitive, le style de l'analyse peut être expliqué par l'introduction d'éléments sensibles dans le style des honnêtes gens, qui permettront à un observateur attentif de substituer à la quête de l'universalité la perception de l'originalité et de la singularité. Cela vaut aussi bien pour le portrait que pour la phrase d'analyse: on en retiendra le caractère moderne. Mme de Lambert a entrevu toutes les richesses de la phrase 'impressionniste'; elle a aussi renouvelé le genre du portrait, en donnant pour mission au peintre de traduire une intériorité, de dévoiler une âme.

La variété des tons distingue, d'une manière plus significative que le style figuré, le discours mondain de la marquise de Lambert. Les images et les allégories traditionnelles sont abondantes, mais somme toute peu originales: elles colorent davantage la prose de Fontenelle, les productions de Sceaux ou les créations libertines d'un Montesquieu sous la Régence.[134] En revanche, Mme de Lambert varie avec habileté les tons: sa langue s'éloigne souvent de celle, 'un peu pauvre, pâle et froide', des honnêtes gens de l'âge précédent, en accueillant des tours expressifs et les éléments d'une sensibilité contenue. La marquise s'exprime en grande dame, et ses ouvrages reproduisent souvent les mouvements de la conversation aristocratique. Ils en ont l'expressivité discrète, l'élégance parfois apprêtée, la vivacité qui convient au trait, à la saillie. Mais ce discours aristocratique est aussi un discours féminin. La prose de Mme de Lambert devient lyrique, quand l'illuminent l'imagination et le sentiment; c'est aussi une prose d'analyse, qui témoigne de la métamorphose de la phrase française sous la Régence. Il faut être convaincu que les œuvres de la marquise de Lambert sont un document précieux sur les liens de la littérature et de la mondanité au début du dix-huitième siècle.

---

134. Mathieu Marais ne s'y trompait pas, qui jugeait ainsi *Le Temple de Gnide*: 'cela sort de la tête de quelque libertin, qui a voulu envelopper des ordures sous des allégories, et qui n'y a pas mal réussi, s'il n'avoit pas voulu avoir trop d'esprit' (iii.312).

Plusieurs éléments étudiés ici avaient déjà été employés par les précieuses: on songe à la phrase exclamative, au travail sur la synonymie, au portrait. Mais le style précieux a des caractères plus typiques, qui le distinguent de l'écriture morale et de l'analyse psychologique: ce sont eux qu'il faut à présent mettre en lumière.

iii. Le style d'une précieuse

R. Lathuillère a exposé en termes précis (i.15) la méthode qui doit guider toute étude de la préciosité. Ses remarques insistent sur la nécessité de faire apparaître la corrélation entre les diverses composantes du phénomène:

La préciosité ne s'assimile pas à l'un de ses éléments constitutifs; elle en est le lien. Elle ne se réduit pas, par exemple, au féminisme, à la littérature de salon ou au langage hyperbolique, mais elle n'aurait sans doute pas existé sans eux [...]. Celle-ci, par conséquent, n'existe que par corrélation et tout, en elle, ne prend sa valeur exacte que par corrélation.

Cette méthode vaut aussi pour la néologie de la Régence: la langue de Mme de Lambert est une des composantes de sa préciosité. Mais le langage hyperbolique ou le style substantif ne sont pas précieux en eux-mêmes. Il est donc nécessaire de faire apparaître une autre corrélation: le style précieux doit pouvoir être distingué du style moralisateur et mondain. L'examen de la langue donne des résultats relativement satisfaisants: on perçoit assez bien les traits distinctifs de la phrase et du vocabulaire précieux de Mme de Lambert. En revanche, la définition de l'esprit précieux est plus délicate, dans la mesure où les mêmes mécanismes jouent un rôle polyvalent.

1. *La langue des précieux*

La langue des précieux a eu une influence incontestable sur la langue mondaine, au point que toutes deux se confondent parfois. Certains procédés cependant semblent caractériser la première sans ambiguïté, et servent à la distinguer dans son originalité. Il est permis de définir un lexique précieux, une phrase précieuse. Les études de F. Deloffre et R. Lathuillère proposent de définir la notion de langue précieuse par quelques procédés constants, à partir de tendances durables. Ces critères serviront aussi à juger la préciosité de Mme de Lambert.

Pour la formation du vocabulaire, le goût précieux se révèle dans le choix du complément de caractérisation, qui s'étendra ensuite à l'ensemble de la langue mondaine; il apparaît aussi dans la prédilection pour les formes substantivées de l'adjectif essentiellement, du participe et de l'adverbe également; il se manifeste enfin dans le désir de créer des mots nouveaux, pour mieux surprendre: cette dernière tendance du vocabulaire est si caractéristique qu'on a souvent assimilé la nouvelle préciosité à la néologie.

La phrase précieuse présente des caractères voisins. La tendance à la substantivation ne concerne pas seulement le mot, elle s'étend à l'ensemble du discours, et fait du style précieux un style substantif. L'hyperbole joue dans la grammaire et dans l'organisation de la phrase un rôle important également, ce qui permet de définir aussi le style précieux comme un style hyperbolique.

A. *Le vocabulaire des précieux*

a. *Les compléments de caractérisation*

Un des traits qui permettent de définir le vocabulaire des néo-précieux est le goût qu'ils montrent pour les locutions formées avec un complément de caractérisation, du type 'affaire de cœur'. F. Deloffre a montré comment la recherche presque systématique des locutions substantives rapprochait la langue de Marivaux de celle de Mme de Lambert (p.22 et 331-41). Chez les deux écrivains elles servent principalement à désigner des réalités psychologiques ou morales, et répondent donc aux besoins d'une langue analytique qui doit rechercher la précision du mot sans pour autant nuire à son énergie. C'est pourquoi ils hésitent à créer le néologisme quand manque l'adjectif dérivé, ou répugnent, lorsqu'il existe, à l'utiliser si son emploi est d'un caractère trop technique. Quand la marquise de Lambert recourt à la locution 'grandeurs d'institution' (*Avis fils*, p.18), c'est qu'elle n'a pas à sa disposition notre moderne 'institutionnel', qui de nos jours encore passe pour un terme technique. Quand elle évoque une 'sagesse de communication' (*Correspondance*, p.417), elle préfère le substantif à l'adjectif 'communicable' dont les emplois sont plus spécialisés.[135] Dans ces conditions, on peut légitimement hésiter à classer le procédé parmi les traits d'une langue précieuse, puisqu'il semble s'opposer à la création néologique, comme le remarque F. Deloffre: 'L'emploi de ces locutions est au fond conforme à la doctrine de Vaugelas ou à celle de Desfontaines dans la mesure où il permet d'éviter la création de néologismes ou le recours à des termes d'école' (p.341). Toutefois l'attrait qu'il exerce sur les néo-précieux qui, comme Fontenelle, La Motte ou Marivaux, voient en lui un outil analytique efficace, permet de surmonter cette hésitation première; il

---

135. *Communicable* est, semble-t-il, un terme d'école. Le *Dictionnaire* de Furetière de 1727 propose cet exemple: 'le pouvoir souverain n'est pas communicable'. L'adjectif *communicatif* existe aussi, mais 'se dit plus ordinairement des personnes'; il est d'un emploi rare quand il caractérise les choses. En fait, les deux adjectifs sont concurrents, lorsqu'ils se rapportent à des personnes.

est clair, comme c'est le cas pour Mme de Lambert, que l'abondance des compléments de caractérisation signale une mode précieuse.

Si le nombre des prépositions qui servent à créer les locutions substantives est relativement élevé, il reste limité chez Mme de Lambert.[136] On recense seulement quelques rares emplois des prépositions *à*: 'âmes à génie' (*Portrait de La Motte*, p.220); 'homme à talents' (p.221); ou *sans*: 'les grâces sans mérite et le mérite sans grâces' (*Avis fille*, p.68); 'plaisirs sans douleur' (*Femmes*, p.210); 'femme sans modestie' (*Correspondance*, p.380). Comme ses contemporains, Mme de Lambert utilise surtout la préposition *de*, qui donne naissance à des locutions dans lesquelles le rapport qui unit le substantif à son 'caractérisateur'[137] peut être varié.[138]

Plusieurs exemples appartiennent au type 'bonté de cœur', où la détermination est pour ainsi dire explétive. Le complément de caractérisation en quelque sorte colore l'expression, l'enrichit, l'agrémente, sans établir entre les deux substances un rapport précis, particulier. Font partie de cette liste les locutions quasi pléonastiques suivantes: 'émotion de cœur' (p.211);[139] 'respect de sentiment' (*Avis fils*, p.18); 'estime de sentiment' (*Amitié*, p.134); 'culte de religion' (*Avis fille*, p.79); 'respect de religion' (*Avis fils*, p.23); 'fautes de jugement' (*Vieillesse*, p.154).[140]

Dans un type voisin de celui-ci, le caractérisateur établit une véritable relation, qui peut d'ailleurs être variée, mais qui le plus souvent chez Mme de Lambert dit l'origine ou le contenu, comme dans ces exemples:

plaisir de malignité: 'le plus grand de nos plaisirs est de jouir de ceux dont les autres ne jouissent pas; c'est un plaisir de Malignité qui a sa source dans l'orgueil' (*Dialogue Alexandre-Diogène*, p.259-60);

larmes, accès d'opiniâtreté: les enfants 'ont quelquefois des larmes d'opiniâtreté. Il faut bien se garder de céder aux accès d'opiniâtreté' (*Correspondance*, p.377);

erreur de vanité: 'et nous vivons dans cette erreur de Vanité, que l'amour-propre incorpore dans notre âme' (*Richesses*, p.225).

---

136. Comme aussi chez ses contemporains, à l'exception de Marivaux. Laurent Versini (p.360) oppose l'usage de Crébillon, qui préfère la préposition *de* quand il faut désigner des personnes, à l'usage de la génération de 1770 qui raffolera du complément de caractéristation introduit par *à*, du type 'femmes à sentiment', 'gens à principes', qu'on rencontre chez Laclos.

137. Terminologie de Marcel Cressot et Laurence Gallo, *Le Style et ses techniques* (Paris 1969), p.126.

138. Notre classement suivra la typologie proposée par F. Deloffre, p.335-40.

139. 'Emotion de cœur' se trouve aussi chez Marivaux; voir Deloffre, p.335.

140. En l'absence d'adjectifs correspondants, les génitifs *de cœur*, *de sentiment*, *d'esprit* sont pour ainsi dire lexicalisés. On trouve aussi la locution 'respect de religion' chez La Rochefoucauld (maxime 63).

Le goût de la marquise de Lambert la porte vers les locutions substantives du type 'air de bonté', qui sont en grande faveur. '*L'air de confiance* révolte dans une figure médiocre' (*Avis fille*, p.67);[141] 'la plupart des jeunes gens croyent aujourd'hui se distinguer en prenant un *air de libertinage*' (*Avis fils*, p.15). Un bel exemple, qui juxtapose les deux tours, montre bien comment le complément de caractérisation concurrence l'adjectif épithète: 'sous un *visage riant*, sous un *air de jeunesse* [...], elle cachoit un grand sens' (*Femmes*, p.180). Dans celles-ci le caractérisateur établit une véritable détermination, qui permet de distinguer l'espèce du genre.[142] Elles réussissent ainsi à concilier les exigences contradictoires de l'esprit analytique qui se plaît à classer les faits en saisissant toutes les nuances, et de l'esprit précieux qui aime créer la surprise et l'étonnement à partir d'une formule concise. Les locutions de ce type sont inscrites assez souvent dans des parallèles qui proposent une exacte définition des concepts, au terme d'oppositions ou de distinctions successives, les compléments de caractérisation pouvant s'opposer entre eux, ou entrer en concurrence avec l'adjectif.

'Il y a des *Grandeurs réelles et personnelles*, et des *Grandeurs d'institution*' (*Avis fils*, p.18); 'les *vertus d'éclat* ne sont point le partage des Femmes, mais bien les vertus simples et paisibles' (*Avis fille*, p.63-64); 'Il y a cependant une *justesse de goût*, comme il y a une *justesse de sens*' (*Femmes*, p.184); 'l'amour donne à l'âme une *joye d'ivresse*, l'autre [l'amitié] est une *joye de raison*, toujours pure et toujours égale' (*Amitié*, p.127); les richesses 'inspirent à la plupart des hommes une certaine hauteur; mais ce n'est pas une *hauteur de dignité*, ce n'est qu'une *hauteur d'illusion*' (*Richesses*, p.221).

'Il y a des *Princes de Naissance*, il y a des *Princes de Fortune*; il n'y a guère de *Prince de mérite*, c'est-à-dire à qui le mérite donne la première place' (*Dialogue Alexandre-Diogène*, p.250).[143] Ce dernier exemple justifie la présence du complément de caractérisation dans un classement des traits précieux: la locution créée est expressive, mais sa richesse risque d'égarer le lecteur dans son choix du sens. Un souci de rigueur oblige donc l'écrivain précieux à préciser les contours d'une expression qui tient son pouvoir de suggestion de l'esthétique de la surprise et du jeu. Mme de Lambert opposera de la même manière le *Héros de Fortune* au *Héros de Mérite* (p.251).

141. La locution 'air de confiance' est aussi chez Marivaux. La création des tours avec *air de* est particulièrement féconde. Le *Dictionnaire* de Furetière propose une abondante illustration pour la langue du dix-septième siècle. F. Deloffre recense une quinzaine de tours dans l'œuvre de Marivaux (p.338). Le tour est encore vivace à l'époque de Laclos: voir L. Versini, p.359.

142. La fonction de ces locutions est manifeste dans cette maxime (173) de La Rochefoucauld: 'Il y a diverses sortes de *curiosité*: l'une *d'intérêt*, qui nous porte à désirer d'apprendre ce qui nous peut être utile; et l'autre *d'orgueil*, qui vient du désir de savoir ce que les autres ignorent.'

143. Locution ingénieuse formée sur le modèle plus commun 'personne de mérite' (p.19).

Bien d'autres locutions substantives permettent de repérer les variétés ou les espèces dans le genre, sans qu'il soit nécessaire de ménager de telles symétries. Ainsi: 'un de ces goûts d'étoile' (*Femme hermite*, p.319);[144] 'des amitiés d'étoile et de sympathie' (*Amitié*, p.122); 'vie de sentiment' (*Femmes*, p.209); 'sagesse de communication' (*Correspondance*, p.417); 'choses d'agrément' (*Femmes*, p.183); 'devoirs de bienséance' (*Vieillesse*, p.152); 'actes de bonté et de générosité' (*Avis fils*, p.103); 'sentiments de générosité' (p.75); 'sentiments de curiosité' (p.80). Certaines de ces locutions sont des clichés, comme celles formées avec le mot *caractère*: 'un caractère de dignité' (*Sentiment dame*, p.271). Chez Mme de Lambert, c'est le mot *sentiment* qui est particulièrement productif, et qui signale probablement un tour en usage dans les salons: 'la beauté inspire un *sentiment de douceur* qui prévient' (p.271); 'il y a à la suite de la vertu un *sentiment de douceur*' (p.65). D'autres sont inspirées par un esprit précieux qui recherche la métaphore, même lorsqu'elle est lexicalisée; on trouve chez l'abbé de Bellegarde, comme chez Mme de Lambert, cette image: 'de bonne heure il a su acquérir *cette fleur de réputation*, qui répand une bonne odeur sur le reste de la vie' (*Portrait de Sacy*, p.241-42).

Enfin, on recense plusieurs emplois du type 'abondance de cœur', dans lequel 'la qualification est en réalité exprimée par le substantif déterminé'.[145] 'Une facilité d'expression' (*Sentiment dame*, p.271); 'une grande disette de mérite' (*Avis fils*, p.50); 'pointe de sentiment' (*Amitié*, p.132); 'une longue habitude de vertu' (*Vieillesse*, p.157); 'une variété de grâces et de mérites' (*Avis fille*, p.69); 'il y a dans cette sorte d'amour des plaisirs sans douleur, et une espèce d'immensité de bonheur qui anéantit tous les malheurs' (*Femmes*, p.210). Le dernier exemple, qui associe deux types différents de compléments de caractérisation, fait comprendre pourquoi l'esprit précieux a recherché ces locutions expressives et séduisantes, qui égarent le lecteur; celui-ci, surpris, guidé par une forme coutumière, découvre une autre espèce de détermination imposée par le sens. La surprise peut même être si forte que le créateur doit parfois s'excuser auprès de son lecteur de ses audaces néologiques: 'La justesse de goût juge de ce qui s'appelle agrément, sentiment, bienséance, délicatesse, ou *fleur d'esprit* (si on ose parler ainsi), qui fait sentir dans chaque chose la mesure qu'il faut garder' (*Femmes*, p.184). Le complément de caractérisation *fleur d'esprit* est différent de celui que nous venons de rencontrer (*fleur de*

---

144. Marivaux aime aussi déterminer le substantif *goût* par des caractérisateurs variés. F. Deloffre en recense six emplois (p.339).

145. Deloffre, p.340. C'est un tour qu'affectionnaient les précieuses ridicules de Molière; cf. Cathos: 'Quelle frugalité d'ajustement et quelle sécheresse de conversation!' (scène 4).

réputation): la justesse de goût doit juger des ornements les plus fins de l'esprit, de ce qu'on appellera l'esprit fleuri.[146]

Les compléments de caractérisation permettent aux néo-précieux de surmonter les obstacles qu'une langue trop pauvre, ou trop technique, oppose à leur volonté d'analyser les nuances les plus imperceptibles de la vie affective et morale. Ils suppléent les adjectifs qui manquent dans la langue; les exemples des génitifs *de sentiment* et *de cœur* sont bien connus, l'histoire de *sentimental*, qui entrera dans le lexique dans la seconde moitié du siècle, et de son concurrent malheureux *sentimentaire* n'étant plus à faire. Parfois cependant, l'adjectif existe dans la langue, mais n'est pas d'un usage courant: c'est le cas, par exemple, du participe verbal *éclatant*, éclipsé au dix-septième siècle déjà par le complément de caractérisation 'd'éclat' qui a la faveur des locuteurs.[147] Mais les précieux affectionnent ce type de locution substantive, parce qu'elle est capable de traduire en une formule concise (deux substantifs simplement unis par la préposition) toute la richesse d'un état d'âme. Elle est un des éléments d'une esthétique de la surprise, en ce sens qu'elle crée un décalage entre une forme simple et la densité du signifié, ce qui oblige parfois l'écrivain à 'ancrer' le sens. Quand elle est polysémique, la locution substantive incite le lecteur à opérer des choix, à l'occasion desquels il prend conscience de l'expression paradoxale de la pensée. Dans cet exemple: 'il avoit une *sagesse de communication*; je l'allois chercher dans mes troubles, il remettoit l'ordre et le calme dans mon âme' (lettre à l'abbé ***, p.417), l'écrivain évoque à la fois une sagesse qui est 'communicable', et un sage qui sait être 'communicatif',[148] et le complément de caractérisation sert à renforcer le paradoxe précieux qui affirme que la communication se développe dans la retraite et dans la solitude. Enfin la richesse est celle aussi de la couleur, du ton: la phrase peut être considérablement enrichie quand deux adjectifs à leur tour caractérisent la locution formée avec le complément de caractérisation. L'exemple suivant n'est pas unique, qui laisse entrevoir la possibilité de prolonger la description des caractères de la notion décrite: 'une émotion de cœur vive et touchante' (*Femmes*, p.211). La vogue des compléments de caractérisation ne concerne pas seulement un

---

146. Le style de Sacy illustre parfaitement cette notion précieuse de 'fleur d'esprit'; l'analyse que la marquise en donne fait apercevoir la densité sémantique de la locution qu'elle crée: 'Dans ce qu'il compose, les ornemens sont placés et ménagés: il sème des fleurs sur sa route avec une main sage et ménagère; enfin il répand sur tout ce qu'il fait un agrément qui lui est propre' (p.241).

147. Voir Deloffre, p.339. Toutefois le *Dictionnaire* de Furetière signale l'emploi d'*éclatant* au figuré: 'illustre, grand, extraordinaire'.

148. *Communicable*: 'chose qui se peut partager avec un autre ou dont on peut faire part'; *communicatif*, synonyme de sociable. Tels sont les sens proposés par Furetière.

jargon: elle trahit les besoins de plus en plus pressants d'un style d'analyse qui veut concilier la surprise et la concision.

b. Adjectifs, participes et adverbes substantivés

La présence d'adjectifs et de participes substantivés dans la langue de Mme de Lambert pose des problèmes de méthode analogues à ceux que nous venons de rencontrer. On ne peut en effet circonscrire leur emploi à la création précieuse; la langue française, aux dix-septième et dix-huitième siècles, se montre très productive dans cette catégorie de la dérivation impropre, et de nombreuses créations ont perdu très tôt leur caractère néologique pour entrer dans l'usage courant. Cependant, comme pour le complément de caractérisation, il faut noter que les précieuses, et après elles les néo-précieux, ont particulièrement goûté ce procédé, l'ont recherché avec un engouement qui attirera la caricature.[149] On est donc fondé à parler d'une mode véritable et à voir dans l'emploi des adjectifs et des participes substantivés un des traits caractéristiques du style néologique. La difficulté consiste bien sûr à apprécier la portée exacte du phénomène, dans la mesure où les dictionnaires de l'époque ne fournissent que des renseignements très fragmentaires sur cette substantivation.

On recense dans les écrits de la marquise de Lambert des adjectifs et des participes substantivés dont l'emploi est 'banalisé': on les rencontrerait chez des écrivains de la fin du dix-septième siècle qu'on ne saurait compromettre avec la néologie, aussi bien que chez les nouveaux précieux. Entrent dans cette catégorie les adjectifs suivants, dont certains étaient en faveur à l'époque de la première préciosité:[150] *l'agréable, le nouveau, le ridicule,*[151] *l'excellent, le faux,*[152]

149. On se reportera à l'analyse irremplaçable de F. Deloffre, qui a démontré comment la substantivation était liée à la néologie à l'époque de la première comme de la seconde préciosité. Voir p.297: 'Plus qu'un certain nombre de substantifs nouveaux, c'était un procédé que les Précieuses mettaient à la mode'; et p.301: 'Fait notable, l'emploi de l'adjectif substantivé neutre apparaît dans toutes les caricatures du style néologique.'

150. Cf. la liste des adjectifs et participes substantivés recensés dans *Les Précieuses ridicules*: '[être] du dernier bourgeois, du dernier beau, poussé dans le dernier galand; le doux, le tendre et le passionné; donner dans le vrai de la chose; nous n'avons garde de donner de notre sérieux dans le doux de votre flatterie; renchérir sur le ridicule; sentir le pédant; de la chromatique; savoir le fin des choses; le sublime [= le cerveau]; avoir un furieux tendre; du galand, du bien tourné'. Cf. aussi, entre cent autres exemples, dans *La Prétieuse* de l'abbé de Pure: peu d'historiens 'marient l'agréable avec le vray' (i.138).

151. Ces trois premiers adjectifs substantivés sont employés fréquemment par Fontenelle. Cependant ni *Furetière* ni *Trévoux* ne signalent un emploi substantivé de l'adjectif *nouveau*.

152. *Trévoux* recense le substantif *faux* désignant la pensée, les raisonnements, les créations de l'esprit, dans des expressions comme 'du faux dans un ouvrage', 'avoir du faux dans l'esprit'.

le vrai, le fin,[153] *le délicat, le sûr, le faible*.[154] Pourraient aussi appartenir à cette liste *le facile* et *le précieux*, même si *Furetière* et *Trévoux* ne mentionnent pas pour eux d'emploi substantivé. D'autres au contraire, dans la mesure où nous pouvons en juger avec assez de sûreté, devaient être appréciés par les lecteurs pour leur valeur néologique certaine. Quand la marquise de Lambert, pour évoquer la défiance de Fontenelle à l'égard de l'amour, écrit: 'Il a *un comique* dans l'esprit qui passe jusqu'à son cœur, qui fait sentir que l'amour n'est par lui ni sérieux,ni respecté' (p.245-46), elle emploie le substantif *comique* avec une valeur que ne recense pas le *Dictionnaire* de Furetière.[155] De même, le caractère néologique des participes substantivés semble être plus marqué que celui des adjectifs, comme il apparaît dans les exemples suivants: '*le pensé* de M. de La Motte' (p.222), '*les ajoutés* de l'imagination' (p.87), '*le déshonorant*' (p.174).[156] De ces trois participes, seul *ajouté* fournit un substantif féminin, qui est un terme d'école.[157]

En précieuse, la marquise de Lambert se plaît à redonner aux adjectifs substantivés passés dans la langue la vigueur néologique qu'ils ont perdue, par des procédés variés. L'un consiste à 'enfiler' deux ou trois termes dans une accumulation caractéristique, qui rappelle le style parodique de Molière dans *Les Précieuses ridicules*,[158] ou l'usage de Marivaux,[159] et de ses caricaturistes;[160] le ton précieux du portrait de La Motte est dû à une énumération de ce type: 'le fin, le délicat, le pensé de M. de La Motte leur ont échappé' (p.222).[161] Les

153. Faut-il rappeler l'exclamation célèbre de Magdelon dans *Les Précieuses ridicules*: 'c'est là savoir le fin des choses, le grand fin, le fin du fin' (scène 9)?

154. *Agréable, faible, ridicule* et *sûr* substantivés sont lexicalisés depuis longtemps. *Délicat* l'est également, mais pour désigner une personne; *représentant*, comme chez Mme de Lambert, une qualité abstraite, il a encore une valeur néologique.

155. Les valeurs données par *Furetière* (1727) pour *comique* substantivé sont: 1. *un comique* = un poète comique; 2. *le comique* = le rôle comique, la matière dramatique comique. Mais entendu dans son sens large (signifiés: plaisant, facétieux, réjouissant, divertissant), l'adjectif n'est pas recensé comme substantif.

156. *Trévoux* (1743) signale un adjectif *déshonorable*, équivalent sémantique du tour *le déshonorant*.

157. *L'ajoutée*, c'est en géométrie une ligne prolongée. Le *Trésor de la langue française* recense, au dix-neuvième siècle, un emploi technique *d'ajouté*, substantif masculin, dans la langue des imprimeurs. Nous verrons *infra* que le néologisme de Mme de Lambert vient probablement de la langue du Palais.

158. 'Il faut qu'un amant sache pousser le doux, le tendre et le passionné' (*Précieuses ridicules*, scène 4).

159. *La Double inconstance*, I.iii: 'tu mets je ne sais quoi d'étourdi et de vif dans ton geste; quelquefois c'est du nonchalant, du tendre, du mignard.'

160. Desfontaines, *Lettres de M. l'abbé *** à M. l'abbé Houtteville au sujet du livre de la Religion chrétienne prouvée par les faits* (1722): 'le gracieux, le riant, le beau, le naïf', cité par F. Deloffre, p.301.

161. Saint-Hyacinthe associe deux de ces adjectifs substantivés pour caricaturer le style précieux dans *Le Chef-d'œuvre d'un inconnu*: 'Colin sçavoit bien qu'en traitant sa Maîtresse

deux adjectifs *fin* et *délicat*, autrefois en honneur chez les précieuses, retrouvent une vitalité nouvelle grâce à l'accumulation, grâce aussi à la présence du néologisme 'le pensé'. Car la marquise sait aussi revitaliser un adjectif substantivé lexicalisé en le plaçant dans le voisinage immédiat d'un terme nouveau. Après La Rochefoucauld (326), elle compare le ridicule au déshonorant: 'Il est devenu si redoutable, *ce Ridicule*, qu'on le craint plus que *le Déshonorant*.' Elle peut enfin recourir au néologisme par récurrence, qui lui permet de rappeler les orgines oubliées d'un terme passé dans la langue. Elle retrouve ainsi, pour l'adjectif substantivé 'le faux', dont l'emploi est devenu banal,[162] la valeur particulière que lui confère l'usage du Palais,[163] en l'associant au néologisme 'les ajoutés': 'Examinez ce qui fait votre peine, écartez tout *le faux* qui l'entoure, et tous *les ajoutés* de l'imagination' (*Avis fille*, p.87).

L'usage de l'adjectif et du participe substantivés chez Mme de Lambert révèle une préciosité raisonnable. Comme dans la langue de Fontenelle, ce tour abonde, mais on a le sentiment que la marquise redoute les reproches qu'on avait adressés naguère à une préciosité trop hardie. C'est ainsi qu'on ne trouve pas chez elle l'adjectif substantivé désignant une personne, ce qui la rapproche à l'évidence du style sérieux.[164] Les néologismes purs restent rares, la marquise n'utilisant le plus souvent que des termes lexicalisés, qui étaient en usage dans le monde. On peut formuler le même commentaire sur la relative monotonie de la détermination du substantif: l'outil grammatical est presque toujours l'article défini; l'adjectif démonstratif n'apparaît qu'une seule fois ('ce ridicule'). Comparé à celui de Marivaux, cet usage paraît bien pauvre; il suffira pour s'en convaincre de relire ce passage du portrait de Mlle de Fare dans *La Vie de Marianne*: 'Enfin c'était des grâces de tout caractère; c'était *du noble*, de *l'intéressant*, mais *de ce noble* aisé et naturel, qui est attaché à la personne [...]; c'était *de cet intéressant* qui fait qu'une personne n'a pas un geste qui ne soit au gré de votre cœur' (p.256). Ce n'est pas le seul exemple chez Marivaux d'un emploi de l'adjectif substantivé précédé de l'article partitif; Mme de Lambert, elle, n'y recourt que rarement,[165] bien que cet usage caractérise la

---

comme les Anciens traitoient leurs Divinités, cette aimable personne sentiroit tout *le délicat*, tout *le fin* de cette manière d'agir' (i.190).

162. '*Le faux* dans les actions n'est pas moins opposé à l'amour de la vérité que *le faux* dans les paroles' (p.23).

163. Dans *Furetière*, *faux* est donné pour un substantif en usage au Palais (le crime de faux, l'accusation de faux). Ce sens éclaire sans doute l'emploi substantivé d'*ajouté* qui désignerait également, dans la langue juridique, le faux témoignage.

164. Deloffre (p.297) constate que l'emploi substantivé désignant des personnes 'est rare dans le style sérieux': La Bruyère n'y a pas recours, La Rochefoucauld 'n'admet que des dérivés passés dans l'usage', et Fontenelle 'est à peine plus accueillant'.

165. Les romans 'mettent du faux dans l'esprit' (*Avis fille*, p.81-82).

langue de la conversation,[166] preuve supplémentaire de sa prudence dans la recherche d'un style précieux. Comme chez Fontenelle, les fonctions de l'adjectif substantivé sont limitées chez elle à celles du sujet ('le faux dans les actions n'est pas moins opposé à l'amour de la vérité'), du complément d'objet direct ('il a un comique dans l'esprit') et du complément circonstanciel ('n'y ont-elles pas réussi, et dans le sublime, et dans l'agréable?', *Femmes*, p.182);[167] on ne le rencontre que rarement dans la fonction de complément de nom.[168] Enfin, elle n'utilise jamais la qualification par l'adjectif épithète ou par l'adverbe; elle redoute le ridicule des expressions du type 'un furieux tendre',[169] et ce n'est pas chez elle qu'on trouverait cette audace qui distingue un Marivaux, quand il essaie dans *Les Sincères* (scène 4) ce tour: 'Remarquez mes gestes et mes attitudes; voyez mes grâces dans tout ce que je fais, dans tout ce que je dis; voyez mon air fin, mon air leste, mon air cavalier, mon air dissipé; en voulez-vous du vif, du fripon, *de l'agréablement étourdi?* en voilà.'

L'abondance des adjectifs et participes substantivés dans la langue de Mme de Lambert, certains signalant véritablement un style néologique, s'explique par la volonté de restaurer l'usage des précieuses. Mais comme Fontenelle, dont elle est bien proche, la marquise bannit toute hardiesse: sa langue reflète incontestablement les modes des salons, mais reste sérieuse, mesurée. Mme de Lambert s'interdit les audaces que Marivaux découvre au contact du romanesque et de la scène comique, dans l'exploration des terres du burlesque et du bouffon. Sa préciosité convient bien à une pratique aristocratique de la réflexion morale.

Il faut dire un mot enfin de l'emploi, beaucoup plus rare il est vrai, du substantif formé avec un adverbe. On rencontre dans la *Dissertation sur la réputation et la considération* (p.283) l'adverbe *à propos* substantivé: 'Car il n'y a point d'action dans la vie, où il n'y ait *un à propos*.' Celui-ci relève par excellence d'un lexique précieux, car le *Dictionnaire néologique* de Desfontaines dénoncera un emploi contemporain dans les *Odes* de La Motte.[170] Il est intéressant de noter qu'en 1748 encore l'imprimeur souligne ce néologisme par l'italique.

---

166. Cf. *Les Précieuses ridicules*, scène 11: 'Jodelet – Il a de l'esprit, comme un démon. Magdelon – Et du galand, et du bien tourné.' Cf. aussi l'usage de Marivaux, dans son théâtre comme dans son roman.

167. Egalement: 'Le roman n'étant jamais pris *sur le vrai*' (p.82).

168. Cette fonction crée un tour précieux. Le portrait de Mlle de Fare en témoigne encore: 'Etait-elle avec ses amis, elle avait dans sa façon de penser et de s'énoncer toute la franchise *du brusque*, sans en avoir la dureté' (*Vie de Marianne*, p.257).

169. Lathuillère (i.152) cite les précieuses de l'abbé de Pure: 'un défectueux insupportable; une belle chagrine; des défectueux misérables'.

170. Deloffre, p.46.

c. Les néologismes

Délimiter un lexique précieux, c'est instinctivement rechercher les néologismes; mais c'est oublier que les précieux, s'ils veulent se créer une langue particulière, sont aussi des puristes, épris du beau langage, qui ont en haine les mauvais mots. Magendie le rappelait naguère, pour nous mettre en garde contre les caricatures de la préciosité (p.587):

Il est possible que des mots nouveaux aient été réellement inventés dans les ruelles, au cours d'une conversation, mais ils n'ont pas laissé de trace, et ne sont pas entrés dans la langue; les Précieuses elles-mêmes n'ont guère essayé de les maintenir dans l'usage; d'ailleurs, elles respectaient trop les principes de Vaugelas, pour oublier que néologisme et barbarisme étaient, à ses yeux, à peu près synonymes. Il semble qu'elles ont surtout fait un emploi nouveau de mots déjà existants, et associé, de façon ingénieuse, des termes courants; leur innovation se ramènerait donc à des combinaisons originales des éléments que la langue leur offrait.

Il est bien vrai que le néologisme signale souvent un style pédant ou négligé, et qu'il ne s'accorde guère avec la volonté d'"appliquer l'esprit de politesse et d'élégance à la conversation' (p.591). La marquise de Lambert, qui a un sens très fin de la langue, ne se refuse pas à essayer quelques néologismes, mais se garde bien d'en abuser.[171] D'ailleurs, la réflexion sérieuse laisse moins de liberté à l'esprit néologique que la création imaginaire: ce que confirme l'examen des œuvres de la marquise, puisque à elle seule la nouvelle de *La Femme hermite* fournit une part importante des créations nouvelles enregistrées dans le lexique lambertin.

C'est sans doute le souci de préserver la pureté et l'élégance de la langue qui pousse parfois Mme de Lambert à réclamer l'indulgence de son public, lorsqu'elle joint au néologisme ce tour langagier, déjà rencontré: 'si j'ose hasarder ce terme'. La formule est bien commode aussi pour le lecteur moderne, qui peut repérer immédiatement un trait lexical intéressant. La marquise l'emploie à deux reprises. Dans le portrait de Fontenelle: 'A tant de qualités solides, il joint les agréables: esprit maniéré, si j'ose hazarder ce terme, qui pense finement, qui sent avec délicatesse, qui a un goût juste et sûr, une imagination remplie d'idées riantes' (p.244). La marquise de Lambert lance ici une mode: l'adjectif sera en faveur chez les romanciers du milieu du siècle, et on le rencontrerera encore chez Laclos.[172] Mais sous la Régence il peut

171. F. Deloffre (p.295) rappelle que Marivaux lui-même, ce 'néologue', n'a créé que très peu de mots; et L. Versini (p.357) fait le même constat pour des personnages de Laclos: 'il y a peu de néologismes véritables' dans leur jargon.

172. Versini, p.353: '*maniéré* a encore, comme chez Crébillon, La Morlière, Baret et Galli, le sens favorable de "rompu aux bonnes manières".' Voir aussi son édition de Laclos, p.1175, n.13 et p.1241, n.2.

scandaliser, et Desfontaines le relèvera dans son *Dictionnaire néologique*, avec un commentaire particulièrement intéressant pour l'approche du milieu de Mme de Lambert, qui montre les liens entre la langue des salons et celle des Cafés, et qui fixe une date pour l'entrée du terme dans la langue: 'Ce mot qui jusqu'ici avoit eu vogue dans le Caffé des beaux-esprits se trouve dans le *Journal des Sçavants*, du mois de janvier 1729.'[173] Le néologisme consiste en une extension du sens de *maniéré*, dont le *Dictionnaire* de Furetière fixe les limites: il peut caractériser un style et un auteur, ou un homme qui se distingue. Mme de Lambert étend ce sens aux facultés de l'esprit, pour dire l'élégance et la finesse des pensées de Fontenelle, pour comparer sa distinction intellectuelle aux bonnes manières de l'honnête homme.

Une précaution analogue apparaît dans le *Traité de la vieillesse*: 'C'est cette connoissance qui nous réconcilie avec la sagesse, qui nous assaisonne la vieillesse, si l'on peut hazarder ce terme' (p.170). Cette fois la précaution de Mme de Lambert surprend davantage, car l'emploi du verbe concret *assaisonner* pour désigner des qualités abstraites n'est pas neuf: on le rencontre dans la langue métaphorique des précieuses, et particulièrement chez Madeleine de Scudéry. Une lexicalisation progressive avait atténué la force de l'image originelle, et il n'est plus chez Fontenelle qu'un néologisme affaibli parmi d'autres.[174] La marquise elle-même ne redoute pas de l'utiliser à plusieurs reprises, sans exprimer la même crainte; la délicatesse, dit-elle, 'fait l'assaisonnement de tous les plaisirs' (p.275), et l'expression est reprise dans *La Femme hermite*: 'La Délicatesse est un présent de l'Amour, qui assaisonne ses Plaisirs, quoiqu'elle nous prépare souvent bien des peines' (p.306).[175] Tout s'explique cependant si l'on se souvient que Molière en faisait une des images privilégiées de ses précieuses: 'mais je veux que l'esprit assaisonne la bravoure,' disait Magdelon.[176] Ses contemporains avaient retenu la leçon, et dans les éditions de *Furetière* et de *Trévoux* du dix-huitième siècle le trait passe pour caractériser vraiment un style de précieuse. L'histoire du mot suffit à expliquer les réticences de Mme de Lambert, 'très délicate sur les discours & sur l'opinion du Public', comme le rappelait Fontenelle dans son article nécrologique (p.xiv), et que les charges de la scène moliéresque semblent avoir touchée au vif. Ces indices lexicaux confirment que les écrits de la marquise ont des statuts

---

173. Deloffre, p.47.

174. 'On est si avide de louanges, qu'on les a dispensées, & de la justesse, & de la vérité, & de tous les assaisonnements qu'elles doivent avoir' (i.38).

175. Marivaux l'utilise aussi dans *Le Paysan parvenu*: l'hommage de Jacob est '*assaisonné* d'une ingénuité rustique' (p.16); '*assaisonnez* le tout d'une physionomie agréable' (p.85).

176. *Les Précieuses ridicules*, scène 11. Serait-ce un indice? Magdelon et Madeleine de Scudéry aiment ce néologisme.

différents; il faut distinguer les compositions sérieuses, comme le *Traité de la vieillesse*, dont on pensait à l'hôtel de Nevers qu'elles pourraient être connues un jour du public, de ces fruits du divertissement mondain que sont les dissertations et les nouvelles, dont la langue moins contrainte enregistre les créations d'un esprit précieux libre et spontané.

La crainte de transformer son salon en un bureau d'esprit explique la prudence de Mme de Lambert; on ne rencontre guère, dans ses écrits, de néologismes issus de la dérivation propre. On note toutefois, dans *La Femme hermite* encore (p.326), un exemple de dérivation verbale savante intéressant avec l'emploi du verbe *personnaliser*:[177] 'Il est étonnant ce que j'ai fait de cette idée: je l'ai personnalisée de manière que je suis en société avec elle: nous avons nos querelles & nos raccomodemens.' La métaphore filée est parlante: l'idée est ingénieuse de faire du sentiment amoureux une personne vivante et présente, et le néologisme tient aussi son énergie du contexte. Dans cette signification le verbe était en concurrence au début du dix-huitième siècle avec *personnifier*, que la langue lui préférera, en spécialisant *personnaliser* dans des usages différents. Même entré dans l'usage pour désigner une idée, une qualité, un sentiment personnifiés, le verbe *personnaliser* sera toujours senti comme un néologisme. C'est ce que constate *Furetière*: 'ce mot est un peu nouveau, et n'a pas encore été bien confirmé par l'usage'. Les réticences des locuteurs expliquent l'échec du terme à s'imposer devant son concurrent, mais la faveur des néologues réussit à le maintenir en vie.

Presque tous les néologismes que la marquise de Lambert essaie sont en fait des créations par l'extension du sens des mots, surtout quand il s'agit de donner un sens figuré à des termes de pratique. Comme ses contemporains, elle aime arracher les termes d'école à leur milieu. Elle déclare, en désignant les grands établissements qui parfois récompensent l'amour des femmes: 'Toutes ces choses sont enchaînées & relatives au cœur' (*Vieillesse*, p.152). Le mot *enchaîné* existe bien au sens figuré pour désigner la liaison d'une chose à une autre, mais seulement, semble-t-il, dans le langage soutenu de la philosophie ou des sciences; il a sans doute une valeur néologique quand on l'applique au monde des sentiments. Le mot *relatif*, lui, dans ce sens est nouveau. Pour *Furetière* comme pour *Trévoux*, il s'emploie uniquement en grammaire et en logique, le caractère relatif définissant une 'espèce d'opposition' entre deux termes qui ne peuvent être l'un sans l'autre, comme par exemple un père et son fils. La marquise donne à l'adjectif le sens plus vague et plus général qui sera admis dans la seconde moitié du siècle, d'un rapport d'une chose à une

---

177. Le recours au suffixe *-iser* est mal accepté par les puristes. Desfontaines critiquera *généraliser* et *uniformiser* chez l'abbé de Saint-Pierre (Deloffre, p.48).

autre, et en fait un instrument de l'analyse psychologique. C'est sans doute un mot à la mode; Marivaux aussi s'intéressera à ce terme, en lui donnant il est vrai un sens plus spécifique, et en l'utilisant dans une locution identique à celle de Mme de Lambert: 'relatif au cœur': 'C'est cette profonde capacité de sentiment qui met un homme sur la voie de ces idées si convenables, si significatives; c'est elle qui lui indique ces tours si familiers, si relatifs à nos cœurs.'[178] Les éditeurs du *Spectateur français* rappellent que cette phrase de Marivaux avait été critiquée par le *Dictionnaire néologique* et raillée dans une caricature de la langue des Cafés.[179]

Après les néologismes d'emploi, qui sont les plus intéressants, il faudrait encore distinguer une dernière catégorie de termes qu'on pourrait appeler néologismes affaiblis. Ce sont des termes qui signalèrent vraiment, à leur apparition, un jargon, mais auxquels les locuteurs ont fini par s'habituer; leur caractère de nouveauté s'est affaibli, sans pour autant être oublié par tous ceux qui possèdent un sens très fin de la langue. Le terme *indolent*, qui eut son heure de célébrité, illustrerait assez bien cette catégorie. 'Qui croiroit que ces mêmes hommes, qui sont si ardens sur ce qui regarde leur gloire ou leur fortune, quand ils la croyent en péril, sont tranquilles et *indolens* sur la connoissance de leur être' (*Vieillesse*, p.158-59). L'adjectif, qui désigne ici l'indifférence, la passivité intellectuelle, vient seulement d'acquérir ses lettres de noblesse. Selon *Trévoux*, au milieu du dix-septième siècle, *indolent* et *indolence* dans le jargon des courtisans n'étaient pas supportables.

Les procédés qui viennent d'être mentionnés ont des liens étroits avec la néologie, mais aussi avec le jargon. Il n'est pas toujours aisé de distinguer ce qui appartient à la conversation des salons et ce qui relève de l'esprit précieux. Le phénomène est d'autant plus complexe que bien des tours sont lexicalisés. La mode des compléments de caractérisation est spécifique au dix-huitième siècle; certains adjectifs substantivés sont d'un emploi banal, quand d'autres attirent encore les railleries des puristes. L'essai d'un néologisme comme 'maniéré' est une marque d'originalité, mais l'on comprend moins les réticences de la marquise de Lambert devant le verbe 'assaisonner' qui semble être passé dans la langue.

En dépit de tout ce qui a été dit, l'attitude de Mme de Lambert en face de la néologie est une attitude prudente: elle craint les jugements du public et, dans ses écrits du moins, elle n'est pas vraiment novatrice. Elle laisse ce soin

---

178. *Le Spectateur français*, vingtième feuille, p.226.

179. p.618. Dumas d'Aigueberre, dans la *Lettre d'un garçon de café*, traduit: 'des tours les plus sympathiquement relatifs à la complexion de nos cœurs'.

aux écrivains confirmés, comme Fontenelle, La Motte, l'abbé de Saint-Pierre, Marivaux. Elle utilise le vocabulaire précieux; mais les termes employés sont très souvent tolérés du public. Tout se passe comme si la grande dame étendait les bienséances au langage: elle ose à peine proposer le tour 'fleur d'esprit', bien timide quand on le compare au jargon des précieuses de l'abbé de Pure. La marquise de Lambert est sans cesse écartelée entre le désir de surprendre par la nouveauté, par le trait d'esprit, comme elle peut le faire en toute liberté dans les conversations brillantes de son salon, et celui de saisir chaque nuance par l'exacte propriété des termes, ce qui, en effet, ne s'accorde guère à la néologie. Son idéal esthétique, auquel il faut bien rapporter la nouvelle préciosité dont elle rêve, postule l'élaboration d'un lexique qui concilierait la nouveauté et la justesse, et écarte justement ce que Voltaire définira comme le propre du faux esprit, c'est-à-dire l'affectation et l'excès. Il suffit pour s'en convaincre de relire les remarques formulées dans les portraits de Fontenelle et de La Motte sur la propriété des termes. La précieuse soumet rigoureusement l'imagination aux exigences des mots:

Sa conversation est amusante et aimable. Il a une manière de s'énoncer simple et noble; des termes propres sans être recherchés [*Fontenelle*, p.246];

Jamais les termes n'ont dégradé ses idées, les termes propres sont toujours prêts et à ses ordres [*La Motte*, p.220].

Rendre à la préciosité sa dignité, sa noblesse, son caractère aristocratique, telles sont les ambitions de la marquise de Lambert que révèle l'analyse de son lexique. Les mots doivent être l'outil premier de l'analyse psychologique, ils doivent servir à la recherche de la vérité, non au trait d'esprit. La préciosité serait une justesse de l'esprit, capable d'exprimer toute idée abstraite dans une langue noble.

B. *La phrase précieuse*

Deux caractères fondamentaux définissent la phrase précieuse, qui par certains traits se rapproche aussi de la phrase d'analyse: elle est soumise à la double influence du style substantif et du style hyperbolique.

a. Le style substantif

La tendance à la substantivation ne se réduit pas aux seuls phénomènes lexicaux de la dérivation impropre et du procédé de caractérisation. Elle apparaît aussi dans des expressions, des membres de phrases et des propositions: elle intéresse donc, plus généralement, le mot inséré dans la phrase, dans la pensée. On peut parler d'un style substantif à propos du style des néo-précieux.[180] Cette

---

180. Voir Deloffre, p.319-23; Versini, p.374: 'Que les phrases de Laclos soient bâties à coup de substantifs, et surtout de substantifs abstraits, c'est une des remarques les plus aisées à faire

tendance s'était développée au dix-septième siècle, en relation sans doute avec la poussée du style d'analyse: les esprits ont le goût de l'abstraction et préfèrent les constructions nominales aux deux autres catégories grammaticales de l'adjectif et du verbe. C'est une remarque générale qui vaut pour la langue noble de la tragédie, pour celle des moralistes et pour celle des précieuses. Le style substantif apparaît chez Mme de Lambert sous trois aspects qu'on retrouve constamment chez les autres représentants du style néologique. L'extension des emplois du substantif se fait aux dépens de l'adjectif qualificatif et du verbe, par un phénomène assez caractéristique qui donne la préférence à des locutions complexes sur des constructions verbales plus simples. Le substantif peut se substituer également à des propositions entières.

L'extension des emplois du substantif aux dépens de l'adjectif qualificatif est un fait de langue qui remonte aux précieuses:

Les précieuses s'intéressent surtout aux qualités; pour les exprimer, elles ont ordinairement recours aux substantifs abstraits aux dépens de l'adjectif qualificatif; la qualité est donnée d'abord et occupe une place prépondérante, [...] et, pour la forme, il se produit un renversement, une inversion dans le rôle grammatical des deux éléments: le qualifiant devient le qualifié et vice-versa.[181]

Le procédé consiste à préférer au groupe habituel *substantif avec adjectif épithète* le groupe *substantif avec substantif déterminatif*, ce qui met en valeur la qualité en lui donnant le statut de la substance. La scène 9 des *Précieuses ridicules* fournit des exemples probants de ce procédé; 'votre complaisance pousse un peu trop avant *la libéralité de ses louanges*', dit Magdelon, et Mascarille l'utilise deux fois dans la même proposition: '*La brutalité de la saison* a furieusement outragé *la délicatesse de ma voix*.'

Mme de Lambert, délicate sur les discours du public, se garde bien d'abuser du procédé; elle reste très souvent fidèle au tour *substantif avec épithète* qui caractérise les propostions de ce type: '*Les sentimens tristes* sont à la suite de la Vieillesse' (p.149). Cette prudence apparaît manifestement dans une phrase comme celle-ci: 'Dans le cœur, le Goût donne *des sentiments délicats*; et dans le commerce du monde, une certaine *politesse attentive*' (*Femmes*, p.185). Une précieuse n'aurait sans doute pas résisté au plaisir de recourir à la construction nominale 'la délicatesse des sentiments', construction passée dans l'usage et que Mme de Lambert elle-même utilise dans la suite de l'ouvrage: 'en retranchant la Galanterie, vous passez sur la *délicatesse de l'esprit et des sentimens*' (p.195), et dans cet écrit mondain qu'est le *Discours sur la délicatesse d'esprit et*

en lisant les *Liaisons*. C'est une habitude qui remonte à la préciosité à travers le jargon, lui-même issu de la nouvelle préciosité.'
181. Lathuillère, i.153.

de sentiment: 'Mais ces malheurs ne sont rien, si on les compare avec ceux que cause *la Délicatesse des Sentimens*' (p.275). En réalité, si le procédé, du point de vue morphologique, rappelle incontestablement la mode précieuse, il a peut-être une signification légèrement différente. Le style substantif est lié à un phénomène d'abstraction, et l'on sait que le problème de l'extension du sens des mots a passionné les philosophes du dix-huitième siècle.[182] Certains mots généraux sont si abstraits qu'ils sont indéterminés, vagues, indéfinis dans leurs acceptions, et il est nécessaire de leur donner une explication qui en limite le sens.[183] Un exemple célèbre est celui du mot *esprit*; Mme de Lambert parlait de *l'esprit du goût* que possèdent les femmes: 'Il faut donc avouer que les Hommes ne connoissent pas la grandeur du présent qu'ils font aux Dames, quand ils leur passent *l'esprit du Goût*' (p.185). C'est donc à l'aide d'un autre substantif, dont le degré d'abstraction peut être également élevé, que s'opère la restriction de sens: les expressions 'sentiments délicats', 'esprit délicat', 'goût sûr et délicat' deviennent dans un style substantif imité des précieuses 'la délicatesse de l'esprit et des sentiments', 'l'esprit du goût'. Ainsi la nouvelle préciosité sait éviter les écueils de l'ancien jargon, pour renouveler des procédés qu'elle met au service de l'analyse. Chez Mme de Lambert, en particulier, la construction nominale de ce type allie le précieux au sérieux, qui ne sont d'ailleurs pas incompatibles, comme on le voit dans cette démonstration: 'Nous allons aussi sûrement à la vérité par *la force et la chaleur des sentimens*, que par *l'étendue et la justesse des raisonnemens*' (p.186).[184]

Les emplois du substantif s'étendent aussi, pour des raisons analogues, aux dépens du verbe. L'emploi de constructions où il apparaît est souvent préféré à des solutions plus simples, qui auraient fait intervenir le verbe ou la construction attributive.

Les locutions juxtaposées[185] avec omission de l'article sont rares dans la langue de Mme de Lambert, qui n'a pas le caractère familier qu'elles donnent aux écrits de Marivaux.[186] En revanche, elle aime les constructions complexes

---

182. Voir A. François, vi.1274-76.
183. A. François, vi.1274-76. C'est la solution proposée par Voltaire, *Dictionnaire philosophique*, article 'Littérature'.
184. Il est indéniable que le procédé a perdu à la fin du dix-septième siècle le caractère ostentatoire que lui donnaient les précieuses: il est désormais d'un usage banal dans la langue mondaine. Il apparaît dans cette maxime que Mme de Lambert prête à Mme de Courcelles: 'je veux jouir de *la perte de ma réputation*' (p.198). Chez la marquise elle-même, il n'a pas toujours l'allure sérieuse que nous lui découvrons; dans cet exemple, où le qualifiant est une métaphore mondaine lexicalisée, le ton est bien celui d'une précieuse: 'la vieillesse viendra effacer *les fleurs de votre visage*' (p.148).
185. Terminologie adoptée dans *HLF*, vi.1544ss.
186. Les locutions juxtaposées du type 'boire chopine' ou 'avoir obligation' sont innombrables chez lui, bien qu'elles commencent à vieillir. Voir Deloffre, p.363-64.

qui unissent un verbe et un substantif: 'le Goût *met de la finesse* dans l'esprit' (p.185). Elles lui permettent de créer des phrases où triomphe la substance: 'Je crains que la petite personne *n'aye de la disposition à l'évaporation et à l'étourderie*' (*Correspondance*, p.380). Ces constructions complexes offrent l'avantage de parler à l'esprit, et conviennent à son goût de l'image, comme le montre cet exemple: 'l'on ne croyoit *avancer dans l'agrément et dans la perfection* qu'autant qu'on avoit su plaire à Madame' (*Femmes*, p.180). L'avantage de la construction substantive est de souligner ici l'effort méritoire qu'il faut accomplir pour parvenir à la perfection de ce modèle qu'est Henriette d'Angleterre; elle laisse entrevoir aussi comment le substantif pourra se substituer au gérondif et à la proposition circonstantielle.

Bien souvent, l'emploi du substantif est préféré au verbe ou à une construction avec l'adjectif attribut qui donneraient moins de concision à la phrase. Mais la recherche du raccourci n'évite parfois que de justesse les ambiguïtés qu'on pourra reprocher au style substantif: 'Si les Poësies de certaines Dames avoient *le mérite de l'antiquité*, vous les regarderiez avec la même admiration que les Ouvrages des Anciens à qui vous faites justice' (p.182). Parfois, au contraire, la construction substantive contribue à l'euphonie de la phrase: 'On ne peut pas se fier à elle-même *du soin de sa justification*' (*Délicatesse*, p.276). L'emploi du substantif permet d'éviter le recours à l'infinitif complément déterminatif 'se justifier', et par conséquent la répétition fâcheuse de deux infinitifs voisins par les sonorités.

Le substantif peut aussi se substituer à des propositions de nature variée: c'est dans cette fonction qu'il caractérise le mieux le style des néo-précieux, comme l'a montré F. Deloffre (p.319), qui a analysé chez eux un type de phrase que distingue 'l'élimination de propositions entières au profit des substantifs verbaux accompagnés de leurs déterminations.' Les fonctions du substantif peuvent être variées, mais toutes visent à construire une phrase plus légère, plus souple, plus élégante, adaptée aux exigences de la vie mondaine comme aux critères esthétiques de l'époque. Cette phrase substantive est née au milieu du dix-septième siècle, elle convenait au langage élégant de l'honnête homme qui voulait prendre ses distances avec le style oratoire; elle reflète aussi les usages de la conversation des salons, qui devait exposer les concepts avec autant de vivacité que de clarté. Pour toutes ces raisons, les précieux et les néo-précieux l'ont aussi recherchée, et l'ont utilisée avec plus d'affectation encore.

Un usage bien caractéristique de la préciosité consiste à remplacer un gérondif ou une proposition circonstancielle par un substantif; Molière s'est servi du procédé pour caricaturer les premières précieuses qui sans doute en abusaient: 'gardez-vous bien d'en salir la glace *par la communication de votre image*', dit Cathos (scène 6) en parlant du 'conseiller des grâces'. La même préposition *par* se révèle tout aussi productive dans la langue de Mme de Lambert, pour exprimer des notions logiques diverses de simultanéité, de cause ou de moyen, le substantif correspondant dans ce cas à un gérondif ou à une proposition circonstancielle. On recense toute une série de tours de ce type en quelques pages, dans les *Avis d'une mère à son fils*: 'il ne gouvernoit que par amour et jamais par autorité' (p.11); 'je m'instruis moi-même par ces réflexions' (p.14); 'les vertus des Princes renaissent par imitation' (p.16); 'vous ne vous soutenez que par les agréments' (p.18);[187] 'c'est aussi par l'humeur qu'on plaît et qu'on déplaît' (p.26); 'nous ne revenons à la justice que par la réflexion' (p.29).[188] L'abondance de ces constructions montre qu'elles sont banales, la valeur verbale du substantif n'étant pas toujours très nette. Le tour constituerait pourtant une sorte de néologisme si, comme Marivaux par exemple,[189] la marquise de Lambert exploitait plus souvent la possibilité d'adjoindre au substantif verbal un complément objectif.[190] Il est sûr que les possibilités du style substantif sont mieux exploitées dans une phrase comme celle-ci: 'Les personnes raisonnables se refusent *à l'amour*: les femmes, *par l'attachement à leur devoir*, et les hommes, *par la crainte d'un mauvais choix*' (*Amitié*, p.121). La phrase substantive, abstraite, intellectuelle, devient l'instrument précis de l'analyse et de la réflexion. Mais cette faculté d'abstraire a ses inconvénients; plusieurs tournures substantives du même type peuvent être juxtaposées dans une seule phrase et créer une ambiguïté que seul peut excuser le style plus lâche d'une liaison épistolaire: 'Ce n'est pas que je veuille bannir la louange: c'est une aide à l'éducation et à la vertu; mais il faut savoir la placer, ne la donner pas *par sentimens*, ni *séduite par leurs agrémens*, mais *par réflexions*' (p.375).

C'est souvent par des accumulations de cet ordre que se signale le style substantif de la marquise de Lambert. Sa phrase acquiert une allure originale,

187. On peut citer encore cet exemple, où deux tours substantifs ménagent une correspondance heureuse: 'Quand vous demandez *de l'attention*, il faut la payer *par l'agrément*' (*Avis fille*, p.114).

188. Les exemples de constructions substantives avec la préposition *par* sont nombreux. Citons encore: 'il est bien plus flatteur d'assujettir les hommes par la persuasion, que de les vaincre par la force' (*Sacy*, p.241). Rappelons que l'emploi causal de la préposition *par* est en recul; voir *HLF*, vi.1891.

189. Voir Deloffre, p.320.

190. L. Versini formule la même remarque à propos du style substantif de Laclos. L'emploi de ces substantifs en fonction de gérondif ou de circonstancielle est d'ailleurs comparable chez la marquise de Lambert ou chez Laclos; leurs écrits, moins 'littéraires' en cela que ceux de Marivaux, ne font que reproduire des procédés automatiques, des 'tics' du langage mondain. La remarque confirme ce que nous savons des liens étroits qui unissent, au dix-huitième siècle, le langage de la politesse et la prose d'idées. La marquise de Lambert et les personnages de Laclos (on pourrait en désigner d'autres, bien sûr) écrivent souvent comme ils parlent.

quand trois propositions successives sont construites avec un substantif en fonction de gérondif: 'Les plaisirs du monde sont trompeurs, ils promettent plus qu'ils ne donnent; ils nous inquiètent dans leur recherche, ne nous satisfont point dans leur possession, et nous désespèrent dans leur perte' (*Avis fille*, p.59). L'emploi du substantif aux dépens du gérondif est commode pour alléger une phrase construite avec une proposition circonstancielle temporelle, et permet à l'écrivain de sauvegarder la symétrie qu'il recherche: 'Quand on n'est pas accoutumé à soumettre sa volonté à la raison des autres *dans la jeunesse*, on aura beaucoup de peine à écouter les conseils de la sienne et à la suivre *dans un âge plus avancé*' (*Correspondance*, p.378). Ce souci de la concision, cette recherche des équilibres expliquent souvent la présence des tournures substantives dans la phrase de Mme de Lambert; un ultime exemple le fera constater, qui aura aussi l'avantage de montrer que les prépositions utilisées peuvent être variées: 'Il faut bien plus d'esprit pour plaire *avec de la bonté* qu'*avec de la malice*' (p.379).[191]

Le substantif peut être employé aussi en fonction d'infinitif complément du verbe. Ce procédé était en faveur dans le langage mondain, et c'est sans doute de toutes les constructions substantives que nous venons d'analyser, celle qui le caractérise le mieux tout au long du siècle. Les précieuses avaient privilégié une tournure qui consiste à introduire le substantif par la préposition *à*, et à le déterminer par un autre substantif. Sur le modèle proposé par Magdelon: 'il trouve moyen de nous accoutumer insensiblement *au discours* de sa passion' (scène 4), Marivaux proposera des tours substantifs qui portent sa marque, du type: 'si ta fureur se bornait *à la perte* de ma vie'.[192] Ils sont analogues à ceux qu'on rencontre chez la marquise de Lambert. On trouve aussi chez elle la construction du substantif introduit par la préposition *à* et déterminé par un génitif objectif: 'les deux sexes contribuent également *à la corruption* de leur siècle' (*Femmes*, p.193). Au verbe principal peuvent même se joindre deux substantifs compléments, déterminés par un génitif objectif unique et par une proposition relative: 'Mais nous leur demandons *un mélange* et *un ménagement* de ces qualités, qu'il est difficile d'attraper et de réduire à une mesure juste' (p.189). Dans un autre exemple, le verbe *demander* appellera un substantif introduit par l'article partitif: 'on nous demande *du partage*, et on ne nous pardonne rien' (*Vieillesse*, p.154). Ces tournures substantives conviennent bien à la prose sentencieuse, elles donnent aux maximes le caractère abstrait qu'elles réclament: ainsi dans cet exemple: 'Le Nom, vous devez le *porter* avec dignité;

191. Voici un exemple avec la préposition *pour*: 'Vous me devez, Monsieur, une consolation *pour la perte* de notre amie' (*Amitié*, p.118).
192. *Les Effets surprenants de la sympathie*, cité par F. Deloffre, p.321.

et vous devez *l'imitation* à ses vertus' (*Avis fils*, p.13). L'avantage de cet exemple est de montrer comment la langue de Mme de Lambert accueille les deux solutions et fait cohabiter le substantif en fonction d'infinitif complément du verbe et l'infinitif dans la même fonction. On le voit bien encore dans cet autre passage: 'ils ont plus songé dans vos premières années *à la Science de l'esprit* qu'à vous *apprendre* le monde et les bienséances' (p.2). Notons enfin qu'il existe pour ce tour des solutions plus simples, moins affectées, qui consistent tout simplement à utiliser le substantif sans complément déterminatif: 'Je crois qu'il est tems de songer sérieusement *à sa correction*' (*Correspondance*, p.380); 'Pour peu qu'une jeune personne ait de la disposition *à la tendresse*' (*Avis fils*, p.82).

On peut affirmer que Mme de Lambert a su éviter les inconvénients inhérents aux constructions substantives: les ambiguïtés sémantiques, l'obscurité même qui naissent de raccourcis trop abrupts sont rares chez elle. Le seul reproche qu'on pourrait peut-être lui adresser est d'avoir recherché trop systématiquement, par de véritables automatismes, les substantifs qui finissent par envahir une prose qui, comme celle du siècle, s'écoule en phrases brèves et concises. Elle a souvent su tirer le meilleur parti de ces constructions commodes qui répondent au premier souci de l'écriture mondaine: la recherche de l'élégance; les tours substantifs lui permettent d'éviter de fâcheuses répétitions ou de préserver des équilibres rythmiques menacés. Il va de soi aussi que le style substantif a chez elle les qualités qu'on lui reconnaît généralement: il répond à ces deux critères intellectuels, la concision qui convient à la langue de l'analyse,[193] et la densité qui convient au style de la maxime. En revanche, le critère esthétique de la légèreté, qui devient une exigence première du style à partir de la Régence, ne semble pas déterminant pour ses choix. Certes, les tours substantifs lui permettent d'éliminer les lourdeurs du gérondif; mais il ne semble pas qu'on puisse lui prêter l'intention d'avoir recherché systématiquement ces constructions pour les allégements qu'elles permettaient, grâce au jeu aisé des pronoms personnels de rappel qui semble avoir séduit son disciple Marivaux, comme l'a démontré F. Deloffre (p.322-23). Dans son usage du style substantif, Mme de Lambert reste un écrivain mondain du dix-septième siècle, qui accentue une évolution linguistique inéluctable sans en exploiter pour autant toutes les possibilités. Un écrivain moderne comme Marivaux saura, lui, en montrer toutes les ressources et les adapter à l'esthétique nouvelle. Quand on compare la phrase substantive de Mme de Lambert à la

---

193. On voit bien l'avantage du tour substantif dans l'exemple suivant: 'Voici ce que *le loisir de ma solitude* m'a fait penser sur ce sujet' (*Amitié*, p.119); il permet de faire l'économie d'une proposition circonstancielle.

sienne, on comprend que les grâces précieuses de la première pourront trouver matière à s'épanouir encore dans les créations d'un disciple intelligent. 'En raison de sa formation toute moderne, pourra conclure F. Deloffre, Marivaux s'est trouvé en plein accord avec les tendances de la langue, et a même devancé la plupart de ses contemporains' (p.323).

Un caractère important du style substantif, et qui a été souvent souligné, c'est le lien qu'il entretient avec l'abstraction. La prose précieuse est une prose intellectuelle, une prose d'intellectuels qui veulent analyser avec passion les qualités humaines, celles du cœur et de l'esprit, qui attachent plus d'importance aux ressorts des actions qu'aux actions elles-mêmes: leur langue révèle les efforts qu'ils font pour comprendre, expliquer, remonter aux principes premiers. Leur tendance à donner à la qualité le statut de la substance prouve qu'ils ne veulent pas se contenter de décrire les caractères des hommes et des actions humaines, pour les inscrire dans un devenir existentiel: les situations et les humeurs particulières ne les intéressent que par le rapport qu'elles entretiennent avec une nature universelle. Quand la marquise de Lambert parle d'une jeune fille 'qui a de la disposition à la tendresse', le substantif vient signifier qu'elle ne cherche pas à peindre un état d'âme, une situation particulière, mais qu'elle veut cerner une loi générale de la psychologie des adolescentes. Elle a retenu la leçon de son maître Fontenelle, qui se lisait dans chaque page des *Dialogues des morts*: sous la diversité apparente des faits historiques, des mœurs, des civilisations, le moraliste voit à l'œuvre les passions humaines, identiques à elles-mêmes à travers les âges. Ces remarques générales appellent quelques développements sur l'emploi du substantif abstrait.

Le substantif abstrait, quand il a une valeur déterminée, se substitue aisément à un pronom personnel selon un double procédé qu'on peut rapprocher de la synecdoque d'une part, de la métonymie d'autre part. Nous venons de voir comment la marquise pouvait désigner les personnes par les qualités abstraites: 'Le Maître de la maison que vous honorez [...], c'est l'Injustice et le Larcin que vous saluez' (*Femmes*, p.181). Le substantif ici remplace un pronom personnel sujet (la marquise aurait pu écrire: 'songez qu'il est injuste et voleur', ou quelque chose comme cela). La narratrice ignore toutes les composantes de la personnalité de cet homme en vue, l'ensemble de ses qualités et surtout de ses défauts, pour ne souligner que ce qui le rend criminel. Le substantif joue ici en quelque sorte comme une synecdoque, puisqu'il y a substitution d'un terme à un autre terme de compréhension inégale. Il va de soi que ce procédé peut être utilisé aussi bien pour les êtres que pour les choses; dans cet exemple, la synecdoque porte sur une idée abstraite: 'Ce n'est pas que je veuille bannir la louange: c'est *une aide* à l'éducation et à la vertu' (*Correspondance*, p.375).

Plus souvent, le substantif abstrait à valeur déterminée constitue une sorte de métonymie: dans cet emploi, il abonde au dix-septième siècle, dans des registres divers, mais surtout dans la langue élégante. L'usage de Mme de Lambert confirme cette valeur mondaine du procédé. Il sert presque toujours à désigner une personne par la qualité morale ou psychologique qu'elle a su exprimer dans des circonstances particulières de son existence. Cet emploi du substantif, placé indifféremment en position de sujet ou de complément, est fréquent chez Mme de Lambert et correspond presque toujours au style noble de la réflexion morale. Voici quelques exemples de ces métonymies: 'Son cœur, sensible à la vraye gloire, sans vanité, sans vue de récompense, méprisoit les richesses, et n'aimoit la vertu que pour elle-même' (p.9);[194] l'emploi est d'autant plus caractéristique que le substantif interrompt une série de phrases narratives commençant par le pronom personnel *il*, qui désigne l'aïeul Jean de Lambert:

Faites en sorte que *vos manières* offrent de l'Amitié, et en demandent [p.27];

Si vous êtes assez heureux pour avoir trouvé un Ami vertueux et fidèle, vous avez trouvé un trésor; *sa réputation* garantira *la vôtre*; *il* répondra de *vous* à vous-même [p.28];

Quel usage aussi la plupart des Grands font-ils de leur gloire? *Leur dignité* s'appesantit et abaisse les autres [p.21];

Je laisse à *votre délicatesse* à vous instruire des devoirs de l'Amitié [p.29].

On comprend, à s'en tenir à ces exemples recensés dans les premières pages des *Avis d'une mère à son fils*, que le procédé est banal dans la langue de Mme de Lambert, et qu'il relève autant du style de la politesse que du style précieux. Un écrivain comme Marivaux saura exploiter habilement toutes les possibilités plaisantes de ce tour mondain, ce que lui reprochera d'ailleurs Desfontaines.[195]

Il existe enfin une variante de ce procédé: le substantif abstrait peut avoir une valeur générale, et représenter une qualité universelle donnée en partage à tous les hommes ou à des catégories d'individus. Cette sorte de métonymie fut particulièrement appréciée par les écrivains moralistes qui en firent un grand usage.[196] Car elle n'est pas un simple 'tic' langagier; on peut la relier expressément 'à une vue particulière de la psychologie humaine': les moralistes conçoivent l'âme, 'non pas comme un principe unique, mais comme la composante d'un certain nombre de forces ou de tendances, l'amour-propre, la vanité, les passions, la raison. Survient-il un événement extérieur, c'est telle ou telle

194. Voici un autre emploi métonymique du substantif *cœur*: '*Mon cœur n'a* jamais écouté les leçons de Machiavel; il est bien éloigné de se conduire par ses maximes; ceux qui me connoissent, savent bien que dans l'Amitié *je* me livre trop' (p.141).

195. Voir Deloffre, p.325-28.

196. F. Deloffre cite des tours de Fontenelle, de Vauvenargues, de Marivaux (p.328-29). On pourrait bien sûr les rechercher aussi chez La Rochefoucauld, dans les maximes du type: '*L'orgueil* se dédommage toujours et ne perd rien, lors même qu'il renonce à *la vanité*' (33).

de ces tendances qui se trouve intéressée' (p.330). L'usage de la marquise de Lambert confirme pleinement cette interprétation qui renvoie à un humanisme 'classique', ainsi que la correspondance intime entre le style des moralistes et la langue des salons. Le substantif abstrait à valeur métonymique désigne des catégories d'individus, caractères à la manière de La Bruyère ou types sociaux: on peut lui trouver un équivalent sémantique, que nous indiquerons dans les exemples cités.

'*Les humeurs sombres et chagrines*, qui penchent vers la misanthropie (= les misanthropes), déplaisent fort' (*Avis fils*, p.26); '*les humeurs douces* ne sont blessées de rien, leur indulgence les sert' (p.26); 'Mais à présent *l'indécence* (= les femmes libertines) est au point de ne vouloir plus de voile à ses foiblesses' (*Femmes*, p.179);

'*Les grâces sans mérite* (= les femmes belles et coquettes) ne plaisent pas longtems; et *le mérite sans grâces* (= les prudes) peut se faire estimer sans toucher. Il faut donc que *les Femmes* ayent un mérite aimable' (*Avis fille*, p.68);

'*La Jeunesse* (= les femmes jeunes) a de grands avantages; le Public lui pardonne tout' (*Sentiment dame*, p.262);

'N'étendez point le droit de *l'épée* (= des militaires)' (*Avis fils*, p.6).

Ce substantif abstrait peut désigner aussi des traits du caractère, des attitudes morales ou des passions.

'*L'Envie* malgré elle rend hommage à *la Grandeur*, quoiqu'elle semble la mépriser; car c'est honorer les places, que de les envier' (p.22); 'Tous les vices favorisent *l'amour-propre*' (p.29);

'*La Modestie* met le mérite et la considération que le Monde nous donne en sûreté' (*Considération-réputation*, p.279);

'C'est *la sensibilité de l'Ame* qui allonge les malheurs et les éternise' (*Correspondance*, p.378).

Dans ces derniers exemples, où le substantif désigne une qualité, l'abstraction n'est pas totale: la métonymie se trahit en quelque sorte, en laissant apercevoir une sorte de personnification, que soulignait l'usage ancien des imprimeurs de recourir à la majuscule.

Toutes ces remarques sur le style substantif et sur la phrase abstraite de Mme de Lambert confirment qu'il est souvent difficile de distinguer dans le détail le style de la politesse et le style de l'analyse, la langue des précieux et la langue des salons, souvent confondus sous l'étiquette commode de jargon, de préciosité.

b. Le style hyperbolique

Le style précieux possède encore un autre caractère, mieux connu: celui d'être un style hyperbolique. L'hyperbole est dans la pensée bien sûr, elle sert à définir l'esprit des précieux: ceux-ci, on le sait, 'sont naturellement portés aux extrêmes et à l'excessif'.[197] Elle conditionne aussi le choix des mots: le lexique des précieux privilégie les termes qui disent l'éminence de la qualité. Elle affecte également le mot inséré dans la phrase; il y a d'ailleurs un rapport évident entre le style substantif et le style hyperbolique. Si l'on peut mettre en valeur les qualités par l'extension des emplois du substantif, on peut parvenir aussi au même but en recourant à tous les procédés grammaticaux qui permettent de les exprimer avec un degré d'intensité ou dans leur plénitude.

L'esprit hyperbolique. On a le sentiment que la nouvelle préciosité a cherché à éviter les excès fâcheux auxquels s'étaient livrés les précieuses dans leurs enthousiasmes intellectuels. La prose de Mme de Lambert, celle des traités de morale en particulier, est sobre, sans emphase: on y chercherait vainement les manifestations d'un style hyperbolique qu'on pourrait qualifier sans crainte de style précieux. Ce début du *Discours contre la colère* de Philonime (*La Prétieuse*, i.94-95), ces mots tracés 'avec une ferveur incroyable', ne pourraient pas être de la main de Mme de Lambert:

Il faut estre en colere, pour *oser* parler contre la Bonté; et neantmoins je trouve que n'estant pas bonne, et estant *disgraciée, jusqu'au point d'estre privée* des bonnes qualitez, elle est plus excusable que ces ames coleres qui s'enflâment et s'aigrissent avec *tant d'excès et d'emportement*, que non seulement elles *craignent* d'estre bonnes, et font profession de ne l'estre pas, mais encor cherchent à *détruire* en autruy ce qu'elles ont *ruiné* en elles-mesmes; et comme l'*impétuosité de ces montagnes de feu* portent les cendres et l'incommodité de leur incendie chez leurs voisins, la colère ne se contente pas de brûler dans les lieux où elle s'excite, elle va consumer les endroits *les plus saints* et *les plus religieux*, et abat jusqu'aux *plus dignes* Autels, sur lesquels on revere *les plus justes vertus* qui se prattiquent *parmy les hommes*.

Ce n'est là qu'un échantillon; ce qui en éloigne la prose de Mme de Lambert, ce n'est pas seulement une différence importante dans le traitement de la métaphore, c'est aussi une plus grande modération dans la recherche de l'hyperbole. La marquise ne recourt à l'hyperbole que dans les écrits mondains, dans les portraits ou dans sa correspondance, dont les tours sont plus libres. Les compliments d'usage permettent à l'esprit précieux de se manifester, et la recherche du trait passe très souvent par le choix d'une expression hyperbolique: 'Vous écrivez, Madame, *le langage des Dieux* [...]. *Tout en* éloignement, me paroît diminuer de prix et de valeur; *hors vous*, Madame, qui êtes toujours pour moi dans le même point de vue. [...] ma retraite m'a appris que la solitude est amie des sentimens, puisque les miens, Madame, ont *infiniment augmenté pour vous*' (lettre à Mme ***, p.411-14). Il est bien difficile, dans ces formules,

197. Lathuillère, i.153.

de distinguer ce qui appartient aux usages, à la politesse mondaine, de ce qui vient du fonds propre de l'épistolière:[198] dans la dernière pointe, par exemple, l'hyperbole repose entièrement sur le choix de l'adverbe *infiniment*, qui est un des adverbes favoris des mondains. Mais l'ambiguïté est parfois levée; dans le *Discours sur le sentiment d'Ismène*, le trait d'esprit est enfermé dans une hyperbole précieuse caractéristique 'Je n'ai jamais connu une personne plus généralement approuvée: je crois qu'on lui auroit volontiers fait un procès, pour la forcer à se montrer' (p.269).[199] Econome, Mme de Lambert se garde bien d'abuser d'un tour capable de donner au langage et au style les grâces du maniérisme. L'hyperbole fait le charme de ses productions mondaines, où l'on sent sa présence, celle d'une grande dame attentive à briller sans déplaire. Elle est bien plus terne, en revanche, dans une nouvelle comme *La Femme hermite*, quand la sensibilité baroque, en se substituant à l'élégance précieuse, ne suggère que des emplois lexicalisés assez banals: 'Elle accompagna son discours d'*un torrent de larmes*' (p.288); 'Je ne sais par quel *enchantement tout* ce qui s'offroit à moi servoit le Duc' (p.341). Si Mme de Lambert reste discrète et élégante dans ses créations hyperboliques, il faut bien avouer néanmoins que son style la trahit parfois dans le genre mondain qu'est le portrait. L'amitié la rend indulgente, et ne lui permet pas toujours d'éviter les pièges inhérents au genre: le portrait destiné aux intimes de l'hôtel de Nevers tourne parfois au panégyrique. Comme elle le reconnaît elle-même, 'il est bien flatteur pour [s]on amour-propre, de trouver toutes les vertus et tous les agrémens dans les personnes qu['elle] aime' (*Portrait de Sacy*, p.243). N'en doutons pas, c'est l'esprit de coterie, c'est l'âme des ruelles qui lui dictent les hyperboles qui gâtent un peu l'enthousiasme chaleureux de ses portraits: 'nul n'aura de l'esprit hors nous et nos amis'! En précieuse, elle aime que ses amis l'éblouissent par un trait inouï, par une qualité jusqu'alors inconnue des humains (p.242): M. de Sacy 'a fait taire l'envie, et l'a fait consentir, *pour la première fois*, que le mérite ait cours'. Toutes les belles qualités de cette belle âme que fut Sacy seront évoquées dans des expressions que notre goût peut juger excessives, où

198. R. Lathuillère a noté cette valeur sérieuse de l'hyperbole chez les précieux: 'Elle a sa place dans les compliments, la langue de la politesse, les manifestations du savoir-vivre mondain, l'art de la courtoisie. Elle est de rigueur dans les poulets galants, les billets d'amour, les sonnets et les stances aux dames et aux maîtresses. Elle transforme la grisaille de la réalité quotidienne ou les menus événements de la vie et ses banalités et leur donne une importance, une qualité qui les rehaussent et les transfigurent' (i.397). Les mondains n'étaient pas dupes de leurs exagérations, et l'hyperbole pouvait faire partie du ton plaisant, du badinage. Mme de Lambert, qui a sans doute pratiqué Voiture, le sait bien, et dans cette même lettre a soin d'avertir sa correspondante qu'elle 'change de ton' pour revenir à une idée plus sérieuse.

199. L'image célèbre des 'débauches d'esprit', à la fin des *Réflexions sur les femmes*, tire aussi en partie sa force de l'hyperbole.

l'on n'est guère surpris de voir apparaître l'adverbe en -ment: 'M. de S. peint son cœur et ses mœurs dans tout ce qu'il fait; M. de S. écrit *parfaitement* bien; personne n'a plus que lui le talent de la parole' (p.242).

Le lexique précieux de la perfection. On peut rattacher, d'une certaine façon, au style hyperbolique un lexique qui caractérise incontestablement les néo-précieux dans leur recherche permanente des qualités les plus rares des êtres et des choses. Ils ont privilégié des termes qui trahissent leur obsession d'échapper à la médiocrité et à la vulgarité. C'est pourquoi on peut parler, à ce sujet, de lexique précieux. Mais dans la mesure où ces mots viennent renchérir sur ce qui est dit du Beau et du Bien, sur la manière de les percevoir, on peut parler aussi de vocabulaire hyperbolique, au sens large. C'est un réseau complexe qu'il faudrait étudier ici, organisé autour de quelques champs morpho–sémantiques remarquables, pour montrer les rémanences que découvre une étude linguistique de la préciosité aux dix-septième et dix-huitième siècles. Plus modestement, je me contenterai de mettre en évidence certains caractères du champ qui se développe autour de quatre termes génériques: les adjectifs *pur*, *parfait*, *fin*, *délicat*; ces mots renvoient à des concepts propres à tout précieux, ils sont indispensables aussi à des écrivains soucieux de distinguer, par toutes sortes de raffinements, les nuances de la vie psychologique et morale. Bien souvent ces mots–clés s'attirent mutuellement, comme si l'écrivain établissait de mystérieuses associations, et ils semblent appartenir à un même champ stylistique: ces phénomènes d'agglutination créent des redondances qui renforcent également la signification hyperbolique de ce champ.

L'adjectif *pur* et les mots de sa famille, le substantif *pureté*, le verbe *épurer* et son adjectif, sont familiers aux précieuses: leur haine de la souillure, leur mépris de la vulgarité et de la grossièreté sont des attitudes psychologiques bien connues qui permettent d'expliquer en partie leur émancipation et leurs revendications sociales, leur refus du mariage en particulier, comme leur travail sur la langue pour en chasser le mot bas et trivial. La pureté a présidé à la naissance du 'cercle de conversation', comme le rapporte une lettre de Géname sur l'Alcôve dans le roman de l'abbé de Pure: 'Elle est composée seulement de personnes du beau sexe. On n'a point voulu de mélange du nostre, pour agir avec plus de pureté, et pour pouvoir donner essor à leur esprit avec moins de scrupule et plus de liberté' (i.67).

Chez Mme de Lambert aussi la famille du mot *pur* se spécialisera dans la qualification des mœurs et des sentiments; nous avons souligné son importance dans le développement de la métaphysique du cœur. On ne recense dans les écrits de la marquise qu'une seule occurrence de l'idée de pureté rattachée à l'ordre de l'intelligence:[200] 'il faut les avertir [nos amis] quand ils s'égarent; s'ils résistent, armez-vous de la force et de l'autorité que donne la prudence des sages conseils, et la *pureté* des bonnes intentions' (*Amitié*, p.134).

L'adjectif *pur* n'est pas prodigué; cependant, on est en mesure d'affirmer que l'usage de l'employer, comme chez les précieuses, avec une marque de la comparaison ou de l'intensité semble prédominant: 'A présent nos plaisirs sont moins *délicats*, parce que nos mœurs sont *moins pures*' (*Femmes*, p.192); 'et que vous vouliez jouir de toutes les *délicatesses* de l'Amour, de ses impatiences, de ses mouvements *si purs* et si doux' (p.202).

L'emploi du substantif *pureté* n'appelle aucune remarque particulière dans le cadre d'une analyse du style hyperbolique. En revanche, s'il est un mot caractéristique, c'est bien le verbe *épurer*. Il possède un sens actif très fort: il désigne une opération destinée à éliminer progressivement la souillure, et le participe passé, dans la langue des précieux, sert à qualifier une matière qui a été débarrassée de ses impuretés, raffinée. Aussi le mot se charge-t-il aisément de connotations hyperboliques, quand le contexte lui-même souligne que l'œuvre d'épuration est en cours:

A mesure que la raison *se perfectionne*, que l'esprit *augmente* en délicatesse, et que le cœur *s'épure*, *plus* le sentiment de l'amitié devient nécessaire [*Amitié*, p.119];

Quoique la Nation Française soit déchue de l'ancienne Galanterie, il faut pourtant convenir qu'aucune autre Nation ne l'avoit ni *plus poussée*, ni *plus épurée* [*Femmes*, p.194].

Le mot *épurer* faisait partie du vocabulaire des précieuses, sans qu'elles en abusassent; on le rencontre de temps à autre dans le roman de l'abbé de Pure. Mme de Lambert l'utilise plus souvent, il est présent dans presque tous ses traités.[201] Ce qui est caractéristique, c'est l'attraction qu'il exerce dans les champs lexicaux où il est présent; il attire à lui les autres mots du lexique de la galanterie et de l'honnêteté, et ce pouvoir d'aimantation renforce le caractère hyperbolique des phrases qui le contiennent, comme il apparaît dans cet exemple: 'C'est des désirs et des desseins des Hommes, de la pudeur et de la retenue des Femmes, que se forme le commerce délicat qui polit l'esprit, et

200. Quand Mme de Lambert évoque les romans français, 'si pleins d'esprit, et si *épurés*' (p.195), remarque hyperbolique, le mot *épuré* renvoie incontestablement à la pureté des mœurs amoureuses qui y sont décrites, et non à la pureté de la langue. Les premières précieuses utilisaient plus facilement les mots de la famille de *pur* pour qualifier les qualités du style ou de la langue. Voir chez l'abbé de Pure: 'Philonime estoit l'homme d'esprit, qui sçavait les belles choses, et qui estoit *très pur* dans la langue' (i.89); 'la pureté du style' (i.72); 'Peut-estre que le génie des Lettres se lassera de voir prophaner les Autels du Sçavoir par des mains si mal propres et *si impures*' (i.173).

201. Voir: *Avis fille*, p.63 et 79; *Amitié*, p.119 et 127; *Femmes*, p.194 (deux occurrences), p.195 et 205; *Richesses*, p.227.

qui épure le cœur: car l'Amour perfectionne les âmes bien nées' (*Femmes*, p.194). Il semble bien que ce mot *épurer* puisse caractériser le vocabulaire des néo-précieux; il est à la mode sous la Régence. Marivaux, avec un sens très fin de la langue, l'utilise en l'arrachant au domaine du cœur, où il se confinait, pour l'appliquer de manière significative à la politesse des gens de qualité: 'Il règne parmi les gens de qualité une certaine politesse dégagée de toute fade affectation: cette politesse n'est autre chose qu'une façon d'agir naturelle, *épurée* de la grossièreté que pourrait avoir la nature.'[202] Le témoignage de Marivaux sur l'extension du champ du terme permet-il de dire que le verbe *épurer*, après avoir connu la faveur des précieux, était entré dans le domaine plus vaste du langage mondain? Toujours est-il que l'éloge de sa lettre par le rédacteur du *Mercure* fait émerger à son tour l'adjectif,[203] comme s'il appartenait désormais au vocabulaire fondamental de tous ceux qui s'intéressent à l'analyse morale.

Comme le verbe *épurer*, le verbe *perfectionner* est un des plus caractéristiques du vocabulaire de Mme de Lambert. Il possède lui aussi un sens actif, il exprime la même idée d'une ascèse, d'un effort pour atteindre les régions de l'idéal. Les deux verbes cependant ne se concurrencent pas; *épurer* semble spécialisé dans la description des mouvements du cœur, tandis que *perfectionner* s'applique aux facultés intellectuelles, aux progrès de la raison et de l'esprit. C'est du moins le registre que lui désignent les précieuses: 'Les belles choses coustent à l'imagination, et elles ne naissent pas si communément qu'il ne faille quelque effort pour les produire, et quelque temps pour les *perfectionner*' (i.93).

On le rencontre encore chez Fontenelle, aux yeux de qui il renvoie incontestablement à une mode précieuse. Le dialogue de Platon et de Marguerite d'Ecosse sur la spiritualité de l'amour offre un témoignage de premier ordre sur sa signification. Marguerite d'Ecosse, s'appuyant sur la théorie platonicienne de l'origine divine du Beau, esquisse une métaphysique d'amour, où s'exprime le vœu, qui sera plus tard celui de Mme de Lambert, que l'amour consistât en une métamorphose de la matière et de la beauté corporelle en beauté spirituelle. C'est la beauté de l'âme qui explique, selon elle, l'amour du philosophe pour la vieille Arquéanasse de Colophon: 'Assurément cette Troupe d'Amours qui se jouoient dans les rides d'Arquéanasse, c'étoient les agrémens de son esprit que l'âge avoit perfectionné' (i.160). L'ironie de Fontenelle sur la conception

---

202. *Lettres sur les habitants de Paris*, 'Le Bourgeois', *Journaux*, p.14.
203. Dans le numéro d'octobre 1717, le rédacteur du *Mercure* parle de ces lettres comme d'un ouvrage 'produit par une raison *très épurée*' (cité par Michel Gilot, p.157). Les éditeurs des textes de Marivaux rappellent toujours l'importance du mot chez Mme de Lambert.

d'une passion si métaphysique est révélatrice: comme Platon qui, dans le dialogue, détruit sa propre image, un Fontenelle libertin prend ses distances à l'égard du Fontenelle précieux et lie le verbe *perfectionner* à la métaphysique.

Ce témoignage fait comprendre la prédilection de Mme de Lambert pour ce mot, qui est élégant, précieux, et convient à l'analyse de la parfaite amitié. Dans ses emplois les plus fréquents, il désigne les grâces et la politesse que l'amour épuré donne aux femmes; il a une plénitude qui s'accorde au style hyperbolique, en ce sens qu'il est capable de résumer, à lui seul, l'accomplissement de l'honnêteté, tant pour la politesse des manières que pour la pureté des mœurs: 'l'Amour *perfectionne* les âmes bien nées' (*Femmes*, p.194).[204] Dans la pensée de la marquise, le verbe *perfectionner* peut donner une qualification hyperbolique à d'autres registres que le cœur, ceux de la politesse,[205] des facultés intellectuelles,[206] des productions de l'esprit,[207] de la nature.[208] Parce qu'il dit au plus haut degré l'éminence des qualités, il se substitue commodément et avantageusement aux tours superlatifs.

Mme de Lambert utilise souvent aussi ces deux autres mots de la même famille: *parfait* et *perfection*. Depuis les précieuses, qui aimaient analyser 'la parfaite amour',[209] l'adjectif s'emploie dans des locutions lexicalisées: 'la parfaite amitié' est une des plus caractéristiques du lexique précieux lambertin. L'expression désigne indifféremment l'amitié traditionnelle, ou l'union des cœurs; le champ stylistique où elle apparaît porte souvent les marques de l'intensité et de la totalité. Les traces de la pensée hyperbolique des précieuses qui n'hésitaient pas, contre toute raison, à employer le superlatif de *parfait*,[210] sont encore visibles dans cette définition que propose Mme de Lambert: 'il y a un goût et un *degré* dans *la parfaite amitié*, où ne peuvent atteindre les caractères *médiocres*' (*Amitié*, p.130).[211]

---

204. La clausule en forme de maxime est reprise quelques pages plus loin (p.208), et dans *Sentiment dame*, p.266. Sur l'emploi du verbe *perfectionner* appliqué à l'amour, voir encore: *Avis fille*, p.94 et *Femmes*, p.196 et 207.

205. 'Le monde délicat seulement le [le Goût] perfectionne' (p.217).

206. 'L'usage des choses qui perfectionnent la raison' (p.190); 'Je vous exhorterai bien plus, mon fils, à travailler sur votre cœur, qu'à perfectionner votre esprit' (p.47). L'expression 'perfectionner la raison' était dans le *Télémaque*, livre v.

207. 'Voilà, mon cher Abbé, ce petit Ouvrage que vous m'avez fait faire. Je n'ai pas eu le tems de le perfectionner' (*Correspondance*, p.371).

208. 'La morale n'a pas pour objet de détruire la Nature, mais de la perfectionner' (*Avis fille*, p.93).

209. *La Prétieuse*, i.81 et ii.104. On rencontre aussi (ii.104) 'la parfaite tendresse'.

210. *La Prétieuse*, ii.100: 'C'est à elle seule par cette mesme raison qu'il appartient d'aymer uniquement et d'emporter la gloire et le prix d'amour sur toutes les plus aymables mesme, et *les plus parfaites beautez*.' Nous rencontrerons, *infra*, une forme superlative de l'adverbe *parfaitement*.

211. Formule reprise mot pour mot dans *Femmes*, p.203-204.

Comme chez les précieux, les emplois du substantif *perfection* sont plus étendus. Philonime pouvait créer cet oxymore audacieux: 'Quoy! vous voudriez qu'on travaillât à donner, pour ainsi dire, la perfection à son vice?' (*La Prétieuse*, i.46). Bien que par son sens le mot ne soit guère susceptible de recevoir les marques de l'intensitif, du comparatif ou du superlatif, il apparaît cependant une fois avec l'une de ces marques, dans un emploi que peut seul justifier un style superlatif précieux: 'C'est le caractère des choses estimables, de redoubler de prix par leur durée, et de plaire par *le degré de perfection* qu'elles ont, quand elles ne plaisent plus par le charme de la nouveauté' (*Femmes*, p.177-78). L'expression s'inspire peut-être de ce tour précieux que l'abbé de Pure prête à Sophronisbe, qui parle de 'la haute perfection de l'amour' (*La Prétieuse*, ii.103).

L'adjectif *fin* et les mots de sa famille, *finesse*, *finement*, *raffiner* appartiennent au vocabulaire de l'honnêteté et de la préciosité.[212] On en recense quatre occurrences dans les quatre portraits de l'édition Bousquet. Ces mots peuvent qualifier le physique ('la taille *fine* et aisée' de La Rivière), ou l'abstrait (la finesse de l'esprit ou du raisonnement chez La Rivière, Fontenelle, Sacy, La Motte).

Mais le mot intéressant, c'est le verbe *raffiner*. Nous l'avons rencontré chez les précieuses, lié à une définition de la coquetterie féminine et de l'art d'aimer, où s'esquissait une métaphysique du cœur: 'elle ayme d'une façon toute particulière, et toute ravissante, qui outre les plaisirs du *raffinement* et des ragousts de l'art, élève l'idée de l'amour, et fait aymer tout autrement que les autres' (*La Prétieuse*, ii.101). Comme les verbes *épurer* et *perfectionner*, le verbe *raffiner*, dans le vocabulaire de Mme de Lambert, désigne les efforts des précieux pour atteindre le monde idéal, leurs recherches dans l'alchimie du cœur. Il représente la pointe extrême d'une langue précieuse; sa valeur hyperbolique se découvre bien dans sa faculté d'attirer à lui le superlatif sous une forme renforcée: 'Je suis toujours surprise qu'on ne veuille pas *raffiner* sur *le plus délicieux* sentiment que nous ayons' (*Femmes*, p.204). C'est encore Fontenelle, si attentif aux faits linguistiques dans ses *Dialogues des morts*, qui confirme, non sans ambiguïté, les origines précieuses du terme. La chasteté d'Elizabeth d'Angleterre est jugée au tribunal de Pluton et les assistants sont

---

212. Voir chez l'abbé de Pure cette comparaison étonnante des précieuses aux perles: 'Il y en a de *baroques* qui ne sont pas si belles que les autres, mais qui ne laissent pas d'estre aussi *fines* et de surprendre les yeux' (i.63). A le comparer au mot *baroque*, on constate que l'adjectif *fin* aurait pu connaître la fortune littéraire de l'adjectif *précieux*! Voir encore ces autres exemples: 'Il n'y a point de talent *si fin*, ny si propre à faire l'amour, que la bonté' (i.103); 'il possede les plus belles notions qui puissent frapper et ravir un bon esprit, et ensemble toutes les *finesses* et les plus beaux secrets de l'art' (i.127).

malicieusement indécis et circonspects. On ne peut décider si les plaisirs recherchés par cette 'Pénélope des fiançailles' étaient des 'plaisirs d'imagination' ou des 'goûts solides'; ne voulait-elle que 'des préparatifs et des espérances' ou jouissait-elle des réalités? Une précieuse prend sa défense et assure: 'Elizabeth ne trouvoit rien de plus joli que "de former des desseins, de faire des préparatifs, et de n'exécuter point". Elizabeth faisoit peut-être quelque pas dans le Païs de Tendre; mais assurément elle se gardoit bien d'aller jusqu'au bout' (i.242). Pluton embarrassé se garde bien de trancher: 'On dit que les plaisirs sont dans l'imagination, on dit qu'ils n'y sont pas; on dit qu'il faut *raffiner* et *chimériser* sur les plaisirs, on dit que les plus simples et les plus communs sont les meilleurs. Qui me tirera de tous ces embarras-là?' (i.244). Les connotations ironiques du synonyme choisi par Fontenelle pour le verbe 'raffiner' en disent long sur la valeur hyperbolique et précieuse que les contemporains lui attachaient; cependant la marquise n'hésitera pas à l'introduire dans son discours précieux *sur les femmes*.

Dernier pôle générique de ce vaste champ stylistique de l'hyperbole précieuse, l'adjectif *délicat*, qu'accompagnent ses dérivés *délicatement* et *délicatesse*. Le champ des signifiés de cette famille est vaste, et depuis le seizième siècle les moralistes utilisent abondamment ces termes. Ils permettent d'exprimer, parfois jusqu'à l'excès, les nuances les plus subtiles; c'est donc par un mouvement naturel que les précieux les intègrent à leur vocabulaire. L'analyse des idées morales de Mme de Lambert a fait apparaître certaines de leurs significations importantes. *Délicat* peut qualifier des choses matérielles (l'art de la table, dans *Femmes*, p.181), les plaisirs, la volupté (*Avis fille*, p.111), les concepts moraux comme l'honneur ou la conscience morale, les sentiments, le goût, l'esprit; dans ce dernier emploi, Mme de Lambert, retrouvant un usage des précieuses,[213] le lie à l'adjectif caractéristique *spirituel* en évoquant les 'plaisirs spirituels et délicats' des conversations platoniciennes (*Femmes*, p.181). La délicatesse est bien la quintessence de la préciosité, cette 'fleur d'esprit' (p.184) qui s'épanouit dans les productions et dans les conversations des ruelles. Pur produit de la galanterie, elle fait la douceur du commerce, la politesse des manières; elle assure cette exquise sociabilité, cet idéal d'intelligence et de noblesse que Mme de Lambert a découvert chez Madeleine de Scudéry. Sans conteste, le champ stylistique de *délicat* est soumis à l'influence de l'hyperbole. Dans ce réseau complexe de relations, il exerce un pouvoir d'attraction sur le vocabulaire hyperbolique. Il peut, en particulier, être utilisé dans des binaires construits avec *fin*, qui sont sans doute lexicalisés: 'Il y a

---

213. *La Prétieuse*, ii.273: 'Je suis fille d'un père qui pensa renoncer à la gloire de m'avoir pour fille par *une délicatesse toute spirituelle*.'

bien des degrés de Politesse. Vous en avez une plus *fine*, à proportion de la *délicatesse* de l'esprit' (*Avis fille*, p.112); la politesse 'de l'esprit consiste à dire des choses *fines et délicates*' (*Avis fils*, p.30). Une autre marque du style hyperbolique consiste à utiliser l'adjectif *délicat* dans des accumulations: 'rien ne plaît tant que ces imaginations vives, *délicates*, remplies d'idées riantes' (*Femmes*, p.182); 'rien n'est plus opposé au bonheur, qu'une imagination *délicate*, vive et trop allumée' (*Avis fille*, p.86). Enfin, conformément à l'usage des précieuses,[214] le mot est renforcé dans ses significations par les marques de l'intensif, du comparatif et du superlatif, qu'il accueille avec une aisance qui relève de l'automatisme:

C'est la vengeance *la plus délicate* et la seule permise [p.108];

Soyez inviolable dans vos paroles; mais pour leur acquérir une entière confiance, songez qu'il faut *une extrême délicatesse* à la garder [p.110];

l'ambition du véritable Amour, c'est de porter nos sentimens, et ceux de la personne aimée, *au dernier degré de délicatesse* [*Femmes*, p.205];

Le Goût dépend d'un sentiment *très délicat* dans le cœur [p.185];

Le Goût a pour objet des choses *si délicates*, si imperceptibles, qu'il échappe aux règles [p.185];

Les hommes qui mettent *tant de délicatesse* dans l'amour [*Richesses*, p.225].

Le réseau complexe de relations lexicales qui s'organise autour de ces quatre pôles génériques que sont les adjectifs *pur, parfait, fin, délicat* n'est lui-même qu'une partie d'un champ beaucoup plus vaste constitué par le vocabulaire de la galanterie et de la politesse; à l'intérieur de cet ensemble, il définit un champ stylistique de l'hyperbole, il souligne les tendances précieuses du lexique des mondains. Si la valeur hyperbolique des termes qui constituent ce champ stylistique apparaît dans leur contenu sémantique, dans leur pouvoir d'attraction mutuelle et dans l'habitude qu'ont les mondains de les renforcer par les marques de l'intensif et du superlatif qui sont pléonastiques, il faudrait encore, pour l'apprécier pleinement, établir de multiples comparaisons avec les autres mots du vocabulaire des mondains, de façon à faire apparaître un écart qui mesurerait l'effet stylistique recherché par les précieux.

Les outils grammaticaux de la phrase hyperbolique. Est-il utile de redire que l'emploi des adverbes en -ment caractérise toute préciosité? Ils resteront longtemps à la mode pour de nombreuses générations. L. Versini résume bien leur rôle dans le style hyperbolique, en notant: 'Ce sont des renforcements qui

---

214. *La Prétieuse*, i.116: 'l'âme aussi en est plus délicate'; ii.147: 'l'approbation de ce galant si délicat et si entendu'; i.193: 'un mystère si caché et si délicat'.

soulignent la tendance superlative et hyperbolique du jargon, de façon souvent pléonastique' (p.348).

Les modes changent avec les générations: les adverbes employés par Mme de Lambert ne sont plus ceux que recherchaient les précieuses, et sont différents aussi de ceux qu'utiliseront les mondains de Laclos. Les adverbes à valeur hyperbolique qu'on recense chez elle sont formés le plus souvent sur des adjectifs qui n'admettaient ni comparatif, ni superlatif,[215] ce qui pouvait être senti comme un inconvénient: c'est le cas de *parfaitement* et de *infiniment*. On peut leur adjoindre *délicatement* qui caractérise bien son lexique.

L'adjectif *parfait* et son dérivé adverbial appartiennent au jargon mondain tout au long du dix-huitième siècle;[216] on les rencontre surtout chez Mme de Lambert dans les productions liées à la vie mondaine: portraits ou lettres. L'adverbe se charge de connotations précieuses, lorsqu'il souligne des termes qui sont eux-mêmes intensifs, ou qui appartiennent à un lexique de l'éminence. On voit bien comment le style précieux peut métamorphoser la langue polie et élégante en comparant ces trois emplois: Fontenelle 'connoît *parfaitement* les caractères' (p.247); 'M. de S[acy] écrit *parfaitement* bien' (p.242); 'Ismène a *parfaitement* bien établi ma proposition' (*Sentiment dame*, p.261). L'adverbe devient pléonastique, et finit même dans le dernier exemple par n'être plus qu'un mot parasite. *Parfaitement* s'utilise aussi pour renforcer un substantif en fonction d'attribut: 'Si vous voulez être *parfaitement* honnête homme' (*Avis fils*, p.29); 'Comme je ne souhaite rien tant que de vous voir *parfaitement* honnête homme' (p.14).

Infiniment ne vient certes pas, lui aussi, d'un fonds propre; à la fin du siècle, il passera pour une des anciennes 'manières de parler' qu'il faudra bannir,[217] et sera senti comme un représentant caractéristique de l'hyperbole mondaine, dénoncé en cela par Mme de Genlis.[218] Il faut bien reconnaître que l'emploi d'*infiniment* dans la langue de Mme de Lambert, qu'il serve ou non à souligner un mot favori, qu'il soit utilisé en fonction adverbiale ou pour former un superlatif absolu, est souvent gratuit. Si son emploi est normal dans un exemple comme celui-ci: 'les mœurs y ont *infiniment* perdu' (*Femmes*, p.191), en revanche il perd beaucoup de sa force dans ces phrases 'précieuses': 'on peut dire de lui ce que l'on a dit d'un Poète *infiniment* aimable' (*Sacy*, p.243); 'Il importe donc *infiniment* de ne pas déranger leur ordre naturel' (lettre à la Supérieure, p.373).

---

215. Voir la liste de ces adjectifs proposée dans *HLF*, vi.1430.
216. *HLF*, vi.1115. *Parfaitement* était un des adverbes des précieuses; voir dans *La Prétieuse*: 'jouir *plus parfaitement* de ce qu'elle ayme' (ii.108).
217. *HLF*, vi.1085 et 1089.
218. Mme de Genlis, *Adèle et Théodore* (1782); voir *HLF*, vi.1085, 1089.

A ces trois adverbes caractéristiques du lexique lambertin, il convient encore d'ajouter ceux-ci, qui sont à la mode, et dont le succès sera durable: *apparemment, assurément, légèrement*. 'En entrant dans le monde, vous vous êtes *apparemment* proposé un objet' (*Avis fils*, p.2); 'De pareilles humeurs ont *assurément* le droit de déplaire' (p.27); 'Il faut passer *légèrement* sur de pareilles idées' (*Amitié*, p.140).

L'emploi pléonastique de l'adverbe en -ment, lui-même renforcé par un adverbe de quantité, est incontestablement un tour précieux.[219] L'écrivain dans certains cas recourt même au superlatif de l'adverbe avec *très*, mot-outil triomphant, que tout le siècle juge néologique et précieux:[220] 'Je n'attaquerai point les opinions d'Ismène; elle les a *très délicatement* et *trop solidement* établies pour les combattre' (*Sentiment dame*, p.260); 'Il faut être aussi en garde contre les grâces de l'enfance, dont ils savent se servir *très avantageusement*' (lettre à la Supérieure, p.374). La même remarque s'impose aussi pour le comparatif de supériorité de l'adverbe en -ment, surtout quand il exprime l'intensité de la qualité: 'Peut-on être *plus vivement* et *plus fortement* remuée que par elles [les passions]?' (*Vieillesse*, p.152).

En dépit de tous les ridicules dont il a été affublé, malgré l'épuration imposée à la langue de la politesse par la génération de 1680, l'adverbe en -ment demeure un des mots favoris du jargon et reste un des automatismes remarquables des néo-précieux qui veulent donner à la vie des salons et à leurs productions écrites, grâce à l'hyperbole, des couleurs et des tons plus vifs.

Les précieux, qui veulent 'se créer un monde d'où est banni tout ce qui est banal, médiocre, ordinaire, commun',[221] s'attachent à mesurer la qualité de toutes choses pour en dire l'excellence ou la vulgarité, veulent sans cesse comparer ce qui les entoure à des modèles de perfection, à un idéal auquel ils aspirent de toutes leurs forces. Leur grammaire, en accord avec leur monde intérieur, projette dans la phrase ce rêve de beauté et de pureté, et réserve un accueil généreux à tous les outils qui serviront à marquer le degré d'intensité des termes ou à établir entre eux des comparaisons.

L'emploi des formules superlatives, dans la langue de Mme de Lambert, n'appelle guère de remarques, tant elles sont banales. Ses tours précieux sont sans emphase. L'expression superlative en vogue 'le dernier beau', 'le dernier galant'[222] a été éliminée; Mme de Lambert se contente de sacrifier à la mode,

---

219. *HLF*, vi.1510-11.
220. *HLF*, vi.1510-11.
221. Lathuillère, i.153.
222. Mode durable: Alexis François (vi.1087) en recense des exemples dans l'*Angola* (1746) du chevalier de La Morlière, dans *Le Triomphe du sentiment* (1750) de Galli de Bibiena, dans les romans de Crébillon fils.

en utilisant l'expression dans une fonction plus neutre: 'c'est porter nos sentimens [...] *au dernier degré* de délicatesse' (*Femmes*, p.205).[223] On ne rencontrera pas non plus les formules superlatives adverbiales tant recherchées, du type: 'au mieux', 'au parfait', 'au possible'.

Mme de Lambert se contente de désigner l'éminence de la qualité par le recours fréquent au superlatif relatif,[224] dont elle n'ignore pas l'ancienne forme renforcée; elle apparaît irrésistiblement dans des passages hyperboliques, comme si l'esprit précieux, après avoir accumulé les expressions superlatives, n'avait plus que cet expédient pour exprimer les grâces, le charme d'une création unique dans l'univers: 'Elle a une figure *unique*: c'est un assemblage de *tous* les agrémens; un mérite assorti:[225] son Corps étoit fait pour loger *le plus aimable* Esprit *du monde*; et son Esprit étoit destiné pour animer la figure *la plus parfaite*: cela fait *la plus jolie* alliance *du monde*' (*Sentiment dame*, p.269). La présence des adjectifs du jargon, la multiplication des superlatifs relatifs, la répétition de la forme renforcée soulignent le caractère précieux de ce portrait: ce *Discours sur le sentiment d'Ismène*, nous l'avons souvent constaté, semble venir en droite ligne de *La Prétieuse* de l'abbé de Pure et tranche sur le style sobre et efficace des grands ouvrages sérieux. Dans les *Réflexions sur les femmes* cependant, à l'occasion d'un autre portrait féminin, la forme renforcée apparaît encore, comme si elle devait être nécessairement liée à ce genre de description: 'Tous ceux qui l'ont connue conviennent que c'étoit *la plus séduisante* personne *du monde*' (p.187). Les emplois les plus caractéristiques font du superlatif relatif une sorte de pléonasme, quand l'adjectif – le plus souvent un mot favori des mondains – ou le contexte lexical possèdent eux-mêmes un sens qualitatif mélioratif ou laudatif; cette valeur pléonastique se sent bien dans ces exemples avec *délicat* ou *aimable*: 'Le plaisir *le plus délicat* est de faire le plaisir d'autrui' (*Avis fils*, p.21); 'ce sont ordinairement *les plus aimables* conquêtes' (*Femmes*, p.206). Une proposition relative peut esquisser une forme renforcée de ce superlatif relatif, rappelant ainsi, mais sur un mode plus discret, la formule chère aux précieuses '*le plus ... du monde*': 'Je suis toujours surprise qu'on ne veuille pas raffiner sur *le plus délicieux*[226] sentiment

223. Il existe d'autres formules pour exprimer l'idée: 'Elle vous met au-dessus des autres quand vous l'avez *à un degré plus éminent*' (p.103).

224. Voir chez les précieuses ce déluge de superlatifs relatifs dans la forme renforcée dans cette phrase au caractère binaire: 'La chose du monde la plus plaisante et la plus agréable survint, mais par une cause la plus bizarre et la plus capricieuse qu'on puisse imaginer' (*La Prétieuse*, i.73).

225. Voilà encore un mot du jargon, dont la fortune s'explique par l'affectation: il a pour Alexis François (vi.1066) une nuance de préciosité évidente.

226. *Délicieux* est universellement senti, au long du siècle, comme un adjectif précieux et hyperbolique; voir *HLF*, vi.1082, 1084 et 1089.

que nous ayons' (p.204). Enfin, cette valeur pléonastique peut être obtenue aussi par l'association, souvent systématique, du superlatif relatif et du déterminatif complémentaire de la totalité: '*tous vos plus grands* plaisirs sont dans votre Amour' (p.211).

Le style superlatif de la marquise de Lambert a donc considérablement restreint l'usage des précieux: ses tours superlatifs sont plus sobres, moins affectés. Si l'esprit précieux survit encore, c'est simplement qu'ils restent abondants et qu'ils sont souvent pléonastiques.

Il y a peu de remarques à formuler sur le comparatif de supériorité de l'adjectif dans la syntaxe de Mme de Lambert. En précieuse, celle-ci l'emploie constamment pour distinguer dans l'ensemble des choses et des êtres ceux qui méritent de capter l'attention de l'esprit ou du cœur. Certains emplois pourront désigner un style hyperbolique précieux, quand la marque de supériorité distingue un adjectif qui comporte déjà une idée de supériorité ou d'éminence. La valeur pléonastique du comparatif de supériorité est évidente pour l'adjectif *parfait*: 'Les ouvrages de la nature sont toujours *plus parfaits*; ceux où elle n'a pas la principale part, ont moins d'agrémens' (*Amitié*, p.143-44). Moins apparente, cette valeur reste sensible toutefois dans une maxime comme celle-ci: 'Vous ne pouvez aspirer à rien de *plus digne*, ni de *plus convenable*, que la Gloire' (*Avis fils*, p.2). Les comparatifs de supériorité utilisés par l'écrivain précieux qui sacrifie à l'hyperbole vont, par le procédé de l'accumulation, s'entasser dans la même phrase ou dans le même paragraphe.[227] Tout se passe comme si les précieux, dont le sens de la langue est pourtant très fin, oubliaient la signification des mots pour ne plus attacher d'importance qu'à leur forme: employées par automatisme, les comparaisons finissent par se vider de leur sens premier et menacent à terme de corrompre la langue. Sans doute convenaient-elles mieux à l'oral, dans les salons, quand il était nécessaire d'indiquer sans ambiguïté les rangs et les valeurs, d'insister sur le prix d'une opinion, d'un jugement. Il n'était pas sans danger de reproduire fidèlement dans les écrits les automatismes des conversations mondaines. Mais ce problème linguistique, aux implications esthétiques importantes, dépasse de beaucoup le cadre de la préciosité; il se pose dans les mêmes termes à tous ceux qui veulent forcer le secret du style des romanciers du dix-huitième siècle.

Les termes intensifs font naturellement partie de la phrase hyperbolique, ainsi que toutes les marques grammaticales de l'intensité. On retrouve à

---

227. On recense huit occurrences de comparatifs dans un paragraphe de sept phrases de *Sentiment dame*, p.265: 'l'esprit est plus formé et plus orné; les sentimens sont bien plus délicats et plus touchants; ils sont plus forts et plus vifs; le cœur en est plus instruit; dans un âge plus avancé'.

l'époque de la nouvelle préciosité tel ou tel trait de la grammaire des précieuses. Celles-ci, par exemple, utilisaient abondamment l'adverbe d'intensité *si*; pour l'illustrer, on peut choisir, parmi tant d'autres, cette phrase de l'abbé de Pure: 'Philonime ayant accompagné Agathonte jusques chez elle, et l'ayant remerciée de la faveur qu'elle luy avoit faite de luy donner de si belles et si doctes connoissances, et de si grands et si doux plaisirs, prit congé d'elle' (*La Prétieuse*, i.58-59).[228] Mme de Lambert aime raffiner de la sorte: elle croit, en abusant de l'hyperbole, pouvoir exprimer des nuances délicates ou imperceptibles, traduire des impresssions fortes, dire les joies spirituelles et l'émerveillement de l'esprit et du cœur. Mais n'y a-t-il pas dans cet abus l'aveu d'une défaite? Plus on use du superlatif, plus il s'exténue:

Le goût a pour objet des choses *si délicates, si imperceptibles*, qu'il échappe aux règles [*Femmes*, p.185];

Ceux qui sont destinés à une vie *si heureuse*, sont dans le monde comme s'ils n'y étoient pas [p.210];

Tous nos romans, *si pleins d'esprit*, et *si épurés* [p.195].

Pour exprimer le degré d'intensité d'une qualité, les mondains recourent aussi à deux adjectifs qu'ils aiment: *grand* et *petit*; ils font à ce point partie de leur jargon qu'ils semblent n'être plus que des mots-outils. Le second se substitue avantageusement à un comparatif d'infériorité; il exprime souvent la médiocrité de la qualité et possède dans la langue des mondains un caractère dépréciatif assez marqué: 'Dès qu'on se néglige, l'on est d'un très *petit* prix' (*Avis fils*, p.24). *Grand* est, lui, l'adjectif intensif le plus caractéristique de la phrase lambertine. Sa nature précieuse est indéniable, car il apparaît dans les écrits mondains les plus chargés d'affectation, pour caractériser un terme au sens très fort. Dans le *Discours sur le sentiment d'une dame*, Mme de Lambert évoque 'le charme de l'amour', sans hésiter à souligner cette métaphore précieuse s'il en est par le tour superlatif: 'C'est pourtant de cette sûreté, dont se tire *le grand charme* de l'Amour. [...] La Gloire, qui n'étoit point faite pour être associée à l'Amour, en fait *le plus grand charme* quand elle est contente' (p.264). On aperçoit avec netteté le rôle d'outil grammatical que joue l'épithète d'intensité dans ce binaire où elle est l'équivalent du groupe adjectival *très délicat*: 'Je crois que le Goût dépend de deux choses: d'un sentiment *très délicat* dans le cœur, & d'une *grande* justesse dans l'esprit' (*Femmes*, p.185).

Si l'étude du style hyperbolique montre comment les goûts, les manières, les sentiments, les idées de Mme de Lambert s'épanouissent dans le superlatif,

228. Voir encore cet autre exemple: 'Il s'enflamme si à propos, il adresse si bien ses coups, il raille de si bonne grâce, il pique si doucement, enfin il est si agréablement censeur et sévère, que je luy pardonnerois quasi quand je m'en verrois mal traittée' (i.136).

dans la recherche d'une perfection qui ne peut se satisfaire d'un monde monotone et quotidien, elle révèle aussi comment l'existence peut s'écouler dans une plénitude remarquable. Les précieux veulent exprimer l'éminence des qualités, ils veulent aussi montrer comment la perfection naît de l'alliance de toutes les qualités; les manières de penser et de sentir sont nombreuses, et les précieux aspirent à les éprouver toutes, et parfois dans le même instant.

L'outil grammatical de la totalité, et en particulier l'adjectif indéfini *tout*, est continuellement employé pour dire cette plénitude. Il intervient dans les maximes qui définissent l'idéal de l'honnête homme, de l'honnête femme, qu'éclaire cette loi morale affirmée par la marquise de Lambert: 'Les vertus se tiennent, et ont entre elles *une espèce d'alliance*; et c'est *l'Union* de *toutes* ces vertus qui fait les Hommes *extraordinaires*' (*Avis fils*, p.23). Cette reconnaissance de la destinée extraordinaire est bien d'une précieuse, comme aussi les formules qui aident à la découvrir: 'Il avoit *toutes* les vertus de société' (p.10); '*Toutes* ses vertus étoient sûres, parce qu'elles étoient naturelles' (p.12); '*Tous* les devoirs de l'Honnêteté sont renfermés dans les devoirs de la parfaite Amitié' (p.27). Le déterminatif de la totalité peut servir à donner une extension, dans une sorte d'espace intérieur, à tous les termes qui sont susceptibles de porter la marque de l'intensité; c'est ainsi que l'image du 'charme de l'amour', déjà rencontrée au superlatif, peut aussi être chargée de cette marque de la plénitude: votre imagination 'vous peindra l'amour avec *tous* ses charmes' (*Avis fille*, p.98). Nous avons noté précédemment comment le déterminatif de la totalité pouvait être associé au superlatif: c'est une des alliances de prédilection du style hyperbolique. Mme de Lambert précieuse veut croire qu'il est possible de posséder toutes les qualités et d'atteindre la perfection dans chacune d'elles; sa phrase juxtapose souvent les marques superlatives et les marques de plénitude. 'Voilà, mon fils, vos modèles. Les vertus vous sont montrées *en un haut degré*. Vous les avez *toutes* trouvées dans votre Père' (*Avis fils*, p.9-10).

Une marque grammaticale de la plénitude, voisine de ce déterminatif et qui ne l'exclut d'ailleurs pas, beaucoup moins banale, bien caractéristique d'une langue précieuse, se découvre dans ce qu'on peut appeler le pluriel hyperbolique ou augmentatif. R. Lathuillère l'a mis en évidence chez Balzac, chez Voiture et chez les écrivains précieux. Mme de Lambert a conservé le procédé, qu'elle utilise souvent pour déterminer le substantif abstrait; il a chez elle les caractères d'un tour mondain, dans la mesure où il est lié à l'emploi de l'adjectif démonstratif.

Il avoit de *ces facilités* aimables, qui servent au commerce, et qui unissent les hommes [*Avis fils*, p.12];

Il est donc certain que pour *toutes ces délicatesses* qui font le charme de l'Amour, il ne faut pas les chercher avec les jeunes personnes [*Sentiment dame*, p.265-66].

Comme chez les précieuses, le mot *mille* est mis à contribution, et comme si sa valeur hyperbolique ne suffisait pas, on le répète à satiété: 'La Délicatesse découvre *mille* beautés, et rend sensible à *mille* douceurs qui échappent au vulgaire' (*Discours délicatesse*, p.275). L'opposition du délicat et du vulgaire aurait suffi à révéler un état d'esprit précieux.

Enfin, pour dire cette plénitude, l'écrivain précieux a aussi à sa disposition des substantifs qui semblent servir d'outils grammaticaux et qui ont dans cet emploi une valeur néologique certaine. C'est le cas des deux mots hyperboliques *immensité* et *infinité*, dont la signification métaphorique ne s'est pas effacée: ils décrivent et mesurent cet espace intérieur que viennent remplir idéalement les qualités et les vertus diverses. De tels substantifs colorent l'expression d'une teinte précieuse: 'Ismène a donné *une infinité* d'exemples qu'elle a pris dans l'Antiquité, pour prouver' (*Sentiment dame*, p.273); 'Il y a dans cette sorte d'Amour [...] une espèce *d'immensité* de bonheur' (*Femmes*, p.210).

Le style hyperbolique est sans aucun doute un style de la conversation: l'usage des précieux et celui des salons se confondent. L'ouvrage de l'abbé de Pure en fournit des exemples probants: on retiendra celui où l'on aperçoit les efforts d'"un homme agréable' pour capter l'attention de la ruelle, l'hyperbole constituant l'une de ses armes les plus sûres.[229] L'étude du style hyperbolique de Mme de Lambert permet donc de révéler certains usages des conversations de l'hôtel de Nevers.

La seconde remarque importante concerne la modération de Mme de Lambert dans sa recherche des traits affectés. Certes les caractères de la langue et de l'esprit précieux subsistent dans tous ses écrits: il est faux de croire qu'on puisse distinguer des ouvrages mondains précieux et des traités de morale plus sérieux. A des degrés divers, l'affectation est partout, car Mme de Lambert écrit comme elle parle. Mais son style précieux est un style raisonnable; lorsque l'hyperbole triomphe vraiment, c'est souvent dans des expressions lexicalisées ou dans des formules en usage dans le monde: la politesse les exige d'une grande dame. De la première à la seconde préciosité, le style hyperbolique s'est épuré. Les procédés restent les mêmes, mais les tours prolifèrent moins. Les critères esthétiques de cette épuration sont contenus dans la notion importante du 'goût', défini par l'honnêteté, et qui se confond avec le tact, avec le sens de la mesure qu'il faut garder dans chaque chose. Ils sont affirmés également dans un commentaire du style galant de La Rivière, dont les

---

229. 'Il parla de mille choses diverses fort agréablement et sans ennuyer, et pour finir son rôle, qu'il croyoit avoir assez bien joué, il nous dit un assez plaisant mot en partant. Il faut que je meure ingrat, Mesdames, dit-il, de l'honneur que je r'emporte de cette compagnie, car je le dois à tant de choses, que je ne crois pas pouvoir m'en jamais acquitter' (i.204).

caractères peuvent être comparés à ceux du style de Mme de Lambert: 'Quoique sa Poésie soit douce et galante, elle est sage; il est le maître de son imagination; il met un accord et une liaison entre les termes et les idées; et son cœur répand sur tout ce qu'il fait les grâces du sentiment' (*Portrait de La Rivière*, p.233).[230] Maîtriser l'imagination, accorder les termes aux idées: voilà une définition qui exclut l'hyperbole telle que la pratiquèrent poètes baroques et précieux. Le style de Mme de Lambert répond à cette définition; il emprunte à celui des précieuses une certaine affectation que pondèrent la prudence et la mesure.

C'est l'esprit précieux qui anime cette phrase dans ses jeux continuels de surprises et de raffinements. En analysant le style substantif et le style hyperbolique de Mme de Lambert, on comprend qu'on ne peut les réduire à des procédés de construction ou à des tours grammaticaux figés. La métonymie et l'hyperbole sont des figures qui séduisent les précieux, parce qu'elles établissent des rapports inattendus entre les faits. On ne saurait donc limiter l'étude du style de la marquise de Lambert à la seule reconnaissance d'un type de phrase et d'un lexique.

2. *L'esprit précieux*

L'étude du style de Mme de Lambert doit s'achever sur une définition de son esprit, qui caractérisait par excellence, pour ses contemporains, la vie à l'hôtel de Nevers. Est-il nécessaire de rappeler l'admiration de la marquise pour ces maisons du dix-septième siècle où l'on s'honorait du commerce des gens d'esprit? Tous les témoins de son œuvre, amis ou détracteurs, sont unanimes à reconnaître qu'elle a su donner corps à son idéal en restaurant la tradition brillante de ces honnêtes maisons. Le bureau d'esprit de la marquise de Lambert est un bureau précieux.

La définition de l'esprit, rapportée à des problèmes d'expression et à des faits linguistiques, est des plus délicates. Une approche vraiment satisfaisante de la question est celle de F. Deloffre, qui propose, pour montrer la richesse et la variété de l'esprit de Marivaux, un classement formaliste des procédés, construit sur la définition de Voltaire (*Dictionnaire philosophique*, article 'Esprit'). En systématisant celle-là, F. Deloffre admet que le trait d'esprit consiste dans la 'mise en évidence d'un rapport nouveau et inattendu' (p.233)

---

230. Les mêmes critères servent à définir le style de La Motte: ils excluent un usage déraisonnable de l'hyperbole. 'Quelle mesure d'esprit ne met-il pas dans tout ce qu'il fait!' Ce style est bien pour cette grande dame une forme de bienséance: 'Il règne dans tout ce qu'il écrit une bienséance, un accord, une harmonie admirables' (*Portrait de La Motte*, éd. Louise Colet, p.220).

entre deux objets, et définit en fonction de la nature de ce rapport, quatre formes du trait d'esprit. L'application de ces critères au cas de la marquise de Lambert n'est pas toujours opérante: la catégorie de la tautologie (distinction ou opposition dans les termes de deux objets en réalité identiques), qui rend compte de la veine caricaturale et bouffonne des œuvres de jeunesse de Marivaux, est sans prise sur les œuvres sérieuses ou mondaines de l'hôtesse de Nevers. On adoptera donc, pour caractériser l'esprit de Mme de Lambert, un classement qui, s'inspirant des catégories formelles reconnues par F. Deloffre, définira trois mécanismes fondamentaux: l'invention, la présentation et le jeu. Les commentaires qui précèdent ont montré que l'esprit précieux inspirait parfois la rhétorique, les analyses et le discours mondain de la marquise: nous nous contenterons donc de mentionner les procédés et les figures qui auront déjà été étudiés.

A. *L'invention*

L'esprit précieux aime établir un rapport entre deux objets qui n'en comportent pas en apparence; il fait jaillir la surprise d'un rapprochement inattendu. C'est bien sûr la métaphore qui correspond à cette fonction. Mais pour qu'on puisse parler de métaphore précieuse, l'invention doit être réelle. Une recherche authentique aboutit à la création de ces 'métaphores singulières' dont parle Voltaire. La difficulté consiste à les distinguer des images du style orné. Dans l'étude du style figuré nous avons rencontré des métaphores qui appartenaient à une classe sociale (les images du voyage, du théâtre font partie du langage des honnêtes gens) ou à un groupe littéraire (les images du profit caractérisent la langue des écrivains qui subissent l'influence de Fontenelle). En revanche, certaines images ingénieuses, originales, nous sont apparues comme les traits d'un esprit précieux. Quand la marquise de Lambert évoque 'les lunettes du ridicule', elle donne à sa pensée un tour piquant qu'elle explique après coup; quand elle assimile la délicatesse à un microscope, elle recourt encore à une image précieuse, dont la force est moindre, puisqu'elle est lexicalisée.

Ces remarques valent aussi pour les comparaisons ingénieuses. Deux mots de la même famille, mais de sens différents, sont rapprochés de façon originale dans une comparaison qui souligne une identité inattendue; l'esprit précieux suggère à l'écrivain moraliste une belle maxime sur l'inconstance des supérieurs: 'les maîtres sont comme les maîtresses'.

B. *La présentation*

Une autre fonction de l'esprit consiste à mettre en évidence un rapport qui existe réellement entre deux objets. Tout tient à la manière dont il est présenté: dans d'autres contextes, il passerait inaperçu. Comme le notait Voltaire, l'esprit consiste à rechercher 'ce qu'un objet ne présente pas d'abord, mais qui est en effet dans lui'. Une esthétique de la surprise est donc également liée à cette fonction. Elle peut apparaître dans un discours de la différence: elle convient alors parfaitement à l'esprit d'analyse. Les premières précieuses aimaient travailler sur la synonymie et construire des parallélismes; les nouveaux précieux ont recherché avec passion l'antithèse synonymique.

Mais la présentation intéresse aussi le discours de la contradiction: les précieux aiment aiguiser les antithèses et prisent particulièrement l'oxymore.

a. La recherche de l'antithèse

L'antithèse est une figure de construction efficace, au service de la phrase oratoire. Nous avons montré, en analysant le procédé de l'écho et les symétries, comment l'esprit précieux s'alliait idéalement chez Mme de Lambert pour créer un type de phrase caractéristique où la pointe est contenue dans une structure rigoureuse. L'anthithèse peut cependant échapper à de telles contraintes: le rapprochement inattendu de deux éléments contradictoires suffit à la justifier. Elle donne à la pensée un tour piquant, elle est le procédé le plus sûr de la pointe précieuse.

La manière de Mme de Lambert est assez caractéristique, en ce que la pointe née de l'antithèse est expliquée après coup. Chez Fontenelle ou chez Marivaux, au contraire, la pointe est placée *in extremis*, à la fin de la phrase ou du paragraphe.[231]

L'antithèse rapproche deux idées opposées ou contradictoires, de manière que, semblant s'exclure, elles frappent l'intelligence par leur accord, par la vérité expressive et énergique qu'elles révèlent: c'est le paradoxe qu'on définit de la sorte. Chez la marquise de Lambert, celui-ci se présente d'abord, puis il reçoit ensuite une explication satisfaisante. Tout se passe comme si l'esprit précieux ne pouvait jouir indéfiniment de la surprise qu'il fait naître: l'accord étonnant doit être éclairé, expliqué. Devant la supérieure du couvent de la Madeleine de Tresnel, Mme de Lambert soutient que 'celle qui donne est la mieux partagée'; une proposition subordonnée causale vient éclairer aussitôt cette antithèse surprenante: 'puisqu'elle a pour elle la Gloire, l'Amitié et le plaisir d'en faire' (*Correspondance*, p.378-79). Le procédé est identique dans cet autre exemple qui permet à la marquise d'opposer deux états, en attribuant à l'un les caractères traditionnels de l'autre: 'La paix de l'âme est la plus nécessaire disposition aux plaisirs' (*Vieillesse*, p.163). Il y a bien une contradiction qui surprend le lecteur de Mme de Lambert dans cette affirmation renforcée par le superlatif: elle n'est pas compatible avec ses réflexions sur la

231. Voir Deloffre, p.235.

multiplicité des goûts, qui assimilent sans cesse le plaisir à la soif d'une âme agitée et troublée. L'écrivain doit éclairer son paradoxe en rappelant que la sérénité donne aux sensations une intensité et une délicatesse exceptionnelles: 'Quand l'âme n'est pas ébranlée par un grand nombre de sensations, elle est bien plus propre à tirer parti des biens qui se présentent, et elle retrouve dans son goût ce qui manque dans les objets' (p.163). Fontenelle, plus précieux que Mme de Lambert, construit son paragraphe sur un schéma inverse: les explications préparent le paradoxe et les termes inattendus servent de clausule.

L'antithèse consiste plus souvent à opposer deux expressions ou deux mots. Elle est rarement gratuite; la préciosité de Mme de Lambert conserve toujours un caractère raisonnable. La pointe est au service d'une exacte connaissance des hommes. Mme de Lambert sonde 'les cœurs et les reins', révèle au grand jour les contradictions des comportements, détruit les illusions. L'esprit précieux trouve naturellement sa place dans une dialectique de l'être et du paraître, du désir et de la réalisation, de la ruse et de la vérité. Comme Fontenelle, La Motte, Marivaux, la marquise de Lambert utilise l'antithèse dans des registres différents et variés.

L'opposition d'expressions contradictoires permet de dénoncer des conduites paradoxales: 'Il a toujours manqué de *biens solides*, ce monde trompeur; et nous trouvons souvent qu'il manque de *biens périssables*' (*Vieillesse*, p.159-60). Dans le genre romanesque, l'antithèse servira utilement l'analyse précieuse des comportements amoureux. La narratrice prend plaisir à exprimer les contradictions des cœurs par celles des mots: 'Il y a un avilissement à sentir et à souffrir, pour qui ne sent rien pour nous' (*Femme hermite*, p.310). L'antithèse est mise au service de la métaphysique du sentiment: l'amant malheureux ressent cruellement la privation des délices de l'union des cœurs. Dans la nouvelle, elle a parfois un caractère plus traditionnel et se rapporte à une rhétorique qui a fait ses preuves. Elle sert à montrer les incohérences du comportement amoureux, dans la plus pure tradition précieuse: 'En *évitant* ses regards je les *cherchais* toujours' (p.323); 'Je dis cent fois le jour que je veux l'*oublier*; et je le dis pour y *penser davantage*' (p.327). L'antithèse précieuse est aussi au service du style gnomique: la rencontre hardie de mots contraires produit des formules heureuses:

L'Amour des *Richesses* vient de la *pauvreté* de l'âme [*Richesses*, p.224];

Vivre dans la *mollesse*, et traiter *rudement* ses soldats, c'est être leur *Tyran*, et non pas leur *Général* [*Avis fils*, p.42].

Une antithèse de la même espèce sert à caractériser le prince idéal, le duc de Bourgogne, 'qui ne se permettoit rien, parce que tout lui étoit permis' (*Correspondance*, p.394). Comme les néo-précieux, Mme de Lambert avoue sa dilection pour les pointes qui jaillissent du rapprochement de mots contraires servant à indiquer des mesures ou des mouvements. Leur modèle lointain est peut-être ce vers de Corneille, fondé sur l'alliance de mots, qui fut admiré par tout un siècle (*Cinna*, ii.i.370):

> Et monté sur le faîte, il aspire à descendre.

Mme de Lambert a trouvé dans les *Dialogues* de Fontenelle (i.48) les jeux de mouvements antithétiques qu'elle reproduira à son tour: 'On met les anciens *bien haut*, pour *abaisser* ses contemporains.' La marquise recourt au même procédé, et fait signifier à l'antithèse précieuse le néant de la hiérarchie sociale: 'Rien n'est si *bas*, que d'être *haut* à qui vous est soumis' (*Avis fille*, p.114).

Renouant avec la tradition précieuse, Mme de Lambert analyse les nuances les plus subtiles des sentiments et des comportements; elle en note les contradictions, les paradoxes. L'antithèse lui permet de soulever les masques, pour montrer les âmes dans leur vérité, pour désabuser l'homme de ses erreurs. La figure de style est au service de l'éthique. Quelques-uns de ces exemples montrent que le lien grammatical qui unit les termes antithétiques est parfois étroit: la figure prend alors le nom d'alliance de mots.

b. Les alliances de mots

L'expression 'alliance de mots' passe pour avoir été inventée par La Motte; mais le procédé est plus ancien. Les précieuses, qui l'ont mise en honneur, ont attribué à l'alliance de mots une signification particulière: elle est, chez elles, 'une forme d'hyperbole propre au langage à la mode',[232] qui très vite devient un procédé de style. Sa valeur hyperbolique se sent bien dans l'usage fréquent de l'adverbe en -ment, contrastant avec l'adjectif; ce tour se retrouvera chez les néo-précieux, mais l'alliance de mots connaîtra avec eux une remarquable extension d'emplois. F. Deloffre a dressé une liste des groupes variés qu'elle forme, chez Fontenelle, Courbeville, Castel, Brumoy, Crébillon père, Marivaux (p.236). Il faut noter cependant, et l'usage de Mme de Lambert le confirme, que l'alliance entre le substantif et l'adjectif reste la plus fréquente.

Chez la marquise, l'alliance de mots a la même valeur que chez ses contemporains: elle est l'expression d'un esprit précieux qui aime surprendre en présentant la réalité d'une manière inattendue, dans un trait brillant. A son fils, Mme de Lambert confie avoir éprouvé 'que peu de gens savent être *amis des morts*' (p.17).[233] La même intention inspire cette autre formule: 'L'amitié *s'enrichit*

232. Deloffre, p.235.
233. Le trait est brillant, et Mme de Lambert l'utilise de nouveau dans *Amitié*, p.140: 'Quelques personnes croyent qu'il n'y a plus de devoirs à remplir au-delà du tombeau; très peu savent être amis des morts.' Mme de Lambert retrouve ici la construction chère à Fontenelle: l'alliance de mots est placée *in extremis*.

des pertes de l'amour' (*Amitié*, p.121). L'alliance de mots convient donc au style gnomique et servira à tourner une maxime: 'On a vu d'*illustres scélérats*, mais l'on n'a jamais vu d'illustres avares' (*Richesses*, p.221); 'L'Amour est le premier des plaisirs, et *la plus douce des erreurs*' (*Vieillesse*, p.156).[234] Le procédé est mis aussi au service de l'analyse des nuances psychologiques et morales; la richesse de la vie du cœur et de l'esprit échappe bien souvent à l'emprise de la raison. Pour dire le mystère des âmes, l'oxymore sera d'un grand secours: 'il n'appartient qu'à l'Amour de donner des *tristesses agréables*' (*Femmes*, p.208). Comme l'antithèse, l'alliance de mots sert également à souligner le paradoxe, qui séduit les précieux: 'On peut beaucoup *déplaire* avec beaucoup d'*esprit*' (*Avis fils*, p.25); 'vous voyez souvent des gens fort *haïssables* avec beaucoup d'*esprit*' (*Avis fille*, p.104).

Ce qui caractérise les alliances de mots de Mme de Lambert, c'est la diversité de leurs usages; on ne peut s'empêcher, une fois de plus, d'évoquer Marivaux qui saura à son tour les utiliser dans des registres divers.

Le style néo-précieux est attentif à présenter la réalité sous des aspects inattendus et singuliers. Il privilégie la rencontre d'idées, d'expressions, de mots semblables ou contradictoires, pour faire jaillir de la synonymie ou de l'antonymie une idée peu commune qui séduit l'esprit. La nouvelle préciosité réalise une alliance parfaite du sérieux et du brillant, de l'analyse et du trait d'esprit.

c. *Le jeu*

L'esthétique de la surprise peut transformer l'invention ou la présentation originale en un véritable jeu sur les mots ou sur les idées. Il s'agit en quelque sorte d'égarer le lecteur, en lui proposant des rapprochements formels ou sémantiques auxquels il ne songe pas.

Nous avons abondamment commenté, à propos de la phrase oratoire, les jeux sur les sonorités: certains trahissent un goût précieux authentique, comme celui-ci: 'on ne *sait* point pourquoi on *sent*' (*Femmes*, p.184). On peut en dire autant de la plupart des jeux créés à partir du polyptote. Mais c'est le jeu de mots, au sens propre du terme, qui caractérise l'esprit précieux.

On n'ignore pas l'équivoque dans le salon de Mme de Lambert. F. Deloffre a montré (p.243-44) comment celle-ci s'était affinée, épurée, d'une préciosité à l'autre. Les jeux de mots sont moins grossiers, plus ingénieux et apparaissent même dans le ton sérieux.

Si le calembour est pratiquement inexistant chez Mme de Lambert, il

---

234. L'alliance de mots est parfois contestable. Cf. 'une nourriture *solide* qui *coule* dans les mœurs' (*Femmes*, p.180).

apparaît cependant en filigrane dans certaines formules qui jouent sur la capacité des termes à s'appeler dans des relations ambiguës. Des expressions comme celles-ci, qui jouent à l'évidence sur le double sens des mots *intérêt* et *résistance*, ne sont guère éloignées du calembour: 'Si l'on entendoit bien ses *intérêts*, on négligeroit la *fortune*' (*Avis fils*, p.3); 'C'est dans la *résistance* que les sentimens se *fortifient*' (*Femmes*, p.196). Mais en règle générale, l'ingéniosité dans le lambertinage est beaucoup plus fine et plus subtile. Le jeu sur le double sens des mots sert adroitement la leçon morale. Se souvenant de La Bruyère, la marquise de Lambert connaît la valeur éthique du mot *peuple*: 'De loin, les Favoris de la Fortune vous imposent [...]. Approchez-les, vous ne trouverez que des hommes. Qu'on trouve de *peuple* à la *Cour*!' (*Avis fils*, p.19-20). Elle modifie de la même façon le texte de Montesquieu, en forgeant un oxymore qui tire sa force du double sens du mot *disgrâce*: 'les *disgrâces parent* les grands hommes' (*Réputation-considération*, p.283). C'est dans le jeu social lui-même que le jeu de mots trouve sa justification. Ce sont aussi les méandres du cœur et de la destinée qu'il peut traduire. Cette pointe sur la vieillesse tient à l'ambiguïté du mot *insensible*, désignant à la fois l'indifférence aux plaisirs et aux valeurs morales, et l'absence de sensation physique: la vieillesse 'rend *insensible* à tout, excepté à la douleur' (*Vieillesse*, p.149).

C'est principalement dans le jeu sur le sens objectif et sur le sens subjectif des mots que s'épanouit l'esprit précieux de Mme de Lambert. Ce jeu est partout présent, et toujours sans excès. Il permet à l'écrivain moraliste de rendre sensibles, et pour ainsi dire visibles, les qualités abstraites. Quand Mme de Lambert affirme: 'il y a peu de femmes dont *le mérite* dure plus que la beauté' (p.147), elle donne au mot mérite une signification concrète, objective. Le lambertinage juxtaposera sans cesse l'ordre des agréments extérieurs et l'ordre du mérite, pour 'traduire' la beauté spirituelle et morale: 'Il faut penser qu'il y a peu de temps à être belle, et beaucoup à ne l'être plus [...]. Quand une fois la Pudeur est immolée, elle ne *revient* pas plus que les belles années' (*Femmes*, p.178). C'est Montaigne qui semble avoir inspiré à la marquise de Lambert de telles juxtapositions, ainsi que le confirme cette citation: 'la vieillesse, dit Montaigne, attache plus de *rides* à l'esprit qu'au visage' (*Vieillesse*, p.149; *Essais*, III.ii, 'Du repentir').

Les exemples les plus abondants sont ceux qui montrent l'esprit précieux donnant à des mots ordinairement objectifs un sens subjectif. Nous noterons qu'il s'agit presque toujours de verbes, et qu'ils apparaissent souvent dans des systèmes antithétiques: 'Les qualités du cœur sont beaucoup plus nécessaires que celles de l'esprit; l'esprit plaît, mais c'est le cœur qui *lie*' (*Amitié*, p.132). Le jeu sur le verbe *lier* souligne habilement les charmes de l'union des cœurs. Le même procédé apparaît dans cet autre système antithétique qui décrit l'art précieux d'augmenter ses charmes en les cachant: 'Ce qu'elles *dérobent* aux yeux, leur est *rendu* par la *libéralité* de l'imagination' (*Femmes*, p.179). On pourrait encore citer ces exemples: 'Mais de la manière dont elles se conduisent, les mœurs y ont infiniment *perdu*, et les plaisirs n'y ont pas *gagné*' (p.191); 'Ne doit-il pas leur suffire de *régler* tout le mouvement de notre cœur?' (p.179). Des substantifs ou des adjectifs techniques, appartenant à un lexique particulier, peuvent aussi se voir attribuer un sens subjectif. Nous avons vu que Mme de Lambert souhaitait 'rendre *héréditaires* certaines vertus, en les faisant passer de la Mère aux Enfans', comme les biens qu'on conserve par des substitutions (*Avis fille*, p.56).

Il faut réserver une place à part à une construction typiquement précieuse, qui consiste à qualifier ou à déterminer un même objet par un élément moral et par un élément physique coordonnés. Ce passage de *La Femme hermite* s'inspire d'une rhétorique traditionnelle, mais le trait d'esprit n'est pas dépourvu de charmes: 'Elle s'en vengeoit par le mépris et le dédain qu'elle donnoit à ma Fortune; mais *les louanges du Prince et mon miroir* me rassuroient; et j'étois dans l'âge où l'on est sensible à la Beauté' (p.293).

Le jeu de mots peut tenir aussi à la construction grammaticale. L'esprit précieux aime faire l'économie de certains termes, pour créer des formules particulièrement vives, brillantes, qui obligent le lecteur à découvrir une énigme, ou du moins à éclairer la nature d'une relation grammaticale ambiguë. Nous avons rencontré précédemment ce paradoxe: la libéralité peut enrichir la personne, qui 'a pour elle la Gloire, l'Amitié, et *le plaisir d'en faire*'. Le pronom personnel permet certes d'éviter une répétition, mais il crée surtout une formule brillante où, par rétroaction, le mot revient en quelque sorte sur lui-même. L'expression est parfaitement accordée à l'idée qui souligne la réciprocité des élans du cœur dans la générosité. Mme de Lambert peut jouer aussi sur la polyvalence d'un adjectif unique, qui caractérise à la fois des personnes et leurs actions: 'Il a paru depuis quelque tems des Romans faits par des Dames, dont les Ouvrages sont aussi *aimables* qu'elles: l'on ne peut mieux *les* louer' (*Femmes*, p.174). L'ambiguïté grammaticale du pronom dans la clausule renforce l'identité établie dans la comparaison qui précède.

L'esprit précieux aime jouer avec les sons, avec les mots, avec les constructions. Comme chez Fontenelle, La Motte, Marivaux, les jeux de Mme de Lambert sont toujours ingénieux. Ils peuvent avoir parfois un caractère traditionnel, mais le plus souvent ils sont maniés dans le ton sérieux. Les jeux de mots de la marquise reflètent presque toujours les jeux subtils du sentiment ou le jeu ambigu des relations sociales.

L'esprit précieux de la marquise de Lambert méritait-il les sarcasmes de Voltaire? 'Ces riens entortillez dans des phrases précieuses, ces billevesées énigmatiques' apparaissent bien raisonnables à un lecteur moderne. Mme de Lambert a souffert de la sévérité générale des contemporains à l'endroit des productions de la nouvelle préciosité.[235] Ou bien il faut admettre que ses ouvrages, qu'on peut incontestablement qualifier de précieux, sont loin de refléter exactement l'affectation et l'enjouement factice des conversations de son salon, où rayonnent Fontenelle et La Motte. L'esprit de la marquise rappelle assez celui de Montesquieu, et par bien des points celui de Marivaux. Mme de Lambert ne se départit jamais d'une élégance légère, et met surtout l'ingéniosité au service de l'analyse. Le Fontenelle précieux des *Dialogues* ou des *Lettres galantes* était parfois plus maladroit,[236] et dans les *Fables* de La Motte le trait d'esprit semble plus factice. Moins recherché que celui de Marivaux, moins proche d'une source provinciale ou populaire, l'esprit de la marquise apparaît presque toujours dans la quête du monde vrai, comme pour stimuler le lecteur et l'inviter à lever les masques. Mesuré, sans excès, il ne torture jamais le sens. L'expression s'accorde parfaitement avec l'idée et satisfait au double critère de la justesse et de l'unité du ton.

Conclusion: lambertinage et néologie

Les études qui précèdent permettent à présent de répondre à deux questions importantes. Comment juger équitablement la préciosité de Mme de Lambert? Quels liens le lambertinage entretient-il avec la néologie? En d'autres termes, le langage parlé à l'hôtel de Nevers a-t-il eu une influence réelle sur d'autres langages?

Il y a un lien entre les deux préciosités qui s'épanouissent en France dans les années 1650-1660 et 1720-1730. C'est l'approche linguistique du phénomène qui permet de s'en convaincre. La plupart des procédés mis en lumière par R. Lathuillère pour caractériser le mouvement originel se retrouvent dans les ouvrages de la marquise de Lambert. Rappelons-les rapidement. Les compléments de caractérisation, les adjectifs substantivés, le goût des néologismes caractérisent le lexique de cette précieuse. Sa phrase est soumise à la double influence du style substantif et du style hyperbolique: la marquise ne méprise pas le trop célèbre adverbe en -ment, et comme les précieuses elle recourt à l'appareil grammatical de l'intensité et de l'hyperbole; elle préfère presque toujours la construction substantive, qui convient à la traduction des

235. F. Deloffre constate que les contemporains 'n'étaient pas en mesure de reconnaître l'originalité de l'esprit de Marivaux' (p.250).
236. 'Dans ses premières œuvres, et notamment dans ses *Lettres galantes*, Fontenelle ne se montre ni mieux inspiré, ni plus léger que Voiture' (Deloffre, p.243).

nuances abstraites. Si par le lexique et par la structure de sa phrase, elle touche de près au langage parlé dans les ruelles, l'expression de sa pensée rappelle également les précieuses. Les métaphores ingénieuses, les périphrases, les allégories montrent les antécédents du langage mondain. Le goût des analyses, des retouches, des précisions, le travail sur la synonymie ou sur l'antithèse, la recherche des alliances de mots, des jeux de mots, l'art du portrait et de la maxime sont autant de caractères qui définissent un style précieux.

En fin de compte, la seconde préciosité n'a guère innové. Les procédés de style qui lui sont propres n'abondent pas, et ils avaient été entrevus par les précieuses. Ils tiennent essentiellement aux exigences nouvelles du style de l'analyse. Les néo-précieux n'ont pas modifié fondamentalement la spécialité des ruelles qui consiste à différencier les mots; ils ont mis au point le procédé de l'antithèse synonymique, qu'on ne rencontre pas chez les précieuses, semble-t-il. Ils ont aussi amélioré la construction de la phrase d'analyse, qui procède par retouches correctives; mais Marivaux est le seul à avoir découvert la phrase à escaliers. La nouvelle préciosité a aussi enrichi les formes des alliances de mots, qui étaient relativement figées chez les précieuses. En ce qui concerne les procédés, la part de l'innovation est donc mince.

Le changement le plus important est dans le ton. Nous avons souligné au fil des pages la modération de la marquise de Lambert dans la recherche du trait d'esprit, dans la création de tours affectés. L'étude de ses néologismes, peu nombreux, montre le caractère raisonnable de cette préciosité. On a même le sentiment que la marquise est parfois trop prudente, que certains de ses scrupules sont trop honnêtes. C'est que les bienséances, une conscience de classe, la pudeur de la femme savante mettent des entraves à la création, rappellent sans cesse la crainte du ridicule. Mme de Lambert précieuse n'est pas indifférente aux critères de la justesse et de l'unité du ton: elle est plus exigeante encore que les précieuses dans son purisme, dans sa recherche du terme propre et d'une adéquation de l'expression à l'idée. Quand on compare son style à celui des plus illustres représentants de la nouvelle préciosité, Fontenelle, La Motte et Marivaux, on constate souvent que la recherche de la pointe est plus aisée, moins factice. Cela tient sans doute à la pratique de l'écriture morale aristocratique. La marquise n'a pas à compter avec un public, elle n'a pas à multiplier ou à grossir ses effets pour répondre aux exigences de la scène, du romanesque ou de la peinture poétique. Ce qui étonne, dans le lambertinage, c'est son caractère aristocratique et sérieux. Nous retrouvons ici les postulats de cette étude stylistique et les remarques que nous n'avons cessé de formuler sur la difficulté à distinguer dans le détail différents types de discours, différentes pratiques de l'écriture: la frontière est très perméable entre le discours sérieux et moralisateur, le discours mondain et féminin, et la rhétorique précieuse. L'expressivité, l'ornement, la pointe conviennent à l'un ou à l'autre de ces discours. Tels sont les accomplissements du style de Mme de Lambert: il concilie des langages, des tons, des procédés divers dans une forme élégante, qui aura ses admirateurs au fil des âges. Le lambertinage réussit une alliance parfaite du ton sérieux et du ton précieux. Le mouvement d'épuration et d'affinement de la préciosité entrevu par Magendie dans le langage des honnêtes gens, semble se poursuivre et même s'affirmer. Le salon de l'hôtel de Nevers a joué un rôle dans cette évolution. C'est en partie sous l'influence du lambertinage que certains procédés sortent définitivement des cercles précieux pour être incorporés au langage mondain: les compléments de caractérisation, les adjectifs substantivés définiront désormais la langue élégante, et l'on serait tenté d'en dire autant de l'hyperbole et du style substantif. Il est permis alors d'avancer une hypothèse: la préciosité, définie par la convergence de questions linguistiques, sociales, littéraires, ne serait-elle pas vouée à être 'récupérée' par l'éthique et l'esthétique mondaines? Des novateurs hardis, audacieux dans leurs revendications, dans leurs propos et dans leurs recherches, sont bientôt imités par l'ensemble des gens de qualité, qui leur empruntent leurs procédés. La maxime et le portrait, sortis des ruelles, ne deviennent-ils pas après 1660 un genre aristocratique par excellence? Un phénomène semblable se produit après la Régence: bien des postulats sur le cœur et sur l'amour, quelques 'tics' langagiers seront empruntés aux néo-précieux par les gens du monde. Les déformations caricaturales qu'ont fait subir au mot 'précieux' ses adversaires, et qui se reproduisent en mineur avec les attaques portées contre le bureau d'esprit de la marquise de Lambert, ont fâcheusement occulté un phénomène aux conséquences plus importantes: il y a un accord profond entre la mondanité et la préciosité, qui exclut qu'une 'crise' précieuse puisse durer et soit limitée au cercle étroit d'une coterie.

Le lambertinage a-t-il joué un rôle dans l'évolution de la langue au dix-huitième siècle, et dans quelles conditions cette influence a-t-elle pu s'exercer? On peut déclarer, sans crainte de se tromper, que le lambertinage s'est étendu à d'autres milieux littéraires, en raison des liens qui pouvaient les unir à l'hôtel de Nevers. On observe des phénomènes d'osmose entre la Cour de Sceaux et le salon de Mme de Lambert, dus principalement au va-et-vient de La Motte et du marquis de Saint-Aulaire. Certes, le ton et l'esprit sont différents: il y a plus de raffinement, plus de sérieux à l'hôtel de Nevers; Sceaux et la duchesse Du Maine elle-même observent avec admiration, parfois même avec envie, ce qui se crée dans le salon parisien. Mais les tours de la conversation ordinaire devaient être assez voisins. Les nuances linguistiques sont encore plus imperceptibles entre le salon de l'hôtel de Nevers et celui de Mme de Tencin, puisque le personnel littéraire est le même.

L'extension du lambertinage à la langue académique dut être plus importante encore. Avec la présence rayonnante de Fontenelle à l'Académie française et à l'Académie des sciences, la préciosité envahit, sous la Régence, les discours de réception et colore le langage de la vulgarisation scientifique. L'observation de faits linguistiques précis est idéale pour les discours de Fontenelle postérieurs à 1725: le directeur de l'Académie française reçoit Mirabaud le 28 septembre 1726, et Bussy le 6 mars 1732, et le secrétaire perpétuel de l'Académie des sciences rédige l'*Eloge* du tsar Pierre 1er. Dans cet écrit abondent les traits d'une langue et d'un esprit précieux (*Œuvres*, vi.203-47). Les compléments de caractérisation sont nombreux: '*soldat de fortune*', 'une extrême *dépravation de mœurs et de sentiments*', 'des Moscovites qui n'avoient encore qu'une légère *teinture de discipline*, nulle ancienne *habitude de valeur*', 'le plus redoutable *rival de gloire*'. 'Guillaume III eut pour lui toute la considération réelle qui lui étoit due. *L'incognito* ne retrancha que la fausse et l'apparente': dans ce dernier exemple, le ton précieux est renforcé par l'emploi de l'adjectif avec ellipse du substantif. Des procédés variés donnent à la phrase un caractère abstrait: le recours à la métonymie ('si quelques Gentilshommes servoient, *leur naissance* les avoit faits commandans'), le choix de constructions substantives ('Pierre [...] étoit très mal élevé, non seulement *par* le vice général de l'éducation moscovite, *par* celui de l'éducation ordinaire des princes [...], mais encore *par* les soins de l'ambitieuse Sophie'). La phrase précieuse de l'*Eloge* de Pierre le Grand met en valeur l'esprit qui y brille partout. Fontenelle joue avec la dyade ('ils *ne pouvoient* ni *n'osoient* s'enrichir'), utilise la retouche corrective: 'Il l'avoit entièrement oubliée, ou plutôt il ne s'en étoit jamais si bien souvenu'. L'antithèse fournit des maximes habiles: 'Tout étoit à faire en Moscovie, et rien à perfectionner'; 'c'est le comble de l'ignorance que d'être orgueilleuse'. L'esprit précieux recherche l'oxymore, affectionne les alliances de mots: 'pour réparer cette *glorieuse ingratitude*'; 'amoureux des plus violentes fatigues, recherchant les périls par goût et par volupté'. L'hyperbole se rencontre à chaque page, dans des formules dignes des précieuses: 'invinciblement opiniâtre'. Fontenelle joue avec les mots, aiguise des pointes; ce trait, qui caractérise Charles XII, fut admiré du public:[237] 'c'étoit Alexandre, s'il eût eu des vices et plus de fortune'. Les discours de Fontenelle à l'Académie française sont encore plus affectés: les adjectifs substantivés, l'hyperbole, les pointes, le lexique mondain les envahissent. Mais l'intérêt de la réponse à Mirabaud n'est pas là; Fontenelle, dans son discours, développe l'idée que la politesse des femmes favorise l'épanouissment du style précieux, défini en ces

---

237. Lettre de Mathieu Marais au président Bouhier du 21 janvier 1728: 'J'ai lu depuis peu l'*Eloge* du Czar de Fontenelle. Il y a un beau trait sur le roi de Suède Charles XII' (iii.517).

termes: 'La perfection en tout genre consiste dans un mélange juste de qualités opposées, dans une réunion heureuse qui s'en fait malgré leur opposition; l'Eloquence et la Poésie demandent de la vivacité et de la sagesse, de la délicatesse et de la force' (iii.347). Le nouveau style concilierait une esthétique de la vivacité et de la délicatesse avec l'idéal d'une expression sage et forte. Mathieu Marais recourt aux mêmes termes pour opposer les deux styles, quand il loue le poème de la *Ligue* de Voltaire (iii.89):

On ne sait où Arouet, si jeune, en a pu tant apprendre. C'est comme une inspiration. Quel abîme que l'esprit humain! Ce qui surprend, c'est que tout y est *sage*, réglé, plein de mœurs; on n'y voit ni *vivacité*, ni brillant, et ce n'est partout qu'élégance, correction, tours ingénieux et déclamations simples et grandes, qui sentent le génie d'un homme consommé, et nullement le jeune homme. Fuyez La Motte, Fontenelle, et vous tous, poètes et gens du nouveau style. Sénèques et Lucains du temps, apprenez à écrire et à penser dans ce poème merveilleux qui fait la gloire de notre nation et votre honte.

L'idéal de Fontenelle avait peu de chances de convaincre les adversaires de la néologie; c'est pourquoi l'académicien veut utiliser l'institution pour la faire triompher. La *Réponse* à Mirabaud se transforme en un manifeste, qui affirme la vocation de l'Académie française à développer et à protéger cette nouvelle préciosité: 'L'Académie croira avoir bien rempli sa destination, si par ses soins, et par ses exemples, elle réussit à perfectionner ce goût et ce ton, qui nous sont particuliers; peut-être même suffira-t-il qu'elle les maintienne' (iii.347). On comprend dès lors la virulence du pamphlet qu'allait susciter cette profession de foi: la *Relation de ce qui s'est passé à la réception de messire Christophe Mathanasius*,[238] dans sa forme burlesque et dérisoire, témoigne indirectement du triomphe de l'esprit nouveau.

Le nouveau langage a lié son sort également aux Cafés littéraires: pour les adversaires de la néologie, ils sont responsables de la corruption du goût au même titre que les bureaux d'esprit. Quand paraît la traduction de Diodore par l'abbé Terrasson, en 1737, l'abbé d'Olivet confie au président Bouhier:

Cependant l'auteur est, comme vous savez, un des plus accrédités dans les cafés où l'on décide de tout. Car les hoirs et ayants droit de La Motte sont en grand nombre. Les cafés ont perverti absolument le goût. La vie qu'on y mène ne permet pas d'étudier, et il arrive que ceux qui les fréquentent croient tout savoir parce qu'ils y entendent parler de tout.[239]

La Motte et l'abbé Terrasson, princes des Cafés, sont des familiers influents de l'hôtel de Nevers. Mais on note aussi la présence d'autres commensaux de

---

238. Sur la signification de cette parodie, voir Deloffre, p.31. Le *Coche*, poème satirique de Roy, prendra le relais au début de l'année 1728: l'Académie y est aussi malmenée.
239. Lettre du 27 septembre 1737, *Correspondance littéraire du président Bouhier*, iv.257.

la marquise: l'abbé Alary et Moncrif sont des figures familières du Procope. Dans ces conditions, et les témoignages des contemporains le confirment, le jargon du Café a pu rejoindre, dans certaines de ses expressions, le style précieux, plus raffiné, des salons.[240]

Le succès du nouveau style, grâce aux efforts conjugués de Fontenelle et de La Motte, ne peut être limité aux cercles littéraires. Les liens du salon de l'hôtel de Nevers avec les milieux politiques sont aussi très importants. Nous avons montré que les officiers de haut rang étaient bien accueillis chez Mme de Lambert, par tradition familiale, et que les mardis mêlaient les gens de lettres aux gens du grand monde. Il faudrait des monographies détaillées pour savoir si la langue des duchesses de Nevers, de Gontaut, de Villars montre des traces de préciosité, et à quel degré. Plus importantes encore sont les relations du salon de Mme de Lambert avec le Palais-Royal. A la fin du siècle, dans son *Louis XVI détrôné avant d'être roi* (Londres 1800), l'abbé Proyart décrira le cercle philosophique formé 'par les commensaux et les pensionnaires du Régent' (p.53-54), à la tête duquel il place Boindin.[241] L'historien note les prompts succès à la Cour, dans les premières années du règne de Louis XV, de cette école de philosophie. Il serait bien étonnant que cette influence ne se fût pas exercée aussi dans le domaine linguistique. Ce sont toujours les mêmes noms qu'on retrouve: Fontenelle, La Motte, l'abbé Terrasson, l'abbé de Saint-Pierre, l'abbé Du Bos, Mirabaud, Mme de Tencin, et bien sûr Henri-François de Lambert lui-même. Il y a là un phénomène nouveau: la Cour, qui sous Louis XIV s'était préservée de la préciosité, est désormais gagnée à la cause néologique. On sait que les nouveaux précieux, Fontenelle, La Motte, Mirabaud, Houtteville, ont inspiré, parfois même composé, les discours officiels du Régent et du cardinal Dubois. Une recherche longue et patiente, qui analyserait les documents diplomatiques et politiques de l'époque, montrerait comment ceux-ci sont affectés par l'esprit nouveau. Mathieu Marais le décèle, par exemple, dans l'édit *sur les duels* de 1723; il apporte un témoignage capital (ii.425):

On fait dire au Roi qu'il a juré *par le grand Dieu vivant*, lors de son sacre, qu'il n'exempterait personne de la rigueur des duels. Et les beaux diseurs du temps n'ont pu s'empêcher de mettre de leur style dans cet édit, en disant 'que cette loi est

240. Sur les différences entre les deux styles, cf. F. Deloffre: 'Il résulte des documents cités que le langage du café est passablement négligé et volontiers néologique. Rien d'étonnant: c'est un jargon, propre à des gens de même profession, tandis que la langue des salons est celle des gens du monde' (p.30).

241. On peut s'étonner qu'A. Adam ne mentionne pas la présence de Boindin dans le cercle du Régent (*Le Mouvement philosophique*, p.8). Rappelons que Boindin fut influent au Café Laurent, 'la pépinière de toutes les Académies'.

nécessaire pour la conservation de la noblesse, qui est le plus ferme appui de notre royaume, et que la fureur des duels ne pourrait qu'affaiblir inutilement'! On ne parlait pas ainsi, ni en 1651, ni en 1679, où les rois parlaient avec noblesse et majesté, et on leur fait parler aujourd'hui le langage des précieuses. (Voyez le *Recueil des duels*, imprimé à Paris, chez Cramoisy, en 1679, in-12.). On aura bien de la peine à ôter cette fureur du cœur des Français.

L'échantillon exposé par Mathieu Marais est caractéristique: la phrase citée est digne d'un nouveau précieux, avec sa construction substantive ('pour la conservation de la noblesse'), ses deux hyperboles (dont le mot *fureur*) et sa métaphore lexicalisée dans le goût du temps. Il est vrai aussi que l'expression est apprêtée, affectée, sans que l'idée en ait plus de force.[242] Le mal court. La même année, Mathieu Marais critique encore dans son *Journal* (ii.429) une harangue du Garde des Sceaux, dans laquelle il recense dix occurrences du mot *succès*, 'terme fort usité dans le nouveau style'.[243] Les *Œuvres* de Fontenelle conservent des compliments adressés au Roi, sur son sacre ou sur la mort de Madame, au Régent: ce sont aussi de bons échantillons de la langue parlée à la Cour. Ils sont tournés en forme de pointes, et la recherche de l'abstraction, sous la forme en particulier de la métonymie, y est continuelle. Des mondains comme Moncrif, poète attitré de l'hôtel de Nevers, prendront le relais; le rôle de l'auteur des *Chats* chez les princes, puis auprès de la reine, lui permettra d'étendre aux conversations de la Cour l'esprit qu'il répandait dans les pièces destinées aux lambertins.

Le Palais semble avoir été relativement épargné. Mathieu Marais s'en félicite à plusieurs reprises. Il le dit au président Bouhier, dans une lettre du 4 décembre 1726: 'Vous ai-je mandé que M. d'Aguesseau, avocat général, dans sa harangue à l'ouverture du Parlement, *sur le Goût*, a attaqué le mauvais goût du style et des pensées subtiles de nos modernes, et a félicité le barreau de ce que ce mal ne l'avait pas encore gagné? Voilà l'Académie un peu fâchée' (iii.457). Cependant, quelques avocats ont été séduits par la mode précieuse. A commencer par Sacy, un des lambertins de premier plan. Pour devancer le panégyrique que lui prépare le *Mercure*, Mathieu Marais, dont le *Journal* et la correspondance sont décidément une manière de *Dictionnaire néologique*, critique vigoureusement le ton de ses requêtes. Il évoque l'affaire quelque peu

242. C'est ce que le président Hénault reprochera au style de Fontenelle: 'Il aurait pu éviter d'être un peu moins maniéré; c'était assez le vice du temps. Il aurait pu affecter moins un certain apprêt et une trop grande délicatesse qui, quelquefois, diminue la chaleur et la force; il aurait pu être plus en garde contre l'air de paradoxe qu'il se plaît à donner aux vérités, quelque plaisir qui naisse de cette surprise; il aurait pu être moins étudié sur la finesse des tours, plus retenu sur l'abondance des réflexions, quelque justes, quelque exactes, quelque propres qu'elles soient à son sujet' (p.188).
243. On recense deux occurrences du mot *succès* dans l'"Eloge de Pierre de Grand'.

scabreuse d'une demoiselle Gardel: son témoignage, capital pour l'étude du lambertinage, mérite d'être cité intégralement (iii.497-98):

On dit qu'il avoit une *politesse soutenue*, c'est-à-dire, à ce qu'il me semble, en *précieux*, qu'il étoit *précieux*; il paroît une *Consultation* et une *Requête* de lui dans l'affaire de Mlle Gardel, où il apprend poliment au public comment on peut dire en bon français qu'un *homme se retire*. En voulant justifier les lettres sur ce qui y est, il donne un exemple de ce qui n'y est pas. '*Ainsi*, par exemple, si l'on trouvoit dans les lettres de la Delle Gardel qu'elle eût eu marqué à M. de Béon quelque inquiétude sur l'état où elle se trouvoit depuis quelques jours, qui lui eût donné sujet de craindre qu'il n'eût pas été aussi *retenu* et aussi *précautionné* contre les suites de leur commerce, *qu'il le lui auroit fait espérer*, etc.' Que dites-vous de tout cela? Y a-t-il une obscénité pareille et moins enveloppée et plus hors de saison, dans une affaire qui doit être vue à la Cour, et peut-être par la Reine même et enfin par toute la France? Je ne sais comment les *Lambertins* ont laissé passer cela, qui certainement fait grand tort à la mémoire du défunt, et j'en suis fâché pour l'Académie [...]. Ces beaux mots sont répétés et dans la *Consultation*, et dans la *Requête*; je les avois vus dans la pièce manuscrite, et j'en avois fait rougir la demoiselle, qui devoit les faire ôter, mais le *Lambertinage* l'a emporté, à la honte des bonnes mœurs et des bienséances, et voilà un homme qui meurt avec cette belle réputation.

Il n'est pas de notre compétence de juger de l'évolution du style du barreau sous la Régence; mais nous pouvons retenir que les reproches adressés par Mathieu Marais à Sacy sont du même ordre que ceux qu'il formule contre les poésies galantes et licencieuses de Moncrif. D'autres avocats ont contribué à introduire l'esprit précieux dans le style du Palais, comme ce Bellanger dont parle Mathieu Marais, à propos d'un *Mémoire* 'fait pour le marquis d'Oise contre la femme d'André, sur ce beau mariage fait avec une petite fille de vingt mois': 'Ce mémoire est d'un bout à l'autre plein de ce nouveau style, et il est de M. Bellanger, mon confrère (neveu de l'abbé Mainguy), qui se porte pour ami de cette secte nouvelle' (iii.457). L'influence des conversations précieuses a pu s'exercer aussi sur la langue des magistrats. Il suffirait d'alléguer les deux exemples célèbres de Montesquieu et de Hénault. Si ce dernier ne peut être désigné comme un néo-précieux, il passe néanmoins pour ne pas être hostile à la nouvelle mode. Lorsque paraît *Le Temple de Gnide*, le public parisien, hésitant, l'attribue à l'un ou à l'autre.[244] Quand on étudie, même de manière succincte, l'extension de la nouvelle préciosité à la langue du Palais, c'est toujours l'influence déterminante du milieu de la marquise de Lambert et de l'Académie qu'on rencontre.

La question de cette influence mérite d'être posée aussi à propos de la langue ecclésiastique. Il n'est pas question de reprendre ici l'étude remarquable de F.

---

244. Marais, iii.312-15, lettre à Bouhier du 10 avril 1725: 'Hénault est trop français pour donner un air grec à un ouvrage.'

Deloffre sur les liens qui unissent la néologie au milieu des jésuites. Nous rappellerons simplement la liste des jésuites néo-précieux, ou soupçonnés de l'être, critiqués par Desfontaines: elle comprend les noms des Pères Berruyer, Brumoy, Buffier, Castel, Catrou, du Cerceau, de Courbeville, Folard, d'Hongnant, de Kervillars, de La Santé, Rouillé. On pourrait y ajouter les noms des Pères Bougeant et Hardouin, des collaborateurs des *Mémoires de Trévoux*, des pères chargés de vulgariser la littérature des missionnaires, comme Charlevoix, du Halde, Lafitau. Le rôle des jésuites dans l'éducation de la jeunesse mondaine, l'importance des *Mémoires de Trévoux* dans le mouvement des idées au dix-huitième siècle, soulignent l'efficacité des moyens dont ils disposaient pour influencer la langue de leur époque. Les membres de la Société avaient su s'adapter aux modes et aux goûts de la nation française. La plupart des *scriptores* sont des Modernes, et l'attachement des jésuites de la génération précédente à la culture humaniste, qui survit encore chez les savants comme Nicolas Gédoyn ou l'abbé d'Olivet, formés dans la Congrégation, s'est beaucoup affaibli. Vers 1730, les jésuites réussissent parfaitement à concilier l'Evangile et la culture mondaine, la condition ecclésiastique et la carrière littéraire. La théologie, l'histoire sacrée sont à leurs yeux des sujets dignes d'un style profane et enjoué: l'*Histoire du peuple de Dieu* (1728) de Berruyer reste le monument le plus représentatif de ce goût surprenant. Les liens de l'hôtel de Nevers avec le milieu des jésuites ne sont pas formellement établis, mais on a tout lieu de penser qu'ils devaient être cordiaux, à l'image de l'amitié littéraire profonde nouée entre la marquise et le Père Buffier.

L'esprit précieux apparaît encore dans la politesse aimable des prélats molinistes de la Cour de Louis XV; ce qui facilite l'élection à l'Académie de Poncet de La Rivière et de Bussy. L'évêque de Luçon s'était acquis par son commerce agréable et par ses grâces faciles, le surnom de 'Dieu de la bonne compagnie'; il avait hérité de l'esprit de son père, et 'sa plaisanterie était fine et enjouée'.[245] Il faisait les délices des sociétés qu'il fréquentait, et son esprit se reflète dans la langue des œuvres variées et choisies qu'il a laissées. L'évêque d'Angers fut un prédicateur poète: on connaît de lui des vers d'une fine élégance, qui prouvent que l'esprit précieux ne le laissait pas indifférent. On l'illustrera par cet échantillon où la pointe, l'invocation malicieuse à Cupidon rappellent la manière du Fontenelle galant:

> Un aveugle en passant vous remet en mémoire,
> Qu'aujourd'hui de mon Saint on célèbre la gloire,
> Et me fait recevoir les présens les plus doux.
> Que mon bonheur seroit extrême

---

245. D'Alembert, 'Eloge de Rabutin, comte de Bussy', vi.437.

> Si cet aveugle étoit le même
> Qui me fait tant penser à vous![246]

L'esprit nouveau avait été annoncé par Massillon: sa recherche d'une éloquence née de l'alliance de la finesse et de la noblesse, de la sensibilité et de la justesse, son goût des analyses psychologiques sont conformes à l'idéal de Fontenelle. Le prédicateur avait choisi le goût comme thème de son discours de réception à l'Académie; il développait l'idée que la langue française, en s'épurant, était devenue plus aimable. On pourrait déceler dans son discours des tournures précieuses: 'dès que le faux, le mauvais et l'indécent sont applaudis dans les ouvrages d'esprit, ils le sont bientôt dans les mœurs publiques; tout change et se corrompt avec le goût; les bienséances de l'éloquence et celles des mœurs se donnent, pour ainsi dire, la main'.[247] A l'abri des querelles religieuses pesantes qui encombrent les premières années du siècle, la nouvelle préciosité s'étend à la langue des prélats mondains.

Comme la première préciosité, la nouvelle a subi les attaques de tous ceux qui demeuraient attachés à la tradition du style oratoire et du purisme. En revanche, ses succès ont été plus francs: elle a gagné des milieux qui lui étaient hostiles, à commencer par Versailles qui, sous Louis XIV, avait su résister au mouvement. Il serait vain d'affirmer que cette préciosité nouvelle soit sortie entièrement de l'hôtel de Nevers. On ne peut pas distinguer, comme au siècle précédent, des ruelles qui seraient à l'origine d'un mouvement dont les sources sont multiples: il part des salons, des Cafés, des académies, du Palais-Royal. Mais, ce qu'il faut constater, c'est qu'on rencontre toujours le salon de la marquise de Lambert au cœur de ce réseau complexe: il en est le centre rayonnant. Nul autre milieu ne semble avoir eu cette présence à la convergence de ces phénomènes divers.

Les expressions fondamentales d'une préciosité nouvelle dans les ouvrages de la marquise de Lambert font réapparaître ce conflit de tendances majeur entrevu dans l'ensemble de ses traités de morale: la pensée et le style de l'écrivain précieux s'expliquent par le désir permanent de l'aristocrate d'accorder ses rêves, ses vœux, ses aspirations secrètes aux valeurs que lui impose son milieu, d'intégrer à une existence authentique, exceptionnelle, unique des codes de politesse et de bienséances qui témoignent du génie de la galanterie française. Les revendications en faveur des droits de la femme, le combat pour l'égalité des sexes répètent, avec moins d'agressivité cependant, les idées développées dans les ruelles de 1660; mais c'est dans sa destinée que la marquise

---

246. Cité par d'Alembert, 'Eloge de Poncet de La Rivière', ix.142.
247. Massillon, *Sermons et morceaux choisis* (Paris 1856), p.653.

en découvre les germes, dans les brimades infligées à l'adolescente menacée du couvent, dans les difficultés du veuvage et de l'éducation de ses enfants. Le féminisme actif de Mme de Lambert est d'abord une exigence intérieure de dignité; la pensée sociale des précieuses, la tradition cartésienne des femmes philosophes ne suffiraient pas à expliquer un idéal qu'illumine la beauté de l'âme féminine, et qui conduit à la restauration d'un code courtois et pétrarquisant. La métaphysique d'amour, habile synthèse des lois sur le comportement des amants édictées par Honoré d'Urfé et Madeleine de Scudéry, auxquelles l'aristocrate de la fin du dix-septième siècle donne encore son assentiment, par fidélité à l'idéal courtois et à une image néo-platonicienne de l'existence, finit par se confondre, après avoir rempli ses hautes ambitions, avec la chronique d'un cœur spirituel. Paradoxalement, la restauration de l'idéal de la politesse française, qui donnerait à la femme un rôle irremplaçable pour le commerce, conduit à la définition rousseauiste du bonheur solitaire et, sous la double influence des quiétistes et des romancières de la sensibilité, écarte le monde de l'existence douce-amère des amants précieux. Les problèmes ayant trait aux phénomènes d'expression pourraient être posés dans les mêmes termes: la préciosité de Mme de Lambert est sans affectation, raisonnable. Rien de plus éloigné de la pensée alambiquée de Fontenelle que le discours élégant, un peu solennel parfois, de la grande dame; les métaphores hardies de La Motte ne conviennent guère à son style sobre, à sa recherche du ton juste. La marquise ne fait qu'entrevoir les audaces de Marivaux se dotant d'un instrument incomparable pour l'analyse du mystère des cœurs. C'est que l'aristocrate redoute les jugements du public; vers 1700, l'héritage des ruelles est ambigu: le mot *précieux* a été si dégradé qu'il faut, pour sa restauration, l'incorporer au code de l'honnêteté. On ne saurait ignorer les antécédents mondains du lambertinage: le langage choisi, le ton de la bonne compagnie, celui plus sérieux des dissertations morales doivent contenir les élans créateurs et le goût de la nouveauté qui menacent, à chaque instant, de transformer la femme savante en précieuse ridicule. Les accomplissements du style de la grande dame écrivain transposent, dans le domaine des phénomènes d'expression, la recherche délicate d'un accord entre les tendances de l'individu et les conventions du groupe. L'influence linguistique de la marquise sur son entourage, désignée par le mot de *lambertinage*, qui n'eut pas, pour les raisons que nous venons d'évoquer, le succès de son concurrent *marivaudage*, se mesure mieux, en définitive, par la vie du salon que par les œuvres; il n'en reste pas moins vrai que l'alliance de la mondanité et de la préciosité lui a permis de perfectionner l'instrument qui servirait à l'apologie des femmes et de l'amour idéal que lui dicte son cœur.

Conclusion

DES contributions multiples et importantes ont réhabilité, dans les dernières décennies, les productions littéraires de cette période de transition qui coïncide avec la fin du règne de Louis XIV et la Régence, et qui a souffert d'une incompréhension certaine. Marivaux fut le premier bénéficiaire de ces réajustements qui ont permis au lecteur moderne, disposant d'éditions critiques non édulcorées de l'ensemble de ses œuvres, dont beaucoup ont été arrachées à l'oubli ou à l'anonymat des journaux, d'apprécier l'originalité de l'écrivain. Un narrateur aussi exceptionnel que Robert Challe commence à sortir de l'ombre. Ces restaurations ont attiré l'attention sur les *minores*, tandis que les œuvres des écrivains connus tiraient profit de cette curiosité générale: les charmes du style de Fontenelle, l'importance de ses ouvrages de vulgarisation sont mieux perçus; le temps est venu, sans doute, d'une redécouverte des poésies de La Motte et de son génie de doctrinaire; les œuvres libertines du jeune Montesquieu, sa correspondance échappent à une biographie critique, et sont interrogées comme des témoins brillants de cette période. C'est dans cet esprit que nous avons voulu éclairer la vie et l'œuvre de la marquise de Lambert, qui nous paraissent mériter mieux que les articles d'estime, trop souvent encombrés des mêmes anecdotes, des mêmes vues cavalières de la généalogie de ses idées morales, mais qui ont le mérite de rappeler la place que doit occuper cet écrivain original dans une étude générale des rapports de la création littéraire avec les institutions.

Presque tous nos prédécesseurs ont cherché à savoir si la marquise de Lambert était une femme du dix-septième ou du dix-huitième siècle. Par son âge, sa formation, ses idées, l'hôtesse de Nevers partage les idéaux de la génération de 1660-1680, tandis que les écrivains qui fréquentent chez elle sont souvent ses cadets de vingt ou trente années. Mais si son œuvre conserve le souvenir des morales du grand siècle, elle focalise aussi les idées des Lumières; les écrits lambertins sont des documents exceptionnels sur la permanence des idées dans les grands courants littéraires: honnêteté, préciosité, tradition héroïque. Tandis que l'aristocratie éclairée des premières années du dix-huitième siècle renouvelle son propre code de l'honneur, adapte ses rêves de grandeur aux exigences de la sensibilité, les honnêtes gens tentent une synthèse habile et délicate des théories de la politesse mondaine et élaborent un art de plaire qui se maintiendra jusque vers 1740, avant d'être submergé par les valeurs de la sociabilité. Il faut invoquer cette transformation des codes de l'honneur et de la politesse pour comprendre les projets mondains de la marquise de Lambert et suivre la transformation de son cercle aristocratique en un bureau d'esprit qui peut passer pour la première ébauche de cette société des gens de lettres dont rêveront les Encyclopédistes. L'apport de la marquise de Lambert à l'histoire de la préciosité est encore plus manifeste: comme les *Eglogues* de Fontenelle, ses écrits moraux montrent comment la poussée précieuse des années 1650-1660 se transforme en se prolongeant. Héritière du féminisme cartésien, nostalgique des conversations raffinées des honnêtes maisons, accueillante à la poésie comme l'avait été jadis la marquise de Rambouillet, l'hôtesse de Nevers a voulu recréer l'atmosphère de la *Chambre bleue* et a su stimuler les dons de Fontenelle et de La Motte qui ont joué, près d'elle, un rôle comparable à celui de Balzac et de Voiture, rue Saint-Thomas du Louvre. Au reste, Mme de Lambert assimile la tradition précieuse à celle de l'honnêteté féminine et superpose au souvenir d'Arthénice les figures de Henriette d'Angleterre et de Mme de La Sablière, comme pour mieux signifier la permanence des idées pendant trois générations successives. Sa législation amoureuse prolonge les analyses néo-platoniciennes de l'*Astrée*, sa métaphysique du cœur s'inspire des grands romans de Madeleine de Scudéry et son féminisme des audaces des précieuses de l'abbé de Pure. Si l'on est fondé cependant à parler de nouvelle ou seconde préciosité, c'est que le quiétisme et les découvertes dans le domaine de la sensibilité viennent colorer ses analyses du Tendre, lui montrent les immensités de bonheur promises au cœur aimant, chantent le mystère des destinées, modifient la dialectique de l'estime et du sentiment. Sous le nom de lambertinage, ses contemporains désigneront l'accueil favorable qu'elle réserve aux manières nouvelles de penser et de s'exprimer, même si, moins audacieuse que Marivaux, son plus proche disciple, moins inventive que ses amis Fontenelle et La Motte, elle marque une réserve qui trahit son attachement au beau langage et son souci de concilier la culture traditionnelle et les postulats de la modernité. Il faut prendre garde, quand on parle de Mme de Lambert précieuse, que ses écrits ont été ignorés du *Dictionnaire néologique*, tant il est vrai que son goût de la maxime et des portraits, l'allure sentencieuse et moralisatrice de son discours, en la rattachant à la tradition de l'écriture aristocratique qui prévaut en 1680, la mettaient à l'abri des critiques des adversaires de La Motte ou de Marivaux.

L'étude de genèse et l'histoire du salon expliquent la permanence des idées dans la synthèse que réalise l'écrivain moraliste: notre enquête apporte quelques certitudes sur la décennie 1690-1700, une des plus importantes dans la biographie de Mme de Lambert. C'est pendant ces années que sont rédigés les *Avis* maternels qui feront sa réputation d'auteur; c'est dans cette période aussi, avant l'installation à l'hôtel de Nevers, que se nouent des amitiés littéraires importantes, et que le cercle aristocratique de cette veuve d'officier se transforme en une société de gens de lettres, dont les animateurs, Sacy et Fontenelle, sont des représentants de ce style de transition où s'annonce l'esthétique de la Régence. Pourtant, si la permanence des idées s'impose d'emblée, il est presque impossible d'ignorer les éléments que la marquise pourrait transmettre à la postérité. La tradition des *vitae* et le culte de Plutarque sont remodelés par les leçons féneloniennes sur la vertu et la formation des individus; la philosophie de Malebranche, les idées de Bayle, les premières traces d'une influence de Locke contribuent à la formation de l'image lambertine de l'homme, qui correspond parfaitement à l'idéal de la première génération des Lumières. La peinture du bonheur, l'exaltation de la vertu trouveront aussi des échos dans l'œuvre de Jean-Jacques. Les philosophes ne seront pas les seuls héritiers d'une pensée qui séduit également le public féminin: jusqu'à Louise Colet, les éducatrices et les femmes éclairées que tente la méditation morale avoueront leur admiration pour des ouvrages qui témoignent des dons du beau sexe pour l'écriture et surtout, comme l'affirmera la mystérieuse 'P.' des *Mémoires* de Suard, de la dignité qu'il acquiert par l'écriture.

On peut aussi répondre à la question de la modernité de Mme de Lambert en déterminant l'influence du milieu sur son œuvre. Notre enquête permet d'affirmer que l'ouverture du salon, puis ses succès dus à l'intelligence et à la politesse d'une animatrice qui sut imposer un cérémonial hérité en partie des précieuses, ont profondément transformé sa culture aristocratique, ainsi que les certitudes de la femme savante. Les querelles bruyantes sur la versification ou sur l'épopée homérique ont entraîné cette grande dame à prendre position dans un débat dont l'enjeu fondamental était le triomphe de l'esprit moderne sur la tradition, et le renouvellement de l'humanisme. Le rôle joué par la marquise de Lambert dans les élections à l'Académie française est l'une des expressions les plus remarquables de cette alliance de la mondanité et de la modernité. Le salon de l'hôtel de Nevers fut plus qu'un bureau d'esprit: il servit d'asile aux philosophes et aux moralistes de la première génération des Lumières et abrita leurs audaces. Ce qui fait son originalité, ce qui le distingue à coup sûr de la Cour de Sceaux ou du salon de Mme de Tencin, c'est l'interaction des phénomènes linguistiques, esthétiques et moraux, qui seule peut définir, de façon satisfaisante, le concept de milieu lambertin.

L'enquête sur ce milieu, l'interrogation de codes qui ont disparu avec la civilisation raffinée qui les a produits, la résurrection des activités d'un loisir éphémère, la recherche du statut de l'écriture aristocratique ne sauraient être tenus seulement pour les travaux d'un historien de la littérature. Les actes et les écrits de la marquise de Lambert nous font signe. Le combat féministe reste d'actualité, et il n'est pas sûr que toutes les questions posées par les précieuses aient trouvé aujourd'hui une réponse satisfaisante. Encore le contenu intéresse-t-il moins que la manière, et ce sont la pudeur, la discrétion et la dignité de la grande dame qui font la noblesse de sa cause. Une belle leçon de grandeur et de fermeté se dégage aussi des mouvements de révolte et de soumission de l'adolescente qui réclame le droit de vivre, de la veuve qui défend les droits de ses enfants et de la précieuse qui revendique ceux de l'écriture. A cette dignité qui fait de la marquise une sœur de Vauvenargues s'allie la générosité inlassable de l'amie fidèle, prompte à soulager son entourage des soucis matériels de l'existence. Enfin, comme ses maîtres Fontenelle et Saint-Evremond, elle nous montre le prix d'une sagesse authentique, capable d'accorder les leçons de l'expérience au legs moral des ancêtres, et 'les vertus simples et paisibles, qui sont le partage des femmes' à la Renommée qui pourtant 'ne se charge point d'[elles]' (*Avis fille*, p.63-64).

Appendice: liste des habitués du salon de la marquise de Lambert

i. Public féminin, grandes dames et auteurs

Aïssé, Charlotte-Thérèse, mademoiselle
Aulnoy, Marie-Catherine Jumel de Barneville, comtesse d'
Bernard, Catherine
Beuvron, Thérèse-Eulalie de Saint-Aulaire, marquise de
Caylus, Marie-Marguerite Le Valois de Vilette de Murçay, comtesse de
Dacier, Anne Le Fèvre, madame André
Delaunay, Marguerite-Jeanne Cordier, baronne de Staal-
Dreuillet, présidente
Ferrand, Anne Bellinzani, présidente
Flammarens, Anne-Agnès de Beauveau Du Riveau, marquise de
Fontaines, Marie-Louise-Charlotte de Pelard de Givry, comtesse de
Harcourt, M.-A.-C. Brûlart de Genlis, duchesse et maréchale d'
La Force, Charlotte-Rose Caumont de
Lassay, Reine de Madaillan de Lesparre, marquise de
Lecouvreur, Adrienne
Maine, Anne-Louise-Bénédicte de Bourbon-Condé, duchesse du
Murat, Henriette de Castelnau, comtesse de
Nevers, Diane de Damas de Thiange, duchesse de
Nevers, Marie-Anne Spinola, duchesse de
Saint-Aulaire, Monique-Thérèse de Lambert, comtesse de
Saint-Hyacinthe, Suzanne de Marconnay, madame de
Saintonge, Louise-Geneviève Gillot, dame de
Vatry, Louise-Marguerite Buttet, madame
Villars, Jeanne-Angélique de La Rocque de Varengeville, maréchale de

ii. Gens de lettres

Abauzit, Firmin
Alary, abbé Pierre-Joseph
Auvergne, Henri-Oswald de La Tour, abbé d'
Bignon, abbé Jean-Paul

Boivin, Jean
Bouhier, président Jean
Bouhours, le Père Dominique
Boulainvilliers, comte Henri de
Bragelonne, abbé Christophe-Bernard de
Buffier, le Père Claude
Chaulieu, abbé Guillaume Amfrye de
Cheminais de Montaigu, le Père Timoléon de
Choisy, abbé François-Timoléon de
Conti, abbé Antoine
Crébillon père, Prosper Jolyot de
Dangeau, Philippe de Courcillon, marquis de
Du Bos, abbé Jean-Baptiste
Fénelon, François de Salignac de La Mothe-
Fontenelle, Bernard Le Bovier de
Fontenu, abbé Louis-François de
Fourmont, Etienne
Fraguier, abbé Claude-François
Galloys, abbé Jean
Gédoyn, abbé Nicolas
Hénault, président Charles-Jean-François
La Faye, Jean-François Leriget de
La Motte, Antoine Houdar[t] de
Lévesque de Burigny, Jean
Lévesque de Pouilly, Louis-Jean
Mairan, Jean-Jacques Dortous de
Marivaux, Pierre Carlet de Chamblain de
Mirabaud, Jean-Baptiste de
Moncrif, François-Augustin Paradis de
Mongault, abbé Nicolas-Hubert de
Montesquieu, Charles-Louis de Secondat, baron de La Brède et de
Nicéron, Jean-Pierre
Ramsay, André-Michel
Sacy, Louis-Silvestre de
Saint-Aulaire, François-Joseph de Beaupoil, marquis de
Saint-Hyacinthe, dit Thémiseul de
Saint-Pierre, abbé Charles-Irénée Castel de
Silhouette, Etienne de
Terrasson, abbé Jean
Trublet, abbé Nicolas-Charles-Joseph
Valincour, Jean-Baptiste-Henri du Trousset, sieur de

iii. Public aristocratique

Amelot de Chaillou, Jean-Jacques
Argenson, Marc-René de Voyer de Paulmy, marquis d', lieutenant de police
Argenson, René-Louis de Voyer de Paulmy, marquis d'
Argenson, Marc-Pierre de Voyer de Paulmy, comte d'
Beuvron, Anne-Pierre d'Harcourt, marquis de
Bolingbroke, Henri Saint-Jean, lord
Caylus, Anne-Claude-Philippe de Tubières-Grimoard de Pestels de Levis, comte de
Harcourt, Henri, marquis de Beuvron, maréchal de France, duc d'
La Force, Henri-Jacques Nompar de Caumont, duc de
La Rivière, marquis Henri-François de
Lassay, A.-L. de Madaillan de Lesparre, marquis de
Morville, Charles-Jean-Baptiste Fleuriau, comte de
Nevers, Philippe-Julien Mazarini Mancini, duc de
Nevers, Philippe-Julien François Mazarini Mancini, duc de
Plélo, Louis-Robert-Hippolyte de Bréhant, comte de
Villars, Louis-Hector, duc de, maréchal de France

Bibliographie

i. Documents d'archives concernant Mme de Lambert

1. Bibliothèque nationale, Département des estampes, cabinet Robert de Cotte: Hc 12 d; Hc 12 e; Hc 15.
2. Bibliothèque nationale, Réserve des imprimés, collection Morel de Thoisy, 215 et 219.
3. Archives nationales, Minutier central des notaires parisiens: Etude V, liasse 181; Etude LVIII, liasse 563 no.7.
4. Archives départementales de l'Yonne, Série E, Titres de familles: liasse E. 109; liasse E. 110.
5. Archives départementales de l'Yonne, Série E, Minutes des notaires: liasse 3 E6 168.

ii. Editions

1. Œuvres

1. *ŒUVRES | DE MADAME | LA MARQUISE | DE LAMBERT, | Rassemblées pour la première fois. | On y a joint diverses Pieces qui | n'ont point encore paru. | AVEC | UN ABREGE DE SA VIE. | [Fleuron] | A LAUSANNE | Chez MARC-MICHEL BOUSQUET | & Compagnie. | MDCCXLVII.* 1 vol. in-12, xxii-455 p. Cette édition ne figure pas au Catalogue général de la Bibliothèque nationale de Paris; nous l'avons rencontrée à la Bibliothèque nationale de Tunis (cote 41-875).
Même titre, avec l'ajout | *SECONDE EDITION.* | avant le fleuron, représentant deux amours enlacés, et la date MDCCXLVIII. 1 vol. in-12, xxii-455 p.
Même titre; la mention 'seconde édition' est supprimée, et après le fleuron on lit: | *A AMSTERDAM, | AUX DEPENS DE LA COMPA-GNIE. |M.DCC.L. |* 1 vol. in-12, xx-452 p. Edition identique à la précédente.
Même titre, troisième édition, 1751.

2. *Œuvres de madame la marquise de Lambert, avec un abrégé de sa vie. Nouvelle édition (revue et corrigée par Fontenelle).* Paris, Vve Ganeau, 1748, 2 vol. in-8°; approbation du 18 mai 1747 par Maunoir, privilège du 20 juin 1747.[1]
Seconde et troisième éditions: 1751; 1761.

3. *Œuvres complètes de madame la marquise de Lambert, suivies de ses lettres à plusieurs personnages célèbres. Seule édition complète* (Paris 1808).

4. *Œuvres choisies de Mme de Lambert, avec une préface et des notes par M. Laurentie* (Paris 1829).

5. *Œuvres morales de Mme de Lambert, précédées de l'éloge de l'auteur par Fontenelle et d'un essai sur les écrits de Mme de Lambert par Mme Louise Colet* (Paris 1843).

6. *Œuvres morales de la Mise de Lambert.*

---

1. Cette édition contient les mêmes pièces que l'édition précédente, ainsi qu'une lettre de Mme de Lambert à Mme de Saint-Hyacinthe, et deux épîtres de Mme Vatry.

Précédées d'une étude critique par M. de Lescure (Paris 1883).

2. Les Avis

1. *Lettre d'une dame à son fils. Sur la vraye gloire. Mémoires de littérature et d'histoire* (P.-N. Desmolets), II, 1726, p.265-317.
2. *Lettre d'une dame à son fils, sur la véritable gloire. Bibliothèque françoise*, IX, 1727, p.29-68.
3. *Avis d'une mère à son fils et à sa fille.* Paris, E. Ganeau, 1728, 1 vol. in-12, 2-207-5 p. Approbation Blanchard, du 23 septembre 1727.
   Autres éditions: 1729, 1734, 1739.
4. *Avis d'une mère à son fils*, nouvelle édition, Paris, s.d., 32°.
5. *Lettres sur la véritable éducation, par madame la marquise de Lambert*, Amsterdam, J.-F. Bernard, 1729, in-12, vi-208 p.
6. *Avis d'une mère à son fils, par Mme la marquise de Lambert, nouvelle édition à laquelle on a joint une notice historique sur l'auteur, une préface et des notes par Mme Dufrénoy* (Paris 1822).
7. *Avis d'une mère à son fils et à sa fille, et opuscules qui s'y rattachent, par Mme la marquise de Lambert*, notice historique par Henrion (Paris 1829).
8. *De l'Education des jeunes gens; avis de la marquise de Lambert à son fils*, notice par la baronne Staffe (Paris 1890).
9. *De l'Education des jeunes filles; avis de la marquise de Lambert à sa fille*, par la baronne Staffe (Paris 1896).

3. Réflexions sur les femmes

10. *Réflexions nouvelles sur les femmes, par une dame de la Cour de France*, Paris, F. Le Breton, 1727, in-12, 80 p.
11. *Réflexions nouvelles sur les femmes*, s.l.n.d, in-8°, ii-34 p.
12. *Métaphisique d'amour, par madame la marquise de L****, La Haye, Gosse et Néaulme, 1729, in-8°, 55 p.

13. *Réflexions nouvelles sur les femmes, par une dame de la Cour de France*, Londres, J.-P. Coderc, 1730, in-12, 86 p. [Bibliothèque royale de La Haye, cote 1138 B 19].

4. Varia

14. *Traité de l'amitié, par madame la marquise de ****, in *Recueil de divers écrits sur l'amour et l'amitié*, Paris, Vve Pissot, 1736, in-12, 297 p.; Bruxelles, 1736, in-12.
15. *Recueil de pièces fugitives de différens auteurs, sur des sujets interressans* [donné par Jean Lévesque de Burigny], Rotterdam, François Bradshaw, 1743, p.146-311.
16. *Eloge de Sacy, Mercure de France*, octobre 1727, p.2352-54.
17. *Portrait de M. de La Motte par feue Mad. la M. de L.*, *Mercure de France*, mars 1747, p.21-27.
    Même titre, *Mercure de France*, juin 1751, p.6-11.

5. Correspondance

18. *Lettres de Mme la duchesse Du Maine*, Bibliothèque nationale, Manuscrits français, nouvelles acquisitions, 27.
19. *Lettres de Monsieur de La Motte, de la duchesse Du Maine et de la marquise de Lambert*, publiées par l'abbé Le Blanc, s.l. 1754, in-12, xxiv-158 p.
20. *Lettres de Mademoiselle de Montpensier, de Mesdames de Motteville et de Montmorenci, de Mademoiselle Du Pré et de Madame la marquise de Lambert*, accompagnées de notices biographiques (Paris 1806).
21. *Femmes célèbres. Correspondance littéraire et privée d'une partie du siècle de Louis XIV, ou recueil de lettres adressées à Huet, évêque d'Avranches*, Bibliothèque nationale, Manuscrits français, 15 188.
22. Henry, C., *Un Erudit homme du monde, homme d'Eglise, homme de cour (1630-*

1721). Lettres inédites de Mme de La-fayette, de Mme Dacier, de Bossuet, de Fléchier, de Fénelon, etc. extraites de la correspondance de Huet (Paris 1879). Lettre de Mme de Lambert, p.29-30.

23. Lettre de la marquise de Lambert au président Bouhier (8 janvier 1728), *Correspondance du président Jean Bouhier*, Bibliothèque nationale, Manuscrits français, ancien fonds, 24412, f.254-56; publiée dans Broglie, voir ci-dessous.

24. Lettre de la marquise de Lambert au président Bouhier (17 novembre 1727), 'A travers les autographes. Une lettre de la marquise de Lambert', *RhlF* 23 (1916), p.249-50.

25. Lettres de Mme de Lambert à Montesquieu (15 août 1726, 28 octobre 1726, 10 décembre 1728) in: *Œuvres complètes de Montesquieu*, éd. Masson, iii.853-54, 865, 924-25.

26. Lettre de Mme de Lambert au comte de Morville (5 août 1726), in Montesquieu, iii.1537.

iii. Etudes sur Mme de Lambert

1. Sa personnalité, ses idées, ses sources, son influence

Fontenelle, *Eloge de la marquise de Lambert, Mercure de France*, août 1733; reproduit dans l'édition Bousquet, p.ix-xvii. Voir aussi: *Œuvres de Monsieur de Fontenelle*, ix.381-88.

Auger, L. S., 'Mme de Lambert', in: *Mélanges philosophiques et littéraires* (Paris 1828), i.89-106.

Sainte-Beuve, 'Madame de Lambert et Mme Necker', *Causeries du lundi* iv, juin 1851.

Tavernier, le Père, 'Etude littéraire sur la marquise de Lambert et sur Mme de Staël', *Mémoires de l'Académie d'Aix* 9 (1878), p.241.

Lescure, M. F. A. de, 'La marquise de Lambert', in: *La Société française au dix-huitième siècle: les femmes philosophes* (Paris 1881), p.8-45.

Gréard, Octave, 'Madame de Lambert', in: *L'Education des femmes par les femmes* (Paris 1886), p.169-216.

Du Bled, Victor, 'Madame de Lambert', *Nouvelle revue* 110 (1898), p.261-88.

Zimmerman, J.-P., 'La morale laïque au commencement du dix-huitième siècle: madame de Lambert', *RhlF* 24 (1917), p.42-64, 440-66.

Lorrain, Marc, 'Deux moralistes: madame de Lambert et Vauvenargues', *Revue mondiale* 147 (1922), p.424-31.

La Perrière, Henri de, *Marguenat contre Marguenat. Un procès pour la possession de la seigneurie de Saint-Parres-les-Vaudes* (Troyes 1928).

Roger, N., 'L'anthropologie chez Mme de Lambert', *Figaro*, 6 juin 1930.

La Perrière, Henri de, *Anne-Thérèse de Marguenat de Courcelles, marquise de Lambert (1647-1733): sa vie, son salon, ses œuvres* (Troyes 1935).

Hine, Ellen McNiven, 'Madame de Lambert, her sources and her circle: on the threshold of a new age', *Studies on Voltaire* 102 (1973), p.173-90.

Hoffmann, Paul, 'Madame de Lambert et l'exigence de dignité', *Travaux de linguistique et de littérature* 11, 2 (1973), p.19-32.

Granderoute, Robert, 'Madame de Lambert et Montaigne', *Bulletin de la Société des amis de Montaigne*, 6ème série, 7/8 (1981), p.97-106.

Hof, Andrée, 'Vauvenargues fils spirituel de madame de Lambert?', *Le Génie de la forme: mélanges de langue et littérature offerts à Jean Mourot* (Nancy 1982), p.277-86.

Kryssing-Berg, Ginette, 'La marquise de Lambert ou l'ambivalence de la vertu', *Revue romane* 17 (1982), p.35-45.

Menant-Artigas, Geneviève, 'Boulainvilliers et Mme de Lambert', *Studies on Voltaire* 219 (1983), p.147- 51.

Geffriaud Rosso, Jeannette, 'Madame de Lambert', *Etudes sur la féminité aux XVIIe et XVIIIe siècles* (Pise et Paris 1984), p.65-89.

– 'Du salon de madame de Lambert au *Zibaldone* de Leopardi', *Etudes sur la féminité*, p.91-125.

Fassiotto, Marie-José, *Mme de Lambert, 1647-1733, ou le féminisme moral* (New York 1985).

Granderoute, Robert, 'De *L'Education des filles* aux *Avis d'une mère à sa fille*: Fénelon et Mme de Lambert' *RhlF* 87 (1987), p.15-30.

2. *Son salon*

Laborde, comte de, 'De l'organisation des bibliothèques dans Paris', quatrième lettre, *Le Palais Mazarin* (Paris 1845).

Colombey, Emile, 'Le mardi de la marquise de Lambert', *Revue contemporaine* 14 (1861), p.220-34.

Delavigne, F., *Etudes sur le XVIIIe siècle. Fontenelle et la marquise de Lambert*, extrait des *Mémoires de l'Académie des sciences, inscriptions et belles lettres de Toulouse*, 1866.

Fournier, Edouard, 'Un salon démoli', *Le Bibliophile français*, août 1869, p.201-207; septembre 1869, p.289-97.

Delavigne, F., *Le Premier salon du XVIIIe siècle. Une amie de Fontenelle*, extrait des *Mémoires de l'Académie des sciences, inscriptions et belles lettres de Toulouse*, 1878.

Giraud, Charles, 'Le salon de Mme de Lambert', *Journal des savants*, février 1880, p.112-27.

Feuillet de Conches, *Les Salons de conversation au dix-huitième siècle* (Paris 1882), p.40-44.

Broglie, Emmanuel de, 'Les mardis et les mercredis de la marquise de Lambert', *Le Correspondant*, 1895, p.140-62 et 319-45.

Boulan, Emile, *Figures du dix-huitième siècle; les sages: Fontenelle et madame de Lambert* (Leyde 1920).

Reynold, Gonzague de, 'Madame de Lambert et son salon', in *L'hôtel de Nevers et le Centre international de synthèse* (Paris 1929), p.27-38.

– 'Madame de Lambert et son salon', *Le XVIIe siècle, le classique et le baroque* (Montréal 1944).

Dauvergne, Robert, *La Marquise de Lambert à l'hôtel de Nevers (1698-1733)* (Paris 1947).

Delorme, Suzanne, 'Le salon de Mme de Lambert, berceau de l'Encyclopédie', *Revue d'histoire des sciences* 4 (1951), p.223-37.

3. *Ses œuvres*

a. *Les Avis*

'Lettres sur la véritable éducation', *Journal littéraire* 13 (1729), p.441- 48.

Guairard, 'Sur les *Avis d'une mère à sa fille*', *Le Spectateur français* 5 (1808), p.256-59.

b. *Les Réflexions sur les femmes*

'Extraits des *Réflexions sur les femmes*', *Mercure de France*, janvier 1728, p.129-32.

'Extrait d'un livre intitulé *Réflexions sur les femmes*', *Lettres sérieuses et badines* 3 (1730), p.316-23.

Journal littéraire 15 (1730), p.253-62.

Le Nouvelliste du Parnasse, 2ème édition, 1734, i.9-12.

c. *Varia* et *Œuvres complètes*

Fréron, *Lettres sur quelques écrits de ce temps* 1 (1749), p.238-59.

P. [Pauline de Meulan], *Mélanges de littérature*, publiés par J.-B.-A. Suard, 4 (an XIII), p.252-71.

Boufflers, *Mercure* (1808), p.79-87.

Droz, François-Xavier-Joseph, *Feuilleton du Journal de l'Empire*, 11 août 1813.

Cougny, Edme, 'Montesquieu et Mme de Lambert: petite question de propriété littéraire', *Mémoires de la Société des sciences morales, des lettres et des arts de Seine-et-Oise* 2 (1878), p.235-52.

Marchal, Roger, 'Deux paraphrases de Mme de Lambert', *Le Génie de la forme: mélanges de langue et littérature offerts à Jean Mourot* (Nancy 1982), p.257-66.

iv. Remarques

Pour des raisons matérielles que le lecteur devine, il ne nous est pas possible de donner ici l'ensemble de la bibliographie de la thèse, qui comprend environ 800 titres. Nous nous bornons à présenter la bibliographie (arrêtée en 1987) concernant Mme de Lambert, ses œuvres et son salon.

Cet ouvrage était sous presse, quand a été donnée la première édition, au vingtième siècle, des *Œuvres* de la marquise de Lambert: texte établi et présenté par Robert Granderoute (Paris 1990), 346p. ·

Index des noms de personnes

Index des noms de personnages
et des œuvres citées

Index des thèmes